我们的华夏

秦汉
帝国兴亡

朱良 著

上

海峡出版发行集团 海峡书局

图书在版编目（CIP）数据

秦汉：帝国兴亡/朱良著.-- 福州：海峡书局，
2022.6（2022.10 重印）
ISBN 978-7-5567-0960-1

Ⅰ.①秦… Ⅱ.①朱… Ⅲ.①中国历史—秦汉时代—通俗读物 Ⅳ.① K232.07

中国版本图书馆 CIP 数据核字 (2022) 第 051522 号

秦汉：帝国兴亡
QIN HAN：DI GUO XING WANG

著　　者	朱　良	选题策划	后浪出版公司
出版人	林　彬		
出版统筹	吴兴元	编辑统筹	梅天明　宋希於
责任编辑	廖飞琴　龙文涛	特约编辑	张妍汐
装帧制造	墨白空间·杨和唐		
营销推广	ONEBOOK		

出版发行	海峡书局	社　　址	福州市白马中路 15 号
邮　　编	350004		海峡出版发行集团 2 楼

印　　刷	天津中印联印务有限公司	开　　本	655 mm × 1000 mm 1/16
印　　张	58.5	字　　数	890 千字
版　　次	2022 年 6 月第 1 版	印　　次	2022 年 10 月第 2 次印刷
书　　号	ISBN 978-7-5567-0960-1	定　　价	148.00 元（全二册）

后浪出版咨询（北京）有限责任公司　版权所有，侵权必究
投诉信箱：copyright@hinabook.com　fawu@hinabook.com
未经许可，不得以任何方式复制或者抄袭本书部分或全部内容
本书若有印、装质量问题，请与本公司联系调换，电话 010-64072833

目 录

上册

序章　前所未有的大一统王朝 ················· 1

第一章　天下苦秦 ······················· 1
　　好大喜功的千古一帝 ··················· 1
　　长生不老的梦想 ····················· 5
　　妖言惑主的神棍 ····················· 6
　　神秘预言："亡秦者胡" ················· 10
　　焚书坑儒 ························ 13

第二章　大厦将倾 ······················ 17
　　从奴隶到高官 ····················· 17
　　不祥之兆，天下将变 ·················· 20
　　沙丘之变 ······················· 22
　　暴君秦二世 ······················ 25
　　倾覆帝国的大屠杀 ··················· 27

第三章　群雄逐鹿 ······················ 30
　　大野龙方蛰，中原鹿正肥 ················ 30
　　从陈胜到陈胜王 ···················· 33

函谷关破，关中危急 36
　　　义军领袖的堕落 39
　　　六国复国的闹剧 40
　　　陈胜末路 43

第四章　真龙降世 48
　　　江东有豪杰 48
　　　沛县小流氓 51
　　　斩白蛇 54
　　　创业初期的困境 58
　　　圯桥进履 59
　　　又一次重大挫折 61
　　　牧羊儿也称王 63
　　　致命失误，危机一刻 65

第五章　巨鹿大决战 69
　　　革命最低潮 69
　　　巨鹿告急 70
　　　决战前的局势 73
　　　最大的外援 76
　　　各怀鬼胎，艰难抉择 81
　　　项羽一战成名 85
　　　章邯的投降表演 88
　　　不该出现的结局 90

第六章　汉王入秦关 93
　　　千里征关中 93
　　　暴君的下场 98
　　　诛赵高 100
　　　大秦帝国的末日 102
　　　约法三章，天下归心 104

第七章　西楚霸王 ························108
鸿门宴 ·························108
百年血债，一朝复仇 ···············112
十八路诸侯 ·····················115
从关中到汉中 ···················121
从乱世到乱世 ···················123
诸侯大乱斗 ·····················126

第八章　楚汉相争 ························128
萧何月下追韩信 ·················128
暗度陈仓，收复三秦 ···············132
目标：彭城 ·····················135
意外来临的失败 ·················139
追杀刘邦 ·······················141

第九章　楚河汉界 ························144
韩信将兵，多多益善 ···············144
开辟北方战线 ···················146
借箸代筹 ·······················151
六出奇计 ·······················154
三战荥阳 ·······················155
组建包围圈 ·····················159
最后的贵族 ·····················162
承诺，背叛 ·····················166
霸王别姬 ·······················169

第十章　汉兴 ····························172
国号"汉"，一个新时代的开始 ·······172
无为而治，与民休息 ···············174
儒家掌权的第一步 ···············176
封王的把戏 ·····················179

第十一章　异姓诸王的劫难 ……182

　　鸟尽弓藏 ……182

　　打压功臣的代价 ……185

　　心狠手辣的匈奴单于 ……187

　　白登，最危急的一刻 ……189

　　陈平秘计退敌 ……191

　　驸马蒙冤记 ……193

　　杀韩信 ……196

　　三大名将，令人唏嘘的结局 ……200

　　安得猛士兮守四方 ……204

第十二章　权力之毒 ……207

　　帝王的烦恼 ……207

　　最是无情帝王家 ……211

　　刘邦也认命了 ……215

　　萧规曹随 ……218

　　吕后的血腥复仇 ……221

　　人伦惨剧 ……224

第十三章　外戚乱政的开端 ……227

　　吕后主政 ……227

　　刘氏江山？吕氏天下？ ……229

　　大汉战神朱虚侯 ……233

　　擒杀诸吕，刘氏的终极复仇 ……235

第十四章　仁君的典范 ……238

　　天上掉下来的皇位 ……238

　　步步杀机的登基之路 ……240

　　历尽劫波，姐弟重逢 ……243

　　皇帝和老臣的博弈 ……246

大汉的敌人 …… 250

　　一代明君 …… 255

　　黄老与孔孟 …… 259

　　不问苍生问鬼神 …… 262

第十五章　削藩与七国之乱 …… 269

　　兄弟不相容 …… 269

　　太子杀人事件 …… 274

　　晚年的文帝，并不完美的一生 …… 277

　　刻薄皇帝与急躁的权臣 …… 282

　　七国之乱 …… 286

　　中央集权的胜利 …… 290

第十六章　从治世到盛世 …… 298

　　皇帝的家事 …… 298

　　金屋藏娇 …… 301

　　可爱又可恨的梁王 …… 304

　　洛阳花，梁园月 …… 307

　　休怪帝王无情 …… 309

　　文景之治 …… 313

　　黄老与儒家的激烈碰撞 …… 315

　　伏女传《尚书》 …… 318

第十七章　少年汉武帝 …… 320

　　顽固的老太后 …… 320

　　皇帝的平民姐姐 …… 323

　　卫青和卫子夫 …… 326

　　酒鬼闯下的大祸 …… 330

　　外戚家族的意外覆灭 …… 336

　　长门孤灯 …… 341

　　公主的男宠 …… 343

第十八章　儒臣列传 ······347

　　诤臣和酷吏，皇帝的刀与剑······347
　　从猪倌到丞相······352
　　董仲舒：儒家执政的开始······357
　　小人得志的主父偃······361
　　买臣休妻······363
　　千金难买相如赋······366
　　段子手东方朔······372

第十九章　决战大漠，百年复仇······378

　　百越的前世今生······378
　　瓯越和闽越，兄弟与敌人······381
　　大战爆发的前夜······383
　　百年大战的开端······385
　　卫青初亮相······388
　　收复河南······390
　　张骞通西域······392
　　开拓西南的努力······394
　　神奇少年霍去病······396
　　强夺河西走廊······399
　　大汉双星······401
　　封狼居胥······403

第二十章　盛世背后的血腥······408

　　霍去病之死······408
　　皇帝家的人情冷暖······412
　　诸侯王的悲喜剧······413
　　诸侯国淫乱事件······418
　　奸人上位之路······421
　　淮南王谋反案······423

衡山王一家的宫斗戏……427
　　荒淫的江都王……429

第二十一章　告别盛世巅峰……432
　　经济改革，苛政的开始……432
　　酷吏的最终结局……435
　　妖人入朝，君王受欺……438
　　封禅与成仙的梦想……443

第二十二章　继续开疆拓土……448
　　震动朝野的酎金案……448
　　凿空西域……449
　　西域，"天马"传说……451
　　南越问题最终解决……452
　　南征……456
　　东侵……458

序章　前所未有的大一统王朝

秦国通过六代人的奋进，持续侵吞天下，到秦王嬴政这一代人，终于威服四海，横扫八荒，成就了惊天伟业。

春秋战国五百年乱世从此结束了。

秦王嬴政认为自己"德兼三皇，功过五帝"，称"王"已经无法再彰显自己的功劳，便用三皇之"皇"、五帝之"帝"，构成"皇帝"的称号，自称为"始皇帝"。

那是公元前221年，中国历史上的第一个大一统王朝自此来临。

天下一统以后，为了巩固这来之不易的成果，秦国君臣费尽心力，制定了一系列前所未有的政策：

废除分封制，实行郡县制，分天下为三十六郡，同受中央政府管辖，从此消弭了列国纷争；毁坏城郭，疏通关隘，打通道路，从地理上整合各国，防止出现列国各自为政的局面；统一钱币和度量衡，书同文、车同轨，强迫各地民众接受相同的生活方式，从文化上和习俗上把各国民众塑造为同一个民族；迁六国富户到咸阳，摧毁六国原来的社会结构，从根本上杜绝六国贵族可能出现的反叛；收集民间兵器，铸造十二金人，消解六国遗民的反抗能力；当然还有——在六国旧地上推行秦国的严刑峻法。从此以后，天下民众都在严酷的秦法之下胆战心惊地生活着。

这一系列政策效果非常明显，短短几年之间，就彻底改变了战国时代的天下格局，把华夏大地带入了一个前所未有的大一统时代。

这个时代，无比强盛，是之前的人们根本想象不到的——

对外，帝国拥有恐怖的武力，北拒匈奴，南征百越，对所有蛮族展现出压倒性的优势。浩荡的骑兵队伍在辽阔的原野上纵横驰骋，不停地开疆拓土，把四方蛮夷都纳入统治范围，大秦的疆土达到了空前庞大的程度，造就了当时世界上独一无二的超级帝国。

对内，政府压制住所有反抗力量，中央政府的地位不容挑战，江山永固，万古不移。咸阳道上，朝贡的车队络绎不绝，各民族的首领排队唱着赞歌；章台宫前，武士的刀锋映着日光，六国贵族匍匐在丹墀下瑟瑟发抖；亿万黔首在黄土地上夜以继日地辛苦劳作，产出巨额财富来供养上层社会奢华的生活，以及帝国庞大的日常开销。

始皇帝嬴政看着脚下的这一切，志得意满。

历代秦王梦想的一切成就都已经由自己实现了，甚至他们不敢想象的丰功伟业自己也做到了，这是连三皇五帝都没能达成的壮举。

这时候他还不到四十岁，年华正好。

他是古往今来第一人，"千古一帝"，无可置疑。而他的伟大帝国也将会永久延续下去，二世、三世，直到万世……

第一章　天下苦秦

好大喜功的千古一帝

天下平定以后，始皇帝觉得自己的功勋已经够了，现在可以放松心情，追求一下物质享受了。

首先，他开始大兴土木，营建宫室。

秦国本来在渭水南岸有章台宫和皇家园林上林苑，但这些都是几代人之前修建的，哪里配得上大秦帝国现在的地位？从前几年攻灭六国的时候起，每打下一个国家的都城，始皇帝——当时还是秦王——就派人去把那个国家的王宫画下来，然后在渭水北岸仿造一个一模一样的。六国依次被灭，渭水北岸便依次矗立起六座崭新的王宫。

始皇帝还不满足，在统一天下后的第二年，他又在渭河南岸营造极庙，在骊山脚下建造甘泉宫前殿，两座宫殿以甬道相连，通过甬道可以从咸阳直达骊山，不受外界打扰。

全国工匠没日没夜地劳作，前后不过几年，一座又一座富丽堂皇的宫殿在咸阳四面拔地而起（据说宫殿的数量有两百七十座之多），把咸阳城装点成了世上最奢靡的乐园。

这些宫殿的奢华简直触目惊心——

殿宇崔巍，台阁峥嵘，中间全用复道连接，廊桥从空中纵横穿插，顶层再架上朱漆的阁楼，直凌霄汉；再以奇松异石做点缀，鹿鹤游弋其间，猿猱攀缘其上，杂以四时不败之花、万年不涸之泉。

然后，他又把六国的珍宝和美女都掳掠到这些宫殿中，赵姬越女，争奇斗艳。再架上六国宗庙的乐器，演奏四海雅乐，终日仙音缭绕，漫入云中。说不尽的浮华气象，夸不完的盛世威仪……

仅仅生前的奢华还不够，从登基时起，始皇帝就让人在骊山替自己修建帝陵，以便自己百年之后仍然能享受无边富贵。一统天下之后，更是加快了修建进度。

骊山是咸阳东北部的一座名山，风景秀丽。骊山陵墓的规模是史上第一，再加上庞大的兵马俑阵列，整个工程的规模极其恐怖，相当于凿空一座山，再在里面建一座城。

为了修筑这样惊世骇俗的超级工程，秦朝政府征调民夫和所谓的犯人超过七十万人，强迫这些无辜百姓像奴隶一样没日没夜地劳碌，前后用时超过三十年才建好这座浩瀚的帝陵。

即使这样，始皇帝还觉得配不上自己千古一帝的身份，他认为"咸阳人多，先王之宫廷小"，需要一座逆天的宏大宫殿来提供极致的物质享受。公元前212年，他颁下命令，动用全国资源，开始建造人类历史上最壮观的超级宫殿——阿房宫。

阿房宫之宏大，超过人类已知的一切宫殿，仅仅一座前殿，就接近明朝故宫的大小！建造这样的超级工程，需要的人力物力其实已经超出了秦帝国的承受能力，但始皇帝不管这些：反正帝国有的是人，随便抓来强迫劳动就是了……

除了铺天盖地的物质享受，正值盛年的皇帝更爱四处巡游，只有亲自踏上自己统治的万里河山，他才能切实感受到那种君临天下的快意。

天下统一以后，始皇帝下令修建了许多驰道——一种供皇帝专用的高规格道路。这些道路从咸阳通向全国各地，使咸阳周边的交通得到了很大改善，也给天子出巡提供了便利。

作为天下的主人，到四方巡狩，体察民情，考核官吏，这是他们的本职工作之一，无可厚非。从尧舜的时代就有这样的传统，历朝历代的帝王也都常常有出巡的举动。

到始皇帝这里,出巡的意义却变了。

他出巡的绝大部分目的,并不是抚慰百姓,而是夸耀自己的功绩。他每到一个地方,都要让人立一座石碑,在上面刻上对自己歌功颂德的辞章,以此来向天下百姓,也向后世,宣扬自己的伟大功勋。

他巡游的目的地,既不是国家生产建设的重要机构,也不是有重要战略意义的军事重镇,而是名山大川。

他巡游的频率——平均两年就出巡一次——也远远超过其他任何帝王,基本上,只要身体健康最近也没遇到麻烦的时候,他都在外面晃荡。

所以始皇帝的出巡就脱离了上古贤君体察民情的本意,变成了他自己的一场夸张的真人秀表演,而且要强迫天下人来观看。

公元前220年,始皇帝第一次出巡。他一路向西,到秦国先民生活的陇西故地巡视一圈,然后沿着祖先东进的道路回到咸阳。——这是象征性地把祖先开疆拓土的路线走了一遍。

一年以后,他第二次出巡。这次是向东,来到六国故地,视察自己不久前刚征服的土地和人民。这时六国百姓对于新朝代还没有归属感,天子的到来,能够在他们心目中树立起对国家的认同感。这是巩固秦朝统治必须的一步。

而这一次出巡,就特别明显地表现出他好大喜功的倾向。

浩荡的车队来到古老的齐鲁大地,前方巍峨的泰山,正是这次巡游的主要目的地之一。

始皇帝把当地有名的一些儒生召来,询问他们:"听说上古贤君都在泰山举行封禅大典,具体是怎么做的?"儒生们面面相觑。

"封禅"是古书上记载的最神圣的一种典礼,分为两个流程:"封"是在山川高处向天祷告,称为报天之功;"禅"是在山下找一处土丘向地申祝,称为报地之功。

一般来说,天下由大乱到大治以后,取得政权的帝王会到泰山等名山之上向天地祷告,宣告自己接受了上天赐给他的教化万民的任务——其实就是向天下民众宣示自己执政的合法性。

但从周朝以来，七八百年没人举行过封禅典礼了，古籍上也没有明确记载封禅的具体程序，谁也不知道当年那些"上古贤君"是怎么做的。

只有一两个年长的儒生颤颤巍巍地回答："陛下……这个……古书上说，要用蒲草把车轮裹起来，不要把山上的石头压坏了……"

"够了。全部退下！"始皇帝怒不可遏，喝退了这些没用的儒生。

但是封禅典礼肯定是要举行的，既然没有先例可以参考，那就自己创造一套规则吧……

公元前219年春天，秦朝君臣在泰山举行封禅礼，正式向天地宣告自己万民之主的身份。

祭祀的具体仪式都是新创立的——先在泰山顶上建造一座圆形祭坛，祭祀的队伍从泰山南坡登顶，由皇帝诵读事先写好的祭文；再立一座石碑，歌颂始皇帝的巍巍功德；然后从泰山之北下到附近的梁父山，在方形的祭坛前举行降禅礼。

具体的祭祀过程和祭文的内容对外界严格保密，让这次封禅典礼带上了一些神秘色彩。

到这时，始皇帝才终于从上天手上接过统领万民的任务，正式成为华夏大地的主人。

不料随后却发生了一点小小的不愉快。

"封"礼举行完毕，从泰山北坡下来的路上，天气突变，一场倾盆大雨骤然来袭。由于出发之前没准备雨具，始皇帝君臣被弄得手忙脚乱。

还好旁边有一棵大松树，众人赶忙拥着始皇帝到树下避雨。虽然始皇帝自己没淋到多少雨，但手下的文武百官们却个个都被浇透了，之后他们只好穿着湿漉漉的衣服去梁父山举行"禅"礼，场面多少有些狼狈。

这本来不算什么大事，虽然有点扫兴，大家相视一笑也就过去了。始皇帝还很开心地把那棵树封为"五大夫"，以褒奖它的"救驾之功"。

那些被斥退的儒生听到这事以后却幸灾乐祸，到处嚼舌根说皇帝如何如何被淋成落汤鸡，甚至连禅礼都黄了，根本没办完，又不好意思对外面说，所以才处处保密。

六国民众本来对始皇帝就很不服气，听到这消息以后都赶紧奔走相告，谣言一传十、十传百，成了全天下人人皆知的笑话。

这些传闻溜进始皇帝的耳朵里，他只是微微一笑，也没说什么。他目前还有事情没忙完，先不跟这些儒生计较，以后再和他们算账。

浩荡的车队继续向东，来到渤海之滨，到达成山、芝罘等各大名山，君臣依次祭祀山川八神，在每一处地方立碑纪念。

最后一站是渤海边的琅邪。按照事先的计划，秦朝君臣们在这里举行了祭祀典礼，然后立碑歌颂功德，又在这里好好游玩了一段时间。

典礼举行完以后，始皇帝站在渤海边，望着远处海天相接的地方，忽然感到一种极度的寂寞涌上心来——纵然拥有天下又怎样？百年之后，不也只是一抔黄土吗？

他不甘心！他要超越命运的安排。

上天仿佛看透了他的心思，果然送来一份神秘的礼物。

有属下来禀报：一名叫作徐福的异人，领着一群相貌奇特的人物求见，说他们知道关于神仙和长生不老药的秘密。

长生不老的梦想

始皇帝马上下令把这些人传进来。

这些人穿着各种奇形怪状的服装，有男有女，有老有少，乱哄哄地在堂下拜见皇帝。

为首的徐福恭恭敬敬地向始皇帝致礼，然后说出下面一番话：

在海上遥远的地方，有蓬莱、方丈、瀛洲三座神山。这些神山藏在云雾中，离陆地忽远忽近，飘忽不定。也曾有渔民想去一探究竟，但只要船只一接近它们，就会被大风吹回来，所以古往今来能到达那里的人非常少。

少数到过那里的人描述说，山上全是黄金打造的宫殿，极其巍峨雄壮，那里的鸟兽都是纯白的，还住着很多仙人。最关键的是，这些仙人手中掌握着长生不老药的秘密！

始皇帝听得入迷了：长生不老！这不正是他迫切盼望的能力吗？只有长生不老才能让他永久享受人间的荣华富贵。他根本没做过多考虑，立即赏赐徐福不计其数的财宝，请他去海上替自己寻找长生不老药，并且发号施令，徐福需要任何协助都尽管提，帝国拥有无穷无尽的资源可以支持他。徐福一群人赶忙谢过始皇帝的赏赐，信誓旦旦地说，一定会竭尽全力找到神仙，然后带着满箱的金银财宝出发了。

从那以后，始皇帝便在琅邪的海边等着徐福的回报。他整天念念不忘求仙的事，其他一切事情都往后靠，至于国家大事更是抛到九霄云外去了。

过了一段时间，徐福回来了，一见到始皇帝就大声恭喜道："陛下万福！仙人已经找到了。"

简直是喜从天降！始皇帝连自己的威仪都顾不得了，一把扯住徐福问："怎么样？神仙怎么说？"

徐福喘了几口大气，才说："海中的大神本来不想见我们，后来听说我们是人间之主派去求仙药的，才接见了我们。他们说，你们的诚心是够了，但带的礼物还不够，可以让你们看看仙药，但不得带走。

"神仙亲自带微臣去参观蓬莱山，微臣真是大开眼界呀！山上全是用仙草筑成的宫殿，金碧辉煌，无法描述。宫殿四方都有金色的巨龙守卫。金光从屋顶冲上云霄，晃得人眼睛都要睁不开了。神仙说，只要献上童男童女三千人，再加上能工巧匠若干名，由微臣带去给他们，就能赐给仙药了。"

始皇帝大喜过望，一迭连声地回答："没问题，没问题，要多少朕都给。"他立即传下命令，让下人去民间搜罗正当人家的男女幼童，以及百工巧匠，准备献给神仙。

政府各机构全力运转起来，到处抓人，没多久人就备齐了。于是始皇帝赐给徐福几艘大船，让他带着三千童男童女和那些工匠，还有五谷稻种等各种资源出海去了。

妖言惑主的神棍

徐福走后，一开始，始皇帝还是信心满满的，以为很快就能得到好消息，所以让文武百官跟自己一起在琅邪等着。

哪知徐福的船队从此杳无音信。

始皇帝的希望也渐渐变成了失望，情绪越来越焦躁。

一晃三个月过去了，还是没有徐福的消息。咸阳那边屡次派人来问：皇上怎么还不回宫？所有人都急得像热锅上的蚂蚁，文武百官纷纷进谏，说：这样耗着不是办法，希望陛下尽快回咸阳处理国政。

始皇帝望着茫茫大海，无可奈何，只好转身离开，带着浩浩荡荡的车队向西而回。同时他让人密切关注徐福那边的消息，只要有"仙药"来到，就马上告诉他。

这之后几年，他又多次出巡，足迹踏遍了帝国东部的各个角落，其间也经历过不少离奇的事，最惊险的一次是公元前218年在博浪沙遇刺。

当时始皇帝的车队正行驶在黄河岸边的官道上，两旁是高高的芦苇丛，一眼望不到头，周围数里都没有人烟。

车队走着走着，只听"咔啦"一声巨响，大家都被吓了一跳。侍卫们飞速围上来，聚集到始皇帝的马车四周护驾，却发现始皇帝的马车完好无损。

众人正在诧异究竟发生了什么事，有官员前来报告：前方一驾马车被不知哪里飞来的大铁锤砸中了，车辆损毁严重。

被毁的那辆车跟始皇帝乘坐的车外观完全相同，而且都是六匹马拉的。这样布置是为了让刺客分不清哪辆车是始皇帝乘坐的。所以扔铁锤的人明显就是冲着皇帝来的，只是找错了目标而已。

随后又有人来报：前方发现刺客留下的踪迹，但被他们跑掉了。

始皇帝大怒，命令人们四处搜捕。当地的官吏们全体出动，几乎把博浪沙的地皮都翻了一遍，也没找到那名刺客。

始皇帝暴跳如雷，命令增加人手，展开全国大搜捕。举国上下接连搜索了十天，还是没能找到刺客，这件事情只好不了了之。

经过这次危机之后，始皇帝心里也忐忑不安，只好暂停出巡行动，在咸阳宫里好好地休息。

这一空闲下来，时间多了，他便有了更多的精力去寻仙访道。

这时全国上下都知道了皇帝在寻找长生不死药的消息，上有所好，下必趋之，人们都想尽办法迎合。民间各种所谓的"异人"纷纷来求见，献上自己的长生不老"秘方"，皇宫的门槛都要被踏破了。始皇帝来者不拒，只要稍微说得逼真一点的，马上就给一笔巨额赏赐。许多人因此飞黄腾达，甚至成为朝廷里的显贵。

其中有一个叫卢生的，最得始皇帝信任。

这人巧舌如簧，拍着胸脯保证自己有办法找来仙药，而且他确实有"成果"，三天两头地带回来一些据说可以延年益寿的秘方。始皇帝被他忽悠得五迷三道的，今天赏钱，明天赐官，把无数金银财宝送进了这家伙的腰包。可惜传说中的长生不死药却始终没有得到。

除了卢生，还有韩终、侯公、石生等一大群邪魔外道，统称为"术士"或者"方士"。这些人都有各自邀宠的技巧，整天围在皇帝身边，大谈"修道"的秘诀，把皇帝哄得团团转，渐渐疏远了文武百官，国家大事也全都抛开了。

方士之间的竞争很激烈。卢生知道，自己要维持现在的地位，就要不停地拿出一些新奇花样来吸引主子的关注，所以他不断编造各种奇谈怪论。这时候正好发生了一件轰动一时的大案，给卢生提供了最新的灵感。

这两年，始皇帝一直不太敢出远门，只在咸阳周围活动，甚至在咸阳周围他都不太放心——人老了，总会有些疑神疑鬼的，他总觉得有人要害他。所以始皇帝出门都尽量躲避人群，不通告文武大臣，只是自己带上几个贴身侍卫，偷偷潜出宫去，号称"微服私行"。

咸阳城外有一座叫"兰池"的皇家园林，是最近两年新修的，是始皇帝特别爱去的一座园林。

原来，始皇帝一直惦记着出海求仙的事，自己又不能亲自出海，就让人把渭河水引来建起一座池塘，按照传说中的仙山的样子，在池塘中央垒起一座石山，称为"蓬莱"。又在"蓬莱"周围用石头雕出几只鲸鱼，模拟大海，倒也像模像样的。

这天夜里，始皇帝带着四名侍卫悄悄去兰池游玩。

不料那园林平时晚上人烟稀少，常常有盗贼光顾。这晚又有一群飞贼在园里乱窜，好巧不巧，正好跟始皇帝一行五人迎头撞上。那伙飞贼哪知道这是皇帝出巡，看见有人来了，以为是管理园子的人，马上擎起大砍刀，围上来杀人灭口。

侍卫们虽然功夫高强，但架不住盗贼人多势众，五个人被盗贼围在中间，险象环生，差点酿成天子被弑的大祸。最后在四名侍卫的拼死反击下才终于打退盗贼，保护始皇帝逃回了城里。

始皇帝又羞又气，下令严厉搜捕。

消息传出来以后，天下震动，朝廷上下都陷入极度慌张的状态。咸阳全城戒严，在整个京畿地区展开大搜捕，连续搜查了二十天，闹得沸反盈天，最后还是没能查到那群盗贼的身份，只好又不了了之，只是平白无故地把天下百姓折腾了一番。

卢生受到启发，赶忙去向始皇帝推销自己的新点子，他说："微臣和同僚们这几年四处寻访仙道，眼看就要找到了，却每次都差那么一点点，似乎有什么东西在阻碍我们。微臣想来想去，难道是有恶鬼在妨碍陛下？

"微臣听说，要寻访仙道，需要躲避恶鬼，恶鬼远离了，'真人'才会来到。真人就是修仙成功的得道高人。但陛下您为天下之主，一举一动都被人关注着，很容易被恶鬼盯上，所以您需要隐藏自己的形迹，特别是别让人知道您住在哪座寝宫里，这样恶鬼才找不到您。"

始皇帝听了这篇胡扯的鬼话，如同醍醐灌顶，顿时恍然大悟：原来这么多年找不到神仙都是这个原因啊。

于是他让人建了许多甬道，把章台宫和咸阳周围的两百多座宫殿连接起来，再用同样的仪仗去布置这些宫殿，然后把后宫佳丽们分散安置进去。

这些宫殿看起来简直一模一样，它们构成一个无比复杂的迷魂阵，就算"恶鬼"真的来了，只怕也会迷路。而且甬道是对外封闭的，始皇帝到了哪个宫殿，外人都不知道，这样他的行踪就更加诡秘了。

最后，他传下命令："任何人都不得透露朕的行踪，违者处死！"

经过这又一番折腾，始皇帝的心里总算稍稍安定了一些。

没想到，过了不久就有人泄露了始皇帝的行踪。

据说有一天始皇帝游幸梁山宫，登山俯瞰，远远见到山下一支车队大摇大摆地经过。那队伍极其豪华，丫鬟仆役前呼后拥，车马随从不计其数，比天子的仪仗也差不了太多。

始皇帝心里就有些不舒服，皱着眉头问身边的人："这是谁的车仗，如此威风？"

下人赶忙去探听了来回报："是李丞相的车仗经过。"

始皇帝冷笑道："原来是李斯啊，果然好大派头。"也没再说什么，这事就这样过去了。

不承想过了几天，始皇帝又见到了李斯的车队。这次车队却比上次低调得多了，随从少了很多，也不再配置那些花哨的仪仗。

始皇帝想了想，当即大怒。原来他想道：肯定是有人把上次我说的话透露给李斯了，这家伙才赶紧裁减了自己的人员。换句话说，外界通过这些话可以推算出那天我在梁山宫——我再三申明，不允许任何人透露我的行踪，这些狗奴才居然还是敢不听！

始皇帝暴跳如雷，下令把那天跟在自己身边的人全部抓起来严刑拷打。最终没能问出是谁泄露了消息，只好把这些人全部处死。

从此以后，侍从们更加战战兢兢，绝对不敢再透露始皇帝的行踪了。当然，朝臣们也就很难再了解宫里的情况。始皇帝和满朝文武分别住在各自的世界里，渐行渐远……

神秘预言："亡秦者胡"

当初徐福出海以后，一直没有回音，始皇帝不死心，继续派其他人前赴后继地出海寻访仙药，其中也包括卢生。

最后，这些人要么两手空空地回来，要么就干脆远走高飞，不再出现了。只有卢生，每次都能带回来最新的"成果"，让始皇帝大感惊喜。

公元前 215 年，卢生从"海外"带回来一本奇怪的书，上面写着一些古怪的文字，据说是对未来的一些预言。这本书立即引起大家的浓厚兴趣，满朝文武争相传阅，却都看不懂书里的内容。但有几个字清清楚楚地跃入众人的眼帘——"亡秦者胡也"。

人们一片惊慌，这是说秦朝要亡在"胡"的手里吗？始皇帝赶忙找了一群学者来商议。大家研究了半天，最后认为："胡"是指北边的胡人，这句话预言胡人会严重威胁秦朝的统治。

早在春秋时期，北方草原上的游牧民族就成为中原王朝的重大威胁。这些马背上的民族，逐水草而居，行踪不定，来去如风，就像一群流寇，随时在中原王朝的家门口探头探脑地窥视。一旦发现主人家的防备出现了漏洞，他们就一拥而入，大肆抢劫一番，然后在主人抄着棍棒赶过来之前迅速撤走，甚至还会设下埋伏，杀个回马枪，让主人吃个大亏。

这些流寇的机动能力实在太强，让人防不胜防，所以，中原王朝尽管在人力物力上都占据绝对优势，却一直拿他们没办法，只能派重兵严防死守，甚至在北方边境修建长城作为屏障。

这些胡人分成许多部落，各部落之间世代仇杀同时又世代通婚，形成许多复杂的民族。一个民族衰落以后，另一个民族紧跟着崛起，轮流统治着辽阔的北方草原。

从战国后期开始，北方草原上的主体民族就是匈奴。

匈奴比之前的草原民族更加可怕，他们是一个庞大的部落联盟，也可能是许多民族的联合体，其共同的首领叫单于。

由于有单于的统一领导，匈奴成功地把草原上的各种部落纠集到一起，形成一个强大的军事集团。

他们世世代代在马背上生活，精于骑射，天生就是优质的骑兵，单兵作战能力完全碾压中原军队。但如果你以为他们只是一群四肢发达的莽汉，那就大错特错了，这些游牧民族虽然没文化，但头脑之灵活绝不输给中原民族。尤其是在战争中，他们诡计多端，对于各种战法的运用简直出神入化。在战国末期，他们就曾经让当时傲视群雄的秦国和赵国吃到许多苦头。

到始皇帝这一代人的时候，大一统的中原帝国拥有威震天下的傲人实力，匈奴已经基本不敢来侵犯了，但中原要完全剿灭他们也不可能。

所以现在秦朝君臣看到"亡秦者胡"的谶言，立即就想到匈奴仍然在北方生活着，会不会有一天他们再度崛起，再来威胁中原呢？为了防止出现这种局面，始皇帝马上派大将蒙恬带领三十万大军向北方出击。

蒙恬一路横扫，凭借帝国的恐怖武力碾压匈奴，很快把他们赶出了河套地区，一直赶到阴山以北。然后，政府沿着黄河建起许多城镇，又从内地迁移罪犯去填充，作为长期阻挡匈奴的防线。

这是有记载的中原王朝对匈奴的第一场重大胜利，对匈奴的嚣张气焰造成了沉重打击,以至于之后好几年,匈奴都一蹶不振,"不敢南下而牧马"。

这次军事行动,真的是因为一句莫名其妙的谶言而引发的吗?恐怕未必。但毫无疑问,打击匈奴绝对符合当时的国家利益,就算没有谶言,对匈奴用兵也是势在必行的。所以"亡秦者胡"很可能是后人编造的马后炮式的故事。

不管怎么说,打击匈奴都是始皇帝的重大功绩,值得被后人铭记。

把匈奴赶走以后,为了防止他们卷土重来,始皇帝征发民夫七十万,把秦、赵、燕三国留下的旧长城连接到一起,形成一道超过万里的防线,进一步保障了北方边境的安全。

这又是一项伟大功勋,是始皇帝留给后人最珍贵的遗产之一。

但对于当时的民众来说,修长城是一场巨大的灾难。本来已经极度困苦的民众,他们肩上的担子再次加重了。同一时期,骊山的陵墓正在争分夺秒地修筑中,阿房宫的浩大工程也开始提上日程。一项又一项超级工程接连压上民众的肩头,使得他们喘不过气来。

这些建筑都是用民众的血肉堆出来的,每一块石头背后都是一个家庭的血泪史。

这还没完——帝国的军队刚刚赶走匈奴,没有片刻休息,又接到始皇帝的命令,要他们向南方出击,征服岭南地区。

对南方的征伐很快也取得大胜,大片领土被纳入帝国版图。

但这次出征很奇特。史书上记载,秦朝政府征发的是民间的罪犯、上门女婿、商人……各种地位低下的可怜人,用这样一支衣衫褴褛的杂牌军,去完成征服岭南的艰巨任务。

这样奇特的场面从侧面说明:帝国的国力已经被运用到极限,以至于连一支像样的军队都拼凑不出来了。

这是一个危险的信号,穷兵黩武的帝国政府正在榨干民众的最后一滴血汗!

民众已经被驱赶到生死边缘,再不反抗就要被活活逼死了。从关中到岭南,整个国家都陷入狂暴状态,无法遏制的愤怒像火山口下的熔岩,正在看不见的地底深处迅速聚集。

对于民众的这些情绪,始皇帝当然是清楚的,但他丝毫不在意:帝国拥有空前强大的武力，自己又是天命所在，那群"黔首"无非就是一窝蚂蚁而已，能翻得起什么波浪？他们难道能比当年的六国更威猛吗？

他目前最关心的还是"仙药"的事，只要能长生不老，眼前的这点困难算得了什么！所以他把全部的希望都寄托到了卢生他们身上。

卢生也继续编造花样哄骗始皇帝，今天一粒仙丹，明天一副灵药，哄得始皇帝把大把财富送到他手上。但再时新的花样也有用尽的一天，到时候始皇帝看穿了他的把戏怎么办呢？现在有多受宠，以后就有多危险。

随着时间推移，卢生的心里一天天被阴霾笼罩。

他是头脑灵活的人，不会坐以待毙，他找另外几个术士商议："皇帝是个刚愎自用的人，残忍好杀，薄德寡恩，动不动就用严刑处罚下人。依据秦法，欺君罔上可是重罪！我们也不想欺君，但仙药岂是凡人能找到的？我们一直找不来仙药，以后一旦被拆穿，岂不是很惨？不如趁早逃走，方为上策。"

方术之士们早都有这种想法了，一听这话，全都举双手赞成。于是大家约好，趁周围的官员不注意的时候，卷起所有财宝一起逃走了。

消息传进宫里，始皇帝气得差点吐血。他这些年把所有的希望都寄托在这些术士们身上，金银财宝流水似的赏给他们，给的待遇甚至连最亲近的大臣都不敢奢望。结果几年忙下来，什么有用的东西都没找到，直到现在才发现被他们骗了。

"好你个卢生，竟敢在太岁头上动土！"这个一统天下的雄主，当年曾打得六国磕头求饶，让四海之内战栗不已，到老了来，却被几个偷鸡摸狗的江湖术士骗得团团转，这个跟头栽得不小哪。

他又羞、又怒、又愧、又恨，此仇不报枉为人！他要杀尽这些不知天高地厚的骗子！

公元前212年前后，一场骇人听闻的政治风暴终于爆发出来。

焚书坑儒

就在卢生他们逃走前不久，朝廷里面发生了一场惊天风暴。

秦国一向以法家立国，统一天下以后，各种流派的人物都到朝廷里来谋求官职，希望皇帝能接纳自己这个流派的学说。

朝廷里的老牌贵族，比如李斯等人，感到这些新来的竞争对手是严重威胁；新来的人们也很不服这些老牌贵族。双方各有各的算盘，表面上共同辅佐君王，背地里暗流涌动。

公元前213年的一天，始皇帝举办宴会，召集各派学者赴宴。

宴席上，大家都想尽办法讨好皇帝。

仆射周青臣上前向始皇帝祝寿，献上一篇精心准备的奉承话："当初秦地不过千里，依靠陛下之圣明，成功平定海内，放逐蛮夷。当今之世，日月所照，莫不宾服，天下久无征战，人人安乐。陛下功德传之于万世，自上古以来历代贤君不及陛下之威德也。"

一番话连吹带捧，说得始皇帝心花怒放。始皇帝一挥手便赏赐他大堆财宝。

当世名儒淳于越也在座，他见到这情形，也走上前，开始自己的表演。

他说道："当年周武王分封子弟和功臣为诸侯，天下诸侯携手拱卫周天子，因此才有了周室八百年江山。如今陛下威加于四海，自家子弟却沦落为平民，万一哪天陛下身边出现一个田常，谁来替陛下讨伐逆贼呢？凡事不效法古代就很难成功，请陛下三思。"

淳于越是齐国人，对于"田氏代齐"的故事有深刻印象。他这番话是在提醒始皇帝，废除分封制以后，天子失去了诸侯的拱卫，一旦遇到田常那样的乱臣贼子，政权就很容易被颠覆。

这番话正好说中了秦朝政治体制中的一个致命缺陷，始皇帝如果足够清醒的话，一定会马上对淳于越青眼有加，所以这是很高明的邀宠技巧。

不料，当初消灭六国以后，秦国朝堂上已经对实行分封制还是郡县制进行过激烈辩论，最终认为分封制是导致天下大乱的祸根。现在淳于越又来翻这篇老皇历，始皇帝顿时觉得他不识时务，这下拍马屁很不幸地拍到了马腿上。

而且秦朝君臣向来都有改天换地的气魄，对于儒生那套厚古薄今的迂腐言论很看不上。淳于越公然提出"以古为师"，让一干君臣心里都不是滋味。

但始皇帝也没有当场扫他的面子，只是淡淡地说："这个问题不必多言，日后慢慢讨论。"

宴席散后，其他人还好，李斯他们一群旧臣却都紧张起来：那些儒生公然挑战基本国策，这是要准备夺权了吗？皇帝又不置可否，让人猜不透他老人家真实的态度。万一皇帝真的被他们忽悠过去，我们这些老臣怎么办？

必须立即防止这种情况出现！

所以，老臣们推举李斯出面，第一时间向始皇帝上了一份奏折。

这份奏折里，李斯严厉驳斥儒生厚古薄今的观点，指出现在时代不同了，皇帝之圣明前所未有，不必效法古代的制度。那些儒生泥古不化，妄议朝政，罪不可恕！

李斯更进一步指出：儒生们之所以敢质疑现在的制度，是因为战国以来各种思潮并涌，一直到现在都没能有一个统一的主流思想。要解决这个问题，就要统一思想，把跟现在的国情不合的那些书全部烧掉！

事情出乎意料地顺利，奏折一递上去，很快就收到始皇帝的批复——"准予执行"。

史上最大规模的文化浩劫就此来临！

按照李斯他们的提议，所有跟当今主流思想不符合的书都要禁掉。首先就是儒家经典《诗经》和《尚书》，以及诸子百家的著作。

接下来就是史书。除了秦国自己的史书以外，各国史书一概焚毁，包括晋国的《乘》、楚国的《梼杌》、郑国的《志》都没能幸免。由于当时各国史书都藏在官方的图书馆里面，没有流传到民间，一旦被毁就永久失传了，导致无可挽回的严重损失。

最终，除了医药、农业、占卜这些不涉及思想的技术类书籍以外，其他类型的书籍全部被官方禁止。

朝廷发布的禁令异常严厉，要求民众把手里的藏书主动交到官府去烧毁。敢藏书不交的，杀！私下讨论这些书的内容的，杀！以古非今者，杀！官员敢知情不报的，杀！

经过这一连串彻底的清洗，民间藏书基本都被焚毁了。只有少数胆子特别大的人偷偷把书藏在墙壁夹缝等隐蔽角落，这些书才勉强躲过一劫，为后来的文化复兴留下了珍贵的种子。

到这时候，很多图书在官方图书馆里面还有保留。但后来秦朝覆亡以后，咸阳遭到屠城，官方机构全部被焚毁，这些图书也没能保住，包括仅存的秦国史书。秦朝之前的文化因此遭到最彻底的毁灭，历史记录也形成断层，留给后人无尽的遗憾。

毁书的事情在秦国历史上并不是第一次。秦国历来就是一个对文化压制特别严厉的国家，早在商鞅时代就有焚书的举动。但之前不管怎么打压文化发展，都只能局限在秦国范围内；而这一次焚书，发生在秦国统一天下之后，对整个华夏民族的文化造成了毁灭性打击，也成为始皇帝最让后人指责的一项暴政。

焚书之后不久就发生了卢生逃亡事件。始皇帝羞怒交加，下令在咸阳全城搜捕术士。被捕的术士相互牵扯，咬出更多嫌犯，导致迫害范围迅速扩大。

公元前212年，秦朝政府在咸阳抓捕"妖言惑众"的术士460余人，随后把他们全部坑杀。这件事跟焚书事件合称"焚书坑儒"。

这次屠杀留下了数不清的谜团，到底杀了多少人？杀的是什么人？这些都有争议，甚至有说法称后来还进行过一次秘密坑儒，杀的人更多。

最大的疑问还是：杀的到底仅仅是术士，还是包括了儒生？这一点直接关系到对"坑儒"事件的评价。

"坑儒"的起因是始皇帝发现术士们在欺骗自己。这样推测起来，坑杀的应该基本上是一群罪有应得的骗子，如果真是这样的话，坑儒命令倒可以理解。

但后人普遍认为坑儒事件的受害者也包括很多无辜的儒生，如果是这样的话，这次事件就是一次灭绝人性的迫害，跟焚书一样，都是对文化的严重摧残。

不管是哪一种情况，"焚书坑儒"都仅仅是文化领域的暴政，对当时的老百姓影响不大，对国家稳定也没什么威胁。毕竟当时的老百姓最关心的还是能不能吃饱穿暖。真正威胁到他们的，是阿房宫和长城那样的超级工程。无休止的徭役才是老百姓的噩梦，大秦帝国的崩塌也将会从那里开始。

第二章　大厦将倾

从奴隶到高官

　　始皇帝做事坚毅果决，冷酷无情，但太子扶苏是一个心地仁善的人，他看到焚书坑儒的暴政，非常担忧，向自己的父亲进谏说："现在天下初定，杀害这么多儒生恐怕引起人心不稳，还请父皇开恩，饶他们一次。"

　　始皇帝没想到第一个公开反对的人竟然是自己的儿子。他怒不可遏，立即把扶苏发配到北方的上郡，让他跟蒙恬一起守卫边疆去了。

　　这是始皇帝一生中犯的最严重错误之一。

　　废除分封制以后，中央政府缺少诸侯的拱卫，本来就势单力薄，现在始皇帝又把自己的继承人撵走，整个权力中枢就剩下他一个人在维持了。空出来的位置一定会有人来填补。

　　就在始皇帝当政的这些年，一位居心叵测的阴谋家已经潜伏到了他身边……

　　赵高的家族是秦朝皇室的远亲，血统极其高贵。按理说，他的人生本来应该一帆风顺。

　　但他们家的人不知道犯了什么罪，遭到抄家的严厉惩罚。赵高的父亲下落不明，母亲受刑以后被发配到宫中为奴，赵高他们几兄弟就出生在宫里。

　　因为这样的出身，后人猜测赵高和他的兄弟们可能从小就被迫当了太监。

奴隶的后人也是奴隶，赵高从小就身份卑贱，在宫中受尽欺侮，他的童年是非常凄惨的。

我们不知道他的内心是不是对这个国家充满仇恨，至少从他后来的所作所为来看，他在千方百计地毁灭这个国家。

同时，他又是个无比聪明的人，拥有冠绝当世的才智，在那样恶劣的环境中，竟然成长为学富五车的一流人才。

他是秦朝最伟大的书法家之一，跟李斯齐名。他也是文字方面的专家，他编纂的《爰历篇》是官方指定的识字课本。这都不算什么，他真正的专长是在法学方面，他是当世顶级的法学专家，对秦朝刑律有深刻研究。秦朝以法家立国，最需要赵高这样的人才。

同时，赵高作风坚韧，行事果决，做人做事极端严谨。他的出色才干引起了始皇帝的重视，在二十岁刚出头的年纪就被选派到皇帝身边任职。当时始皇帝刚刚亲政，正在用人之际，赵高在刑律方面的深厚造诣对他非常有帮助。从那以后，赵高就成为始皇帝身边最得力的助手之一，伴随了始皇帝执政的整个阶段，在漫长的年月里，他被锤炼成一位精于世故的官场老手。

再后来，他被提拔为中车府令。这是管理宫中车马的官职，负责为皇帝准备出行的车马，有时候也亲身为皇帝驾车，同时还兼职掌管皇帝的印玺，相当于皇帝的司机兼秘书。这个职位名义上不高，但属于跟皇帝最亲近的职位之一，隐形的权力非常之大。

另外，中车府令手下统领着一帮"大内高手"——这一点似乎暗示，赵高本人也有相当高的武力，是文武双全的奇才。

同时，把赵高放到跟自己如此亲密的位置上，也说明了始皇帝对赵高的赏识和信任。

从那以后，赵高便一直活动在权力中枢周围，文武百官办事都得来求他，皇帝发布的命令也要从他手上过，他的手也就伸得越来越长，于是他逐渐成为帝国最有权势的人物之一。

就在赵高的权焰越烧越旺的时候，太子扶苏被赶出了京城。从此以后，扶苏被强制隔离在权力中心之外，跟文武百官越来越疏远，培植自己的势力更是绝对不敢想的事，甚至连朝廷里最新的情况他都没法了解了，只能在遥远的边关苦苦等待父皇的赦令。

太子的地位已经被严重削弱，大家心里的皇位继承人形象也逐渐模糊了。反倒是赵高天天忙前忙后，一直受到大家关注，成为炙手可热的政治明星。

始皇帝把自己的儿子赶到外地，却把一个居心叵测的阉人留在身边做自己的左膀右臂，等于把帝国的权柄从自己儿子手上抢走，交给一个外人，让他跟自己一起掌管国家，这背后潜藏着巨大的危机。可惜晚年的始皇帝一门心思都扑在求仙上面，没能注意到这显而易见的危险。

不过赵高也不是没有对手，朝廷里的蒙氏兄弟就是他最大的威胁。

蒙氏家族是秦国煊赫的将门。最早的时候蒙骜就是秦国大将，当年信陵君联合六国攻秦的时候，主要的对手就是蒙骜。后来蒙骜的儿子蒙武跟王翦一起消灭了楚国，是秦灭六国的主要功臣之一。

蒙武有两个儿子在朝廷里任职：一个是蒙恬，作为大秦帝国最优秀的将领，曾经在北方大败匈奴，又主持修长城，后来一直在上郡担任边防官；另一个是蒙毅，他也拥有过人的才干，也受到始皇帝的高度赏识，一直在始皇帝身边供职，始皇帝不管去哪里都把他带着一起。

这两兄弟一文一武、一内一外，分别掌控着帝国的内政和军事，合起来是一股非常强大的政治势力。

赵高跟蒙氏兄弟的仇怨也是由来已久了。当年他刚刚上位不久，不小心犯了罪，落到蒙毅手上，蒙毅判他死刑，还是始皇帝要求赦免，才把他救了下来。赵高因此对这两兄弟的势力非常忌恨。

后来赵高跟蒙毅都成为始皇帝贴身的权臣，短兵相接的竞争关系更是让赵高对蒙毅切齿痛恨，一心想要除掉他们两兄弟，但他又暂时找不到机会，只能忍着。

他是一个野心极大的人，不会满足于在皇帝身边当个近臣，他要的是权倾天下、位极人臣。

始皇帝对于赵高的才干非常欣赏，也完全相信他的忠诚，所以到晚年的时候就让赵高去教自己最小的儿子胡亥学习律法知识，赵高因此又成为胡亥的近臣。始皇帝有二十多个儿子，最宠爱的就是胡亥。胡亥天性冷酷残暴，跟赵高正好臭味相投，两人迅速勾搭到一起。

到这时为止,始皇帝都没有发现赵高的狼子野心,还真的以为给自己的儿子找了个好老师。

胡亥虽然受宠,但毕竟前面还有个太子扶苏,他只能小心谨慎地做人。赵高当然更不敢乱来,因此表面上看来两人都是循规蹈矩的人。直到"焚书坑儒"事件过后,扶苏被赶出京城,胡亥和赵高这对主仆才开始动起歪脑筋来。

要是把太子扳倒,让胡亥上位,自己岂不是就有机会掌控朝政了?那时候赵高可能已经有这种想法了。

他在等待机会,准备雷霆一击。

机会来得比想象中早得多。

不祥之兆,天下将变

晚年的始皇帝越来越急躁,这么多年寻访仙药却是一场空,他眼看着自己年岁渐长,身体也越来越差,开始担忧:长生不老的梦想真能实现吗?也许自己也要面对生老病死的问题?

他极度恐惧,极度苦闷,甚至禁止任何人跟他提到"死"这个话题。但死神仿佛故意要气他,他越是回避,越是发觉到处都在冒出不祥之兆。

从焚书坑儒过后,各地就不时出现一些神神道道的怪事。

据说,公元前211年的一天,天空出现"荧惑守心"的异象,随后有一颗流星坠落在东郡。人们在流星坠落的地方发现一块陨石,上面刻着"始皇帝死而地分"几个字。当地官员惊恐莫名,不敢隐瞒,赶紧报告给朝廷。

始皇帝听说以后大发雷霆,认为这是有人故意在诅咒他,于是让人去调查是谁刻的这些字。结果查来查去都找不到元凶,他只好下令,把当地周围住的居民全部处死,把那块陨石烧成灰烬。

但始皇帝心里还是很不舒服,又让人作了许多歌颂神仙的乐曲,出游的时候让乐工跟在自己身边演奏,这才觉得心里安定了一些。

没多久,一名朝廷使者从华阴县经过,半夜在华山脚下的小道上被一个怪人拦住,怪人递给他一块玉璧,告诉他:"帮我转告滈池君,'今年祖龙死'。"(滈池是咸阳附近的一座湖泊,滈池君是指滈池的水神)说完就不见了。

使者回到咸阳以后报告了这件事，并把玉璧呈上去。众人一看，发现这就是泰山封禅那一年，始皇帝过江的时候投到江里祀神的玉璧。大家十分震骇，聚集在朝堂上议论纷纷。

始皇帝勉强保持镇定，说："不过是华山的山鬼而已，都说山鬼只能知道一年之内的事，有什么好怕的。"

退朝以后，始皇帝却忧心忡忡地对下人说："'祖'字当作'始'字解，'龙'为君象，'祖龙'莫非是指朕？"说完连续很多天都闷闷不乐。

最后只好找巫师来占卜。占卜的结果显示，需要"游徙"才能免灾。"游"是指皇帝出巡，"徙"是指迁徙民众。为了顺应这个卦象，始皇帝索性两件事一起做。

当年晚些时候，始皇帝下诏，迁徙三万户人家到北河、榆中，所有移民赏爵位一级。本来他还想马上出巡避祸，但转念一想，山鬼说"今年祖龙死"，看来今年出门很危险，说不定被人暗杀都有可能，索性拖上几个月，挨到明年再出游。

从那之后的一段时期，始皇帝都在提心吊胆中度过。勉强挨过了后面几个月，终于来到第二年，其间什么灾祸也没发生，自己也还好好地活着，看来山鬼的预言已经被破解了。

公元前211年十月（秦朝历法以每年的十月为一年的开始。例如："秦始皇三十七年"，相当于公元前211年十月到公元前210年九月），新年刚过，秦朝君臣就开始了新一轮出巡。

出发之前，胡亥强烈要求带上他。始皇帝不忍心扫他的兴，便答应了，再带上赵高、李斯、蒙毅等一干近臣，浩浩荡荡地出发了。

这次出巡规模异常庞大，游历的地方也非常多，把整个帝国东部都转了一圈。

至于出巡的具体过程，无非就是四处拜神祭鬼，刻碑立石，彰显自己的功德而已，跟以前历次巡游也没什么区别。

游历了半年以后，这支庞大的队伍从曾经的越国首都会稽出发，沿着海边，一路向北，又一次来到琅邪。

始皇帝还是牵挂着仙药的事，这几年听不到徐福的回报，他始终不死心，所以特意来查问。

徐福一直躲在琅邪民间，听说皇帝又来了，感觉实在躲不过去，只好主动出来叩见始皇帝。

始皇帝责问他怎么还没把仙药带回来。

徐福伏在地上，战栗着说："仙药其实好找，但要登上蓬莱岛很难。海中有一种大鲛鱼，能够倾覆船只，微臣出海很多次都被这种大鱼给阻挡了。所以需要皇上降旨杀死大鲛鱼，微臣才能出海。"

大鲛鱼就是鲨鱼，海中哪里没有鲨鱼？怎么可能除得尽？徐福编造这种谎话就是故意为难始皇帝，希望能多拖延一些时间。

不想始皇帝前几天晚上正好做了一些奇怪的梦，梦到自己跟海神作战。他召手下的博士来解梦。博士说："海神自己不会出现，要做什么事，都是派大鱼和蛟龙去办。皇上是天命所在，这海神敢来阻挡皇上，必定是个恶神。皇上可以派人用连弩射死大鱼，就能把恶神驱散了。"

始皇帝把两件事连起来一想，那些大鲛鱼不就是海神派来阻挡自己的吗？于是他马上发布命令，让当地一些有经验的渔民带上捕鱼的装备跟着自己出游，再让士兵带着连弩跟随在自己身边，见到大鲛鱼就射死。

这支浩大的船队从琅邪一直往北，行驶到荣成山都没找到鲨鱼。最后终于在芝罘的海上发现一条鲨鱼，用连弩射死了。

这下徐福无话可说，只好再次申请一大笔钱粮，又带着童男童女出海去了。看着远去的白帆，始皇帝心里空空的，有生之年，他真的能等到仙药吗？也许只剩下渺茫的希望了。

这支巡游队伍随后向内陆走去，准备返回咸阳。

公元前210年七月，这支队伍到达赵国故地沙丘。这里是当年赵武灵王殒命的地方，后人都说，这个地方对帝王不利！

一场剧变即将发生。

沙丘之变

刚到平原津、快到沙丘的时候，始皇帝却突然病倒了。他认为是自己在会稽祭神的任务没完成，触怒了神明，所以赶忙派蒙毅返回会稽去重新祷告。

但"神明"似乎并不理睬始皇帝的一片诚心，他的病情在几天之内急剧恶化，到达沙丘的时候已经非常严重了，无法再继续游幸。

始皇帝感到自己很难康复了，终于放弃了长生不老的梦想。他匆忙写下一封诏书，让人送到上郡去，召太子扶苏回咸阳主持丧事并且继位。

这几年始皇帝跟朝臣们隔离的恶果这时候终于显露出来了。这时始皇帝身边只有胡亥、赵高、李斯几个心腹，其他人对皇帝的情况完全不了解，甚至都见不到皇帝的面。咸阳那边的朝臣们对沙丘这边的情况更是一无所知，谁也不敢主动去问，因为大家都知道皇帝最恨别人过问他的行踪。

胡亥、赵高这对主仆蓦然发现，一个天大的机会落到了他们面前——现在皇帝发布的一切命令都要从他们手上过，他们说的话就是圣旨，没人可以质疑。

两人胆大包天，竟然把始皇帝的诏书扣下来，等着始皇帝驾崩。（史书上记载这一切都是赵高的阴谋。但显然，没有胡亥的支持，赵高没那么大能耐，而且从后来胡亥的作为来看，他并不是心慈手软的人。所以我们可以推测，胡亥也是当时的主谋之一。）

在外界完全不知情的情况下，始皇帝的病情急剧恶化，很快就死在了行宫里。

李斯考虑到，现在太子被放逐在外，皇帝在外地驾崩的消息一旦传开，会引起天下动荡，所以他跟胡亥、赵高等人合谋，把消息瞒了下来。

这几个人把始皇帝的遗体放在辒辌车里面，每天依然装模作样地带领官员们去辒辌车前面奏告国事，给皇帝的饭菜也都按时送进去，朝廷仍然按照惯性正常运转着。

胡亥、赵高紧张地谋划着篡权夺位的事。现在的关键人物是李斯，只要能说动李斯跟自己合谋，事情就成了一大半。

李斯并不是正义凛然的人物，胡亥和赵高不知道用什么手段，很快就把他拉拢过来了。三人结成同盟，赵高掌管印玺，李斯有丞相大权在手，胡亥是皇帝身边唯一的皇子，三人联手把朝政接管过来，对文武百官发布了一份假诏书。

假诏书以始皇帝的名义，宣布立胡亥为太子，同时严厉斥责正在守卫边关的扶苏和蒙恬，命令他们两人自裁。三个奸人让使臣即刻把"诏书"送去上郡。

其他官员们都被蒙在鼓里。秦朝法令极其严厉，谁敢质疑皇帝的圣旨？所以没人怀疑这封诏书的真实性。

上郡那边，扶苏骤然收到使臣送来的诏书，听说父皇赐自己自尽，惊得目瞪口呆。蒙恬觉得整件事疑点太多，劝扶苏先不忙自杀，建议他向皇帝申述一下，看看那边怎么回复。

可惜扶苏是个极端重视忠孝的人，甚至到了迂腐的地步，在如此命运攸关的紧要关头，他没有任何反抗的意志，只是喃喃地说："父赐子死，怎么可以抗拒呢？"说完便自杀身亡了。蒙恬抗命不从，被使者抓走，囚禁在阳周，等候胡亥发落。

这样的结果反而说明扶苏的确不是一个合格的领袖人物，政治手腕比他弟弟胡亥差远了。

扶苏的死帮助胡亥除掉了他夺权路上最大的障碍，现在已经没有人可以阻挡他登上大位了。

他让人传下命令，声称銮驾要回宫，带领文武百官的车队开向咸阳方向。

当时已经是夏天，始皇帝的遗体很快就发臭了，胡亥他们特地找来许多鲍鱼装在车上，以掩盖辒辌车里浓重的臭味。

车队从直道返回咸阳，赵高等人向天下宣告了始皇帝的死讯，并由胡亥主持丧事。群臣战战兢兢，俯首听令。胡亥在始皇帝灵柩前即位，称为秦二世。

至此，大局已定，一个超级帝国的权力交接，就以这样如同儿戏的方式完成了。而赵高作为胡亥夺位的主要功臣，受到新皇帝的重用，从此在朝廷里呼风唤雨，成为头号权臣。

蒙恬是帝国的顶梁柱之一，二世本来想赦免他，但赵高不肯放过这个政敌，他向胡亥进谗言："先帝很早以前就想立您为太子，蒙毅却坚决阻拦。"

这番话戳到了二世的痛处，所以等蒙毅从会稽返回咸阳以后，二世就把他抓起来，随后下诏赐死。

蒙毅一死，蒙恬当然也不能留了，二世随后又派人到阳周把他赐死。

二世刚刚登上大位就杀掉了两名朝廷元老，等于灭掉了一个煊赫的将军家族，废掉了帝国一支重要的军政力量。这样的做法，已经明显显露出他性格的两个方面：残暴和昏庸。

秦朝高度的中央集权这时暴露出一个严重缺陷：最高权力掌管者一旦走上暴政的道路，就没有人能够阻挡，只能眼睁睁看着他伤害国家。

以赵高的才干，他完全可以看出二世的做法是在自伤自灭，但他不仅不谏诤，反而推波助澜，用自己的全部能量把这个国家推向覆灭的深渊——当然，也可能这本来就是他的目的。

这个奸相随后将会亲自向天下人示范：当一个拥有绝高才干但心术不正的人物掌握了权柄以后，会有怎样可怕的后果。

暴君秦二世

秦二世生性残暴，以前有父亲和兄长压制着，不敢乱来，现在他自己掌握了最高权力，再不受任何人制约了，他性格里面残忍暴戾的一面终于完全爆发出来了。

他即位以后第一个任务是操办始皇帝的葬礼。

从始皇帝当政的早期，骊山的陵墓就开挖了。现在到了总体完工的时候，时间非常紧迫，以至于把阿房宫的建筑工作都暂停了，把那里的民夫们赶过来加入修筑陵墓的行列。

骊山陵墓是秦朝的超级工程之一，需要耗费巨大的人力，最多的时候征发了七十万刑徒同时开挖，一直挖到地下泉眼的位置，然后用熔化的铜水灌进去封牢，再把棺椁放下去。

地宫里排好百官的位次，装满全天下的奇珍异宝；用水银灌注成江河百川的形状，由机械驱动运行；宫室顶部绘着天文星相图，地上是山河地理图；再用海里人鱼的脂肪炼油作蜡烛，可以燃烧很多年都不会熄灭。

始皇帝下葬的时候，秦二世还下令，让始皇帝后宫中没有儿子的姬妾全部殉葬，因此被杀的人不计其数。

墓葬里的财宝太多，为了避免泄露其中的机关，在葬礼结束后，二世让人把工匠们和修墓的奴隶们全部关在了陵墓最外层的墓道里。

骊山陵墓耗费了巨大的国力，现在总算全部完工了。就在大家都松了一口气的时候，秦二世发令，开始修筑自己的陵墓。另一场恢宏的超级工程又拉开了帷幕。

不仅如此，他还下令继续修筑阿房宫。阿房宫从始皇帝末期开始修筑，现在才刚刚完成一座前殿，还剩下海量的工程，一旦重启，又是天下民众的一项沉重负担。

秦二世跟始皇帝一样，丝毫不顾及民力。

他从全国征调五万名雄健的士卒来咸阳，让他们操练弓马，以后作为咸阳的戍边队。如此众多的卫兵，加上训练用的狗、马等动物，需要消耗巨额粮食。咸阳仓库里的粮食不够吃，就从周围的郡县调用。从那以后，四周郡县向咸阳运送粮食的车队便络绎不绝。

为了防止运粮的民夫偷吃粮食，秦朝政府规定，民夫们出发之前都要带上自己的口粮，并且咸阳周围三百里内的百姓都不允许吃这些粮食。仅仅这一项政策，就让咸阳四周的民众全体陷入饥荒之中。

在独裁者眼里，民众的地位甚至还比不上禽兽，他们能不能活下去根本就不是需要考虑的问题。

与此相对应的，是独裁者对于自己的身家性命的极端爱惜。

秦二世刚一登基，就对大臣们说："朕年纪太轻，现在坐上这个位子，怕服不住黎民百姓，所以需要学习先帝的经验，巡行天下，威服海内，让百姓归附。"

当年春天，二世开始了他的第一次出巡。

他完全模仿始皇帝的做法，带着赵高、李斯等近臣和庞大的随行队伍，从咸阳一路向东，到达海边的碣石，然后又向南，到达会稽，把当年始皇帝常去的地方都走了一遍。

他也不忘刻石立功，每到一处，就找到当初始皇帝立的石碑，在上面再加上一些文字，更进一步宣扬始皇帝对天下黎民百姓的巨大恩德。

始皇帝刻的内容已经够烦琐了，二世皇帝恨不得再对其中的每一个字加上自己的注解。

回到咸阳以后，秦二世觉得自己已经完成了接掌权柄的仪式，可以尽情享受一下人生的乐趣了，就跟赵高谈到自己的想法。他说："人生在世，犹如白驹过隙，朕已经君临天下而富有四海，以后想要穷尽耳目之娱，享尽人间繁华，爱卿以为如何呢？"

赵高心肠歹毒无比，趁机进言："当然可以！声色之娱本来就是君王应该享受的，只有那些昏君才不配，贤明的君主多享受一些完全没问题。不过呢，现在还有一个麻烦需要处理。上次我们在沙丘的计谋，陛下的兄长们和先帝的大臣们都有点怀疑。这些人可都不好对付哪，他们一直心怀怨毒，准备伺机发难。微臣因此整天提心吊胆的，生怕出事。陛下要是不除掉他们，恐怕暂时还不能任意享乐。"

二世转念一想："倒也是，这的确是个大麻烦。"就问赵高该怎么办。

赵高想也不想就回答："这好办。陛下可以派官吏去好好地查一下这些人，先从诸位公子以及先帝的大臣们查起，只要查出一点差错，就抓进监牢，然后实行连坐，把这些人一锅端。然后再从下边提拔新的官员上来，新上来的官员都会感激陛下的恩德，这就把自己的亲信给培养出来了，陛下也就可以高枕无忧了。"

二世觉得这计策不错，赞不绝口，当即发布命令开始施行。

一场恐怖的血腥风暴从最高权力中枢刮了出来，席卷了咸阳城，乃至整个帝国疆土。

倾覆帝国的大屠杀

大屠杀密集上演。

二世派出的密探们分头出发，走遍了咸阳的每个角落，查访诸位公子和大臣们的所作所为。酷吏们夜以继日地罗织罪名，只要稍微有一点可疑的地方，就马上把人逮捕下狱，严刑拷打，然后根据这些人招供的结果再抓捕更多的人。

其中抓捕的主要目标就是二世的兄长们。扶苏已经被赐死了，现在轮到始皇帝的其他儿子们了。

很快，第一批名单出来了，共有六名公子被逮捕。他们都是二世的亲哥哥，真正的帝王世胄。二世毫不留情，把他们一起擒拿到杜邮，全部杀掉。杜邮是当年白起被秦王赐死的地方，二世这是在替白起报仇吗？只能说，暴君的心理活动不是常人可以理解的。

接下来是第二批，官方机构一次性抓捕了十二名公子，当众斩杀在咸阳闹市区。在老百姓的围观中，赵氏皇族的鲜血染红了咸阳城。

二世不仅杀了自己的哥哥们，连自己的姐妹们也不放过。他让酷吏们大肆抓捕公主，一次性把十名公主磔杀在杜邮。磔刑类似于凌迟，把死者尸体剁碎，极端残酷。可怜金枝玉叶，沦为杜邮血泥。

按理说公主们怎么也威胁不到二世的统治，他的做法不像政治迫害，倒更像是在报复自己的家族。为什么会这样呢？无法解释。

如果实在找不到罪名怎么办？公子将闾三兄弟就是例子。他们三人平时为人很谨慎，狱吏想尽办法也找不出他们犯罪的证据，只好先把他们关在宫里。

等其他公子们都被杀掉以后，二世派人来责难他们，说他们"违背臣节"，当自裁。将闾义愤填膺地回答："宫中的礼节，我从来没有不服从；朝廷里的礼制，我从来没有违反；奉命对答，我也从来没有说错过。怎么能说我失臣节呢？就算要杀我，也请告诉我真正的罪名。"

使臣说："在下只是奉命行事而已，公子请自裁。"

将闾三兄弟对天高呼："吾无罪！"然后拔剑自刎而死。

最后只剩下公子高了。他看到兄弟姐妹们都被杀了，想逃走，又怕连累妻儿，只好主动向二世上书，说："先帝待臣恩重如山，臣自愿从先帝而死，请求葬于骊山之下。"

二世大喜，下令赏赐他十万钱安葬费用，恩准他陪葬在骊山。公子高只能自尽身亡，保全了一家老小的性命。

其他获罪而死的王子公主们就没那么幸运了，他们不仅自己身亡，爵位被削夺，家族被牵连，连跟他们关系亲密的官员们也一同获罪。每一个王子或公主倒下的同时，都有一大片政治势力随之覆灭，大秦帝国的柱石因此一根根坍塌了。

二世随后又对始皇帝留下的老臣大开杀戒，整个政府班底被连锅端，甚至连右丞相冯去疾和将军冯劫都被逼自尽身亡。

这一场政坛大屠杀几乎将始皇帝家族灭门，包括扶苏在内，史书上有记载被杀的王子、公主就有三十三人。当年秦始皇灭六国杀了六国许多王孙公子，却哪里想得到，自己子孙的下场竟然比六国王孙更惨。

而这一切，都是由始皇帝生前最宠爱的儿子亲手造成的。

这个胡亥，他的昏庸残暴完全超越了人类正常的思维。他用尽毕生精力替六国王室"报仇雪恨"，把自己的家族赶尽杀绝，也把自己手上的大秦帝国推下了万劫不复的深渊。

这种政治大清洗对国家的伤害是极其猛烈的，帝国上层全体被屠戮，等于把一座大厦的柱子全部砍倒了，这座大厦怎能不倒？

何况大厦的地基本来就扎在一座活火山上，地底的熔岩正在汹涌地翻滚着，等待一次猛然喷发的机会。

建陵墓，筑阿房宫，筑长城，修驰道，开拓塞北和岭南的疆土……每一项工程都需要耗费几十万的人力和数不清的财富。无休止的徭役和骇人的税负压在帝国每一个百姓的肩头，已经远远超过了他们的承受能力。更何况从血腥的战国乱世到现在才过了十几年而已，天下根本还没从战乱中恢复过来，伤痕累累的百姓能有多少油脂供掌权者压榨？

公元前209年，秦二世登基短短一年时间，全国上下陷入混乱。从关中到岭南，饥荒席卷了帝国的每一个角落；从王孙到奴隶，所有人都在刀锋下恐惧地颤抖；从豪绅到贫民，每个人都怀着无比的怨毒诅咒这个国家。

再不反抗，所有人都要被逼死了！

人们终于揭竿而起，压抑已久的火山顷刻间爆发，战火瞬间烧遍了大秦帝国的疆土。秦失其鹿，天下共逐之，一群星光熠熠的传奇英雄登上了历史舞台！

逐鹿，现在开始！

第三章　群雄逐鹿

大野龙方蛰，中原鹿正肥

农民是一个充满苦难的群体，作为帝国的最底层，他们除了日常的劳作，养家糊口，定期缴纳田赋以外，还需要无偿接受政府的征召，去从事修路、建宫殿、建军事堡垒、戍边等工作，也就是所谓的徭役。

尽管种田已经够辛苦了，真正可怕的却是后面这些政府征召的工作。这些工作没有衡量劳动强度的标准，只要统治者愿意，就可以任意加大工作量，迫使民夫去承担他们根本不可能胜任的繁重任务，最后甚至把成千上万的民夫累死在岗位上。就算勉强活着，他们在今后的很多年，甚至整个余生，都无法再回到家乡。

另外，一个家庭的成年男性一旦被征召去服徭役，就意味着他的家庭失去了一个主要劳动力，家里老弱妇孺的生活会极端艰辛。

正常情况下，大多数农民家庭本来就挣扎在饥饿线上，如果统治者再不体恤民力，无休止地征调农民去服徭役，就会使这些农民家庭陷入饥荒状态。

秦朝末年，这种情况就真真切切地发生了。当时全国服役的农民数量占到人口总数的十分之一，而贵族阶层有许多办法逃避服役，所以农民服役的比例实际上更高。算下来，差不多每户农民家庭都有劳动力被调去服役，于是几乎每个家庭都陷入了经济崩溃状态。

他们绝望而无助，翘首盼望着有人来解救他们。这种情况下，只要有一颗火星落下去，马上就会点燃整个国家。

人们都在急切地观望着，看哪里会点燃第一颗火种。

公元前209年七月，一队民夫受政府征召，从江淮地区出发，去戍守燕地的渔阳。史书上记载，他们的身份是"闾左"，也就是住在贫民窟的贱民。

当时正是深秋时节，走到蕲县大泽乡的时候，遇到连日大雨，道路泥泞，难以通行，九百人在大泽乡停留了很多天。

眼看这样下去要误期了，众人非常着急。秦法严酷，被征召的民夫一旦不能按时到达指定地点，就会全体被斩首。所以误期以后，他们即使走到渔阳，也只是自投罗网而已。（根据近几年的考古结果，这一点存在争议。）

这群人彻底绝望了，大家聚到首领陈胜和吴广周围，商量该怎么办。

陈胜虽然是个普通的农民，却一直有大志向。传说他年轻时被人雇佣去耕田，休息的时候，他跟周围的伙伴们说："以后谁得到了荣华富贵，不要忘了我们这些老哥们儿。"

伙伴们笑着说："你一个佃农哪来的富贵啊。"

陈胜很不屑地说："燕雀安知鸿鹄之志！"

当然，也有传言说陈胜本来是陈国宗室后裔，只是到他这一代没落了而已。

他和吴广算是最低级的军官，这次戍边误期，他们两人要承担主要责任，所以压力比别人更大。现在看到大家来求自己想办法，他把心一横，跟吴广商议："今日横竖都是死，与其等死，不如为国家而死怎样？"

吴广说："天下苦秦久矣！如今朝廷昏暴，民不聊生，大哥您要带头举事，兄弟一定全力响应！"

商量好以后，他们悄悄去找占卜的人算卦，看看这次行动是凶是吉。

占卜的人明白他们的用意，意味深长地说："你们问过鬼神的态度了吗？"

两人恍然大悟。他们这群人都是楚人，楚人自古就特别迷信，很崇拜鬼神，如果用"鬼神"来号召大家，显然效果更好。

于是他们先在一块布上写上"陈胜王"几个字，然后到江边捕鱼的人那里，从箩筐里找一条大鱼，偷偷把这块布塞进鱼肚子里，再派人去找那个渔夫买鱼来吃。

民夫们把鱼买回来，一剖开就看到了里面的帛书，大家都很惊异；吴广几个人再故意大惊小怪地叫起来，这件"怪事"就在营地里传开了。

当天晚上，吴广又带着几个心腹潜出营地，到附近的破庙里点燃篝火，几个人蹲在四面八方的草丛里，学狐狸的声音叫道："大楚兴，陈胜王。"

民夫们个个听得心惊胆战，一夜没睡好。第二天早上，大家都交头接耳地讨论昨晚的事：难道那个陈胜真的有天命在身，要称王了？

人心已乱，可以行动了。当天出发的时候，吴广故意说要逃走，带领他们的将尉被惹火了，拿起鞭子就抽。

以前遇到这种情况吴广都会马上认错，哪知道这次吴广根本不认怂，当场跟将尉打起来，越闹越凶，最后直接夺过佩剑把将尉砍翻在地。

吴广人缘特别好，平时大家都很服他，看到他受欺负，一群铁哥们儿马上围上来帮忙，大家手起刀落，把几个将尉一起砍死。然后陈胜领头，几个铁哥们儿站上山头，对民夫们大声说道："朝廷无道，我们受够了压迫。现在已经超过了去渔阳的期限，就算到了也是死罪。大丈夫与其枉死，不如轰轰烈烈地干一番事业。王侯将相宁有种乎！我们也可以称王称霸，建功立业，杀他个天翻地覆，岂不快哉！"

事已至此，人人都没有退路了，九百位民夫振臂齐呼："愿听大哥调遣，杀他娘的！"

九百人相当于一支小规模部队，陈胜、吴广迅速把大家组织起来，给每个人分配职位，陈胜自立为将军，吴广为都尉，其他人也都安排到各自的岗位上。

他们就在当地设立祭坛，斫木为剑，立杆为旗，把几名将尉的头颅摆在盘子里祭天，然后众人歃血为盟，宣告共同举事。

群雄起草泽，红旗满山川。那一天，大泽乡的沼泽地里欢声雷动，锣鼓喧天，九百名豪气冲天的英武汉子齐齐袒露右肩，对天盟誓——大丈夫取义成仁，便在今朝！

第一颗火种就这样意外降临到大秦土地上。昏庸残暴的秦二世君臣，终于用无休止的横征暴敛，硬生生逼出了一片滔天怒海。

公元前209年，始皇帝统一天下十二年之后，战火重燃，乱世再临。

从陈胜到陈胜王

既然已经举事了，就要认真考虑领导军队的策略。

首先是怎么凝聚人心的问题。

陈胜、吴广略有一点文化，知道号令大家需要立一个精神领袖，就号称自己的领袖是扶苏和项燕。

扶苏就是被赐死的前任太子，他一向以仁德著称，很得人心。民间都传说现在的二世是矫诏篡位的，扶苏才应该是真正的二世皇帝。项燕是战国末年的楚国大将，是楚人心里的民族英雄，大泽乡附近又正好是当年项燕跟秦军大战的地方，流传着关于他的许多传说。用这两个人的名号可以尽量争取秦人和楚人的支持。

陈胜他们就假称扶苏和项燕都没死，现在是这两人带领大家去讨伐暴君，然后打着"大楚"的旗号，轰轰烈烈地杀向周围的县城。

大泽乡在帝国中部，不是军事重地，防御力量很薄弱，县城里面那些昏昏欲睡的官吏和散落在四方的老弱残兵根本没有战斗力，所以起义军势如破竹，迅速攻破了大泽乡以及周围的许多县城，抢到了大量武器、战车和粮草。

这里是楚国旧地，民众都特别恨秦国，陈胜吴广起义的消息一传出来，民众群起而响应，从四面八方赶过来加入义军。起义的队伍像滚雪球一样越滚越大，很快就达到几万人之多，还拥有了几百辆战车，已经是一支十分可观的军队了。

大泽乡往西四百里是陈县，那里是故楚国的国都（还是陈胜吴广的家乡），也是帝国中部的交通枢纽，占领那里意义重大，所以起义军把陈县作为第一个重大目标。

秦朝地方政府已经烂透了，防卫阵线千疮百孔。陈县的几个主要领导都不在当地,只有郡丞带着一些散兵游勇勉强抵抗了一下,很快就败下阵来,义军没有费太大力气便占领了陈县。

这是义军攻克的第一座重要城镇,本来以为会有一场大战,没想到如此顺利,看来秦朝军队的实力根本不怎么样嘛。人们欣喜若狂,感觉前途一片光明。

大泽乡起义的消息很快传遍全国,人民早就在等这一天了,全国各地的民众,特别是楚地民众,纷纷揭竿而起,有的杀掉当地官员,有的甚至由当地官员带领发动起义。暴乱席卷各个城镇,人们冲击府库,抢夺粮食和兵器,地方官员四散逃命,一支又一支义军如同雨后春笋一样冒出来,与陈胜吴广的队伍遥相呼应。

神州大地处处是烽火,秦朝政府根本来不及去扑灭,极短的时间内就失去了对六国故地的控制权。

凭借如此辉煌的成就,陈胜的声誉简直如日中天,陈县的楚国旧势力更是对他佩服得五体投地。陈胜召集陈县的楚国旧势力、德高望重的"三老"、地方豪强等人商议抗秦的事。豪门望族的人们围在陈胜四周,诚恳地对他说:"将军伐无道,诛暴秦,对楚国有再造之功,理应称王。我们代表全体楚人,拥戴将军为楚王!"

陈胜自己也飘飘然的:当年六国抗秦何其艰难,现在自己却轻轻松松就恢复了楚国,看来自己真是天命所归之人呀,那就称王吧。

不料人群中一名锦衣华服的老者大声说道:"不可!现在称王万万不可。"

陈胜斜眼望过去,说话的是刚投到自己手下的陈县人张耳。

张耳是故魏国的耆宿之一,据说他年轻时曾是信陵君的门客,亲身经历过六国抗秦那个战火纷飞的年代。

当初信陵君失势后,张耳游荡到外黄,被当地一个富豪看中,富豪把自己的女儿嫁给他,张耳由此得到一大笔财富,社会地位也高起来了,还当上了外黄县令。

凭借自己的才干,张耳渐渐在当地积攒起一些名气,跟许多名士都有往来。这期间,他认识了他最好的兄弟陈馀。

陈馀也是外黄当地的名人,也是被富豪看中,娶了富家女。他比张耳小几十岁，两人却一见如故，结成刎颈之交。

秦灭六国以后，政府听说魏国有这样两个名士，就悬赏千金捉拿他们，两人只好隐姓埋名逃到陈县，在衙门里当小兵，勉强维持生计。

两人小心翼翼地生活着，不敢得罪任何人。有意思的是，政府抓捕他们的公文发下来以后，他们还接到任务去张贴告示，自己"通缉"自己。

陈胜吴广的义军来到陈县以后，张耳、陈馀大喜过望，赶忙去拜谒陈胜。陈胜听说这两人来投靠自己，也是喜出望外，当即把他们收在自己麾下。

现在陈县的楚国父老们劝陈胜称王，张耳、陈馀却首先站出来反对。他们认为：将军您诛暴秦，为天下苍生立命，人民因此才支持您。现在您刚起事不久就称王，明确暴露了自己的私心，还怎么笼络人心呢？您应该立六国王室后裔为王，让他们去挡秦朝政府的攻击，您自己趁乱攻进咸阳，在咸阳遥控六国诸侯，待时机成熟，再让诸侯拥戴您登基，这才是稳妥的做法。

当然两人还有一个不好说出来的理由："你陈胜是什么人？给地主打工的佃农！往上数八辈你也跟六国王室攀不上关系。你都能称王，天下豪杰谁不能称王？你凭什么服得住他们？"

张耳、陈馀给出的建议相当明智，可惜陈胜听不进去，他已经在众人乱哄哄的吹捧中飘上天了。他一个贫苦农民，祖祖辈辈面朝黄土背朝天的，从来没尝过人上人的滋味，偶然看到九五之尊的冠冕放在自己面前，台下人头攒动，齐声喊着"戴上去，戴上去"，他怎么还能控制得住自己的欲望呢？

张耳那些酸腐书生懂什么？他们做事总是畏畏缩缩的，生怕得罪人，听他们的说法，能干成什么事情？

陈胜不听他们的劝告，就在陈县称楚王（被后人称为"楚隐王"），国号"张楚"。

这是陈胜犯的致命的错误。

乱世中第一个称王，等于竖起一个靶子让人打，张楚政权从此就成为秦朝政府重点打击的目标。

从此义军的性质也悄悄改变了，不再是替人民反抗暴政的仁义之师了，而成了一群好勇斗狠的野心家，他们的所作所为不过是为了抢班夺权，当下一个始皇帝而已。

既然最高首脑都在忙着收割利益，那下面的人谁还不替自己考虑呢？所谓革命不就是为了抢夺财富和美女吗？人们一旦想通了这点，就再也顾不得什么颜面了，该抢就抢，该争就争。

更严重的后果随后出现。

陈胜称王的消息一传出来，六国后裔们都跳起来了：一个泥腿汉子，跟楚国王室八竿子打不着，竟然也敢号称是楚王，凭你也配？——这是六国后裔们共同的想法。

既然你都能称王，我们这些正牌的帝王世胄不是更可以？六国后裔们用实际行动告诉陈胜：王侯将相还真是"有种"。他们纷纷撸起袖子，翻出箱底那些发霉的冕旒，摇摇晃晃地戴上自己的头顶，诏告天下："我们要恢复祖先的荣耀了！"

一场称王大赛随即在神州大地上传播开来，陈胜也无法遏止了。

函谷关破，关中危急

沉浸在称王的喜悦中的陈胜丝毫没有察觉到形势的变化，他继续按照自己的计划攻城略地：以陈县为中心，向四方出击，继续抢占秦朝政府的地盘。

义军最大的进攻目标当然是咸阳方向，陈胜派出三支军队，从三个方向攻向关中。

第一支军队由吴广带领，向西北攻打韩国旧地荥阳城。荥阳位居天下中心，是西进关中与东出中原的门户，当年就是秦国与山东六国争夺的主要据点，现在则是秦朝政府控制东方的大本营。荥阳东北部更有秦帝国最重要的粮食储备基地——敖仓。

占领了荥阳，就相当于卡住了整个帝国东部的咽喉，把秦朝政府的力量封死在了西方，同时向西能直逼函谷关，威胁关中地区。因此，荥阳是义军重点夺取的目标。

第二支军队则由宋留带领，向西南攻打南阳——故楚国的北大门，然后再向西攻打武关。武关背后是丹江通道，这是进入关中的另一条道路。公元前312年，楚怀王的军队就是从这里突进，直打到咸阳附近的蓝田，吓得秦国人心惊肉跳。

陈胜麾下显然有军事专家指导，这样的进攻路线基本上复制了战国时代合纵攻秦的战略意图，可以说完全正确。

但正确的决策未必就高明。陈胜能想到这样的战略，秦朝政府当然早就想到了。荥阳作为军事重镇，向来有重兵把守，现在守城的是李斯的长子李由，他手下是帝国的精锐之师，可以说秦朝政府把很大一部分资源投在了这里。

吴广只是个普通农民，可能认得几个字，能懂什么军事理论？何况他又是第一次带兵打仗，他手下也是初次上战场的一帮农民，都没有战斗经验，一旦遇到帝国的正规部队，马上就现出原形了。

义军把荥阳城团团包围，却找不到突破口。城里的李由也不着急，慢慢拖着，等待关中援军的到来。

一旦关中的帝国主力来到，荥阳城外的农民军就危险了！

同时宋留那边也遇到了麻烦，他虽然打下了南阳，随后却遭到重重拦截，迟迟推进不到武关。

陈胜看到这情形，赶紧改变战略，派出第三支军队。这支军队由周文率领，绕开荥阳，直接向西杀奔函谷关。

函谷关是关中的门户，是秦朝政府必须守住的关口。但意外的是，这里的防守并不严密。

周文的军队到函谷关下一看，大喜过望。周文曾是春申君的门客，春申君是当年合纵攻秦的领导者之一，所以周文在他手下可能也学到了不少兵法。周文见到秦朝政府暴露出如此严重的漏洞，当即指挥军队猛攻，在很短的时间内就攻破了函谷关。

十万大军，千辆战车，挟着雷霆万钧之势杀进关内，直扑咸阳，关中震动！

函谷关本来是天下最坚固的屏障，当年六国合纵攻秦，每次都被挡在函谷关以东，孟尝君、信陵君、春申君都在这里吃尽了苦头。现在仓促组建起来的农民军，竟然很轻松就破关成功，秦朝政府和农民军自己都感到极度惊讶。

大秦帝国的防线为什么会被腐蚀得如此严重呢？这还多亏了二世和赵高。

自从挑唆秦二世展开大清洗以后，赵高就把持了朝廷里的大权，朝廷里都是他的人马，跟他意见不合的官员全都被挤走了。他的兄弟赵成当上了中车府令，女婿阎乐则被任命为咸阳令。

赵高继续忽悠皇帝，他对二世说："陛下天天跟朝臣们议事，万一出错，会损害陛下自己的威仪，何必呢？依臣的说法，陛下根本不用自己出面，让微臣代理朝政就可以了。"

二世不知道是确实糊涂，还是自己想偷懒，听到赵高这篇鬼话竟然点头称是。从此以后他就整天窝在宫里，不随便跟朝臣们见面了。朝廷里的各种决议也就由赵高包揽下来。

早在农民军刚刚发动起义的时候，二世就听到了消息，他问山东（关东地区）来的使者发生了什么事。使者说有人造反，二世大怒，说他妖言惑众，朕的治下怎么可能有反贼？后来又有使者到来，说："没事，只是一群盗贼在四处抢劫，已经被守尉给抓捕了。"二世便大喜过望。

有如此昏庸的一位皇帝在，朝廷应对地方暴乱的速度也就特别慢，所以在陈胜举事的初期，秦朝中央政府基本没有任何反应，这便为义军提供了一个多月的黄金期。义军趁这个机会，才得以四处攻城略地，飞速扩张。

等到周文的军队攻破函谷关以后，二世才猛然惊觉，赶紧召集朝臣们商议。

大秦帝国的军队大多在长城和岭南守卫边疆，关中和巴蜀虽然有兵力，但短时间集结不起来，仅仅靠咸阳城内那些斗鸡走马的卫队，怎么抵挡敌人的十万大军呢？

朝廷里也是乱糟糟一团，大将蒙恬被杀以后，政坛又经历了一连串大清洗，能征善战的将领基本没有了，只剩下蒙恬的副手王离，可他又在遥远的上郡防备匈奴，谁还能替大秦帝国去打退敌人呢？

这时候，一位管理内务的文职官员主动请缨，摇身一变成为大秦帝国最后的战神。

义军领袖的堕落

先说义军后方的情况。

就在周文攻打函谷关的时候，陈县的"楚王"陈胜也在日夜不停地调集兵马攻城略地。

前方战况的胶着让他意识到，依靠自己的力量推翻大秦帝国会很吃力。所以他开始积极寻求外援，最主要的是号召六国旧部共同抗秦。

南方的楚人已经被鼓动起来了，现在最重要的是北方的燕赵和东方的齐鲁旧地。

陈馀主动对陈胜说："臣年轻的时候在赵国生活过，对那边的风土人情很熟悉，大王请派臣去赵地发动起义。"

陈胜点头称是，于是任命自己的老朋友武臣为将军，张耳、陈馀为武臣的左右校尉，带着三千兵马去北方联络燕赵旧势力。

他根本没想到，张耳、陈馀两个书生是有私心的，两人是在故意找借口离开他。

这时候的陈胜，已经被胜利冲昏了头脑，俨然以帝王自居，跟下属们渐渐疏远了。

据说陈胜刚在陈县称王的时候，以前跟他一起种田的老乡们纷纷来投奔他，其中有个糙汉子，不懂什么帝王家的规矩，在王宫门口大叫："俺找陈胜。"

门卫们大怒："楚王的名字也是你叫的？"拿着棍棒就要上来教训他。

正好陈胜的车子从远处经过，那人扯着嗓子大吼："陈胜，快过来！不认得俺啦？"陈胜命人把车开过来一看，果然是老熟人，这才让下人放他进去了。

陈胜带他进宫住了几天。金碧辉煌的宫殿闪得老乡眼睛都睁不开了，逢人就说："哇呀，当皇帝真有意思！黄澄澄的那个金子，铺得满地都是……"还跟周围的人讲陈胜发迹以前的种种糗事。

最后陈胜实在听不下去了，只好以"胡言乱语"的罪名把这个老乡抓来杀了。

这以后，陈胜的老乡们都找借口离开了他，再也没人敢在他身边说说笑笑了，王宫里只剩下面无表情的侍卫和满脸假笑的后宫佳丽们。

下属们也知道，现在的陈胜是高高在上的帝王，不是可以随便亲近的草莽英豪，他们战战兢兢地伺候着这位大王，所有的真心话都憋在心里，只拣最好听的来说。

张耳、陈馀看到这情形，才萌生了离开陈胜的念头。

他们两人的离去，使陈胜失去了两名重要的谋士，导致陈胜后续的决策开始走偏，不过风头正劲的他暂时还没意识到这一点。

而那个武臣也不是省油的灯，他也是带着满脑袋歪念头去赵地的。

六国复国的闹剧

武臣带领张耳、陈馀到赵地以后，跟当地的赵国旧势力秘密联系，挑唆他们起事。

赵国人也跟秦人有血海深仇，很乐于跟义军合作，因此纷纷在城内发动起义。他们跟武臣里应外合，很快拿下十余座城池，义军的队伍也扩充到上万人之多。

武臣每打下一座城池就杀掉当地的秦朝官吏，其余城池的官吏们都被吓坏了，竭尽全力加强城池防御，再加上他们对于赵人里应外合的套路渐渐有了防备，所以剩下的那些城池都变得特别坚固，一时半会儿打不下来。

武臣以为是手下军队的战斗力不够，于是更进一步催动士卒攻城。双方的战斗越来越激烈，义军却仍然打不下那些城池。

这时范阳人蒯（kuǎi）通来劝说武臣，他说："范阳令早就想归顺将军了，却又怕被将军诛杀，只好继续抵抗。现在将军不如改变策略，拜范阳令为侯，范阳令就会马上献城投降。将军再让他坐着轩车到燕赵的土地上转一圈，告诉大家，只要投降都能封侯，燕赵的县令们就都会投降了。这便是所谓的传檄而定呀。"

武臣照他说的做，范阳令果然带头来投降，燕赵其余城池的官员们也跟着纷纷献城投降，燕赵大地便这样落入了武臣的掌握中。

按照计划，武臣该返回陈县去交差了，他却拖着不回去。这时候他控制的地盘已经跟陈胜的张楚差不多大了，手握一支跟陈胜势均力敌的力量，又暂时没受到秦朝政府的打击，何必再听那个泥腿汉子的指挥呢？

张耳、陈馀也不想回陈胜那边，就挑唆武臣说："陈胜不过是个普通农民，居然都敢称王。将军现在独居河北，有如此有利的条件，何不自己也称王呢？"

武臣一听，正中下怀，便在邯郸自立为赵王，跟陈胜平起平坐。又任用陈馀为大将军，张耳为右丞相，邵骚为左丞相，建立起来一个小朝廷，跟陈胜分庭抗礼。

陈县那边，陈胜听说了武臣称王的事，气得吐血，当场想要杀掉武臣的家属。但下人们拼命劝谏，说这样做会凭空造出来一个敌人，不如把武臣的家眷们召集到宫里扣留下来，然后要挟他发兵支援前方的周文。

陈胜无可奈何，只好先把武臣的家眷扣着，还装模作样地封武臣的儿子为成都君，然后让人送信给武臣："您的家人我替您照顾好了，请您速速入函谷关支援周文。"

张耳、陈馀都是人精，根本不上当，他们劝说武臣："何必听他指挥？陈胜一旦打败了秦国，回过头来就会对付您。现在的局面，您不如先保存实力，让他们自己去跟秦国打，您趁机向燕代那边扩张，有了足够的实力，以后陈胜即使打败秦国也不敢来招惹您了。"

武臣听他们的，果然不理会陈胜的命令，只是派自己的手下向北方的燕代旧地出击，飞速抢占地盘。

这下陈胜的整个布局就都被搅乱了。

陈胜本来计划鼓动六国旧部来支援自己，结果却凭空造出一个竞争对手。关中那边的义军跟秦军正在以性命相搏，武臣这边却坐山观虎斗，只顾着扩大自己的地盘，义军的力量因此被严重分散了。

陈胜气得要死，却没有任何办法。

没想到这只是开始，随后，六国后裔称王的消息一个接一个地传来——

武臣的手下韩广打下燕地以后自称为燕王。

魏国宗室后裔魏咎被立为魏王。

后来，韩国宗室后裔韩成被立为韩王。

最嚣张的要属齐国人。齐国宗室后裔田儋和田荣在当地起义，田儋自立为齐王，号称"我的地盘我做主"，直接发兵抵抗陈胜派来的军队。

短短几个月之间，六国纷纷"复国"，华夏大地山头林立，群豪各自为政，一片混乱。陈胜设想的让六国旧部辅助自己共同抗秦的计划成为泡影。

战国时代，六国彼此钩心斗角，耗尽了自己的国力，这才让秦国找到机会把他们一勺烩。现在新兴的六国一点都不吸取教训，完全继承了当年六国的劣根性，刚刚"复国"成功就开始拳打脚踢地内斗起来，吃相十分难看。

其中最滑稽的是燕国跟赵国争斗的闹剧。

韩广本来是武臣的手下，武臣派他去燕地占地盘，哪想到他一到燕地就学起自己的主子，号称恢复燕国，自立为燕王。

武臣听说以后大动肝火，马上带上张耳、陈馀等人杀向燕国，双方在燕赵边境对峙。

对峙了没多久，有一天，武臣不知道搞什么鬼鬼祟祟的事情，居然一个人跑到赵军营地外面去晃荡，不巧被燕军的巡逻兵撞上，当场把他抓回了燕军营帐。

燕国军官一审问，才知道面前的俘虏就是赵王，简直喜从天降，马上把他扣押起来，向上级汇报邀功。

燕国高层也高兴坏了，向赵国开出释放赵王的条件——割让赵国一半领土。

赵国这边的大臣们都蒙了：我们这大王也太不让人省心了。到底该不该割地呢？割地把大王换回来的话，大王一怒之下会不会把我们这些人都杀了？不割地当然更不是办法。

赵国大臣们派出一批又一批使者去燕国军营里谈判，燕国人不管三七二十一，来一个杀一个，把赵国使节全部杀掉，然后继续要土地。

张耳、陈馀虽然是老江湖，现在居然也一筹莫展的，想不出有什么办法能解决目前的困境。

这时候一个打杂的小兵主动站出来，说："将军别着急，在下有一计可以救回大王。"

张耳他们都很不屑地说："你能有什么办法？"

小兵俯身过来，悄悄说："如此这般……定能让燕国放人。"张耳等人大喜，立即派他去燕国营地。

小兵来到燕国营地内，对燕国将领说："将军知道张耳、陈馀是什么样的人吗？"

燕国将领说："当然是很精明的人。"

小兵又问："知道他们现在打算怎么做吗？"

燕国将领冷笑着说："不就是让你来求我放人吗？"

小兵摇头说："非也！将军小瞧了他们的野心。这两人都有雄霸天下之志，早就想南面称王了。以前有赵王在，他们没办法，现在赵王被抓了，他们正想让燕国杀掉赵王，这样他们就好名正言顺地称王了。这两人称王以后，一定会借口替赵王报仇来讨伐燕国，以他们的才能，又有报仇的名义，燕国危险呀。"

燕国将领恍然大悟，赶忙向上级汇报。燕国高层这才把赵王武臣放出来，让他跟着小兵回去了。

赵国大臣们看到小兵竟然亲自驾车把赵王接回来了，都不敢相信自己的眼睛，赶忙上去迎接。君臣相见，一片欢腾。吃了这次大亏的武臣也学乖了，从此老老实实地待在营地里，再也不敢乱窜。

可惜后来这名小兵还是没有受到封赏，终究没能在史书上留下姓名。

这场风波只是六国诸侯之间一连串内斗的插曲。这群毫无廉耻的野心家们，只把天下当作一只肥硕的"鹿"，自己便是那"逐鹿"的人。他们不顾秦国大军的巨大威胁，不顾抗秦事业的成败，更不顾天下人的安危，为了虚无缥缈的所谓"权力"，披头散发，大打出手，哪有一点点帝王将相的风度？指望这群混账东西，怎么能推翻秦朝暴政呢？

就在后方诸侯们忙着争权夺利的时候，关中那边的先头部队已经遇到了巨大的麻烦，野心家们终于把抗秦事业拖下了深渊……

陈胜末路

周文打入函谷关，十万大军飞速逼近咸阳，终于震动了昏庸的秦二世。

二世急忙召集朝臣们商议抵挡义军的办法。

大清洗过后,朝廷里已经没有像样的将领了,只剩下一群管理内务的文官。就在大家乱成一团的时候,少府令章邯自告奋勇站出来,对秦二世启奏道:"陛下,目前咸阳兵力不足以抵御叛匪,臣请释放骊山刑徒,充入咸阳卫队,臣亲自带兵抵御叛匪。"

秦二世听从了他的建议。

骊山有七十万奴隶,正在没日没夜地修筑帝陵,他们是秦朝暴政最大的受害者,但当秦朝政府释放他们,许诺以军功换取自由以后,他们反而欢天喜地地冲上战场,成为暴政最坚定的捍卫者。

章邯分给他们武器和食物,简单地操练了一下,就把这群乱哄哄的匪徒赶上战场了。

这些奴隶数量众多,又都是亡命之徒,反正他们的性命也不值钱。秦朝政府根本不在意他们的生死,直接把他们驱赶到战斗最前线,让他们用肉身硬扛义军的刀锋。

周文带领的义军从起义以来还没见到过这样的阵势:几十万披头散发的"野人",拿着粗糙的刀枪棍棒,发出刺耳的怪吼,漫山遍野卷地而来;"野人"后方是滚滚洪流一样的战车队伍,还有漫天飞蝗一般的箭镞。

义军禁不起他们的冲击,瞬间崩溃。从大泽乡出来的这支农民军,在两个月的征战之后,终于在骊山脚下遭到第一次重大打击。

章邯率军追赶,迅速把败逃的义军赶出了函谷关,关中的危机解除了。

经过这一次大胜,章邯成为秦朝政府军无可争议的领军人物,他随后带领关中军队冲出函谷关,扑向东部义军的基地。

陈胜正在忙着跟六国贵族斗气,败逃的周文部队没有得到后方任何支援,只能一路逃窜。他们逃到曹阳坚持了一段时间,又被赶来的章邯打败,只好逃到渑池。过了没多久,章邯又赶来,再次把他们打得大败而逃。

后方仍然见不到援军的影子,走投无路的周文只好自刎身亡,义军最重要的一支主力部队就这样彻底溃散了。

章邯在连战连捷的同时也在不停地重组军队。关中和巴蜀的正规军正在源源不断地赶来,章邯把骊山的刑徒消耗掉以后,就用这些正规部队填补,逐渐把政府军替换成了装备精良、训练有素的精锐部队。

所以在义军迅速被消耗的同时，政府军却越打越强，双方的实力差距渐渐拉开来。到后来，政府军基本上所向无敌，义军见到他们只有逃命的份儿了。

章邯挟着雷霆之威向东方推进，下一个目标是中原核心部位的荥阳城。

这时候荥阳的形势已经发生了重大变化。

吴广带领军队包围荥阳几个月，却始终找不到突破口，眼看关中的军队就要扑过来了。一旦关中的援军来到，荥阳城外的义军就会陷入被人内外夹攻的危险局面。

吴广手下的将领们不断劝告他：当机立断，赶紧从荥阳撤走，躲避即将扑来的大规模援军。

吴广有极好的人缘，做事认真仔细，却没有什么军事才能，面对眼前的困境，他只能干瞪眼，拿不出任何解决方案。陈县那边的陈胜又在忙着跟六国诸侯斗智斗勇，分不开身来处理前线战事。荥阳的局面就这么一直僵持着。

周文大败的消息传来，吴广手下的将领们都慌了。眼看这么拖下去大家会被敌人"包饺子"，将领田臧跟吴广商量了很多次，希望主动去迎战章邯，吴广都不听。

田臧就跟手下人商量说："吴广这厮不懂兵法，又不听劝，要坏了我们的大事。与其大家兵败被杀，不如我们一起杀掉吴广，亲自统领军队，怎么样？"

其他将领们早就对吴广不满了，听到这话，马上表示赞成。于是这帮人私下策划好一起阴谋……

他们让人假扮成陈县来的使者，走进大营，让吴广跪地听令，然后宣读陈胜的"诏书"：吴广治军不力，以军法惩处，军队交由田臧指挥。

说完，不待吴广答话，众人一拥而上，当场将吴广斩首，再让"使者"带着吴广的头颅，大摇大摆地回陈县"复命"去了。

吴广的下属们目瞪口呆，但既然是陈胜王亲自下的命令，又有什么办法呢？只好乖乖地听从田臧的指挥。

陈胜那边听到荥阳来的消息，又惊又怒。但现在既有田臧掌握着前方军权，又有章邯大军压境，陈胜没办法，只好默默接受了吴广被杀的事实。同时陈胜还装模作样地褒奖田臧，声称他锄奸有功，任命他为张楚的"令尹"——这是当年楚国最高的官衔，然后安抚前方将士，让他们继续抵抗章邯的进攻。

张楚第二号人物被杀的案子就这样轻飘飘地过去了。

因为这件事，后人都说陈胜无情无义，其实这恰好说明他确实有一些政治头脑，他不依靠感情行事，果断向现实低头，具备一个政治家该有的素质。

靠着陈胜的委曲求全，吴广被杀的事没有引发太大动荡。田臧也确实在为大局考虑，收到陈胜的封赏以后，他在荥阳稍微做了一些安排，就亲自带着兵马杀向敖仓前线，迎战章邯的政府军。

但已经太迟了，这时候他们面对的是秦帝国从关中和巴蜀调来的精锐部队，不是小县城里面那些老弱残兵能比的。田臧手下的义军已经在荥阳被困了几个月了，疲惫不堪，又刚刚经历了换帅风波，怎么挡得住士气正旺的政府军？

两军刚一交战，就呈现出一边倒的局面，义军迅速败退，田臧也在混战中被杀。

章邯随后带兵杀向荥阳，城里的守军打开城门，跟章邯里应外合，把田臧留在荥阳城外的军队一举歼灭。

至此，陈胜的第二支重要部队全军覆没。

打疯了的章邯继续东进，如同狂风扫落叶，接连打败了邓说、伍徐、蔡赐、张贺等一连串张楚的重要将领，最后攻占了陈县。

陈胜的义军已经消耗殆尽了，六国诸侯们仍然没有一个赶来支援。义军士气极端低落，陈胜亲自指挥军队，也挡不住章邯的虎狼之师。

公元前209年十二月，起义六个月的陈胜被赶出了陈县，逃到下城父，准备调集兵马继续抵抗。

江淮大地上风声鹤唳，下人们都纷纷逃窜，各谋生路去了，陈胜的车马在驿道上孤零零地走着。车夫庄贾一看四面无人，偷偷杀死陈胜，投到了章邯手下去，用故主的头颅换来了高官厚禄。

张楚政权覆灭和陈胜失踪的消息传出来以后，各路起义军都感到无比震惊。他们中的许多人名义上都奉陈胜为自己的首领，现在首领不在了，接下来该让谁来主持抗秦大局呢？

陈胜的旧部下吕臣悲愤莫名，在东方组织起"苍头军"，掉头打回陈县，杀掉叛徒庄贾，重建了张楚政权。

另一名部将召平则渡过长江，到江东寻访豪杰来继承陈胜的事业。

章邯打败陈县的义军主力以后，毫不停留，转身再去追杀陈胜的最后一支军队：南阳的宋留部队。

当初，宋留奉命从南方突进，计划沿着丹江通道攻入关中，但在攻破南阳以后遇到严重阻碍，一直没能打下武关。

后来听说主人陈胜被杀，惊慌失措的宋留赶紧撤回东部，却在新蔡撞上章邯的政府军。面对敌人压倒性的武力优势，宋留只好不战而降。

章邯让人把宋留解送到咸阳，在闹市车裂，第一拨农民起义军从此全部被歼灭了。

经过这一连串力挽狂澜的大胜，章邯威震天下，在世人眼里已经是无敌的存在，消灭张楚以后，他磨刀霍霍，开始进攻六国诸侯和各地的抗秦义军。

这时他才终于遇到了一位真正强悍的对手。

第四章　真龙降世

江东有豪杰

战国末年，王翦带领六十万秦军进攻楚国。楚地大将项燕浴血奋战，最终牺牲在了抗秦战争中，他的事迹却传遍楚地，他因此成为楚人心目中的民族英雄。

项燕有一个儿子项梁，因为犯了杀人罪，便带着自己的侄儿项羽（项燕的孙子）逃到吴地躲避。

作为大将之后，项梁天生古道热肠，行事豪迈，又爱为人排忧解难，渐渐积累起很高的人望，成为当地的豪杰之一。当地民间遇到徭役丧葬等大事，老百姓都会来求他主持办理。

项羽更是出类拔萃的人物，据说他身高超过八尺，力能扛鼎，威猛过人，附近的年轻人个个都怕他。

传说项羽年少的时候，项梁教他读书识字，结果他一点都学不会，项梁只好放弃了，让他改学击剑，结果他又学不会。项梁很生气，责备他不肯用功。项羽却很不屑地说："这些都是微末伎俩，要学就学指挥千军万马的本事。"项梁便让他改学兵法。

但是项羽学兵法也不认真，只是粗略地读了一些，又不肯学了。

项羽就这样堕落成了一个"废柴"。

有一年，始皇帝巡游会稽，经过项梁、项羽他们县城附近，叔侄二人便一同去看热闹。

出巡的队伍绵延数十里，极其壮观，项羽站在人群中间看呆了，自言自语道："我可以取而代之。"

项梁一听，吓得头皮都炸了，叫项羽别胡说，赶紧把他拉开了。

但从这以后，项梁却知道自己这个侄儿不是普通人，因此对他刮目相看，更加注重培养他。

这叔侄二人一刻也没有忘记国仇家恨，陈胜吴广举事的消息传来，两人都欣喜若狂，也计划在当地举事，响应陈胜的义军。

正好会稽郡守殷通也有雄心，暗中召集项梁到府中说："当今秦室将亡，天下皆反，老夫也欲举事，望得桓楚与将军协助，不知将军意下如何？"

桓楚是会稽的另一名壮士，正逃亡在外。项梁想了想，说："在下的侄儿知道桓楚的躲藏之处，请让他进来议事。"

项羽拿着宝剑进来，见过殷通，趁殷通跟项梁谈话的时候，一声暴喝，挥剑把殷通砍翻在地，割下他的头颅，走出门去。

原来这叔侄二人早都商量好了，与其跟着郡守起义，当个跟班小弟，不如自己举事，也当一方诸侯。

但郡守也是一片好意，并没有招惹他们的地方，仅仅因为挡了他们的路就被杀，可见叔侄二人都是不择手段的货色，他们把这种作风也带到了后来的战争中。

项羽一手执剑，一手提着殷通的头颅，腰间挂着会稽郡守的官印，大摇大摆走出大堂，挥起屠刀，在郡守府里大开杀戒，前后杀了上百人。郡守府里的守卫吓得四散而逃，老弱妇孺都躲在墙角瑟瑟发抖。

叔侄二人把郡守府里的人都杀得差不多了，这才派人出去召集当地豪强前来议事。

项梁向这些豪强说明了起义的想法，大家都支持他，于是众人歃血为盟。之后他便带着当地的亡命之徒，疯狂扑向政府机构，见人就杀，一通乱砍，然后打开府库，将一应钱粮兵器尽数搜检出来。装备好军队以后，整肃军容，竖起大旗，正式向城内百姓发布公告，号称"举义兵，诛暴秦"。

又一支起义队伍在东南出现了。

项梁封自己为会稽太守,项羽为裨将,接管了当地政权,然后带领士兵冲向周围县城。

项梁叔侄都熟悉兵法,又是名将之后,很得楚人拥戴。他们的军队战斗力惊人,迅速打下许多据点,兵力也扩充到八千多人,前来投奔的豪杰络绎不绝,所以他们很快成为东南方的一支主要力量。

当时楚地英豪都以陈胜为精神领袖,项梁虽然没有见过陈胜,但在名义上也默认自己为他的属下。

不久之后,陈胜的部将召平从江北过来,带来一个让人欢呼雀跃的消息——楚王陈胜非常赞赏项梁的才干,特地封他为张楚的上柱国(一种将军的官衔)。

项梁和他的部下们都高兴得跳起来,他们这支队伍终于有了"官方认证",可以跟着大王闹革命了。

不料这只是召平耍的花招。他被陈胜派出来攻打广陵,还没打下来就听到陈胜兵败失踪的消息(当时人们还不知道陈胜已经被杀)。张楚已经覆亡了,他自己沦为孤魂野鬼,面临被朝廷歼灭的危险,所以想忽悠一支队伍替他挡在前面。

他告诉项梁的军队:"楚王有令,上柱国项梁即刻渡江迎战秦军。"

项梁他们高呼:"遵命!"就踏上了向中原进军的道路。

对于召平编的这些鬼话,项梁有可能是清楚的,但他没有拆穿。现在陈胜已经败亡了,中原诸侯群龙无首,他以"张楚上柱国"的身份杀过去,可以名正言顺地接过陈胜的旗帜,成为中原诸侯领袖。当然,这也是有代价的,他需要冲上抗秦第一线了。

项梁率领八千江东子弟渡过长江,来到战火纷飞的江淮大地。

这时候中原群豪刚刚失去陈胜这个精神领袖,正当一片迷茫之际,听说有这样一支斗志昂扬的队伍杀过来,还是陈胜亲自任命的大将军,又是大英雄项燕的后人,大家都是又惊又喜,纷纷赶来归顺。项梁的门前顿时红旗招展,车马喧闹,十分热闹。

来投奔的豪杰里面势力比较强大的一支是陈婴。

当初陈胜吴广起义以后，东部县城东阳的民众也受到鼓舞，发动起义杀掉了县令。他们要推举一个领袖，就找到在当地声望很高的陈婴，于是陈婴便当上了当地义军的首领，统领两万人的军队。

陈婴本来想称王，正好这时候项梁渡江过来了，派人联络陈婴，看两家能不能合并。

陈婴的母亲很有见识，对他说："我自从嫁到你家以后，从来没听说你们祖辈上出过什么高官，可见你们家是没这个命的，你还是不要强出头了。现在项梁正是名门之后，不如归顺他，事情成了能封侯，不成也好逃掉。"

陈婴一听有理：与其自己称王，不如跟在"王"的手下，事成之后同享荣华富贵；万一势头不好，自己还能跑掉，不至于被朝廷重点打击。于是他带着手下军队归顺了项梁。

中原英豪黥（qíng）布、蒲将军等人也在这个时期投靠到项梁手下。项梁的兵力很快扩充到六七万人，风头一时无两。

这群来投靠的英雄里面，有一个很特别的人——

沛县小流氓

刘邦，沛县泗水亭的亭长（一种低级官吏），当地有名的混混。

他从小游手好闲，不喜欢下地干活，也没什么正经营生，只是天天跟一伙兄弟四处游荡，喝酒打架，泡妞赌钱。没生活费了，就去亲戚朋友家里蹭吃蹭喝，吃饱了，又继续出去鬼混。天长日久，钱没攒下半分，情妇倒包养了好几个，还欠下一屁股酒债。

所以他爹刘太公总是训他，说他没出息，比几个哥哥差远了。

但刘邦不管他们怎么说，依然自顾自地混日子，也不考虑将来的前途。好在他天性豪爽，爱跟人结交，周围一堆狐朋狗友，有事情总能找到人帮忙。

战国末年，信陵君侠名满天下，刘邦非常仰慕他，本来想投入他门下，但信陵君已经病故了，又听说信陵君的门客张耳也在招贤纳士，于是他便去投奔张耳。见到张耳以后，刘邦充分发挥自己会跟人打交道的优势，很快赢得张耳的信任，两人结成了莫逆之交。

魏国被灭后，张耳成为朝廷通缉犯，他手下的门客们都各自奔逃了。刘邦也只好回到沛县，谋了个亭长的差事混日子。

没过多久，他就成了衙门里的著名人物，到处跟人称兄道弟，大小官员没有几个不跟他打得火热的。

有一次秦始皇出巡，刘邦也站在围观人群里面。看到始皇帝在华丽的轩车里面威风八面的样子，他也跟项羽一样雄心骤起，脱口而出："大丈夫当如此也！"

人生百年，何不轰轰烈烈地干一番事业！刘邦再也不想这样平平淡淡地混下去了，他终于醒悟，开始有了自己的志向。

时光过得飞快，不知不觉，他已经人到中年了（刘邦的出生年份有争议，具体的结婚时间也不明确，但肯定是在他三十岁以后），婚姻大事却还没有着落，家里人都急坏了，整天在他跟前唠叨。但不管父母家人怎么催逼，刘邦自己都丝毫不在意，"大丈夫何患无妻"，有啥好担心的？

不经意间，姻缘却自己送上门来了。

有一天，村里人四处奔走，纷纷传说新搬来的吕家正在大宴宾客，沛县的土豪们都去赴宴了。刘邦不认识这家人，但听说人多热闹，就想去看看。

吕公家本来是单父（沛县西边的小县城）的富豪，跟人结下了仇才搬到沛县来。初来乍到，想跟当地人拉关系，所以举办宴席，请当地有名望的人赴宴。

吕公跟沛县县令交情很深，一听说他要举办宴席，县令马上把衙门里的官吏们都叫来捧场，现场一群人吹吹打打，十分热闹。

这样的宴席当然不是什么人都能进的，进门要先签到，写下贺礼多少，按照贺礼的金额排座位。

在门口待客的是沛县的主簿萧何，刘邦到的时候，看到萧何正点头哈腰招呼人："这位长官，贺礼一千钱，请到里边正厅上就座。这边请……"

"张员外，久仰久仰！贺礼一百钱，堂下就座。"

"你谁呀？一边去，先等着……"

刘邦跟萧何是老哥们儿了，存心气气他，当即呵呵一笑，大步迈进门，高声叫道："沛县刘大官儿，贺礼一万金，坐排头第一位！"

周围瞬间安静下来，人们纷纷转头来看，哪个"刘大官儿"这么财大气粗？不想看到的却是那个著名的混混。这混混哪儿来的钱？不过胡夸海口罢了，大家都禁不住笑起来。又想到吕公不认识这人，不知道待会要上演怎样一出好戏，所以大家都不说话，等着看戏。

吕公在里面听到汇报，知道是有人故意来捣乱，马上带着一群家仆出来查看。

只见正门口有一个笑容可掬的精瘦汉子，一头乱发随便扎着，一身粗布衣裳松松垮垮地搭着，腰间斜挎一把破剑，正昂首阔步迎面走来。虽然外表落魄，但看他那志得意满的样子，倒像身上真的背着价值万金的大红包似的。

大家都被他的气势感染了，不禁纷纷给他让开道路。

吕公忍俊不禁："这小伙子有意思。"也不跟他生气，哈哈一笑，上前拱手为礼："有请刘大人！这边坐。"把这趾高气扬的"大人"迎接到后堂，带到了最尊贵的座位上。

刘邦一点都不推辞，大摇大摆地坐了上去。

人们都没反应过来："这是怎么回事？这混混的待遇怎么比我们都高？"七嘴八舌地议论起来。只有萧何，还有他身边的曹参，会心一笑，心里都说："吕公又在操心她女儿的终身大事了。"

吕公有个女儿，叫吕雉，早已到了婚配的年龄，却一直没找到合适的夫家。吕公老两口都很操心她的婚事，一见到中意的小伙子就想办法拉关系。

那吕雉自己却一点都不急，父母问到的时候，她只说：她找夫婿，不看出身，不看门第，只要找真正的英雄豪杰。

按刘邦的条件，本来是入不了吕家人的眼的，但吕公刚才看到刘邦那副气势，不像是庸庸碌碌的凡人，因此留了个心眼儿，想先探听一下他的情况再说。

宴席上，吕公仔细观察。只见刘邦到处呼朋唤友，尽管是一介布衣，在座的豪强们却有一大半都是他的"兄弟"，刘邦和这些兄弟们拿着杯盏大说大笑，呼幺喝六，十分洒脱，完全把自己变成了宴会的主角。

吕公更加惊异，再试着跟刘邦聊了一会儿，发现这小伙儿虽然看着涎皮赖脸的，却非常有见识，评论起天下大势来头头是道，更有一番改天换地的宏大志向。

吕公心里暗暗下了决定。

酒宴散掉以后，吕公借故把刘邦单独留下来，声称自己会看相，发现刘邦"贵不可言"，希望能把自己的女儿嫁给他。刘邦从来不嫌自己的女人多，所以想也不想就答应了，双方说好，刘邦家过几天就来下聘礼。

宴席结束后，吕公跟老伴吕媪说起这件事，吕媪一听就哭了："老家伙你真糊涂！咱们的女儿有那么多名门贵族来求婚都没同意，怎么挑来挑去，最后挑到一个乡下的小地痞呢？"

吕公吹胡子瞪眼地说："你懂什么？妇人之见！这家里听我的！"

老两口争来争去也没有结果，最后一合计，不如去问问女儿的态度，于是把吕雉叫来，跟她说了这件事。

哪知吕雉相当干脆，认为刘邦就是她这些年等的男人，当即决定：嫁！

斩白蛇

一个小痞子，混进有钱人家的酒宴白吃白喝，还捡来一个知书达理的千金小姐当老婆，沛县的人们都炸锅了，议论纷纷：刘邦这小子，不知哪世修来的福分。

吕雉丝毫不在意周围人们异样的目光，毅然决然地踏进刘氏的门槛，从此成了一个穷苦人家的媳妇。

然而现实并不是美好的童话，事实证明，嫁给刘邦可能是吕雉一生最大的错误。

刘邦虽然是初婚，可他生性风流，许多年来一直在到处拈花惹草，情妇遍布沛县的各个角落，甚至还有一个私生子刘肥。那刘肥的年龄可能比起吕雉也差不太多了，吕雉一过门就要尴尬地面对这个成年的"儿子"。

而且刘邦根本不是安于家庭生活的人，婚后的他跟婚前没多大区别，长年累月不着家，在外面跟自己的"兄弟们"厮混在一起，家里的大小事务全部抛给吕雉，年轻的吕雉只好独自担起了家庭的重担。

婚后几年,她给刘邦生下了一儿一女,两个孩子嗷嗷待哺,刘太公年纪也大了,老人小孩都需要吕雉来照顾。她一面下地耕种,一面操持家务,生活的重担压得她喘不过气来。这个从小娇生惯养的贵族小姐哪里受过这样的苦?可是她性格极度刚强,绝不肯认输,咬着牙把这一切都扛下来了。

因为她坚信,她的丈夫不是凡人,一定会有飞黄腾达的那一天。

当时天下风起云涌,各路豪强都在跃跃欲试地准备干一番事业,刘邦也不例外。他虽然表面上是个混混,内心却藏着领袖群伦的宏大志向。他永远忘不了:坐在高高的轩车上的始皇帝那俾睨天下的气势,还有自己"大丈夫当如此"的誓言。

他跟"兄弟们"混在一起斗鸡走狗的时候,实际上在暗暗培植自己的势力。他很清楚,一旦乱世到来,谁的势力深厚,谁就能抢先称霸一方。

他也刻意拉拢那些有才干的人物,沛县有点地位的人都跟他有很深的交情,著名的有萧何、曹参、樊哙等等。

始皇帝晚年,征集天下役夫修筑骊山陵墓,沛县也有许多农家汉子被征去做苦力。刘邦是亭长,负责带领当地役夫前往骊山。

有一次,他又押着一拨本地汉子赶往骊山。却不料乱世将近,人心惶惶,刚走了没多久,就有许多人偷偷逃走了。

这样去骊山,刘邦的罪就大了,一定得管住这些人呀。但刘邦向来豪爽,朋友众多,这群人里面有不少都是他从小一起玩到大的兄弟,难道硬要把他们往火坑里推吗?

他想来想去,索性把心一横,叫人买来几坛老酒,把大家伙叫到一处无人的沼泽地里,说要跟大家一起喝酒。

酒喝完以后,刘邦对大伙团团作揖,说:"兄弟们听我一句。今天这情况,要任凭你们逃跑,我去骊山没法交差;不让你们跑,大家都是兄弟,我实在不忍心。干脆这样,现在给你们自由,能跑的你们就跑,能躲的就躲。我自己也躲起来,不回沛县去了。"

大家轰地一下跳起来,他们这些人本来就很佩服刘邦,现在见刘邦这么讲义气,都被感动了,纷纷表示要跟刘邦一起逃亡。

这一逃,就成了流寇集团,从此要面对官府的围剿。但谁都顾不得了,世道把人逼成这样，与其引颈受戮，不如大家联合起来，反了吧。

刘邦不忍拒绝大家的好意，便从这群人里面挑了十多个精壮后生，带领他们一起躲进了附近的芒山和砀山。

消息传回沛县，人们也没太在意，这年头，大家都活不下去了，谁家没有几个逃亡的人。官府也只是不痛不痒地随便贴个告示，声称要捉拿人犯刘邦，但实际上，官府的人自己都在到处逃命，谁来管这事呢。

对于吕雉来说，这却又是一次重大打击。

她明白，家里的顶梁柱没有了，自己的家庭从此将会陷入极度窘迫的境地。然而这个倔强的女人没有表现出任何惊慌，而是镇定自若地做好饭菜，然后跟其他逃亡者的家属们一起，偷偷进山里去给刘邦他们送饭。

从此以后，吕雉除了照顾家里的老人孩子以外，又多了一项极度危险的任务——照顾刘邦他们的衣食。

刘邦他们躲在山里，缺衣少食，幸亏吕雉和其他家属三天两头送来食物，才让他们这些人活下来了。

但这样躲下去什么时候是个头呢？家里的老婆孩子又能撑多久呢？刘邦他们这些人心里都一片迷茫。

公元前209年，大泽乡，平地一声雷，惊醒了辽阔的华夏大地，狂风骤雨迅猛来袭。

陈胜、吴广的壮举鼓舞着受尽压迫的天下人，短短几个月之内，从燕赵到江淮，每一个县城都陷入混乱。民众纷纷揭竿而起，拿着锄头棍棒跟官府对打，甚至很多地方官都带头扛起红旗，斩杀朝廷命官，开仓抢劫粮草。一时间，烽烟四起，天下皆反。

刘邦他们听到消息以后都高兴得蹦起来了，他们也想拉起一支队伍，响应陈胜王的起义。

要号召大家，得先有个名头，吴广那伙人半夜学狐狸叫，我们出个什么招数好呢？

于是就有了"斩蛇起义"的传说。

传说有天夜里，刘邦带着手下兄弟经过一片沼泽，前面开路的人报告说："一条大蛇挡在路中间，过不去。"

刘邦刚喝了些酒，醉醺醺的，便大发雷霆说："一条蛇有什么好怕的？"自己拿把剑冲到前面，果然见到一条巨大的白蛇横卧在那里。刘邦仗着酒劲儿，暴喝一声，一剑把蛇砍成两段，打通了道路，他们的队伍这才过去了。

过了一会儿，有其他人从那个地方经过，见到一个老妇人站在路边大哭，就上前问原因。老妇人说："老身有一子，乃白帝之子，方才化作一条白蛇，不巧挡了赤帝之子的路，被他给杀了。老身无处报仇，是以哭泣。"说完就消失不见了。

那些人惊得目瞪口呆，跑到前面追上刘邦他们说了这件事，大家都感到十分惊讶，顿时对刘邦顶礼膜拜。

从此以后，刘邦就以"赤帝之子"自居。周围乡里的人们听到传说，都认为刘邦是天神下凡，便更加信服他了。

除了这个故事，还有许多"天降异象"的传说围绕着刘邦，刘邦在人们心目中的地位也就越来越高，前来投奔他的人络绎不绝，刘邦的队伍因此迅速成长为当地一支重要的武装力量。

要举事，还差最后一步——

陈胜吴广起义以后，很多地方的民众都杀掉当地官吏响应他们，其他地方的官吏听说以后，惊恐莫名，为了防止自己被杀，索性就自己带头起义。沛县的县令听说这些消息以后，惶惶不可终日，也想发动起义，于是找手下官员萧何、曹参来商议。

萧、曹二人给他出主意说："您是秦朝官员，您带领大家反抗秦朝，谁肯听呢？现在刘邦带着百十号人的队伍在城外闯荡，不如把他们请进来，您带着他们起义，就没人敢反对您了。"

县令点头称是，派樊哙去城外请刘邦回来。

萧、曹二人一直是刘邦的铁哥们儿，他们给县令出这个主意当然没安着好心，甚至有可能就是跟刘邦串通好的。

县令也很快回过神来，马上反悔了。他让人紧闭城门，防止刘邦冲进来，同时在城里追杀萧、曹二人。萧、曹二人却早就听到风声，先一步跑出城去了。

刘邦带人冲到沛县城下，用箭把劝降的帛书射进城里。关键时刻，刘邦这些年来积攒的人望发挥了作用，城里到处是他的支持者，大家合力把县令的势力打败，打开城门，迎接刘邦的人马进入沛县。

大家共同推举刘邦为首领，称他为沛公，准备举事。

当年十月，刘邦在沛县祭祀黄帝与蚩尤，宰杀三牲，祷告天地，声称自己是"赤帝之子"，尚火德，以赤旗为标志，从此将接过上天的授命，代天牧民，征伐四方。

那一天，写着"刘"字的红旗插遍沛县的城楼，人人奔走相告，户户欢欣鼓舞。沛县民众全体聚到刘邦麾下，万众一心，立誓反抗暴秦，从此开启了一段轰轰烈烈的传奇旅程。

创业初期的困境

沛县周围的年轻人听说刘邦起义的消息，争先恐后前来投靠，很快聚集起了两三千人的队伍。人们斗志昂扬，在刘邦的带领下，开始攻城略地。

平心而论，这时候刘邦的军队战斗力其实很一般，最多只能算一群挥着锄头的农民而已，但秦朝地方政府实在是烂透了，没有任何抵抗力，所以刘邦的队伍所过之处，望风披靡，他们很快就打下沛县周围一系列城镇。

不料接下来他们却陷入了非常窘迫的境地。

刘邦的老家是沛县下面的丰邑，打下丰邑以后，刘邦把这里交给当地豪强雍齿镇守，自己带兵再去攻打其他地方。

但他严重看走眼了。雍齿表面上归顺刘邦，心里却十分瞧不起这个曾经的小混混，所以他从一开始就在等待机会出卖刘邦。

当时沛县北方是新崛起的魏国。之前陈胜派手下大将周市（fú）去收复魏国故地，周市打下魏国故地以后却背叛陈胜，立曾经的魏国公子魏咎为魏王，重新建立了魏国。又以魏国为据点四面出击，趁乱浑水摸鱼。

现在章邯的部队已经大军压境，魏国君臣不想着怎么去抵抗他们，却忙着从各路义军手里抢地盘。他们趁刘邦出兵在外的机会，来到丰邑威胁雍齿说："这里是魏国旧地，我们肯定是要收回来的。如果你肯献城投降，魏王就给你封侯，让你继续统领丰邑；如果你敢抗拒，我们就屠尽全城！"

实际上丰邑是楚国旧地，但人家军队都开到城下了，你跟谁去讲理。

雍齿根本没多想，马上开门欢迎魏军入城，刘邦的老家就这样轻松陷落了。

刘邦听到消息，气得七窍生烟。他和手下很多弟兄的家眷都在丰邑，丰邑陷落对他这支队伍的士气有很大打击，所以一定要赶紧夺回来。

他赶忙带兵杀回丰邑，在城下历数雍齿的罪行。雍齿哪里会理睬，直接命人放箭，刘邦只好带领手下攻城。

这时刘邦才发现，自己手里这支队伍的战斗力太普通了，拼尽全力也打不下小小的丰邑，他气得大病一场，只好暂时撤走了军队。

这是刘邦举事以后碰到的第一个挫折，让他终生刻骨铭心，他不仅恨极了雍齿，也恨极了丰邑那些背叛自己的老乡们。

养好病以后，刘邦气不过，准备再攻丰邑，但他知道自己的实力不够，必须找个大佬来依靠。

这时候陈胜已经失踪几个月了，楚地豪杰群龙无首，有个叫秦嘉的豪杰就自作主张拥立景驹为新的楚王，史书上称为楚假王。景驹是楚国王室后裔，没有任何功德，但他的血统保证了他的地位。

刘邦也是楚地英豪之一，听说这个消息以后就去投靠景驹，向他借兵。

景驹的人马就驻扎在沛县东边（丰邑在沛县以西），路程不远。去找景驹的路上，刘邦遇到一位翩翩佳公子，名叫张良，一问，他也是去投靠景驹的，两人谈得十分投机，张良便说了自己的来历。

圯桥进履

张良是韩国三朝相国之后，出身极其高贵。

秦灭六国以后，张良沦为平民，躲在民间，准备找机会复国。

他耗尽家财，招募到一名大力士，又打造出一把大铁锤，正好打听到始皇帝出巡会经过博浪沙，那里有大片芦苇地可以躲藏，便让力士带着铁锤跟他一起埋伏在那里。

当始皇帝的车队到来的时候他们却傻眼了。

依礼制,"天子驾六,诸侯驾五,卿驾四",皇帝乘坐的轩车应该有六匹马拉动,但眼前的队伍里面,全是五匹或者四匹马拉的车子,没有六匹的——始皇帝费尽心思防止别人发现自己的行踪,早都做好了安排。

眼看车队已经走到跟前,机不可失,力士只好抡起锤子,向其中装饰最华丽的一辆车砸了过去。

随着轰隆隆一声惊天动地的巨响,那辆轩车被砸塌了半边,倒在路旁。

车队前后的侍从们全都被惊动了,数百骑带甲骑兵飞快围了上来,烟尘四起,张良和力士赶紧趁乱逃走了。

张良不敢久留,按照计划好的路线一路逃跑,一直逃到八百里外的下邳躲藏起来,这才听说始皇帝没死,自己这几年的心血白费了。

他不能确定始皇帝的侍卫有没有看见自己,所以不敢露面,从此在下邳潜伏下来,等待机会。

这以后就发生了"圯桥进履"的故事。

传说,有一天张良从下邳的一座桥上过,那桥叫圯桥,桥上坐着一个衣着破旧的白胡子老头,正在仰着头晒太阳。

老头见到张良过来,故意把自己脚上的鞋子踢到桥下去,很傲慢地招呼张良:"喂!小崽子,把鞋给我捡上来。"

张良气不打一处来,但看到这老头年纪很大了,心想:不必跟他计较。就下去把鞋拾了上来。

老头又抬起一只脚说:"给我穿上。"

张良想:好人做到底。就忍着气,跪在地上,恭恭敬敬地把鞋给他穿在脚上。

老头哈哈大笑,对张良说:"孺子可教也。五日之后,破晓之时,在这里等我。"说完飘然而去。

张良很惊讶,但还是按照约定,五天之后,天刚蒙蒙亮就来到了桥上。

不料老头早已经等在那里了,看到他来,很不高兴地说:"小伙子跟老人家约好的都不守时,今天先回去,五天以后早点来。"

又过了五天,张良刚到鸡鸣的时候就赶到圯桥上,却看到老头又在那里等着了,又数落他:"你怎么还是迟到?再过五天,再早些来。"

张良不敢怠慢，又过五天以后，刚到半夜就赶到了桥上，过了片刻，看到老头拄着拐杖来了。

老头看到张良，满意地点点头，递给他一部书，说："仔细研读此书，今后你当为王者之师。十年之后天下当乱，方是你立功之时。十三年后你到济北来，谷城山下的黄石就是我。"说完便远走了。

张良展开书一看，是《太公兵法》，他回家以后认真研读，从此学问精进，成长为安邦定国之才。

又据说，后来张良当真在谷城山下找到一块黄色的石头，就是那位老人所化，所以后人把那位老人称为黄石公。

这个传说的背后，是世人对于张良的才干的无限膜拜，甚至认为他的才学是从天书上学来的，世人只能仰望，无法揣测。

事实上，张良的才学确实非常惊人，足以傲视当世、睥睨千秋。他不肯就此被埋没，趁着天下大乱的时机，也带着一支人马去投奔景驹，却不料半路碰到刘邦。他见到刘邦以后，略微一攀谈，就给刘邦留下了极深的印象，从此以后刘邦遇到困难都会请教他。

张良本人的眼光也异常刁钻，一眼就看出刘邦是可以辅佐的人中龙凤，所以打消了去投靠景驹的念头，暗自把刘邦当成了自己的主人。

于是刘邦带着张良，一起去向景驹借兵。

又一次重大挫折

这时候景驹的地位是有些尴尬的，他虽然被拥立为楚王，但他这一派的力量还远远不足以压住楚地群豪，楚地现在山头林立，没有几个人把他这个"楚王"当回事。特别是刚刚从江东赶来的项梁，正在大张旗鼓地争取楚地群豪的支持，更让他感到严重威胁。

所以景驹看到刘邦带着一支人马来投靠，马上表现得非常热情，听刘邦说了丰邑的情况以后，当即借给他数千兵马。刘邦带着这些兵马，加上景驹手下的大将东阳宁君，再次杀向丰邑的方向。

但景驹的兵不是白借的，刘邦需要先替他打掉附近的秦军。

章邯消灭陈胜的军队以后，继续向楚地扫荡，接连消灭楚地各派抗秦武装。现在章邯的部将司马夷已经打到了丰邑西边不远的地方，对景驹和魏国都构成了巨大威胁。

刘邦和东阳宁君一起杀向丰邑附近的司马夷，经过几场艰苦卓绝的战役以后，他们终于打退了司马夷的军队，收复了这片地区。刘邦也顺利收编了六千人的队伍，实力急剧扩张。

是时候再战丰邑了。刘邦带着这士气昂扬的数千人马杀向丰邑，本以为会取胜，没想到雍齿那家伙确实有些本事，居然把一个小小的丰邑守得滴水不漏，刘邦费尽功夫，还是打不下它来。

这个结果说明景驹的兵马似乎战斗力并不高，或者他们跟刘邦之间配合得并不默契。

刘邦看到这情形，果断决定抛弃景驹，再找一个大佬来投靠。

楚地英豪除了景驹就数项梁势力最大，目前项梁在北边的薛城，刘邦带着手下百余骑主力部队，火速奔向薛城，投靠到项梁麾下。

项梁那边热闹非凡，楚地许多有实力的豪杰都已经投奔过来了，包括陈婴、黥布、蒲将军等人，以及陈胜的旧属下、苍头军的首领吕臣。项梁的人马因此达到了数万人之多。

项梁见刘邦气度豁达，也是相当赏识他，很爽快地拨给他五千人马，加上十余名将领，第三次去攻打丰邑。

这次就顺利得多了。刘邦的军队已经有上万人，更有项梁手下那些经验老到的将领辅佐，雍齿抵挡不住，封邑很快陷落，雍齿只好逃到魏国他主子那边避难去了。

这一次雍齿如此不堪一击，一个很重要的原因是他主子那边遇到了大麻烦，以至于魏军人心惶惶，战斗力大幅下降。

原来章邯吃掉陈胜的残余势力以后，一面强势扫荡楚地群豪，一面把进攻的主方向对准北边的魏国，派秦军主力猛攻魏王咎所在的临济城。

魏国位居天下中心，拿下这里，就相当于在六国中间插入了一枚楔子，可以把六国分割开来，然后各个击破。所以章邯把这里作为第一目标。

魏王咎顿时感受到灭国的严重威胁，赶忙派大将周市冲出包围圈，去向齐、楚两国求援。

到这一步，一直钩心斗角的六国诸侯也不得不团结起来了。接到周市的求救信息以后，齐王田儋亲自带兵前往临济，楚地的项梁也赶忙派出项它前去救援。

这正是章邯想要的！

他放周市出去就是要引来各国救兵，趁机在临济城下一网打尽！

三国兵马会合以后，由于缺乏统一指挥，变成了乱哄哄的一团。章邯乘着夜色，让士兵衔枚突袭，一举击溃了三国联军。

这是诸侯联军与秦军的第一次正面对决，农民出身的诸侯联军战斗经验比秦朝正规军差远了，以至于被敌人围城打援，吃了大亏，连齐王田儋都被杀了，项它也带着楚军残余部队狼狈逃走了。

章邯的军队再次围上来，现在没人可以救魏国了，魏王咎只好派人跟章邯和谈。

和谈的具体条件史书没有记载，但魏国向秦朝政府投降是肯定的了。签订条约以后，魏王咎自焚身亡，刚刚建立的魏国以最惨烈的方式亡国，六国的抗秦事业也遭到又一次沉重打击。

魏王咎的弟弟魏豹逃到楚地避难，为以后复仇积蓄力量。

现在只剩下齐、楚两国还有些力量，章邯随后调转矛头，对准东方的齐国，准备先拿下齐国，再从东、北两个方向包围楚地群豪，最终彻底剿灭抗秦义军。

齐、楚两国被迫应战。

牧羊儿也称王

临济城被攻破以后，田儋的堂弟田荣带着齐军残余势力向东方溃逃，章邯带兵穷追不舍，终于在东阿追上齐军，展开攻城战。

齐军眼看就要全军覆没了，唯一的希望是楚国的援军赶紧到来。

这时候楚地的势力已经发生了重大变化。

当初项梁渡江来到淮北，名义上是奉陈胜的号令前来抵抗秦军，实际上，他从一开始就在想着如何夺取楚地政权。他听说自己来迟了，秦嘉已经拥立了景驹为新的楚王，气不打一处来，开始针对景驹君臣发起攻势。

项梁借口说：陈胜王现在生死未卜，你不赶紧去找他，反而自立为王，这是谋反！

其实现在大家都心知肚明，陈胜几个月都没露面，很可能早都被人杀死了，新立个楚王没什么不对。但项梁坚持说景驹君臣背叛了陈胜，宣称他们是楚国的叛徒，然后带上自己的军队跟景驹展开火拼。

项梁已经吸收了楚地大部分势力，军力比景驹强大得多，所以很快打败景驹君臣，杀掉景驹和他的大将秦嘉，成功夺到了楚地控制权。

可怜景驹君臣还没能为抗秦事业真正出力，就死在了自己同志的手里。

到这时，抗秦义军内部的问题已经明确暴露出来了。他们这些人打着推翻暴政的旗号，却把大多数精力都用来跟自己人争权，这样满脑子歪念头的队伍，怎么挡得住章邯的虎狼之师呢？所以之前临济城下的大败也就可以理解了。

火拼掉景驹势力以后，项梁面临一个尴尬的抉择：他该自立为楚王吗？如果自己称王，那么杀景驹的动机是不是太明显了？

这时候一位叫范增的老者来到项梁身边，成功化解了这个尴尬局面。

范增是居鄛的一位七十多岁的老人，非常有谋略，他听说项梁这边的情况后，就主动求见，劝告项梁说："现在楚人拥戴您，是因为您的家族世代都是楚国大将，大家期待您可以辅佐君王兴复楚国。如果您自立为楚王，楚人还怎么会支持您呢？当初陈胜就是因为自立为王，才遭到败亡的命运，您要吸取他的教训啊。"

当然，还有一些话他不方便当众说出来：先立一个没有威信的楚王，借用他的名义号召民众，等自己实力稳固了再慢慢架空楚王，到那时候您再称王谁还拦得住？

这个"缓称王"的建议非常明智，项梁立即答应下来，并且从此把范增当作自己的头号谋士，给予他无限的信赖。

选谁当傀儡楚王呢？范增说：当年楚怀王被秦国扣押，最终死在了秦国监狱里，成为楚人心中永远的痛，现在立怀王的后代最好。

怀王已经成为楚人心里一个解不开的结，是秦楚世仇的标志，现在反秦，打怀王的旗号当然最合适。

项梁便派人去寻访怀王的后代。不久以后，在民间找到怀王的一个孙子，叫熊心，正在给地主家放羊。一个牧羊儿能有什么见识？项梁大喜过望，马上叫人把他迎过来，装模作样地把他扶上宝座，尊他为楚王；怕老百姓还不清楚这个楚王的身份，索性就把他也叫作"楚怀王"。

老百姓哪懂那些复杂的政治阴谋，听说楚怀王的后人带着项燕的后人要恢复楚国了，都欢欣鼓舞地前来投奔，项梁的势力因此进一步壮大。

项梁又让新的楚怀王"封"自己为武信君，"封"陈婴为上柱国，用自己的嫡系人马牢牢控制住朝政。在项梁的主持下，文武百官很快都选定了，一个完整的朝廷在盱眙建立起来。

那是公元前 208 年六月的事，亡国十五年的楚国这时才算真正重建起来了。

后来的历史证明扶立这个牧羊儿是一个严重错误，可惜当时项梁并没有意识到这一点。

解决掉内部权力分割问题以后，项梁开始调转矛头，应对外部威胁。这时候章邯正在猛攻东阿的田荣部队，项梁亲自带领大军去救援田荣，正式面对章邯这个终极对手。

致命失误，危机一刻

刚刚复国的楚国，士气高昂，同仇敌忾，一杀到东阿城下就表现出惊人的战斗力。而章邯军已经连续作战很久了，士卒疲敝，受到两面夹攻以后抵敌不住，很快败下阵来，东阿的齐军得救了。

章邯带领残兵向西败逃，项梁紧追不舍。田荣也准备带领齐军追杀章邯。

两大国合力，眼看即将大功告成。不料一个意外消息突然从遥远的临淄传来——齐王建（战国末年的最后一任齐王）的弟弟田假被拥立为齐王！

田荣气得七窍生烟，他们堂兄弟俩（田儋和田荣）在前线为国杀敌，后方的国人却公然背叛他们，把国家送给他们的政敌。更严重的是：田假才是正统的王室后裔，一旦坐稳宝座，齐国就再也没有自己这个家族的位置了，自己兄弟俩不都白忙一场了吗？

所以他顾不得打击章邯这个落水狗，带着手下部队马不停蹄地赶去了齐国。

项梁独自追击章邯，虽然失去了盟友的帮助，他还是成功在濮阳又一次打败章邯。

秦军被打得溃不成军，分成了两支，一支由章邯率领，躲进濮阳城里负隅顽抗，一支向旁边的城阳逃窜。

项梁自己带兵围攻濮阳，命令项羽、刘邦带一部分兵力去城阳追击秦军。楚军的力量就这样被分散了。

项羽、刘邦联手，天下无人能挡，他们很快就攻破了城阳，然后大肆屠杀，对秦军残余势力和支持秦军的老百姓展开疯狂报复。

从这以后，屠城就成了项羽的习惯之一，给天下百姓带来了深重灾难。

但在敌人势力还很强大的时候，屠城除了给敌人造成恐慌之外，还会促使他们拼死顽抗，导致后面的战役越来越难打。

项羽、刘邦随后率军南下，攻打东郡的重镇定陶。定陶的守军十分顽强，一时半会儿打不下来。

这时候秦国政府调集的援军已经从三川郡赶过来了，援军首领是李斯的儿子李由。项羽、刘邦只好放弃定陶，转身向西迎战李由。

两支队伍在雍丘发生遭遇战，项羽、刘邦再次大胜，斩杀李由，消灭了刚刚到来的秦国援军。

当年李由防守荥阳，拖得吴广全军覆没，现在遇到项羽、刘邦，却瞬间就被消灭了，可见当前的楚军有多么强大！

消息传到项梁那里，他喜笑颜开：原来秦国政府军是纸老虎啊，之前他们之所以大胜，只是因为没有遇到我们楚国的钢铁雄狮而已。

自信心爆棚的项梁放弃围攻濮阳城，转头去攻打定陶，想看看这个连项羽、刘邦都拿不下来的城池到底有多么坚固。

攻打定陶之前，他派使者去赵国和齐国求援，希望它们派兵协助自己。

但三国之间发生了一件不愉快的事。

田荣回到齐国以后，很快打败了田假的势力，田假只好逃到楚国求项梁保护，田假的重臣田角和田间则逃到了赵国。

齐国那边，田荣扶立田儋的儿子、自己的堂侄当傀儡君王，自己当相国，然后向楚、赵两国发起照会，要它们把田假和田角、田间的人头送到齐国。

这个要求本来合情合理，项梁却很执拗，回复他们："田假走投无路才来投奔我，我不能背信弃义抛弃他。"所以坚决不肯杀掉田假。同时，赵国那边也不肯杀田角和田间。

田荣听到使者回报以后，怒从心头起，索性"你不仁我不义"，尽管项梁不久前才救过他，他也决定翻脸，拒绝发兵协助项梁。

当初战国时期，六国互相争斗，才让秦国找到机会把它们一网打尽。不想六国的后人依然不吸取教训，在大敌当前的时候，又为了各自的利益争斗起来。

项梁没有意识到这个问题有多么严重，他相信凭借楚军的实力还不用怕，所以自己带着楚军赶到定陶城下，开始围攻定陶。

这时候双方的力量对比却悄悄发生了变化。

东阿之败震动了秦国朝野，秦二世君臣意识到国家危在旦夕，开始倾尽全力援助前方军队，全国的兵力持续不断地赶赴前线，其中甚至包括北方的边防军，也就是一直以来在长城防范匈奴的国家卫队——当然，这一切都是秘密进行的。

这些援军都是久经沙场的成熟军队，战斗力惊人，他们加入战团以后，战场的形势渐渐改变了。所以从围攻濮阳开始，项梁就发觉敌人的兵力源源不绝，怎么都打不完，而且装备、精神状态都跟之前的秦军不一样，似乎换了一支军队。

可是这样的情况并没有引起项梁的重视，他认为秦军已经被打残了，想要翻盘是根本不可能的，眼前的情况只是他们在垂死挣扎而已。

所以他放过濮阳城里的章邯，直接奔向定陶，让自己处在了濮阳和定陶两处敌人的夹击之下。

濮阳在定陶北边，项羽、刘邦的军队在定陶南边攻城略地，对于北边的情况，他们不可能及时了解。

所以当项梁的军队转身奔向定陶的时候，身后就露出一个巨大的空当。

章邯是什么人物？他一眼就看到了敌人的这个致命破绽。

他毫不犹豫，果断出手，再次使出"衔枚夜行"的套路，趁项梁军被挡在定陶城外的机会，从濮阳偷偷赶到，趁夜色发起突袭。

楚军长途奔袭，得不到休息，已经非常疲乏了，他们这时正在准备攻城，万万没想到后方会突然出现大批敌人，一下就被打蒙了。

章邯的军队有多次黉夜偷袭的经验，而且准备充分，一上来就把楚军的阵营冲得七零八落，随后他们在夜色掩护下对楚军疯狂砍杀。

定陶城内轰然雷动，守军打开城门，潮水般杀出城来。楚军受到两面夹击。

敌人的兵力和士气全面占优，楚军无法支撑，遭到起义以来最惨烈的失败，主力部队全体阵亡，项梁也战死在沙场。

这是一场不该出现的意外。楚军在连战连胜、形势一片大好的局面下，仅仅因为大意，就被敌人偷袭得手，趁乱翻盘。

更意外的是，项梁突然身亡。本来即使敌人偷袭成功，也只是一场战役的胜利而已，但项梁身亡，却把一场战役的胜败，放大成了整个楚地局势的转折点。

定陶大败的消息传出来以后，对楚地群豪造成了极大震撼。项羽、刘邦正在攻打陈留，听到消息以后，紧急撤向东部；驻守陈县的吕臣也赶紧撤回。楚国被迫抛弃大片领土，防御阵线全面收缩，一时间人人自危。

楚国的军事实力已经被严重削弱，前方防线面临崩塌的风险，楚怀王只好迁都到彭城，由项羽、刘邦、吕臣分别带领的三支军队从三个角度拱卫，严防死守，准备应对敌人可能到来的打击。

政治上的后果更加严重。项梁已经是楚地群豪无可争议的首领，现在他不在了，楚地群豪顿时面临群龙无首的局面。项梁留下的政治真空需要有人来填补。朝堂上开始暗流涌动，各方势力你争我夺，刚刚统一起来的楚地面临再次分裂的危险。

章邯的军队会杀过来吗？楚地群豪还能挡得住如狼似虎的秦师吗？谁来带领义军走出危机？每个人都忐忑不安地观望着。

第五章　巨鹿大决战

革命最低潮

　　章邯是个老谋深算的人物，他看到楚国目前暗流涌动的局面，知道如果继续紧逼的话，楚人会紧密团结起来，那样反而帮了他们，不如先放他们一马。一旦外部压力撤走，楚国内部的矛盾一定会爆发出来，等他们斗起来以后，自己再回头给他们收尸，那才是最明智的做法。

　　所以定陶大捷以后，章邯没有继续追击，而是借口说楚国已经没有威胁了，掉头向北，把矛头对准了目前唯一有威胁性的力量——赵国。

　　然而他失算了！

　　他没有算到楚国有一个非同凡响的国君。

　　当初项梁把楚怀王扶上来，打的如意算盘是：这个牧羊儿只是个乡巴佬而已，屁都不懂，驾驭不了群豪，楚国的国政肯定还得我说了算。

　　其他人，包括章邯也都是这样想的。

　　但事实证明他们全都算错了。

　　史书上没有记载楚怀王早期接受过什么教育，但在政治方面，他显然不是新手，反而相当老到。

　　项梁在的时候，这个"牧羊儿"的确很"规矩"，一切大事都交给项梁决定，然而在他温顺的表面下，却是在韬光养晦等待机会。

项梁意外身亡，对于楚人来说，几乎是晴天霹雳，对于楚怀王来说，却是天上掉下来的惊喜，他终于找到机会摆脱过去的傀儡身份了。

他迅速行动，眨眼之间就替换了一连串官员，夺走了吕臣等人的兵权，把楚国的军政大权包揽过来，并且指挥刘邦、项羽等人布置好新的防线，初步稳住了阵脚。

项氏家族的兵力在定陶大败中受到重创，怀王趁机扶植其他势力跟项氏对抗。对于过去依附于项氏的那些势力，他采取分化手段，又拉又打，逐渐把他们培养成项氏的竞争对手。对于刘邦和项羽两位重量级将领，他也采取拉一派打一派的做法，不动声色地偏袒刘邦，明里暗里压制项羽的势力，又不停地指挥两人对外作战，防止他们介入朝廷里的权力争夺。

为了进一步分散项氏的权力，怀王飞速提拔宋义，把他封为"卿子冠军"，直接安插进权力高层。

宋义本来是战国时代楚国的令尹（楚国最高的官衔，相当于后世的宰相），定陶之战前，他明确感觉到危机即将来临，曾经警告项梁不可轻敌大意，还劝告齐国使者暂时不要去定陶前线，因为那里藏着巨大的危险。

怀王从中发现了宋义的才能，定陶之战过后就把他提拔上来做项羽的顶头上司，项羽因此进一步受到压制。

对于这样的局面，以项羽为首的项氏家族尽管极度不满，但面对怀王的精准算计，他们暂时找不到反击的机会，只好勉强俯首听命，楚国的朝政因此稳定下来。

怀王依靠他出众的政治才能，成功避免了楚国崩盘的危险，带领楚国度过了定陶大败之后的一段黑暗时期。

一切都安排好以后，楚怀王开始救援赵国。

巨鹿告急

这时候赵国早已经乱成一锅粥了。

一年之前，陈胜的部下武臣在邯郸自立为赵王。但他本质上是个奸邪小人，无才又无德，还特别蠢，称王仅仅三个月就因为一件小事招来了杀身之祸。

武臣手下有个叫李良的将领，一直在替他四处抢地盘。

当时周文打进函谷关，遭到章邯阻击，陈胜请求武臣派兵援助。不料武臣和他手下的将领们一个个都心术不正，收到陈胜的请求以后，不仅不救，反而趁陈胜抽不开身的机会加紧抢占地盘。

李良抢下赵国旧地常山郡以后，武臣又命令他去抢占魏国旧地太原郡。

常山去太原要穿过太行山，道路艰险，只有井陉（xíng）可以通过。

井陉是太行山中一条极其狭窄的隘道，他们走到井陉东边入口处，才发现这条道路有秦军大部队驻扎，没法通过，索性就在那边停下来。

井陉的秦军将领伪造了一封秦二世的书信送给李良，里面说："朕很赏识李良，他要是肯归顺，朕就赦免他的罪行，还封给他高官。"

连续征战这么久，李良和他的属下都已经很疲劳了，他们白白替武臣卖命，却没有得到任何封赏，大家都有怨言。

李良看到信以后，将信将疑的，他对于小人得志的武臣本来就不太心服，现在更加动摇了。要不要投靠秦国呢？思前想后，不如先回邯郸请武臣增兵，看看他的态度再说。

于是他放弃攻打太原的计划，带着手下的赵国大军向邯郸方向走去。

快要到邯郸的时候，前面一支装饰豪华的车队浩浩荡荡地开过来，李良以为是武臣亲自驾临，赶紧滚鞍下马，跪在道旁迎接。

没想到轿帘一掀，一个娇滴滴的声音笑道："是李将军呀，这么多礼！起来吧。"李良这才知道车里是武臣的姐姐，她根本没资格受李良跪拜！

那女人也没多跟他寒暄，催着手下人继续往前走了，丢下李良一个人在路边。

李良又羞又怒，当着手下众多将官下不来台，心想："武臣这个小贼！当年你在陈胜手下地位还不如老夫，如今蹬鼻子上脸了，连你身边的贱婢都敢如此羞辱老夫！"

手下人也趁机挑拨："将军是何等样人，焉能受妾妇之辱？请立即追杀此妇，保全将军颜面！"

李良本来就在犹豫该不该反叛，听到这话，恶向胆边生，调转马头就冲向武臣姐姐离开的方向。追上他们的车队以后，李良把武臣姐姐从车里拖出来，一刀砍死在地，然后带着手下数万兵马，直接杀向邯郸。

邯郸那边，武臣哪想到会出这个意外，被杀了个措手不及，从武臣到文武百官几乎全体被杀，只有张耳、陈馀在李良身边安插了奸细，事先听到消息，抢先一步逃脱了。

张耳、陈馀逃到邯郸北部的信都，收拾残兵上万人，又找来赵国王室后裔赵歇，立他为新的赵王，重建了赵国政府，这才安定下来。

李良随后带兵来攻打信都，没打下来，只好投奔秦军去了。

信都这边，张耳、陈馀辅佐新的赵王，继续跟其他诸侯抢地盘。至于抗秦大业，管它呢，反正有其他人在前面挡着。

赵国南边有魏国和楚国挡住秦军，所以章邯杀得昏天黑地的时候，赵国这边却一点事都没有，安安静静过了大半年太平日子。魏国首都临济被围困的时候，赵国君臣没有任何反应，甚至连定陶大战爆发，项梁四处求援，他们也不救援，照样逍遥自在地生活着。

一直到定陶之战过后，魏国已经被章邯消灭了，楚国的项梁也战死了，赵国君臣才感到山雨欲来的巨大压力。

在楚军定陶大败的消息传来的时候，王离带领的长城军团就已经开始行动了。

王离首先攻打信都。信都本来就是张耳、陈馀的临时落脚点，防御体系脆弱不堪，在长城军团的强大攻势面前瞬间崩溃。赵国政府如鸟兽散，赵王歇带着张耳逃往东南方的巨鹿城，陈馀则带着残兵向北逃窜。

王离紧紧追赶，带领超过十万人的庞大军团围困巨鹿（这一段史书记载自相矛盾，难以确定围困巨鹿的主将是谁，姑且猜测是王离）。赵国君臣只好在巨鹿做困兽之斗。

巨鹿被围一个月以后，章邯也从南方杀来了。他带着超过二十万人的军队，风卷残云一般扫过赵国南部，随后渡过漳河，扑向邯郸。邯郸也瞬间崩溃了。章邯把邯郸城内居民全部迁走，把城池夷为平地，断绝了赵国军民的退路，然后挟着雷霆之势扑向巨鹿。

这一刻，秦王朝全国的兵力都已经聚集到巨鹿附近，秦政府押上了国运，发誓要一举消灭最后的抗秦力量。小小的巨鹿城危在旦夕，赵国抵抗军即将全军覆没，各国抗秦武装也面临生死存亡的考验。

天下震动，六国诸侯再也不能袖手旁观了。齐国、燕国、魏国，全体动员，派出主力部队，楚怀王也派出项羽北上，所有抗秦武装飞速赶向巨鹿，准备跟秦军展开一场终极决战。

决战前的局势

这是决定秦朝国运的终极之战，又是一场迷雾重重的战争。

秦朝政府的官方史料已经在战火中毁灭，后世关于这段历史的记录都是汉朝史官留下的，所以对于秦朝政府内部的情况记录得含混不清，而且不少地方自相矛盾。

巨鹿之战就在史书暧昧不明的记述中留给后人无数谜团。

当时王离的长城军把巨鹿城团团围住，城内的赵王歇和张耳带领军民拼死抵抗，陈馀则收集到上万残兵败卒，驻扎在巨鹿北方的平原上观望形势。

巨鹿城东边，漳河与洹（huán）河东岸驻扎着数十万诸侯联军。这支庞大而杂乱的队伍，隔河望着不远处的巨鹿。各路诸侯面面相觑，都不敢先动。

巨鹿南边，章邯带着超过二十万军队驻扎在棘原，准备拦截任何救援巨鹿的军队，同时不断向王离军运送粮草。

所以当时的局面是：暴风眼中间的巨鹿城战火纷飞，旁边的陈馀军想救又不敢救，远处的诸侯联军和章邯军却都在观望。

大家都在望着楚国的动向。

楚国是目前最强大的一支抗秦力量，救援巨鹿自然成为他们义不容辞的责任。

楚怀王刚刚把军政大权接到自己手上，马上就开始谋划救赵行动。

他的计划是：派一支军队到赵地，摆出救援巨鹿的架势，牵住秦军主力部队；同时派另一支军队火速攻入函谷关，直捣咸阳。

秦朝政府的军队都在巨鹿附近，关中防御空虚，正是偷袭的好机会。一旦关中被攻破，秦军就必须回撤，到时候诸侯联军从后方追击，形势就会完全反转。

这个策略非常高明，但要成功，需要满足三个条件：其一，巨鹿必须继续坚守，拖住秦军主力；其二，必须假定秦军的机动能力不足，不能立即对形势做出反应；其三，攻打关中的将领必须有足够的才干和运气。

但是这三个条件能达到吗？特别是，巨鹿能够扛住敌人的猛攻吗？当时谁也不知道，只能赌。

项羽听说要直捣关中，非常兴奋，主动向怀王请命。

怀王继续玩平衡手段，他跟属下将领们商议说："项羽这人虽然悍勇，但太残忍了，之前攻打城池常常屠城。现在要攻入关中，我们不仅要打败敌人，还要征服当地的人心，因此最好派一位'忠厚长者'去，以便于拉拢关中父老，安抚三秦民心。这样看来，还是刘邦最合适。"

刘邦比项羽大十几岁，确实是"长者"，但之前屠城的事情他也没少干，哪里谈得上"忠厚"？不过大家都心知肚明是怎么回事，都积极附和怀王的决定。

在大伙看来，项羽是个狂暴又傲慢的毛头小子，刘邦又稳重，又会跟人搞好关系，显然跟刘邦相处要舒服得多，再说大家也不希望看到项氏继续一家独大，当然就都支持刘邦。

于是怀王不顾项羽的坚决反对，把他派往北方救赵，另外派刘邦向西攻打关中，并且与楚国的将领们约定"先入关中者王之"；为了安抚项羽，又向他私下许诺，打败巨鹿的秦军的话，也封他为王。

项羽没有掌握军政大权，所以尽管他一万个不愿意，也只好无可奈何地接受怀王的安排。

怀王还怕项羽不服管，又指派宋义做救赵援军的首领，让项羽当宋义的副手，再让范增辅佐项羽。就这样，用两个文官，一前一后夹击，彻底把项羽管起来。

这支矛盾重重的救赵援军就在宋义的带领下向北方进发了。

怀王自以为一切已经安排妥当，项羽只能乖乖地接受自己的命令，却没想到，一旦带兵在外，宋义这种文官是很难斗得过冲锋陷阵的武将的。

楚军来到离巨鹿还很远的安阳，宋义命令大家驻扎下来，等待后续安排。

哪知道这样一等就是四十多天。前方诸侯联军的哨兵不断来求救，说："巨鹿已经危如累卵了，请楚军速速前往救援。"宋义却一口咬定："还没准备好，再等等。"

宋义在等什么呢？他自己说，现在秦军跟赵国打得正凶，我们先不忙冲上去，等赵国把秦军的力量消耗得差不多了我们再去，一举坐收渔翁之利。

但问题在于，赵国的力量跟秦军根本不在一个量级，就算拼死抵抗，也最多蹭破秦军一点皮，凭什么能消耗掉秦军的力量呢？所以实际上，宋义不仅希望赵国跟秦军拼到最后，还希望把漳河边的诸侯联军也拖下水，让他们跟秦军拼到鱼死网破。

而且宋义很有可能是得到了怀王的授意，本质上是为楚国的利益在考虑。

所以即使到这一步了，包括楚国在内的六国诸侯仍然打着自己的小算盘，都希望让别人冲在前面，自己最后再上，摘取别人的胜利果实。

这是在重演战国末年的一幕，这样下去，六国谁也跑不了，都会被秦军给一勺烩。

项羽本来已经憋了一肚子火，听到宋义这番自作聪明的言论，终于彻底发作了，在军营里大吵大闹，甚至对宋义直接开骂。

宋义一咬牙，发下死命令："敢有再乱言者，斩！"

项羽怒到极点。正好宋义的儿子被派去出使齐国，宋义带着一帮人给他送行，摆了几桌宴席，项羽就在军营里大肆宣扬：现在兵荒马乱的年头，我们大家都吃不饱，宋义还大肆铺张，带着人大吃大喝，丝毫不顾及我们的士兵的感受，这种人，有什么资格带领军队？

于是项羽趁着去向宋义汇报工作的机会，在宋义的营帐里把他杀了，然后声称自己收到怀王的密令，要自己接替宋义的职务，就这样把军权强行接了过来。

后方的楚怀王听说前线的变故，无可奈何，只好顺势封项羽为上将军，让他指挥楚军。

现在终于没人可以再制约项羽了，他向军队发布命令：立即开赴前线。数万大军顷刻启程，奔向巨鹿。

深冬的漳河上，芦花漫天飞舞，铠甲闪着寒光，项羽带着这群满怀豪情的勇士，破釜沉舟，强行渡河，准备跟秦军决一死战！

但他们的前途却是极端艰险的。

章邯带着二十万秦军在棘原磨刀霍霍等着他们。这是大秦帝国最精锐的国防军，他们的战斗力根本不是农民起义出身的诸侯军队能比的，而且他们在漳河边布防两个月了，防御阵线非常稳定，再加上他们不久前又才在定陶大胜楚军，心理上明显占上风，何况他们还有咸阳方向倾尽国力的援助，真是占尽了优势。

楚军这边，人数比秦军少得多；而且经过长途奔袭，士卒疲敝；又刚刚临阵换帅，军心不稳；后方的怀王满腹狐疑，不会真心支持他们；远处的诸侯联军又各怀鬼胎，帮不上忙——他们天时、地利、人和都不占优。破釜沉舟的几万楚军需要用自己的血肉之躯硬挡住敌人的刀锋！

他们能闯得过这一关吗？

还好，在这决定天下人命运的关键时刻，抗秦义军最大的外援终于动手了……

最大的外援

秦二世三年的冬天，天下兵马都集中到了巨鹿城外的平原上，大战即将爆发，所有人都屏息凝视着这里的一举一动。就在这个关键时刻，有人却从后方给秦军带来重重一击……

赵高是个谜一样的人物。他站在帝国的权力顶峰，按理说应该全心全意维护这个帝国的稳定与繁荣，但事实上正相反，他这些年的所作所为似乎一直在尽力把大秦帝国推向万劫不复的深渊。

自从秦二世听了赵高的谗言，不再参与朝政以后，朝政大权就渐渐被赵高把控了。

赵高开始把目光盯向下一个目标。

当时朝廷里只剩下几个人还能和赵高竞争，分别是：右丞相冯去疾、左丞相李斯和将军冯劫。

三人对赵高咄咄逼人的攻势非常担心，只好联手对抗赵高。其中，李斯作为朝廷里的顶梁柱，是赵高的主要对手。赵高便想尽办法诋毁李斯。

据说，他私下找到李斯，对他说："现在关东（函谷关以东地区，也就是六国旧地）群盗蜂起，皇上不仅不过问，还整天忙着享乐，先生作为丞相，肩负天下安危，怎么不去劝谏皇上呢？"

李斯点头同意，就准备去劝谏秦二世。

但是秦二世的行踪外面的人们都不清楚，只能向赵高打听。

赵高故意等秦二世与一群美女歌舞燕乐的时候通知李斯："现在皇上有空，可以去进谏了。"李斯赶忙前往宫里。宫人通报进去，打断了正在享乐的二世皇帝，二世很不高兴，但又不想担"昏君"的名声，只好勉强接见他，心里却暗暗把李斯骂了一万遍。

赵高连续几次玩这样的手段，二世每次享乐到高潮的时候都被李斯打断，心里的积怨越来越深，觉得李斯显然是在故意让自己难堪，对李斯也就越来越疏远了。

赵高又挑唆秦二世："有一件事怕陛下还不知道。李斯的儿子李由一直以来都在镇守三川郡，但是反贼陈胜的军队进攻关中，经过三川郡的时候，李由却不拦着，任由他们通过，实在居心不良。臣下还听说，他们李家跟陈胜是同乡，有些交情，双方背地里还有书信往来，皇上不妨暗中查一下，说不定能查出更多内情。"

二世一听：这还了得！马上派人去调查李斯家族通敌的事情。

不过这件事也可以这样解释：二世跟赵高本来就是串通好的，他们想扳倒李斯，就从他的家属下手，先抹黑他身边的人，再逐渐攀到他身上来，这是栽赃陷害的常用手段。

李斯眼线众多，马上知道了自己家族被调查的事，于是抢先一步向二世上书，希望能够辩解清楚。

直接解释肯定没用，所以李斯把矛头对准赵高，向二世讲述战国时代"田氏代齐"的故事，提醒二世：现在的赵高跟当年齐国的田常类似，都手握不受限制的权柄。田常篡权夺位的结果您是看到了。现在有我在，还能制衡一下赵高，要是您把我干掉了，就再也没人能限制赵高了，到时候难道

"田氏代齐"的故事要在大秦帝国重演吗？

这番辩解切中要害，正常情况下，秦二世一定会被说动的。

但这二世皇帝跟赵高一样，是个奇怪的人，或者有许多外人不知道的内情没有被史书记录下来。

总之，他对赵高表现出一种极不正常的信任，他直接驳回李斯的申诉：你怎么可以这样说赵高？赵高是一个多么忠诚又多么能干的人啊！朕治国全靠他。什么"田氏代齐"这种鬼话不要再提了！

李斯没办法，只能继续申辩，可是秦二世根本一点都听不进去，反而把李斯控告赵高的那些话全部转告赵高："李斯正说你是奸臣呢。"并且直接任命赵高来查办李斯家族通敌的案子。

这一手就彻底做绝了，不给李斯留任何活路。

二世和赵高为什么如此急迫地要置李斯于死地呢？一个可能的原因是——他们想灭口。

李斯知道的关于秦二世，甚至关于始皇帝的秘密太多了。特别是，当初在沙丘矫诏篡位，李斯是主要参与者之一，他手上握着二世和赵高的无数把柄。如果他死心塌地地服从二世还好，一旦他稍微有点二心，就可能抖出二世无法承受的黑料。

李斯当然明白这一点，所以他处处小心，绝对不在任何地方招惹秦二世，哪怕这个暴君把天下都搅成一锅粥了，哪怕帝国已经岌岌可危了，李斯也都顺着他。

但是赵高绝对不能容忍二世同时拥有两个心腹，挑拨二世和李斯的关系一直都是他的主要任务。他成功了！最终的结果就是，李斯被排挤出"三人篡位集团"，遭到二世和赵高的联手绞杀。

绝望中的李斯发起最后一击，联合冯劫和冯去疾共同上书，挑明了说："现在关东盗贼蜂起，朝廷拼命镇压，盗贼却总是消灭不完，皇上想过是什么原因吗？是因为人民的负担太重了！他们都是被逼去做贼的！请皇上立即停止享乐，停掉阿房宫工程，减轻人民的负担。"

这是指名道姓地说秦二世才是天下大乱的元凶。

秦二世读到这封奏折，气得双手发抖，咆哮着发出他的反击，他的批语是这样写的:"朕听说,当年尧舜都生活得特别简朴,住的茅草屋,吃饭用瓦盆,活得连个奴才都不如;还有那个大禹,他去治水,自己拿着铁锹去挖土,天天泡在水里,腿毛都掉光了。一个富有四海的天子,活成奴才样,成何体统?朕跟他们不一样,朕既然富有四海,就要好好享受。别说区区一个阿房宫了,现在朕觉得自己的排场还不够,朕还要用千乘的车驾、万乘的随从,你们等着看!至于那些黔首,只要法纪够严酷,他们哪敢反?"

这一刻,秦二世终于撕掉了最后的伪装,说出了一个君王绝对不该说的话。

尧、舜、禹是历代统治者拼命宣扬的上古贤君,不管多么残暴的君王都要假惺惺地膜拜他们,以维护自己在法理上的正统性。现在,气糊涂了的二世皇帝什么都不管了,公然对天下人宣布:尧、舜、禹算什么?谁要学他们?老子就是要当暴君!

这是对天下人的宣战书!秦二世从此公开站到了天下人的对立面,不再具有代天牧民的资格。

这说明秦二世是个头脑简单的莽汉,没有任何城府,一点就着,所以他被赵高牵着鼻子走也就可以理解了。

这个暴君随后对李斯、冯劫和冯去疾三人发起政治迫害:"你们贵为朝廷重臣,既不肯为朕尽忠,又无法镇压反贼,要你们何用?即日起革职查办!"

冯劫和冯去疾都是德高望重的老臣,收到二世的逮捕令以后,知道事情已经无法挽回,两人大喝:"将相不辱。"自杀身亡。只有李斯仍然抱着侥幸心理,希望以自己无敌的口才说动秦二世回心转意。

赵高很清楚李斯的心思,他当然不给李斯机会。

他声称李斯和李由父子二人共同谋反,把整个李斯家族连带家里的门客一起抓捕进监狱。抓人的车队来来往往,堵塞了大街小巷,整个咸阳城风声鹤唳,人人自危,再也没人敢出来替李斯说一句话。

李斯在狱中写了无数奏折向秦二世申辩,这些奏折都具有华丽的辞章和明明白白的证据。赵高看也不看,直接扔一边,说:"一个犯人有什么资格说话。"所以二世完全听不到李斯的声音。

这时赵高已经完全控制了这个案子的审问流程,他把李斯一个人隔绝在监狱里，派手下人扮作各级官吏去审问李斯，只要李斯做出一点点辩解，这些"官员"马上给他来一顿严厉拷打。所以到后来，真正由皇帝派来的人审问李斯的时候，李斯也不敢喊冤了。

审案的官员一拨又一拨，日夜不间断，伴随着无休止的严刑拷打，任何辩解都会招来更严厉的刑罚，最后李斯终于撑不住了，只好招认了自己的"谋反罪行"。

至于通敌的罪名，陈胜、吴广早已经殒命了，他们手下的军队也都烟消云散，死无对证，李由又身在遥远的前线，无法辩解，也就只好任凭赵高说了算。

皇帝的诏书很快发下来了：腰斩，弃市。

那是一个秋风萧瑟的血色黄昏，暮云低垂，乌鸦停满咸阳城头，人们带着复杂的心情，纷纷来到街上围观，但没人敢多说一句话，数千人聚集的街道，却被笼罩在一种诡异的静谧中。

李斯和他的次子，以及家族的主要成员们，蓬头垢面，衣衫褴褛，拖着生锈的铁锁链，被押解到刑场。

李斯望着咸阳城外的雾霭，悲从中来，对自己的儿子感叹说："真怀念我们爷俩牵着黄狗，一起去东门外追逐野兔的日子啊！可惜以后再也不会有了。"两人一起大哭。

这对父子随后被腰斩，灭三族。

李由这时候还在前线死战报国，家族被灭的消息对他的打击可以想象，一个月以后，他在雍丘大败，被刘邦部下曹参斩杀。

多少年前，年少的李斯看见粮仓和厕所里的老鼠的不同遭遇，萌生了从政的念头。那时候的他，意气风发，对自己的才华极度自信，坚信自己可以在乱世中闯出一片天地，整个世界将会因自己而改变。

他确实做到了。作为大秦帝国统一天下的主要功臣，李斯对这个国家做出了无法磨灭的贡献，也以千古名相的身份被载入史册。

多年在政坛摸爬滚打的经历，也把李斯磨炼成了一个精明的利己主义者，所以他才在始皇帝驾崩的关键时刻站到了胡亥一边，充当了可耻的帮凶角色。

这个决定在当时来说是正确的，是必需的保命之道。然而谁也算不到胡亥竟然是那样昏庸又残暴的一个人，也算不到赵高毁灭这个国家的决心竟然如此坚定，等到李斯发现自己成为他们的眼中钉的时候已经太迟了，他纵然有逆天的才干也无法逃脱这最后的结局。

公元前208年，二世皇帝上台仅仅两年以后，所有前朝重臣都已经被杀掉了，帝国的朝政大权无可挽回地落到了赵高手里。

赵高觉得自己似乎已经成功了，他要检验一下自己的实力。

有一天上朝的时候，他让人牵来一只梅花鹿，当着二世皇帝的面问大家："大家看看，这匹马怎么样？"

二世很诧异地问左右的人："这不是鹿吗？"

左右支支吾吾，不敢回答。

赵高大笑着向朝堂上说："大家都来说说，这是鹿还是马？"

很多人马上乖巧地说："当然是马。"也有人说是鹿，或者沉默不语。

赵高冷笑着让人把鹿牵下去了。

退朝以后，赵高马上把说是"鹿"的那些官员抓起来，随便安个罪名给办了。所有人目瞪口呆，但无法阻止。

从此以后，赵高完全控制了朝廷里的一切，与皇帝没有区别，即使二世本人也无法再违拗他了。

二世已经完全沦为傀儡。这时候的他，有没有幡然悔悟呢？后人永远无法知道，因为这以后的二世已经基本处于与世隔绝的状态，外界根本无法了解他的真实情况。

赵高开始把他的黑手伸向大秦帝国最后的顶梁柱，准备给这个国家以最致命的一击……

各怀鬼胎，艰难抉择

巨鹿城外的荒原上，各路诸侯的军队正在虎视眈眈地对峙着，大决战一触即发。

然而战场背后的故事却更加丰富多彩。

王离，大秦帝国最重要的将领之一。他来自名将世家，祖父是武成侯王翦（jiǎn），父亲是通武侯王贲（bēn）。王翦和王贲都是消灭六国的主要功臣，因此他们祖孙三人都得以封侯，在名将世家中地位最高。

始皇帝的时候，王离跟着蒙恬在北方守卫边疆。

蒙恬也出自名将世家，他祖父蒙骜、父亲蒙武，也都是战国末年让六国闻风丧胆的猛将，蒙恬、蒙毅也都是朝中的顶梁柱。不料如此煊赫的家族，却被二世和赵高扣上莫须有的罪名，给灭门了。

王、蒙两家关系密切，当年王翦带着蒙武去消灭楚国，后来蒙恬又带领王离去守卫长城，两家协同作战，是亲密战友。

所以蒙恬被冤杀对王离是一次沉重打击。

尽管他"升官"了，坐上了蒙恬的主帅位置，心里却满不是滋味。他跟蒙恬类似，都是名将世家的第三代，地位和经历都近似，既然蒙恬可以在完全没犯错的情况下被冤杀，那么下次会不会轮到自己呢？

再加上朝廷里一轮又一轮的大清洗，连李斯那么精明的人都躲不过，这使得王离对二世和赵高那对君臣彻底失望了。

既然不管做什么都逃不过政治迫害，那索性就什么都不做。

王离开始消极避战。

陈胜吴广起义以后，关东地区在极短的时间内就陷入全面混乱，周文的军队甚至攻进函谷关，差点打进咸阳。在那个风雨飘摇的时代，王离却显得十分"低调"。

他手下掌握着的几十万边防军，是帝国最精锐的钢铁雄师，他们在跟匈奴的长期战斗中磨炼出来的战斗力是农民军根本不能相比的。然而王离带着这样一支军队却毫无作为，只剩下章邯一个人拼命死磕农民军。

二世那边焦急得很，不断催促王离抓紧加入镇压农民军的战斗，王离每次都答应得很干脆："臣下必将尽忠为国。"等到实际行动的时候却又总是遇上各种"困难"，只好止步不前。当初赵国的李良去攻打太原的时候，在太行山被秦军挡住，后人怀疑这支秦军就是王离的长城军，他们待在那边默默地观看章邯跟农民军作战。

实在被催得没办法了，王离也会带着长城军去参加一些战斗，不过，这支钢铁雄师却表现出让人大跌眼镜的战斗力。

在巨鹿大战爆发前，王离就曾带兵在成武遇到过刘邦的军队，结果超过十万的长城大军，在刘邦的万把军队面前一触即溃，疯狂逃窜，让刘邦取得一次意外的大胜。

二世气得抓狂，只好派王离协助章邯去围攻巨鹿。有章邯带着，总不至于再输了吧？

王离先到达巨鹿城下，十万大军把小小的巨鹿城团团围住，却怎么都攻不下来，拖了几个月，硬是拖到了诸侯联军和项羽的到来。（关于巨鹿之战，史书上记录的时间线很混乱，自相矛盾的地方非常多，这里的"几个月"是根据各种资料估算的结果。）

为什么长城军的战斗力如此之差？因为王离想保存实力。

他心里明白，那个残暴的秦二世皇位一定坐不长久了，未来会怎样，谁也不清楚。身处乱世，手下的军队才是自己的保命符，有军队在，不管面对朝廷还是面对农民军，都有讨价还价的资格；要是把这支军队打没了，自己一个光杆司令就只能任人欺负了。

所以在深冬的巨鹿平原上，王离的长城军和诸侯援军不约而同地选择了观望。

巨鹿城南边，是章邯带领的超过二十万大军。

章邯跟王离的关系并不和睦。他们俩一个是临时起用的明星将领，一个是世代为将的贵族后代，按理说，王离的地位显然更高，资历也更老，但这两年章邯在镇压农民军的战争中大放异彩，风头完全盖过了王离。所以两人属于谁都看不惯谁的关系，各自统领着各自的军队做自己的事，相互没有任何合作。

现在到了总决战的关键时刻，两人才在二世政府的一再催促下联手围攻巨鹿。

章邯带兵来到棘原的时候，却发现自己的位置有些尴尬。

王离早已经包围巨鹿了，但既不打，又不撤，章邯不清楚王离到底在搞什么鬼，以章邯的官职来说，也没法指挥王离。章邯犹豫：自己该不该冲上去呢？王离这家伙可能要背叛朝廷了，自己贸然冲上去是要准备内讧吗？所以章邯只好让二十万大军驻扎在棘原，远远地望着王离军，号称给他们支援粮草，假模假样地建起一个运粮甬道，把军队都派去守卫甬道，这样对于朝廷那边勉强能交代。

再说，章邯自己也有些三心二意的。

自从镇压农民军以来，朝廷那边全靠李斯他们几位文臣在调拨，是他们给予前线的章邯源源不断的支持。现在李斯遭到灭门的惨祸，一方面打乱了后方对章邯的支援，另一方面也让章邯心惊胆战：李斯被杀的一个主要罪名是李由阻挡农民军不力，那么我自己呢？前不久我刚在东阿吃到败仗，万一朝廷追究这件事，我能跑得了吗？

何况那个狼子野心的赵高一直在试图抓章邯的把柄，手上可能已经掌握着不少证据了，现在赵高没发力，是因为还需要章邯去消灭农民军；一旦攻破巨鹿，农民军被打垮，赵高一翻脸，章邯就是下一个李斯或者蒙恬。

一想到这里，章邯就冷汗直流。

看来还是那个王离老谋深算，既不打又不降，先看别人怎么出招。

所以章邯想来想去还是决定：学王离的样子，尽量保住自己手下的军队。军队在，自己的命才在。

最终的结果就是：王离、章邯和诸侯联军，你望望我，我望望你，谁都不先出手，都在观察另外两方的动静。剑拔弩张的巨鹿城外陷入一种奇特的平静。

这期间还出了一段插曲。

当时巨鹿城里的人们都快要绝望了，粮草已经吃光了，人困马乏。张耳不断派出使节去催促城外的陈馀，让他无论如何给些支援，帮忙打开秦军的包围圈。

城外平原上的陈馀也很为难，他不是不想救巨鹿，实在是有心无力。十万长城军的实力实在太可怕了，虽然现在他们暂时没出手，但不意味着你可以主动去招惹他们，以自己手下的一两万散兵游勇来说，根本不够给敌人塞牙缝的，哪里谈得上打开包围圈？

所以他只能狠下心来，一次又一次拒绝了城内的求援。

到最后，张耳咬牙泣血，派出最后一拨使节去对陈馀说："我们兄弟俩是刎颈之交，如今我陷入绝境了，你在旁边眼睁睁看着不来救，说好的生死与共的友情呢？"

陈馀被逼得没办法，只好派出五千人马，跟着张耳的使节去攻打巨鹿外面的包围圈。

结果不出所料，五千人马遇到十万大军，好似泥牛入海，瞬间消失得无影无踪，连个水花都没起。

因为这批援军被消灭得太快，城内的人们根本没有察觉到他们的到来，所以引发了一桩公案——这个后面再说。

先说巨鹿城的情况。陈馀的援军被灭以后，张耳和陈馀之间的联系就中断了，陈馀也彻底打消了救援巨鹿的念头，只能跟诸侯援军一起观望局势发展了。

这次救援失败也说明，王离的长城军面对农民军是占据绝对优势的，王离不是打不下巨鹿，而是在故意拖延。拖延的同时，可能在跟诸侯们谈判投降条件。这些谈判都是在暗中进行的，史书上没有记载，后人也只能猜测。

如果继续这样拖下去，巨鹿之战可能以双方握手言和而告终。但项羽这个毛头小伙子意外杀到，打破了局势的平衡。

项羽一战成名

南方的项羽根本不了解巨鹿城外这些暗流涌动的局势，他只知道：赵国危急！革命事业危急！天下人危急！我们不能坐以待毙，要赶紧去救援。所以他带着五万勇士，破釜沉舟，渡过漳河，杀向河对岸的秦国大军。

项羽当然清楚章邯军的实力，所以并不直接去进攻章邯的大部队，而是把章邯运粮的甬道作为主攻目标。

不料一交手，项羽发现竟出奇地顺利，章邯手下的国防军好像霎时间变成了另外一支军队，根本不具备之前的战斗力了。

楚军只用了很短的时间就占领了章邯军的甬道，切断了章邯军从敖仓过来的运粮路线。章邯军且战且退，一路被赶着离开了巨鹿方向，看起来简直毫无反抗能力。

为什么战无不胜的章邯突然变成了这样？因为赵高的黑手已经伸过来了。

从章邯参与巨鹿之战开始，赵高就不停地在后方给他施加压力，不停地挑他的错，指责他不肯尽力，甚至说他居心叵测、里通反贼。

章邯预见到自己很可能成为赵高的下一个受害者，为了给自己留一条退路，面对农民军的时候便尽量避免冲突。这样一来，赵高便更找到借口，说章邯消极避战，就给他施加更大的压力。最后演变成了前线的章邯和后方的赵高无休止的扯皮。

驻扎在棘原的章邯，看起来神定气闲，其实暗地里已经跟赵高吵得不可开交了。

当项羽的军队杀过来的时候，章邯不仅一点都不紧张，反而有一种如释重负的轻松感——终于等到机会甩掉身上的包袱了。

他且战且退，把巨鹿南边大片阵地让给了项羽，也把王离的军队丢到了项羽和诸侯联军的包围圈中。

章邯的心思是歹毒的——他想跟农民军媾和，但不想担千古骂名，就把王离甩到第一线去。如果王离撑不住，先投降农民军了，章邯再投降，便属于"无可奈何"的举动，后人没法怪他；如果王离撑住了，必定跟农民军拼个两败俱伤，到时候章邯再围上来，一举拿下农民军，挽救大秦帝国的功劳就归他自己了，而且他还保存了实力，留下了跟赵高讨价还价的资格，甚至一翻脸，回咸阳"清君侧"也不是不可能。

这是乱世，为了活下去，每个人都要挖空心思。

巨鹿城外的王离看到这一切，心里可能已经把章邯的祖宗骂了一万遍了。他顶住压力硬拖这几个月，就是希望让章邯来担投降的恶名，或者让章邯去跟农民军死磕，自己只要"低调"就够了，却没想到章邯也是这样想的，而且做得比他更彻底。

现在项羽已经攻占了巨鹿南边大片土地，跟东边虎视眈眈的诸侯联军形成合围的态势，再有北边的陈馀一直在等待机会，局面已经完全倒向了农民军一方。

王离本来还在犹豫该不该跟农民军媾和，但现在条件还没谈好，形势却已经由不得他了，已经没人想再跟他谈什么条件了，他已经成了瓮中之鳖，只能任由农民军宰割了。

他只是象征性地抵抗了一下，然后迅速败退，成就了项羽的一世英名。

史书记载，项羽"与秦军遇，九战，绝其甬道，大破之，杀苏角，虏王离……兵冠诸侯"。

公元前207年的巨鹿平原，是项羽一个人的舞台。五万楚军（具体数字有争议）如同神兵天降，飞身杀入巨鹿城外的王离阵营，霎时间烟尘四起，残肢乱飞。已经毫无斗志的秦军，被杀得四处逃窜，钢刀映着日光，血色染红战旗，燕赵大地的漠漠黄沙见证了这场惊天剧变。

楚军的神勇表现激起满地惊雷，围观的诸侯们都被震撼了，各国军队倾巢出动，跟在楚军后面扑向敌人的阵营。齐人、燕人、魏人、巨鹿城内的百姓们以及数十年来受尽荼毒的各国军民，发出山呼海啸的怒吼，擎起钢刀，舞动长矛，挟着雷霆万钧之势，加入屠杀秦师的队伍。

秦人与六国的百年恩怨终于来到了结算的时刻！

六国队伍的最前方是一匹高头大马，上面坐着神威凛凛的项羽，他举着大刀，红缨迎风飞舞，锦袍猎猎飘扬，有如战神降世。六国军队都在仔细聆听他的命令，遵照他的指挥，展开有条不紊的行动。在他的指挥下，天下民众终于团结到一起，汇合成一股排山倒海的力量。

这一刻，每个人都感到无比荣耀：我们终于有了一位众望所归的统帅，他是我们的骄傲、我们的希望，我们会在他的带领下打破旧世界，黑暗时代终于要结束了！

项羽带领下的诸侯联军，展现出焕然一新的战斗力，瞬间杀散了王离的十万大军，巨鹿城得救了，受压迫的各国人民也得救了！

王离终于跪倒在各国诸侯面前，祖先的荣耀被践踏得粉碎；两位副将，苏角被杀，涉间自焚身死；十万长城军灰飞烟灭。

大秦帝国的军事实力遭到无可挽回的重创。

赵王歇打开巨鹿城门，欢迎各国军马进城。受降式上，各国诸侯共同推举项羽为盟主，所有人都对项羽表现出无与伦比的崇敬，认为是他拯救了天下人，项羽因此拥有了号令天下诸侯的威望。

这时候，龟缩在南边草泽中的章邯却陷入尴尬中，正在绞尽脑汁想下一步该怎么做。

章邯的投降表演

王离溃败得如此干净利落，远远超过了章邯的估计，不过这本来也是他想要的结果，他当然根本不想再做无意义的战斗，投降是眼前唯一出路。

所以巨鹿大战过后，他还是一直让二十万大军驻扎在棘原，气定神闲地看着项羽在巨鹿收编诸侯军队，看着六国军力被整合到一起，看着项羽一步步壮大起来而不去阻止，也不赶紧撤进函谷关以保存实力。总之，不管后方的赵高怎么催促，他就是一步都不动。

章邯的消极抵抗政策，让秦军错过了最后的反击机会，也让大秦帝国再也无法避免覆亡的命运了。

诸侯联军早都看出了章邯的心思，所以轮番派出各路使者去秦营里劝降，陈馀更是写了长篇文书送给章邯，从战国末年白起被杀说起，说到后来蒙恬被杀，再说到章邯自己，告诉章邯："秦国杀功臣是有传统的，将军立了这么多功劳，再不回头，难免会走上白起、蒙恬的老路。"

章邯当然明白这些道理，但他还是怕毁掉自己的一世英名，所以得找个投降的理由。他把副手司马欣叫来，"如此这般"地吩咐一番，司马欣即刻领命前往咸阳去了。

咸阳那边，二世已经很久没露面了，朝廷基本上已经停摆，只剩一个赵高在那里上蹿下跳地骂街。

赵高一听说章邯派人求见，气不打一处来："他还敢来见我？"让手下人紧闭宫门，不准司马欣进来。

司马欣火急火燎地等了三天也没能见到赵高，只好又返回前线去。但他故意不走来时的道路，而是换一条偏僻小道，一路飞奔，逃命似的跑回了前线。赵高发觉上当，赶紧派人去追，却哪里还有司马欣的影子。

一回到军营里，司马欣就连哭带说，痛述赵高如何嫉妒功臣，如何发狠说要灭将军您九族，如何一路追杀我，吓得我从小路赶回来报信。

章邯听得又惊又怒，当众痛骂赵高误国——当然，心里却是窃喜的，现在已经找到投降的理由了,开始跟项羽谈判吧。

章邯和项羽开始私下接触,谈判招降的条件。

现在最大的困难是:章邯手下还有二十万整编的大秦军队,他们根本没有真正被楚军打败,妻儿老小又都在关中,章邯肯降,这二十万人未必肯降,而且也很难让项羽放心——把这二十万人放到哪里去呢?谁能管得住他们呢?

接下来的一幕,更像是章邯和项羽在心照不宣地配合演出。

当时项羽的军队已经退回漳河南岸了,项羽先是一口拒绝章邯的投降条件,然后派蒲将军渡过三户津,再一次杀到漳河北岸攻打章邯。

章邯派兵应战,不出所料,又表现出不堪一击的样子,被项羽的诸侯联军杀得大败而逃。双方随后在漳河与汙河之间的草泽中展开一系列战斗,章邯全部干净利落地输掉了。

章邯以这个借口劝自己手下的将领们:"项羽统领天下诸侯,实力已非往日可比,我们如果继续抗拒下去,只怕会有全军覆没的危险。会盟之事,宜早不宜迟。"秦军将帅都无话可说,只好同意归降。

项羽也在私下劝自己的将领们:"我们的粮草快耗光了,不能再这么拖下去,得尽快招降章邯。"将领们都表示同意。

到这一步,章邯投降的全部条件都已经具备了。双方约好,在洹河以南的殷墟会盟。(从这个会盟地点来看,似乎章邯的秦军曾经打败过项羽,并且把战线向南推进了两百里之远,但史书上没有记载这一点。)

会盟的当天,章邯痛哭流涕,向项羽哭诉赵高迫害他的种种罪行,一方面给自己投降找台阶下,另一方面也引来诸侯们的同情。大家发现,原来一直以来我们恨得咬牙切齿的大仇家,也是二世君臣的受害者呀。所以大家都默默地原谅了章邯。

项羽也是很好哄的人,看到章邯这么可怜的样子,瞬间便忘记了叔父项梁被杀的仇,不仅不为难章邯,反而给他极高的待遇,当场封他为雍王,封章邯的副手司马欣、董翳为上将军。项羽目前就是楚国的上将军,所以名义上章邯的地位甚至比项羽更高了。

章邯等人统领投降的秦军做楚军的先头部队,准备杀向函谷关,开启灭秦之战。

不该出现的结局

再说赵国那边，巨鹿解围后，张耳、陈馀的矛盾终于爆发了。

当初张耳派出两名将领去向陈馀求援，陈馀拨给他们五千人马去救巨鹿，结果在城外很远的地方就被秦军消灭了，城内根本不知道有援军来过。

现在陈馀来到巨鹿城内，张耳马上揪住他问："我手下的两个人去哪了？是不是被你杀了？"

陈馀赶忙解释，说他们是被秦军给杀的，连带着亏了我五千人马。

张耳哪里肯信，派人四处追访五千人马的下落，大家都摇头说从来没见过这些人，张耳更加认定了是陈馀杀了自己的人，还想撒谎来掩盖。陈馀怎么辩解都没用，两人当场大吵起来。

陈馀气得面红耳赤，一把扯下自己佩戴的将印，扔给张耳："老子辞官不干了！"

张耳本来还有点惊愕，但转念一想"天与不取，反受其咎"，反正都翻脸了，不如趁这个机会解掉陈馀的武装，于是答应："好，我同意。"把将印收起来，顺势把陈馀的兵马收编到自己手下，从此一个人把持了赵国的军政大权。

张耳的市侩嘴脸彻底寒了陈馀的心，数十年的情义顿时烟消云散。陈馀随后离开巨鹿，带着自己最亲近的百十号人，到黄河边的湖泽中打鱼去了，也永远记住了张耳对他的羞辱。

再说项羽，收编了二十万秦军以后，项羽手下的军队已经膨胀成了数十万人的浩大队伍，挟着雷霆之势杀向函谷关。

但二十万秦军跟六国联军之间已经结仇太深了，无法调和，刚出发不久，双方的矛盾就爆发出来。

章邯的这支军队是帝国的核心武装，其中的许多官吏都是秦地贵族出身；而诸侯联军那边，基本都是劳苦大众，他们中间很多人曾经被国家征去服徭役，或者戍边，在这个过程中受到秦地官兵很多压迫。

现在双方的地位却反过来了，轮到这些劳苦农民来管理投降的官兵们。诸侯联军见到这些曾经欺负过自己的秦地官兵，新仇旧恨一起上心头——虽然上边有命令不得破坏团结局面，他们却也顾不得了——明着暗着欺负这些曾经的贵族，现在的降卒。

从殷墟到函谷关的这次行军，两支军队一直在爆发各种冲突，这样下去，不等走到函谷关双方就得火拼。

秦地官兵也觉得受够了，私下议论纷纷，都说："章将军骗我们投降，哪知道是这个结果，现在简直连奴隶都不如。再说，现在我们的父母妻儿都在关中，被朝廷杀了怎么办？"

军营里渐渐人心浮动，眼看就要压不住了。

六国军官们对这个局面忧心忡忡，大家一起找到项羽汇报，项羽紧急召黥布、蒲将军商量，定下一条计策。

项羽的如意算盘本来是让这二十万秦军打头阵，在战场上把他们消耗掉，省得给自己拉仇恨，但没想到双方的矛盾爆发得如此之快，甚至等不到上战场。事已至此，无可奈何，只能自己亲自动手了。

走到新安城南的时候，一天夜里，早已做好准备的诸侯联军对秦军挥起屠刀，一夜之间杀尽了二十万降卒，就地掩埋，不留痕迹。

这是对秦人的一场惨烈的大屠杀，冥冥之中，似乎也是对长平大屠杀的报复。

这二十万秦军的命运比长平的四十万赵军更加悲惨，他们根本没能得到任何人的同情，甚至连史书都懒得对他们做过多描述，以至于后人常常忘记曾经有过这样一场大屠杀，二十万鲜活的生命就这样静悄悄地被掩埋在了历史长河中。

这也是对大秦帝国最致命的一击。

帝国最精锐的武装一夜之间静悄悄地消失了，甚至没能迸发出一丝火花，大秦帝国从此失去了自己最重要的钢铁外衣，在风雨飘摇的乱世中已经无法保护自己，只能任人宰割了。

再进一步看，这次屠杀也是对项羽的重大冲击。二十万秦军的父母妻儿都在关中，他们从此把项羽视为不共戴天的死对头，将来项羽除了对他们挥舞屠刀之外，别无选择。甚至对整个秦地，项羽都已经无法汇聚人心了，也无法正常统治了，他只能以无休止的屠杀来应对，结果更惹得天怒人怨。

项羽未来的败亡在这时已经种下了因。

对于章邯，大屠杀是他无可回避的重大罪状。天下人都知道他亲手把自己手下的兄弟们送进了地狱，以后谁还会真心听他指挥呢？这个曾经战无不胜的伟大将领，很快就会尝到苦果了。

天明之后，晨曦中的新安县城一派祥和，好像什么都没发生过一样。刽子手们擦干屠刀上的鲜血，带着心满意足的微笑，昂首阔步，信心满满地迈向函谷关方向，准备完成改朝换代的伟大壮举。

不久以后，大军到达函谷关城下，前方忽然有哨兵来报，说函谷关有重兵把守，拒绝我们进入，但里面似乎不是大秦的军队。

项羽他们都很纳闷：现在天下还有谁敢跟我们作对？项羽亲自拍马到前方查看。这一看，气得他差点吐血……

第六章　汉王入秦关

千里征关中

当初楚怀王派出两支军队，一支由项羽带领，前往巨鹿救赵；另一支交给刘邦率领，杀向关中的方向。

表面上看起来刘邦占了大便宜，但他这一路走来其实比项羽更凶险。

刘邦从砀郡出发，到咸阳的直线距离超过一千五百里，沿途是各种割据势力与秦朝的地方武装。这样的长途奔袭，从兵法上来说无异于自投罗网，极有可能陷入敌人的围追堵截中，在半路就被消耗掉了。

这次行军要想成功，就得赌秦军的主力长期被牵制在巨鹿，无法分兵来追赶，还得赌关中的秦国政府陷入瘫痪状态，无法及时调动军队来拦截。

这两个赌局能不能成功，当时谁心里都没底。

而且即使赌局成功了，刘邦这边也依然面临巨大的困难——要进入关中，只有两条道：

一条是硬闯函谷关。函谷关自古以来就是秦国的东大门，堪称铜墙铁壁。当年战国时代六国伐秦大部分时候就是被挡在这里，只有陈胜吴广起义的时候，周文趁着秦国政府来不及反应的机会侥幸闯关成功。

另一条是走南阳，叩开武关大门，然后通过丹江通道进入关中。这是一条超过两百里的狭窄通道，战国时期楚怀王（前楚怀王）倾尽全部国力才打开这条通道，但最终还是没能攻进关中。

现在刘邦面临的就是这样的挑战。

那么为了冲破这些障碍，楚怀王（后楚怀王）分给刘邦多少兵力呢？答案是：可能只有四五千人。（这个数字是从郦食其和刘邦的谈话中推算出来的，可能有所夸张。）

楚军刚刚经历了定陶大败，能调集的人员实在很有限，其中大部分还要分给宋义和项羽去救巨鹿，所以分给刘邦的兵力基本上只是象征意义的，管不了什么事。

这几千人马就是给刘邦的基本配置，剩下的就要看刘邦的运气了。

所以刘邦出发以后第一件事就是绕着定陶附近转一圈，把定陶之战后楚军的残兵败卒，还有陈胜的残余部队收集起来。

这支可怜巴巴的队伍几乎一直处在被歼灭的危险中，其间还跟小股秦军发生过多次遭遇战，刘邦全部获胜，所以才勉强生存了下来，并且成功壮大了队伍。

刘邦随后又绕了一大圈，向西来到高阳，在这里，招揽到了一位重要的谋士。

郦食其（lì yì jī）是高阳当地的一位六十多岁的名士，他仗气使酒、狂放不羁，是地地道道的"狂生"——不过这也有可能是他为了取悦刘邦故意给自己塑造的形象。

他拥有过人的才干，对天下大势有自己独到的见解。

乱世之中，郦食其也想找到可以辅佐的君王，成就一番事业，但这些年来，经过高阳的将领们都是些小肚鸡肠、没有大志向的货色，郦食其没有一个瞧得上的，只好隐居在民间等待机会。

现在刘邦来到高阳，郦食其早就听说他是恢宏大度的人物，想去辅佐他，就托人把自己的意思转告了刘邦。

但刘邦生平最瞧不起读书人，提到读书人就破口大骂。以前有人戴着儒生的帽子去见刘邦，刘邦一把扯下他的帽子就往里面撒尿；现在郦食其主动求收留，刘邦怎么会把他放在心上呢？

果然，郦食其去见刘邦的时候，刘邦正坐在床边让两个美女给他洗脚，衣衫凌乱，东倒西歪，完全不成个样子。

郦食其直接走上去说："阁下是想帮助秦国消灭天下诸侯呢？还是想率领诸侯消灭暴秦？"

刘邦跳起来就骂："你个穷酸书生，你说谁想帮秦国灭诸侯？"

郦食其正色说："如果你想带领天下民众推翻暴秦，就不该以这样傲慢的态度对待诚心来见你的老人家。"

刘邦一听，觉得此人不同寻常。于是立即撵开美人，停止洗脚，整理好衣冠，以对待贵宾的礼节把郦食其请到座位上，认真地跟他交谈起来。

两人一交谈，郦食其就展现出对天下局势洞若观火的观察力，从当年的六国合纵开始，一直谈到当前诸侯共同抗秦的局面，发表了许多独到的见解，刘邦听得佩服不已。

刘邦请教郦食其："请问先生，我们现在应该怎么做呢？"

郦食其说："以您目前的兵力，再收集一些散兵游勇，满打满算也不过一万人左右，以这样的兵力去攻打关中，不是飞蛾扑火吗？在下有个建议，附近三十里外便是陈留县，里面粮草众多，但防守薄弱。在下跟陈留县令是老相识，可以去替您游说他，他要是归降便好，不归降的话，在下替您做内应，一举拿下陈留县城。"

郦食其是很精明的人，他知道刘邦不爱听大道理，只想要现实的利益，所以一上来就送刘邦一个"大红包"，这样就很容易被刘邦接纳了。

刘邦果然动心，马上让郦食其去陈留当说客，自己带兵偷偷跟在后面。陈留县令果然不投降，郦食其赚开城门，放刘邦的人进去，轻轻松松便拿下了陈留这个大粮仓。

有粮草还不够，郦食其又把自己的弟弟郦商介绍过来，让他带着几千人马加入刘邦的队伍——这下刘邦的人马和钱粮都大大扩充了。

郦食其只是刘邦在远征路上招到的众多投靠者之一，但很有代表性，从他的经历中，我们看到了刘邦是怎样在游击战中逐步扩充军队的。

正是靠着无数个"郦食其"的投奔，刘邦才在极端险恶的环境中站稳了脚跟，他的队伍不仅没有被消灭，反而越来越壮大起来，最终达到了数万人之多，初步具备了攻打关中的条件。

为什么郦食其这样的人愿意投奔刘邦呢？一个主要原因在于刘邦本身的领袖气质。

所谓领袖气质，关键的一点是，你要让人觉得你有把控全局的能力，让人相信你能够带领大家做成事情，更简单地说，要能带给人安全感。有些人，只要他在场，就能镇住一切邪魔外道，让人觉得局势在掌控中，不会惊慌，会自然而然地围在他身边，听他指挥，这就是领袖气质。

这种气质纯粹是与生俱来的，学不会，假装不来，模仿不出，是万里挑一的、最珍贵的一种能力。

刘邦就属于有这种能力的人，见过他的人，很容易为他的魅力所折服，心甘情愿地听他调遣。其中最典型的例子就是韩国的贵公子张良。

自从一年前见过刘邦以后，张良就一直惦记着他。凭借自己识人的能力，张良很清楚地意识到刘邦是值得一生追随的领袖，所以一直梦想着投奔到刘邦麾下。

但张良还有一件重大任务没有完成。

他本来是韩国贵族后裔，一直思念着故国。当项梁打到中原来，成为诸侯领袖以后，张良意识到复国的机会来了。

当时项梁刚刚拥立楚怀王登基，趁着这股东风，张良对项梁提议说：君上既然立了楚君，也请立一个韩国后人为君。君上有恢复韩国之功，韩王必定感恩戴德，成为君上的臂膀。

项梁觉得有理，就立韩国后裔横阳君为韩王，让张良辅佐他。张良的复国梦终于实现了。

后来一年，张良一直跟着韩王在韩国故地攻城略地，跟秦军展开拉锯战，试图收复当年韩国的地盘。

刘邦打下陈留以后，又四处游击，连续打败几支秦军队伍，最后来到颍川郡，正好张良也跟着韩王在那里攻城，两人一见到对方，都又惊又喜，诉不尽离愁别绪。

两路人马汇合到一处，实力大增，接连取得大胜，攻下韩地的许多城池，连故韩国的首都阳翟都攻下来了，韩国的复国大业到这时才算真正完成。

刘邦让韩王留在阳翟，压制这一带的秦军势力，自己带上人马继续往西去攻打秦国。

既然复国的任务已经完成,张良已经尽到了自己对故国的责任,可以开启自己的事业了,他便辞掉了韩国的官职,义无反顾地跟着刘邦踏上了西去的道路。

有张良这位顶级谋士的加入,刘邦的行军计划开始变得清晰起来。

之前他们一直在四处打游击战,行军路线绕来绕去,现在开始明确对准关中的方向。

他们首先攻向函谷关方向,在平阴强占黄河上的渡口——不是为了打击秦军,而是为了拦截附近的赵国军队,防止他们先进入函谷关。

这种行为看起来真是既恶毒又自私,以至于秦军和赵军都以为刘邦吃定函谷关这条线了。

但这只是为了干扰敌人的判断,打乱敌人的调度。

秦军从函谷关方向疯狂扑来,赵军也冲过来要抢夺渡口,一时间乱成了一团,刘邦趁机指挥军队撤回阳翟。

阳翟不仅兵马粮草充足,也是一个极端重要的战略要地,向北可以进攻洛阳,威胁函谷关;向南则可以直插南阳,逼近武关。而这两个方向都是攻打关中的重要通道。

刘邦在阳翟休整过后,立即向南攻向南阳,在南阳附近大破秦军,赶走南阳郡守。南阳郡守逃到宛城,刘邦又听取张良的建议,追到宛城,迫使南阳郡守投降。然后他又让手下将领在整个南阳盆地扫尽敌人残余势力,顺利控制了南阳郡,彻底解除了后顾之忧。

这里是故楚国的核心地带,向西,经过析县,就是武关——这才是刘邦真正的目标。

从武关向西北,沿着丹江,从山谷中间穿过,两百多里之外,便是峣(yáo)关;攻破峣关,便到达蓝田,也就进入了关中平原,从这里到咸阳就是一马平川了。

所以武关是关中的大门之一,是除函谷关以外,进入关中最重要的关卡。

现在刘邦已经来到了武关附近,准备从这里杀进关中。

但作为帝国的命门,武关有重兵把守,以刘邦现在的兵力,怎么能闯得过去呢？靠蛮力肯定不行，得用点计策。

正当刘邦在武关城下踌躇不决的时候，忽然从咸阳传来一条惊天动地的大消息：赵高弑杀秦二世，派人来联络刘邦，准备共分关中！

暴君的下场

前线的惨烈失败在关中引起震动，朝野上下群情激奋，纷纷要求惩治祸国殃民的赵高。秦二世终于知道了一切的真相，现在已经到了最终摊牌的时候了。

赵高很清楚，章邯倒戈这件事自己的责任无论如何都是推不掉的，二世虽然昏庸透顶，但也不可能再饶恕自己，不如先下手为强。

他说干就干，跟自己的弟弟赵成和女婿阎乐商定了一套弑君的计划。

赵成是郎中令，手下掌握着宫中卫队；阎乐是咸阳令，掌握着咸阳城内的近卫军；再加上赵高全面把持着朝政——三人合作，可以完全控制城内的局势。

至于弑君以后怎么办呢？赵高也清楚秦人肯定不会拥戴自己，所以得扶立一个傀儡来当新皇帝，他选中了公子婴。

子婴的真实身份史书没有记载，我们只知道他年纪不小了，而且在皇族中属于德高望重的人物。当初二世诛杀蒙恬、蒙毅的时候，子婴曾经竭力反对，所以他即使在残暴的二世面前也有一定的话语权，甚至有可能是始皇帝一辈的人物。

他跟秦二世的血缘关系肯定不是很近，正常情况下基本没有继位的资格，所以才能躲过之前的大清洗。也正是因为这个原因，赵高才认为扶他上台以后，他一定会感激自己。

除此以外，赵高还有一套备选方案。

这时候刘邦已经攻到了武关城下，一旦攻破武关，就可以从丹江通道直捣关中，但秦国政府在这里的防御阵线也特别坚固，刘邦为这一点很伤脑筋。赵高探听到以后就暗中联络刘邦，许诺做他的内应，但要刘邦答应以后两人平分关中。

赵高的如意算盘是，自己最差也能当个诸侯，跟刘邦、项羽他们共同称王。

一切安排就绪以后，他开始执行自己的计划。

这时候二世皇帝依然浑浑噩噩的，整天念叨："丞相（赵高）不是说关东盗贼不用担心吗？怎么会闹成这样了？"想责怪赵高，却不留意防着他。

二世还信了巫师的话，到望夷宫斋戒，但他又不带足够的兵力，只留赵成跟在他身边。

到望夷宫不久，赵成忽然带着人在宫里乱窜，说有反贼闯进来了，然后派人到宫外，叫阎乐赶紧到望夷宫来护驾。

阎乐接到报告，马上带着一千多名士兵冲到望夷宫来。当时宫里已经乱成一团了，到处有人在喊捉贼。阎乐揪住守门的官兵就问："你们怎么看门的？居然让盗贼闯进宫里了！"

所谓的"盗贼"完全是他们几个编造出来的，守门的官兵们当然没看见，只好莫名其妙地说："我们也不知道怎么回事，我们把守宫门一点都没松懈，怎么可能有盗贼闯进来？"

阎乐不由分说，把守门的官兵们全部拿下，当场斩首，然后带着自己的士兵冲进宫里，接管防卫权。

望夷宫就这样落到了阎乐等人的控制之下。

阎乐指挥手下人在望夷宫里大开杀戒，把所有敢反抗的人杀得干干净净，最后径直冲进了秦二世的寝殿。

到这一刻，秦二世才明白发生了什么事，但已经太晚了。整个行宫都已经被赵成和阎乐控制了，这个暴君身边只剩下几个手无缚鸡之力的宦官，哪敢上去阻挡反贼？

史书上记载，一生残忍嗜杀的秦二世这时候表现得非常懦弱，阎乐指着他的鼻子数落他的罪行，他战战兢兢地听着，丝毫不敢辩解。

等阎乐骂完了，二世才小声说："可以请丞相来吗？我想见见他。"

阎乐一口回绝："不行。"

二世又恳求道："我只想当个郡王。"

阎乐还是说："不行。"

二世又说:"那给我封个侯爵也行。"

阎乐也不同意。

二世流泪乞求道:"那就让我带着老婆孩子当个老百姓吧。"

阎乐冷冷地说:"丞相有令,要在下替天下人诛杀你,在下不敢违抗。"

二世再也无话可说,只好拔剑自尽。

原来在暴君的眼里,只有自己的性命才是珍贵的。

诛赵高

望夷宫的兵变并没有在咸阳引起太大轰动,毕竟大多数人都是听到这个消息才想起来:"原来我们国家还有个皇帝啊?"

朝政已经被赵高把控得太久了,以至于大家都快忘了这个天下是姓嬴的。所以弑君这件事也就这么过去了。

不过赵高跟秦二世同样臭名昭著,同样不受人支持。

赵高也很识趣,一点都不表露出想要篡位的意思,反而把早已准备好的子婴叫出来,当众宣布,拥立子婴继承皇位。

对于满朝文武来说,这个决定是可以接受的,所以大家很快接纳了子婴。新皇的登基仪式也开始如火如荼地准备了。

赵高计划先让子婴当个傀儡君王,再用对付二世的招数架空他,等时机成熟的时候再夺皇帝宝座,或者实在不行,开门把刘邦放进咸阳,跟刘邦共分关中。

所以他先埋下伏笔。

他对满朝文武说:"当年大秦只是个王国,最高领袖不过是王而已。后来始皇帝君临天下,才称为皇帝。现在山东六国都已经复国了,秦国只不过占有关中故地而已,再称帝不合适。从今往后,咱们的大王就改称王吧。"

所以子婴不再是皇帝,更不是"秦三世",而是秦王,也就是一个诸侯而已,以后赵高要取代他的位置,阻力也就小得多了。

不过从这番表态来看,赵高对大秦帝国确实充满着刻骨仇恨,这是一种发自内心深处的、掩饰不住的恨意。那么回头一想,他那些祸乱朝纲的行为，很难说不是故意的。

对赵高这番话，子婴不好马上反对，所以表面上欣然接受了"秦王"的称号。赵高看到他这么没主见，更加以为自己选对了人，也就有点放松警惕了。

但子婴是皇族里面元老级的人物，政治经验极其丰富，他出手的速度比赵高估计的快得多。

按照传统，新王登基要先斋戒五日，然后到太庙祭告天地，接受玉玺，受百官朝拜，这才算正式登基。

子婴装模作样地斋戒了五天，等到了祭拜太庙的日子，却故意称病，在宫里躲着不出来。

黄道吉日不是随便选的，过了时辰事情就砸了。赵高急了，派人反复催促子婴赶快去参加登基仪式，但子婴就是不去。最后赵高只好亲自去宫里请子婴出来——这正是子婴想要的！

子婴早已经跟自己的两个儿子和手下宦官商量好了，他们带兵埋伏在宫里，等赵高一来，不由分说，上去一刀结果了他的性命。

杀掉赵高之后，子婴才终于露面，到太庙祭告天地，接受百官朝拜，正式登上秦王之位，把这个风雨飘摇的末日帝国接管到了自己手上。

听到赵高被杀的消息，咸阳城里的人们全都欢欣鼓舞，争相称颂子婴的功德，子婴因此轻松坐稳了秦王的宝座，随后他又灭掉赵高三族，替秦人报了大仇。

但赵高到底是一个祸乱天下的奸贼，还是六国王室的支持者，故意扰乱朝纲，颠覆大秦，以便替六国报仇呢？很难说。

甚至有人传说，他本来是赵国王子，为了报灭国之仇才演出这一场大戏。是真是假？这个秘密只能永久埋藏在尘埃中了。

再说子婴，他是老谋深算的政治家，也是大秦帝国最后的、最忠诚的捍卫者，他的所有判断都非常正确，他的意志也无比坚定。但世事不由人，命运注定了他只能是一个悲剧帝王。

大秦帝国的末日

刘邦带着几千人从砀郡出发，经过上千里的远征，终于来到关中的大门——武关附近。

依照他最初的兵力，根本不可能走这么远，之所以能到达这里，甚至还大幅度扩充了军队，靠的是一次千载难逢的机遇。

当时秦国后方的赵高跟前方的章邯一直在扯皮，而且章邯和王离都在消极避战，两人驻扎在巨鹿旁边几个月不动弹，别说刘邦的游击队，就是巨鹿那边项羽的大军，他们都不主动去打击。

他们手下统领着超过三十万的帝国主力部队，这些部队也都被钉死在了巨鹿旁边，不能动弹。

朝廷里面，朝政已经完全被赵高把控了，不知道是有意还是无意，赵高完全忽略了刘邦这支部队，没有调动军队去拦截。

所以刘邦面对的是一个完全瘫痪的大秦帝国，他一路上遇到的，只有地方上一些零散的政府军，这些军队缺乏统一指挥，实力也很差，基本上属于给刘邦送战利品的，这才让刘邦越打越强。

只能说刘邦的运气实在太好了，当全天下的目光都盯着巨鹿平原的时候，灭秦的逆天之功，却毫无征兆地落到了刘邦面前。

就这样，老天还觉得不够，在武关城下，又给刘邦送来一份大礼——赵高主动联系他，希望当内应，直接开关放他进去。

刘邦接到这个消息，有点不敢相信。这一路走来已经太幸运了，现在老天爷是要把咸阳直接送到他手里吗？

他跟张良等人商量，最后大家都认为这件事情疑点太多，不能相信，而且赵高的名声也太差，跟这种人合作，就算进入咸阳，也很难服众。

所以刘邦没有接受赵高的提议，而是决定凭自己的力量硬闯武关——事实证明这个决定是对的，赵高很快就被子婴杀了，如果刘邦跟他合作，只会引来秦人的集体反抗。

他派出郦食其和陆贾两名百年难遇的说客，私下去劝降守卫武关的军官。

这时候，秦军在巨鹿大败和二世被弑两条特大新闻都已经传来了，守关的军队人心惶惶，根本无心恋战，郦食其和陆贾没费太大力气就说服了他们。

刘邦就想跟他们里应外合，张良却说："慢着！现在只是守关的官员答应投降，他们手下的士兵可未必答应，依我看，里应外合未必能成。不如趁他们放松警惕的机会，直接攻进去。"

刘邦同意，便趁官员们准备投降的时机，发起突然袭击。守关的军官们完全没防备，武关瞬间被攻破，那些等着卖国的官员也被一勺烩了。

最后的障碍已经攻克，刘邦的军队所向披靡，沿着丹江一路西进，迅速推进到蓝田，离关中只有一步之遥了。

这时候子婴已经杀掉了赵高，夺回了政权，然后他紧急调动军队到蓝田附近的峣关拦截刘邦。

但已经太迟了，赵高拖延的这一年时间里，已经让刘邦的军队完全掌握了主动权。

刘邦让郦商带兵去攻打汉中，自己前往蓝田，在峣关和蓝田北边跟秦军发生两次大战。

战斗过程比想象的轻松得多。咸阳那边，子婴刚刚接掌朝政，来不及填补赵高留下的权力真空，新上来的秦军统帅互相不熟悉，乱成了一团，前线秦军的心理彻底崩溃了，几乎是望风而逃。最后的大秦军团分崩离析，把蓝田白白丢给了刘邦。

公元前207年十月，经过整整一年的行军以后，刘邦终于站上了六国诸侯们梦寐以求的关中平原，眼前是一望无际的沃土和绮罗遍地的亭台楼阁。

这是大秦帝国的核心地带，从战国时代开始，多少英雄豪杰都梦想能打到这里，可惜全都空留遗憾。没想到这样的惊天伟业，却被刘邦这样一个亭长出身的小人物实现了，或许这就是传说中的天命所归吧。

多少人历尽千辛万苦无法获得的成就，有人一出手便能拿到，所谓"万般皆是命，半点不由人"，可能真有一些道理呢。

刘邦让军队开到咸阳东方的灞上，派人到咸阳约降子婴，希望以和平方式进入咸阳。

这时候咸阳宫里却是一片异样的平静，对于刘邦约降的消息，大家并没有表现出太多惊讶的神色。子婴自己也明白，大秦气数已尽，任何人也无力挽回，上天给他的使命并不是挽救这个帝国，而是如何体面地把这个帝国交给有德之人，让关中百姓少受一些荼毒。

没有人想接受这个遗臭万年的任务。但他是在世的嬴姓子孙中唯一能挑大梁的，上天把这个任务交给他了，他就只能自己来承担这个千古骂名。

他很干脆地回复刘邦：依祖制举行受降仪式。

双方商量好以后，受降仪式正式开始。

当天凌晨，咸阳内外的所有军队解除武装。天明以后，咸阳城门大开，街上扫得一尘不染，全体官员整整齐齐地跪在道路两旁，从城门直到章台宫，乌压压的人群一眼望不到尽头。

子婴穿着一身素服，脖子上系着白绫，反绑双手，带着全体王族和文武百官从章台宫走出来，然后坐上一匹白马拉的车，径直开出咸阳，来到东郊的轵（zhǐ）道，在那里向刘邦献上传国玺，正式把天下交到了刘邦手上。

秦国立国五百六十三年，统治天下一十四年，至此灭亡。而子婴本人，不过当了四十六天的秦王而已。

秦朝的灭亡，是一件突然发生的意外事件，因为这个帝国直到灭亡前不久，都拥有绝对强悍的武力，当时谁能想到局势会转变得如此之快呢？但仔细想来，这又是一件必然的事件，从秦始皇开始为个人享乐耗尽天下民力的时刻起，一切就已经注定了……

这一刻，亿万黔首都心怀忐忑地望着灞上，那个天下的新主人刘邦会带给他们怎样的命运呢？会继续毫无节制地役使天下人吗？还是会给他们些微喘息的机会？所有人都在揣测着……

约法三章，天下归心

刘邦和他手下的谋士们亲身经历了秦朝从鞭扑天下到分崩离析的整个过程，都唏嘘不已。秦朝的教训太深刻了，怎么避免重蹈覆辙就成了一个重要问题。

从攻打南阳开始，刘邦就竭力塑造自己与"暴秦"不同的形象。

当时南阳太守逃到宛城据守，派人向刘邦请求归顺，刘邦欣然答应，还把这个太守封侯。从那以后，刘邦的军队到每个城镇都尽量招降敌人，尽量避免直接对抗，这不仅让己方减少了很多伤亡，也给世人留下了"仁德"的美名。

从陈胜、吴广起义开始，农民军的纪律就是很差的，动不动就屠城，抢劫杀人更是家常便饭，就连刘邦之前都没少干屠城的事。当然，政府军也好不到哪里去，双方都把老百姓当作待宰的羔羊。

但现在刘邦改变做法，严厉约束手下士兵，禁止他们骚扰百姓，从南阳到关中，一路走来，秋毫无犯，赢得了老百姓的感激，也间接瓦解了敌人的斗志。

这很可能是张良等人出谋划策的结果，刘邦本人的豁达大度也在其中起了很大作用。

子婴投降以后，对于秦朝王室，刘邦没有任何报复行动；至于秦朝府库内的财宝和典籍，他也命人全都封存起来，不允许手下人偷拿一分一毫；他还把秦宫的妃嫔们也保护得好好的，禁止手下人去骚扰；对于老百姓，他更是管理得井井有条，俨然一个合格管理者的形象。

交接手续完成以后，刘邦带领军队退回灞上，不干扰老百姓正常的生活。咸阳因此没有受到任何破坏，以和平方式进入了新时代。

经历了春秋战国的五百年乱世，老百姓早都见惯了各路军阀烧杀劫掠的乱象，现在却发现世上还有如此文明的一支军队，简直又惊又喜，刘邦在关中的威信因此迅速树立起来。

当然刘邦这样做还有一个原因：现在他名义上只是楚怀王手下的一个将军，咸阳的财富和美女都不属于他，而是楚国的战利品。他不动这些财宝，也是在向天下诸侯表示：自己是一个安分守己的臣子。这让诸侯们，特别是楚地群豪们，都对他由衷地佩服。

除此以外，刘邦还针对秦朝的苛政"约法三章"，又让天下人齐声喝彩。

秦朝以法家治国，一直以来都把严刑峻法当作维护统治的基本国策。秦法的严苛让所有国民都瑟瑟发抖，甚至连交头接耳都可能被以"诽谤"罪灭三族。秦朝的酷刑名目繁多，从腰斩到车裂，样样都让人心胆俱裂。秦朝酷吏也特别喜欢连坐，动不动就把人夷灭三族，甚至连邻里之间、朋友之间，都可能互相牵连。

刘邦和他的智囊团们认为，秦法的严酷是秦朝灭亡的一个主要原因，所以他们特地在这个方面做出改变。

招降子婴以后，刘邦召集关中各个郡县的豪强们开会，当众宣布：废除秦朝的一切严刑峻法，以后只有三点需要大家遵守：杀人的抵命；伤人和偷盗的依法抵罪。

这就是历史上著名的"约法三章"。

如此简单的三条法律，跟秦朝堆山填海的严刑峻法形成了鲜明对比——当然，不可能长期用这"三章"治理国家，这只是暂时的规定，更是一种姿态，向老百姓表示：我们跟暴秦的统治者是完全不同的，今后大家再也不用战战兢兢地生活了。

从商鞅变法以来，受了一百多年压迫的老百姓，这时候忽然发现：原来生活可以如此轻松惬意！可以自由地出门，随便去哪里逛逛，都不用担心被强制收容；可以聚在一起谈天说地，不用怕随时有官兵冲过来抓人；可以跟任何朋友在一起，任意去走家串户，而不怕被扣上"聚众谋反"的帽子；甚至父子兄弟一家人都可以住在一起了……

原来世界上还有这么轻松的生活方式！关中的老百姓都像发现了新世界一样欢欣鼓舞，真心迎接新世代的到来。

他们用小车载着满满的财物，以及各种牛、羊、酒食，喜滋滋地推去犒劳刘邦的军队。刘邦让手下官兵们把这些礼物都退给老百姓，告诉他们："乡亲们的东西来得不容易，我们的粮草很足，大家不用再接济我们了。"

秦人因此衷心感激并且支持刘邦，这种民意基础，以后会给刘邦带来巨大好处。

再说刘邦自己，他当然也有私心，当初楚怀王明确向大家承诺："先入咸阳者王。"现在自己显然应该被封王了呀。

要封王的话，哪里最合适？当然是关中，这里是真正的龙兴之地，再说又是自己亲自打下的地方。

所以刘邦心里已经迫不及待地要称"关中王"了。

但关东那边传来的消息给了他重重一击：章邯投降以后，项羽把他封为"雍王"，让他镇守关中。现在项羽和章邯带着四十万大军正在赶来的路上。

刘邦曾经跟项羽并肩作战，非常了解项羽的脾气，项羽虽然看着豪爽，内里却是个特别抠门的人，手下人立了功他从来舍不得赏赐。据说他曾经有印玺要赐给手下人，却一直舍不得送出去，最后把印玺拿在手里都磨得发亮了。这样的人，怎么让人相信他会奖赏刘邦的灭秦之功？

刘邦为这件事翻来覆去地纠结，有人看出了他的心思，提醒他：关中是帝王之基，千万要留在手里；您赶紧派人去守住函谷关，别让项羽的军队进来。

刘邦点头同意，于是赶紧调集兵马，抢在项羽大军入关之前守在了函谷关，这才有了项羽在函谷关被拦截的一幕。

项羽来到函谷关下，看到上面迎风招展的"刘"字旗，想到自己千辛万苦打掉秦朝的主力部队，却让刘邦白捡到灭秦之功，气得差点栽下马来。他过了好一会儿才缓过气来，随后点起兵马，强攻函谷关。

第七章　西楚霸王

鸿门宴

事实证明，刘邦的算盘完全打错了。项羽手下掌握着当今天下的绝大部分兵力，刘邦派到函谷关那点守军根本不堪一击，瞬间被项羽赶跑了。

项羽带兵冲进函谷关，一路追赶到戏地，逼近灞上，准备找刘邦理论理论。

关键时刻，偏偏又有小人落井下石。刘邦手下的左司马曹无伤想投靠项羽，就让人偷偷报告项羽说："刘邦想在关中称王，所以故意阻拦您进函谷关。"

项羽手下的范增也进言说："刘邦本来贪财好色，这次进了咸阳，把财宝都封存起来，美女也不碰，显然志向不小。我看他是有称天子的野心，千万别让他得逞。"

项羽听了这些话，更认定刘邦这种人不收拾不行，他便让士卒厉兵秣马，想对灞上发动突袭，剿灭刘邦。

但项氏家族内部派系林立，并不团结。项羽的叔叔项伯跟张良是多年好友，他听说项羽想攻打刘邦，怕张良也一同被害——也可能他本来就想破坏项羽的事业——就偷偷逃出军营，连夜赶到灞上，叫张良跟他一起逃走。

张良听到这个消息也很震惊，叫项伯先等等。他赶忙去报告刘邦，两人一商量：封函谷关确实犯了大错，过早暴露自己的野心了；目前项羽的兵力占据绝对优势，不能硬拼，只能先拉拢项伯，让他设法斡旋。

张良把项伯带到刘邦面前。刘邦表现得极为谦卑，不仅亲自捧杯为项伯祝寿，还许诺两家结为亲家。

刘邦很诚恳地对项伯说："哪个说我想称王？我入关以后把府库财物全部封存起来，不就是等你们将军来接收的吗？我让人把守函谷关，只是怕有盗贼出入，绝对不是为了阻拦你们将军，没想到却引来一场误会。现在有小人在污蔑我，还请大哥替我去分辩分辩。"

项伯这时已经下定决心加入刘邦阵营，他跟刘邦、张良商量好：目前刘邦他们只能赶紧去对项羽表示忠诚，以挽回影响；他自己负责在中间牵线搭桥。

项伯回到楚军营，对项羽转告了刘邦的话，并且大肆吹嘘刘邦如何诚恳，又说："刘邦替您打下关中，明明是有大功之人，怎么反而去攻打他？这不是让天下人说您陷害功臣吗？不如把刘邦找来，好好地奖赏他一番，以表现您赏罚分明。"

项羽耳根子很软，听了这番话，马上回嗔作喜，不仅打消了出兵的念头，还让人去约刘邦赴宴，地点定在鸿门。

刘邦依计行事，第二天就亲自去鸿门赴宴，而且为了表示自己对项羽的忠诚，只带了很少的人马，身边也只有张良和樊哙陪着。

这是刘邦一生最危险的一次会面。当时谁也不敢保证项羽会怎么做，一旦去了鸿门，就是把命交到项羽手上了。但形势逼人，必须冒险一次。

现场的气氛表面上是很融洽的：两位大佬握手哈哈大笑，刘邦一口一句"大哥"，叫得十分亲热，还特地回顾去年两人一起带兵攻打秦军的经历，说得项羽感慨连连，好像多年不见的老战友碰面似的。

项羽很快就把之前的怒火抛到九霄云外去了，以为真的是自己误解了刘邦；现在不仅压根儿不想杀他，还想和这个老哥们儿把酒言欢，好好地聚聚。

他让人摆上宴席，热情地招待刘邦。除了项羽、刘邦、张良以外，现场作陪的还有范增、项伯和项庄。

席上，刘邦随口说了一句："有小人想挑拨咱们哥俩儿的关系，大哥您千万别信他。"

项羽马上回答："是曹无伤那个孬种说的，害得为兄差点误会贤弟。"就这样轻松把自己的一个内线出卖了。

在座的范增等人都急得不得了。按照计划，现在应该发动突袭杀死刘邦，武士早都埋伏好了，但看项羽的样子，已经完全打消了这个念头。这次把刘邦放走，以后再找机会杀他就不容易了。所以范增不停地向项羽示意，请他赶快动手，项羽却一点反应都没有。

范增假装出去解手，把项庄叫去商量："我们大王心肠太软了，我们得赶快动手，不能让刘邦跑掉。这样，你按我说的做……"

项庄是项羽的本家兄弟，也是项羽手下重要的武将。他按照范增的嘱咐，重新回到酒席上以后就对刘邦说："末将非常仰慕沛公的风采，今天特地准备了一支剑舞，现在表演给沛公看。"说完就拔出佩剑在刘邦前方舞蹈起来，动作飘忽不定，明晃晃的剑刃时不时扫向刘邦的方向。

项羽没看明白项庄的意思，仍然乐呵呵地看着他表演。

张良、项伯等人可就紧张起来了，项庄这是要借着舞剑的机会，"不小心"刺死刘邦。

两人接连交换眼色，张良没法出面阻止，项伯就自己站起来，也拔出佩剑说："一个人舞剑太没意思，让我来跟你对舞。"说完，走下场地，插到项庄跟刘邦中间，也舞起剑来。

项庄多次想冲上去刺杀刘邦，但项伯一直挡在那里，让他无法下手。项庄也急了，动作越来越凶猛，眼看要明火执仗地跟项伯打起来了。

张良赶忙走到营帐外，对守在那边的樊哙说："里面情况紧急，你赶快进去保护主公。"

樊哙是刘邦手下主要的武将之一，也是刘邦的随身护卫。他本来是没资格进入项羽的营帐的，但现在事情紧急，顾不得了。

他一个人带着剑和盾牌，强行闯过楚军守卫的拦截，冲进项羽的营帐，冲到酒席中间。

樊哙身高八尺有余，穿着重甲，往营帐中间一站，神威凛凛。项伯、项庄两人都被震住了，停止了打斗。

外面的楚军守卫大呼小叫地进来抓人。项羽一点也不担心，喝退他们，向樊哙问道："来者何人？"

刘邦赶忙站起来回答："是小弟手下的樊哙，一介武夫，不懂规矩，冲撞了大哥——还不向大王谢罪？"

樊哙赶忙拜倒赔罪，项羽哈哈大笑："免礼！你敢闯我营帐，也是一条好汉。来人！赐他生彘肩，就在这边给我吃掉。"

生彘肩就是生猪肉，常人吃了得难受好多天，只有真正的豪迈之士才有勇气吃下去。樊哙赶忙拜谢，就地坐下，把盾牌倒扣在地上，把生彘肩放到上面，擎起长剑，边割边吃，片刻之间便吃得干干净净。

项羽更加开心，大笑说："真壮士也，赐酒，寡人与这位壮士痛饮一番。"樊哙又端着酒跟项羽对饮起来，手中的长剑却始终不放下。

范增和项庄面面相觑，现在投鼠忌器，要刺杀刘邦是彻底没戏了。项羽却仍然没注意到两人的神色。

樊哙喝掉几杯酒以后，站直身子，袖子在嘴上一抹，对项羽说："小人有几句话想对大王说。当初楚王与诸将立誓'先入咸阳者王之'，我们主人先入咸阳，立下大功，却不敢居功自傲，主动封闭宫室府库，珍宝财货丝毫不敢取，又主动撤出咸阳，退到灞上静候大王到来。如此劳苦而功高，不仅没得到分毫赏赐，反而听说大王想杀掉我们主人。天下人都说秦王有虎狼之心，赏罚不分，滥杀功臣，所以才失却人心，大王现在却学秦王滥杀功臣，臣以为大王的做法不足取，请三思。"

项羽没料到他说出这番话，一时无言以对。项庄等人更是神情尴尬，一时间大家都不知道说什么好。

过了片刻，项羽才叹一口气说："你坐下吧。"抚着酒爵，低头沉思。

眼看樊哙的劝说已经起到作用了，张良对刘邦使个眼色，刘邦借口出去上厕所，带着张良、樊哙来到营帐外，正想逃走，营帐里面却又突然有人来叫他们回去。

刘邦还犹豫该不该回去跟项羽说一声再走，张良、樊哙急得催促道："如今人为刀俎我为鱼肉，哪里来得及顾什么礼节？道别的话我们来说，您赶快回营去吧。"刘邦这才快马加鞭逃离了楚军营。

鸿门到灞上四十里,刘邦怕中埋伏,出营以后下马步行,连之前带来的随从车骑都不敢带走,只让樊哙、夏侯婴、靳强、纪信四人执剑护卫。他们从山间小路一路小跑,跟跟跄跄,直到后半夜才回到灞上的军营,一看,五人浑身都湿透了。

刘邦传下命令,灞上的军队紧急调动起来,严密防御,等待张良回来报平安。

第二天张良才回来,说起跟项羽道别的情形。当时张良献上一对玉璧和一对玉斗,说:"我们主公怕大王责罚,已经先离开了。"项羽倒没什么,只是点头同意他走。项羽那些属下却个个咬牙切齿,据说范增后来气得把玉斗都摔了,看来刘邦当时要不走,项羽那些属下说不定真会下手呀。

刘邦跟手下众人谈起昨天的事,大家都听得冷汗直冒,又十分庆幸刘邦没有受到伤害。另外,有一件事让大家都感到万分欣喜——项羽真的是一个很好对付的人。

当然,刘邦也没忘了让人把曹无伤拖来,一番斥责以后乱棍打死,传告全营:"这就是叛徒的下场!"

就在大家暗暗庆幸的时候,一个万万没想到的、极其严重的打击却来到了。

百年血债,一朝复仇

公元前207年十二月,项羽带领诸侯联军进入咸阳。

秦人的噩梦这时才真正来临。

秦、楚是世仇,仇恨代代相传,环环相扣,无人可解。楚人常说:"当年六国被灭,楚国最无辜。"对于被灭国的历史,楚人的伤痛比其余五国更加刻骨铭心。这二十多年来,他们没有一天不想着复仇,仇恨积压得越久,喷发起来就越猛烈,现在终于到了总清算的时刻。

他们恨的不仅是全体秦人,还有秦国这片土地,所以这次清算的目的就是彻底毁坏这片土地。

除了国仇，还有家恨。

项羽出身自楚国的名将家庭，他的爷爷项燕当年在抗秦战争中惨烈殉国。秦灭楚国过后，项氏家族的人为了躲避追杀，四处躲藏，过着人不如狗的日子，一直到项梁起义以后才得以重见天日，没想到不久以后项梁又死在了秦军的刀锋之下。

所有这些仇恨的累积，使得项羽把屠灭咸阳作为终生的目标之一，倾尽全力也要去完成。

进入咸阳以后，项羽把子婴召来，不由分说，当场将子婴砍倒，然后他举着滴血的利剑，发出屠城动员令。

四十万六国联军，带着无法遏止的原始冲动，挟着山呼海啸的恐怖声浪，疯狂涌向咸阳的每一个角落。

他们砸烂一切墙垣，从豪宅到茅屋，一律不留；他们冲进每一座院子疯狂烧杀，抢劫财货，掳掠妇女，从老人到小孩，一个都不放过。咸阳民众在漫天血雨中四散奔逃，然而很快就发现根本无处可逃……

作为天下第一强国的都城，从春秋以来几百年时间，咸阳从来没有遭到过兵燹，因此保存着最完整的城市面貌，贮藏着堆山填海的巨量财宝，这一切都在今天被彻底毁灭。

风暴中心的秦王宫更是遭到了最严重的毁坏。秦始皇榨干民脂民膏建成的那些宏伟建筑，包括仿建的六国王宫，以及空前绝后的阿房宫，一夜之间都变为了恐怖的修罗场。数千间宫殿，没有一处不是千疮百孔，珍宝散落满地，宫娥美姬横尸当场，残肢断臂挂满户牖。

项羽命人在每一处宫殿放火，大火连续烧了三个月，黑烟笼罩全城，经久不散。

这也是一场文化浩劫。从秦始皇焚书以后，天下的大部分典籍就只在秦王宫的图书馆里面有保存，现在项羽不分青红皂白，焚毁一切宫殿，这些典籍基本都湮没在了战火中，秦朝以前的历史和文化大部分从此就失传了，这是项羽最大的罪行之一。

秦国王室更是这次屠城中最惨的一群人，六国士兵在城里四处搜寻他们这些天潢贵胄，找到一个杀一个，直到把这个天下最庞大的王族杀灭绝为止，秦王室的血脉从此断绝。

看着这场惊天惨祸，刘邦和他的属下们心情是沉痛的，对项羽和楚军既怒且恨。刘邦更是拼命骂项羽是蠢蛋，蠢到极点了。

从咸阳被解放开始，这里的珍宝和美女就已经不属于秦王了，而是属于新的占领者。现在项羽带头在这里烧杀劫掠，不是相当于带人到自己家里杀人放火吗？世上竟有这么蠢的人！刘邦都不禁感到惊讶。

历史上征服者对被征服的城市屠城是很常见的事，但这种情况都有一个共同点，就是征服者不愿或者没有可能统治这座城市，所以只能捞一把就跑，不能捞的就尽量破坏，不留给敌人。或者另一种情况，征服者想要灭绝这个民族，换自己的民族来占领这片土地。

相对地，如果征服者希望由自己来统治这座城市和这里的人民，那么他就绝对不应该展开大屠杀，反而要尽量保护城市，防止它们被破坏，毕竟这些都已经是自己的财富了。

现在项羽想统治关中吗？当然想的，所以他的屠城行为是一场无可救药的愚蠢行动。

刘邦更是希望自己能统治关中。从千辛万苦打进关中开始，他就在策划把这片富饶的土地打造成自己的大本营，咸阳就是自己未来的都城，咸阳民众则是自己的黎民百姓。所以他小心翼翼地把一切保护得完好无损，却不料遇上项羽这个莽汉，把他所有的努力成果都毁了。

现在关中的财富已经烟消云散，民众也都颠沛流离，这里已经变成了天下最贫瘠的一块土地，以后怎么经营这里呢？刘邦感到无比失落。

当然，这次屠城对项羽的伤害更加严重。

秦朝因为残暴而灭亡，项羽却用实际行动向天下人展示：一个比秦王更残暴的君王是怎样的。所有目睹这一切的人都瑟瑟发抖：难道暴秦刚刚灭亡，一个更加残暴的朝代又到来了吗？

关中民众是这次屠城的直接受害者，他们对项羽恨到了骨髓里，项羽以后绝不会在这里得到任何支持，他要统治关中必定要付出巨大的成本。

列国诸侯也有想法，虽然他们也在抢劫中分到不少财宝，但心里恐怕是担忧多于窃喜：项羽是这样残暴的一个人，以后自己还要接受他的统领，这日子还有办法过下去吗？

一些头脑清醒的楚人也是忧心忡忡。名义上现在项羽是楚国的将军，受楚怀王统领，他的屠城罪行最后一定会让楚怀王和楚人来背锅，清醒的楚人当然是不愿意的。

从诸侯们到底层民众，所有人都在心里盼望有人来取代项羽。

不过兴头上的项羽完全没有觉察到这些变化。在咸阳烧杀劫掠以后，他只感到快意恩仇的无比兴奋：楚人百年以来的大仇终于在自己手上得报了，难道我不是楚人的英雄吗？难道楚人不会对我感恩戴德吗？他已经在心底彻底把自己当作了楚人甚至全天下人的领袖。

现在关中已经残破不堪了，无法居住。再说，对于这片"罪恶"的土地项羽存在深深的厌恶，所以一番劫掠以后他就带领诸侯联军大摇大摆地向东方走去，再也不回头看一眼，顺便嘱咐章邯、司马欣、董翳："以后这边交给你们三个人管，有人不服就来找我。"

这是项羽的又一记昏招。

人人都知道，现在关中百姓最恨的除了项羽就是章邯他们三个，让他们来管理关中，怎么可能保持稳定？关中从此以后就变成了最有可能反叛项羽的地区。

章邯三人无可奈何，只好勉强接下这块烫手的山芋，回头去收拾项羽留下的残局。

十八路诸侯

关中拥有天下最优质的地理条件，是进可攻退可守的龙兴之地，项羽抛弃这片土地，所有人都暗笑他的目光短浅。

有人就偷偷笑道："人都说楚人沐猴而冠，今天看项羽的样子，确实说对了。"

这话传到项羽耳朵里，他噌地一下跳起来，咆哮着让下人把说话那人抓来，扔到鼎里煮了。

项羽对手下们大发雷霆："你们懂个屁！人家都说'富贵不归乡，如衣锦夜行'，老子现在已经打下江山了，难道不该回江东去让他们看看吗？"

大家连声附和，没人敢再对项羽提任何建议。四十万人的军队就在项羽的带领下收拾好行装，浩浩荡荡地向东方进发。

现在还有一个最大的问题，项羽到底算什么身份？难道还是楚怀王手下的一个将军吗？天下是项羽打下来的，难道还拱手送给楚怀王？回楚地还远，项羽已经等不及了，他让人快马加鞭赶回彭城，问楚怀王："你到底封不封我为王？"

怀王的回复很快送来了，只有短短两个字："如约"。

当初怀王跟众人约定"先入关中者王之"，"如约"就是说我们的约定还在哟，既然刘邦先入关中，那么就只有刘邦有资格封王，项羽你别想了。

项羽接到这个回复，暴跳如雷，一把撕掉怀王的回信，对大家说："这老匹夫有什么功劳？当初不过我们项家看他是楚王后人，给他个位子随便坐坐罢了，他就当真了！这三年来，冲锋陷阵，真正打天下的不都是我们这伙人？现在我们打下秦国，这天下就该是我们的，跟老匹夫屁相干！兄弟们说对不对？"

下边的将士们齐声吼道："对！"

项羽说："不如我给你们一人封一个王，大家伙分了老匹夫的地，看这老狗怎么说！"

一听说大家都要封王，当然人人都开心，下边一片欢声雷动，将士们全都拥戴项羽的决定。

项羽当即命人写好帛书，告喻天下，分封天下为十九国，分别由自己和十八个诸侯统治。

项羽自己称为"西楚霸王"，占据原来楚国的大部分地盘，国都定在彭城；又把十八路诸侯全都封王，把彭城的楚怀王称为"义帝"——名义上是"帝"，比"王"地位更高，实际上则完全被架空了。

十八路诸侯分别是：

汉王——刘邦

雍王——章邯

塞王——司马欣

翟王——董翳（yì）

代王——赵歇

常山王——张耳

西魏王——魏豹

殷王——司马卬（áng）

韩王——韩成

河南王——申阳

胶东王——田市

齐王——田都

济北王——田安

辽东王——韩广

燕王——臧（zāng）荼（tú）

九江王——黥布（又名英布）

衡山王——吴芮（ruì）

临江王——共敖

这些人物都是秦朝末年群雄逐鹿中胜出的强者——

章邯、司马欣、董翳。这是当初投降项羽的秦国三大将领，现在项羽把他们全部封到关中，把关中的地盘一分为三，分别让他们统治。其中章邯统治的雍地在故秦国的西部，紧贴着汉中。

赵歇、张耳。这是当初赵国的君臣二人，现在项羽把赵国分为南北两部分，分别让张耳和赵歇统治，君臣二人变成了两个并列的国君。项羽的小算盘是让他们互相牵制，防止赵地的势力威胁到自己，但结果让这两人都心怀不满。

魏豹。魏王咎的弟弟。当初章邯攻破魏国，魏王咎自杀，魏豹带领残兵投奔项梁，得到项梁资助的兵力以后，魏豹转头回去继续死磕秦军，终于收复了魏国大部分城池。后来魏豹又跟着项羽入关，是项羽手下的功臣之一，所以受到封赏。但项羽也害怕魏国势力坐大，所以把故魏国的东部地区并入自己的西楚国，只把故魏国西部和故赵国、故韩国的一部分土地分给魏豹。这样乱点鸳鸯谱的结果就是，魏豹虽然分到了很多土地，却还是觉得自己吃亏了，心里暗恨项羽。

司马卬。本来是赵国将领，巨鹿之战的时候攻占河内，截断了章邯跟关中的联系，为迫降秦军做出了一定贡献，所以得到封赏。项羽把故魏国的中部地区封给他。所以魏地被分成了三部分，西部属于魏豹，中部属于司马卬，东部被项羽的西楚国吞并。

韩成。故韩国宗室后裔，被项梁立为韩王，手下有张良辅佐。但这君臣二人带兵打仗的能力都不行，在颍川一带打了几年都没能收复韩地，后来还是刘邦远征关中经过这里，才帮助他们打下了故韩国的土地。所以韩成对刘邦非常感激，再加上张良跟刘邦的亲密关系，韩成就变成了刘邦的盟友之一，跟项羽却很疏远。这一点当然是项羽不能容忍的。所以项羽虽然勉强封了他一个韩王的称号，却转眼就后悔了，把他软禁起来，禁止他回韩地。

申阳。本来是张耳手下的将领，在巨鹿之战中立过战功，巨鹿之战过后又替项羽打下河南地区（故韩国的西部地区）。所以项羽把韩地拆成两部分，把西部的河南地区封给申阳，只把韩地东部留给韩成。

田市。齐王田儋的儿子。当初田儋为了救援魏国被章邯打败，死在战场上，他弟弟田荣立田市为新的齐王。现在项羽撤掉田市的齐王之位，把他封为胶东王，只封给他齐地的三分之一，这是为了报复田荣不配合自己的仇。

田都。田荣手下的将领。巨鹿被围的时候，田荣拒绝救援，田都背叛田荣，自己带兵加入救援巨鹿的诸侯联军。所以现在得到项羽赏赐，获封齐地的三分之一。

田安。战国末年的齐王建的后人。项羽破釜沉舟的时候，他背叛田荣，带兵投靠项羽，所以现在也得到报答，被赐予齐地的三分之一。所以齐地也被分为三部分，西部属于田安，中部属于田都，东部由田市统治。

韩广、臧荼。当年赵王武臣派韩广去收复燕地，韩广拿下燕地以后就自立为燕王。巨鹿被围的时候，韩广派手下武将臧荼去参与救赵，后来臧荼又跟着项羽入关中。项羽就借口说臧荼的功劳很大，把燕地也一分为二，偏远的辽东地区留给韩广，西部富庶地区分给臧荼，让他们君臣二人并立——这又凭空造出来矛盾。

黥布。中原群豪之一，秦朝末年在番阳发动起义。项梁渡江到淮北以后，他主动前往投靠，成为项梁手下的头号将领。黥布具有超凡的军事才能，在项梁手下立过许多战功，后来又成为项羽手下的头号武将，在巨鹿之战中发挥了很大作用。刘邦拦住函谷关，也是靠黥布从小路偷袭守关的队伍，才打败了刘邦的部队，让项羽顺利进入关中。如此重要的一员大将，按理说应该封在重要的地区，作为项羽的左膀右臂使用，但项羽把他封到偏远的南方，跟中原是非之地隔开，白白浪费了这根定海神针。从那以后，黥布感到自己不受重用，开始三心二意的，暗中抵制项羽的命令。

吴芮。秦朝末年的番阳县令，听到陈胜吴广起义的消息以后，他也在淮南发动起义，带着女婿黥布攻打当地的秦朝政府势力，一路如同风卷残云，基本统一了淮南和吴越等地。但项羽把淮南地区分给他和黥布分别统治，又把吴越地区划到自己的西楚范围内，让吴芮也心怀不满。

共敖。楚怀王手下的柱国将军，为楚国打下了南郡，因此被封在南郡和江汉地区。但后来项羽命令他参与暗杀楚怀王，平白让他背上弑君的恶名，所以他心里也是很不舒服。

十八路诸侯一部分是秦朝末年的六国诸侯，一部分是在巨鹿之战前后发挥过巨大作用的将领们，封他们为王倒也说得过去，有两个人势力很大却没能封王。

一个是齐国的田荣。

这是块油盐不进的硬骨头。当初他被围在东阿城里，多亏项梁带兵去把他救出来，他不仅不报答，反而在项梁最危急的时刻拒绝发兵救援，间接导致了项梁在定陶大败，所以项羽恨极了这个人。

后来秦军包围巨鹿，各国诸侯积极参与救援，田荣又不配合，又拒绝发兵，后来也没有跟着项羽入关中，所以对于抗秦事业他确实亏欠得太多。

项羽存心要教训一下这个刺头，所以不仅不把田荣封王，还把田氏家族的其余三个人田市、田都、田安封到齐地，相当于把田荣的地让这三人瓜分了。

其中，田市是田荣拥立的新一任齐王；田都和田安都在巨鹿被围的时候，不顾田荣的阻拦，带兵救援巨鹿。所以项羽才册封他们三人在齐地，顺便让三人互相制衡。

这种封赏方式看起来倒挺聪明，但问题在于，田荣是齐地实际的控制者，项羽并没有把齐地打下来，只是在远远的关中发个命令就把齐地给瓜分了，这怎么可能呢？田荣一定不会答应的。

另一个被冷落的人是陈馀。

当初他在巨鹿跟张耳大吵一架，丢下相印就走了，也没跟随项羽入关中，项羽因此认为他也不服从自己，所以只封给陈馀三个县。

但陈馀跟张耳一样是赵国的高官，人脉跟张耳一样广，功劳又不比张耳小，救援巨鹿他也有功劳，怎么能仅仅因为没有投靠项羽就不给他封王呢？这又埋下了一个隐患。

综合来看，这次分封不仅没能拉拢人心，反而凭空制造出许多问题，充分表现出项羽在政治上的幼稚和自作聪明。例如把关中老百姓恨之入骨的章邯三人封到关中，把赵地和韩地都拆成两半，魏地和齐地都拆成三块，燕地和淮南也分成两块，而且把很多将领都提拔为诸侯，跟他们原来的领导分庭抗礼……种种政策，都是在制造矛盾。最后项羽不仅把天下白送给各路诸侯了，还闹得人人都有怨言。

为什么会有这种明显不合理的分割方式呢？项羽的本意是把这些地块都分割开来，削弱这些地方势力，防止他们坐大了来挑战自己，结果聪明反被聪明误，彻底搅乱了天下局势。

而且他没想到，这些地区被分割开以后，也方便了自己的敌人——他们可以各个击破，会更容易拿下这些地区。

不过这还都是小问题，最大的问题在于分封制本身。项羽根本没搞清楚，当初周天子为什么要分封列国。当时是什么情况？现在又是什么情况？在秦朝一统天下，实行郡县制十几年后，他又重新恢复分封制，等于把已经统一的天下再次分割开，再次回到战国时代群雄并立的局面中去，这是一定会出大问题的。

再有，周天子分封的诸侯大部分是自家兄弟，少部分是自己手下的功臣，这些人都是绝对忠诚于天子的。项羽封的是些什么人？是一些八竿子打不着的外人，甚至是他的竞争对手，这些人怎么会忠于他？

何况项羽并没有经历一个征服天下的过程，封出去的那些土地本来就是属于各路诸侯的，现在又被封给各路诸侯，诸侯们不仅不会感激，还会想："呵呵，说得好听，你把我的地盘又'送'给我。"再加上这些地盘都被分割得七零八落的，诸侯们感到自己根本没有受到赏赐，反而是在受到打压。"这也算封赏？"他们会这样想，当然心里根本就不会把项羽当成自己的领导了。

结果就是，项羽的统治从一开始就是不完整的，他根本没有真正一统天下，天下仍然是群雄逐鹿的状态。

所以分封诸侯是项羽犯下的一个不可挽回的错误。

再进一步说，这么严重的一个昏招，怎么没人向项羽提出意见呢？可见他实在是用人不当，手下有才干的谋士非常少，仅有的几个也都战战兢兢地不敢提反对意见，这些都是项羽的统治存在的重大问题。

这次分封诸侯还有一个最为难的地方，就是怎么封刘邦。

从关中到汉中

有楚怀王的承诺在，天下人都知道刘邦才是最有资格封王的。既然关中是刘邦打下的，关中老百姓也特别支持刘邦，自然应该顺理成章地把关中封给刘邦。

项羽当然不会答应。

虽然他在鸿门宴上原谅了刘邦，但并不意味着他对刘邦的防范放松了。在他眼里，刘邦仍然是个有实力而且居心叵测的对手，如何在不被人说"陷害功臣"的情况下打压刘邦，这是项羽重点考虑的问题。

范增向项羽建议："可以把刘邦封到巴蜀。"

人人都知道，巴蜀是天下交通最险恶的地带，向外派兵极端困难，而且地方狭小，经济发展受限，一旦被封到那里，基本上就只能困死在那里了，根本没有对外扩张的可能。

于是项羽对外宣布："巴蜀也算秦国的一部分，刘邦打下关中有功，就给他巴蜀好了。"所以把刘邦封到巴蜀。

这是对刘邦的重击。刘邦和他的属下们都气愤难平，跳着脚骂项羽，但实力不如人，有什么办法呢？

只有张良还冷静，他向刘邦建议说："巴蜀之地确实艰险，但也还有一个挽回的办法，我们可以向项羽申请再把汉中分给我们。"

汉中是一片非常独特的地区，这是秦岭中间的一块狭长的平地，向北翻过崇山峻岭就是关中，向南翻过高山就是巴蜀，因此这里是连接巴蜀和关中的过渡地带。

汉中的位置和地形决定了它是巴蜀的北方堡垒，只要占领这里，就可以从峡谷中穿出，出其不意地偷袭关中；而一旦失去了对这里的控制，巴蜀就沦落成了一个只能防御的封闭地块，无法再对外用兵了。

所以汉中控制在谁手里，就决定了关中和巴蜀谁更容易进攻对方。

刘邦立即让张良去联络项伯。关键时刻，项伯这个内奸又发挥了重大作用，他去对项羽说："汉中土地贫瘠，又跟关中隔着高山，难于治理，不如也分给刘邦算了。"

项羽的两个重大缺陷——缺乏战略眼光和手下无人——这一刻再次暴露出来，他竟然一口答应了项伯的馊主意，把汉中也分给了刘邦。

刘邦从此便被称为"汉王"，这个"汉"字也便永久影响了后世的中国。

当年四月，分封完诸侯以后，各路诸侯就带着自己的人马各自回家，项羽也带着"君临天下"的快感喜滋滋地"衣锦还乡"——回他的彭城去了。

韩王成也要回到自己的韩国去，他跟刘邦已经是亲密盟友，双方商量好，让张良去辅佐韩王成，因为韩国毕竟是张良的祖国。另外，张良在东方，也可以顺便呼应刘邦，防止大家一起被困死在汉中。

张良知道：刘邦没有他在身边辅助，以后会遇到很多困难。但他也无能为力，只能依依不舍地把刘邦送上去往汉中的道路。

张良一直送刘邦到褒中，这里已经属于汉中，张良不得不离去了，他悄悄告诉刘邦："请主公烧毁我们这一路经过的栈道，以向楚霸王表示自己绝无反心。"

刘邦懂他的意思，马上命人把从关中到汉中的栈道全部烧掉。

栈道是架在悬崖上的木制道路，从关中过来，只有栈道略微好走一点，一旦烧毁了栈道，再要翻越秦岭就会难上十倍。因此烧毁栈道就是向项羽表示：我从此不会再带兵出汉中了，请您放心！

刘邦通过这一招，让项羽对他彻底放松了警惕。

从此刘邦便带人在汉中的南郑驻扎下来，等待项羽犯错的机会。

从乱世到乱世

再说项羽那边。

既然已经跟怀王撕破了脸，也就没必要再维持表面上的客气了。项羽的大军还没到达彭城，他就派人去通知彭城的楚怀王："彭城是我的国都，还麻烦义帝您搬到郴（chēn）县去。"

郴县在遥远的南方，离彭城数千里的距离，人迹罕至，是真正的化外之地，把义帝赶到那里去实际上就是将他流放。

但义帝完全没法反抗。

从项羽杀宋义，夺到军权起，义帝就知道自己的平衡手腕玩砸了。他想方设法打压项氏，最终还是让项羽找到机会成功崛起，后来的一切都不在他的控制中了。他的一句"如约"，与其说是遏制项羽，倒不如说是一句赌气的话。一直到项羽分封诸侯，把名义上属于义帝的土地分给别人，义帝都只能干看着，他知道自己的命运已经不由自己掌握了，一切只能听任项羽安排。

项羽是个莽汉，自己表现得温顺一点，兴许他一高兴，就让自己好好活下去呢？能当个诸侯也够了。——当时的义帝可能是这样想的。

所以他没有一句怨言，默默收拾好行装，带着寥寥的几个亲信就上路了。大家看到义帝已经被夺权了，又怕得罪项羽，所以没人来说一句安慰的话，甚至连送行的人都没有。

不料项羽的手段比义帝想的更直接，或者说，项羽的头脑比义帝想的更加简单，义帝刚出发，项羽已经安排好了。

他让人秘密通知临江王、衡山王和九江王，要他们在半路上截杀义帝。义帝去郴县的路上要经过这三个人的封地，让他们下手，可以伪装成义帝被匪徒意外杀害，防止项羽背上"弑君"的恶名。

但不知道什么原因，三人都拦截失败了——毕竟没人希望这位名义上的最高统帅死在自己的封地上。最终还是九江王黥布追到郴县硬把义帝杀掉了，这样当然就没法推到劫匪头上，所以大家都知道义帝是被项羽暗杀的。

黥布用如此高调的方式弑杀义帝，是不是故意在给项羽制造麻烦呢？没人知道。

但大家知道，这是项羽犯下的又一个重大错误。

古往今来的乱臣贼子要篡位都要费尽心机，尽量伪装成"忠厚长者"，假装对权力宝座一点兴趣都没有，让原来的统治者"哭着""求着"把权力宝座硬塞给他。如果做不到，他们宁愿等很久，等到机会到来为止。

再暴力一点的，他们可能直接篡位，但不是一次性完成，而是分步骤来：先架空统治者，一点点地把权力攫取过来，直到自己彻底坐稳宝座以后，才出手杀掉原先的统治者。这个过程可能长达几十年，甚至几代人的时间。

但项羽实在是毫无政治头脑，他一次性把乱臣贼子几十年的活干完了。

义帝被杀的事在诸侯中间引起轰动，项羽从此失去了统领天下的正当性，变成了一个明目张胆的篡位者。

而且他也给了天下诸侯一个很恶劣的示范。诸侯们都想：既然你可以杀你的主子，那么我背叛你也不是什么大不了的事。所有对项羽不满的人们都开始蠢蠢欲动起来……

第一个就是齐国。

分封十八路诸侯彻底惹火了齐国的田荣，毕竟他是受害最大的一位，他咬牙切齿，发誓要报复。

齐国的情况很复杂，我们先回顾一下——

齐国田儋、田荣两兄弟，都是战国时代齐国王室的后裔。齐国被灭以后，他们躲在民间，暗地里招揽豪杰，准备伺机复国。

陈胜、吴广起义的消息传来以后，这两兄弟也杀掉当地官员，揭竿而起，很快打下了原来齐国的领土，号称恢复齐国，当起了土皇帝。

当时田儋自封为齐王，田荣是相国，两人共同统治齐地。

不久以后，章邯带兵围困魏国的临济，把魏王咎围在城里，眼看魏国要被灭了，魏王咎派人紧急向东方的齐国求救。田儋是比较有责任心的人，马上和田荣亲自带兵去救援魏国。不想章邯衔枚夜行，一举打垮了齐魏联军，田儋也被杀死在了战场上。

田荣逃到东阿，章邯追上来，又把他给围住了，关键时刻，多亏项梁带兵来打垮了章邯，田荣这才脱险，逃回了齐国。

哪想到齐国那边已经变天了，有人趁田荣兄弟俩在外打仗的机会，立田假为新的齐王。田假是战国时代齐王建的弟弟，他当齐王，比田儋、田荣更加名正言顺。

田荣气得吐血，他们两兄弟在前方为国杀敌，后方的国人却趁机夺他们的权。他带着手上的军队，不由分说，直接冲进王宫赶跑田假，然后立田儋的儿子、自己的侄儿田市为齐王。

所以现在齐国由田市统治，田荣继续当相国。

田假逃到楚国，被项梁收留，由此引发项梁跟田荣的矛盾，以至于田荣对项梁见死不救，这才有后来项羽分封诸侯，把田荣撂在一边的事。

那次分封，项羽把齐地拆成三块，把齐王田市封到——其实是赶到——东部偏远地带的胶东，把齐地的中部和西部封给田都和田安——这两人都是因为背叛田荣，投靠了项羽，才得到封地。

所以分封齐地本质上就是把属于田市和田荣的地拆成三块，只给他们留下最差的一块，其余的送给他们的敌人。

田市是个胆小怕事的小伙子，接到项羽的命令以后，不敢反对，乖乖地收拾行李就要去胶东。田荣看到这情形就火了，强行把他摁住："不准走！就给我留在临淄继续当你的齐王！难道我们爷儿俩怕了项羽？"

田市这小伙儿感到左右为难，眼前这个叔叔的暴脾气他是知道的，但是楚霸王项羽谁又敢惹？他手下的谋士们也建议说："项羽比我们强大得多，听他的话还能继续当个胶东王，要是跟他作对，只怕会有性命危险呀！"

田市听了以后更加害怕，最后只好背着田荣偷偷跑向胶东即位去了。

田荣听说以后怒发如狂，直接带兵追杀田市，在即墨追上这个窝囊废，一刀杀掉；然后回头又去攻打已经到达齐地的田安，把田安也给杀了。

另外，田都也按照项羽的命令到临淄来接收土地，田荣又跟他打起来，又把他打败，田都只好逃到楚国找项羽搬救兵去了。

就这样，齐地的三个王被田荣杀掉两个、赶跑一个，田荣彻底控制了齐地各派势力。他索性自己称为齐王，把齐地统治起来。

田都逃到项羽那边，连哭带说，把田荣骄横跋扈的样子描述一番，项羽气得掀桌子，当即点起兵马就去找田荣算账。

这时候秦朝灭亡才几个月，烽烟再起，诸侯们又要开打了。

诸侯大乱斗

田荣知道项羽一定会来讨伐自己，所以早早就做好了准备。就在分封诸侯之后不久，他就和陈馀勾搭上了。

分封诸侯让赵国的势力也很不满。本来赵王歇已经基本统一了赵地，手下有张耳、陈馀辅佐，勉强也算一个完整的朝廷。后来巨鹿大战让张耳、陈馀翻脸了，张耳投靠项羽一方，所以项羽分封诸侯的时候干脆把赵国也分成两半，北边偏远地带留给赵王歇，南边分给张耳，又把南皮的三个县封给陈馀——这样乱分割别人的国家，当然是要出大乱子的。

所以赵王歇和陈馀都大为光火，都在暗恨张耳，陈馀更是新仇添旧恨，发誓非除掉张耳不可。

陈馀知道自己的实力太差，就派人向田荣求救，让他借兵给自己去对抗项羽。田荣一口答应下来，派出一支军队去给陈馀调遣。

陈馀把南皮的军队都调动起来，加上田荣的援军，一起去攻打张耳。张耳是文臣出身，手下没有像样的武将，赵国人也不支持他，所以他很快败下阵来。

这时候项羽还在忙着"衣锦还乡"，到他的江东父老那边炫耀自己的成就，齐地和赵地乱成一团了他也顾不过来。张耳只好向诸侯们求救，但天下人都嫌他傍着项羽狗仗人势，谁会支持他？最后张耳无路可走，只好逃向关中，投靠老朋友刘邦去了。

陈馀把赵王歇从偏远的北方迎回来，重新扶立他为赵王，自己亲自辅佐他，赵国的局势这才暂时稳定下来。

同一时期，燕国也乱了。

韩广本来控制着燕地，项羽却把他赶往偏远的辽东，让他的旧部下臧荼当新的燕王。韩广听说以后怒从心头起，他从来没得罪过项羽，只是因为跟项羽不够亲近就被夺走一半土地，这怎么能答应？

韩广留在首都蓟城坚决不肯走，臧荼从关中回来，直接派人攻城。两拨人马大战一场，最后臧荼杀掉韩广，吞并了整个燕地，燕国的形势这才稳定了。

但齐国的乱局才刚刚开始。

田荣干掉齐地三王是特别严重的事件，直接破坏了项羽分封天下的结果，所以项羽调集全部军队开到齐国，拼尽全力进攻田荣。

小小的齐国不是西楚霸王的对手，很快被打败，田荣逃到平原县，被当地人杀了。

项羽把那个早都被人忘记的田假找出来，重新把他扶上齐王的位子。

这个做法本来是对的，但项羽实在是个完全没有头脑的莽汉，他没能亲手杀死田荣，就把对田荣的怒气发泄到齐国民众身上。他在齐国四处屠城，烧毁城郭，抢劫财物。齐国一时间遍地烽烟，人们疯狂逃窜，情况比当初抗秦的时候还要惨烈。

这就把田假给坑了。齐人本来还挺支持他（巨鹿之战前齐人就曾经拥立田假为齐王），但现在他们恨极了项羽，当然也就恨项羽扶立的田假。

田荣的弟弟田横趁机在东方的城阳起兵，杀进临淄，把田假又给赶跑了。田假逃到项羽那边，这是他第二次被赶过来，项羽大骂他"废物"，直接把他杀了。可怜的田假，就这样沦为了项羽和齐人双方怄气的牺牲品。

这样一来，齐国不管是田荣的支持者，还是田假的支持者，都跟项羽结下了血海深仇，项羽从此多了一个重要的敌人。

不过项羽可不这么想，他认为自己足够强大，小小的齐地算什么，所以他组织起力量来，准备再去打掉田横这个叛贼。

这时候，后方一个石破天惊的消息传来，把项羽惊得魂飞魄散——刘邦已经杀出关中攻入楚国，楚国西部已经沦陷，彭城告急！

第八章　楚汉相争

萧何月下追韩信

　　刘邦到达汉中以后，心情极度低落。

　　自己是灭秦的真正功臣，经过一年的艰难远征，九死一生才打下关中，又在关中受到众人拥戴，与关中父老约法三章，曾无限接近咸阳宫里那个至高无上的宝座。那时候，他一度以为关中将会是自己的万年基业了。

　　现在呢？现在却被发配到这个穷山恶水的地方来，难道自己要终老在这个山沟里了吗？以后还有没有机会再一展抱负呢？前方看不到任何希望。

　　但上天对刘邦确实相当优待，就在他无比迷茫的时候，把一个冠绝古今的战神送到了他身边。

　　韩信，淮阴布衣，从小家境贫寒，没受过什么教育，性格狂放不羁，不种田也不经商，终日四处游荡，无所事事，周围人都瞧不起他。

　　他没有生计来源，只好天天到别人家里去蹭饭，特别是经常去当地亭长（一种地方官，刘邦也曾经是亭长）家里蹭饭。时间久了，亭长夫人也很厌烦他，就提前把饭做好端到屋里，等韩信去了发现没有吃的，只好离开。连续这样几次以后，韩信知道这边蹭不了饭了，只好换个地方。

　　韩信游荡到河边，有几位大娘正在那边洗衣服，其中一位见到韩信可怜，就把自己带来的饭给韩信吃，于是韩信便天天来这边守着。大娘连续在河边洗了十几天衣服,也就给韩信带了十几天的饭。

到最后大娘要走的时候,韩信很感激地对她说:"我将来要发达了一定重重地报答您老人家。"

大娘很不屑地说:"你一个年轻后生却不能养活自己,不好好找找自己的原因,还胡夸海口。我给你饭吃只是可怜你而已,难道是为了图你报答吗?"

但韩信从此都记着这位大娘的恩情。

并不是人人都这么善良。街上有一个屠夫经常欺负韩信,有一次他当众对韩信说:"敢不敢跟我打一架?不敢的话就从我胯下钻过去。"韩信想了想,就趴在地上从这个屠夫胯下钻过去了。周围围观的人们都拍手大笑,从此更加认为韩信是个懦夫。

韩信经历了这些事以后渐渐明白了做人的道理,开始用心学习,逐渐成长为一代将才……

这些故事很励志,不过可信度不高。

古人特别喜欢讲述这样一种故事:某个大人物出名前游手好闲,到处受人鄙视,后来受到刺激,发奋图强,终于成为改天换地的一代枭雄。古人爱用这样的故事来激励大家,希望每个出身贫寒的人都不要放弃努力,这是一种古代版的"鸡汤"。

实际上,从韩信后来的军事才能来看,他一定受过良好的教育;以他天下无双的战略眼光来看,他一定不是成长于市井无赖之间,他成长的环境应该是相当优越的,接触到的也是上流人物,所以他的视野相当开阔,能站在一个异乎寻常的高度,察觉到常人无法察觉的细节。

所以蹭饭什么的听听就好啦,不要当真。

不过一开始韩信的才能的确没有被人注意到。

当时天下诸侯蜂起,韩信也想找一个真龙天子去辅佐。他先投靠到项梁麾下,但项梁的嫡系部队都是从江东过来的,对于韩信这种来路不明的人物当然不会信任,所以一直没有把韩信提拔上来。

项梁死后,项羽接掌军权,给了韩信一个"郎中"的职务。韩信觉得自己展现才华的机会来了,常常向项羽提出一些独到的见解。

但项羽是个没有任何头脑的莽夫,韩信那些"虚则实之,实则虚之"的谋略对于他来说太高深了，而且项羽也特别注重用自己项氏的人——包括项伯那种吃里爬外的货色，对于韩信这个非亲非故的小人物，项羽也是根本不信任的。

韩信继续受到冷落，没有展示才华的机会。后来他听说刘邦知人善任，就偷偷逃出楚军阵营，加入刘邦的阵营，跟着进了汉中。

到汉中后，韩信先是当了一个叫"连敖"的小官。有一次，他们一群人都犯了死罪，被押去问斩，前面十三个人都被斩首以后就轮到韩信了，韩信对上面的监斩官大喊："主公难道不想一统天下吗？为什么斩壮士？"

监斩官听到以后，叫人把韩信带上来，一看，这人姿貌奇伟，不像是普通人。监斩官很赏识他的胆量，就报告给上级，把他放了。

上级把韩信提拔为转运粮草的官员，虽然比以前地位高多了，但韩信还是没法施展他的抱负。

还好萧何注意到了韩信，时不时找他谈话。韩信每次都能对天下大势发表一番独到的见解，给萧何留下了深刻印象。

萧何是当年的沛县主簿，跟刘邦从小玩到大的，现在是刘邦身边一等一的谋臣。他凭借自己敏锐的洞察力，感到韩信是天下少有的奇才，就去向刘邦举荐韩信，但刘邦一直没回应他。

（韩信归汉以后的这些故事，史书记载可能有错，不仅漏洞很多，而且时间上也太仓促，仅仅四个月时间，不大可能发生这么多事情。）

刘邦到汉中就任的时候，带来的军士们都是从东部各个郡县来的，对于他们来说，汉中的生活条件实在太差了，再加上大家都认为刘邦会永远被困在这里，跟着他没前途，所以刚到汉中没多久，人们就纷纷逃走。

随着时间流逝，逃走的人越来越多，刘邦手下的大臣们天天都忙着去抓捕这些逃亡人员。

有一天，萧何发现连韩信都逃走了，惊得魂飞天外，来不及报告刘邦就骑上快马连夜追了出去。

萧何满心念的都是韩信，沿着官道一路飞奔，丝毫不停留。过了许久，已经是后半夜了，只见前方一轮孤月挂在半空，月下有个瘦高的人影，骑着一匹跛脚马，踽踽独行。萧何追上去一看，正是韩信。

萧何赶忙拽住他问道:"壮士去哪里?怎么不建功立业就走了?"

韩信很颓丧地回复他:"你向汉王举荐我很多次了,汉王也没有任用我,看来这里确实不是我安身之地,我还是回淮阴去吧。"

萧何很着急:"说哪里话!你跟我回去,我再向汉王举荐你一次,这一次,我保证要你当上将军,总领汉中兵马。"

两人在道旁休息了一夜,赶回军营里的时候已经是两天以后了。两人一回来就听说刘邦以为萧何也逃走了,正跳着脚骂。

萧何赶紧去见刘邦。刘邦上来揪住他一顿臭骂,问他:"老杂毛,死哪里去了?难道你也想跑?"

萧何说:"我去追一个逃亡的军官。"

刘邦很惊讶:"什么破军官,要你亲自去追?"

萧何说:"就是我上次跟您说的韩信。"

刘邦更惊讶了:"韩信是个什么鬼玩意儿?那么多逃亡的人你不追,偏偏追他?"

萧何郑重其事地说:"国士无双!韩信是天下第一等的人物。大王如果想一生困在这汉中的话,确实不需要韩信;要是想争夺天下的话,非有韩信不可。"

刘邦想了一会儿说:"我当然不想一直待在这个鸟地方。不过那个韩信真那么有本事?"

萧何这才把自己平常跟韩信谈论天下局势的情形说了一遍,刘邦若有所思地说:"那我就封他当将军吧。"

萧何说:"不够。韩信不是普通将领,一定要是上将军,统领汉中兵马。"

刘邦说:"那就封他为上将军吧,叫他来受封。"

萧何再说:"还是不行!要拜韩信为将,大王必须择良辰吉日,斋戒三日,设坛场,备齐礼节,郑重其事地行一个拜将礼才可以。"

在萧何的一再劝说下,刘邦终于同意按照他说的举行一个正式的拜将礼。

这是刘邦从沛县举事以来从来没有举办过的大型典礼。消息一传出来,整个汉军阵营都轰动了,人们都在交头接耳地讨论:大王从哪里招来一个经天纬地的奇才,以至于要用如此隆重的礼节来册封他?

那些中等以上的将官们更是纷纷猜测：谁最有可能是被拜为大将的人？有几个资格最老的将领甚至怀疑自己会不会就是这个幸运儿。

拜将仪式正式举行的时候，韩信一出来，大家都傻眼了，谁也想不到被刘邦如此隆重册封的人竟是他：他不是前不久还是个小兵，甚至差点被杀头吗？凭什么一下就得到这样的礼遇？

就在众人疑惑不解的目光中，刘邦亲自登上拜将台，郑重其事地把汉军将印交到了韩信手里，也把汉中的数万兵马交到了韩信手里。

刘邦的将印当然不是随便给的，实际上在这之前，韩信已经跟刘邦长谈过一番了，并且给出了自己对于当前局势的看法。

暗度陈仓，收复三秦

韩信说：关中是真正的帝王基业，要夺天下，必先夺关中。现在正是我们夺取关中的绝佳机会。

首先，项羽本人心胸狭隘，不能容人，手下缺少真正的人才。

其次，项羽分封诸侯得罪了很多人，弑杀义帝更是让天下一片哗然，他还喜欢烧杀劫掠，所过之处残破不堪，严重不得人心。

再有，项羽抛弃关中，定都东部的彭城，将主要的兵力全部布置到了东方。关中防守空虚，仅仅让章邯三人守卫。而章邯三人跟关中民众有血海深仇，在当地的统治很不稳固。

所以项羽的实力并不像表面上那么强大。

反观刘邦这边，首先有义帝的约定在，夺取关中合法合理；之前刘邦在关中又树立了良好的形象，深得民心；他手下的将士们也都急切盼望回到关中，正好可以利用他们的情绪。因此刘邦一旦起兵，必然受众人拥戴。

汉中虽然偏远，却是偷袭关中的绝好地带，从秦岭的峡谷潜入关中，隐蔽性很强，容易造成奇袭的效果。以章邯等人的兵力，汉中的军队一旦进入关中平原，他们就很难抵挡了；东部项羽的军队与关中相隔遥远，短时间内很难赶来援助。

再说，分封天下已经把三秦大地变成了诸侯国，跟项羽的西楚是不同的国家，行政上的隔阂必然造成配合困难，项羽要援助章邯必然困难重重。

而且现在刘邦来到汉中才四个月，按照常理，才刚刚把人员安顿好，谁也想不到他们这么快就会转身杀回关中，这正符合兵法上"出其不意，攻其不备"的要诀。

外部的环境也对刘邦极端有利。田荣刚刚废掉齐地三王，项羽正赶过去绞杀；赵国燕国也是一片混乱，这时候项羽自顾不暇——正是发动突袭的好机会。

最后韩信说：这样的机会稍纵即逝，一定要抓住，建议立即出汉中，偷袭关中！

一席话说得刘邦拍案叫绝，当即把韩信封为上将，让他调集军马，在最短的时间内杀向关中。

公元前206年八月，十八路诸侯归国四个月之后，刘邦抢先出手了！

汉中到关中需要翻越秦岭，道路极其难走，能走的只有以下三条道路：

子午道；傥骆道；褒斜道。

其中，子午道可以直接杀到咸阳城下，能收到奇袭的效果，但路途最远，难免泄露行踪；傥骆道路程最短，但最艰险；褒斜道是最平坦、最常用的道路，但却最容易被人拦截。

韩信又说，除此以外，在西部的崇山峻岭中，还有一条鲜为人知的道路，叫陈仓道——陈仓在关中平原的最西部，虽然走这条道路需要绕很远的距离，但出峡谷以后能直达陈仓——从来没人从这里入关中，从这里偷袭能达到出其不意的效果。

刘邦听完连声叫好，马上按照韩信的建议安排军队……

当汉中的军队在陈仓附近出现的消息传来的时候，章邯简直不敢相信自己的耳朵。

刘邦对项羽的分封意见很大，这点章邯是知道的。但刘邦的实力跟项羽差距太大了，在刘邦垂头丧气地奔赴汉中的时候，包括章邯在内的所有人都认为他服软了，至少短期之内，他是没有实力正式挑战项羽建立的秩序的。

况且秦岭的道路实在太难走了，最便利的一条栈道又被刘邦自己烧毁了，刘邦要强行从这里行军，会面临极大的损耗，后勤补给也根本不可能跟上；

即使他们勉强冲进关中，也只能面临对方优势兵力的围剿。

所以站在章邯的角度，无论从哪方面来看，刘邦都不可能在这时发起突袭。

但兵法上有一条奇怪的规律：有时候最不可能的路线才是最可能成功，甚至唯一可能成功的。

刘邦顶着各种不利因素强行出兵，却抓住了章邯没有防备这个最有利的条件，所以瞬间打乱了章邯的部署。

章邯的国都在咸阳附近的废丘，防御重点也在这里。当时他刚开始治理关中，正在紧锣密鼓地安排重建工作，听说刘邦和韩信带兵来袭的消息，赶紧调集人员到陈仓拦截。两地相距三百里，兵马调动是项大工程，何况还要防着子午道等关口，关中顿时乱成一团，人员、物资全部乱套了。

就在章邯的军事调动还没有完成的时候，刘邦的部队已经在陈仓站稳了脚跟，陈仓里的钱粮足够军队使用，不必担心后勤，接下来向东北方向拿下好畤。兵贵神速，刘邦和韩信在极短的时间内便推进到了废丘附近，同时派副将向北、向西扫荡，迅速拿下陇西、北地、上郡等地（也就是以前秦国西部和北部的土地），对废丘所在的关中平原形成了合围之势。

章邯亲自带兵拦截，一上战场才发觉，手下这支部队跟当年大秦帝国的国防军完全没法相比，战斗力实在差了太多——章邯早已不是大秦帝国的明星将领了，而是关中父老眼中的叛国贼和刽子手，根本没有任何号召力，怎么能带领关中军队来抵抗刘邦？

他根本无法阻挡刘邦和韩信的攻势，眼下唯一的希望，就是其他各路诸侯，特别是项羽，赶紧过来救援。

但项羽分封诸侯已经得罪了太多人，各路诸侯根本没有站在一条战线上，看到关中这边乱成一锅粥，大家只有偷笑的份，谁去救援？

看来只能指望项羽了，但项羽正被田荣和陈馀的叛乱拖住，抽不开身——实际上，田荣和陈馀很可能私下跟刘邦有联系，双方商量好同时发难，让项羽没法兼顾两头。

这样还怕不够，刘邦又派人联系上巨野泽附近的彭越，封他为将军，让他去攻打齐楚边境的济阴，进一步给项羽添乱。巨野泽在齐、楚、赵三国交界处，彭越在这里发起游击战，好比在项羽的心脏旁边扎下一根钉子，顿时让项羽手忙脚乱。

所以项羽虽然知道章邯这边局势很危急，却实在没有能力赶过来救援。

关中这边，司马欣和董翳两根墙头草早早就放弃了抵抗，直接投降刘邦，让刘邦占据了咸阳，废丘顿时成为一座孤城，这又给了章邯重重一击。

在所有这些打击的叠加之下，章邯终于遭到全面溃败，只好带领军队退进废丘城里，苦苦支撑，等待援军的来临。

刘邦先让人围住废丘，不忙动手，他目前考虑要对付的不是章邯，而是项羽。

关中现在已经在刘邦的控制之下了，跟刘邦君臣预想的一样，民众对于"约法三章"的印象太深刻了，一听说刘邦打来了，都是一片欢腾，家家户户开门迎接汉军，看来天下民众真的很支持汉王啊！

关中夺得如此顺利，连刘邦自己都有点意外，看来项羽确实是纸老虎，要彻底打败他并不太难吧？于是他马上开始安排下一步计划，准备出关中，正式跟项羽争夺天下！

目标：彭城

项羽还被齐地的战争拖着，到现在为止都没对刘邦的攻势做出响应，看来形势对刘邦极其有利。这时候又传来一个好消息：项羽杀了韩王成。

韩王成早已经是刘邦的盟友，这点大家都很清楚，所以项羽勉强封他为王以后一转眼又后悔了，就一直把他禁锢在彭城，不让他回韩国。田荣反叛以后，项羽急着去讨伐田荣，怕韩王成在后方捣乱，索性直接杀掉他，另外立自己的老朋友郑昌为韩王。

这又是乱点鸳鸯谱。郑昌本来是吴地县令，跟韩国八竿子打不着，杀掉韩王成，立他为韩王，韩国人心里的怒火可想而知，他们从此自动成为项羽的死对头，也成为刘邦最坚定的拥护者之一。

其中也包括了张良。

张良对故国感情非常深，所以当初送刘邦入汉中的时候，即便对刘邦充满仰慕之情，张良也选择了回到韩王成身边辅佐他。现在项羽的做法让张良对他恨之入骨，张良不惜冒着重重危险逃出彭城，逃到刘邦身边，从此死心塌地地帮助刘邦跟项羽争天下。

张良来到刘邦阵营以后，为了转移项羽的注意力，特地写了一封信给项羽，信中说："汉王因为当初的许诺没有兑现，才拼命打进关中，现在他已经拿下关中了，便只想在这里称王，没有东进的打算。"又把田荣和陈馀私通的书信寄给项羽看，说："齐、赵两国想联合起来反对您。"（陈馀现在是赵王歇的手下。）

项羽收到张良的书信以后，认为田荣那边才是心腹大患，所以把刘邦的威胁丢到一边，继续攻打齐地，这才让刘邦赢得了更多的时间。

稳住项羽以后，刘邦迎来一段休整期，把关中汉中的兵力整合到一起，奖励功臣，整修长城，又在关中发布了许多惠民措施，进一步笼络了关中的人心。（这时候关中只剩下废丘还在围困中。）

整合完关中的势力以后，刘邦出函谷关，来到关外的陕县抚慰当地民众，这里已经是河南王申阳的管辖范围，看到项羽没什么反应，刘邦终于下定决心发动进攻。

公元前205年初，刘邦发动关中与汉中的全部兵力大约十万人，正式出关争夺天下，楚汉战争爆发。

汉军分成三路：

中路由刘邦亲自率领，带着张良、夏侯婴、卢绾、靳歙、司马欣、董翳等人，从临晋渡过黄河，直扑中原。

北路，曹参、周勃、樊哙、灌婴，沿着黄河北上攻打梁地。

南路，薛欧、王吸从武关出击，与王陵的军队联合攻打南阳。

萧何留守关中，负责筹集钱粮支援前线。

在汉军的进攻路线上，依次是西魏、殷、河南、韩这四个诸侯国，四个诸侯分别是西魏王魏豹、殷王司马卬、河南王申阳、韩王昌。

项羽分封诸侯的恶果这时终于彻底暴露了，本来连成一片的中原地区被分割得四分五裂，几个诸侯各自为政，互相不配合，让刘邦找到了各个击破的机会。

汉军主力首先进攻平阳的魏豹。魏豹早就对项羽不满了，没做多少抵抗就投降了刘邦。

这时候北边的赵地已经乱成了一团，陈馀攻打张耳的常山国，张耳大败，逃到刘邦这里来寻求保护，刘邦很慷慨地把他收留下来。

殷王司马卬、河南王申阳都是张耳的旧部下，张耳投靠刘邦对他们两方的士气造成了严重打击。结果司马卬战败被俘，申阳投降，两个诸侯国先后落入了刘邦手中。

至于韩国就更简单了，新立的韩王昌根本不受人支持，刘邦另外立了一个韩王信（跟萧何月下追的韩信同名同姓，但两人没什么关联。为了区别，后面都称他为"韩王信"），让他去攻打韩国，很快就逼韩王昌投降了。

接下来是东北方向的赵地，赵王歇和陈馀赶走张耳以后，已经统一了赵地。陈馀本来就在跟项羽作对，所以刘邦派人去联络陈馀，希望共同打击项羽。

陈馀咬牙切齿地说："你把张耳的人头拿来，我就跟你合作。"

刘邦当然不愿在这种关头杀掉来投靠自己的人，就找了一个长相跟张耳差不多的人杀了，把他的人头送给陈馀。陈馀没认出来，以为张耳真被杀了，于是答应发兵跟刘邦一起攻打项羽。

到这时为止，短短半年时间，中原地区已经全部被刘邦攻陷了，再加上梁地的彭越、齐地的田横，反楚联盟已经形成，从西、北、东三个方向包围了项羽的西楚国。

而西楚国的主力都被调到齐地去了，国内防守空虚，反楚联盟几乎可以长驱直入。

这让刘邦君臣都感到极度兴奋，打败项羽的机会已经近在眼前了，不趁现在出击，更待何时？

要推翻项羽，还需要师出有名。就在刘邦向东推进的路上，在洛阳附近忽然有当地民众拦路喊冤，向刘邦哭诉了项羽杀害义帝的经过——不过这也可能是刘邦故意安排的表演。刘邦听说义帝被杀以后，哭得声嘶力竭，下令让汉军全体戴孝，为义帝发丧。

义帝名义上是天下诸侯的领袖，杀他就等于背叛天下诸侯，于是刘邦向各路诸侯发布告谕说："天下共立义帝，相约北面事之。如今项羽弑杀义帝，大逆不道，寡人带领关中豪杰，招揽三河义士，愿跟随各路诸侯共同讨伐狂徒项羽。"

檄文很快传遍列国，刘邦从此在道义上完全占据了上风：他不是在为自己争天下，而是在为天下人讨伐独夫民贼；他不是楚地的侵略者，而是楚人的解放者——谁敢阻挡？

当年四月，刘邦带领司马欣、董翳、魏豹、司马卬、申阳，五路诸侯，以及关中与河洛地区的五十六万兵力，铺天盖地杀向西楚国腹地。

洛阳道上，三军尽缟素，万众齐举哀，"汉"字旗与"楚"字旗轮番挥舞，五十六万人马扬起漫天尘埃，向着东方飞奔。

西楚的防线瞬间崩溃，官兵疯狂逃窜，从洛阳到彭城的八百里路线上，所有城邑全体望风而降。刘邦的大军几乎兵不血刃就杀到了彭城，并且与北路的曹参、灌婴、樊哙等人会师，又收集了彭越的三万人马，势力大振，随后在很短时间内就攻克了项羽的这座大本营。

一切都太顺利了！

从刘邦君臣到五路诸侯，大家都没想到这次远征能如此轻松。联军的高层全体被胜利冲昏了头脑，都认为革命已经成功，可以放肆一场了。

进入彭城以后，刘邦派樊哙、彭越、吕泽等人出去继续攻城略地，自己带着五路诸侯驻扎彭城，然后亲自发下了解甲狂欢的命令。

五十六万兵马顿时陷入癫狂状态，将军和士兵们发出排山倒海的呼啸，向各个方向飞奔而去：有人冲进楚国政府的府库疯狂抢掠，有人借着酒劲在街道上横冲直撞，有人提着人头追赶敌人的残兵，有人拿着刀枪四处搜寻财宝和美女。

整个彭城一片混乱，醉醺醺的士兵扶着墙根呕吐，衣衫不整的士卒躺得满地都是，街上到处是乱窜的车马，官兵拿着皮鞭疯狂抽打马匹，车上载着堆山填海的财宝和数不清的美女……

这是胜者的狂欢和败者的浩劫，胜利者有权享受他们抢到的一切。

在这种癫狂状态下，人们很快失去了对周围局势的警惕，敌人的老巢都被攻克了，还有什么好怕的呢？谁也没想到，一张大网已经覆在了彭城上空，正在悄悄地收紧……

意外来临的失败

刘邦出关进攻西楚的消息早已传到了项羽那里。

这事并不算太意外，经过短暂的惊讶以后，项羽冷静下来，开始考虑应对的办法。

目今最大的麻烦是齐地一直平定不了，如果要赶回去救援的话就会陷入两线作战的窘境。唯一的办法是兵分两路，一部分兵力继续在齐地作战，另一部分兵力去拦截刘邦。但中原各路诸侯都已经倒向刘邦，现在诸侯联军的兵力远远超过项羽所能调集的兵力，正面作战很难取胜。而且这次拦截必须成功，一旦有闪失就是身死国灭的惨祸。

但诸侯联军自身也不是无懈可击的，实际上他们有很大破绽：五路诸侯都是最近才投降刘邦的，基本上都各怀鬼胎。而且所谓的五十六万人马大部分是临时拼凑的杂牌军，这样的军队，战斗力恐怕还不如单独的汉军。

如果想办法靠近汉军的指挥中枢，追着他们的指挥官猛打，诸侯联军就会陷入混乱局面——那些杂牌军不仅没法帮助汉军，反而会拖累他们。

项羽的问题在于，怎么才能接近敌人并且发动突袭呢？

项羽又想起以前范增说过的话："刘邦喜欢财宝和美女。"刘邦这种人，小人得志，禁不起诱惑，先让他以为自己已经大获全胜了，再把财宝和美女送到他面前，他必然放松警惕。

项羽考虑了很久，决定做一次极度大胆的冒险：不在半路拦截刘邦，而是先把刘邦放进西楚国内，以彭城为诱饵，吸引刘邦孤军深入，等刘邦进入彭城以后，自以为获胜的他必然放松警惕，自己再带人发动偷袭。

项羽下令西楚本地的守军不要过多抵抗，先放刘邦过来再说——所以诸侯联军一路都非常顺利，很快就杀到了彭城附近。

得到前线的禀报以后，项羽把手下将官叫来，吩咐他们带领楚军大部队假装继续围攻田横的城池，自己只带三万轻骑兵，日夜兼程从小路赶回西楚——不是奔向彭城，而是奔向彭城西边的萧县，直接截断了刘邦的退路。

项羽的人马趁夜色在萧县埋伏下来，凭借对地形的熟悉，成功隐藏了自己的身影，偷偷观察着彭城那边的情况。

刘邦手下的军队一大半是最近投降过来的，其中可能潜伏着项羽的奸细，这些人把刘邦的情况都报告给项羽了，所以项羽才能针对诸侯联军的弱点做部署，甚至彭城的混乱局面有可能也是内奸推波助澜的结果。

彭城那边正在觥筹交错地庆祝胜利，刘邦和五路诸侯没日没夜地狂欢，人人都喝得醉醺醺的，倒地便睡，连城墙上的哨兵都倒得横七竖八的。

就在凌晨，天刚蒙蒙亮的时候，项羽的突袭来了。

如同平地一声雷，三万铁骑挟着雷霆万钧之势猛烈冲撞过来，彭城本地潜伏的楚军也从四面八方冲出来，跟项羽的骑兵里应外合，共同杀向五路诸侯的营帐。昏睡中的诸侯联军还不知道发生了什么事，刚刚惊醒，敌人的战马已经冲进了营帐，直接踏到了他们身上。

人们都蒙了：楚军主力明明在东北方向的齐国，怎么会从西边杀来？昏暗中也不知道来了多少敌人，只觉得天地间都是喊杀声，谁也不敢去抵挡。营帐里的诸侯士兵们来不及穿上盔甲便夺路而逃，几十万人嘶喊着奔向城外，仅有的几条道路都被堵塞了，踩踏而死的人不计其数。

一开始，汉军主力还能稳住阵脚，张良他们也在紧急指挥军队去阻挡敌人，但溃败的诸侯兵马潮水一样涌来，把汉军冲得不成阵形，很快汉军也跟着溃败了。

楚军的情报非常精准，直接找到刘邦所在的营帐，项羽亲自带头，对着刘邦君臣穷追猛打，刘邦君臣也只好赶忙逃窜。

失去了司令官的指挥，诸侯联军更是没了主心骨，只有各自奔逃了，战争很快演变成了三万骑兵对五十六万难民的惨烈追杀。

诸侯联军根本不熟悉彭城周边地形，彭城东、北两个方向有泗河和谷河两条河，楚军有计划地把联军士兵向这两个方向赶。联军士兵逃到河边才发现无路可走，众人争着渡河，被淹死和踩踏而死的超过十万人。

汉军主力保护刘邦逃到南边的灵璧，又被濉河阻挡，淹死、踩踏而死的士兵又有十几万，濉河里面横七竖八的全是联军尸体，连河道都被堵塞了。

最后刘邦君臣被包围在了濉河边，楚军重重叠叠地围了三层，箭如飞蝗，眼看刘邦就要被捉住了。

千钧一发之时，一阵大风刮来，飞沙走石，天地变色，楚军阵营被冲散，刘邦这才找到机会逃出了包围圈。（史书上这段描述似乎有后人吹嘘的成分，因为刘邦手下的主要将领们全都逃脱了，说明当时其实有充分的机会可以逃走。）

追杀刘邦

慌不择路的刘邦带着几名随从逃向西边的下邑，下邑附近便是沛县，刘邦的全家老小还都在那里。去年为了避免引起项羽猜疑，刘邦故意不把他们接到汉中，只让老朋友审食其（shěn yì jī）帮忙照顾他们。

其实早在出关中之前，刘邦就已经不计代价地让人去沛县接自己家人了。他派薛欧和王吸从武关出发，进攻南阳，准备从南阳直接杀到沛县去接人。

但是这条路实在是太远了，项羽有充分的时间准备，薛欧和王吸勉强杀到阳夏就被楚军挡住，再也没法继续前行了，当然也没法接到刘邦的家人。

彭城战败以后，刘邦知道，眼前已经是接走家人的最后机会了，所以他拼死冲向沛县。

但项羽早就想到了这点，派人抢先一步赶到沛县，掳走了刘邦全家老小，然后留人在那边等着刘邦。刘邦一到沛县，迎头便撞上项羽的手下，他只好拨转马头继续逃命。

刘邦逃了一段，忽然看到前面路边有两个小孩在哭泣，他过去一看，正是自己的儿子刘盈和女儿刘乐。刘邦大喜过望，连忙让赶车的夏侯婴扶两个孩子上车。

原来在楚军冲进家里来的时候，吕雉带着刘邦的父母逃向一边，让两个孩子从另一条道路逃走，楚军赶去捉拿吕雉和刘邦的父母，两个孩子才幸运地逃脱了。

这么一耽搁，后面的楚军已经追到近处了。刘邦让夏侯婴拼命打马，但车上多了两个小孩，跑得更慢了，怎么逃得掉？

眼看要被楚军追上了，刘邦把心一横，飞起一腿把两个孩子踢下车，命令夏侯婴："快走，少管他们！"

夏侯婴看到两个小孩在地上大哭，于心不忍，不顾刘邦的催促，停下车把两个孩子抱上来,一边安慰两个孩子,一边慢慢驾车,等两个孩子平静下来之后才又打马向前奔驰。

刘邦气得破口大骂:"你他娘地想害死老子?"又把两个小孩儿踢下车,夏侯婴又一次下去把他们救上来。这样反复几次,刘邦每次把孩子扔下车,夏侯婴都把他们救上来。刘邦气得拔出佩剑砍夏侯婴,夏侯婴边驾车边躲闪,还不忘保护两个孩子,车上乱成一团。

好在最后他们还是逃脱了。

——这件事成为刘邦终生抹不掉的污点之一,也让后来的吕雉彻底心凉了。

逃离楚军的追杀以后,刘邦总算安全来到下邑,吕雉的哥哥吕泽带着一支人马来接应,张良等高级将领也三三两两地跟了过来,汉军的散兵游勇也逐渐来投奔,刘邦这才略微安定下来了。

这时候他才打听到,自己的父母和吕雉都被项羽活捉了去,带到了楚军营帐中,生死不明。还好两个孩子救回来了,勉强算个安慰吧。

但这场败仗实在太惨痛了,诸侯联军有超过十万人被杀,汉军更惨,几乎全军覆没,刘邦这些年攒下的家底几乎一次性被耗了个精光——就凭剩下的这几个人,以后怎么抵抗项羽的打击?

诸侯们尽是些见风使舵的货色,看到刘邦落魄成这样,都迅速翻脸:司马欣和董翳两棵墙头草再次投靠到了项羽手下;司马卬在乱军中被杀;魏豹号称家里人生病了,带着自己的人马回西魏去了;就连陈馀都翻脸了,他发现刘邦拿假张耳的人头来骗自己,火冒三丈,跟刘邦断绝了关系。

刚组建不久的诸侯同盟就这样烟消云散了,只留下刘邦独自愁闷。

最后甚至连齐国的形势都变了。听说刘邦大败以后,以田横为首的齐地势力连忙跟项羽讲和,项羽也就顺水推舟让他们占领齐地,然后把兵力全部抽调回来,先解决刘邦再说。

只有彭越,这个起于草莽的耿介汉子,一直忠心耿耿地支持刘邦。彭城之战前,他就长期在巨野泽附近打游击配合刘邦的进攻,现在他仍然不离不弃,带着自己的士兵驻扎在黄河沿岸,听候刘邦的调遣。

还有一个让人欣慰的消息是陈平的来到。这又是一位经天纬地之才,他本来是项羽手下的谋臣，曾跟随项羽入函谷关。

刘邦平定三秦的消息传来的时候，殷王司马卬主动响应刘邦，背叛了项羽。项羽便派陈平去讨伐司马卬。陈平一到殷地，很快就招降了司马卬，于是回去禀报项羽。项羽很满意，赏赐他二十镒黄金，还拜他为都尉。

但很快刘邦就从关中杀出，到殷地的时候打败司马卬，司马卬再一次投降了刘邦。项羽听说以后大怒，要惩罚上次招降司马卬的人员，头一个就是陈平。

陈平听到消息，赶忙让人把二十镒黄金和官印封好还给项羽，自己带着一把剑就偷偷溜走了。

当初在鸿门宴上陈平见到过刘邦，对刘邦的风采非常佩服，所以就想去投奔刘邦。经过无数艰难险阻，他终于来到刘邦的军队中，很快得到刘邦的赏识，成为刘邦手下三个主要的谋臣之一（另外两个是萧何与张良），也跟着刘邦参加了彭城之战。

再说下邑城里的刘邦。

想到这一年来的经历，刘邦满心是悔恨。他从汉中出发，遇到千载难逢的良机，迅速攻占关中，再从关中出发，攻城略地，每一步都十分幸运，才能在极短的时间内攻下项羽的老巢。没想到，这一连串的辉煌成就，却因为自己一时的大意而毁于一旦。以后再去哪里找如此合适的机会呢？以后又凭什么说服诸侯们再来支持自己呢？

刘邦无比沮丧，对未来失去了信心，甚至当众说："关东老子也不要了，哪个王八蛋有本事能把关东打下来，就让他拿去吧。"他准备退回关中，当一个土皇帝。

看到刘邦愁眉不展的样子，张良上来劝谏道："主公不要灰心，臣有一计可对付项羽。"

第九章　楚河汉界

韩信将兵，多多益善

张良说："最近有人来报，九江王黥布跟项羽结仇了。上次项羽攻打田荣，让黥布派兵援助，黥布不肯，因此得罪了项羽，我们可以派人去联络黥布，让他在南方反楚；北方，我们还有彭越做援手，齐王又在东方支持我们；主公再任用韩信将兵，重振旗鼓，再战项羽。鹿死谁手，犹未可知。"

黥布本来是项羽手下的头号猛将，分封诸侯以后，他就明显对项羽有意见，至于是什么原因，外人也猜不到。项羽讨伐齐国时几次让他派兵援助，他都推三阻四的，甚至在彭城危急的时刻他都不援助。项羽心里早已憋着一肚子火了，只是当时敌人太多，不好对黥布发作而已。

但项羽收拾完刘邦以后，恐怕就要去找黥布算账，所以拿这一点去游说黥布很可能会成功。

刘邦听到张良的计策以后，大喜过望，马上派出随何去游说黥布。

随何来到九江，以天下大势游说黥布，黥布果然答应跟刘邦合作。刚好项羽的使者又来催黥布发兵，黥布便在随何的怂恿下杀了这个使者，然后派兵攻打西楚，正式跟项羽反目。

面对手下头号大将的背叛，项羽又惊又怒，只好兵分两路，一边继续追击刘邦，一边派人到南方抵抗黥布的攻击。

楚军大将龙且（jū）很快打败了九江的黥布叛军。黥布从小路逃到刘邦那里，在刘邦的支持下，他带着自己的一些旧部，加上刘邦拨给他的人马，驻扎在成皋。

黥布的叛乱造成的直接损失并不大，但严重打乱了项羽的节奏，他追击刘邦的计划因此受到重大干扰，使刘邦赢得了喘息的机会。

另外，黥布的背叛，显露出项羽表面风光的背后潜藏的一个严重问题：他对诸侯的控制力始终不够。

我们前面说过，项羽没有经历一个"打天下"的过程，直接就成了诸侯领袖。他的地位有点类似于西周时期的周天子，但还要弱很多。以天子身份带领诸侯，这是一种松散的统治结构，效率非常低下，战斗力会被严重削弱。而分封十八路诸侯进一步弱化了项羽的统治，造成了诸侯们各自为政的局面。

所以项羽真正能调动的力量，一直就只有楚地本身；他的对手刘邦，则是整合了关中、汉中、巴蜀、南阳、三川、颍川等地的一位超级大国的君主，控制的领土接近于战国后期的秦国。

所以项羽对决刘邦的时候，相当于以半个楚国的资源去对阵战国后期的秦国，双方存在人力物力上的巨大差距。战争初期这种差距造成的效果还不明显，但随着战争越拖越久，这种差距就会渐渐显露出来，最终变成持久战以后，项羽这一方就明显感到力不从心了。

现在刘邦的对策就是：赶紧站稳脚跟，止住崩溃的趋势，把战争拖成持久战，依靠关中等地区巨大的战争潜力拖垮项羽。

刘邦选择了一个关键地区来跟项羽周旋，那就是荥阳城市群。

荥阳是中原核心部位的重镇，北依黄河，南屏嵩山，东临济河与鸿沟，扼守着东南西北几大板块之间的运转通道，是天下交通的枢纽，四方的物资都要从这里经过。可以说，荥阳就是天下的咽喉，谁控制了这里，谁就掌控了全盘局势。

当年陈胜吴广和秦朝政府就曾在荥阳展开激烈的攻防战，现在刘邦也退守到荥阳，准备在这里跟项羽展开拉锯战，先把战争拖一拖再说。

这场拉锯战的主要棋子则是韩信。

经过彭城的失败，刘邦也发觉自己的带兵能力有限，痛定思痛过后，他终于真正认识到了韩信的价值，从此把兵权交给了韩信。

据说刘邦夺得天下以后，有一次跟韩信谈论各位将领们的才能，韩信挨个评论，指出了每个人军事上存在的不足。刘邦就问："你看我怎么样呢？我能带多少兵？"

韩信说："陛下只能带十万兵。"

刘邦又问："你能带多少？"

韩信说："臣带兵，多多益善。"

刘邦戏谑地说："多多益善？那你怎么落到我手上了？"

韩信说："陛下不能带兵，但能带将，所以臣只好被陛下所掌控了。"

韩信说的虽然是玩笑话，但却暗示了真相：刘邦的领兵能力并不强，只带自己的嫡系部队还行，遇到五路诸侯那种乱哄哄的杂牌军就控制不了了。真正领兵打仗，还得靠韩信这种专业人才。

刘邦把兵权交给韩信以后，韩信开始完全按照自己的部署来执行，首先就是拦截项羽的追兵。

当刘邦带着残余的汉军退到荥阳以后，关中的萧何不计代价地发动全体民众上前线参战，一拨新兵涌入荥阳。韩信带着这些新兵，加上收集的散兵游勇，在京县、索亭附近设下埋伏，等楚军追来，发起突袭。

韩信领兵最大的特点就是"随机应变"。所谓"兵无常势，水无常形"，韩信用兵从来没有固定的套路，而是根据具体的情况制定方案，这些方案都极具创造性，让敌人防不胜防。

楚国追兵杀到荥阳附近，忽然发现面前的汉军跟之前完全不一样，总会从出人意料的地方冒出来，攻守之间，神鬼莫测。经过几场战役，楚军被打得晕头转向，从此被拦在荥阳城下，开始了跟刘邦的持久战。

刘邦大喜，又让韩信去河东攻打魏豹。

开辟北方战线

彭城大败过后，魏豹找借口带兵溜回了自己的西魏国。

他本来想观望一下形势，刘邦跟项羽谁占上风他就支持谁，但一个女算命先生的话却改变了他的想法。

魏豹的夫人姓薄，史书上称为薄姬。

薄姬是魏国宗室之女跟人私通生下的女儿，在贵族里面算是出身卑贱的。她嫁给魏豹以后，有一次她母亲找许负来给她看相。许负是当时著名的女相士，几乎言无不中，她一看到薄姬就非常震惊地说："此女当生天子！"

魏豹听到这话以后相当得意："我儿子是天子？那不是说这江山最终会落到我手上吗？也许刘邦、项羽打来打去最后会让我来收拾残局？"他开始飘飘然地考虑起自己夺得天下的可能性。

有了这份"底气"以后，魏豹索性直接背叛刘邦。魏豹的西魏国卡在关中和中原之间，又扼守黄河上的通道。他截断黄河渡口，阻断刘邦跟关中的交通，并且去跟项羽讨价还价，希望共同遏制刘邦。

魏豹卡住刘邦的运粮通道，这是刘邦绝对不能容忍的，所以在荥阳缓过气来以后，刘邦首先想到的就是派郦食其去游说魏豹，希望他至少不要跟自己作对。

魏豹底气很足，直接对郦食其说："你家主子是个糙人，天天对人呼来喝去，把我们这些诸侯当奴才一样骂，我受够这个鸟气了！要和谈？休想！去告诉他，刀下见胜负！"

郦食其没办法，只好原话回报刘邦。刘邦直呼："好，有脾气！"转身便召来韩信，让他带着灌婴、曹参这样的豪华阵容去讨伐魏豹。

关中与河东之间隔着黄河，黄河上最重要的渡口是临晋关，去年刘邦就是从这里渡河杀向中原的，所以现在魏豹派重兵把守这个关口，阻挡汉军。

韩信到附近勘察了地形以后，认为上游的夏阳是一个更好的渡河地点，便让军队把所有船只开到临晋附近，做出要从那里发起攻击的样子，暗中却让士兵从夏阳渡河。

但是船都开到临晋了，夏阳这边的士兵空着手，怎么渡河呢？韩信让人去当地市集上收集"木罂"——一种木头做的小口的罐子，老百姓用来盛水用——然后把这种空心罐子的口塞住，再把它们绑在一起，就是一只简易的木筏。韩信用这些木筏把士兵们渡过河去，神不知鬼不觉地抄到了魏军后方。

夏阳向东两百里就是河东重镇安邑，安邑再往北两百里便是魏国首都平阳。

魏军主力都在前方的临晋等着汉军渡河，后方的安邑防守空虚，汉军突然杀到城下，很快就打下了安邑。

前线魏军听到消息以后赶紧回援。他们一撤走，临晋那边河对岸的汉军正好又趁势渡河，跟安邑的汉军两下夹攻，迅速打败了魏军主力。

平阳城里的魏豹听说以后魂飞天外，亲自带兵前来迎战韩信的汉军，却哪里是韩信的对手，被活捉了过去。西魏国自此平定。

韩信的下一步计划是继续向东进，拿下赵国和代国。

当初陈馀赶走张耳以后，把赵王歇接过来重新统治了赵国，赵王歇就把自己的代国送给了陈馀，但陈馀怕赵王歇镇不住下面的人，所以继续留在赵国辅佐赵王歇，只派自己的相国夏说去代国就职。所以赵王歇和陈馀的主要兵力都放在赵国，代国防守薄弱。韩信很快就把代国打下来了，然后带上张耳一起，准备攻打赵国。

魏赵两国之间隔着太行山，要过太行山，就要穿过"太行八陉（xíng）"，也就是太行山脉中间的八条天然通道，八条通道中最便捷的是井陉，因此井陉是魏赵两地中间最重要的道路。当年赵王武臣派李良去攻打河东，就是在井陉被秦军拦住了。

赵王歇和陈馀听说韩信要打过来，赶紧派二十万大军守住井陉口。井陉口就是井陉的东出口，这里往西是上百里的狭长隧道，中间甚至不能两匹马并行，军队极难通过。

地形的不利只是一方面，汉军另一方面的困难是：刘邦不太放心韩信。所以代国之战刚结束，刘邦就把韩信的军队调到荥阳，替自己阻挡项羽去了，让韩信自己再建一支军队。韩信只好带着一拨新招募到的壮丁重新组建了一支三万人左右的军队——这种情况在后来不断发生，每当韩信建立起一支能征善战的队伍以后，刘邦就把这些人调走，让韩信重新建立军队，用新军队再去攻城略地。

所以现在韩信和张耳带领的是一支战斗力未知的新军。

但他们也有一个非常有利的因素，就是张耳本人的存在。

张耳长期在赵国为相，对赵国的内部情况知根知底，对陈馀本人也相当了解，所以能给韩信提出一些精准打击的建议。另外，张耳投奔刘邦的时候应该也带着一些手下，这些人跟陈馀手下的将官有千丝万缕的联系，这对于韩信获取赵国的情报甚至安插间谍都非常有利。

总之，韩信非常了解赵国的情况，陈馀却对汉军的情况一知半解。

陈馀手下的广武君向他提出：韩信的汉军开到井陉口附近，道路狭窄，粮草辎重必然要远远落在后面。请拨给自己三万骑兵，从远处抄到韩信后方，截断他们的粮草；陈馀这边再深沟高垒挡住韩信前军，不出战。长期拖下去，韩信必然败退。

这是阻挡韩信军的极好的计策，但陈馀根本不相信韩信仓促组建的三万人可以打败自己的二十万大军，何况这三万人很可能是吹出来的，实际可能就几千人。他认为自己刚刚占领张耳的地盘，需要立威，这次汉军是送上门来的肥肉，正好拿他们扬名立万，要是靠拖延战术把他们拖垮了，难免显得自己不够强大。

他以"义兵不用诈谋"的理由驳回了广武君的提议。

赵国内部可能埋伏有张耳的人，所以广武君和陈馀之间的对话很快传到了韩信和张耳那里。韩信大喜，命令军队在距离井陉口三十里的地方驻扎下来。

当天半夜，韩信派出轻骑兵两千人，让他们带着许多汉军旗帜，翻过山坡，到一个叫"抱犊寨山"的地方埋伏下来，这里附近就是赵军的营寨。

然后韩信让一万汉军向前进发，渡过绵蔓河，在河东岸背水列阵——这是严重违反兵法的做法，相当于自己站到了悬崖边上。官兵们都不懂韩信为什么会用这种自杀式的布局，但无法违抗，只能照韩信的安排列阵。

绵蔓河东岸不远处就是井陉口了，井陉口对面的赵军注意到汉军的奇怪阵法，不知道汉军在搞什么鬼，只好先看看再说。

东方天色微明，汉军阵营军号齐响，开始发起冲锋。韩信、张耳带着汉军前锋大喊着杀向井陉口外，外面的赵军也出来迎战，双方在狭窄的甬道内展开激烈厮杀。

战斗了一会儿以后，韩信、张耳假装败退，带着手下士兵逃向绵蔓河的方向，赵军倾巢出动追了过来。

到绵蔓河以后，汉军前锋跟背水列阵的士兵们撞到一块，大家都无路可走，只好转身继续跟赵军厮杀，前有激流，后有追兵，汉军人人都疯狂了，以命相搏，赵军全体冲过来也无法打败这些士兵们。

这时候赵军的后方营地基本已经空了，埋伏在附近的两千汉军趁机出动——这正是韩信惯用的声东击西的策略，他们冲进赵营，拔掉赵军旗帜，换上汉军的赤旗。

前方赵军一回头，看到自家营地里齐刷刷一片赤旗，以为后方已经失守了，顿时军心大乱，人人夺路而逃。绵蔓河边的汉军再发一声喊，一起掩杀上来，赵军顿时兵败如山倒。

汉军冲出井陉口，跟两千骑兵汇合，联手追杀败逃的赵军，一路追到泜河，杀掉陈馀，再追到赵国首都，杀掉了赵王歇，赵地由此平定。

刘邦把张耳立为新的赵王，让他统治赵地。

现在北方只剩下臧荼的燕国了。臧荼对中原的事情本来就不关心，只想守着自己那点地盘当土皇帝。韩信让人把劝降信递给他，说明利害，臧荼马上就投降了。

到这时为止，韩信仅仅用了四个月时间就平定了北方四大诸侯国，跟荥阳、南阳等地连成一片，从三个方向形成了对项羽的包围圈，彻底扭转了楚汉相争的局势。

韩信的远征还带来一个不明显但非常重要的好处：这些诸侯国都是汉军真刀真枪打下来的，因此汉军对这些地方的统治非常稳固，能够把他们捏成一团，形成一股合力去对抗项羽。对比当初的项羽：项羽没有经历过一个打服诸侯的过程，所以他的统治仅仅浮在表面，对这些领地没有实际控制力，一旦形势有变，诸侯们就很容易背叛他。

现在韩信已经手握几十万大军，兵临齐国边境，等着听刘邦的命令。不料命运却跟他开了一个很大的玩笑……

借箸代筹

韩信攻城略地的这段时间，刘邦继续整合占领的土地，他先是回了一趟关中，那里还有废丘的章邯等着他去处理。

废丘是关中最后的围城，汉军早就有实力把它拿下来了，却一直等着，等秋天来临。

废丘是当年周懿王的首都，城防坚固，但有一个严重缺点：城市处在一片洼地上，附近有沣河经过。汉军统帅看到强攻废丘代价太高，就围而不攻，等到第二年七月沣河涨水的季节，挖壕沟把水引向废丘，一举冲垮了废丘的城墙。

百年古都沦为一片汪洋，城内极度疲敝的军民再也无力抵抗，章邯最后的希望终于破灭了。

这时候章邯后悔了吗？仅仅两年前，他还是傲视群雄的大秦帝国明星将领，拥有战无不胜的骄人战绩，这时却落到了孤家寡人的可悲境地，不管是关中民众，还是天下诸侯，都已经抛弃了他。

现在，那个布衣出身的刘邦即将来到他面前，他难道要再投降一次，做刘邦，甚至韩信手下的一个小小将官吗？

公元前205年六月，高傲的章邯在废丘自尽，用自己的鲜血报答了他曾经保卫过和背叛过的三秦大地。

现在关中已经彻底平定，刘邦的后方已经形成了一个稳固的兵源和物资输出地，他继续留萧何在这里筹集战争资源，自己再次前往荥阳。

刘邦君臣明白，能不能守住荥阳，很大程度上就决定了能不能在楚汉相争中取胜，所以他们把能调动的兵力全部调到荥阳，甚至不停地从韩信那边抽调人员过来，死守荥阳。

守卫荥阳的关键在敖仓。

敖仓是荥阳东北方向的一座山，这里地处黄河、济河、鸿沟的交界处，三条河流连接着天下大部分产粮区和人口密集地区，因此这里便成为粮食中转的重要节点。当初秦朝政府就是以敖仓为帝国中央的粮仓，为关东地区的军队提供粮草，而现在关中的粮草也需要通过黄河运送到这里，再从这里分发给前线汉军。

汉军占领荥阳以后，派人从荥阳到敖仓修了一条甬道，以此保证前线部队的粮草供应。楚军看到以后，拼命破坏这条甬道。双方围绕这条甬道爆发了一系列战役，都使尽了浑身解数。

汉军有彭越这枚重要棋子，彭越的游击队在楚国大后方不断袭扰楚军，干扰楚军的粮草供应，严重牵制着楚军的调度。

处于弱势的汉军一方，更是主动铺开战线，他们防守的并不是荥阳一座孤城，而是以荥阳和成皋（gāo）为核心的城市群。从西南方的巩县，到东北方的修武，两百里的防线上，汉军布置下多支军队，相互呼应，联手抵挡楚军的进攻。楚军进攻一座城池，另外几座城池的汉军便对楚军后方发起进攻，楚军赶忙回去灭火，这边的汉军则又发起反击……双方的拉锯战无休无止。

这是一段最艰难的岁月，楚汉双方都拼尽了全力，把所有能调集的资源全部调集起来了，基本上榨干了民众的血汗。在这样积年累月的压榨下，整个神州大地一片凋敝。

从战国初期开始，华夏大地已经经历了两百年持续不断的战乱（秦灭六国以后有十二年的和平阶段，但这期间一直在大兴土木，对民生的损耗跟战乱类似），民众极度疲敝，所有人都在饥荒中煎熬，实在没有多少油脂可供压榨了，甚至能打仗的青年男性都很少了。所以楚汉双方都感到极度吃紧，无法发起大规模歼灭战，只能以小股兵力骚扰对方。这又进一步拉长了战争进程，以至于战争本身似乎成了一种常态，成了大家生活的一部分。

公元前205年的华夏大地，天空是灰蒙蒙的，所有人都看不到未来，难道这样的艰苦岁月要永远持续下去吗？

甚至连刘邦都异常苦恼，不断召开会议请大家出谋划策。郦食其就给他出了一个主意："我们这样单独跟西楚作战实在太吃力了，大王您不如多封几个诸侯，让他们跟我们并肩作战，天下人必定因此而感激大王的恩德，打败西楚也就容易了。"

刘邦一听似乎有道理，马上让人去刻诸侯的印玺，准备让郦食其去送给各路诸侯。

这时候张良刚好从外面回来，刘邦正在吃饭，跟他说了分封的事。张良沉下脸来说："谁给大王出的这个主意？这是要坏了您的大事！"

刘邦问："这是怎么说？"

张良拿起桌上的筷子，连比带画地解释道："当年商汤伐夏桀而把桀的后代封在杞国，这是因为商汤能置桀于死地。如今大王能置项羽于死地吗？"

刘邦摇头说："做不到。"

张良说："此其一。武王伐纣而把纣的后代封在宋国，是因为武王能取纣王的人头。如今大王能取项羽人头吗？"

刘邦说："做不到。"

张良说："此其二。武王入朝歌，表彰商容，释放箕子，悼念比干。如今大王能表彰圣人与贤者吗？"

刘邦说："做不到。"

张良说："此其三。武王散尽商朝府库的钱粮以资助百姓。如今大王能散尽府库资助百姓吗？"

刘邦说："做不到。"

张良说："此其四。天下平定以后，武王倒执干戈，铸剑为犁，表示不再用兵了。如今大王能偃武修文，不复用兵吗？"

刘邦说："做不到。"

张良说："此其五。武王解散军队，放马南山，如今大王能照着做吗？"

刘邦说："做不到。"

张良说："此其六。武王放牛于桃林，表示不再输送军粮了。如今大王能照着做吗？"

刘邦说："做不到。"

张良说："此其七。如今天下仁人志士背井离乡跟从大王，是因为他们希望天下平定以后能够裂土封疆，如果大王现在就把疆土封给六国诸侯，这些才俊之士还有什么盼头呢？他们都会去投靠六国诸侯，六国诸侯又带着他们投靠项羽，谁来跟着大王打天下呢？此其八。大王好好想想，出这主意的人是在害您呀！"

刘邦听完，"呸"地一下把嘴里的饭吐出来，骂道："他奶奶的！这个穷酸儒生,差点坏了老子的大事!"

分封诸侯的决定因此没有推行下去,刘邦也因此避免了跟项羽犯同样的错误。

张良的这番话其实归根结底就是说:分封诸侯是天下平定以后笼络人心的一种手段,战争年代实行这种制度等于自废武功,绝不可取。

从本质上来说,分封制是一种已经被时代淘汰的落后制度,这种制度削弱了中央政府的控制力,使得地方各自为政,因而效率低下。在战争年代实行这种制度更会明显降低自己的战斗力,害处巨大。

刘邦能避免这样的重大错误,关键在于他能招揽到张良这样的顶级人才,又能虚心听取这些人的建议——这也是他最终能战胜项羽的一个主要原因。

六出奇计

除了张良,陈平也给刘邦提出过许多重要建议,其中最著名的便是被后人称为"六出奇计"的六条计策。第一条正是在困守荥阳期间提出的:离间项羽君臣。

陈平说:项羽生性悭吝,不舍得封赏下人,因此手下人才稀缺,只有范增、钟离昧几个人是可用的,现在我可以让人带着重金去收买楚营的人,让他们散布范增等人的谣言,使项羽怀疑他们。

刘邦同意了。陈平果然派人去楚军阵营里散布谣言,说范增等人在暗中联络刘邦,准备出卖项羽。范增是坚定的主战派,一直强烈要求对荥阳发起总攻,但项羽有自己的难处,总决战不是想打就能打的,为此两人闹得很不愉快,现在谣言一出来,两人的关系变得更僵了。

为了表演得更真实一点,有一次西楚使节来汉营谈判的时候,刘邦假装很热情地备上丰盛的宴席,等使者进来以后,刘邦惊讶地对手下说:"我还以为来的是亚父(范增),原来是别人啊?把宴席撤了吧。"于是换上粗茶淡饭。

使者回去把情况一汇报,项羽更加疑心范增。而范增是一个生性清高的名士,不肯曲意逢迎,双方最终闹崩了。范增大骂着离开楚营,一个人走回彭城去，最终病死在了路上。

范增、钟离眛等人失宠，使项羽手下再也没有可用之人了。

其实项羽对手下人并不苛刻，甚至比刘邦更宽容，但他做人不如刘邦那样爽气，或者说，没有刘邦那样世故，不会用高官厚禄来笼络人心。所以出现这样一种现象：品行高洁的名士愿意投奔到项羽手下，而那种鬼头鬼脑的阴谋家则更愿意跟着刘邦。但问题在于：前者往往只能作道德标杆，后者则更善于审时度势，更能替主人出谋划策，所以后者才是乱世中真正需要的人才。项羽不能笼络到这种人，在谋略上当然就处处输给刘邦了。

当时楚军一直奔着敖仓的甬道穷追猛打，汉军的粮道受到很大威胁，渐渐要撑不下去了，只好暂时放弃荥阳。陈平又给刘邦出了个金蝉脱壳的主意，也就是"六出奇计"的第二计。

陈平在汉军营里找了一个相貌类似刘邦的人，叫纪信，让他扮成刘邦，再从城里找来两千名女子扮成士兵（因为当时认为男性士兵非常珍贵，不能随便消耗掉）。当天夜里，汉军打开荥阳城东门，让两千名假士兵拥着假刘邦一起冲出城去，号称要跟项羽谈判。

楚军一听说刘邦出来了，全部围到东门来，里三层外三层地围住了假刘邦的队伍。刘邦本人则乔装改扮，在陈平等人的保护下从西门逃走了，把荥阳丢给了项羽。当然，那个倒霉的纪信最后死得很惨。

另外，刘邦逃跑也把魏豹给害惨了。

上次被韩信打败以后，魏豹和他的手下们都被捉到荥阳城里关着。刘邦逃出荥阳以后，他手下的周苛、枞公两人私下商议说"反国之臣，难与共守"，所以自作主张杀掉了魏豹，只留下可怜的薄姬战战兢兢地生活着。

刘邦君臣继续奉行"敌进我退，敌驻我扰"的游击战策略，先回关中躲了几天，看到项羽没有追过来，又回头要冲出关去，准备再次攻打荥阳。

三战荥阳

但有手下人对刘邦提出：荥阳那一片已经残破不堪了，再争回来也没有价值，不如开辟新战线，这次从武关出去，攻占南阳，从南方死磕项羽。

刘邦照着做，很快打下了南阳，项羽只好把主力从荥阳调过来攻打南阳。

这样一来，项羽完全是被刘邦牵着鼻子走，从战略上来说已经输了。

为什么项羽只能被刘邦牵制呢？这还得归功于关中优越的地理条件。关中有两大入口——函谷关与武关，任何一个都具备"一夫当关、万夫莫开"的险峻地形，除非进攻一方拥有压倒性的优势，或者遇上千载难逢的机缘，否则休想叩开这两个关卡。

所以刘邦一旦扛不住的时候就可以躲进关中喘一口气，缓过气来以后又可以从函谷关或者武关出击，从这两个关口出去以后都会直接威胁敌人的人口密集区，敌人不得不救，所以项羽就一直被刘邦牵着鼻子走，没有休息的机会了。

这也是战国时期秦国对付关东六国的手段，现在被刘邦继承下来，让项羽焦头烂额。

现在项羽调集楚军主力来打南阳，跟彭城的战线就拉得太长了。后方的彭越发现机会，立即发动大规模进攻，迅速拿下多座城池，直接威胁彭城这座项羽的大本营。

而且北方的楚军防线弱化以后，韩信的压力也大幅减轻了，开始跟张耳联手清除楚军势力，很快便彻底控制了燕赵大地。他们随后南下，兵临齐楚边境，跟彭越形成两只巨钳，从两个方向夹击项羽大后方。

南阳这边，汉军主力坚持坚壁清野的策略，拖着不出战。项羽连续攻城无效，粮草断绝，又听说大后方的彭城要失守了，无可奈何，只好匆忙撤走去救援彭城。

到这时为止，刘邦的战略思路已经非常清晰了，就是在荥阳正面战场挡住项羽，同时遥控韩信、彭越等人威胁项羽后方，多点出击，让项羽疲于奔命。

项羽虽然明白刘邦的意图，却无法可想，因为他手下实在缺人。整个西楚王国，只有项羽一位能征善战的将领；整个西楚军队，也就只有一支能打的队伍，哪里着火就得赶去哪里灭火。所以，在两年又三个月的成皋之战期间，项羽一直被迫奔波来去，没有一刻停歇。

项羽一撤走，刘邦立即就坡赶驴，带着人马冲向荥阳方向，再次攻占了成皋、敖仓等要地，然后驻扎在成皋，以逸待劳等着项羽回来。

项羽在彭城赶跑了彭越，听说荥阳城市群那边又被刘邦占领了，只好马不停蹄地又赶回了荥阳。

回来以后，项羽怒发如狂，对荥阳发动猛烈袭击，终于又攻破了荥阳，活捉了刘邦的手下周苛、枞公等人，还有韩王信。

项羽劝周苛投降，周苛破口大骂，项羽暴怒，直接把他丢进锅里煮了。周苛的英烈之名从此传遍汉地。刘邦听说以后也非常感动，把周苛的堂弟周昌拜为御史大夫。

后来周昌成为西汉初年的重要人物之一。

攻破荥阳以后，项羽带着楚军继续往西攻打成皋。楚军攻势凌厉，汉军很快又扛不住了，刘邦只好带着几个亲信再次仓皇逃走。

这一次刘邦跑到黄河以北的修武，韩信、张耳的军队正驻扎在那里等待出击的命令，但他们都错了……

在来的路上，刘邦已经把一切都算计好了，他让下人连夜出行，鸡鸣时分，已经来到了军营外。

当时韩信、张耳还没起床，士兵们也都在休息，只有几个老头睡眼惺忪地守着营门。刘邦带着夏侯婴来到军营门口，自称是"汉王派来的使节"，老头也没多问就放他们进去了。

刘邦径直走进指挥部，往正中间一坐，亮明身份，把军官们都召集过来，冷冷地说："不要惊动韩信——把兵符和将印给我，以后你们听我指挥。"随后任意调动，分派每个军官的职责，把所有人员都安排了一遍。

刘邦问这些军官："你们手下有多少人马？"

军官们回答说："大约……十一万五千，不过韩将军只报给大王六万，对外宣称三十万。"

刘邦点头说："好，留两千给韩信，剩下的人跟我走。"

军官们只好连声答应，马上去发布命令。

等所有命令都发下去了，刘邦才起身离开，走出营门的时候想了想，又回头说："给我转告韩信、张耳两个龟孙子，以后要再这样治军，小心项上人头。"

有刘邦的命令在，所有人都不敢靠近韩信、张耳的营帐，军营里静悄悄的，像什么都没发生过。等天亮以后韩信、张耳才醒来，听说刘邦来过，两人吓得汗如雨下，赶忙派人去向刘邦请罪。

刘邦并没有治他们的罪，只是斥责他们治军不严谨，随便让人进出军营，然后命令张耳向北收集赵地散兵，从此驻守赵地，让韩信再去筹建一支军队，准备进攻齐国。

夺走韩信的军队以后，刘邦手下的汉军重新壮大起来，刘邦底气也足了，准备向南渡过黄河再次争夺荥阳。

但手下人向他建议：别着急，项羽的实力还很强，我们继续坚持多点出击的策略，让彭越去骚扰项羽。刘邦便继续高垒深堑，不在正面战场跟项羽交战，同时派卢绾、刘贾带着两万人马，从赵地的白马津渡过黄河，增强彭越的力量，进一步从后方钳制项羽。

这支队伍来到以后，彭越的实力更加强大了，在项羽的大后方肆意劫掠，无人能挡，最后彻底截断了项羽的粮道。

项羽无可奈何，只好再次放弃荥阳正面战场去打彭越。撤退之前，项羽安排大司马曹咎驻守成皋，并且一再叮嘱他：无论汉军怎样挑战都不要出战，我很快会平定后方，等我回来再跟你一起出战。

项羽走后，曹咎果然高挂免战牌。刘邦就让人在阵前拼命辱骂他，连骂了五六天，曹咎终于忍不住了，开门出战，结果在汜河遭到惨败，守卫成皋的楚军全军覆没，曹咎和司马欣也只好自杀身亡了。

刘邦再一次占据了成皋，并且包围了荥阳，荥阳城里的钟离昧拼死抵抗，战况激烈。

但很快，项羽又打败了彭越，再次来到荥阳城下。汉军继续采取"敌进我退，敌退我进"的策略，一见到项羽过来，马上撤走，再次把荥阳丢给项羽。

当然，彭越那边也采取"敌进我退，敌退我进"的策略，项羽一来他们就逃跑，项羽一走他们就围上来接着断楚军的粮道。所以项羽每次去打他都能很快获胜，但项羽每次一撤走他又很快卷土重来。看起来项羽一直在胜利，实际上却是劳而无功。

刘邦和彭越就这样在东、西两个方向遥相呼应，调动项羽不停地奔波，两地直线距离七百余里，实际路程上千里，每一次奔波就是一场劳师动众的大规模远征，无数场远征，终于渐渐耗尽了西楚国的有生力量。

但对项羽真正致命的打击还是来自韩信。

组建包围圈

被刘邦夺走军队以后，韩信继续在赵地收集散兵，组建新的军队。

他已经记不清这是第几次被刘邦夺走军队了，虽然心里很不服，但不敢表露出来，他知道，刘邦用人的手段非常厉害，远远不是自己能比的，他只能顺从而已。

韩信凭借自己逆天的才干，很快又训练出一支能征善战的队伍，驻扎到齐国的历下附近，准备等刘邦一声令下就开进齐国。

但很意外的，他等来的却是齐国归顺刘邦的消息。

齐国的地位有些尴尬。

当初田荣控制齐地的时候，曾经跟刘邦是盟友关系。后来田荣被杀，田横控制了齐地，立田荣的儿子田广为新的齐王，自己把持着齐国朝政。

刘邦在彭城大败的消息传来，田广、田横害怕自己独自面对项羽，只好赶紧求和，跟项羽签订了城下之盟。项羽忙着去追杀刘邦，也就放过这对叔侄，任凭他们在齐地当土皇帝。

所以名义上田广、田横是项羽的盟友、刘邦的敌人，但这种关系又是很不稳固的，齐国实际上是中立姿态。

刘邦看到这一点，一方面让韩信兵临齐国边境，摆出要大规模进攻的架势，一方面又暗中派出郦食其去游说田广、田横。

郦食其到齐国以后，晓以利害，果然很快说动了田广、田横。这对叔侄决定投靠到刘邦手下，一起攻打项羽。

消息传到韩信那边，韩信感到很失望。他知道以自己的实力，打下齐国不难，这是现成的功劳。现在齐国不战而降，让他失去了一次立功的机会。

韩信身边的谋士蒯（kuǎi）通劝他："那郦食其不过一介儒生而已，凭三寸不烂之舌便说下齐国七十余城，将军手握数万大军，这一年来才打下赵国五十余城，这样看来，将军不是还不如一介儒生吗？目前齐国虽然已经归顺汉王，可汉王并没有发命令让您放弃攻打齐国呀！不如假装没听到齐国归顺的消息，继续攻打他们，立下破齐的大功以后，汉王也不好怪您。"

韩信本来就非常不甘心，听到蒯通的煽动以后，终于决定自作主张发起进攻。

当时齐国已经在跟刘邦讨论合作的事了，完全没有防备，韩信的大军一开来，历下的守军瞬间被打蒙了，不战而溃。韩信迅速推进，很快打进了临淄。

田广、田横以为这是刘邦在玩两面手，觉得刘邦太卑鄙了，正好郦食其还没离开齐国，暴怒之下，两人就拿郦食其出气，把他丢到鼎里煮了。

这是韩信犯的最大的错误之一。

假装谈判，等敌人放松戒备的时候发起进攻，这是军事上常用的手段之一，所以韩信攻打齐国本身是没错的。

但问题在于他没有得到刘邦的授权。

刘邦从始至终没有真正信任过韩信，他知道韩信拥有盖世无双的军事才干，在士卒那里又特别得人心，所以一直对韩信严加防范。之前韩信每次打完一场胜仗，刘邦就来收走他的军队，就是防止他建立起自己的嫡系部队。

现在韩信没得到刘邦的命令就擅自发起大规模战役，这已经触碰到刘邦的底线了。在刘邦看来，韩信正在试探自己的态度，试图绕开自己的命令展开军事行动，这是架空上级领导的第一步，是任何一个有才干的领袖绝对不能容忍的，何况刘邦呢？

而且这次军事行动还把郦食其的命给搭进去了，郦食其是刘邦手下最重要的外交官，如果刘邦就这样放过韩信，怎么向手下众多官员们交代？他们会觉得刘邦畏惧韩信的势力，打掉牙和血吞，刘邦在手下官员中间的威信会受到很大影响。所以这笔账被刘邦深深地记在了心里。

韩信给自己挖了一个大坑，可他自己还没有觉察到。

当然，从军事上来说，这次突袭是异常成功的，齐国在完全没有防范的情况下迅速崩溃，韩信以极小的代价就打下了临淄。田广、田横只好逃到高密，派人去向项羽求援。

齐国溃败的消息传到项羽那里，项羽感到事态严重。齐国一旦被占领，汉军就会形成一个完整的包围圈，从各个方向围住西楚，楚汉相争的形势就会发生不可挽回的逆转。

项羽紧急派龙且带着二十万楚军去援助田广，两支军队合到一处，在潍河东岸驻扎，阻挡韩信。

但龙且也犯了之前陈馀犯过的错，他过于低估了韩信的才干，认为凭齐楚两支大军联手可以阻挡韩信。如果仅仅从双方力量对比上来说的话，齐楚联军对付汉军确实没问题，毕竟这支汉军只是临时拼凑起来的杂牌军而已。

但韩信的厉害之处在于，他总是会因势利导，创造性地利用各种客观条件。他注意到潍河水急浪阔，便让士兵们偷偷潜到上游，用上万支沙袋堵塞河道，然后向河对岸的齐楚联军挑战。

龙且让联军强渡潍河跟汉军交战，一交手，果然发现汉军战斗力非常差——这倒可能不是装出来的，汉军精锐都被刘邦收走了，剩下的这些人能有什么战斗力？龙且大喜，指挥军队全力渡河，自己亲自带兵追杀汉军。

这时候韩信向上游汉军发出信号，上游汉军立即掘开河道，洪流滚滚涌来。正在渡河的联军瞬间被冲走了大半，剩下的人心胆俱裂，扭头便跑，乱成一团。汉军再回过头来一通掩杀，杀得数十万齐楚联军丢盔卸甲，龙且也在战斗中阵亡了。

汉军乘胜追击，从高密一路追到城阳，齐楚联军遭到毁灭性的失败。田广只身逃走，后来被汉军活捉了。田横带着手下亲信逃往梁地，投奔到彭越手下。韩信命令手下将领灌婴继续攻城略地，很快把齐地剩余的城池全部拿下来了。

齐地至此完全被纳入了韩信的掌控之下，再加上燕、赵、代、魏、韩、三秦、汉中、巴蜀、河南（三川郡）、南阳、衡山（吴芮的领地，吴芮已在张良劝说下归汉）……刘邦与韩信已经控制了天下大部分土地，拥有无可比拟的资源优势。

楚汉相争的局势到这时终于渐渐明朗了。

最后的贵族

韩信凭借一己之力扭转了楚汉相争的形势，同时震撼了刘邦、项羽，这两人都急忙调整自己的对策。

韩信先让人给刘邦带话，希望他封自己为"假齐王"。他的理由是，齐地新归附，很容易再生叛乱，需要派一个大将在当地镇守，也就是要封一个齐王，诓住齐人。但让刘邦给他封王的话未免过分（刘邦自己也只是汉王而已），所以请刘邦封他为"假王"，代理齐王的职责。

在韩信看来，这个请求合情合理。但对于刘邦来说就不一样了，打了胜仗确实该赏赐，但这个赏赐该由刘邦提出来，由韩信自己提的话意味就完全不同了。何况刘邦现在还在荥阳苦苦支撑，还望着韩信来救驾，韩信不仅不来救，还提出封假王的请求，在刘邦看来，分明就是在要挟他。所以刘邦收到韩信的消息以后暴跳如雷，破口大骂。

张良、陈平劝刘邦："韩信一介武夫，大王何必跟他计较。现在军情紧急，不给他封赏的话，一旦发生变乱就麻烦了，不如先封他个假王，以后再慢慢计较……"

刘邦转念一想，又骂道："他姥姥的！我是怪韩信这小子太见外了。既然有平定诸侯之功，就该封真王，还要什么狗屁假王？以为我刘邦是那么小气的人吗？"于是派遣张良送印绶给韩信，封韩信为齐王，让他即刻带兵去讨伐西楚。

韩信收到封王的印绶以后，喜不自胜，认为刘邦真的很赏识自己。乱世得遇明主，实在是很幸运的事，他对刘邦的感激又增加了一分。

这时候项羽也派人来了，向韩信说明当前形势：目前韩信势力之大，已经可以跟刘邦、项羽并驾齐驱了，刘、项、韩三家已经是三足鼎立的局面，韩信帮助哪一方，哪一方就一定可以得天下，所以希望韩信跟自己结成同盟，共分天下。

韩信犹豫了许久，还是拒绝了项羽的请求，他说："汉王对我恩深义重，解衣衣我，推食食我，授我上将军印，予我十万雄兵。乱世得主如此，此生足矣，韩信誓不叛汉！"

项羽的使节只好垂头丧气地走了。

随后，蒯通也悄悄劝韩信："俗语云'狡兔死，良狗烹'，如今将军有震主之威，挟不赏之功，归楚，楚王不信，归汉，汉王猜忌，当如何自处？不如凭齐地之强盛，借燕赵之威势，背弃汉王，自立为诸侯，与齐楚争天下，这才是转危为安之道。"

韩信考虑再三，还是说："汉王待我恩重如山，我实在不忍心背叛他。何况我立有盖世奇功，汉王理应不会亏待我。"于是又拒绝了蒯通的劝说。

蒯通的眼光异常刁钻，早已经看清了天下局势，他给韩信的建议是非常正确的。可惜韩信缺少足够的胆略，终究没能听取蒯通的建议。

韩信在政治上的幼稚，使得刘邦度过了最后一关，从此天下局势走向便没有悬念了。

这时候最难受的人是项羽。

收到使节的回报以后，项羽如同当头被泼了一瓢冷水。目前的局势对他非常不利，楚汉双方对峙两年多了，双方都已经耗尽了国力，城邑凋敝，农田荒芜，民众叫苦连天，后方的物资极度短缺，已经没法支持前线军队继续作战了。

而前线的战士们虽然英勇，但在连续几年无休止的奔波过后也是疲惫不堪。何况他们也有妻儿，他们的妻儿正在后方忍饥挨饿，你让他们怎么卖力战斗？这一刻，所有人都已经极度厌倦战争，都希望这场毫无意义的对峙尽快结束。

相比起刘邦，项羽的困难更严重一些。刘邦有关中这个大本营和巴蜀这个后方仓库，资源储备比项羽厚实很多，粮草运输也基本顺畅。而项羽不仅没有这些优势，后方粮道还不时被彭越截断。这样下去，拖得越久，项羽和刘邦的实力差距就会越大，终究有被刘邦拖垮的一天。

而韩信的存在更让项羽如芒刺在背。目前韩信已经从东、北两个方向包围了西楚，再配合彭越，对彭城以及周边城市群构成致命威胁。本来还指望能策反韩信，但现在看来，这个可能性也不存在了。

项羽无比苦闷，他不明白，自己明明是天下诸侯领袖，各方面占尽了优势，历次战役也是胜多负少，却怎么会让一个小小的亭长压到头上来了呢？

当时楚汉双方在广武对峙八个月了，无论楚军怎么挑战，汉军都坚守不出。项羽实在气不过：那个市井无赖能有什么本事？真要在战场上对阵的话，他根本不是我的对手，无非是躲在后面恶心人而已，让自己战也不是，退也不是，白白消耗军粮，十分难受。

最后他被逼急了，只好让人把刘邦的父亲刘太公拎出来，放到一个高高的砧板上面，派人带话给刘邦："你要再躲着不出战，我就把你爹煮了！"

刘邦让人回复他："当初我们在怀王手下共事，曾经约为兄弟，所以我爹就是你爹，现在你要煮你爹的话，请也分给我一杯羹。"项羽气得跳脚，让人马上点火，多亏项伯苦苦相劝，才救下刘太公一命。

项羽又约刘邦在广武涧会面，亲自向刘邦叫阵："泗上小儿！这样躲躲藏藏算什么好汉？你若真有胆略，便出马与我单挑一局，胜者得天下，如何？"

刘邦冷冷地回答："逞匹夫之勇就算好汉吗？跟我单挑，你还不配！你有十大罪，待我一一数与你听。当初怀王约定，先入关中者王之，你背负怀王之约，此罪一；你假传君命，矫杀卿子冠军，此罪二；擅作主张，劫持诸侯兵马入关，此罪三；劫掠关中，烧毁秦宫，掘始皇帝陵，此罪四；杀秦降王子婴，此罪五；坑杀关中子弟二十万，此罪六；以分封之名，夺诸侯土地，使诸侯君臣相争，此罪七；驱逐义帝，占据彭城，此罪八；以下犯上，弑杀义帝，此罪九；为政不平，主约不信，大逆不道，此罪十。你有这十大罪，天下人人得而诛之，还有什么脸面单独向我叫阵？我统义兵而诛残贼，诸侯争相来从，百姓人人归附，何必与你较什么高下？"

项羽恼羞成怒，命令事先埋伏的弓弩手射击，刘邦不防，胸口中了一箭，被手下人救回去了。手下将官们暴怒，让士卒发起猛攻，双方在广武涧展开大战，杀得天昏地暗，血流成河。

刘邦这一次伤得非常严重，但为了稳定军心，对外只说脚上受了轻伤，甚至强撑着起来巡视军营。大家看到刘邦行动如常，这才安下心来，楚军也不敢追赶，汉军缓缓撤入了成皋。

为了进一步安定民心，刘邦不久以后就回到关中，沿途抚慰当地父老，又把司马欣的尸骨挖出来，砍掉头颅，在栎阳当众展示，显示前线汉军的赫赫战功。

经过刘邦君臣的苦心经营，后方的民心更加稳固了。

前线对峙的同时，汉军的敌后战线进一步扩大。靳歙、黥布、刘贾、灌婴纷纷在西楚腹地开辟战线，再加上彭越的游击队，敌后战线遍地开花，西楚内部已经是处处烽火，包括彭城在内的各大城市全部岌岌可危，粮草更是早已断绝，前线楚军再也支撑不下去了。

刘邦看到这情形，便派陆贾去游说项羽，希望他放回刘太公和吕雉，换来两国休兵。项羽不同意，刘邦又派侯公去游说，终于说动项羽同意了休战的提议。

公元前203年九月，项羽释放刘太公和吕雉，楚汉双方约定，以鸿沟为界，平分天下，鸿沟以西归汉，以东归楚，双方休兵，再无干戈。

消息传来，全体民众陷入了狂欢状态。

从陈胜吴广起义开始，全国性的战乱已经持续了六年了，青壮年全部被赶上战场，饥荒席卷全国，民众早已经极度困苦，休兵是天下人共同的愿望，更是楚汉双方士兵们迫切期盼的。

那一刻，鸿沟两岸，欢呼声震天动地，刚刚脱掉甲胄的士兵挥舞着火把，在山野间肆意飞奔，所有人都笑得像个孩子，憧憬着重返家园与亲人团聚的一幕。

那一刻，从栎阳到彭城，有人痛饮豪歌，有人击鼓狂舞，有人站上高高的山岗等待亲人归来，欢歌与悲鸣交织在一起，汇聚成这代人永不消逝的记忆。

看着军营外漫山遍野狂奔的士兵们，项羽长出了一口气，三年多的煎熬总算结束了，他不禁心潮起伏……

他根本不想要战争，这场战争完全是刘邦强加给他的。

他是楚国贵族，秉承祖先的荣耀，拥有高贵的血统。他亲手屠灭暴秦皇室，为大楚报了百年血仇；他亲手拯救苦海中挣扎的黎民百姓，开创了一个崭新的时代；他亲手分封列国，他受万民拥戴，统领诸侯，征伐天下。

他是这个时代的王！他不需要跟任何人争，不需要跟任何人计较，只需要享受天下人无比虔诚的顶礼膜拜，这就够了。

因为他是这个时代唯一的王！

但刘邦那个无耻小人把这一切都破坏了，那个市井无赖用极其卑鄙的手段撕碎了他为天下人编织的美好未来，又把他这位优雅的贵族拖入泥潭，让他以一种丑恶的姿态跟这个泗上小儿扭打成一团，使他高贵的身躯蒙上了一层耻辱的污垢。

他根本不想接受这一切！

现在，这场令人作呕的丑陋表演终于结束了，他终于可以摆脱这个泥潭，逃离这场闹剧，带上美丽的虞姬，去过自己梦想中高贵的生活了。

彭城，残破的家园，那里还有不计其数饥寒交迫的楚人等着他去抚慰。项羽匆匆收拾好行装，带着手下数十万衣衫褴褛的追随者，踏上了东归的道路，希望尽快离开这片让人厌恶的战场。

然而命运已经在他身后偷偷举起了屠刀……

承诺，背叛

鸿沟议和对于刘邦来说也是一场解脱，他同样松了一口气，不管心里有多少遗憾，现在总算可以稍微歇息一段时间了。先养好身上的伤再说，至于什么江山，什么天下，去他娘的！先不想了。

他终于有时间去看看吕雉了。

从楚营回来的吕雉像变了一个人，一贯生性要强的她，现在天天一个人静静地坐着，不知道在思考什么问题，也不跟周围人说话。

刘邦进来以后，吕雉只是微微点了点头，又转头继续望着窗外。刘邦笑着说："这几年你受苦了！项羽那个王八羔子没有为难你吧？"

吕雉这才转过身来，眼神闪烁，轻声问道："那个女人是谁？"

刘邦愣了一下，说："你是问戚姬？她是定陶戚氏的人，刚来这边不久，陪着我解解闷而已，你不要吃醋。"

吕雉笑了笑说："吃醋？呵呵，真小看我。有人伺候你，我很欣慰，怎么会吃醋呢？只是……以后你当了皇帝，皇后之位可是我的，谁也别想抢走。"

刘邦哈哈大笑道："就这么定了！谁也休想抢走你的皇后之位。"

现在一家老小终于团圆了。看着吕雉，还有刘盈和刘乐这对小儿女，刘邦感到由衷地满足,人生需要的一切自己都拥有了,马上带着他们回栎阳过幸福的日子吧。

不料下人忽然来报:"张良、陈平求见。"

刘邦的心马上又悬起来了,他知道这两人一同出现必定有重大事项汇报。

果然,张良、陈平进来以后,让刘邦屏退众人,悄悄凑到他身边说:"大王真的认为现在应该休战吗?"

一句话提醒了刘邦!

"鸿沟议和"根本不是一项成熟的和平协定。鸿沟是战国时期魏国开凿的一条运河,连接黄河与济河、淮河等多条重要河道。这里是天下最重要的交通要道与物资集散中心,也是历来兵家必争之地,根本就不是可以被长期分割的地方。以鸿沟为界分割天下,本身就说明这次和平协定是仓促拟定的,双方都没有真正长久休兵的打算。

再说,鸿沟议和之前,刘邦集团已经占据压倒性优势了,议和的结果主要是让项羽得到休整,对项羽的好处比对刘邦大得多了。一旦项羽休整完成,他会怎么做呢?真会保持长期的和平吗?

张良、陈平劝说刘邦:"现在我们已经占有天下大部分土地,不趁此时消灭项羽,一旦等他恢复元气,再要消灭他就困难很多了,请大王三思!"

刘邦倒抽一口凉气,多亏有他们两人的提醒,才让自己及时考虑到这个问题,现在该怎么办呢?既然利害关系已经明朗,还犹豫什么?马上撕毁协议,开战!

项羽正在向东撤退的路上,对身后的刘邦根本没有防备。刘邦这个时候发起突袭可以收到出其不意的效果,事半而功倍,何乐而不为?

刘邦连夜下令,派使节火速通知东部的韩信和彭越,要他们即刻出兵跟自己夹击项羽,同时命令汉军取消西退的计划,改为立即东进,追击项羽!

楚军很快发觉自己在被汉军追击,所以临时改变路线,没有退向彭城方向,而是向东南方撤退,以便远离齐、赵地区,防止被刘邦、韩信、彭越三方夹击。

于是汉军也追向东南方向,很快在固陵与楚军相遇。

这时候刘邦才听说一件很严重的事——韩信、彭越的援军都没有到来!

原因不明。

这揭示出刘邦集团内部一个潜在的重大危机：韩信、彭越的势力已经坐大了，刘邦集团正在发展成为一个三足鼎立的联合体。这进一步说明撕毁合约的做法是非常正确的：如果不在短期内终结楚汉相争的局面，韩信、彭越会很快脱离掌控，刘邦集团可能面临分裂的危机，到时候项羽再卷土重来，刘邦会遇到大麻烦！

撕毁合约的举动把这个危机提前暴露出来，在关键时刻救了刘邦。

不过眼前的困难还是实实在在的，被汉军背叛和攻击以后，楚军上下都极其愤怒，全军齐心协力发起反击，以排山倒海的气势压向汉军。而汉军正为韩信、彭越爽约而发怵，一经交战，高下立判，战争变成了一边倒的局势，汉军被杀得丢盔卸甲，落荒而逃。

刘邦带着手下紧急逃窜，躲回事先修好的防御工事里，再次以"拖"字诀应对楚军的攻势。

楚军也不敢长期鏖战，毕竟韩信、彭越的军队不知道什么时候到来，楚军随时面临被三方包围的危险。目前看来，只有撤回江东，依靠江东父老的支持休整军队，以图日后卷土重来，所以他们很快又再次向东撤走。

楚军撤走以后刘邦才放下心来，问张良："韩信、彭越不听指挥，怎么办？"

张良说："这好办，他们拖着不出兵，无非是因为大王的封赏没落地而已。仅仅口头上封王是不够的，需要有封地。大王可以把陈县以东直到海边封给韩信，睢阳以北到谷城封给彭越，二人自然会卖力攻楚。"

刘邦一咬牙，同意了张良的建议，派人快马通知韩信和彭越封地的事。

过了几天，果然有探子来报，韩信、彭越的兵马已经出动了。

"这就是要挟！"刘邦在心里记下了这笔账，现在不方便发作，以后有找两人算账的时候。

韩、彭二人的数十万大军从北方扑来，声势惊人，其中韩信的攻势尤其猛烈，先头部队灌婴首先攻破彭城，以摧枯拉朽之势屠掠西楚北部疆域，再挟着排山倒海的声威向南方压来。

现在需要从南方围堵项羽了。

西楚以南是九江郡，原本是黥布的地盘，之前黥布跟刘邦结盟，结果被项羽打败，被赶出了九江郡。在成皋对峙的后期，刘邦派黥布偷偷潜回九江，收集当地旧部，准备合围项羽。

九江有两座重镇，分别是北部的寿春和南部的六县。六县附近还有个舒县，镇守这里的是项羽的大司马周殷。现在刘邦派刘贾的军队开到九江，包围寿春，同时暗地里招降舒县的周殷。周殷在利诱之下果然反叛，替汉军攻占了六县，又跟潜藏在当地的黥布会合，一同北上，联合刘贾军攻破寿春，再一起向西楚腹地推进。

至此，南方战线也已经形成。

同时，中部战线的刘邦军也在向东推进。

公元前203年十月，汉军从南、北、西三个方向发动攻势，像一把巨大的钳子，把楚军夹在了中间的垓下。

楚汉双方的总决战终于来临了。

霸王别姬

项羽集团缺乏战略眼光的弱点这时候再次暴露出来。在汉军的合围之势渐渐形成的时候，楚军并没有果断逃往江东以躲开敌人的钳形攻势，也没有向南冲击相对弱小的刘贾、黥布军，而是反应迟缓，退一步看一步，拖延了一个多月以后，最终被刘邦、韩信、彭越、刘贾、灌婴五路大军围在了垓下。

这时候楚军再想冲出去已经太迟了。

垓下北边是彭城，南边是寿春，两座城池都已经被汉军控制了，周围又是大平原，无险可守。五路汉军按照早已计划好的，从四个方向突进，快速包围垓下，截断楚军东逃的道路，把十万楚军围在了中间。

这十万楚军本来就是因为粮草断绝而从荥阳战场撤回来的，彭城失守，又使楚军失去了唯一的后方基地，导致他们根本没有后勤补给了；垓下本身又是一座小城，没有物资储备，所以被包围的结果对楚军来说是致命的。

要保命，只有拼死突围，但汉军总数有六十万之多，十万楚军如何突围？

而且他们的对手是千年一遇的兵仙韩信，那位在占尽劣势的情况下依然能稳稳获胜的神奇将领。

刘邦知道韩信的能力，所以把这场战役的指挥权完全交给了他。

韩信调集三十万主力部队，排下五路军阵，设下十面埋伏，层层叠叠围住楚军。随着时间推移，包围圈越收越紧，任凭城内楚军日夜不停地冲击，包围圈都如同铜墙铁壁，没有丝毫动摇……

楚军终于到了弹尽粮绝的时候。

那一夜，楚营外忽然燃起千万支火把，映红了高高的天空，辽阔的平原上人影幢幢，数十万人持着长枪注视着楚营，静默不语，也不知他们是楚人，是汉人？

许久以后，从遥远的地平线上传来一阵低沉的歌声，如泣如诉，宛转悲凉，楚营外的人们不禁跟着齐声唱起来。

那是楚歌，是最亲切的故乡的乐曲。

三十万人的声音充斥在天地间，产生一种奇妙的共振，仿佛整个世界都被这种歌声填满了，仿佛有一双温柔的手掌，抚平了刀枪的锋芒。营垒内的楚军都听得怔住了，忘记了自己身在血腥的沙场。

人们的思绪飘回遥远的故乡——月华洒满庭院，寒鸦站在树梢，老槐树枝叶凋零，破柴门嘎吱作响，爹娘又添了几多白发，妻子在窗前补着旧衣裳，襁褓中的孩子嗷嗷待哺……永远忘不了的是，离别时他们那依依不舍的目光……

当初离家的时候，我不是承诺会很快回去吗？

我不是答应，让他们不再忍饥挨饿，要永远保护他们吗？

现在故乡已经是一片废墟，家人生死未卜，我们这些年的无休止的战争，意义在哪里？

数万楚军的信念终于彻底崩塌了，他们扔下武器，蹲到地上，抱头痛哭。这一刻，他们已经不再是士兵，他们只是儿子、兄弟、丈夫和年轻的父亲。

同样悲伤的还有营帐内的项羽。

虞姬已经不知道斟了多少杯酒，项羽也不知道饮了多少杯了，只知道，一杯又一杯，越来越苦，像人生的苦难。

这一刻，苦难的终点似乎已经快来到了。

项羽有点醉了，晃着脑袋说："楚歌……楚人……楚人何其多呀？难道楚地都被刘邦占领了吗？"

他抬起头，看见泪光盈盈的虞姬，叹一口气说："我要突围了，可是你怎么办？"

虞姬只是淡淡地说："大王快走吧，不要为我误了大事。"

项羽长叹一声，唱道："力拔山兮气盖世，时不利兮骓不逝。骓不逝兮可奈何，虞兮虞兮奈若何！"

虞姬也放下杯子，应声唱道："汉兵已略地，四面楚歌声。大王意气尽，贱妾何聊生。"

项羽唱一句，虞姬便和一句，声音缠绵悱恻，周围的人们都不禁流下了泪水。

告别虞姬以后，项羽一声暴喝："牵我的乌骓马来！楚国的男儿们，跟我走！"提起长枪，跨上骏马，带着八百骑骁将，向营外冲去了。

传说，项羽突围之前，虞姬自刎在营帐中，血染黄沙，沙土上生出一棵小花，花色娇艳，无风自动，宛如美人舞姿翩跹，后人把这花叫作"虞美人"。

第十章　汉兴

国号"汉",一个新时代的开始

楚军已经彻底丧失战斗力了,不仅是因为"四面楚歌"的心理攻势,更重要的是因为他们看不到未来的希望。项羽没能给他们希望,这是西楚最终败亡的重要原因。

现在只有八百骑最忠诚的勇士跟在项羽身边,他们突围的方向是南边的乌江,从那里跨过长江,便是项氏起兵的江东,江东父老或许能给他们一些支持。

六十万汉军呼啸着围上来。

刀光!残肢!热血!

黄沙!凛风!迷途!

八百骑勇士早已被漫天血光迷住了双眼,身边只有夜风的咆哮与战马的嘶吼,看不清四周是敌军还是妖魔,分不清前方是鬼蜮还是人间,他们只剩下本能地砍杀,冲刺,向前……

天色微明的时候,满身血污的项羽终于杀开一条血路,带领手下渡过淮河,来到阴陵。他身边只剩下百余骑追随者,后方却有五千追兵。

他们找不到方向,只好向当地农夫问路,农夫随便指了一个方向,项羽他们骑过去,却发现是一片无路可走的沼泽地,只好重新找路。

这样一耽搁,就被汉军追上了。

项羽和手下来到东城，灌婴带着数千兵马将他们团团包围，这时候跟着项羽的已经只有二十八人了，项羽对他们叹息道："我起兵八年，大小战斗七十余场，未尝败绩，如今落到这一步，实在是天之亡我，非战之罪也。"

他把手下分为四队，向四个方向冲锋，又杀死上百名汉军。

他们来到乌江边，乌江亭长非常尊敬项羽，劝他说："江东虽小，也有地方千里，数十万人众，足以割据一方。现在小臣有船可以载大王渡江，到江东重整旗鼓，准备他日卷土重来，再战汉军。"

项羽叹道："我无颜见江东父老。"随后转身杀向追兵，又杀死上百人，身受重伤之后自刎而死，终年三十岁。

项羽的尸体被汉军剁碎，又遭到众人哄抢。郎中骑王翳、郎中骑杨喜、骑司马吕马童、郎中吕胜、郎中杨武各抢到一部分，一同回报刘邦，五人都得以封侯。

江边浓雾散尽，东方终于现出曙光，一轮红日冉冉升起，满地尸首与残肢，昭示着一个旧帝国的败亡，以及一个旧时代的终结。

天下至此归汉。

这是令楚人无比伤心的结局，却是天下人的幸事。

项羽在战场上是无敌的英雄，但他也是一个头脑简单和生性残暴的人。杀二十万降卒和屠戮关中是他永远抹不掉的罪名；分封诸侯是开历史的倒车，是在阻碍时代进步；弑杀义帝，遭到千夫所指，说明他幼稚、冲动；引起诸侯间的矛盾，闹得烽烟四起，却不懂抚慰，说明他没有政治才能；各路诸侯和天下民众一边倒地支持刘邦，又说明他不得人心。

"楚霸王"很威武，浑身闪耀着明星气质，但这一切只存在于传说里，人民并不需要这样的领袖。

而刘邦，虽然有着各种让人所不齿的卑劣行径，但谁也不能否认，他是一个极其优越的领导人。他最突出的一点就是善于用人，他能笼络到最优秀的人才，并且虚心听取他们的建议，最大限度地发挥他们的才能。正是因为有刘邦这样一位优秀的领导，才有了萧何、张良、韩信、陈平、周勃、曹参、彭越、黥布……这样一张星光熠熠的名单，才有了这些顶级人杰同心协力开创的巍巍大汉。

公元前202年二月，刘邦在定陶汜河之阳（水北为阳，汜河之阳就是汜河北岸）举行登基大典，正式即皇帝位，国号为汉，自为大汉之祖，吕雉为皇后，刘盈为太子，定都洛阳（后来迁都到长安），史称西汉。

从春秋开始五百七十年的乱世，到这时才真正结束，历史终于翻过了最血腥的一页，一个崭新的时代来临了！

大汉开国的消息传遍四海，从彭城到长安，从燕赵到岭南，每一条街道都是人头攒动，人们扶老携幼庆祝新朝代的开创，每个人都满怀希望憧憬着未来的生活。

战乱已经持续得太久了，当和平来临的时候，人们甚至有一种忐忑不安的不真实感——我们真的迎来和平了吗？新皇帝会发布怎样的命令？我们的徭役和赋税会减轻吗？秦朝的苛政会废除吗？这样安宁的生活到底能持续多久？

人们在急切地等待答案。

刘邦和他的大臣们也在激烈地讨论着这个问题，他们将会很快把这份答卷交到民众手中。

无为而治，与民休息

刘邦君臣认为，秦朝二世而亡的主要原因就是暴政，要避免重蹈覆辙，就需要以宽柔治天下。

其实人民真的很容易满足。他们的全部要求无非就是有饭吃，有衣穿，能养活一家老小，能平平安安地过一生；只要你不去勒索他们，不天天赶着他们上战场，不抢走他们家里唯一的口粮，他们就非常满足了，甚至会感恩戴德，山呼万岁。

但对统治者来说，要做到不勒逼民众其实很不容易。

统治者不是一个人，而是一个集团，这个集团人口众多，生活奢靡——这一点很难改变，因为背后是深刻的人性——他们需要巨额的资源来供他们享受。

这种享受又是很容易失控的，统治集团必须每天、每时、每刻约束自己，才能把这种物质享受限定在一个民众可承受的范围内。

仅仅是这样都还算简单,更大的问题在于权力和义务的协调,或者说,每个社会阶层应该分摊多少权力、承担多少义务。在实际执行中,这一点是肯定无法完美解决的,处在社会最底层的普通劳动者,一定会分到最少的权力、承担最多的责任,其他各个阶层也都会觉得自己吃了大亏,都会抱怨统治者不公平。如何协调各个阶层之间的关系?如何保障最底层人民基本的生存权?这是摆在统治者面前最大的考验。

更加严峻的考验在于,经过两代暴君的横征暴敛和七年全国性的战乱以后,整个华夏大地都已经残破不堪了,民众极端贫困,社会极端脆弱,这时候任何一点扰动都会导致社会结构崩溃的后果,所以统治者必须小心翼翼,尽最大努力不对民众造成伤害。

不过刘邦君臣也掌握着一个巨大的优势:连年战乱导致人口严重减少,大片土地抛荒,土地资源变得非常充裕。而且在战乱过后,返回家园的民众为了活下去,会拼尽全力劳动。这时候只要放手让民间去组织生产活动,民众就会自发开垦土地,自觉恢复生产,全体民众的努力就会形成一股巨大的合力,强势推动经济反弹。

总之,中国人太勤劳了,社会有强大的"自愈"能力,目前最好的办法就是把民间蕴藏的潜力激发出来,让社会自行恢复。

所以刘邦君臣选择了"无为而治"的国策。

"无为"不是不作为,而是不乱作为,只"为"必须"为"的事情。统治者只负责统筹规划与全局调度,具体的执行细节让社会自动去实现,依靠社会的"自愈"能力实现精确调控。

与此相配套的,统治者要尽量克制自己的欲望,推行节俭的作风,精简机构,提升政府的运行效率,创造一个公正、廉洁、高效的社会。

为了达到这种效果,首先要做的就是废除严刑峻法。所以刘邦把"约法三章"的思想扩大化,他让萧何制定《九章律》,废除了秦朝的各种严苛的刑罚,代之以宽严相济的、符合现实需求的汉律——当然,法律改革是逐步推行的,一直到后来的景帝时期才完成。

汉朝政府批量赦免前朝罪人,特别是赦免秦朝官吏的罪名,大规模赏赐爵位和田宅,使国内矛盾得到明显缓和,人人欢悦。

为了减轻国家的财政负担，楚汉之争刚刚结束刘邦就发布了军队复员令，大量军人回到家乡，变成农夫，又鼓励因为饥荒逃亡的流民返回家园，参与到经济恢复中。同时，为了进一步增加劳动力，汉朝政府大力推行"废奴"行动，要求富豪把蓄养的奴隶释放出来，恢复他们的平民身份。通过这一系列政策，青壮年劳动力短期内便有了明显增加，有效推动了经济恢复。

所有这些政策都是在纠正秦朝的弊端。在汉朝政府的努力下，阻碍社会发展的政策一项项被废除，绑在人民身上的桎梏迅速解除了。

民众亲眼看到：这是一个跟"暴秦"完全相反的政府，他们待人宽和，有礼有节；这是一个全新的时代，只要辛勤工作，就有饭吃、有衣穿。人民心中悬着的石头终于放下了。

儒家掌权的第一步

随着"无为而治"成为刘邦治国的基本方略，黄老之学也成为汉朝政府治国的主要学说。但仅仅这样还不够，还需要有一套全社会共同遵守的规则来规范大家的行为。从哪里去找这样一套规则呢？关于这个问题，刘邦君臣也经历过一个逐步摸索的过程……

秦朝实行法家治国，以严刑峻法约束民众，现在刘邦君臣既然废除了秦朝的苛政，那就需要探索一条自己的道路。

据说刘邦刚刚登基的时候，由于手下大臣们都是马背上打天下的粗豪汉子，所以作风十分豪放，就算在刘邦面前都丝毫不收敛。这些胡子拉碴的大汉，经常当众喝得醉醺醺的，在宫殿里拉扯打闹，不成体统，甚至动起拳脚来，还会拔剑砍皇宫的柱子。

刘邦看着很头疼，对这帮老哥们儿不好训斥，但国有国法家有家规，任由他们胡闹下去也不是个办法。

这时有个精明的儒生，叫叔孙通的，及时来到刘邦身边，说出一番话，从此改变了之后两千年中国的社会秩序……

叔孙通是儒生，但跟那种摇头晃脑的腐儒不一样，他不仅精通学问，也精于世故，善于相机而动，是个乱世中摸爬滚打出来的老油条。

秦朝末年，叔孙通因为学问高深被征召入宫，成为待诏博士。当时陈胜在山东造反，秦二世召集这些学者们问："听说山东最近有点乱，有个叫陈胜的，攻下一些城池，大家以为怎么样？"

学者们纷纷义愤填膺地说："这些家伙是在造陛下的反，请陛下立即发兵讨伐这伙逆贼。"

秦二世最听不得别人说他的国家不安稳，听到这些话，气得脸色煞白，当即就要训斥这帮腐儒。

这时候叔孙通却不紧不慢地说："陛下不要着急，如今圣主在上，天下承平，哪儿来的反贼？都是那些官员乱说。依微臣看来，那分明就是一群乡间小毛贼而已，派两个捕快过去就把他们抓住了。"

一番话说得秦二世回嗔作喜，连连点头。

退朝以后，秦二世马上下令，把那些说有"反贼"的学者都关进监狱，说有"盗贼"的都免官，只对叔孙通大肆封赏，不仅赐给他衣物锦缎，还拜他为博士。

大家这才明白过来，纷纷赞叹叔孙通懂得审时度势，都到他家去请教他"拍马屁"的功夫。不料他家大门紧闭，一问才知道，叔孙通回到家以后便收拾行装逃走了。

"邦有道，危言危行；邦无道，危行言孙（逊）。"叔孙通真正把至圣先贤的告诫落到实处了。

叔孙通逃到自己老家薛县，才知道薛县已经被义军占领了。不久以后项梁来到这里，叔孙通去投靠他，在他手下当了一个谋士。

但没过多久，项梁在定陶之战中战死，叔孙通又投到楚怀王手下。

后来楚怀王被项羽放逐到南方，叔孙通又去辅助项羽。

项羽去讨伐田荣，刘邦趁机攻进彭城，叔孙通又投降刘邦，随后跟着刘邦回到关中，成为大汉朝廷里的文臣之一。

换了这么多任主人，为什么叔孙通还能得到新主人的信任呢？这就全靠他见风转舵的功夫了。据说叔孙通刚到刘邦手下的时候，穿着一身儒生的服装。刘邦从来是见到儒生就要骂，看到叔孙通这个样子，很不高兴。结果第二天叔孙通就换上了一身楚人常穿的短袄，刘邦这才看他顺眼了。

如果只懂得察言观色，那也仅仅能保命而已，要让刘邦欣赏自己，就要做出切切实实的贡献。叔孙通知道刘邦急需招揽人才，所以向刘邦推荐了许多勇士，这些人都很快在战场上独当一面，刘邦对叔孙通的信任也就一步步加深了，甚至拜他为博士，号为稷嗣君。

追随刘邦的时候，叔孙通手下带着上百名弟子，这些人都想：我们的师父既然谋到了官职，肯定会引荐我们，看来我们很快也能当官了。不料叔孙通向刘邦推荐了无数人才，却都是武夫，没有一个儒生，弟子们就愤愤不平地问叔孙通："师父，你怎么总是推荐外人，不推荐我们呢？"

叔孙通回答："别着急，现在汉王急着争天下，需要能征善战的大将，所以我只给他推荐武将。等天下太平以后，再让你们出仕，有的是荣华富贵等着你们！"

弟子们都拜服不已。

在乱世之中，生存是第一要义，无论匹夫还是精英，都要懂得识时务、知进退，恰到好处地投合领导的喜好，这才能在刀光剑影中站稳脚跟。叔孙通非常清楚这个道理，所以他熬过了乱世，成为大汉的开国功臣之一。

如果事情到此为止，那么叔孙通也就是个善于钻营的"禄蠹"而已，但他可不是，他有真正的大志向。

大汉开国以后，刘邦想为文武百官制定一套规矩，叔孙通敏锐地察觉到这是一次极好的机会，所以果断向刘邦进言："我们这些儒生不能替陛下打江山，但帮忙守江山是没问题的。微臣可以去鲁地征召一些儒生，共同替陛下制定一套礼仪。"

刘邦便抱着试试看的态度发布命令，让叔孙通去找人。

叔孙通到鲁国旧地，很快征召到三十多名儒生，加上自己手下一百多个徒弟和朝廷里的学者，拉起一支队伍，开始钻研古书。

从三皇五帝到东周列国，华夏的礼乐变了很多次，纷繁芜杂，这些儒生们撮其要，删其繁，再参考秦代礼仪，制定出一套符合当下需求的礼仪规范。

他们在野外找个开阔地带，用绳子围成圈，代表金銮殿，用草人代表各级官员，仔细操练这些礼仪，改了又改，终于满意了，这才邀请刘邦来观看。

他们演示了一遍，刘邦一看就大笑说："没问题，就照这样实行。"于是让官员们都来操练。

公元前200年的新年，长安的长乐宫落成，各路诸侯与文武百官都来朝贺，所有人都按照儒生们制定的礼仪行事，进退趋避，严丝合缝，跟之前散漫的样子完全不一样了。

到了朝觐皇帝的节点，文武百官们按照尊卑关系依次进酒，不敢有丝毫逾礼。看着趴在丹墀下战战兢兢的群臣们，刘邦终于满意了，大笑道："我今天才知道做皇帝的快活呀！"随后给予叔孙通大量赏赐。当然，叔孙通手下那些弟子们，从此也开始平步青云了。

从此以后，刘邦对儒生的态度发生了重大转变，整个汉朝政府对儒家的态度也跟着转变，儒家终于迈出了登上政坛的第一步。

后人曾总结儒家的最高理想："为天地立心，为生民立命，为往圣继绝学，为万世开太平。"儒家从诞生起，就是立志要掌握权柄的，因为只有大权在握，才能改造社会，才能实现"为万世开太平"的至高理想。

叔孙通以自己灵活务实的处事态度，成功把儒家带上权力宝座，展开了一幅改造社会的宏大蓝图。这是至圣先师孔子终生梦寐以求却始终没能达成的目标，现在被叔孙通实现了，可以说，他才是孔子最优秀的学生，所以后世把叔孙通评为汉家儒宗。

再说刘邦，他有宽厚仁爱的一面，但作为久经沙场的老练政治家，在对待政敌的态度上，他的手段是残酷而暴烈的。开国不久的大汉王朝，即将掀起一阵恐怖的血雨腥风。

封王的把戏

天下初定以后，刘邦面临一个艰难抉择：是分封诸王，还是保持郡县制？

有项羽分封十八路诸侯导致内乱的教训在，刘邦当然不可能完全实行分封制。但各路诸侯的实力实实在在地摆在那里，不考虑他们的感受也不行。而且当初明确许诺过给他们封赏，现在必须给他们一个交代。再有，秦朝败亡的原因之一便是中央政府缺少诸王的拱卫，所以彻底的郡县制也不合适。

最后，刘邦君臣选择了一种妥协的做法：在秦国故土关中等地实行郡县制，由中央政府直接管辖，在六国故地分封诸王，让诸王代替中央去管理这些地区。

这种两种制度并存的状态，被后世称为郡国并行制。

刘邦一共封了七个异姓诸侯王，分别是：

楚王——韩信

韩王——韩王信

淮南王——黥布（项羽的九江王）

梁王——彭越

赵王——张耳（项羽的常山王）

燕王——臧荼（项羽的燕王）

长沙王——吴芮（项羽的衡山王）

（另有闽粤王无诸，由于他基本不参与中原事务，所以不算在内。）

刘邦吸取项羽的教训，分封的异姓诸侯王大部分是跟着自己打天下的将领，只有臧荼、吴芮算是盟友，所以从一开始，中央对这些诸侯王的控制力就很强。而且刘邦也没有把诸侯原有的地盘分割开来，避免了不必要的纠纷。表面上看来，这个分封的结果是公正又合理的。

诸侯王的主要作用是替朝廷镇守四方，所以封王除了是一种赏赐，更是一种责任的分派，被封的诸王也都是驰骋疆场的元帅和政治领袖。

对于文臣和其他武将的褒奖方式则是封侯，刘邦和吕后时期总共封侯一百四十三人，其中重要的有十八侯：

酂侯——萧何

平阳侯——曹参

宣平侯——张敖

绛侯——周勃

舞阳侯——樊哙

曲周侯——郦商

鲁侯——奚涓

汝阴侯——夏侯婴

颍阴侯——灌婴

阳陵侯——傅宽

信武侯——靳歙（xī）

安国侯——王陵

棘蒲侯——陈武

清阳侯——王汲

广平侯——薛欧

汾阴侯——周昌

阳都侯——丁复

曲成侯——虫达

他们都是跟随刘邦打天下的重要功臣，刘邦按照他们的功劳封给不同数量和规模的采邑，多的有万户，少的有五六百户，并且可以传给后代，子子孙孙永世享用采邑的供奉。

封王封侯的诏书下来以后，开国功臣们个个兴高采烈，都为刘邦的慷慨而欢呼。随后他们收拾行囊各自归家，准备到自己的封邑里面享受人生去了。

但事情就到此为止了吗？

他们都把人性想象得太美好了！

项羽分封诸侯导致众叛亲离的一幕给刘邦留下了深刻印象，所以他从一开始就对这些诸侯保持着高度警惕。所谓"封王"，不过是不得不为的权宜之计而已。以王爵诓住各路诸侯以后，刘邦马上开始下一步计划——对各路诸侯分而治之，各个击破！

迫害很快降临到几个异姓诸侯王身上。

第十一章　异姓诸王的劫难

鸟尽弓藏

首先打压的是韩信。

韩信举世无双的军事才能太让刘邦忌惮了，尤其是垓下一战，韩信的惊世表现让刘邦坐卧不宁。所以垓下之战刚结束，刘邦便快马奔入韩信的军营，要求他立即交出兵符，随后下令：楚地需要有人去管理，韩信熟悉楚地风俗，所以封韩信为楚王，即刻前往下邳任职。

作为项羽曾经的百姓，楚人对大汉的支持度显然是最低的，让韩信去统治他们，当地民众一旦不服从管理，出点什么乱子，正好可以怪罪到韩信头上。刘邦的用心不可谓不毒。

刘邦出手如此之快，韩信无法抵挡，只好交出兵权，去楚地就职。

打压韩信的同时，刘邦又抬高彭越。彭越本来是魏国的相国，刘邦直接把魏地封给他，把他升级为魏王。这样的封赏让彭越感恩戴德，避免了他跟韩信联合作乱的可能。

接下来是扼守北方边境的燕赵两国。

就在分封诸王半年后，公元前202年七月，突然传来燕王臧荼谋反的消息。刘邦立即带兵亲征，亲手消灭了臧荼的政权，改立太尉卢绾为燕王。

几乎同一时期，张耳莫名身亡，他的儿子张敖继承了他的赵王之位。

北方两大诸侯王都换人了，两国的独立倾向受到明显遏制。

接下来是南方的长沙国。

从被封王开始，长沙王吴芮就战战兢兢。他和臧荼一样，都不是刘邦的旧部下，本来跟刘邦关系就比较疏远，现在更觉得危机将至。

吴芮跟张良是好友，趁着张良有一次来他家里做客的机会，吴芮向张良请教避祸的办法。在张良的指导下，吴芮陆陆续续地把自己的封地送给刘邦的后代们，又把自己手下的精锐部队送给刘邦的堂兄刘贾，这才换来了家族平安。

没过多久，就在张耳身亡的同一时期，吴芮也神秘离世，他的长子吴臣后来袭爵为长沙王。

长沙国也失去了跟中央抗衡的能力。

这时候韩信仍然没有意识到自己所处的危险境地，到楚地任职以后，他认为自己总算功成名就了，可以做一些"衣锦还乡"的事了。

他让人找到当年接济过他的老大娘，送给她千金作为报答。又找到当初给他"胯下之辱"的屠夫，屠夫战战兢兢地来磕头，以为大祸临头了，韩信却当众宣布任命他为中尉，并且告诉手下将官们："这位是壮士呀！当初侮辱我的时候我难道不能杀掉他吗？但是杀了他也不会扬名，所以我忍下来了，才有了今天的成就。"

众人一片喝彩，纷纷夸赞韩信有情有义，韩信也沉浸在自己给自己塑造的光辉形象中，扬扬得意。

然而刘邦听说这些传言以后，对韩信只有更加厌恶。

没有任何一个领导希望自己的手下是人人膜拜的超级偶像，何况刘邦本来就对韩信充满了戒备，韩信的这些热烈表演，只会让刘邦认为他是在争取舆论支持，以便跟自己抗衡，韩信的形象越高大，刘邦就会对他越警惕。

刘邦这种老谋深算的政治家，一旦认定了某人对自己有威胁，出手速度就会远远超过想象。

就在韩信到楚地任职不久，忽然有人告发他谋反，而且证据确凿，无可抵赖。刘邦立即向手下谋臣询问对付韩信的办法，陈平出主意说："陛下可以假装去游览云梦泽（楚国的一处湖泊），要求诸侯们都到陈地接驾，陈地就在楚国西边界，韩信必然来接驾，到时候派一个力士活捉他就是了。"

于是刘邦按照陈平的计策做，要求陈地附近的诸侯都去参加聚会。

韩信也收到命令了，但他也听到一些风声，有点怀疑刘邦是冲着他来的。但这种情况不去绝对是不行的，该怎么办呢？想来想去，韩信想到了身边的钟离眛。

钟离眛本来是项羽手下的大将，跟韩信有些交情，项羽被剿灭以后他就逃到了韩信手下避难，这段时间刘邦正在四处通缉他，韩信还压着没有报上去。

有人向韩信建议说："杀了钟离眛，拿他的人头去见皇上，就不用担心皇上为难您了。"

韩信找钟离眛说了这些话，钟离眛悲愤交加地说："刘邦之所以不敢来攻打楚国，就是因为我跟你在一起，怕我们联合起来反抗。现在你杀掉我去邀功，刘邦下一个要除掉的就是你。你这种无德无信的人，一定会作茧自缚的！"说完就自杀身亡了。

韩信便带着钟离眛的人头去了陈地，到了以后，向刘邦献上这颗血淋淋的人头。刘邦冷笑一声道："有人告你谋反。"一招手，涌出来一群带甲武士，当场把韩信绑了丢到车上。

韩信这时才意识到自己的幼稚，不禁大悔，高叫道："狡兔死，良狗烹；高鸟尽，良弓藏；敌国破，谋臣亡。如今天下已定，我当受烹。"

刘邦不跟他多辩论，直接把他载到洛阳去审判。

但如果马上杀掉韩信，一定会刺激到其他诸侯，所以审问了一番以后，官府以"证据不足"的理由又把韩信放了，只是把他贬为"淮阴侯"。

这是老练的政治家整人的套路，一步步来，温水煮青蛙，永远让你保持希望，防止你狗急跳墙。

被迁到洛阳以后，韩信终于学会低调了，长期称病不出门，当然也不再塑造自己的高大形象，指望这样刘邦就会放过自己。

刘邦却在背后冷笑，他在等待韩信犯错的机会。韩信周围早已经埋伏好了朝廷的眼线，一举一动都逃不过刘邦的眼睛，只要韩信有任何不谨慎的地方，刘邦的屠刀就会再次挥起。

这些老将受到打压以后，朝廷里出现巨大的权力真空，这些空白需要有人来填补，找谁来填补呢？大家都在惴惴不安地揣测着。

韩信被贬过后，大夫田肯马上向刘邦上书，非常诚恳地建议他：齐地有重要的战略地位，不应该实行郡县制，应该分封成一个国家，而且必须封给皇上的骨肉至亲，这才镇得住——这是为了国家利益考虑，大家不要误以为皇上是在照顾自家人。

朝臣们马上明白过来了，于是联名上书，请求刘邦封刘姓子孙为王。

刘邦很快颁下诏书，又封了以下几个王：

齐王——刘肥（刘邦的长子）

荆王——刘贾（刘邦的堂兄）

代王——刘喜（刘邦的二哥）

楚王——刘交（刘邦的四弟）

这只是一个开始，后来刘姓子孙封王的越来越多，渐渐取代了异姓王的位置。

刘邦通过这种方式，把权力从开国功臣们手里攫取过来，交到了自家人手里。这一方面是私心作祟，另一方面也确实符合国家利益，是吸取了项羽的前车之鉴的结果。

当然刘邦这样赤裸裸地打压功臣也是要付出代价的，而且代价非常高。

打压功臣的代价

刘邦迫害韩信的一幕，所有功臣都看在眼里。这些老将们终于意识到自己把事情想得太简单了，王权富贵是好东西，让人享尽世间荣华，但也足够烫手，甚至是夺命的毒药。

老将们都心惊胆战，害怕自己成为下一个受害者，但不管他们怎么努力，命运的惩罚都会到来。

公元前 201 年早些时候，就在刘邦整治韩信前不久，韩王信已经先一步感受到了压力。

韩王信的封地在韩国旧地，也就是颍川，这里是天下中心，周围是洛阳、荥阳、陈留等战略要地。把韩王信封在这里，刘邦是非常不情愿的，所以没过多久就对他说：北方的太原郡长期受到匈奴骚扰，需要一位可靠的将领去镇守，希望韩王信把自己的封国迁到那边去。

韩王信没办法，只好照做，把韩国搬迁到了太原以北的靠近匈奴的地方。

本来希望衣锦还乡好好享受幸福晚年，却莫名被调去镇守边关，韩王信当然是非常抵触的。

当时匈奴是冒顿（mò dú）单于执政，这位匈奴王心狠手辣，野心极大，趁着大汉刚刚立国百废待兴的机会，多次发起进攻。

韩王信直接面对强大的匈奴，压力极大，只好频频派出使节去向冒顿单于求和。

但刘邦可不管这些：我是派你去为国捐躯的，不是叫你为国求和的。所以派人去责备韩王信，要求他对匈奴强硬些，别丢大汉的脸。

韩王信本来就对朝廷有很大意见，又受到这样的压力，渐渐萌生了背叛朝廷的念头。这时候楚王韩信被贬的消息传来，韩王信对刘邦彻底失望了，连韩信那样功高盖世的一代战神都逃不脱被迫害的命运，何况自己？权衡利弊之后，他把心一横，把自己的都城马邑献给匈奴，公开背叛了国家，还跟匈奴勾结起来，攻入太原郡。

这是对朝廷的严重羞辱！大汉开国不到两年，就有元老大臣投靠敌国，朝廷的面子往哪儿搁？刘邦怒不可遏，决定亲自去征讨这个叛贼。

为什么刘邦总是亲征呢？这得怪他给自己挖的坑，他要各种手段迫害开国功臣，导致朝廷上下人心惶惶，尤其是武将们，都在忙着避祸，谁还肯为国出征呢？就算肯答应，刘邦也不放心把军队交给他们，所以御驾亲征是不得不做出的决定。

公元前200年冬，刘邦亲自领兵到太原讨伐韩王信叛军。

有皇帝带兵，汉军士气很高，先后在铜鞮和晋阳打败了韩王信的军队与匈奴援军。

韩王信手下的将领王黄、曼丘臣等人收集残兵败卒，拥立一个叫赵利的人当"赵王"，然后逃到匈奴那边跟韩王信汇合，冒顿单于热情地接待他们，三方人马共同商量攻打汉朝的计策。

先说说冒顿单于。

心狠手辣的匈奴单于

匈奴各部落统一以后,共同的首领叫单于。第一代单于叫头曼单于,在位时期对应于中原的秦朝。

当时匈奴虽然已经崛起,但还没能统一草原。他们东边是东胡,西边是月氏,两国都很强大;南方的秦国更是武力超凡,始皇帝曾经派蒙恬进攻匈奴,对匈奴造成沉重打击,他们只好迁往更北方的草原,避开强秦。

秦朝覆灭以后,中原陷入混战,长城的守军形同虚设,匈奴终于迎来了发展的良机。

头曼单于的太子是冒顿,头曼单于晚年的时候宠爱另一个阏氏(yān zhī,单于的妻妾),就想废掉冒顿,把这个阏氏生的儿子立为太子。但冒顿已经成年,有自己的势力,头曼不能直接下手,就把他送到月氏去当人质。

冒顿到月氏不久,头曼单于就找借口对月氏发起战争,希望月氏人一怒之下杀死冒顿。但冒顿听到消息,抢到一匹马,只身逃回了匈奴。

头曼单于没办法,只好继续以冒顿为太子,并且让他统领军队。

也许头曼单于还在计划用别的方法杀死这个太子,但他这个儿子却抢先下手了。

关于冒顿弑父的过程,史书上描写得活灵活现。

据说冒顿制作了很多"鸣镝(dí)",这是一种射出去以后能发出尖啸的箭。他让自己手下的军队操练骑射,发布命令说:"我的鸣镝射中哪里,你们的箭就要一起射向那边,违抗者立即斩首!"

他先用鸣镝射击鸟兽,士兵们也马上射击这些鸟兽,动作慢一点的就被拖出来斩首。

冒顿又射击自己的坐骑,士兵们也跟着射击,其中有些人稍微犹豫了一下,也被斩首了。

这时候冒顿的妃子正好过来,冒顿二话不说又用鸣镝射中她,士兵们有很多都犹豫,不敢射,于是又被抓去杀了。

这样训练了一段时间以后，无论冒顿用鸣镝射什么，士兵们都会毫不犹豫地跟着射。

终于有一次，冒顿跟着头曼单于去打猎，趁头曼不注意，冒顿用鸣镝射向头曼，手下士兵们想也不想，万箭齐发，瞬间把头曼射成了刺猬。

冒顿随后冲回营地，杀掉头曼喜爱的阏氏母子二人以及支持他们的大臣们，然后自立为单于，就是冒顿单于。当时是公元前209年，陈胜、吴广起义，天下大乱的那一年。

弑父上位的君王往往是极端残暴又极端有才能的，冒顿单于就是这样的人，他虽然是草原蛮族的首领，心机之深，却不亚于任何中原帝王。

当时匈奴的主要对手是东胡。东胡听说冒顿单于弑父自立，就派使节来，指名要冒顿献出头曼的千里马。

冒顿单于问手下大臣们的意见，大臣们都说："千里马很难得，不能给他们。"

冒顿却说："东胡是我们的友好国家，怎么可以吝惜一匹马而得罪他们呢？"于是把千里马送给东胡。

过了不久，东胡又派人来说：希望冒顿把自己的阏氏献给他们。大臣们又是全体反对。

冒顿却说："东胡是我们的好邻居，怎么能舍不得一个女人呢？"于是把自己最宠爱的阏氏送给东胡。

又过不久，东胡派人来说：两国相邻的地方有一片空地，地方千里，两国都没有去占领，现在希望匈奴允许他们占领这片地方。

冒顿又问手下百官，许多人都学他之前的口气说："怎么能吝惜一片土地而得罪邻国呢？"

冒顿大怒，命人把说要献土地的这些人全部处死，他告诉百官："土地是国之根本，岂能送人？"随后发布全军动员令，对东胡发起大规模军事打击。东胡一直以为冒顿很胆小，没有防备，结果被冒顿一战击溃，遭到惨烈失败。

冒顿单于随后又带兵征伐月氏、楼烦、白羊等国，全部取得大胜，领土大幅扩张，控弦之士三十余万，并且趁楚汉对峙的时机南侵，收复了当年被蒙恬夺走的土地，一直打到长城脚下，威慑中原，自此成为中原王朝的严重威胁……

不过，这些故事更像是中原民族根据自己的想象编造出来的，表现的是汉人对于冒顿单于的印象——他善于刻意示弱，隐藏实力，等敌人防备松懈的时候一击必杀！

汉人在这方面吃过大亏！

白登，最危急的一刻

韩王信和王黄等人的到来对冒顿单于是重大鼓舞，他清楚地看到了汉朝内部存在的危机，包括君臣不合，朝廷缺少将才，等等，更从韩王信等人口中得到汉朝的许多军事机密。这是打击汉朝的绝佳机会，他跟韩王信等人密谋，准备了一套阴险的计划……

刘邦这次出击是全力以赴的，不仅带上了陈平、樊哙、夏侯婴、周勃这些开国重臣，率领的士兵更达到三十二万之多，考虑到前年刚刚发起过大规模的军队复员行动，这样规模的军队，说明大汉已经是精锐尽出了。

所以刘邦对这次军事行动是高度重视的，他明白，自己的敌人不是小小的韩王信，而是庞大的匈奴汗国，匈奴对大汉威胁太大了，必须在这一战中给他们一个下马威，否则大汉今后很多年的日子都会不好过。

一开始刘邦很谨慎，稳扎稳打，步步为营。没想到铜鞮和晋阳的战役都非常顺利，打得匈奴的左右贤王飞奔逃命；汉军追击到离石和楼烦，又取得大胜。

连续的胜利让刘邦十分自信，就想进一步向北进军。他不停地派哨兵去前方刺探敌人的情况，前后十多批哨兵都回复："没见到前方有大规模军队，只有一些老弱残兵和羸弱的牛马，看来打败他们不难。"

刘邦又派郎中刘敬去查看情况。刘敬本来是齐国的小兵，曾向刘邦提议把都城从洛阳迁到长安，因此受到重用。他去查看情况，回来说："两国交战，都要尽量虚张声势让对方害怕，现在我看到匈奴那边全是老弱残兵，这不正常，怀疑他们是在故意示弱引诱我们深入，我们不要前进了。"

刘邦听了，气不打一处来，大骂："齐国来的狗奴才！你不过凭一张臭嘴骗到官职，现在军队还没行动，就来诅咒我们！"一招手："来人哪，把这个狗奴才拿下。"于是把刘敬抓起来关在广武的监狱里。

刘邦让军队继续北进，匈奴的散兵游勇纷纷溃退，汉军一路追赶，很快经过广武，翻过句注山（又叫雁门山），开到平城，已经达到汉匈边界了。

事实证明这样的行军方式太冒险了。

当时已经是隆冬，晋北地区天寒地冻，汉军的冬装不够，被严重冻伤，三分之一的士兵被冻掉手指，对战斗力造成严重打击。

由于国家刚刚从战乱中恢复，还很贫困，所以武器装备严重不足，后勤也跟不上，这些都抑制了汉军的战斗力。

另外，由于战马的缺乏，汉朝的骑兵部队非常稀少，这次出击是以步兵为主，机动性灵活性都很低。

而刘邦指挥军队快速推进，又把队形拉长了，先期只有二十万军队开到了平城。

再加上刘邦从来就不是大将之才，韩信就说过："陛下只能带十万兵。"现在三十二万汉军在刘邦手上，以他的指挥调度能力根本就顾不过来，经过长途行军以后，汉军阵容已经乱掉了，可惜刘邦自己还没有觉察到，也没人敢告诉他。

这支军队来到平城以后，已经处于极度危险的境地。

汉军还没立稳脚跟，只听得四周一片呼哨，山坳里突然冒出来一大群军队。

汉军惊恐莫名，紧急撤退，来到平城东部的白登山附近。但周围的匈奴骑兵却越聚越多，漫山遍野黑压压一片，无法计数。

刘邦这才想到，平城周围全是山地，只有中央一小块平原，正适合大军埋伏，他们已经被引诱进了敌人的埋伏圈！

樊哙、夏侯婴等人大呼："保护圣上！"无数汉军乱哄哄地聚过来，围到刘邦车驾周围，但这样更方便敌人包围。很快，平城出来的汉军全部被匈奴骑兵包围起来了。后来他们才知道，匈奴出动了四十万大军，相当于全国出动，还带上了一些附属部落的军队——这是蓄谋已久的大规模歼灭战！

这是汉军第一次直面匈奴,他们从来没有见过匈奴的骑兵阵势,人人震骇。好在他们都是西楚战场上锻炼出来的铁军,还不至于慌乱,只是拼死护住刘邦,向山顶撤退。

匈奴把白登山重重包围,箭如飞蝗,压制住汉军的冲锋,汉军拼尽全力也无法冲破敌人的包围圈。

这是大汉历史上最危急的一幕,刘邦的生死已经悬于一线。

陈平秘计退敌

刘邦后悔了吗?这时候他可能在心里暗暗思念韩信,但一切都无法挽回了。

汉军粮草断绝,被围困了七天七夜。

这是极其难熬的七天,注定要在汉朝军民心中留下永不消失的阴影,甚至很多年以后,汉朝军民还不断谈起这段被困的经历。

据说,当时被围困的军士们十分艰苦,一切物资供应都中断了,天气又极端严寒,饿死冻死的不计其数,余下的人大多也丧失了战斗力,连弓弩都拉不开了。而山下的四十万铁骑正在没日没夜地冲锋,汉军的尸首漫山遍野,活着的人咬紧牙关硬挺,每个人都在生死边缘苦苦挣扎。

被困第七天的时候,刘邦君臣终于支撑不住了,在陈平的提议下,刘邦做出重大让步,派人去跟匈奴谈判,冒顿单于终于同意放他们一条生路。

刘邦究竟给出什么条件让匈奴放过了他们?这是汉朝历史上最大的谜案,后人无法了解。只有一点可以确定:这个条件一定是极度屈辱的,如果流传出来,会让全体汉人羞愧无比。

刘邦君臣约定:永远守住这个秘密。所以可能连后来的汉朝皇帝都不知道具体情况。坊间只传言"其事丑恶""失中国之体",仅此而已。

甚至连陈平本人都对自己这一次出的计策耿耿于怀,很多年后还对人感叹道:"我这一生用了太多阴谋诡计,触犯道家的禁忌,严重有损阴德呀。"

后世的人们一直在猜测当时陈平的计谋,流传最广的说法是,陈平让人画了一幅美女图送给冒顿单于的阏氏,劝说她:"汉地多美女,现在汉王被围困,准备把图上的美女献给你们单于,如果这样的话,夫人您很容易失去单于的宠爱。您不如去劝你们单于放过汉王,这样汉王就不会把美女送给单于了。"

阏氏果然去对冒顿单于说:"我们围困汉军这么久都没有拿下他们,可见汉主是有神明保佑的,而且就算拿下汉地也不方便我们居住,不如接受他们的贿赂放他们回去算了。"

当时单于正在等待王黄、赵利的援军,一直没等来,心里有点怀疑他们跟刘邦勾结起来了,又听到阏氏这番话,于是便同意把刘邦等人放了。

这种说法漏洞百出,而且也没有"失中国之体"那么严重,不值得相信,只能当传说听听罢了。

虽然得到了单于放人的许诺,刘邦君臣还是高度紧张,生怕这是敌人的诡计。撤退的时候,陈平让刘邦和文臣们在里面,弓弩手在外围成一圈,拉满弓,搭上弦,齐齐对准四周,匈奴骑兵让开包围圈的一角,刘邦君臣缓缓从这里撤出去了。

匈奴因此失去了消灭大汉的最佳机会,这是他们的失策,却是大汉的幸事。

刘邦逃出来以后,立即下令杀掉那些说"可以攻打匈奴"的使者,然后从广武监狱里把刘敬放出来,郑重其事地向他道歉,并且封他为关内侯,食二千户,刘敬也从此成为刘邦最信任的谋臣之一。(他本来叫娄敬,因为多次向刘邦进言,才被赐为刘姓。)

对于陈平,刘邦也给予重赏,所以陈平在汉朝开国功臣中,属于受赏特别丰厚的一位。

虽然惊险逃脱,白登之围还是让刘邦君臣认识到了匈奴的强大,他们从此改变策略,放弃了强硬对外的想法,对匈奴的挑衅尽最大努力忍让,而其中最具标志性的事件,就是和亲。

从白登回来以后不久,刘邦就接受刘敬的提议,准备把自己的长女鲁元公主嫁给冒顿单于。吕后听说以后日夜哭泣,恳请刘邦收回成命,刘邦也感到挺对不起他们母女,终于在鲁元公主出发之前收回了圣旨,另外找了一个宗室之女,假称是公主,嫁给了冒顿单于。

和亲从此成为汉匈之间的惯例，一代又一代大汉公主或者宗室之女，被迫踏上了北去的道路，在漠漠黄沙中寂寥地弹着琵琶，在茫茫草原上忍辱负重伺候敌人，为自己的祖国献出了终生的幸福。

除了和亲，汉朝还每年向匈奴进贡大量财物，从金币到粮食、丝绸，无所不包，以此来换取匈奴不侵略自己。

对于匈奴来说，汉地的气候不适合牧马，即使占领了也不好长期居住，通过勒索汉朝的方式，不费一兵一卒就能得到巨额财物和成群的美女，何乐而不为呢？所以他们也不想着消灭汉朝了，汉匈之间在之后很长时间都不再有大规模战争。

但小规模战争是免不了的。匈奴很清楚，要让汉朝长期保持臣服，就需要一直对他们施加压力，所以他们对汉朝边境的骚扰一刻也没有停止过，抢劫人口和财物更是家常便饭，甚至侵入汉朝的封国，造成严重破坏。例如，白登之围过后不久，冒顿单于就撕毁合约，攻打大汉北部的代国。当时的代王是刘邦的二哥刘喜，这个农家汉子没有任何胆识和才干，看到匈奴大军，吓得夺路而逃，逃到洛阳（当时还没有迁都，汉朝都城还是洛阳）找刘邦庇护。刘邦气得大骂一通，废掉代国，把刘喜贬为合阳侯。

对于这一切，大汉都只能忍了。

再说鲁元公主，她早就跟张耳的儿子张敖订了婚约，但还没过门。这次差点被送去和亲，把吕后吓出一身冷汗，于是催着他们赶紧完婚，鲁元公主从此变成了赵王妃。

但娶公主真的就能一步登天吗？那还得看公主的老爹是什么人。事实证明，刘邦这个岳父伺候不好是有生命危险的。

驸马蒙冤记

从白登撤回来的路上，刘邦路过赵国，想到赵王张敖已经跟鲁元公主定亲了，就想顺路去看看这个女婿。

张敖听说皇帝驾到，既惊喜又紧张，立即调集赵国全部资源，以最高规格迎接刘邦和他的军队。

刘邦住进王宫以后，张敖脱掉锦袍，戴上袖套，里里外外地端茶倒水，亲手照顾刘邦的饮食，没有一刻歇着。旁边的人看了，都说："这个女婿真懂礼貌啊。"

但刘邦不管这些，叉着双腿坐在地上，对张敖呼来骂去，跟对奴才一样。

张敖不敢表示不满，他手下的人却看不惯了。贯高、赵午都是当年张耳手下的老臣，看到少主人受辱，气愤难平，私下对张敖说："当今天下豪杰并起，有能者先立。您对皇帝那么恭敬，皇帝却处处羞辱你，不如杀了这个狗皇帝，取而代之！"

张敖惊掉了下巴，咬着手指说："你们疯了吗？当初我爹被人赶出赵国，多亏圣上相助才复国（指公元前206年陈馀打败张耳，张耳逃归刘邦一事）。我们家千秋万代都要感念圣上的恩情，你们不要再说这种胡话了。"

贯高、赵午见张敖不听，就找到张耳的老部下十多人计议说："我们小主人讲究仁义，不肯背叛皇帝。不如我们自己去替主人报仇，如果成了，功劳归主人；如果事败了，后果我们自己承担。"

这些粗豪汉子都是跟张耳冲锋陷阵的豪强，性格莽撞，不考虑后果，都觉得大不了拼上一身剐而已，有什么好怕的，所以都同意贯高、赵午的说法。

他们开始私下谋划行刺刘邦。

第二年，刘邦又路过赵国，按计划要在柏人县的馆舍里留宿。贯高等人先在馆舍的夹壁里埋伏了一群武士，准备在那里弑君。

这是刘邦从鸿门宴、白登之围过后，第三次遇到生命危险。

刘邦来到柏人县，忽然想到了什么，问旁边的人："这个地方叫什么名字？"

下人回答说："叫'柏人'。"

刘邦低头想了想，说："柏人……迫人，是说被人迫害呀！"所以没在那边留宿就走了，贯高等人的行刺计划也就泡汤了。

但纸包不住火，很快就有人举报了贯高等人的阴谋，朝廷震怒，立即派官兵到赵国去抓捕张敖君臣。

见到朝廷侍卫来到，为了不连累张敖，参与这起阴谋的将官们纷纷自刎身亡，只有贯高不肯自杀，跟张敖一起被押解到了长安。

长安的廷尉提审张敖，上边发下命令，这次只审张敖，张敖手下官员敢跟过去的灭满门，贯高跟十几个死党却自己剃光头发，冒充张敖的奴隶跟着去了。

见到廷尉以后，贯高主动说明身份，并且坚决把所有罪行都揽到自己身上，他说："都是我们这群不知死活的狗奴才干的，跟我们主人无关。"

廷尉便把贯高铐起来严刑拷问，用尽了一切酷刑，但不管怎么拷打，贯高都一口咬定：赵王没有参与这起阴谋。最后审讯人员也没办法了，只好如实向上面汇报。

朝廷里面，鲁元公主整日大哭，吕后也心急火燎，三番五次向刘邦求情："您女婿就算为公主考虑，也不会干这种事呀。"

刘邦怒喝："那小贼要得了天下，你女儿（就成了皇后）怕更开心吧？"

这是暗示吕后母女也可能支持张敖造反，所以连吕后都不敢说什么了。

但随后廷尉把贯高坚决不招的情况报了上来，刘邦听了以后动容说："真是壮士！你们有谁跟他熟悉的，再去问问。"

中大夫泄公便自告奋勇说："我跟贯高有交情，我去问他。"

泄公来到监狱里，带着刘邦的符节问贯高："到底是什么情况？如实交代，我会转告皇上。"

贯高已经是半死的状态了，拼尽最后一点力气说："我全家都被抄斩了，我付出这么大的代价，难道就是为了保护赵王吗？这件事情赵王确实没参与。"

泄公看到自己也问不出更多了，只好把这些话转告给了刘邦。

刘邦很感动，觉得贯高真是义士，于是下令免了张敖的罪行，但革掉他的赵王之位，改封为宣平侯，还让人去释放贯高。

贯高听说自己的主人已经被释放了，泪流满面，在监狱里自缢而死。

朝廷大肆褒奖张敖那些忠心耿耿的手下们，特别是扮成奴隶跟着张敖去受审的人，这些人都获得了高官厚禄。一桩冤案，出人意料地变成了道德楷模表彰大会。

这是西汉初年一起著名的案件，天下无人不知，人们都在传诵贯高的忠义，也为皇上褒奖义士的举动感动不已。

但我们仔细分析这起案件，疑点很多，贯高他们这群人的忠义确实值得褒奖，不过他们很有可能是被刘邦套路了。

刘邦是个粗人没错，但他的心机之深只怕远远超过张敖君臣。他喜欢骂人，但他很清楚什么人可以骂，什么时候可以骂人。在张敖倾尽封国的资源，毕恭毕敬地招待他的时候，他完全没必要主动挑起事端。

所以刘邦的举动很可能就是故意要激怒张敖君臣，让他们把底牌亮出来。为什么要这样呢？因为刘邦不放心。

张敖也是异姓诸王之一，是刘邦重点防范的对象。特别是当韩王信投靠匈奴以后，赵国已经变成了抗击匈奴的前沿阵地，刘邦就更不放心了，万一张敖也学韩王信，跟匈奴勾结起来，那么大汉的北方防线就彻底崩溃了，这个后果是毁灭性的。

所以刘邦必须要"逼"一下张敖，把他的底线试探出来，万一张敖真的反叛，才好及时扑灭。

当然，在激怒了张敖君臣以后，刘邦肯定是要严加防范的，甚至柏人县的刺杀阴谋他可能早都知道了。

以后的事态发展就全都在刘邦掌控中了，他把张敖君臣逼到了极限，也只有贯高等人搞了一场不成功的行刺阴谋，张敖始终没敢反叛。这个结果刘邦勉强满意，所以夺走他的王位以后就放过他了，随后又以"褒奖义士"的名义赐给他们一堆封赏。

"打一巴掌再给一颗糖"这种套路，彻底锁死了张敖君臣，保证他们以后再也不敢反了。

所以虽然闹出一场鸡飞狗跳的意外事故，但张敖的命运却是异姓诸王里面最好的。这可能是因为他毕竟是驸马吧，刘邦还是比较在意吕后和鲁元公主的感受的，毕竟这母女俩这辈子陪他受了太多苦了。

不过对别人，刘邦就没那么宽容了。接下来，一场猛烈的风暴将会席卷大汉王朝，几乎所有异姓诸侯都会被这场风暴撕得粉碎！

这一切都从一个新提拔的边防官开始。

杀韩信

韩王信反叛以后，北方边防空虚，刘邦紧急提拔了一拨将领来主持北方防务，其中最重要的人物是陈豨（xī）。

陈豨是刘邦手下一员老将，曾经跟韩信并肩作战，战斗经验非常丰富，但早期他的名声并不响亮。白登之围过后，刘邦任命陈豨为赵国的相国（诸侯国的相国是要由皇帝来任命的，其他大臣可以由诸侯自己任命），驻扎在代郡，同时统领赵、代两地军队——相当于把北方防务的主要职责交到他手上了。

陈豨性格豪爽，朋友特别多，尤其跟韩信更是过命的交情，在去代郡上任之前，他特地去向韩信告别。

韩信现在基本处于被软禁状态，门庭冷落，很久没人来拜访他了，看到陈豨居然不避嫌疑，韩信很感动。他牵着陈豨的手，屏退左右，小声说："你要统领的是国家最精锐的部队，这个位子有点烫手啊。要是有小人在皇上那边诋毁你，一次两次皇上可能不会相信，如果是三番五次，皇上只怕就信了。到时候你该怎么办呢？不如凭借赵、代之兵，就地举事，我在关中响应你，一举得天下，如何？"

陈豨看到韩信现在的惨状，也很为自己的前途担忧，便答应了韩信的提议。

不出所料，陈豨到代郡赴任以后，果然很快有人在朝廷里诋毁他。

告密的人是赵国的周昌，他是大汉著名烈士周苛的堂弟，在朝廷里以直言敢谏著称，刘邦很信任他。

现在戚夫人生的王子刘如意刚刚被刘邦封为赵王（张敖被废掉王位之后，赵王的位置空出来了），周昌被派去辅佐他，所以也在赵国为相。

周昌到刘邦跟前告状说："陈豨为人很张扬，上次路过赵国的时候，带着上千名宾客随行，把邯郸的宾馆都住满了，他是准备当信陵君吗？而且他目前在边疆手握重兵，一旦反叛，朝廷只怕招架不住哪。"

这番话让刘邦坐不住了：异姓将领、开国功臣、手握重兵、独自在边疆领军，还跟韩信这些人关系密切，陈豨这种人不正是自己重点防范的对象吗？自己干掉了那么多异姓诸侯，却把这家伙漏掉了。

刘邦坐立不安，赶忙派人去调查陈豨有没有违法乱纪的行为。陈豨手下有许多门客，良莠不齐，其中总有一些不太检点的家伙，所以一查就查出来许多违法的勾当，陈豨作为他们的大老板当然脱不了干系。

这下陈豨就紧张起来了，难道韩信说的话真的应验了？

陈豨思来想去，越想越慌，最后决定：还是反了吧。

公元前197年九月，陈豨勾结匈奴手下的王黄、曼丘臣等人，自立为代王，在代地发起叛乱。

对于刘邦来说，这是意料之中的结果，也是他想要的结果。这几年他年纪大了，多年征战留下的旧伤频频发作，已经在为自己百年之后的朝政做安排了，不把这些开国骁将清除干净，以后继位的刘盈镇不住他们怎么办？

他再次披挂上阵，御驾亲征，领着关中的兵马到邯郸去了。

这下关中防务空虚，让很多人看到了机会，有些人便蠢蠢欲动。

韩信暗中派人联络陈豨，准备在关中响应他。韩信的计划是伪造诏书赦免在官府服役的刑徒们，带领他们入宫袭击吕后和太子刘盈。

陈豨的回复还没到，已经有人把他的计划报告给了吕后。

吕后并不慌张，马上找萧何进宫商量，萧何是当初推举韩信的人，但这时他毫不犹豫地抛弃了韩信。两人决定，由萧何去诓骗韩信，就说陈豨已经被剿灭了，现在要百官进宫去向吕后道贺。

韩信本来将信将疑的，但经不住萧何一再撺掇，还是跟他进宫去了。

韩信一到宫里，马上被埋伏的武士拿下，被吕后斩杀在长乐宫的钟室里。吕后随即下令夷灭韩信三族。大汉最重要的开国功臣之一，千载之下被无数人称颂的兵仙，就这样落得个身死族灭的下场。

朝廷杀韩信的理由是他跟陈豨通谋反叛，但这事疑点很多，所有证据，包括韩信跟陈豨在庭院里的私人对话，都是朝廷发布出来的，只是一面之词而已。

所以不排除是刘邦借陈豨谋反的借口把韩信干掉，毕竟从韩王信到陈豨，边关大将一个个叛乱，要是后方的战神韩信再搞出点什么乱子，朝廷怕真压不住。至于韩信本人冤不冤枉，不是帝王需要考虑的事。

另一方面，韩信被杀的前车之鉴给中国人的精神世界注入了一剂浓烈的毒药。之后千百年，人们都记住了"兔死狗烹，鸟尽弓藏"的深刻教训，君臣之间的互信被蒙上一层深深的阴影。作为人臣，要时时警惕不能"功高震主"，事情做得差不多就够了，千万不要做得太漂亮，免得引来杀身之祸。作为君王，也要时时盯着下面的大臣们，看哪个不知死活的家伙敢盖过自己的风头，必要的时候果断给他当头一棒。

那么国家利益在哪里呢？君臣之间互相提防，精力都耗费在人情世故上了，谁来考虑怎么把国家治理得更好呢？

这一切，都是拜刘邦所赐。

再说刘邦，他既然御驾亲征，就说明他不担心韩信作乱，甚至可能先一步把一切都安排好了，吕后跟萧何的一举一动都是按照他的剧本在表演而已，顺便避免了"擅杀功臣"的嫌疑——毕竟韩信又不是死在他手上的，当时他人都不在长安呀……

刘邦来到邯郸以后，先问明情况，当他听说陈豨进攻的重点不在邯郸的时候，轻蔑地说："这小子不懂兵法，我要是他呀，就向南占据漳河，向北面据守邯郸（也就是巨鹿大战时秦军占据的位置）。他现在这样，可知是个草包！"

当时陈豨的军队已经占领了邯郸以北的赵地，尤其是北部的常山郡，二十五城里面有二十城被陈豨占领了，目前这些地方的官吏都在邯郸等候刘邦处罚。

刘邦手下的将领们请求斩杀这些官员。

刘邦问："这些官员反了吗？"

将领们说："没反，只是抵抗不力，该当问斩。"

刘邦就说："那不能怪罪他们，免了他们的罪吧，以前是什么官职就恢复什么官职。"

刘邦又问："赵国还有能统兵的将领吗？"

下人们答："有。"找来四个灰头土脸的后生，跪在地上听令。

刘邦看了一眼就骂："就凭你们几个歪瓜裂枣，能打仗？"

四人浑身颤抖，连说"该死"。

刘邦冷哼一声道："每个人封一千户，赵国的军队交给你们。"

四名将领这才连忙叩谢皇恩。

通过这一拨调度，刘邦稳定了邯郸的军心，关中的军队也源源不断到邯郸来增员，邯郸成为抵抗叛军的第一道堡垒。

其实当时朝廷的处境很艰难，陈豨反叛才一个月，邯郸以北的赵、代土地就全都沦陷了。这些地方本来是抗击匈奴的北方长城，现在却跟匈奴勾结起来，要是匈奴再发起总攻，大汉说不定就当真挡不住了。

而大汉内部更是危机重重，刘邦出征前向各地诸侯发出动员令，让他们一起发兵剿灭叛军，结果包括彭越、黥布在内的所有诸侯都抗命不从，最后刘邦能指挥的军队只剩关中军。

所以刘邦才竭力团结邯郸军民，缓和内部矛盾。

封疆大吏们抗命不从的直接后果就是政府军缺少将领，朝廷只得起用周勃、樊哙等二线将领，面对陈豨手下骁勇善战的边防军的时候，他们非常吃力。

所以这场本来不严重的叛乱，竟然搅得朝廷手忙脚乱。朝廷用尽一切兵力，经过一年半才平定了。

公元前196年十二月，樊哙派兵斩杀陈豨于灵丘，叛乱彻底平息。

虽然叛乱平定了，但赵、代等地已经是一片焦土，对匈奴的防线也是形同虚设，这种情况是极其危险的。幸好大汉用和亲和朝贡笼络住匈奴，这一年多匈奴没有发起大规模进攻，避免了最坏的情况。

这又是刘邦打压功臣（特别是韩信）的后果，他还是只能自己承受。

刘邦把赵国一分为二，北边设立为代国，封自己的儿子刘恒为代王，统辖代郡和雁门郡。

但事情到这一步还远远没有结束，陈豨的叛乱只是导火索，比这次叛乱更严重的，是它引发了大汉王朝的一系列严重内乱。这一次，所有人都会是输家，包括刘邦自己！

三大名将，令人唏嘘的结局

刘邦在邯郸组织力量镇压陈豨的叛军，分派完各人的任务以后，就回长安去了。到长安以后，刘邦听吕后说起杀韩信的过程，大喜过望，连夸吕后手段果决，是自己的贤内助。

至于那个挑拨韩信造反的蒯通，抓住他以后，刘邦问了几句就把他放了……

不过刘邦还有一件担心的事。

在出发去讨伐陈豨之前，刘邦曾经向梁国的彭越发出征兵的命令，彭越公然称病不去，只派了几个小小的将官勉强去邯郸应付而已。

除了韩信，刘邦最忌惮的人就是彭越，现在韩信虽然死了，可彭越还在，而且他还敢公然抗命，这让刘邦怎么放心得下呢。

刘邦派人去斥责彭越，要他即刻去长安请罪。彭越本来想去，但下人劝说他："淮阴侯的事您忘了吗？现在去长安，必然被他们捉拿。"所以彭越又一次称病不去。

刘邦见彭越不上当，只好另外想办法。

这时候"下人告状"的一幕又上演了。据说彭越手下的一个太仆惹怒了彭越，彭越准备杀掉他，他逃到长安——这么容易逃走吗？可见这事真是漏洞百出——找到朝廷的人，控告彭越和手下将领串通谋反。

刘邦根本不多考虑，立即相信这人的证词，让手下发起突袭，朝廷可能在梁国有内应，所以一切很顺利，很快抓住了彭越，把他押解到洛阳。

长安的狱吏经过一番调查，认为彭越谋反的事情证据确凿，无可抵赖。不过刘邦又效仿当初对付韩信的做法，很"宽容"地释放了彭越，只是把他废为庶人，贬到蜀郡的青衣县去生活。彭越只好叩头谢恩，随后含泪出发。

彭越从洛阳出来不久，在路上遇到吕后从长安过来。彭越一见到吕后，顿时如同见到了救星，跪地大哭，申诉自己的冤屈，最后说："朝廷怎么处罚我都认了，但我这么大年纪的人了，一个人去蜀郡确实难以生活，请求皇后跟皇上说一声，贬我去我的老家昌邑养老吧。"

吕后一脸慈祥的表情，对彭越说："将军不必多礼。老身知道将军的冤屈了，一定替将军鼎力分辩。请起吧。"于是带上彭越一起去了洛阳。

吕后见到刘邦就说："皇上也太不小心了，这么一个人，您就轻易放他走了？这狗奴才还想回老家去卷土重来呢，做他娘的清秋大梦去！幸好路上遇到臣妾，把他给诓来了。要依臣妾说呀，这次绝不能放过这狗奴才！"

刘邦觉得有道理，就交给吕后全权处置。

吕后的手法很直接，让彭越的家奴再次告他谋反，又一次把彭越抓起来。廷尉的审问结果很快出来了：彭越屡次阴谋叛逆，怙恶不悛，按律当满门抄斩。于是派人到梁国,灭了彭越全族。

短短半年之内,韩信、彭越接连"谋反",刘邦觉得必须狠狠地震慑一下这些诸侯王们,于是做了一件令人极度寒心的事。

他让人把彭越剁成肉酱,分别装在几个罐子里面,赏赐给各个诸侯,让他们吃掉。

收到罐子的时候,淮南王黥布正在打猎,当他知道这肉酱是彭越的时候,连久经沙场见惯尸体的他都忍不住呕吐了。

黥布极度惊恐,他终于见到刘邦的手段之厉害。人们都说,天下有三大名将,分别是他黥布,还有韩信和彭越,现在韩信、彭越都落得这样的下场,接下来是不是轮到他自己了?

黥布坐立不安,思考了很久以后,终于决定主动反叛。他私下部署军队,准备等时机成熟的时候发起突袭。

不出意外地,很快又出现了"下人告密"的剧情。

这次的起因是一起桃色事件。

黥布有一个宠爱的姬妾,有一次生病了去找医生看病。中大夫贲(bēn)赫就住医生家对门,看到淮南王的爱姬来了,马上带着丰厚的礼物去拍马屁。这个姬妾也不避嫌,不仅收下礼物,还留贲赫在医生家一起喝酒。

当然,姬妾知道贲赫是有求于她,所以后来跟黥布相处的时候,就有意无意地夸奖贲赫。这件事引起黥布的怀疑,逼问之下,姬妾只好坦白说明了跟贲赫见面的情况。

这下黥布就不干了,怀疑他们是不是在给自己戴绿帽子,所以派人去捉拿贲赫。

不料贲赫听到消息,又是提前逃走了,又是逃到长安,又是向朝廷控告黥布意图谋反。

朝廷接到控告以后,将信将疑,派人去淮南调查黥布的情况,黥布看到事情败露,只好提前发动叛乱了。

公元前196年,陈豨的叛乱还没有平息的时候,淮南王黥布反叛,朝廷陷入两线作战的窘境。

黥布判断刘邦连续亲征,已经很疲惫了,这次不会亲自来征讨,所以放心攻城略地。他先打下附近的荆国，荆王刘贾慌忙逃窜，死在富陵。黥布随后联合荆、淮南两国兵力，向北攻打楚国，又是大胜。

荆王刘贾是刘邦的堂兄，楚王刘交是刘邦的四弟，两国不堪一击的表现，说明刘邦任命的这些同姓诸侯确实都是草包。

这时候黥布向西推进，想迅速推到中原关键地带。刘邦终于坐不住了，再次御驾亲征。

黥布的军队大多是当年的楚军，行军列阵也都跟项羽的阵法类似，刘邦也采取当初对付项羽的办法，在堡垒里坚守不出，任凭黥布挑战。恍惚间，楚汉两军广武对峙的一幕又在中原大地上重演了。

刘邦在城墙上大声问黥布："为什么反叛？"

黥布说："想当皇帝呀！"

一句话气得刘邦七窍生烟，命令手下士兵开门冲锋，双方展开大战。

混战中，不知谁一箭射中了刘邦，刘邦顿时血流如注，下人们赶紧把他扶回营帐，政府军也就撤回堡垒了。

这是广武对峙过后刘邦又一次受重伤，冥冥中仿佛有天意，一切都是广武对峙的重演，刘邦仍然不得不假装伤势不重，强行起身指挥军队。

黥布的嚣张和刘邦的苦苦支撑形成鲜明对比，汉军将士受到刺激，奋力作战，终于在蕲县附近打败了黥布叛军，黥布只好带着残兵渡过淮河，逃回淮南去了。

黥布毕竟没有韩信那样的统帅能力，在政府军的不断追击下，连续被打败，最后只好逃到了长沙。

当年的长沙王吴芮是黥布的岳父，现在镇守长沙的是吴芮的孙子吴回，黥布指望他能收留自己。但吴回并不敢跟刘邦作对，所以把黥布诱骗到番阳，在当地民居里面把他杀了。

朝廷把黥布的尸首大卸八块，分别埋到不同的地方。黥布的家人多年以前就被项羽杀光了，到这时，汉初三大名将都遭到了身死族灭的惨剧，这是三位名将的不幸，也是整个大汉王朝的悲剧。

再有，三大名将都是因为"下人告密"而被揭发了谋反阴谋，这背后是否有不为人知的内情？三人都是被冤枉的吗？一切的一切，都永久埋藏在尘埃之下了。

剿灭黥布叛军以后，刘邦不敢有丝毫停留，马上班师回朝，因为北方的叛乱正愈演愈烈，这次的主角是刘邦最信任的老朋友……

安得猛士兮守四方

当初陈豨造反最严重的时候，远在北方的燕王卢绾也派兵协助朝廷，从北方夹击陈豨。

卢绾是刘邦的发小，两人的父辈就是交情非常好的朋友，后来两家同一天分别生下卢绾和刘邦，乡亲们都拿着羊酒上门祝贺。

卢绾和刘邦从小一起玩泥巴，一起爬树掏鸟蛋，一起打架，一起进学堂，好得如同亲兄弟，两家人也好得如同一家人，乡亲们都非常羡慕他们的友情。

刘邦犯事被追捕，卢绾跟着他；刘邦起兵反秦，卢绾也跟着他。一直跟着他入关，跟到他当皇帝。最后卢绾被封为"长安侯"，从封侯的地点就知道刘邦对他有多么优待。

当皇帝以后的刘邦，拥有无上的威严，连萧何、曹参这些人在他面前都恭恭敬敬的，只有卢绾可以随意出入他的卧室，甚至连卢绾获得的衣服饮食等赏赐也是其他人比不了的。

后来燕王臧荼造反被杀，刘邦就顺势把燕国封给卢绾，算是明显的徇私情。卢绾当然也非常感激，所以在诸侯们纷纷抗命的时候，只有他派兵帮助刘邦围剿陈豨叛军。

然而皇家是没有朋友的，在皇权面前，这样深厚的友谊竟也有改变的一天。

叛乱刚起的时候，陈豨派人向匈奴求援，卢绾也派使臣张胜去争取匈奴支持。张胜到匈奴以后，遇到臧荼的儿子臧衍。当时臧衍正逃在那边避难，就挑拨张胜说："您之所以能得到燕王重用，只因为您对匈奴的情况很了解；燕国之所以能长存，只因为边疆长期动乱，朝廷需要你们。如果朝廷很快就剿灭了叛乱，以后不需要你们了，燕国还能存在多久呢？您的官位又能保持多久呢?"

这番话既狡诈又恶毒,直击人心深处最阴暗的角落。张胜听了以后,一想,果然有道理,于是便把卢绾交给的任务抛到九霄云外,反而劝说匈奴帮助陈豨攻打燕国。

燕国发现匈奴不仅没休兵,反而攻势更加猛烈了,一了解,才知道是张胜在中间搞事情。燕王卢绾怒不可遏,准备向朝廷上书请求灭张胜满门。不料张胜不久以后回到燕国,向卢绾说明了自己的想法,卢绾一听,觉得有道理,立即抛掉了自己跟刘邦的友情,更抛掉了对国家的忠诚,不仅不处理张胜,反而想办法替张胜开脱罪名。

张胜从此以后就成了燕国和匈奴之间的秘密使者,一直往来传递消息,燕国的平叛行为也变成了表演给朝廷看的一场戏(这是陈豨之乱能够拖延一年半的重要原因)。

卢绾甚至还派人去联络陈豨,希望他能长期对抗朝廷,使朝廷、燕国、陈豨相互保持战乱不断的状态——这样的心肠不可谓不黑。

卢绾自以为事情做得够隐蔽,没想到第二年,陈豨被樊哙斩杀,陈豨手下将领投降朝廷,随后供出了陈豨叛党跟卢绾私下联系的事,朝廷这才恍然大悟:我们围剿陈豨如此困难是这个原因啊!

刘邦又惊又怒,也有深深的失望,卢绾是他最信任的人,他给卢绾的荣耀远远超过其他人,为什么却是这样的结果呢?他派人召卢绾进京,想当面问清楚,卢绾当然不敢去,只好装病。刘邦又派使者去燕国查问卢绾的手下人,卢绾更加惊恐不安,天天在家闭门不见客,甚至他的手下将官们都躲起来不见使者。

卢绾私下跟人说:"非刘姓称王的,现在只剩下我跟长沙王(吴回)了。现在皇上身体不好,朝政都让吕后把持,吕后妇人心肠,专门找机会杀异姓王,韩信、彭越都死在她手下,难道下一个就轮到我了吗?"

这番话被朝廷的使节探听到,回报了刘邦。刘邦听了以后心情很复杂,除了震怒,还有一些担心,因为卢绾所说的吕后专权的事也是刘邦的心病。

这时候,又有下人来报,抓到几个匈奴俘虏,从他们口里了解到,卢绾去年就已经派张胜去勾结匈奴了。这下子,卢绾谋反的事情已经毫无疑问了。

刘邦叹一口气："原来卢绾真的反了。"只好派出樊哙去讨伐燕国。燕国没有抵抗太久就溃败了，卢绾带着文武百官、后宫妃嫔等逃出蓟城，往长城方向去了。

到这时，大汉开国的七大诸侯国，只有长沙国还勉强维持着；八大诸侯王（臧荼和卢绾先后担任燕王），死的死，逃的逃，泼天富贵都化作南柯一梦，只在史书中留下姓名罢了。

对于这样的结果，刘邦本人是什么心情呢？这一切真的是他想看到的吗？

就在成功剿灭黥布，班师回朝的时候，刘邦顺路回了一趟沛县。

圣驾降临的消息传来，沛县沸腾了，民众扶老携幼前来迎接，各级官员按品级排列跪满道路两旁。那一刻，锦绣铺地，繁花似锦，那是人世间最极致的荣耀，是红尘中最绚烂的一捧烟花。

刘邦邀请乡亲们赴宴，席上觥筹交错，人人都欢天喜地。看着这些多年不见的父老乡亲们，想到自己一生戎马倥偬的宏伟功业，刘邦却蓦然感到一股极致的寂寞涌上心来，于是当众吟诵了一首诗《大风歌》，流传千古。

　　大风起兮云飞扬。
　　威加海内兮归故乡。
　　安得猛士兮守四方！

这时候刘邦箭伤恶化，身体已经明显不好了，但各方的叛乱一波接一波，从未平息，却又找不到一个可以替国家排忧解难的人。不知道自己百年之后，由自己亲手缔造的大汉帝国会有怎样的命运？刘邦不禁忧心忡忡，所以才有"安得猛士兮守四方"的感慨。

但真正的"猛士"不是都已经倒在朝廷的屠刀下了吗？后人读到这首《大风歌》，不知是该哭呢，还是该笑？

权力这枚果子，真的很甜，也很毒。

第十二章　权力之毒

帝王的烦恼

对各路异姓诸侯斩尽杀绝之后，刘邦终于稍稍安心了一些。

现在剩下的诸侯基本都是自己的骨肉至亲，虽说也不一定完全可靠，但比起外人还是好得多了。

但刘邦的烦恼很快又上来了。

晚年的刘邦，跟寻常人家没什么见识的老年人一样，猜疑心很重，总担心周围的人会害自己。尽管对任何人都严加防范，他还是觉得非常没有安全感。

这种极度不安全的感觉也来自他的身份，谁叫他是高高在上的万乘之尊呢？

当年他本来是沛县一个小小的亭长，他不务正业，整天在乡里跟兄弟们喝酒赌钱，他有无数的兄弟和无数个情妇，大家在一起嘻嘻哈哈，毫无顾忌——那时候的生活多么惬意呀。

从登上帝王宝座那一刻起，一切就都变了。

当年的兄弟们，要么再也难以见面，要么已经变成了他手下的朝廷重臣，见到他只会跪在地上战战兢兢地高呼"万岁"，君臣之礼不可逾越，没有一个人敢再跟他说上一句真心话。

就连张良都变了。

张良对刘邦有一种发自内心的崇拜，这一点刘邦是根本不怀疑的，所以他对张良也保持着无与伦比的信任，君臣二人曾经无话不谈。但从刘邦登基以后，张良跟他在一起的时间越来越少，偶然见面，也保持极度谦恭的态度，两人之间仿佛隔了一张无形的网，很多话都不知道从何说起。

随着韩信、彭越被杀，张良也学得很"乖"，任何事情都不发话，哪怕被人问起都尽量不开口。这位洞察一切的大汉头号谋臣，竟然变成了朝廷里一个可有可无的人物，几乎被人遗忘了。

到最后，张良干脆声称自己对世上的一切都不再感兴趣，要钻研仙道之术，长期在家里闭门不出，对朝廷里的事更是完全不过问了。

对于张良的这种态度，刘邦看得很清楚，知道他是为了避免"功高震主"的嫌疑，也知道，张良对于自己处理异姓王的方式是不认可的。刘邦不点破这一点，任由张良远离朝政，也许两人不见面就是最好的状态吧。

另一个跟刘邦日渐疏远的人是萧何。

萧何曾经是刘邦非常尊敬的人。当初刘邦在沛县还是平民的时候，萧何是县衙门里的主簿，他利用自己的官职，时常袒护刘邦，刘邦在沛县能够混得开，跟他有很大关系。

有一次刘邦押送本地壮丁去咸阳服徭役，临走之前路费不够，亲朋好友纷纷资助他，有给两百钱的，有给三百钱的，只有萧何给了五百钱，比别人都慷慨，这个恩情，刘邦一直记着。

刘邦在沛县举事，萧何是第一批追随他的人，而且带上自己整个宗族几十人一起跟随刘邦，比其他追随者的人都多，这个恩情，刘邦也一直不忘。

萧何为人稳重，办事不偏不倚，能把各方关系都协调得恰到好处，而且眼光独到，对人对事都判断精准，是治国的能手。当初在沛县为官的时候就曾有御史想向朝廷举荐他，被他推辞掉了，刘邦得到他辅佐以后，就让他全权负责自己的内政。

后来刘邦跟项羽争天下，萧何一直作为相国在后方维持朝廷的运转，萧何的工作做得非常出色，所以不管前线战事怎么样，刘邦始终拥有一个稳定的大后方，也始终能从后方得到及时的补给。这是刘邦相比项羽的一个重大优势，也是刘邦最终能战胜项羽的一个重要原因。

所以开国以后论功行赏的时候，刘邦非常坚决地把萧何排在第一，给他的封邑也比其他列侯多很多，甚至特许他带剑上殿、入朝不趋。怕众人不服，刘邦还特地解释说："譬如猎户指挥猎犬，猎犬听到命令以后去捉兔子，他们谁更重要呢？萧何就是那个猎户，而你们这些人不过是服从命令的狗而已，真正的命令都是从萧何那边出的，所以他的功劳是你们比不上的。"这样的赞誉，等于把萧何摆在了群臣之上的位置，属于独一无二的功臣，可见刘邦对萧何的评价之高。

然而谁能想到，晚年的刘邦，跟萧何之间竟然也出现了明显的隔阂。

当时陈豨造反，刘邦亲自去讨伐，后方的吕后却跟萧何合谋干掉了韩信，刘邦听说以后，非常赞许，下诏给萧何加封五千户，并且增派五百人的卫队给他。

萧何刚要去谢恩，却有身边好友告诉他："千万别接受这次封赏。皇帝在外面辛苦作战，你对战事没有任何帮助，却给你这么多封赏，这是皇帝在怀疑你，想用封赏来稳住你，五百人的卫队更是派来监视你的。"

萧何听说以后，冷汗直冒，赶紧推掉了刘邦的赏赐，还自掏腰包去劳军，这才避免了刘邦的猜忌。

为什么刘邦会突然开始猜忌萧何呢？一方面是武将们挨个被杀被逐，以萧何为首的文臣失去了制衡力量；另一方面，萧何跟吕后联手杀韩信，意味着朝中最大的两股势力——开国功臣和后党联合了，这是刘邦特别忌讳的情况，尽管只是刚刚开了个头，也让刘邦非常不舒服。

从那以后，刘邦对萧何的戒心就越来越严重，甚至渐渐到了不掩饰的程度。

讨伐黥布的时候，刘邦带兵在外作战，却一刻也放心不下朝廷里的情况，不断派人查问萧何在后方的一举一动。

萧何听说以后，吸取上次的经验，又捐出大量财产劳军，还抚慰百姓，让他们支援前线。

不料又有人劝萧何说："相国您大祸临头了！皇上不停问您的情况，就是怕你在关中自立为王，现在您抚慰百姓，在百姓中的威望很高，皇上只会更加怀疑您。"

萧何赶忙问:"那我该怎么办呢?"

那人说:"既然皇上担心您得民心,您就该反其道而行,多买田地,多盘剥百姓,败坏自己的名声,这样才能让皇上对您放心。"

萧何赶紧照他说的做。

果然,刘邦打败黥布班师回朝的时候,很多百姓拦路喊冤,控告萧何强买民宅、欺压百姓。

刘邦听了哈哈大笑说:"原来萧相国是这样的人呀!"回到长安以后,把百姓控诉萧何的状纸递给萧何,说:"你自己去跟百姓解释吧!"

萧何趁机进言:"长安的空地不多了,上林苑中却有大片土地荒着,陛下不如允许老百姓进去耕种,收获的粮食让百姓带走,留下秸秆作为禽兽的饲料。"

不料刘邦勃然大怒,说:"好哇!你收了那些商人的贿赂,却来拿我的上林苑卖放人情!"当即命人把萧何打入大狱,让廷尉严加拷问。

萧何入狱的消息震惊朝野,大臣们纷纷猜测原因,却没人敢去求情,只有刘邦身边的一个侍卫悄悄问刘邦:"萧相国明明是在替百姓说话,陛下怎么反而怪罪他呢?"

刘邦冷哼一声道:"听说过秦朝时候的李斯吗?李斯有过错都自己担着,有好事都留给主子。如今萧何拿我的上林苑讨好老百姓,吃亏的是我,功劳都记到他账上了,所以我才给他一个教训。"

迫于舆论压力,过了几天,刘邦还是让人把萧何放了。见到萧何的时候,刘邦拍手笑着对他说:"恭喜萧相国!现在我是桀纣一样的暴君,您是为民请命的贤相。我牺牲自己的名声成全您的千秋大名,不错吧?"

萧何只好叩头谢恩,一言不发离开了。

当然,经过这次打击,萧何再也不敢主动提任何建议了,他逐渐远离权力中心,不敢再介入朝中事务,跟张良一样,沦为了一个可有可无的人。

萧何始终没明白,自己到底哪里不对,惹得刘邦不开心?

其实真正的问题就在于:他对人太"好"了。作为朝廷里的顶梁柱,他始终努力照顾各方势力,协调各方关系。他做得实在太好,以至于人人都夸他，所以刘邦才会担心：萧何一旦有二心，会有很多人支持他，自己镇压不住。

所以做人太完美、太让人夸奖未必是好事，因为还有很多人其实不想看到你那么完美，他们想看到的是你跟他们一样狼狈，这样才显得他们不那么狼狈。

当然，萧何还有另一方面也让刘邦很不舒服，就是他跟吕后的良好关系。

开国功臣和吕后党是刘邦身边最大的两股势力，刘邦是绝对不希望看到他们联合起来的，刘邦希望他们互相斗起来，互相制衡，那才是最理想的局面。

随着吕后的势力日渐膨胀，刘邦甚至希望萧何为首的开国功臣可以主动杀一杀吕后的气焰，但萧何他们始终没能领会这个精神，反倒对吕后客客气气的，特别是在"易储"事件上，让刘邦伤透了脑筋。

最是无情帝王家

从项羽那边被释放回来以后，吕雉——后来的吕后，沉稳得多了。她对刘邦表现出无比的恭顺，抛开一切个人利益，勤勤恳恳地当刘邦的"贤内助"，当刘邦需要她的时候，她会毫不犹豫地按照刘邦的指使去做任何事情。这种毫无保留地配合的态度，让刘邦一度以为她是自己最可靠的人。

尤其是在功臣们挨个受到打压的时候，刘邦更觉得，自己唯一能信任的人就是吕后，于是给予吕后的权力也就越来越大。

而吕后的表现也确实对得起刘邦对她的信任。她认真做一个勤奋的学生，学习刘邦做事的方式，学习刘邦的杀伐果决，她渐渐变成了刘邦的影子，说话做事都越来越像刘邦本人了。

但她终究是一个女人，有那个时代的女人最常见的烦恼。

年老色衰的吕后，在刘邦眼里只是个政治盟友，早已没有任何吸引力了。刘邦又是个好色的人，总要找一些女人来慰劳自己，这几年他身边的莺莺燕燕从来不间断，不过他最宠爱的还是戚夫人，也就是戚姬。

戚夫人年轻貌美又能歌善舞，性格也活泼外向，特别能讨刘邦欢心。更重要的是，她给刘邦生的儿子刘如意也是一表人才，聪明伶俐，又能说会道，很让刘邦满意。

相比起来，吕后的儿子刘盈就完全相反，他一点都没有遗传到爹娘的性格，反倒温润仁厚，像个读书人的样子，这种人恰好是刘邦最讨厌的。

刘邦渐渐显露出替换太子的意图，甚至把刘如意抱在自己膝头，逗他说："我才不会让别人压在我的宝贝儿子头上呢。"

戚夫人看到机会，就天天在刘邦身边吹枕头风，大肆夸赞刘如意的才干，希望刘邦改立他为太子。

戚夫人这样做，除了对皇后之位的野心以外，也有一些自己的苦衷。吕后性格之刚毅是人人都知道的，这些年虽然吕后没对他们母子有过分的举动，但那只是因为畏惧刘邦而已。戚夫人很清楚，吕后心里早已经把他们母子看作眼中钉了，一旦刘邦不在了，吕后成为太后，自己母子的命运不敢想象。

所以，她必须为自己的儿子争一个太子之位，只有自己的儿子当上皇帝，才能保得自己家族平安。

但戚夫人争太子之位的想法一旦暴露出来，吕后就会更加记恨她，戚夫人也就更加骑虎难下，更是必须要让自己的儿子成为太子，对刘邦的"温柔攻势"也就更加强烈。

刘邦也很清楚吕后是怎样的一个人，现在闹成这样，如果不把刘如意扶上太子之位，一旦自己宾天以后，吕后对待戚夫人母子一定异常残酷，就算是为他们母子的身家性命着想，自己也非得易储不可。所以他开始在各种场合试探大臣们的态度，希望找到一个机会，让刘如意取代刘盈的太子之位。

从吕后的角度看，戚夫人的野心是无论如何都不可原谅的。

她当年嫁给刘邦的时候，刘邦还是沛县的一个小混混，要啥没啥。这么多年，她跟着刘邦吃尽苦头，没有过上一天好日子，连带着一对儿女都没过几天安稳的生活。现在她终于当上皇后了，正想舒舒服服地享受自己该得的成果，半路却冒出个戚夫人，明目张胆地来排挤他们母子。

那个姓戚的女人有什么本事？这江山有她的份儿吗？她对朝廷、对国家有什么贡献？仅仅靠着一些魅惑男人的伎俩，就想抢我们吕氏家族多年含辛茹苦换来的地位，凭什么？就算拼个鱼死网破，也不能让那个女人占到半点便宜！吕后在心里暗暗打定了主意。

至于刘邦，吕后早就对他不抱任何幻想了——那个糟老头子对自己的亲生骨肉都无情无义，还能顾忌什么夫妻情分？这两年，在易储的问题上，刘邦很明确地站在戚夫人一边，更让吕后感到极度寒心。她明白，她跟刘邦事实上早已不是夫妻，而是政坛上的对手；易储之争是刘氏和吕氏两大集团你死我活的争斗。既然老头子你把我当成仇人，那么我们就放开手斗一斗吧，看看是你们刘氏那些酒囊饭袋厉害，还是我们吕家的开国大将更有本事！

从当初打江山的时候开始，吕氏家族就特别注意培养自己的政治势力，跟刘氏那些躺着享受成果的窝囊废不同，吕氏的人很清楚，自己家族的权益是要靠家族每一个人真刀真枪去争取的。

吕后的两个哥哥吕泽和吕释之都是刘邦阵营的将领，吕泽更是功勋卓著，他曾经在彭城大败之后救援刘邦，成为稳住汉军阵脚的第一人。在开国之后论功行赏的时候，要不是为了避嫌，他早就已经封侯了。

而吕后本人更是从来都充满危机感，她根本不相信刘邦是可以依靠的人，要在血雨腥风的朝堂上站稳脚跟，就得靠自己。所以从当上皇后开始，她就尽力培养自己的政治势力。正好刘邦又对所有开国功臣都不放心，很多时候只能让吕后帮忙处理政务，这就给了吕后一个绝佳的机会，通过频繁参与朝中事务，吕后渐渐在朝廷里掌握了很大的话语权。

凭着吕后这几年积累的政治人脉，再加上吕泽等人在军队里的巨大影响力，吕氏逐渐成为朝堂上除了刘氏以外最强大的一股势力，很多大臣都或明或暗地站在他们一边，让刘邦都感到一股压力。

从大臣们的角度来看，除了吕氏强大的政治影响力以外，吕后在道义上也明显占上风。天下人都知道，吕后是刘邦的结发妻子，曾经为抗秦做出过巨大牺牲，于家、于国、于民，都有巨大功劳。太子刘盈也一直小心做人，谨慎行事，从来没有什么过失，怎么能仅仅听一个妖妇的谗言就抛弃这对母子呢？许多人都同情这位坚强的原配夫人和她质朴的儿子。

所有人的态度形成一股巨大的阻力，强势阻拦刘邦易储的计划，让刘邦头疼不已。

随着旧伤发作，身体越来越差，刘邦渐渐感到自己支持不了几年了，再这样拖下去，易储的可能性就会越来越低，到时候谁替戚夫人母子说话？他感到十分焦急。

戚夫人闹得越来越厉害了，天天在刘邦面前一头哭、一头说。另一边，吕后也愁眉苦脸，不断求肯饶过他们母子。两位王子也都唉声叹气，刘邦夹在中间左右为难，陷入极度苦闷的境地。

到这一步，唯一能指望的只有大臣们了，如果能有人站出来强硬地要求废掉太子，刘邦就能顺着梯子往上爬。但刘邦多次暗示过后，朝臣们仍然装聋作哑，没有一个人响应。

张良、萧何都已经淡出政坛；陈平更是两不相帮，绝不表明态度；周勃长期在外统兵，不介入朝廷事务；至于樊哙，他是吕后的妹夫……刘邦忽然发现，自己虽然贵为天子，真正能替自己排忧解难的人却一个都没有。

朝廷里还敢说话的人只剩一个周昌，所以刘邦想听听他的态度。

周昌向来以直言敢谏闻名。据说有一次他去宫里求见刘邦，当时刘邦正跟戚夫人抱在一起亲热，周昌一见之下，赶忙掉头跑开。刘邦听到声音追出来，周昌只好停下来跪拜，刘邦骑到他脖子上，嬉皮笑脸地问他："你说，我是个什么样的皇帝呀？"

周昌硬挺着脖子大声说："陛下就是桀纣一样的皇帝！"

刘邦哈哈大笑，放开了他，心里却暗暗赞许他的耿直。

这样的人，在朝臣中间的威望当然是相当高的，他的态度对大家有很大的示范作用。

但他正好是反对易储最坚决的人。

当时大臣们都反对易储，但不敢多争辩，只有周昌在朝堂上跟刘邦当面顶撞，说什么也不答应废掉太子。两人争得面红耳赤，周昌有口吃的毛病，一紧张就更严重："臣虽然不会说话，但期……期……以为此事不可。陛下若坚持废太子，臣期……期……坚决不奉诏。"

刘邦听得又想气又想笑，也不好跟他计较。后人将这件事和后来三国时期邓艾口吃的事结合起来，引申出了"期期艾艾"这个成语。

散朝以后，吕后把周昌召过去，红着眼睛说："若不是先生，今天太子就保不住了呀！吕雉给先生磕头了！"说着，扑通一声跪下来。

这是几千年历史上罕见的一幕！吕后以皇后之尊，亲自跪谢大臣。

这个刚强的女人确实被逼到绝境了，以现在的情况，他跟戚夫人不管谁上台，都不会放过对方，两个女人之间争的不仅是太子之位，更是两个家族的性命安危。

当初吕后怎么也想不到，自己的丈夫成为开国帝王以后，自己有一天竟会沦落到为全家老小的性命苦苦挣扎的境地。易储风波最紧张的那些日子里，她跪在刘邦的寝宫外，没日没夜地大哭，从当年嫁给刘邦的情形，一直数落到被项羽绑架："……皇上，有一些事我一直没跟您说，那些年我怎么过的啊……他们把我一个人关在那边，每天都来羞辱我……我一个女人……天知道我怎么活过来的……要不是想着我们的盈儿，我当时就死在那里了……现在盈儿总算长大成人了，他很乖，他听您的话，他没犯任何错呀，为什么您就不肯放过他呀……"

吕后很清楚，现在决不可强争，只能苦求。但即使她用尽一切办法哀求，刘邦竟也还是不心软，还是把废太子的提案拿到朝堂上去讨论。这次多亏周昌强行把刘邦挡回去了，不然刘盈的太子之位可能真的保不住了。所以精神濒临崩溃的吕后才做出了皇后跪拜大臣的惊人举动。

吕后是恩怨分明的人，周昌的这个大恩，她一辈子都记得。以后不管周昌做出什么事，她都会手下留情。

但易储风波还没完，刘邦回到宫里，戚夫人那边一通哀求，刘邦又顶不住了，过几天又一次提出这个事。

吕后的哥哥吕泽跟她商量："要不去找张良试试？"张良的才智天下第一，也许他有办法打破这个僵局。

刘邦也认命了

吕泽找到张良，说了目前的困境，求他救救吕后和吕氏家族。张良本来不想再干涉朝中事务，但易储事关国本，他必须表态。

张良很清楚，易储风波闹成这样，必须有人做出重大牺牲，现在看来，当然只能牺牲戚夫人那一派，所以他支持吕后。

何况还有一个大臣们都不敢提的重要理由：以刘邦现在的身体状况，肯定支持不了几年了，吕氏的势力如此庞大，如果刘邦之后是戚夫人母子掌权，他们怎么镇得住吕氏？那时候朝廷必然有一场天翻地覆的浩劫，大汉王朝能不能挺得过去都难说。如果现在不阻止刘邦易储，一旦大错铸成，悔之晚矣。

所以张良向吕泽保证："我是站你们这边的，我替你们出个主意，你们去请'商山四皓'。这是四个隐居在商山的老头，据说他们都是超脱于世外的贤者，圣上多次派人请他们出山都没请动。如果你们把这四人请来，让他们陪在太子身边，然后故意让皇上看见，皇上看到太子如此得人心，必然就不会废他了。"

吕后听到吕泽的回报，果然让人以隆重的礼节去聘请商山四皓，终于把四人请来了。

当然，也有可能张良跟商山四皓本来就有些联系，私下跟他们打过招呼，所以才能请动他们。

刘邦讨伐黥布回来，到燕国巡视，顺便摆宴席招待将领们。当时太子刘盈也在宴席上，刘邦一眼看到他身后站着四个长须老者，仪态不凡，就问他们是什么人。听说是商山四皓以后，刘邦非常惊讶，说："朕派人请你们多少次你们都不来，现在怎么来了？"

商山四皓回答："太子贤能，我们特地来辅佐他。"刘邦大惊。

宴席散后，刘邦对戚夫人说："太子羽翼已丰，我也没法撼动他了，以后吕氏才是你的真主人呀。"

戚夫人泪下如雨，刘邦说："你跳支楚舞，我为你作一支楚歌。"

戚夫人翩翩起舞，刘邦随着她的舞姿唱道："鸿鹄（hú）高飞，一举千里。羽翮（hé）已就，横绝四海。横绝四海，当可奈何！虽有矰缴（zēng jiǎo），尚安所施！"

吕氏和太子的势力已经无法撼动了，刘邦只好认命。

为了避免刘如意被吕后伤害，刘邦只好再做最后一点努力，他把周昌任命为赵国的相国，让他辅佐赵王刘如意。

周昌是朝廷里最忠直的臣子，又对吕后有恩，派他去辅佐刘如意可谓用心良苦。

至于戚夫人，刘邦只能放弃了，谁让她是皇帝的女人呢？

为了限制吕氏的势力，刘邦把群臣召集过来，杀掉一匹白马，让群臣歃血为盟，发誓道："非刘氏而王，天下共击之。"就是说，除了刘氏以外，其他人要敢称王，群臣要一起讨伐他。后人把这次盟约称为"白马之盟"。

这时候异姓诸侯已经差不多被铲除完了，剩下的诸侯都是刘姓子弟，"白马之盟"明显就是针对吕氏的，但是这个盟约能有多大的效果？刘邦自己都不清楚，只能尽力而为罢了。

公元前195年夏天，刘邦箭伤发作，健康状况每况愈下，下人们请来全国的名医。刘邦对周围人说："我以布衣之身提三尺剑取天下，此乃天意。我命在天，就算扁鹊来了也没用。"所以任何医生来看病他都不让，直接给钱让医生滚蛋。

感到自己来日无多的刘邦开始准备身后事，这时他最放心不下的还是强悍的吕氏。

前不久卢绾造反，刘邦派樊哙带兵去镇压，但樊哙走后不久，刘邦忽然想到，樊哙娶的是吕后的妹妹吕媭（xū），现在又让他掌握重兵，这不是在助长吕氏的势力吗？尽管樊哙是刘邦最信任的将领，而且从来没有表现出勾结吕氏的趋向，但在这种形势之下，刘邦也只好下狠手了。

刘邦找陈平商量，最后决定：让陈平假意去前线传圣旨，车里偷偷载上周勃，到前线以后才宣布刘邦的密令，斩樊哙，让周勃代替樊哙为将。

刘邦催得很急："快快取樊哙人头来！"陈平、周勃无可奈何，只好立即奔赴前线。

两人在路上偷偷计议：这事很难办——樊哙是皇上最得力的助手，又是皇后的妹夫，也没犯什么过错，这样平白无故去把他杀了，万一改天皇上反悔了，或者吕后追究起来，我们的身家性命还要不要了？

两人都觉得左右为难，最后还是陈平做决定：先不杀樊哙，而是把他绑上囚车，押解到长安，让皇上自己处置。

到燕国前线以后，两人依计行事，果然顺利抓到樊哙，把他绑上囚车，随后周勃留在燕国领兵，陈平押解着樊哙回长安。

就在陈平回长安的路上，一个惊天的消息传来：皇帝驾崩。

公元前195年六月，汉高祖刘邦在长安病故，历史翻过新篇章，另一个时代来临了。

萧规曹随

就在刘邦过世后不久，吕后的妹妹吕媭忽然冲进宫来，大骂陈平、周勃，说他们挑拨先帝暗害樊哙。

吕后却不着急，说等等看。

很快陈平就回来了，冲到刘邦的灵位前跪地大哭，一边说："陛下您让我去捉拿樊哙，现在我把他捉回来了，特地向您汇报。"吕后姐妹这才知道樊哙没死，都松了一口气。

吕后下令释放樊哙，恢复他的爵位，吕媭还想再说什么，陈平赶忙又说，现在宫中需要有人维持秩序，请求吕后让他留在宫里帮忙管理禁军。吕后就任命他为郎中令，负责宫中治安，于是陈平一直留在吕后身边，吕媭这才愤愤不平地走了。

再说燕国那边。周勃到那里以后才听说卢绾已经逃走了，现在正带着家属、官员等一大拨人等在长城下，号称是要等刘邦病愈以后入朝谢罪。刘邦病逝的消息传到边关以后，卢绾知道自己再也回不去了，于是带着手下的人们逃到匈奴，被匈奴收留下来，封为东胡庐王。

第二年，卢绾病死在匈奴国内。从陈豨开始，接近三年的一系列叛乱这时候才彻底平息了，异姓诸侯也从此成为历史。

一个月守孝期满后，十五岁的太子刘盈登基，是为汉惠帝。

一直到这一刻，吕后才终于松了一口气，她熬过来了！她是最后的赢家，现在的时代是属于她的！

新皇帝年纪还小，性格又稳重平和，强势的吕后很快就把持了朝政，什么事情都替自己的儿子做主。

现在首先要稳定局势，凭吕后的才干以及长期积累的政治人脉，这点不难做到。她按照刘邦的临终遗言，任用萧何为相，政府班底也基本沿用刘邦时代的，再加上刘邦已经把强势诸侯都杀光了，没人能威胁朝廷，所以朝政在平稳中过渡，一切都按部就班地进行着。

关于惠帝早期的政治，最著名的是"萧规曹随"的故事。

曹参跟萧何一样，也是秦朝末年沛县的小官，算是萧何的下属。他跟刘邦私交也特别好，刘邦起义的时候，曹参也是第一批追随者，随后一路跟着刘邦打天下，立下许多军功。汉朝建立以后，他被封为平阳侯，功劳榜上排第二。

刘邦把长子刘肥封到齐国以后，任命曹参为齐国相国。齐国是天下最大的诸侯国，军事和政治地位都特别重要，让曹参去那里辅佐刘肥，可见刘邦对他的能力是相当认可的。

齐鲁大地在春秋战国时代就是华夏的文化中心，曹参到那里以后，把当地的学者文人都召集起来，询问他们治国的策略，最终定下了以"黄老之术"治国的总基调。

"黄老"的核心思想就是清静无为，反映到治国方面就是"无为而治"，这种思想也是整个西汉初年朝廷治国的基本方略。

曹参用这种策略治理齐国，取得了很好的效果，齐国成为诸侯国里面最稳定繁荣的一个。

刘邦临终的时候曾经向吕后交代，先用萧何，萧何过世以后就用曹参。公元前193年，萧何病逝，吕后随即把曹参从齐国召回长安，让他接替萧何的职位，总领朝中事务。

曹参执政以后，把好大喜功的官员都革职，只留下老成持重的，国政完全沿用萧何的制度，尽量不做变更。曹参自己则天天饮酒作乐，看起来一副不务正业的样子。

朝中大臣们看到这情形，都认为曹参是故意在玩忽职守，很多人就想规劝他，曹参只要看到有人来劝，就拼命劝那人喝酒，直到把对方灌醉为止，于是没人能劝告他了。

最后这件事惊动了惠帝本人。惠帝让曹参的儿子去劝曹参，结果曹参却把他儿子打了一顿。惠帝只好自己把曹参召来问："相国一直不理国政，请问是什么原因？"

曹参反问惠帝："陛下认为自己跟先帝谁更高明？"

惠帝回答："朕怎么能跟先帝比？"

曹参又问："臣跟萧相国比谁更贤能？"

惠帝回答："您比萧相国恐怕要差一些。"

曹参说："这就对了！先帝与萧何定天下，法令制度制定得非常完备，我们只需要把这套制度推行下去就行了，不宜自行改动。"

惠帝这才领悟了曹参的良苦用心。

后人就把曹参理政的故事称为"萧规曹随"。

当然，史书上戏剧化的情节有些过分夸张了，"萧规曹随"本质上体现的是汉朝政府对于黄老之学的坚定执行，这是整个政府班底达成的共识，不能归到曹参一个人头上。

这一套策略实际上就是尽量不折腾老百姓，给社会留一些时间来修复战争的创伤。更进一步说，当时处在一个新朝代的开端，内外矛盾相对缓和，各种弊端还不明显，朝廷只要做一定的统筹规划，整个社会就能在正确的道路上前行，所以朝廷不必过多干预。

正是因为实行了如此明智的策略，惠帝时期的大汉才延续了之前的太平景象，社会经济保持着良好的发展势头，国力在休养生息中持续恢复，盛世的曙光已经在地平线上露头了。

不过后人常常忽略的一点是：刘邦之后的大汉之所以能保持平稳运行的态势，很大程度上是因为吕后的存在。晚年的吕后，政治经验与个人影响力都已经不输给刘邦，由她来主持朝政，足以压住一切不稳定因素。所以刘邦不在，但大汉的威仪还在，国家的气运还在，这是大汉的幸运，也是天下人的幸运。

再说吕后。

她的所作所为固然对得起国家，她本人却是一个被苦难和仇恨扭曲了的变态复仇者。稳定了朝中局势以后，吕后终于抽出身来——是时候收拾后宫那些妖妇了！

吕后的血腥复仇

吕后本来不是小气的人,本来不屑于跟那群庸俗的女人纠缠,但是这些年刘邦把她伤害得太狠了,她要报仇!不仅是报复那些妖妇,更是报复刘邦本人!

她想起自己嫁给刘邦这些年的经历,颠沛流离,担惊受怕……没有过一天安稳日子,连一对儿女都跟着遭罪,到老了来,还差点被姓戚的女人掀下台。这一切都是刘邦那个糟老头子害的!她吕雉一生的幸福都毁在那个糟老头子手上,不能找老头子算账,但可以找他的那些女人们!

吕后下令把刘邦的后宫姬妾全部监禁起来,命令她们卸掉钗环,换上囚犯的衣服,该掌嘴的掌嘴,该罚做苦力的就罚做苦力。后宫姬妾们哭成一片,跪在地上乞求吕后的宽恕,吕后却感到由衷的快意。

只有薄姬,吕后看她可怜,不忍心下手。

当年魏豹被杀以后,薄姬被打入织布工房当女奴。刘邦有一次偶然见到她,顿时看上了她的美貌,就把她纳入后宫。

这以后刘邦就把薄姬忘了。过了一年多,有一天,刘邦在河南的行宫里跟两个爱姬管夫人、赵子儿喝酒,两个女人凑在一起窃窃私语,笑得花枝乱颤,刘邦问:"你们笑什么?"

两人回答:"我们刚说到那个薄姬,她好笨的,皇上听我们跟您说……"

原来很多年前薄姬曾跟两人是好朋友,三人约定:以后谁先得到富贵,都不要忘了另外两个姐妹。现在管、赵两人都受宠了,却不肯帮助薄姬,可怜的薄姬还在那边眼巴巴地望着。

两人笑着问:"皇上说,好不好笑?"

刘邦看着他们一脸谑笑的样子,心里莫名升起一股厌恶的感觉,不由得有些同情薄姬,当天就把薄姬召来临幸了她。

薄姬命特别好,就这一次被临幸居然就怀孕了,后来生下个儿子刘恒,被封为代王。

但刘邦很快又把薄姬忘了,再也不来见她,任由她在宫里自生自灭。

薄姬一生历尽波折,能够得刘邦宠幸生下王子已经非常满足了,所以不争不抢，在宫里默默地抚养着自己的孩子。

现在吕后看到薄姬跪在面前，衣衫单薄，容颜憔悴，又想到她的身世跟自己有些类似——也是饱尝艰辛，含辛茹苦地抚养孩子，一生被刘邦冷落——不由得心生怜悯，就放过了这个可怜的女人，下令让薄姬到代国去跟着儿子刘恒生活，还特别恩准薄姬的弟弟薄昭也跟过去。

薄姬姐弟叩头谢恩，踏上了去代国的道路。

回过头来，吕后就准备整治戚夫人了。

她让人把戚夫人关进宫里的永巷，罚她天天舂米，慢慢折磨。

可怜的戚夫人，被剃光头发，戴着铁项圈，受尽虐待。她一边舂米，一边唱着："子为王，母为虏，终日舂薄暮，常与死为伍！相离三千里，当谁使告女（汝）？"

吕后听到以后勃然大怒："贱货！还指望你儿子来救你？"马上发下诏书，命令赵王刘如意到长安来。

周昌这时候在赵国辅佐刘如意，接到吕后的命令以后，他回复使者："听说太后想杀赵王？微臣受先帝嘱托照顾赵王，请恕微臣不能答应太后的命令。"

使者几次来传达命令，都被周昌拒绝了。吕后怒不可遏，说："那就把周昌给我叫过来。"

周昌只好自己去长安见吕后，一到长安就被吕后监禁起来，然后吕后再发命令征召刘如意。

刘如意无可奈何，只好亲自去长安。

惠帝早就在关注这件事，他非常关心弟弟的安危，听说刘如意被迫来长安，他便抢在吕后之前赶到灞上迎接刘如意，直接把刘如意带进自己的寝宫，后来天天把他带在身边，吃饭睡觉都在一起，让吕后找不到下手的机会。

吕后恨得咬牙切齿，但没办法。

就这样过了一段时间。有天早上惠帝要出去打猎，刘如意还是孩子，还没睡醒，惠帝不忍心吵醒他，就自己出宫了。

过了几个时辰，惠帝回到宫里，却听说吕后已经把刘如意毒死了。

惠帝悔恨不已，但大错已经铸成，无法挽回了。

吕后杀死刘如意以后，终于不再顾忌，可以对戚夫人下手了。她命人砍断戚夫人双手双脚，挖掉眼珠，熏聋耳朵，灌下哑药，把已经不成人形的戚夫人扔到厕所里面当众展览，说这是"人彘"。

为了跟儿子赌气，吕后还把惠帝骗过去让他观看。惠帝看到粪堆里蠕动的一块红肉，很惊异地问这是什么东西，听说是戚夫人以后，他的精神世界彻底崩塌了。

他是一个秉性纯良的人，读的是圣贤书，学的是仁义礼智，对世界怀抱着美好的期望。眼前惨烈的一幕让他受到无与伦比的冲击，这是他根本无法承受的。更重要的是：这一切都是自己的亲生母亲做出来的。他不能接受自己有这样一个禽兽不如的母亲，不能接受自己身上流淌着禽兽的血液。

惠帝哭倒在地，随后大病一场，一年多不能起床，他让人禀告吕后："这不是人能干出来的事，作为你儿子，请恕我不能治理天下了。"

从此以后，惠帝拒绝再过问朝政，整天在宫里喝得醉醺醺的，他主动把自己变成了一个废人，以这种方式报复自己的母亲。

吕后终于报了大仇，但代价是极其高昂的，不仅失去了自己的儿子，更失去了所有人的同情。

"人彘事件"传出来以后，朝野哗然。人们虽然不敢公开表示反对，但心里都对吕后极度反感。尤其是那些开国老臣们，他们终于意识到自己选择了一个错误的领袖。

虽然说政治是黑暗的，但老练的政客总会懂得包装自己，他们会给自己的暴虐行径找一个看似合法的理由，甚至贴上"为国家为百姓"的标签。最低限度，他们不会公开做一些反人类的事，做了也会千方百计地隐瞒。而吕后却不讲究这些，她以最骇人听闻的方式残害自己的政敌，并且公开展示给天下人看。这样的行为，对她自己，以及对整个大汉朝廷的形象造成了无法估量的损失，所以吕后根本不是一个合格的政治领袖。

老臣们也看到，吕后可以公然踏碎一切道德底线，这样的人，你跟她合作是非常危险的。从现在开始，所有人都必须对吕后严加防范，也对吕氏严加防范！

吕后给吕氏掘了一个大坑，吕氏终有一天会深受其害的。

但吕后并不管这些，仇恨已经使她疯狂了，"人彘事件"过后，她继续挥舞屠刀，报复一切她想报复的人。

人伦惨剧

残害后宫妃嫔只是第一步，这一步一旦走出去就再也不能回头了，后妃的儿子们，以及全体刘姓诸侯，都已经看到了吕后的残酷，所有人都在想方设法防备吕氏，所以吕后接下来必须对他们下手。

刘姓诸侯里面势力最大的是齐王刘肥，他是刘邦的长子，又掌握着齐国这样一个实力最大的诸侯国，所以吕后的下一个目标就是他。

戚夫人母子被害的第二年十月，朝廷庆祝新年，诸侯们都来道贺，齐王刘肥也来了。

当时吕后、惠帝跟群臣一起赴宴，由于刘肥是长兄，惠帝对他很客气，让他坐自己的上首。

吕后让人斟了两杯酒放到桌上，刘肥端起一杯向吕后祝寿。惠帝知道酒有问题，马上端起另一杯也来祝寿，吕后脸色骤变，一掌打掉他手里的酒杯，刘肥也就把手里的杯子放下了。

过后刘肥问吕后左右的人，才知道这是两杯毒酒，他惊恐莫名，想要逃走又怕没机会。

手下的官员就对刘肥说："太后非常喜欢她的女儿鲁元公主，目前您的齐国有七十多座城池，鲁元公主的封邑才区区数座，您应该把自己的城邑献一些给鲁元公主，太后一开心，就不会为难您了。"

刘肥点头称是，便把齐国的城阳郡献给鲁元公主做汤沐邑，为了进一步讨好吕后，刘肥甚至把鲁元公主尊为齐国太后——没错，刘肥认自己的妹妹当妈。

吕后听说以后大喜。晚年的吕后，就像寻常人家的老太太一样，只要多说几句软话就能骗得她心花怒放。她不仅放弃了杀刘肥的计划，还召集一大群人去刘肥的官邸摆宴席，一家人高高兴兴地庆祝了一番，然后放刘肥回他的齐国去了。

但是刘肥真的就甘心忍受这样巨大的屈辱吗？当然不会。他只是暂时忍让而已，仇恨却在内心深深地扎下根来。他掌握着大汉王朝最强大的一个诸侯国，只要时机成熟，他就一定会报仇，即使他找不到机会，他的子孙后代也会替他报仇。

这次事件进一步显露出晚年的吕后性格上幼稚的一面：她完全凭个人喜怒行事，而不在乎实际利益。她明明已经暴露了杀机，却因为刘肥表面上的服软就放过了他，于是给自己留下一个强大的、怀恨在心的敌人，顺便也给吕氏又挖了一个大坑。

可能受到刘肥认妹妹当妈的启发，吕后觉得把自己的辈分抬高一辈挺有趣的——或许潜意识里面这也是她对刘邦的变相报复，现在她的辈分比刘邦还高一辈了，把整个刘氏家族都踩在了脚下，这种变态的快感让她欲罢不能。

于是她做出了又一个令人瞠目结舌的决定。

她发布命令，把鲁元公主的女儿张嫣嫁给惠帝当皇后！

鲁元公主是惠帝一母所出的姐姐，所以惠帝跟张嫣是舅舅跟外甥女的关系，可是吕后强迫他们成亲！

吕后可能是基于这样一种考虑：惠帝已经彻底跟她决裂了，她又没有别的儿子来代替惠帝，为了继续控制汉家天下，就只能让鲁元公主的家庭跟惠帝联姻。至于人伦什么的，有什么必要考虑吗？

吕后的命令下来以后，所有人都惊得目瞪口呆，鲁元公主和惠帝都坚决表示反对。可是吕后已经是一个极其顽固的老太太，根本不听任何人的劝告，她执意要推动这门亲事，任何人都拦不住她。

整个大汉王朝都在悲伤中沉默着，只有吕后带着自己的死党们忙里忙外地张罗婚事。

公元前192年，年仅十岁的张嫣嫁给自己的舅舅，成为大汉王朝的皇后。

这段违背人伦的婚姻注定是不幸的，后人传说，张嫣终生都是处子之身，她跟惠帝只是名义上的夫妻。按照惠帝的人品来说，这很有可能，但这样一种软性抵抗方式仍然无法改变两人的悲剧命运。

婚后不久吕后又着急起来，又天天催两人"早生贵子"，可是张嫣年纪那么小，哪有生育能力？何况两人可能根本就没有夫妻之实。

吕后焦头烂额，不停地抱怨惠帝让自己"绝后"，又找大夫来看，想尽各种办法，可是张嫣的肚子依旧没有任何变化。

最后吕后竟然想出一个匪夷所思的荒唐招数。她让张嫣假装怀孕，找来宫里另一个妃子生的儿子，杀掉那个妃子以后，说这个儿子是张嫣生的。于是这个叫刘恭的孩子成了惠帝的"嫡长子"，并且在吕后的推动下很快被立为太子。

或许是当年的易储风波把吕后伤害得太深了吧，她有着一种近乎变态的执着，拼命地要把自己的血脉灌注到大汉王朝的王座上，似乎不这样做，她就极度缺乏安全感。

现在她的儿子是皇帝，她的外孙女是皇后，她的孙儿是太子，再也没人可以跟她抢太子之位了……她终于稍微感觉安全了一些，可以喘一口气了。

但是命运偏不让她得逞，更大的打击在等着她。

第十三章　外戚乱政的开端

吕后主政

公元前188年，年仅22岁的汉惠帝驾崩于未央宫。

生命的最后几年，惠帝基本上就是一个废人，他完全把自己跟外界隔离开来，在宫里没日没夜地纵情酒色，以摧残自己的方式来报复自己的母亲。严重糜烂的生活和精神上的极度痛苦终于摧垮了他的身体，所以他仅仅当了七年皇帝便英年早逝了。

吕后是个极端执拗的人，儿子的早逝固然令她很伤心，但她绝不认为这个悲剧是自己造成的。事实上，这个儿子早就是她的敌人了，死了以后还更方便她控制朝政，所以她现在最担心的还是怎么控制局势，防止别人来夺她的权力。

为惠帝发丧的时候，吕后在上面哭得十分哀恸，张良的儿子张辟强在台下看到，对陈平说："太后看似悲痛，却没有泪水，你知道什么原因吗？"

陈平请教他，他说："因为太后没有别的儿子，担心你们这些老臣会对付她。要解除太后的疑虑，你们最好上书请求加封吕氏的人，让吕氏掌握朝政大权。也只有这样，才能保得你们这些老臣平安。"

陈平恍然大悟，赶忙上书请求吕后加封吕氏族人。

当时吕后的两个哥哥吕泽、吕释之都已经过世了，吕氏的重要人物主要是：吕泽的儿子吕台、吕产，吕释之的儿子吕禄，以及吕台的儿子吕通。吕后非常希望能把他们提拔上来，制衡刘邦的那些老部下们。

陈平的奏折一递上去，吕后马上嘉奖他，然后终于声泪俱下，开始哭自己儿子了，朝臣们也都松了一口气。

安葬了惠帝以后，吕后扶立刘恭为帝，拜谒太庙，大赦天下，自己临朝称制，彻底掌握了朝政大权，汉朝也从此进入吕氏专权的时代。

既然陈平为首的老臣都表态了，吕后就不再顾忌，很快就把吕氏的人都提拔上来，特别是让他们掌握军权，就连长安的禁卫军都交给吕产等人去统领。第二年开始，吕后更是把吕产、吕台、吕禄、吕通先后封王，甚至吕后的两个已死的哥哥都被追封为王，吕氏的另外六人也被封侯，吕后的妹妹吕媭也一步登天，成为煊赫一时的明星。

前几年刘邦在"白马之盟"上明确说过："非刘氏而王者，天下共击之。"现在吕后公然违背刘邦的遗愿，引起很多人反感。但大家都不敢表露出来，只有右丞相王陵站出来坚决反对这种做法，理由就是刘邦和老臣们的白马之盟。吕后听到以后很不高兴，把王陵任命为太傅，明升暗降，实际上夺了他的丞相之位，又把自己宠爱的审食其提上来为左丞相。

审食其也是沛县人，可能是刘邦一个关系特别好的邻居。刘邦在沛县起兵后把刘太公、吕后等人都托付给审食其照顾，后来刘太公和吕后被项羽捉为人质，审食其也跟在他们身边，他们被释放以后，审食其就一直留在吕后身边照顾吕后。

吕后是个性格极端的人，得罪过她的人，她会用最残酷的手段报复，但如果谁给她一点温暖，她又会瞬间感动得涕泪交流，甚至永生不忘。

审食其的恩情吕后就一辈子都记着，所以常常把他带在身边，对他言听计从，外界甚至传言两人有奸情，不过这种可能性不高。

审食其本身的人品还算端正，没有倚仗吕后对自己的宠爱作威作福，他给吕后的一些建议也算中肯，所以他算得上一个贤良的宠臣。

而且吕后自己也比较克制，她任用审食其，主要还是让他在自己和大臣中间当一个联络人，帮忙协调各方关系，所以并没有放纵他干涉朝政。

另一个让吕后感恩的人是张良。当初是张良提议找"商山四皓"来帮扶惠帝，才让惠帝躲过了被废的命运，这个恩情，吕后也一直记得。

张良晚年沉迷于辟谷之术，长期不进食，饿得形销骨立，吕后看在眼里，疼在心里，就留他在宫里吃饭，劝他说："人生一世间，如白驹过隙，何必如此为难自己。"张良这才开始进食。

除此以外，吕后对待刘邦的老臣，像陈平、周勃这些人，态度都是比较温和的，甚至对王陵也是。王陵被夺掉丞相之位以后，赌气七年不上朝，吕后也没跟他计较。

吕后对待大臣的宽容之态，使得吕氏跟老臣们尽管矛盾重重，却还能维持表面的和睦。

不过老臣们的心机其实比吕后以为的更深，他们任由吕氏专权，除了畏惧吕后的威势，不得不低头以外，更是基于这样一种很现实的考虑：吕后已经老了，她能把持朝政的时间也就这几年而已；现在的小皇帝不仅年纪小还来路不正，一旦吕后这把保护伞消失，整个吕氏加上小皇帝都是很好欺负的。

所以他们可以等，等到吕后死的那天再来算总账。

关于这种想法，陈平早就明确跟王陵提到过。当时王陵怪他违背先帝的遗愿，对吕后卑躬屈膝，陈平就回答说："面折廷争，我不如您；保定汉家社稷，您可不如我呀。"

吕氏的覆灭，在这时已经种下祸根了。

刘氏江山？吕氏天下？

吕后临朝称制是逆天而行，举国上下都存在很大阻力，吕后也一直忙于压制这些反对力量，所以在她的统治下，大汉王朝一直暗流涌动，从来没有平静过。

最严重的反抗来自小皇帝刘恭。当初吕后杀死他母亲，然后对外声称他是张嫣生的，但纸包不住火，刘恭成长起来以后渐渐了解到了自己的真实身世，年轻气盛的他忍不住，私下里常常说："太后怎么能杀死我的母亲还想让我顺从她？我现在年纪还小，等长大以后一定要报仇！"

吕后听说以后果断出手,把刘恭监禁起来,对大臣们说:"皇帝病了,天天说一些胡话,不能再继承宗庙社稷,大家赶快推举一个新君。"

朝臣们没人敢反对,于是吕后偷偷把刘恭杀掉,然后扶立惠帝的另一个儿子刘弘为帝,自己继续临朝称制。这是公元前184年的事。

刘恭的反抗让吕后惊出一身冷汗,从此她更加严厉地压制任何反对力量。

对于吕后来说,有两股势力是她要专心应付的:一是刘邦的老臣们,他们已经跟吕氏达成妥协,所以问题不大;另一个就是刘姓诸王,吕氏的权力主要就是从他们手上夺来的,他们对吕氏充满怨恨,如何能既压制他们,又跟他们和平共处,这是吕后着重考虑的问题。

吕后对刘姓诸王持续保持高压,使得他们表面上保持恭顺。但这是远远不够的,要从根本上解决问题,还需要其他思路。

吕后选择的方法是联姻,强迫刘氏贵族娶吕氏的女儿(惠帝娶张嫣就是这个计划的一部分,也是在为刘氏贵族们树立一个榜样)。

吕后想的是:下一代刘氏贵族都是吕氏的母亲生的,应该不会再仇恨吕氏了吧,两个家族从此就能达成和解,吕氏也能通过这种方式把自己的血脉跟大汉王朝牢牢地绑在一起。

在吕后的强迫下,刘氏王孙们纷纷娶吕氏的女儿为妻,尽管他们心里一万个不愿意,但也没办法,只好强颜欢笑,假装出对自己妻子的无限爱慕。

其中比较重要的联姻有:

朱虚侯刘章(刘肥的第二个儿子)娶吕禄(吕后的侄儿)的长女;

燕王刘泽(刘邦的远房兄弟)娶吕媭(吕后的妹妹)的女儿;

赵王刘友(刘邦的第六个儿子)娶吕氏女(可能是吕后的侄女);

赵王刘恢(刘邦的第五个儿子)娶吕产(吕后的侄儿)的女儿。

当然,也有人不愿意假装恩爱,两个赵王就跟自己的吕氏妻子闹出了严重矛盾……

刘邦晚年,杀尽异姓诸侯以后,把自己的儿子纷纷封为诸侯,其中第六子刘友被封为淮阳王。

公元前195年,赵王刘如意被吕后毒死,刘友被改封为赵王。

似乎"赵王"这个称号严重不吉利,刘友在赵王的位置上坐到成年以后也出事了。

刘友对吕后强加给他的婚姻很不满意，一直冷落那个吕氏女，只宠爱别的女人。性格彪悍的吕氏女就去吕后跟前告状，声称刘友私下说过："吕氏有什么资格称王？等太后死了以后，我一定要亲自讨伐他们！"

吕后听说以后勃然大怒，公元前181年正月，吕后把刘友召到长安，然后命令卫兵围住他的府邸，严禁任何人送食物进去。

吕后的想法可能是逼刘友主动认错，跟吕氏女和好，但刘友的性格之顽强远远超过她的估计。

刘友在府邸里被困了很多天，食物断绝，却始终不肯屈服，反而更加强硬地反对吕氏。

他满怀愤懑地唱道："诸吕用事兮刘氏危，迫胁王侯兮强授我妃。我妃既妒兮诬我以恶，谗女乱国兮上曾不寤。我无忠臣兮何故弃国？自决中野兮苍天举直！于嗟不可悔兮宁蚤自财。为王而饿死兮谁者怜之！吕氏绝理兮托天报仇。"人们听到以后都很同情他，但没人敢违背吕后的命令。

十九天以后，刘友终于被饿死在了自己的官邸里面，吕后下令把他以平民的规格安葬在郊外的墓地里。这是刘如意之后又一起王子被杀的惨剧。

不久以后，长安发生日食，吕后听到报告以后坐立不安，对人说："这是上天在警告我吧？"

为了安抚赵国民众，吕后把刘友的哥哥梁王刘恢改封为赵王。

刘恢想到前面两个被杀的"赵王"，很不愿意去当赵王，但没办法，他不敢违抗吕后的命令，只好勉强上路了。

鉴于刘友的前车之鉴，吕后对刘恢控制得更加严密，不仅把吕产的女儿嫁给他为王后，还派出许多吕氏的官员跟着这个王后去赵国。这些官员天天跟在刘恢身边监视他的一举一动，严厉防范他冷落吕氏女。

但强扭的瓜不甜，这之前刘恢已经有了自己的爱姬，娶了吕氏女以后刘恢仍然放不下她。官员们把这个情况报告给吕后，吕后立即派人毒死了这个爱姬。

刘恢的精神崩溃了，他的人生已经看不到任何希望，他为这个爱姬作了四章诗歌，嘱托乐工传唱给后世。当年六月，在当了四个月赵王以后，刘恢自杀身亡。

吕后听说以后大怒，她想尽办法控制刘邦的儿子们，这群年轻人却用尽一切办法来反抗，甚至不惜以死抗命。吕后下令："刘恢为一个妇人废弃宗庙之礼，不配为王族！即日起绝其后嗣。"因此刘恢这一支宗族也断绝了。

吕后不信邪，又通知代王刘恒，让他去当赵王。

这时候天下人都在传说赵王的位置不吉利，赵国人又对吕后愤愤不平，刘恒当然不想去搅这趟浑水，他回复吕后："代国是抗击匈奴的最前线，刘恒愿替国家守边疆，请太后改派别人。"

吕后有点下不来台，看在薄姬的面子上又不好对刘恒发作，这样僵持了一段时间，最后还是吕产联合陈平来解围，两人联手向吕后上书，说："论功劳，武信侯吕禄为列侯第一，要封王也该吕禄先封，所以请封吕禄为赵王。"

吕后只好同意他们的请求，把吕禄派去当赵王，围绕"赵王"之位的这一系列冲突才终于结束了。

但随后，燕王又出了问题。

燕王刘建是刘邦最小的儿子，在这年九月死了，只留下一个儿子，但不是吕氏女生的。吕后恨得牙痒痒：刘邦的后人只要不是吕氏生的都该死！所以他派人杀死了这个小孩，硬生生断掉了刘建这一支血脉。

吕后立吕通为燕王，又一个刘姓诸侯国变成了吕氏诸侯国。

刘邦一共有八个儿子，到这时，被吕后逼死和杀死了三个，刘盈的死也跟吕后有很大关系，刘肥、刘建也都死了，活着的只有刘恒和刘长了——刘恒是因为他母亲薄姬跟吕后关系不错才得以幸免（有分析认为刘恒也被迫娶了吕氏女，但史书故意隐瞒了这件事），刘长也是因为从小由吕后抚养长大才能免遭荼毒。

吕后用如此残暴的手段控制刘邦的后人，在刘氏王族中间引起了严重愤慨，他们现在不敢发作只是因为吕后还在，一旦吕后不在了，他们的愤怒就会像火山一样喷发出来！

所有刘姓王族都在等着那一天……

大汉战神朱虚侯

所有刘姓王族里面，朱虚侯刘章是很特别的一个。

前几年齐王刘肥死了以后，他的长子刘襄继承了齐王之位，次子刘章被封为朱虚侯。

刘章生性勇武，胆气过人，才二十来岁就常常公然挑战吕氏的权威。

据说有一次吕后举办酒宴，朝廷重臣们都在座，轮到刘章当酒吏，也就是宴会的主持人。刘章主动请愿说："臣是将门之后，既然让臣来主持酒会，就得按军法来行酒。"吕后同意了。

酒酣耳热之后，刘章端起酒杯对吕后说："臣有一支《耕田歌》请唱给太后听。"

吕后很不屑："你爹那辈人才是耕田的，你们这些娇生惯养的王子，哪里懂耕田？"

刘章说："我还真懂。请听我唱。"于是唱道："深耕穊（jì）种，立苗欲疏。非其种者，锄而去之。"

翻译过来就是："种田要深耕密种，禾苗要立得稀疏，杂草要尽力锄掉。"前两句比喻刘氏子孙应该多多繁衍，广布四方，后面两句是暗示要除尽诸吕。

歌唱完以后，全场哑然无声，吕后也一言不发，大家都没想到刘章如此胆大，当着吕后敢暗示铲除吕氏的意向。

大家只好喝闷酒，酒宴又进行了一会儿，有吕氏的人喝得撑不住了，悄悄从宴席上溜开，刘章看到后，径直拔剑追上去把那人砍死，然后回报吕后："有人违反酒令，臣已经按照军法处置他了。"

席上众人目瞪口呆，吕后犹豫了半天，最终还是没有发作，吕氏子孙们只好吃下这个哑巴亏。

从此以后刘章的名声就传开了，刘氏子孙都傍着他抵抗吕氏的压制。

为什么吕后不敢动刘章呢？还得多亏齐国的重要地位。

齐地跟关中一样，是一块完整的战略单元，凭借自身的资源就可以独立于帝国而存在。汉朝政府非常看重这个地方，所以建国以后不久，刘邦就把齐地分封给自己的长子刘肥——有可能当时刘邦已经开始担心强势的吕后会有压制刘氏王孙的一天，所以提前布局，给刘氏王孙留下一个可以依靠的后方基地。

作为刘邦在婚前的私生子，刘肥的年龄远远大于其他王子，自然担当起了刘姓王族领袖的角色，所以齐国成为一个跟朝廷关系密切又独立性很强的王国。这就意味着，他们比较容易摆脱朝廷的羁绊，朝廷对他们也不得不进行拉拢和安抚。

齐国还有一个帮手，就是刘恒的代国。代国是抗击匈奴的第一线，他们一旦反叛，后果是吕后的朝廷承受不了的——吕后的威望和控制力比起刘邦还是差了很多，刘邦可以承受边关各国同时叛乱的险恶局面，吕后却不能。

所以齐国和代国就相当于刘氏王孙的大哥和二哥，吕后可以欺压其余的刘氏王孙，对于这两个国家却无可奈何。

刘章是刘肥的二儿子，手下统领着齐国的庞大军队，吕后欺压他之前，得先掂量掂量。

所以才有了宴会上那一幕场景。

齐国的存在当然让吕后很不舒服，所以刘邦驾崩以后她就曾尝试毒杀刘肥，结果被惠帝阻拦而失败了，吕后也没敢进一步对齐国发起打击。实际上，以朝廷的力量，灭掉齐国的胜算不大。加上刘肥主动做小伏低，认自己的妹妹当太后，吕后也就放过齐国了。

刘肥忍辱负重一辈子，保得齐国的平安，但"认妹做母"这样巨大的屈辱始终是齐国上下不能忘记的一笔债。刘肥死后，他的大儿子刘襄继续忍辱负重，保持对吕后表面上的顺从，暗地里却对吕氏恨得咬牙切齿。

吕后心里很清楚齐国对她的威胁，所以一直把齐国视作眼中钉，找各种借口削弱齐国。

鲁元公主割走齐国的城阳郡以后，公元前187年，吕后封吕台为吕王，割走齐国的济南郡作为吕国土地；公元前181年，吕后又立刘泽为琅邪王，割走齐国的琅邪郡。

至此，齐国已经被割走一半土地了，再这样下去，齐国会在吕后的日削月割中亡国。刘襄和刘章都非常着急，国仇家恨加上现实的生存危机，使得齐国上下都憋着一把火,都在等待那个总清算的时刻来临!

擒杀诸吕,刘氏的终极复仇

公元前180年,61岁的吕后终于走到了生命的尽头。她跟人斗了一辈子,临终前最担心的是被人报复,她做出密集的人事调动,任命吕禄为上将军,统领长安禁卫军的北军,让吕产统领南军。

吕后嘱咐吕禄、吕产等人:"你们要严密防范有人作乱,务必带兵守住皇宫,不要去给我送葬!"

当年八月,吕后病逝。朝廷按照吕后的遗诏任命吕产为相国,吕禄的女儿为皇后。

几年前吕台已经过世了,他的儿子吕嘉又因为行为放纵被吕后废掉了王位,所以现在吕氏的主心骨就是吕产和吕禄。两人密切控制军队,排挤周勃、陈平为首的老臣,双方剑拔弩张,都在准备消灭对方,形势一触即发。

吕禄的另一个女儿是刘章的妻子,她把吕氏那边的部署告诉了刘章,所以刘章马上了解清楚了吕氏的底细——当初吕后强迫刘氏王孙跟吕氏的女儿联姻,本来是为了巩固吕氏的地位,却万万想不到关键时刻帮到刘氏一个大忙。

刘章当时和他三弟刘兴居在长安,两人马上通知齐国那边的刘襄:"报仇的机会来了,大哥你赶紧调集齐国的兵力杀往长安,我们两人在这边做内应。"

齐国这时候已经被分割了三块土地出去,实力受损严重,需要收集更多兵力。特别是南边的琅邪国,现在是刘泽在统治,他是吕媭的女婿,一直跟吕氏关系不错,为了防止他在背后捅刀子,刘襄就把他骗到临淄来,软禁在宫里,然后派将领去琅邪国把刘泽的兵力全部接收过来。

刘襄随后和他的舅舅驷钧统领齐国、琅邪国联军攻打西边的吕国,开始了讨伐诸吕的战争。

刘襄传檄天下,数落吕氏的种种罪行,包括违背先帝遗愿、杀三位赵王、封吕氏为王、分割齐国等等,最后号召天下诸侯共同诛杀那些"不当为王者"。

吕氏这些年对刘氏的伤害实在太深了，人们的怒火早已难以遏制，齐国讨伐吕氏的檄文一出来，各地的刘氏子孙立即群起而响应，很快形成了各路势力围攻吕氏朝廷的局面。

吕禄、吕产赶忙派大将军灌婴带兵去镇压齐国叛军。但灌婴实际上也是刘邦的老臣，内心也不支持吕氏，他带领军队走到荥阳以后就停下来，对手下将官们说："我们攻打齐国就是在增强吕氏的力量，不如跟齐国讲和，共同诛杀吕氏。"将官们纷纷附和，于是这支军队就地倒戈，跟齐国讲和，准备反攻长安。

事实证明，吕氏的将领们的确都是些酒囊饭袋，在这个内外交困的时候，他们根本想不出抵挡的办法，只好眼睁睁地看着齐国军队跟灌婴杀回长安来。

刘章兄弟动作更快，根本不等齐军来到，他们就和周勃、陈平这些老臣联合起来，准备直接发动宫廷政变。

周勃劫持了郦商（刘邦的老部下，郦食其的弟弟），让他儿子郦寄和典客刘揭去劝降吕禄。郦寄跟吕禄是好友，他劝吕禄说："高帝与吕后共定天下，高帝立了九个刘姓王，吕后立了三个吕氏王，这都是大臣们共同商定的，大家都没意见，您有什么好担心的呢？现在您作为诸侯王，不回自己的封国，却在朝廷里把持着将印，怎么能不引起人家猜忌呢？依我说，您不如把将印交给太尉周勃，返回自己的封国去，您当您的一方霸主，周勃他们辅佐皇帝，大家和和气气的，不是很好吗？"

吕禄犹豫了半天，禁不起郦寄和刘揭的连番威逼利诱，就把将印交出来了。

周勃进入军门，接过将印以后，对下边的官兵们大喊："支持吕氏的右袒，支持刘氏的左袒！"下边的官兵们齐刷刷袒露左肩。

于是北军落到了周勃手上。

现在只剩吕产了。陈平以丞相的名义召集刘章来到皇宫，这时候陈平、周勃他们还在犹豫，不敢对吕产的南军发动进攻，只是吩咐刘章："赶紧入宫保护皇帝！"

刘章年轻气盛，带着周勃拨给他的一千多卫兵冲进未央宫，直接追杀吕产，在郎中府的厕所里把吕产杀掉，南军的兵权就这样被夺过来了。

听到刘章的回报，周勃、陈平大喜过望，马上调集所有兵力，全城追捕吕氏余党，男女老幼，一个不留。

大屠杀在长安展开，从吕禄开始，吕氏阵营的人物全部倒在屠刀下，连吕后的妹妹吕媭都被乱棍打死，鲁元公主的儿子张偃也被废除王位，朝廷又派人杀掉远在燕国的吕通，刘氏王孙们也纷纷杀掉自己的吕氏妻子，甚至刘章都杀掉了自己的妻子。

到这时为止，全天下的吕氏势力都被清除掉了。

老臣们和刘姓王孙们在朝堂上聚会，商量接下来该怎么处理小皇帝刘弘。

他们选的方法很简单，直接诏告天下人：刘弘不是惠帝的儿子，他的身份是吕后捏造出来的，所以他没资格当皇帝。

为了防止以后的皇帝替吕氏报仇，朝臣们索性直接把事情做绝——他们进一步宣布：惠帝活着的另外三个儿子，济川王刘太、淮阳王刘武、常山王刘朝，也都不是惠帝的儿子。也就是说，惠帝没有儿子，吕氏已经绝后了！

这是刘氏王孙对吕氏的终极报复。吕后一直想尽办法把吕氏血脉绑定到刘氏家族体内，现在刘氏王孙们却用最彻底、最狠辣的手段把吕氏血脉清理出去了。

吕后殚精竭虑一辈子，却没有算到这个结局。

吕氏专权的时代从此永远成为了历史。

那么接下来让谁当皇帝好呢？

齐国是这次讨伐吕氏的领军人物，朱虚侯刘章更在关键时刻砍下了决定性的一刀，他在朝堂上宣称，皇位当然该让自己的哥哥刘襄继承。

不料旁边走来一人，说出一番话，把皇位硬塞给了另外一个人，从此开启了大汉王朝最辉煌的时代！

第十四章　仁君的典范

天上掉下来的皇位

琅邪王刘泽正站在刘章旁边，听到刘章的话，就站出来大声说："刘襄功劳固然大，但他舅舅驷钧可不好惹呀，难道你们又想立一个吕氏出来？"

这话一说出来，支持刘襄的人们都不敢吭声了。

驷钧在齐国手握重兵，是著名的鹰派。这次刘襄起兵之前，手下的相国召平突然叛变，带兵围住齐王宫，关键时刻靠驷钧杀掉召平，救出刘襄，才避免了齐国的内讧。

驷钧随后跟刘襄一起带兵讨伐吕氏，连续攻城略地，是刘襄身边的骨干。这样的人物，比吕产、吕禄那群窝囊废可怕得多了，真要让他当上了外戚，老臣们还会有好日子过吗？

所以刘泽的理由十分强硬，让大家都没法反驳。

当然刘泽提出这个理由并没有安好心，他是在替自己公报私仇。

之前刘襄起兵的时候怕他在后方捣乱，所以先把他骗到临淄软禁起来，收走他手下的琅邪军队，这才开动大军讨伐吕氏。

刘泽怀恨在心，就骗刘襄说："消灭吕氏以后肯定要讨论立谁当皇帝，按理说你最有资格，要不让我去长安劝劝那些大臣，让他们扶立你？我在刘氏里面年纪最大，我说的话他们要听。"

刘襄禁不起他忽悠，就把他给放了，所以刘泽抢在齐国大军之前赶到了长安。

哪知道这个家伙到了关键时刻突然翻脸，公开反对刘襄当皇帝。刘章两兄弟气得脸色铁青，但在朝堂上又不好发作。

许多大臣就争先恐后地附和，有说"淮南王刘长年轻有为，可以当皇帝"的，有说"代王刘恒仁孝敦厚，可以为人君"的，最后大多数人都认为：立刘恒当皇帝最合适。

刘恒的母亲薄太后（目前的代国太后）是著名的好人，一辈子逆来顺受，从来不招惹任何人，连吕后都不忍心伤害她。她儿子刘恒也学到了她的性格，待人谦恭有礼，俨然是一位有德的君子。

刘恒在代国这些年，广施仁政，对下属、对百姓，都非常宽柔，代国被他治理得井井有条，人人安居乐业。

对自己的母亲，刘恒更是竭力尽到孝子的本分。据说有一次薄太后病了，卧床三年，刘恒一直在她身边伺候，"目不交睫，衣不解带"，所有汤药都要自己尝过以后才肯端给母亲。

这样仁德的人，怎么能不让人敬重呢？

何况薄太后娘家势力非常单薄，不用担心他们成为另一个吕氏。

所以朝臣们争论了一番以后，都认为刘恒是皇帝的最佳人选。

当然，他们还有一些不能说出来的私心：

以周勃、陈平为首的功臣集团这次诛杀吕氏的行为，从严格意义上来说，是在犯上作乱！

小皇帝刘弘是高祖的嫡孙，是完全合法的皇帝；吕后当政多年也没什么过失，朝政都按照高祖的遗训在走，唯一能指责的地方就是违背了高祖的"白马之盟"，可这也是得到了老臣们同意的，大家算是"共犯"；吕产、吕禄看起来更是安分守己的官员，要硬说他们反叛也没什么根据。

那么老臣们废掉皇帝、杀光吕氏的法理依据在哪里呢？只能从新皇帝那边来，新皇帝说他们合法，他们才"合法"。

可是新皇帝凭什么替他们开脱呢？只有一种情况：新皇帝必须是一个没有政治根基的人，需要依靠这些老臣们来站稳脚跟，能跟他们达成一种心照不宣的默契，共同踩在吕氏的尸骨上开辟新朝代——符合这个标准的人只有刘恒。

刘襄本身的齐国势力太强大了，他在讨伐吕氏的战争中表现出的坚毅果决更让老臣们瑟瑟发抖，再加上他手下那一群能征善战的文武大臣，更是让长安的老臣们感到自己随时有被取代的危机，所以他们绝对不能选择刘襄！正好刘泽抛来"刘襄母亲家族太强大"这个借口，老臣们就顺水推舟，把刘襄当皇帝的可能性给否决了。

这对于齐国君臣当然是很不公平的，他们是消灭吕氏的主要力量，现在却被人"摘桃子"，让远方的刘恒捡来一个皇帝之位。

刘章和刘兴居两兄弟气得七窍生烟，可是现在他们两人都在长安，周围全是功臣集团的势力，人在屋檐下，不得不低头，争辩了几句以后，他们也只好接受了功臣集团的安排。

达成共识以后，朝臣们共同派人去代国邀请刘恒即位。

步步杀机的登基之路

接到长安来的消息以后，刘恒君臣感到十分棘手。

刘恒从来没有想过皇位会落到自己身上，他跟自己的母亲一样，都是容易知足的人，能在代国安安稳稳地当一个诸侯王他已经很满足了，却没想到远方的一场政变骤然把他推到了风口浪尖上。

不接受这个皇位可以吗？

当然不可以！

朝臣们的邀请函已经送过来了，天下人都知道了他受到朝中老臣的拥戴，他如果不接受，以后当上皇帝的人绝对不可能对他放心。

那么接受这个皇位呢？

长安那边刚刚经历过一场大屠杀，危机四伏，谁也不能确定那边真实的情况是怎么样的，万一这封邀请函是一个圈套，去了不是自投罗网吗？

刘恒君臣左右为难，在朝廷上进行了激烈争辩。最后还是中尉宋昌的一番话打消了大家的疑虑。

宋昌认为：刘氏的江山是稳固的，功臣集团不敢篡位，理由有三点。

其一，刘氏经过五年的楚汉战争才取得天下，其他竞争对手没有这样的机遇，早都放弃希望了。

其二，高祖分封刘氏子弟到各诸侯国，诸侯国之间互相牵制，很稳定。

其三，大汉立国这些年，废除秦朝暴政，广施恩惠，安抚百姓，很得民心，民众是支持刘氏的。

刘恒非常赞同宋昌的这些观点，但还是有些担心，又去请教薄太后，薄太后也很犹豫；刘恒只好又去让巫师占卜，卜到一个"大横"的结果，巫师解释说："这预示您要当天子。"

但刘恒还是不放心——他是个十分谨慎的人——他让自己的舅舅薄昭先去长安探问情况。薄昭不久以后就回来了，说："跟周勃谈过了，他们那边确实是诚心迎接您去登基的。"

于是在各方面的信号都表示安全的情况下，刘恒终于决定去长安继承皇帝之位。

他带上身边的一些侍卫，以及代国朝廷里最重要的几个大臣，踏上了去长安的道路。

到达离长安还有五十里的地方，刘恒派宋昌骑上快马先到前方查看。宋昌来到渭桥，看到周勃、陈平为首的文武百官都已经等在路边迎接。他回报给刘恒以后，刘恒终于确认长安的官员们是认真的，这才启动车马开向渭桥。

渭桥那边仪仗森严，文武百官按照品级排得整整齐齐，看到刘恒来了，人们赶忙拜倒，刘恒也下车拜谢百官。

周勃迎上去，小声说："代王这边请，臣有些话要交代。"

刘恒让宋昌大声回答他："丞相有什么话？若是公事就请当众说；若是私事，王者不徇私情。"

周勃讪讪地，只好又捧着传国玺上来，说："请代王接收天子玺符。"

刘恒再次拒绝说："先到我的府邸去说话。"

于是周勃、陈平等人的车架开道，带着刘恒来到了长安的代王官邸。

到这时，刘恒君臣稍微放心了一些，随后刘恒在官邸里面接见长安的官员们。周勃、陈平等人说明了诛杀吕氏以及准备扶立新君的情况，刘恒按照传统反复推辞，"西乡让者三，南乡让者再"之后终于接受了群臣的请求，宣布即皇帝位。

刘恒要求当天立即进入未央宫，于是夏侯婴和刘兴居带着天子法驾到代王府来迎接，当天黄昏时候，刘恒和手下官员们来到未央宫门口。

当时小皇帝刘弘还在宫里，门口有十多名守卫挡住刘恒的车驾，大喝："天子还在宫里，你们这些人来做什么？"

刘恒让周勃去跟他们解释，周勃上去说明情况，这些人才撤走了，刘恒这才进入宫里。

当天夜里，刘恒火速发布命令：任命宋昌为卫将军，统领长安城内的南北两军，又任命手下的张武为郎中令，负责宫中巡逻。

长安的街道上灯火通明，车马在各个机构之间来回奔驰，代国来的官兵们以最快速度接管全城的防务，全副武装的士兵在宫里宫外不停地巡逻，紧张气氛弥漫全城。

同一时间，夏侯婴和刘兴居把小皇帝刘弘和他的三个兄弟掳走，挟持到未央宫偏僻的地方杀了，惠帝自此绝嗣。

到这时，吕氏血脉只剩下一人，就是惠帝的皇后张嫣。她是吕后的政治牺牲品，没有参与吕氏跟刘氏的争斗，所以朝臣们放过了她，把她安置到偏远的宫殿里。这个孤苦无依的女人就在那里默默生活着，了此余生。

刘恒没有丝毫停歇，全面接管政府工作。未央宫里面人影憧憧，诏书一封又一封地发布出来，侍卫和太监们四处奔走传达命令。

刘恒的诏书说："吕氏阴谋叛逆，危害刘氏宗庙，仰赖诸位王侯大臣之力，终使恶人伏诛。"这是给功臣集团的政变定了性，把这场政变确认为维护刘氏统治的正义之举。

随后刘恒又大赦天下，赏赐百姓爵位和牛酒，让各地举行五天的欢庆活动，从而正式向天下人宣告新一任政府的来临。

天亮的时候，一轮红日冉冉升上未央宫城楼，宫里气象焕然一新，长安的大小街道井然有序，没有出现任何动荡，刘恒终于松了一口气……

公元前180年冬天，刘恒即皇帝位，是为汉文帝。

历尽劫波，姐弟重逢

文帝即位以后第一件事就是派人到代国接薄太后。

薄太后一生保持恬淡的心态，不争不抢，最后却意外坐上了太后宝座；高祖的那些妃子们，争抢了一辈子，最后都沦为权力斗争的牺牲品。命运这回事，真的说不清呀。

跟着薄太后一起来的，还有文帝的妃子窦氏。

当年三月，文帝下诏，立窦氏为皇后。

窦皇后的故事比薄太后的更加离奇，也是一个苦命人阴差阳错终于获得成功的故事。

窦皇后名叫窦漪房，秦末汉初出生在赵国的清河郡观津县，家境贫寒，家里还有一个哥哥窦长君和一个弟弟窦少君。

秦朝末年天下大乱，窦漪房的父亲为了躲避战乱逃到观津县来，靠捕鱼为生，艰难养育着三个儿女。

后来窦漪房的父亲在钓鱼的时候掉下深潭里淹死了，家里失去了主要劳动力，姐弟三人的生活实在没法维持下去了，只好各谋生路。听说朝廷在招募官奴，窦漪房试着去应征，一下就被选中了，从此进入官府当了一名良家子。

从那以后，她就再也没能回到家里。

她服侍过很多达官贵人，凭借自己吃苦耐劳的本事赢得了主人家的好感，惠帝的时候，窦漪房被选进宫里服侍吕后。

在宫里战战兢兢地生活了几年以后，有一天，上面传来一个消息：要遣送一批宫女到诸侯国去服侍诸侯王们。

窦漪房想离家近一点，就请求办事的太监把她安排到赵国去，但那个太监搞错了，把她的名字写上了去代国的名单。名单经过皇帝批下来以后，窦漪房才知道自己要被送去代国，她大哭着不肯出行，但是结果已经无法改变了，最后只好踏上了去代国的道路。

代王刘恒当时还是一个很不受人重视的王子，代国也是一个在吕后的淫威下艰难维持的国家，窦漪房根本没指望在那里能有什么前途。

但命运就是这么奇妙，年少的代王刘恒一眼便看上了窦漪房，把她纳为妃子，并且非常宠爱他。

刘恒的王后有可能也是吕氏家族的女儿，而吕后一直强行要求所有刘氏王孙都必须专宠吕氏王后，所以窦漪房即使身为王妃，也活得如履薄冰，小心伺候着吕氏王后，不敢有丝毫张扬。

不料命运的转折又一次神奇来临，吕后过世以后，吕氏被灭门，刘恒意外登上皇位。

后人猜测，史书在这里抹掉了一件事——刘恒去长安登基之前，杀掉了自己的吕氏王后以及王后生的四个儿子。即使这个猜测是对的，我们也没法因此怪罪刘恒，因为当时刘氏王孙和功臣集团正在联合消灭吕氏的人，并且要求所有刘氏王孙都杀掉自己的吕氏妻子，连朱虚侯刘章都不能例外，刘恒当然更不可能跟他们作对。

窦漪房到达长安以后，蓦然发现自己成了文帝的姬妾里面地位最高的人，自己的儿子刘启也获得了长子的身份，女儿刘嫖则成为长公主。而文帝也丝毫不掩饰对她的喜爱，在讨论皇后人选的时候直接指定了窦漪房。

于是，这个历尽磨难的平民女子，摇身一变，成了大汉帝国的皇后！

窦漪房当上皇后以后，终于有机会去寻找自己失散多年的家人了。

自从离开家以后，窦漪房跟两个兄弟就中断了联系，现在她派人到家乡去寻找，很快找到了窦长君，把他带到了长安来居住。

但是窦少君就很难找了，窦皇后这时才听说，自己离开家以后不久，这个弟弟就被人拐卖了，这么多年音信全无，怎么找得到呢？

当时的人们都不知道，窦少君已经来到了长安。

当年窦少君被人贩子拐走以后，辗转卖了十余户人家，最后被卖到宜阳的一户人家，替这家人到山里去烧炭，过着奴隶生活。

有一天晚上，他们这些烧炭工人躺在山崖下面睡觉，山崖突然崩塌了，把这些工人都压死在下面，只有窦少君一个人侥幸逃脱。

大难不死的窦少君找人算命，算命先生说他不久以后就要大富大贵，甚至要被封侯，当时他的主人家刚好搬到长安去，把他也带过去了。

到长安以后，文帝又刚好立窦漪房为皇后，窦少君听说新皇后是观津县平民家里出来的,又姓窦,顿时想起自己的身世。他被拐的时候只有四五岁,但记得自己老家的地名和自己的姓氏,也记得家里有个姐姐,他一想:"难不成这皇后就是我姐姐?"

抱着试一试的想法,窦少君托人写了一封书信,说明自己的身世,递交到官府。

官府报上去以后,窦皇后吃了一惊,赶忙请求文帝召见这个小伙。

看着眼前这个俊朗的小伙子,窦皇后按捺不住内心的激动,问他:"你有什么证据证明你的身份呢?"

窦少君说:"小时候姐姐带我去采桑叶,我从树上掉下来,摔到了脑袋,现在这边还有个坑。还有,记得那年姐姐离家的时候,我送她到驿站,她跟我说了好多话,还讨来一盆米汤给我洗脸,又给我吃了一碗饭才离开。"

话没说完,窦皇后已经忍不住了,搂住窦少君大哭,旁边的文帝和侍从们也纷纷垂泪。

文帝下诏,赏赐窦少君大量田地宅院,替他在长安安家,同时把窦皇后家族的其他兄弟们都迁到长安来,都封为贵族。窦氏家族从此在长安扎下根来,成为名门望族之一。

窦皇后派人去观津县,把他父亲当年坠亡的深渊填平,在旁边起一座大坟,称为窦氏青山。又由薄太后下令,追封窦皇后的父亲为安成侯,母亲为安成夫人,在清河郡建立一座陵园来祭祀他们,陵园的规格完全按照薄太后家的陵园来,由两百户人家守陵。

窦氏家族里面最杰出的是窦婴,他是窦皇后堂兄的儿子,从这时开始进入政坛。他似乎受过良好的教育,又喜欢跟人结交,很快就得到文帝赏识,步步高升。

窦氏的骤然发迹引起朝中大臣们的警觉,吕氏家族刚刚被扳倒,难道又要冒出来一个强势的外戚家族吗?窦氏兄弟(窦长君、窦少君)到长安不久,由周勃和灌婴带头,朝廷大员们向文帝上了一道奏折,提醒文帝严防外戚。

奏折说:"窦氏兄弟蒙皇上恩宠,我们这群老东西的命都捏在他们手里。两人都没什么文化,皇上一定要选有德之人来教导他们,否则只怕又会重复吕氏的故事呀。"

这番话其实是贼喊捉贼，跟他们这些枪林弹雨里混出来的滚刀肉比起来，窦氏兄弟虽然没文化，人品却很正派，根本没有他们想象的那么阴险。不过既然朝臣们都这样说了，也不好反驳，于是文帝选了几个年长有德行的老先生当窦氏兄弟的老师，在他们的教导下，窦氏兄弟都学得彬彬有礼，跟朝臣们也都和睦相处。

另一方面，窦皇后本人也很自律，不介入政治，中年以后眼睛又瞎了，渐渐受到文帝冷落，更加不可能干预朝政了。所以窦氏虽然最后有三人被封侯，但终究没有变成吕氏那样强悍的势力。

目前文帝最担心的还是周勃、灌婴那群老臣，限制他们的权力才是头等大事。

皇帝和老臣的博弈

汉文帝没有任何政治根基，所以他登上皇帝宝座以后十分小心，尽量团结各方势力。

首先就是跟功臣集团保持密切合作。

以周勃、陈平为首的功臣集团是扶立文帝的主要力量，文帝要坐稳宝座就离不开他们的支持，同时他们又需要文帝给他们提供执政的合法性，所以双方很快就成为亲密伙伴。

文帝任命周勃为右丞相，陈平为左丞相，灌婴为太尉。这三人是现存的高祖班底里面资历最老、功劳最高的，也是文帝朝廷里的核心。

这是功臣集团的重大胜利，他们在干掉吕氏家族以后，又挤掉了刘氏诸王，最终掌握了朝政的主导权，成为大汉王朝的中坚力量。

大汉建立以来，各方政治势力经过二十多年的明争暗斗，到这时终于尘埃落定。

各个封国里面的刘姓诸侯则被悄悄地边缘化了。

最典型的是齐国。作为剿灭诸吕的主要功臣，刘襄和刘章兄弟表面上也得到了封赏，文帝把吕后夺走的齐国土地全部还给他们，还赏赐给他们大量财物，但仅此而已。这样的赏赐跟他们的功劳是根本不相称的，实际上他们吃了大亏。

刘襄、刘章兄弟平白无故地为他人作嫁衣，心里很气不过，又不能公开表现出来，只好自己暗自生气。结果刘襄当年就郁郁而终，两年以后，刘章也紧跟着他哥哥去了。

两兄弟的英年早逝让文帝和朝臣们都放下了心里的一块石头——当然，这背后是不是有什么不为人知的隐情，后人就只能靠猜测了。

这两兄弟是兴复刘氏的最大功臣，虽然他们英年早逝，天下人却都记住了他们的功劳，特别是刘章，更是成为人们心目中保卫大汉的战神，世世代代受人景仰。两百年之后的西汉末年，赤眉军拥立刘章的后人刘盆子为皇帝，看中的就是刘章在人们心中巨大的威望。

相比起刘襄、刘章兄弟，其他刘姓诸侯在讨伐吕氏的战争中功劳小得多，所以他们基本都没得到什么封赏，也不敢多说什么。

当然，削弱诸侯是一个长期的过程，文帝也不会一下把事情做得太彻底。所以表面上大家还是一团和气，文帝对这些"自家兄弟"们也显得十分亲热，逢年过节各种赏赐一点都不吝啬。刘姓诸侯们也对文帝恭恭敬敬的，时常到长安来串门——但乐极生悲，不久以后因此惹出一场大祸，后面我们再说。

文帝目前着重考虑的还是怎么笼络功臣集团，特别是怎么对付那个高傲的周勃。

在高祖时代，周勃就是朝廷里面武将的第一人，后来又是诛灭吕氏、兴复刘氏的最大功臣，所以文帝给他的封赏也是最丰厚的：封万户，赐五千金。地位跟他差不多的陈平和灌婴才封三千户、赐两千金，可见周勃获得的待遇之高。

对于这样的人物，文帝从一开始就有些提防。

周勃本身又是粗人一个，不懂得收敛，他感到自己已经是朝廷里无可争议的领军人物了，行事就有些飘飘然起来，甚至在文帝面前都显出高傲的样子。看到这个情形，文帝开始态度还算温和，时间久了却渐渐变了，跟周勃谈话的时候脸色越来越难看，周勃也渐渐感到压力很大。

有一次，文帝跟周勃、陈平谈论朝政，问周勃："国内一年有多少起案子？"

周勃瞠目结舌，答不上来。

文帝又问："国家一年要支出多少钱粮？"

周勃又答不上来，汗流浃背。

文帝于是转头问陈平，陈平回答："关于狱讼之事，陛下可以问廷尉；关于钱粮支出，可以问治粟内史。"

文帝很不满地问："那你是管什么的？"

陈平回答："臣作为宰相，对上，辅佐天子，理阴阳，顺四时；对下，统领百官，育万物，调五行；对外，抚四夷，镇诸侯；对内，亲百姓，附黎民。至于具体的事务，各司其职就可以了。"

一番话说得文帝转怒为喜，赞叹不已。

周勃非常窘迫，退朝以后埋怨陈平："你怎么不先教教我！"

陈平冷笑着说："这些话你自己就不会回答？陛下要问长安城内有多少小偷，你也老实报个数字上去？"

周勃又羞又愧，从此知道自己不是当宰相的料，生了隐退之心，不久之后就向文帝提出卸任右丞相的职位，文帝也没怎么挽留就同意了。

文帝心里最中意的人是陈平，满朝文武只有他聪明机变，才识过人，又很识趣，懂得进退之道，所以文帝随后就把他提拔为右丞相（右丞相地位比左丞相高），独自辅佐自己。

但陈平第二年就病故了，文帝只好把周勃又提拔上来，尽管文帝对他各种不满意，还是只好让他帮忙处理朝政。

又过了一段时间，文帝还是觉得看周勃不顺眼，正好当时发了一条命令——朝廷里面许多高官都有自己的封邑，但他们往往都不住在自己的封邑，而是留在长安。他们在朝廷里任职，日常开销都由政府负责，这是很大的一笔财政负担，文帝厉行节俭，所以就发下命令说：朝廷都要被你们吃垮了，你们这些有封邑的列侯都尽量到自己的封邑去，不要一直住在长安，哪怕自己不能回去的，都把家眷派回去。

但大家很抵制这个命令，都拖着不肯走。

所以文帝就把周勃找来说："现在大家都不肯回自己的封邑，要不丞相您自己带个头，您先回去？"

皇帝这样说了，意思还不够明显吗？周勃只好再次辞掉丞相之位，回到自己的封地去了。

但文帝还是不放心，派人密切监视周勃，很快就发现了他的一个严重问题……

之前高祖杀功臣的时候，很多功臣都是在自己的封地上被朝廷派人拿住的，周勃回到自己的封地以后，怕文帝也用这一招，所以每次听说有朝廷官员来当地巡查，都非常紧张，穿好铠甲，备上兵器，带上一群侍卫出来迎接。

这些官员就把情况报告给了文帝，文帝气不打一处来：我没想害你，你倒天天防着我，让大家都知道我容不下人。索性就以"意图谋反"的罪名把周勃抓到长安，交给廷尉审问。

长安的廷尉可不管你以前是丞相还是什么人，直接严刑拷打，要他招认自己的谋反罪行。

周勃被打得皮开肉绽，眼看撑不住了，只好让家人重金贿赂狱吏。狱吏就在木板上写上"以公主为证"，在审问周勃的时候偷偷展示给他看。

周勃的儿子周胜之娶的是文帝的女儿，周勃的家人听说狱吏的暗示以后恍然大悟：原来还是得找皇帝的自家人才行呀。

周勃入狱以后，朝廷里的官员也有不少替他说情的，但文帝一概不听，大家也就不敢再说了。但文帝是讲究亲情的人，找他的家人求情效果就不一样了。

周勃家人一方面让公主去帮忙求情，一方面找到薄太后的弟弟薄昭，把文帝这些年赏赐的财物都送给他，求他帮忙。

薄昭就去对太后说了周勃的情况。周勃的案子本来大家都知道是冤枉的，太后听说以后也怪文帝不厚道，于是直接闯到朝堂上大骂文帝，甚至扯下自己的头巾扔向文帝说："绛侯当初挂着皇帝印玺，在长安统领北军，要反叛的话，怎么当时不反？现在去一个小县城里了反而要叛乱？这是什么道理？"

当时朝堂上正在讨论周勃的案子，廷尉把周勃的供状呈上来，确实没有反叛的证据，文帝正好找台阶下，对太后说："儿臣刚刚听到汇报，周勃确实无罪。"于是派人赦免了周勃，让他继续回封地养老去了。

据说周勃出来以后对人说："老夫在战场上统领百万大军，原来还是比不上廷尉威武啊。"

从此以后，周勃就在自己的封地上安安静静地生活，直到几年以后寿终正寝。

不过，薄太后其实根本没有领会到文帝的意思。文帝真以为周勃要谋反吗？当然不是。

周勃在政坛上的起起落落，背后是文帝对他一边打压一边安抚的策略。文帝这样做，本质上是因为功臣集团一直在威胁他的地位，文帝是靠这些功臣上位的，功臣集团从一开始就在朝廷里拥有压倒性的实力，为了保证自己的权力不被侵吞，文帝必须时刻保持对功臣集团的压制。

通过对周勃的恩威并用，间接威慑整个功臣集团，使他们有所收敛，不敢太嚣张，文帝因此顺利渡过了最初几年的危险期，坐稳了皇位。

除了功臣集团，以齐国为首的刘姓诸侯也是文帝重点防范的对象。

从一上任开始，文帝就密集发布了许多人事调动，以"封赏功臣"的名义把各路诸侯和他们的亲眷们封到各个地方，其中有许多封赏都是明升暗降，通过这种方式逐步化整为零，拆散了各路诸侯的势力。

但即使这样，也没能削弱齐国。齐国王室是一个大家族，刘襄、刘章兄弟虽然过世了，剩下的齐国王室仍然有很强的实力，其中最重要的人物是刘襄的三弟刘兴居。

刘兴居也是讨伐吕氏的主要功臣，在文帝登基的过程中也出过很大力气，但也跟他的两个哥哥一样受到文帝打压，没有得到公正的封赏，只被封了一个"济北王"（刘章被封为"城阳王"）。济北和城阳是齐国的两个郡，所以这种封赏就是把齐国的土地又"封"给他们几兄弟，纯粹就是耍流氓。

因此刘兴居也跟他两个哥哥一样，心里憋着一股气，总想找机会跟文帝算账。

刘襄、刘章死后不久，这个机会就来了。

大汉的敌人

公元前177年，匈奴右贤王突然率领数万大军侵略大汉。

自从白登之围过后，大汉通过和亲以及事实上的朝贡等策略，跟匈奴保持着大体上的和平。尽管匈奴的小规模骚扰一直没停过，但上万军队的大规模入侵这还是第一次。

右贤王很快攻入黄河以南的上郡，已经进入大汉腹地。文帝不得不做出激烈反应，他派丞相灌婴带领将近十万大军，到上郡的高奴附近截击匈奴右贤王。同时，文帝到上郡和代国巡查边疆，抚慰民众。

右贤王一看汉军声势浩大，立即撤回草原，汉军不战而胜。

远在济北的刘兴居以为文帝会被匈奴拖住，便依靠封国的军队发起叛乱，准备攻打荥阳，夺取中原。不料刚一起兵，就听说匈奴已经平定了，文帝已经回到长安，时运不济的刘兴居只得硬着头皮上了。

文帝迅速改编抗击匈奴的军队，派大将柴武（汉初十八侯之一，曾经斩杀韩王信）领着这支军队去迎击叛军。柴武很快打败叛军，活捉了刘兴居。刘兴居自杀身亡，济北国也被朝廷撤销了，土地都被收归中央政府。

齐国的反抗势力暂时被平定了，但这只是一个开始，在整个文帝时期，诸侯们对朝廷的向心力始终不够，这决定了他们对朝廷的顺从只是表面上的，背地里始终有反叛的倾向。

这是分封诸侯留下的祸根，当初高祖以为同姓诸侯比异姓诸侯可靠，可以长久臣服于朝廷，所以大肆分封自家人，却没想到血缘关系是会逐渐淡化的，仅仅一代人之后，同姓诸侯们跟中央政府就已经非常疏远了，跟异姓诸侯一样成了不稳定因素。

另一边，匈奴的撤退也是暂时的，他们始终在北方虎视眈眈，寻找中原可能出现的漏洞，只要中原政权出现混乱状态，他们就会马上入侵。这次右贤王的入侵就是一个例子，幸亏文帝君臣准备非常充分，反应又足够迅速，匈奴眼看占不到便宜，才赶紧撤退了。

右贤王劫掠大汉的前后，匈奴正在对西方发起进攻，大败月氏、楼兰、乌孙、乌揭等二十六国，迫使月氏从河西走廊向西域迁移。

到这时，匈奴已经基本统一了北方草原，成为跟大汉并驾齐驱的超级强国。冒顿单于随后写了一封信给汉文帝，大肆吹嘘匈奴的强大，并且说希望两国互通使节，结成友好邻邦。

接到冒顿单于这封居心叵测的信，文帝很犹豫，是答应冒顿的请求，派使节去匈奴通好,还是发兵报不久前被侵略的仇?

经过朝堂上一番争论以后,文帝君臣还是决定继续韬光养晦,继续以和亲笼络匈奴,于是派使节带着大量财物去造访匈奴,修复了两国关系。

不仅以后,公元前174年,冒顿单于病逝,他儿子稽粥(yù)继位,是为老上单于。

冒顿单于时期,匈奴的主要精力放在北方草原上,连续打击月氏、东胡等对手,对于南方的大汉,他们除了偶尔冲过来抢些粮食、人口以外,没有太大动作,因此使得大汉得到了休养生息的机会。

这一方面是和亲的成果,另一方面也是由于匈奴统治者本身的短视。他们始终认为南方的土地不适合牧马,占领了也不能居住,所以对侵略南方没有太大兴趣。正好大汉又不停地送钱送美女,更让匈奴统治者认为坐在家里收汉人的贿赂就够了,何必那么辛苦地发动战争呢?

另外还有一个潜在因素:这些年,大汉送了许多财物给匈奴,有玩器、有佳肴、有锦衣华服、有奇珍异宝,苦寒之地的游牧民族被这些精巧的艺术品闪得眼花缭乱,渐渐对大汉高度发达的文明生出崇拜心理——这正是大汉君臣的目的!他们想通过文化浸化的方式收服这群桀骜不驯的草原狼。

到冒顿单于晚期的时候,不管是冒顿单于本人,还是整个匈奴高层,都明显受到汉文化影响了。冒顿单于给汉文帝的书信里面用很大篇幅表达了对和平的向往,甚至说,希望"使少者得成其长,老者安其处,世世平乐",这已经完全是农耕民族的思维了。

可以说,到这时为止,汉朝的文化输出已经取得了明显的成效,这样下去,匈奴很可能会逐渐被汉人同化,汉朝北方的威胁也将会渐渐解除。

不料一个卑鄙小人骤然出现,打破了这种平衡。

文帝听到老上单于继位的消息,便派一个宗室之女去给他当阏氏。朝廷给的嫁妆十分丰厚,陪嫁的侍从摩肩接踵,里面有一个叫中行说(zhōng háng yuè)的阉人。这家伙一听说要去苦寒之地生活,马上大吵着不肯答应。上面的官员不管他,强迫他去。中行说没办法,只好勉强上路了。临行的时候,他咬牙切齿地说:"我去了匈奴,一定要让你们国家知道我的厉害!"

果然,中行说一到匈奴马上背叛了自己的祖国,投靠到老上单于手下。

他到老上单于手下不久，就凭借自己高明的技巧赢得了老上单于的信任，成为老上单于手下的红人之一。

如果到此为止，那么中行说也就是一个普通的叛国者而已，但事实上远远不止。这家伙不仅心肠歹毒，而且具有极其精准的战略眼光。

当时整个匈奴的统治阶层都迷上了汉朝送来的财物，他们吃着精细的食物，穿着精美的绫罗绸缎，渐渐沉浸在物质享受中不能自拔。

中行说知道必须及时制止这种腐化趋势，就尖着嗓子说："大家就没有想过吗？咱们匈奴的人口还比不上汉朝的一个郡，却比汉朝更加强大，靠的是什么？是咱们有自己的风俗，不受汉朝同化。现在汉朝稍微送你们一些衣食器物，就把你们都给迷住了，都过上了汉人的生活，长此以往，匈奴也就归入汉人了。"

他怕匈奴人不信，特地穿上汉地的锦缎衣服，骑着马到荆棘丛里跑了一圈，回来展示给大家看，衣服被扎得破破烂烂的。然后他又穿上粗糙的毡裘，再去荆棘丛里跑一圈回来，给众人一看，毡裘完好无损！周围的匈奴人个个目瞪口呆，这才发现本民族的服装才是最实用的。

中行说又把汉朝送来的那些美味佳肴都倒掉，只吃匈奴的乳酪制品，以此示范给匈奴人看：本民族的传统食物才是最可口的。

在中行说的干扰之下，匈奴的汉化过程戛然而止。

这家伙更进一步挑唆汉匈两国的关系，他对老上单于说："我们给汉朝皇帝的文书要比汉朝皇帝给我们的更大，称呼也要比他们更高贵。他们的木牍长一尺一寸，我们就用一尺二寸的，他们的抬头是'皇帝敬问匈奴大单于无恙'，我们的抬头就写'天地所生日月所置匈奴大单于敬问汉皇帝无恙'。"老上单于照着做，从此在两国交流中处处表现得高人一等。

中行说处处不忘恢复匈奴的民族自信心。

汉朝使者来匈奴访问的时候，嘲笑匈奴人不会赡养老人。

中行说就反驳说："匈奴人比你们汉人更重视战事。年轻人要上战场，老年人就主动把衣食省下来给年轻人，因为只有战争胜利了，年轻人和老年人才都能得到保护。这个道理你们汉人都不懂吗？"

汉朝使节又嘲笑匈奴人没有人伦观念，父亲死了，儿子就娶后妈；哥哥死了，弟弟就娶嫂子。

中行说反驳他："这是为了延续我们的种族。匈奴人比你们汉人更有家族观念，立继承人也只立同宗的。你们汉人表面上不娶父兄之妻，可是亲戚关系却一代代疏远，到最后自相残杀，甚至篡权夺位，换个异姓来当皇帝，你们的家族观念在哪？"

汉朝使者说匈奴人生活方式原始，不懂礼仪。

中行说反驳他："匈奴人逐水草而居，随时转移，有事就练习骑射，无事就悠闲地生活，无拘无束。你们汉人只会埋头耕地来换取衣食，修筑城郭来防范敌人，在劳作中耗尽了民力，既没空学骑射，又不能享受生活。你们的礼仪十分烦琐，闹得上下怨望，人人烦恼。你们有什么好骄傲的？"

最后中行说怒斥汉使："你少在那多说话，只管来送东西就是。把你送来的东西都点清楚了！丝绸钱粮都要最好的，只要差了一点，或者少了一些，等秋天稻谷成熟的时候，我们的铁骑就踏平你们的土地！"

汉朝使者无法再跟他辩论，只能忍下这口气。

中行说的话可不只是口头上的威胁，实际上，他一到匈奴就把自己了解的汉朝内部的情况都透露出来了，他针对汉朝防御上的薄弱环节，给老上单于出了许多主意，所以匈奴骑兵能够精准地突破汉朝的防御，给汉朝的边防造成巨大的麻烦。

中行说知道汉朝以农业立国，农业收成关系到国家安危，所以鼓动老上单于专门在秋季庄稼成熟的时候发起突袭：一方面，这时候汉朝人力不足；另一方面，破坏待收割的农田会严重打击汉朝经济。这种招数不可谓不毒。

在中行说的教唆下，老上单于信心大涨，撕毁了之前冒顿单于跟汉朝签订的和平协议，开始频繁劫掠汉朝边境。两国关系陷入紧张状态，和亲政策带来的效果也被抵消了。

对于北方边境的危机状态，文帝君臣都很心焦，但现在大汉实力还不够，只能一而再，再而三地忍让，同时勤修国政，争取尽快把国家建设得强大起来，将来能够不再受匈奴欺侮。

幸好，文帝是一位非常杰出的皇帝，他的仁德与贤良，足以为万世之楷模。

一代明君

文帝出身低微，取得帝位之后，非常珍惜自己拥有的这一切。在治理国家方面，他可以说兢兢业业，任劳任怨。

文帝生活极其简朴，他在位二十多年间，没有营建任何宫室，服饰车马没有任何增添，还多次下诏让地方政府不要进贡奢侈品。他自己常常穿着粗糙的绨（tí）袍，连他宠爱的姬妾们都不准穿拖到地上的衣服，帷帐上也不得有花纹。他又把惠帝的后宫姬妾都发配出宫，让她们自行改嫁。

史书记载，有一次皇宫里要修一座露台，工匠们算出来成本要百金，文帝说："百金相当于十户人家的产业，我能住在先帝的宫室里已经受宠若惊了，何必再修什么露台呢？"就停掉了这项工程。

这种极端简朴的作风，在所有帝王身上都非常少见。

文帝的简朴作风对整个统治阶层形成示范效应，国家从上到下都以简朴为美德，从高官到乡绅都不敢奢侈，整个社会洋溢着清廉的风气，社会的运转成本因此变得很低。

那么节省下来的财富都去哪里了？大部分用来回馈民众了。文帝对老百姓相当大方：下过许多道诏书减免百姓的赋税，农业税在惠帝时期的基础上减半，后来甚至连续十二年免征农业税；减少徭役的频率，提高开始服徭役的年龄；给各地贫困户发财物；赦免官家奴婢为平民……民众的负担因此大大减轻了，几乎可以说是整个中国历史上最轻的。

文帝对百姓充满仁爱，上任不久他就在朝堂上说："法律的作用是禁绝暴行而引人向善。现在我们的法律，一人犯法，无辜的父母妻儿都要连坐。这样的事情我看不惯，你们怎么说？"

朝臣们回答："连坐制度对于威慑罪犯还是有用的，自古以来都是这样做的，没必要废除。"

文帝不同意："法律公正严明则民众自然会遵纪守法，况且阻止犯罪是官员的责任，如果官员不能担起这个责任，只是简单地用连坐去威慑百姓，这便是既没能阻止暴行，又以恶法去对民众施暴，官员反而成了最大的罪犯，这怎么行呢？"

于是在一番争论之后，废除了自古以来就存在的连坐制度，无罪的人从此不再受牵连。

后来文帝又说："古代的贤君，都会在公共场合设立进善之旌和诽谤之木，让老百姓可以畅所欲言。现在我们却有诽谤罪和妖言罪，让老百姓不敢提意见，这样执政者怎么能发现自己的过失呢？我认为应该废除这种法律，以后老百姓再说什么难听的话，都不予治罪。"

于是诽谤罪也被废除了，民众从此可以自由发表言论。

公元前167年，因为一位小女孩的申诉，文帝又废除了肉刑。

当时在齐国临淄有一个小官员叫淳于意，他得到名医公乘阳庆的真传，精通医术，治好了很多人。

他的名气越来越大，请他看病的人也越来越多，甚至惊动了许多权贵，赵王、胶西王、济南王、吴王这些诸侯王都来找他诊治，而且想把他留在身边当自己的私家医生。

但淳于意坚持给老百姓治病，不肯被权贵豢养起来，索性就辞掉官职，离开家人，四处云游给人治病。

权贵们气不过，就诬告淳于意，说他以行医的名义害人，一张状纸递上去，淳于意被判了肉刑（脸上刺字、割掉鼻子或者砍断一条腿）。

淳于意曾经是朝廷命官，按规定要押解到长安受刑，被押走的时候，家里的五个女儿都来送行，淳于意没有儿子，看到五个女儿只会哭，他失望地说："关键时刻还得儿子才顶用。"

淳于意最小的一个女儿叫缇萦（tí yíng），才七岁，听到这话以后擦干眼泪，很坚决地说："我跟您去长安，找官家分辩。"

这女孩十分大胆，跟着淳于意到长安以后，独自拿着一张状纸到官府喊冤，她的状纸上说："我父亲一辈子给人治病，救了许多人，现在却被人陷害，即将受刑。我想，人死不能复生，受刑者也不能再长全肢体，即使悔过自新也没用了。如果一定要让我父亲受刑的话，我情愿自己没入官府为奴，以换来官家赦免我父亲。"

长安的官吏被缇萦的孝心感动了，把状纸层层递上去，最后递到了文帝面前。

文帝看到以后非常感动，亲自过问这个案子，终于给淳于意平反了，孝女缇萦也从此青史留名。

文帝本来就对肉刑的存在很不满意，受到这个案子的刺激，进一步加快了废除肉刑的过程。

淳于意被赦免以后不久，文帝下诏说："诗曰'恺悌君子，民之父母'，民众犯了错，朕有训导的责任。如今的法令，不努力去教导罪人改过自新，只顾着加刑。一旦刑罚加到身上，轻则断肢体，毁肌肤，重则终生成为废人，即使犯人想改过也没法挽回了。对待百姓如此残忍，朕能称为民之父母吗？"

于是宣布废除肉刑，以后不管犯人罪行多重，都要文明对待，最多用一下笞刑，就是用棍子打。司法机关的主要责任不再是惩罚犯人，而是引导他们重新做人。犯人服刑期满以后，要恢复他们的平民身份，让他们正常生活。

消息传出来以后，天下人人称颂。

这是整个中国历史上极其罕见的仁政，后来两千年都没人能再超越。尤其是考虑到这之前不久的秦朝还以法律严苛著称，根本不拿人命当回事，文帝的政策实在是一种改天换地的进步。仅此一项，就足以把文帝列为历史上最仁德的君王之一了。

秦以法家立国，汉讲究宽严相济，文帝相对于其他统治者的可贵之处，不仅在于他对民众使用宽松的法律，更在于他能充分尊重法律的威严，甚至以身作则，带头遵纪守法。

有一次文帝的车架从中渭桥上过，突然有个人从桥下蹿出来，惊到了文帝的车马。侍卫们马上把那人捉拿起来，交给廷尉审问。

廷尉张释之问明了情况，原来文帝来之前当地官吏在清道，那人来不及逃走，就躲到桥下，过了很久，他以为桥上的车队已经走了，所以从桥下出来，不巧正撞上皇帝的车马。

张释之按照大汉律令判决，那人不遵守清道的命令，罚金四两。

报告递交给文帝以后，文帝火冒三丈，对张释之说："当时朕的马被吓成那样，幸好这次骑的马比较温顺，要是差一点的马，不得把朕掀下来吗？这么严重的事，你罚他一点钱就完了？"

张释之不紧不慢地说："法律是天子和百姓都要遵守的，要是不顾法令随意加重处罚，法律也就不能取信于民了。而且廷尉对所有执法机构有示范作用，廷尉的判决稍微偏差一点，天下的执法机构都会跟着偏。现在陛下既然把这个案子交给我们廷尉来处理，我们就得秉公执法。请陛下深思。"

文帝想了半天才忍住气说："就按你们廷尉说的做吧。"

另一次，有人偷了高祖庙神座前的玉环，对于讲究孝道的中国人来说，这是很严重的冒犯，把这人抓住以后，文帝狂怒，把他交给廷尉处罚。

张释之审问过后，认为按照大汉律例，偷宗庙御物的罪行应该判弃市（在闹市执行死刑并暴尸）。

文帝听说以后大怒，说："偷盗宗庙神器是大逆不道的罪行，就不能在法律之外加重处罚吗？我把他交给你们是希望你们判他灭族，你只按法律判，天下人都以为朕违背孝道了。"

张释之脱下帽子对文帝叩头谢罪，说："法律就是这样规定的，只能这样判。而且法律对犯人的惩罚是要考虑轻重有别的，现在偷盗神器就灭族，要是有人挖长陵（高祖的陵墓）的土又该怎么判呢？（这种罪行更加严重）还能比灭族判得更重吗？"

文帝没办法，等气稍微消了一些以后去找薄太后商量——涉及孝道的事，需要听太后的意见——商量的结果，还是同意了廷尉的判决。

张释之两次维护了法律的尊严，从此名满天下，大家都说他是贤吏，不过，贤吏的存在是因为有明君，文帝的自律行为更加值得称道。

还有一次，文帝带着窦皇后和慎夫人去上林苑游玩。慎夫人是文帝最宠爱的妃子，受到的待遇一向非常高，有时候甚至跟窦皇后差不多，宴席上也常常跟皇后坐在一起。

当时官员们布置宴席，安排座位的时候就把慎夫人跟皇后都排在上席。

随后大家都来赴宴，中郎将袁盎看到这个座次，就把慎夫人的座位撤到下席。慎夫人当场就黑脸走人了，文帝也很不高兴，也不就座，转身带着慎夫人回宫去了，一场聚会不欢而散。

袁盎去向文帝请罪，对文帝说："微臣听说，尊卑有序则上下和睦，慎夫人虽然受到陛下宠爱，但毕竟是妾室，怎能与皇后同列？皇上不能因为宠爱慎夫人就颠倒尊卑之序，不然是在害慎夫人呀。皇上还记得前朝的'人彘'之祸吗？"

一句话提醒了文帝，赶紧去转告慎夫人。慎夫人想到以前吕后跟戚夫人的故事，也是冷汗直冒，顿时理解了袁盎的苦心，从此谨守后宫礼仪，再也不敢逾越了。

文帝自身对法令的严格遵守，使得法律的威严得到了维护，对推动全社会遵纪守法起到了很大作用，社会秩序因此得到规范，整个国家都变得井井有条了。

当然，文帝时代国家的繁荣昌盛并不仅仅是因为这些细节，更重要的，是因为成功运用了黄老之术来治理国家。在整个西汉初年，黄老学说都是朝廷治国的基本理念。

黄老与孔孟

从大汉建立起，对于秦朝"二世而亡"的反思就从来没有停止过，大汉的统治者认为秦朝灭亡的主要原因是苛政，而苛政的理论基础是法家理念，所以大汉君臣走上了跟秦朝完全相反的道路：抛弃法家，运用黄老之道治理国家。

"黄"指皇帝，"老"是老子，"黄老之道"是战国时代在齐国的稷下学宫创立的一个道家的学派（道家另一个重要学派是老庄学派），这个学派的理论涵盖的方面很多，但对后世影响最大的还是他们在政治上的理念。

黄老学派讲究"无为而治"，或者用更现代一点的说法来表述就是"简政放权"。

作为人君，要尽量减少对社会活动的干涉，只负责从最高纬度来统筹全局，具体的实现细节交给下属以及民众去实行。按照道家的理念，万事万物都有他自身的运行规律，一个社会也不例外，你不应该强行去推动社会按你的想法运行，而应该通过以小博大的方式，激发起社会本身的动能，让社会自行运转起来。

同时,从人君以下,整个政府都应该是精简的、清廉的、高效的,杜绝一切烦冗的机构,禁止一切铺张浪费,全国上下都尽量保持高效而节俭。

落实到基层,则要求尽量减轻百姓负担,减免赋税,减轻徭役,让百姓有充分的休息机会。

刑律方面,则要求宽严相济,刑德并用,以教育感化来代替严刑峻法,并且统治者自身也要受法律约束,法律是高于权力的。

以黄老的观点来看,优秀的君主不应该是一个强硬的统治者,而应该是一个聪明的规划者,他需要有高屋建瓴的眼光,为人们指明一个方向,然后充当一个抚慰者的角色,激励民众向这个方向前进。整个过程应该是柔和的、自然而然的,并且最大限度地减少矛盾,最终在潜移默化中达到"无为而治"。

黄老学说产生于战国时代,但并不适用于那个时代,经过两百年的激烈竞争以后,最终还是秉持法家理念的秦国统一了天下。

法家跟黄老还有儒家,最大的不同在于政府对社会的"控制"。黄老要求放松对社会的管控,法家和儒家却要求统治者严厉掌控一切。其中,法家通过严刑峻法控制社会,儒家则通过伦理道德控制社会。

大汉建国以后,鉴于秦朝的教训,首先抛弃了法家。至于儒家,那一堆烦琐的礼仪、纠缠不清的条条款款,对于书生来说可能很有意思,但高祖君臣大都是起于草莽的糙汉子,看到这些东西就头痛,根本听不进去。

特别是高祖,他从来就特别痛恨读书人,据说他一见到穿儒生衣服的人就骂,甚至扯下他们的帽子往里面撒尿,要让他听儒生那些喋喋不休的教诲,当然不可能。

另外,经过几百年乱世以后,社会生产极端凋敝,人民首先考虑的是吃饱饭,这时候修复社会的创伤才是头等大事,这正好暗合黄老的理念。

再有,西汉初年,皇帝对社会的控制力是不够的,在皇帝以外还有很多强悍的政治势力,例如功臣集团、地方诸侯,甚至吕氏这种外戚,他们之间的明争暗斗严重分散了君王的权力,这种情况跟儒家要求"集权"的理念严重不符,倒很符合黄老"放权"的思想。

各种因素共同作用的结果,使得西汉初年的统治者选择了黄老之术。

事实证明，这种选择是非常明智的。在黄老学说的指引下，大汉成功修复了战争创伤，社会生产力渐渐得到恢复，一个治世终于来临了。

但随后黄老学说就遇到一些问题。

从高祖打击异姓诸侯开始，大汉的统治者就一直在想尽办法收回权力、增强自己对社会的控制力。

一直到后来吕氏被灭门，功臣集团也受到皇帝打压，权力就越来越集中到皇帝身上去了。

这是必然会发生的事情，因为作为一个大一统王朝，中央政府的控制力不够的话，长期下去一定会发生动乱。

从另一个角度说，高祖作为开国帝王，拥有无与伦比的威望，他可以"无为而治"，但他的继承者们并不具有这样的威望，继续放权的话，中央政府就驾驭不了地方势力了。

所以从权力下放到中央集权，这是必须要走的一条道路。

但这个时候就出现了很尴尬的局面：黄老学说要求君主放权，现实的需求却要求中央集权，两者正好背道而驰。结果君主自己跟自己掰手腕，越来越发觉"无为而治"坚持不下去了。

他们首先想到的就是做一些变通，在黄老的框架下吸收其他学说的一些理念——实际上，这个过程一直在发生，从战国时代开始，诸子百家就一直在互相吸收对方的观点来完善自己。汉朝初年的黄老学说就已经吸纳了阴阳家、名家、儒家、法家的许多观点，已经根据社会现实做了许多变革了。

从高祖的时候起，大汉统治者就已经在黄老里面掺杂了许多儒家观念，随着时间推移，对儒家的吸收越来越明显，于是朝廷的施政理念也渐渐从黄老向儒家转变了。

儒家讲究君臣、父子、夫妻之间的礼仪，讲究人与人之间的伦常，讲究整个社会的等级关系。甚至要求把每个人安置在一个固定的位置上，不得逾越。一旦超出这个位置，就是"逾礼"，就是"大不敬"，就会受到严厉打压。

所以在儒家的规划下，统治者具有至高无上的权威，下面的每个人都有自己确定的身份，整个社会结成一个高度稳定的结构，这正好符合大一统王朝的需求。

当然儒家也不是一成不变的，他们也在根据现实需求改变自己，变得越来越符合统治者的需要。最早在春秋时代，儒家的观点还主要集中在一些大而化之的地方，不太在意解决实际问题。到大汉立国以后，儒生们却纷纷钻研治国方略，甚至钻研权谋之术，他们会针对国家存在的具体问题提出自己的意见，儒家也就变得越来越贴近现实了。

所以到了某一个时刻，大汉的统治者忽然发现：儒家能够解决当前面临的大多数问题，比黄老有效得多！

在文帝时代，这种转变已经悄悄开始发生了。

随着时间推移，文帝身边儒家出身的大臣们越来越多。袁盎就是一个典型的儒生，他常常根据儒家的礼法观念向文帝提出建议，例如把慎夫人的位子撤到下席就是典型的儒家礼法，对于他的这些提议，文帝多数都接受了。

还有陆贾，也是这方面的代表人物，他进献的《新语》十二篇，最早完整说明了儒家的治国理念。

不过真正把儒家的施政理念全盘表述出来的，还是那个让后人无比惋惜的贾谊。

不问苍生问鬼神

贾谊是那个时代最有才华的人，他从小聪明绝伦，十几岁的时候，他的诗书文章就已经名满天下了。

河南郡守吴公听说他的才学，便征召他来辅佐自己治理河南郡，很快就政绩斐然。河南郡因此成为天下治理得最好的地方，甚至惊动了汉文帝。

文帝把吴公提拔到朝廷里当廷尉，吴公顺势举荐了贾谊。文帝召贾谊来一考察，发现他果然才识过人，于是任命他为博士（贾谊是当时最年轻的博士），然后很快又提拔他当了太中大夫。

到这时为止，贾谊完全就是一个飞速蹿升的政治新星，看起来前途无量。

太中大夫相当于皇帝的智囊，专门替皇帝出谋划策，这个职位非常适合思维敏捷的贾谊，他开动脑筋，为文帝提出了许多切中时弊的建议。

例如他针对当时重商的风气，提出"重农抑商"的想法。他说：汉朝建立到现在四十年了，但府库中的粮食还是十分有限，万一遇上天灾，不是要闹饥荒吗？万一匈奴入侵，没有足够的粮食保障军需，怎么打得赢战争？所以应该让更多的老百姓去务农，大力增加朝廷的粮食储备，以备战备荒。

贾谊的话点醒了文帝，文帝于是下诏举行"藉田"仪式，自己亲自到田里耕作，号召百姓都去务农。从那以后，朝廷的粮仓才一点点充盈起来了，充足的粮食储备为后来大汉打击匈奴提供了坚实的基础。

公元前175年，文帝废除盗铸钱令，允许民间私自铸钱。后来文帝又把严道铜山赐给邓通，让这个宠臣随便铸钱，再加上吴王刘濞（pì）用豫章铜山铸的钱，一时间，"邓氏钱"和吴钱遍布天下。邓通和刘濞都暴富了，却严重干扰了国家财政。

贾谊对这种情况忧心忡忡，他向文帝指出：铸币权是一个政府最重要的权力之一，绝对不能落到其他人手上。可惜文帝没听他的建议，让刘濞这些诸侯的势力膨胀了起来。

针对当时礼仪制度不够详细的情况，贾谊提出制定制度和礼乐，通过"改正朔，易服色，定官名，兴礼乐"这些手段规范贵族阶层的行为，间接增强国民对中央的向心力。

贾谊提出的礼仪制度非常详细，例如认为汉为土德，应该以黄色和数字五为尊等等，可惜这样一套完善的方案文帝仍然没采纳。

贾谊很敏锐地觉察到诸侯们已经有跟中央抗衡的趋势了，所以非常诚恳地劝说文帝：诸侯会不会作乱不在于血缘亲疏，而在于他们的实力强弱。同姓诸侯并不比异姓诸侯更可靠。例如当初高祖的时候，很多诸侯王都反叛了，最忠诚的反而是跟刘氏最疏远的长沙王吴芮。

文帝这些年都不限制诸侯的势力，让他们野蛮生长，他们的力量已经逐渐壮大起来，这非常危险。

那么诸侯们为什么现在不反叛呢？贾谊说，是因为他们的年龄普遍都还小（现在的诸侯大多是文帝的同族兄弟或者子侄），等过些年他们成长起来以后，文帝派去的相国却都老了，辖制不了他们了，那些封国的离心力就会越来越强。

要防止他们以后作乱，就需要从现在开始严厉限制他们的实力。贾谊说：即使是韩信、彭越那样的逆臣，如果当初只封他们一个小小的列侯，他们也都不会反叛；即使像周勃、灌婴、樊哙、郦商那么忠诚的人，如果给他们封王，他们也一样会反叛。——这话可能无意中得罪了很多人。

为了削弱诸侯的势力，贾谊提出了"割地定制"的策略。就是在诸侯死后，把他的土地分成几块，分别封给他的儿子们。这样一代代封下去，诸侯国们就会变得越来越小，就威胁不到朝廷了。甚至更狠一些，即使诸侯王儿子不多，也强行分成许多小国，把那些国家的国君之位空置着，等以后他们的后代繁衍得多了，再封这些子孙为国君。——这话当然又得罪了很多人。

针对诸侯王以及列侯之间可能相互勾结的情况，贾谊提出：以节约钱粮的理由强迫诸侯和列侯们回到自己封地，不许在长安长住着。这个政策被文帝采纳了，但遭到列侯们的集团抵制。

关于诸侯的建议是贾谊提的建议里面最有价值的，可惜由于种种原因，这些珍贵的提议文帝只采纳了一部分，执行起来也不够坚决，使得朝廷错过了遏制诸侯的最佳时机。

对于外交，贾谊也提出了很多见解，最重要的是辖制匈奴的计策。

贾谊对匈奴的态度十分强硬，他认为：匈奴是蛮夷，大汉皇帝是天子，是天子的首领，匈奴对大汉的欺辱是绝对不能容忍的。大汉这些年不停地向匈奴赠送钱财，实际上就是在以臣子的礼节朝贡匈奴，长此以往，既受尽羞辱，又后患无穷，因此必须尽快改变这种卑躬屈膝的做法。

为了对抗匈奴，大汉需要恩威并施，一方面"以厚德怀服四夷"，另一方面，通过"三表五饵"的策略，诱使匈奴百姓向往大汉的威仪，使单于失去民众的支持。

"三表五饵"的具体策略是趁匈奴的使者来大汉的时候，给予他们奢华的待遇，使他们沉浸在物质享受中不能自拔，等他们回到匈奴以后，再向匈奴民众吹嘘大汉的繁华，让匈奴民众对大汉充满向往，从而离间匈奴的民心。

"三表五饵"的做法早已经在中行说的预料之中了，也早已经被中行说破解了，所以不具备实行的条件。

但贾谊要求朝廷设法瓦解匈奴这个想法是没错的，要不是贾谊的提醒，大汉朝廷上下可能会满足于和亲带来的虚假和平，忘了积攒力量去打击匈奴了。

除了这些，贾谊还提过许许多多意见，从经济到军事到礼仪教化，无所不包。其中当然也有一些纸上谈兵的迂腐理论，但大多数意见是非常中肯的，对于文帝的施政有很好的指导作用。

但随后一盆冷水兜头泼下来，给了贾谊重重一击。

公元前176年，文帝下诏，让贾谊去辅佐长沙王，即刻启程离开长安。

到这时，贾谊才发现自己已经变成了所有人的敌人。但他没明白为什么会这样，难道是因为自己的命不好吗？还是因为才学太高的人注定会受到人们嫉妒？

贾谊的问题在于他说的话太多了。

他在短短三年之中，向文帝提出了全方位的施政意见，这些洋洋洒洒的长篇大论涵盖了一个君王需要考虑的每个方面，而且非常细致，每一个细节该怎么做都列得清清楚楚，几乎是手把手地教文帝怎么当一个皇帝。

这时候文帝才刚刚登基不久，正想大展抱负，却蓦然跳出来一个二十来岁的年轻人告诉他做人的道理，他感到很不舒服。"这天下到底是朕的还是你的？"他可能会这样想。

何况贾谊用的一些言辞非常不恰当。

例如劝文帝重视农业的时候，他说："如今淫侈之风见涨，各种残暴之行无法制止，国家大厦将倾，无力拯救……大汉立国四十多年，仓库的粮米仍然捉襟见肘，一旦遇到天灾，民众只好卖儿卖女，哪有天下如此危急，执政者还不惊醒的呢？"

谈到诸侯不顺从中央，他说："如今天下的形势，好像一个人得了腿肿的病……现在不赶紧治，以后必定变成痼疾，就连扁鹊都治不好了。"

谈到匈奴的威胁，贾谊说："所谓天子，应该是全天下的首领……如今大汉每年向匈奴朝贡，行的是臣子的礼节……陛下以天子之尊竟然变成了蛮夷手下的诸侯，卑躬屈膝，祸患无穷……"

这些奏折递上去，文帝看得头都大了。他没有想到，自己兢兢业业做一个仁君，把国家治理得井井有条，不说类比三皇五帝，至少也不是什么昏君暴君吧。结果在贾谊眼里自己治下的国家竟然千疮百孔，没有一个地方能说得过去。"我能有哪怕一件事情让你满意的吗？"文帝会这样想。

他自然会认为贾谊说话过分夸张，甚至是在危言耸听搏出位，所以他对贾谊的态度迅速转变了。

不仅是文帝，看到这些奏折以后，朝臣们也都炸锅了。

贾谊给的方案涵盖了朝政的方方面面，他几乎一个人把满朝文武的工作都干完了，如果皇上信任他的话，以后大汉朝廷只要一个贾谊就够了，其他人都可以卷铺盖走人！这当然是所有官员都不能接受的。何况贾谊只是个刚升迁上来的毛头小子，三年前他还只是河南郡的一个穷书生罢了，现在却妄想包揽朝政，他把那些出生入死跟着高祖打江山的功臣们当作什么了？

于是由周勃、灌婴牵头，朝廷里的主要官员们联合向文帝上了一封奏折，指责贾谊："年少初学，妄想专权，扰乱朝政。"

文帝没有多说什么，很快就下了那封诏书，把贾谊贬到长沙去了。

贾谊的悲剧告诉我们：提意见没问题，但要讲究策略，不能一股脑儿地倒出一大盘意见，而是要抓住重点，先拣最紧迫的问题来说。等领导实行了，见到成效以后再提别的。

至圣先师教我们的话"夫人不言，言必有中"是非常精辟的人生经验，可惜作为儒家门生的贾谊却没能领会其中的精神。

被贬以后的贾谊异常苦闷，他实在想不通自己哪里错了。来到湘水边，他想起曾经的屈原，屈原也是一代贤臣，却受到奸臣谗毁，空有满腹才学却无处施展，这样的经历跟自己多么像啊。于是贾谊作了《吊屈原赋》来抒发自己的愤懑。

> 谊为长沙王太傅，既以谪去，意不自得；及渡湘水，为赋以吊屈原。屈原，楚贤臣也。被谗放逐，作《离骚》赋，其终篇曰："已矣哉！国无人兮，莫我知也。"遂自投汨罗而死。谊追伤之，因自喻，其辞曰：
>
> 恭承嘉惠兮，俟罪长沙；侧闻屈原兮，自沉汨罗。造讬湘流兮，敬吊先生；遭世罔极兮，乃殒厥身。呜呼哀哉！逢时不祥。鸾凤伏竄兮，鸱枭翱翔。阘茸尊显兮，谗谀得志；贤圣逆曳兮，方正倒植。世谓随、

夷为溷兮，谓跖、蹻为廉；莫邪为钝兮，铅刀为铦。吁嗟默默，生之无故兮；斡弃周鼎，宝康瓠兮。腾驾罢牛，骖蹇驴兮；骥垂两耳，服盐车兮。章甫荐履，渐不可久兮；嗟苦先生，独离此咎兮。

　　讯曰：已矣！国其莫我知兮，独壹郁其谁语？凤漂漂其高逝兮，固自引而远去。袭九渊之神龙兮，沕深潜以自珍；偭蟂獭以隐处兮，夫岂从虾与蛭螾？所贵圣人之神德兮，远浊世而自藏；使骐骥可得系而羁兮，岂云异夫犬羊？般纷纷其离此尤兮，亦夫子之故也。历九州而相其君兮，何必怀此都也？凤凰翔于千仞兮，览德辉而下之；见细德之险徵兮，遥曾击而去之。彼寻常之污渎兮，岂能容夫吞舟之巨鱼？横江湖之鱣鲸兮，固将制于蝼蚁。

　　这样的举动进一步显露出他的幼稚，如果贾谊是屈原的话，那么文帝是楚怀王那样的昏君吗？幸好文帝待人宽柔，没有跟他计较。

　　过了几年，文帝忽然又想起贾谊来了，毕竟对贾谊的才华他还是相当认可的，于是他把贾谊召到长安，想跟他谈谈。

　　当时文帝刚刚进行过一些祭祀活动，就在祭神的宣室里面接见贾谊。文帝劈头就问："世界上有没有鬼神？鬼神是什么样的？"贾谊一一作答。文帝听得入迷了，一直跟他谈到半夜，甚至忘了保持皇帝的仪态，移到凉席的前端来凑近了听。

　　天明的时候终于谈完了，文帝感叹道："我很久没有见到贾生了，没想到他还是这么有才华，我赶不上他啊。"

　　这成为文帝时代最著名的一幕场景，后人因此纷纷责怪文帝不懂得任用人才，面对贾谊这样一位盖世奇才，文帝不向他请教治国的道理，却跟他谈什么鬼怪神仙，真是暴殄天物呀。后世的李商隐因此写出那首著名的《贾生》："宣室求贤访逐臣，贾生才调更无伦。可怜夜半虚前席，不问苍生问鬼神。"

　　文帝并没有把贾谊留在长安，而是改封他为梁王太傅，让他去梁国辅佐梁王。梁王刘揖是文帝的小儿子，最受文帝宠爱，文帝希望他能学到贾谊的满腹文章。

应该说，文帝对贾谊的任用基本上是没问题的，后人可能错怪文帝了。

贾谊有才华没错，但他做人做事很幼稚。在他遭到全体朝臣排挤的情况下，文帝如果硬留下贾谊的话，会显得公然偏袒他，从而在朝臣中间造成严重矛盾。

贾谊的价值主要在于，他可以对朝政提出很多中肯的意见，即使把他外派到诸侯国去，他也一样可以向文帝提意见——实际上，到梁国以后贾谊仍然常常向文帝上奏折，防范诸侯、分化匈奴等建议就是在这个时期提出来的。所以外派贾谊并没有影响到他的价值，文帝对于他提的意见也一直认真在听，合理的就采纳。

文帝这种做法才是真正明智的。

可惜贾谊确实命不好，辅佐刘揖四年之后，公元前169年，刘揖带着贾谊去长安述职，却不小心骑马摔死了。

贾谊为这件事非常自责，认为是自己没有照顾好刘揖。他的精神因此受到巨大打击，他整日整夜地哭泣，终于在第二年也跟着刘揖去了，年仅三十二岁。

大汉王朝失去了一位最有才能又最敢提意见的人物，这是天下人共同的损失，让后人无比遗憾。

幸运的是，贾谊对朝政提的各种意见都被记录下来了，这些精彩的政论文章对后世的统治者有重大启发，足以辉耀千古。

第十五章　削藩与七国之乱

兄弟不相容

贾谊的言论让文帝对诸侯势力产生警惕心理，在国内外局势基本稳定下来以后，文帝开始考虑怎么限制诸侯势力的壮大。

这时候却发生了一起震惊天下的命案，把天下人的目光都吸引到了最大的诸侯国淮南国那里。

淮南王是文帝的七弟刘长。

当年吕后当政，在吕氏的压制下，刘氏王孙死的死，散的散，境况很凄惨，高祖的八个儿子，活到吕氏覆灭以后的只有文帝和刘长，刘长因此受到文帝特别的恩宠。

刘长的身世很离奇。

当年高祖当政的时候，异姓诸侯里面有一个赵王张敖，他不仅是诸侯王，还是驸马，娶的是高祖的长女鲁元公主。

高祖把打压异姓诸侯作为一项基本国策，时不时地就找他们的麻烦，张敖也没能幸免。

有一次高祖路过赵国，张敖亲自端茶倒水伺候他，高祖却坐在地上破口大骂，把张敖当奴才一样呼来喝去。

张敖知道自己有麻烦了，所以更加小心谨慎地讨好高祖。第二年高祖又经过赵国，张敖就把自己最宠爱的一个姬妾献上去——也有可能是高祖指名要他献的。

这个姬妾的姓名已经湮没了，史书上称为赵姬。

高祖在赵国待了几天就走了，也没带赵姬走，不想赵姬被高祖临幸了几天，竟然就怀上了身孕。张敖不敢再把她留在自己身边，只好在外建了一座宅院给她居住，可怜的赵姬在那里眼巴巴地盼着高祖来接她。

又过了一年，高祖又来了，但根本没去见赵姬，而是到当地的柏人县去居住。

前一年高祖对张敖的羞辱历历在目，张敖的家臣贯高等人气不过，就在柏人县的房间里埋伏士兵，密谋行刺高祖，不料被高祖察觉到，没有在柏人县停留就走了。

行刺的事情很快东窗事发，朝廷展开大搜捕，把张敖全家老小都抓到河内郡的监狱里面，赵姬也一起被抓了。

赵姬告诉监狱守卫，说自己身怀龙种，狱卒赶忙报上去，却不料帝王无情，高祖根本不理睬这个可怜的女人。赵姬的家人又找审食其帮忙说情，审食其是吕后最宠信的人，他找吕后说明了赵姬的情况，吕后只是冷冷地回复"知道了"就没有下文了，审食其也就不敢再说什么。

监狱里的赵姬受尽折磨，左等右等都等不到皇帝的消息，终于相信自己托付错了人，在生下一个儿子以后她就自杀了。

狱卒不敢隐瞒，把这个孩子交给官府。高祖看到这个孩子，才有些后悔起来，命人厚葬赵姬，然后把这孩子交给吕后抚养，这孩子就是后来的淮南王刘长。

吕后似乎不像外界传言的那样善妒，她对刘长还不错。在刘氏王孙惨遭打压的那个时代，刘长却安然无恙，在宫里无忧无虑地成长起来，长成了一个高大健壮、力大无穷的小伙子。也因为吕后的宠爱，他养成了嚣张跋扈又容易冲动的性格。

成年以后，刘长了解到自己的身世，对母亲的悲惨命运耿耿于怀。他不敢怪罪高祖和吕后，就把仇恨都发泄到审食其身上，认为是审食其不肯说情才导致了他母亲的悲剧。

文帝即位以后，对这个唯一的弟弟非常宠爱，赏赐给他大量财物，大小事情都依着他，甚至让他跟自己同乘一辆车，允许他当众喊自己为"大哥"，完全不顾君臣礼仪。

因为文帝的宠爱，刘长变得更加张狂，常常干出一些出格的事情，就算在文帝面前都敢胡来，文帝却一直惯着他，其他人当然更不敢招惹他了。

但审食其一直是刘长的眼中钉，不除掉这个人他绝不甘心。

公元前177年，刘长到长安朝觐文帝，这次他是带着目的来的。

文帝一如既往地招待他，约他一起去上林苑狩猎。刘长陪文帝游玩一番过后，找借口溜开，悄悄来到审食其府上，袖子里偷偷藏着一把铁锤。他趁审食其出来拜见他的时候，用铁锤把审食其砸倒，让手下人杀掉了审食其。

刘长随后快马奔到宫里，跪到文帝跟前请罪。

消息传出来以后，朝野震动。审食其曾经是左丞相，前不久刚刚被罢免，无故击杀丞相级别的高官，这绝对是死罪。但刘长身份特殊，没人敢指责他，只能等着看文帝怎么判决。

刘长强词夺理地说：吕后想夺刘氏天下，审食其不尽力抗争，现在杀他是为天下人除害。

文帝很为难，他当政以后一直竭力维持法律的威严，连自己都不敢违法违纪，现在刘长的罪行轰动天下，要是放过他，怎么向天下人交代呢？但他们八兄弟前些年受尽吕氏压迫，好几个兄弟都横遭惨祸，现在终于熬过来了，却要杀掉这剩下的唯一的弟弟，怎么下得了手？

而且文帝是孝子，也很能理解刘长为母亲报仇的心情，不忍心责怪他。

最后，文帝终于做出了让许多人失望的决定——赦免刘长的罪行，并且放他回淮南国继续当诸侯王。

这以后，刘长就更加张狂了。他不仅不感激文帝的宽恕，反而认为自己无论做什么都不会被治罪，所以进一步做出许多无法无天的事情。他在他的封国内称王称霸，公然抛弃大汉律例，制定自己的法令，出入都配置天子仪仗。

对于刘长的举动，文帝看在眼里，却仍然没有做出任何反应，大家也就更加不敢招惹刘长，甚至从薄太后到皇后、太子，人人都得让着刘长几分，看起来刘长的地位跟皇帝也差不多了。

但一切都在暗中酝酿着。

三年后的公元前174年，对刘长的清算终于开始了。

先是有人告发刘长，说他跟柴武的儿子柴奇串通谋反，还派人去联络匈奴、闽越等国，准备共同攻打朝廷。

朝廷紧急把刘长召到长安去询问，刘长竟然没有反抗，径直就去了。

随后以丞相张苍为首的众多官员联合上书，列出一张长长的清单，详细列举刘长一系列违法乱纪的行为，从擅用天子礼仪，到窝藏逃犯，各种罪名，骇人听闻。

其中最严重的就是谋反罪名，这封奏折里面详细记录了刘长如何跟柴奇私下联络，如何跟柴奇的手下人促膝长谈，甚至帮他讨老婆，如何包庇柴奇的人，又如何杀人灭口，毁尸灭迹等等，详细的程度，好像每一件事都有人目睹了似的。

这不由得让人想起很多年前高祖杀韩信、彭越的情形，两人也是突然被告发谋反，而且证据确凿，细到每一根头发丝都罗列得清清楚楚，根本无法辩驳。

那么，刘长是被冤枉的吗？依据现有的材料，无法判断。但可以肯定，文帝是早有准备的，在刘长身边安插了不少眼线，长期收集他的罪名。

文帝的做法很像春秋时期郑庄公对付共叔段的手段（参考《春秋：五霸迭兴》），只能说，伟大的君王为了巩固自己的统治，也可能做一些不符合道义的事情。

奏折的最后，张苍等人明确说：依照刘长的罪行，应该"弃市"，请皇上秉公判决。

文帝看到这封奏折以后，很"为难"，左思右想过后，下诏说："朕不忍心处罚淮南王，你们跟列侯们商量一下吧。"

张苍等人很快又上奏："臣等跟四十三名列侯讨论过了，都认为刘长罪不可恕，请皇上依法严办。"

文帝又犹豫了很久，下诏说："朕不忍心杀淮南王，请饶他的死罪，也保留王爵。"

群臣又启奏说："死罪可免，活罪难逃，请把刘长革除王爵，发配到蜀郡邛崃山，让当地政府供应他们日常用品。"

文帝终于回复说："那就发配到蜀郡吧，让他带十个姬妾一起去，当地政府每天供应他们五斤肉，两斗酒。"

诏书下来以后，刘长被废除王爵，除了十个姬妾以外，其他亲属全部被遣散，王府里的很多下人都被牵连进这起案子，被以"谋反"罪名杀掉了。

刘长被装进囚车，四面封得严严实实的，由地方上的官差接力传递，一站接一站地送往蜀郡。

袁盎劝告文帝："淮南王性情刚烈，这样对待他，怕出大事，到时候陛下还要担上'杀弟'的恶名。"

文帝淡淡地说："我只是教训他一下罢了，很快就会赦免他的。"

地方政府都知道这是皇帝重点"关照"的犯人，谁也不敢私自拆开囚车上的封条放刘长出来吃饭，只是随便丢些食物进去，跟喂狗一样。

囚车里的刘长满怀愤懑，对押解他的官员说："都说你爹我是条汉子，我呸！现在跟个狗熊样！我悔不当初。大丈夫生于天地间，焉能受这样的折辱？"说完，从此不吃不喝，也不再发出声音。

到了雍县，当地官员觉得不对，打开囚车，才发现刘长已经饿死在里面了。

官员报上去，文帝大哭，说："我后悔不听你们的劝告，害死了我弟弟。"

于是发下命令，囚车经过的所有地区，当地负责人一律斩首。从长安到雍县，无数官员因此遭难。

文帝又命令以列侯的规格把刘长安葬在雍县，派三十户人替他守墓，以补偿自己的过失。

民间却传言文帝是故意害死刘长的，甚至有童谣说："一尺布，尚可缝；一斗粟，尚可舂。兄弟二人不能相容。"

文帝听到以后更加自责，说："难道天下人以为我贪图淮南的土地吗？"于是下诏恢复刘长的王爵，谥号为"淮南厉王"（这是一个罕见的恶谥，表示被谥的人凶狠暴戾），按照诸侯的规格重新安葬了他。

几年以后，文帝把淮南国拆成淮南、衡山、庐江三个王国，分别封给刘长的三个儿子,天下最大的诸侯国淮南国从此烟消云散,再也威胁不到中央政府了。

但诸侯国的问题还没有解除,接下来,一起意外事件严重激发了诸侯国跟中央政府的矛盾。

太子杀人事件

淮南国被分割以后,天下最强大的诸侯国是东部沿海的吴国,吴国国君是高祖的侄儿刘濞。

高祖夺得天下以后,把自己的二哥刘喜封为代王。但事实证明这次任人唯亲的封赏是完全错误的。

代国是抗击匈奴的第一道防线,而刘喜是个毫无才干的草包。公元前200年,匈奴入侵代国,刘喜根本没做什么抵抗就逃到洛阳去了。

他找到高祖求助,高祖看到他这副怂样子,气不打一处来,当即废掉他的王爵,改封为合阳侯。刘喜从此饱食终日无所事事,享受了几年太平日子以后在公元前193年病逝。

但是用同姓诸侯替换异姓诸侯是高祖的基本国策,特别是韩信、彭越等人接连作乱以后,高祖更加快了分封同姓诸侯的脚步。当时高祖的儿子们除了刘肥以外其他人年纪都还小,所以他只能把自己的侄儿也提上来。正好刘喜的儿子刘濞有一些才干,高祖就大力提拔他。

公元前196年,高祖御驾亲征讨伐黥布,顺便带上了刘濞。刘濞在这次战争中立下军功,战乱平息过后,高祖便顺势把他封为吴王,统辖吴国三郡五十三城。

当时还有刘肥为齐王、刘如意为赵王、刘恒为代王、刘长为淮南王,天下最大的几个诸侯国都在刘氏子孙手里,看起来刘氏的江山永固,没有任何需要担心的。

但晚年的高祖疑心病很重,很快他又觉得:只要不是自己的亲生儿子都靠不住,所以对分封刘濞的决定后悔起来。

刘濞收到诸侯王的印玺以后去拜见高祖,高祖盯着他看了一会儿,喃喃地说:"五十年以后东南方会发生叛乱,不会就是你干的吧?天下都是我们刘氏一家的,你可不要造反呀。"

刘濞吓得连连磕头说:"绝对不敢!"就告辞回自己的封国去了。但他内心已经知道了:侄儿终究是外人,在高祖眼里是靠不住的。

好在吴国是个好地方,既不受匈奴威胁,又远离中原是非之地,而且风景秀美,气候宜人。豫章郡那边还有铜山,可以随便铸钱,东海又可以煮水为盐,两样都是暴利行业。仅仅靠这两项收益,刘濞就赚得盆满钵满,他的吴国也成为诸侯国里面最富裕的一个。他这日子过得比天子都舒服得多了。

如果事情就这样发展下去,也许刘濞就在东南方当个逍遥自在的土皇帝,了此一生。

但乐极生悲,文帝即位以后,突然发生了一起严重的意外事件。

当时刘濞的太子刘贤是个年轻小伙,常常去长安陪文帝的太子刘启游玩。两个年轻人都是从小养尊处优的,都被惯坏了,根本不会让人。

有一次两人在一起下棋,为一步棋争起来。刘贤身边的一帮人都是楚人,脾气火爆,一闹起来顿时吹胡子瞪眼的,刘启怒从心头起,拿起棋盘就朝刘贤头上砸下去,当场砸得刘贤脑浆迸裂,死在地上。

消息传出来,文帝和窦皇后都是暴跳如雷,把刘启狠狠教训了一顿。但人死不能复生,总不能让自己的儿子给他抵命吧?而且他们还不能公开处罚刘启,因为一旦这样做,就等于承认了这次错在刘启,那么刘启的太子之位还能不能保住就是个问题。

他们只能低调处理,尽量不惊动太多人,希望时间久了大家渐渐忘记这件事,不要给刘启的前途带来太大阻碍。

所以文帝没多说什么,让人把刘贤的尸首用上等的棺材装好,拿马车载着送给吴国去。

刘濞见到儿子的棺材,气得浑身发抖,说:"天下都是你们家的嘛,既然死在长安就葬在长安算了,何必还送到我们这里来。"于是又把棺材给送回长安去了。

文帝十分尴尬,只好静悄悄地把刘贤埋在了长安,同时派人去吴国抚慰刘濞一家人。

刘濞不敢再说什么，但心里憋着一股气。这次事件明显是皇帝仗势欺人，不仅不给人公道，还想悄悄掩盖过去，却不想对于刘濞来说，杀子之仇怎么可能这么轻易放下呢？吃了大亏的刘濞从此以后对朝廷事务就故意怠慢，总是称病，再也不去长安朝觐皇帝了。

文帝知道他在赌气，自己也觉得理亏，于是干脆赐给他御用的手杖，申明：吴王终身不必再朝觐皇帝。又把袁盎派到吴国去为相国，名义上是辅佐刘濞，实际上是约束他。袁盎到吴国以后大力劝说刘濞不要跟朝廷作对，刘濞也只好暂时打消了反叛的想法，这件麻烦事才算勉强盖过去了。

通过这件事，文帝也知道了太子刘启是个容易冲动的人，从此严加管教。但刘启还是难以改变自己莽撞的性格。

有一次，刘启和弟弟梁王刘揖一起乘车进宫，过司马门的时候没有下车，直接就进去了——这是违反宫里规定的。正好那个特别爱较真的张释之在旁边看到，就追上去把两人拦下来。两人不依不饶，跟张释之吵起来。

张释之径直冲进金銮殿，上了一道奏章，弹劾太子对公门不敬之罪。

薄太后在后面听到消息，把文帝叫进去，责备他教子无方。文帝只好对太后免冠谢罪，说："太子没教好，让母亲操心了。"

最后还是薄太后亲自下诏赦免太子的不敬之罪，才放两人进宫了。

但刘启是个特别记仇的人，这件事他一直暗暗记着，准备以后找张释之算账。

另一方面，刘濞跟朝廷的恩怨还远远没有结束，甚至各路诸侯们对中央的敬畏心理都在减弱，情况的发展越来越像当初中行说的预言："你们的皇帝跟亲戚的关系一代代疏远，到最后自相残杀，甚至篡权夺位。"所以如何钳制这些诸侯就成了一个越来越迫切的问题。

文帝用的是贾谊"割地定制"的策略，每个封国都让诸侯的几个儿子去继承，一代代地分割下去，逐渐把这些国家都割成碎片。但这个策略需要时间，朝廷能拖到那一天吗？当时谁也不知道。

同时，中年以后的文帝渐渐露出昏庸的苗头，做出一些有失大体的事情，给大汉帝国的未来蒙上了一层阴影。

晚年的文帝，并不完美的一生

文帝是千古难得的明君，按理说秦始皇犯过的那些错他不会再犯，但世事并不遂人意，这种事情偏偏就发生了。

中年以后的文帝开始迷信鬼神，上有所好，下必甚焉，各种民间神棍察觉到这个趋势，都逐渐依附到文帝身边来。

公元前165年，鲁人公孙臣上书说："按照五德运转理论，秦为水德，汉为土德，土德应当有黄龙出现。朝廷如今应该改正朔、易服色，以黄色为正色。"

文帝跟丞相张苍讨论，张苍认为汉朝属水德，应该以黑色为尊。不料过了不久，果然传来消息，说在陇西的成纪县有黄龙现身。

文帝大喜，马上把公孙臣召来，任命他当博士，让他负责更改历法和服色。文帝还亲自到郊外祭祀上帝。同时文帝对张苍很不满意，不久以后张苍就被迫辞官回家了。

很快又有个叫新垣平的术士来见文帝，说他会"望气"，望见长安东北方有五彩神气，建议文帝在那里建一座五帝庙，祭祀五帝。

于是文帝在渭水北边建起一座五帝庙，庙有五扇大门，按照方位涂成五种颜色，庙内有五座大殿，分别祭祀五帝。庙建好以后，文帝喜滋滋地去那边举行祭祀典礼。当时随从的人员不计其数，火把映得天幕一片绯红。

过了几天，文帝到长门巡游，远远看见路边有五位峨冠博带的神仙，于是又在长门建起五帝坛，进一步供奉五帝。

新垣平变着法子哄文帝开心，不久以后又向文帝上书说："陛下大喜，臣望见有宝玉气来到未央宫里了。"很快，果然有人来向文帝献上一支玉杯，制作得精巧无比，上面还刻着"人主延寿"四个字，这是暗示文帝要万寿无疆吗？文帝喜欢得嘴都合不拢了。

新垣平继续出新点子，他装模作样地去泗河看了一番，回来对文帝说："周朝九鼎藏在泗河中，臣望见那附近有金宝气，预示九鼎将要出现了，陛下应该在汾阴的水边建一座庙，日夜祈祷，九鼎就会重现人间。"

文帝更加惊喜，以为自己的仁政感动了上苍，于是又在汾阴建起一座庙，日夜不停地祭祀，祈祷九鼎尽快出现。

到这时为止，文帝已经彻底被新垣平迷惑了，他已经失去了判断力，不仅赏给新垣平无数财宝，封他为上大夫，还沉迷在各种神神道道的祭祀中，今天去这座庙，明天去那座庙。至于国家大事，则渐渐地抛到了脑后。他甚至让儒生们制定礼仪，准备去泰山封禅。

文帝似乎正在走上秦始皇的老路。

文帝的所作所为让朝中老臣们忧心忡忡，他们暗中调查新垣平的底细，查到他一系列作假的证据，包括之前的玉杯也是他串通工匠做出来的。于是大臣们让人向文帝上书，告新垣平捏造鬼神之事欺骗君王。

文帝异常震惊，把新垣平交到廷尉那边，让他们审问。一见到廷尉的威严，新垣平双腿发软，赶忙招供了自己作假的内情。

文帝这才醒悟过来，下令诛灭新垣平满门，终于灭除掉了这个妖言惑主的神棍。

从那以后，文帝就不再热衷于鬼神之事了，改正朔、改服色这些花样也都放下了；五帝庙、五帝坛也不再去了，只让负责祭祀的官员在那边维持香火而已；也不再宠幸那些术士了，重新把心思放到了治国安民上面。大汉帝国终于没有走上暴秦的老路。

不过，同一时期，另一个问题也在酝酿中，虽然当时不严重，最后却会成为倾覆大汉帝国的祸根！

西汉皇帝都有一项特殊癖好——喜好男风。当年高祖皇帝就宠爱宦官籍孺，惠帝则宠爱闳孺。史书记载这两人都因为"婉媚"而受宠，可见都有过人的美貌，而且很善于魅惑君王。君王对他们的宠爱丝毫不亚于对妃子的爱，甚至到了同吃同睡的地步，根本不避嫌。

由于开国帝王带了一个很坏的头，整个大汉朝廷便都认为养男宠不是什么大不了的事情，对于君王们的这一爱好，也就听之任之了。

文帝也有自己的男宠。

据说文帝有一天做梦，梦到自己要上天，却差一把力气，怎么都登不上去，这时候旁边过来一个黄头郎，抱住自己的后腰，把自己抬了上去。文帝梦里见到那人穿着一件短衫，衣带从身体两侧穿过去，在背后打了个结（普通人的衣带都结在前面）。

中年以后的文帝越来越迷信，醒来以后就去找梦中的那人。他来到未央宫的苍池边，那边有很多供人游玩的船只，无数船夫在那边忙碌。"黄头郎"就是船夫，因为他们头上常常戴着黄帽，所以有这个名称。

文帝站在池边看着来来往往的黄头郎们，忽然见到有一人的衣带系在腰后，跟梦里见到的人一样，就召他来一问。那人名叫邓通，文帝一想，"邓"就是"登"，不正好说明他要助自己登天吗？——当然可能文帝没想到"登天"的另一种含义。

再看那邓通，相貌俊逸，举止温雅，文帝一看见他就非常喜爱，于是把他提拔上来，做了自己的幸臣。

从那以后，邓通家就成了文帝的另一个落脚点，文帝一有空就跑出未央宫，到邓通家里去找他游乐，把他当作自己最亲近的人，简直把后宫妃嫔们都比下去了。

邓通没什么才干，只是凭美貌受宠而已，好在他为人低调，从不惹事，倒也不会伤害到谁。他也很乖巧，知道干涉朝政是绝对不能触碰的底线，所以一直谨小慎微，不出门，不跟人结交，主动避免了干涉朝政的嫌疑，也避开了朝中大臣们的嫉恨。

文帝看到邓通太乖了，觉得有点过意不去，便多次说放他几天假，叫他自己出去游玩，邓通却仍然不出去。

文帝就只好赏赐他高官厚禄，把他提拔为上大夫，赏赐他无数金银财宝。

文帝对邓通的宠爱一天胜过一天，最后觉得仅仅赏赐财物已经无法表达自己对邓通的爱了。正好当时有相面的人说邓通"以后会饿死"，文帝听了很不屑，说："有我的宠爱在，邓通会饿到？我偏要让他富甲天下。"于是便把蜀郡的严道铜山赐给邓通。

当时国家允许私人铸钱，得到铜山以后，邓通便可以自行铸钱，"邓氏钱"很快遍布天下，邓通也成了天下第一富豪。

不过文帝并不傻，邓通没有掌握政治权力，他的一切都在皇帝掌控之下，连他自己都是皇帝的人，不管他有多少财富，归根结底，都是属于皇帝的。

所以文帝让邓通铸钱只是表示对他的宠爱而已，这些货币的发行权其实还是掌握在文帝手里，并不会干扰到国家的经济运行。

这种情况跟吴王刘濞私自铸钱不一样，吴王的钱是真正属于吴国的，吴王铸钱是在跟中央争夺财政大权，危害很大。

成为首富以后，邓通做人更加谨慎，绝不招惹任何人，然而人算不如天算，他竟然还是惹怒了另一个人。

有一次文帝背上长了一个疮，不久以后化脓了，很难受。邓通就伏在文帝背上用嘴把脓液吸出来。

文帝却反而不开心了，问人："天下谁最爱我？"

下人们赶忙回答："当然是太子殿下。"

文帝冷哼了一声说："那么太子怎么不替我吸脓呢？"

下人们不敢回答。正好太子进寝殿来问安，文帝就把刚才的话说给他听，说："邓通都可以替我吸脓，你难道还不如他？"

太子刘启红着脸，没办法，只好勉强伏到文帝背上吸了几口。

养尊处优的太子哪里吃过这个苦，只觉得胃里翻江倒海的，从寝殿出来以后就呕吐了。他找人打听："是谁给父皇出的主意，要我去做这种事？"

下人们不敢隐瞒，说了邓通多次给文帝吸脓的事，刘启从此在心里记下了这笔账。

对邓通的宠爱是文帝人生最大的污点之一，邓通凭借姿色获得高官厚禄，这形成了一种很恶劣的示范效应，毒害着朝廷上下的风气。好在邓通总算守住了"不干涉朝政"的底线，没有出大乱子。

文帝的另一个错误是没能遏制住诸侯势力的膨胀，对付诸侯，文帝主要用的是"割地定制"的策略，但这个方法需要等诸侯王自然死亡以后，诸侯国选继承人的时候才可以用。

公元前 165 年，齐王刘则病故，文帝就采用"割地定制"的办法，把齐国分成七份，分别封给刘将闾（lǘ）等七个王。看起来，齐国的威胁算是解除了。

但这是"阳谋"，这一招使出来，反而引起了诸侯们的警惕，他们当然不会坐以待毙，而是暗中积蓄力量，准备等朝廷控制力减弱的时候发起反击。

对于诸侯们日益嚣张的气焰，文帝只能尽量忍让，吴王刘濞许多年不来长安述职，文帝也宽恕了他。看到这一幕，其他诸侯们更加认为朝廷好欺负，从心里更加看不起中央。

对外政策方面，文帝继续沿用之前的和亲策略，企图稳住匈奴然后慢慢同化他们，但这种策略显然效果不好。

匈奴当然不傻，他们虽然接受大汉的财物，可并不接受大汉的生活方式。实际上，大汉对他们的馈赠，在他们看来就是卑躬屈膝的朝贡，哪个强者会羡慕弱者的文化并且学习他们呢？

这些年，匈奴对大汉北方疆土的入侵从来没有停止过。

老上单于是老谋深算的政治家，他很清楚，匈奴军队的优势在于机动性，劣势在于人口太少，承受不起大规模会战。所以他不跟汉军正面冲突，而是采用游击战去骚扰汉朝边境。他们长期盯着汉朝边境的防御形势，一旦发现薄弱环节，立即带着一队骑兵冲进去抢劫财物，等汉军开过来的时候他们再迅速撤退，然后到下一个地方继续抢劫。

等形势不利的时候，他们又主动跟大汉讲和，表示羡慕大汉的文明，希望从此休兵，让大汉派公主来增进两国友谊，于是大量的财宝和美女就被送到草原来，让他们又大赚一笔，几年都不愁吃喝。

这种策略让汉朝边防力量焦头烂额。汉军虽然强大，但机动性比匈奴骑兵还差很多，不敢冒险远征大漠，防又防不住，北方疆土被匈奴踩躏了一遍又一遍，只能不停地送公主，送财宝，希望换来几年平安日子，但匈奴得到公主和财宝以后，过两年又翻脸了，无休无止……

公元前161年，老上单于过世，军臣单于继位，继续任用中行说，加强了对汉朝边境的骚扰。公元前157年的一次入侵，报警的烽火甚至烧到了长安以北的甘泉宫，对大汉北方各个郡县造成了严重震撼。

对于这一切，文帝君臣无可奈何。

另外，大汉君臣的大局观比匈奴还是差一些，他们只防着匈奴在北方边境的骚扰，却没注意到匈奴在草原上的一系列动作。从冒顿单于开始，匈奴就一直在攻打西边的月氏，持续不断的战争对月氏国造成惨烈的杀伤。月氏人承受不住，只好不停向西迁移，于是从河西走廊到中亚，大片土地落入匈奴控制之下。到文帝中期，匈奴已经控制了整个北方草原，从地理上对大汉形成明显的压制。

这一切都给后来的执政者造成严重困扰。

好在内政方面文帝基本没犯错,一直保持着一位明君的作风。

首先是坚持之前制定的那些制度,鼓励农耕、厉行节约、与民休息、轻刑慎罚等等,使得国内政通人和,经济繁荣,国力持续提高,初步具有了盛世气象。

还有,虽然窦皇后已经失宠了,太子刘启也犯下大错,但文帝始终没有废掉他们母子,甚至根本没有表露出这种念头,这在很大程度上避免了朝政动荡。

最后,也是最重要的一点,文帝始终听得进别人的劝谏,不管曾经犯过多少错,都能虚心改正,文帝治理下的大汉因此终于没有走偏。

公元前157年六月,仁慈的汉文帝驾崩在未央宫。太子刘启继位,是为汉景帝。

文帝把对民众的宽厚贯彻始终,他在遗诏里要求:天下百姓只哀悼三天,而且不禁止婚丧嫁娶,不禁止百姓喝酒吃肉;宫里办丧事一切从简,不让老百姓来哭灵;除了早晚以外,不要放声大哭;宫里的丧事只办三十六天,到期以后便不要再穿孝服;后宫嫔妃在夫人以下的,都遣送回家,让她们自由度过余生;霸陵按照山川地形来建,不另起陵墓;陪葬品只用瓦器,不用任何金银器皿。

这样的善政,在整个中国历史上都极其罕见,难怪后人都把文帝称为仁德之君,他确实是爱民的好皇帝。

可惜随后当政的景帝性格跟文帝完全不一样,做事也急躁,很快就惹出一场大祸。

刻薄皇帝与急躁的权臣

景帝是个特别记仇的人,登基以后,首先找得罪过自己的人报仇。

第一个就是邓通,景帝对他恨得咬牙切齿,下令革除他的官职,收回铜山,收缴他铸的"邓通钱"。

邓通躲回自己家里，小心翼翼地生活着。然而不久就有人告发他，说在国外发现了"邓通钱"，怀疑邓通的人还在国外偷偷铸钱。景帝派人一查，证据确凿，无可辩驳，于是抄没邓通的家产，金山银山全部充入国库。

但是景帝偏偏不杀邓通，也不抓他，而是放他在外面四处流浪，同时派人偷偷监视他，不准任何人接济他。可怜的邓通一个人流落街头，身无分文，孤苦无依。看着他狼狈的样子，景帝心里十分舒服。

邓通好歹也是文帝爱过的人，景帝的姐姐长公主刘嫖不忍心看他就这样饿死，就偷偷赐给他一些钱，景帝派的人马上发现了，强行把这些钱收走；刘嫖又送给邓通一些衣服食物，又被景帝的人收走。最后连刘嫖都没办法了。邓通只好到处去乞讨，但什么都讨不到，最终活活饿死了。

下一个是张释之。当年他弹劾还是太子的景帝，让景帝被父亲狠狠训斥了一顿。景帝登基以后，张释之十分惶恐，想要辞官，又怕景帝认为他是在赌气，最后听别人的建议，亲自去向景帝赔罪。

景帝一脸和蔼地说："爱卿秉公执法，这是好事呀，朕怎么会怪你呢？"张释之这才放心了。

然而一年以后景帝还是挑了他一个错，把他发配到淮南国当相国去了。张释之从此碌碌无为，在淮南国度过了余生。

这些都是小仇，景帝真正的大仇家还是吴王刘濞。

从误杀吴王太子以后，景帝和刘濞心里都在暗恨对方。刘濞一直跟皇帝赌气，几十年不去长安，景帝则严密盯着刘濞的一举一动，准备下手削弱他的势力。

双方的矛盾是显而易见的，虽然没公开说明，但人人都看得出来。

同时景帝即位还带来一个不明显但很严重的问题：诸侯们跟皇帝的血缘关系更远了。以前文帝是诸侯们的堂兄和叔叔，在诸侯中间还有些威望，现在景帝却不过是他们的远房亲戚而已，凭什么能让他们打心里服从呢？况且景帝为人小气刻薄，在诸侯们眼里，他除了会算计人，什么都不会，当然对他更加不服气。

如果仅仅这样的话，尽管双方心里都憋着气，也还不至于公然挑明，但景帝手下偏偏有个叫晁错的大臣，急吼吼地推动景帝尽快解除诸侯的威胁。

晁错是文帝时期被提拔上来的官员，早年学过儒家，又学过法家。他学识渊博，以能言善辩著称。文帝看上了他的才学，把他任命为太子家令，让他专门辅佐当时还是太子的景帝。

晁错是个精力特别充沛的人，他身上既有儒家对于政治的极端热衷，又有法家的坚决果断，所以他对人对事特别激进，是最典型的鹰派。

晁错严格遵守儒家"直言敢谏"的传统，在文帝手下的时候，他就多次上奏折，旗帜鲜明地表明自己对各种事件的态度。例如他建议文帝对匈奴主动出击，但文帝没有采纳他的意见；他又建议削弱诸侯，文帝也没有听他的；他还提出要重视农业，守边备战等，这些建议被文帝采纳了。

晁错这种咄咄逼人的性格显然不太受文帝欢迎，也跟"无为而治"的国策背道而驰，所以尽管文帝非常欣赏他的才华，却一直没有真正重用他，只把他提升为中大夫，负责为皇帝提意见而已。

这样的职位显然不是晁错想要的，文帝的朝廷并不是他施展抱负的地方。

在文帝的朝廷里，他是个异类，受到大家冷落和排挤。特别是袁盎，对晁错极其反感，跟他一句话都不说，甚至据说两人在各种场合都不会同时出现。

只有当时还是太子的景帝对晁错另眼相看。在年轻的太子看来，办事积极、性格刚毅的晁错比那些偷奸耍滑、唯唯诺诺的老臣们有用得多了，所以景帝一登上皇帝宝座，马上把晁错提拔为内史，给予重用。

刚执掌大权的景帝跃跃欲试，想干出一番惊天动地的事业，但老臣们都谨守"无为而治"的教诲，能不做的事情就不做，对景帝的热情不予回应。景帝便索性抛开他们，只依赖晁错，没事就把晁错召进宫里单独讨论国家大事，对晁错的信赖远远超过了其他人。

晁错觉得自己施展抱负的机会来了，便向景帝提出一系列建议，景帝按照他的提议，飞快修改了各种法律典章，晁错的影响力一时间压倒了整个朝廷。

这是在明确违背"无为而治"的祖训，大臣们都看不下去了，他们不敢对景帝表示不满，就把气都撒在晁错身上。

丞相申屠嘉带头发难（张苍被免职以后，申屠嘉接任丞相之位）。

当时内史府的大门是向东开的，晁错进出很不方便，他就把内史府南边的墙打通，新建了一道门。但那堵墙也是太上皇庙的围墙。申屠嘉听说以后，准备去向景帝告状，说晁错擅自打通太上皇庙的围墙，大不敬，按律当斩。

晁错神通广大，竟然探听到了申屠嘉要去告自己的事，于是连夜跑进宫里，向景帝说明情况，请求原谅。

第二天上朝的时候，申屠嘉果然上书弹劾晁错，但景帝只是淡淡地说："那堵墙又不是真正的太庙墙，只是外面空地的围墙，砸掉也就算了。"

申屠嘉气得要死，下朝以后大骂："好你个晁错，真有本事，老夫当时该先杀掉你再启奏。"

申屠嘉回去以后就一病不起，不久就被气死了。

晁错很快又被提拔为御史大夫，从此更加没人能挑战他的地位了。

晁错把下一个目标定为老对手袁盎。

袁盎前几年曾被派去辅佐吴王刘濞，后来告老还乡了。晁错现在搜集到一些证据，说袁盎在吴国的时候曾经收过刘濞的贿赂。

这明显是"莫须有"的罪名。刘濞当时是袁盎的主人，他要赏赐钱物袁盎不可能不接，但晁错一口咬定这就是受贿，景帝就根据他的指控，把袁盎贬为庶人。

这笔账被袁盎牢牢记在心里，于是晁错又多了一个死对头。

不过晁错的真实目的可能是为了罗织刘濞的罪名，刘濞才是他真正的打击目标。

除此以外，他也密切盯着其他诸侯的一举一动。公元前155年夏天，薄太后（这时候已经是太皇太后，为了叙述方便，本书后面都把太皇太后简称为太后）驾崩，全国服丧，晁错探听到楚王刘戊在这期间淫乱，便把这件事记下了。

第二年年初，刘戊到长安来朝觐景帝，晁错趁机指使官吏把他抓起来，然后拿出搜集到的罪证，要求景帝判刘戊死刑。最后景帝饶了刘戊的性命，但下诏削夺楚国的东海郡。

楚国是三年之内第三个被削夺封地的诸侯，之前朝廷已经削夺了赵国的常山郡（另一种说法认为削的是河间郡）和胶西国的六个县。

这几年晁错一直在景帝身边吹嘘"削藩"的重要性。诸侯们不服从中央确实是当前的头号问题，晁错更进一步在这个问题上做文章，在他的鼓动之下，朝廷的步子迈得越来越大，对诸侯的打压越来越紧迫。

但晁错觉得还不够，刘戊被处理以后，晁错向景帝上了一篇《削藩策》，列出诸侯们的种种罪名，鼓动景帝用更强硬的手段打压诸侯们。

他请求景帝直接没收诸侯的土地。那么诸侯们要不答应怎么办呢？晁错放出狠话，说诸侯们"削之亦反，不削亦反"，既然他们迟早都要造反，不如现在先用铁腕政策逼他们造反，省得以后反起来更难制服。

景帝把晁错的奏折拿到朝堂上讨论，大家目瞪口呆：这是存心闹得天下大乱吗？但大家知道景帝什么都听晁错的，所以都不敢说话。只有窦婴站出来坚决反对这个提案，最终挡不住景帝对晁错的偏袒，这个提案还是通过了。

七国之乱

朝廷发下命令，总共有三十条法令，全面限制诸侯们的权利，其中最让天下哗然的是对吴国的处理——削夺吴王的豫章郡（史书记载可能有误，豫章郡不属于吴国）和会稽郡，全部收归朝廷管辖。

这次朝廷下手十分猛烈，吴国作为最强的诸侯国直接被砍掉一大半土地，甚至连铸钱的铜山都给收走了，海岸线也大部分被没收，主要的经济来源全部报销，对他们的国力造成了毁灭性打击。

那么吴王的罪名是什么呢？诏书说，他在自己的封国内铸钱和煮盐，还有，阴谋招纳各地逃犯，准备作乱。

这样的罪名明显就是在找碴。

诸侯在自己的封国内本来就有财政大权，铸钱和煮盐并没有违反国法，接收逃犯则只是管理不当的问题，责令他改正就是了，哪里至于到砍掉大部分土地那么严重的程度呢？至于说吴王准备作乱，朝廷并没有拿出过硬的证据，凭什么让人信服呢？最关键的是，这些罪名都是朝廷单方面的说法，根本没有给诸侯们辩解的机会。

这说明景帝和晁错都过于冲动了,削藩本身没错,但至少要搜集到足够服人的罪名,凭现在的罪名削藩,诸侯不服,天下人也觉得离谱。

而且对诸侯们下手过重了,诸侯们如果不反叛,随后就是灭国的下场,所以这一纸诏书等于宣战书,是在主动挑起诸侯反叛。

诏书一发下来,朝野震动,大家知道,一场内战即将来临。

晁错的父亲在遥远的颍川,听到消息以后赶忙跑到长安来劝晁错:"你刚刚当上御史大夫就发布这样的政策,既得罪了天下诸侯,又挑拨了皇上跟诸侯的骨肉亲情,闹得大家都有怨言,你为什么要这样做呢?"

晁错回答:"不这样做,无法保证天子的威严,无法安刘氏的宗庙。"

晁错父亲气得大骂:"他刘氏倒是保住了,我们晁氏可就危险了。你继续做你的,我走了。"回到家以后就服毒自尽了,留下遗言:"我不忍心看到我们家族遭殃。"

晁错拥有士大夫"齐家治国平天下"的气概,虽然父亲的死让他很伤心,但是君臣之谊高于父子之情,保国安民是他的责任。他丝毫不动容,继续把削藩令推行下去。

受到打击的几个诸侯王如同五雷轰顶,赶忙私下联络商讨对策。大家都愤愤不平,对景帝君臣恨得咬牙切齿。特别是吴王刘濞,新仇加旧恨,再添上灭顶之灾,不反都不行了。

最后由吴王刘濞牵头,加上楚王刘戊、赵王刘遂、济南王刘辟光、淄川王刘贤、胶西王刘卬、胶东王刘雄渠,七个诸侯国决定联合反叛。

这七个国家包括直接受朝廷打压的吴、楚、赵三个大国,以及齐地的四个兄弟国家。

吴、楚、赵都是为生存而战;齐地本来就是离心力很大的地方,当初刘襄、刘章兄弟对朝廷有再造之功,却没能登上皇位,本来怨气就很大,刘兴居又因为造反被诛杀,随后齐地被分割为七个国家(齐国、城阳、济北、济南、淄川、胶西、胶东)受到严重削弱,对朝廷的怨气一直没平息,所以这次跟着三大国造反。

吴国是这次叛乱的主力,刘濞下令,让国内十四岁以上、六十二岁以下的男子全体参军，这样很快聚集起二十万大军，他又派使者联络南方的瓯越国，瓯越国也发兵加入刘濞的队伍。

刘濞又派使者去联络西边的淮南王刘安。刘安是刘长的大儿子，身负杀父之仇，他对朝廷本来就心怀怨恨，听说吴国反叛的消息以后，当即想加入他们。他手下的相国就说："大王要响应吴国的话，微臣可以去领兵。"刘安就把淮南国的兵权交给了这个相国。

哪知道这个相国却是支持朝廷的（当时诸侯国的相国都只能由朝廷任免），他拿到兵权以后，马上组织军队防守城池，严防吴国的进攻。正好这时候朝廷的援军也来了，淮南王刘安只好假惺惺地表示忠于朝廷，放弃了跟随刘濞的想法。

刘濞同时派人去联络庐江国，庐江王刘赐是刘安的三弟，但他拒绝跟着刘濞造反，吴国的使者只好回去了。

同一时期，衡山王刘勃——刘安的二弟也拒绝了吴国使者的邀请，坚守城池，抵抗叛军。

淮南三个兄弟国家最终都没有背叛朝廷，他们联手挡在吴国的西边界，使得吴军只剩下了向北突击这一条道路。

刘濞带领吴国军队向北渡过淮河，跟楚军汇合，准备以最快速度冲向函谷关，把政府军封在关内，然后依托荥阳等地的资源跟中央政府对峙。

然而他们的盟友却很不给力。

事实证明，当初文帝分割齐地的决定太明智了。齐地的七个王根本不是一条心——城阳王一开始就没参加叛乱；济北王因为城墙坏了还没修好，被手下的郎中令闯进城里劫持了；齐王刘将闾本来答应参加叛乱，但马上又反悔了，反而据守临淄城，跟叛军对峙。所以齐地七国只有淄川、胶西、胶东、济南四个国家反叛。

其中，淄川、胶西、胶东三个国家都在城阳国东边，城阳国联合齐国把他们挡在东边，他们的军队都过不来。这就很尴尬了，于是齐地四王只好一起围攻齐国的都城临淄，先打通道路再说。

这四兄弟都是养尊处优的贵公子，从来没上过战场，一交战才发觉战争跟自己想的不一样，一个小小的临淄，他们竟然一直打不下来，于是四国兵马都被拖在临淄城下。

齐地的道路不通,剩下的三大国也尴尬了,赵国被济北国隔离在北边,跟吴楚连接不到一起,只好单独作战。赵王刘遂先派人联络匈奴,匈奴答应出兵援助他们,但军臣单于十分滑头,他把军队派到两国边境上,先等着,看叛军跟政府军作战的结果再决定要不要帮忙。

刘遂凭自己的兵力当然不敢去攻打关中,只好转入防御姿态,紧紧守住赵国边界,等待吴楚两国军队的到来。

所以战争刚一开始,就变成了吴楚联军单独向西攻打政府军的局面,其中又以吴国为主,看着气势汹汹的七国叛乱,其实是吴国跟中央政府的对决。

吴王刘濞跟楚王刘戊汇合以后,向天下诸侯发布消息,说自己起兵是因为朝廷里有奸臣晁错,这奸贼不以诸侯之礼对待刘氏骨肉,还侵夺诸侯的封地,任用酷吏虐待诸侯,皇上又被他蛊惑,不能明辨是非。现在自己准备杀到长安去诛灭奸臣,匡扶刘氏社稷。

消息传到长安以后,朝廷里议论纷纷。晁错这些年得罪的人实在太多了,朝廷里面没有一个人替他说话,大家都在传言:既然刘濞明确说了他的目标是晁错,皇上应不应该杀掉晁错来安抚人心呢?

景帝急忙召晁错进宫商议,这时候晁错却表现出做人方面极端的幼稚,他竟然劝说景帝御驾亲征,让自己来镇守长安!

这下连景帝心里都不太舒服了,他本来希望晁错能出主意替他挡住敌人,没想到晁错先把他推到前线去。

前几天窦婴向景帝提议把袁盎召回朝廷来议事,因为袁盎曾经当过吴国的相国,对吴国的情况比较了解。这时袁盎正好进宫里来,直接对景帝说:"吴国的事不难办。"

景帝问他:"爱卿有什么计策?"

袁盎环顾四周说:"请皇上屏退左右微臣才敢说。"

景帝让下人们都退下了,只留下袁盎和晁错。

袁盎又说:"臣的计策只能让皇上一人听到。"

景帝于是让晁错也退下去了。袁盎这才说:"吴王的檄文里面说得很清楚，他们起兵的目的是诛杀佞臣，皇上只要把晁错杀了，传檄天下，恢复诸侯们的土地，各国诸侯自然收兵。"

景帝明白他的意思，牺牲一个晁错换来社稷安宁，何乐而不为呢？再说，就算杀掉晁错七国还是不退兵，但能堵住他们的嘴，让他们失去起兵的借口，对朝廷出兵有很大帮助。

景帝稍稍考虑了一下，说："朕不会为了爱一个人而伤害天下。"于是马上赦免袁盎的罪名，任命他为太常，要他悄悄潜出长安，到前线跟刘濞谈判。

景帝随后暗地里布置了一番……

几天以后，以丞相陶青为首的几名官员联名上书，声称："晁错上次对陛下说'朝中群臣都不可靠，军队不能交给他们，建议皇上御驾亲征'，这是在恶意离间皇上与群臣的关系；晁错又说'东部地区的土地可以先让吴国占据，以后再收回来'，这是在出卖国家利益。晁错大逆不道，缺乏臣子之礼，请皇上依法诛灭晁错全家！"

从这封奏折可以看出，景帝确实是个心眼很小的人，晁错建议他御驾亲征的事让他耿耿于怀，可惜晁错自己还没发觉这一点。

景帝马上批准了他们的奏折，派中尉去晁错家里召他进宫，晁错便上了中尉的车被载向皇宫方向。

到了东市以后，车马突然停下来，中尉让人把晁错拉下车，当场宣读景帝的诏书，然后把晁错斩首在街上。晁错至死都还穿着整整齐齐的朝服，那一刻，他应该明白了"帝王无情"的道理了吧？

晁错死后，前线回来的人汇报：吴王听到晁错被杀的消息仍然不休兵。袁盎也回来报告说：吴王拒绝见他，拒绝朝廷的招降。景帝无可奈何，只好认真调集兵马，准备迎接七国联军的挑战。

中央集权的胜利

景帝派出三路大军：北线是曲周侯郦寄带领，攻打赵国；中线由栾布率领，从赵国南方穿过中原去救援临淄；主力部队是南线的周亚夫军队，主攻淮北地区的吴楚联军。最后由窦婴带兵驻扎在中原核心部位的荥阳，威慑齐、赵。

先说北线。郦寄是高祖手下的大将郦商的儿子，当年就是他去骗吕禄投降，在讨伐诸吕的关键时刻立下了大功。而他的对手刘遂是个完全不懂兵法的草包，一听说朝廷派兵来讨伐就被吓倒了，让赵国的军队全部退到邯郸去防御。郦寄长驱直入，很快包围邯郸，于是北线的战争变成了政府军对邯郸的包围战，北线的威胁基本就解除了。

中线的将领栾布以前是燕王臧荼手下的大将，后来臧荼谋反，被朝廷诛灭，栾布也成了朝廷的俘虏。本来朝廷是要杀了他的，多亏彭越在成名前跟栾布是好友，亲自向高祖求情，高祖才把栾布放了，让他到彭越手下当了一个大夫。

后来高祖又说彭越谋反，把彭越也杀了，把他的头挂到城墙上示众。当时栾布正好出使齐国回来，看到这情形，不顾满门抄斩的危险，到彭越的人头下面边哭边报告出使的情况。高祖听说以后大怒，把栾布抓起来，准备把他煮了。

栾布丝毫不畏惧，义正词严地责备高祖不顾信义，诛杀开国功臣。高祖被他的忠义感动了，不仅释放了他，还把他提拔到朝廷里来当官。

后来栾布逐渐做到将军的位置，他人品正派，做事不偏不倚，景帝也很信任他，所以这次派他去救援齐国首都临淄。

当时临淄城下已经乱成了一团，三国兵马（济南的兵马已经先撤走了，只剩下淄川、胶西、胶东三国）把临淄围得铁桶一般，朝廷派来的使节都进不去。栾布的军队到来以后，三国兵马做贼心虚，不敢跟朝廷兵马正面对决，只好纷纷逃回自己国内，临淄的围困终于解除了。

齐国本来算是叛军的受害者，不料这时候栾布忽然听说：临淄被围的时候，齐王刘将闾曾经私下跟三国谈判，想要投降他们，因为朝廷的援军到来才作罢。栾布本来已经离开临淄了，听到这消息马上翻脸，转身带兵杀回临淄，刘将闾惊恐莫名，只好服毒身亡了。

景帝最后赦免了刘将闾的罪行，让他的儿子继承齐王之位。

栾布随后掉头杀向西方的赵国，准备跟郦寄共同拿下邯郸。

南线军队由周亚夫带领。

周亚夫是大汉帝国的明星将领。他是周勃的儿子，因为他哥哥犯了杀人罪，才让他继承了父亲的爵位，从此成为朝廷里的重要将领。

当初文帝的时候，匈奴入侵，朝廷派大军守住北方要塞，同时又派几名将领驻扎在长安附近的重要关口，其中，刘礼守长安东南的灞上，徐厉守长安西北的棘门，周亚夫守的是长安西边的细柳。

有一次，文帝到这几个营地去慰问军队，先到灞上和棘门，都直接进去了，没有受到阻拦，营地里的将军们甚至带着很多士兵来迎接文帝，点头哈腰地陪着文帝到处转悠。

到细柳的时候，只见军营门口戒备森严，军士们披坚执锐，整整齐齐地守着大门。

文帝手下的先行官第一个闯到门口，大叫："皇上要来了，快开门。"

军门都尉昂首回答："周将军有令，军营里一切听周将军的，不奉天子诏令。"

先行官大怒，跟那些军官们吵起来，但那些军官就是不放他进去。

过了一会儿，文帝的车驾也来了，文帝命令手下人拿着自己的符节去给周亚夫看，周亚夫这才让人打开营门放他们进去了。

进门的时候，军官们又拦住他们说："周将军有规定，军营内不得奔驰。"文帝只好让马夫放慢速度，一行车队慢慢在军营里面行走。

过了一会儿，终于见到周亚夫。只见他一身戎装站在营帐前，手里拿着兵器对文帝作了个揖说："请恕微臣身着甲胄不能下拜，只能以军礼拜见陛下。"

文帝大为感动，站在车上，亲自向周亚夫回了一个军礼，说："有劳将军了。"

后来出了细柳营以后，文帝对周围的人们说："周亚夫才是真正的大将呀！前面两个营地都如同儿戏，只有细柳营才真正能防住敌人。"

从此文帝对周亚夫刮目相看，周亚夫的名声大涨。文帝临终时特地嘱咐景帝："以后国家有危难，可以让周亚夫领军。"

后来景帝也特别信任周亚夫，所以这次七国之乱让他指挥帝国的主力部队。

周亚夫出发之前跟景帝商量："吴楚联军是有备而来,不能直接跟他们冲突,建议先让梁国拖住他们,臣下带兵截断他们的粮道,然后可以消灭叛军。"景帝同意了他的提议。

当年文帝的小儿子梁王刘揖坠马而死以后,文帝册封窦皇后生的儿子刘武为梁王。

窦皇后——现在的窦太后——有三个儿女:长女是馆陶公主刘嫖,大儿子就是景帝刘启,小儿子是刘武。因为是景帝唯一的同母兄弟,所以刘武在王子中间地位特别高,跟朝廷的关系也特别亲密。

文帝把刘武封在梁国是有深远考虑的。梁国处在天下正中,向西,背靠中原核心地带的荥阳城市群,向东,正面面对吴、楚两个重要诸侯国,向北又扼守住齐、赵两大地块,是所有诸侯国中间的交通要道。朝廷用最可靠的一个王子镇守梁国,相当于在各大诸侯国中间插入一枚钉子,一旦诸侯们不服从朝廷,梁国就是抵挡诸侯的第一道防线。

现在这道防线终于要派上用场了。

但要让梁国抵挡吴楚联军的话,等于是说把主要的压力都丢给刘武去扛,朝廷倒是轻松了,刘武却要面临生死攸关的巨大风险。刘武是窦太后最宠爱的儿子,让他承担这个风险真的合适吗?周亚夫不敢自作主张,所以才特地向景帝请示,好在景帝同意了。

不过后来的事实证明,这个决定虽然在军事上是正确的,政治上却极端错误,甚至给周亚夫带来了灭顶之灾……

有了景帝的首肯以后,周亚夫就放心了,他带着三十六员大将,浩浩荡荡开向东方。

这时候吴楚联军在干什么呢?

刘濞刚刚起兵的时候,手下大臣田禄伯就向他建议:分五万兵力给自己,自己带他们沿着长江向西,杀到南阳,然后攻入武关,直接震慑关中。

这是当年高祖灭秦的线路,一旦照这个计策实行,对朝廷威胁很大。但刘濞的太子劝他:"父王起兵反汉,如果别人也反你怎么办?人心难测,军队不能随便交给别人。"

于是刘濞否决了田禄伯的提议，当然，也不把军队交给其他任何人，只是自己带兵去冲锋陷阵。吴军来来去去就是一支队伍，兵法上的很多策略就没法用出来了。

刘濞手下的桓将军又向刘濞提议："我们吴国的军队主要是步兵，一旦让朝廷的骑兵杀进吴楚地界，就很难抵御了。现在我们不应该在沿途城市停留，应该急行军向西，抢在周亚夫的军队之前占据洛阳，然后凭借洛阳的钱粮、敖仓的府库封住函谷关，这样就算杀不进关中，也能控制天下一半疆土。"

但如此明智的策略刘濞也没有听从，他最终选了一条最笨的办法：步步为营，拿下沿途的每一座城池。

吴楚的西边就是梁国，吴楚联军先打下梁国的棘壁，屠城之后，向北围攻梁国首都睢（suī）阳，梁王刘武拼死守住城池，吴楚联军费尽功夫都打不下来，于是几十万军队硬被拖在了睢阳城下。

对于关中杀来的周亚夫军，刘濞其实也有防范，他派人预先在长安到洛阳的路上埋伏，准备杀周亚夫一个措手不及。

不料周亚夫刚从长安出发，就遇到一个叫赵涉的当地人，向他献计说："将军应该从其他地方绕到洛阳，以免中埋伏。"

周亚夫听他的建议，率领军队绕了一个大圈，先从武关出关中，绕到南阳，再向北到达洛阳，在洛阳附近一搜，果然搜到了刘濞的伏兵。

很快窦婴也杀到了，跟周亚夫在荥阳会师，中原核心地带就这样被政府军控制了。

到这时周亚夫才松了一大口气，说："我还担心叛军已经占据了荥阳，现在我们先到这里，中原地带已经不用担心了。"

周亚夫的军队随后来到梁国南边的淮阳，似乎要去救援梁国，却突然转向，绕开梁国，来到梁国北边的昌邑，然后守住昌邑，卡在了吴楚联军向西的交通要道上。

随后周亚夫再派轻骑兵飞速冲进楚国本土，占据淮河与泗河交界处——这里也是吴楚两国交界处，同时还是吴国向梁国前线运粮的必经之地，卡住这里就卡住了吴楚联军的粮道。

到这一步，周亚夫的布局就非常清晰了。吴楚联军以为他一定会去救梁国，但他偏不救，而是绕到梁国战场后方，在泗河附近截断粮道，凭借政府军强大的后勤补给能力，硬把吴楚联军拖垮。

前线的吴楚联军看到这情形，更加拼死攻打睢阳，所有的压力都压到了刘武一个人身上。

刘武几次派人向周亚夫求援，但周亚夫坚持守住昌邑，不管刘武怎么威逼求肯都不离开。

睢阳的情况十分惨烈，他们明白，一旦守不住，就是屠城的惨剧，更会拖累整个天下局势。所以由刘武带头，睢阳军民拼尽全力抵抗，死伤不计其数，尸横遍野，睢阳城变成了修罗场，笼罩在无尽的恐怖中。

梁国的告急文书一封又一封地发向长安，窦太后以泪洗面，天天大骂周亚夫，又逼着景帝下诏让周亚夫救援刘武。但即使景帝的诏书送到前线，周亚夫都坚持不去救睢阳。

周亚夫的军队这时已经悄悄向南移动，来到了下邑，下邑处在睢阳和楚国首都彭城中间，守住这里，就截断了吴楚联军跟楚国后方的联系。

吴楚联军拿不下睢阳，又转头去攻打下邑，但周亚夫早已经布置好了防线，高墙深垒，防守严密，然后他下令，不管敌人怎么挑战都不要出战。据说，甚至在军营里发生哗变的情况下，周亚夫都躺在床上不动。

这时候，吴楚联军已经变成了瓮中之鳖，被梁国和周亚夫的军队从各个方向围住了。对峙了一段时间之后，联军粮草断绝，无法再坚持了，只好放弃睢阳，向吴国方向撤退。

周亚夫这才冲出营垒，追击叛军。

吴楚联军出现大溃败，江南的军队以步兵为主，而朝廷的军队是在大漠上跟匈奴长期作战锻炼出来的骑兵战阵，双方的机动性存在本质差别，一交手，吴楚联军就被杀得落花流水。

刘濞带着几千名下属一路溃逃，最后渡过长江，来到盟友瓯越国。瓯越王已经收到朝廷招降的文书，他骗刘濞出去劳军，趁机杀掉了刘濞，把人头送给了朝廷。

刘濞被杀的消息传来，楚王刘戊也自杀身亡，五十万叛军顿时分崩离析了。

这时候距离刘濞起兵才三个月而已。

北方的战争拖得久一些。栾布来到赵国以后，跟郦寄一起围攻邯郸，双方相持七个月，最后政府军放水冲塌邯郸城墙，才攻破了这座城池。赵王刘遂自杀身亡，匈奴军队也撤回了草原，七国之乱彻底平定了。

朝廷随后开始清算齐地四王。

当初栾布的军队来到临淄的时候，围攻临淄的各国军队一哄而散，没敢跟政府军正面对决。齐地四王逃回国内以后，都是惶惶不可终日，整天担心朝廷的处罚到来，又幻想着能得到朝廷赦免。

例如胶西王，他天天光着脚，晚上睡草席，白天喝凉水，还派人去向窦太后求情。但不久以后，朝廷的使节还是来了，质问他："为什么反叛？"

胶西王磕头说："晁错擅自改变高皇帝的法令，侵夺诸侯领地，我们怕他祸乱天下，才起兵去诛杀他。"

朝廷使节问："你们对晁错有看法，向皇上告发他就可以了，为什么要发兵攻打齐国？没有得到皇上的虎符，擅自发兵，就是死罪！"说完，随即宣读景帝的诏书："责令胶西王自决。"

胶西王只好自尽身亡。他后宫的太后、王后、太子等人听到消息，也只好自杀了。

胶东、淄川、济南三国王室也都纷纷自尽，四国的土地也都被朝廷收归国有。

接下来处理淮南王三兄弟。

其中，衡山王是真正忠于朝廷的，景帝对他说："南方气候潮湿，把你封到北方吧。"于是把济北王改封为淄川王，把衡山王改封为济北王。

淮南王刘安本来想反叛朝廷，但最终没有行动，不功不过，所以朝廷没处理他。

庐江王表面上忠于朝廷，朝廷却查出他暗地里跟瓯越国在勾结，居心叵测，所以把他改封到衡山国，算是一个小小的惩戒。

朝廷这一系列改封命令，其实有很长远的考虑，这些诸侯们在自己的国家这么多年，都建立了顽固的地方势力，一旦把他们改封到其他国家，这些地方势力就只能推倒重来了。

最终，七国之乱过后，各个诸侯国都受到明显削弱，只有朝廷成为最后的赢家。

因为刘濞的错误决策，七国叛军自始至终没能汇合到一起，这成为七国之乱很快被平定的关键原因。也因为这个原因，战争被局限在有限的几座城池，国家受到的损伤很小，所以七国之乱对文帝景帝时代的"盛世"基本没有破坏，大汉的国力仍然处在稳步上升中。

对于景帝来说，这是巨大的胜利。七国之乱前，天下总共六十多个郡，有四十多个郡属于各个诸侯国；七国之乱过后则反过来了，朝廷掌握了四十多个郡，拥有了对于诸侯国们的压倒性优势。

从那以后，以吴国为首的诸侯势力受到沉重打击，以后诸侯们再也没有实力公开挑战中央了，让几代帝王头疼不已的藩镇问题因此初步得到解决。高祖时代开始实行的郡国并行制也终于走到了尽头，中央政府的权力从来没有像现在这样强大过，从此以后中央政府可以集中全国的力量做更多事情，比如打击匈奴。

那么我们可以说文帝当年"割地定制"的计策错了吗？其实文帝和景帝选择了两种不同的解决方案，一个是用钝刀子割肉，慢慢把诸侯势力消解掉，风险很低，但需要极其高明的政治手腕；另一个是用霹雳手段强行把盖子揭开，把问题暴露出来，然后立即解决掉，风险高，要看运气，但一劳永逸。很难说哪种手段更正确。不过景帝运气也确实好，遇到了一群毫无才干的富二代对手，仅仅用很低的代价就把这个难题解决掉了，大汉帝国也从此迈上了一条光明大道，走向了一个伟大的盛世。

第十六章　从治世到盛世

皇帝的家事

窦漪房年纪大了以后，渐渐变得越来越固执，特别是当上太后以后，这个瞎眼老太婆开始表现出强烈的控制欲，从家事到国事，什么事都要插上一腿。一旦任何事情不按照她的想法去做，她就很不高兴，甚至在决定国家命运的关键政策上，她都要强行干涉。

但是她这种做法又不能算是传统意义上的"干涉朝政"，她并没有为自己的家族谋取利益，也没有架空皇帝一步步夺取朝政的计划，她就是纯粹的固执，纯粹想管自己儿子的事而已。

在立储这件关系到国本的大事上，窦太后也要强行插手。

窦太后有两个儿子：景帝和梁王刘武。她一直都特别偏爱小儿子刘武，现在景帝已经当上了皇帝，窦太后就暗暗想，要是刘武也能当皇帝就好了。她开始絮絮叨叨地在景帝身边吹耳旁风，从"皇上要善待你这个弟弟"，到"再多赏赐他一些"，最后甚至说："要不考虑让你弟弟当太子？"

七国之乱爆发前不久，刘武去长安朝觐景帝，景帝举办家宴招待他，两兄弟在酒宴上喝得十分开心。有些醉意的景帝看着面前一表人才的弟弟，头脑一热，就说："朕千秋之后传位于你。"

刘武有点蒙，只好假装推辞，坐在上边的窦太后却满心欢喜，笑着说：

"好呀，亲兄弟正该如此，这样才更和睦了。"

这时坐在下首的窦婴却端着酒杯站起来，一脸严肃地说："不可！天下者，高祖之天下，父子相传乃是高祖定下的规矩，皇上岂能擅自更改！"

窦太后的脸马上拉下来了，现场气氛十分尴尬。景帝的酒却醒了五分，开始后悔刚才说的话。

宴席散了以后，窦太后大骂窦婴。窦婴也知道自己得罪了太后，就借口生病辞掉了官职。窦太后索性把他从进出皇宫的名册上删除了，再也不准他进宫，后来很久都没理他。

后来在七国之乱中，梁国的坚决抵抗成为决定胜负的关键因素，据说梁国军民消灭的敌人数量甚至跟朝廷消灭的差不多，当然梁国也付出了惨重代价。事后论功行赏，梁王刘武的功劳远远超过其他人，刘武因此成为政坛上最耀眼的一颗星，声名传遍天下。

窦太后看到这情形，对刘武就更加宠爱了，在她心里，这个小儿子的地位完全超过了当皇帝的大儿子，小儿子没能当上皇帝，简直就是她人生最大的遗憾。于是她再一次把立刘武为太子的事提出来，景帝不好驳斥自己的母亲，只能不停地找借口把话题岔开去。

景帝母子二人的分歧渐渐传得尽人皆知，朝廷里的大臣们还好，后宫那些妃子们却都紧张起来。

景帝早在当太子的时候就娶了薄太后的侄孙女，后来又把她立为皇后。但这桩婚姻完全是奉父母之命，景帝对这个薄皇后没有任何好感，基本不跟她接触，薄皇后也没有儿女——这是窦太后想立刘武为太子的法理基础之一。

景帝其他的妃子们倒生了几个儿子，但看在薄太后的面子上，景帝不好立这些儿子为太子，所以立太子的事就一直拖着。

几个有儿子的妃子们都跃跃欲试，紧盯着太子之位。

其中比较有竞争力的人，一个是栗姬，她是景帝早年最宠爱的妃子，景帝的前面三个儿子都是她生的，长子刘荣也很受景帝喜爱。

在栗姬看来，立储的问题上自己母子占尽优势，几乎不需要担心。她又天生比较张扬，所以在后宫嚣张跋扈，除了皇帝、太后以外，她不把任何人放在眼里。

另一个竞争者是王美人，她的性格跟栗姬相反，比较低调隐忍，这跟她的经历有关——她嫁给景帝是二婚！

当年高祖皇帝分封诸侯，燕王臧荼是诸侯之一。后来臧荼谋反，被高祖杀了，臧荼的后人流落民间。他的孙女臧儿嫁给一个叫王仲的平民，生下一儿两女，其中一个女儿叫王娡（zhì），就是后来的王美人。

后来臧儿又改嫁给姓田的人家，生下两个儿子田蚡（fén）、田胜。

王娡成年以后嫁给姓金的人家，生了一个女儿。

本来王娡的人生就要平平淡淡地过了，但有一天，臧儿找人给两个女儿相面，相士一看到她们就很惊讶地说："你家两个女儿贵不可言，尤其是大女儿，将来要生下天子！"

臧儿一听，顿时浮想联翩："我女儿要嫁给皇帝吗？金家那个窝囊废当然不可能是皇帝，看来我把女儿耽误了，得把她送进宫里才行呀。"

她赶忙去找金家商量退婚的事，金家的人大骂她胡闹，但臧儿这个老婆子非常能折腾，她大吵大闹很多次以后，竟然成功把女儿从金家接回来，然后她又到处托关系，终于把王娡送进了太子府。

似乎相士的话很灵验，王娡特别幸运，当时的太子刘启见到她以后，非常喜欢，封她为美人。王娡又大肆夸耀自己的妹妹王儿姁（xū），刘启便把王儿姁也接进了太子府，两姐妹都受到刘启的宠爱。

王娡也是很有心机的人，她生了两个女儿以后，终于生下了儿子刘彻，就对景帝说，怀这个儿子的时候梦到太阳落到自己怀里。景帝听了开心得很，认为刘彻以后肯定有出息，正好当时他刚刚登基，这个孩子是他当皇帝以后生的第一个儿子，所以他对刘彻爱得好似掌上明珠。

王娡聪明过人，后宫的妃子们为地位常常争得你死我活，王娡却知道不能过早暴露自己的野心，所以收起自己的锋芒，她在皇帝和太后面前都非常恭顺，在其他妃子面前也表现得和和气气，时间久了，每个人都夸她是个好人。

这种策略非常明智，窦太后性格执拗，景帝小气刻薄，他们最看不惯的就是嚣张的人，王娡这种平和恭顺的性格正好受他们欢迎，所以王娡在宫里的地位就越来越高了。到后来,景帝甚至封她为夫人,她的地位超过了栗姬,仅次于皇后。

景帝登基以后出生的儿子都是王娡姐妹俩生的,间接说明他们姐妹俩几乎达到了专宠的程度。

即使这样,王娡还是非常小心,她当然也紧盯着太子之位,但表面上装得若无其事。她跟其他妃子们一样,都在等一个重大转折。

金屋藏娇

公元前155年,薄太后过世,薄皇后的靠山倒了!

景帝终于可以按照自己的想法决定后宫妃子们的地位了,立太子的事也终于被推到了前台来。

各位妃子们也摩拳擦掌,准备展开搏杀。

不料窦太后却来横插一脚,口口声声要让景帝立刘武为太子。

窦太后这种异想天开的提议当然得不到任何人支持,在朝中大臣们的坚决支持下,景帝终于挡住了窦太后的压力,在七国之乱的第二年,公元前153年,立栗姬生的长子刘荣为太子。

同一天,景帝还封王娡生的刘彻为胶东王,封王娡为胶东王太后。

太子和别的王子同一天受封,这是没有先例的;景帝还在,妃子却被称为王太后,也是没有先例的。这种情况可能是各方势力博弈的结果,也可能纯粹因为景帝觉得王娡人太好了,但又不能为她违反"立嫡以长"的传统,所以用这种方式补偿她。

景帝的姐姐馆陶公主刘嫖也特别受窦太后宠爱,没事就到宫里转悠,对宫里的一切都留着心眼。她又是个喜欢多事的人,一看到刘荣被立为太子,马上向栗姬提出,想把自己的女儿陈阿娇许配给刘荣。她的如意算盘是,趁太后还在,先给自己的女儿预定一个皇后之位,以后可以继续享受无尽的荣华富贵。

栗姬本来就是个嚣张的人,儿子又刚刚被封为太子,她觉得自己已经是后宫的主人了,所以眼睛长到了头顶上。她想起刘嫖平时隔三岔五地送美女给景帝，自己还没跟她计较，现在她倒好意思来攀高枝了，顿时醋意横生，一口回绝了这门亲事。

刘嫖哪里是受气的人？听说栗姬敢拒绝自己的提亲，说的话还很难听，气得破口大骂，马上又去找到王娡，希望把女儿许配给刘彻。

王娡当然一口就答应了。她知道，这是一起重要的政治联姻，也是她翻盘的契机。她没有能力为自己争取机会，但机会送到面前她还是有能力抓住的。

关于当时的情景，还留下了金屋藏娇的传说。

据说刘嫖和王娡私下交流了一段时间以后，对于这门亲事基本都满意了，就差景帝点头。有一天，两家人带着这两个孩子在一起玩，刘嫖抱着刘彻逗他："小伙子，想娶媳妇儿不？"

四岁的刘彻答得很响亮："想。"

刘嫖就指着周围的丫鬟们挨个问："要不要给你许配这个？""要不要娶她？"刘彻都说不要。

最后刘嫖指着自己的女儿问："娶阿娇好不好？"

刘彻高兴地说："好呀！要是娶阿娇姐姐，我就筑一座金屋给她住。"

大家都哈哈大笑。这件事传到景帝耳朵里，景帝也乐了，于是便同意了两个小孩的亲事。

这门亲事背后是王娡和刘嫖两人满满的政治野心。王娡想让自己的儿子当太子，刘嫖想让自己的女儿当未来的皇后，两人准备联手起来，共同扳倒栗姬。

两人分头运作，王娡继续表现出与世无争的样子，刘嫖则经常去自己的母亲和弟弟跟前夸奖王娡母子，顺便狠批栗姬母子。时间久了，太后和景帝都觉得刘彻更应该被立为太子，当初立刘荣可能是个错误。

刘嫖更私下对景帝说："栗姬跟宫里其他女人在一起的时候，经常跟她们玩巫蛊之术，想要魅惑皇上。"

所谓"巫蛊之术"，就是通过暗地里的一些诅咒，影响别人的命运，或者干扰一个人的心智。在那个时代，人们对于"巫蛊"有一种深入骨髓的恐惧和厌恶，后宫更是绝对禁止任何巫术。

景帝听了，心里"咯噔"一下，对栗姬有点怀疑起来。

景帝还有些犹豫，就试探栗姬的口气，他对栗姬说："朕最近身体不大好，以后宫里全靠你们母子了。朕百年之后，你要善待朕的其他儿子。"

栗姬正在为最近受冷落生气，一听到这话，怒气往脑门上冲，脱口而出："谁善待我们母子了？我还一肚子火没处撒，我管他们？皇上喜欢谁，您就带他走！要落到我手里，休怪我无情！"

景帝气得浑身乱颤，大骂："无情的贱婢！"转身便走了，从此再也不到栗姬房里来。

"人彘"事件是未央宫里永远的阴影，作为帝王，最担心的是自己百年之后姬妾和儿子受人欺负，对于后妃来说，这条红线是绝对不能踩的。栗姬偏偏在这个问题上不肯松口，景帝从此认真考虑起易储的可能性来了。

公元前151年，景帝下令，废掉薄皇后。

薄皇后的事迹史书上记载得很少，这次废掉她估计不是因为她自身的原因，而是景帝在给王娡铺路，王娡一旦当上皇后，易储的阻力就小很多了。

但愚蠢的栗姬仍然没有看到眼前的危机，不仅不去向景帝求饶，还继续保持着一贯的泼悍作风，天天在宫里哭闹，抱怨景帝冷落他们母子。

王娡则相反，依然表现得十分淡然，对栗姬咄咄逼人的气势也都尽量忍让，背地里她跟刘嫖却准备给栗姬最后一击……

薄皇后被废的第二年年初，忽然有大臣向景帝上奏说："子以母贵，母以子贵，如今太子的母亲还没有封号，应该被立为皇后。"

景帝正为栗姬天天闹事而心烦，看到这份奏折，以为是栗姬撺掇大臣来给自己争取皇后之位，他气得冷笑着说："这话是你一个奴才该说的吗？"当即下令，把上奏折的人斩首。

景帝随后发布诏书：废刘荣太子之位，迁为临江王，即刻离开长安。栗姬德不配位，褫夺封号，打入冷宫。

消息传出来，王娡和刘嫖都欣喜若狂，认为自己终于迎来了最终的胜利。

但另一个人也高兴起来了。

就在废太子的诏书下来不久，窦太后突然找到景帝说："依老身看，还是立你弟弟当太子妥当。"

可爱又可恨的梁王

太子被废的时候，梁王刘武正好在长安。

刘武这次来的时机很巧，正好在太子被废前不久来，而且来了以后就说想多陪陪太后，请求景帝让他在长安多留一些时间，景帝只好同意了，所以刘武就一直待在长安没走，很难说这不是他们母子俩共同安排的。

总之，废太子的诏书下来以后，窦太后马上重新提起立刘武为太子的事，甚至搬出商朝"兄终弟及"的例子劝导景帝。

景帝没有直接反驳，但"很巧"的是，马上又有大臣出来阻拦。

这次的主角是袁盎，他拉上一帮大臣，轮番上奏折，据理力争，坚决反对让刘武当继承人。刘嫖也天天在母亲面前夸赞刘彻如何聪明懂事，旁敲侧击地提醒母亲不要再干涉这件事，最后连窦太后都没办法了，只好不再提这个事了。

到这时，刘彻当太子的所有障碍都扫清了。当年四月，景帝下诏，册封王娡为皇后，随后立六岁的刘彻为太子，封王皇后的哥哥王信为盖侯，王皇后的弟弟田蚡和田胜也开始进入政坛。

王皇后终于在夺嫡之战中胜出，整个家族也都飞黄腾达，成为跟窦氏并列的豪门之一。

冷宫中的栗姬听到这个消息，急怒攻心，不久以后就忧惧而死了。

但她的愚蠢继续拖累着她儿子。由于有这样一个母亲，刘荣的地位也明显受到影响，身为长子的他却得不到景帝的任何关照，成为一个最憋屈的王子，一个人在遥远的江陵战战兢兢地生活着。

刘彻当太子的消息也让刘武深受打击。他这次来长安是做足了准备的，对于太子之位志在必得，背地里又恳求了母亲无数遍，才让母亲顶住所有人的压力替自己说话，没想到最后还是被朝臣们拦下来了。他不敢抱怨当皇帝的哥哥，只好把气都撒在那些大臣们身上，认为是他们在哥哥面前进谗言才毁了自己的太子之位，这口气他怎么也咽不下。

这些年刘武实在太受宠了：从窦太后到景帝，都把他捧为掌上明珠，赏赐的财宝堆山填海；他在自己的封国建的园林，方圆数百里，超过未央宫的规模；他出入都执天子仪仗，规格完全不输给皇帝；他的府库里面有兵器几十万件，珠玉珍宝的数量甚至超过国库；他还大肆延揽人才，关东的各路豪杰纷纷投奔到他手下，气焰之盛，俨然就是一个小朝廷。

在这样极端的宠溺之下，刘武习惯了无法无天的做派，他觉得自己无论做什么事都不会受到惩罚，所以准备报复那些阻碍自己当太子的大臣。

刘武手下的官员羊胜、公孙诡都是这几年投奔过来的豪杰，刘武跟他们商量报仇的事，最后决定：派人去暗杀以袁盎为首的十几名大臣！

这相当于公然谋反！但在刘武看来，也不算什么大不了的事，就算事情败露，最多去向哥哥赔个礼就是了。

梁国的刺客一拨又一拨地潜入京城，以袁盎为首的官员纷纷发觉家里怪事迭出，都渐渐慌张起来。

据说前去刺杀袁盎的刺客就有十多批，最先到的刺客在长安听说袁盎是爱民的好官，就自作主张放弃刺杀计划，还主动提醒袁盎戒备。但刺客实在太多了，防不胜防，有一天袁盎去找巫师占卜，回来的路上终于被梁国刺客杀死了。

随后同样的命运也落到其他官员头上，几天之内，之前阻拦刘武当太子的官员们先后倒在了血泊中。

长安城里接二连三有官员被杀，震动朝野，景帝下令彻查。

几乎所有人都猜到这是梁王干的，所以这案子不难查。刺客们听到消息以后纷纷逃出长安。朝廷派人四处追捕，几天以后，朝廷的捕快终于在郊外抓到几名刺客，一审问，果然是梁王派来的。

景帝震怒——当然可能也有一点暗喜，马上派使节去梁国，责令刘武交出凶手。

朝廷的使节在长安和睢阳之间来来往往，把道路都堵塞了，睢阳的衙门里灯火通明，钦差大臣挨个盘问当地官员，所有人都战战兢兢，生怕说错一句话，羊胜、公孙诡都躲到王宫里求刘武保护。

刘武这才意识到事情闹大了，一开始他还回绝朝廷使节抓人的要求，但架不住朝廷使节步步相逼，最后连他的手下人都劝他赶紧屈服，他只好勒令羊胜、公孙诡自杀，把尸首交给朝廷使节带回去复命。

到这一步，景帝也觉得够了，就没有再继续追查下去，但从此牢牢记住了刘武的罪名，不再让他来长安。

景帝是个记仇的人，一旦被他惦记上的人，不管过多久都要倒霉，这点大家都知道。刘武发觉景帝在暗恨自己，他感到惶恐不安，终于不敢任性了，开始想办法求景帝原谅。

最后还是通过长公主刘嫖牵线，要窦太后去找景帝说情，景帝才表示不追究刘武的责任了。

当然刘武这么快认输可能还有一个原因——他终于想明白了，之前景帝对他的宠爱并不完全是真的，这后面可能有某种陷阱，景帝的做法类似于当初文帝对待淮南王刘长，先用无节制的宠爱激起他的骄狂之气，在他犯错过后再给予重重一击。

如果景帝真是这样打算的，那就太可怕了，难道刘长的命运会在自己身上重演吗？刘武一想到这里就汗流浃背，他必须做些什么事确保景帝原谅他。

刘武决定亲自去长安向景帝赔罪。但直接说去请罪景帝肯定要拒绝，他只好耍个心眼。

他先带着大队人马开向长安，到达函谷关的时候，命令下人们都停在关外，自己带上两个侍从，乘小车偷偷入关，到长安以后，找到长公主刘嫖，躲在她家里。

长安这边，听说梁王的车队到函谷关了，景帝就派人去迎接。使者到那边一看，只有一群下人，却不见梁王的踪影。大家你望望我，我望望你，都说不知道梁王去哪里了。

使者回来一报告，景帝顿时慌了，赶紧派人四处去寻找，却怎么都找不到刘武。

窦太后茶饭不思，天天哭着说："皇帝杀了我儿子！"景帝感到十分窘迫，又派出更多的人去搜索，把长安附近每一个角落都找遍了，还是没有刘武的踪影。

这时候刘嫖才把刘武带进宫来，刘武穿着罪人的服装，背着一把斧头，跪在丹阙下，大呼："罪臣刘武，向皇上请罪，请皇上发落。"

景帝又气又笑，赶忙过去扶起他，好言宽慰；窦太后更是喜极而泣，抱住刘武大哭。

经过这次波折，景帝终于确信窦太后绝不容许自己伤害刘武，这才彻底放弃了清算刘武的想法，兄弟二人终于和好了。

但景帝也不再像过去那样无限制地宠溺刘武，跟他在一起的时候，严守君臣的礼节，刘武也不敢再胡作非为了。

刘长的悲剧终于没有重演。

抛开这些冷酷的政治斗争，刘武本人其实也有很多值得称赞的地方，例如他非常有孝心，史书上说：刘武只要听说窦太后生病了，就"口不能食，居不安寝"，还多次想要留在长安陪在太后身边。然而由于他特殊的身份，他是不能长住长安的，不管他多孝顺，母子二人都不能长期在一起，这是一个很大的遗憾。

除此以外，刘武还是一个十分风雅的人物，给后世留下了宝贵的精神财富。

洛阳花，梁园月

梁王刘武是太后和皇帝最宠爱的人，梁国拥有天下最庞大的财富，甚至超过朝廷，所以刘武可以做很多自己想做的事情。

刘武很懂得享受生活，他在睢阳建了一座规模宏大的园林，称为东苑，也叫睢园、菟园、修竹园，不过后人还是最喜欢称这里为梁园。

梁园有多大？史书上记载：方圆三百余里。要按这样算的话，它的面积基本相当于阿房宫的面积！在中国古代的皇家园林里面能排进前三！

梁园建成以后，刘武常常带人在里面骑马打猎——从这一点也可见梁园规模之宏伟。

梁园里面有山有湖，有各种不同地形的景点，仅仅这些景点的名称透露出来的信息就足够后人惊叹了——百灵山、落猿岩、栖龙岫、望秦岭、鸿雁池、金果园、清冷池、清冷台、平台、南湖鹤州……

园里还有长达数十里的竹林，有各种奇花异草、珍禽异兽，简直就是一座汇聚天下奇迹的大观园。

园里更有许多宫殿，宫殿之间用空中栈道连接，这样的建筑形式，很容易让我们联想到阿房宫。

再配上梁国不计其数的金银财宝、歌姬舞娘，整个梁园的宏大气象，完全超过了当时的皇家园林上林苑，真正是锦绣繁华之地。

然而梁园让后世文人念念不忘并不是因为它的奢华，而是因为它是当时的文学圣地。

汉唐时期的王公贵族都有一项利国利民的爱好，就是喜欢招揽门客，更高级的说法，叫作"养士"。

这些王爷公主们，在养尊处优的生活之余，最喜欢找民间的各种能人异士到家里谈经论道，既打发了时间，又提高了自己的生活品位。

刘武跟他那个乏味的哥哥不同，他十分风雅，充满生活情趣，"养士"这么时髦的爱好他当然不会错过，从被封到梁国开始，他就在四处招揽贤才。

行刺事件过后，受到景帝冷落的刘武，不再热衷于争夺政治地位，而是回到睢阳安心经营自己的梁园。

他把人生的失意都排遣到风花雪月中，整天在梁园吟风弄月。他招揽到的许多当时著名的人士，都围在他身边共同逍遥。

他十分爱才，不看名望，不问出身，只要确实有真才实学，他就招揽。所以天下英豪，如过江之鲫，纷纷来投。

其中又以文人为主，包括在西汉文坛上地位很高的枚乘、邹阳、庄忌和司马相如等，都成为刘武的座上宾。

这群全国最聪明的人物，来到梁园，过着锦衣玉食的生活，闲来无事，便天天聚在一起，有一搭没一搭地闲聊。

文人聚到一起就爱喝酒，一喝醉了就诗兴大发，把盏望月，对酒当歌，人生如此，夫复何求。于是梁园的酒会上便创作出了许许多多流传后世的著名篇章。例如枚乘的《梁王菟园赋》、邹阳的《酒赋》、羊胜的《屏风赋》，更有西汉第一才子司马相如的《子虚赋》……

汉赋是那个时代的文学珍宝，而汉赋的飞速发展以至于趋向鼎盛，跟梁园中这群文人的积极创作有很大关系。

当时的梁园，就是华夏的最高学府，是那个时代的学术中心，是一切中国文人的精神家园。

中国的文人们，太需要这样一座庇护所，来提供给他们安闲的生活，给他们留下做人基本的尊严，让他们有足够的闲情逸致去探讨这个世界的真理。

这一切梦想，曾经在刘武的梁园中短暂实现过。

以至于千年之后，中国的文人们仍然对梁园和梁王念念不忘，一提到酒会，就要说梁园——"睢园绿竹，气凌彭泽之樽"，"昔年随汉使，今日寄梁王"，"月明剡水回舟夜，岁暮梁园作赋时"，"歌扬郢路谁同听，声洒梁园客共闻"……

所以我们实在应该感谢梁王刘武，那位史书上的荒唐王爷。他虽然在政治上冲动而幼稚，对待士人却足够有情义，在这苍凉的世间带给才子们一片难得的脉脉温情。

公元前144年，刘武最后一次到长安朝觐景帝，再次提出留在长安的请求，但又被景帝驳回了，他只好闷闷不乐地回到睢阳。

不久以后，他上山打猎，有人献上一只背上长脚的牛，刘武看了很不舒服，回去就病了，当年六月在睢阳病逝。

窦太后听说刘武的死讯以后，哭得声嘶力竭，不停念叨："皇帝果然杀死我儿子了！"

景帝无可奈何，只好跟刘嫖一起好言相劝，又下令把梁国分为五个国家，让刘武的五个儿子分别统治，还赐给刘武的五个女儿每人一处汤沐邑。把这些都分配完以后，报告给太后，这个执拗的老妇人才终于开心起来了，还特地要求皇帝给她加一餐饭。

休怪帝王无情

刘武被冷落的这些年，景帝一直在替自己的继承人操心。

刘彻年纪太小了，王娡又不够强悍，而自己的兄弟们，早已被证明根本不可靠。自己百年之后，怎么保证王娡母子二人顺利掌权，这是景帝最担心的问题。

最直接的办法，就是干掉所有能威胁到他们母子的人。

世人常常把文帝跟景帝并称，但实际上这父子二人的性格完全不同，文帝宽厚仁爱，景帝尖酸刻薄，整人的时候尤其冷酷无情。

景帝想要杀的人，绝对没有能跑掉的。

太子刘荣被贬为临江王之后，一直在江陵提心吊胆地生活着，本来以为这样做一辈子王爷也就算了，但有一天忽然有人告发他，说他扩建王宫的时候，侵占了文帝庙外面的土地。

景帝没多说什么，马上把刘荣交给郅（zhì）都去审问。

郅都是著名的酷吏，执法严酷无比，而且不避权贵，不管什么人犯了法，他都要严厉制裁，所以连当时的皇亲国戚都很畏惧他，送他个绰号"苍鹰"。

景帝把刘荣送到他手上，已经很能说明景帝的态度了。刘荣知道自己的处境很危险，就请求狱吏给他纸和笔，让他写书信向父皇申冤。

狱吏当然不同意，最后还是窦婴偷偷给刘荣送来纸笔，刘荣写完自己的冤情以后就自杀了，随后被抬出监狱，草草掩埋。

他到死也没能见到自己的父皇，更没有机会替自己申辩。这时候一切已经很清楚——刘荣已经成年，有自己的势力，景帝担心他将来威胁到刘彻的地位，所以一定要把他除掉才放心。

在江山社稷面前，骨肉亲情根本不值一提。

尽管严格保密，刘荣自杀的事情最后还是传到了窦太后那边。窦太后怒不可遏，强烈要求处死郅都。景帝只好假装罢免郅都，悄悄把他派到雁门郡当太守去了。

但后来窦太后还是听说了郅都的下落，再次要求处死他，景帝争辩不过太后，只好把郅都斩首了。

杀刘荣只是第一步，景帝继续盘算哪些人可能威胁到刘彻。接下来就轮到周亚夫了。

周亚夫在平定七国之乱的时候立下大功，在军队中的声望无人能比，景帝很怕以后刘彻镇不住他。再加上周亚夫曾经坚决反对废掉刘荣，还反对给王皇后的哥哥封侯，让景帝怀疑他是站在刘荣那边的。另外，太后和刘武都把周亚夫看作眼中钉，一直说他的坏话。种种原因，决定了景帝绝对不能容忍周亚夫活得比自己更久。

七国之乱过后，景帝就开始处处打压周亚夫，最终周亚夫不得不辞官回家休息。

但事情并没完。

公元前143年的一天，景帝在宫中宴请文武官员，周亚夫也受邀从家里赶来赴宴。

席上，别人的碗筷都准备得整整齐齐，只有周亚夫的案几上空荡荡的，只放着一大块肉，连切肉的刀都没有。

周亚夫就回头叫管事的官员拿刀和筷子来，他毕竟是武将出身，嗓门比较大。景帝在上边听到，就冷笑着说："嫌朕准备得不够好吗？"

周亚夫赶紧摘掉冠冕，跪地赔罪，景帝冷哼一声拂袖而去，不接受他的请求，周亚夫只能静静地退出去了。

景帝看着他的背影，喃喃地说："你这种性格可不能辅佐我儿子啊。"

景帝想看到的是周亚夫自扇耳光，大哭求饶的样子，可惜周亚夫没有，他保持着一位名将最后的尊严，这恰好是景帝最不想看到的。

周亚夫回到家里以后不久，就有人告发他儿子私藏兵器。原来周亚夫最近在准备自己的后事，他儿子给他买了五百副陪葬用的铠甲和盾牌，被搬运工给告到官府去了，说他们在阴谋叛乱。

明眼人都看得出这是诬告，景帝却马上派人把周亚夫父子抓起来，交给廷尉审问。

据说官吏来抓人的时候，周亚夫曾经要自杀，被他的夫人给拦住了。被抓到监狱以后，廷尉问他："听说你想谋反？"

周亚夫回答："这些都是陪葬用品，我能拿这个造反吗？"

廷尉怒斥："地上不反，你到地下也要反！"命人严刑拷打。

周亚夫知道怎么辩解都没用了，便在监狱里绝食而死，到最后也没有承认"谋反"罪名，在史书上留下了一片清白。

同一时间，周亚夫的妻儿也被诛灭了，爵位被削除，封地也被朝廷收回。

一年以后，景帝才原谅了周亚夫，把他弟弟封为平曲侯，继承了他的爵位，于是世人又称赞景帝情深义重，不忘功臣之后。

除了周亚夫，另一个受到废太子案牵连的人是窦婴，不过他是太后的侄儿，所以结局完全不同。

窦婴在景帝时期是朝堂上的红人，一方面因为他是太后娘家的人，另一方面也因为他确实很有才干，而且人品正直，甚至可以说有点刚直不阿，跟周亚夫类似。

当初他在酒宴上劝阻景帝立刘武为太子，得罪了窦太后，被太后从官员册子上除名，他也只好称病辞官，回家去了。

没过多久就发生了七国之乱，朝廷缺少镇守一方的将才，景帝只好又把窦婴请出来，任命他为大将军，镇守天下中心荥阳城。

窦婴在荥阳成功卡住了齐、赵两地的兵马，七国之乱平定以后，他的声望进一步提升，景帝封他为魏其侯，成为跟周亚夫并列的朝廷两大重臣之一。

因为窦婴拥有如此之高的声望，景帝就把他选为太子太傅，让他去辅佐当时的太子刘荣。

没想到过了三年刘荣就被废了，窦婴备受打击，满怀愤懑，于是又一次辞掉官职，到蓝田的山下过起隐居生活来。

但从窦太后以下，朝廷里很多人都希望窦婴再出来做官，到蓝田来劝他出山的人摩肩接踵，最后还是他的好友高遂成功说服了他，他才再次回到朝廷里。

回到朝廷里的窦婴却发现这个时代有些不同了。

从确立刘彻的地位起，景帝就在悄悄布局，他把新一任权贵提拔上来代替老一代权臣，尤其是抬高王皇后娘家的势力来跟窦氏竞争，其中最重要的人物是田蚡。

田蚡是王皇后同母异父的弟弟，本来是个小人物，当年窦婴在朝廷里呼风唤雨的时候，田蚡还常常到他家里来觍着脸巴结，人们甚至说他就跟窦婴的儿子似的。

如今却不一样了，田蚡以火箭般的速度蹿升，成为朝廷里最当红的人物，眼睛也长到头顶上去了，不再把窦婴那些老人放在眼里了。

田蚡长得很丑，形象卑琐，略微读过一点书，算是半罐水的货色，不过他头脑灵活，是个特别善于钻营的人，这种人天生就是做官的料。他借着自己姐姐的势力，在朝廷里如鱼得水，大家都纷纷去巴结他。

而景帝本人的态度也很暧昧，大家都知道窦婴有才，但景帝就是不提拔他，窦太后多次建议景帝任命窦婴为丞相，景帝总是找各种理由拒绝，最后却任用才能平平的卫绾当丞相。

所以窦婴虽然也是朝中重臣，但始终显得差一口气，再也升不上去了。

于是他和他背后的窦氏就落到了一个很尴尬的位置——他们窦家本来是最大的外戚，但人才太少，只有一个窦婴撑着，又被文帝压了很多年，现在到了终于可以大展拳脚的时候，却发现有另一股力量隐隐在压制他们。而且看看脚下，新一代外戚已经爬上来了，他们这代人已经变成了夹缝中的一代。

归根结底，还是景帝的手段太厉害了，在悄无声息之间，已经把朝廷里的旧势力剥离到一边，给新一代的政府腾出了道路，接下来的路怎么走，就要看刘彻自己了。

文景之治

景帝为人阴狠刻薄，但从另一个角度看，也可以说他是一个十分精明的帝王。他有敏锐的洞察力和精准的判断力，朝野内外的事务，基本没有能逃出他的掌控的。

当他把这种才能用来治国的时候，就表现出非常高级的把控能力，足以破除一切障碍，把国家推向正确的方向。

景帝当政的这些年，朝廷继续推行文帝时代的善政，除了七国之乱短暂的波折以外，朝廷基本没遇到什么挑战，所以天下承平，四海晏然，大汉的国力保持着稳步提升的态势。

景帝对文帝政策的继承，主要体现在两方面。

首先是经济上继续推动重农抑商。景帝多次下令劝课农桑，允许农民根据土地状况自由迁徙，减免赋税，减轻农民的负担，严禁地方官员雇佣农民开采黄金珠玉,以及亲自下地耕作,鼓励民众努力生产……种种措施,都在竭尽全力地提高农业产量。

与减轻农民的负担配套的,是政府继续压缩开支,厉行节约。景帝时代仍然延续着文帝时代的简朴作风,政府机构也十分简约,常常裁撤冗余的人员,又下诏禁止地方官员向中央进献财物,还继续鼓励列侯们离开长安,到自己的封国去,以便节省政府开支。

经过文帝和景帝连续四十年的休养生息,国民经济不仅彻底从战乱中恢复过来,还达到了前所未有的繁荣。据说,景帝末年,朝廷的府库里面装满了钱粮,许多粮食来不及吃,都腐烂了,串铜钱的绳子因为放得太久,都烂掉了,散落的铜钱掉得满地都是,可见当时富裕的程度。

另一方面,景帝继续实行"约法省禁"的政策,减轻对老百姓的刑罚。

文帝留下的刑罚已经比较轻微了,所以景帝的主要动作是查漏补缺,纠正实际执法当中的问题。

例如,当年文帝废除肉刑,只留下笞刑,但在实际执行的时候,往往过于严厉,许多罪犯都被活活打死。针对这个问题,景帝先后出了许多政策。首先要求减少执行的棍数,打三百棍的减为两百,后来又减为一百。但发觉还是太重,于是又严格规范行刑的工具,规定只能用竹板,对竹板的尺寸和平整度也严格限制,而且规定只能打臀部。后来甚至规定行刑过程中不能换人,只能由同一个人打完。经过一系列改革以后,终于把笞刑对犯人的伤害降下来了。

但景帝时代的刑罚跟文帝时代有一个很大的不同,就是"酷吏"的出现。

文帝时代的狱吏被后人称为"循吏",也就是严格按照规定执法,公正无私的狱吏;景帝时代却出现了许多"酷吏",也就是不按照法规,只按照统治者的意志判决的狱吏,而且他们的审讯手段往往十分严厉,令人不寒而栗。

为什么会出现这样的改变?主要是因为长期的"无为而治"导致各种特权阶层的势力野蛮生长,严重危害到社会稳定。为了压制这些特权阶层,就需要对他们施加严厉的约束。

所以景帝时期的"酷吏"主要是针对特权阶层甚至王公贵族的,最著名的例子就是郅都对废太子刘荣的审讯。

由于酷吏的存在，特权阶层战战兢兢，气焰明显收敛，不敢随意贪赃枉法，对社会的危害因此被限制到了一个比较小的范围。所以任用酷吏是景帝一个很高明的手法。

总的来说，景帝在治国方面十分精明，除了七国之乱初期短暂的手忙脚乱以外，其他时候，他几乎每一步都踩在正确的节点上，而且把各方势力协调得相当好，该扶就扶，该压就压，手段狠辣又精准，朝廷上下没有人能逃出他的掌控之外。更重要的是，他还拥有治国的坚定决心和坚强的意志，以及对百姓的悲天悯人的情怀。

有这样全能的君王在，难怪大汉会走向空前的盛世了。

黄老与儒家的激烈碰撞

景帝末年的一天，朝廷里正在进行一场激烈的辩论。

辩论的一方是黄生为首的黄老学派，另一方是辕固为首的儒家弟子。辩论的主题是商汤和周武王的政权合法性。

黄生那些人说："商汤和周武王不是正常继位的君王，而是暴力篡权的乱臣贼子。"

辕固这一派说："不对！桀纣荒淫，天下百姓都不支持他们而支持商汤和周武王，商汤和武王吊民伐罪，又受到民众拥戴而登大宝，他们的政权是合法的。"

黄生一派说："帽子再破也要戴在头上，鞋子再新也只能穿在脚上。桀纣虽然暴虐，但他们是君上，汤武只是臣下，君上犯了错，臣下只能劝谏，不能弑君。以下犯上，就是作乱。"

辕固这一派急了，就说："照你这个说法，难道我们高祖皇帝取代暴秦也是犯上作乱吗？"

朝堂上顿时鸦雀无声，谁也不敢再说下去了，最后还是景帝发话："吃马肉不吃马肝，也不算不懂美味；你们这些学者不讨论汤武受命的问题，也不算没有学问。这个问题到此为止吧。"

双方这次握手言和，从此没人敢再讨论汤武算不算合法政权的问题了。

但人人心里都有一杆秤，在儒家和黄老的争辩中，越来越多的人站到了儒家一边。

从孟子开始，儒家一直有一个很鲜明的观点：统治者要为民众谋取利益才是合法的统治者，否则就是独夫民贼，人民就有权力把他推翻。

怎样为民众谋取利益呢？儒家给出了一整套详尽的解决方案，从国家制度到施政策略，全方位地告诉统治者应该怎样治理国家，这套方案归纳起来就是一点——仁政。（关于儒家的仁政，请参考《战国：七雄博弈》。）

从战国到西汉，儒门弟子们一直拿着这套仁政方案向统治者推销。当初高祖刚刚得天下的时候，儒生陆贾就向他推荐自己的著作《新语》。高祖大骂："老子马上得天下，要这些弯弯道道的，顶屁用！"陆贾回答："马上得天下，能马上治天下吗？"高祖这才勉强接纳了他。

这是儒家登上庙堂的第一步。

后来贾谊进一步把儒家的施政纲领提炼出来，对文帝时期的国政造成很大影响。这是儒家学说被用来治国的开始。

随着时间推移，朝中大臣们信奉儒家学说的越来越多。到景帝末期的时候，两大外戚家族的代表窦婴和田蚡都信奉儒家，景帝本人也处处在采纳儒家的施政纲领，儒家学说在实际上已经掌控了国政。景帝甚至任命儒门弟子卫绾、王臧为太子刘彻的老师，为儒家全面掌权做好了铺垫。

儒家学说之所以越来越受到统治者青睐，主要原因就是他们确实能符合当下的需求。

正如前面提到的，"无为而治"的黄老学说本质上是要统治者简政放权，放松对国家的控制。但作为一个大一统王朝，统治者一旦放松控制，各种势力就会迅速崛起，来填补中央政府留下的权力真空，最终结果就是中央控制不住地方势力了。

从文帝末期开始，这个问题就表现得越来越严重，最后直接导致了七国之乱的爆发。

七国之乱被平定以后，大汉君臣痛定思痛，检讨自己的过失，更进一步加强中央的权力，黄老学说也就更加维持不下去了。

而儒家正是最讲究中央集权的学说，儒家的施政纲领处处符合大一统王朝的要求，当然也就越来越受到统治者重视了。

反观黄老学说，他们处处讲究"无为"——这是一种消极的治国理念，虽然可以在一定时期内保障社会稳定，却把各种问题都掩盖起来了。黄老特别鼓励去掩盖问题，而不是解决问题，那么当国力上升到一定程度以后，统治者就会发现冒出来无数的问题不知道该怎么解决，整个国家都缺少上升的动力，面临失速的危险了。

最终，在景帝末期，终于爆发了上面那场著名的辩论。

辩论的双方表面上讨论的是汤武的合法性问题，本质上却是在争论我们做事的态度应该积极还是消极。

儒家讲究积极地去解决问题，在这种思维之下，如果统治者是暴君，你就去推翻他；如果法令法规不符合当下的需求，你就去改革它。

而黄老只是消极地掩盖问题，不管统治者多么残暴，你都得忍着；不管法令法规多么不合时宜，你都不应该改变它。

辩论的结果，大家都心知肚明，景帝明显是偏向儒家的，儒家正在攻占黄老最后的一块领地。

不过儒家要取代黄老，还有最后一个障碍，就是顽固的窦太后。

窦太后是从文帝时候过来的，一直抱着开国之初那一套过时的理论不肯撒手。随着年纪的增长，她变得越来越顽固，不允许任何人违背她的意志，当然更不允许任何人改变祖先留下的国策。

对于目前儒家一天天蹬鼻子上脸的局面，窦太后气不打一处来，不断在景帝耳边唠叨，怪他乱了祖宗的规矩。

对于这个固执的老母亲，景帝无可奈何，他只能表面上顺从，背地里却一直提拔信奉儒家的官员。

窦太后索性直接干预，她强迫景帝和所有官员都要研读黄老的著作，还不定时考察他们。

那场著名的辩论结束以后不久，窦太后召辕固来考察他学《老子》的情况，辕固淡淡地说："那些不过是寻常的言论罢了。"

窦太后勃然大怒，吼叫："怎么比得上你们儒家管制犯人的诗书呢？"

但是辕固还是不肯屈服，窦太后就把他跟野猪关在一起，叫他跟野猪搏斗。

景帝让人悄悄递给辕固一把刀，辕固进了猪圈以后，野猪迎面冲过来，他拿刀只一刺，正好刺中野猪的要害，野猪应声倒地。

窦太后也不好再说什么，只好把辕固放出来了。

但因为窦太后的阻拦，整个景帝时期，儒家官员都受到压制，景帝对儒家政策的推行也明显被向后拖延了。

儒家虽然在朝堂之上受到压制，在民间却一直在扩张，其中最有传奇色彩的便是《尚书》的传播。

伏女传《尚书》

当年秦始皇焚书，儒家经典是焚烧的主要目标之一，损失惨重。

大汉建国以后，潜藏在民间的儒生重新活跃起来，他们各显神通，试图恢复被焚毁的儒家经典，甚至凭记忆直接把失传的书默写出来。而朝廷也特别重视文化的复兴，发布过许多命令鼓励民间把私藏的图书贡献出来。在儒生们和朝廷的共同努力之下，很多儒家经典都被恢复了。

但儒家最重要的经典之一，《尚书》，却仍然不见踪影。

文帝早期，民间忽然传言，齐地有个伏生拿着失传已久的《尚书》在讲学，文帝很感兴趣，让人去查问。

原来伏生本来是孔门后裔，家里有许多藏书，当年始皇焚书的时候，他把家里的《尚书》藏到墙壁里，后来天下纷乱，他就出门躲避战乱去了。

等战乱结束以后，伏生回到家里找到自己藏的书，却发现大部分都已经被损毁了，一百篇的《尚书》只剩下二十九篇，他把这些残篇抄录整理出来，在齐鲁地区游学，向人们传授《尚书》。

文帝召他的时候，伏生已经九十多岁了，不能远行，文帝就派晁错去齐地向他学习。

《尚书》的文本是用战国时代的蝌蚪文写的，西汉的人们已经很难看懂了，而且剩下的二十九篇也是残缺不全的，伏生只能靠自己的记忆勉强把它们补全，然后口述给周围的人听。但伏生年纪太大，口齿不清，又用的是齐地方言，晁错很难听明白，所以就由伏生的女儿羲娥转述。伏生说一句，羲娥转述一句，依靠这种方法，才把《尚书》传给晁错了。

晁错回到长安以后，再用当时的文字把伏生讲述的内容记录下来，这本《尚书》因此被后人称为《今文尚书》。

又过了几十年，景帝的儿子鲁恭王扩建王宫，拆除孔子旧居的时候，在墙壁里面又发现一部《尚书》，也是用蝌蚪文写的，由孔子的后人孔安国整理出来，又是二十九篇，这本《尚书》被称为《古文尚书》，从此也开始在世上流传。

除了《尚书》以外，其他儒家经典也被整理出来，由儒家弟子们在民间传授。

到景帝后期，儒家越来越繁盛，精通儒家思想的学者也纷纷涌现出来。例如《易经》的专家有淄川的田生，精通《诗经》的有申培公、辕固、韩太傅三家，《礼记》专家则有高堂生，《春秋》的学者有胡毋生、董仲舒。每个学者都开创了自己的一派学说，每一家又有很多弟子，遍布天下。这些儒家学者们很多都受到朝廷聘用，成为博士，甚至成为博士里面最重要的力量，很大程度上影响着朝廷的决策。

经过文帝、景帝两代帝王的扶植，儒家终于登堂入室，成为主宰中国文化的主流学说。这是"文景之治"留给后人最大的遗产。

到这时，儒家执政只差最后一道手续了，这道手续要由景帝的继承者来完成。

公元前141年，伟大的汉景帝病逝在未央宫，太子刘彻继位，是为汉武帝。

第十七章　少年汉武帝

顽固的老太后

武帝登基的时候年仅十五岁，很多事情都由太后王娡来决定。

因为王太后的关系，武帝把自己的两个舅舅提拔上来，田蚡被封为武安侯，田胜为周阳侯，其中田蚡的影响比较大。田蚡跟窦婴分庭抗礼，田氏（王氏）跟窦氏成为朝廷里最强大的两个家族。

王太后虽然很有心计，但野心并不大，上面又有窦太后压制，所以她虽然临朝称制，但主要是在帮助武帝控制局势，并没有明显扶植自己的家族势力，田氏外戚的力量也始终在可控范围内，没有重演吕氏篡权的一幕。

真正的麻烦出在窦太后那边。

这个老太后，随着年纪的增长，性格越来越执拗，任何事情都想要插手。有她在，武帝和王太后的施政都受到干扰。

其中最主要的就是对待儒家和黄老的态度。

这时候的汉武帝还是一个懵懂少年，初登大宝的他，蓦然发现自己手握着一个纵横万里的庞大帝国，顿时压制不住满心的兴奋之情，摩拳擦掌，跃跃欲试，想干一番大事业。

他马上开始推行自己的新政。

他从小到大，身边的老师都是儒家门生，所受的都是儒家教育，儒家思想对他影响很大，所以现在推行的新政主要使用儒家的治国方略。

窦太后听说以后就很不高兴，她仍然坚持文帝时代的黄老之术，武帝的新政在她看来全是在祸乱朝纲。

这个顽固的老太后频繁插手武帝的政事，几乎每一件政策她都要干涉。首先就是关于丞相的任免问题。

当初景帝不顾窦太后反对，抛开窦婴，把卫绾任命为丞相。卫绾是一个能力平平的人，但他做事平和，安守本分，当丞相的这几年没犯什么错，一切政策都推行得很平稳，但窦太后心里还是不舒服。

武帝即位以后，很快颁下诏书，说景帝卧病在床的时候，监狱里积压了很多被冤枉的犯人，卫绾没替他们申冤，算严重失职，所以罢免了他。

明眼人都看得出来这个免官的理由属于故意找碴，卫绾被罢免很可能是窦太后干涉的结果。

卫绾被罢免前不久，曾经向武帝进言，说："现在朝廷里的博士，很多都是法家学派的，信奉苏秦、张仪之类祸乱国家的学说，建议立即撵走这些人。"

武帝马上接受了他的建议，把法家学派的官员都免职了，顺势把董仲舒这些儒家学者提拔上来。

这是武帝第一次试图用儒家学者替换朝廷的老臣，但引起了窦太后严重不满，在窦太后的强行干涉下，武帝只好罢免了卫绾。

空出来的丞相之位马上引起各方争夺，主要的竞争者是两大外戚的代表人物：窦婴和田蚡。

有窦太后支持，窦婴当然是丞相的不二人选；王太后支持田蚡也是肯定的，但不敢表露得太明显；而武帝出于维持平衡的考虑，可能更倾向于田蚡。大臣们却都在观望各方势力博弈的结果，不敢轻易表明态度。

在这种微妙的氛围下，田蚡的门客籍福劝他说："魏其侯是老牌贵族了，支持他的人很多，您的地位不如他稳固，不如主动把丞相之位让给他，他当丞相，您一定会被任命为太尉，跟丞相的地位也差不多，还得到'让贤'的美名。"

于是田蚡找到王太后说了这个想法，再由王太后转告武帝，最后武帝把窦婴任命为丞相，田蚡为太尉。

这是两大权贵家族妥协的结果，以田蚡为代表的田氏主动让步，保证了两个家族的和谐共处。

武帝提拔他们一方面是因为两大家族的势力过于强大，不得不依赖他们，另一方面也是因为田、窦两人都推崇儒学，武帝希望他们辅佐自己把儒学推行开来。

武帝随后又任命赵绾为御史大夫，王臧为郎中令，这两人都是申培公的弟子，是最典型的儒臣，武帝把他们提拔为重臣，目的再明显不过了。

随后在赵绾等人的推荐下，武帝决定把八十多岁的申培公也请到长安来。

申培公是当时著名的儒学大家，"鲁诗"（《诗经》的鲁国流派）学的泰斗，武帝特地用非常隆重的礼节迎接他——朝廷的使者驾着驷乘马车，用蒲草包裹轮子，马车周围用彩带和玉璧装饰，锣鼓喧天地开向鲁地。

把申培公接到长安以后，武帝向他请教治国良策，他说："治国之道不在于多言，而在于勉力行事。"年少的武帝倒不太能理解这番话，但还是很开心地把申培公任命为太中大夫，跟他商量修建明堂的事宜。

明堂是举行祭天大典的地方，建造明堂是为了准备以后的各种祭祀活动，还有四方诸侯的朝觐活动等等。

文帝还让这些儒臣共同商讨封禅、巡狩、改历法、改服色等一系列制度，准备不久以后就亲自去泰山封禅。

所有这些都仅仅是表面上的动作，武帝真正的目的是借此确立儒家的地位。

这些"繁文缛节"正是儒家所倡导的。从孔子开始，儒家学派就特别喜欢钻研各种烦琐的礼仪和各种夸张的典礼，因为他们认为，只有严格执行各种礼仪，才能从制度上把各个阶层的人区分开来，最终确立君臣、父子、夫妻之间的尊卑关系。而等级制度，正是儒家治国的基础所在。

在窦太后看来这简直不能忍，她这个不懂事的孙子正在把整个朝廷变成腐儒们的狂欢乐园，这分明是在腐蚀国本，是在毁掉大汉立国的根基！

她再也坐不住了，站出来严厉斥责武帝和他的这帮儒臣，命令他们马上停止祸害国家的行为。

武帝毕竟还年轻，不敢跟自己的奶奶公开作对，但他手下的儒臣们可不服气，以赵绾、王臧为首的大臣们竟然悄悄向武帝提议：不要听你这个奶奶的话，朝廷里的事也不要奏报给她，反正她一个瞎眼老太太整天坐在深宫里，外面的情况她也不了解。

　　可惜他们严重低估了窦太后几十年积累的政治资本，她虽然住在深宫，可耳目却遍布朝廷上下，没有什么事能够瞒得过她。

　　窦太后很快就听说了赵绾、王臧他们的建议，本来就极度不满的她彻底爆发了，她拄着龙头拐杖冲上大殿，浑身颤抖着大骂："你们是要当新垣平吗？皇帝小小年纪，你们就诓骗他，现在都欺到我头上来了，你们眼里还有谁？我老婆子眼睛瞎了，心可不瞎！"

　　窦太后早就暗中调查到了赵绾、王臧一些违法的证据，把这些证据直接甩到武帝跟前，命令他马上处理这两个人。

　　面对气头上的窦太后，武帝无可奈何，只好下令免除赵绾、王臧的官职，但窦太后不依不饶，一定要抓捕两人，最后武帝只好屈服。

　　公元前139年，赵绾、王臧被捕下狱，不久以后双双自杀身亡，申培公被赶走，朝廷里面的儒臣们全体被清理，连窦婴、田蚡两人都被罢官了，丞相和御史大夫都被换成了窦太后自己的人，武帝推行了不到一年的新政也被废除了。

　　这是武帝执政初期遭遇的最严重挫折，这位少年天子的权力受到极大的遏制，儒家的执政之路被暂时打断，朝廷里的势力也被迫进行了大洗牌。

　　朝政短暂落入了窦氏和田氏两大家族的掌控之下。

皇帝的平民姐姐

　　韩嫣是开国功臣韩王信的后人。当初韩王信投降匈奴，在匈奴那边生下一个儿子韩颓当，韩颓当在文帝时期返回国内，投降朝廷，韩嫣就是韩颓当的孙子。

　　武帝还是胶东王的时候，韩嫣是他的陪读，据说两人在那时就已经好上了，武帝当太子时和当上皇帝以后，对韩嫣的感情始终不变。

韩嫣也非常会邀宠,对武帝百依百顺,他知道武帝有讨伐匈奴的打算,就去学骑射。毕竟是将门之后,韩嫣很快就练出一身高超的武艺,得到上大夫的爵位,也算一个人才。

武帝对韩嫣的宠爱远远超过其他人,常常与他同吃同睡,赐给他的金银财宝不计其数,甚至快赶上当年文帝对邓通的赏赐了。

野史上甚至说,韩嫣喜欢玩弹弓,用金子做成弹丸到处弹射,以至于长安城里的小孩们一见到韩嫣出来玩弹弓,就成群结队跟在他的车队后面,韩嫣的金丸射向哪里,小孩们就冲过去捡,好多家庭都靠这个赚到不少钱,以至于民间有"苦饥寒,逐金丸"的说法。

跟所有佞臣一样,韩嫣变着法子讨武帝欢心。有一次,他不知道从哪里听来一个消息——武帝有个姐姐流落在民间,就赶忙把这个消息报告给了武帝。

当年王太后嫁给景帝之前,曾经嫁给槐里金家,生下一个女儿金俗(真实名字有争议),王太后进入太子府以后就隐瞒了这段经历,只有很少人知道。金俗也流落在民间,嫁到一个普通人家,现在住在长安附近的长陵。

韩嫣不知道从哪里打听到这段往事,连忙报告给武帝。武帝一听说自己还有个平民姐姐,顿时跳起来。少年人心性,觉得这事十分有趣,武帝连连催促身边的人:"给朕预备车马,朕要去接大姐入宫!"

武帝的车队很快开到长陵,金俗家在一个小集市里面,那些地方的人没见过世面,见到大队人马轰轰烈烈地开进来,以为出什么大事了,吓得家家紧闭门户,街上一个人都没有。

武帝的车驾直接停到金俗家门口,先让手下官员进去通报情况。里面已经乱作一团了,金俗一家人仓皇逃窜,到处找地方躲,哪敢跟官员碰面。

官员们到处找金俗,过了好久,才发现她躲在卧室的床下瑟瑟发抖,大家赶忙把她拽出来,硬生生把她扶出门。

武帝看见这个姐姐穿着一身破烂衣裳,头发凌乱,面容跟母亲有五分相似,却满脸都是生活留下的沧桑,仿佛比母亲还老上几岁,不由得悲从中来,哭着说:"姐姐,你受了多少苦啊。"

金俗还不明白发生了什么事,看到面前这个锦衣华服的少年叫自己姐姐,又惊又怕，一句话都不敢说，被人扶上车，懵懵懂懂地载往长安去了。

随行的官员们在路上慢慢向金俗解释清楚了来龙去脉，她这才安定下来了。

长乐宫（太后住的宫殿）里面，武帝亲自牵着金俗的手，带她去拜见王太后。王太后又羞又愧，一把抱住这个女儿就大哭起来，金俗也终于放声大哭，二十多年的离愁别绪一起涌上心头，也不知是什么滋味。周围的人们都陪着垂泪不已。

武帝把金俗封为修成君，封给她汤沐邑，还赐给她上千万的钱财，还有三百奴婢，百顷公田，以及无数宅第，俨然是公主的待遇。金俗有一儿一女，儿子成为长安城里的豪门，女儿嫁给淮南王的儿子，都享受了极致的荣宠。

对于这一切，王太后非常感动，连连夸奖武帝会体贴人。

在武帝看来，优待这个姐姐一家可以弥补母亲多年以来对女儿的思念，是对母亲尽孝的行为。

但他可能想得太简单了。

王太后非常不愿意别人知道她的过去，相对于太后的尊严来说，一个女儿过得好不好其实不那么重要，所以她这么多年都没有去找金俗，连私下都没有派人去过。现在武帝却蓦然把这个女儿领到她面前，把她过去的经历揭露给天下人看，她表面上虽然十分感激，内心却难免酸酸的，觉得丢面子了。

王太后不好向武帝发作，只好暗暗地把这笔账记在了韩嫣头上。

韩嫣也挺倒霉，明明是向武帝表忠心，顺便对太后拍马屁的行为，却没想到拍到马腿上了，平白招来太后的记恨。

再说，韩嫣跟武帝的特殊关系也让王太后不舒服。在王太后看来，这个妖艳贱货硬生生把自己儿子带坏了，不仅让皇帝冷落了三宫六院的佳丽们，还在天下人面前落下笑柄，这种情况实在没法忍。

王太后开始明里暗里找碴，准备收拾韩嫣。

不久以后，韩嫣果然撞到了枪口上。

有一天，江都王刘非（景帝的儿子，武帝的五哥）入朝请安，武帝发下命令，请他一起去上林苑狩猎。一大早，武帝还在宫里收拾东西准备出发，就让韩嫣乘着副车先去上林苑准备好猎物。

韩嫣嚣张惯了，一点都不顾君臣之礼，领着上百人的车队，乘着翠羽华盖，呼啦啦开向上林苑，俨然是天子出巡的派头。

江都王在路上碰上韩嫣的车队，看到这个阵仗，以为是武帝驾临了，赶忙下车，带着属下官员伏在路边迎驾。

韩嫣没注意到他，直接呼啸而过。

韩嫣的车马过去以后，江都王才发现这不是武帝的车队，自己竟然向一个男宠跪拜了！他又羞又气，本来想找武帝告状，但知道武帝肯定偏袒韩嫣，要向韩嫣报仇，只能找王太后了。

江都王去拜见王太后，边哭边说："儿臣也不要当国王了，请求太后让儿臣进京当个宿卫，跟韩嫣差不多就好。"

王太后怒不可遏，又听下人说："韩嫣受到皇帝宠幸，公然出入宫廷，在妃子中间来去自如，不成个体统。"太后怒到极点，准备亲手除掉这个祸害。

她亲自发下诏令，声称韩嫣秽乱宫廷，奸淫宫女，罪当处死。最后她不顾武帝的苦苦哀求，把韩嫣赐死了。

武帝年少时的一段不伦之恋就这样结束了。

卫青和卫子夫

天子总是多情的，韩嫣死后，武帝又爱上了韩嫣的弟弟韩说。但武帝不敢再像以前那么高调了，只是偶尔让韩说来陪陪而已，更不敢让他乘什么天子车驾，韩说的地位也比韩嫣低了很多。

武帝的目光渐渐转移到后宫里来，但现实并不太美好，宫里泼辣的皇后和难缠的丈母娘让他头疼不已。

刘嫖作为窦太后唯一的女儿、景帝的大姐，本来就拥有万人之上的尊贵地位。现在她既是武帝的姑妈，又是武帝的丈母娘，她的儿子还娶的是武帝的妹妹隆虑公主，她跟武帝有三重亲戚关系，后宫还有个老妈跟她撑腰，她的权焰之盛，可以说是天下第一。

她本来就是个特别嚣张的人，现在更加如虎添翼，除了窦太后，她不把任何人放在眼里，王太后都得叫她大姐，未央宫在她看来，就是自家院子，就算在金銮殿上，她也敢横着走。

她觉得武帝能够上台全靠自己的功劳，所以总想着让武帝报答她，加上她是个特别贪财的人，所以隔三岔五就找武帝要封赏，金山银山一堆堆地往家里搬，最后连武帝都有些受不了了，觉得这个丈母娘胃口太大了，只怕把国库搬完都填不满她的贪欲。

而她的女儿也继承了她的性格。阿娇的想法跟她妈差不多，总觉得武帝的地位是靠她们母女得来的，所以从当上皇后以后，这个彪悍的女人就把小姐脾气发挥到了极致，不仅在后宫大发雌威，就连在武帝面前，她都处处要压倒一头。

但陈皇后也有件很烦恼的事：她嫁给武帝好几年了，却还是没有一男半女。

那时候不管多彪悍的女人，都怕"无子"这个紧箍咒，所以陈皇后想尽一切办法生孩子。全国的名医她几乎都请遍了，给医生的报酬竟然达到了九千万之多，可她还是没能怀上孩子。

不过这未必是陈皇后本身的问题，也可能是因为武帝把精力都花在韩嫣两兄弟身上了，冷落了后宫，毕竟那几年武帝的后宫都没人怀孕。

但谁敢怀疑皇帝呢？"无子"这顶帽子还是只能戴到陈皇后头上。

随着时间推移，"无子"的皇后阿娇越来越烦躁，脾气也变得越来越差，甚至敢跟武帝当面争吵。武帝觉得实在不能忍受了，就向王太后抱怨，王太后也怕刘嫖母子，只好劝他："你登基不久，又因为建明堂的事刚刚得罪了老太后，现在千万不能再得罪这对母女，还是忍一忍吧。"

武帝只好继续忍着。

但"无子"毕竟是任何女人的死穴，武帝可以在生活上让着陈皇后，但借着皇后"无子"的理由去找别的女人，却没人可以反对，就连丈母娘刘嫖都不好公开反对。

武帝的大姐平阳公主早就在留心这个事了，她想学当年刘嫖的做法，通过送美女来讨皇帝欢心，所以经常从世家大族里面找些年轻漂亮的女孩来让武帝挑。

这一天，武帝从霸上举行完祭礼以后回长安，顺便去平阳公主家里坐一会儿。公主又安排了一批美女让他过目，不料美女们从武帝面前走了一遍以后，武帝一个都没看上，有些失望的平阳公主只好悻悻地说："那就让皇上看看我这里新编的歌舞吧。"于是叫出来一群歌姬舞女，开始表演。

在一群妖妖趄趄的歌女中间，武帝一眼便看到了一名衣着普通的女子，她妆容淡雅，云鬟半軃，虽然没有十分的姿色，但低着头怯生生的样子，却透出一股天然的羞赧之态。

见惯了后宫粉黛的武帝一下就被迷住了，向平阳公主一打听，知道这名歌女叫卫子夫，是河东平阳人，出身寒微，从小便被送到府里来学习歌舞。

武帝的眼睛一刻也不离开卫子夫，平阳公主早就注意到了，等武帝起身去更衣的时候，平阳公主就暗示卫子夫跟过去服侍，武帝便在更衣的轩车里面临幸了卫子夫。

回到宴席上以后，武帝十分开心，当场赐给平阳公主千斤黄金。平阳公主顺势请求让卫子夫入宫伺候武帝，武帝一口答应了。

武帝回宫的时候，平阳公主把卫子夫打扮整齐，好好叮嘱了一番，把她送上了武帝的车驾，让她跟着武帝回未央宫去了。

对于卫子夫来说，一切都仿佛在梦里，简直是一步登天。

她出生在一个奇特的家庭。她父亲死得早，她母亲卫媪带着一个儿子和三个女儿生活，卫子夫是最小的一个女儿。后来卫媪在平阳公主家里当仆人的时候，跟公主家的一个小官员郑季勾搭上了，生下一个儿子，冒姓为卫，叫卫青。后来卫媪又跟其他男人生下两个儿子卫步和卫广，所以他们家总共是四兄弟和三姐妹。

卫子夫的母亲如此不检点，间接说明他们家族可能地位很卑贱。

除了卫子夫以外，卫青也在平阳公主府里为奴。当初卫媪生下卫青以后养不起，就给他丢到他爹郑季家里去。郑季没把这个私生子当回事，让他自己去放羊，郑季的其他儿子也不把这个"野种"当兄弟，一味地欺负他。卫青过了几年受气的日子以后，总算成长起来，懒得再受这个气，就回到平阳公主府里，当了一名骑奴，每当公主出行，他就骑马跟在后面。

卫青成年以后，长得一表人才，又机智过人，性格沉稳，因此十分讨主人欢心。他在平阳公主家里的待遇可能很不错，甚至有机会受教育，学得满腹韬略，为他将来执掌兵权打下了良好基础。

再说卫子夫，凭她这样的出身门第，当然不可能真正得到皇帝青睐，所以武帝带她进宫以后很快就把她忘了，也没给她什么封号，就让她一个人在宫里自生自灭。

过了一年多，宫里准备把不得宠的宫人们发配出去，卫子夫感觉自己前途暗淡，也请求出宫。当她满脸泪痕跪在武帝面前告别的时候，武帝才再一次想起这个可怜的女人，也被她柔弱的样子打动了，于是又一次临幸了她。

到这时为止，武帝对卫子夫仍然是纯粹的肉欲而已，谈不上什么感情。

但卫子夫这一次被临幸以后就怀孕了，这个卑贱的女人居然抢在所有后宫佳丽的前面怀上了龙种！如果孩子生下来，就是武帝的长子或者长女！

武帝到这时才真正对卫子夫另眼相看，开始给予她一定的恩宠，把她的家人卫青等人也提拔到宫里来当差。

卫子夫怀孕的消息很快传遍了后宫，陈皇后听到以后气得差点昏过去，她在宫里天天又跳又闹，寻死觅活，武帝被她烦得不行，简直一点都不想再看到她，几乎不再踏足她的寝宫。

大长公主刘嫖听说自己的女儿竟然被一个女奴夺了恩宠，也是气到口吐白沫。她哪里受过这种气，马上带人杀进宫里。卫子夫怀着龙种，刘嫖不好下手，就让人把卫青绑架了，准备杀掉卫青来给卫子夫一个警告。

骑郎公孙敖是卫青的好兄弟，听到消息后，赶紧带着一群侍卫过去杀散刘嫖的人，把卫青救了出来。

光天化日之下宫里发生战斗，这事轰动了未央宫。武帝了解到情况以后非常气愤，既然刘嫖母女如此不知死活，那就偏要杀一杀她们的气焰。他立即颁下诏书，封卫子夫为夫人，地位仅次于皇后；任命卫青为建章监，统领宫中的禁卫军，兼任侍中。侍中是跟在皇帝身边往来奏事的官员，也就是皇帝的亲信。卫青从此也一步登天，进入大汉帝国的权力顶层。

武帝大肆封赏卫青，连续很多天反复多次封赏他，赏赐的财物达到了千金之多；又封赏卫子夫的两个姐姐，把她的大姐卫君孺赐婚给太仆公孙贺，二姐卫少儿已经有了自己的情夫，是陈平的曾孙陈掌，于是武帝又提拔陈掌。

卫少儿还带着一个两岁的儿子霍去病，是跟她的前一任情夫生的私生子，以后将会成为大汉历史上最闪亮的将星。

卫家这几个兄弟姐妹，在短短的几天之内，全体被提拔进贵族阶层，上演了一幕真实的"鸡犬升天"的喜剧。

但如果认为武帝仅仅是在跟刘嫖母女赌气，那就太小看他了——实际上他有很明确的打算。

窦氏和田氏两大外戚在朝堂上耀武扬威，这让武帝心里憋着一股气，他明白，要抗衡这两支外戚，最好的办法就是扶植新的外戚，让他们替自己去和窦氏、田氏争斗，顺便也威胁陈皇后的地位，打击窦氏的气焰。

而且武帝这时候可能已经发现了卫青的才干。这个年轻人虽然是家奴出身，却有着神鬼莫测的惊人禀赋，而且心机深沉，令人生畏，更兼以作风正派、廉洁无私，忠心耿耿，简直就是上天赏赐给武帝的一位完美将才。武帝敏锐地觉察到卫青能成为自己最重要的助手，所以飞速把他提拔上来，从此把他带在身边，作为自己最信任的人之一。

卫青的飞速蹿升又进一步帮助卫子夫提升了地位，这姐弟俩一内一外，携手并进，正在共同书写大汉王朝的一段传奇。

当然，危急时刻救下卫青的公孙敖也得到了武帝的青睐，从此成为大汉的重要将领之一。

武帝的一系列动作把刘嫖母女都吓傻了。她们万万没想到，自己一次争风吃醋的愚蠢行动，竟然制造出一家新的豪门，俨然要威胁到自己家族的利益了。

等她们回过神来的时候，一切都晚了。卫子夫已经是后宫宠妾了，而且身怀龙种，连窦太后都要保她，谁还能动得了她？这对母女只能眼睁睁看着卫子夫扶摇直上，一点点地夺走了本来属于自己的一切……

后宫发生巨变的同时，朝堂上窦氏和田氏的代表人物也正斗得十分激烈，最终导致了同归于尽的惨烈结局……

酒鬼闯下的大祸

窦婴和田蚡都信奉儒家，本来是窦太后的对头，但他们又分别是两大外戚家族的掌门人，特殊的身份决定了他们拥有"免死金牌"，窦太后打压儒臣的短暂风暴过后，两人重新又活跃在了朝堂之上。

其实硬说窦婴是窦氏的掌门人有点冤枉他，他跟窦太后的血缘关系并不近，政治立场也严重不合，又曾经为了梁王的事情严重得罪过窦太后，所以他跟窦太后并不亲近。他又曾是废太子刘荣的老师，所以在刘嫖母女看来，他基本算是站在敌人那一方的。而且他本身人品正直，不拉帮结伙，不扯着窦氏的大旗打压别人。

总之，窦婴基本是属于窦氏的一位独立官员。

而窦氏人才严重匮乏，除了窦婴以外就没有拿得出手的人物了，窦婴不替他们撑场面，这个家族也就失去了主心骨。结果就是：虽然窦太后拥有至高无上的权威，窦氏本身却成了一个可有可无的外戚家族。

另一边的田氏也出现了类似的情况，王信、田蚡和田胜三兄弟虽然都被封侯了，但真正对权力感兴趣的只有田蚡一人而已，王信和田胜只忙着享受荣华富贵，对扩张家族势力并不关心。田氏虽然看着权焰熏天，却并没有成为一股强大的政治势力。

之所以出现这样的局面，可能是因为当年吕氏乱政对汉家政权的打击太严重了，在大汉君臣的心里留下了挥之不去的阴影，所以整个朝廷都对外戚掌权存在严重的防范心理，最终阻止了两大家族成长起来。当然，也有可能是因为景帝的手段太厉害，把两个家族都压住了。

现在朝堂上就只剩下田蚡和窦婴的个人对决。

田蚡是个权力欲特别强的人，他野心勃勃，善于钻营，虽然被窦太后免职了，他却一点都没闲着，常常在王太后跟前出谋划策。王太后也都听他的，朝廷颁布的很多政令都是他出的点子，所以他仍然是实际上的权臣。

人们看到这个情形，便都抛弃窦婴，投靠到田蚡门下。所以田蚡在家"赋闲"的那几年，家里的门客却一天天多起来了，各种趋炎附势之徒络绎不绝，田蚡的府第成为长安城里重要的政客聚集地。

而窦婴就难受了。武帝跟窦太后的矛盾已经公开化，窦太后年纪又大了，大家都在猜测窦氏的权势维持不了太久了，所以明里暗里冷落窦婴。而窦婴又拥有士大夫特有的清高，不肯对武帝和田氏曲意逢迎，处境也就更加尴尬了。

公元前135年，顽固的老太后窦漪房病逝在长乐宫，朝堂上的各大势力面临重组的局面。

武帝迅速接过权柄，他借口丞相许昌和御史大夫庄青翟丧事办得不周到，把窦太后提拔起来的这两个人免职了，重新提拔自己的人，任命田蚡当丞相，韩安国当御史大夫。

田蚡如同得到了尚方宝剑，现在他是皇帝的头号近臣了，天下大事还不是他说了算？他的权力欲被无限制激发起来，所谓新官上任三把火，他撸起袖子，准备大干一番。

田蚡天天黏在武帝身边，向武帝提出一条又一条建议，据说他跟武帝面谈的时候，常常一坐就是半天，话题怎么都谈不完，而他的这些建议，武帝一般都会采纳。

他认为要巩固自己的地位，就要在朝廷里培养自己的党羽，所以打着推荐人才的旗号，大肆向武帝推销自己看上的人选，从乡间的隐士，到地方上的官员，只要他觉得符合自己胃口的，就会推荐给武帝。而受到他推荐的人，都会瞬间飞黄腾达，成为朝廷里的重臣。

田蚡对于朝政的过度热心甚至连武帝都受不了了，有一次他跟武帝谈话，噼里啪啦扯个没完，推荐了无数官员。等他说完以后，武帝才冷冷地说："舅舅要任命的官员说完了没有？朕也想任命几个官员，行不行？"

另一次，田蚡请求把政府部门的土地划给自己，以扩充自己家的住宅，武帝大怒道："要不把武器库也划到你家去？"

从那以后，田蚡才略微收敛了一点。

其实田蚡这种人未必有多少坏心眼，他只是小人得志，急不可耐地要展现一番而已，未必有什么把持朝政的计划，更谈不上架空武帝。所以他虽然张扬，武帝也还能容忍。

但田蚡在民间的风评很不好，主要就是因为他太贪了。从当上国舅开始，他就大肆敛财，而且是明着贪，根本不加掩饰。他的豪宅超过当时的一切贵族，家里良田万顷，美女无数，堂前立钟鼓，堂后竖曲旃，更有四方诸侯进献的珠玉珍玩，堆山填海，不可胜数。

田蚡如此明目张胆地贪财，反而让武帝对他更加放心，所以也不排除这是他的自保之道。

更让人切齿的是他阻碍黄河治理工程。公元前132年，黄河改道造成严重水灾，治水的官员希望堵住决堤的地方，但这样洪水就会流向黄河北岸，淹没的地方包括田蚡在那里的封邑，所以他极力阻止，最终使黄河治理工程被拖延了二十年。

但这些负面形象都没能削弱田蚡在朝廷里的地位，毕竟有王太后给他撑腰，只要太后在，他就倒不了。

人们看到田蚡如此受宠，就更加赶着来巴结他，田蚡本人又特别喜欢接纳士人，所以他门下网罗了大量宾客，进进出出的皇亲国戚们踏破了门槛。

这种情况对窦婴这个老牌贵族的刺激特别大，仅仅几年前，他还是众人追捧的当红人物，现在追捧他的人却全部跑去巴结田蚡去了，他这边门庭冷落，再也没人来看上一眼。

唯一还跟窦婴保持亲热的只有灌夫。

灌夫本来姓张，当年他父亲是大汉开国功臣灌婴的家臣，受了灌婴很多恩惠，所以改姓为灌。

在平定七国之乱的战争中，灌夫立下军功，被任命为中郎将，后来又被武帝提拔为太仆。

武将世家出身的灌夫是个酒鬼，脾气又暴躁，常常酒后闹事。有一回他甚至在酒后打了窦太后的兄弟窦甫，武帝为了保他，只好把他送去燕国当相国。

几年以后，灌夫又犯法，被免去了官职，赋闲在长安的家里。

仕途不顺的灌夫跟窦婴同病相怜，所以在大家都抛弃窦婴的时候，只有他仍然对窦婴不离不弃。而窦婴一方面很感激他，另一方面也想刺激一下那些背叛自己的人，所以跟灌夫也就格外亲密，两人成为知己好友。

灌夫跟那些咋咋呼呼的粗人一样，总是太拿自己当回事，明明已经丢了官帽，他却依旧觉得自己是朝廷大员，依然游走在王公贵族们中间，跟大家称兄道弟——虽然在别人眼里他什么都不是。

他跟窦婴两个落魄贵族，表面上很淡然，其实心里还是很盼望能够重新回到朝廷里任职，也特别希望能得到田蚡的引荐。

有一天灌夫去拜访田蚡，田蚡随口说："我最近正想跟你一起去拜访魏其侯（窦婴），但看你最近有孝服在身，恐怕不便前往。"

灌夫大喜，连忙说："不妨事，不妨事，丞相要想去见魏其侯，灌夫随时可以陪同，我这就去跟魏其侯说，叫他赶紧准备酒宴。"说完就匆忙赶到窦婴家里去了。

窦婴听说以后也是大喜过望，连忙吩咐家里的奴仆准备酒肉。他和他夫人甚至亲自打扫房间，布置帷帐，忙了一整夜，把一切都收拾得整整齐齐的，到第二天早上，全家人摆好酒菜，列好仪仗，等待田蚡的到来。

哪知道田蚡根本没把他们放心上，昨天的话不过随便说说罢了，说过就忘了。窦婴这边张灯结彩地等了大半天，一直到中午都没见到人来，只好让灌夫再去田蚡家看看。

灌夫到田蚡家一看，田蚡还在搂着美人睡大觉呢。看到灌夫来了，田蚡也有点尴尬，没想到随便一句话他们就当真了，只好说："我昨晚喝多了，睡到这时候才起来，我现在马上去。"于是起来收拾东西，乱糟糟忙了半天才跟灌夫一起出门了。

灌夫憋了一肚子气，到窦婴家以后，大家见过礼，喝了一会儿酒，灌夫起来说："请看在下舞蹈助兴。"于是在田蚡面前跳了一段舞蹈，然后又邀请田蚡一起舞蹈。田蚡忙着跟窦婴交谈，没怎么理他，灌夫借着酒兴就发作起来，大骂田蚡："你算个什么东西？魏其侯准备了一夜的酒菜，你慢吞吞半天才来，现在又怠慢老夫，真以为我们都怕你？"

众人赶紧围上来，拉开灌夫，对田蚡好言相劝，两人才没有吵起来。

尽管出了这样的意外，田蚡也还没跟灌夫计较，继续跟窦婴喝酒。窦婴也认为这次是自己复出的机会，所以对田蚡热情款待，两人一直谈到深夜田蚡才回去了。

但田蚡当然不会白帮忙，他的人情是有价格的。酒宴结束几天以后，他就让人去跟窦婴交代，希望窦婴把他家在城南的一块田送给自己。

按理说，田蚡这个条件一提出来，基本表示已经答应帮窦婴复出了，而且成功的把握还挺大。但窦婴不知道是没领会这个意思还是别的原因，竟然感觉受到了莫大的羞辱,对田蚡的人说:"老夫虽然失势了,但也由不得你们如此欺辱!"灌夫也在旁边对田蚡的人破口大骂。

使者回去禀报田蚡,田蚡又羞又气,说:"魏其侯这个老匹夫!当初他儿子杀人,多亏我帮忙才免了死罪,现在要几块田又怎么了?这点东西都舍不得?还有那个灌夫又算什么东西?也敢骂我?"从此他跟窦婴、灌夫两人就结下了仇。

双方开始在暗地里调查对方的违法行径,都捏了一大把证据在手上,准备关键时刻拿出来打击对方。

但是窦婴、灌夫两人一方面要所谓的尊严,另一方面又想顺着杆子往上爬,心里还是希望田蚡能替他们说些好话。

公元前131年的夏天,田蚡娶燕王的女儿为妻,王太后亲自下诏,列侯和宗室贵戚们都必须到场祝贺,窦婴当然也得去。

窦婴可能希望借这个机会跟田蚡和好,就找灌夫跟他一起去,灌夫推辞说:"我一喝醉了酒就发酒疯,得罪过丞相很多次了,还是别去了。"窦婴不同意,还是生拉硬拽地拖着他去了。

现场热闹非凡,朝廷里排得上号的人物全都来了,大家都赶着向田蚡道贺。新郎官田蚡十分高兴,满面红光地跟宾客们推杯换盏。

酒喝到一半,田蚡起身挨个向大家敬酒,每个被敬到的人都赶忙起身,惶恐不安地伏在地上表示感谢。

过了一会儿,窦婴也过来向大家敬酒,大家却都微微欠身,客套一下就完了。

按理说这样的表现也正常,毕竟现在窦婴的地位完全不能跟田蚡相比,而且田蚡是主人家,大家确实该对他客气一些。但旁边的灌夫看在眼里却不乐意了,觉得大家都狗眼看人低,瞧不起他和窦婴。所以他也起来向大家敬酒。

这回人们当然更加冷淡了,最后敬到田蚡的时候,田蚡也只是微微欠身说:"我喝不了那么多,就半杯吧。"

灌夫不肯答应,坚持说:"不行!您是贵人,怎么能不喝完呢?"两人推搡了半天,最后田蚡还是没喝完。

灌夫忍着满肚子怒火，又去敬别人，最后到了临汝侯灌贤面前。灌贤是灌婴的孙子，从辈分来说算灌夫的子侄辈，现在他正在跟程不识交头接耳地聊天，没来得及理灌夫。

灌夫正好满肚子火没地方发泄，就骂灌贤："你平时背后把程不识骂得一文不值，现在长辈给你敬酒，你却跟个娘儿们似的，在那跟程不识咬耳朵！"

灌贤莫名其妙被骂了一顿，还没反应过来，田蚡已经先发话了："程将军和李将军（李广）是东西两宫的卫队长，你现在当众辱骂程将军，是连李将军的面子都不给了吗？"

李广是灌夫的老战友，但灌夫犯起浑来也顾不得那么多了，大骂道："今天就算杀了灌夫的头也不怕，还怕个什么程将军李将军！"

宾客们看到这边吵起来，纷纷找借口溜掉了，窦婴也连忙牵着灌夫让他走。田蚡也有三分酒意，拍着桌子说："不许走！都怪我平时把你惯坏了，今天留在这里给我说清楚！"门外的侍卫立即进来围住灌夫等人。

田蚡的宾客籍福也出来劝架，按着灌夫的头要他给田蚡赔罪。灌夫一股憨劲冲上脑门，哪里肯赔罪，跟籍福等人撕扯成一团。

田蚡回头一看，现在宴会才开到一半，座位上已经稀稀落落的了。宾客们走的走，躲的躲，当着众多皇亲国戚的面闹成这样，自己的面子往哪搁？他气得大骂灌夫："今天是太后下诏请宗室赴宴，你使酒骂座，忤逆太后，等我奏到皇上跟前治你的罪。"于是下令把灌夫抓起来关在客房里，等候发落。

窦婴他们看见灌夫闯下大祸，都不敢再劝，只好各自回家去了。

一场政治风暴就这样意外揭开了帷幕。

外戚家族的意外覆灭

田蚡决心把新账老账一起算，他把最近搜集到的灌夫家族的罪状全部列出来，呈递给武帝。

灌夫没什么文化，平时结交的都是地方豪强，家里门客数百人，鱼龙混杂，为非作歹的事情没少干。因为是武将家族，他们家的人个个都性格彪悍，平时在颍川一带强占田园，欺压百姓，坑得当地人苦不堪言。以至于颍川的儿歌都唱道："颍水清，灌氏宁；颍水浊，灌氏族。"——当然，这些罪状可能有田蚡故意夸张的成分。

灌夫这期间一直被田蚡关着，没法辩解。这些罪名呈递上去，武帝下诏，让官差四处抓捕灌夫家族的人，最后审判下来，各种罪名一起判罚，灌夫家族的人犯们被全体处斩！

从灌夫被田蚡扣留开始，窦婴就感到问题严重了，他调集自己全部的关系网找田蚡说情，但田蚡坚决不同意放过灌夫。

最后窦婴只能自己出面，家人都劝他：灌夫得罪的是太后，别去求情。窦婴却说："窦氏的侯爵是我挣来的，再从我这边丢掉，也没什么好遗憾的。灌夫对我情深义重，我不能抛下他。"于是他冒着巨大的风险，迎难而上，亲自到武帝面前为灌夫求情。

武帝了解到酒宴上的情况以后，虽然骂灌夫是混球，但也觉得对灌夫家族的处罚太重了。但王太后不依不饶，一定要从重处罚灌夫。武帝感到有些为难，就发下诏书，让文武百官一起到东宫去辩论这个案子。

东宫是太后住的地方，武帝让百官去那边辩论，就是希望大家能够给出明确的理由，说服太后放过灌夫家族。

大臣们当然都能领会到武帝的意思，但他们也明白：要杀灌夫的是太后和田氏外戚，谁替灌夫辩护，谁就是在跟太后和田氏作对，所以都格外小心。

窦婴和田蚡针锋相对，窦婴先列出灌夫过去的功绩，然后说田蚡因为私人恩怨报复灌夫，没有法理依据；田蚡则把灌夫家族各种违法的罪证一一列举出来，证据确凿，实在难以辩驳。最后窦婴急了，只好攻击到田蚡头上，也列出他的一系列违法乱纪的行为。

田蚡却说："对！我贪财，我好色。如今托皇上洪福，天下安乐无事，我这人没什么追求，就喜欢找些珠玉美姬来玩乐。我家里收留的全是倡优巧匠之流，上不得台面，不像魏其侯、灌夫这些人，家里都招揽的四方豪杰，成天议论天下大势，朝廷是非。魏其侯，你们在谋划些什么啊？"

一番话呛得窦婴答不上来，武帝只好把话题岔开说："诸位爱卿，你们有什么看法?"

大家都屏息静气,不敢贸然开口,只有主爵都尉汲黯明确表示灌夫罪不至死。内史郑当时一开始支持窦婴和灌夫,等武帝问他的时候又支支吾吾不敢开口。

御史大夫韩安国平常跟田蚡走得很近,这时候开口说:"灌夫家族世代为国,当初平定七国之乱,灌夫身先士卒冲入叛军,身被数十创,名冠三军,如今仅仅贪杯惹事,不足以叛他死罪,因此魏其侯的说法有道理;至于丞相说的,灌夫纵容家人,贪赃枉法,横行乡里,也确实是事实。该当怎么判,就仰赖皇上圣明了。"

武帝大怒:"一群酒囊饭袋!养着你们有什么用?"又怒斥郑当时:"平日你评论窦婴和田蚡何等潇洒,现在却唯唯诺诺,朕要杀光你们这种佞臣!"后来果然免了郑当时的官。

朝廷上没人敢再接话,武帝只好怒喝:"退朝!"

从长乐宫退出来以后,田蚡抱怨韩安国:"我和你一起对付一个老秃翁,你怕什么,为什么首鼠两端?"

韩安国只好回答:"您还没想明白吗?魏其侯诋毁您,您就该马上摘下官帽,解下印绶,对皇上请罪说:'臣忝列丞相之位,确实不称职,魏其侯批评得对,请皇上处罚微臣。'这样皇上会觉得您谦逊守己,对您反而满意。现在您像个女人一样和他斗嘴,皇上就不高兴了。"

田蚡连忙说:"受教了。"不再责备韩安国。

其实不管韩安国还是郑当时,他们都很无奈,现在明摆着这个案子是皇帝跟外戚家族的争斗,自己卷进去根本左右不了局势,还白白赔上性命,何苦呢?特别是郑当时,他为官非常清廉,人品也很正直,却无辜沦为了武帝的出气筒,实在冤枉。

另一边,王太后一直在关注朝堂上的情况。武帝退朝以后去见王太后,她的午饭都摆在桌上了,可是她不吃,把筷子摔在一边,对武帝发火说:"现在我还活着,他们都敢作践我弟弟,哪天我死了,我们王家岂不是要任人宰割了?皇上你就看着我这个老太婆任人欺侮吗?"

武帝没办法,只好赶紧赔罪。

在太后的压力下，武帝只好让御史去调查窦婴替灌夫辩解的那些话，最后查出窦婴的言论很多与事实不符，定了他一个"欺君罔上"之罪，打入司空的监牢。

到这时为止，王太后针对的已经不是灌夫，而是窦婴以及他背后的窦氏家族。王太后立志要扳倒窦婴和窦氏，不仅仅因为窦氏和田氏存在竞争关系，更有可能这些年她在窦太后手下受了很多气，现在到了报仇的时刻。

窦婴看到情况紧急，现在不仅救不了灌夫，连自己的家族都要被牵连进去了，被逼到走投无路之下，他只好使出终极杀招。

当年景帝驾崩之前曾经秘密交给窦婴一份诏书，里面说："若有非常情况，你可以直接向皇帝启奏。"

这份诏书的内容很奇特，似乎暗指某些势力会干扰武帝执政，让窦婴帮忙去制衡这支力量。按照当时的形势来推断，这封诏书最有可能是用来辖制王太后的。

窦婴让自己的家人把这封遗诏找出来，呈递给武帝。

武帝看了以后大惊失色，预感到事情不简单，便让尚书令去查阅官方档案，看看这封诏书的来历。

但查阅的结果很快出来了：官方存档里面没有记载这封诏书。这是一封伪诏！

按照当时的制度，皇帝发下的诏书同时会在官方档案里面记录一份，所以总共有两份。如果官方档案没有记录，那么这封诏书就是不合法的，持有诏书的人将会涉及严重的罪行。

而且窦婴的家人递上去的诏书还缺少皇帝的印章，只是由窦婴的家臣盖印加封的！

这样一来，窦婴的罪名顿时严重很多了，这不仅仅是替灌夫做伪证的问题，而且涉嫌伪造遗诏，是灭门的大罪！

为什么会出现这样的情况？这是西汉历史上的谜案之一。

按理说，窦婴肯定明白：诏书是不能随便伪造的，因为官方存档一查就清楚了。

那么如果这封诏书是真的，官方档案为什么会没有记录呢？要篡改官方存档是一项复杂的工程，有无数档案要同步修改，任何人都不可能悄悄完成而不让人发现。

那如果是武帝亲自带人篡改档案呢？这样确实可以做到，但不符合武帝自身的利益，而且武帝要杀窦婴根本不必用这种损招。

还有一种情况，就是景帝根本就没有在官方府库里面留存档，这封诏书就是用来坑窦婴的。这种情况不能完全排除，但也没有任何证据可以支持。

总之，"伪造遗诏"的罪名一出来以后，形势就已经完全不可挽回了，窦婴和窦氏都坠入了万劫不复的深渊，连武帝都已经没法再替窦婴开脱了。

当年十月，灌夫家族全体被处决。

窦婴听到这个消息以后异常愤慨，在监狱里绝食抗议；但很快又有消息出来，说武帝准备宽恕窦婴，所以窦婴大喜过望，又开始吃饭了。

高层的争斗依然在继续，两个月之后，形势突然转变，皇帝的诏书发下来：窦婴"以恶言闻上"，判决弃市。

窦婴随后被斩首示众，窦氏也就彻底衰落了。

这是田氏外戚的重大胜利，他们从此成为皇帝之外最强大的势力，再也没有人可以跟他们抗衡了。

但意外再度发生。

窦婴被杀，大家都认为是冤枉的，加上田蚡本身有很多贪赃枉法的事，所以田蚡在人们心里的形象变得更差了。

就在窦婴被斩首三个月之后，田蚡突然病倒了。

田蚡的病很奇怪，据说他整天胡言乱语，说一些认罪求饶的话。家人找巫师来看，巫师说，看到窦婴和灌夫的鬼魂围在田蚡身边，找他索命——这当然不能相信，只能说恨田蚡的人太多了，以至于编出这样的话来。

田蚡的病情急剧恶化，什么名医和巫师都治不了，不久以后他就一命归西了。

田蚡死得很奇怪，具体原因无法追究，但武帝成了最大的受益人。窦氏和田氏的领军人物在半年之内相继过世，两大外戚都受到致命打击，从此再也没有人可以干扰武帝施政了，武帝终于完全掌握了朝政，国家从此完全按照他的规划来运转了。

王太后也从此悄悄退出了历史舞台，外界基本不再有她的消息，直到四年之后她过世，跟景帝葬在了一起。

就在王太后过世不久，朝廷发下诏书：田蚡的儿子田恬穿着非正式服装入宫，犯了"不敬"之罪，革除爵位。田氏外戚便这样彻底衰落了。

西汉早期外戚干政的历史终于走到了尽头，现在是大汉天子的天下！

长门孤灯

窦氏的覆灭对刘嫖母女是重大打击，加上陈皇后一直没有子女，这对母女终于嚣张不起来了，开始服软，乞求武帝的宽恕。

陈阿娇是个可怜的女人。根据史书记载，她除了脾气差一点，常常跟武帝吵架以外，似乎也没干什么坏事。

但"无子"是她身上一个十恶不赦的罪名，尽管责任未必在她身上——武帝以前宠爱韩嫣，现在宠爱卫子夫，跟陈皇后在一起的时间并不多。

从窦太后驾崩开始，陈皇后发现，她要担心的已经不仅仅是无子，更是失宠的问题了。

卫子夫这几年宠冠六宫，连续生下几个女儿（卫子夫总共有三个女儿，一个是在公元前138年受宠以后生的长女，另外两个出生年份不详），地位已经不可撼动了。加上卫青在朝廷里扶摇直上，卫氏已经成了压倒一切竞争对手的豪门望族。

不过武帝的手段很厉害，卫氏虽然受宠，但跟之前的窦氏和田氏不一样，他们没有独揽朝纲的能力，一切都在武帝掌控之下；卫子夫本人也非常小心，绝不干预朝政。

现在陈皇后的位置就非常尴尬了，不管从哪方面来讲，她都输给了卫子夫，只挂个"皇后"的虚名罢了。甚至连这个虚名都已经岌岌可危，现在武帝没有废掉她，只不过因为卫子夫还没有生儿子而已，一切都只是时间问题。

但即使这样，有人还是很急迫地对陈皇后下手了。

窦氏和田氏双双覆灭之后，马上有人告发陈皇后在后宫实行"巫蛊"。

据说陈皇后那段时期跟一个叫楚服的巫婆关系亲密，为了挽回武帝的心，陈皇后秘密安排楚服建立祭坛，施行巫术，想让武帝重新宠爱她。

这种事情是被绝对禁止的，曝光出来以后，武帝大怒，下令彻查。最终查出一个"巫蛊"大案，牵连到三百多人，把楚服为首的一干巫师斩首于闹市，又废掉陈皇后，逼她迁入长门宫居住。

不管事情的真相是怎样的，陈皇后都没有任何解释的机会，她的家族从此被打落深渊，连她的母亲刘嫖都惊恐无比，只好亲自去向武帝磕头请罪，乞求原谅。

武帝很"宽容"地安慰刘嫖："皇后行为不轨，不得不废，姑姑你不用担心，朝廷还是会继续优待她的，该给的待遇不会少，就让她自己在长门宫住着也挺好的。"

被打入冷宫的陈阿娇不甘心，她做出最后的努力。

当时天下最有名的才子是司马相如，他以辞藻华丽的"赋"闻名于世，武帝对他的才学也非常欣赏。陈阿娇就用重金贿赂司马相如，请他写了一篇《长门赋》，再让人四处传唱，希望可以挽回武帝的心。

> 孝武皇帝陈皇后，时得幸，颇妒。别在长门宫，愁闷悲思。闻蜀郡成都司马相如天下工为文，奉黄金百斤，为相如、文君取酒，因于解悲愁之辞。而相如为文以悟主上，陈皇后复得亲幸。其辞曰：
>
> 夫何一佳人兮，步逍遥以自虞。魂逾佚而不反兮，形枯槁而独居。言我朝往而暮来兮，饮食乐而忘人。心慊移而不省故兮，交得意而相亲。
>
> 伊予志之慢愚兮，怀贞悫之欢心。愿赐问而自进兮，得尚君之玉音。奉虚言而望诚兮，期城南之离宫。修薄具而自设兮，君曾不肯乎幸临。廓独潜而专精兮，天飘飘而疾风。登兰台而遥望兮，神恍恍而外淫。浮云郁而四塞兮，天窈窈而昼阴。雷殷殷而响起兮，声象君之车音。飘风回而赴闺兮，举帷幄之襜襜。桂树交而相纷兮，芳酷烈之闇闇。孔雀集而相存兮，玄猿啸而长吟。翡翠胁翼而来萃兮，鸾凤飞而北南。
>
> 心凭噫而不舒兮，邪气壮而攻中。下兰台而周览兮，步从容于深宫。正殿块以造天兮，郁并起而穹崇。间徙倚于东厢兮，观夫靡靡而无穷。

挤玉户以撼金铺兮，声噌吰而似钟音。

刻木兰以为榱兮，饰文杏以为梁。罗丰茸之游树兮，离楼梧而相撑。施瑰木之欂栌兮，委参差以槺梁。时仿佛以物类兮，象积石之将将。五色炫以相曜兮，烂耀耀而成光。致错石之瓴甓兮，象玳瑁之文章。张罗绮之幔帷兮，垂楚组之连纲。

抚柱楣以从容兮，览曲台之央央。白鹤嗷以哀号兮，孤雌跱于枯杨。日黄昏而望绝兮，怅独托于空堂。悬明月以自照兮，徂清夜于洞房。援雅琴以变调兮，奏愁思之不可长。按流徵以却转兮，声幼妙而复扬。贯历览其中操兮，意慷慨而自卬。左右悲而垂泪兮，涕流离而从横。舒息悒而增欷兮，蹝履起而彷徨。揄长袂以自翳兮，数昔日之愆殃。无面目之可显兮，遂颓思而就床。抟芬若以为枕兮，席荃兰而茝香。

忽寝寐而梦想兮，魄若君之在旁。惕寐觉而无见兮，魂迋迋若有亡。众鸡鸣而愁予兮，起视月之精光。观众星之行列兮，毕昴出于东方。望中庭之蔼蔼兮，若季秋之降霜。夜曼曼其若岁兮，怀郁郁其不可再更。澹偃蹇而待曙兮，荒亭亭而复明。妾人窃自悲兮，究年岁而不敢忘。

《长门赋》确实文采斐然，写尽了废后阿娇的孤凄哀怨，所以一流传出来就打动了无数人，但依然没能打动大汉天子，长门宫那把生锈的铁锁始终没人来打开。

公元前128年，卫子夫总算生下了儿子，随后便被立为皇后，阿娇最后的希望也断绝了。

从此以后，长门宫里只剩下一个孤独的身影，她一遍又一遍地在枯草烟树间徘徊，挑着灯芯渡过漫漫长夜，苦挨着无尽的岁月……

公主的男宠

阿娇在长门宫中独守孤灯的时候，她的家族也遭遇到一系列不幸。

在阿娇被废的第二年，她父亲堂邑侯陈午去世了。

这是对陈氏家族的又一个重大打击，但对于刘嫖来说，似乎是盼望已久的喜事。

刘嫖是个特别会享受生活的人,在她丈夫去世前很多年,她就已经对这个糟老头子没有任何兴趣了,她爱上了一个叫董偃的年轻小伙子。

董偃出身于贫苦家庭,十三岁那年,他跟着他母亲去陈午家里卖珠宝。虽然年纪还小,董偃却已经生得俊逸无比。陈府的丫鬟们看到来了个绝世美少年,都兴奋起来,奔走相告。

刘嫖听说以后也心动了,就把董偃叫进去,一看,果然是人间绝色,便告诉董偃的母亲:"把你儿子留在这边,我替你养。"董偃的母亲磕头谢恩,欢天喜地地回去了。董偃从此变成了刘嫖的面首。

刘嫖对董偃是真心喜爱,给了他最好的生活条件,服饰车马都是王子级别的;又请来最好的老师教育他,天文地理,诗书骑射,一样不落。董偃在陈府里成长为了一名文武双全的青年才俊。

成长到十八岁,行过冠礼以后,董偃终于可以公开跟刘嫖的关系了。刘嫖时刻把他带在身边,出则随行,入则相陪,简直爱不释手,一刻也不能离。

董偃也非常争气,虽然年纪小,待人接物却十分有风度。他以刘嫖的小男友的身份去跟长安的王公贵族们接洽,大家看在刘嫖的面子上,对他曲意逢迎,于是他很快成为京城贵族圈子里的红人,人称"董君"。

刘嫖一辈子都在敛财,积攒了巨额财富,窦太后驾崩之前又传令把自己的财产全部留给刘嫖,所以刘嫖几乎富甲天下。她把这些钱都拿给董偃,让他去结交京城的权贵,并且嘱托陈府里的人:"董君一天的支出达到百斤黄金、百万金钱、千匹布帛,才需要向我汇报。"

董偃就拿着这堆财宝在长安城里任意挥洒,出手无比阔绰,因此人人都觉得他为人大方,都很喜欢跟他打交道。

但这段跨辈分的恋情终究是违背世俗道德的,不说刘嫖已经六十来岁了,比董偃大着差不多四十岁,也不说刘嫖是有丈夫的,单论两人的社会地位就极不相称——一个卖珠的少年怎么配得上皇帝的丈母娘?难道要武帝叫他国丈?

有人对董偃说:"你现在虽然受宠,但已经犯了死罪,得赶紧讨好当今圣上，不如劝窦太主（刘嫖）把她的长门园献给皇上，皇上知道这是你的主意，以后就不治你的罪了。"

长门园是刘嫖家的园林之一，离文帝庙不远，武帝去那里祭奠文帝的时候，可以在长门园休息。

董偃去给刘嫖说了这件事，刘嫖当然一口答应，于是把长门园献给了武帝。武帝非常高兴，厚赏刘嫖，对她和董偃的不伦之恋也就睁一只眼闭一只眼了。

武帝把长门园改为长门宫，就是后来陈阿娇苦度日月的地方。

后来陈午死后，刘嫖决定正式确立她跟董偃的关系。

当然关键还是要获得武帝的批准。

但直接去向武帝说这件事实在不好开口，刘嫖就和董偃谋划制造机会让武帝来他们家里。

刘嫖先装病，武帝听说以后，果然来她家里探望。

武帝看着病恹恹的刘嫖，以为她不行了，问她有什么愿望，刘嫖做出柔肠百转的姿态说："臣妾幸蒙皇上不弃，忝列公主之位，恩遇之隆，比于天地，虽死无以回报。如今只怕天不假年，贱躯先填沟壑，只望陛下回舆之时，能够到舍下驻跸片刻，让臣妾持觞献寿，报答陛下大恩，则妾身虽死无憾了。"

武帝马上明白了：说了这么多，原来就是请我到你家赴宴啊！于是一口答应下来。

武帝知道，窦太主刘嫖这样费尽心机讨好他，肯定有事情相求，八成就是跟那个董偃有关，所以等刘嫖的"病"好了以后，武帝很快就到她府上去赴宴了。

武帝来的那天，刘嫖薄施粉黛，曼挽云鬟，再穿上厨子的衣服，系上粗布围裙，亲自到门口迎接武帝。把武帝引到上席坐好以后，自己就像下人一样伺候在他身边。

武帝笑了笑说："请把'主人翁'请出来吧。"

刘嫖知道不必拐弯抹角了，连忙摘掉头上的簪环，光脚伏到台阶下说："臣妾行止荒唐，有负陛下，死不足惜，请陛下治罪。"

武帝微笑说："朕都已经知晓了，赦你无罪。"

刘嫖这才起身，从后房把董偃领出来。

董偃穿着奴仆的衣服，带着一支绿头巾，跟刘嫖一起伏在台阶下，共同向武帝磕头，请求武帝的原谅。

武帝看着面前两人，虽然年龄差距很大，但琴瑟和谐的样子，倒仿佛一对多年的恩爱夫妻。既然他们你情我愿，自己何必为难他们呢？何况刘嫖以公主之尊，不惜降尊纡贵，以下人的身份来讨好自己，确实也够可以了。

所以武帝哈哈一笑："请起。"当即批准了两人的关系，还亲自赐给董偃衣冠，算是赐给了他贵族身份，从此把他称为"主人翁"，认可他为刘嫖的合法丈夫。

刘嫖大喜，拿出成堆的金银财宝送给武帝手下的官员们，众人皆大欢喜，都不再议论这桩特殊的恋情了。

董偃从此获得了陈府男主人的身份，跟刘嫖好好过了几年恩爱日子，到三十岁那年无疾而终。

董偃离世几年以后，刘嫖也去世了，她的遗愿是与董偃合葬在霸陵——董偃是她唯一忘不了的人。

董偃以家奴身份，最终得以陪葬皇帝陵寝。命运的安排，真是谁也想不到啊。

但刘嫖似乎早已忘了，她还有个女儿阿娇被关在长门宫里。

那个曾经的掌上明珠，曾经的天之骄女，一个人过着凄苦的生活。世上已经没有人再记得她，月圆月缺，雁来雁去，不知道多少年以后，她静静地死在了长门宫里。

"长门"从此成为冷宫的代名词，让后人无限感慨。阿娇也成为深宫里那些悲惨女人的一个样板，但她的悲剧在后世还会一遍又一遍地上演，后世还会有无数个阿娇，以及无数盏长门孤灯……

第十八章　儒臣列传

诤臣和酷吏，皇帝的刀与剑

窦太后驾崩以后，武帝终于真正掌握了朝政，他开始按照自己的想法施政。

首先就是把窦太后提拔的那些官员全部黜退，换成自己中意的人。所以大汉朝廷迎来了一次大换血，无数全新的面孔进入了核心领导层。

这些新人多数来自民间。武帝时代，大汉立国已经超过六十年，开国元勋的后代们对朝政的垄断已经基本瓦解了，武帝又很务实，用人不看出身，只看才能，这就让很多平民和底层官员得到了晋升的机会。

这个阶段，武帝身边最有名的人是汲黯。

汲黯出生在一个世袭贵族家庭，景帝的时候他当上了太子洗（xiǎn）马，这是教导太子做人的官职，从那时起汲黯就常常规劝武帝。武帝登基以后把他提拔为谒官，负责为朝政出谋划策。

汲黯是个性格极端强硬的人，对于自己心中的道德观，他有一种近乎病态的偏执。对于国家大事，他总有自己的见解，并且立场鲜明，态度坚决，甚至敢于在朝堂上跟人激烈争吵。

他的主要敌人是酷吏张汤。张汤也是性情刚毅的人，政见又跟汲黯相左，所以两人经常在武帝面前吵得面红耳赤。

有一次，张汤依靠修改律令的功劳当上了廷尉，汲黯就在朝堂上斥责张汤："你身为正卿，上不能弘扬先帝之功业，下不能震慑群魔小丑，相反，倒忙着改先帝的法令来成就自己的事业，你就不怕断子绝孙吗？"

据说两人在朝堂上辩论的时候，张汤总是引经据典，咬文嚼字，气得汲黯大骂："人都说刀笔吏不可以为公卿，果不其然。现在让张汤主政，天下人都只能侧目而视了！"

除了张汤，公孙弘也是汲黯的死对头。

公孙弘是最典型的儒臣，精通做人的学问，他表面上一声不吭，谁都不得罪，暗地里心眼多得很。汲黯对他这种人特别看不惯，有事没事就把他批一通，说他内心藏奸，只会努力装好人，讨主子欢心。

公孙弘气得咬牙切齿，找机会对武帝说："右内史（掌管京畿的官员，相当于长安市长）管辖的部门里有很多皇亲国戚，不是汲黯那种直臣压不住，建议皇上派汲黯去当右内史。"

武帝点头同意，于是就把这个烫手的山芋扔给汲黯了。不过据说后来汲黯在右内史的位置上做得还相当好，公孙弘挖的坑并没有难倒他。

在生活中，汲黯也是完全按照自己的想法跟人相处，不会去逢迎任何人。

当初田蚡得势的时候，不管什么样的高官，见到他都要赶紧跪拜。只有汲黯不理会这些，他见到田蚡，只是微微作揖而已，田蚡居然也没跟他计较。

卫青受武帝宠信，人们对他都极度恭敬，汲黯却表现得很平淡，见到卫青，只是拱手为礼。有人劝汲黯说："以大将军的地位，您不能跟他平起平坐，得跪拜才行。"汲黯冷冷地回答："难道作揖就不表示尊重了吗？"卫青反而因此很欣赏他。

即使在武帝面前，汲黯都不收起自己的脾气，该说就说，犯龙颜，批逆鳞，一点都不犹豫。

例如有一次，武帝在朝堂上说自己想多招一些儒生来辅政，汲黯是支持黄老的，就冷冷地驳斥道："陛下心里明明有其他想法（想用儒臣替掉黄老派），表面上却说想施行仁义，难道招几个儒生就能学到唐尧虞舜的仁政吗？"

武帝气得脸色铁青，当场退朝走人，回到宫里还骂骂咧咧地说："汲黯这老匹夫，说话太过分了！"

但汲黯还是我行我素，一点都不改，常常当面顶撞武帝，最后连武帝都怕他三分。

以至于外界传说：武帝接见卫青的时候，常常坐在床边；接见公孙弘的时候，连冠冕都可以不戴；接见汲黯的时候，却要先整理好衣冠，端端正正地坐在御座上听他讲话。有一次武帝没戴冠冕，汲黯忽然进来奏事，武帝连忙躲到帷帐后面，让下人帮忙接收汲黯的奏折。

武帝对汲黯的敬畏就到了这种程度。

但是，武帝以天子之尊，怎么会容忍汲黯如此张狂呢？

一方面，汲黯敢说别人不敢说的话，能提出很多别人不敢提的意见，对于斧正朝政确实有不可替代的作用。

事实上，正因为有汲黯这种人存在，武帝早期才能保持朝政清明，没有犯什么大错。

另一方面，也是更重要的一点，武帝有自己阴暗的目的：汲黯是用来敲打文武百官的一把铁锤。他就像好斗的公鸡，见到谁都要啄一口。有麻烦事，武帝不必亲自出手，只需要派汲黯出马。大家都知道连皇帝都怕汲黯，所以汲黯一登场，瞬间就把小丑们都镇住了。

所以汲黯的存在对武帝有很大作用。

除了汲黯，武帝还有另一把更加锋利的刀子，是直接用来杀人的，专门震慑天下官吏，令人谈虎色变，那就是著名的酷吏张汤。

张汤的父亲是长安的一个县丞（县令手下的官员，负责一些行政管理事务），他受到父亲的影响，从小就对诉讼断案之类的事情很感兴趣。

张汤小时候，有一次父亲出门去了，留他看家。父亲回来以后，发现家里的肉被老鼠吃掉了，气得把张汤打了一顿。

过了几天，家人惊奇地发现张汤一个人摇头晃脑地在断案。原来他掘开老鼠洞，把偷肉的老鼠和肉都找到了，把老鼠绑在那边严厉审讯，然后发布文书，列明罪状，最后判老鼠"磔"刑，押赴堂下问斩。

只有几岁的张汤看起来像个办案多年的老狱吏，从审问到判决，丝毫不乱。他父亲看得十分惊讶，从此以后就着意培养他。成年以后的张汤果然继承父亲的事业，当上了长安的县丞。

张汤的贵人是田蚡的弟弟田胜。田胜曾经有一次获罪被打入监狱，多亏张汤的帮助他才挺过来，出狱以后的田胜青云直上，被封为列侯，就投桃报李，大力提拔张汤，把张汤带入了长安的贵族圈子。

张汤本人也表现得很出色。他是个特别严谨的人，做事有板有眼，对各种案件的处理都让上级满意，于是一路升迁，后来被提拔为丞相史，在田蚡手下做事；田蚡又把他推荐给武帝，最终他得以担任御史。张汤从此来到帝国的权力顶层。

张汤的第二次机会来自陈皇后的巫蛊案。这样的案子，大家都心知肚明，就是皇帝要整人，因此需要办案的人特别精明又特别严谨，要能滴水不漏地收集到证据把要扳的人扳倒，还有就是要足够冷酷无情，一切按皇帝的心意办，不计后果。

张汤被派去查办这个案子以后，展现出作为一个酷吏该有的一切特质。他很快把案子扩大化，牵扯出一大波人，最后成功除掉了许多可能威胁到武帝的人。

这个案子替张汤积攒起巨大的声望，武帝对张汤的表现非常满意，把他提拔为廷尉，作为自己的主要帮手之一。

同样是武帝最信赖的宠臣，张汤跟汲黯却刚好相反，汲黯处处顶撞武帝，张汤却完全顺着武帝的意思，甚至费尽心思揣摩武帝的想法，按照武帝的想法去断案。

因为张汤很清楚，本质上他就是皇帝的一把刀，皇帝叫他杀谁，他就要杀谁，所以顺从皇帝的旨意是他能存在的唯一理由。

他清心寡欲，抛掉一切人类情感和个人需求，把毕生精力都用来替皇帝整人。

他处心积虑地融入长安的权贵圈子，跟上上下下各种人都打得火热，编织出一张庞大的关系网，再利用这些关系去调查案件，搜集罪证。

他知道武帝喜欢儒家，于是就招了许多精通儒家经典的博士到自己手下，判案的时候常常引用儒家典籍的说法，这让武帝受用得很。

张汤从内心深处把为皇帝办事作为毕生的事业去追求，所以他极其严谨又极其认真，在打压豪强、惩治权贵方面，他完全做到了铁面无私，或者说，他完全按照皇帝的意思办事。

他判案之前，经常向武帝详细分析这案子的来龙去脉，听到武帝的意思以后，再把这些想法写进廷尉署的规章制度里面，以表示对皇帝权威的无限尊重。一旦判决不合武帝的意思，受到责备以后，他又马上认错，并且故意提起武帝喜欢的某个大臣："当初某某人就建议我这样判，我没听他的，果然错了啊。"于是武帝觉得他既懂事又听话。

他接到一个案子，先揣摩武帝的意思，如果武帝希望重判，就交给严苛的机构去审问；如果武帝希望从轻发落，就交给温和的官吏去审问。武帝用张汤主要是为了压制权贵，所以审查权贵的案子，张汤往往会比较严厉，对于老百姓犯法，他就说："圣上待人宽厚，不必追究了。"轻描淡写地掩盖过去。

尽管让贵族豪强们谈虎色变，张汤本人却是一个彬彬有礼的君子，他待人慷慨又诚恳，常常顶着严寒酷暑去拜访官员们，对于身边有困难的人，他都努力帮助。所以他虽然执法严苛，但在众人中间的评价相当好。

在个人生活方面，张汤更是做到了无可挑剔。他从来不为自己谋取利益，家里极度清贫，他的亲戚朋友也没有因为他而沾光，他真正把自己的一切都奉献给了国家。

对于如此尽职尽责的官员，武帝当然非常欣赏，所以交给张汤的责任也越来越重大，以至于把朝廷里的各种事务都交给张汤去负责。后来淮南王、衡山王的谋反大案，张汤就是主要的调查者，武帝的经济改革计划，也主要依靠张汤去推行，张汤几乎成了事实上的丞相，成了朝廷各种政策最主要的执行者。

"酷吏"是景帝的发明，却被武帝发扬光大，成了巩固皇权的重要工具，汉朝的刑罚也渐渐从"循吏"时代转向了"酷吏"时代。这种转变本质上是因为大汉的执政思维正在从黄老转向儒家，国家的运作方式也在从中央地方分权转向中央集权。这种转变是不可逆的，将会影响后世两千年的中国。

以皇帝为核心，中央政府掌控一切的时代已经到来了！

从猪倌到丞相

武帝推行儒家理念，实行中央集权，急需一群精通儒家学说的人才。

这种人才最好不是来自权贵家族，跟旧贵族势力没有什么瓜葛，完全忠于皇帝个人。

为了收集这样的人才，武帝以"策问"的方式在全国征选贤才。

"策问"的流程通常是：首先由地方政府"举孝廉"，向朝廷推举当地的贤才，推举的标准是道德和才学，而不是门第。这些人才到长安以后受到武帝召见，武帝向他们下发写着各种问题的竹简，他们则按照自己的想法回答竹简上的问题，这一问一答，通常都是关于治国的对策。

这是惊天动地的重大改变，消息传出来，受压制很多年的儒生们沸腾了！他们意识到自己大展宏图的时代已经来到，所有人都急不可耐地要向天子表现自己。一时间，各种才智之士纷纷涌向帝国的心脏，长安城里摩肩接踵，金马门前人头攒动……天下的俊杰排队在丹墀下等候皇帝询问，他们倾尽毕生所学，向皇帝提出各种新奇的、睿智的、夸夸其谈的，甚至哗众取宠的见解。

武帝对所有这些意见都认真听取、仔细鉴别，从其中提炼出对施政有用的策略，对于能正确提出意见的人才都破格录取，甚至直接超擢到朝堂上担任高官。

一个人才大爆发的时代就这样骤然来临，抓住这次机遇的人都成为历史星空上璀璨的星辰，其中比较著名的有：董仲舒、公孙弘、主父偃、严助、朱买臣、吾丘寿王、司马相如、徐乐、严安、东方朔、枚皋……

其中仕途最顺利的是公孙弘，他的遭遇特别能代表这一代儒生的命运。

公元前200年，公孙弘出生在齐地的淄川国。他家境普通，年轻的时候在衙门里面当狱吏，后来触犯刑律被免职，没有生活来源，只好去海边牧猪为生。

到了公孙弘四十多岁的时候，已经是文帝末年，天下承平，朝廷鼓励文化发展，他开始学习《春秋》。

齐地是天下的文化中心，儒家学说尤其发达，有很多大儒在民间讲学，公孙弘向当时的著名学者胡毋生求学。

公孙弘特别刻苦，据说他在牧猪的间隙，自己去砍伐竹子做成竹简，把要学的知识抄在上面（后来成为《三字经》里的典故之一）。再加上他本来就有文化基础，所以学业进步很快，逐渐成长为一位满腹经纶的优秀人才。

公孙弘钻研的是《春秋》公羊学。《春秋》是当年孔子编写的史书，里面包含着儒家的经典思想。因为《春秋》本身写得非常简略，后人就给这本书作了许多注释，这些注释本身也成为儒家经典，主要有三家，分别是《春秋左氏传》《春秋公羊传》和《春秋谷梁传》。其中，《左传》主要讲历史故事，《公羊传》则偏重于从《春秋》的字里行间挖掘儒家精神，进而讲授治国之道，所以《公羊传》是儒家治国的主要理论依据。

公元前141年，汉武帝继位，随后向全国广征贤良之士，要求各地官员都要举荐人才。公孙弘在当地一直有孝子的名声，所以被淄川政府推举给朝廷，被武帝任命为博士，当时公孙弘六十岁了。

可能因为年纪比较大的缘故，公孙弘对任何事情的观点都特别保守，外交上也极力反对战争，有一次他被武帝派去出使匈奴，武帝对他回报的结果很不满意，公孙弘只好告老还乡了。

但正因为这次辞职，反而让公孙弘躲开了后来窦太后对儒生的迫害，可以说因祸得福。

窦太后驾崩以后，武帝亲政，再一次要求各地举荐贤良，特别是推举有学问的儒家弟子。这一次规模特别大，许多才干卓著的学者纷纷被发掘出来，于是淄川政府又一次推举公孙弘。

公孙弘推辞说："皇上已经把我罢免了，不要再推荐我了吧。"但当地政府不同意，还是把他推荐给朝廷了。

公孙弘到长安的太常官署，跟一百多名贤才一起待命，官员把武帝的问卷发给他们，要他们回答关于天人之道的问题，公孙弘回答：帝王应该以"仁""德"治天下。

史书上记录着当时双方的问答。

武帝策问：

盖闻上古至治，画衣冠，异章服，而民不犯；阴阳和，五谷登，六畜蕃，甘露降，风雨时，嘉禾兴，朱草生，山不童，泽不涸；麟凤在郊薮，龟龙游于沼，河洛出图书；父不丧子，兄不哭弟；北发渠搜，南抚交阯，舟车所至，人迹所及，跂行喙息，咸得其宜。朕甚嘉之，今何道而臻乎此？子大夫修先圣之术，明君臣之义，讲论洽闻，有声乎当世，敢问子大夫：天人之道，何所本始？吉凶之效，安所期焉？禹、汤水旱，厥咎何由？仁、义、礼、知四者之宜，当安设施？属统垂业，物鬼变化，天命之符，废兴何如？天文、地理、人事之纪，子大夫习焉。其悉意正议，详具其对，著之于篇，朕将亲览焉，靡有所隐。

公孙弘对答：

臣闻上古尧、舜之时，不贵爵赏而民劝善，不重刑罚而民不犯，躬率以正而遇民信也；末世贵爵厚赏而民不劝，深刑重罚而奸不止，其上不正，遇民不信也。夫厚赏重刑未足以劝善而禁非，必信而已矣。是故因能任官，则分职治；去无用之言，则事情得；不作无用之器，即赋敛省；不夺民时，不妨民力，则百姓富；有德者进，无德者退，则朝廷尊；有功者上，无功者下，则群臣逡；罚当罪，则奸邪止；赏当贤，则臣下劝：凡此八者，治民之本也。故民者，业之即不争，理得则不怨，有礼则不暴，爱之则亲上，此有天下之急者也。故法不远义，则民服而不离；和不远礼，则民亲而不暴。故法之所罚，义之所去也；和之所赏，礼之所取也。礼义者，民之所服也，而赏罚顺之，则民不犯禁矣。故画衣冠，异章服，而民不犯者，此道素行也。

臣闻之，气同则从，声比则应。今人主和德于上，百姓和合于下，故心和则气和，气和则形和，形和则声和，声和则天地之和应矣。故阴阳和，风雨时，甘露降，五谷登，六畜蕃，嘉禾兴，朱草生，山不童，泽不涸，此和之至也。故形和则无疾，无疾则不夭，故父不丧子，兄不哭弟。德配天地，明并日月，则麟凤至，龟龙在郊，河出图，洛出书，远方之君莫不说义，奉币而来朝，此和之极也。

臣闻之，仁者爱也，义者宜也，礼者所履也，智者术之原也。致利除害，兼爱无私，谓之仁；明是非，立可否，谓之义；进退有度，尊卑有分，谓之礼；擅杀生之柄，通壅塞之涂，权轻重之数，论得失之道，使远近情伪必见于上，谓之术：凡此四者，治之本，道之用也，皆当设施，不可废也。得其要，则天下安乐，法设而不用；不得其术，则主蔽于上，官乱于下。此事之情，属统垂业之本也。

臣闻尧遭鸿水，使禹治之，未闻禹之有水也。若汤之旱，则桀之余烈也。桀、纣行恶，受天之罚；禹、汤积德，以王天下。因此观之，天德无私亲，顺之和起，逆之害生。此天文、地理、人事之纪。臣弘愚戆，不足以奉大对。

这份答卷交上去以后，太常的官员们认为属于老生常谈，给了"下等"的评分。武帝复查的时候，读到公孙弘的卷子，却大加赞赏，当即改判为第一名，并且亲自接见公孙弘，详细询问他对于治国的见解。

年近古稀的公孙弘长须飘飘，气度不凡，武帝一看到就连连称奇，跟他谈论一番以后，再一次把他任命为博士，让他去金马门等候进一步的任命。

于是公孙弘开启了自己的第二次官场生涯，这一次他很顺利，在一年之内就升为左内史。

经历了无数起落，到暮年才得到天子赏识，公孙弘因此异常小心谨慎。

他坚持儒家理念中最保守的一些观点，反复强调皇帝要勤政爱民，要体恤民力，对于所有积极进取的政策他都反对。

例如，当时西南夷（西南方的少数民族）经常叛乱，朝廷花费巨资开凿蜀山，修建通向西南夷的道路，但工程拖延了很多年，让蜀地百姓苦不堪言。武帝派公孙弘去视察，公孙弘回来以后却认为：建造这种道路没什么用处，朝廷不应该浪费民力。

又一次，中大夫主父偃提议：在北方边境建造朔方郡和五原郡，以便于防范匈奴。公孙弘坚决反对说：这样的工程用处不大，只会消耗国力，疲敝百姓。武帝没听他的，还是下令筑城。但公孙弘持续不断地提出反对意见，最后武帝实在没办法，只好让中大夫朱买臣等人来跟公孙弘当庭辩论，才终于说服了公孙弘。

最后两派人马达成妥协，朔方郡和五原郡继续修建，但停掉西南夷和沧海郡的建筑工程。

在好大喜功的武帝时代，公孙弘成为朝廷里的一根定海神针，制约着武帝和那些激进的官员，使得国家不至于在劳民伤财的路上走得太远。

武帝也明白公孙弘的巨大作用，因此对他越来越信赖，不断提拔他，最后终于任用他当了丞相，又因为他只有相位没有爵位，所以武帝封他为平津侯——以往的丞相都是先封侯后拜相，公孙弘却是反过来的，先当上丞相再封侯，并且开启了丞相封侯的惯例。

当然，公孙弘能在官场混得如此顺利，也是因为他谨守孔圣人的教诲，在做人方面非常低调而谨慎——也可以说是圆滑。

据说他尽量不跟皇帝争论，每次议论朝政都只列出自己的看法，具体怎么做让皇帝自己选择。而且他发表见解的时候都要引用儒家经典作为依托，让人无法辩驳，也让武帝更觉得他可靠。

他向武帝上奏之前，常常跟其他官员商量好要启奏的观点，到了武帝面前，他却突然变卦，不再提那些观点，而是顺着武帝说，于是武帝觉得他的提议总是合自己的心意，其他官员却没法开口了。

其中受害最深的是主爵都尉汲黯。汲黯是著名的直臣，以犯颜直谏闻名于世。武帝早期的时候，对汲黯非常信任，他向武帝提出的各种见解都能得到采纳。后来公孙弘崛起，就成了汲黯的主要竞争对手，两人的明争暗斗成了常态，但汲黯耿直的性格使他在跟公孙弘的竞争中一直落于下风。

有一次汲黯实在忍不住了，当场揭发公孙弘当面一套背后一套的做法，武帝问公孙弘怎么回事，公孙弘却淡淡地答道："知臣者以臣为忠，不知臣者以臣为不忠。"武帝顿时觉得他气度过人，从此对他更加信赖。

汲黯常常单独跟武帝讨论问题，公孙弘却总在汲黯跟武帝谈过话以后去找武帝，把汲黯提到的问题一一分析给武帝听，见解比汲黯更加高明。久而久之，武帝就觉得公孙弘的才能比汲黯更高，对他越来越信赖，他的地位因此渐渐超过了汲黯。

作为一个儒家门徒，公孙弘严格遵守儒家对人的道德要求。他为官清廉，洁身自好，他生活极其简朴，吃粗粮，盖布被，省下来的钱都用来替朝廷招纳贤才。

他在自己的丞相府东边开了一扇小门，建起三座宾馆，分别叫钦贤馆、翘楚馆、接士馆，负责接待高、中、低三类贤才，有合适的人就推荐给武帝。当然，这种做法不仅有利于国家，也有利于他自己，因为后进的官员都成了他的门生。

汲黯却四处宣传公孙弘这些高尚品德都是装出来的，他对武帝说："公孙弘位列三公，俸禄非常高，却装得很简朴的样子，真是虚伪。"

武帝就质问公孙弘，公孙弘回答道："汲黯是臣最好的朋友，他说的没错，我的做法确实有沽名钓誉的嫌疑。当初管仲相齐，生活非常奢华，却把齐国治理得很好；后来晏婴相齐，生活极端简朴，也把国家治理得井井有条。所以官员的生活是否简朴跟国家是否兴旺关系不大。不过臣还是感谢汲黯，没有他，陛下就听不到这些忠言了。"

武帝大为赞赏，认为公孙弘谦恭礼让，真是个君子。

在公孙弘一步步的挤兑下，汲黯的地位逐渐被他所取代，以至于最后汲黯愤愤不平地向武帝抱怨："陛下用人如同堆积柴火，后来者居上。"

公孙弘的这些言行，让后人普遍对他评价不高，甚至说他奸诈。不过他要是不奸诈，又怎么能以布衣的身份，在一群豪门望族中间混到丞相的位置呢？在刀光剑影的官场上，为了保护自己，使一些小小的心机，其实是可以理解的。最重要的是，他在丞相之位上的所作所为对得起国家，这就够了。

董仲舒：儒家执政的开始

如果说公孙弘是儒臣的代表，那么董仲舒就是儒家学者的领袖。

董仲舒出生在公元前179年。早在景帝时期，他就因为精通《春秋》公羊学而被朝廷任命为博士。

从年轻的时候起，董仲舒就像至圣先师孔子一样在民间授徒。他讲学的时候在房间里挂上帷幕，他坐在帷幕后面讲授《春秋》大义，听过课的弟子再去传授给其他弟子，所以他的弟子很多都没见过他的面。

董仲舒把儒家的道德规范做到了极致，非礼不言，非礼不行，几乎到了规行矩步的程度。他严格自律，人们传说他年轻的时候"三年不窥园"，就是说，埋头苦学，对家里的花园三年都不看一眼。

在那个儒生们纷纷谋取功名的年代，董仲舒是个异类，他是一个最纯粹的儒生，他不热衷于从政，把全部精力都放到了学术上面。

通过长期刻苦钻研，董仲舒在传统儒家学说的基础上吸收其他学派的理论，发明出一套自己的儒家理论，也是一套改变中国历史的理论。

武帝亲政以后要求全国举荐贤良，先后有一百多人到长安参加策问，董仲舒也在其中。当武帝的问卷发下来以后，董仲舒用自己多年研究的理论成果来回答武帝的问题，武帝看到董仲舒的回复以后十分惊讶，于是再次发问。武帝连问了三次，董仲舒回答了三次，对于武帝关心的问题给出了最圆满的答案。这就是历史上著名的"天人三策"。

第一次策问，武帝问：王朝兴衰的根本原因是什么？

董仲舒抛出"天人感应"理论，认为国家兴亡的关键在于要顺应"天道"而善待民众。

武帝又提出第二次策问，这次的问题很杂，从三皇五帝到商、周、秦治理国家的经验教训问起，一直问到当前的朝政存在的弊病，最后问：朕找来天下贤才商讨国政，为什么你们并没能给出切实可行的治国方略？

董仲舒对这些问题一一进行了解答，特别是对于培养人才方面给出了很多建议。

武帝再一次表示董仲舒讲得不够明确，于是第三次提问，这次的问题很细，要求董仲舒把前面漏掉的各种细节都讲清楚。

董仲舒便对自己的理论做了详细解释，特别是说明了"天道"和"治国之道"的关系。经过这次对答，董仲舒的理论终于落实到了具体的治国理念上来。

董仲舒认为：我们的世界之上有一个最高的"天"在决定一切。"天道"总是仁善的，君王只要顺应"天道"，施行仁政，恩泽百姓，就可以把国家治理好。

"天"会感应到世间的一切，君主仁德，政治清平的时候，"天"就会降下祥瑞；君主暴虐，纲纪混乱的时候，"天"就会降下灾异。所以君主要根据"天"的警示及时调整自己的政策，时刻鞭策自己做一个仁君。

而王朝兴衰就是由君主，或者说，整个统治阶层的表现决定的。一个王朝的统治者，他们既然能取得天下，就说明他们得到了"天"的授权，可以代天牧民，管辖四海。那么他们就有责任善待民众，以顺应天意。一旦他们做到了这一点，"天"就会奖赏他们，保佑他们的江山万古不移；而如果他们违背"天道"，就一定会遭到"天"的惩罚，甚至导致政权覆灭。

相应的，对于百姓来说，统治者既然拥有天命的保护，那就是神圣不可侵犯的，人民应该接受他们的统治，做一个守法公民，兢兢业业地做好自己的本职工作。

这就从理论上解决了汉家王朝的政权合法性问题，也解答了之前辕固和黄生辩论的问题。

到这时为止，华夏文明才终于成熟了！

人们在黑暗中摸索了几千年，到这一刻，才终于明白了一些根本问题的答案：我们的国家为什么存在？我们为什么需要政府？我们需要一个什么样的国家和一个什么样的政府？我们为什么要爱护这个国家和支持这个政府？所有的问题都得到了圆满解答。

从这一刻起，统治者和百姓之间达成了一项契约：统治者施行仁政，维护国家的稳定与繁荣；百姓则拥护统治者的政权，并且默许他们拥有一定的特权。

统治者与被统治者相互监督，相互制约，相互妥协，共同打造出一个富强、文明的华夏帝国！

汉武帝终于问到了他想要的答案，这个答案，也是华夏文明得以立国的理论基石，是之后所有封建王朝得以存在的理论依据。

儒家思想从孔子发源，流传三百多年，经过十几代人的完善，到董仲舒这一代人，终于开枝散叶，成长为一棵参天大树，结出丰硕的果实，惠泽千古！

董仲舒随后提出：根据春秋的"大一统"理论，我们应该追求思想上的高度统一，应该以儒家思想为官方认可的唯一理论，建议武帝"罢黜百家"，只任命儒家弟子为官员。

这项提议后来被渐渐推行了下去，于是"百家争鸣"的时代终于过去了，儒家独自占据了朝堂，中国人的思想从此牢牢被儒家所禁锢，一切都要效法于先贤，一切都要从故纸堆中去寻找理论依据，整个民族的创造力受到了严重制约。

武帝读到董仲舒的这些言论，又惊又喜，大为赞赏，从此坚定不移地把儒家的治国理念推行了下去。

不过董仲舒本人只是一名优秀的学者，不适合从政，所以武帝也没有留他在朝廷里当官，而是把他派到江都国（原来吴国的地盘）去辅佐江都王刘非。

刘非就是当初挑唆王太后杀韩嫣的人，跟武帝的账还没算清楚，武帝派董仲舒去辅佐他有什么特殊含义呢？很难说。不过刘非确实是个居心叵测的家伙，甚至暗中有反叛的想法，董仲舒到江都国以后，以儒家大义劝谏他，终于使他打消了非分之想。

另一方面，董仲舒的学说当然并不是完美的，其实大家心里都清楚，他宣传的"天人感应"理论，只是为了替帝王找到执政的合法性，强行解释而已，特别是关于天降祥瑞之类，本质上都属于牵强附会。但这些话说多了，连董仲舒自己都信了，之后的年月，他沉迷于阴阳学说，专心研究阴阳转换对自然和社会造成的后果，最后陷入到了一些可笑的迷信当中。

他在江都国的时候就搞过许多祈雨止涝之类的闹剧，据说还都灵验了，于是他更加相信自己的推断。后来高祖庙和长陵高园相继着火，董仲舒一推算：这是天降灾异，说明君王无道呀！事态严重！于是他写了一封奏折准备去劝谏武帝。

正好主父偃到他家来串门，看到桌上摆着这封奏折，主父偃是个阴险的小人，就把奏折悄悄拿走，去向武帝告状。

武帝看到奏折大怒，董仲舒所说的"灾异"跟他的"天人感应"理论一对照，不正好说明武帝是昏君吗？于是武帝把朝廷里的其他儒生都召来讨论这封奏折，董仲舒的弟子吕步舒也在其中。

主父偃心里暗喜，拐弯抹角地引导吕步舒来抨击这封奏折，吕步舒不知道这是自己的老师写的，就跟着主父偃等人把写奏折的人大骂了一顿。最后大家讨论的结果：写奏折的人妖言惑众，按律当斩。

等诏书发下来的时候吕步舒才傻眼了，董仲舒也蒙了，糊里糊涂地被抓进监狱关了起来。不过还好，武帝其实只是吓唬董仲舒的，没过多久就下令把他放了，只是免了他的官。

董仲舒受到这次打击以后终于略微懂了一些人情世故，不再随便发表夸张的言论。他回到家乡，继续干教书的工作，替大汉朝廷培养了无数人才。

后来武帝又把董仲舒任命为胶西王刘端的相国，并且对董仲舒十分信赖，经常派人去向他询问各种事务，董仲舒也始终尽力规劝武帝当一个"仁君"，君臣关系还是相当和谐的。

小人得志的主父偃

陷害董仲舒的主父偃也是从民间选来的贤才，他的经历在当时的儒生中也特别有代表性。

主父偃出生于齐国临淄，家境贫困，年轻的时候学习纵横之术，希望像战国时代的纵横家们一样游走于帝王之间。

但这个时代儒家已经渐渐受到了统治者青睐，所以主父偃后来就改学了儒家，不过他是个头脑特别灵活的人，对于诸子百家都有一定的研究，属于随行就市的那一类。

主父偃这种墙头草的秉性让齐地的儒生们很瞧不起，大家联合起来排挤他。他在齐地待不下去，只好游走四方。

他到过燕、赵、中山等地方，但他人缘实在差，每个地方的儒生都排挤他，最后他实在无处可去了，只好直接到长安去碰碰运气。

——不过这期间主父偃探听到一些骇人听闻的秘密，后来间接给他带来了杀身之祸。

他到长安，投靠到诸侯家里当门客，又找到当时炙手可热的卫青，卫青倒挺认可他的才干，多次向武帝推荐他，但武帝没放在心上。

主父偃在长安待了很久都没有找到出头的机会，身上的钱早就花光了，生活都维持不下去，其他门客们也都排挤他——他似乎在哪里都招人讨厌。最后他实在没办法，只好孤注一掷，直接把自己的观点写成奏折，找人帮忙投递给武帝。

那时候的武帝正在向全国招募贤才，只要谁能对治国之道提出有用的见解，武帝就任用他，这才让主父偃有了机会。

主父偃的奏折当天早上递上去，晚上就传来消息：皇帝亲自召见！

当时一同受到武帝召见的还有徐乐和严安，三人都递上了自己的奏折，武帝看过以后拍案叫绝，对三人说："朕怎么没有早点遇到你们！"随即把三人都任命为郎中。

武帝的惊喜是有原因的：之前的儒生们，比如公孙弘、董仲舒这些人，虽然直言敢谏，但本质上都是书呆子，提的都是"天道""仁义"这些大道理，对于具体事务，提不出什么中肯的意见。主父偃他们三人可不一样，他们都是真正的政客，针对当前的国政提出了许多切实可行的意见，这些意见对于武帝来说，比那些大道理更能解决实际问题，这才是武帝目前最迫切需要的。

主父偃迅速明白了这个道理，从此以后，他开动脑筋，源源不断地向武帝提出各种可行性建议，从内政到外交，无所不包，他也因此很快成为武帝最重要的智囊，一年之内四次升官，最后被任命为中大夫。

主父偃提出的建议里面最重要的就是"推恩令"，从字面上讲，这个政策就是"推行恩德"，给谁的恩德呢？给诸侯的子孙们。

他向武帝建议：景帝过后，诸侯们虽然已经被削弱了，但长期来看依然是朝廷的一个重大威胁，要解除这个威胁，就需要颁下政策，让诸侯们把自己的土地分封给儿子们，儿子再分给孙子，这样一代代分割下去，各个封国便都越来越小了，结果不仅暗地里削弱了诸侯国，还能让诸侯的儿子们对朝廷感恩戴德。

类似的政策文帝时的贾谊已经提过了，但因为种种原因，只对几个大国实行过，现在由主父偃提出来，则真正成为一项国策，对所有诸侯都有效了。

武帝非常认可他的提案，于是颁下诏书让各地执行。这时候的朝廷已经拥有绝对权威，诸侯们无法反抗，"推恩令"一实行下去，从汉朝初年一直烦扰朝廷的诸侯问题终于彻底解决了，这是武帝时代最大的成就之一。

主父偃头脑机敏，各种鬼点子不断，有战国时代纵横家的风采，常常能提出一些既务实又精准的建议，他的存在恰好弥补了董仲舒那些书生喜好空谈的缺点，所以他成了武帝最得力的助手之一。

跟公孙弘一样，为了生存，他也会仔细揣摩皇帝的心思。当看到卫子夫生下皇长子，地位已经不可取代的时候，主父偃就很及时地提出应该封卫子夫为皇后，这个提议当然同时受到了武帝和卫子夫的欢迎，主父偃的位置也就更加稳固了。

但他又是个有才无德的小人，发迹之前人人都嫌弃他，发迹以后他就开始打击报复跟自己有仇的人，甚至阴了董仲舒一把，害得董仲舒差点被砍头。以至于人们都很畏惧他，纷纷献上金银财宝来讨好他，主父偃因此发了大财。

有人劝主父偃："您这样高调是不是不太好？"

主父偃叹口气说："我受够苦了。我离家游学四十多年，穷困潦倒，无依无靠，父母不认我，兄弟不收留我，宾客们都排挤我。人活一世图什么呢？活着不享受富贵，到死后悔都晚了。我这么大年纪的人，已经没什么好怕的了，我就是要倒行逆施！"

这番话说出了许多寒门士大夫的心声，主父偃可以说是"真小人"中的佼佼者了。

买臣休妻

跟主父偃同时期的朱买臣也是寒门士大夫的代表。

朱买臣是会稽郡（原来属于吴国。七国之乱过后，吴国被废除，会稽郡收归朝廷）吴县人，家境贫困，夫妻两人住在山里，靠卖柴为生。

他特别爱读书，扛着一捆柴火在路上走的时候，他就一边走一边背圣贤书。时间久了，周围的人们都笑他是书呆子。他老婆觉得很丢脸，叫他不要再大声念书了，买臣不听，反而念得更加响亮。

最后老婆受不了这种生活，对买臣说："你把我休了吧。"

买臣笑着说："我找算命先生算过，我五十多就会富贵的，现在四十多了,你再等几年,以后我好好报答你。"

老婆却不肯答应,坚决要离开。买臣只好给了她一纸休书,让她自寻出路去了。

他老婆很快就改嫁了,新家庭的家境要好得多。有一次他老婆(现在是他前妻)在山里碰见朱买臣,见他又冷又饿的样子,还带他回家吃饭。

武帝执政以后,儒家子弟终于迎来了大展宏图的时机,民间的儒生们纷纷出来谋求官职,朱买臣也托朋友介绍到会稽郡当了一名差役。

到了年底,会稽郡派官吏去长安汇报工作,朱买臣作为随从跟着去了长安,到政府部门,把文书投递上去,等朝廷回复以后就可以回会稽了。

哪知道朝廷一直没有回复他们,朱买臣只好一直留在长安,最后钱粮用尽,只好靠别人接济生活。

但他其实早就有自己的打算了,到长安以后他就四处托关系找人引荐自己,最后找到同乡人严助。严助也是最近在策问中被选上的贤才,他跟朱买臣可能以前有交情,所以帮忙向武帝举荐了朱买臣。

武帝听说以后,召朱买臣来面谈。买臣这些年读的诗书终于派上用场了,他侃侃而谈,从《春秋》谈到《诗经》《楚辞》,口若悬河。武帝十分满意,当场擢升他为中大夫,跟严助、主父偃、徐乐、严安等人并列,都成为武帝身边的智囊之一。

由于熟读诗书,朱买臣讲起话来头头是道,公孙弘反对修朔方城的时候,武帝就是派朱买臣出来驳倒了他。

后来朱买臣犯了错,被免官,寄居在长安的会稽太守府(相当于会稽郡设在长安的办事机构)里,跟下级官员们同吃同住。

不久以后朝廷要讨伐瓯越国,武帝把朱买臣召进宫里,他提出了偷袭瓯越国的计策,武帝很高兴,就封他为会稽太守,并且特意提醒他:"富贵不归乡,如衣锦夜行,你自己看着办吧。"

武帝抓住了人的心理,知道这种贫民窟里爬出来的人最希望炫耀自己的地位,所以给朱买臣这个机会。

朱买臣心领神会,准备回到会稽郡去,"奉旨"炫耀自己的荣华富贵。

他带着皇帝颁发的诏书从宫里出来以后,先不换衣服,而是把印绶揣在自己怀里，步行进入太守官邸。

大家以为他今天又去哪里晃了一圈回来，都没在意。正好有一拨人从会稽来到长安办事，大家聚在一起大吃大喝，十分热闹，却没人理睬朱买臣。

买臣默默地走进旁边的小房间，像往常一样蹲在地上跟下级官吏们一起吃饭。

他故意把印绶的一只角从衣服里露出来，旁边的官员看到了，觉得有些奇怪，过去伸手一拉，露出来一条明晃晃的绸带，仔细一看，是朝廷颁给地方首脑的绶带，还带出来一块官印。

几名"好事"的官员一起围上来，看了又看，千真万确，这就是会稽太守的印绶！

大家都震惊了，跑到外面会稽来的人中间大呼小叫："大家快来看，我们的新任太守大人来了！"

外面的人都不信，一起进来看，很快都被惊到了，大家围着朱买臣问："你……你老人家……是新任太守？"

买臣面无表情地说："嗯，怎么了？"

众人这才欢声雷动，一把把买臣拥到堂上，又把太守府里的大小官员全部找来，大家按品级排好，整整齐齐地跪在堂下拜见新任太守大人。

朱买臣心里那个舒服呀，这么多年的面子终于找回来了，但脸上偏要装得十分淡定，慢腾腾地给手下官员们分派任务。平时对自己有恩的，都给他们发赏钱；有仇的，等那人磕头求饶表演一番以后，也给予他们赏赐，以表示自己大人有大量。

不久以后朝廷派的车马来了，买臣带着手下官员们乘车开往会稽郡去了。

会稽郡那边早已经备好了人马，张灯结彩地迎接长安来的新任太守，以前嘲笑买臣的那些人也都觍着脸贴上来巴结他。

看着眼前花团锦簇的繁华景象，朱买臣心里别提多得意了，大丈夫求取功名不就是为了在家乡父老面前夸耀的吗？

他来到府上，指挥大家调集兵马粮草，准备协助朝廷攻打瓯越国，然后特地带人到吴县去看自己的前妻。

买臣找到前妻和她的现任丈夫，用车把两人载进太守府里，好吃好喝地养着。据说买臣的前妻羞愧不已,过了一段时间就自杀了。后世的穷人都喜欢拿这个例子教育自己的老婆:别嫌弃我穷,万一哪天我发迹了你还高攀不上呢!

而统治者也有意宣传这样的故事。因为他们知道,底层百姓靠所谓的"理想"是不能打动他们的,要让他们好好攻读诗书来报效朝廷,还是用"功名富贵"做诱饵更合适,毕竟这就是真实的人性。

千金难买相如赋

武帝胸中有丘壑,眼底识珠玑,不仅爱治国的贤才,也爱锦心绣口的文学之士。

经过几十年休养生息,到武帝时期,国家已经步入了海晏河清的盛世,文化也发展到了相当的高度,文坛上更是群星璀璨,各路文豪争奇斗艳,创作出数不清的佳作。

有一次武帝读到一篇《子虚赋》,文辞华美,前所未见,武帝以为是古人的名篇,不禁感叹道:"朕要是跟这个作者同时代多好啊!"

身边的侍从杨得意正好听到,连忙说:"这篇文章是臣的同乡司马相如作的,皇上要见他不难。"

武帝大吃一惊,才知道自己国内有这样的奇才存在,马上下令召见司马相如。

其实在这之前,司马相如在民间已经很有名气了。

公元前179年,司马相如出生在蜀郡,原名司马长卿。

他是个文武全才,年少时既学诗书,又学剑术,他非常仰慕战国时代的蔺相如,于是把自己的名字也改为"相如"。

景帝的时候,朝廷为了增加财政收入,公开卖官,司马相如便买了一个郎官的职位,后来又当上了景帝的武骑常侍。

武骑常侍是皇帝身边的武官。景帝是个非常乏味的人,对于文艺没有任何兴趣,所以司马相如虽然拥有盖世的文采,在景帝身边,他的才能却根本没有发挥的空间,只能当个随行的武官,背着弓箭跟着皇帝出巡,在皇帝打猎的时候帮忙围剿猎物而已。

这样的生活当然不是司马相如想要的，他感到非常苦恼。正好梁王刘武来长安朝觐皇帝，带来了邹阳、枚乘这群当时著名的文人，司马相如一见到这些人顿时如同失群的孤雁找到了同类，很快跟他们打得火热。随后他便称病辞官，去往梁国，投到了刘武手下。

梁王刘武是真正的风雅之士，懂得善待文人，广纳四海俊杰。梁园是天下的学术中心，司马相如在那里过上了自己真正想要的生活。

他天天跟梁园的名士们在一起吟风弄月，沉醉于诗酒之中，过着无忧无虑的日子。

文人们相互交流，相互启发，灵感的火花在思想的碰撞中迸发出来，他们的创作激情迎来大爆发，《子虚赋》《梁王菟园赋》《酒赋》《屏风赋》……一篇又一篇华美的辞赋被创作出来，把西汉文坛推向了巅峰。

然而幸福的时光总是短暂的，几年以后，梁王刘武病逝了，梁园的文人们也流散到了四方。

司马相如回到自己的家乡成都。

这时候的他，虽然名满天下却一贫如洗。他有个老朋友王吉，现在是临邛县令，听到司马相如生活困顿，就派人带信说："你来临邛找我，我有办法帮你。"于是司马相如就去了临邛。

王吉让司马相如在郊外的馆舍里面住下，然后王吉每天穿戴得整整齐齐的，带上一支华丽的车队去拜访司马相如。

司马相如一直待在房间里不出门，王吉来拜访的时候他也常常找借口拒绝见面，王吉却没有表现出丝毫不满意，依然每天十分恭敬地来拜访他。

临邛的老百姓看到这情形都很惊讶，纷纷传言："外地来了一个贵人，我们县令对他特别恭敬，看来他来头很大呀。"

各种流言如同长了翅膀，迅速在临邛县城内传播开来，当地的两家富商卓王孙和程郑就商议道："县里来了贵客，我们办一个酒宴招待他吧。"

于是两家合伙办了一个宴席，请当地有势力的人来赴宴，县令王吉和司马相如也受到了邀请。

酒宴当天，周围的富豪们都来了，现场锣鼓喧天，热闹非凡。但司马相如一直没来，大家等到中午都不敢动筷子，最后王吉说："这位客人还得我自己去请。"于是亲自前往郊外邀请司马相如。

过了一会儿，司马相如才终于来了。他刻意打扮一番，坐着豪车驾临，毕竟是在天子身边伺候过的人，举手投足气度不凡，一到酒席上，他的风采立即倾倒了众人。

到这时，司马相如和王吉的联手炒作终于成功了，临邛县的人们都把司马相如当作王子一样看待，让他坐上座，给他最尊贵的待遇，各路土豪轮流来献殷勤。

司马相如跟众人推杯换盏，喝得十分惬意。过了一会儿，王吉走来说："听说长卿精通音律，敢烦演奏一曲来听听。"

司马相如推辞了半天，最后实在"拗不过"，只好拿出梁王赠送的名琴"绿绮"当众弹了起来。

酒宴上的人们都放下杯子侧耳倾听。司马相如不愧是当今名士，琴艺超凡，弹的又是天下罕有的名琴，琴声清越婉转，大家听得连连赞叹。

但人们不知道，司马相如和王吉有别的目的。

卓王孙有个女儿叫卓文君，最近因为丈夫过世，刚回到娘家寡居。虽然是个寡妇，但卓文君年方十七，姿容丰艳，而且她从小接受优渥的教育，琴棋书画无所不通，是当地有名的才女。

司马相如和王吉精心布下这个局，就是冲着卓文君来的。

那时候的人们礼法观念不严重，年轻寡妇往往急着再次嫁人，卓文君听说今天有一位贵客来临，早已经留了一个心眼，早早地躲在门帘后面向外观望。之前司马相如来到酒宴上的时候，卓文君已经看见他了，只见他气宇轩昂，风姿俊雅，心里十分喜爱。

现在司马相如弹琴，卓文君就躲在帘后面偷听，司马相如故意弹了一曲《凤求凰》。

> 有一美人兮，见之不忘。
> 一日不见兮，思之如狂。
> 凤飞翱翔兮，四海求凰。
> 无奈佳人兮，不在东墙。

将琴代语兮，聊写衷肠。

何日见许兮，慰我彷徨。

愿言配德兮，携手相将。

不得于飞兮，使我沦亡。

凤兮凤兮归故乡，遨游四海求其凰。

时未遇兮无所将，何悟今兮升斯堂！

有艳淑女在闺房，室迩人遐毒我肠。

何缘交颈为鸳鸯，胡颉颃兮共翱翔！

凰兮凰兮从我栖，得托孳尾永为妃。

交情通意心和谐，中夜相从知者谁？

双翼俱起翻高飞，无感我思使余悲。

这是向心上人求爱的曲子，到卓家来弹这支曲子，意思还不明显吗？卓文君不禁听得醉了。

但卓家毕竟是家产巨万的富豪，没把司马相如的底细调查清楚之前，肯定不会跟他谈婚论嫁的。司马相如知道自己必须尽快下手，所以在酒宴结束后就偷偷找到卓文君的丫鬟，请她帮忙向卓文君传达自己的仰慕之情。

卓文君被司马相如的甜言蜜语迷住了，以为他真的对自己迷恋很久了，但被自己的父母阻拦，才只能以这种方式表达爱意。这个单纯的少妇被爱情冲昏了头脑，毅然决定抛弃家庭，当晚就跟着司马相如私奔了。

司马相如怕露馅，带着卓文君连夜赶回了成都。

发现女儿私奔以后，卓王孙赶紧让人去调查，这才发现一切都是司马相如计划好的，而且这个司马相如根本不是什么县令的贵宾，只是个一文不名的穷小子而已，他勾引文君的目的明显不单纯。卓王孙勃然大怒道："好呀，这个女儿我不要了。那小子想贪我的钱，我一分都不给！"

卓文君跟着情郎逃回成都以后也傻眼了，那是一个什么样的家庭呀？只能用"家徒四壁"来形容，出身豪门的她从来没有见过这样的光景。随后又传来了父亲的那番话，卓文君又羞又愧，没脸再回去了。而且她也看出眼前这檀郎确实才华过人，对自己也确实有真情，所以默默地接受了这个男人的欺骗。

司马相如虽然有才华，却没有谋生的技能，现在又要多养一个人，日子越过越艰难，最后终于过不下去了。

卓文君提议：“我们还是回临邛去好一些，找亲朋好友借点钱做生意，总比饿死在这里好。”司马相如没办法，只好厚着脸皮，带着卓文君又回到了临邛。

他们把之前在临邛置办的车马卖了，又找人借了一些钱，在街上开起了酒家。为了节省费用，司马相如穿着酒保的衣服亲自打杂，文君则围上布裙，到前台去招待客人，小两口靠着卖酒换来的微薄收入勉强度日。

卓文君亲自卖酒的事情很快成了临邛县里的大新闻，大家都知道了卓家的千金跟穷小子私奔的事，一些好事青年就天天到他们酒垆前面转，甚至对卓文君说一些不三不四的话。

卓王孙听说以后气得倒仰，这小两口明显就是来扫他的面子的，又不能把他们撵走，他只好天天躲在家里，不出来见人。

卓家的亲戚们看不下去了，一起来劝卓王孙：“事情都到这一步了，你不承认这个女婿也不行，何况司马相如确实一表人才，你又不缺钱，不如接济他们一点，大家面子上好看。”

卓王孙实在没办法，只好承认了司马相如跟卓文君的关系，还送给他们百万钱财，百名奴仆，又置办好嫁妆，按照正式的礼节送到司马相如家里，算是给两人补办了婚礼。

两人拿着这笔巨款回到成都，从此过上了富豪生活。

但嫁给爱情的卓文君真的值得吗？实际上，她很有可能被司马相如利用了。这段婚姻不管从哪方面看，都是她单方面的付出，而且这样的付出并没有得到对应的回报。

民间传说，许多年后，飞黄腾达的司马相如又看上了别的女人，打算把她纳为妾室，卓文君伤心欲绝，写下一首缠绵悱恻的《白头吟》，终于挽回了丈夫的心，其中的一句"愿得一心人，白头不相离"更是成为千古名句。

皑如山上雪，皎若云间月。
闻君有两意，故来相决绝。
今日斗酒会，明旦沟水头。
躞蹀御沟上，沟水东西流。
凄凄复凄凄，嫁娶不须啼。
愿得一心人，白头不相离。
竹竿何袅袅，鱼尾何簁簁！
男儿重意气，何用钱刀为！

这个传说真假难辨，但就算是假的，也说明人们普遍认为这段婚姻不公平。尽管卫道士们反复宣传文君的贤良和"贞烈"，但也掩盖不了司马相如骗婚的龌龊。

不过世界终究属于司马相如这样的人。

在成都生活了一段时间以后，因为武帝"意外"地读到《子虚赋》，司马相如的才华终于引起了武帝注意。又因为杨得意"恰好"在武帝身边，终于使得司马相如迎来了飞黄腾达的机会。

他见到武帝以后，淡淡一笑说："《子虚赋》是写诸侯狩猎的，配不上皇上，臣还有一篇《上林赋》，专门写天子狩猎，请让臣试着呈上来给皇上过目。"

于是呈上了《子虚赋》的姊妹篇《上林赋》。

《子虚赋》写的是楚国使节"子虚"和齐国官员"乌有先生"的一番对话，两人互相夸耀本国的强盛，难分高下。《上林赋》则接着这段对话往后写，写"无是公"批驳"子虚""乌有"两人，以天子的上林苑之巍峨壮丽来压倒两人，最后总结出来他的观点：天子应该谨慎享乐，把政事放在第一位，只有天下太平了，天子的行为才值得追捧。

这两篇赋完全契合当时的政治氛围，比董仲舒、公孙弘那种枯燥的劝谏方式更加高明，武帝读到以后十分高兴，把司马相如任命为郎官，让他随时在自己身边待命。

司马相如到这时才真正开启了自己的政治生涯。他是纯粹的文人，对政治斗争并不擅长，平时也不太跟其他官员打交道，但他利用自己的强项，常常写辞赋来劝谏武帝，效果倒也不错。

不管在当时还是后世，司马相如真正出名的都是他的文学成就，他是西汉文坛无可争议的第一人，以至于废后陈阿娇花重金买通他写《长门赋》。

尽管以后人的眼光来看，汉赋是一种误入歧途的文学体裁，可读性很低。但这种体裁是文学发展史上必定要经过的一个阶段，而司马相如对这个阶段的文学做出了不可替代的贡献，为后世的文学提供了许多灵感和素材，仅仅这一点就值得后人铭记了。

段子手东方朔

武帝面向全国招纳贤才，民间才俊们纷纷摩拳擦掌，准备到天子手下干一番轰轰烈烈的事业。但毕竟不是每个人都有司马相如那样的盖世才华，为了在成千上万士子中间搏出位，有人用尽了各种旁门左道的招数。

东方朔就是这类人的代表，而且他还真成功了。

他在给武帝的自荐书里面写："臣十三学书，十五学击剑，十六学《诗》《书》，十九学孙、吴兵法……臣年二十二，长九尺三寸，目若悬珠，齿若编贝，勇若孟贲，捷若庆忌，廉若鲍叔，信若尾生……臣觉得自己可以当天子的大臣。"洋洋洒洒一大篇文章，数来宝似的列出自己的种种优点，让武帝选他。

在成堆的一本正经的公文里面，东方朔的自荐书让人忍俊不禁，他因此得以脱颖而出，被武帝派到公车府去等候聘用。

不过武帝也并没有觉得他有什么特殊的才能，这以后就把他忘了。

东方朔在公车府待诏了很久，一直没有收到聘用自己的消息，心里很着急。

有一次他在皇宫附近溜达，看到一群侏儒在替武帝喂马，他眼珠子一转，走过去吓唬他们说："刚刚皇上说了，你们这些人干什么活都比不上别人，养着也没用，不如杀了算了。"

侏儒们都被吓坏了，大哭着求东方朔救他们。

东方朔奸笑着说："这也容易，现在命令还没发出去，你们赶紧去向皇上磕头请罪，请他饶了你们就好了。"

其实朝廷招这些侏儒来工作只是为了给他们一口饭吃而已，本来也没指望他们能干多少活。但侏儒们听了东方朔的话都信以为真，于是一起去找武帝，跪在地上大哭请罪。

武帝很奇怪地问他们："谁说朕要杀你们？"

几个侏儒七嘴八舌地说："是东方大人说的。"

武帝气不打一处来，大喝："把那个狂徒给朕叫来！"

东方朔来了以后，武帝质问他："为什么吓朕的人？"

东方朔拱拱手说："皇上就是杀臣的头，臣也要说。侏儒身长三尺，俸禄是一袋粟，两百四十钱，臣身长九尺，俸禄也是一袋粟，两百四十钱。侏儒们饱死，臣快要饿死了。皇上要觉得臣有用，就该好好招待臣，不然就把臣放回家，省得浪费长安的粮食。"

武帝被逗笑了，便下令让东方朔待诏金马门，提高了他的待遇，对他也要亲近一些了。

不过在武帝眼里，东方朔只是一个诙谐活泼的段子手而已，没什么政治才干，需要解闷的时候就召他来说些笑话，没打算让他参与朝政。

东方朔本来怀着安邦定国的志向，但没想到歪打正着，成了皇帝的开胃菜，他只好将计就计，从此以哄皇帝开心为自己的主要任务。

要哄皇帝开心并不是容易的事，需要非常渊博的知识、善于审时度势的眼光、万里挑一的心理素质，以及刀枪不入的厚脸皮。

传说有一次武帝游幸甘泉宫，在路上见到一条红色的虫子，牙齿、鼻子、耳朵都有，大家都不认识这是什么东西，便让东方朔来辨认。东方朔说："这是'怪哉'，有人无辜被羁押，整天念叨'怪哉怪哉'，怨气冲天，就化作了这种虫子。我猜这里以前一定是秦朝的监狱，关押着许多被冤枉的人。"

武帝让人拿地图来一查，果然如此，于是相信了东方朔的话，又问他："怎么除掉这种虫子？"

东方朔说："酒能解忧，用酒可以化掉这种虫子。"

武帝让人把这种虫泡到酒里，果然很快化掉了。

至于武帝有没有听懂东方朔话里的劝谏之意，那就不知道了。

又一次，武帝在上林苑见到一棵枝繁叶茂的大树，问东方朔这是什么树，东方朔随口说："这叫'善哉'。"武帝便让人暗中在这棵树上做了记号。

过了几年，又经过这里，武帝故意又问东方朔这是什么树，东方朔说："这叫'瞿所'。"

武帝拉下脸来问："你敢骗朕！同一棵树过了两年怎么名字就变了？"

东方朔不紧不慢地回答："小马叫'驹'，长大了才叫马；小鸡叫'雏'，长大了才叫鸡；人生下来叫'小儿'，老了叫'老头'。这树的称呼当然也会变啊。"武帝不禁被他逗乐了。

还有一次，武帝赏给官员们一块肉，放在桌上，但分肉的官员一直没来。当时是三伏天，眼看拖下去肉就要坏了，东方朔便走上去，拔出佩剑自己割了一块肉回家去了。

第二天武帝听说了这件事，就责问东方朔："昨天赐肉，你不等朕的诏令，擅自割肉，该当何罪？"

东方朔赶紧摘掉帽子，伏到地上请罪说："东方朔！东方朔！受赐不待诏，何等无礼也！拔剑割肉，何等豪壮也！割肉又不多，何等清廉也！回家赠老妻，何等仁爱也！"

武帝被他逗笑了，骂道："好一个猴精，你倒自夸起来了。"于是不仅不责备他，反而赏赐他更多肉，让他带回家送给家里的糟糠之妻。

武帝闲来无事，常常跟东方朔他们一群人玩"射覆"的游戏，就是把一件东西盖在盆子下面，让他们猜里面是什么。东方朔比别人都聪明，每次都能猜中，得了武帝许多赏赐。

东方朔又善于猜谜语，武帝身边的优伶郭舍人常常跟他抬杠，两人用谜语互相损对方，东方朔每次都能占上风，两人的插科打诨成为宫里的一道风景。

民间还有"东方朔偷桃"的传说。

据说武帝诚心修仙，感动了天庭，有一天，有几只黑鸟降临汉宫，武帝问周围的人这鸟是什么来历，东方朔说："这是西王母的'青鸾'，西王母即将来为皇上祝寿。"过了一会儿，西王母果然踩着祥云降临，武帝热情地接见了她。

王母带来七颗仙桃送给武帝，武帝吃掉几颗以后，把桃核都留着，王母问他做什么，他说："此桃甘甜，朕想在宫里栽种。"

王母笑着告诉他："此桃三千年一结实，人间难以种植。"

忽然看到东方朔在门外探头探脑地张望，王母就说："这小子三次偷我的桃了。"

武帝十分惊讶，这才知道东方朔不是凡人。

从此以后"东方朔偷桃"就成为一个著名的文化符号，后人根据这个故事创作了许多绘画和工艺品。

东方朔以博学多闻和机智诙谐闻名于世，这样的特点非常亲民，民间关于他的传说很多，渐渐把他传成了一位浪迹于世间的神异人物，甚至说他是木星之精下凡，后人写一些神怪类的书籍也常常把他加进去，关于他本人和他的各种神话传说渐渐难以区分了。

不过这样的名气其实并不是东方朔本人想要的，他本质上是一个心怀天下的儒生，虽然武帝把他当作了解闷的段子手，但他仍然找寻一切可能的机会向武帝提出治国方面的建议。

武帝刚登基那几年，特别喜欢去长安郊外游玩、打猎。不管白天黑夜，兴致来了，他就带上一帮随从偷偷溜出城去，还隐瞒自己的身份，号称是"平阳侯曹寿"，以至于遇到许多惊险场面。

有一次，他们这伙人跑到终南山脚下打猎，到农田里纵马奔腾，跟当地农民吵了起来，惊动了当地的县太爷。县太爷带人跟他们差点打起来，还扣押了几名侍卫，最后他们拿出宫中的御用物品证明自己的身份才把县里的人吓退了。

另一次，他们半夜到小县城里的旅店投宿，向旅店老板要水喝。老板说："水没有，有一罐尿，新鲜的。"双方吵起来，老板找了一群地痞来打他们。多亏老板娘看到他们衣着华丽，怀疑他们不是普通人，及时劝阻老板，还摆上好酒好菜招待他们，才免了一场冲突。

第二天，武帝回宫以后，把这旅店老板封为羽林郎，赏赐他们夫妇黄金千斤。

这些事情传出去以后，王太后忧心忡忡，严厉斥责武帝，责怪他以天子之尊不顾自己的安危，从此就一直管着他，尽量不让他偷偷溜出宫去。

所以武帝就特别想在终南山附近修一座园林，以后专门用来打猎，省得再惹麻烦。大约在公元前138年，这座园林终于开工了，这便是后来的"上林苑"。

上林苑是汉代最大的园林，占地三百多里，为了修这座园林，征用了农民的许多土地。政府把给农民的补偿款都谈好了，东方朔却站出来，向武帝上了一封洋洋洒洒的奏折，从商纣王、楚灵王，一直谈到秦始皇，列出"大兴土木"对国家的危害，又列出许多证据说明上林苑是土壤肥沃的好地方，占有这里的农田，对农民伤害太大了。

武帝对东方朔的直言敢谏非常赞赏，下诏重赏他，并且拜他为太中大夫，加给事中，东方朔因此真正从段子手升级为了皇帝的谏议大臣。

不过上林苑当然还是按计划建起来了。

又一次，昭平君犯了杀人罪被捕入狱。他是隆虑公主唯一的儿子，武帝的外甥。当初，隆虑公主知道自己的儿子不成器，在过世前向武帝献上千斤黄金、千万钱币，请求武帝以后饶恕他的罪行。

果然，昭平君不久就在酒醉后杀死了家里的保姆，被廷尉逮捕。

武帝感到很为难，一方是妹妹临终的嘱托，另一方是大汉的律令，自己身为天子，难道要带头违反国法吗？他在朝堂上垂泪说："法令者，先帝所造也。为了徇私情亵渎先帝的法令，朕百年之后有什么面目入太庙？又怎么向天下百姓交代呀？"

满朝文武都不敢发话，只有东方朔上来说："恭喜圣上！《书经》有云：'不偏不党，王道荡荡。'陛下赏不避仇雠，诛不择骨肉，正是上古贤君所推崇的王道呀。请让微臣为陛下献上一杯酒，祝陛下万寿！"

武帝听了这番话开始有些不高兴，心说："我正伤心的时候你却来祝贺我，搞什么名堂？"后来经过东方朔解释才明白了他的苦心，因此接受了他的劝谏，也找到了台阶下，终于判了昭平君死刑。

类似的记载还有很多。东方朔虽然表面荒诞不经，内心却怀着最纯正的儒家理想，他依靠武帝对自己的恩宠，多次劝谏武帝，对于纠正武帝的错误做出了不少贡献，也算大汉朝廷难得的贤臣之一了。

正是在公孙弘、董仲舒、主父偃、朱买臣、司马相如、东方朔，以及汲黯、张汤、严助、吾丘寿王、徐乐、严安、枚皋、胶仓、终军……这一群熠熠生辉的才俊之士的辅佐之下，武帝才能做出许多英明决策，成功把大汉带入了气象雄浑的全盛时期。

经过四代帝王的休养生息、景帝时代平定诸侯的努力，以及武帝时代孜孜不倦的苦心经营，大汉的国力空前强盛，终于拥有了威服四夷的强大实力，华夏历史上一次史无前例的对外扩张潮终于来临了。

第十九章　决战大漠，百年复仇

百越的前世今生

大汉王朝的扩张是从南方的百越开始的。

武帝早期，大汉并没有一统天下，在长江以南还存在着许多小王国，他们有一个统一的称呼——百越。

"越"是对南方所有古老民族的统称，这些民族从炎黄时代就居住在南方，他们独立发展的同时，又跟中原保持着千丝万缕的联系。

经过几千年的变迁，到武帝时期，百越地区最大的国家有三个，分别是：瓯越（又叫东瓯或东越）、闽越、南越。

其中瓯越和闽越是一对兄弟国家。

春秋末年，东南方的越国崛起，在越王勾践的带领下，他们消灭吴国，称霸中原，着实风光了好一段时期。

勾践过后，越国迅速衰落，但还在跟楚国长期对抗，终于，在公元前333年，楚威王杀死越王无疆，灭掉越国，占据了越国北方（原来属于吴国）的土地。

无疆家族后裔四散奔逃，长子玉逃到闽南，建立了闽越国，次子蹄在越国的南方故土建立了瓯越国。

这以后，中原在战国时代的严重战乱中备受煎熬，暂时没空顾及南方这些小王国。

秦始皇统一天下以后，终于腾出手来，派出五十万大军攻打百越各国，很快就打败了瓯越和闽越，吞并了这两个国家，然后在两国故地设立闽中郡，任命原来的瓯越王安朱和闽越王无诸为"君长"，让他们继续统治自己的故地。

但秦军在攻打西边的西瓯、骆越等国的时候遇到严重抵抗，用了六年时间，付出惨烈代价才占领了这些地方。

到这时，秦朝在形式上成功统一了百越地区。那是公元前214年的事。

可惜秦朝的国运太短暂了，还没来得及消化百越地区，自己就崩溃了，中原陷入群雄逐鹿的混乱状态。

这一时期，安朱的侄儿欧摇和闽越王无诸也参与到中原混战中去，他们帮助项羽打败了秦军，但因为楚、越两族历史上有仇，项羽分封诸侯的时候没有封他们。所以后来两人又加入刘邦阵营，帮助刘邦打败项羽，夺得了天下。

高祖刘邦分封异姓王的时候，顺便恢复了闽越国，把无诸重新封为闽越王，作为大汉的藩属之一。

惠帝的时候又把欧摇封到瓯越故地，算是恢复了瓯越国。

这两个兄弟国家，历经几百年的风风雨雨，终于又并肩站在了东海沿岸。

再说南越。

公元前214年，秦朝付出巨大代价以后，终于平定了百越各国。

秦朝方面负责这场战争的将领是任嚣和赵佗，两人都因为平定百越的战功受到朝廷封赏。当时朝廷在番禺设立了南海郡，让任嚣和赵佗就地驻扎下来，任命任嚣为郡尉，统治南海郡，南海郡下面有四个县，赵佗为其中的龙川县令。

按照朝廷本来的计划，这两员大将都有过人的才干，在他们的统治之下，经过足够长时间以后，百越之地就会渐渐被消化掉，成为大秦帝国的一部分。

谁承想秦朝的国运如此短暂，仅仅五年之后就灭国了。然后天下大乱，山河分崩。

远在南海郡的任嚣和赵佗，看到中原一片混乱，顿时动了邪念——趁这个机会在南海自立为王，当个土皇帝，不是美事一桩吗？

当时任嚣身体已经不行了，知道自己时日无多，就把南海郡交给赵佗，嘱托他割地自立。

不久以后任嚣就病死了，赵佗把南海郡全面接管过来，然后筑起三道防线，阻断岭南跟中原的交通。接下来，他趁着中原战乱，在岭南四处攻城略地，打下秦朝的桂林郡和象郡，杀光当地的秦朝官吏，在三郡的土地上建立起一个南越国，自称武帝。那是公元前204年的事。

赵佗是个奇才，他以中原将领的身份统治百越，竟然成功化解了各种矛盾，把两个民族和两种文化糅合到一起，同时也把中原的先进制度和先进文明带到了岭南，使岭南社会出现惊人的飞跃，从此把南越国打造成了南方一个实力雄厚的国家。

中原正陷入楚汉相争的持续混乱中，没人顾得上岭南那边的事，等双方打完，高祖一统天下的时候，才发觉南越已经在岭南扎下根了。

高祖先是拒绝承认南越国，但大汉建国初期国力有限，又一直受到匈奴的威胁，没法去征讨南方，只好妥协，最终在公元前196年承认了南越国，并且派陆贾去"册封"赵佗为"南越王"，这样，南越国名义上成为大汉的藩属之一。

南越国表面上臣服了，心里可不服，他们觉得自己是南方霸主，南方的闽越、瓯越等国应该听他们的，所以一直试图对这些国家施加影响。在吕后时期，他们终于抛掉藩属身份，主动进攻大汉，打下长沙国的几个县，借着兵威震慑闽越和瓯越，一度展现出要统一百越的势头。

文帝继位以后，采取怀柔政策，修缮赵佗家的祖坟，赏给赵佗在大汉的亲属大量财物，又派陆贾再次出使南越国，苦心劝说，终于说服赵佗再次归附大汉。

赵佗很清楚，南越的实力是不可能跟中原抗衡的，但中原对南越的兴趣也不大，暂时没有吞并他们的打算。现在中原皇帝只要他表面上臣服就行，他给中原皇帝面子，中原皇帝保证他的独立，双方和平共处，这是最理想的状态。

这以后，赵佗只在南越国内称帝，对大汉自称为"蛮夷大长老"，还以藩臣的身份定期派人去长安朝觐皇帝，双方维持着名义上的君臣关系。

公元前137年，赵佗病逝，他的孙子赵眜继位，继续跟大汉保持君臣关系。

然而两年以后，东方的闽越却突然打了过来，南越只好向朝廷求救。

瓯越和闽越，兄弟与敌人

瓯越和闽越本来是兄弟国家，可惜他们并不团结，一直互相打来打去。进一步说，其实百越各国之间都不团结，都在找机会互相算计。

七国之乱爆发的时候，吴王刘濞派人去联络瓯越和闽越，希望他们跟自己一起反叛朝廷。闽越国一口回绝了刘濞的请求，瓯越国却跟刘濞勾搭起来。

不料刘濞太不中用，仅仅三个月就被朝廷打败了。看到这情形，瓯越当然也就打消了跟随刘濞造反的念头。

刘濞走投无路，逃到瓯越。瓯越王早已被朝廷暗中收买了，瓯越王的弟弟"夷鸟将军"骗刘濞去劳军，趁机杀了他，把他的人头献给朝廷，朝廷这才饶恕了瓯越的叛乱之罪。

但事情没完，刘濞的儿子刘驹逃到闽越国，他一心为父亲报仇，千方百计唆使闽越去攻打瓯越。

闽越这些年国力强盛，自信心膨胀，早就想在南方称王称霸了，又想着瓯越国是"戴罪之身"，朝廷大概不会帮他们，于是发兵攻打瓯越国。

瓯越国紧急向朝廷求助，朝廷答应救援他们。但朝廷的大军一到，闽越军队就撤走了，朝廷的军队一撤走，闽越军又重新来打，反反复复，不断地跟朝廷玩猫捉老鼠的游戏。

公元前138年，闽越再一次攻打瓯越，瓯越王欧贞鸣被杀，国家来到灭亡的边缘。当时武帝即位不久，对地方军队控制力还不够，有点犹豫该不该发兵，最后还是听信严助的建议，决定再次援助瓯越。

武帝派严助到会稽郡调动当地军队，但不给他虎符，只让他拿着节杖去。

严助到会稽以后，会稽太守还不肯派兵，严助杀掉他们一个官员以后才吓住了会稽太守，于是由会稽郡出兵，再一次赶跑了闽越军。

欧贞鸣的儿子欧望觉得不能再这样耗下去了，便向朝廷提出归附的请求，得到朝廷同意以后，欧望带着瓯越国的四万军民投靠大汉，举国迁徙到了江淮之间。

瓯越的历史至此结束了，他们的土地也终于并入了大汉。

不过朝廷并没有真正打败闽越国，所以闽越王驺郢心里一点都不服气，依然上蹿下跳地找朝廷的麻烦。三年以后，他又派兵去攻打南越国，南越也向朝廷求援，于是朝廷又去救援南越。

驺郢多次挑衅朝廷都没事，以为朝廷真是纸老虎，所以这次他不再躲闪了，直接派兵跟朝廷大军对峙。

他的弟弟馀善早就有篡位的野心，这次他看到机会，就挑唆国内的贵族们说："我们大王擅自挑衅朝廷，现在朝廷大军已经来了，再这么抗拒下去，惹火了皇帝，只怕朝廷大军就要灭了我们国家，不如杀掉这个昏君向朝廷请罪算了。"

这时候的汉军已经非常强大了，闽越的贵族们都很畏惧，听到馀善这番话，纷纷附和，于是大家一起杀掉驺郢，把他的人头献给了汉军。

消息传到长安，按理应该封赏馀善才对，武帝却担心馀善在闽越国内的威望已经太高了，所以不仅没奖赏他，反而立了闽越的另一个贵族繇君丑为越繇王，让他来统治闽越。

这让馀善非常愤怒，于是他直接抛开朝廷，自立为王。

朝廷这时候正在策划对付匈奴的事，没空管这些，所以就顺势加封馀善为东越王，跟越繇王共同统治闽越。

当然，很可能这本来就是朝廷的计策，通过这种方式，成功分化了闽越国，使得这个暴躁的小国内部陷入对立状态，无法再对外出击，今后很多年南方都可以基本保持安定了。

南方安定下来以后，大汉君臣终于可以集中精力对付匈奴这个真正的强敌了。

大战爆发的前夜

从"白登之围"过后，大汉君臣意识到了大汉军事力量跟匈奴的巨大差距，所以在几代人之内都尽量不招惹匈奴，通过和亲、赠送礼物（实际上是朝贡）等方式勉强维持着两国之间的和平。

当然，匈奴豺狼心性，不会因为你讨好他他就放过你了，从高祖开始的这几十年，匈奴对大汉的骚扰和掠夺基本没停过，北方各个郡县饱受摧残，烽火常常烧到长安附近。

对于这种局面，年轻的汉武帝是根本不能容忍的，他一心要为大汉洗掉几代人的耻辱。

从登基开始，他就在暗暗计划对匈奴发起大规模打击。

这些年，大汉国力强盛，匈奴来侵犯的次数少了，两国边境上的贸易有明显发展。民众之间的物资交流又进一步减轻了匈奴的经济压力，所以他们向南侵略的冲动进一步减小。这就给人造成一种错觉：似乎大汉多年的妥协忍让已经起到了效果，汉匈之间已经逐渐走向了长期和平的局面。

朝廷里大多数大臣都被这种假象蒙蔽了，主张对匈奴妥协的言论明显占了上风。

但他们并不知道，匈奴这几年的"消停"是有原因的。

这些年，大汉被匈奴隔绝在河西走廊以东，对大漠和西域的情况完全不了解。匈奴却刚好相反，地理上的优势使得他们可以统筹全局。

在匈奴看来，汉人毫无战斗意志，只是一群待宰的肥羊而已，不必急着打击他们，况且南方土地不适合牧马，对匈奴的吸引力不大，所以他们把扩张的重点放到了河西走廊和西域。

早在战国时代，河西走廊就有两个游牧民族的国家：月氏和乌孙。由于相互争夺资源，两国之间常常爆发战争，当然，他们跟匈奴之间也是矛盾重重，三个彪悍的国家上演着一场相爱相杀的"三国演义"。

秦朝末年，匈奴王子冒顿曾经在月氏当人质，后来逃回了匈奴，杀父夺权，成为新一任单于。

特殊的经历使得冒顿单于跟月氏有着深仇大恨，三国关系中，匈奴和乌孙站到了一起。

同一时期，月氏和乌孙爆发大战，月氏大胜，杀掉了乌孙昆莫（乌孙国把国王称为昆莫）难兜靡，难兜靡的儿子猎骄靡刚出生不久，大臣布就翎侯抱着他逃脱月氏人的追杀，逃到了匈奴人那里。

布就翎侯对冒顿单于说：在路上的时候，他把猎骄靡放到草丛里，看到有乌鸦叼着肉来给这孩子吃，母狼也来给他喂奶。冒顿单于听说以后大喜过望，认为这孩子是受上苍保佑的，将来一定大有出息，就把这个亡国的王子收留下来，让人把他养大。

冒顿单于过后，老上单于继位，猎骄靡也长大了。他带领流亡的乌孙人加入匈奴战队，共同对月氏发起进攻。经过很多场血腥战役以后，两国联军终于彻底击溃了月氏国，杀掉月氏王，夺走月氏的土地，在河西走廊恢复了乌孙国，而猎骄靡则成了乌孙国的新任昆莫。

月氏崩溃以后，小部分月氏人翻过祁连山定居下来，被称为"小月氏"，他们后来跟羌人融合到了一起。其余的大部分月氏人向西迁移，最后到达西域的伊犁河流域，赶走那里的塞族人，在塞族的土地上重新建立了月氏国，被称为"大月氏"。

但西域也是匈奴重点扩张的目标，匈奴和乌孙继续追击月氏人，在伊犁河流域又一次打败月氏人，把他们进一步向西驱赶。

月氏人只能再拿塞族人出气，他们来到妫水以北的监氏城，把刚迁到那里没多久的塞族人赶走，以监氏城为首都，再一次重建了月氏国。（匈奴灭月氏和月氏两次西迁的具体时间有争议，只能肯定是在汉匈大战爆发之前。）

而乌孙人则在猎骄靡的带领下占据了伊犁河流域，成为西域最大的国家，并且小心翼翼地跟匈奴相处。

原来属于月氏和乌孙的河西走廊却完全被匈奴控制了，匈奴从西、北两个方向彻底围住了大汉，在地理上占据压倒性优势。更重要的在于，河西走廊是中原通向西域的唯一通道，匈奴占据河西走廊以后，也就彻底把大汉和西域隔离开了，西域各国已经成了匈奴的囊中之物。

从这一系列战争可以看出，匈奴一直存在强烈的扩张倾向，而且他们的战略意图非常清晰，步步为营，稳扎稳打，逐步吃掉周边各个民族。这些年他们跟大汉维持表面上的和平，只是因为大汉在他们眼里根本构不成威胁，属于最后一个征服目标而已。

而大汉还在源源不断地把财物送给他们，间接支持着他们的扩张战争。

形势如果继续这样发展下去，等匈奴把西域彻底消化掉以后，他们就会成为亚洲中部无可争议的霸主，大汉再要翻盘难度就非常大了，到时候恐怕不再是送公主能解决的，而是要公开称臣纳贡了。

好在年轻的汉武帝拥有足够的雄才大略，他跟那些不思进取的儒家大臣不一样，他很清楚地意识到：靠送钱粮和公主换来的和平是不会长久的。匈奴是大汉必须迈过去的一道坎，一代人要承担的责任没有理由推给下一代。作为大汉天子，他必须为天下百姓打出一片开阔的天地，打出子孙后代的和平保障。

不管付出什么代价，他必须出手！

百年大战的开端

早在公元前139年，刚刚登基不久的汉武帝就企图扭转大汉面临的战略劣势。

当时大汉国内已经知道了月氏王被杀的消息，也听说了月氏人向西域迁移的事，所以武帝派张骞到西域去联络月氏，希望两国联手，从两个方向夹击匈奴。

这个计划非常大胆，但如果真的实现的话，从战略上来说绝对是对匈奴的沉重打击。

问题在于当时通往西域的通道完全被匈奴卡住了，大汉使节要去西域必须穿过匈奴人控制的漫长地带，极其危险，谁也不知道他们这些人还能不能活着回来。就是在这样的风险之下，张骞毅然接过朝廷交给的使命，带着一百多名随从，在匈奴人堂邑父的带领下向西出发了。

他们这一去就再也没有消息了，大汉朝廷无可奈何，只能等着。

这期间，匈奴正在跟乌孙联手攻打月氏，迫使月氏第二次迁移，所以他们对大汉的态度比较温和。为了进一步稳住大汉，公元前134年，匈奴派使者到长安请求和亲。

这时候窦太后刚刚过世，武帝亲政，准备大干一番事业，首要的目标就是打击匈奴。

从文帝时代开始，大汉就一直在竭尽全力提升自己的军事实力，除了扩充武库、训练士卒、定期阅兵以外，为了弥补在骑兵方面跟匈奴的差距，还特别在意战马的培育，朝廷甚至下令百姓家里养一匹马可以免除三人的徭役。

到武帝时期，汉朝的军事实力已经非常雄厚了，单从物资方面来说，已经远远把匈奴甩在了后面。

这是武帝对匈奴强硬的经济基础。

更重要的是，汉朝的战争理念和军事科技都已经领先于匈奴。这些年，经过朝廷的大力培养，汉军训练出一支能征善战的骑兵队伍，替换了旧时代的步兵和战车组成的落后兵种，并且开始尝试远程奔袭和大迂回包抄这一类机动作战方式。另一方面，大汉的冶炼技术也有了质的飞跃，生产出大量铁质武器，把汉军的装备水平提升到了当时的世界领先水平。

这是武帝对匈奴强硬的科技基础。

武帝召集群臣商议，看能否对匈奴发起打击了。不料大多数大臣都认为汉匈之间现在的状态就挺好的，应该继续和亲政策，开战只会劳民伤财。只有大行令王恢认为应该主动出击，解决掉这个北方威胁。

最后商议的结果：答应匈奴的请求，再一次派出宗室女嫁给匈奴单于。

看样子汉匈之间会继续保持不稳定的和平状态。

但这实际上是武帝的缓兵之计，他私下里正跟王恢商议发起对匈奴的战争。

当时两国边境商贸繁荣，人员往来频繁。在雁门郡的马邑县城，有个叫聂壹的商人暗中向王恢进言："我跟匈奴那边的人很熟悉，可以假装叛逃过去，骗匈奴单于来攻打马邑。朝廷只要预先在马邑设下伏兵，就可以给匈奴来一场围歼战。"

武帝同意聂壹的计策，于是派遣韩安国、李广、公孙贺、王恢、李息五位将领，带领三十万大军埋伏在马邑附近，等候匈奴骑兵到来。

聂壹逃到匈奴，对军臣单于说："我有计策可以斩杀马邑县令，请大王立即准备兵马，待我杀掉县令以后，大王前来，里应外合，马邑唾手可得。"

军臣单于相信了他的话，放他回去，派使者暗中观察。

聂壹跟县令商量好，杀了一个死囚，把人头悬挂在城楼上，按照事先约定的信号暗示匈奴使者：县令已经被杀掉，你们可以来了。

军臣单于听说以后，带着十万骑兵杀入长城上的武州塞，直奔马邑。

埋伏的汉军听到消息以后也紧张起来，准备展开一场残酷厮杀。

然而匈奴民族长期在刀口上舔血，战斗经验十分丰富，来到马邑附近以后，他们发现周围的山坡上牛羊成群，却没有放牧的人，马上警惕起来。

匈奴冲向附近一座哨所，活捉了里面的武州尉史，在匈奴的逼问之下，尉史说出了汉军的计谋。

军臣单于大惊失色，赶紧带领军队撤退，汉军的计策失败了。

汉军听到消息以后追出来，匈奴大军已经走远了，只好无功而返。

马邑之战的失败对武帝是一次严重打击，他顶着大多数人反对的压力对匈奴开战，不仅没有取得任何战果，反而打草惊蛇，白白暴露了大汉打击匈奴的意图，之前所有的隐忍都白费了。大汉的意图一旦暴露出来，汉匈之间就再也没有和平的可能性，后面的大战不可避免。从现在开始，大汉就要准备面对一系列艰苦的消耗战了。

失败的责任总要有人承担，武帝把矛头对准王恢。按照原计划，汉军主力包围匈奴大军以后，王恢就带着自己手下的三万人马从侧翼截击匈奴的辎重，现在武帝认为：即使计划失败了，王恢也可以继续截击匈奴的辎重，取得多少战果另说，至少可以鼓舞军心，现在这样空手撤退，属于严重渎职，不可饶恕。

王恢为自己辩解：当时的情况如果贸然出击，不仅不会取得战果，还会白白折损三万人。

但武帝不听这些辩解，连王太后求情都没用。王恢听说以后，只好自杀身亡。

这暴露出武帝性格中的一个重大缺陷：为人刻薄寡恩。这种性格会在之后造成无数无辜者的悲剧。

匈奴那边，逃出埋伏圈以后，军臣单于松了一口气，感叹说，多亏老天的帮助才能全身而退，还把那个泄密的尉史封为"天王"，给予重用。

不过仔细想来，匈奴能够逃出马邑，靠的不是"天意"，而是他们自己的警惕心。归根结底，还是汉军指挥者太大意，低估了匈奴的战斗经验。相比起汉人而言，匈奴才是真正的战士，他们是草原上奔腾的野狼，凶狠而狡诈，靠一个小小的诈降之计想要抓获他们的首领，那是太低估他们了。

但对于匈奴而言，也有一个严重的不利因素存在——大汉出手的时机太早了，早到匈奴还没能布置好自己的全局战略。

他们本来计划先整合漠北草原，然后截断河西走廊，接着控制西域，再压迫大汉臣服。现在控制西域的计划还没能完成，东方的战争却已经不可避免地要开打，他们的计划因此就被打乱了，这对他们是不利的。

何况他们还守着一个秘密——张骞已经被他们扣留下来了，他们因此知道了大汉有联络大月氏的计划。大月氏虽然已经被赶到了遥远的大夏，但在汉朝的鼓励下，会不会杀个回马枪？谁也说不清楚。

而且现在军臣单于年纪已经很大了，匈奴正处在领导层换代的关键阶段，这时候爆发大规模战争，对他们而言根本不是一个合适的时机。

公元前130年前后，大汉和匈奴都面临着各自头痛的问题，一场波澜壮阔的百年大战却要在双方都不情愿的时候拉开帷幕了。

卫青初亮相

马邑之战过后，匈奴开始对大汉发起大规模骚扰战，对大汉长城沿线的关口不断发动袭击，从辽西到北地，接近三千里的防线上处处烽火，没有一刻安宁。

大汉的北方防线上主要有这些重镇：辽西、右北平、渔阳、上谷、代郡、雁门、定襄、云中、五原、朔方、北地（朔方、五原等地区是后来才纳入大汉版图的，这时还在匈奴的控制之下）。大致相当于从今天的锦州到银川的位置，这是匈奴的主攻方向，是双方的主要战场。另外，从北地到陇西，是匈奴控制的河西走廊与汉朝关中地区的交界处，相当于从今天的银川到兰州,是双方的第二条战线。

公元前129年,匈奴攻进汉朝的上谷郡,烧杀劫掠。

朝廷派卫青、公孙敖、公孙贺、李广各带一万兵,分别从上谷、代郡、云中、雁门四地出击,攻打匈奴。

这四位将领有三位都是武帝的亲信。卫青不必说了;公孙敖是卫青的铁哥们,当初刘嫖要杀卫青就是他及时赶来救了卫青一命;公孙贺曾经是景帝时期的太子舍人,很早就陪在武帝身边,后来又娶了卫子夫的姐姐,所以他跟武帝可以算连襟。

而李广是抗击匈奴的老将,早在文帝时期就开始参加对匈奴的战争,在匈奴中间赫赫有名,人称"飞将军"。

从这个人员安排很明显看出,武帝最信任的还是自己的外戚家族,其中卫青更是他着重培养的对象。

这次战役是卫青第一次在战场上亮相,他这十来年一直跟在武帝身边,经过武帝的潜心栽培,卫青在政治和军事两方面都已经非常老练,所以武帝放心把军队交给他,让他从上谷郡出击,直面匈奴主力。

卫青是个完美的人。他虽然出身卑贱,却学得一身好武艺,又对兵法了如指掌,是天生的将佐之才。他同时又拥有足够的政治头脑,在官场上挥洒自如。他对人不亢不卑,却并不圆滑。他为人低调沉稳,却拥有极其敏锐的洞察力。他识时务、知进退,做人做事完美无瑕,却保持着恰到好处的谦卑。更难得的是,他拥有高尚的品行,礼贤下士,公正无私,受到士卒的高度拥戴。

这样的人来到世上,是上天对大汉的馈赠。

四路军马出征以后,卫青马上展现出自己无与伦比的军事天赋。他率领军队追击匈奴,却发现匈奴的主力已经移向西部了,前方只剩下少量人马,于是当机立断,对匈奴的小分队发起追击,一直追打到龙城(匈奴祭天的地方),杀敌七百余人,取得了大汉对匈奴的首次胜利。

西边的公孙敖和李广就比较倒霉,迎头碰上匈奴主力,公孙敖遭到大败,损失七千骑,李广甚至被敌人活捉了,趁敌人看守放松的机会才侥幸逃回来。云中的公孙贺听说两路汉军大败,紧急撤回,避免了伤亡。

两国的第一次大规模交锋以汉军惨败收场。

这样看来，汉朝将领在面对匈奴铁骑的时候仍然明显处于下风。

只有卫青是个例外，他的出现是个奇迹，不管在多么艰险的局势下，他都能凭借个人能力强行逆天改命。他还拥有无与伦比的好运气，这种运气会伴随他一生，使他成为人类历史上极其罕见的终生不败的将领之一。

武帝得到回报以后，又喜又怒，一方面大力褒奖卫青，封他为关内侯；另一方面又大发雷霆，把公孙敖和李广打入大狱，准备处死。后来两人交了许多赎金才被放出来，但被贬为庶人。（这种惩罚方式是当时军队里的惯例，判死刑以后一般是拿钱赎人，贬为庶人以后过一段时间也会被重新起用。）

几个月后，匈奴两万大军入侵，先从东北方的辽西攻入，杀死辽西太守，掳走二千多人；又攻打渔阳，打败渔阳的一千多守军，抢走大量人口和财物。守卫渔阳的韩安国防备不足，犯了大错，从此受到武帝冷落。

匈奴随后沿着长城向西飞驰，攻入雁门，又杀掉上千人。朝廷紧急派卫青带三万兵马出雁门关，李息出代郡，才挡住了匈奴的侵略。

这是匈奴常用的战术，他们凭借自己超强的机动能力，在三千里的战线上快速移动，一旦发现某一处关口守卫不严，就集中兵力猛攻，打破城池，掳掠一番，在汉军主力来救援之前迅速撤走，到下一处关口继续进攻。

这种骚扰战术是根本无法防备的，要打败他们，只能主动出击，而且要从多个地点同时出击，想办法捕获他们的主力，对他们的主力部队发起歼灭战，消灭他们的有生力量。

大汉朝廷顺着这个思路，在随后几年发起了一系列主动进攻。

收复河南

公元前 127 年，卫青、李息出云中。之前抓获的匈奴战俘招供说：匈奴的下一个进攻目标在东方。所以朝廷估计匈奴在西方的防守比较松懈，便趁这个机会偷袭云中以西的河南地区。

"河南"指黄河流域最北端的河套平原（不是现代的河南），这里北靠阴山，南依黄河，是汉匈之间的重要缓冲带，而且土地肥沃，牛羊成群，又有水运的便利，自古以来就是游牧民族与中原争夺的主要地带。秦朝时大将蒙恬曾经把匈奴赶出河套地区，在这里筑城防守，秦朝灭亡以后，匈奴又回来，重新占领了这个地区。

匈奴占据河南地，他们的骑兵就可以直接冲到上郡和北地，上郡和北地是长安的北方屏障，文帝景帝时期，匈奴就曾经多次冲击这两处地方，震动长安，所以这次朝廷看到匈奴防守薄弱的机会，先对河南地用兵。

卫青、李息从云中出发以后，沿着长城内侧迅速推向西方，到达阴山脚下的高阙。这里是阴山的一个缺口，是漠北到河南的交通要道，占据这里以后，便堵住了匈奴在阴山以南的军队撤回漠北的道路。

汉军随后沿着贺兰山往南，七百里的急行军到达陇西，迂回包抄，把整个河南地区围了起来。

匈奴驻守河南地的是白羊王和楼烦王，他们万万没想到汉军会在这时候来到，等发觉的时候已经被包围了。两人的军队四散奔逃，出现大溃败。卫青、李息趁势掩杀，杀敌数千，得到牛羊百万，取得一场轰轰烈烈的大胜。

这是大汉对匈奴的一场关键性胜利，通过这次胜利，大汉夺回了至关重要的河套地区，把匈奴的势力赶回了阴山以北，恢复了秦朝时的北方边界，长安从此不再直接受到敌人威胁了。匈奴损失大量牲畜，甚至可能超过他们这些年从大汉抢到的牲畜之和，更丢失了水草肥美的河套，失去了一个重要的牧马地，经济实力严重受损。这成为匈奴实力下降的开始，汉匈双方的实力对比开始逆转。

朝廷非常重视经营河套地区，武帝接受主父偃的建议，在这里建立了朔方郡和五原郡，组织军队来这里屯垦，又从内地迁移十万民众来这里居住，并且在秦长城的基础上开始修建汉长城，作为长期的保障。朔方和五原从此成为大汉的北方重镇，是防卫匈奴的第一道防线。

这次战役，卫青创造了无一人伤亡的军事奇迹，武帝专门发布诏书称赞他的功劳，又封他为长平侯，增加食邑三千八百户，连卫青的副将苏建、张次公都被封侯。

卫青为人异常谦逊，虽然已经成为全国的明星人物，但他仍然保持着低调的作风，不跟其他官员勾搭，不培养自己的帮派，甚至不养门客。在官场上,他的一切行为都表现得毫无攻击性,就像三月里的一股柔风,轻轻拂来,温润无比。

这样的行事风格,使得他逃过了皇帝的猜疑,终其一生都受到武帝重用。

张骞通西域

匈奴在河南之战被偷袭得手,说明他们的全局统筹能力出了大问题,这很可能跟他们的高层内斗有关。

河南之战过后不久,军臣单于就过世了,他弟弟伊稚斜和他儿子于单爆发争位大战,最终伊稚斜打败了于单,夺得王位,称为伊稚斜单于。于单逃到大汉,被封为陟安侯。

这期间,匈奴内部陷入短暂的混乱,让张骞一行人找到机会,成功逃出匈奴的魔爪,终于在公元前126年回到了长安。

这时候离张骞出使西域已经十三年了,当初出发的一百多人,只剩下了张骞和堂邑父两人。看到衣衫褴褛的张骞和堂邑父,武帝感慨不已,向他们详细问明了这些年在西域的情况。

当初张骞他们从长安出发,到达匈奴控制的河西走廊,很快就被匈奴的巡逻兵发现了,被带到军臣单于面前。

军臣单于冷笑着说:"你们去勾结月氏,还想从我的土地上过?"于是把他们这群人扣留下来。

这一留就是十多年,匈奴为了招降张骞,用尽了各种手段,甚至让他娶妻生子,但张骞只是表面顺从,内心一直没有忘记武帝交给他的使命。后来,他趁着匈奴人的戒备放松的时候,终于成功逃脱,来到了西域。

当时的西域人烟稀少,只在塔克拉玛干沙漠南北两侧分布着许多零散的小国,称为西域三十六国。这些国家基本都在匈奴的控制之下,而且自然环境极端艰苦,道路难行,张骞冒着巨大的风险穿过这里,翻过葱岭,来到大宛(yuān)。

大宛王十分仰慕汉朝的富强,热情地接待了张骞一行,然后派向导把他们送到了康居,再从康居转到大月氏。

张骞已经了解到，他被扣押在匈奴的这些年，大月氏又一次被赶走，在大夏的土地上重建了他们的国家。

这时候的月氏跟之前已经有很大不同了，他们在中亚地区基本没有对手，各种民族都臣服于他们，现在他们不再受到匈奴威胁，国家稳定，生活舒适，听张骞说起汉朝想和他们共同抗击匈奴，他们明确表示自己不感兴趣。

张骞在月氏停留了一年多，始终无法说服月氏人，只好踏上了回国的道路。

为了躲开匈奴人，他们这次沿着塔克拉玛干沙漠以南的线路走，然后不走河西走廊，而是从祁连山以南，羌人的地方穿过。

不料连羌人都已经臣服于匈奴了，又把他们截住，交给了匈奴。

匈奴继续把他们扣押下来，这次停留了一年多，等到匈奴国内大乱的时候，他们才再一次逃了出来。

张骞带着在匈奴那边娶的妻子，还有堂邑父，一起回到了长安。

武帝听说以后，对张骞他们的爱国情怀非常赞赏，把张骞提拔为太中大夫，封堂邑父为奉使君。又因为张骞对匈奴和西域的情况非常了解，所以从这以后，大汉军队出征的时候往往带上张骞，他帮助汉军排除障碍，寻找水源，避开陷阱，给行军打仗提供了很多便利。

张骞这次出使大月氏，虽然没有完成原先的计划，却有许多意外收获。

一方面，他把大汉的国威传播到了遥远的西域各国。另一方面，他带回了西域各国人文、地理、经济、人口、军事各方面的信息，让中国人第一次了解到在遥远的西方有那样一群色彩斑斓的国家，有那样一些风俗各异的民族，他们不仅开阔了视野，更萌生了打通贸易线路的想法。

从这以后，抗击匈奴不再是生存的需要（夺回河套地区已经解除了生存威胁），而是为了争夺地区霸权，大汉第一次拥有了国际视野，开始把自己当作世界级的霸主来经营。

根据张骞的报告，武帝计划打通两条通向西方的道路：一条是走河西走廊的传统路线，要打通这条线，首要目标是夺取河西走廊的控制权；另一条是穿过蜀地进入身毒（印度），沿喜马拉雅山南麓到达中亚，打通这条道路的首要目标是控制西南夷。

这两个目标就成为之后很多年大汉的扩张方向。

开拓西南的努力

其实在很多年以前，武帝就已经在向西南方扩张自己的势力了。

汉朝初年，巴蜀的西南方住着很多落后的夷人国度，中原称他们为西南夷，其中最大的国家是夜郎，另外还有滇国和邛都，都是当地的大国。

早在战国时代，楚顷襄王就曾经派大将庄蹻去攻掠西南地区，庄蹻一直打到滇池。眼看楚国要吞并这些地方了，不料秦国突然攻打楚国，阻断了庄蹻跟楚国本土的联系，庄蹻只好就地称王，建立起滇国，楚国吞并西南的计划就这样被打断了。

秦始皇统一中原以后，中原又一次攻打西南夷，取得大胜，成功吞并了这些地区。始皇帝还在当地派驻秦朝官吏，并且修筑"五尺道"，把西南跟中原连接起来。

可惜秦国国祚太短，几年之后就崩溃了，西南地区因此脱离中原统治，重新变成一些独立的小国。

汉朝立国以后，一直休养生息，顾不了西南蛮荒地带的事，所以中原王朝的西边界只到巴蜀为止。

这种局面一直维持到武帝时期。

公元前135年，一件意料之外的小事把西南地区重新带入了中原王朝的视野。

当时闽越攻打南越，南越向大汉求救，大汉出兵干涉。拿到闽越王驺郢的人头以后，武帝派中郎将唐蒙前往南越，把打败闽越的情况转告他们。

南越王赵眜（赵佗的孙子）热情地接待唐蒙，还拿出精心准备的枸酱来招待他。唐蒙吃着这种异域风味的美食，顺口问了一句：这是从哪来的。赵眜回答道："具体产地在哪里我也不清楚，只知道是从西边的牂牁（zāng kē）江上运来的。"

唐蒙见他闪烁其词的样子，有些怀疑，回到长安以后就问从蜀郡来的商人，商人回答："一定是从蜀郡来的，这东西只有蜀郡才产，当地人往往偷拿土特产出去卖给夜郎人，夜郎就在牂牁江上游。"

唐蒙还是第一次听说"夜郎"的名字，马上去调查，才知道夜郎竟是西南方首屈一指的大国，大汉这么多年都没注意到他们，南越却一直想吞并他们，但还没成功。至于枸酱，肯定是蜀郡百姓卖给夜郎，夜郎再卖给南越的。

再深入调查，更发现从夜郎的牂牁江顺流而下，可以轻松攻进南越本土，大汉如果控制夜郎，就可以对南越造成严重威胁（所以南越王不肯告诉他们枸酱的真实来历），也能压制西南方各种夷人部落。

唐蒙赶紧把这个重大发现报告给武帝，武帝听说以后也非常兴奋："原来还有这样一条捷径可以压制百越。"便派唐蒙为使者，去说服夜郎归顺大汉。

唐蒙带着大量钱财从巴蜀进入夜郎，向夜郎侯多同申明大汉的威仪。多同被满桌的财宝闪瞎了眼，又想到道路艰险，汉朝没法派人来控制夜郎，便一口答应了唐蒙的要求，表示愿意接受大汉的统治，自己当大汉的地方官。

当时还有一件轶事：汉朝使者到夜郎以后，夜郎王很好奇地问他们："汉朝跟我们夜郎谁更大？"消息传到中原以后，成为大家的笑料，从此留下了"夜郎自大"的典故。

唐蒙把夜郎归顺的消息回报给武帝，武帝发下诏令，设置夜郎为"犍为郡"，继续让多同在当地统治，于是名义上夜郎和周边的一些小国都变成了大汉领土。

汉朝从此开始向西南方渗透，武帝随后又派出司马相如去安抚西南夷，并且陆陆续续收服了当地许多部落，把它们都设置为汉朝的郡县。

但这种统治是非常不稳固的。实际上，对于西南夷来说，他们名义上归谁统治根本无所谓，中原王朝给他们送来大量财富，拿了人家的钱财，称一声"陛下"有什么大不了的呢？自己的生活该怎么过依旧怎么过。

中原那边的想法却不一样，让西南夷称臣只是第一步，更重要的是通过之后不断的文化渗透把他们同化掉，最终完成开疆拓土的任务。

当时武帝信心满满，派出许多军队修筑蜀郡的道路，想尽快把西南跟中原连接到一起。不料投入大量人力以后道路还没修好，却因为压榨当地人引起西南夷反叛，闹得民怨沸腾。最后在公孙弘的建议下，只好暂停了修路的工程，把人力物力都拿去建筑朔方郡和五原郡。

这以后，朝廷的精力都用来打击匈奴，对西南的渗透暂缓了下来。

公元前126年，张骞从西域回来，向武帝报告说：在大夏国居然见到蜀地的布匹、竹杖等特产，当地人说是从身毒传过来的，说明从蜀地经过身毒可以到达西域。

这番话又激起了武帝的兴趣。沟通西域是大汉对外政策的重中之重，看来西南地区的重要性比想象得高，于是武帝派人去西南夷的西边，从四条道路出发，寻找到达身毒的通道。

但西南地区道路险阻，情况复杂，当地部落极其排斥外地人，朝廷派去的人做了很多努力，都在昆明附近被拦截下来，没能打通到身毒的道路。

只有滇国对中原的态度比较和善，滇王当羌还派人帮汉朝的使者探索道路，但也没成功，汉朝对西南的渗透再次陷入停滞状态。

看来目前要连通西域还是只能通过河西走廊。

而河西走廊控制在匈奴手里，汉朝只有硬抢。

神奇少年霍去病

丢失河套平原以后，匈奴急了，发了疯似的对大汉穷追猛打。这几年，代郡、雁门、定襄、上郡、朔方……每个地方都受过匈奴的攻击，三千里的北方防线烽烟四起，处处告急。

武帝不理他，继续按自己的计划走。公元前124年，朝廷派卫青带三万骑兵出高阙，另有苏建、李沮、公孙贺、李蔡等将领出朔方，李息、张次公出右北平，总兵力超过十万，揭开了漠南之战的序幕。

其中，卫青率领的西部兵团是主力，目标是漠南的匈奴右贤王，李息、张次公率领的东部兵团负责牵制匈奴左贤王。

卫青再次发动奇袭，让军队日夜兼程，出塞七百里，趁夜色包围了右贤王的王庭，这里已经深入到了匈奴腹地，汉军从来没有到达过。

右贤王正搂着姬妾睡觉，根本没想到汉军会杀到这里来，慌乱中来不及组织进攻，只带着一名爱妾和数百名卫兵冲出包围圈，向漠北逃走了。

剩下的匈奴军民群龙无首，汉军大杀一通，活捉右贤王手下的小王十多个，以及匈奴军民一万五千多人，获得牲畜上百万头，取得了开战以来最大的一次胜利。

这是汉军第一次直接威胁到匈奴的高层人物，对匈奴在漠南的势力造成沉重打击。消息传来，举国欢腾，武帝连夜发出犒赏令。卫青他们刚刚回到朔方，朝廷的使者就到了，拿着新铸的官印，宣布武帝的封赏：封卫青为大将军，统领各路将领，加封食邑八千七百户，封卫青的三个儿子为宜春侯、阴安侯、发干侯。

随后又把公孙敖、韩说、公孙贺、李蔡、李朔、赵不虞、公孙戎奴、李沮、李息、豆如意等将领全部封王封侯。

卫青连忙推辞，说这次胜利全靠诸位同僚出工出力，自己的三个儿子都还小，没有军功，怎么能封侯。但武帝不答应，还是坚持赐封他的儿子。卫青家族的荣耀从此达到了顶峰。

这次败仗过后，匈奴展开报复，攻入代郡，杀掉了当地都尉。

第二年，朝廷再派十万大军，由卫青率领，手下是公孙敖、公孙贺、赵信、苏建、李广、李沮六员将领，出定襄，攻打漠南的匈奴，斩首三千。

一个月以后，卫青再次带领六员将领出定襄，斩首一万九千。

但这次各路军马的配合出了问题，苏建和赵信带着三千兵马，遇到伊稚斜单于带领的大部队，瞬间被包围，三千汉军苦战了一天，最后伤亡惨重。

赵信本来是匈奴的小王，战败以后投降到汉朝来的，现在危急时刻，他带着八百骑兵又投降了匈奴，只剩下苏建勉强杀出一条血路逃了回来。

卫青问周围的人该怎么处置苏建，大家都说该当斩首，最后卫青说："我不敢擅自专权而杀大将，还是回长安请示天子，让天子来处置比较好。"于是把苏建装在囚车里押回了长安。

这正是卫青的聪明之处，他就是靠这种低调谦恭的作风，才没有引来"功高震主"的麻烦。

武帝赦免了苏建的死罪，只是把他贬为庶民。因为苏建、赵信的失败，这次卫青也没有再被加封，武帝只赐给他千金黄金而已。

不过这两次战役中却意外涌现出一位超级军事天才——霍去病。

霍去病是卫青的外甥，这年才十七岁，出身于名门的他从小就受到卫青等人的精心培养，虽然年纪还小，但他的军事素养已经不输给任何一位老将了。

这次出击，卫青本来只是想带他历练一下而已，只分给他八百轻骑兵，让他当票姚校尉，策应主力部队。哪知道这小伙初生牛犊不怕虎，带着这帮年轻人就往匈奴腹地猛冲，竟然一下冲到了匈奴大后方。

匈奴的主力都在前线跟汉军作战，后方空虚，瞬间被霍去病给连锅端了。于是这个刚上战场不久的小伙取得了以下神奇战绩：斩首二千零二十八人，活捉匈奴的相国、当户，斩杀单于爷爷辈的籍若侯产（官封籍若侯，名产），活捉单于的叔父罗姑比。

这样的战绩对匈奴是真正的震慑，真正实现了消灭敌人有生力量的目标，这是许多明星将领终其一生都难以取得的战绩，而霍去病一出手便得到了，只能说是纯粹的奇迹。

两次出定襄，霍去病的战绩都位列全军第一，而且伤亡人数极低，武帝竖起大拇指大加赞叹，封他为冠军侯，食邑两千五百户。

从此以后，这位天才少年便成为大汉将星谱上一颗最耀眼的新星，光耀四方，名震千古。

霍去病的出现是上天对大汉的另一份馈赠，在之前和之后的所有时代，都没有再出现这样的神奇少年。

另一方面，赵信的叛变给汉军带来一些打击。

他在大汉当将领很多年，对汉军内部的情况相当了解，投降匈奴以后，伊稚斜单于对他特别重视，封他为自次王，还把自己的姐姐嫁给他。

赵信感激涕零，把大汉的地理情况、长城各处的防御阵线、汉军常用的阵法和盘托出，匈奴因此对汉军有了深入了解——当然，大汉这边有张骞，对匈奴内部的情况同样了如指掌。

赵信更进一步建议说：汉军不适应在大漠中长途奔袭，我们可以把军队撤到漠北，拉长战线，等他们来的时候便好反击。

伊稚斜单于接受了他的建议，于是匈奴大部队便渐渐撤离了漠南。同时，他们也继续发起报复，继续进攻长城沿线的关隘。

但赵信的这个主意未必高明，甚至可能是在给匈奴挖坑。匈奴主力向北撤退以后，与南方部落的联系被削弱，反而给大汉收复河西走廊提供了机会。

强夺河西走廊

机不可失，公元前121年春天，武帝任命霍去病为骠骑将军，带领一万骑兵出陇西，正式开启收复河西走廊的战役。

河西走廊目前被匈奴和西羌联手控制，这个地区一方面封堵着大汉的西边界，另一方面也使得两大蛮族联合在一起，对大汉造成了严重威胁。

盘踞河西走廊的匈奴势力主要是浑邪王、休屠王两支主力，外加大大小小各种部落。

霍去病从陇西出发以后，翻过乌戾山，渡过黄河，进入河西走廊，沿着祁连山从南向北扫荡。

这是一次极端危险的行军，汉军不顾兵法上的大忌，远离后方补给线，孤军深入，冲进地形复杂、敌人众多的地区。这样的行军方式，除了霍去病，没人敢用。但也正因为这个原因，才完全出乎敌人的意料之外，使得敌人各个部落来不及互相救援。

为了达到奇袭的效果，汉军只迫降敌人，不做杀伤抢掠，一切辎重都扔掉，轻装上阵，快速推进，六天急行军一千多里，扫荡五个王国。沿途各个部落被杀得措手不及，望风而降。

汉军翻过焉支山，到皋兰山下跟匈奴主力展开大战，匈奴休屠部、浑邪部都遭到惨烈屠杀。汉军最终杀敌八千九百六十人，斩杀匈奴折兰王、卢侯王，活捉浑邪王的儿子和浑邪部的相国、都尉，夺到休屠王的祭天金人，并且差点活捉伊稚斜单于的儿子。

最终，汉军以伤亡七成兵力的代价，完成了对河西走廊的地毯式扫荡。

武帝大喜，加封霍去病食邑二千二百户。

用兵之道，在于出其不意攻其不备，就在匈奴惊魂未定，还在计算损失的时候，当年夏天，汉军的第二波打击又来到了。

这次霍去病联手公孙敖出北地，先向北，奔向高阙，装作要出阴山、突击漠南的姿态，同时李广、张骞出右北平，攻击匈奴左贤王以迷惑敌人。

匈奴还没有看清楚汉军的意图，霍去病和公孙敖已经分别从两路突进，渡过黄河，翻过贺兰山，向西北飞奔。

公孙敖的军队走到一半却迷路了，没有按约定跟霍去病会合。霍去病不管这些，继续领兵前进，穿过大漠以后，来到居延海——这里早已深入到匈奴腹地，然后他转头向南，沿着弱水，杀向河西走廊北部。

这是一次接近三千里的超远程奔袭，霍去病绕了一大圈，最后从匈奴本部向南杀过来，跟上一次突袭的方向刚好相反，这完全出乎匈奴军队的预料。

汉军最后到达祁连山下，从敌人背后发起突袭。

浑邪王和休屠王又一次手忙脚乱，仓促应战，两个部落又一次遭到惨烈屠杀。汉军歼敌三万零二百人，俘虏五个匈奴王，以及王母（匈奴王的母亲）、阏氏（单于的妻妾）、王子等五十九人，相国、将军、当户、都尉六十三人，浑邪王和休屠王杀出一条血路逃走。

霍去病手下的将领赵破奴也取得大胜，斩杀邀濮王，俘虏稽且王，以及右千骑将、王母、王子等四十一人，俘虏士兵三千三百三十人。

赵破奴本来是五原（秦朝时叫九原）人，五原长期被匈奴控制，所以他年少的时候一直在匈奴生活，后来逃回汉朝。这两次河西之战他都跟着霍去病战斗，凭借着在匈奴那边锻炼出来的战斗经验，一上战场，便取得惊人的成就，后来成为霍去病的继任者之一。

这次行军，霍去病吸取了上次的教训，因此伤亡率只有三成，比上次低了很多，战果却比上次更加辉煌。

不过右北平那边的军队却遇到了大麻烦。李广一如既往地倒霉，原计划李广带着四千骑先行，张骞带着主力部队随后赶来会合，不料张骞没能及时赶来，导致李广的先头部队被左贤王的数万大军包围。李广让士兵围成一圈，派弓弩手对外疯狂射击，苦战两天，死伤过半，最后关头张骞的军队终于赶到，才把他们救了下来。

战后论功行赏，武帝加封霍去病五千四百户，霍去病手下各路将领也都得到封赏。李广功过相抵，没有得到封赏。张骞、公孙敖贻误战机，被判处死罪，两人拿钱财抵命，最后被免为庶人。

浑邪王和休屠王连续两次大败，丢掉了河西走廊的大部分土地，伊稚斜单于听说以后暴跳如雷，发誓要严厉处罚他们两人。两人走投无路，只好向大汉投降。

当时他们手下还有四万军民，两人乞降的消息传到长安以后，武帝怕他们是诈降，就派霍去病带着一万骑兵去接收匈奴降卒。

双方带着军队在边境上碰面，休屠王却突然反悔，想要逃走，浑邪王杀掉休屠王，把他的军队兼并了过来。但两人手下的官兵还是有很多不想投降，他们不顾浑邪王的阻拦，纷纷逃亡，浑邪王禁止不住，现场乱成一团。

霍去病一声怒吼，直接带兵冲向敌人阵营，追上逃亡的匈奴官兵，挨个砍杀，一口气杀掉八千多人。匈奴官兵们个个吓得面无人色，再也不敢乱来，现场秩序终于稳定下来。

霍去病让人先把浑邪王送去见武帝，自己带着剩下的匈奴官兵随后赶来。匈奴官兵们不敢不服，只好乖乖地听从安排，几万人浩浩荡荡地开过黄河，来到武帝驻跸的营帐前，拜倒在大汉的刀锋之下。

接收到这四万降卒以后，武帝把浑邪王封为漯阴侯，食邑一万户，对浑邪王手下的将领也都给予侯爵，又让他们带着投降的匈奴人到西北关塞外居住，作为大汉的藩属，帮助抵御匈奴。

到这时为止，汉朝彻底扫清了河西走廊的匈奴势力，把这片重要的地带拿到了自己手里，大汉通向西方的道路终于打通了！

大汉双星

为了经营河西，武帝在这里建立了武威、酒泉两郡（十年后又增设了张掖、敦煌两郡），迁移大量军民去屯边，把帝国版图扩张到了遥远的西部，为后来丝绸之路的建立创造了条件，这是恩泽后世的伟大功勋。

河西走廊从此成为汉地伸向西部的一只粗壮的手臂，插在大漠、西域、高原之间，把汉家的影响力牢牢扎根到了各民族中间。

另一方面，由于西部边境不再受威胁，朝廷也可以把更多兵力放到北方防线上。就在河西之战获胜的当年，朝廷就宣布：撤掉陇西、北地、上郡一半的兵力。这使得国家的负担减轻了很多，北方的防线也变得更加稳固了。

对于匈奴来说，失去河西走廊是一次沉重打击。祁连山下有最好的牧场，其经济价值远远超过漠北苦寒之地，匈奴丢失这里，也就丢掉了一个最重要的经济来源。当他们拖家带口离开那片土地的时候，纷纷垂泪唱道："失我焉支山，令我妇女无颜色。失我祁连山，使我六畜不蕃息。"

这一幕是敌人的惨剧，却是华夏民族的辉煌成就，因此被后人永久铭记。

因为这次的巨大功劳，霍去病受到武帝极度的褒奖，这个十九岁的少年声望如日中天，成为举国上下膜拜的超级偶像。

霍去病是武帝最优秀的学生，他从小就跟在武帝身边，受到武帝精心栽培，不仅学到了渊博的知识，更重要的是培养出了开阔的眼界。

他做事特别有自己的想法，据说武帝曾经想教他孙子兵法，霍去病却拒绝道："用兵之道在于随机应变，何必学这些古人的兵法。"

霍去病把这种"以我为主"的思维运用到战场上，他的用兵方式不来自书本，而是在实践中演练出来的，包括从敌人那边学到的许多战术，所以相比起朝廷里那些抱残守缺的老将来说，霍去病的用兵方式更能适应当前的时代。

更难得的是，他是一个纯粹的武将，甚至可以说是"武痴"，他把毕生精力都用来专研兵法，心无旁骛，对于政治斗争、拉帮结派这些事情他没有任何兴趣，也懒得去讨好任何人。

对于物质上的享受他更加没兴趣，尽管武帝赏赐给他堆山填海的财物，也为他盖了华丽的宅院，他却根本没有心思去享用，只是坚定地说："匈奴未灭，无以家为。"武帝听到这话都竖起了大拇指。

在女色方面，霍去病也很淡然，他没有任何拈花惹草的绯闻，甚至可能连妻妾都非常少，以至于只留下了一个儿子。

像这样摒弃一切杂念的将星，在整个历史上都是独一无二的。从某种意义上来说，他不是一个人，而是一座丰碑，铭刻着大汉王朝最引以为豪的荣耀与辉煌。

对于这样一位无可挑剔的手下,哪个天子能遏制住自己的喜爱之情呢?武帝对霍去病表现出毫不掩饰的欣赏,多次在诏书中赞叹他的功勋,并且给予他毫无保留的信任,只要霍去病上战场,后方就以倾国之力去支持他。

不仅如此,武帝还爱屋及乌,把对霍去病的喜爱延伸到他的家族身上。

在河西之战刚开始的时候,霍去病带兵讨伐匈奴的途中,河东太守来迎接他,顺便把他父亲霍仲孺也请来了,让他们父子二人相见。

尽管霍仲孺早就抛下他们母子不管了(卫少儿和霍仲孺私通生下霍去病),还另外娶了妻子,霍去病还是很有孝心的,替霍仲孺在当地买了大量田宅和奴仆,然后才离去。

战争结束,在回来的路上,霍去病又去拜访父亲,并且把同父异母的弟弟霍光带到了长安,自己亲自教导他。

因为霍去病的缘故,武帝对霍光也另眼相看。霍光刚到长安,武帝就把他任命为郎官,然后接连提拔他,霍光因此迅速成为朝廷里的红人。

这以后不久,霍去病家里又传来喜讯,二十岁的他喜得贵子。这个叫霍嬗的孩子从一出生就受到各方关注,武帝已经在策划怎么培养他了,希望他以后跟霍去病一样,成为大汉王朝的中流砥柱。

这一刻,霍家的权力达到了顶峰,再加上卫家,他们这个家族的势力压倒了一切豪门。

在霍去病的夺目光辉之下,就连卫青都显得光彩暗淡了。但卫青本人依然温润如玉,没有表现出任何的不愉快,他跟霍去病通力合作,作为大汉历史上最耀眼的两颗将星,共同守卫着帝国的北方边界。

接下来,两人要共同完成一项更加伟大的任务。

封狼居胥

对匈奴接连造成沉重打击以后,大汉朝廷不让敌人有喘息机会,立即策划下一轮军事打击。

这次的目标是敌人的老巢——漠北。

漠南之战过后,匈奴的兵力渐渐撤向漠北,他们以为凭借漠北超大的战略纵深，恶劣的地理条件，完全可以阻挡汉军的攻击，可惜他们太低估汉家男儿的坚定意志了。

现在的主动权在大汉这边，不破胡虏，誓不罢休。

公元前119年春天，武帝派卫青、霍去病各自带五万骑兵，分别出定襄和代郡，杀向匈奴老巢。

"汉家旌帜满阴山，不遣胡儿匹马还。愿得此身长报国，何须生入玉门关。"

这是倾全国之力进行的超大规模军事行动，帝国上下联动，各部门共同参与，调集的战马就有十四万匹，还有几十万步兵和民夫运送后勤物资。

这次行动难度之大也是空前的：行军的直线距离超过两千里，沿途是荒无人烟的草原和大漠，通讯和后勤保障任务非常艰巨；敌明我暗，敌人躲藏的地点难以预料，而我方的一切动作都瞒不过敌人。更重要的是，汉军擅长阵地战而匈奴擅长远程奔袭，现在汉军却用匈奴擅长的法子去打击匈奴，是以己之短攻敌之长，要冒巨大的风险。

这样冒险的军事行动在大汉历史上是第一次。武帝之所以敢这样冒险，一方面是因为前几次战争已经打断了匈奴的左膀右臂，现在大汉在实力上占据绝对优势；另一方面也是因为武帝高度信任大汉双星的能力，卫青与霍去病的华丽组合，在五千年历史上可以排第一，无敌！

大军出发的时候遇到一点波折。

按照原计划，应该让霍去病从定襄出击，直扑单于的巢穴，而卫青出代郡，带着李广、公孙贺、赵食其、曹襄一起，攻打左贤王部。

但朝廷突然听到投降的匈奴说：单于向东方逃跑了。定襄在西，代郡在东，于是临时改变计划，让卫青出定襄，霍去病出代郡。

不料很快又传来消息：单于还在西边，没有逃窜。现在来不及把计划改回来了，尽管大部分精锐之师在霍去病那边，也只能让卫青去捉拿单于——有可能正是这个决定改变了战争最后的结果。

匈奴那边，伊稚斜单于听到大军来攻的消息以后惊恐万分，赶忙找赵信问计策。

赵信继续出馊主意："不急，汉军千里来袭，人困马乏，正好中了我们的诱敌之计。现在我们可以把粮草辎重搬得更远一点，然后在这边列好阵营，等他们来自投罗网。"

伊稚斜单于点头同意，于是发下命令，把所有粮草辎重运到遥远的北方，只留下精锐骑兵，严阵以待——这是他们犯下的严重错误，汉军擅长阵地战，匈奴擅长运动战，现在匈奴却主动选择了汉军擅长的战斗方式。

这时候汉军已经出发了，帝国国防军的全部主力浩浩荡荡地穿行在草原上。这是最艰难的死亡行军，放眼望去，茫茫戈壁上没有任何人烟，四周的风景像一幅静止的画面，透出一种诡秘的静谧，在这种静谧背后，不知潜伏着多少杀机与凶险。

漠北对汉人大部队来说是一片完全陌生的土地，他们从来没有踏足过这里。所幸这些年汉军已经积攒了许多草原行军的经验，加上匈奴降卒指路，终于成功绕开各种陷阱，来到了单于大军驻扎的地方。

卫青看到单于已经列好阵势等在那了，正中下怀，命令手下将领用战车排好阵形，自己带着五千精锐冲向匈奴。

两军对垒、列好阵形、面对面冲击——这种战法中原民族早已经玩得烂熟了，正面冲锋的同时，汉军的各路分队纷纷出动，从各个方位包抄敌人。

匈奴很快发现四面八方都有敌人的身影，慌乱之中也数不清他们到底有多少兵力，只觉得敌人如同神兵天将，防不胜防。

这时候天色已晚，大漠上狂风骤起，卷起漫天黄沙，天地间顿时一片昏黄，所有人都已经看不清前方，只见到四周鬼影幢幢，刀光在沙尘中闪耀，伴随着残肢断臂疯狂飞舞。

汉军和匈奴都杀红了眼，不分敌我，见人就砍，甚至已经忘记了为什么要杀人，只是本能地互相砍杀。

伊稚斜单于突然发现自己的队伍陷入了一种极度危险的境地——汉军正在跟他们拼人头！一命换一命！只有所有人都倒下以后，这场战斗才会停止。这意味着他手下的军马面临灭顶之灾！

他一声呼哨，周围的大小王们赶忙围过来，伊稚斜单于告诉他们：立即撤退，不可再战。

匈奴高层领导们渐渐汇聚到一起，由数百名精锐骑兵在四周保护，大家拼死力战，杀开一条血路，冲出这片混乱的屠宰场，向北方飞驰而去。

剩下的匈奴继续跟汉军拼人头，这时候已经不可能讲什么战法了，双方都拼死乱砍，陷入彻底的疯狂状态。

天黑以后，喊杀声渐渐平息，沙尘暴也已经远去，活着的人们终于平静下来，打起火把查看四周，只见无数尸骸横七竖八堆满了山野，刀枪剑戟散落满地，战斗的双方都损失惨重，却没见到匈奴高层。汉军这才意识到匈奴高层逃走了，连忙派人去追。

汉军一连追了两百多里都没有发现单于的踪迹，最后到达寘颜山赵信城（单于为赵信建的城），发现匈奴有大量粮草藏在那里，汉军在那里停留了一天一夜，补充够了粮草以后，又烧毁匈奴的粮仓，然后才回来。

伊稚斜单于逃了有多远呢？连他的手下们都找不到他了，大家连续找了十多天都不见单于的踪影，以为他已经死在乱军中了。眼看到处乱糟糟一团，右谷蠡王只好自立为单于，帮忙收拾残局。

过了很多天以后伊稚斜单于才连滚带爬地跑回来，右谷蠡王只好又把单于的位子还给他，一群人灰头土脸，开始计算损失。

汉军那边也在统计战果。这次战役，卫青军杀敌一万九千人，自己也损失过万，端掉了伊稚斜单于的老巢，却让这家伙跑掉了，算是惨胜，所以过后论功行赏卫青没有得到封赏，他手下将官也没有封侯的。

不过随后却传来振奋人心的消息——霍去病大胜！

霍去病那边的兵力跟卫青差不多，但没有裨将，所有兵力都由霍去病直接统领，完全执行霍去病的战术。

霍去病一如既往地无所畏惧，他带着一群豪气冲天的年轻人，抛开粮草，扔掉辎重，在大漠上迅猛推进。他们如同一股钢铁洪流，沿路斩杀，无人能挡。他们以摧枯拉朽的气势推向前方，不管是敌人的小股部队，还是草原上的零散村落，全部推平。抢到的粮草充作军粮，抢到的人口绑在前面充作先头部队，敢于反抗的就一刀砍翻，把人头挂在马前，继续前进。

在遇到左贤王的军队之前，他们已经收获人头过万，战绩超过了卫青。

这群猛兽一口气奔驰两千里，直接冲进了匈奴左贤王的老巢，汉家男儿的复仇正式开始！

骁勇的匈奴人第一次见到比他们更加凶猛的敌人。这些杀红了眼的"怪兽",飞一样地冲进他们的营地,号叫着撕碎他们的营帐,砍倒他们的牛马,剁碎他们的战车,抡起各种武器猛烈砍杀,拎起他们的妻儿狠狠摔到地上,在每一堆草垛上点火,然后挟着熊熊烈焰迎面冲来……

这是匈奴人从来没有经历过的噩梦,几百年来,他们一直残杀别人的妻儿老小,现在他们自己终于尝到了被人残杀的滋味。

匈奴人的心理防线终于崩溃了,他们再也没有了抵抗的意志,他们不顾军官的指挥,尖叫着,拖家带口,疯狂逃窜。但是汉军早已经把他们的营地分割包围了,层层叠叠的高头大马堵住每一处路口,箭如飞蝗,对准营地中间的匈奴人肆意扫射,无数匈奴军民倒在汉军的屠刀下,烈火吞噬着茫茫草原,把天空染成了悲壮的绯红色……

这一场大胜,霍去病的军队收获人头七万零四百四十三级,俘获牛马物资无数,活捉匈奴屯头王、韩王和大臣章渠,诛杀北车耆王,俘虏匈奴的将军、相国、当户、都尉八十三人,对匈奴的左贤王部造成了毁灭性打击。

左贤王带着亲信在乱军中逃走,霍去病随后带兵追杀,一直追到匈奴王庭以北的狼居胥山。

这里是匈奴祭祀天地的地方,离长安已经超过三千里。霍去病可能跟武帝事先有约定,到达狼居胥山以后就堆土筑坛,按照"封禅"的礼仪举行祭天典礼,随后又到附近的姑衍山举行祭地典礼。

汉家旌旗在敌人的圣山上猎猎飘扬,标志着大汉对匈奴的彻底胜利。两个民族的百年恩怨终于在这一刻得到清算,"封狼居胥"从此成为对汉家威仪的最高礼赞,也成为让后世一切武人顶礼膜拜的最高荣誉。

这一年,汉武帝三十七岁,大汉立国八十三年。经过四代人的苦心经营之后,这个伟大的王朝终于来到了自己的顶峰,国泰民安,四夷宾服,大汉君臣同心协力,把整个民族的赫赫声威远远播向了四方……

第二十章　盛世背后的血腥

霍去病之死

霍去病带着汉军继续往北，前方忽然出现一片浩瀚的大海，士兵们窃窃私语，都说这里就是传说中的"瀚海"（贝加尔湖）。

五万汉军在瀚海边极目眺望，只见碧蓝的波涛延伸到天际。对于当时的人们来说，这里已经是世界的尽头，大汉的领土扩张到这里，已经足以告慰百年以来牺牲在北方大漠里的几十万将士了。

霍去病拨转马头，带领汉军踏上了归途。

漠北大捷的消息传到长安以后，举国欢腾，人们张灯结彩庆祝胜利，武帝更是高兴得差点跳起来，随即颁下诏书：加封霍去病五千八百户。霍去病的手下，右北平太守路博德，封符离侯，食邑一千六百户；北地都尉邢山，封义阳侯，食邑一千二百户；因淳王复陆支（投降大汉的匈奴王），封壮侯，食邑一千三百户；楼专王伊即轩（投降大汉的匈奴王），封众利侯，食邑一千八百户。其余的赵破奴、赵安稽、李敢、徐自为等人，以及各路将官军吏等都得到了丰厚的赏赐。

这是许多年来最大规模的一次封赏，各路将领都欢天喜地，在未央宫前叩谢皇恩。

不过，同时也传来一件让人震惊的消息：李广自杀身亡了。

李广是文帝、景帝时代的老将，曾经为朝廷立过许多功劳，战斗经验十分丰富。可惜他年纪大了，思维比较僵化，一直固执地坚持他那些落后的战法。他的战法还停留在汉朝初年阵地战的水平，到大漠上以后完全适应不了当下的形势，所以他在战场上屡屡出错，这也使得他一直没能封侯。

　　这次出征漠北，朝廷本来没计划派李广去，李广却觉得这是自己封侯的最后机会了，所以向武帝连番恳求，武帝只好派他跟着卫青出征，但可能武帝暗地里指示过卫青：李广运势太差，不要让他去正面对决单于。

　　所以出征以后，卫青就命令李广带领一支兵马，和赵食其一起从东路出发，绕到敌人后方去包抄单于。

　　李广心高气傲，心里早就不服卫青，接到这个命令以后，更认为卫青是在打压他，不让他立头功，所以心里憋着一股气。

　　出发以后，两人才发觉这条路十分艰险，又没能找到向导，最终在大漠里迷路了，没能赶到漠北策应卫青的进攻。卫青只能单独攻打单于，没有形成严密的包围圈。单于最后能够逃掉，跟这一点有很大关系。

　　一直到漠北大战结束，卫青带兵回到漠南的时候，才遇到李广、赵食其两人。

　　双方见面，气氛凝重，卫青当面没抱怨什么，等李广转身离开以后才派长史带着酒食去犒劳李广二人，顺便问他们迷路的原因，好上报给武帝。

　　李广自己都记不清这是他第几次在关键时刻掉链子了，面对长史的询问，他实在无言以对，只是低头叹气。

　　长史又去逼问李广手下的将领，李广又羞又气，大叫："都是我的责任，跟他们无关，我自去领罪。"说完便持着佩剑冲到卫青的营帐前。

　　李广高声说道："我从十几岁便与匈奴对战，大小战役七十余场，这次本想报效国家，却被大将军派去绕行远路，又半途走失，终至劳而无功，岂非天意哉？我李广不受刀笔吏羞辱，自行领罪便是。"说完就当场自刎了。

　　卫青等人都十分震惊，只好把情况照实报给武帝。武帝唏嘘不已，免了李广的罪，只把赵食其打入大狱，后来赵食其也是出钱免罪了。

　　其实卫青心里也挺不舒服，李广闹出来的这场波折，间接使得卫青没能得到封赏，甚至他手下的将官们都没能受赏，还让他白白背上一个"迫害贤才"的恶名。

对于这一切，卫青依旧隐忍，没有抱怨什么。

但李广的儿子李敢想法却不一样。在他看来，李广之死就是卫青迫害的结果——卫青借着皇帝的恩宠，长期压制李广，防止李广的军功超过自己，最后终于导致了李广自杀的悲剧。

他们家族对卫青早就看不惯了，偏见一旦形成，就很难消除，卫青越是表现得恬淡如水，李敢就越觉得他内心藏奸。

这时候另一件事给李敢造成又一次重击。

李广的堂弟李蔡也是抗击匈奴的大将，并且因为军功封侯，当上了丞相（公元前121年，公孙弘离世以后，李蔡继任丞相位）。

李蔡在丞相之位上表现得非常尽职，政绩斐然，有口皆碑。但在公元前118年，李广自杀后不久，却忽然有人告发李蔡，说他倒卖田地，还私自侵占景帝陵园外面的空地。

李蔡的反应跟李广类似，也是拒不接受审问，也不辩解，当场自杀身亡。

这起案子看起来疑点重重，外界纷纷猜测是不是有人在故意迫害李广的家族。这对于李敢来说，更是晴天霹雳。

李敢年轻气盛（他是李广最小的儿子，年纪不大），他实在咽不下这口气，又不能对武帝发作，只好把矛头对准卫青，认为一切都是卫青在搞鬼。又因为长期跟着霍去病打仗，李敢的行事风格跟霍去病类似，他说干就干，竟找机会把卫青打了一顿，甚至把卫青打伤了。

卫青依然顾全大局，没把这件事说出去，只是在家静静地养伤，就连武帝都不知道这事。

但卫青的伤势瞒不过家人，霍去病很快就了解到了整件事的来龙去脉，顿时勃然大怒。李敢是他一手调教出来的后辈，现在竟公开造起反来了，霍去病哪里忍得下这口气！

过了几天，武帝到甘泉宫打猎，霍去病和李敢都跟着去了。仇人相见分外眼红，两人又都是少年心性，谁也不让谁，其间两人可能有过争吵，霍去病狂怒中，弯弓搭箭，当场射死了李敢。

武帝对自己的这个学生万般宠溺，听说前因后果以后，也只是稍稍责备了一下霍去病，然后让周围的人们不要把这件事说出去，对外只说李敢是打猎的时候被鹿撞死的，就这样硬把李氏家族的怒火按了下去。

但不久以后，公元前117年的一天，霍去病突然身亡！给大汉朝廷带来一次沉重打击。大汉帝国最耀眼的明星陨落了，年仅二十三岁。

霍去病暴毙的消息传出来以后，天下人都震惊了，各种传言甚嚣尘上。对于霍去病的死因，官方应该给出过一个解释，但人们并不相信，以至于太史公都不记载霍去病的死因，以表示对官方说法的拒绝。

霍去病真正的死因是什么？我们只能根据极其有限的线索去猜测——

首先他不大可能是病死或者出意外，因为如果是这样，就没什么好隐瞒的，各种资料都会做清楚的记载；其次也不大可能是被人暗杀的，因为以武帝的性格，必然要对杀害霍去病的人进行残酷报复，可事后武帝并没有什么报复行动；那么是被武帝杀死的吗？更不可能，因为武帝临终前，把自己七岁的儿子交给了霍去病的弟弟霍光去辅佐，可见武帝对霍氏家族的信任之深。那么，最后，不排除霍去病是自杀的，而且可能跟李敢案有某种联系。出于维护霍去病的名声考虑，汉朝官方当然就必须隐瞒这个真相。

不管怎么说，霍去病之死都给后人留下了一个千古谜团。

武帝的悲痛却是很明显的，他特地恩赐以最高礼节安葬霍去病，并且让霍去病陪葬茂陵（武帝自己的陵墓），千年万载陪伴在自己身边。霍去病的陵墓修建成祁连山的形状，谥号景桓侯，这个谥号代表勇武与拓地，以表彰霍去病为汉家开疆的伟大功勋。

霍去病出殡那天，朝廷调集天下兵马参与列阵，黑压压的队列从长安排到茂陵，一眼望不到头。这是一次国殇，愁云笼罩着长安，全城缟素，万户悲歌。霍去病的过早离去，对大汉的军事实力造成了不可挽回的巨大损失，也在后人心里留下了无尽的遗憾。

霍去病死后，武帝无法遏制自己对他的思念，所以常常把霍去病唯一的儿子霍嬗带在自己身边，精心培养，希望他能继承父亲的事业，成为大汉的另一颗将星。

但很遗憾，公元前110年，武帝带着霍嬗去泰山封禅，回来以后没多久霍嬗就神秘死亡了，年仅十岁，霍去病终于无后。

这以后，大汉的对外扩张依然在继续，但少了许多豪迈，少了曾经的年少轻狂，整个帝国都仿佛成熟了，变得冷酷无情又精于算计。

甚至连武帝的性格都渐渐变了，变得暴躁、多疑、固执和迷信，跟朝臣们也越来越疏远，朝政也开始滑向了不可预知的方向。

只能说，任何人都会老的，一个王朝也是，大汉王朝的青春年华已经悄悄过去了，永不再回。

皇帝家的人情冷暖

和之前文景时代一样，武帝时代的政权也主要掌握在皇帝、权臣、诸侯三方手上，但不同的是，现在皇帝的权力大大增强，诸侯的权力则被大幅压缩，仅仅局限在他们自己的封国之内了。

这种局面是朝廷和诸侯博弈的结果，这种博弈一直在进行中，因此朝廷和诸侯的关系也一直很微妙。

这个时代最重要的一些诸侯基本都是武帝的兄弟。武帝兄弟总共十四人，除了他自己以外，其余十三人都被封为诸侯王（其中有几个在武帝登基前已经过世了），另外还有武帝的几个堂兄弟也被封王，比如刘长的儿子淮南王刘安等，这些人共同组成了诸侯王这样一股政治势力。

这些诸侯王们处在一个十分尴尬的位置。

七国之乱过后，诸侯王们的实力受到严重打击，变成了朝廷养着的一群贵公子，对朝政的影响低到了可以忽略的程度。

但即使这样，朝廷还是不放心他们，依然在想尽办法防止他们的势力反弹。

于是诸侯们就很纠结了，一方面，他们表面上是地位尊崇的王爷，享受着朝廷赐给的无上荣宠；另一方面，他们又是朝廷眼里天生有反骨的人，不得不低头做人，说着违心的话，无比压抑地活着。

在武帝早期的时候，朝廷对这些诸侯的打压一度达到非常严厉的程度。当时的朝臣们动不动就拿"七国之乱"说事，千方百计地挑诸侯们的错，要求武帝惩罚他们。

武帝也顺水推舟，一收到举报就发起对诸侯的调查，把诸侯手下的大臣们抓来严刑拷打。大臣们受刑不过，只好胡乱攀扯自己的主子，供出一些莫须有的罪名，结果闹得人心惶惶，没有一刻安宁。

最后诸侯们实在受不了了，由中山靖王刘胜带头，大家一起向武帝申冤。

当时刘胜和代王刘登、长沙王刘发、济川王刘明一起到长安朝觐武帝，在宴席上，刘胜听到音乐就哭起来了，武帝问他哭什么，刘胜说："臣有心事，听不得这些音乐。臣是皇上的哥哥，又是国家的东方屏障，现在朝臣们跟皇上既没有骨肉之亲，又不承担守土的责任，却结成朋党，打压我们这些皇族，离间我们的亲情，所以臣很悲伤。"

武帝仔细询问，刘胜他们把这几年朝廷大员欺侮他们的事情都说了出来，武帝听得感慨连连，便颁下命令，禁止朝中官员随意检举诸侯。从这以后，朝廷对诸侯们的打压才轻了一些。

后来在主父偃的建议下，武帝推行"推恩令"，用比较温和的方式逐步削弱诸侯王的权力，朝廷和诸侯的关系才终于稳定下来了。

诸侯们也很识趣，为了避免朝廷猜忌，他们尽量把精力投到跟政治无关的领域，例如钻研文学、收集古籍等等，甚至沉浸到声色犬马之中，把自己包装成荒淫无耻的废材，弄得自己声名狼藉。

于是在武帝时代，各种奇葩王爷层出不穷，无数喜剧、悲剧、闹剧在诸侯国内上演着，闹出许多轰动一时的新闻……

诸侯王的悲喜剧

河间王刘德，武帝的二哥，栗姬的儿子。

他的母亲和哥哥（废太子刘荣）都受迫害而死，所以他吸取教训，一辈子远离政治，小心翼翼地做人。

他把自己打扮成儒生，潜心钻研儒学，竟然取得了很高的成就，成为天下闻名的儒学大师，无数儒生都来追随他，河间也因此成为全国的学术中心之一。

他特别喜爱古书，以重金收集民间藏书，而且他非常能替别人考虑，有人来向他献书，他都要让人好好地抄一份副本送给献书的人，然后才把正本留下来，因此向他献书的人络绎不绝。

他家里的藏书规模甚至跟朝廷差不多，也得以收集到许多珍贵的先秦古籍，包括《尚书》《礼记》《老子》《孟子》等等，还让人整理出《毛诗》（毛亨、毛苌注释的《诗经》，流传到后世的《诗经》就是这个版本）、《左传》（《春秋左氏传》），这些都是国宝级的文化珍品。

秦始皇焚书以后，先秦典籍都失传了，后来能恢复一部分，很大程度上是刘德的功劳，他对中华文化的贡献是怎么评价都不为过的。

武帝征召天下贤才的时候，刘德也来了，以儒生的身份应对武帝的策问，问一答十，毫厘不爽，连武帝都惊叹不已。

这次觐见武帝，刘德还带来了自己这些年整理出的学术成果，可能把收集到的古书也献给了武帝，并且跟武帝讨论了许多儒学方面的问题，表现出的渊博知识震撼了满朝文武。

可以说，要不是刘德的特殊身份让他不能从政，他完全可以成为跟董仲舒齐名的一代名儒。

然而刘德万万没想到，武帝随后却说出这样一句话："商汤有七十里地，周文王有百里地，王兄好好加油！"

这番话非常尖酸——商汤凭七十里封邑，文王凭百里封邑就夺得天下，王兄您跟他们一样贤良，封地又比他们都大，加把劲，天下是您的！

刘德如同五雷轰顶，知道自己已经成为皇帝的眼中钉了，回去以后整天担惊受怕，最终在公元前129年（或前130年）郁郁而终，年仅四十二岁。

江都王刘非，武帝的五哥。

他是王子里面罕见的武夫，以勇武闻名。当初七国之乱的时候，年仅十四岁的他主动申请加入政府军，在镇压叛乱中立下了大功。七国之乱平定以后，他被景帝封到吴国旧地，建立了江都国。

后来朝廷抗击匈奴，刘非又主动请缨，武帝当然不会让他再立军功，所以驳回了他的请求，只让他在自己的封国待着。

刘非的性格很直爽，眼里揉不下沙子。武帝年轻的时候，就是因为刘非的几句话，断送了韩嫣的性命。

被封到江都国以后，刘非也展现出武夫的做派，他大兴土木，招揽天下豪杰。这些举动，武帝看在眼里，心里暗暗戒备，于是派董仲舒去辅佐刘非。

董仲舒是武帝绝对信得过的人，他到江都国的目的很明确，就是劝导刘非注意君臣的差别。刘非听取董仲舒的劝说，从此循规蹈矩，安守本分，小心翼翼地活着。

可惜这样的日子没过多久，刘德过世的那一年，刘非也病逝了，年仅三十九岁。

刘非留下一个儿子刘建——这是个不省事的主，后来毁掉了自己的封国。

长沙王刘发，武帝的六哥。他的身世很奇特。

当年景帝有一个宠妾叫程姬，有一天，景帝召程姬侍寝，不巧程姬来例假了，就让一个姓唐的侍女代替自己去伺候皇上，景帝喝醉了酒，也没分清楚，糊里糊涂地临幸了这个侍女，侍女因此怀上龙种，生下刘发。

因为这样特殊的出身，刘发在所有王子里面地位是最低的，他被封到非常偏远的地方，封国面积也很小。

后来有一次诸侯们去为景帝祝寿，大家都要表演一些歌舞来助兴，轮到刘发的时候，他的舞姿十分笨拙，手也举不起，脚也抬不动，扭扭捏捏，旁边的人们都笑得东倒西歪的。

景帝就问他怎么不会跳舞，刘发回答说："臣的国家地方狭小，伸展不开。"

景帝恍然大悟，对刘发的机智大为赞赏，当即把武陵、零陵、桂阳三个郡封给他，建立了长沙国。

世人还传说刘发非常注重孝道，他在长沙筑起一座"望母台"，表达对自己母亲的思念。

刘发如此乖巧，因此躲过了武帝的猜忌，一直都很安稳，在自己的封国静静生活着，最后在公元前129年过世。

这一年有三个诸侯王离世，背后有没有什么特别的原因，后人也不好妄加猜测。

刘发虽然地位最低，他的后人刘秀却开创了东汉王朝，冥冥之中的安排，真是难以预料呀。

中山靖王刘胜，武帝的九哥。

武帝的所有兄弟里面，他是命最好的。他一辈子没有别的爱好，只好酒色，家里姬妾无数，竟然生下一百二十多个儿子。

他跟同母兄弟刘彭祖开玩笑说："王兄整天热衷于处理政务，这可不好呀，诸侯王就应该纵情声色才对。"

刘彭祖却说："身为诸侯，不辅佐天子，不抚恤百姓，何以称藩臣？"

两人一对比，显然刘胜活得更明白，可能就是因为这个原因，武帝对他的防范比较轻微，他得以享尽荣华富贵，最后活到五十多岁而善终，还留下了著名的金缕玉衣。

他的后人刘备也是赫赫有名，以布衣身份开创帝王基业。

胶西王刘端，武帝的七哥。

武帝的所有兄弟里面，他的名声最差。

史书直接说他"贼戾，又阳痿"，就是阴险又残暴，还有难言的疾病。他不能接近女人，一碰女人，就几个月卧床不起；却爱美少年，把自己喜欢的男宠提拔为官员——但这个男宠又跟刘端的后宫妃子勾搭上了，刘端一怒之下就灭了男宠满门。

除此以外，他的各种违法乱纪的行为说也说不完。

在那个时代，刘端就是一个奇葩的存在，一桩又一桩丑闻从他的封国传出来，天下人都等着看他的笑话。

最后朝臣们实在看不下去了，联名请求武帝惩处刘端。武帝开始还说一些"兄弟情深"的话，后来禁不起大家一再请求，只好下令削掉胶西国的大部分土地。

这以后，刘端怀恨在心，故意报复朝廷，不理国政。胶西国内很快乱成一团，政府部门全部瘫痪了，连官方府库都破掉了，财物腐烂没人管，损失数以万计。

对于朝廷派来的相国，刘端想尽办法挑错，没事就去朝廷里举报他们，甚至直接毒杀这些官员，以至于胶西的相国没有一个能好好活着的。

他还禁止手下的官员收租，又撤掉王宫守卫，封闭宫门，只留一扇小门，他自己扮作平民，偷偷从这道门溜出去闲逛，甚至跑到别人的封国去，搞得人人头大。

奇怪的是，对于这个为非作歹的王兄，武帝竟然一直纵容——或许正是因为他的名声太烂了，反而让武帝觉得安全。所以刘端一直活到五十八岁，在位四十七年，反而是武帝的兄弟里面命比较好的一个。

刘端无后，他死后胶西国被废除，土地都收归朝廷。对于这个结果，武帝应该是相当满意的。

赵王刘彭祖，武帝的八哥。

他的风评也很差，史书说他为人阴刻又奸诈，喜欢玩弄手段整人。

他最著名的事迹是迫害朝廷派来的大臣。

按照大汉的传统，诸侯国的相国和一些最重要的大臣必须由朝廷任命。这些大臣来到诸侯国以后，相当于朝廷派来的钦差，负责把诸侯国的朝政向着中央希望的方向引导（例如董仲舒引导刘非），这样的情况当然是诸侯王们很不乐意的。

刘彭祖是个热衷于搞政治的人，这种被人干涉的感觉尤其让他不舒服，但在朝廷的重压下，他不敢表露出来，只好使阴招，暗地里对抗。

他每次见到朝廷派来的大臣，都会表现得异常热情，跑前跑后，端茶递水。等这些大臣住下来以后，就想办法挖坑让他们跳，然后把这些大臣的过失都记下来，以此为要挟，要他们服从自己。大臣们要是敢不服从，刘彭祖就把他们的罪行报告上去。

结果刘彭祖在赵国的那些年，朝廷派来的大臣没有能待过两年的，往往来了不久就会因为犯罪被判刑。刘彭祖也因此留下了"阴险"的名声。

他这样费尽心机地掀翻朝中大臣是有目的的。赵国是天下最富庶的地区之一，刘彭祖把朝廷命官挡在赵国朝廷之外，然后自己掌握财政大权，通过专卖和征税等手段敛到大量钱财，积累的财富甚至可以跟朝廷相比。

不过刘彭祖也有自己的担忧，他家里有一起严重丑闻，要是传出去就完了，所以他处心积虑要杀人灭口。

诸侯国淫乱事件

诸侯们受到朝廷压制，终生都活得很压抑，只能把戾气都发泄到其他地方。正好他们在自己的封国内拥有巨大的权力，于是便趁机作威作福，干出许多骇人听闻的事情。

但有一点很奇怪，经常是朝廷在很长时间内对诸侯王的这些罪行都"不了解"，直到他们的罪行累积到特别严重以后，才突然被人告发出来，于是天威震怒，诸侯受罚，甚至封国都被废除。

公元前128年，燕国的丑闻首先爆发出来。

燕王刘定国是武帝的远房叔叔，本来相安无事，不料燕国忽然有个叫郢人的要去告发他淫乱，刘定国便把这个人灭口了。第二年，郢人的弟弟又去向武帝上书，一口气捅出刘定国一系列骇人闻听的罪行：与父亲的姬妾通奸，强夺弟妻，与自己的子女通奸……再加上杀郢人灭口，刘定国的罪行顿时震惊朝野。

武帝与文武百官讨论，都说这是禽兽不如的罪行，必须诛杀。刘定国听说以后就自杀了，封国也被朝廷收回。

不过这起案子还是留下一些疑问：刘定国家里的私事郢人是怎么知道得那么清楚的？连他都知道，朝廷为什么不知道？朝廷在诸侯那里可是一直有耳目的。

不过这些疑问也没人去追究，就这么过去了。

接下来齐国紧跟着出事。

齐国纪太后是个特别厉害的老太婆，她把自己的侄女嫁给自己的儿子齐王刘次景，想通过这种方式抬举自己的娘家——她也许是在模仿吕后，不过效果很差，刘次景对这个硬塞过来的表妹老婆非常冷淡，于是纪太后又派自己的女儿，刘次景的姐姐进宫去劝说他。

令人震惊的是，刘次景跟这个亲姐姐好上了！

纪太后的心情外人无法了解，不过恐怕会气得吐血。现在变成了她的一儿一女联合起来阻碍她的计划，她的侄女、她的娘家，还有出头的机会吗？

不料屋漏偏逢连夜雨，有其他人也盯上了刘次景的后宫。

还记得武帝的平民姐姐金俗吗？她在民间生过一个女儿，叫金娥，现在已经长大成人了，王太后和金俗正在替她选夫婿。

王太后觉得齐国王后的位置不错，就准备把金娥嫁给刘次景——当然，她还不知道刘次景的那些丑事。

宫里有个叫徐甲的宦官，老家在齐国，听说太后的想法以后，就自告奋勇申请去齐国说媒，太后同意了。

但事情还没完，还有别人也想来搭顺风船。

主父偃听说徐甲要去齐国提亲，就私下找到他说："我女儿也在找婆家，也帮我说一下，让我女儿去当齐王的妾室。"徐甲答应下来了。

当徐甲把这两份亲事摆到纪太后面前的时候，纪太后实在忍不住骂人的冲动："我儿子的后宫就那么香吗？是个人都想来插一腿。那个金娥不过一个市井出身的平民丫头，真当自己是金枝玉叶了？还想来当王后，想把我侄女挤走？还有那个主父偃又是个什么玩意儿？也敢把女儿往我们家里塞？"

她当场回绝徐甲道："齐王已经有王后了，不劳太后费心。还有，老身没记错的话，你以前是我们齐国的乡下人吧？现在居然混到太后跟前去了，太后连你这种人都用，她的品位也是难登大雅之堂啊。还有主父偃算什么东西？叫他滚！"

徐甲窘迫不已，只好回到长安，他不敢直接把纪太后那些话报给王太后，但总得想什么办法把王太后的要求挡回去，正好不知道他通过什么途径听说了刘次景姐弟乱伦的事，就向王太后报告说："齐王（刘次景）对翁主（金娥）倒是挺满意，不过，只有一件事挺麻烦，臣不方便说……太后想想燕王……依臣的想法，这桩婚事还是算了吧。"

燕王的性丑闻刚刚爆发出来，人人皆知，徐甲这么一说，刘次景乱伦的事也就被捅出来了。

王太后笑了笑，也没在意，提亲的事就这样算了。不过主父偃听说以后却咽不下这口气，他挑唆武帝道："齐国临淄有十万户人家，人民富足，甚至超过长安，这样的地方只能让陛下最亲近的兄弟去统治，现在的齐王只是陛下的远房亲戚，怎么靠得住？"

他话锋一转，又说："何况微臣听说齐王的作风大有问题，陛下不如派臣去齐国查访查访，以正视听。"

武帝一听，正中下怀。齐王淫不淫乱他倒不关心，但齐国这个地方确实是一块大肥肉，落在外人手里总归是不放心，所以趁这个机会敲打一下他们也好。于是武帝便任命主父偃为齐王的相国，派他去齐王身边调查这起案子。

那么主父偃为什么如此坚决地要为难齐王呢？被拒婚都还好说，更重要的原因在于他早期的经历。他发迹之前在齐国饱受欺侮，可能跟当地人结过大仇，最后被迫离开齐国，他又是个心胸狭隘的小人，现在眼看齐国得罪了太后，正是报仇的好时机，怎么能错过呢？

于是主父偃便带着不可告人的目的来到齐国。

他一到齐国，马上展开调查，把王宫里的侍女太监等人抓来拷问，一问之下，刘次景姐弟乱伦的事顿时包不住了。

刘次景异常恐慌，他年纪还小，没经过什么风浪，现在大难临头，恐惧之下就自杀了。刘次景没有儿子，齐国因此被废除，土地收归朝廷。

这时候主父偃才发现自己玩过火了，他一来齐国就逼死了齐王，这是怎么都说不过去的，但事已至此还能怎样呢？只好战战兢兢地回长安去复命。

主父偃还没回到长安，另一个人却已经先出手了。

前面说过，赵王刘彭祖处心积虑杀人灭口，就是为了掩盖自己家里的性丑闻——刘彭祖的太子刘丹也跟自己的亲姐妹有奸情。

刘彭祖也很清楚，当年主父偃在燕赵各国都混过一段时间，对他们内部的很多丑闻都了解，甚至燕王的丑闻那么容易被捅出来，背后也有主父偃的功劳。现在眼见主父偃借性丑闻连续扳倒了燕王和齐王，刘彭祖就很紧张了，接下来是不是要轮到赵国了？

刘彭祖本身就是手段毒辣的人，索性先下手为强，趁主父偃不在朝中的时候向武帝控诉，说自从实行推恩令以后，主父偃暗中接受诸侯王的贿赂，帮助诸侯子弟取得封国，并且拿出自己收集到的证据给武帝。

武帝接到报告以后大怒，正好这时候刘次景自杀的消息传来了，狂怒之下的武帝立即下令捉拿主父偃，把他投入大狱。

主父偃被抓以后承认了受贿的事实，但辩解说齐王自杀确实不是自己逼迫的。武帝本来想饶恕他，结果公孙弘捅来最后一刀。

公孙弘对武帝说："齐王自杀，齐国被除，这事主父偃就是主犯，不杀他无以谢天下人。"武帝听说以后就下令灭了主父偃满门。这大约是公元前127年的事。

主父偃确实招人恨，据说他死后没有一个人来安葬他，最后还是门客孔车出来把他安葬了，孔车因此还受到武帝的称赞。

刘彭祖这时候才松了一口气，他以为没事了，继续在自己封国内作威作福。

哪知道该来的终究躲不过。刘彭祖的太子刘丹有个妻兄叫江齐，两人本来是无话不谈的好哥们，以至于江齐常常跟刘丹一家人混在一起。不料江齐却把刘丹跟亲姐妹和父亲的姬妾通奸的事告诉了刘彭祖，惹得刘彭祖大发雷霆。

刘丹气急败坏，派人追杀江齐，江齐只好逃到长安避难，改名为江充。而刘丹把江充留在赵国的家属都杀了。

江充咬牙泣血，一纸诉状递上朝廷，把刘丹的罪行都揭发出来了。

武帝看到状纸也很震惊，燕国、齐国的案子刚过，哪知道赵国又出乱伦案，这些王子们都要翻天了吗？于是立即派人去赵国抓捕刘丹。

朝廷官吏包围赵王宫，把刘丹捉到监狱里审问，问出一系列违法乱纪的罪行，最后判了刘丹死刑。

刘彭祖赶紧上书武帝说："江充不过是个逃犯，为了报私仇，挑拨陛下来加害微臣家属，陛下不要上当。微臣愿意从赵国选精兵强卒，帮助国家征讨匈奴，替刘丹赎罪。"

武帝听到刘彭祖的求肯，才免了刘丹的死罪，但废掉他的太子之位，让赵国重新立了一位太子。

当一众权贵都受到打压的时候，这场风波中最大的受益人却是江充。

奸人上位之路

江充是个心肠歹毒的奸邪小人，善于察言观色，投主人所好。武帝最爱的是什么呢？是帅哥与直臣。江充就朝着这两个方向包装自己。

据说武帝第一次召见他的时候，是在上林苑的犬台宫，江充先让人给武帝带话说："请让臣穿着平常的服侍觐见陛下。"武帝答应了。

那时候春色融融，上林苑里草长莺飞，风光旖旎，武帝正在河边漫步，忽然见到远处一个人影翩然而至，穿着纱縠禅衣，头戴禅缅步摇冠，冠上插着飞翮之缨，风姿奇伟，荣华绝世。

这人正是精心打扮的江充。武帝一见之下惊为天人，对左右说："燕赵果然多奇士。"

江充拜倒在武帝跟前，武帝问他对当时政事的看法，他对答如流，武帝更加开心，从此让他作为幸臣留在身边。

江充非常了解武帝的心理，有一次他出门，看到馆陶公主刘嫖的车队在驰道上行走，就拦下来问。按规定，这条道只有皇帝才能走，刘嫖回答："有太后诏在此，特许行走驰道。"

江充严厉呵斥道："公主可以走，其他人不能走！还请公主把车马留下！"于是强行把刘嫖以外的车马都扣留下来，没入官府，只放刘嫖的车子过去了。

另一次，江充跟着武帝去甘泉宫游幸，见到太子刘据的家臣驾车在驰道上走，江充立即命人把他捉拿了交送官府。太子让人来求情，江充还是坚决不放人，并且亲自告到武帝跟前。武帝跷起大拇指赞赏："人臣就应当如此！"

江充知道，武帝性格刚戾，就喜欢这种"铁面无私"的官员，所以特意把自己包装成不畏权贵的样子，成功骗到了武帝的信任。

当时武帝根本不会想到，他一生最大的灾星就在眼前，反而不断抬举江充，让他来管制京城里的皇亲国戚们。这些贵戚们在江充的淫威下战战兢兢，确实收敛了许多，江充也进一步受到任用，威震京师，甚至他的宗族、好友都受到提拔，成为京城里一股庞大的政治势力。

再说赵国的事。受到这次打击以后，刘彭祖也收敛了很多，不敢再公然跟朝廷作对了。他开始沉溺于声色之中，广纳姬妾，甚至把江都王刘非（死于之前两年）的宠妾淖姬都娶了过来。他在这些大大小小的老婆身上大肆挥洒钱财，到晚年以后，终于把之前许多年积攒的财富都挥霍光了，因此保得平安，没有人再找他的麻烦。

到这时为止，短短三年时间，已经有五个诸侯王自杀或者离世，赵王也折掉了半条命，诸侯们全都惶惶不可终日。谁知这仅仅是个开始，接下来的一连串谋反案更加惊心动魄。

淮南王谋反案

金娥的婚事被纪太后拦了下来。但皇太后的外孙女当然是不愁嫁的，武帝很快就为她物色到了一个不错的小伙，是淮南王刘安的儿子刘迁。

武帝派人去提亲，双方一接洽，都觉得十分满意，这门婚事很快就成了。

可惜金娥的命似乎的确不太好，嫁入淮南王府，成功当上王妃以后，她才发现自己陷入了一场巨大的阴谋。

淮南王刘安跟朝廷的关系是很微妙的，他父亲就是被文帝逼得自杀的刘长。这些年来，虽然表面上他们家族不敢对朝廷有任何不满，但内心一直愤愤不平。

当初七国之乱的时候，刘安就曾经计划参与叛乱，但他的相国忠于朝廷，这个相国假装要带兵去援助叛军，把刘安的兵权骗到手以后，立即紧闭城门，挡住叛军，所以淮南国没能跟着七国反叛。

这次流产的叛变，已经显露出刘安性格上的弱点：遇事不决，优柔寡断。在后来的很多年里，他一直在叛与不叛之间摇摆不定。

武帝早期的时候，刘安曾经在长安见到田蚡，田蚡很阴险地对他说："方今皇上无子（武帝继位初期一直无子，后来卫子夫受宠才生下武帝的长子），王爷您的仁义闻名于天下，等今上晏驾之后，皇位不属于您还能属于谁？"

这番话明显胡说八道，刘安比武帝大着二十多岁，哪里那么容易等到武帝"晏驾"？田蚡这样说不过是为了讨刘安欢心而已，刘安却把这些话牢牢记在了心里，从此便认为自己真的众望所归，有望登上御座。

不久以后天空又出现彗星，刘安手下的宾客又拍马屁说："当初七国起兵，彗星长仅数尺，如今彗星长过天，今年一定会有大乱。"刘安又把这番话记在心里。

从那以后，刘安就一直在暗地里积蓄力量，准备找时机举事。

他把自己的女儿刘陵长期留在长安，在长安的贵族圈子中间活动，趁机刺探情报。

他的太子刘迁娶的是武帝外甥女金娥，为了防止金娥泄密，刘安父子俩就密谋，让刘迁长期冷落金娥，终于把金娥气得跑回娘家去了。

这以后，父子俩更加放开手来准备叛乱。

但刘安的性格实在是优柔寡断。他既想叛乱，又一直举棋不定，他尤其畏惧朝廷里的卫青，特别是听人说卫青礼贤下士，很受士兵们尊敬，刘安就更觉得自己没把握获胜，所以一直不敢动手。

不过他儿子刘迁一点都不省心。刘安手下有八个著名的门客，称为"八公"，其中有个叫雷被的，剑术很好。恰好刘迁也在学剑，就找雷被来跟自己比试。

两人拿剑互刺，刘迁以为自己真的剑法高超，丝毫不让人，步步紧逼，最后雷被没办法反击了一下，却不小心误伤了刘迁。

刘迁恼羞成怒，想杀掉雷被。雷被惶恐不安，就向刘安申请让他去长安加入抗击匈奴的军队，但在刘迁的阻拦下，刘安没同意雷被的请求。

最后雷被只好私自逃到长安，并且向武帝告发刘迁，他当然不敢说得罪刘迁的事，而是说刘安父子阻止他去抗击匈奴。

当时朝廷正在准备对匈奴发起大规模打击，要求所有诸侯国全力支持，任何人敢阻拦抗击匈奴的大业，都是在跟国家作对。

武帝把这起案子发到廷尉，让廷尉派人去淮南审问刘迁。刘安父子听说以后，惊慌失措。其实这起案子真追查起来也不严重，好好跟朝廷解释一下就是了，但他们父子心里有鬼，哪敢接受廷尉的询问，只好尽力阻挠朝廷官员的调查。

淮南相国是朝廷的人，看见刘安父子这些小动作，索性一张诉状告到朝廷。朝中文武认为刘安才是幕后主使者，所以请求武帝直接逮捕刘安。

但武帝坚持大事化小，只是派人去淮南国再次询问刘安父子。

这期间刘安忙坏了，一度准备武力对抗朝廷，又准备刺杀前来调查的朝廷官员，但他又总是下不定决心，每次到了要起兵的时候，别人一句话，他就犹豫了，反反复复耽误下来，到最后都没有拿定决心。后来朝廷的使者来到，也没责难他们父子，不过问了几句话就走了，刘安父子的行刺计划也就没有展开。

朝廷里面，武帝跟文武百官还是意见不一致，文武百官强烈要求斩杀刘安，武帝却坚持轻判，最后只判决削夺淮南国两个县就完了。

武帝为什么对淮南王如此宽容呢？可能因为他一直以来对这个堂叔都有良好的印象。淮南王虽然做官做得乱七八糟，可本人却十分风雅。他爱好文学，敬重贤才，曾经召集学者们编纂《淮南鸿烈》，这本著作是黄老学说的集大成者，是刘安为大汉的文化事业做出的巨大贡献；他又召集各种方士，研究炼丹、炼金、神仙之术等等，还有各种千奇百怪的发明。

武帝对刘安的贡献非常赞赏，常常下诏让他编书，刘安总能很快完成。刘安献上来的书，武帝爱不释手，作为国家的珍藏放进图书馆。每次刘安来长安，武帝都要跟他谈论各种学术问题，常常谈到深夜。

可以说，刘安在武帝眼里是一个亦师亦友的博学长辈。

可惜这一切都没有改变刘安对朝廷的猜忌，武帝削他的地，他不认为是宽容，反而认为是耻辱，所以更加想要反叛。

这时候武帝还没有立太子，刘安对未来充满幻想，很固执地认为武帝驾崩后一定会天下大乱，到时候肯定该让他来继位，却自动忽略他比武帝大二十多岁的事实。

他继续准备谋反，手下的大臣伍被千方百计地劝谏，他也不听，但他又总是下不了决心，就这么一直拖着。

但纸包不住火，拖得时间越久，泄密的可能性就越大。

刘安的庶长子叫刘不害，这个儿子很不讨刘安喜欢，也一直受到淮南王后和刘迁的嫉恨。刘不害的儿子叫刘建（跟江都国的刘建同名），父亲在家族里受到孤立、打击的事实他都看在眼里，他很气不过，就暗地里联结外人，想把刘迁搞掉，让自己的父亲当上嫡子。

刘建的阴谋被刘迁发觉了，他把刘建父子抓起来严刑拷打，刘建对他恨得咬牙切齿。终于在公元前123年，双方的矛盾彻底爆发了。

刘建派手下偷偷潜逃到长安，向武帝告密说："刘迁母子一直在迫害我父亲，甚至把他拘捕起来准备杀害。而且上次朝廷官员到淮南来审查刘迁的时候，他曾经密谋行刺，皇上调查一下就知道了。"

武帝接到举报以后有些为难，上次的案子才过，怎么刘安父子又搞出事来？于是武帝把刘建的报告发给廷尉，让他们去调查。

这时候刘安的仇家出手了。

当年刘长曾经杀害审食其，却受到文帝包庇，最后事情不了了之。现在审食其的孙子审卿听说有人告发刘安家族的人，立即找到好友公孙弘，请求他调查这起案子。

公孙弘依靠他的政治嗅觉，敏锐地觉察到刘安父子还有很多没被揭发出来的阴谋，便亲自主导，严密审讯刘建，终于审出了刘安父子多年来密谋反叛的事实。

这下情况就严重了，武帝再也不可能姑息他们，只能派人到淮南抓捕刘迁。

而刘安那边，还在尽情发挥想象力，跟伍被制订各种夸张的谋反计划，包括：刺杀卫青；伪造朝廷诏书，说要把人们迁到朔方去，以扰乱人心；假装王宫失火，把相国等人骗进宫来杀掉；让人假扮边境的士兵，从南方跑来，大喊"南越入侵"，他再趁机发兵等等。

这些计策展现出刘安作为一个文学家的素养，可惜没有一条能够真正推行，所以忙活了半天，还是一点措施都拿不出来。

廷尉的捕快终于来到了，刘迁惊慌失措，拔剑自刎，却被人救活了。而伍被径直走进廷尉的官署，供出了自己跟刘安父子密谋反叛的全部细节。

廷尉随后逮捕了刘迁、淮南王后以及刘安手下的宾客和官员几千人，并且搜出了刘安谋反的许多证据，例如伪造的文书、符节、图册等等，把这些都交给了朝廷。

刘安父子谋反的证据公布出来以后，天下震惊，诸侯们迅速战队，连刘彭祖、刘端这些人都严厉谴责刘安，说他大逆不道，应该严惩。公孙弘和张汤的态度更是强硬，一致要求从重处理刘安这一干人。

武帝只好按大家的要求处罚刘安一家，最后的结果是：淮南太子刘迁、淮南王后、参与谋反的官员等几万人全部被灭门，刘安自杀身亡，淮南国被废除，土地收归朝廷，一个重要的诸侯国就这样彻底被抹去了。

这是朝廷对诸侯的又一场重大胜利，不过，关于这起案件的所有细节都是朝廷透露出来的，其中有没有添油加醋的成分呢？外人就不得而知了。

但有一点很耐人寻味：民间对刘安的评价似乎非常高，以至于人们传说，廷尉去抓捕刘安的时候，他跟自己手下的"八公"一起服用仙药升上天去了，就连他家里的鸡犬都因为吃了撒在地上的仙药而升天，从此留下了"一人得道鸡犬升天"的成语。

衡山王一家的宫斗戏

淮南王谋反案跟之前的诸侯谋反有一点不同：这是一次"没有谋反"的"谋反"，刘安从头至尾没有真正的反叛举动，他只是在"计划谋反"而已。朝廷掌握的所有罪证只是刘安跟手下人私底下的谈话，以及搜出来的图册、印章之类。仅仅依靠这些证据朝廷就灭了他满门，这一方面说明武帝的手段之厉害，另一方面也说明目前诸侯的力量在中央面前实在是不值一提。

接下来，武帝又顺手打掉了两个诸侯国。

衡山王刘赐是刘长的第三个儿子、刘安的弟弟。

他的家庭乱成一团，可以说是一出宫斗大戏。

刘赐的王后乘舒生了两儿一女，长子叫刘爽，被刘赐立为太子，女儿叫刘无采，小儿子叫刘孝。

刘赐另外又宠爱徐姬和厥姬，两人也都生过许多儿女，都在想办法跟王后作对。

后来乘舒忽然死了，刘赐就把徐姬立为王后，于是徐姬跟厥姬两人又斗起来。

厥姬就到太子刘爽跟前告密说："我知道一件大秘密，你母亲是被徐姬下蛊害死的。"

刘爽很震惊，从此想找徐姬报仇。

而徐姬也早就盯上刘爽了，她想把刘爽扳倒，让自己的儿子当太子。

刘爽的弟弟刘孝也在暗中准备阴谋，想扳倒刘爽，自己当太子。而且他是由徐姬养大的，本来跟徐姬的感情就不错，所以两人联合起来对付刘爽。

同时，刘无采被夫家休了，回到娘家，结果跟自己的下人勾搭到一起，刘爽知道以后责备了她很多次，所以她也恨刘爽。

所以徐姬、刘孝、刘无采联合起来，准备共同搞掉刘爽。

双方暗地里你来我往，什么阴谋诡计都用出来了，还都到刘赐跟前告状。在徐姬等人的挑拨之下，刘赐对刘爽渐渐看不顺眼了，甚至多次责打他。

有一次刘赐病了，儿女们都守在他床边，不巧刘爽也病倒了，就没去伺候父亲。刘孝和刘无采就告状说："刘爽是在装病，他就是不想来看您，听说您病了，他还开心得很。"刘赐大怒，开始想要废掉刘爽，另立太子。

不料徐姬的心计更深，她真正想搞掉的不止刘爽，还有刘孝，眼看刘爽快要倒了，她就把目标移到刘孝身上。

她有一个侍女，已经被刘赐临幸过了，现在徐姬又让这个侍女去勾引刘孝，同时徐姬自己去勾引刘爽。

到这时，整个王宫已经乱成了一锅粥，而王宫的主人刘赐却还蒙在鼓里。直到有一天，徐姬哭着来告状，说刘爽想要奸淫她。刘赐十分震惊，堂堂的王宫里竟然发生这样的丑事，于是把刘爽叫来盘问。

刘爽不紧不慢地说："先别说我的事，先让刘孝解释他跟父王的侍女是什么关系，还有刘无采跟下人通奸的事，以及儿臣的母亲是怎么死的，请徐姬说清楚。"

刘赐仰天喷出一口老血，差点晕倒在地，徐姬等人也都恼羞成怒。到这一步，大家都不伪装了，徐姬、刘爽、刘孝、刘无采……所有人都撕破了脸，扭打成一团。

最后刘爽撂下一句话："父王不必操心了，我去长安找皇上评理。"说着头也不回往外就走。

刘赐赶忙派兵把刘爽捉住，关押在王宫里，同时向武帝上书，说衡山太子刘爽大逆不道，请求废掉他，另立太子。

刘爽也有自己的门路，他让自己的心腹悄悄带信出去，托付他的一个好友去长安求见武帝，揭发父亲和弟弟谋反的事。

原来不久前，刘赐路过淮南，跟淮南王刘安见过一面，双方暗地里商量好：等刘安发动叛乱的时候，刘赐也发兵响应。刘赐回到封国就把刘孝招来，让他住到宫外，负责准备叛乱。

父子二人到处招募勇士，准备弓弩，刻皇帝玉玺，忙得不亦乐乎，没想到这些事都被刘爽侦查到了，所以才让人去长安告密。

刘爽的好友刚到长安，正好赶上淮南王刘安谋反的事情发作，朝廷四处搜捕刘安的同党，刘爽的好友顺势把知道的事情都告发出来，朝廷便把刘赐谋反的案子跟刘安的案子一起审理，做成一个大案。

廷尉审理的结果是，衡山王刘赐父子谋反证据确凿，无可辩驳。朝廷当即派人去衡山抓捕刘赐父子。

朝廷官兵四面围住衡山王宫，王宫里鸡飞狗跳，父子兄弟互相埋怨，姬妾侍女哭成一团。刘赐不断向官兵求饶，刘孝甚至主动去自首，抛出手下一群官员当替罪羊，但都无济于事。最后官兵强行破门，刘赐自杀身亡，刘孝等人都被朝廷捉拿归案。

判决的结果：刘孝奸淫父妾，徐姬谋杀王后，刘爽告父犯不孝罪，全部弃市，其余参与谋反的大小官员全体斩首。一场乱哄哄的家族闹剧才终于谢幕了。

衡山国也因此被废除，土地收归朝廷，朝廷的势力从此又进一步扩张了。

接下来，朝廷把目标瞄准了江都国，那边的丑闻，比衡山国的更加骇人听闻。

荒淫的江都王

前任江都王刘非是武帝的五哥，他本来桀骜不驯，后来在董仲舒的劝说下学会了安守本分，所以这几年江都国比较平静，一直远离外面的是是非非。

但刘非跟刘赐有一点类似，他们都不懂得约束身边人，特别是不会教育子女。他的太子刘建是个十足的恶棍，生性残暴，无恶不作。

据说有一次，赵人梁蚡带来一名美女，想献给刘非。刘建看到以后，色心顿起，抢先一步把这名女子抢到手。梁蚡想出去宣扬这件事，刘建果断杀人灭口。梁蚡的家人本来要去告刘建，刚好碰上全国大赦，刘建被免了罪，没有受到一点惩罚。

当时刘非还在，刘建还略微收敛一点，后来刘非死了，刘建当上了江都王，从此就彻底没人能制约他了，整个江都国变成了他肆意宣淫的乐园。

就在刘非的棺椁还没有下葬，刘建还在守孝的时候，他就把刘非的十几个姬妾全部霸占了。

他甚至连自己的妹妹都不放过。他妹妹刘征臣已经嫁到了长安，这次回江都来守孝，刘建就趁机跟她勾搭上了，后来又多次派人到长安，把刘征臣接到江都来私通。

刘建兄妹的丑事很快在长安的贵族圈子里传开了，就连鲁恭王（武帝的三哥）的太后都知道了，她还特地让人转告刘建："小心燕、齐两国的前车之鉴。"刘建却一点都听不进去，反而大怒，斩杀传话的使者。

刘建的淫乱只是一方面，更让人瞠目结舌的是他的残暴。

他根本不把别人的性命当一回事，有一次，他让四位美人乘船，船刚开出去，他就一脚把船蹬翻了。看着四位美人在水里呼号的狼狈样子，刘建哈哈大笑，十分开心。

他喜欢找各种借口惩罚宫女：剥光她们的衣服，让她们在花园里击鼓，或者把这些女人吊在树上，几十天不准穿衣服，或者剃光她们的头发，脖子套上铁环，强迫她们去舂米，甚至放狼把人咬死，把人关在屋子里饿死……种种变态行径，数也数不清。

刘建是怎么养成这种极度扭曲的人格的？或许他对身边的大臣说的一番话可以告诉我们答案。

有一次，朝廷派人来询问刘建治国的情况，等这些人走了以后，刘建对身边的人说："我虽然是个诸侯，却毫无自由，皇帝的狱卒年年来审问我，这样活着有什么意思？不如干一票大的！"

正是因为终生处在朝廷的重压之下，刘建的人性严重扭曲，才找各种变态的途径发泄。

但有一个令人失望的事实：朝廷对于刘建的种种罪行一直假装看不见。

对于皇帝来说，诸侯越荒淫，越激起民愤，他反而越放心，因为这样的诸侯对他没威胁。皇帝真正容不下的，是刘德那种德才兼备的诸侯。

其实这些年刘建的行为在他的国内早已经惹得民怨沸腾了，无数受害者向朝廷含泪控诉，但都没有结果。

其中最重磅的告密者是刘非的一个夫人，她的儿子刘定国是刘非最小的儿子，她想扳倒刘建，让刘定国当江都王，就派下人去长安控告刘建的罪行。不料这个下人到长安以后，反而被定了一个"收人钱财告状"的罪名，被拿到廷尉，判了弃市。

从那以后，就连那些地位很高的人都不敢随便控告刘建了。

刘建以为自己永远不会受到制裁，所以胆子越来越大。听说淮南王、衡山王在准备谋反，他也磨刀霍霍，暗地里准备兵马粮草，还派人联络闽越王，准备等天下大乱的时候趁机割据一方。

可惜他的这些小动作根本瞒不过朝廷，淮南王谋反的事情被揭发出来以后，朝廷开始收网，派人到江都国一查，把刘建的各种违法行径都给抖出来了，还查到他跟他的王后暗地里下蛊诅咒皇帝，以及搜出一堆谋反的证物：天子玺绶、翠羽华盖等。

武帝跟文武百官们讨论后认为：刘建罪恶昭彰，必须予以严惩。便派廷尉去捉拿刘建。廷尉还没到江都的时候，刘建就自杀身亡了，他的王后和家人都被处以弃市，江都国也被废除了，国土收归朝廷。那是公元前121年的事。

刘建家族只有几个年幼的子女活下来，其中一个就是后来大名鼎鼎的汉家公主刘细君。

到这时为止，所有有实力的诸侯都被消灭了，诸侯王作为一支政治势力彻底离开了政治舞台中央。从今往后，只剩下皇帝跟朝臣的博弈。令文帝、景帝头疼的一个重大隐患终于在武帝手上得到了解决，这是武帝个人的巨大成就。

接下来，武帝需要修补这些年持续不断的战争对经济造成的创伤。

第二十一章　告别盛世巅峰

经济改革，苛政的开始

漠北之战以后，漠南无王庭，匈奴逃到了遥远的北方，心惊胆战地躲避汉军的追杀。漠北苦寒，生活艰难，匈奴人只好逐渐向中亚迁徙，开始了一场人类历史上最浩大的种族迁移。

汉朝抓住机会，进一步压缩匈奴的生存空间。

汉匈对峙的东部地区，上谷、渔阳、右北平一线，以前是匈奴左贤王的地盘，左贤王的军队正是从这里出发，多次杀入汉朝边境郡县，对大汉军民造成了很大杀伤。

现在左贤王逃走了，一直被他们控制的乌桓部落也解放了，大汉把乌桓部落迁移到上谷、渔阳、右北平、辽西、辽东五郡的塞外，让他们作为大汉的屏藩，帮忙监督匈奴的动静。

之前已经有浑邪王部落在保卫河西，加上现在的乌桓，大汉北部边疆已经拥有了坚固的防线，长城也在紧锣密鼓地建设中，外部力量已经基本没法再攻入大汉本土了。从此以后，大汉的对外政策便转向了全面扩张。

不过军事上的胜利也是有代价的，汉匈战争对双方的国力都造成了重大打击，大汉完全是靠着雄厚的经济基础硬扛到了最后。

一个简单的例子可以说明这种情况：漠北之战前，朝廷派出的战马有十四万匹，战后回来的却只有两万多匹。这只是一次战役的损失，从马邑之战算起，汉匈双方的战争已经打了十多年，总的损失是非常惊人的，即使有文景两朝积累的物资做铺垫，到这时候也消耗得差不多了，朝廷感到了巨大的经济压力。

河西之战过后的公元前120年，山东发大水，饥荒蔓延，饿殍遍地，朝廷紧急调配官仓的粮食救济灾民，又鼓励富商大贾救济民众，但饥民还是越来越多。

朝廷只好把大量民众向陇西、北地等边境地区迁移，一方面加强边防，另一方面疏散人口，这才勉强把饥民问题应付过去了。

迁移到边关的民众，朝廷发给他们衣食，借给他们耕牛，让他们开垦荒地，兴建水利，直到他们在新家园扎下根来以后，朝廷才停止救助。

但这又是一大笔开销，耗费银两上亿，国库进一步空虚了。

为了解决财政压力，公元前119年开始，朝廷大力推行经济改革。主要有以下举措：

推行货币改革，废除三铢钱和半两钱，铸造五铢钱。下放铸币权是西汉初年朝廷犯的一个严重错误，造成了民间盗铸钱币的风潮。从惠帝到景帝，反反复复无数次修改政策，都没能解决这个问题，直到武帝这次改革才彻底把铸币权收归中央。

盐铁官营，设置盐铁官署，由政府来垄断煮盐和铸铁两个暴利行业。这是对汉朝初年"无为而治"的修正，大幅增加了财政收入。

对商人和手工业者征收财产税，对民众拥有的车、船征税。

对儿童加征人头税，三岁到十四岁的儿童每人每年征收二十三钱。

设立均输官，要求各郡国用当地的物产代替供赋，朝廷再把这些物资运送到其他郡国去出售，赚中间的差价。

在长安设立平准官，货物便宜的时候买入，贵的时候卖出，起到平抑物价的效果。

这些政策确实短期解决了财政危机，但其中的大部分政策本质上是在与民争利。朝廷倒是有钱了，民间却变得更加穷困，特别是商人群体受到了很大打击，商业发展也受到了遏制。

政策推行中也出现了很多问题。这些政策完全是为政府牟利的,从源头上就无视百姓的利益,实际推行中更是出现了很多损害百姓利益的情况,例如,官方贩卖的盐铁价高质次,让老百姓叫苦连天。

而且为了推行新经济,武帝任用张汤为首的酷吏,使用严刑峻法惩治那些违反国家规定的人,无数人因此被罚、被杀,仅仅因为私铸钱币被杀的人就达到了数十万,民间哀号一片。

由于触犯法律的人太多,政府鼓励民众相互揭发,告密的风气开始流行起来,从诸侯王到老百姓,人人自危。

有些官员对新政有意见,武帝认为是在跟自己作对,很不高兴,便想办法钳制言论,更发明了匪夷所思的"腹诽法"。

据说当时在讨论新政的时候,大司农颜异有不同意见,导致武帝不满,便让张汤调查颜异。张汤查到这样一件事:颜异有一次跟人谈话,那人说,现在新政刚刚发布,有些具体的规定执行的时候有困难。颜异听了,想要说什么,嘴唇刚动了动,却忍住没说。张汤便把这件事报上去,认为颜异位列九卿,听人说到国家政策的问题,不仅不发表意见,反而在心里表示对朝廷的不满,该以"腹诽罪"判死刑。

武帝收到张汤的报告以后,竟然立即批准了对颜异的判决,"腹诽罪"便这样诞生了。从此以后,不仅反对皇帝是大罪,甚至不赞美皇帝也是一种罪,社会氛围出现了急剧恶化。

当初秦法暴虐,大汉建国以后便处处减轻刑罚,特别是在文帝时期,各种苛政纷纷被废除,朝廷执法宽柔,人民生活轻松。然而到现在,经过武帝这一系列改革,严酷的秦法似乎又卷土重来了,之前的宽厚风气终于荡然无存。

武帝或许也意识到了这些严酷法令造成的危害,但他并不在乎,他是帝王,偶尔犯一点小错无伤大雅,所以他依然坚决地推行着这些政策。

但这一系列新政毕竟触动了各方利益,有许多实权人物怀恨在心,他们纷纷把矛头对准新政的执行者,最终引发了一场严重的政治风暴。

酷吏的最终结局

公元前121年，公孙弘过世了，李蔡（李广的堂弟）继任为丞相。

公孙弘是张汤最重要的政治盟友，他的离开，使张汤失去了一个最强大的支持者。但也因为公孙弘留下的空间需要人填补，张汤才更加受到武帝的重用，朝中各种大小事务都让他负责，他成了事实上的丞相。

公元前119年，李蔡因为犯罪被调查，自杀身亡。这时候不管从哪方面看，都应该让张汤继任丞相才对，但武帝却选择了看起来资历不够的庄青翟，这让张汤心里很不舒服。

这期间，武帝进行了大规模的经济改革，张汤是主要执行人，丞相庄青翟反而被边缘化了，他对张汤也严重看不顺眼，久而久之，两人矛盾重重。

说到底，根子在武帝身上，武帝一方面提拔庄青翟和他的同党，另一方面又把实际的权力交给张汤，这种做法必然造成双方的矛盾——当然，武帝很可能是故意的，下边的两派官员针锋相对，才不会威胁到宝座上的他。

另外，张汤这些年严厉执法，又替武帝推行新经济政策，前前后后得罪了不少人，各方势力都想暗中搞掉他，最终在公元前115年左右，张汤的敌人们联手发难，彻底把他打倒了。

首先引发风暴的是御史中丞李文的案子。

李文是张汤的副官，因此他能接触到张汤签发的各种文件，他利用这种便利悄悄搜集对张汤不利的证据。

张汤手下有个叫鲁谒居的小吏，是张汤的死党，他了解到李文的小动作以后，就抢先一步去控告李文。案子落到张汤手上，张汤当然毫不留情，判了李文死刑。——当然，也有可能一切都是张汤策划的。

这个判决结果引起武帝怀疑，武帝问张汤："李文犯法的证据是谁揭露出来的？"

张汤只好支吾道："大概是他的熟人透露出来的吧。"

但武帝没那么好糊弄，对这件事一直留着心。

不久以后，鲁谒居生病，张汤去他家看望他，两人聊了很久，张汤还给鲁谒居按摩腿部，这一幕却被赵王刘彭祖探查到了。

刘彭祖也恨张汤，因为冶炼行业一直是赵国的主要财源，现在武帝实行盐铁专卖，直接抢了赵国的钱包，刘彭祖不敢报复武帝，但敢报复主持经济改革的张汤。

他立即向武帝告发："张汤身为朝中高官，却亲自给一个小吏按摩，可见两人的关系不一般，建议皇上查查他们是否有勾结。"

武帝马上就猜到了事情的来龙去脉，把案子发到廷尉那边，让他们审理。这时候鲁谒居已经病死了，廷尉把他弟弟抓起来审问，他弟弟很快供出张汤跟鲁谒居勾结谋害李文的事。

这边的审问结果还没报给武帝，马上那边又发生了一件大事——有人偷挖文帝陵墓里殉葬的钱币。

这是非常严重的罪行，张汤和庄青翟作为两大实权人物，负有"失察"的责任，所以两人商量好，一起去向武帝请罪。

谁知到了武帝面前，张汤却突然变卦，不仅不提自己的责任，反而指责庄青翟监管无方，没有及时派人巡查陵园，认为责任全在庄青翟身上。现场变成了由张汤牵头，众人共同讨伐庄青翟的局面。

这次辩论让庄青翟颜面尽失，随后武帝把案子发给御史审理，张汤准备趁机狠狠整治庄青翟。庄青翟知道以后，认为必须反击了。

庄青翟手下有三个长史：朱买臣、王朝、边通。他们都恨张汤，朱买臣更是跟张汤有大仇。

当初淮南王谋反的案子，把严助也牵涉进去了。武帝本来不想杀严助的，但张汤坚持认为严助以天子近臣的身份跟诸侯结交，不可饶恕，所以在他的怂恿下，武帝最后判了严助弃市。

严助跟朱买臣是同乡，朱买臣当官就是他引荐的，所以朱买臣从那以后就对张汤恨之入骨。

现在朱买臣等人跟庄青翟一起谋划，都认为必须立即除掉张汤。

他们密切调查，查到张汤在经济改革中间有徇私舞弊的行为。这些经济改革的主要手段是减少商人的收益，把他们的利润收归朝廷，但张汤跟一些商人勾结起来，提前向他们透露朝廷的政策，让他们趁机牟利。这是在挖国家的墙角，武帝是绝对不能容忍这种事的。

庄青翟他们抓到一个叫田信的商人，田信招供，张汤向他透露过很多内幕消息，他靠这些消息囤积居奇，赚到许多钱，都跟张汤私分了。于是张汤的罪名就很严重了。

庄青翟他们把审讯结果报上去，武帝勃然大怒，当面质问张汤，张汤却坚持说："没有，我没透露过什么消息。"

这时候鲁谒居案的审问结果也报上来了，武帝一看，原来张汤一直在欺骗自己，他所谓的忠诚都是装出来的，怒不可遏的武帝当即下令调查张汤。

这时候所有跟张汤有仇的人都来告发他，张汤的罪名一时间如爆发式增长，简直数也数不清了。以至于武帝连发八道诏书数落张汤。

但张汤一口咬定：这些都是诬陷，他没有犯任何罪。

最后张汤的好友赵禹也被派去责问张汤，赵禹冷冷地说："你怎么还不明白呢？你这些年灭了多少户人家？有多少人对你恨之入骨？现在他们联合起来控诉你，你让皇帝怎么办呢？皇帝只想让你自决而已，多说无益。"

赵禹走后，张汤知道自己已经不可能脱罪了，只好在监狱里写下："谋陷汤者，三长史也。"随后自杀身亡。

张汤的遗言传到武帝那边，武帝又开始后悔了，他渐渐反应过来：控告张汤的那些人，多数是在公报私仇。

这时候又传来一个消息，张汤死后，他的家产只剩下五百金，连安葬费用都凑不齐，他家族的兄弟们想凑钱厚葬他，张汤的母亲却说："张汤作为天子大臣，却被人诋毁致死，还厚葬什么？"说完，让人把张汤的尸骨用牛车拉出去，草草掩埋。

武帝彻底后悔了，他感叹道："果然有这样的母亲才有张汤那样的儿子。"于是下令：给张汤平反，杀掉朱买臣三人，令庄青翟自裁。后来武帝又提拔张汤的儿子张安世为官。

一场严重的政治斗争以双方同归于尽结束。

张汤是不是冤枉的呢？大体上可能是的，但他跟庄青翟等人互相陷害也是事实。官场上尔虞我诈，明争暗斗本来就是常态，武帝应该在中间做调解人，而不是把双方都逼死。

这次风波显露出武帝性格里的一些缺陷：多疑，易怒，易冲动，一旦受人挑拨，就容易不分青红皂白地挥起屠刀；而一旦发现出错，他又迅速翻脸，对另一拨人再次举起屠刀，这样来回各杀一通，终于把寻常的小事升级为严重的政治风暴。

到这时，一切都已经无法挽回了，朝廷失去了许多重要支柱，再加上卫青已老，霍去病在前两年离世，几年以后汲黯也病逝了，武帝身边能用的人就越来越少了。

各种邪魔外道乘虚而入。

妖人入朝，君王受欺

天子富有四海，人间的一切荣耀他们都享受过了，自然希望这种享受永远不要结束，所以"长生不老"就成了他们的终极追求。

而民间一直有许多妖人在推销那些"修仙""炼丹""长生"的法术，天子既然有这种需求，必然会把这些妖人吸引过来。

最早靠近武帝的是一个叫李少君的人。

他成名很多年了，民间到处在传说他的各种"神迹"。

据说他年纪很大了，但对他具体的年龄、家世背景等大家都不清楚，只知道他一直孤身一人游荡，没有家人，没有产业，却总有花不完的钱。大家都觉得很神奇，于是纷纷送给他财物，乞求他赐予修仙的法门。

他经常说一些离奇的话，最有名的是有一次他参加田蚡的宴会。宴席上有个九十多岁的老人，李少君跟他攀谈，说："当年我跟你爷爷四处闯荡，在某某地方游猎，在某某地方习武，后来他回家娶妻生子，我们就分开了。"

老人很惊讶："我小时候听我爷爷说过，他确实去过那些地方！"宴席上的人们都惊呆了。

李少君的名气越来越大，终于惊动了武帝。武帝召他进宫讨论仙道，当面拿出一件铜器给他认。少君上去摸了两下，就说："此物微臣见过，在齐桓公十年曾存于柏寝台。"

武帝找人来辨认这件青铜器上面的铭文，解读出来，确实是齐桓公时期的，武帝和周围的人们都被惊到了，认为李少君真是神人。少君从此名扬天下。

　　李少君跟武帝谈了很多修仙之类的法门，他说："祭祀灶神可以招来神仙，神仙可以点化丹砂为黄金，黄金做饮食器具可以延寿，然后可以见到海中的蓬莱仙人，见到仙人以后举行封禅大典，就能长生不老。微臣曾在海上见到安期生（民间传说的神仙），他给微臣吃的枣有瓜那么大……"

　　武帝听得入迷了，从此尽心祭祀灶神，又试着化丹砂为黄金，还派方士到海上求仙。

　　后来李少君忽然不再出现了，有人说他病死了，武帝却一心认为他修道成功羽化成仙了，从此更加虔心求仙。而全国各地的方士听说以后，更是摩肩接踵而来，向武帝推销自己的修仙之法，武帝身边也就渐渐聚起一群方士，整天谈论一些玄之又玄的东西，武帝放在朝政上的心思也就越来越少了。

　　其中有一个叫李少翁的，特别会变着花样讨好武帝，他最著名的事迹是替武帝招魂。

　　卫子夫年纪大了以后，武帝渐渐把宠爱移到了别的后妃身上，其中最受宠的是王夫人。可惜王夫人没过几年就病死了，武帝对她日思夜想，李少翁就说，他有返魂术，可以招来故人的魂魄，让武帝重新见到王夫人。

　　武帝喜出望外，赶紧叫他施法。

　　李少翁在宫里专门布置了一间屋子，中间摆上法器，四周用帷幕遮挡，并且事先叮嘱：半夜时分开始做法，任何人不得入内。

　　武帝在帷幕外观看，只见少翁点上返魂香，口中念念有词，不一会儿，清风乍起，帷幕内烛影摇曳，一名女子的身影翩然而至，恍惚看过去，就是王夫人生前的样子。

　　武帝不由得流下泪来，就要进去见王夫人，那女子的身影却很快就消失了，只留下满屋余香。

　　武帝非常感动，便封李少翁为文成将军，以客礼相待。又按李少翁的建议，在甘泉宫里建画室，挂上天地泰各种鬼神的画像，又在车上画上祥云图案，让人驾车四处呼啸，说是在"辟鬼"。

　　民间妖人们看到凭借邪术也能封将军，都受到鼓舞，更加争先恐后地向武帝进献各种修仙之道，而真正有才能的民间士人却受到冷落了。

不过李少翁却发现自己有点玩过火了，上次的招魂术表现得过于完美，武帝因此对他的法力深信不疑，隔三岔五就要他表演法术，他上哪儿去找那么多新花样？这让他很头疼。

最后他实在黔驴技穷，只好使出祖传的老法子，在一张帛书上写字，让牛吞下，然后对武帝说：牛肚子里有异物。剖开牛肚子以后，看到帛书，他装模作样地读了一番说：这是祥瑞呀！

武帝一想：不对，这不是陈胜吴广的套路吗？再把帛书拿去让人辨认，发现上面果然是李少翁自己的笔迹。武帝这才知道他是个江湖骗子，一怒之下就把他杀了。那是公元前119年的事。

武帝不好意思说自己被骗了，就把杀李少翁的事情隐瞒下来，对外说李少翁是误食马肝而死的。

这以后武帝依然执迷不悟，又听方士的主意，大兴土木建柏梁台，台上立一根铜柱，高二十丈，铜柱顶上塑着一位"仙人"，托着承露盘。方士们说：用这种方法可以搜集到天降的甘露，用甘露泡着玉屑喝下去，可以得长生。

武帝照他们说的做，也不知喝了多少"甘露"，身体还是没有一点变化，柏梁台却在十多年后被火烧掉了。

而方士们的手段也与时俱进，他们开始直接做法，试图把神仙引来。其中最成功的人是栾大。

栾大是李少翁的师兄弟，在胶东王刘寄手下用事，刘寄死后，他的王后受到新一任胶东王排挤，为了争取武帝的支持，这个王后就把栾大举荐给了武帝。

跟之前的方士不一样，栾大特别善于变戏法，他第一次叩见武帝就表演了棋子自行移动的法术，他又生得高大俊朗，武帝看了更加喜欢。

栾大很小心，他对武帝说："臣很想报答皇上，但又怕走文成将军（李少翁）的老路，要是臣也跟文成将军一样（被杀），恐怕天下方士都要战战兢兢，不敢再报效陛下了。"

武帝赶忙说："哪里，哪里，文成将军是吃马肝而死的，卿家不要听信外面的传言。"

栾大这才假装坦白说:"臣以前在海上见过安期生、羡门高这些神仙,他们说,胶东王只是个诸侯而已,不配得到仙药,只有真龙天子派人来,他们才传授修仙之法。他们的法术十分玄妙,可以用丹药炼出黄金,可以堵黄河缺口,也可以长生不老。"

武帝大喜过望,于是拜栾大为五利将军,赐给他四颗官印,分别是"天士将军""地士将军""大通将军"和"天道将军"印,还封他为乐通侯,食邑两千户。

消息一出来,所有人都目瞪口呆。卫青他们征战沙场,为国家开疆拓土,才被封为将军,李广甚至终生没能封侯,而栾大凭借一点江湖骗术就骗到将军和列侯的身份,如此颠倒黑白,自然没有人肯真心为国家效命了。

从此以后,大汉朝廷里再也没有卫青、霍去病那种一心为国的伟大将领了,有的只是善于钻营的小人,即使偶尔出一两位天纵之才,也难免把更多的心思放在个人利益上,国家利益自然要往后排了。

如果认为武帝对栾大的封赏只是表面上的安抚,那就错了,武帝为了抬举他可是下了血本的。武帝亲自下诏说是上天派栾大来辅佐自己,还赐给栾大豪华的宅邸,上千僮仆,还有各种车马、帷帐、器物不计其数。这还嫌不够,最后武帝把自己的女儿都送给他了。

卫子夫生的长公主原来嫁给平阳侯曹襄,后来曹襄死了,长公主寡居在家,现在武帝亲自牵线,把长公主再嫁给栾大,改称为当利公主。

这下民间更是炸开锅了:一个术士,凭借花言巧语就把公主骗到手,大家还干什么正事呢?不如都去钻研修仙之道算了。整个社会的浮躁之气再也无法遏制了。

武帝自己还没察觉,他只觉得好不容易找到一个真神仙,一定要好好拜一拜。他三天两头往栾大的府里跑,嘘寒问暖,像对待自己最亲近的人一样。长安的权贵们看到皇帝这种态度,也拼命讨好栾大。栾大家天天门庭若市,门前道路被各路权贵的车马堵得水泄不通。

武帝真心以为栾大的到来是上天的安排,为了表示对天意的尊重,举行拜将仪式那天,武帝特地让栾大穿一身洁白的羽衣,夜晚站在白茅丛中。远远望去，飘摇若仙。朝廷使者也穿羽衣，手捧"天道将军"金印，轻轻放到栾大手上——整个过程不沾一点尘埃。

武帝相信：这代表栾大是上天派来的使者，负责在天子与上天之间做指引，自己不敢把他当作臣子。

这以后，栾大就获得了相当于"国师"的身份，他在自己府里设立祭坛，一天到晚做法施咒，替武帝招引神仙。

但是神仙哪里招得来呢？栾大天天被武帝盯着，也怕露馅，就变新花样，说神仙都在海上，自己的师父也在那里，于是他没事就盛装出行，声称去海上拜访师尊，然后出去找个人少的地方闲逛一圈，过段时间才回来，顺便编出一番"奇遇"哄武帝开心。

这些套路秦始皇时代的方士们就已经玩得滚瓜烂熟了，现在栾大又拿出来玩，当然容易引人怀疑。

时间久了，怀疑栾大的人越来越多。武帝也禁不住疑心起来，就天天催栾大赶紧把神仙找来。

栾大被逼得没办法，只好又一次整装出发，装模作样地朝东海的方向走去。武帝这次却留着心眼，派人暗地里跟着栾大，看他到底去哪里。

只见栾大走了很多天，来到泰山，到山上自己找个僻静的地方对天祈祷一番，然后又去海边转了十来天，根本没踏入海上半步，更没见到他的什么师父，随后就返回长安了。

探子回来把情况向武帝一汇报，武帝顿时火冒三丈，等栾大回来，当面质问他。

栾大还像以前一样扯谎，武帝叫来探子跟他对质：某年某月某日，你到达某地，做了什么事……栾大这下傻眼了，只好乖乖认罪，最后被武帝判了腰斩，一场荒诞剧才终于收场了。

尽管受了这么多骗，但武帝求仙的决心还是没受影响，他总觉得神仙还是有的，只不过栾大这些人修为不够，请不来而已，所以他继续招纳方士。

而人们看到武帝如此热衷于求仙，当然就变着法子讨他欢心，所以最近这几年，全国上下涌出来许多"祥瑞"，一再挑战着人们的想象力和道德底线。

封禅与成仙的梦想

公元前 113 年，汾阴有个巫师，在替当地民众做祭祀的时候，看到有块地隆起很高，去一挖，挖出来一只异常巨大的鼎，也不知道是哪个年代的，上面只有花纹没有文字。巫师报告给官府，武帝听到汇报，便命人把这个鼎运到甘泉宫。

武帝召集百官议论，大家纷纷朝贺，都说这是天降祥瑞，武帝便把这个鼎供奉起来。

齐地有个叫公孙卿的方士，听说有宝鼎出土，就向武帝上书说："恭喜皇上，今年得鼎正好在辛巳日冬至之时，当年黄帝也是这个日子得宝鼎。黄帝得宝鼎后三百八十年，成仙升天。"

武帝看到公孙卿的书信，大喜过望，立即召他来面谈。

公孙卿特地带来一册书简呈给武帝，向武帝吹嘘道："这书是小臣从申公那里得来的，申公跟安期生经常有来往，还见过黄帝。但现在申公已经死了，这些事只有小臣知道——这书里说了，'汉兴之后，到高祖的孙子或者曾孙的时候，会有宝鼎出而与天神相通，这时应当封禅'。

"申公对小臣说过，当年黄帝到泰山封禅之后，常常游览名山大川，与神仙相会。又修道百年之后，终于可以与神明相通。成仙那年，黄帝先到鸿冢祭祀上帝，再到明廷接见万仙，然后来到寒门，采首山的铜矿，铸造宝鼎于荆山之下。鼎成之后，有神龙现身，垂下龙须迎接黄帝。黄帝攀缘龙须，骑上龙背，百官后妃七十多人跟着攀缘而上，剩下的群臣百姓拼命抓住龙须，龙须断裂，神龙带着黄帝升仙而去，群臣百姓只有望天呼号，黄帝升仙处就是后世的鼎湖。"

武帝听得无比神往，对周围的人感叹道："朕要能像黄帝一样升仙的话，妻子儿女都可以丢下了。"

吃过前面几次亏以后，武帝现在有些谨慎了，不肯再大肆封赏，只是拜公孙卿为郎官，让他去太室山迎接神仙，先看看效果再说。

不过对于公孙卿讲的那些故事，武帝还是深信不疑的，送走公孙卿以后，他就开始安排祭祀上帝的事。他先到雍县，也就是"鸿冢"所在地举行郊祀仪式，再到甘泉，也就是"明廷"建泰一祠坛，准备举行祭祀泰一的仪式。

到了辛巳冬至那天，黎明时分，武帝穿着明黄色祭服，带领群臣，开始郊祭泰一的仪式。武帝亲自诵读祭文，感谢上天赐下宝鼎。祭祀仪式从早到晚，早晨拜日，夜晚拜月，祭坛上插满火把，周围摆满三牲，云烟缭绕，光芒照耀四方，群臣纷纷称颂武帝的虔诚。

甘泉宫的祭祀从此成为定例，皇帝派官员每年按时举行祭祀典礼，皇帝则每三年举行一次祭祀。

到这时，"升仙"的大部分步骤都已经完成，只剩下封禅了，武帝开始让群臣准备封禅的礼仪。

另一边，公孙卿压力也挺大，有"文成将军""五利将军"血淋淋的教训在前，他十分小心，生怕引起武帝猜疑。他尽量不说容易被拆穿的谎话，只编一些谁都证实不了的鬼话。

他一会儿告诉武帝，在缑氏城墙上见到一种像野鸡一样的"仙人"走来走去。请武帝亲自去查看"仙人"留下的痕迹；一会儿又说，半夜在东莱见到巨人，身长数丈，还有大脚印为证，又骗得武帝翻山越岭赶过去看；还说，在人群里见到一个老头，牵着一条狗说："我要去见'巨公'"，然后一下就不见了。各种神神道道的传闻，哄得武帝整天精神恍惚，沉浸在寻仙的幻想中不能自拔。

为了见到神仙，武帝不顾国家财力吃紧的现状，在全国各地修建宫观和神祠。他又听公孙卿说：神仙喜欢住在楼上。就拼命建楼台——在长安建造蜚廉桂观，在甘泉建造益延寿观，又在宫里修筑通天台，让人在台下摆上精美的祭器，希望吸引神仙前来。就这样，前前后后建造了无数楼台，耗费民脂民膏无数，却始终没见到神仙的影子。

公孙卿也怕时间久了被人看穿，就对武帝说："神仙不必有求于帝王，是帝王有求于神仙，所以神仙不会随便来的，急也没用，只能等缘分，可能过些年缘分到了，神仙忽然就来了。"武帝将信将疑，也不好再催他。

武帝偶尔也会怀疑公孙卿，可惜这家伙太狡猾，任何事都留着分寸，任何话都只说到七分，让人抓不住把柄，所以武帝也一直没机会拆穿他。

到这一步，武帝的所作所为已经越来越像当年的秦始皇，大汉国内民生凋敝，人们都感到不堪重负，这一切也都在向着秦朝末年逼近，许多人已经在偷偷猜测：秦朝末年的一幕会再次上演吗？可惜武帝本人却一点都没有觉察到。

这些日子他忙得很，除了到各处去寻访神仙的踪迹，还在紧锣密鼓地筹备封禅的事宜。

武帝封禅之前还发生了一则插曲。当时他带兵去巡视朔方郡，回来的路上经过桥山，下人禀报："前方有黄帝冢，是否要去祭奠？"

武帝说："那就去祭奠吧。"忽然想起："不对呀！公孙卿不是说黄帝升仙了吗？怎么会有坟墓？"

官员们听到武帝的疑问，脸上红一阵白一阵的，只好说："可能是……黄帝手下的臣民怀念他，用他的衣冠建的陵墓吧。"

武帝这才没说什么，但心里总是有些不舒服：黄帝都有坟墓，难道真的人人都会死？他没敢再想下去……

再说封禅的事，武帝封禅遇到的困难也跟秦始皇类似，古书上对于封禅的流程基本没有记载，儒生们也说不清具体应该怎么做，只好从头制定封禅礼仪。

他们从《尚书》《周官》等古书上找到一些祭祀、射猎的礼仪，加上自己的想象，胡乱拼凑一番，想硬凑出一套封禅礼仪。

可是这谈何容易，到了当年三月，封禅典礼马上要举行了，儒生们还在为各种细节争吵不休，有说"这一条难以实行"的，有说"这一条与《诗》《书》的记载不同"的，始终拿不出一套完善的封禅礼仪。

武帝等不及了，一脚踢开这些没用的儒生，带领车队开出长安，强行开始了自己的第一次封禅之旅。

公元前110年三月，武帝第一次封禅。

武帝先带领群臣来到中岳太室山，按照以往的规则举行祭祀典礼。

当时一行人走在太室山脚下，忽然听到山上有人在喊"万岁"。随行的官员们十分惊异，去问山上的车队，山上的人都说没人喊，但是也听到了；山上的人问山下的，山下的人也说没人喊。大家便都向武帝道贺，说是山神在朝贺武帝。

武帝开心得很，于是下令：以三百户封给太室山当地政府，让他们以后增加对神明的祭祀。从此留下了"山呼万岁"的典故。

武帝带着车队来到泰山，当时还是早春，山上的草木还没长起来，武帝命人先把石头运上去，在山上立石碑，然后带着车队继续向东。

他们来到东海之滨，祭祀山川八神。这时无数方士已经闻讯赶来，七嘴八舌地向武帝讲述海上仙山的故事，武帝拿出大量财宝发给这些人，让他们去海上替自己寻神仙。这些人叩头谢恩，欢天喜地地去了。

当年四月，武帝的车队回到泰山附近，儒生们还是拿不出一套完整的封禅礼仪，武帝没办法，只好就这样开始封禅典礼了。

他先到泰山以南的梁父山祭祀当地土神，又到泰山以东祭祀，埋下玉牒、文书，最后登上泰山祭天。第二天，他从泰山北麓下山，到肃然山举行祭地典礼，最后带领百官返回明堂。

封禅典礼的具体细节，对外界严格保密。

封禅过后，第二天群臣来报告，夜里见到山顶祭坛附近有光芒闪耀，天亮以后，有白云从封禅台升入空中。方士们更是高呼万岁，说：这次封禅没有遇到任何风雨，比当年秦始皇的封禅更加顺利，可见秦始皇不该封禅，皇上您才有资格封禅。

武帝听到以后十分开心，认为神明真的感应到了自己的虔诚，又拿出钱财大肆封赏一番，还下诏让诸侯们在泰山脚下建立各自的官邸，方便以后在这里朝见皇帝。

武帝随后又带着车队到东海边巡视一番，先到北方的碣石，然后从辽西出发，沿着长城关隘巡查，一路来到朔方和九原，最后才向南回到长安，总共行程一万八千里。

这是武帝第一次出巡，从这以后，武帝就迷上了巡游与封禅。在之后的二十一年里，他到泰山封禅八次，远远超过历史上其他帝王，可惜传说中"黄帝升仙"的故事并没有重演。

他也没忘记那些出海寻找神仙的方士们，隔一两年就去东海边，询问那些方士们有没有见到神仙。那群神棍当然编出各种鬼话来搪塞，要么是因为各种原因没能接近蓬莱山，要么是到山上了，却又阴差阳错没见到神仙。

武帝听得半信半疑的，只好拿出更多钱财奖赏他们，鼓励他们更加卖力地去寻找神仙。结果钱财花掉了不计其数，神仙还是连影子都没见到，武帝暴跳如雷，却又无可奈何。

这对于天下人来说显然不是个好消息。同样好大喜功，同样劳民伤财，汉武帝似乎完全在重演秦始皇的故事。大汉的盛世荣光，在这一连串打击之下迅速暗淡下来。

第二十二章　继续开疆拓土

震动朝野的酎金案

历史上有个规律：那种对自己的性命特别爱惜，特别想要"长生不老"的统治者，往往对于他人的性命是根本不在乎的。在他们眼里，别人的痛苦根本不是痛苦，世界上其他所有人，都是用来满足自己的欲望的垫脚石而已。

武帝这些年在修仙和长生方面屡屡遭遇挫折，心里憋着一股无名火，需要找地方发泄，对人对事便越来越苛刻，越来越严酷。

公元前112年，武帝突然下诏，斥责诸侯和列侯们献的酎（zhòu）金成色不足，对他们进行严厉处罚，引发了轰动一时的"酎金案"。

诸侯献"酎金"是自古以来一种不成文的规定。

按照传统，只有天子有资格祭祀太庙，诸侯与列侯们是没资格的。

但是诸侯与列侯也有祭祀祖宗的义务，所以天子每年九月祭祀太庙的时候，诸侯列侯们需要派人去"助祭"，同时献上自己的一份祭品——在汉朝，通常就是献上黄金。这种诸侯和列侯用来"助祭"的黄金就叫"酎金"。

酎金是按照诸侯列侯封地上的人口数量来计算的，类似于人头税，所以对总的数量有精确规定。按照大汉律令，每一千人需要交酎金四两，这样算下来，大国诸侯的酎金大概有几十斤黄金。这笔钱对于诸侯列侯来说不算多。

我们不清楚当时诸侯列侯们进献酎金的具体情况是怎么样的，但理性地分析，这笔钱是直接交到皇帝手上的，对数额有明确规定，也不算多，应该不至于有人冒巨大风险去缺斤少两。

但公元前112年这一次，却真的出了大问题，以至于武帝斥责诸侯列侯们的酎金成色不足或者分量不够，下令严查。调查的结果是，一共有一百零六个诸侯列侯的酎金有问题。

武帝咆哮着下令：全部处理！褫夺这些人的爵位，削减他们的封地！

这还不够，随后查出丞相赵周早已知道酎金有问题，却没有上报。于是将赵周打入大狱，严刑伺候。赵周随后自杀身亡。

这次风暴是对诸侯和列侯的一次全方位打击，几乎所有人都受到了伤害，一时间，帝国最顶层的贵族们人人自危。接下来，他们只能更加小心地生活，不求有功但求无过，以免有什么事情触怒到皇帝。武帝和朝臣们的关系因此进一步疏远了。

武帝之所以拿酎金的事情发难，除了一直以来加强中央集权的考虑以外，另一方面也是因为朝廷确实太缺钱了。这些年朝廷一直在四处征战，国库入不敷出，人民不堪重负，求仙和封禅又需要大量金钱，所以武帝一提到"钱"就特别敏感，特别容易肝火上冲。

但话说回来，为什么会有那么多战争呢？匈奴不是已经被赶跑了吗？为什么战争却变得更加频繁了？

说来话长。

凿空西域

武帝对西域的兴趣一直不减，所以在公元前119年派张骞第二次出使西域。

这次的主要目标是乌孙。

乌孙本来是匈奴的盟友，自从赶跑了月氏，占据了伊犁河流域以后，他们跟匈奴的关系就变了。

对于乌孙来说，自己已经不需要再依靠匈奴去打击敌人了，再加上匈奴这些年受大汉攻击，疲于奔命，对西域的控制力减弱，所以乌孙对匈奴就不像以前那么恭敬了，甚至西域各国也都渐渐有了背叛匈奴的趋势。

武帝探听到这些情况以后，就派张骞去联结乌孙，希望能劝说他们返回故地，跟大汉联盟，"断匈奴右臂"。

张骞带着三百名随从、上万头牛羊和无数财宝向西域进发。匈奴已经被赶到了漠北，河西走廊现在是大汉的领土，所以这次出行比上一次顺利得多了。他们到乌孙以后，以大汉使节的礼仪拜见乌孙昆莫猎骄靡（猎骄靡是冒顿单于收养的乌孙王子，参见"大战爆发的前夜"一节），献上武帝的礼物。

猎骄靡坐在高高的宝座上，微微点头，让人收下礼物，却没有任何感谢的意思。张骞明白，猎骄靡以为汉朝使者是来朝贡的，便拱手说："这是大汉天子御赐的礼品，昆莫要是不拜谢，就请还回来。"

猎骄靡脸上讪讪地，只好勉强起身弯了弯腰，张骞才让他们把礼物拿走。

张骞说了大汉想跟乌孙结盟的意图，猎骄靡一脸冷漠道："此事从长计议。"就让张骞等人退下去了。

张骞不了解的是，猎骄靡正面临着一个棘手的局面，没心思考虑对抗匈奴的计划。

猎骄靡的太子死得早，太子死前哀求父亲：以后让自己的儿子军须靡继位。猎骄靡答应了，所以在太子死后就立军须靡为太子。

猎骄靡的另一个儿子大禄看到这情况，非常愤怒，带着自己的一万多人马出去自立门户了。

这一边，猎骄靡年纪大了，怕控制不住局势，就让孙子军须靡也带着一万多人出去驻守，自己留下一部分兵力镇守都城。

所以现在乌孙其实已经分成了三份，猎骄靡只控制着三分之一，没法单独做出跟大汉结盟的决定。这个情况他当然不好跟张骞说。

另外，匈奴虽然衰落了，但余威还在，乌孙国上下还是对匈奴相当忌惮，他们又不清楚大汉的实力，所以不敢贸然抛弃匈奴投靠大汉。

张骞他们一行人在乌孙待了一段时间，发现实在说服不了这些乌孙人，只好准备返回大汉。这段时间，张骞派手下人向西域各国进发，分别访问了大宛、康居、大月氏、大夏等国，把大汉的威仪展示给这些国家，效果倒也不错。

虽然没有答应大汉结盟的请求，猎骄靡还是很热情地把张骞等人送出了国门，还送给他们许多马匹，又让乌孙的使者跟着他们回大汉，去看看那边的情况。

公元前115年，张骞的队伍带着几十名乌孙使者回到长安，武帝大喜，重重奖赏了他们。

之后一年多，张骞的副手们也陆陆续续从西域各国返回长安，也带来了那些国家的使者。武帝让人好好接待他们，让他们看看我巍巍华夏的繁荣与富庶。这些使者在大汉境内游历了一番，全都被震惊到了，他们回去以后，把在中土见到的繁华景象报告给他们的统治者，引发了这些统治者的浓厚兴趣，他们开始努力结好大汉，西域各国跟大汉之间的关系就这样建立起来了。

张骞回国以后不久就病逝了，但他开创的"凿空西域"的事业却被继承了下来。这之后，大汉对西域的影响力持续增强，双方之间的交流越来越频繁，乌孙、大夏、大宛、康居、大月氏，以及莎车、楼兰、龟兹、于阗……各民族的使者穿行在长安与西域之间，各种千姿百态的文明激烈碰撞着，丝绸之路也渐渐繁盛起来，来来往往的商队络绎不绝，带去丝绸与陶瓷，带来葡萄与琵琶……

张骞的名声在西域非常响亮，以至于之后很多年，大汉派使者去出使西域的时候，都借用"博望侯"张骞的名义。

西域，"天马"传说

乌孙使者回去以后，也把汉朝的繁华景象报给了他们的昆莫猎骄靡，猎骄靡这才意识到大汉有多么强大，看来在匈奴和大汉之间保持平衡是必须的，他终于决定调整外交政策。

匈奴的乌维单于听说乌孙要变心，大动肝火，想出兵把他们教训一顿。猎骄靡很恐慌，就向大汉请求联姻，希望以此吓住匈奴。

武帝君臣讨论以后，同意派公主去乌孙和亲，但要对方先下聘礼。于是猎骄靡送来了一千匹乌孙马作为聘礼。

这些马十分雄壮，远远超过中土本地产的马。武帝又惊又喜，向人仔细询问西域产的马匹的情况。

正好这一时期，又有人从敦煌来献马。

当时有个叫暴利长的人，本来是南阳新野的犯人，被发配到敦煌去屯田。他每天在渥洼池旁边生活，时常见到有野马来池里喝水，便心生一计。

他先塑了一个泥人，身高跟自己差不多，披上自己的衣服，手握绳套，立在池边。一开始，野马来水边见到泥人，吓得扭头就跑，后来渐渐习惯了，就不怕了，每天照常来喝水。暴利长再把泥人搬走，自己握着绳套站在那里，等野马又来的时候，他突然甩出绳套，就捉住了野马。

他把用这种方法捉来的野马献到长安。这些马通体赭红，雄峻非常，武帝异常喜爱，重重地赏赐了暴利长。武帝把这些马称为"天马"，并且作了《天马歌》，唱道：

太一贡兮天马下，沾赤汗兮沫流赭。骋容与兮跇万里，今安匹兮龙为友。

武帝如此喜爱名马，一方面是因为马在当时的战争中太重要了，但中原属于农耕区，天生缺少好马，如果能得到优良的马种，将会使大汉的军事实力提升一大截。

当然，另一方面也是因为武帝好大喜功的秉性，天降名马、地出宝鼎，这样的"祥瑞"说明他统治的帝国正处在无上荣光的鼎盛时期，这让他脸上十分有光彩。

可惜暴利长献的野马数量太少了，只能拿来赏玩，没法繁育出更多的良马。

大家看到武帝如此痴迷于名马，便争相去寻找良马来取悦他。这时，有西域回来的使节说：远在万里之外的大宛有一种"汗血宝马"，流汗如血，比乌孙马更加雄峻。武帝听说以后神往不已，马上安排使节去大宛寻访这种名马。

这时候却传来消息：南越大乱，武帝只好暂时把目光从西域移开了。

南越问题最终解决

赵眜继任南越王以后，派他的太子赵婴齐到长安为人质。

赵婴齐在南越的时候已经娶过一个本地女子，生了一个儿子赵建德，到长安以后又娶了邯郸女子樛（jiū）氏为妻，生下儿子赵兴。

公元前122年，赵眜病重，赵婴齐请求武帝让他回南越继位，武帝同意了，赵婴齐带着樛氏母子回到南越，随后继位为南越明王。

有大汉做靠山，樛氏轻松取得了王后之位，赵兴也被立为太子。

公元前113年，赵婴齐病故，赵兴继位为南越王，樛氏成为太后。

但樛氏的身份远远不是太后那么简单，她是带着任务去南越的，大汉派她嫁给赵婴齐，是为了控制南越，并且最终吞并南越。

凭借婚姻关系干涉敌国朝政本来就是大汉常用的招数，又因为大汉的国力在南越面前占据绝对优势，所以对自己的真正目的就更加不需要掩饰了。

樛太后母子掌权以后，武帝马上派出一个使团赶往南越，使团成员包括：安国少季、终军、魏臣等人。

其中安国少季的身份很有意思，他是樛太后婚前的男朋友；而终军是以能言善辩著称的少年豪杰，魏臣是一员猛将——这些人加起来就是一个完整的政府班底。他们来到南越，明显就是为了辅佐樛太后母子。

同时大汉还派名将路博德带兵屯扎在桂阳，作为樛太后等人的外援。

这是要全盘接管南越政权的节奏。

大汉之所以如此大张旗鼓地派人去接管南越朝政，是因为樛太后在当地的势力相当单薄，必须尽快扶持她。

南越是秦朝遗民在百越地区建立的国家，其内部结构一直就是中原移民为顶层，统治着中下层土著居民。其中的中原移民一直有融入华夏的倾向，当地土著却坚持要保持独立。

当地土著的代言人是丞相吕嘉，他是南越国朝廷里的元老，担任了连续几代南越王的丞相，地位尊崇。他的家族世代跟南越王联姻，有七十多人在朝中为官，在当地的势力根深蒂固，即使在民间也有很多他的拥护者，他的威望甚至比刚登基的赵兴更高。

樛太后急切地想让南越融入中原，这必然会损害当地贵族的利益，一旦南越被大汉吞并以后，当地贵族的特权就没法维持了，所以以吕嘉为首的贵族们强烈反对樛太后的政策。

而大汉方面又操之过急，并且做得太露骨了，他们派出使者团来干涉南越国政不说，其中的安国少季还是樛太后的老相好，这就更让当地人有一种"太后卖国"的感觉，引发当地人的严重反感。

樛太后知道民众反对他们这群人，但骑虎难下，只能硬着头皮上。她接连催促吕嘉等人：赶快转变政策，归附大汉。具体的政策包括：撤除边关堡垒，定期朝觐大汉天子，在南越境内推行大汉律令等等。这明显就是要把南越变成大汉的一个诸侯国。

吕嘉的态度很明确：坚决不同意。他甚至拒绝接见汉朝使节团。双方陷入僵局。

在南越国内，显然吕嘉这一派占优势，樛太后实在扳不动他们，连去长安朝觐天子的礼品都准备好了，却没法动身。她急得心急火燎，只盼吕嘉开口同意。

最后樛太后只好孤注一掷，摆下"鸿门宴"，请吕嘉来赴宴，让汉朝使节团在宴会上趁机杀掉他——南越朝廷里基本都是吕嘉那一派的人，樛太后指挥不动，只能依靠汉朝使节团。

吕嘉当然有准备，他来赴宴之前先派他弟弟带兵驻守在外面，然后他才进来。

宴会上，双方针锋相对，各不相让。樛太后多次暗示汉朝使节团动手，但安国少季等人没那个胆气，始终不敢发难。最后樛太后都拿起长矛要自己上场了，汉朝使节团还是不敢动手，于是错过了最佳的机会。

吕嘉回去以后就再也不来上朝了，彻底跟樛太后等人断绝联系，并且在国内大肆散布谣言说："太后跟汉朝使节有奸情，想把南越卖给情夫。"于是南越人更加反感樛太后。

大汉这边，再度误判。武帝以为有樛太后做内应，南越国内一个小小的丞相闹不出什么事，就想直接派兵迫使南越人屈服。

但他又低估了南越的实力，竟然只派两千人前去攻打南越，更夸张的是：这支军队的主帅之一还是樛太后的弟弟！

这支汉军一进入南越边境，樛太后勾结大汉"卖国"的罪名就坐实了，吕嘉当众宣布："太后受汉朝奸夫诱惑，想把先王留下的珍宝献给汉朝皇帝，还准备带很多随从去长安，一到长安就把他们卖给汉人当奴隶。这样的淫妇，为了自己的欢愉出卖赵氏社稷，罪不可赦，大家跟我一起去攻杀她！"

吕嘉和他弟弟带兵冲进王宫，一通乱砍，杀掉樛太后和赵兴，以及整个汉朝使节团，立赵兴的哥哥赵建德为新王，然后发布檄文，号召全国共同抵抗汉朝入侵！

南越好歹是南方最大的国家，面对两千人的敌军还是有底气的，他们用诱敌深入之计，把汉军引到番禺（南越都城）附近四十里的地方，在那里埋下伏兵，一举歼灭了这支汉军。

武帝听说以后，暴跳如雷，准备发动大军打击南越。

吕嘉也知道不能硬跟汉朝对抗下去，消灭掉侵略者以后，就把汉朝使节的符节装在匣子里，好好地摆在边境的关塞上，再让人去向大汉谢罪，同时增派兵力严守北方关口。

武帝不理他，调集南方军队和各地的犯人，组成十万大军，分五路兵马，让路博德领军，开着无数楼船杀奔南越。

路博德当年是霍去病手下，在大漠上追击过匈奴单于，战功赫赫，在南越也有很大名气。

楼船是当时的巨无霸战舰，通常用两艘大船并排，上面架上几层塔楼（通常为三层），高度可以达到十多丈，四周修筑女墙，中间埋伏士兵，居高临下，对敌人的水师发起扫射。

这样的阵容对于南越来说仿佛是神兵天降。

汉军经过跟匈奴的百年大战，已经成长为世界第一雄师，武器装备和战术战法都达到了当时的世界最先进水平。而南越军队只是秦军遗留下来的残余武装而已，充其量也就相当于战国末年的中等诸侯，在汉军面前根本就不堪一击。

大汉在地缘上也占压倒性优势。除了大汉的十万大军，朝廷还调集了巴蜀、夜郎等仆从军队参与围攻南越，甚至东越王馀善（馀善被封为东越王，但他统治的国家叫闽越，真正的东越国已经在公元前138年并入大汉了）都被迫派兵支持汉军，所有军队共同出击，在各个方向上对南越形成压制。

于是这场战争变得毫无悬念，南越军队尽管拼死抵抗，还是节节败退，最终在公元前111年冬天，番禺城被攻破，南越军队全军覆没。

这时候东越王馀善的态度很暧昧，似乎在汉朝和南越之间玩平衡手，所以吕嘉和赵建德带着手下乘船入海，逃往闽越方向。路博德从战俘口中得知吕嘉的去向以后，派人追到海上，捉住吕嘉、赵建德等人，把他们的首级献给了武帝。

南越各个郡县的官员听说吕嘉等人被杀以后，都纷纷投降大汉，整个南越很快就平定了。

武帝把南越领土分为九个郡，全部并入汉朝，这个立国九十三年的南方大国终于消失在历史上了。

但回顾这场战争，大汉的战略其实并不算成功。

自从把匈奴赶到漠北以后，武帝的心态就很浮躁了，他没有耐心再用缜密的政治手段瓦解敌人，而是急吼吼地要尽快看到成果，看不到成果就马上使用武力。对付一个南越国竟然动用了十万大军，战争拖延了超过一年，消耗无数钱粮以后才终于讨平敌人。最后的目的虽然达到了，但对大汉国力的损耗也是显而易见的。

就在十万汉军攻打南越的时候，北方的匈奴跟西羌联手，也卷土重来了，十万西羌军队攻入陇西，匈奴大军也侵入五原。武帝不得不再派出十万大军抵抗西羌和匈奴。大汉短时间内陷入三线作战的窘境，灰头土脸，手忙脚乱，最后以惨胜告终。

这一切都说明，大汉帝国对局势的判断和把控能力已经明显减弱了，特别是最高统治者的执政策略，比起巅峰时代已经差了不少了。

南征

再说南方的事。讨伐南越的五路兵马里面有一路由楼船将军杨仆率领，消灭南越以后，汉军发觉东越王馀善表面上说要派兵支持大汉，背地里却在跟吕嘉勾结，杨仆就请求朝廷让自己继续追击，顺便把闽越也灭掉，武帝没同意。

不料馀善听说这件事以后，怀恨在心，竟然先发制人，把手下将领封为"吞汉将军"，让他们主动攻击东越边境上的汉军。汉军被杀掉三个校尉，只好一路退到有利的地方，避开闽越军的锋芒——当然，最后这些临阵退却的汉军将领都被武帝杀了。

馀善匪性十足，竟敢以皇帝自居，刻玉玺，自称为"武帝"（"汉武帝"是谥号，这时候还没有这个称呼，所以馀善称"武帝"纯属巧合）。

到这一步，朝廷只能出兵了。武帝派出四路大军，分别从陆路和海上攻打闽越。

馀善虽然悍勇，可朝廷早有安排。闽越统治集团内部一直就是分裂状态，其中的越衍侯吴阳长期居住在汉地，这时返回闽越劝降馀善，馀善不听，吴阳就自己带兵反叛，在后方攻击馀善。另外，建成侯敖也是亲汉的，他暗中劝说闽越王居股投降，居股便跟他合谋杀掉了馀善，带着闽越军队投降汉军，立国两百多年的闽越国就这样被大汉吞并了。

战争结束以后，武帝认为闽越地方狭小，土著居民又好斗，所以下令把闽越民众全体迁移到江淮之间，东南沿海的土地从此变成了荒原，闽越和东越反叛的问题也一劳永逸地解决了。

现在，南方剩下的问题是西南夷。

西南夷包括许多部落和国家，其中最难缠的一个是且兰国。当初武帝派人去探索从蜀郡到身毒的道路，使者到西南以后，每次都被且兰给拦下来，所以道路最终没能打通。

这次征讨南越，武帝就故意要看看西南各国的态度。他让犍为郡的官员去通知西南夷各国，要他们发兵跟随汉军去攻打南越。结果不出所料，这些国家果然不配合，特别是且兰，竟敢公然斩杀犍为太守和朝廷使者。

武帝暴跳如雷，立即组织起巴蜀地区的罪犯去攻打且兰，不料这小小的部落竟然硬得很，罪犯组成的军队打了一年多都没打下来。

这时候南越已经平定了，汉朝大军胜利返回，武帝就从凯旋的军队里抽调了一些兵力过来，让他们加入攻打且兰的战团，这才把且兰打下来了。汉军大杀一通，前后杀敌上万人，灭掉了这个蕞尔小国，将他们的土地置为汉朝的牂柯郡。

打疯了的汉军一路横扫，把当地那些跟汉朝作对的部落全部推平，除了且兰，还有邛都、莋都、冉駹等部落都遭了殃，打下的土地全部设置为大汉的郡县。

西南夷的其他国家吓慌了，他们的首领纷纷到长安求饶，表示无条件服从朝廷，于是这些国家也都被大汉给收服了。

最后连夜郎国君都亲自到长安叩见武帝，武帝十分满意，下诏封他为王，因此夜郎也变成了大汉的属国。

下一个就是南方仅存的最大的部落国家：滇国。

滇王一直很识趣，对大汉来的使节十分恭敬，当年武帝的使者去探索到身毒的道路，滇王就曾经派人给这些使者带路。所以现在武帝也不为难他，只是下诏让他到长安来拜见天子。

滇王很为难，他虽然很怕大汉，但自己的国家就这样被吞并也心有不甘。何况滇国旁边还有两个同姓的大部落——劳深、靡莫，都是滇国的好哥们儿，有他们在，滇王的底气还比较足，所以考虑再三以后，他回绝了武帝的要求。

武帝不多废话，直接派兵推平了劳深、靡莫两个部落，大军驻扎到滇国边境上，问滇王："服不服？"

滇王这下没办法了，只好亲自到长安朝觐武帝。于是滇国也被大汉吞并了，变成了大汉的益州郡。

武帝对滇王还是比较客气的，也封他为王，让他回去继续统治自己的国民。在西南夷的几百个部落和国家里面，只有夜郎和滇国享受了封王的待遇，算是结局最好的了。

不过从西南到身毒的道路终究还是没能打通，毕竟中间还是隔得太远了。滇国归附以后，更南方的昆明夷还是不服大汉，不断截杀路过的汉朝使者团。武帝也进行过几次报复，甚至派数万大军去讨伐过昆明夷，但最终没能降服他们，而这时候从河西走廊到西域的道路已经很畅通了，所以武帝最终放弃了西南到身毒的道路。

东侵

现在南方和西南都被平定了，精力旺盛的武帝根本闲不住，又把目光瞄准了东北方向。

辽东以外的朝鲜半岛上，现在有一个国家：卫满朝鲜。

按照现有记载，朝鲜跟中原最早的联系发生在商朝末年。

当时纣王残暴不仁，他的叔叔箕子看不惯，曾经多次劝谏他，他都不听，后来终于导致了商朝被周武王所灭。

尽管武王非常尊重箕子，箕子却不肯接受周朝的统治，他独自逃到朝鲜半岛，建立了一个新政权，叫箕子朝鲜。

箕子朝鲜传了八百多年以后，到公元前196年，汉高祖时代，燕王卢绾反叛，高祖派兵征讨，灭了燕国，卢绾逃亡到匈奴境内，他手下的大将卫满却带着一支残兵逃到了朝鲜。

箕子朝鲜的末代君王箕准收留了卫满，卫满一脸诚恳地请求他让自己驻扎到朝鲜西部，替朝鲜镇守边界。

箕准被卫满可怜的样子打动了，就把朝鲜西部的土地封给他，让他带人驻扎在那里。

卫满心里暗喜，就在那边长期招纳汉地逃亡过去的亡命之徒，渐渐组建起一支数量可观的军队。等到他羽翼丰满以后，公元前194年，卫满又骗箕准说："汉朝派十路大军来攻打我们了，快让我到王险城（朝鲜首都）来保护您。"

头脑简单的箕准竟然信了，于是卫满带着大军大摇大摆地赶到王险城，一举拿下了这座城池，箕准在乱军中逃到了朝鲜半岛南部，卫满就这样夺到了朝鲜政权，新建立的政权称为卫满朝鲜。

卫满朝鲜又传了八十多年，其间吞并了许多小国，扩地千里，大汉一直没干涉他们，所以双方一直相安无事，

武帝时期，卫满朝鲜的统治者是卫右渠，这家伙也有点"夜郎自大"，没把旁边的大汉放在眼里。当时卫满朝鲜占据着朝鲜半岛北部，却从来不去朝觐汉武帝。不仅他自己不去，他还阻止其他人去，在朝鲜半岛南部有真番、辰国等小国，他们的君主想去朝觐汉武帝，卫右渠却阻住道路，不肯放行，这让武帝很不满意。

公元前109年，处理完南方事务以后，武帝派大臣涉何去责难卫右渠，要他立即改正错误，卫右渠还是不同意。

不过卫右渠也不想挑起事端,他对涉何还算客气,没为难他,还派裨王长把他送出朝鲜国境。

涉何却是个心术不正的家伙,这次出使没有达到目的,他怕回去以后被武帝责罚,就在到达双方国境线,即将渡过浿(pèi)河(两国的界河)的时候翻脸,让自己的车夫杀死了朝鲜裨王长,然后逃回大汉,向武帝报告说:"朝鲜胆敢藐视大汉,微臣杀掉了他们一个将军,以示惩戒。"

武帝不辨是非,反而认为涉何敢于维护国家尊严,把他褒奖一番,又任命他为辽东郡东部都尉,驻守在朝鲜附近——这个决定看起来明显是在挑事,所以也不排除涉何杀朝鲜裨王长的行为就是武帝默许的,目的就是挑起跟朝鲜的争端。

卫右渠听说手下被杀的事情,本来就很高傲的他哪里肯吃这个亏,于是派人冲进大汉境内,直接击杀了涉何。

两国争端就这样被挑起来了。

武帝更是不能吃亏的人,他听说朝鲜胆敢冲进国内来杀人,马上组织军队准备报仇。当年秋天,武帝派出两路军队,楼船将军杨仆率领五万人从海上出击,左将军荀彘率领另一支汉军从辽东出击,共同攻打朝鲜。

但这次战争远远不如想象的那么顺利。

从辽东到朝鲜,走海路快很多,所以杨仆早早就到了。

由于经过了海上的长途跋涉,杨仆的军队没能同步登陆,先头部队到达以后,后面的军队还落得很远,同时,在渡海的过程中有许多士兵逃走,所以最初到达王险城下的只有七千人。

杨仆看到荀彘的军队还没到,他就抢先发动,指挥这零零散散的七千士兵攻打王险城。

不料朝鲜军队比他估计的凶悍得多。看到杨仆的兵力比较少,他们竟然主动出击,一股脑儿冲出城来,把汉军打得落花流水,四散奔逃,连杨仆本人都逃到山里,躲了十多天才出来。

荀彘那边也遇到了很大麻烦,他们还没进入朝鲜境内,在浿河西岸就被朝鲜守军给挡住了,不能及时赶去救援杨仆军队。

两路汉军出师不利的消息传到长安,武帝无可奈何,只好派使者卫山去劝降卫右渠。

卫右渠也明白，现在只是侥幸获胜，真的长期对决下去朝鲜肯定不是大汉的对手，所以他很诚恳地向卫山请罪，说："我不敢跟天朝作对，只是怕两位将军（杨仆和荀彘）要杀我才没有投降，现在既然天子的符节都来了，我当然愿意归降。"

于是双方决定休战，并且商量好，朝鲜向大汉进贡五千匹马，拿出粮草犒劳汉军，并且派太子到长安向武帝请罪。

受降仪式当天，朝鲜派出一万士兵，全副武装，手持兵器，护卫着太子，缓缓开向大汉的方向。就在他们要渡过浿河的时候，杨仆和荀彘却不干了，说："你们不能带兵器进入汉土。"

朝鲜军队也是心惊胆战，生怕受降仪式是杨仆、荀彘等人的阴谋，一旦放下兵器汉军就会翻脸——涉何给他们留下的印象太深刻了——所以坚决不肯放下兵器。双方就这样谈崩了，朝鲜军队又护送着太子返回了王险城。

武帝知道以后大怒，下令杀掉卫山，重新对朝鲜开战。

过了一段时间，荀彘的军队经过一番苦战，终于杀退朝鲜守军，渡过浿河，来到了王险城下。杨仆也收集起残兵，跟荀彘合在一起，共同攻城。

但杨仆手下的军队都是从齐国来的，齐国人的战斗力一直都差得很，从将官到士兵都心不在焉，甚至还有许多人偷偷逃走。荀彘的军队则是燕赵男儿，生猛彪悍，却严重被杨仆的齐军拖累。

汉军高层也出现严重分歧。杨仆刚在王险城下吃过大亏，知道朝鲜人的厉害，所以一直想跟他们讲和；荀彘则刚刚在浿河打败朝鲜军，一心想乘胜追击，尽快立功。

所以荀彘拼命催促杨仆尽快发起总攻，杨仆却一直拖延，暗地里还跟朝鲜谈判招降的条件，荀彘又说杨仆想要通敌卖国，两人就这样一直扯皮。

汉军这样的状态怎么可能获胜呢？所以大家就在那边磨洋工，一个小小的王险城，打了好几个月都没能拿下来，粮草倒是消耗了不少。

长安那边，武帝火冒三丈，派济南太守公孙遂去前线斥责两人。

公孙遂来了以后，荀彘如同见到了救星，赶紧把杨仆拖延进攻的情况说了一通，两人合计：杨仆这家伙看起来是要卖国，不如先把他拿下再说。

公孙遂便用自己的符节把杨仆召到荀彘的营帐里来，荀彘指挥人一拥而上把杨仆拿下，把他手下那些齐军都合并到了自己的军队里。

现在汉军终于整合到了一起，顿时声威大震，荀彘指挥军队发起总攻，朝鲜军抵挡不住，王险城岌岌可危。

卫右渠的手下大臣路人、韩陶、王唊等人就共同反叛，并且由尼溪相参（"尼溪"这个地方的叫"参"的官员）杀死卫右渠，一起跑到汉营投降。

最后在这些朝鲜叛徒的帮助下，汉军成功打下王险城，消灭了城里的抵抗势力，最终平定了朝鲜。

武帝把朝鲜土地并入大汉，设置真番、临屯、乐浪、玄菟四个郡，这是华夏领土第一次覆盖朝鲜半岛。

战后论功行赏，朝鲜的几个叛徒都得到了高官厚禄，汉军的将领却下场惨烈。

武帝派公孙遂去前线的时候，允诺他可以自行决定前线的事务，后来听说他跟荀彘一起抓捕杨仆，武帝却大怒，下令把公孙遂杀了。

荀彘擅自抓捕前线将领，也触怒了武帝，被判处弃市，最终身首异处。杨仆到达王险城以后，不等荀彘到达，擅自出击，造成严重损失，也被判处死刑，最后他缴纳赎金，被贬为庶人。

这次出征朝鲜虽然最终获胜，但暴露出太多问题——作战计划混乱，军队高层互相不配合，士卒逃亡，战斗力低下，以及武帝的胡乱判罚……以至于一个弹丸小国，竟让大汉花费了许多力气才打下来。

这一切都显示出：大汉帝国的腐朽已经从上到下渗透到了每一个角落。

卫青、霍去病之后的汉军，已经褪去了英雄主义光环，现在他们只是一支庞大而腐朽的军队而已，早已经没有了"匈奴未灭，无以家为"的豪迈气概，只剩下各种私心，各种小算盘，各种争权夺利。这样的军队，战斗力当然没法跟以前比了。

我们的华夏

秦汉
帝国兴亡

朱良 著

下

目 录

下册

第二十三章 穷兵黩武的大汉天子 …… 463
  汉军破楼兰 …… 463
  受降城外损兵折将 …… 465
  汉家公主的命运 …… 467
  强夺汗血宝马 …… 468
  西域外交争夺战 …… 473
  悲剧将领李陵 …… 474

第二十四章 巫蛊之祸，武帝的昏庸晚年 …… 481
  卫子夫宠衰 …… 481
  巫蛊的缘起 …… 483
  武帝的人生大错 …… 486
  恶有恶报的结局 …… 490
  轮台罪己诏 …… 493
  杀母立子，武帝最后的残暴与英明 …… 496
  武帝托孤 …… 498

第二十五章 英明少主汉昭帝 …… 501
  虚惊一场的谋反案 …… 501

权臣辅幼主 503
　　辅政大臣的内斗 504
　　昭帝时代的辉煌 510
　　从荒唐王爷到昏庸皇帝 514
　　昌邑王，史书欲言又止的那些事 517

第二十六章　监狱里走出的天子 520
　　从孤儿到皇帝 520
　　新朝代的开端，宣帝的平衡策略 524
　　围剿匈奴，宣帝的立威之战 527
　　毒杀皇后大案 530
　　海晏河清的宣帝时代 531
　　剿灭霍氏家族 534

第二十七章　万国来朝 540
　　精明帝王汉宣帝 540
　　决战西域：龟兹 545
　　决战西域：车师 548
　　决战西域：莎车 551
　　赵充国平西羌 553
　　五单于相争 559
　　草原霸主俯首称臣 562
　　不让须眉的汉家公主 566

第二十八章　平庸的汉元帝 572
　　柔弱又糊涂的皇帝 572
　　宦官专权的开始 576
　　元帝的后宫 579
　　使者团失踪案 581
　　"犯强汉者，虽远必诛" 583
　　昭君出塞 589

第二十九章　皇权衰落，外戚崛起 ……………591
　　换太子风波 ……………591
　　王氏：老牌篡位世家 ……………593
　　荒淫帝王的荒唐事 ……………599
　　飞燕入汉宫 ……………602
　　成帝的继承人问题 ……………604
　　私通皇后案 ……………606

第三十章　汉室之哀 ……………609
　　四个太后一台戏 ……………609
　　骇人听闻的杀子案 ……………613
　　道德完人王莽 ……………618
　　断袖 ……………621
　　男色倾国 ……………624

第三十一章　王莽篡汉 ……………627
　　汉室衰微 ……………627
　　从哀帝到平帝，王莽的上位之路 ……………629
　　一代奸雄"安汉公" ……………634
　　前所未有的圣人 ……………636
　　野心家的手段 ……………639
　　被"换头"的大汉 ……………643
　　可怜汉家 ……………646

第三十二章　神奇的"新"朝 ……………648
　　汉家老寡妇 ……………648
　　独裁者的奇葩政策 ……………650
　　四处树敌的独裁者 ……………655

第三十三章　天下人的反莽狂潮 ……………662
　　绿林与赤眉 ……………662

假圣人的画皮 ································· 665
　　卷土重来的天潢贵胄 ·························· 668
　　义军内部的权力争夺 ·························· 672
　　决战昆阳 ····································· 675

第三十四章　农民军掌权 ························ 682
　　屈杀豪杰的阴谋 ······························ 682
　　乱世中的生存抉择 ···························· 684
　　新朝覆灭 ····································· 686
　　又一个荒淫政权 ······························ 692
　　城头变幻大王旗 ······························ 695
　　灭绝人性的悍匪 ······························ 700

第三十五章　刘秀的创业之路 ···················· 705
　　河北的微妙局面 ······························ 705
　　刘秀的危急时刻 ······························ 707
　　第一个根据地 ································ 709
　　招降河北群豪 ································ 712
　　两面三刀，帝王的手段 ························ 715

第三十六章　十二年开国之战 ···················· 721
　　东汉开国 ····································· 721
　　兴复汉室之收赤眉 ···························· 723
　　兴复汉室之征关东 ···························· 728
　　兴复汉室之灭彭宠 ···························· 731
　　兴复汉室之战邓奉 ···························· 734
　　兴复汉室之定关中 ···························· 737
　　兴复汉室之平陇右 ···························· 739
　　兴复汉室之讨巴蜀 ···························· 745

第三十七章　以柔治天下的光武帝 ············ 751
宽以待人的明君 ············ 751
"度田",朝廷与权贵的决战 ············ 757
郭皇后,还是阴皇后? ············ 758
光武中兴:又一个盛世的开端 ············ 763

第三十八章　明章之治(上) ············ 769
暴躁皇帝的帝王之术 ············ 769
后宫表率马皇后 ············ 775
文化的盛世 ············ 777
佛法东来 ············ 779
《汉书》与汉史 ············ 780
卷土重来的匈奴 ············ 782
西域,汉家故土 ············ 784
投笔从戎立奇功 ············ 787

第三十九章　明章之治(下) ············ 790
耿恭拜井 ············ 790
十三将士归玉门 ············ 793
西域,一个人的坚执 ············ 795
再战西域 ············ 796
汉章帝,好人?好皇帝? ············ 799
嚣张跋扈的窦氏外戚 ············ 802
白虎观会议,儒学的盛世 ············ 805

第四十章　和帝时代,步履蹒跚的大汉帝国 ············ 806
外戚专权,帝国之痛 ············ 806
燕然勒石,帝国的最高荣誉 ············ 808
消灭北匈奴,帝国的战略失误 ············ 811
诛灭窦氏 ············ 813
一个人的盛世 ············ 815

一个人的西域 ··· 817

第四十一章　从外戚到外戚 ································· 821
　　班超家族的传奇 ··· 821
　　苦难中崛起的梁氏外戚 ··· 822
　　"女夫子"邓皇后 ··· 824
　　逃不脱的宿命 ··· 827

第四十二章　邓太后执政 ··· 831
　　女主天下，以柔治国 ··· 831
　　又一对孤儿寡母 ··· 834
　　女主专政，柔弱与懦弱 ··· 835
　　孤儿寡母与风雨飘摇的帝国 ··· 840
　　邓太后，功过任人评说 ··· 843
　　昏庸与冷血的汉安帝 ··· 844
　　恶毒皇后成功上位 ··· 847

第四十三章　外戚，宦官，两条毒蛇 ··················· 849
　　自作自受的阎氏外戚 ··· 849
　　十九侯 ··· 851
　　宦官，可怜又可恨的一群人 ··· 852
　　卷土重来的梁氏外戚 ··· 856

第四十四章　黑暗时代开启 ··· 860
　　翻云覆雨的梁氏外戚 ··· 860
　　外戚专权的最高峰 ··· 863
　　外戚最后的疯狂 ··· 867
　　宦官出手，梁氏覆亡 ··· 869
　　阉人当道，末世来临 ··· 870

第四十五章　汉室衰微 ·············· 873
士大夫的反击 ·············· 873
党锢之祸 ·············· 878
皇帝、宦官、士大夫，解不开的死结 ·············· 881
第二轮党锢之祸 ·············· 884
党锢的恶果，摇摇欲坠的江山 ·············· 888
宦官包围中的皇帝 ·············· 892
士大夫与宦官，孰是孰非？ ·············· 894
三国前传 ·············· 896

附录　秦、西汉、东汉大事年表 ·············· 899
秦朝 ·············· 899
群雄逐鹿 ·············· 900
楚汉相争 ·············· 900
西汉 ·············· 900
王莽新朝 ·············· 908
东汉 ·············· 909

第二十三章　穷兵黩武的大汉天子

汉军破楼兰

尽管这几年南越、朝鲜等国消耗了大汉不少兵力,但大汉的主要扩张方向还是在西域。

征讨朝鲜的战争接近尾声的时候,汉军就在西方发起了一场战役。

西方的道路打通以后,大汉与西域的交流呈现爆发式增长,使者和商队络绎不绝,却也引发了很多问题。

进入西域的第一站是楼兰,再往北是车(jū)师,这两个小国卡在丝绸之路的咽喉上。他们见到来来往往的使者,以为有利可图,常常就会想办法勒索这些使者,或者关闭城门,断绝使者团的补给,给这些使者带来很大麻烦。

而汉朝这边也有一些做得不妥当的地方。

当时出使西域是一件极其艰苦的任务,达官贵人当然不愿意去,所以朝廷就从军队和民间招募勇士,发给他们符节,让他们以朝廷使节的名义去出使西域。

这些所谓的"使节"很多都是亡命之徒,他们出使的目的就是敛财,但因受到上级重重盘剥,根本得不到多少利润,所以只好到西域各国招摇撞骗,例如把朝廷送给那些国君的礼物拿去倒卖,等等。

久而久之，这些使节团几乎成了一种官方默许的走私团伙，暗地里干了不少违法勾当，这当然会激起沿途小国的严重反感，双方的冲突越来越激烈，甚至到了互相攻打的地步。

另外，匈奴这两年又卷土重来，时不时在通往西域的道路上制造一些麻烦，这些小国很畏惧匈奴，常常作为匈奴的打手来为难汉朝使节，又在双方中间添加了一重仇恨。

使者们回到长安就向朝廷诉苦，说在路上被那些小国虐待，还说那些小国人少兵弱，朝廷如果出兵，一定可以轻易制服他们。

武帝点点头：没有什么是武力解决不了的。于是在公元前108年，武帝派赵破奴带领大军杀向楼兰。

赵破奴是霍去病最优秀的学生，把千里奔袭的战术学得十分到位，他接到朝廷命令以后立即动身，带着七百轻骑兵，日夜兼程，飞速杀到楼兰。

楼兰王以为汉朝离自己那么远，不可能打得过来，所以从来没防备，等看到城外烟尘四起的时候，已经晚了。赵破奴的军队直接冲进城里，大肆屠杀，最后冲进王宫，活捉楼兰王，并把他押回了长安。

旁边的车师也是完全没有防备，同样被杀个措手不及。两个小国同时躺在废墟上呻吟，这才知道了大汉的厉害。

这是大汉第一次对西域用兵，汉军冷酷无情的闪电战术震撼了西域各国，从乌孙到大宛，人人震恐，西域各国不得不考虑如何跟这个霸道的邻居和睦相处了。

首当其冲的楼兰最痛苦，他们长期受匈奴胁迫，现在又来个更加威猛的大汉，怎么在两大强国中间保持平衡？他们真是伤透了脑筋。

之后很多年，楼兰都在努力破解这个困局。楼兰王甚至同时把两个儿子派出去，一个到大汉为人质，一个到匈奴为人质，这才勉强保持了国家独立。

而赵破奴因为这次军功受到武帝大肆褒奖，被封为浞野侯，成为霍去病之后又一颗耀眼的将星。

可惜赵破奴的运势跟霍去病一样不好，几年以后，他就遇到了军事生涯上最大的一次挫折。

受降城外损兵折将

公元前 105 年，匈奴乌维单于病死，他儿子乌师庐继位，乌师庐年纪小，所以被称为儿单于。

武帝君臣听说儿单于继位的消息，以为他年轻不懂事，就耍了个手腕。

他们同时派出两拨使者去匈奴，一拨去吊唁乌维单于，另一拨却偷偷去联系匈奴右贤王。现在的右贤王是乌维单于的弟弟，很有政治地位，武帝君臣希望挑唆他跟自己的侄儿争夺单于之位。

哪知道右贤王却忠于儿单于，直接把这拨使者送到了儿单于面前，汉朝的伎俩就这样暴露了。

儿单于怒不可遏，把这些使者全部扣留下来，后来几年又把所有汉朝使者都扣留下来，前后扣留了十几拨人。同一时期，汉朝也扣留了十几拨匈奴使者作为报复。

这起外交纠纷导致儿单于对汉朝极为敌视，加上他年轻气盛，穷兵黩武，匈奴的对外战争一下就多了起来。（之前乌维单于休养生息了十多年，对外战争很少。）

匈奴内部开始人心惶惶。正好那年冬天又下大雪，匈奴的牲畜死了很多，国内更加不安定起来。

儿单于手下的左大都尉想叛变，他暗中联系汉朝，说自己准备杀掉儿单于投降大汉，希望大汉派兵来接应。

武帝接到报告以后很开心，马上命令公孙敖去靠近匈奴的地方修筑一座新城，名叫"受降城"，派军队驻扎在那里，准备在那里迎接左大都尉。

同时，武帝还派赵破奴带领两万兵马出朔方，到浚（jùn）稽山接应左大都尉。

这是一次极度欠考虑的冒险行动，浚稽山已经深入匈奴腹地，离汉地两千余里，孤军深入到这里极其危险。

之后果然出事了。左大都尉投降的消息被儿单于侦查到，儿单于立即杀了左大都尉，并且派兵去攻打浚稽山的汉军。

匈奴骑兵的突然到来让汉军很吃惊，但赵破奴还是显露出极高的军事才干，竟然打退了匈奴骑兵，还捉住一千多名俘虏，然后向南撤退。

匈奴倾巢出动，开始追击，就在汉军快要到达受降城的时候，匈奴的追兵八万人杀到了，把汉军团团围住，赵破奴没办法，只好就地驻扎，等待援军。

有一天晚上，赵破奴带着几名亲信出去寻找水源，却不想迎头撞上匈奴的伏兵，就这样被活捉了过去。

失去了主帅以后，汉军内部阵脚大乱，赵破奴手下的将领们互相商议道："我们主帅被抓了，回国以后怕是大家都要被处罚，不如不回去了吧。"于是大家一起投降，两万汉军就这样全部被匈奴俘虏了。

这是几十年来汉军遭到的最惨烈失败，但这仅仅是开始，为国捐躯的英雄时代已经远去了，汉军投降、被俘的事情以后还会多次出现。

儿单于听说前线大胜的消息以后，欣喜若狂，马上派人一路追击，直接攻打受降城，但没打下来，只好在大汉边境烧杀劫掠一番回去了。

这次大胜让匈奴受到很大鼓舞，从这以后，匈奴又恢复了对大汉边境的骚扰，卫青、霍去病那一代人浴血奋战的成果终于渐渐丢失了。

赵破奴本来就生长在匈奴地区，被捉过去以后，匈奴人也没为难他，还让他娶妻生子。不过他内心还是一直念着大汉，终于在几年以后找到机会，跟他儿子一起逃回了大汉。

但他的军事生涯就此终结了，最有希望成为霍去病接班人的他从此碌碌无为。

匈奴那边，儿单于有勇有谋，是对大汉的严重威胁，还好他挺短命，登基仅仅三年就死了，右贤王继位，称为呴犁湖单于。

但是呴犁湖单于也短命，登基一年就死了，他弟弟继位，称为且鞮侯单于。

匈奴这几年动荡不安，连续换了几个单于，所以他们对外组织不起大规模进攻，替大汉减少了许多麻烦。同时大汉那边也手忙脚乱，武帝正在为自己的私欲对西域发起大规模侵略，所以让匈奴也得以暂时喘一口气。

汉家公主的命运

解决完各个方向的威胁以后，武帝终于有时间考虑乌孙的事情了。

乌孙王和亲的请求还等着答复，武帝决定：封江都王刘建的女儿刘细君为公主，派去乌孙和亲。

这次和亲跟之前与匈奴的和亲不一样，现在大汉的地位比对方高很多，和亲只是一种笼络手段而已，不需要再派真正高贵的翁主。刘细君拥有高贵的血统，又是罪臣之女，所以和亲的使命最终落到了她头上。

公元前105年，长安城里鼓乐齐鸣，细君公主在迎亲队伍的簇拥下，带着数百人的浩大团队，踏上了前往乌孙的道路，去嫁给那个七十多岁的猎骄靡。

但一切并不是那么美好，猎骄靡很谨慎，他在娶细君公主的同时，也娶了匈奴的公主，继续在两大国之间保持平衡。

猎骄靡封细君公主为右夫人，匈奴公主为左夫人。匈奴以左为尊，这种名分安排，说明乌孙对匈奴的畏惧还是稍稍高于对大汉的敬畏。

细君公主是个非常不幸的女人，她刚刚摆脱罪臣之女的身份，远嫁异国，却发现自己只是个小老婆而已，不仅要应付异国生活的种种不便，还要跟匈奴公主争宠。

但有什么办法呢？在别人眼里，她根本不是一个人，而是一件会说话的工具，有许多人的命运指望着用她去拯救，至于她自己的感受，根本就没人会考虑，那是她的宿命。

她只能尽力去完成交给她的使命，不仅伺候猎骄靡，还要赔着笑脸去讨好周围的每个人。史书记载，细君公主一年只跟猎骄靡见面几次，每次跟猎骄靡聚会，她都拿出钱财和布帛赏赐猎骄靡身边的人，以至于人们都觉得她"脾气真好"。

但即使这样的生活也不能维持，迎娶细君公主一年多以后，猎骄靡觉得自己年纪太大了，身体吃不消，就想把细君公主改嫁给他的孙子军须靡。

这种事情在乌孙国很正常，但对于汉人来说则属于严重乱伦的行为，细君公主非常难过，只好派使节向千里之外的武帝求援。

武帝的答复简单又冰冷："从其俗。"细君公主无可奈何，只好接受了这桩违背伦常的婚姻。

不久以后，猎骄靡病逝，军须靡继位为昆莫，细君公主又一次变成了王妃。

但她的内心极为孤寂，她在茫茫草原上弹着琵琶唱道："吾家嫁我兮天一方，远托异国兮乌孙王。穹庐为室兮旃为墙，以肉为食兮酪为浆。居常土思兮心内伤，愿为黄鹄兮归故乡。"

远方的故国啊，你们把女儿嫁来这里，可有考虑过她的感受？如今她唯一的愿望，就是化为黄鹄，返回万里之外的故乡。

嫁给军须靡几年以后，细君公主忧郁而死，结束了短暂又悲惨的一生，这一刻，她终于可以"归故乡"了。

强夺汗血宝马

暴利长献的野马和乌孙送的"天马"都让武帝爱不释手，却有西域回来的使者悄悄告诉他：跟大宛的汗血宝马比起来，这些马不值一提。

大宛是葱岭（帕米尔高原）以外一个中等的国家，政治稳定，人民安乐，很少参与国际纷争。

当初张骞去大月氏的时候路过大宛，大宛王热情地接待了他，还派人把他送上了去大月氏的道路，因此他们跟大汉的关系还是不错的。

不过因为距离大汉实在太远，大宛对大汉也基本没有畏惧心理，他们只想着跟这个东方强国通商，多赚些钱财而已，并不认为自己需要服从大汉的命令。

当时有人传说，大宛境内有汗血宝马，出汗如血，而且神骏非常，可以日行六七百里，大宛人把这些马藏在他们国内的贰师城，不让外人得到。

武帝听到以后十分神往，就派使者带着价值千金的礼物和一只金马，去大宛换他们的汗血宝马。

武帝以为凭大汉的威名，大宛一定会乖乖献上宝马。

哪知大宛人根本看不上这些财物，他们本国处在中亚的交通要道上，金银财宝见得多了，并不稀罕；又认为，大汉到大宛有一万二千里之遥，中间路途艰险，汉人不可能把军队开过来，没什么好怕的。所以他们一口拒绝了汉朝使者的请求。

汉朝使者可不是好惹的，当场发飙，把金马砸碎，然后骂骂咧咧地走了。

大宛人又羞又气，就通知自己东方的属国郁成国拦截汉朝使团，郁成国果然派兵在半路把汉朝使团拦下来，抢走财物，杀掉了汉使。

消息传到长安，武帝怒发如狂，跳起来发布命令：拜李广利为贰师将军，从西域属国征集六千骑兵，再从各个郡国征发不良少年上万人，组成一支乱糟糟的杂牌军，由李广利带领，打开玉门关，一拥而出，杀向大宛。那是公元前 104 年的事。

当时全国正在经历严重蝗灾，蝗虫群从关东覆盖到敦煌，北方的匈奴儿单于又刚刚登基，虎视眈眈威胁汉朝，长城沿线需要大量军队去防御，加上武帝根本瞧不上大宛那点武力，所以没有抽调正规军队前往大宛，只派这支杂牌军前去。

这次行军，汉军从上到下都没有做好准备，带的粮草根本不够用。一开出玉门关，才发现戈壁滩上的道路有多么艰险，沿途全是荒无人烟的沙堆，西域各国也都紧闭大门，拒绝为他们提供补给，所以汉军出发不久粮草就耗尽了，路上勉强打下几个小国，却也没得到多少粮草。

而且李广利又是新提拔上来的将领，他是武帝的宠姬李夫人的哥哥，武帝想把他培养成第二个卫青。虽然他的军事才能也很不错，但武帝太心急了，第一次带兵就让他远征万里之外的异域，带的还是临时拼凑的杂牌军，军队上下互相不熟悉，这样的远征怎么能获胜？

等到翻过葱岭以后，这支可怜的队伍已经变成了一群衣衫褴褛的难民，人人饿得头昏眼花，勉强撑着到了大宛附近，已经没有力气攻城了，只好转头去攻打旁边的郁成国。

郁成国君让人打开城门，一群人冲出来对汉军大打出手，汉军遭到惨烈失败，溃不成军，李广利只好带着剩下的兵马一路逃向东方。他们到达敦煌的时候，已经是出征两年以后了，出发时的兵力，现在只剩下了十分之一。

武帝听说汉军大败的消息，暴跳如雷，让人紧闭玉门关，下令：敢入玉门关者斩！李广利只好带着那群残兵留在敦煌。

当时赵破奴刚刚在受降城外被匈奴活捉，汉军两万人全军覆没，朝廷里的官员们都劝武帝先放过大宛，全力对付匈奴，武帝却坚决不肯。大宛欺负他太狠了，这个仇必须报。

他把劝阻他的官员全部降职，然后发起全国总动员，调动边关军队，再从全国征集罪犯和不良少年，经过一年多的时间凑成一支六万人的庞大队伍，让他们带着十万头牛、三万匹马，其他各种牲畜上万头，载着不计其数的兵器和粮草，浩浩荡荡地从敦煌出发，共同杀向大宛。

玉门关以内，还有十八万带甲武士在严阵待命，又特地设置居延、休屠两个县保证物资供应的畅通，还征发全国罪人参与后勤运输，后勤补给队从敦煌一直延伸到前线，一眼望不到头。

这次出征已经相当于当年远征漠北的规模，汉朝已经动用了全国之力，准备打一场决定国运的大决战！而对方是土地和人口都不到汉朝百分之一的小国，攻打他们却是为了抢几匹马！

这样的远征当然是完全错误的！这一刻，大汉北方门户大开，为匈奴提供了偷袭的绝佳机会。还好，从儿单于开始，匈奴连续两任单于都神秘死亡，内部正一片混乱，没有心思对外发动战争，这才让大汉逃过一劫。

李广利带着这支庞大的帝国远征军行走在西域的道路上，这次的兵力强大得多，沿途小国都只好乖乖开门，献上粮草，只有轮台国胆敢拒绝汉军，汉军直接攻破城池，血洗轮台国，抢够了粮草，然后继续向前。

西域各国都被震动了，没人再敢来招惹汉军，大宛人急得像热锅上的蚂蚁，但是一点办法都没有，只能眼睁睁看着恐怖的远征军团一点点靠近。

到达大宛的时候，汉军还剩下三万人，对于西域各国来说这也是不可想象的庞大军团了。大宛军队勉强抵抗了一下就退进城里，闭门不出。

汉军早有准备，大宛人没有掌握打井的技术，首都贵山城内没有水井，饮用水都来自城外的河水，因此汉军这次出征专门带了治水的工匠，到贵山城以后，把城外的河流全部改变了流向，然后包围贵山城，准备困死他们。

当时康居国收到大宛的求救信，派了几千兵马来救援，但看到汉军的威势，他们不敢上前，只在城外远远地望着。

另外，出征之前，武帝派使者通知了乌孙，要他们出兵协助，于是乌孙也派了两千兵马来参战，但到了以后也不敢动，只在旁边观望。

汉军围城四十多天，贵山城内水源断绝，坚持不下去了，很快，外城被攻破，高级将领煎靡被汉军活捉，大宛军队只好退守中城。

大宛的贵族们私下商量："汉军这次来是因为我们国王不给他们马还杀他们的使节，不如我们把国王杀了，把汗血宝马送给他们，求他们退兵算了。"

于是贵族们一哄而上，杀掉大宛王毋寡，拿着毋寡的人头去对李广利说："你们放过我们，我们把国内的好马都牵来让你们挑，不然，我们就杀光国内的好马，跟你们决一死战。"

汉军本来就是为了汗血宝马来的，又有康居大军在旁边虎视眈眈，不宜久留，所以就答应了大宛的求和。

汉军撤除包围圈以后，大宛的贵族们果然把国内的好马都牵来。李广利带人从里面挑了几十匹最雄峻的，还有三千多匹中等的马，全部赶回大汉去，又让大宛人把城内粮草供应出来，让军士们好好地享用了一番。

既然大宛王已经被杀了，立新王的事就该大汉说了算，李广利从大宛贵族里面挑中了昧蔡——他对大汉使节一向很客气，所以立他为新的大宛王，双方盟誓，从此休兵，汉军这才撤走。

最后汉军也信守承诺，没有进入贵山的中城，基本保持了大宛国城池的完整。

刚离开大宛，李广利就听说另一支汉军在郁成国吃了大亏。

原来当初离开敦煌的时候，汉军分成几支分队，分别从西域的北线和南线进军（从楼兰开始，西域的道路分成南北两条，绕过塔克拉玛干沙漠以后，两条道再在葱岭附近合二为一）。其中有一支一千多人的队伍，由校尉王申生率领，他们可能是走错了路，一直没能跟汉军主力相会，反而误打误撞地进入了郁成国的范围。

汉军这一路过来都由沿途小国供应粮草，所以王申生也去向郁成国要粮草，哪知道郁成国君又臭又硬，竟然一口回绝，紧闭城门，把汉军阻挡在外。

王申生带人在城外破口大骂，郁成国人却注意到他手下的士兵们每天都在逃亡，于是一天早晨，趁汉军不注意，大开城门，派三千兵马杀出城来，一举把这支汉军歼灭了，王申生也死在乱军中。

李广利接到回报以后，大部队继续回国，只是派搜粟都尉上官桀等人带一支小分队去攻打郁成。

小小的郁成国当然没法抵挡，很快被攻破，郁成国君只好逃到了康居去避难。

这时候康居已经听说了大宛国投降汉军的事，不敢得罪汉军，于是把郁成国君绑了交给上官桀。

上官桀让手下四名骑士押解郁成国君去追赶李广利的大部队，四人怕路上出意外，索性自作主张，把郁成国君杀了，把人头送给李广利，后来杀郁成国君的那个小伙还被武帝封侯了。

经过这次大胜，大汉的威仪彻底震撼了西域各国。回师的路上，各国纷纷打开城门，以无比热烈的仪式欢迎这支"仁义之师"。为了讨好大汉，这些国家争先恐后地献上财宝，甚至主动要求汉军带他们的子弟回长安去朝觐汉家天子，顺便就留在长安为人质（顺便在长安定居下来享受富国的生活）。

所以跟出发的时候相反，汉军回来的时候，一路上队伍越来越庞大，财物也越积越多，如同一支几万人的游行队伍，开着花车，敲着丰收锣鼓，欢天喜地地开进了玉门关。

这是对胜利者的奖赏，人性大抵如此，无可厚非。

武帝对这个结果非常满意，大肆封赏这次出击的将领们。李广利被封为海西侯，所有将领中，有三人位列九卿，有上百人被提拔为诸侯国相国、郡守、二千石官员，一千多人被任命为千石以下的官员，剩下的将士们或被提拔，或被免罪，都得到了丰厚的回报。所有人山呼万岁，一片欢腾。

当然武帝最得意的还是抢到了大宛马，他把乌孙马改叫"西极"，大宛马叫作"天马"，又作了一首《天马歌》。马的好坏倒是其次，汉家天子要什么就能拿到什么，面子挣够了才是最重要的呀。

但仔细分析起来，这次战争是严重得不偿失的。

史书记载：这次出征的六万兵马，最终返回玉门关的只有一万多人和一千多匹马（这个统计结果可能没有包括从大宛抢到的马）。损失的这些人马多数不是在战斗中被杀，而是在半路上死伤和逃亡的，直接的原因是上级官吏虐待士卒，克扣军饷。这些官吏造成如此严重的损失，却没有受到任何惩罚。

回头来看，大汉倾尽国力，付出沉重的经济代价，仅仅换来几千匹马，这些马后来被证明只是跑起来轻快而已，并不适合战争，传说中的"汗血宝马"也并没有现身。

大汉真正的收获是赢得了西域各国的"尊重"，或者说畏惧。但问题在于，大汉跟他们的距离实在太远了，这种"尊重"是需要通过持续不断地展示实力来维持的，否则就会迅速消退。但大汉能够每年在西域展示一次自己的威严吗？显然做不到。

就在汉军从大宛撤走以后不久，大宛人就杀掉了汉军拥立的昧蔡，立毋寡的弟弟蝉封为新王。为了平息大汉的愤怒，他们又送蝉封的儿子到长安为人质——事实上也就是到长安白吃白喝而已，大汉还赏赐他们许多财物以表示自己的仁德。

于是武帝倾尽国力也就买来一个开心，这代价也未免太高了一点。

这背后的问题很快就会显露出来了。

西域外交争夺战

汉军远征大宛，动摇国本，匈奴马上看到机会，开始对大汉下手。

公元前102年，匈奴大军攻入定襄和云中，杀掉上千人，毁掉了大汉刚刚修筑的外长城（在长城以北修建的第二道长城）。同时，右贤王带兵攻入酒泉、张掖，又杀掉上千人。武帝紧急派大将任文追击匈奴，勉强夺回了被抢走的人口。

第二年，李广利的军队正在从大宛返回，匈奴又胁迫楼兰，准备在半路截杀落单的汉军。还好任文正在玉门关接应返回的汉军，他从匈奴俘虏口里听到这个情报，紧急报告给武帝以后，从小路杀奔楼兰，活捉楼兰王，阻止了他们的阴谋。

楼兰王哭诉说：小国夹在大国中间，不服从任何一方都会有生命危险。

武帝体谅他的处境，就把他放回去了。

不过楼兰王两次被活捉，从此真正怕了大汉，不敢再当匈奴的打手，今后很多年，丝绸之路都基本可以保证畅通了。

这时候又传来细君公主忧郁而死的消息，武帝也十分难过，为了继续笼络乌孙，只好决定再嫁一个公主给军须靡。

按照惯例，他继续找罪臣之女。

当初七国之乱的时候，楚王刘戊跟着刘濞一起反叛，随后兵败自杀，他们家族也受到了牵连。刘戊的孙女刘解忧就是在这样的家庭长大的。

武帝吸取了细君公主早逝的教训，这次挑公主的时候就特别看重性格和才干。性格刚毅、能言善辩的刘解忧因此被选中。

公元前101年，刘解忧被封为公主，远嫁乌孙，去接替细君公主的位置。

事实证明，武帝这次的选择非常英明，解忧公主跟细君公主不同，她有很高的政治才能，在乌孙国政坛上成功获得了话语权，使乌孙在之后很多年都成为大汉坚定的盟友。

就这样，从楼兰到乌孙，大汉的影响力覆盖整个西域，在跟匈奴争夺西域的竞争中掌握了主动权。

匈奴那边的对外政策也做出了调整，在解忧公主出嫁的这一年，匈奴且鞮侯单于登基，随后立即声称要跟大汉改善关系，把之前他们扣留的汉朝使者都送了回来。

作为回应，武帝派中郎将苏武把扣留的匈奴使者也送了回去。

苏武到匈奴以后，他的副手张胜偷偷跟匈奴内部的叛军密谋暗杀丁灵王，且鞮侯单于发觉以后，把苏武扣留了下来。苏武拒绝投降，于是被发配到北海（贝加尔湖）去牧羊，成就了历史上一段著名的典故。

悲剧将领李陵

苏武被扣留是严重的外交事故，这两年，大汉和匈奴连续发生摩擦，终于惹怒了武帝，武帝决定再次教训匈奴，便在公元前99年发起了又一轮大规模北征。

这次征讨匈奴的时机严重不合适。

首先，经过这几年的连续作战，特别是举国动员远征大宛以后，大汉军民已经极度疲惫了，国内饥荒蔓延，满目疮痍，早已经没有武帝早期的盛世气象了。

其次，卫青前几年已经过世了，赵破奴也被雪藏，现在能用的将领只剩下李广利和李陵，他们的才能和战斗经验都远远比不上卫青、霍去病，甚至比不上赵破奴，个人节操更是差了无数个档次。

这一年五月，武帝派李广利率领三万骑兵出酒泉，攻打天山脚下的匈奴右贤王部，同时，派公孙敖和路博德分两路进击，共同扑向漠北的涿邪山。

涿邪山那边的汉军没遇到匈奴，空手而回，李广利的军队却很顺利，杀伤右贤王一万多人，得胜而还。

但他们低估了匈奴的反击能力，右贤王败退以后，随即召集军队卷土重来，追上并且包围了回师途中的李广利军。

汉军被围困了很多天，粮草断绝，十分危急。关键时刻，李广利手下一名叫赵充国的将领挺身而出，带着一百多名勇士拼死杀向匈奴，强行撕开包围圈，汉军这才成功撤走，但士卒伤亡了两万多人，十分惨烈。

事后论功行赏，李广利才发觉赵充国身上全是创伤，总共有二十多处，李广利感慨不已，把他带去见武帝。赵充国脱衣，武帝亲自检视他的伤口，一边查看一边感叹，才知道汉军中间还有这样的勇士。周围的人们也都被感动了。

武帝随后封赵充国为车骑将军长史，开始重用他。

赵充国是一员神奇的将领，他是霍去病一辈的人，很多年来却一直默默无闻，到这次战役，已经将近四十岁的他才被发掘出来。但即使这样，他的军事才能也没有得到充分展示的机会，直到几十年后的宣帝时代，他才大放异彩，成为大汉首屈一指的名将，最终留名麒麟阁。

在目前来说，武帝最信任的将领还是李广利，尽管他的战绩实在没法看，但可能因为李夫人的关系，武帝还是一直坚持任用他。

这次李广利出击之前，武帝也给李陵分配了任务，让他负责运送辎重。

李陵是李广的长孙，自幼习武，弓马娴熟。他的为人跟李广类似，有礼贤下士的风度，在士卒中间的名声很好，因此这几年逐渐得到武帝重用。

但他同时也遗传了李广恃才傲物的臭脾气，总觉得自己天生就是要干大事的，不甘于屈居人下。

他听说武帝仅仅让自己押运物资，很不服气，尤其李广利是武帝的大舅子，更让他怀疑李广利靠裙带关系得宠，准备来压制自己这个真正的人才——这几乎是卫青跟李广的关系的重演。他直接对武帝说，他只想在战场上跟匈奴一决高下，请武帝让他自己带一支军队，深入漠北，直捣匈奴老巢，一定能建下奇功。

武帝说："军队都派给李广利了，我哪有骑兵给你。"

李陵一咬牙就说："不需要骑兵！臣带五千步兵就可以杀入单于王庭。"

晚年的武帝已经失去了判断力，对于李陵这番明显胡吹大气的言论，他竟然信了。

武帝随后命令路博德在后方接应李陵，但路博德早都看出这次行军不靠谱，为了避免背锅，就说："现在秋天出兵不合适，等明年春天，我再带五千人从酒泉出击，跟李陵一起击匈奴吧。"

武帝却以为李陵后悔了，暗地里串通路博德要改变计划，于是大怒说："你不许去！就让李陵自己去。只带五千人，现在出发！"

最后，没人敢再劝谏武帝，只好让李陵带着五千步兵独自远征大漠去了。

不过武帝也觉得五千步兵杀进单于王庭有点不靠谱，就特别嘱咐李陵：只要深入漠北，到浚稽山观察一下匈奴的情况，然后沿着当年赵破奴的路线，回到受降城来，这就算完成任务了。

这番话背后的信心不足是显而易见的。到这时，从武帝到朝廷武将们，人人都替李陵捏着一把汗，只有李陵自己没注意，带着五千步兵雄赳赳地出发了。

他们从居延塞长城出发，向北行走三十天，来到浚稽山扎营。

这是一场已经注定要失败的行军。

大漠上的对战关键在于一个"快"字，包括快速追击与快速逃窜，简单地说，以机动灵活的骑兵队伍迅速找准目标，包抄敌人然后歼灭，或者在敌人主力来临的时候迅速化整为零，逃出包围圈。这是当年卫青、霍去病制胜的诀窍所在。

但不知道武帝和李陵是怎么考虑的，卫青、霍去病明明已经探索出了克制匈奴的战法，现在却被他们完全放弃了。五千步兵深入敌人大后方，用老式的阵地战去打击匈奴，等于是给对方送人头。

浚稽山就在单于王庭以南不远处，匈奴当然有防范，早已经把汉军的行踪探查得一清二楚了。

且鞮侯单于立即调集三万大军，亲自杀往汉军营地。

没有任何悬念，匈奴骑兵很快就把汉军包围了，汉军被困在两座山之间，匈奴骑兵从山上冲锋，开始发起歼灭战。

李陵带兵还是有些本事，他跟他爷爷一样，非常受下属拥戴，手下人人都肯效死力。在他的指挥下，汉军临阵不乱，对包围圈外的匈奴发起猛烈反击。他们用战车围成一圈，盾牌手防御，后面是弓弩手放箭，瞬间击杀几千人，把匈奴赶回了山上，几乎要冲破包围圈了。

单于大惊，发布动员令，又从周围调来八万援军，再次收紧包围圈。

汉军十分英勇，在这样的局面下依然毫不气馁，他们矢发如雨，边打边走，一路向南撤退，竟又击毙了敌军几千人。

汉军自身的伤亡也相当惨重，几乎人人都负伤，李陵甚至下令：受伤一处的继续作战，受伤两处的驾车，受伤三处的才可以躺在车上。

当时还发生了一则插曲——

李陵看到情况危急，对众人大喊："我们的士气越来越低落，难道是军中有女子吗？"于是下令搜索，竟然真的搜出不少妇女。

原来这两年国内动荡，老百姓很多被迫当了流寇，他们被朝廷剿灭以后，他们的妻子都被发配到边疆嫁给士兵们。这次出征的队伍是临时征集的，很多边关士卒在里面，他们都把妻子带来了（没人知道为什么），就藏在车里。现在这些无辜的女人全都被搜出来，做了李陵的刀下鬼。

杀光这些妇女以后，李陵指挥军士们继续战斗，又杀掉几千敌人，撤退到一处沼泽地。匈奴在上风处放火，汉军也在芦苇丛里放火，烧出一条隔离带，勉强挡住敌人。

最后汉军撤退到一处山脚，在丛林中跟敌人展开白刃战，再次杀掉几千敌人，甚至差点射中单于。

汉军的强悍战斗力把匈奴惊到了，且鞮侯单于跟手下人商量："这支汉军显然是精锐部队，被我们包围十几天了，战斗力一点都没减弱，还不断引着我们向南走，会不会有埋伏？"

就在匈奴领导层忐忑不安，准备打退堂鼓的时候，有汉军的叛徒到达，告诉他们："没有埋伏。汉军的箭即将用尽了，单于再坚持两天就能打败他们。"且鞮侯单于这才重新抖擞精神，继续围攻。

匈奴在叛徒的带领下，总能准确找到李陵所在的位置，专门追着他招降，李陵没理他们。

又过了一两天，汉军快到达鞮（dī）汗山的时候，终于把所有箭都射完了，只好丢掉战车，砍下车轴当武器，所有人步行撤入山谷，准备做最后的搏杀。

匈奴占据了四周的山峰，对准山谷里扫射，矢石飞泻而下，砸死许多士兵，眼看汉军即将全军覆没了。

李陵烦躁不安，四处走来走去，一会儿说要去找且鞮侯单于拼命，一会儿又说要为国死节。手下人劝他："将军先留得性命，以后找机会再逃回大汉，就像赵破奴，逃回国以后也还受到天子礼遇。"

李陵还犹豫不决，想了很久，最后还是决定再突围一次。他让人砍翻军旗，发给士兵每人两升军粮，约好在半夜时分分头突击，能逃得出去就逃，逃不出去就各安天命了。

当天半夜，李陵带着副将韩延年共同冲击匈奴的包围圈，却终究没有成功，韩延年战死以后，李陵只好下马投降了。

李陵部队被歼灭的地点离长城边塞已经只有一百多里，边塞内的汉军却完全没有去救援他们，等到李陵的残兵逃回边塞来以后，大汉内部才知道了这次惨败的情况。

得到消息以后，长安那边轰动了，大家都以为李陵已经为国捐躯了，正要哀悼的时候，却听到了他投降匈奴的消息，武帝恼羞成怒，把李陵全家老小抓起来，准备杀掉。

前几年赵破奴也曾经投降匈奴，却没有受到武帝惩处，为什么李陵投降却惹得武帝大动肝火呢？

一个可能的原因是：赵破奴被围困是因为汉军上层领导的策划错误，他本人基本是无辜的；而李陵这次，从自告奋勇带五千人出击开始，他就犯下了不可挽回的错误，对于这次败仗，他自身责任很大。

另外一个微妙的因素是：赵破奴本来就是匈奴那边逃过来的，他投降匈奴，大家心理上会比较好接受一点；而李家世代是朝中名将，李陵投降，让武帝有一种被人背叛的羞耻感。

至于世人猜测的，武帝为了抬举李广利，才严厉打压李陵，这种可能性反而不高。

面对武帝的愤怒，朝中大臣们都跟着一起骂李陵，只有太史令司马迁站出来说公道话，却被武帝施以宫刑，但武帝也暂时没动李陵的家属。

没想到过了一段时间，武帝却又开始同情起李陵来了，又絮絮叨叨地说："当时就不该派他独自出击，朕下个诏书，再派一支军队接应他，就不会败给匈奴了——都是路博德那个老奸贼害的。"于是派人慰问了之前逃回来的李陵的士兵们。

又过了一段时间，武帝天天翻来覆去睡不着，一直在想李陵的事，最后一咬牙，干脆派公孙敖带一支军队去匈奴那边看看，万一碰上李陵就把他接回来。

公孙敖当然知道武帝老糊涂了，这命令不能当真，所以带人去漠北转了一圈，打探到一点消息就赶紧跑回来了。

公孙敖对武帝说："李陵正在帮单于练兵，准备攻打大汉，不肯回来。"

武帝又一次勃然大怒，当即下令：把李陵一家老小全部杀掉。

李陵的家属终于成了这次荒唐战役的牺牲品，听到他们被杀的消息那一刻，不知道李陵有没有想起那些被他杀掉的无辜女子？

那么李陵是不是真的在帮单于呢？实际上是公孙敖打听错了，现在确实有汉朝的降将在帮单于训练军队，但那是李绪（大汉边关的一个都尉，前几年刚投降匈奴），不是李陵，公孙敖的探子把两人的身份搞混了。

李陵从投降以后，一直希望能像赵破奴一样逃回大汉，所以不管且鞮侯单于怎么软硬兼施，他都不肯帮助匈奴。但听到全家老小被杀的消息以后，他却真正投降了匈奴。

他认为是李绪帮单于练兵才害死了自己全家,所以找个机会杀掉了李绪,但即使这样,且鞮侯单于都没怪罪他。

且鞮侯单于的大阏氏对李陵随便杀大将非常愤怒,吵着要让李陵抵命,且鞮侯单于一力维护李陵,把他藏到遥远的北方,等大阏氏死了以后才让他回来,还把自己的女儿嫁给他。

面对如此仁至义尽的单于,李陵还有什么可说的呢?从此死心塌地地跟着且鞮侯单于,成了且鞮侯单于的臂膀之一。

李陵因为投降匈奴而留下千古骂名,但那些忠于大汉的将领们下场更惨。因为,一场震惊全国的惨祸正在等着他们,所有人都会遭到血洗。

第二十四章　巫蛊之祸，武帝的昏庸晚年

卫子夫宠衰

卫子夫虽然是歌女出身，行事风格却十分正派，她知分寸，识进退，在皇后之位上一直谦恭谨慎，从不招惹任何人，也没犯过任何错误。

在她的治理下，武帝的后宫一直井井有条，所有妃子都循规蹈矩，在大汉四处征伐的那些年，给武帝提供了一片难得的清静空间。

更难得的是，他们家族连续出了卫青、霍去病两位战神，而且两人同样非常正派，一心为国，从不徇私，更不搞歪门邪道的权力斗争。他们的存在，是大汉的福祉，也是武帝的幸运。这一切，武帝心知肚明，对卫子夫也就更多了几分尊重。

武帝对卫子夫谈不上有多么喜爱，最多是对她生儿育女和治理后宫的感激，以及对卫氏家族的赞赏。但有卫子夫这么旺夫的皇后在，武帝省了很多麻烦事，当然也是十分满意的。

武帝本质上是个好色又冷酷的人，对女人是见一个爱一个，卫子夫得宠以后没几年，就有王夫人受宠，卫子夫开始受到冷落。

但王夫人薄命，得宠几年以后就香消玉殒了，武帝满心怀念，还特地找李少翁替她招魂。

后来又有个李夫人受宠。

当时宫里有个叫李延年的乐师，很受武帝喜爱，有一次为武帝表演歌舞，他唱道："北方有佳人，绝世而独立。一顾倾人城，再顾倾人国。宁不知倾城与倾国，佳人难再得！"

武帝很好奇地问："世上真有这样的佳人吗？"

身边的平阳公主——显然跟李延年串通好了——就说："有！李延年有个妹妹，能歌善舞，就是他所唱的'佳人'。"

武帝便把李延年的妹妹召来，一看，果然有颠倒众生之貌，歌舞才艺也冠绝当世，武帝爱不释手，随即把她纳入后宫，封为夫人。

武帝又听说李延年的哥哥李广利有大将之才，于是把他提拔上来，委以重任，李家就这样出现了一妃一将的局面，仿佛是第二个卫氏家族。

这时候正好卫青过世了，卫氏渐渐衰落，李氏外戚的兴起正好可以填补卫氏留下的空白。

李夫人的美貌是汉宫第一，武帝对她的宠爱也远远超过其他人，以至于爱屋及乌，多次偏袒李广利，在李广利征西域、讨匈奴都失败的情况下，武帝不仅不处罚他，还继续让他统领军队。

到这时候，卫子夫已经彻底失去了武帝的宠爱。但不管是卫子夫，还是卫氏家族，都一直保持着小心谨慎的作风，这些年一路走来，没有任何差错，武帝也犯不着为难他们，就让卫子夫在皇后的位置上待着，顺便让她当个未央宫的管家婆，教育一下皇子们。

李夫人同样薄命，没能承受到多少恩泽就撒手人寰了。

据说李夫人病重的时候，武帝去看望她，她却转过头去，坚决不让武帝看到她的面容，武帝只好怏怏离开。

宫女们问李夫人："为什么拂逆皇上的意思？"

李夫人说："皇上爱的是我的美貌，现在我花容委顿，春山蹙损，皇上一旦看到，肯定就不会再照顾我的家族了。"大家这才恍然大悟。

后来武帝果然对李夫人念念不忘，把她的画像挂在甘泉宫，还筑梦灵台以悼念李夫人，当然也继续优待李氏家族。

李夫人过后，武帝宠幸的是尹夫人和邢夫人。此外还有李姬，她虽然不受宠爱，却为武帝生下了两个皇子。

到武帝晚年的时候，有一天出外巡狩，路过河间国，身边跟随的相士说"此地有奇女"，武帝就派人去寻找，果然很快在当地村庄里面找到一位绝代佳人。

但这美人很奇怪，双手握拳，伸展不开，据说从小就是这样。

武帝很好奇，去掰她的拳头，却一下就掰开了，只见里面握着一只玉钩。身边的人们纷纷恭喜武帝，说这是祥瑞，武帝也很开心，就把这美女带回了宫里，封为"拳夫人"，又叫"钩弋夫人"。

钩弋夫人本来姓赵，她父亲曾经犯过罪，被处以宫刑，发配到宫里当了宦官，这时候已经死了。

可能就是因为她父亲的关系，让武帝身边的人了解到有这样一位美女在，所以故意导演出那一场戏哄武帝开心。

钩弋夫人邀宠确实很有一套，进宫不久就开始专宠，还为武帝生下一个皇子，叫刘弗陵——这是武帝最小的儿子，也特别受宠。

又不知道哪里来的传言，说刘弗陵是钩弋夫人怀胎十四个月生下的，这下武帝更加开心了。因为古代的尧帝也是怀胎十四月生下的，武帝认为刘弗陵一定也是贤德之人，不仅大大地赏赐了他们母子一番，还把生下刘弗陵的地方称为"尧母门"——钩弋夫人自然就是"尧母"了。

对于宫里的这些是是非非，卫子夫都看在眼里，她什么都没说，十分淡然。现在她也老了，享受了一辈子荣华富贵也够了，那些女人爱怎么闹就怎么闹去，现在她只盼望着自己的儿子刘据平平安安，以后顺利接掌皇位，那她这辈子就真的非常圆满了。

但好人未必会有好结局，卫子夫怎么也想不到，一辈子谨小慎微的她，会无端惹上一场滔天大祸。

巫蛊的缘起

这些年武帝迷信鬼神，民间潜伏的邪魔外道受到鼓舞，纷纷跳出来招摇撞骗。社会风气也受到侵蚀，人们都迷信鬼神的力量，各种神神道道的怪事不断冒出来，整个国家从上到下都透出一股妖邪之气。

妖人们骗钱的一种主要方式就是替人作法"消灾",这听起来倒也不算坏事。但人的欲望是无穷的,实际执行中,渐渐变成了替人达成一些见不得人的愿望,甚至替人去害人。这种以诅咒、害人为目的的法术就被称为"巫蛊"。

武帝末年,"巫蛊"之风迅速蔓延,许多人悄悄给那些巫师大量钱财,请他们替自己诅咒仇家或者竞争对手。

这种风气反过来让整个社会惊恐不已。因为不管你是达官贵人,还是平头百姓,你都没法知道,在身边的某个角落,是不是正有人把你的生辰八字贴在某个邪恶的地方,暗暗诅咒。在人们看来,这种伤害是无形的,十分恐怖。

甚至连最高宝座上的九五之尊都特别畏惧这股邪恶力量,于是打击这些邪术就成为朝廷一项最坚定的决策,任何人只要被怀疑暗地里施行诅咒,都会受到国家最严厉的制裁。

那么一些心术不正的人就动起歪脑筋来了——如果控告某人施行巫蛊会怎么样呢?是不是会马上给他带来杀身之祸?

答案当然是肯定的。社会对于巫蛊的恐惧已经达到失去理智的程度了,一旦某人被控告施行巫蛊,不管调查的结果怎么样,他的人生都基本完蛋了。何况这种罪行的证据太隐蔽,太容易作假了,所以被控告的人很难证明自己的清白。

于是"巫蛊"成为很多人打击竞争对手的重要手段。

公元前92年的一天,武帝在建章宫里休息,迷迷糊糊中看到一个陌生男子带着一把剑走进宫门来。

武帝吓了一跳,赶紧叫人去抓那个男子,那人扔下剑迅速跑掉,就这样消失不见了。

武帝让人搜遍建章宫都找不到那人,勃然大怒,杀掉建章宫的守门人,然后下令关闭长安城门,全城搜索,又派三辅骑士在整个上林苑进行地毯式搜索,却一直没有找到那个奇怪的人。

这下,武帝心里更加惶惶不安。这几年他年纪大了,对于死亡的恐惧让他常常处在焦躁不安的状态,任何灵异事件都会让他异常惊恐,这次怪事更让他怀疑：身边是不是有人在搞一些害人的巫术，以至于招来了邪祟？

这时候长安城里正好爆发了一起大案，"证实"了武帝的猜测。

当今丞相公孙贺是朝中名将，娶的是卫子夫的姐姐卫君孺，因此他们家族是长安城的豪门之一。

他有个儿子公孙敬声，从小被惯得无法无天，最近这小伙刚得到太仆的官职，于是更加嚣张了，居然利用职务之便贪赃枉法，挪用军费达到一千九百万钱之多。

事发以后，公孙敬声被打入大狱。

公孙贺当然要想办法救儿子，他了解到当前朝廷正在抓一个叫朱安世的江洋大盗，但是一直没抓到，就向武帝请示说：让他替朝廷去抓这个盗贼，抓到的话将功赎罪，减轻公孙敬声的罪行。武帝答应了。

其实长安的官吏们一直知道朱安世的行踪，但这家伙黑白通吃，跟这些官吏交情很好，所以大家都假装抓不到他。

现在公孙贺出手，调用自己的私人关系去抓，长安官吏们就没法拖延了，只好乖乖地把朱安世抓捕归案。

朱安世一声狞笑："你公孙贺敢害我，以为我就没有办法害你吗？"就在监狱里向朝廷上书，控告公孙敬声跟阳石公主（武帝的女儿）有奸情，说，两人合谋，在长安到甘泉宫的驰道下面埋木偶，诅咒武帝。

长安的官吏们本来就对公孙贺逼他们抓人怀恨在心，一拿到这份报告，马上上报给武帝。

武帝大怒："好哇，终于抓到施邪术的人了！"下令彻查。"巫蛊之祸"就这样爆发了。

调查的结果，竟然真的找到了那些木偶。他们为什么要诅咒皇帝？朱安世又是怎么知道这个秘密的？这背后的内幕没人去深究，只知道，公孙敬声的罪名非常严重了，甚至连累到了整个家族。

公元前91年，公孙贺被抓捕，经过审讯过后，父子一起被杀，他们家族也被灭门。

这起案子牵连到很多人，连阳石公主和诸邑公主都被牵连进去，无端丢了性命，卫青的长子卫伉，以及卫长公主的儿子曹宗也被连累，一起被杀。

卫长公主、阳石公主和诸邑公主都是卫子夫的女儿，卫伉是卫氏的顶梁柱，所以这起案子的指向性很明显：就是明确针对卫氏的。

经过这次屠杀，卫氏在朝廷里的政治势力基本被清理掉了，卫子夫的三女一子只有太子刘据还活着（卫长公主可能在这之前已经死了），连卫子夫本人都战战兢兢的。但这只是开始，阴谋家们的野心远远不止于此，他们的最终目标是卫子夫和太子刘据。

武帝的人生大错

太子刘据遗传了卫子夫的性格，对人谦恭有礼，做事谨小慎微。尽管这种性格跟武帝完全相反，难免会让武帝有一丝不愉快，但作为太子来说，他实在是相当合格的。

作为嫡长子（刘据出生以后卫子夫立即被立为皇后），刘据从出生开始就受到重点培养，并且在七岁那年被立为太子。武帝请全国最好的老师教他儒学，为他修建了一座叫"博望苑"的园林，让他在那里招纳宾客，并且给他很大的自由，允许他招纳一些跟朝廷意见相左的学者到门下。

一般来说，太子广纳宾客是一件很犯忌讳的事，但武帝却鼓励刘据这样做，可见对他的信任和宠爱。

后来王夫人、李夫人轮流受宠，她们的儿子也受到武帝宠爱，大家纷纷猜测：刘据的太子之位是不是危险了？武帝听说以后，特地对卫青解释："大家都说太子的做事风格不像我，这是好事。我变更制度、征伐四方，是因为汉家基业刚刚建立，必须有所作为。后续的皇帝就是要像太子一样温和敦厚才好，要像我一样整天劳民伤财，反而会走上亡秦的道路了。所以我对太子是非常满意的，你们不要担心。"

武帝又对刘据说："我现在整天劳碌，把国家内外的威胁都解决掉了，留给你一个太平的国家，不是挺好吗？"

听了这些话以后，刘据和卫氏家族才安心下来。

中年以后，武帝常常到四方巡狩，每次出巡都把朝廷政务交给刘据，把宫中事务则交给卫子夫，等自己出巡回来以后再听刘据的汇报。武帝每次对刘据处理的结果都非常满意，从来不挑他的错。

武帝喜欢任用酷吏，刘据却喜欢宽以待人，甚至对父皇的判决，有些他认为过于严酷的，都要想办法去改判。这种情况让卫子夫心惊胆战，暗地里劝告刘据："要顺着你父皇的意思，不要跟他作对。"武帝听说以后却对刘据大加褒奖，认为卫子夫多虑了。

到这时为止，武帝在刘据面前都是一位慈爱的父亲，他比历史上大多数皇帝都更宠爱自己的太子，一切看起来都那么融洽，那么和谐。

武帝晚年沉迷于修仙，对周围的一切都开始怀疑起来，加上卫青已经过世，卫氏衰落，武帝跟刘据的关系渐渐变了。

身边那些奸邪小人趁机挑拨离间。

有一次，刘据进椒房殿（皇后的居所）叩见卫子夫，过了很久才出来，黄门侍郎苏文就对武帝说："太子在皇后宫里调戏宫女。"

武帝听了，一声不吭，过了几天发下命令，把刘据的东宫里的宫女增加到两百人。

这个结果让刘据很尴尬，但他也不好分辩，这时候他们父子之间已经有一些隔膜了。

另一次，武帝身体不舒服，让太监常融去召刘据，常融回来以后偷偷对武帝说："太子听说皇上生病，面露喜色。"武帝的脸色变得有点难看。

过了一会儿，刘据来了，武帝仔细观察他，发现他眼角有泪痕，一询问，才知道他刚刚才哭过，武帝一怒之下把常融杀了，刘据因此才避免了一场误解。

但类似这样的诋毁始终不断，刘据也跟许多小人结下仇怨，其中，跟刘据结怨最深的，非江充莫属。

自从告发赵王刘彭祖的太子引起武帝注意以后，江充就一直留在武帝身边伺候。这些年，江充专门根据武帝的喜好伪装自己，把自己包装成了一位铁面无私、不畏权贵的直臣，因此受到武帝高度信任。

但江充心里很清楚，他的这些伎俩对太子是没用的，特别是前几年他抓捕太子的家臣，严重得罪了太子，以后太子一旦登基，肯定没他的好果子吃，所以他跟朝廷里那些卫氏的敌对势力联合起来，一起诋毁太子刘据。

公孙贺的案子爆发以后，卫氏的势力遭到毁灭性打击，卫子夫和刘据的外围势力被剥除了，他们的政敌认为打击这对母子的机会已经到来，就开始大肆炒作所谓的"巫蛊"，逐渐把火烧向这对母子。

武帝这两年身体越来越差，对一切都疑神疑鬼的，禁不起这些人挑拨，便让他们去调查巫蛊的事，这一查，就不得了了。

江充带着这伙人到长安城四处搜捕，发掘所谓的木人，一旦找到，马上把周围的人们逮捕，然后大刑伺候，逼这些人认罪，又或者在地上洒上污血，说是有人在那边作法，然后去抓人。

靠着这些鬼蜮伎俩，他们这些人在长安横行无忌，抓捕了许多所谓的巫师，这些人全都屈打成招，然后被处决。

这股妖风越烧越旺，整个社会都被点燃了，老百姓也集体陷入疯狂状态，都互相揭发，控告别人在施行巫术，官员门也用这种手段打击自己的政敌，于是举国上下都陷入巫蛊的恐慌中，从长安到地方上的县城，到处都在抓捕巫师，最后处决了几万人。

随着巫蛊的风潮蔓延得越来越广，武帝也越来越感到心惊肉跳，他惊恐地发觉，全国上下到处是妖邪，自己也被妖邪包围了。

疑心生暗鬼，有一天，武帝在宫里午睡，梦到许多木人手持棍棒围上来打他，武帝吓醒以后询问周围的人，宫里的妖人檀何就说："皇上身边有蛊气，恐怕是有人在诅咒皇上，这人就在宫里。"

武帝惊慌失措，赶忙找来江充，让他去调查这件事，江充正中下怀，立即对武帝身边的一切展开搜查。

他带着苏文等一拨人在未央宫里寻找蛊气的源头，到处挖得稀烂，连武帝的宝座都给掀起来了，也没找到什么特别的东西，于是又开始对后宫下手。

后宫妃子们这下就遭殃了，这帮人先从普通宫女搜起，然后是武帝的姬妾们，每一处宫殿都被他们掘地三尺，连放床的地方都没有了，结果还是什么都没发现。

最后终于搜到皇后和太子的寝殿。

卫子夫的椒房殿也被挖了个稀烂，但还是没找到什么东西，随后却在刘据的宫殿地板下发掘出大量木人，还有很多帛书，上面写着各种奇怪的咒语，江充马上把这个"重大发现"报上去。

这几年武帝深居简出，连卫子夫和刘据都很难见到他。现在武帝正在甘泉宫避暑，暂时还没对这件事做出反应，刘据这边却已经慌了。

刘据本来想去甘泉宫向父皇辩解，他的老师却劝他："现在皇上独自在甘泉宫养病，就连皇后问安的消息都报不进去，你去了能见到皇帝吗？别忘了秦朝末年太子扶苏的教训！"

一句话如同五雷轰顶，刘据终于想通了：父皇现在已经被奸臣隔离开来，自己虽然是他的亲生儿子，但要联系上他也是千难万难，更别提要他相信自己。这个局是破不了的。

怎么办？只有孤注一掷了。

他先假传圣旨，以武帝的名义把江充这伙人抓起来。但执行的时候出了一点意外，让其中一人跑掉了，那人直接跑向甘泉宫告状去了。

刘据这边心急火燎，连夜派人进未央宫向卫子夫说明情况，卫子夫也被逼急了，只能跟刘据一起调动宫中的卫队，又假传圣旨放出监狱里的囚犯，再加上刘据自己的宾客们，组成一支临时军队。

刘据向全城居民发布告示说明江充的罪状，然后杀掉江充，烧死檀何，带领军队冲击丞相刘屈氂（máo）的府邸。

刘屈氂和李广利是儿女亲家，两人都是李夫人那一派的，这次巫蛊的案子，刘屈氂果断站在刘据的对立面，所以刘据才首先找他算账。

甘泉宫的武帝听说情况以后，紧急赶到长安以西的建章宫，发布命令，调集京兆尹、左冯翊、右扶风以及长安周围各郡县的军队来镇压叛军。

这时候长安城已经大乱了，太子的人和忠于武帝的人打成一团，民众纷纷传言"太子造反"，所以支持太子的人没有多少。

太子这一派低估了武帝对国家的控制力，老皇帝统治国家五十年，建立的威望不是轻易可以推翻的，武帝的国防军一来到以后，太子临时拼凑的那支杂牌军顿时相形见绌，经过五天激战过后，终于败下阵来。

这期间，刘据两次用自己的符节去调动长安附近的军队，那些军队都不听他的，这成为他失败的关键原因。

武帝的正规军还在源源不断地涌入长安城，刘据那支囚犯组成的军队已经全军覆没了,他只好带着两个儿子逃往城外。守门的官员田仁是卫青的老部下,他犹豫了一会儿,终于开门把刘据放出去了。

刘屈氂追上来,发现刘据已经出城,大怒之下想斩杀田仁,却被身边的官员暴胜之劝阻了。

刘据逃到潼关附近的湖县,躲在一户农民家里。

武帝这时才回到长安,开始处置参与叛乱的人员。

这是大汉开国以来第一次在长安出现叛乱,武帝大开杀戒,所有相关人员都不放过,长安城里面顿时血流成河。直接参与叛乱的人就不说了,全部遭到灭门的惨祸,被刘据胁迫而参与叛乱的,全家被放逐到敦煌屯边,其他很多无辜的人也被牵连。

刘据留在城里的妻子儿女全部被杀,门客也全体被处死,太子府基本被灭门,只有一个襁褓中的孙子刘病已逃过一劫,被关押在长安府邸中临时设置的监狱里。

卫子夫也遭殃了,武帝派人去椒房殿收缴卫子夫的皇后玺绶,卫子夫交出玺绶以后就自杀身亡了,只由下人把她的尸骨用马车载到城外的桐柏亭,草草埋藏。卫氏的势力遭到最后的彻底清洗,从此灭族。

田仁因为放走太子,被打入监狱,后来被腰斩。

暴胜之因为劝阻丞相杀田仁,也被武帝逼迫自尽。

北军使者任安,接到刘据要他起兵的命令时拒绝响应,但也没有主动去镇压叛乱,武帝认为他是骑墙派,想观望局势发展,就把他也腰斩了。

还有其他很多无辜的官员和士兵成了这次叛乱的陪葬品,这是武帝一生执行的最大规模的一次屠杀,从朝廷高官到地方小吏,都迎来了一次天翻地覆的大清洗,所有跟太子相关的政治势力都覆灭了。

等把人杀得差不多以后,武帝终于可以坐下来休息一下了,但他一想,又觉得事情有点不对,又有点后悔起来。

恶有恶报的结局

就在太子逃出长安以后,躲在农户家里的时候,"壶关三老"之一的令狐茂就向武帝上书说："微臣听说，父者犹天，母者犹地，子犹万物。天平，地安，万物才丰茂；父慈，母爱，儿女才孝顺。太子是国家的嗣君，承万世之业，体祖宗之重，而江充不过是个下等的奴才罢了，陛下却用他去逼迫自己的亲骨肉，阻塞自己跟太子的父子关系。太子见不到陛下，无处申冤，只好愤而杀死江充，又害怕陛下怪罪，才只好逃走。太子以儿子的身份盗用父亲的军队，只为了救自己，也不算什么大错。希望陛下放宽心，撤掉甲兵，早日召回太子，别让他在外流亡太久了。"

武帝看到这封奏折以后，沉默不语，没怪罪令狐茂，也没说要赦免太子。但他这一犹豫，就太迟了，大错终于铸成。

当时军方的人马还在四处追杀刘据，刘据一直躲在湖县，收留刘据的这家人很贫苦，勉强靠卖草鞋来奉养他，生活艰难。住了二十来天以后，刘据听说湖县有户富豪是自己的旧相识，就写信给他们，请求他们帮助，不料却被当地官方发现了他的行踪。

军方的人立即杀到湖县，包围了这户人家，这家人拼死保卫刘据，全家被杀，新安当地官员冲开房门，进入里屋以后，却发现刘据已经上吊身亡了，跟着他逃难的两个皇孙也一同遇难——其实武帝已经有点后悔，刘据即使这时候被抓回去可能也不会受到太重的处罚，但他不肯在小人手里受辱，所以一死了之，给武帝留下了无法弥补的遗憾。

武帝听说刘据自杀的消息，心恸不已，但还是下诏说："许诺过的赏赐就该执行，这是做人必需的诚信。"所以对抓捕太子的两个官吏李寿、张富昌都给予封侯的奖赏。

同时，在平定叛乱中立功的将官们都得到了丰厚的赏赐，其中功劳最大的马通和商丘成也都被封侯，两人因此成为当时炙手可热的将领，第二年，匈奴大举入侵，这两个家伙还跟着李广利带兵出征，一直打到浚稽山，大大地风光了一把。

然而政治斗争如同走钢丝，一不留神就会把自己陷进去，正当那些诬陷太子的势力弹冠相庆的时候，却不想屠刀已经在他们头上高高举起了。

自从卫子夫和刘据母子双双身亡过后，武帝对所谓的巫蛊就有点怀疑起来了，他看着空荡荡的未央宫，想起那些被自己杀掉的儿孙，渐渐醒悟过来。

之后一段时间，越来越多的证据开始冒出来，证明巫蛊之乱就是一场闹剧，其中被处决的人基本都是冤枉的，是很多野心家趁着这个机会在打击自己的对手。

这个关键时刻，那些心理阴暗的小人却按捺不住内心的激动，竟主动撞到枪口上来了。

李广利出征匈奴之前，刘屈氂来给他送行，两人都是李夫人一派的，李夫人已经死了很多年了，只留下一个儿子昌邑王刘髆（bó）。武帝对李夫人的宠爱是尽人皆知的，现在刘据已经不在了，大家都猜测刘髆被立为太子的可能性很高。

李广利就趁机对刘屈氂说："现在机会难得，请君侯多催促皇帝，早日立昌邑王为太子。"

刘屈氂拍着胸脯说："没问题，看我的。"回去以后就开始运作。

他这些小动作当然瞒不过武帝，武帝正在为太子被冤杀痛心疾首，心里一直盘算着："太子到底是被谁害的？谁才是真正的凶手？"现在听说刘屈氂一伙正在暗中策划立新太子，顿时勃然大怒⋯⋯

于是很快就有人告发刘屈氂的夫人，说她暗地里诅咒皇帝，包括李广利和刘屈氂也参与了诅咒。

武帝马上命人调查，结果当然是证据确凿，无可抵赖，于是判了刘屈氂等人"大逆不道"之罪。

这年六月，刘屈氂被载在车上游街示众，然后在长安东市腰斩，妻子被押到华阳街斩首示众，李广利的妻儿老小也被抓捕入狱。

其实大家都心知肚明，不管太子刘据，还是刘屈氂，他们都完全没有理由去诅咒皇帝，那些扣在他们头上的罪名，不过是用来打击他们的工具罢了。只是刘屈氂一伙没有想到报应来得这么快，前不久他们还在用"巫蛊"这个工具打击别人，现在却反过来被人扣上了这顶帽子。

李广利这时正在范夫人城大战匈奴，听说家人被捕的消息以后，如同晴天霹雳，他犹豫再三，决定立功赎罪，便拼死挥师北进，直接攻入大漠深处。

这种不顾客观条件的冒险行动风险特别大，汉军内部开始人心浮动，有将官谋划叛乱，李广利觉察到以后，只好又紧急撤军。这时候李广利的心智已经彻底乱了，完全不知道该怎么指挥士兵，结果撤到燕然山的时候，匈奴单于亲自领军追了上来，汉军遭到大败，七万将士全体殉国。

这是百年以来汉军遭到的最惨烈失败，举国震动，李广利实在无法面对身后的祖国，只好投降了匈奴。

武帝听说以后，立即把李广利满门抄斩，又一个豪门被消灭了。

到这时，李夫人的派系终于也全体覆灭了，只剩下一个昌邑王刘髆战战兢兢地活着。两年以后，还很年轻的刘髆暴毙身亡，只留下一个儿子刘贺，后来也是大名鼎鼎的人物。

再说李广利，他的运势确实相当糟糕，投降匈奴以后，本来很得狐鹿姑单于赏识，还娶了单于的女儿，看起来风风光光，后半生应该不用担忧了吧？

不料命运依旧不肯放过他。

丁灵王卫律（苏武的副手曾经策划暗杀他，不料计划泄露，导致苏武被匈奴扣留）也是大汉投降过去的将领，以前在大汉的时候他跟李广利、李延年两兄弟都是好友，现在看到李广利受到单于宠信，地位已经高过了自己，他惴惴不安，便反过来设计陷害李广利。

当时狐鹿姑单于的母亲生病，卫律买通巫师说："当年且鞮侯单于曾经发誓，要杀掉汉朝的贰师将军祭天，现在贰师将军已经来到匈奴，为什么不杀他？且鞮侯单于在地下发怒了。"

狐鹿姑单于怕得罪鬼神，只好下令把李广利杀了。

李广利临死前恨极了，诅咒说："我死后必灭匈奴！"果然，他死后没多久，天降雨雪，连绵很多天，匈奴的牲畜死了很多，人们苦不堪言。狐鹿姑单于以为是李广利的诅咒生效了，又赶紧替他平反，为他立祠堂，年年祭祀。但人死不能复生，李广利终究落得个身死异国、遗臭万年的结局。

轮台罪己诏

同一时期，长安这边，大家看到风向有变，开始把之前不敢说的话说出来。一位守卫高祖庙的郎官,叫田千秋的,向武帝上书说:"臣最近梦到一位白头翁,说有话要托臣转告陛下——儿子调用父亲的军队,不是什么大罪,最多打一顿就是了,就算他杀了人,毕竟他是天子的儿子,也不应该重罚。"

武帝恍然大悟说:"看来是高祖的神灵在启示我呀!"于是彻底转变态度,让人调查太子被诬陷的事。

这一查,各种骇人听闻的内幕都被翻了出来。有充分的证据表明:太子完全是被冤枉的,巫蛊之祸就是有人在恶意栽赃太子。

武帝看到这些证据以后才完全醒悟,为自己犯下的大错懊悔不已。

当然,田千秋也得到了武帝无与伦比的褒奖。

当时武帝召见田千秋,只见他身高八尺,形容伟丽,又是一位风采卓然的美男子,武帝十分喜爱,直接任命他为大鸿胪,几个月以后又把他提拔为丞相,这种升迁速度在有汉一朝是绝无仅有的。

凭着对田千秋的信赖,武帝更加确信太子是被冤枉的。

武帝咬牙泣血,对诬陷和镇压太子的那些人展开猛烈报复——

他恢复了被文帝废止的连坐法,大开杀戒,夷灭江充三族。又把苏文抓来,放到桥上烧死。在农民家里抓捕太子的李寿、张富昌等人,本来已经封官晋爵了,这时候又被抓来灭族。商丘成刚刚在征匈奴中立下大功,这时候也被逼自杀。

武帝的一系列报复手段十分激烈,甚至引发了一起弑君阴谋。

重合侯马通也是镇压太子叛乱的主力之一,看到其他同党都被杀了,他狗急跳墙,竟然指使他哥哥马何罗,趁武帝游幸林光宫的时候,持刀闯进武帝的卧室想要行刺。多亏武帝身边的宠臣金日磾(mì dī)及时发觉,才阻止了一起弑君案。

当然,马通兄弟随后就被武帝处理掉了。

不过这一轮屠杀也连累了很多无辜的人。当初太子在长安城里起兵,很多参与镇压他的人其实并不是发起巫蛊案的凶手,而只是按他们的职责去镇压叛乱而已,包括去农民家里抓捕太子的人,其实也都是奉命行事而已。但现在武帝看来,他们都是逼死太子的凶手,必须要杀掉他们才能解恨,所以这些人也无辜成了政治斗争的牺牲品。

经过这又一轮大清洗，太子刘据的政敌们都被清理掉了，加上之前几轮屠杀，前前后后被杀的人不计其数，全国上下血流成河，人人惊慌，为武帝末年的天空抹上了一层浓重的血色。大汉的国力也遭到重创，人才凋零，朝政混乱，几乎回到了开国之初的状态。

到这一步，巫蛊之祸终于彻底过去了，但也留下了数不尽的谜团，甚至连这一切的幕后黑手到底是谁都不完全清楚，只能说，这是一场没有赢家的国难……

执行完报复行动以后，武帝终于有空去怀念自己那些冤死的儿孙了。他蓦然发现，自己已经是一个孑然一身的老头了，身边几乎已经没有可以说话的人。他诚挚地怀念太子活着的那些年月，那时候他儿孙绕膝，享尽天伦之乐……他在长安建造"思子宫"，又在太子自尽的湖县建"归来望思台"，以寄托自己对这个儿子的无尽思念。

可惜所有这一切举动都无法挽回那些逝去的生命。

暮年的汉武帝，开始回忆自己这一生。

他想到，自己这么多年虔诚地寻仙，传说中的神仙却始终没有出现，更不用说什么长生不老药了。

他畏惧死亡，但是死亡早已经包围了他，连他最亲近、最宠爱的那些人都无法逃脱。那么，难道死亡真的无法避免，难道所谓的修仙真的只是一场幻梦？

这几年他的身体越来越差，生命倒计时的时钟已经启动，无法逃避的绝望感紧紧裹住了他，他奋起反击，做出最后的挣扎。

出海寻找蓬莱仙岛的方士们还没回来，武帝已经等不及了。公元前89年正月，他来到东海边，不顾所有人的阻拦，下令准备大船，他要亲自乘船去寻访神仙。

万里江山他不要了！只要神仙见他一面就好！他真的不想死！

但是"神仙"拒绝了他，大海上狂风怒吼，不断刮起滔天巨浪，武帝等了十多天，他的楼船始终无法出海，只好放弃了。

他来到泰山，一生最后一次封禅，仍然没有出现什么"祥瑞"，也没有什么"神龙"来接他上天。

武帝的信念终于崩塌了，他终于放弃了长生不老的梦想，开始认真面对死亡。

他下令：罢黜所有方士，放弃一切求仙活动，也不再接受关于巫蛊的举报。

全国上下终于平静了下来。

武帝对群臣说："朕即位这些年，任性胡为，让百姓受了太多苦，追悔莫及。从今往后，所有劳民伤财的事情都免了吧。"

当时正有丞相等人上书，说西域的轮台附近发现大量肥沃土壤，建议派军队去屯田，以威慑西域各国。

武帝回复道："前不久，贰师将军征匈奴，遭到大败，损失无数士卒，让朕无比痛心。现在又有人建议派人去轮台戍边，这如何可行？轮台远在车师西边千里之外，当年开陵侯攻打车师，虽然获胜，却也耗尽了民力。现在戍边轮台，更要扰劳天下民众，朕实在不忍心。民众的负担已经太重了，现在最迫切的，是要禁止苛政，减轻赋税，以农为本，鼓励养马。至于军事方面，只要继续积攒物资，保持军备就够了。"

这就是著名的《轮台诏》，这封诏书的下达，标志着武帝的治国策略发生了根本性的转变，从穷兵黩武转向了与民休息。

一个全面扩张的时代结束了，大汉重新回到休养生息的状态，这个时代的主要任务是鼓励农耕，发展经济，努力修复武帝时代留下的创伤。

武帝在人生的最后阶段终于清醒过来，开始悔悟自己这些年的错误，并且主动纠正这些错误，把国家从错误的路线上扭转过来，走上了正确的道路，同时也为后来的执政者指明了方向，间接促成了大汉后来的复兴。

正是因为这一点，武帝最终没有沦为彻底的暴君，在历朝历代的君王里面，他的功劳还是远远超过失误的。

接下来是武帝人生的最后一件事：选立储君。

杀母立子，武帝最后的残暴与英明

太子一党全体覆灭，天下人都感到非常心痛，不过也有很多人喜不自胜，自认为这是上天降给他们的绝佳机会。

之前李广利他们就曾经想趁机推荐自己的人，结果遭到武帝严厉反击。

另一个人却不吸取教训，也想来试探武帝的态度。

皇三子刘旦是李姬的儿子，李姬一生不受宠，倒生了两个皇子，刘旦和刘胥。刘旦被封为燕王，刘胥被封为广陵王。

刘胥是个纯粹的武夫，膀大腰圆，头脑简单，自然没人支持他继承皇位。刘旦就不同了，他才气过人，又很有谋略，他治理下的燕国又是大汉的北方屏障，再加上他的两个哥哥都死了（在刘据身亡之前，武帝的次子刘闳已经在公元前110年过世），目前活着的皇子里面他是年纪最大的，无论从哪方面来看，他都是继位的头号人选。

他按捺不住内心的激动，竟主动派人向武帝上书，请求让他接管长安的宿卫军。武帝正在为刘据的早逝而伤心，看到这封书信，勃然大怒，立即杀掉刘旦派来的使者，随后降诏，声称刘旦收藏亡命之徒，触犯了大汉律令，削夺燕国三个县，以示惩戒。

武帝余怒未消，对身边的人说："看来儿子还是应该放到齐鲁之地，用礼义来教化他们才行，放到燕赵那种蛮夷之地，果然培养出争权之心。"

本来按照刘旦的情况，武帝真有可能考虑让他当太子，但他这么着急地暴露自己的野心，犯了武帝的忌讳，从此遭到武帝厌恶，也就失去了继位的资格。

武帝总共有六个儿子，现在已经死了三个（刘据、刘闳、刘髆），刘旦、刘胥也都失宠了，剩下的刘弗陵就成了太子的唯一人选。

但是对于刘弗陵，武帝也存在一个严重顾虑，就是他的母亲钩弋夫人。

钩弋夫人的来历很奇怪，有一种说不清的诡异感，武帝虽然当时没说什么，时间久了难免产生一些怀疑。

入宫以来这些年，这个所谓的"尧母"倒是表现得十分恭顺，温良恭俭让一样都不缺，但这仍然去不掉武帝的疑心，毕竟会装的女人他见得太多了。

最关键的是，钩弋夫人现在还很年轻，刘弗陵却是个六岁的孩子，他登基以后，朝政肯定会落入太后钩弋夫人掌控之下。到那时，会不会又培养出来一个吕氏？

武帝思前想后，一直放心不下，最后终于一咬牙，做出一个狠毒的决定。

他让人把钩弋夫人召来，随便挑个错，严厉斥责她。

钩弋夫人进宫这么多年，第一次受到训斥，吓得花容失色，赶忙脱掉簪环，叩头请罪。但武帝不依不饶，咆哮着命令侍卫："拖下去，送掖庭狱发落！"

钩弋夫人回头大哭求饶，武帝不敢看她的脸，只是冷冷地说："快去，你别想活了！"不久便把钩弋夫人斩杀在云阳宫。

可怜的钩弋夫人就这样沦为了权力斗争的牺牲品。

这是一起毫无疑问的冤案，连武帝自己都不掩饰。当身边的人问起他这个案子的时候，他平静地说："你们都说，我要立刘弗陵，该提拔他母亲才对，怎么反而杀掉她？这是愚夫愚妇之见！古往今来，主少母壮都是国家混乱的根源。女人一旦专权，必然独断专行，淫乱恣睢，你们没见吕后的例子吗？"

武帝的这个决定在后世引起很大争议，滥杀无辜当然是应该谴责的罪行，但刘弗陵即位以后，确实避免了外戚专权的局面，武帝的决定到底算残暴还是算英明，实在难说啊。

现在刘弗陵已经是无可争议的皇位继承人了，但另一个问题来了，没有外戚家族的辅佐，他一个小孩怎么治理国家？武帝只能从满朝文武里面找信得过的人当辅政大臣。

武帝托孤

武帝首先找到霍光。

武帝似乎真的对霍去病有割舍不断的感情，这些年来，他一直特别优待霍光和霍氏的人。霍光被任命为奉车都尉和光禄大夫，随时跟在武帝身边，出入宫禁，毫无限制，简直跟当年霍去病的待遇差不多。

霍光也成长为一等一的人物，他不仅气度恢宏，仪表堂堂，做事也沉稳老练，这么多年替武帝办事，全都符合上意，没有丝毫差错。

现在武帝选辅佐大臣，自然先想到霍光，他让人画了一幅《周公负扆（yǐ）图》，画的是西周初年，武王早逝，成王年幼，周公辅佐成王听政的情景。武帝让人把这幅图交给霍光，意思很明确，希望他像周公辅佐成王一样辅佐刘弗陵。

霍光接下这幅图，从此接过了辅佐幼帝的责任。

另一个辅政大臣是金日䃅。

金日䃅本来是匈奴休屠部的太子，公元前121年，霍去病率领大军横扫河西走廊，匈奴休屠部和浑邪部受到重创，休屠王和浑邪王被单于责难，不敢回漠北，就商量好共同投降大汉。

但到了受降仪式的时候，休屠王又反悔了，浑邪王斩杀休屠王，带领两个部族的人员共同投降了大汉。

金日䃅就是在这时和他的母亲、弟弟一起来到了大汉。

因为他父亲的缘故，金日䃅在大汉被当作奴隶对待，被分派到黄门署去养马。

有一次，武帝在宫里举行宴会，让人牵着宫里的御马来检阅，武帝一眼看到牵马人里面有个小伙，身高八尺有余，面容俊朗，气度不凡，一打听，才知道他竟然是匈奴的王子。

武帝对帅哥向来很照顾，就赦免了金日䃅的罪行，给他赐姓为金（从此才叫金日䃅），把他封为御马监，后来又接连提拔他，让他当了光禄大夫，出则驾车，入则随行，一直跟在自己左右伺候。

金日䃅对武帝忠心耿耿，心思又特别缜密，有他在，武帝一切都可以放心。前两年马通兄弟暗杀武帝，就是他及时发现了异常，救了武帝性命。

当时是早上，武帝还没起床，金日䃅去上厕所，忽然发现马何罗闯进林光宫来了，金日䃅就悄悄躲进武帝寝宫的门背后。等马何罗持刀戟进来的时候，金日䃅骤然现身，马何罗大吃一惊，赶忙逃走，却被屋里的琴瑟绊了一跤，金日䃅趁机抱住马何罗，把他摔到台阶下面，侍卫们一拥而上，把马何罗抓住，阻止了一起弑君案。

从此以后，武帝对金日䃅就更加信任了。

所以现在武帝选择辅政大臣，也选中了金日䃅。

另外，武帝挑中的人还有上官桀和桑弘羊，这两人都是武帝宠信多年的近臣，他们和霍光、金日磾，再加上丞相田千秋，共同组成刘弗陵的辅政班底。

现在一切都安排好了，但忽然又发生了一件让武帝担心的事。

当时武帝重病缠身，到处找人祈福，有望气的人说，长安监狱里有"天子气"。

武帝大惊失色：有人要篡夺朕的江山吗？于是紧急下令：把长安所有官狱里面的在押犯，不管罪行轻重，一律处决！

命令下来以后，朝廷使者分头到各个监狱去执行死刑。

第二天早上，这些使者们纷纷来回报情况，很多监狱的囚犯都已经按照命令处死了，有一处监狱的使者却报告：监狱守门的人不开门，还跟他们大吵了一夜。

武帝大怒，问："什么人这么大胆？"

使者回答："是廷尉监丙吉，他说那里有皇曾孙，不能杀。"

武帝这才蓦然想起还有一个曾孙刘病已在监狱里，差点被自己误杀，他感叹道："这是天意呀！"于是取消了处决犯人的命令，并且大赦天下，很多无辜的犯人因此获救，刘病已也终于被释放出狱了。

这一年二月，武帝驾崩在五柞宫，临终前立刘弗陵为皇太子，让霍光等四人辅政。并且下令，把刘病已收养于掖庭（后宫的一处地方），刘病已的身份录入皇家宗谱，正式承认他是皇曾孙。

随后，七岁的刘弗陵登基，是为汉昭帝。

第二十五章　英明少主汉昭帝

虚惊一场的谋反案

谁也没想到，刘弗陵即位以后遇到的第一件大事就是诸侯谋反。

当时，朝廷按照传统，派使者去把玺书送给各位诸侯，表示新皇帝对他们的册封，同时向他们说明为先帝举丧和新皇帝登基的情况。

使者来到燕国的时候，燕王刘旦拿着玺书看了看，随手丢还给他，说："上面的封印这么小？这玺书真是皇帝颁下来的吗？还是你们主子在搞什么鬼？"

所以刘旦不肯按规定接受朝廷册封，甚至还派出自己的手下到长安去查看情况。

当时昭帝年纪太小，不能亲政，朝政都掌握在几个辅政大臣手里。

其中，霍光是大司马、大将军，拥有一人之下万人之上的地位。金日磾为车骑将军，上官桀为左将军，桑弘羊为御史大夫，这几个人作为霍光的副手参与辅政。

又因为皇后、太后之位都空着，后宫缺人来管理，霍光他们就把昭帝唯一活着的姐姐鄂邑公主请来，让她住进宫里，帮忙管理后宫，顺便照顾昭帝。

刘旦的人来长安以后，到处打听了一下情况，没见到昭帝，想求见鄂邑公主，鄂邑公主已经在宫里了，所以也没见到。

这些人回去添油加醋地向刘旦描述了一番，刘旦就说："连皇帝的影儿都没见到，不会是霍光那些人控制了刘弗陵，然后自己操纵朝政吧？"

其实刘旦就是故意在找碴，上次武帝病重的时候，他暗示武帝立自己为太子，结果被驳回来，碰了一鼻子灰，为这事，他一直憋着一肚子火。现在结果出来了，朝廷宁愿立刘弗陵那个小孩子都不立他，这让他更加气不过，感觉似乎是自己的皇位被人夺走了。

这时候长安那边又派使者来，宣布赏赐刘旦三千万钱，加封食邑一万三千户。

刘旦骂骂咧咧地说："我本来应该称帝，要霍光那小子赏赐我？"于是找到刘长（中山哀王之子）、刘泽（齐孝王之孙）等几个宗室子弟，商议共同谋反。

刘旦声称得到武帝的诏令，可以在燕国加强武备，于是开始招兵买马。

他制造舆论，到处散播谣言："当年吕后立的小皇帝不是惠帝的儿子，大家都被蒙在鼓里，直到吕后倒台大家才知道真相。现在霍光那些人整天把持朝政，我这个先帝的亲儿子反倒受冷落，怀疑现在的小皇帝也不是先帝的儿子。"

他跟刘泽等人合谋，到各个郡国发布檄文，以"诛逆臣"为借口，准备起兵。

公元前86年八月，就在刘泽即将发兵响应刘旦的时候，却被青州刺史隽不疑得到了消息，隽不疑不等报告朝廷，直接派兵捉拿刘泽的党羽，破获了这起谋反案，随后把刘旦的阴谋也给牵连了出来。

霍光他们商量过后，只杀掉刘泽等帮凶，没有惩处刘旦，又把隽不疑提拔为京兆尹，这起案子就这样匆匆了结了。

说起来，这次平叛的功劳还应该算到武帝头上，武帝当年下狠手打压诸侯，把他们的政治权力削到了可以忽略的程度，所以现在刘旦等人虽然计划谋反，但他们的实力在朝廷面前不堪一击，才让朝廷得以轻松把他们讨平。

这次未遂的叛乱被扑灭以后，昭帝和辅政大臣们的位子终于稳固了。

事实证明，武帝挑的这几个辅政大臣还是相当有才能的，在他们的主持下，昭帝初年的政权交接非常平稳，没有经历什么明显波折就顺利开启了下一个时代。

权臣辅幼主

按照武帝晚年的思路，几个权臣开始对武帝时期的各种弊端进行改革。

首先是在刑罚上有所放松，杜绝武帝末年那种滥杀无辜的现象。当时最有代表性的官吏是京兆尹隽不疑，他执法的原则据说是"严而不残"，就是说，严厉但尊重法纪。在这种务实的思想指导下，执法部门平反了许多冤狱，执法的公正性比武帝时期提升了很多。

昭帝君臣非常关心民生疾苦，一上任就派官员去各个郡国调查民众的生活情况，查访冤假错案，调查官员渎职的情况，因此国家的吏治有明显改善。

政策上最大的转变是放弃了武帝时期穷兵黩武的做法，也不再搞封禅、营建宫室这些劳民伤财的举动，开始爱惜民力，与民休息，并且赈济灾民，帮助流民返回家园，逐步修补社会创伤，恢复经济。

为了切实减轻民众的负担，昭帝君臣多次颁布命令减免赋税，减轻徭役，还多次大赦天下，赐民酒食，宽柔的风气重新回到了社会上来。

不管从哪方面看，昭帝时代都跟武帝时代有很大区别，反而更像文、景时期，因此可以说，汉朝又回到了休养生息的路子上。这种宽和的做法，把国家从崩溃的边缘拉了回来，再次开启了盛世之路。

当然，有武帝打下的基础在，对外政策上不必像文、景时期那样忍辱负重，该出手的时候还是要出手的。

昭帝登基的第二年，西南夷就发生了叛乱，朝廷立即派水衡都尉吕破胡去讨伐，又从犍为、蜀郡征发勇士，很快讨平了叛乱。

汉朝最大的外部威胁还是匈奴。昭帝君臣运气很好，执政不久匈奴就发生了大规模内乱，使汉朝不费一兵一卒就减轻了北方压力。

匈奴在单于之下，有四个权力最大的"王"，分别是左贤王、右贤王、左谷蠡王、右谷蠡王。这四个王位通常由单于的儿子或者兄弟来担任。

公元前85年，狐鹿姑单于病重，死前留下遗言："我儿子左贤王年纪太小，不能执政，立我弟弟右谷蠡王为新单于。"

狐鹿姑单于的颛渠（zhuān qú）阏氏是个强悍的女人，她为了让自己的儿子（左谷蠡王）上位，就跟丁灵王卫律等人合谋，把狐鹿姑单于的死讯和临终遗言隐瞒下来，假传诏令，立左谷蠡王为新一任单于，称为壶衍鞮单于。

但是消息还是走漏出去了，左贤王和右谷蠡王都认为自己被剥夺了继承王位的机会，愤恨不已，密谋投靠乌孙，借乌孙的兵力来攻打新单于。

他们的阴谋被人告发给了壶衍鞮单于，壶衍鞮单于找右谷蠡王询问，右谷蠡王反咬一口，反而把罪名推到告发他的人身上去，最后壶衍鞮单于虽然没有处理右谷蠡王，但双方的分裂已经公开化了。

右谷蠡王和左贤王就带着自己的嫡系部队离开壶衍鞮单于，从此也不再参加龙城的祭天大会了。

到这时，匈奴的四个王走了两个，实力受到重大打击，剩下的人对丑人多作怪的颛渠阏氏也很不服气，加上之前几十年大汉持续对匈奴用兵，匈奴人实在苦不堪言，都不想再这样跟大汉对决下去了，于是新登基的壶衍鞮单于就开始跟大汉和解。

他们放回了被扣押的大汉使者苏武、马宏等人，这时候苏武已经被扣押了十九年之久，这十九年，他一个人在北海边牧羊，忍受着超过人类极限的艰苦条件，当他被放回来的时候，长安全城轰动，人们全都涌出来围观。

苏武已经是个六十来岁的老人了，须发皆白，身形佝偻，手里还握着大汉使者的旌旄和符节，都已经破旧不堪了。他颤巍巍地走上未央宫的丹墀，叩见昭帝。

满朝文武都忍不住眼眶湿润了，昭帝下令拜苏武为典属国，让他以太牢之礼去武帝陵园拜谒，算是向武帝汇报这些年出使的情况，为汉匈两国的这一段恩怨画上了句号。

辅政大臣的内斗

按照武帝的想法，他挑的五个辅政大臣都是忠心耿耿的正派人物，会紧紧围绕在昭帝身边，保持亲密合作。

但事实上并没有那样。

五个辅政大臣里面，金日磾是个耿介的草原汉子，没有什么心计，而且在昭帝登基的第二年就病死了，所以对朝政的影响不大。

丞相田千秋是直接从底层超擢上来的，根基太浅，对于朝政也没什么发言权。

所以真正能左右朝政的就是霍光、上官桀、桑弘羊三人。

一开始，他们之间确实能亲密合作，但随着时间推移，三人之间的矛盾就逐渐浮现出来了。

桑弘羊是大司农，管经济的，武帝时期的经济改革就是他在负责。

对于桑弘羊来说，这些经济政策是他的主要政绩，对于老百姓来说，这些政策却是盘剥他们的苛政。按照武帝《轮台诏》的指导方针，这些苛政应该被逐步弱化甚至废除，所以霍光也朝着这个方向走，但桑弘羊坚决不同意，在他看来，这些政策必须继续推行下去，于是他跟霍光出现了明显的分歧。

另外，桑弘羊总觉得自己是主持过经济改革的股肱之臣，功劳很大，常常想为自己这一派的人谋求官职，霍光却总是不同意，这也让桑弘羊对霍光心怀不满。

再说上官桀，他是靠讨好武帝起家的。

据说他年轻的时候当武帝身边的养马官，有一次武帝生病了，很久没去查看御马，等病好了以后，武帝去一看，那些马都饿瘦了，武帝大怒，责骂上官桀："你以为我不会再来看马了？"

上官桀磕头请罪，眼泪汪汪地说道："臣不是故意怠工，臣是因为听说圣体不安，日夜替皇上担忧，连喂马的事都忘了。"

武帝顿时心花怒放，不仅赦免了他的罪过，从此还更加信任他了。

上官桀就是这样一种人。

一开始，他跟霍光是政治盟友，他儿子上官安娶的是霍光的女儿，两家关系密切，霍光对上官桀也特别信任，每次霍光休假或者外出的时候，都让他替自己批阅文件。

两人的分歧出在立后这件事情上。

昭帝即位几年以后，渐渐成长起来，后宫不能一直空着，立后的事情就摆到了台面上来。

上官安和霍光之女有一个女儿上官氏，在上官桀看来，这个小孙女是他和霍光两家共同的后人，把这个小孙女送进宫当皇后肯定是大家都乐意的局面，他去找霍光商量这个事，不料霍光一口拒绝，理由是，上官氏年仅五岁，世上哪有五岁的皇后？

上官桀碰了个钉子，回来只好又去找鄂邑公主帮忙。

鄂邑公主不是个安分的女人，这几年她虽然在宫里处理事务，但她寡居多年，身边没人陪伴，就悄悄勾搭上一个叫"丁外人"的情夫。霍光听说这件事以后，也不好阻拦，毕竟很多事情需要鄂邑公主协助，索性便让昭帝下诏，封给丁外人一个正式官职，让他伺候鄂邑公主，算是官方默认了两人的关系。

上官桀却留了个心眼，一直努力结交丁外人，两人的关系不错。

现在他遇到困难，就去找丁外人求情，请他帮忙立上官氏为皇后，自己则给他争取封侯的机会作为报答。

这桩交易很公平，丁外人去跟鄂邑公主一说，公主当然同意，当即让昭帝下诏。公元前83年，上官氏入宫，先被封为婕妤，一个月后立为皇后。

这桩婚姻最大的赢家是上官家族，上官安以"国丈"之尊被任命为骑都尉，封桑乐侯，上官家族的势力进一步得到提升。

上官桀随后请求为丁外人封侯，却被霍光一口拒绝。霍光的理由很明确：丁外人不过是个面首罢了，无德无能，凭什么封侯？

霍光的理由很正当，上官桀驳斥不了，但霍光没想到，他这样一拒绝，同时得罪了上官桀和鄂邑公主两支势力，明显是不划算的。

尤其是上官桀，以前他还让着霍光两分，现在他孙女是皇后，他的腰杆子顿时硬了，几次被霍光扫面子以后，他再也不服霍光，开始明里暗里跟霍光争锋。

随后执行的经济改革，终于把上官桀和桑弘羊推到了一起，使他们都成了霍光的敌人。

公元前 82 年，有大臣建议，应该进一步实行对民众宽和的政策，减轻民众负担，霍光接受了他的意见，下令让各个部门和地方政府举荐"贤良文学"的人才，同时准备取消武帝时期一些严苛的经济政策，例如盐铁专卖等。

第二年，从各地选来的贤才六十多人会聚到长安，跟朝廷大臣们一起开会讨论经济政策，这次会议被称为"盐铁会议"。

会议上，代表民间力量的贤良文学之士对武帝的经济政策发起猛烈攻击，强烈要求废除这些苛政；以桑弘羊为首，代表贵族势力的朝廷大员们却希望保留这些政策。双方激烈争吵了五个月之久，从最初对经济政策的辩论，延伸到对武帝时代整个国家施政方针的态度。这次会议因此成了对汉朝中前期政策的总结，以及对之后国家的发展方向的定性会议。

最后在霍光的调和下，勉强达成妥协。

朝廷下诏：取消酒类专卖和关内的铁器专卖，其他政策都予以保留。

表面上看来，这次会议没有对政策做出太大的调整。但实际上，这次会议的主要成果是为国家未来的走向定了一个基调，也就是坚持《轮台诏》里面宽以待民的方针，逐步废除武帝时代的苛政，这跟霍光一直以来的立场是符合的。

霍光成为这次会议最大的受益者，他的治国方略从此有了法理上的合理性，他本人对朝政的影响力也进一步加强了。但也出现了一个意外的结果，就是他的竞争对手感到巨大压力，以至于必须要使用激烈手段来抗衡他了。

最大的受害者则是桑弘羊，他推行的那一套经济政策受到贤良文学之士的猛烈攻击，这表明这些政策非常不得人心，他在政坛的地位也因此受到严重威胁，逼他跟上官桀联合起来对付霍光。

这时候上官桀跟霍光几乎已经到了水火不容的地步。

上官安是个特别浮夸的人，他被封为桑乐侯以后，得意忘形，酗酒、淫乱，无所不为，引出许多闹剧。

最夸张一次是他受到昭帝赏赐以后，从宫里出来，拿着昭帝赐给他的衣服，对人咋咋呼呼地说："我刚跟我女婿喝酒出来，痛快！"然后拿着这些衣服醉醺醺地回家，说是要烧了来祭神。

这样一个浑球却是上官家族的顶梁柱、朝廷的列侯之一，这让昭帝和霍光相当没面子。

另外，跟上官桀家族关系特别好的一个太医监（宫里负责监督太医的官员），有一天在宫里闹事，被打入监狱，判了死刑，多亏鄂邑公主出钱替他赎罪，才免了他的死罪。这也更增加了上官桀家族跟霍光的矛盾。

上官桀看到桑弘羊都靠过来了，认为时机已经成熟，就想先坑霍光一把。

他派人联系燕王刘旦，让他上书请求给丁外人封侯。

刘旦这两年正憋着一肚子火，接到上官桀的书信，大喜，马上向昭帝上书，声称：按照大汉的惯例，公主的夫婿都是要封侯的，所以丁外人应该封侯。

昭帝和霍光看到这封奏折以后，直接驳回。

上官桀等人又伪造刘旦的奏折说："霍光前几天去广明指挥羽林军演习，一路上都按照皇帝的礼仪来布置。他还擅自调用校尉去扩充自己手下的兵力，又胡乱提拔官员，怕是有不臣之心，请皇上明察！"（另外的史料记载这封奏折确实是刘旦本人写的。）

当时官员上的奏折都要先经过霍光审阅，这封奏折交到霍光手里肯定过不了，所以上官桀就专门等霍光休假的那天把奏折递上去，再从他手里直接送交昭帝。

朝廷外面，桑弘羊这些人都已经准备好了，只要昭帝一声令下，马上把霍光捉拿归案。

哪知道奏折递上去却悄无声息的，昭帝没有任何反应，上官桀他们没办法，只好继续等。

第二天上朝，大家都等着看好戏。

霍光也听说了自己被人告发的事，便不肯去金銮殿上，而是径直走进旁边的画室不出来。画室里挂着武帝赐霍光的《周公负扆图》，他躲在那里的意思很明确。

昭帝却很平静，派人去把霍光召来。

霍光来到金銮殿上，立即脱掉帽子，叩头请罪。昭帝笑着说："将军请起，朕知道告状的奏折是伪造的，将军不必担心。"

满朝官员都很惊讶：皇帝怎么确定奏折是伪造的？

昭帝不紧不慢地说："霍将军到广明指挥演习，到现在才几天，远在蓟县的燕王是怎么知道的？可知奏折是伪造的。何况以将军的实力，真要作乱也不需要校尉帮忙。"

满朝文武都惊到了，没想到十三岁的小皇帝有这样成熟的心智。

昭帝再让人去追查上奏折的人，那人果然已经逃掉了，可见确实是有人在诬告霍光。

上官桀等人都战战兢兢，不敢再说什么，以免再招惹祸端。昭帝也大概猜到了是哪些人在诋毁霍光，从此对霍光更加信赖，再有人告发霍光的过错，昭帝都直接骂回去，霍光的地位因此更加稳固，上官桀集团进一步被边缘化了。

最后，他们只好拼死一搏，计划让鄂邑公主出面邀请霍光赴宴，在宴席上埋伏武士，先杀掉霍光，然后废掉昭帝，迎立刘旦继位。

公元前80年九月，上官桀他们即将实施暗杀计划的时候，却被鄂邑公主手下的官员听到了消息，这个官员把消息报告给大司农杨敞。

杨敞就是刘旦的奏折里说的霍光"胡乱提拔"的官员，他听说这个阴谋以后，吓得赶紧装病躲在家里，然后悄悄把这个消息转告杜延年。

杜延年就是前两年提议举办"盐铁会议"的官员，也是霍光这一派的人，他听说以后，赶紧向昭帝和霍光检举这件事，上官桀他们的阴谋才被揭发出来。

昭帝和霍光立即发动反击，把上官桀、桑弘羊这一批人全部抓获，几个家族一起灭门，又逼鄂邑公主和刘旦自尽，废除燕国，把他们这个派系一网打尽了。

皇后上官氏因为是霍光的外孙女，又没有参与这起阴谋，所以没有获罪。

这是昭帝时代最重大的政治事件，这次屠杀过后，昭帝的辅政大臣只剩下霍光一个人了，朝政完全掌握在他手里，他还是皇后的外公，地位尊崇无比，国家也从三大臣辅政，转入了霍光专权的时代。

昭帝时代的辉煌

昭帝似乎对霍光保持了高度信任，昭帝时代，霍光家族无比风光，他弟弟、儿子、侄儿全部在朝廷里担任高官，两个女婿是宫廷卫队长，家族里的各种兄弟、女婿、外孙等等全部担任重要部门的官员，他们家族形成一个盘根错节的关系网，牢牢扎根于帝国的权力顶层。

看起来，霍氏家族的权焰有要盖过皇帝的倾向了。

这种情况真的是昭帝心甘情愿的吗？或者有很多不能公开的内幕？很难说。史书上没有记载过昭帝跟霍光有什么矛盾，外人当然也不好胡乱猜测。

但有一件事却有明确记载：霍光在后宫事务上曾经严厉控制过昭帝。

他借口昭帝身体不好，总让太医去劝告昭帝要"戒色"，甚至强迫宫女们都穿上连裆裤，系上很多烦琐的带子，防止昭帝跟她们"擦枪走火"，因此除了皇后上官氏以外，昭帝根本接触不到其他女人，当然也没有子嗣——这点在后来造成严重后果！

霍光的本意是让自己的外孙女生下皇长子，巩固在后宫的地位，可是上官氏年纪实在太小了，没法怀孕，霍光也就只好等着。

还好霍光在朝政方面还是很尽职尽责的，选择的路线也非常正确，在他的主导下，全国上下政通人和，百姓的负担也明显减轻，经济一直在逐步恢复，帝国逐渐从武帝末年的泥潭中走出来了。

这个时期，大汉在外交方面也是可圈可点，连续出现让人惊艳的表现。

一方面是对老对手匈奴的打击。

公元前80年，匈奴两万骑兵攻入汉地，朝廷派兵反击，斩首、俘获敌人九千人，活捉匈奴瓯脱王。

壶衍鞮单于害怕汉军以瓯脱王为向导去攻打他们，就带着手下军民远远向西北迁移，避开汉军。

两年以后，匈奴又派右贤王、犁汙王率领四千骑兵攻打张掖，不料汉军从匈奴降卒那里得到了情报，早已经做了周密准备，随后在张掖大败匈奴军队，匈奴军几乎全军覆没，只有几百人逃脱，犁汙王也在混战中被射杀。

这以后，匈奴完全停止了对河西走廊的骚扰。

后一年，匈奴攻打五原，沿着长城要塞掳掠当地居民，但这时候大汉的长城边防已经非常成熟了，常常给予敌人迎头痛击，匈奴虽然抢到一些粮食和人口，但他们自己的损失却更大，于是掳掠长城沿线的计划也破产了。

这段时期，匈奴对大汉的入侵越来越少，逐渐转入防御姿态，壶衍鞮单于也多次表示愿意跟大汉和亲，匈奴在两国交锋中渐渐沦为了弱势的一方，从此再也没有能够翻盘。

在西部和北部连续吃亏以后，匈奴只好把主攻方向放到东北，大汉之前曾经把乌桓迁到那边防范匈奴，现在匈奴来进攻，乌桓部落首当其冲。

公元前78年，壶衍鞮单于说乌桓发掘了他们先单于的坟墓，于是派出两万大军攻打乌桓，乌桓部落惨遭血洗，损失惨重。

霍光派中郎将范明友带两万汉军去救援乌桓，汉军一到边境上，匈奴军队就撤走了，汉军也没有追击。

但范明友出发前，霍光偷偷嘱咐过他"兵不空出"——打不到匈奴，就反手打乌桓。

所以范明友立即掉头冲向乌桓部落，乌桓部落还在收拾匈奴留下的满地垃圾，根本没想到汉军会突然来袭，顿时被杀得惨不忍睹。

汉军斩首六千，斩杀三个乌桓王，大胜而回。

这几年乌桓部落的实力逐渐增长起来，渐渐有不服大汉的势头，大汉趁这次偷袭又把他们打下去了，他们只好继续接受大汉的统治。

匈奴那边，壶衍鞮单于发现在东方怎么都占不到便宜，只好把目光放到西域，开始打那些小国的主意。

西域各国感到压力倍增，对大汉的态度也有所转变。

其中楼兰和龟兹最可恶，他们在匈奴的指使下，多次截杀路过的大汉使者，给丝绸之路带来重大阻碍。

大汉朝廷里有个叫傅介子的官员，向昭帝上书，请求派自己去出使大宛，顺便向楼兰和龟兹问罪，昭帝同意了。傅介子便带着昭帝的手谕来到楼兰，责问楼兰王："汉朝大军将至，你还敢偏袒匈奴？之前匈奴使者经过楼兰，怎么不向我们报告？"

楼兰王满头大汗地回答："匈奴使者确实来过，估计是去出使乌孙的，现在应该到龟兹了。"

傅介子又来到龟兹，责问龟兹王，龟兹王也赶紧认罪，表示下次一定服从。

等傅介子出使完大宛回来，又到达龟兹的时候，龟兹王赶紧告诉他："匈奴使者刚刚从乌孙回来，现在就住在这里。"

傅介子立即带着手下人找到匈奴使者，把他当场斩首，然后回到长安向昭帝汇报。

昭帝非常满意，提拔傅介子为中郎。

这是傅介子第一次出使西域。

过了一段时间，公元前77年，朝廷发现楼兰王和龟兹王阳奉阴违，还在跟匈奴勾搭，暗中阻挡丝绸之路。

为什么这些国家如此顽固呢？一方面是因为他们确实离大汉太远，道路又艰险，总以为大汉威胁不到他们，另一方面，也跟大汉前些年外交上的失误有关。

以楼兰为例，当年李广利活捉楼兰王，迫使楼兰倒向了大汉一边，后来楼兰王去世，楼兰的大臣们就到长安来，请求武帝把在长安当人质的王子放回去，继位为王。

不料这王子前些年触犯汉法，被执行了宫刑，现在已经是个阉人了，怎么给人送回去？这事大汉当然不好明说，只能含含糊糊地告诉楼兰使者："王子不方便回去。另外挑个人当你们的王吧。"

楼兰贵族们只好在国内另外找一个王子来当王。

新王上任以后，又派了两个儿子分别去大汉和匈奴为人质。但不久这个新王又死了，大汉内部正赶上武帝到昭帝的政权交接，来不及反应，被匈奴抢先一步，把他们那边的质子送回了楼兰登基为王，就是现在的楼兰王安归。

所以到安归这一代，已经有两任楼兰王不是大汉指派的了，安归更是长期在匈奴生活过，对大汉的敬畏当然就减弱了很多，这才变得非常不听话。

傅介子听说楼兰的情况，又一次毛遂自荐，请求去西域直接杀掉楼兰王，震慑一下他们。

昭帝和霍光同意了，傅介子便再一次来到楼兰。

这次他带着大笔财宝，号称要赏赐给西域各国。

楼兰王安归虽然有点担心傅介子是来问罪的，但禁不住明晃晃的金子闪瞎了眼，便打开城门放他们进去，举办宴席招待他们。

酒至半酣，傅介子假装要单独跟安归聊，把他招到僻静的地方，埋伏的壮士一拥而出，当场杀掉他。

傅介子提着血淋淋的人头，向楼兰的贵族们宣告："楼兰王背弃大汉，汉天子命我来诛杀他，现在我们要把身在大汉的质子送回来，立为新王。汉朝大军将至，谁也不许乱动，敢乱动，灭国！"

一番呵斥，震慑得楼兰贵族人人战栗，不敢多说一句话，乖乖俯首听令。傅介子就这样，不费一兵一卒平定了楼兰。

傅介子回到长安，把斩杀楼兰王的情况报告给昭帝，昭帝和满朝文武都大喜过望，昭帝下诏大肆褒奖傅介子，称他"以直报怨，不烦师从"，然后把楼兰王的人头挂到城楼下面，作为大汉威仪的见证。

昭帝随后把在长安为人质的楼兰王子尉屠耆放回去，命令他担任新的楼兰王，又把宫女赐给他为夫人——顺便监视他，并且把楼兰国改名为鄯善。

尉屠耆战战兢兢地说："小王长期离开鄯善，回去怕民众不服，何况前任鄯善王的儿子还在，怕人们会杀掉我立他，请皇上派一员大将跟小王回去，到我们附近的伊循城去屯田，使得小王有个依靠。"

昭帝同意了，于是派一位司马，带着四十员将士，到伊循城去屯田，作为尉屠耆的后援团。

这是汉朝在西域设置都护府的开始，汉朝的政府机构从这时开始正式进驻西域。

楼兰王被杀的消息很快传播西域各国，从龟兹到大宛，各国的国王和大臣，人人悚惧，个个惊心，没人敢再阻挡大汉使节，丝绸之路的畅通进一步得到了保证。

强夺汗血宝马以来接近三十年了，大汉在西域又一次强势出击，没有付出任何代价就镇住了西域各国，把大汉的赫赫声威覆盖到了整个西域，这是昭帝一朝的最高成就。

十七岁的昭帝没有辜负历代先王的心愿，把先王们开创的基业完美继承了下来，并且发扬光大。事实证明，武帝真的选对了继承者！

可惜天不遂人愿，三年之后，年仅二十岁的昭帝病逝于未央宫，一代英明天子的文治武功戛然而止。

从荒唐王爷到昏庸皇帝

对于汉昭帝的英年早逝，史书上没有过多记载，这背后有没有什么阴谋不得而知，我们只能说，这位少年天子的早逝肯定是大汉朝廷的重大损失。

还好有霍光在主持大局，局势不至于乱掉。

现在摆在霍光他们面前的最大难题是选谁当继承人。

这些年霍光一直阻止昭帝接近后宫姬妾，皇后上官氏又太小，到现在才十四岁而已，所以整个后宫都没有子嗣，这下麻烦了。

更麻烦的是，武帝自己把刘据那一支嫡系子孙杀光了，剩下的王子们也都命途多舛，活到现在的只有广陵王刘胥一个了。

朝臣们只能绞尽脑汁在宗室里面挑合适的人选。

首先想到的当然是广陵王刘胥，但他的名声实在是太差了，全天下都知道他是个头脑简单的武夫，品行恶劣，扶他当皇帝实在太不靠谱。

另一个可能的人选是昌邑王刘贺，他是武帝的孙子，昌邑王刘髆的长子，目前除了刘胥，就属他在宗室里的排位最高。

虽然刘贺的名声也相当差，但按照排行来算确实该轮到他，所以朝臣们最后还是决定扶立他。

当年五月，霍光让上官氏以太后的名义下诏：派宗正、大鸿胪、光禄大夫等官员，迎接昌邑王刘贺到长安，先让他主持昭帝的丧事，完后再举办登基大典。

这些朝臣们却没想到，他们费尽心机还是抽中了下下签——刘贺的所作所为完全应了"烂泥扶不上墙"这句话！

听说大臣们决定立自己为新皇帝，刘贺高兴得差点跳起来，也不对昭帝驾崩装出任何悲伤的表情，把朝廷来的使者打发回去以后，马上吩咐手下人收拾行装，不到一会儿工夫就出门了。

听说主子要去当皇帝，昌邑王府里的下人们都沸腾了，纷纷自告奋勇要跟到长安去。刘贺也开心得很，把所有看着顺眼的人都带上，一口气带了几百人出门，不仅包括文臣武将、三教九流，就连马夫、厨子、倡优什么的都带着。

这一拨人开着豪华马车奔跑在官道上，卷起漫天尘土，沿路的百姓四处躲避。刘贺急着赶路，半天时间狂奔一百多里，累死的马匹倒得满地都是，最后刘贺觉得负担实在太重，只好从跟来的人里面挑一些遣返回去，只留下两百多人跟着自己去长安。

沿途鸡飞狗跳不用说了，刘贺也不顾自己名义上是去办丧事的，一路上该吃吃、该喝喝，还抽空买地方特产，车队里还有个家奴拐来几名良家妇女，藏在马车里带着一起走。

两天以后，他们来到长安附近的灞上，朝廷派来的人已经在那里迎接了，刘贺登上朝廷为他准备的专车，陪在他身边的昌邑国大臣龚遂悄悄说："按照传统，到了长安城门外就要开始哭，以表达您对先帝驾崩的悲痛。"

刘贺眼睛一翻："我哪里哭得出来？这两天正喉咙痛。"

龚遂也没办法，只能由着他，于是一行人来到长安城里，经过欢迎的仪仗队，进入未央宫。

到昭帝灵柩前，刘贺勉强嚎了两嗓子，就算举行完丧礼了，然后兴高采烈地接受百官朝贺，尊奉上官氏为太后，又从上官太后手上接过皇帝的玺绶，登基仪式就算举行完了。

刘贺跟冲出笼子的鸟儿一样，一口气奔进后宫，把里面的佳丽们挨个阅览了一遍，挑出几个姿色出众的就要她们陪侍，以这种方式开启了自己的皇帝生涯。

接下来几天，未央宫里乱成了一团：刘贺跟他们的手下们驾着轩车在禁苑内飞奔，斗鸡走狗，欢天喜地，甚至把太后御用的马车都牵出来了，让手下奴才开着，在各个宫殿之间跑来跑去；又嫌守丧期间的饭菜没味道，派人私下去宫外买菜买肉，运送物资的车马都快把皇宫的门槛踏破了；还把从昌邑国带来的奴才们召进宫，打开乐府库房，把各种乐器一股脑儿翻出来，跟这些奴才敲敲打打，又是演戏，又是唱歌，闹得不亦乐乎。

未央宫顿时变成了街坊夜市，男男女女聚在一起，日夜欢歌笑语，没有停歇，霍光那帮老臣看得目瞪口呆。

而这时候，刘贺的守丧期还没有结束，昭帝的灵柩就停在未央宫的前殿里。

而最让霍光他们受不了的是两件事，一件是刘贺乱发布命令，自从登上皇帝宝座以后，他就不停派使者去各个部门传达命令、索要物资，二十多天时间里，发布的命令竟然达到一千一百二十七条，整个长安都在他指挥下忙成一团。

另一件就是刘贺对昌邑国老臣的任用，他从昌邑国带来了两百多个随从，刚登基就给这些人大肆封官封侯，各种王侯将相的绶带，黑的、黄的，一堆一堆地往外送，没有一丝犹豫，昌邑国那些官员瞬间占满整个朝廷，把霍光他们都挤得看不见了。

到最后霍光那些老臣实在受不了，开始考虑选刘贺当皇帝是不是选错人了。

霍光找到大司农田延年，说了自己的忧虑。田延年建议他："大将军不必犹豫。当年太甲昏乱，不堪为王，伊尹就废掉他自己执政，后人都称伊尹为忠臣。现在新皇帝行为乖戾，您可以去跟太后商量，由太后下诏，废掉这个皇帝，重新选人即位，后人不会怪你的。"

霍光点头同意，于是一方面让田延年和车骑将军张安世去罗列刘贺的罪状，另一方面去找丞相、御史、将军这些人，传达自己的想法。大家都认为新皇帝没资格再继续受人们拥戴，都支持霍光废掉他。于是霍光、杨敞、田延年带着满朝文武一起去见上官皇太后，说了废掉皇帝的想法。

太后听说以后，完全同意他们的做法，她亲自来到未央宫承明殿，下诏把昌邑国的大臣们都挡在外面，只把刘贺召来——不过这些其实都是霍光安排的，太后一个十四岁的小姑娘，当然只能按她外公说的做。

刘贺一来，文武百官马上把殿门关上，太后坐在上面，让刘贺伏在台阶下听宣。尚书令宣读文武百官拟好的诏书，详细列举刘贺从登基以来的各种罪状，洋洋洒洒一大篇，听得人心惊肉跳，宣读的过程中连上官太后都受不了了，打断尚书令，斥责刘贺道："身为君王能够如此昏乱吗？"

刘贺在下面听得战战兢兢，不敢辩驳。等尚书令宣读完罪状以后，太后一声令下，当场夺走刘贺的玺绶，把他废为昌邑王。

朝臣们全都松了一口气。

宫门外面，张安世已经带领御林军在那边等着了，昌邑群臣们刚被撵出宫来，就被御林军捉住，两百多人全体打入监狱。后来，除了几个敢于劝谏刘贺的大臣以外，其他昌邑大臣全部被处决。

到这时，刘贺登基仅仅二十七天，成为西汉历史上执政时间最短的皇帝。官方甚至根本不承认他的皇帝身份，以至于连个帝王的谥号都没给他。

昌邑王，史书欲言又止的那些事

刘贺被废这件事，当时以及后世的主流舆论都认为霍光他们做得对，后人也喜欢拿出伊尹的例子，证明霍光废掉皇帝是合理合法的，甚至很多人都说，霍光是真正为国家着想的直臣。

事情的真相真的是这样吗？

一个耐人寻味的细节是：对于刘贺的罪行，史书上并没有直接记载，只是简单地说他"淫乱"，但又口说无凭，没给出明确证据。其实，后人了解到的他的各种罪行，都来自尚书令宣读的那份诉状。

这份诉状里罗列了各种生活细节，但这些细节很难说是多么严重的罪行。例如让昌邑乐人在未央宫前殿演奏音乐，服丧期间从宫外买饭菜来吃，擅自改变符节上的黄旄的颜色，拿金银财宝赏赐给下人，等等。

以这些罪名废掉一个皇帝似乎不太说得过去。

再分析下来，唯一比较"严重"的罪状就是二十七天发布一千一百二十七条命令，以及提拔和封赏昌邑群臣。

这两条可能才是问题的关键！

实际上，从刘贺接到邀请他继位的信函开始，他就明显表现出急不可耐的态度——半夜接到信函，第二天中午就出发，当天下午已经赶路一百三十多里，几乎是狂奔到长安。

可见他对于皇帝这个宝座具有极其强烈的渴望，而且极度缺乏安全感，害怕半路出现变故。

到达长安以后，诉状里面说，刘贺整天跟昌邑群臣寻欢作乐，甚至在后宫"淫乱"，同时又控诉他二十七天发布一千多条命令，还封赏昌邑群臣两百多人，这明显是矛盾的，他根本忙不过来。

而且一千多条命令是哪些内容，尚书令的诉状里面也故意回避，如果这些命令是为了刘贺本人寻欢作乐的话，大可不必隐瞒。

事情的真相很可能是：刘贺这些天确实一直在忙，但不是忙着寻欢作乐，而是在对各大机构发布命令，其中的很多甚至是人事调动。再结合"封赏昌邑群臣"的罪状来看，如此大规模的封赏，不可能都给个空名号，一定是有实际的职务指派给他们的，所以刘贺发布的这些人事调动很可能就是把昌邑群臣安插到长安的各大机构里面。

这明显就是在从霍光他们那群老臣手里抢班夺权，是老臣们绝对不能接受的。

结合他火速赶往长安的举动来看，刘贺继位的这一幕其实很像当年的汉文帝。

文帝登基之前虽然小心翼翼，但一旦掌权以后，就连夜工作，飞速安插自己的人手，在极短时间内便把各大机构的职权改到了自己人手下，随后便开始对周勃为首的老臣进行持续打压。

现在刘贺也学文帝的做法，想尽快把权力抓过来。但霍光不是周勃，他的政治手段要老练得多，而且有周勃的前车之鉴，霍光也不可能坐以待毙，所以他联合那些被夺权的老臣们发起反击，借用"太后"这块金字招牌，在刘贺还没有夺权成功的时候把他废掉了。

再往前看，当初为什么会选择刘贺呢？刘胥是武帝唯一活着的儿子，资格比刘贺更老，为什么会轻易排除刘胥这个选项呢？

史书上反复说明：刘胥是个武夫，劣迹斑斑，不适合当皇帝。

但我们从尚书令的诉状里面看到，刘贺同样人品低下，同样不适合当皇帝，所以通过"人品"这个因素排除刘胥并不能自圆其说。

刘胥和刘贺一个明显的不同点是：刘胥这时候已经封王超过四十年了，

他的年纪甚至可能跟霍光差不多，即使他是个武夫，到这把年纪也会有足够的人生阅历；而刘贺还是个十几岁的少年。所以，霍光他们选择刘贺真的是因为考虑到人品吗？还是因为刘贺根基太浅更好控制？

当刘贺登上帝位以后，霍光才蓦然发现，这个少年虽然没有什么政治经验，但精力旺盛，野心勃勃，比当初的昭帝难控制得多，他终于发现自己选了一个错误的上司，给自己挖了一个大坑。

如果真相是这样，许多疑问都可以得到解答。

当听完尚书令那一篇洋洋洒洒的诉状以后，伏在台阶下的刘贺并没有表现出惊慌的神色，而是冷冷地说了一句："天子有诤臣七人，虽无道，不失天下。"出自《孝经》的这句话，本意是说：天子手下如果有一些直言敢谏的官员，那么即使这个天子是无道昏君，也不会丢失江山。

刘贺说这句话的意味非常辛辣：你们口口声声说我是昏君，可是你们这些老臣又好得到哪里去？现在这个结果，恐怕你们的责任也不小吧？

霍光厉声喝道："皇太后说要废你，你还算什么天子？"说着便扑过去，一把扯掉刘贺身上的玺绶，交给太后，然后让武士把刘贺拖下去了。

要让刘贺再说出更多话，恐怕霍光会下不了台。

刘贺被废以后，跟着他来的昌邑群臣基本被杀了个精光，他只身一人被送回昌邑国。送他上车的时候，霍光还不忘道歉："王爷您的行为自绝于天，请恕老臣不能报答您的恩德了，臣宁负王，不敢负社稷。愿王爷自爱，臣不能伺候在您左右了。"说着含泪告别，把刘贺送出了长安。

第二十六章　监狱里走出的天子

从孤儿到皇帝

赶走刘贺以后，霍光他们这些人又面临选谁当继承人的难题，想来想去，左右为难。

这时候光禄大夫丙吉对霍光说："大将军忘了刘病已吗？我看这孩子就很好。"

原来丙吉一直藏着一个秘密。

巫蛊之祸那年，太子府被灭门以后，刘据的儿孙里面只剩下一个小孙子刘病已勉强逃过屠刀，这个出生不久的孩子被关进长安的郡邸狱（地方政府在长安官府里的临时监狱），成为那里最小的囚犯。

丙吉当时还是廷尉监，被派到郡邸狱去调查巫蛊案，看到襁褓中的刘病已这可怜的孩子已经快被饿死了，丙吉动了恻隐之心，又因为他很清楚太子是被冤枉的，所以就把刘病已偷偷移到条件好一些的房间，让两个女犯人胡组、赵征卿来抚养他，刘病已这才活了下来。

那以后，丙吉一直瞒着朝廷，用自己的钱偷偷养着刘病已，刘病已在监狱中艰难成长起来。

但祸事还是来了。几年以后的一天晚上，突然有朝廷使者来到郡邸狱，传下武帝的旨意，要把这里的犯人全部处决。

丙吉紧闭大门，坚决把使者挡在外面。

他对使者怒喝："你们还有天理吗？皇曾孙（刘病已是武帝的曾孙）在此！就算是普通人都不该这样无辜被杀，何况是皇曾孙！"

双方对决了一整夜，直到天亮丙吉都不开门，朝廷使者只好回去如实报告，这才引出武帝大赦天下的事，四岁的刘病已也终于出狱了。

丙吉先是把刘病已送去京兆尹的府里，想让官府收养，但京兆尹怕惹麻烦，又把他给送回来了。

丙吉又去找掖庭的官员，请他拨一些衣食给刘病已，掖庭的官员也不同意，说："没有得到上面的诏令，不敢随便给东西。"丙吉实在没办法，只好从自己的俸禄里面省下钱来供养刘病已。

后来他终于联系到刘病已的奶奶家，刘病已的奶奶史良娣（刘据的一个姬妾）已经被杀了，史良娣的母亲是一个孤老太婆，她把这个孩子收留下来，两人相依为命，刘病已这才有了稳定的生活。

两年之后，朝廷发下命令，按照武帝遗诏，给予刘病已皇曾孙的身份，于是把刘病已接进掖庭，按照皇家的待遇来抚养。

但外界都不知道丙吉抚养刘病已的事，都以为刘病已是从小就长在奶奶的娘家，丙吉自己也没跟人说过之前的事，他的功劳就这样被人忘了。

刘病已虽然有了皇族的身份，但他无父无母，又是罪臣的后人，在皇族里面根本没地位，没什么人理睬他，不过倒也逍遥自在。

他没事就往宫外跑，到长安附近、三辅地区游荡，到处呼朋唤友，跟市井小民打交道。他还特别爱去博望苑（当初武帝为刘据建的园林）附近的县里玩，这期间，他真正见到了老百姓的生活状况，了解到了民生疾苦。

当时掌管掖庭的官员是张汤的儿子张贺，张贺有个弟弟张安世，是霍光的政治盟友、废除刘贺的主要功臣之一。

张贺以前是刘据的家臣，他在巫蛊之祸中受到牵连，本来要被处死的，张安世替他求情，才免了死罪，改为宫刑，因此他后来才当上了掖庭令。

张贺念着刘据的恩情，悉心照顾刘病已的饮食起居，还自己掏钱供养他读书。

等刘病已成长起来以后，张贺到处称赞刘病已的贤良，还想把自己的孙女嫁给他。张安世当时是昭帝手下的右将军，听说以后，怒斥张贺："当今圣上才是正统！刘病已是卫太子的后人，戴罪之身，供应他点钱粮已经够了，还嫁什么女儿？"

张贺只好作罢。

不过张安世的儿子张彭祖跟刘病已在一起念书，两人倒是无话不谈的好友。

掖庭里面另外有个罪人，叫许广汉。他本来是昌邑王刘髆的侍从官，有一次跟着武帝出游，错拿了别人的马鞍，被判了个盗窃罪，执行宫刑，后来在调查上官桀谋反案的时候，他办事不力，又一次受罚，被发配到掖庭的染坊里面当官奴。

正好刘病已也在掖庭生活，跟许广汉住一间宿舍，两人就这样认识了，关系还很不错。

许广汉有个女儿许平君，比刘病已小三岁，她本来已经跟内者令欧侯氏的儿子定了亲，但还没嫁过去，欧侯氏的儿子就死了。她母亲替她算命，说她以后要大富大贵。正好张贺在替刘病已找媳妇，听说这个事，就找到许广汉提亲。两家谈妥以后，张贺替刘病已出聘礼，把许平君给他娶了过来。

这以后，刘病已和许平君住在长安城南的尚冠里（长安贵族聚居的一片地区），跟普通百姓差不多。两人靠着张贺与许广汉接济，勉强度日。虽然生活清贫，两人感情却相当好，好似民间的恩爱夫妻一般。

一年后，许平君生下儿子刘奭（shì），一家三口倒也幸福圆满。

这些年，丙吉一直在暗中注意着刘病已，想给他争取翻身的机会，现在有这么好的机会，当然要向霍光推荐他。

霍光一听，刘病已很年轻，又没有任何政治根基，又是先帝的嫡系子孙，找他当皇帝再好不过，于是就答应了。

公元前74年七月，霍光向上官太后上书，建议立刘病已为皇帝，太后同意，于是派官员到尚冠里宣布诏令，给刘病已洗沐、赐衣，然后用轺猎车把他接进宫里。

上官太后先封刘病已为阳武侯，然后让百官捧上玺绶，交给刘病已，扶他上御座，受百官朝贺。

刘病已带领百官进谒高庙，正式登基为帝，是为汉宣帝。宣帝随后发布诏令，尊上官氏为太皇太后，赏赐功臣、王侯、各级官员，免百姓一年田租，抚恤孤寡，大赦天下，令万民同乐。

这时候刘病已十七岁了，正是意气风发的少年，但幼年时的苦难经历和在民间生活的经验，已经把他锻炼成了一位老成持重的领导者。

宣帝登基以后，霍光马上上奏，请求还政于宣帝，宣帝却毫不犹豫地拒绝了，甚至还进一步推高霍光的地位，给他增封一万七千户，同时增封张安世万户。

宣帝很清楚自己的处境，对于霍光为首的老臣，他表现出无与伦比的谦让和尊重。对于霍氏家族尤其给予优待，除了提升他们的政治地位，还不断地对霍光扶立自己的功劳表示感激。他也绝对不擅自发布命令，不擅自更改现有的法令，一切都跟老臣们商量好再做决定。看起来，他是一位安守本分的老实青年，根本没有勇气挑战老臣们的地位，这让老臣们很满意。

一件事情他却坚持自己的主意。

登基四个月后，有官员上奏折，请求立皇后。

当时霍光的小女儿霍成君还没有婚配，大家心里都清楚，皇后这个位置肯定是给霍光女儿预备的，所以大家都不说自己的人选，等宣帝给暗示。

但到了朝堂上讨论这个问题的时候，宣帝蓦然提出，希望大家替自己去找"微时故剑"，也就是当年贫贱的时候佩戴过的旧宝剑。

大家马上明白了宣帝的意思，许平君在宣帝心里是不可替代的，当时许平君已经被封为婕妤，于是朝臣们纷纷上奏，请求封许婕妤为皇后。

当年十一月，许平君被封为皇后，这个罪臣的女儿终于等来了云开雾散的一天。

宣帝随后想进一步提拔许氏外戚，按照惯例，皇后的父亲许广汉应该封侯，这次霍光却不让步了，他说："许广汉是个阉人，怎么能当王侯呢？"宣帝知道自己已经越界，只好不再说什么，封侯的事情只好作罢。一年以后，宣帝勉强封许广汉为昌成君，算是对他的一个补偿。

这次小小的风波却折射出宣帝面临的困局——他必须在各种力量之间精心维持平衡。

新朝代的开端，宣帝的平衡策略

尽管有种种的不如意，但宣帝这个皇帝还是当得非常省心的。汉朝开国以来，从来没有哪个皇帝登基的时候面临如此优渥的局面。

实话实说，武帝留下的盘面实在是太好了！

武帝时代，通过三十年拼尽国力的战争，彻底压倒了匈奴，在两个民族的生存竞争中取得了绝对优势地位，虽然后来匈奴的实力有一定恢复，但无法从根本上扭转局面。

再有，向四方野蛮扩张，把大片版图纳入大汉，国家的战略纵深大幅增加；使各路夷狄俯首称臣，东、南、西三个方向的外部威胁全部解除。

同时，对诸侯们大开杀戒，加上推恩令持续发威，终于把各路诸侯挤出了政治舞台，各国诸侯再也没有能力叫板中央了。

还有，任用酷吏打压权贵，特别是巫蛊之乱和随后的一系列屠杀，把帝国的权贵阶层杀得七零八落，再也没有政治集团可以威胁中央政府。

赐死钩弋夫人，对外戚势力斩草除根，之后的两任皇帝都不用再担心外戚干政了。

这一系列动作狠辣却有效，可以保证国家安全，可以巩固中央政府对于社会的绝对控制力，也可以在一定时期内防止土地兼并，以至于在武帝末年出现了这样一种情况：几乎所有能够威胁到政权的因素都不存在！

唯一的问题出在经济领域。持续的对外扩张和政治运动耗尽了帝国的储蓄，导致民不聊生，饿殍满地。

但经济危机只是结果，不是原因，只要把所有导致经济危机的因素——对外扩张、政治屠杀、大兴土木、修仙等等——撤除，社会就会立即恢复活力，经济也会很快走上振兴之路。

归根结底，中国人实在太能吃苦了，你只要不折腾他们，给他们几年休养时间，他们就会夜以继日地辛苦工作，创造出源源不绝的财富，把国家经济推向繁荣。他们甚至会马上忘掉之前的苦难生涯，欢天喜地地感谢你为他们带来充满希望的新朝代。

武帝末年就是这样一种局面。

昭帝继位以后，开始休养生息，造成经济危机的所有因素都已经不复存在，所以国家很快从经济崩溃的边缘恢复过来，饥荒被控制住，民间的动荡迅速平息，流民纷纷返回家园，已经初步有了振兴的迹象。

但昭帝时代又引出另一个严重问题，就是霍光专权，权臣把持朝政也是导致政权覆灭的因素之一，这也是现在留给宣帝的主要难题。

现在宣帝要做的就是：稳住霍光家族，等待机会来临；同时继续休养生息，维持国家机器的正常运转，保持经济向上的势头。

还好，霍光虽然气焰嚣张，但毕竟还有底线，他并没有篡位的野心，只是希望保持自己家族的地位不动摇而已，宣帝只要不主动去挑战他，双方就能和平共处。

而且霍光年纪已经大了，他熬不过宣帝，对于这一点，宣帝很有信心。

现在需要做的就是"稳"和"拖"，拖到霍光离世，一切就会有转机。

在这期间，宣帝开始小心翼翼地提升自己的威信。

登基的第二年，宣帝下诏，让有关机构为武帝加尊号。经过学者们讨论以后，尊武帝为"世宗"，随后宣帝带领文武大臣到世宗庙祭祀、献礼，并且在全国各地，所有武帝到达过的地方立庙，世代祭祀，香火不绝。

这是一次政治意义特别强烈的行动。

通过给武帝加尊号，宣帝把自己明确摆到了武帝正统继承人的位置上。实际上，宣帝这一支本来就是嫡系，如果一切按正常规律发展的话，若干年以后，皇位本来也会传到宣帝手上。但一切都被巫蛊之祸打断了，嫡系子孙成为罪臣之后，庶出的昭帝反而登上庙堂。现在宣帝通过加尊号的行为，明确无误地告诉天下人：别忘了，我本来就是嫡系子孙，我的皇位不是霍光送的，而是名正言顺该给我的。这是他巩固地位的第一步。

这次加庙号出了一点意外。

官员们接到宣帝的诏书的时候，绝大多数人都很配合，大肆称颂武帝的功德，偏偏有个叫夏侯胜的官员不识趣，竟然公开说："武帝虽然有开疆拓土的功绩，但滥杀无辜，耗尽民力，不应该给他上尊号。"

话一出来，满朝文武都轰动了，大家争先恐后地批判夏侯胜，说他诽谤先帝，属于"大逆不道"，罪该万死，其中只有丞相长史黄霸不肯批判夏侯胜，于是连黄霸也被大家攻击，说他包庇夏侯胜。

宣帝也勃然大怒，下令把夏侯胜和黄霸革职，打入大狱听候发落，大家的议论才平息了。

这是宣帝早期最有名的一桩案子，十八岁的宣帝已经懂得举起"政治正确"的大旗，谁是谁非不重要，自己的个人感情也不重要，符合现实的利益才重要，一切举动都要有利于维护自己的统治。这是一个成熟政治家应有的素质，宣帝已经初步具备了。

有趣的是，夏侯胜是《尚书》夏侯学派的代表人，他在监狱里跟黄霸结成好友，向黄霸传授《尚书》，使黄霸也成了后来夏侯学派的著名学者。看起来，被关入监狱反而让两人获得了潜心钻研学术的机会，间接成就了两人。

当然，宣帝心里清楚，满朝文武只有夏侯胜和黄霸是敢说真话的人，这样的直臣值得好好珍惜，所以把他们打入监狱以后宣帝就"忘了"这件事，直到两年以后大赦天下，才又把两人放出来，让他们重新为官。

夏侯胜尤其得宣帝赏识，被任命为谏议大夫，为宣帝出谋划策，成为宣帝朝著名的诤臣，后来又被任命为太子太傅，负责教导太子。

而黄霸先担任扬州刺史，后担任颍川太守，在任上取得了耀眼的成就，后来他又被提拔为京兆尹，最后也当上了太子太傅。

这两个"大逆不道"的罪臣后来都当上了太子太傅，可见宣帝对他们的人品是相当认可的。

这就是宣帝的作风，他非常务实，该说什么话，该做什么事，他都理得清清楚楚；看人的眼光又很准，下面的人想靠阿谀奉承或者偷奸耍滑来哄骗他是很难的。

于是造成这样一种结果：在整个宣帝时期，朝廷的政策都透出一股精明的气息，精打细算，面面俱到。跟武帝时期比起来，这个时代虽然少了许多豪情壮志，却能花最少的力气达成最大的成果，因而节省了许多民力。

再说为武帝上尊号的事，其实有一点夏侯胜和黄霸都没有看出来——宣帝希望通过这次行动，表达对于武帝的执政思路的认可，从而在舆论上做好进一步开疆拓土的准备——宣帝正试图在武帝的穷兵黩武和昭帝的休养生息之间找一个最佳平衡点。

当然，开疆拓土的话，主要的目标还是匈奴。

围剿匈奴，宣帝的立威之战

当时，从政治动荡中走出来的大汉正面临匈奴的挑战，怎么应对这个挑战？宣帝需要立即做出决定。

昭帝末年，匈奴在跟大汉的对决中连续吃到败仗，只好把目光移向遥远的西域，想在西域打击大汉的盟友，首当其冲的就是乌孙。

之后一段时期，匈奴连续对乌孙发起进攻，占领了许多土地，嚣张的壶衍鞮单于甚至号称要活捉解忧公主，乌孙感到巨大的压力。解忧公主亲自上书，多次向大汉求援，可惜当时大汉的统治者正被政治斗争搞得焦头烂额，没有精力去管西域的事，所以对于乌孙的求援暂时没有响应。

宣帝登基以后，国内政局稳定下来，开始认真考虑救援乌孙的事。这时候乌孙昆莫翁归靡和解忧公主又一次上书求援，声称："乌孙危急！急需援救！下国愿发五万兵马协助天子，只盼天子救救汉家公主！"

宣帝看到求援信，拍案而起。

公元前72年，为武帝上尊号过后不久，宣帝征发关东精锐、郡国勇士，加上朝廷重兵、边防将士，总共十五万兵马，分五路大军，由田广明、范明友、韩增、赵充国、田顺率领，分别从西河、张掖、云中、酒泉、五原出发，出塞两千余里，攻打匈奴。

这是大汉对匈奴最大规模的一次进攻，大汉出尽全国精锐之师，覆盖从西到东超过两千里的战线，由南向北，以排山倒海之势压向漠北。同时还派出校尉常惠，手执天子符节到西域，协助翁归靡统领乌孙五万人马，由西向东，扑向匈奴本土。

这也是宣帝的立威之战，宣帝希望通过这次大规模军事行动，明白无误地接过武帝的衣钵，成为又一代雄主，同时把军权接过来，作为对抗霍光的第一步杀着。

但一切并不会那么顺利，气吞万里如虎的武帝时代早已经过去了，现在的朝廷里，人人精打细算，尤其是军方高层那些老油条，全都各怀鬼胎，没人肯真正出力，十五万大军看着气势汹汹，战斗力却普普通通。

匈奴人也不傻，他们知道敌众我寡，不可以硬拼，所以一听到汉军出击的消息，就发起全面撤退，男女老幼带着牛羊牲畜向着漠北狂奔。

汉军的五个老油条追到大漠，却发现到处都空荡荡的，他们也懒得认真去追击，只是随便杀掉一些散兵游勇，抢到一些零散的牛羊就回去报功了。

其中的范明友、韩增、赵充国都还好，都略有一些收获，战绩最好的范明友斩杀匈奴七百多人，俘获牲畜一万多头，面子上也还过得去。

田广明却很夸张，他追击匈奴一千六百多里，一直到鸡秩山，才斩杀敌人十九人，捡到牛羊一百多头，连路费都没赚回来。

这时候他们碰到从漠北回来的大汉使者，这些使者告诉他们，有支匈奴部落就藏在鸡秩山以西，现在杀过去肯定有丰厚的收获。田广明却不肯追击，只急着赶回长安报功，还悄悄嘱咐那群使者，叫他们回到长安不要透露这个秘密。

于是田广明的几万大军就赶着一百多头牛羊高奏凯歌返回长安了。

最后是田顺的部队，他顺利得很，才出边塞八百多里就获得大胜，斩杀敌人一千九百多人，俘获牲畜七万多头，战果比其余四个将领的总和还要高。

可是回到长安以后，朝廷一调查，才发觉田顺的战果多数都是虚报的，又察觉到田广明故意怠工的事实，宣帝大怒，把两人打入大狱，最后两人都自杀身亡，只把丑态留在了史书上。

宣帝对其余三员将领也很不满意，但没处罚他们。

这次出击让宣帝看到汉军高层的腐化有多么严重。经过几十年的放纵，卫青、霍去病那一代人的家国情怀早已经荡然无存了，现在的汉军高层，只剩下苟且和钻营，要改变这种局面，需要朝廷付出很多努力才行。

但随后传来的消息让朝廷上下欢欣鼓舞——乌孙军队取得大胜，对匈奴造成沉重打击！

按照原先的计划，攻入匈奴本土以后，乌孙军队应该在蒲类泽跟赵充国的军队会合，然后联手围剿匈奴主力。但赵充国的军队走得太慢，乌孙军队在蒲类泽等了很久没等到他们，就自己出击了。

乌孙军队的统领是他们的昆莫翁归靡,翁归靡身边跟着常惠,常惠是一个传奇人物,当年苏武出使匈奴的使节团里面就有他,他跟苏武一起被扣留在匈奴长达十九年,到昭帝时期才返回国内。因为这段经历,他对匈奴内部的情况了如指掌,现在有他带路,乌孙军队走得十分顺利,竟然直接闯进了右谷蠡王的王庭!

常惠和翁归靡率领五万铁骑在匈奴王庭里扫荡,大开杀戒,屠戮四方,一口气灭掉匈奴三万九千余级,活捉或者斩首壶衍鞮单于的叔伯、嫂子、居次、名王、各种大小官员不计其数,又俘获各种牲畜七十多万头,取得了漠北之战以来最大规模的一场胜利。

这才是宣帝想要的胜利!乌孙带来的意外之喜替大汉挽回了面子,也把匈奴这个强敌彻底打入了深渊。

壶衍鞮单于咽不下这口气,当年冬天,他不顾天寒地冻的恶劣条件,贸然发动军队,出击乌孙。

他们在乌孙的土地上转了一圈,没多少收获,只好撤走,但在回师的路上,天降大雪,一天之内积雪就深达一丈多,匈奴军队冻死饿死的人不计其数,差点全军覆没,只剩下少量残兵逃回了漠北。

经过这两场战役,匈奴的实力严重受损,四周的敌人立即抓住机会发起进攻。北边的丁零部落和东边的乌桓部落同时出击,攻入匈奴本部,乌孙也从西方追过来,三国共同围剿匈奴,斩首匈奴数万人。大汉随后也派出三队人马从南方出击,冲进匈奴部落烧杀劫掠。

在四方敌人的围攻下,匈奴人被打得溃不成军,再加上那年冬天的大雪,匈奴人死的死、逃的逃,牛羊倒毙满地,成片的土地沦为荒原,不可一世的匈奴汗国就这样彻底败了。

这一连串打击真正伤到了匈奴的国本,他们从此急剧衰落,再也没能复兴过来。

但仔细一想,匈奴之所以衰落以后就不能恢复,还是因为武帝时代抢走了他们太多领土,使得他们没有足够的腾挪空间去恢复国力,所以这也是武帝留下的政治遗产之一。

匈奴的急速衰落使得大汉的外部环境大大改善,汉朝建国以来第一次出现了没有外敌的局面，这是意料之外的惊喜，也是意料之内的成果，归根结底，还得感谢伟大的汉武帝，以及之前忍辱负重、休养生息的各位先帝。

现在终于轮到宣帝来享受胜利果实了，一个全新的时代正在冉冉揭幕，宣帝要带领他的手下官员们再造一个盛世！

不过在这之前，先得处理霍氏家族这只拦路虎。

毒杀皇后大案

霍氏家族对于皇后的位置被人占了耿耿于怀，把许平君看作眼中钉。霍光本人还沉得住气，他老婆霍显（名字叫"显"，本来的姓氏没有记载，因为是霍家的媳妇，史书便称她为霍显）却忍不了。

霍光的原配很多年前就过世了，后来霍光才娶了霍显，据说她年纪比霍光小很多，是个轻佻又多事的女人。

霍显一心想让自己女儿霍成君当皇后，听说宣帝立许平君那个阉人之女当了皇后，她气得饭都吃不下，天天抱怨霍光做人太软弱，不肯替女儿出头："好歹是朝廷里混了几十年的老狗，混到连个阉人都不如，老娘嫁给你图什么？"霍光被她烦得受不了，只好不理她。

霍显就想："你不配合我，难道我就没办法收拾那个贱婢？我先把事情干出来，你不认也得认！"于是她开始想办法自己动手。

就在大汉和乌孙围剿匈奴的那一年，许平君又怀了孩子，快要生的时候却得病了，宣帝赶忙派人去召御医给许平君看病。

御医淳于衍这些年一直在巴结霍显，最近又在求霍显把她老公提拔到安池监去当差。霍显听说她要去给许平君看病，心生一计，对她说："要让我提拔你老公很容易，但你得答应我一件事，把这包附子放到许平君的药里面去，我保你全家飞黄腾达。"

附子对于孕妇有严重毒害作用，淳于衍当然知道毒杀皇后是灭九族的大罪，但一方面霍氏家族不是她可以得罪的，另一方面她也贪恋富贵，便决定冒险试一试。

淳于衍把附子捣成粉末偷带进宫，在许平君生下一个女儿以后，淳于衍把粉末偷偷倒进许平君的药汤里。宫里太医用药有严格规定，每一道手续都有人监管，而且最终的药物要让人先尝过才给妃嫔服用，至于淳于衍是怎么混过所有这些关卡的，没人知道。

许平君喝下药汤以后，很快说头痛，在床上翻滚了一会儿便不幸身亡了，这个可怜的女人仅仅当了两年多的皇后，为宣帝留下一儿一女。

奇怪的是，如此严重的一起案件，竟然没有引起太大重视，宣帝虽然震怒，却没有惩处任何人，更没去怀疑有人投毒。后来有官员上书，控告几位太医"护理不周"以致皇后病故，宣帝这才把淳于衍等一干人打入监狱，但也没有马上处理。

霍显听说淳于衍被抓进监狱，才有点慌了，怕她把真相供出来，于是只好对霍光坦白了整件事的前因后果。

霍光捶胸顿足，大骂霍显，但事情都已经做出来了，还能怎么办？他只好去向宣帝说情，说皇后自己产后身体虚弱，不幸亡故，不该迁怒无辜的太医们，建议宽恕他们，宣帝就下诏把淳于衍他们放了。

宣帝追封许平君为"恭哀皇后"，葬于杜县的南园。一场惊天大案就这样糊里糊涂地混过去了。

但宣帝真的那么糊涂吗？当然不是，他很可能只是在隐忍而已，现在他还不能贸然招惹霍光他们，只能等待机会再发起反击。

现在许平君这个障碍已经扫掉了，看到宣帝如此好欺负，霍光家族更加无所顾忌。他们大力向宣帝推荐霍成君，软硬兼施，终于成功把霍成君送进宫，第二年霍成君就被立为皇后。

现在宫里的太皇太后和皇后都是霍家的人——尽管太皇太后还是皇后的侄女，霍家已经把自己的人员安插到了皇帝身边的每一个角落，看起来，他们家族的权势是万年不移了，即使毒杀皇后的案子发作，皇帝也不能怎么样吧？霍光和霍显都松了一口气。

海晏河清的宣帝时代

出乎所有人预料的是：宣帝对霍成君十分宠爱。

跟许平君那个小心翼翼的平民姑娘不同，霍成君是真正的娇娇小姐，她拥有富家千金的所有臭毛病：奢侈、娇气、张狂、虚荣。她花钱大手大脚，出门的仪仗铺天盖地，她为人嚣张跋扈，甚至在太后面前都不收敛，太后见到她都要站起来行礼。

按理说，以宣帝的性格和出身，他会非常讨厌霍成君这种人，但事实刚好相反，宣帝对霍成君处处迁就，她要什么都随她，对她的宠爱程度，跟当年对待许平君差不了多少。

这让霍氏家族非常满意，看来宣帝也并不是一个专一的男人，对许平君的爱这么快就转移到霍成君身上了，霍家的人终于可以放心了。

宣帝对霍光也一直毕恭毕敬，他在霍光面前总是小心谨慎地说话，就像学生对待老师一样，朝政大事也都由霍光先处理，然后才交到宣帝手上。看起来，霍光才是国家实际的统治者，宣帝不过当个摆设而已。

君臣二人就这样和和气气地相处了几年。这几年，朝廷继续执行休养生息的政策，国力进一步恢复。特别是吏治，比起之前武帝和昭帝时期有了明显的提升，还出了几位有名的贤吏，例如赵广汉、韩延寿、黄霸、尹翁归、龚遂、张敞，等等。

当时全国很多地区都存在地方势力膨胀的现象，最有名的是颍川郡，那里的豪强势力特别强大，在当地作威作福，鱼肉百姓，还大肆兼并土地，垄断当地财政，把整个地区变成了自己的家族领地。这些豪门内部又互相联姻，结成同盟，朝廷派去的官员根本扳不动他们，之前的几任官员甚至跟他们勾结起来，对他们的违法行为睁一只眼闭一只眼。

宣帝登基以后，马上派京兆尹赵广汉去治理颍川。

赵广汉是以铁面无私著称的清官，他到颍川以后，立即发起严厉打击，把当地两大家族原氏、褚氏带头犯罪的几人抓起来，公布他们的罪状，然后当众斩首。

赵广汉发动群众斗土豪，在衙门附近设立告密的竹筒，任何人都可以匿名举报土豪们的违法行为，靠这种方式，他很快就掌握了土豪们的大量罪证。

他把告密人员的信息隐瞒起来，对外却宣称自己有很多眼线遍布这些豪门内部——这条罪状是某某大家族的内部兄弟揭发的,那条罪状又是另外一家里新来的媳妇举报的。消息传出去以后,这些家族都轰动了,都开始怀疑自家人,内部互相撕咬起来,打成一团,几大家族就这样分裂了。

但没过多久,宣帝派五路大军攻打匈奴,把赵广汉调去跟赵充国一起领军,赵广汉只好离开了颍川。

朝廷派谏大夫韩延寿去接任赵广汉的位置。

韩延寿的做法却不同,他倡导以教化治理百姓。他到颍川以后,把当地德高望重的老人都找来,询问民间疾苦,弥合因为告密造成的裂痕。他在颍川大力推广儒家习俗,让老百姓婚丧嫁娶都采用儒家礼仪,凡事必称孔孟。在他的教导下,颍川的民风渐渐变得淳厚起来。

下一任太守是黄霸,前几年他因为非议武帝被打入监狱,现在被释放出来,先担任扬州刺史,政绩斐然,随后被调到颍川来接替韩延寿。

黄霸是著名的"循吏"。所谓"循吏",就是为百姓办事、对朝廷负责的好官。一个优秀的官员,既要爱民如子,兢兢业业地为百姓服务,也要讲究依法办事,遵守国家的规章制度,对自己的行为负责。

要做到这些,首先要有足够高尚的人品,有为百姓谋利益的情怀,还要有足够旺盛的精力,对每一件事都体察入微,甚至是亲力亲为,不辞辛劳,当然,更要有足够的才干,机敏、审慎、明辨是非、知人善任,都是必不可少的素质。

据说有一次黄霸手下的官员去外地办事,因为这次行程涉及一些机密,不敢在驿站住宿,他走到半路饿了,就一个人坐在路边啃干粮。这时候有只乌鸦飞过来,抢了他手里的肉飞走了,官员只好饿着肚子又重新上路。

等这个官员办完事回来以后,黄霸听完他的汇报,点头表示赞许,顺便说了一句:"你这次出差路上饿到了吧?连带的肉都被乌鸦抢走了。"

这官员大吃一惊,以为真的什么事都瞒不过黄霸,从此做事小心谨慎,不敢有丝毫大意。

黄霸就依靠这种明察秋毫的作风,把颍川的一切都打理得井井有条,从朝廷官吏到地方豪强,没有一个人敢胡作非为。颍川终于得到彻底治理,吏治清明,经济繁荣,百姓安居乐业,社会矛盾缓和,朝廷也十分满意。

连续三任颍川太守，分别用三种方式治理颍川，终于使这个曾经全国最乱的地区变成了模范单位。

颍川的例子很好地显示出宣帝时代治理国家的方针：从细致处入手，不拘一格，不讲究套路，只讲求实际效果，儒家、法家混用，各种人才混用。

后来宣帝自己把这种治国理念总结成一句名言"霸王道杂之"。

宣帝是吃过苦的人，有长期在民间生活的经历，对于当时社会的各种弊端有清楚的了解，所以他跟之前的历代帝王不一样，他更务实，更注重结果而不在乎手段，也更在意底层百姓的生活。

在他的带领下，大汉朝廷的治国方式也向着务实和精细化方向发展，更加注重民生，注意对社会的精确调控，所以宣帝时代的民生比之前有了很大改善，人民的幸福程度是有汉一朝最高的。

当然，这背后其实也有霍光的功劳，所以尽管霍氏家族犯下那么严重的罪行，当时和之后的汉朝统治者却始终都对霍光给予高度褒奖。

剿灭霍氏家族

公元前68年，把持朝政二十年的霍光病逝了。

应该怎么评价这个不可一世的权臣，世人其实是很矛盾的，不过宣帝的态度倒比较明确，一直到霍光生命的最后时刻，宣帝都对这个老臣保持着无与伦比的尊敬。

霍光病重的时候，宣帝亲自到他府上去探望，在霍光的病榻前流泪不止。霍光没有别的遗愿，只是说，他哥哥霍去病没有子嗣，前些年他过继了家族里两个后辈霍云、霍山给霍去病当孙子，现在请求宣帝给他们封侯，以维系霍去病的香火，还愿意把自己的食邑三千户转让给霍山。

宣帝马上答应下来，吩咐下人去办这些事，霍光这才闭上了眼睛。

霍光葬礼的那天，宣帝和上官太后亲自驾临，以帝王规格给霍光治丧。官员们直接在墓地建临时办事处，文武百官全体哭灵，五校士兵从长安排到茂陵。朝廷颁赏随葬品无数，仅仅衣服就有五十箱，更有金缕玉衣、黄肠题凑各一副，用辒辌车载霍光遗体，配黄屋左纛（dào），再征发河东、河南、河内三郡士兵挖掘墓穴，建造祠堂，最后用三百户守陵，长史、丞掾按期祭拜。

这是历史上仅有的一次，在官方的自觉发起下，以帝王规格安葬大臣。大汉朝廷以空前绝后的极端荣誉，报答了霍去病、霍光家族对国家的巨大贡献。

葬礼结束，宣帝就在墓地旁下诏，封霍云为冠阳侯、霍山为乐平侯，兼任尚书事，又把霍光的儿子霍禹任命为右将军，袭爵博陆侯，并且下诏褒奖霍光的功德，承诺让他们家族世代承袭霍光的爵位和封邑，永不承担徭役和赋税。

这又报答了霍光的扶立之功，宣帝从此不再欠霍氏家族任何人情了。

但即使这样，以霍显为首的霍氏族人还不满足，葬礼结束不久就偷偷加筑霍光的陵邑，三面立门阙，中间筑神道，从祠堂建辇阁通向墓地的永巷，又强行驱赶无辜百姓去永巷守陵，僭越的程度，骇人闻听。

而平时的生活中，以霍显为首的败家子们更是丝毫不在意外界的感受。失去了霍光的管束，他们全都自由了，开始大兴土木，广营宅第，家里奴仆成群，张牙舞爪，没人敢惹。

霍显出门的车马全部用黄金为饰，锦绣为茵，成群的侍女用五彩丝线拉车，载着霍显日夜逍遥；霍禹、霍山成天骑马四处奔驰，不务正业；霍云总是称病不去参加朝会，只派家奴去上朝，自己带着一帮门客去打猎；各路女眷们则不分昼夜任意出入太后的长信宫，跟宫女们嘻嘻哈哈打成一片，没有一点规矩。

这一切都被宣帝和朝中大臣们看在眼里。

情况渐渐起了变化。

从霍光过世以后，就有一则惊人的流言在街巷中流传：先皇后许平君是被霍显毒死的！

没人知道这起传言的来历，但流言迅速传播，逐渐成了尽人皆知的秘密。

而宣帝的态度也很耐人寻味，霍光过世的第二年，他就封许平君的父亲许广汉为平恩侯，尽管当初霍光是坚决反对给许广汉封侯的。

后一年，又下诏立许平君的儿子，八岁的刘奭为太子。

这时候霍成君还没有子女，宣帝直接立刘奭，等于封死了霍成君"母以子贵"的道路。进一步说，这明确宣告了许氏家族头号外戚的身份，霍氏这个"外戚"变成了有名无实的存在。

朝臣们的态度也明显变了。

茂陵人徐福向宣帝上书，声称霍氏嚣张跋扈，该管管了。但宣帝看过他的奏折以后，什么也没说，也不管束霍氏的人，徐福三次上书都没有结果，只好放弃。

接下来是御史大夫魏相，他也向宣帝上书，控告霍氏的各种违法行径，他说的那些事其实大家早都知道了，没人敢说出来，魏相却直接捅破窗户纸，并且建议宣帝尽快削夺霍氏的兵权，防止他们弄出更大的乱子。

当时官员的奏折都有一式两份，其中的副本交给尚书省，尚书省的官员看过以后才把正本递交给皇帝。尚书省在霍山的控制下，要过他们这关是不可能的，魏相只好托人偷偷抽掉副本，才使得这封奏折交到了宣帝跟前。

这次的情况就不同了，魏相是朝中高官，上的奏折很有分量，宣帝看到以后反应也很大，从此开始提拔魏相，并且开始削夺霍氏的兵权。

更有意思的是，这封奏折是通过许广汉转交宣帝的，尚书省那边的副本也是许广汉帮忙抽掉的。许广汉跟霍氏的恩怨因此明确摆上台面来了，也把"毒杀皇后案"这个禁忌话题挑到了明处。

而魏相本人跟霍氏也是有仇的。当年魏相当河南太守的时候，曾经跟手下的武库令闹矛盾，惹得霍光不满，霍光把他打入监狱，差点害死他。现在他主动上书控告霍氏，在霍氏看来他就是公报私仇，所以对他恨得咬牙切齿。

另一边，霍显也不知死活，她谋杀皇后的事过去好几年了，都没被人揭发出来，所以她受到鼓舞，胆子也越来越大了，竟然打起了太子刘奭的主意。

从刘奭被立为太子开始，霍家的人就把他看成眼中钉，霍显更是气到吐血，天天念叨："那个平民丫头生的驴崽子凭什么当太子？我呸！难道我们霍家的女儿连她都不如了？"

霍成君本人虽然是刘奭最大的敌人，但她是个娇生惯养的千金小姐，没胆量对刘奭下手。霍显就不一样了，她嫌自己这个女儿太尿包，竟然鼓动她去毒杀太子！

不料太子身边的人早有防范，每次有霍成君赐来的食物，他们都要先尝过了才给太子，所以霍成君一直找不到下手的机会。

这一切却被人偷偷记下来，作为霍成君的罪行之一。

随着霍家的各种嚣张行为被人四处传扬，"霍显毒杀皇后"的流言也在迅速发酵，弹劾他们的奏折也是一封接一封，舆论对霍氏家族越来越不利，气氛渐渐变得紧张起来。

朝堂上的宣帝也在紧锣密鼓地削夺霍氏的权力，他迅猛地提拔魏相、许广汉这些霍氏的仇人，壮大他们的势力。又下令官员可以直接向皇帝上书，不必通过尚书省的审核，这样就间接架空了霍山"领尚书事"的权力。

等魏相这一派的势力足够强大以后，宣帝开始明着夺霍氏的权。

他把霍氏的女婿范明友、任胜、邓广汉、赵平、张朔、王汉等人全部从关键岗位上调开，特别是调离军队，把他们发配到各个郡国去当地方官，使他们互相联合不起来。又把霍禹提拔为大司马，明升暗降，夺走了他的右将军印；又任命魏相为丞相，主管朝中事务；还把忠于自己的张安世任命为卫将军，统领宫内宫外和长安城内的卫兵。

霍氏被调走以后，空出来的这些位置，宣帝都分给自己的外戚家族许家和史家（宣帝的奶奶史良娣家），两大家族迅速膨胀为朝廷里的实权派——这是外戚家族势力膨胀的开端，但当时的人们并没有意识到这背后的危险。

对于宣帝的这一系列动作，霍家的人看在眼里，急在心里，但这家人的头脑十分简单，竟然公然表现出对宣帝的不满。霍禹干脆就称病不去参加朝会，别人问他的时候，他说："我哪有什么病？不过当今皇上是靠着我爹上位的，现在我爹尸骨未寒，皇上就把我们的权力都夺走，反而提拔什么许家、史家，这让我怎么想得通呢？"

不仅霍禹想不通，霍云、霍山这些霍家的顶梁柱也都怨声载道，他们聚在一起唉声叹气，都抱怨宣帝过河拆桥的举动，最后，大家谈起最近的谣言，都说："哪个这么恶毒，造谣说我们家毒杀皇后？"

霍显眼看瞒不住了，干脆对他们坦白了当年毒杀许平君的真相。

霍禹、霍山等人惊得魂飞天外，没想到这么多年的传言竟然是真的。既然这样，皇帝就绝对不会放过霍氏，后面肯定还有更加严厉的动作，现在埋怨霍显也没用了，只能赶紧想办法保住整个家族的性命，几兄弟终于动了直接造反的念头。

公元前 66 年七月，霍家兄弟密谋反叛。

现在霍家手上唯一能打的牌就是太后，霍家兄弟就计划让上官太后出面置办酒席，把魏相、许广汉这些人召来赴宴，让范明友、邓广汉在酒席上宣布太后的诏令，把魏相、许广汉等人拖出去斩首。等除掉宣帝的这些臂膀以后，索性再由太后下诏，废除宣帝，立霍禹为皇帝。

不过这个计划十分离谱，不排除是后来为了罗织霍家的罪名而添油加醋的结果。

就在霍家兄弟准备实施这个阴谋的时候，宣帝已经抢先一步行动了，廷尉的官员突然杀到霍家，当众宣读霍家的罪状，开始惩治他们家族。

至于阴谋怎么泄露出去的，没人知道。但很显然，朝廷早就在对霍家严密监控了，他们跟党羽之间来往的消息可能全在宣帝的掌握下。

当然，也有另一种可能，就是关于霍氏家族的大多数罪名甚至全部罪名都是官方捏造的，除掉霍氏是宣帝必须走的一步棋，一个拥有雄才伟略的天子不可能容忍手下存在这样一个枝繁叶茂的超级豪门。

所以霍氏的败亡从他们独揽朝政的那一天就注定了。

朝廷派来的官吏宣布逮捕霍氏集团所有成员，霍云、霍山、范明友畏罪自杀，霍显、霍禹、邓广汉被朝廷处决。

接着，霍氏所有掌握权柄的人物都被处死，二十多年来最显贵的家族——霍氏，就这样彻底从政坛上消失了，留下的空缺则由许、史两家外戚以及宣帝的心腹来填补。

跟霍氏有关联的各大豪门也都遭到大屠杀，一共杀了几千家，血流成河。

这是巫蛊之祸以后帝国的贵族阶层遭遇的又一场浩劫，但这也是宣帝巩固自己的统治必走的一步，从这时候起，宣帝才真正掌握了帝国的最高权力，之后的一切改革才都有可能实现。

唯一幸免于难的是皇后霍成君，她被宣帝废黜，迁到上林苑的昭台宫，过着生不如死的生活，十二年后，宣帝又要把她赶到其他地方，她自杀身亡，没有留下子嗣。

从宣帝后来的举动来看，他对霍成君根本没有感情，那么之前那几年的恩爱是怎么回事呢？也许连霍成君自己都不明白吧。

宣帝心心念念的永远只有一个人——"微时故剑"许平君。那个苦命的女人这时候正静静躺在南园的陵墓里面，剿灭霍氏以后，宣帝第一件事就是到南园去看望她。

许平君的陵墓并不高大，已经长出了些许杂草，宣帝轻轻拨开杂草，吩咐手下：把这里改名为杜陵，作为自己百年之后的长眠之地。并且向这里逐步迁移人口，开始营建皇家陵园。

宣帝已经下定决心，几十年后，自己一定会来这里陪着许平君。

再说那个一辈子都很尴尬的上官太后，宣帝继续让他住在长乐宫，保持着太后的名分。她一直到公元前37年才病逝，成为这一系列政治阴谋里面活得最久的人。

至于霍光，宣帝也没有对他进行报复——宣帝一直是一个冷静到可怕的人，恩怨分明，绝不会纠缠不清——霍光的陵墓得到很好的保护，当然，那些僭越的礼节肯定撤掉了，后来在议定麒麟阁功臣的时候，宣帝更是毫不犹豫地把霍光排到第一位，所以在汉朝的官方宣传里面，霍光一直都是功臣而不是罪臣。

现在已经没有可以掣肘宣帝的人了，这个二十五岁的年轻人真正可以按照自己的设想去实施改革，他要继续武帝未完成的事业，重新打造出一个属于自己的盛世！

第二十七章　万国来朝

精明帝王汉宣帝

霍成君被废以后，皇后的位置空出来，大家都翘首以待，看哪个家族有幸成为下一个权焰熏天的外戚。

宣帝最宠爱的后妃有：华婕妤、张婕妤、卫婕妤、公孙婕妤。她们都生有儿女，按理说中选的希望比较大。但许平君死了以后，宣帝早已经心灰意冷了，现在立皇后不过是为了找个人来帮忙抚养太子而已，有儿女的妃子反而不合适。

所以最后宣帝选中了王婕妤。

当年宣帝在民间游历，因为喜欢斗鸡，结识了这个圈子里的富豪王奉光。

王奉光有个女儿，年纪跟宣帝差不多，订婚几次了，每次要嫁过去的时候男方就突然身亡，所以都没人敢娶她了。按照当时的说法，这样的女人要么克夫很严重，要么就是大富大贵的命，王奉光跟宣帝说了这些以后，宣帝反倒很感兴趣，后来登基以后就把这个王氏女纳入后宫，封为婕妤。

宣帝纳王婕妤不过是为了给老朋友一个面子而已，根本不喜欢她，很少去她宫里，所以王婕妤到现在也没有子嗣，一个人在后宫默默生活着。现在宣帝想来想去，觉得让她来照顾刘奭挺合适的，就把她封为皇后，实际上当作刘奭的养母。

为了避免王婕妤生下自己的儿女,冷落刘奭,宣帝干脆彻底不再临幸王婕妤,甚至一年都不见她几次,王婕妤等于是一个衣食无忧的老寡妇。

王婕妤性情温和,对于这样的生活倒也没什么怨言,就把刘奭当作自己的儿子,一心一意抚养他。

这是大家都乐于见到的局面。何况还带来一个巨大的好处——无论许氏还是王氏,都没有办法膨胀起来。

但王婕妤如此与世无争的性格也影响到刘奭,刘奭成长起来以后也变成一个柔懦的人,对后来的大汉王朝造成很大危害。

再说许氏外戚。宣帝对他们非常照顾,把许广汉和他两个弟弟都封侯。他们家一门三侯,看起来权焰够旺了,可许广汉毕竟是阉人,没法再生儿育女,所以终生只有许平君一个女儿。宣帝亲政几年以后,许广汉病故,绝嗣,许氏当然也就翻不起风浪了。

所以在宣帝时代,外戚家族始终没法威胁到皇权。

现在宣帝还担心另一个威胁,就是远在山阳郡的刘贺——当年大臣们把刘贺遣送回去以后,就废除了昌邑国,改昌邑国为山阳郡。

刘贺再怎么说也是做过皇帝的人,还跟朝廷有仇,这几年虽说他表现得规规矩矩,没什么张扬的举动,但宣帝终究放心不下,便派山阳太守张敞悄悄去查看他的情况。

张敞回报说:刘贺还住在他原来的王宫里,家里有奴婢八十三人,整个王宫受到官府严密监视,随时有大量兵丁和便衣在周围巡逻——当然,养这些士兵的费用是要刘贺出的。王宫大门常闭,只准开小门,官府派一个差役每天早上按时领钱去市场上买食物,然后送进他们府里,除此以外,所有人不得进出。

张敞也进去见过刘贺。刘贺现在虽然才二十多岁,但看着已经很苍老了,脸色黧黑,牙齿焦黄,穿着寻常居家的衣服,戴一顶惠文冠,发髻上还插着一支毛笔,透出三分傻气,而且还得了风湿病,走路慢吞吞的,佝偻着身子前来迎接张敞。

张敞跟刘贺随便聊了一会儿,提到他以前在长安的生活,然后开始清点他的妻子儿女,刘贺的儿女倒非常多,其中有个叫"持辔"的小女儿,谈到她的时候,刘贺忽然跪下,对张敞说:"持辔的母亲就是严延年的女儿。"

张敞有点纳闷:"你跟我说这些是什么意思?"严延年是以性格刚烈著称的直臣,前几年曾经弹劾过霍光,那么刘贺是希望宣帝因为严延年的缘故放过这个小女儿吗?张敞也没多想,只觉得他呆呆傻傻的,懒得跟他废话。

最后谈到他府里的歌姬。刘贺的父亲刘髆留下了十个歌女、舞女,她们不是官奴,也不是姬妾,而是身份自由的平民。按规定,刘髆过世后就该把这些人遣送回家,但刘贺不放人,强迫她们跟自己一起过着羁押生活。

张敞特地对刘贺提起这件事,希望他放人,刘贺跪在地上咧开嘴笑着说:"留她们给我看园子也好呀!您看,她们病了我也不给她们治,吵架打斗我也不管她们,这样不用多久就都死光了,还需要太守您费什么心呢?"

张敞把这些话都报告给宣帝,说:"皇上您看,这家伙就是天生没人性的,难怪满朝文武都不服他。不过后来微臣还是给丞相上了一封书信,以朝廷的名义,把那些歌女放了。"

宣帝听完以后,脸色变了几变,想了一下,说:"也罢,他自甘堕落,就由他去吧。"

看来刘贺已经彻底沦为废人了,威胁不到朝廷,所以宣帝不久以后下诏,把刘贺改封为海昏侯,食邑四千户,以展示朝廷的恩德。

海昏是豫章郡下面的一个县,"海昏侯"这封号虽然难听,但并没有什么特别的含义,不过是因为被封到海昏县而已。

刘贺随后带着家眷到海昏县去就职,对于他来说,封到哪里、封邑多大都不重要,重要的是现在终于可以自由活动了。

但不久又有人告发:刘贺跟当地一个官员私下来往。

据说那个官员曾经问他:"当初您怎么也不反抗,轻易就让人把玺绶夺走了?"

刘贺回答:"是的,我也后悔。"

那官员又说:"现在皇上仁慈,让您当海昏侯,依我看,不久还要提拔您当豫章王呢!"

刘贺回答:"可能吧。这话不能乱说。"

就是这两句话,问题严重了。

有人告上去以后，廷尉认为刘贺竟然还存着东山再起的念头，事态严重，请求宣帝逮捕刘贺，但宣帝没同意，只是下诏削掉刘贺三千封邑。

没过多久，刘贺暴毙，以"海昏侯"的身份下葬，海昏国也被废除，是非恩怨从此都烟消云散了。

宣帝出手之果断仅次于汉武帝，这是他能够压服各方反对势力，成功巩固皇权的关键原因。

把所有这些威胁都解除了以后，宣帝终于可以把全部精力放到国政上面了。

公元前64年，宣帝下诏，把自己的名字改为"刘询"，因为"病已"这两个字太常见了，民众总是很容易犯到忌讳，造成很多麻烦，而且他还特意开恩：以前因为触犯到自己的名讳而获罪的，现在全部免罪。

皇帝为百姓而改名，这在整个中国历史上都是罕见的，人们惊喜地发现：我们迎来了一位充满仁爱的好皇帝。

这期间还发生了一则插曲。

有一天，掖庭里面一个女奴托人向朝廷上书，说当年她在监狱里曾经抚养过宣帝，希望朝廷赏赐她。

宣帝听说以后很纳闷："我什么时候坐过监牢？"便让掖庭的官员去审问这个女奴，这个女人拿不出证据，只好辩解说：御史大夫丙吉可以作证。

掖庭的官员就把这个女奴带去见丙吉，丙吉一见到她就说："当年你不好好抚养皇曾孙，还因此被责罚过，你哪来的功劳？胡组、赵征卿她们两人才是有功劳的。"

官员把结果报上去以后，宣帝大吃一惊，找丙吉来询问，丙吉这才说出了当年他在郡邸狱里面救助宣帝的事。宣帝感慨万端，禁不住流下泪来，说："爱卿何必一直瞒着我？"于是下诏，无比诚恳地褒奖丙吉的功劳，并且封他为博阳侯，食邑一千三百户，又派人去民间寻访胡组、赵征卿二人。

可惜胡、赵二人都已经过世了，宣帝便下诏重赏她们的后代，甚至连那个女奴都得到了封赏，免去奴隶身份，还得到一大笔钱。

从此以后，宣帝一直把丙吉当作自己最信赖的人，有什么事都找他商量，后来还把他提拔为丞相。而丙吉也确实对得起宣帝对他的信任，他宅心仁厚，待人宽和，做事又尽职尽责，在丞相之位上兢兢业业，对国家做出了很大贡献，还留下了"丙吉问牛"的典故。

现在终于到了宣帝大展宏图的时候了。

从民间出来的宣帝是个特别勤政又特别务实的皇帝，他把所有面子工程都抛开，一心一意做实事。他的所有政策都有明确的针对性，都以国泰民安为唯一目标。

他最关注的是民生、吏治、刑狱几方面。

他的基本政策跟文景二帝类似，强调宽刑简政、爱惜民力、轻徭薄赋、课劝农桑，总之就是尽量减轻民众的负担，让民众有足够的精力去发展生产，使经济在和平稳定中得到恢复。

但比文景二帝进步的地方在于，他更看重对官员的管理和约束，看重廉政和勤政对社会的推动作用，也更注重社会的公平性。

他加强对官员的考核，五日一听政，要求各级官吏实时汇报他们的绩效，并且时常派使者到各地巡查，监督政策的执行情况。

对官员的奖惩完全依照他们的政绩来。政绩出众的给予丰厚的奖励，王成、黄霸等人都因此得到了"二千石"的奖赏。犯了错的官员，则该杀就杀，绝不手软，田延年、赵广汉、严延年都成为朝廷的刀下鬼。

这种赏罚分明的作风使得宣帝时代的吏治得到很大提升，从中央到地方的官员都兢兢业业，努力做出成绩，由此涌现出一大批优秀官吏，官场风气之清廉达到前所未有的高度，其他朝代让百姓感恩戴德的"青天大老爷"，在宣帝时代比比皆是，根本不稀罕。

不过有一方面，宣帝的做法却很特别——对于那些在地方上做出明显成绩的官员，他只是给予物质奖励和精神鼓励，却不怎么提拔，理由是：既然他在这个位置能做出成绩，那就说明这个位置适合他，调来调去反而把他调到不合适的地方了，也破坏了政策的延续性。

所以宣帝时代很多官员都长期在一个位置，甚至把官位传给子孙，成为世袭官职。

在刑罚方面，宣帝既不像文帝那样宽和，也不像武帝那样暴虐，而是特别强调公平公正，特别是要坚决杜绝冤狱，因为他自己就是冤狱的受害人，知道冤狱对人造成的伤害有多么严重。

他刚刚亲政不久，就亲自过问一批大案要案，还设置了"廷尉平"的官职，专门监督和审核重大案件的审理，又多次派人到全国各地复核案件，防止冤狱。

他多次下诏强调量刑要适度，既不可屈打成招，也不能胡乱开脱，并且要求各个郡国把监狱里面每年意外死亡的人员名单报上去，作为考核他们的指标之一。

在宣帝的干预下，全国的冤案数量大幅减少，监狱对犯人的虐待也减轻了很多，这对于提升民众的幸福感是很重要的。

宣帝始终把提升民众的幸福感作为自己最重要的任务，在他当政的那些年，朝廷八次下令减免租税，六次下令削减徭役，五次下令借贷粮食和种子给民众（其中很多最后都免于归还了），还有降低盐价，把朝廷和郡国的公田开放给农民耕种，设立常平仓稳定粮价，以及无数次向百姓赏赐财物、牛、酒。至于赈济灾民、接纳盲流、抚恤孤寡，更是成了官府的常规操作……

所有这些政策共同作用的结果，使宣帝一朝成为中国历史上百姓最幸福的时代之一，儒家梦想中的政通人和、人人安居乐业的情景，在这一时期短暂地成了现实。

接下来，则是宣帝最值得被后人铭记的功业，他继承武帝的衣钵，继续把汉家威仪播向四方，让四海番邦——称臣！

决战西域：龟兹

从宣帝初年开始，大汉和乌孙左右夹攻，把匈奴的势力一步步压缩，匈奴对西域的控制力迅速减退，西域因此出现了权力真空，各个小国陷入动荡不安的状态。

现在是大汉征服西域的最佳时刻，也是各路豪杰竞相展露才华的高光时刻，这个时代成功在青史上留下姓名的英雄有常惠、郑吉、冯奉世等人。

当初常惠带领乌孙军队洗劫匈奴右谷蠡王的王庭，取得一场辉煌的胜利，事后被宣帝封为长罗侯，并且让他带着金币去奖赏乌孙贵族们。

常惠很多年来一直在长安和西域之间行走，对沿路各国的情况都很了解，也很希望立更多功劳，他想到，昭帝时期，朝廷的校尉赖丹曾经被龟兹国杀害，这件事还一直没找龟兹算清楚，这次既然派他去乌孙，路上就可以顺便找龟兹国算账，于是便向宣帝上了一封奏折，请求顺路攻打龟兹。

宣帝却不愿挑起事端，没同意常惠的请求。

当时霍光还在，他私下接见常惠，对他说："皇上宅心仁厚，不愿多杀伤，但你远在千里之外，可以'便宜行事'。"

常惠心领神会，便带着五百名士卒出发了。

他们先出使乌孙，完成了任务之后，向乌孙借到七千兵马，开到龟兹，又从龟兹西边和东边各国分别调到两万人马，四万七千大军，从三个方向围住龟兹。

常惠派使者去见龟兹王，责问他杀汉朝校尉的罪行，龟兹王看到城外密密麻麻的军队，吓得双腿发颤，赶忙对使者解释："都是先王的时候将军姑翼干的事，不能怪我啊！"

常惠便命令龟兹王把姑翼交出来，当场斩首在阵前，传谕周边各国："敢滥杀汉朝使节，这就是下场！"

既然龟兹王服软了，大汉的目的已经达到，也就没必要再为难他们，常惠便送走各国援军，带着大汉使节团回到了长安。

这是宣帝时代大汉初次在西域展现自己的实力，跟武帝时代比起来有了一个明显的不同——现在的汉军不再像武帝时期那样用蛮力横冲直撞，而是讲究策略，充分发挥自己的政治影响力，主要靠调用西域本地的势力去干预西域事务。像这一次，仅仅用五百人就镇服了一个国家，这就大大降低了军事行动的成本，使得宣帝时代一方面大杀四方，一方面对国民经济的损耗却极低极低，这种策略比武帝时期高明得多了。

宣帝听到常惠的汇报以后，对他擅自行事略微有点不愉快，没有封赏他，但也继续委任他为朝廷使节，负责大汉和西域之间的沟通，特别是和乌孙之间的沟通。

乌孙是西域第一大国，也是制衡匈奴的重要力量，大汉特别在意和他们的关系，幸运的是，解忧公主确实很有政治才能，她嫁到乌孙这些年，一直对乌孙的对外政策施加影响，使乌孙成为大汉最坚定的盟邦。

不过解忧公主也为国家做了很多牺牲。

当年她嫁到乌孙本来是军须靡的王妃，但没过几年军须靡就死了，临死前立他的堂弟翁归靡为新一任昆莫，按照传统，解忧公主只好又嫁给翁归靡（而细君公主是先嫁给猎骄靡，后嫁给军须靡）。

解忧公主跟细君公主的性格完全不同，她没有对自己的遭遇有任何抱怨，而是完全把国家利益放到第一位，她嫁给翁归靡以后，为他生下五个子女，夫妻之间非常和睦，解忧公主则凭借自己王妃的身份推动乌孙跟大汉合作，取得了非常出色的成果。

另一方面，从武帝中后期开始，大汉的势力延伸到西域，并且渐渐取代匈奴成为西域霸主，这就迫使西域各国调整跟大汉的关系，翁归靡清楚地看到这个趋势，他又恰好需要跟大汉联手打击匈奴这个共同的对手，再加上解忧公主在推波助澜，所以他的外交方向就很明确了，那就是毫无保留地倒向大汉。

这几年，大汉和乌孙之间的合作越来越密切，乌孙在西域最西端，跟大汉之间隔着整个西域，两个大国握手的结果，就是形成一股巨大的合力，裹挟着中间的各个小国，迫使他们加入到两大国的同盟关系中来，日积月累，大汉对西域的影响力就越来越大了。

所以常惠才能凭五百人的力量在西域调动近五万大军。

除此以外，大汉在西域内部也有自己的驻军，那就是郑吉率领的屯垦军团。

当年李广利第一次征讨大宛，因为沿途缺少补给，吃到大亏，从那以后，朝廷就开始在渠犁和轮台派士卒屯田。这是汉朝对西域政策的重大转变，从派遣远征军转向长期驻守，这些屯垦兵团和平时期可以照顾往来的使节，一旦发生战乱，又能迅速调集当地兵力前去征讨，对于巩固大汉对西域的统治具有重大意义。

武帝末年，曾经短暂撤走屯垦兵团，昭帝时期又恢复了。

屯垦兵团的首领称为使者校尉，昭帝时期，轮台的校尉是扜弥国太子赖丹，就是因为他被龟兹国杀害，才引发了常惠围攻龟兹国的战役。

宣帝登基以后，把屯田战略发扬光大。公元前68年，宣帝派侍郎郑吉、校尉司马熹带着军团到渠犁屯田。

决战西域：车师

这次屯田实际上是冲着车师去的。

车师在西域东北部，处在匈奴进入西域的通道上，因此这里是大汉和匈奴争夺西域的关键地区，车师长期臣服于匈奴，大汉要把匈奴的势力逼出西域，就必须拿下车师。

从武帝末年开始，汉军就多次去攻打车师，但一直不太成功。

昭帝时期，匈奴甚至直接派兵到车师屯田——可能是跟大汉学的，他们也想用屯田的方式在西域扎根。

宣帝初年，大汉跟乌孙夹击匈奴，匈奴受到严重挫折，屯田车师的军队也四散逃命去了，车师只好又倒向大汉。

匈奴单于听说以后严厉斥责车师王，要他把太子军宿送过去当人质，军宿十分恐惧，只好逃到焉耆去躲避，车师王就立了另一个儿子乌贵为太子。

后来乌贵登基，娶了一个匈奴老婆，他知道匈奴的厉害，只好又倒向匈奴，甚至帮着匈奴拦截大汉和乌孙的使者。

现在宣帝派郑吉他们去渠犁屯田，目的就是威逼旁边的车师，把他们再从匈奴手上夺过来。

宣帝分给他们的军团只有一千五百人，而且主要由各种罪人组成，根本不算正规军队，宣帝的意思很明确——还是用老办法，发动西域属国的军队参战。

郑吉他们在渠犁屯垦了一段时间，当年秋天大获丰收，攒够了军粮，于是调集周边各国军队一万多人，加上一千五百汉军，攻打车师。

车师军队当然一触即溃，乌贵只好逃到匈奴去搬救兵，不料这时候匈奴都已经自身难保了，根本不敢去迎战汉军，乌贵只好又垂头丧气地回到车师。

他跟手下官员商量，那官员说：不如我们去随便打一个匈奴手下的小国，拿着战利品去投降郑吉。乌贵觉得这是个好主意。

打谁呢？想来想去，匈奴手下的小国最好还是别惹，车师旁边倒是有个叫小金附国的国家，最近正趁着汉军打车师的机会来趁火打劫，所以就打他了。

于是乌贵带人打破小金附国，带着掳来的财宝和民众去向郑吉投降。

听说乌贵投降汉军以后，匈奴虚闾权渠单于终于坐不住了，派出军队来讨伐车师。

郑吉和司马憙没有丝毫犹豫，直接带兵挡住他们。匈奴军队面对一万多的各国联军，竟然没有勇气开战，只好又撤回漠北。

郑吉和司马憙留下二十个汉军，号称帮助车师防卫匈奴，自己带着大部队回到渠犁屯田去了。

这时候车师的处境类似于当年的楼兰，夹在两个大国中间里外不是人，乌贵看到郑吉才派二十人帮他守国门，简直是在故意招匈奴来打，气不打一处来，但又实在没办法，只好走为上策，逃到乌孙去避难。

郑吉也没管他，自己带着军队返回长安去报功。

实际上，郑吉已经有了退缩的想法——车师远离西域各国，甚至离渠犁都有一千多里，中间还隔着崇山峻岭，离匈奴却非常近，大汉要长期防守这里，需要付出巨大的经济代价，这显然跟宣帝一朝以小博大的精神相违背，所以对于大汉来说，车师是一块烫手的山芋，强行抓住的话，得不偿失。

就是因为考虑到这些，郑吉才故意战略性放弃车师——他只留二十人防卫车师，就是希望输掉接下来的战役，倒逼朝廷撤兵。

但这时候长安那边还没有意识到这一点，郑吉刚走到酒泉就收到宣帝的命令：马上回西域去，加强在渠犁和车师屯田的力量，挡住匈奴。所以他只好又返回渠犁去了。

而对于匈奴来说，丢掉车师则意味着在西域争夺战中彻底出局，所以他们绝对不答应，郑吉的多国联军撤走不久，匈奴军队就卷土重来，又一次包围了车师。

郑吉这次却不向西域各国借兵，只是调集渠犁的屯田兵团去救援车师，一到现场，就发现匈奴的兵力十分强大，只好不断增兵，手忙脚乱，最后把一千五百人全派过去了，但这些兵力哪里能挡住匈奴几万大军，最后全体被围在车师城里，情况十分危急，眼看要被敌人包饺子了。

匈奴将领在城外大喊："我们不想为难你们，但你们要在车师屯田是绝对不行的，赶快滚蛋！"

长安那边紧急派常惠带领张掖、酒泉的骑兵队伍出动，杀到车师以北的匈奴境内，呼啸而过，展示武力，匈奴大军才撤走，郑吉和他的屯田军团终于得救了。

这一切很可能是郑吉故意造成的，甚至不排除他在跟匈奴联手演戏，目的还是逼迫朝廷放弃车师。

同时乌孙那边也传来消息，乌孙昆莫收留了乌贵，并且向宣帝解释：让乌贵留在乌孙可以帮忙从西边威胁匈奴。但明眼人都看得出来，乌贵怎么可能威胁匈奴，分明是在威胁汉军控制下的车师。

所以看来乌孙也并不希望大汉拿下车师，独占西域。

在各种条件都不具备的情况下，宣帝只好决定：战略性放弃车师。

他派使节从焉耆把军宿接回来，立为新的车师王，然后让军宿带领车师军民向南撤离，整个国家搬到渠犁，把车师的土地让给了匈奴。

这是一个双方都勉强能接受的结果，车师之战，大汉折腾了半天，最后还是以妥协结束，没能把匈奴彻底从西域赶出去。

不过从后来的局势发展来看，大汉这次的妥协反而是对的，因为匈奴的国力下滑已经不可逆转，大汉并不需要在这时候强行拿下西域，只要维持现有的策略，继续削弱匈奴，一切就会水到渠成。

不过乌贵留在乌孙终究是个祸害，过了几年，宣帝派人到乌孙，强硬要求他们交人，乌孙只好把乌贵交给了大汉。

当初乌贵逃走以后，郑吉把他的妻儿老小打包送上车，让人送到长安。在长安，宣帝把他们当作贵客接待，一直好吃好喝的养着，没事还带他们出来参加各个番邦首脑的聚会，让人看看大汉多么优待藩国首领的妻儿。

乌贵到长安以后也受到宣帝的优待，他是宣帝手上的一枚棋子，一旦现在的车师王敢有不臣之心，宣帝就把乌贵送回去争位，所以乌贵从此就一直在长安生活着，锦衣玉食，无忧无虑，倒也得了善终。

所以这一家子的命实在好得很呢。

而车师民众也开心得很，这么多年来他们一直在两大国的夹击下遭罪，没有一刻安宁，现在搬到渠犁来，安安心心跟着大汉这个大佬，有饭吃，有衣穿，生活稳定，国家安泰，真是神仙过的日子呀。

当然，宣帝没有忘记车师的土地，他在等待匈奴进一步衰落的机会。

决战西域：莎车

公元前 65 年，朝廷征集出使西域的使者，有人推荐郎官冯奉世。

冯奉世是战国时代韩国将领冯亭的后人，他们家族在秦汉两朝世代为官，他的爷爷冯唐更是赫赫有名。

不过冯奉世的仕途并不顺利，他在武帝末年就被选为郎官，这么多年过去了，也还是郎官的身份。

前将军韩增特别赏识他，这次找到机会，把他推举上来，让他护送大宛等国的宾客回国。

到伊脩城的时候，大汉使者们忽然听说，莎车国内发生叛乱了。

莎车王万年是解忧公主的儿子，当初前任莎车王死了以后，无子，汉朝就把万年送到莎车去扶立为王，理由是这样可以保持汉、乌孙、莎车三国之间的友好关系。

但这样乱点"鸳鸯谱"，莎车人当然不乐意，没过多久，前任莎车王的弟弟呼屠征就带领他们的民众发起叛乱，杀掉了万年和汉朝使者奚充国，然后自立为莎车王，公然跟大汉作对。

莎车国的位置非常特殊：从鄯善（以前的楼兰）往西，西域的道路分为南北两道，分别沿着塔克拉玛干沙漠的南北边缘行走，最后再在莎车合到一起，所以莎车扼守着南北两条道路的西边出口。

当时匈奴正在攻打郑吉控制的车师国，西域北道暂时不通，呼屠征听到消息以后，就到处散播消息说："匈奴已经打下车师，把西域北道控制住了，我们再把南道截断，汉朝人就过不来了。"所以他们也派兵攻打南道沿线的小国们，迫使他们跟自己歃血为盟，共同封住南道的出口。

冯奉世听到消息以后，跟使节们一合计：这事情很严重，必须立即拔掉莎车这根钉子，保证西域道路的畅通。于是拿出大汉符节，假传宣帝的命令，向周边各国调兵，很快调到一万五千人的大军。

多国联军攻入莎车，莎车军队一触即溃，呼屠征自杀身亡，莎车人只能投降。

冯奉世另外扶立一个莎车王，再度把这个关键位置的国家纳入了大汉的控制之下，保证了西域道路的畅通。

短短几年之内，大汉连续攻下西域几个重要国家，兵锋所至，无往而不利，西域各国都被震撼了，纷纷带着财物来讨好大汉使者们，冯奉世他们收礼物收到手软。

冯奉世继续向西，来到大宛，大宛王也表现得十分恭顺，忙前忙后地招待大汉使节团，还主动献上名叫"象龙"的名马，希望能讨得宣帝欢心。

冯奉世带着大宛等国进贡的礼品回到长安，宣帝也非常开心，大笑着说："韩将军推荐的人果然没错！"朝廷官员们也纷纷附和，都夸赞冯奉世是国之栋梁。

宣帝本来想给冯奉世封侯，少府萧望之却说："冯奉世虽然有功于国家，但他假传君命，擅自调集各国军马发动战争，如果封赏他，以后各位将领都会在万里之外擅自行事，只求立功，不顾外交大局，此风不可长，因此不该封赏冯奉世。"

正在兴头上的宣帝被泼了一瓢冷水，不过他一想，萧望之的说法跟自己一直以来讲求的"依法办事"的精神完全契合，所以反而夸赞萧望之，只把冯奉世提拔为光禄大夫，没给其他赏赐。

从此以后，大汉在西域的使节们也都变得谨慎起来，假传君命擅自调兵的情况再也没有出现，虽然少了许多意外的惊喜，但对于保持国家对外政策的一致性确实是有用的。

至于萧望之，宣帝对他的直言敢谏非常赞许，这以后一直重用他。

萧望之是宣帝朝廷里定海神针一般的存在，他学问深湛，主修《齐诗》，又是《鲁论语》的传人，人品又非常正直，曾经当面扫霍光的面子，还因此被霍氏打压很多年。对于国家大事，他一直严格按照儒家的传统道德观来评议，虽然略嫌保守，但胜在一个"正"字，大开大阖，光明磊落，在大是大非上立场相当明确，所以宣帝很信任他，他的意见宣帝多数都会采纳，有他在，宣帝的政策在大方向上才一直保持正确。

赵充国平西羌

公元前63年，朝廷突然收到汇报：西羌部落正在向湟水以北迁移，河西走廊面临重大威胁！

西羌跟大汉的矛盾由来已久。

羌人是从黄帝时代延续下来的古老民族，居住在黄河、湟水、洮河、大通河、岷江等流域，他们人口众多，分布地区广泛，长期跟中原民族杂居，一直相互影响，既有冲突也有融合。

居住在河湟地区的是西羌，他们是许多个部落的联合体，部落之间相互仇杀，世代不绝，这严重限制了他们的实力。在西汉前期，他们一直臣服于匈奴，时常跟匈奴联合起来阻击大汉。

武帝时期，为了"断匈奴右臂"，派出霍去病强夺河西走廊，赶跑了匈奴的同时，也把西羌和匈奴隔绝开了。

西羌各部落被逼退到湟水以南，湟水以北水草肥美的地区被大汉控制，武帝随后建立河西四郡，向这些地区移民，填补匈奴和西羌留下的空缺，这必然跟西羌造成严重矛盾。

早在武帝后期，西羌就发起过叛乱，朝廷派李息、徐自为带十万大军去征讨，经过好几年的艰苦战斗才平息了叛乱。

武帝随后设置护羌校尉统治西羌地区，以强大的武力优势硬性压服了西羌各部落。昭帝时期，又在河西东部设置金城郡，进一步加强对河西地区的统治。

但是羌人怎么可能长期接受这样的局面呢？他们一直在谋划重夺湟水以北的土地。

就在公元前63年前后，朝廷出现一次重大失误，使得西羌地区重燃战火。

当时宣帝派光禄大夫义渠安国去出使西羌，义渠安国祖上是义渠国的人，而义渠国正是羌人建立的国家之一，跟西羌是近亲，朝廷可能认为派他过去更容易跟西羌沟通。

西羌各部落的首领们跟义渠安国攀谈，非常诚恳地提议：现在湟水北岸有大片空地，能不能允许我们的人迁一些过去放牧？我们只在汉人没有耕种的地方活动，绝对骚扰不到汉人。

义渠安国不知道出于什么考虑，在没有向朝廷请示的情况下就答应了，于是西羌部落的首领们就回去大肆宣传：汉朝同意我们移居到湟水以北了，赶快行动！

羌人们开始拖家带口地向着湟水以北的"故土"迁移。

同一时期，各部落首领们聚在一起盟誓，宣布尽弃前嫌，所有西羌部落团结起来——武帝末期那一次叛乱之前，西羌各部落也曾经宣布联合，所以他们的这种联合，往往就是准备迎战外敌的明确信号。

义渠安国没理会这些，大摇大摆地返回朝廷去报功。

朝堂上，老将赵充国一听说这事就大叫"糟了"，他自己就是在河湟地区成长起来的，对羌人的作风非常熟悉，羌人这次渡过湟水怎么可能是为了放牧？分明是准备要夺回整个河西地区，而且西羌各部落联合起来战斗力惊人，看来河西地区要有大麻烦了。

果然，河西来的警报源源不断，羌人从开始试探性地渡河放牧，很快就发展到整个民族的大规模迁徙，不过一年时间，河西四镇周围已经遍地是西羌游民，他们正在占领整个河西！

赵充国向宣帝紧急建议：赶紧派兵，阻止羌人的移民行动，保证河西地区的安全。

赵充国更进一步警告：羌人的这些动作背后还可能有其他势力支持，他们可能联合起来威胁大汉西部边陲。

果然，没过多久就传来羌人向匈奴借兵，准备攻打敦煌、鄯善的消息。

现在看来很明确了：匈奴在漠南和西域都遭到失败以后，孤注一掷，把目标放到了河西，他们暗中派使者勾结西羌各部落，准备先斩断大汉到西域的通道，再强占河西走廊，一次性砍掉大汉的西部疆土，实现对大汉军事上的逆转——其实从匈奴和西羌的角度来说，他们的做法是完全正义的，大汉反而是侵略者，但这是几个民族对于生存空间的争夺，不存在对错之分，对于大汉来说，河西必须守住，没有退路。

以汉军目前的素质，匈奴和西羌军队一旦联合到一起，汉军未必挡得住，即使最后获胜，也会严重损耗国力。

可惜这时候宣帝仍然下不了决心，他一方面接受赵充国的建议，厉兵秣马，准备防范羌人的进攻；另一方面还存着政治解决争端的想法，派人去跟西羌部落的首领们沟通。

这次派出去的人竟然还是那个义渠安国！

公元前61年初，义渠安国又一次来到西羌部落，他一到那边，就大发雷霆，说羌人欺骗他，害得他被皇帝责怪，他把最大的部落先零部的豪强们召集起来，一共三十多人，全部斩首，然后私自发兵攻打羌人，杀伤一千多人。

这下西羌各部落都轰动了，本来不反的首领们都造起反来，由归义侯杨玉带领，劫持许多小部落，组成无数支杂乱无章的军队，在河西地区左冲右突，对各个城池发起攻击，西羌之乱就这样爆发了。

可以说，西羌之乱完全是由朝廷的错误政策引发的，宣帝君臣负有很大责任。

幸运的是，羌人到目前都缺少一个强势的军事领袖，他们四处横冲直撞的行为，更像是在发泄怒火，而不是通盘考虑的战争行动。

另外，公正地说，义渠安国这家伙虽然祸国殃民，可他抢先一步杀掉先零部落的领导者，又迫使战争提前爆发，客观上也让西羌各部落陷入了群龙无首的状态，使朝廷讨伐叛逆的难度降低了很多。

宣帝听到回报以后，派人去问老将赵充国的想法。

赵充国已经七十多岁了，宣帝问他讨平西羌需要多少兵力，他表现出一位老人特有的持重，回答："战场上的事不能凭空想象，老臣想先到金城查看情况，再制订伐羌计划。"

宣帝听到这话，便决定让他全权负责战争指挥。

赵充国到金城郡以后，向当地官吏详细询问前线的情况，谋划再三，然后请朝廷派一万骑兵驰援。

当年四月，一万汉军抵达金城前线，正式开始讨伐西羌之战。

可是谁也没想到，备受宣帝信赖的赵充国，随后却用自己独有的方式主导了这场战争。

他从一开始就表现出极度的谨慎。

一万骑兵会聚到金城以后，计划渡过黄河，当时他们的兵力占据绝对优势，赵充国却只派几支小分队趁夜晚偷偷渡河，到对岸建立营寨，然后才让大部队渡河。

到河对岸以后，远远看到有几百骑羌兵在窥伺，汉军将士们都想冲上去立功，赵充国却不同意，他说："我军刚刚渡河成功，士卒疲敝，追击敌人不一定能成功，而且这些骑兵说不定是诱饵，不要贪图小利吃了大亏。"所以就放过了那些敌人。

站稳脚跟以后，赵充国让汉军沿着湟水徐徐西行，同时不断派出侦察兵去刺探敌人的情况，直到确信敌人没有埋伏以后，才在夜晚带领汉军主力登上落都山。

落都山是湟水流域核心部位的高地，如此重要的地带，羌人竟然没有派兵把守，让汉军轻易占领，赵充国开心地说："我确信羌人不懂用兵了。"

虽然占据了关键位置，赵充国却不出击，而是让汉军在落都山修筑堡垒，准备长期坚守，羌兵多次来挑战，他都不出战。

汉军的存在等于在羌人的腹地扎下一枚钉子，拔又拔不掉，一直威胁着西羌各部落，这让羌人很难受。

赵充国趁机派人到西羌各部落传达朝廷的精神，申明朝廷大军只惩处匪首，其他人只要弃暗投明，朝廷一概不追究，西羌各部落本来就不齐心，收到招抚信息以后，渐渐开始动摇起来。

朝廷那边看到赵充国的一万军队一直不行动，都觉得不可思议，宣帝和文武百官计议，大家都认为不该继续拖延下去，于是宣帝发诏书给赵充国，催他尽快进军。

赵充国却很干脆地回答："将在外，君命有所不受。"并且回信向宣帝详细解释自己的计划——他准备分化羌人，只打击为首的先零部落，对其他部落以招抚为主。

赵充国的意见在朝廷里引发很大争议，大多数将官都在攻击他，认为他太老了，畏战心理严重，这样拖下去要把事情办糟，于是宣帝一遍又一遍地发诏书催促赵充国进军，赵充国却一直抗命，不停向宣帝解释速战速决是下策。

朝廷里的人们还在激烈争论，宣帝也满腹狐疑，最后任命许延寿为强弩将军，辛武贤为破羌将军，让他们带着全国各地召来的一万多人的军队杀向罕羌部落，协助赵充国——实际就是变相强迫赵充国出击。

赵充国却再次向宣帝上书，坚决拒绝朝廷增兵，宣帝想了很久，同意让他再相持一段时间。

实际上，赵充国也是有所行动的，他在分化西羌各部落的同时，一直在派小股部队截击那些顽固抵抗的先零军队，消灭敌人的有生力量，同时，汉军也在缓缓向敌人的纵深推进，逐渐逼近先零部落的基地。

当年七月，汉军到达先零本部，羌人已经习惯了汉军慢吞吞的作风，根本没有防备，赵充国突然指挥军队冲锋，先零部落大乱，人们飞奔逃命，奔向湟水方向。

赵充国命令汉军：适度追击敌人，不要逼迫得太紧，防止敌人走投无路转身死战。所以汉军只是缓慢追击，先零部落的士兵掉进河里淹死几百人，被杀被俘虏几百人，其余基本都逃掉了。

汉军又追到罕羌部落，受到之前的招抚政策的影响，这个部落的人早已经军心动摇了，赵充国让汉军保持良好的军容，绝不烧杀劫掠，结果成功招降罕羌部落上万人。

到这时，赵充国的分化政策已经初步显出成效了，朝廷里理解他的人也逐渐多起来。

当年秋天，赵充国感染了风寒，病倒了。宣帝又忧虑起来，怕赵充国万一出个三长两短，之前的功夫就全都白费了，所以又一次催促赵充国赶紧进军，哪怕他不肯动，朝廷派许延寿、辛武贤去指挥兵马也行。

赵充国的回复却让宣帝大吃一惊——他希望终止这场战争，把骑兵队伍遣返回去，只留下一万士卒在金城郡屯田。

这让宣帝和满朝文武都无法理解，战争明明还没开打，怎么就要结束了？

赵充国详细解释道：羌人失去了他们的肥沃土地，人人含恨，这才是叛乱的根源，如果用大军硬性镇压，只会进一步增加仇恨，让羌人的反抗更加激烈。

何况现在匈奴、乌桓等各路蛮夷都在虎视眈眈，一旦河湟地区爆发大战，他们就会乘虚而入。实际上，匈奴挑唆西羌反叛，本意就是希望大汉陷入跟羌人的战争旋涡而不能自拔。

现在赵充国偏就不跟羌人发生大规模战役，只是派兵在河湟地区屯田，用柔性的手段挤占羌人的生存空间。

因为他看到一个明显的事实：羌人部落之间存在根深蒂固的矛盾，当大军压境的时候，他们会被迫摒弃矛盾，暂时团结起来；而一旦外部威胁解除，他们的生存空间又受到持续挤压，生活困难，内部就会互相劫掠，各种矛盾就会爆发出来，从而不需要朝廷动手，他们自己就会互相削弱。

典型的例子是现在的先零部落，他们本来是西羌各部落里面最强大的，最近受到汉军持续打击以后已经明显衰落了，只剩下七八千人，饥寒交迫，四处逃窜，其他部落看到有机可乘，就都来向先零部落打劫，逼得他们走投无路，纷纷向汉军投降。

更狠的是，赵充国还发布命令：西羌各部落只要能杀灭"叛军"提着人头来邀功的，都给予奖励。所以各部落不管三七二十一，纷纷杀掉其他部落的人来领赏，汉军也被"蒙骗"，糊里糊涂地就发给他们赏赐。

这样下去，根本不需要发动大规模战役，只要持续保持压力，西羌各部落就会因为自相残杀而衰落下去。朝廷不费一兵一卒，节省大量人力物力，就能达到比战争更佳的效果，同时还保留着兵力去防范匈奴，何乐而不为呢？

赵充国的书信送到以后，宣帝君臣拍案叫绝，终于彻底明白了他的苦心，于是撤回骑兵部队，开始在河湟地区屯田。

当然，宣帝还是怕出差错，所以做了两手准备，屯田之前，宣帝先派许延寿、辛武贤和中郎将赵印主动发起进攻，打掉西羌部落的几支主力部队，杀伤上万敌人，然后才撤走大部分兵力，只留下赵充国屯田。

后来的一切果然都按照赵充国的预料发展，西羌各部落在一片混乱中衰落下去，死的死，逃的逃，剩下的都向朝廷投诚，再也没有任何能力威胁河西地区了。

第二年五月，屯田不到一年时间，宣帝就接到赵充国的上书："可以撤走屯田的部队了。"

屯田的汉军撤走以后，西羌各部落继续混战。

当年秋天，西羌几个小部落联手，斩杀先零部落的首领犹非、杨玉，带着他们的人头向朝廷报功，四千余羌人同时投降了朝廷，历时两年的西羌之乱终于彻底平息。

这是宣帝时代一件有代表性的成就，朝廷精打细算，以最小的代价、最低的成本完成最大的功业。正是因为这种精明的策略，才使得国家避免重蹈武帝时代的覆辙，从而能够在开疆拓土的同时保持社会稳定和经济繁荣。更重要的是，避免了人民的无谓伤亡，所以宣帝时代的民众真是相当幸福呀。

而老将赵充国因为平定西羌的伟大功勋，受到朝廷高度褒奖，声名鹊起，在征战一生之后，终于站上了大汉帝国将星谱最闪耀的位置，并且最终留名于麒麟阁之上，也算得上一位传奇将领了。

五单于相争

国运是一种神奇的事物，在某个阶段，当国运顺畅的时候，顺心的事情会一件接一件地来，甚至可能突然爆出一些意外惊喜，瞬间达成巨大的成就。

宣帝当政十年之后，一个巨大的惊喜就骤然来临了。

前些年壶衍鞮单于在位的时候，匈奴受到大汉和乌孙的左右夹击，国力严重受损，已经无法对大汉构成威胁，只能偶尔搞一些小动作而已。

公元前68年，壶衍鞮单于离世，他弟弟继位，称为虚闾权渠单于。

按照传统，虚闾权渠单于应该娶他哥留下的颛渠阏氏。（她跟壶衍鞮单于的母亲一样，都是颛渠氏的人，所以都被称为颛渠阏氏，史书上便出现了两个颛渠阏氏。）但他却不喜欢这个女人，于是抛开她，另外立右大将的女儿为大阏氏。

颛渠阏氏受到冷落，怀恨在心，一直想找机会报复虚闾权渠单于，于是勾搭上了右贤王。颛渠阏氏的娘家本身就是匈奴内部的豪门，她父亲和弟弟都是高官，势力很大，现在又加上右贤王的势力，形成一股反对虚闾权渠单于的强大力量。

公元前60年，右贤王去龙城参加高层会议，会议结束以后，刚要离开，颛渠阏氏偷偷找到他，告诉他："（虚闾权渠）单于现在病得很厉害，看来坚持不了几天了，你先留在这里，等有变故，我家的人一起出马，帮你争夺单于之位。"

果然，没过几天，虚闾权渠单于就病故了。

匈奴朝廷里的大臣们分头去召集各路王爷，准备拥立新的单于，颛渠阏氏一伙却抢先一步，在王爷们到来之前拥立右贤王登上了单于之位，称为握衍朐鞮单于。

握衍朐鞮单于的位子是偷来的，上任以后只能大开杀戒，把上一任单于的部下们都杀光，于是很快在匈奴高层卷起一股腥风血雨，闹得人心惶惶，动荡不安。

其中最惊慌的是虚闾权渠单于的儿子稽侯栅，他知道握衍朐鞮单于不会放过自己，只好逃出匈奴汗国，逃到了乌禅幕部落去避难。乌禅幕的首领是他的岳父，把他收留下来，当时匈奴贵族们普遍都不服滥杀无辜的握衍朐鞮单于，乌禅幕就又跟匈奴的几大贵族联合起来，共同拥立稽侯栅为单于，称为呼韩邪单于。

呼韩邪单于带着支持自己的几万军队杀回漠北，这时候握衍朐鞮单于已经陷入众叛亲离的境地，很快被呼韩邪单于打败，只好逃回他自己的右贤王部落去。但现在掌握右贤王部落的是握衍朐鞮单于的弟弟，连他都拒绝救援握衍朐鞮单于，走投无路的握衍朐鞮单于只好自杀身亡，仅仅当了两年单于。

呼韩邪单于进入漠北王庭，算是正式接过了单于的位置。

当时大家都以为呼韩邪单于众望所归，在他的带领下，分裂的匈奴部落即将整合到一起，却没想到匈奴的内乱才刚刚拉开帷幕。

握衍朐鞮单于被打败的时候，颛渠阏氏那一派的人也逃到了右贤王部，现在的右贤王——握衍朐鞮单于的弟弟把这些人收留下来,然后跟这些人合谋,共同立了一个屠耆单于,跟呼韩邪单于分庭抗礼。

屠耆单于很快带着自己的支持者打回漠北王庭,又把呼韩邪单于赶走,占领了王庭。

屠耆单于手下有两员大将:右奥鞬王和乌藉都尉。屠耆单于各分给他们两万骑兵,让他们驻扎在边境上防着呼韩邪单于。

但屠耆单于也没能站稳脚跟。

当时匈奴的呼揭王跟右贤王有矛盾,于是他就在屠耆单于跟前诋毁右贤王,屠耆单于听信了他的话,把右贤王父子杀了,但没过几天,屠耆单于就后悔了,又反过来责罚呼揭王这一派的人,把呼揭王的人也给杀了。

呼揭王又惊又怒,反出王庭,自立为呼揭单于。

边境上的两员大将右奥鞬王和乌藉都尉听说后方发生内讧,也造起反来,分别自立为车犁单于和乌藉单于。

加上逃到远处的呼韩邪单于,匈奴的土地上同时出现了五个单于(呼韩邪单于、屠耆单于、呼揭单于、车犁单于、乌藉单于),匈奴汗国陷入极度混乱的分裂状态。

对于大汉来说,这简直是天上掉下来的一份大礼。

匈奴汗国分裂以后,为了击败对手,几个单于都争先恐后地向大汉示好,希望得到大汉的支援。他们千方百计请求跟大汉和亲,还不断派出手下到长安巴结宣帝,漠北到关中的道路上挤满了来朝贡的匈奴使节,匈奴的日逐王甚至带着手下一万多人直接到长安来投降。

大汉军民怎么也想不到,列位先帝梦寐以求的"万国来朝"的景象会在他们这一代成为现实,而且来朝觐的还是曾经的最大对手。宣帝和大汉百姓都怀着无比敬畏的心情感谢列位先帝,正是由于他们一百多年来孜孜不倦的努力,才在这个时代结出最丰硕的果实。

日逐王手下有僮仆都尉,负责管理西域,所以他来归顺的同时,也把匈奴在西域的统治权转手送给了大汉。宣帝抓住机会,当即在西域设立都护府,开始对西域进行行政管理,第一任西域都护是郑吉,驻地在乌垒。

汉朝和匈奴在西域的争夺战至此尘埃落定,从敦煌到葱岭这片广袤的土地从此纳入华夏版图！

这是又一份天降大礼！

这一刻，汉家是受上天眷顾的幸运儿，是真正的天选之人！

另一边，漠北苦寒之地，匈奴内部的战乱正愈演愈烈。

对于两个手下的背叛，屠耆单于怒不可遏，派出两支大军攻打两人，甚至亲自出征，统领军队。

车犁单于和乌藉单于都是奴才造反，根基不牢，在屠耆单于的大军打击下很快败下阵来，两人逃向西北方，跟呼揭单于合并到一起，三个反贼最终商量的结果，乌藉单于和呼揭单于都自行放弃单于称号，共同尊奉车犁单于，成为车犁单于的手下。

屠耆单于派一部分兵力守住东方边境，防范呼韩邪单于，自己亲自领兵追击车犁单于，车犁单于又一次大败，只好继续逃向西北方向。

赶跑了三个反贼，屠耆单于刚要喘口气，东方的呼韩邪单于却杀过来了。呼韩邪单于这时候已经休整了一年多，兵精马壮，一来就如同狂风卷地，杀得屠耆单于的人大败而逃，屠耆单于最终自杀身亡。

屠耆单于的儿子和颛渠氏的人们逃向南方，带着残余势力投降了大汉——又一份大礼包成功送到！

呼韩邪单于继续向西推进，三个反贼不堪一击，车犁单于很快就向呼韩邪单于投降，草原各方势力又一次被平定，五单于相争的局面终于结束了。

一片混乱中，呼韩邪单于手下的左大将乌厉屈眼看形势不好，跟他爹一起带着手下五万多人向南方逃奔，也投靠了大汉——又来了一份天降大礼！

公元前56年，时隔两年之后，呼韩邪单于再次冲向漠北王庭，收拾残兵败卒，抚慰百姓，准备重新整合匈奴各部落。

不料匈奴的分裂还远远没有结束——而且这次是长期的！

草原霸主俯首称臣

呼韩邪单于还没来得及喘口气，马上又有人跳出来作乱。

李陵的儿子现在是匈奴的重要将领，三个反贼树倒猢狲散以后，他留在乌藉都尉身边，拥立乌藉都尉再一次自立为乌藉单于。

另一边，屠耆单于的弟弟也带着自己的兵马，在西方自立为闰振单于，漠北草原上又出现了三个单于并立的情况，呼韩邪单于只好又派兵去讨伐。

正当呼韩邪单于焦头烂额的时候，最大的危机却在他们家族内部爆发出来。

呼韩邪单于有个哥哥叫呼屠吾斯，早年流落在民间，前几年呼韩邪单于即位以后，把他从民间找回来，封为左谷蠡王。

呼屠吾斯具有惊人的军事才干，在他的帮助下，呼韩邪单于实力大增，东征西讨，疯狂扫荡，终于消灭了另外几支分裂势力，成为草原上的王者。

按理说，这兄弟俩应该亲密合作，共同在目前的乱局中生存下去。

但事情偏偏不称人愿，就在呼韩邪单于刚刚站稳脚跟，准备收拾乱局的时候，呼屠吾斯却在东方自立为郅支单于，公开跟自己的兄弟作对。

呼屠吾斯为什么要反叛，后人已经无法了解，但从后来他的作为也能大概猜到一些——他是一个性情极度残暴、做事极端冲动的人，跟人亲密合作这种事在他的意识中是不存在的。

跟另外两处的叛贼不一样，郅支单于血统纯正，有执政的合法性，又长期在呼韩邪单于手下带兵，在军队中很有号召力，他的反叛，是对呼韩邪单于的致命打击，呼韩邪单于的实力因此严重受损，无法依靠自己的力量统一匈奴。

呼韩邪单于先在西边击败乌藉单于，夺回漠北王庭，郅支单于也跟闰振单于发生火拼，成功消灭了闰振单于。两兄弟终于面对面决斗了。

郅支单于兵精粮足，抢先发起进攻，打得呼韩邪单于大败而逃，让出了漠北王庭。

这时候匈奴内部的战乱已经持续了六年，匈奴各个部落都被卷入冲突中，漠北王庭一次又一次改变主人，从西到东三千里的草原上战火不绝，没有一寸安宁的土地。

匈奴百姓在战火中受尽煎熬，本来就已经饥寒交迫的他们，现在彻底坠入深渊。饥荒和瘟疫席卷草原的每一个角落，人们互相攻杀，疯狂抢夺一切可以充饥的东西，战死饿死的人不计其数，活着的人们都已经陷入绝望状态。

匈奴汗国彻底败了,整个民族的精神都垮掉了,他们彻底忘记了祖先的荣耀,忘记自己的大国身份,抛掉一切尊严,开始认真考虑起一个问题——向大汉称臣!

呼韩邪单于手下的左伊秩訾王劝他:目前的情况,继续跟郅支单于对决下去很危险,不如投靠汉朝,背靠汉朝这棵大树,就不必怕郅支单于了。

呼韩邪单于很为难,召集属下将领们讨论这个问题。

将领们全都跳起来,义愤填膺地说:"我们是马上打天下的民族,以战死为荣誉,列祖列宗以来,从来没有向人卑躬屈膝的!现在郅支单于也是我们单于的兄弟,不管谁获胜,国家都在两兄弟的手里,何苦抛弃自家兄弟向汉人投降,辱没列位先单于,贻笑于周边各国?"

左伊秩訾王为首的投降派跟这些主战派们展开激烈辩论,匈奴人确实已经被打怕了,他们再也不想忍受这样无休止的折磨,辩论的最终结果,生存压力战胜了尊严,呼韩邪单于最后决定:以匈奴单于的身份,带领全族人口,投靠汉家天子!

公元前53年,呼韩邪单于带着几万族人来到大汉边塞,派人向宣帝述说自己称臣的愿望,宣帝同意后,呼韩邪单于派自己的儿子右贤王铢娄渠堂到长安拜见宣帝,商谈归顺的事。

郅支单于听说以后,很怕大汉支持呼韩邪单于,于是也派自己的儿子右大将驹于利受去拜见宣帝。

对于两个单于的轮流巴结,宣帝当然相当欢迎,汉朝通过这种方式,以最小的代价降服匈奴,完全符合宣帝一贯以来的作风,可以说是正中下怀,所以宣帝君臣都以非常认真的态度筹划这次受降仪式。

双方把各种细节都商量好以后,第二年正月,呼韩邪单于带着族人来到五原郡,然后在汉朝官吏的带领下,被欢迎团队簇拥着,来到长安附近的甘泉宫,正式拜见汉家天子。

大汉朝廷给予呼韩邪单于极度的优待,准许他入朝不趋,赞谒不名,地位在诸侯王之上。天子赏赐冠带衣裳、黄金玺绶,以及刀剑、车马、金帛、锦缎,不计其数。

拜见仪式完成以后，宣帝来到池阳宫附近的长平坂召见归顺的匈奴人。为了照顾呼韩邪单于的面子，特地让他不必露面，宣帝独自接见匈奴贵族们。

那是大汉立国以来独一无二的盛况，来自各个番邦、部落、诸侯国的君长王侯几万人，再加上匈奴贵族几万人，整个东方世界的权贵阶层全体着盛装，手持符节，簇拥在渭桥之下，山呼万岁，声动寰宇，共同跪迎汉家天子驾临。

宣帝现身渭桥上那一刻，所有人齐齐下拜，以无比恭敬的态度朝谒宣帝，这位东方世界的霸主、当今世界的第一号人物、所有番邦共同的领袖。

消息很快传遍列国，整个国际社会都轰动了。

几百年来不可一世的匈奴人，现在终于垂下高傲的头颅，拜倒在他们最大的敌人脚下。

当初高祖在白登被围，差点身死国灭，回来以后却只能送公主去和亲；吕后被冒顿单于书信调戏，只能忍气吞声，笑脸相迎。匈奴人狂笑，认为汉人是一群只会委曲求全的懦夫。但是他们低估了汉人的坚定意志，这个民族最大的才能就是在逆境中忍辱负重，伺机崛起。他们经过一百五十年、七代人的隐忍和坚持，不骄不躁，稳扎稳打，逐步蚕食敌人的优势，终于彻底拖垮匈奴，取得了今天的伟大成就！

这份成就来得非常不容易。

汉人作为筑城定居的农耕民族，面对马背上的游牧民族，军事上具有先天的劣势。何况匈奴很早就统一了草原，领土广度和战略纵深远远超过大汉，又有一群仆从国的加盟，还占据河西走廊，地理上把大汉跟其他文明隔离开来，限制了汉人的目光。却不料，汉人在各方面条件都不利的情况下，凭借自身文明的内在力量，在匈奴的压迫和孤立下强行崛起，成功冲破屏障，逆袭匈奴，创造了人类历史上一个不可思议的奇迹。

大汉降服匈奴，意味着他们已经征服了所有对手。日月所照，江河所至，人迹能够到达的任何一处，都没有人可以挑战大汉的地位。这个民族独自站在世界的顶端，神威凛凛，睥睨万方。这是属于他们的时代，整个世界必须在这个强大的民族面前——称臣！

不让须眉的汉家公主

远在漠北的郅支单于一直在关注南方的动静。

呼韩邪单于朝觐宣帝的同时，郅支单于也不断派出自己的使节去拜见宣帝，希望他能够不要太偏袒呼韩邪单于，在两个单于之间稍微中立一些。

但使者带回来的消息让郅支单于很忧虑：宣帝虽然对两个单于的使节都很客气，但明显对呼韩邪单于的人待遇更隆重。

更进一步的消息又传来：呼韩邪单于请求宣帝收留他，让他驻扎在汉朝边塞，当作大汉的北方守卫。但宣帝没同意，派人护送呼韩邪单于回到塞外，在靠近大汉边塞的地方居住，还送给他大量兵力和军粮。

现在一切很明显了：宣帝就是要扶植呼韩邪单于为首的南匈奴，压制郅支单于的北匈奴，让匈奴自己内部斗起来。

郅支单于气不打一处来，但又不敢向大汉和呼韩邪单于撒气，只好向远离大汉的地方突击。

他带着部族向西挺进，迎头撞上伊利目单于——这个倒霉蛋是屠耆单于的弟弟，前不久刚刚自立为单于，手下带着屠耆单于和闰振单于（屠耆单于的另一个弟弟）的残余势力。

两支人马展开激烈火拼，郅支单于成功消灭了伊利目单于，把他手下五万多人的部队合并了过来。

郅支单于的部队就这样一路向西推进，一边兼并各种小股的残余势力，逐渐壮大起来。

他发现这是不错的发展方向，所以暂时放弃跟呼韩邪单于争夺漠北的想法，完全把西域作为突击方向。他的下一个目标是制服乌孙，控制中亚。

这时候乌孙跟大汉的关系有些微妙。

当初翁归靡跟大汉是非常亲近的，公元前60年，翁归靡过世，按照大汉的想法，应该立翁归靡跟解忧公主的儿子元贵靡为新一任昆莫，但乌孙人对于大汉用和亲手段干涉他们国政显然有想法，所以乌孙贵族们抛弃元贵靡，立了军须靡的儿子泥靡为昆莫。

——翁归靡是军须靡的堂弟。当初军须靡病重的时候，因为自己的儿子泥靡年纪太小，就把王位传给翁归靡，并且嘱咐他，等泥靡成长起来以后，再把王位传给泥靡。但翁归靡显然违背了诺言，完全没有归还王位的意思，甚至想把王位传给自己儿子，所以现在乌孙贵族们拥立泥靡在法理上其实说得过去。

泥靡是匈奴公主生的，他上位，对于大汉来说显然不可接受，所以大汉对于乌孙人的决定怒不可遏。当时朝廷刚刚派出公主刘相夫去乌孙，准备让她嫁给元贵靡，听说乌孙那边的变动以后，朝廷立即把走到半路的刘相夫叫了回来，从此不再与乌孙和亲，大汉和乌孙的关系也发生了重大变化。

这下解忧公主的压力就大了，祖国已经不能给她支援，她需要凭借一己之力弥合两个国家之间的裂痕。

她一个弱女子能有什么办法呢？只能再使出自己的撒手锏——她嫁给了泥靡。这是解忧公主在乌孙的第三段婚姻，尽管泥靡在法理上相当于她的儿子，为了国家利益，她还是拼了。

泥靡绰号"狂王"，从这个名称就知道他是一个什么样的人，他生性残暴，毫无人性，这样一个人，当然不可能跟解忧公主和睦相处，何况解忧公主年纪也大了，对狂王没什么吸引力，所以两人的关系非常糟糕。

解忧公主发现自己用尽手段也控制不住狂王，眼看自己在政坛上逐渐被边缘化，苦心经营几十年的成果就要付诸东流了，她十分着急。

正好大汉使者魏和意、任昌来出使乌孙，解忧公主仿佛抓住了救命稻草，马上向他们诉苦，请求他们跟自己一起杀掉狂王。

魏、任两人禁不住解忧公主的苦苦恳求，就跟她谋划好，请狂王来赴宴，埋伏武士，在宴席上刺杀狂王。

这个计划是非常莽撞的，乌孙跟大汉距离太远，大汉不具备全盘控制他们国家的能力，即使刺杀行动成功，一旦激起乌孙人的反抗，局面也会无法收拾。

刺杀行动最后失败了，狂王只受了点伤，带伤冲出去，骑马跑掉了。

这下彻底捅了马蜂窝，乌孙人虽然不喜欢残暴的狂王，但也不可能支持外国人来刺杀他。狂王的儿子听说以后，带着兵马把汉朝使节团和解忧公主一起包围在赤谷城内，要汉朝给一个说法。

最后还是西域都护郑吉征发多国联军到赤谷城，才把解忧公主等人救出来。

长安这边，宣帝勃然大怒，派人把魏、任两人用槛车装回长安，斩首示众，另外又派人去乌孙给狂王赔礼道歉，还给他治伤。另外还派车骑将军长史张翁去乌孙审问解忧公主。

不料张翁又跟解忧公主爆发冲突——乌孙那边有很多情况是大汉朝廷不了解的，解忧公主可能有自己的苦衷，她对于朝廷不问青红皂白就责难她很不服，跟张翁当场吵起来，张翁甚至拽着解忧公主的头发破口大骂，随后回国去了。

解忧公主又羞又气，只好上书向宣帝申冤。

这也是朝廷不能接受的，解忧公主是大汉在乌孙的代言人，又是乌孙王后，不能受辱。张翁回到长安以后，马上被宣帝捉住杀掉。

宣帝又指派张翁的副使季都去给狂王治伤，季都继续好言相劝，这才让狂王的气消了下来。狂王对汉朝使节团非常感激，季都离开的时候，他还派出骑兵队伍去护送。

这又捅了娄子。季都回到长安以后，宣帝怪他明明有机会杀掉狂王却不下手，对他施以宫刑，季都成为第三批获罪的官员。

季都可以说非常冤枉，在他的努力下，狂王已经有了倒向大汉的势头，这是绝好的机遇，大汉在乌孙的影响力眼看有恢复的希望，不料却被宣帝的错误决策硬生生打断了。

中年以后的宣帝渐渐显出昏庸的苗头，甚至仿佛有了当年武帝的影子，虐杀大臣成为常态。

另一方面，朝廷在对待乌孙的问题上翻来覆去，方寸大乱，也说明一个冷酷的事实：大汉的疆域已经扩张到极限了，对于更远一些的国家，例如乌孙，大汉已经力不从心，很难长期保持自己的影响力了。

盛极而衰是无法逃避的自然规律，大汉帝国的扩张脚步终于在宣帝后期停了下来。

乌孙的乱局还没结束。狂王被刺杀以后，对国家的控制力减弱，竞争对手立即发难。

乌就屠是翁归靡跟匈奴公主生的儿子（也是元贵靡的异母兄弟，解忧公主法理上的儿子），狂王被刺杀的时候，他害怕自己也成为目标，就逃到周围的山里去避难，然后大肆宣传："我舅舅家（匈奴）的军队来援助我了。"乌孙人听说以后就纷纷去归附他，所以他的势力迅速膨胀起来。

大汉使节团给狂王治完伤，回去以后，乌就屠便从山上下来，袭杀了狂王，自立为乌孙昆莫。

这个结果宣帝当然更不能接受，于是又派出破羌将军辛武贤带领一万多兵马到敦煌，开凿渠道，修建粮仓，做出要攻打乌孙的样子——宣帝是个精打细算的人，能把敌人吓退最好，所以不急着出兵。

但朝廷这么一拖延，解忧公主那边的压力就大了，他们只好另想办法。

解忧公主有个叫冯嫽的侍女，通晓文史，是个足智多谋的奇女子，这些年她一直作为解忧公主的左膀右臂，帮忙处理了很多事务，甚至曾经以汉朝使节的身份去颁赏西域各国，所以在当地很有威名，人称冯夫人。

冯夫人的丈夫右大将跟乌就屠是过命的兄弟，所以冯夫人以好友的身份去劝说乌就屠："大汉兵马即将打过来了，您很难挡得住他们，不如归降，汉天子不会为难您。"

乌就屠也不想跟大汉为敌，就说：投降可以，但希望让自己当"小昆弥"（昆弥与昆莫同义）。

冯夫人向朝廷汇报了乌就屠的话以后，宣帝很感兴趣，召她到长安亲自询问情况。

冯夫人身着大汉使节的服装来到长安，在金銮殿下叩见宣帝。宣帝问她西域的情况，她气定神闲，对答如流，俨然是一位出使多年的老臣，连宣帝都不禁赞叹道："好一位女中丈夫。"于是同意了冯夫人跟乌就屠达成的协议，派人护送冯夫人到乌孙，宣读朝廷诏令。

宣帝命令：立元贵靡为大昆弥，乌就屠为小昆弥，大昆弥治下六万余户，小昆弥治下四万余户，两人分别统治乌孙，不得逾越，并且派常惠到赤谷屯田，震慑双方。

通过解忧公主和冯夫人的努力，大汉强行扭转了在乌孙的不利局面，保证了对西域的统治，这是一份意料之外的盖世奇功，解忧公主和冯夫人两位奇女子也因此青史留名。

而解忧公主一生的功业也终于完成了，她已经将近七十高龄，没有精力继续左右乌孙的政局，所以向宣帝上书，请求让她回国养老。

公元前51年，为国家奉献了终身的解忧公主终于回到久别的祖国，带着她的三个孙儿孙女和为数不多的几个僮仆。长安的民众都来瞻仰这位传奇人物，当白发苍苍的解忧公主出现在长安街头的时候，人们感慨万千，纷纷垂泪。

宣帝十分感念解忧公主为国家所做的贡献，赐给她大量田宅，待遇规格完全比照真正的公主，解忧公主度过了两年安闲的晚年生活，病逝于长安。

解忧公主是汉朝和亲政策最成功的例子，她对国家的贡献超过朝廷里任何一位将领，而得到的回报仅仅是两年的养老生活而已，大汉的每一位民众都有理由对她表示由衷的感激。

再说乌孙那边，大小两个昆弥分别统治乌孙以后，让郅支单于看到了机会。

这几年他在西域混得风生水起，一路降服许多小部落，势力增长了很多，重新燃起了称霸的雄心，他看到匈奴公主生的乌就屠现在统治着半个乌孙，就派人去联络这个"远房亲戚"，希望两人合力，蚕食大汉在西域的势力。

不料乌就屠刚被冯夫人说得投靠了大汉，对于郅支单于这个汉朝的手下败将，他根本看不上，反而生出歹念，想干掉郅支单于的势力，去宣帝那边邀功。

他暗中杀掉郅支单于派来的使者，随后派出八千铁骑去偷袭郅支单于的营地。

郅支单于也是久经沙场的老狐狸，看到自己的使者一直没回来，马上明白事情不好，于是调集兵马暗中埋伏，乌就屠的人一来，正好自投罗网，被杀了个七零八落，大败而逃。

郅支单于知道继续留下去要被汉朝的多国部队围攻，于是见好就收，拉着手下队伍迅速撤向北方。

之后的几年，郅支单于带着手下的北匈奴武装横冲直撞，先后打下北方的乌揭、坚昆、丁零三个国家。这里已经远离大汉控制的西域了，郅支单于索性就以坚昆为都城,在遥远的北方定居下来,从此也就渐渐放弃了返回漠北的打算。

到这时候,广袤的漠北已经变成了人迹罕至的荒原,匈奴王庭已经是空城,匈奴这个曾经叱咤风云的民族,大部分沦为了大汉的藩属,在塞外替大汉看守边境,少部分跟着郅支单于,远离故土,逐步西迁,最后终于消失在华夏历史中了。

随着匈奴汗国的土崩瓦解,大汉的北方边境终于迎来了长期安宁,之后的几代人都不再见到刀兵,广阔的北方一派祥和,社会稳定,物阜民丰,人们终于可以享受这难得的和平生活了。

宣帝一生的功业也到此为止。公元前48年初,宣帝病逝于未央宫,留给臣民一个繁荣而强大的国家,大汉臣民们也深深记着他的恩惠,所以宣帝成为跟高祖、文帝、武帝并列的拥有庙号的四位帝王之一。

宣帝的陵寝在杜陵,那是他年少时游玩的地方,这一刻,宣帝——刘病已终于可以去陪着他的"微时故剑"许平君了。

他对许平君的爱贯彻一生,最后选的继承人也是许平君生的儿子刘奭,史书上称为汉元帝。

第二十八章　平庸的汉元帝

柔弱又糊涂的皇帝

刘奭是个才能平庸、性格懦弱的人，宣帝对他一直不满意。

宣帝中年以后，对手下官员非常严苛，动不动就挥舞屠刀，不问青红皂白乱杀一通，几乎有当初武帝的风范，刘奭就非常看不惯，对宣帝说："父皇你杀大臣是不是有点过了？不符合儒家仁爱之意，还是多用一些儒生来治国吧。"

宣帝大怒，说："汉家自有制度，本意就是霸王道杂之，既要仁爱，也要威严，怎能像个迂腐书生一样，对周朝的所谓'德政'念念不忘呢？（儒家是推崇周礼的）那些儒生不通人情世故，只知道厚古薄今，看事情流于表面，如何堪当大任？"

这些话明确说出了儒家治国存在的问题，可刘奭却根本听不进去，宣帝只好长叹道："乱我汉家者，太子也！"

其实刘奭想用儒家治国也没错，但儒家有他们自身的问题，需要领导者凭借自身的才干去弥补，刘奭不仅没有这样的才干，也没有意识到这一点，治国的时候就很容易留下重大破绽。

以宣帝的眼光之高，他根本瞧不上刘奭这样的迂腐书生，要是凭理智决断的话，他绝对不会选刘奭当继承人，但他始终忘不了许平君。那个苦命的女人，只留下这一个儿子，宣帝实在不忍心辜负她。

刘奭最终成功躲过被废的命运，荣登大宝。

元帝即位以后，马上显露出才能不足的问题——他根本驾驭不了如此庞大的一个国家，协调不好朝廷内外纷繁芜杂的各方关系。

宣帝给他留下三位辅政大臣，分别是：乐陵侯史高、太子太傅萧望之、太子少傅周堪。

宣帝知道元帝性格懦弱，所以选辅政大臣的时候也是苦心孤诣——史高是史良娣（宣帝的奶奶）的侄儿，宣帝的表叔。宣帝小时候在史家生活，跟史高三兄弟一起长大，可以说知根知底。

而萧望之和周堪都是元帝的老师，也是当时名满天下的博学鸿儒，人品和学识都绝对可信。其中萧望之更是宣帝的股肱之臣，宣帝本人都要敬他三分，元帝只要重用他，基本就把宣帝时代的政策延续过来了。

看来让这三个人辅佐元帝是万无一失的。

但有一点宣帝并没考虑到：他太害怕霍光专政的一幕重演，所以指派的这几个辅政大臣都不够强势，再加上一个唯唯诺诺的元帝，几个柔弱的读书人把持着帝国的最高权柄，怎么镇得住下面的人？

读书人之间最爱为小事争风吃醋，三个辅政大臣很快分成两派，萧望之和周堪紧紧抱团，史高却受到他们冷落。

元帝本人也害怕再出一个霍光，所以他对任何一个大臣都不放心，对外戚当然也不放心，有汉一朝，外戚始终是个大麻烦。

那么元帝能信任谁呢？他把目光放到了身边的宦官身上。他有一个幼稚的想法：宦官长期住在深宫，在宫外没有党羽，不容易结党营私，所以可以放心让他们去办事。

宣帝提拔过两个很有才能的宦官：石显和弘恭。两人都是年轻时犯罪，受了宫刑，才进宫当了宦官。宣帝对他们委以重任，两人一个当上了中书仆射，另一个则被任命为中书令，都是绝对的权臣。

以宣帝的才干，当然压得住这两个人，所以他们在自己的位置上表现得倒也尽职尽责，但元帝当政以后，辖制不住两人，他们开始兴风作浪。

当时史高跟萧、周两人斗得很凶，萧、周两人一度占据上风，他们又提拔上来刘更生和金敞，四人共同围在元帝身边，为元帝出谋划策，劝导元帝要遵循儒家的上古制度，因此深刻影响着元帝的决策。

石显、弘恭也迫切希望得到元帝的信任，他们又主要管法律行政方面，属于法家，当然就跟萧望之他们那群儒生出现竞争关系，石、弘便拉拢史高，成为另一派，跟萧、周四人发生激烈争斗。

两派人都迫切希望独自受宠于元帝，所以都在元帝跟前说对方的坏话，

萧望之很明确地说：按照古制，帝王不应该亲近阉人，元帝应该抛弃石显等人，多任用儒生。

石显等人恨得牙痒痒，也找机会诋毁萧望之他们。

这时候，萧望之他们一派内部出现叛徒，给了石显等人绝好的机会。

为了扩张自己的实力，萧望之他们一直在竭力向元帝推荐各地的儒生，其中有个叫郑朋的，为了上位，拼命巴结萧望之，萧望之和周堪就让他"待诏金马门"，作为预备官员。

但不知道他们之间发生了什么矛盾，萧望之突然抛弃了郑朋，拒绝任用他，后来，待诏的其他儒生都得到官职了，只有郑朋还被晾在那里。

郑朋觉得自己被耍了，马上倒戈，到许章（许氏外戚的领袖）、史高那边去控告萧望之等人。由于他对萧望之派系的内部情况很了解，透露出很多秘闻，许、史两人如获至宝。

石显、弘恭听说这件事以后，正中下怀，马上把郑朋叫去，嘱托他一番，许给他高官厚禄，让他到元帝跟前去控告萧望之等人。

郑朋就趁萧望之休假的时候，到元帝跟前控诉萧望之，说他跟周堪、刘更生等人结党营私，共同排挤许、史两家的人。

元帝很诧异，找石显、弘恭讨论，两人趁机说："萧望之和周堪、刘更生排挤陛下的亲戚，计划独霸朝廷，不是一天两天了。陛下如果还有疑问，可以让'谒者召致廷尉'。"

元帝刚登基不久，不明白"谒者召致廷尉"是什么意思，糊里糊涂地就准奏了，这封诏书一下去，廷尉马上把周堪和刘更生抓起来投入监狱，严刑拷问。

过了几天，元帝召见周堪和刘更生两人，下人回复说："在监狱里呢。"

元帝大吃一惊，说："不是让廷尉问一下他们吗？怎么会打进监狱了？"下人解释以后他才知道，原来"谒者召致廷尉"就是打入监狱作为犯人去审问。

元帝气不打一处来，把石显、弘恭找来大骂一通，两人赶紧磕头谢罪，说都是误会，元帝心软，又饶了两人。

元帝让人把周堪和刘更生放了，史高却趁机进言说："现在天下人都知道，陛下刚登基就处罚自己的师父，还把九卿大夫打入监狱，现在马上又放了，岂不是说明陛下抓错人了吗？目前的情况，只能坚持说他们有罪，然后陛下宽宏大量，从轻发落。"

元帝已经听得晕乎乎了，只好答应下来，于是下诏："萧望之毕竟是朕的老师，辅佐朕八年了，即使有错，也应该宽恕。朕特此下令，免除萧望之的罪行，不予追究，只收回他的前将军光禄勋印绶。至于周堪、刘更生，免为庶人。郑朋举报有功，超擢为黄门郎。钦此！"

这样一来，萧望之的"罪行"就坐实了，只是元帝开恩，没有处罚他而已，他们家族当然不服。过了几个月，估摸着风头过了，便由萧望之的儿子向元帝上书，替自己的父亲辩解。

石显、弘恭又抓住把柄，便挑唆元帝："萧望之排挤许家、史家是明明白白的，又没有冤枉他，现在他还不服，教唆自己的儿子上书，倚老卖老，想把错都推到陛下身上，陛下该把他也打入监狱，压一下他的傲气才好。"

元帝还有些犹豫，问："萧太傅性情刚戾，真能受牢狱之辱吗？"

石、弘两人说："他这又不是大罪，不过语言傲慢，交给廷尉整治一下而已，不会让他受太大委屈。"元帝就同意了。

不料萧望之真的是非常标准的儒家学者，讲究宁杀不辱，对自己的名节看得比生命更珍贵，廷尉来他家抓人的时候，他仰天长叹："老夫是九重宫阙之上的天子师父，焉能受牢狱之辱？"说完便取来毒药，服毒自杀了。

消息传进宫里，元帝跺着脚后悔不已，说："我就说他不肯进监狱，果然害死我的老师了啊！"

元帝泪流满面，气得饭都吃不下，把石显、弘恭召来问罪，两人又是跪地哀求，元帝又心软了，絮絮叨叨骂了半天，还是饶恕了两人。

儒臣们的领袖就这样莫名其妙地被干掉了，这对他们这伙人是重大打击，后来虽然周堪和刘更生又官复原职，但实力已经大不如前了，石显、弘恭为首的宦官集团成为最大的受益者，从此混得风生水起，进一步把大权攥了过来。

宦官专权的开始

元帝喜好音乐，整天忙着把弄各种乐器，对治国却没有任何兴趣，而且他身体又不好，时常病恹恹的，更没精力处理国政了。

萧望之死后不久，弘恭就病死了，只剩下一个石显，他是一个精力极其充沛的人，不管什么事务都爱插上一脚，元帝正好把朝中事务都交给他去处理，自己乐得清闲。

在元帝看来，石显这种宦官不过是家奴而已，权力交给他好歹不会落到外人手上，比让权臣主政安全得多。

但他却不明白：权力只要交给别人都是危险的，不管对方是权臣还是宦官。因为这种危险来自权力本身，而不是掌握权力的人。任何人只要获得了权柄，立马就会成为众矢之的，为了保住自己不受人侵犯，他必须把权柄紧紧攥住，越抓越牢，这是一条不归路。

所以当你把权力交给身边的人以后，哪怕一开始只有一点点，他都会被驱使着，不断争夺更多的权力，甚至抛开一切道义，不惜犯下任何罪行，与你展开激烈争夺，发展下去，最终演变为血腥的政治斗争。这一点上，宦官和权臣是没有区别的。

如果帝王本身的才能超过下面的人，又杀伐果决，雷厉风行，那还能压住手下人，偶尔放权也能顺利收回来。但元帝是这样的人吗？显然不是，他在石显等人面前简直毫无威风可言。这种情况下，再把权力交给石显等人，后果就可想而知了。

石显掌握大权以后，拉虎皮当大旗，一时间风头无两，成为权倾朝野的人物，文武百官在他面前都战战兢兢，他的竞争对手都被压得喘不过气来。

其中最难受的就是周堪为首的那帮儒臣，他们本来就不够强势，又失去了萧望之这个核心人物，在石显和许、史外戚的联手压迫下，实在是没有还击之力。

当然元帝还不算笨得太彻底，他也意识到石显一党的权势太过了，所以就拼命提拔周堪那群儒臣，想扶植他们去抗衡一下石显。

就在萧望之自杀过后不久，元帝就把周堪提拔为光禄勋，把周堪的徒弟张猛任命为光禄大夫给事中，都是绝对的重要官职。

在元帝的支持下，儒臣们略微有振兴的迹象，他们抖擞精神，联手反击石显一党。

在周堪的带领下，太中大夫张猛、魏郡太守京房、御史中丞陈咸、待诏贾捐之等人轮流攻击石显，指责石显专权。

可惜他们这帮儒生的战斗力实在太弱了，完全不是石显的对手。

这群儒生都是些什么样的人呢？以御史大夫薛广德为例。

薛广德是著名的经学家，《鲁诗》的传人，当初受到萧望之器重，被提拔上来当了谏大夫，以直言敢谏著称。

有一次，元帝到甘泉宫附近祭祀，完后留在那边打猎，薛广德马上进谏："如今关东穷困，人们流离失所，皇上却在这里游猎，这是要把国家带上亡秦的老路吗？希望皇上立即停止游猎，打道回宫！"

元帝听了，只好放下弓箭，带着人马悻悻地回宫了。

另一次，元帝去祭祀宗庙，出了皇宫以后，到河边，就想坐船过去。薛广德听说以后，冲到元帝的御驾前，脱掉帽子在地上磕头说："按照古制，皇上应该走桥上过。"

元帝让他起来说话，薛广德一股怒气冲上脑门，大声说："陛下要是不听臣的，臣就在这里自刎，以血溅污车轮，让陛下今天去不成宗庙！"

元帝哭笑不得，不想退让，又不敢呵斥他，怕担上"不听忠言"的名声，双方僵持在那边。

最后还是张猛过来打圆场，说："俗话说'主圣臣直'，御史大夫如此直言敢谏，正说明皇上的圣明。乘船不安全，皇上还是走桥上过的好。"

元帝这才转怒为喜，从桥上过去了。

儒生们都有一种"精神洁癖"，对于古书上规定的那些条条框框，他们会以一种近乎病态的固执去坚持。这种做法严格来说不算错，但对于解决实际问题没有帮助。实际上，儒生们基本解决不了实际问题，他们的目光都定格在一个非常狭小的圈子里，他们只会一遍又一遍地说："皇上要贤德，要仁爱，要善待百姓，要以'仁'治天下。"落实到具体的事务上，就两眼一抹黑了。

一个朝廷里有两三个儒生是不错的，可以匡正皇帝的过失。但如果完全由儒生把持朝政，则会在不着边际的空谈上兜圈子，反而要误国。那么皇帝即使要强行任用他们，也会发现自己做不到，最后还得找一些干实事的人来填充要害部门。

再回到石显的问题上来。

儒生们自身的缺陷，注定了元帝离不开石显这种人，即使大家暗地里对石显恨得牙痒痒，也阻止不了元帝任用他。

而且儒生们不通人情世故，在石显这种大奸大恶之人面前，他们根本没有战斗力，他们只能从道德上攻击石显，甚至拿他的"阉人"身份说事，那当然是软弱无力的。

而石显却跟中书仆射、少府等人联合起来，又联合许、史两大外戚，结成一股牢不可破的政治势力，共同压制儒臣。

元帝看到儒臣们如此不给力，只好扛着各方压力，拼尽力气扶植他们。但元帝本身都很软弱，又怎么扶得起这群书生呢？所以尽管元帝一遍又一遍地把周堪等人提拔上来，但又总是承受不住压力，很快又把他们贬下去。

经过几次起起伏伏，周堪等人终于被耗尽了力气，手上的权力都被石显一党夺走，几年之后，周堪病死，儒臣们终于群龙无首了。

石显立即发起反击。

他跟许、史两家勾结，通过各种手段，调查出这些儒臣的问题，然后给他们定罪（当然不排除有诬告的成分），最后成功逼张猛自杀，判京房、贾捐之弃市，罚陈咸剃掉头发，戴上铁圈，去做苦力，连替他们喊冤的人都一起杀掉了。

从那以后，就再也没有人可以跟石显竞争了，元帝也只能放手让他把持朝政，大汉的政权终于第一次落到了宦官手上。

宦官当权立即带来一个重大害处——国家不是他们的，他们也没有后代，所以不必考虑国家的长治久安，只关心怎么把权柄抓住。这样一来，朝廷推行的政策方向都变了，国家的走向渐渐失控，逐步走向了混乱。

而元帝本人，当发现自己无法阻止这个过程的时候，他也就索性甩手不管了，把目光盯向后宫，开始过上了声色犬马的生活。

元帝的后宫

早年的时候，元帝跟他父亲一样，是个痴情的男人。

他最宠爱的姬妾是司马良娣，但司马良娣年纪轻轻就死了，临死前对当时还是太子的元帝说："我不是正常死亡，是被你的那些姬妾们用巫术咒死的。"

元帝非常伤心，从此对活着的那些姬妾们怀恨在心，再也不宠幸她们。

这样下去太子无后当然不行，既然元帝对现有的女人都不满意，那就重新找吧，于是宣帝和霍皇后从后宫找了五个性情温柔的家人子，让元帝自己挑。

跟那些被父母逼婚的年轻人一样，元帝非常不乐意，当五个盛装打扮的美女来到他面前的时候，他看都懒得看。

旁边的官员问他中意谁，元帝随便说了一句："其中有一个还可以。"然后就退下去了。

官员们抓耳挠腮，太子喜欢的到底是谁呢？当时有个叫王政君的，坐得离元帝最近，又穿一身红衣，让人一眼就看见，大家索性就指认她了，当天晚上就把她送进了太子宫。

对于元帝来说，现在只要是女的都差不多，所以也不拒绝，就临幸了王政君。

就这一次，王政君就怀孕了，并且在第二年生下一个儿子刘骜。因为元帝故意冷落自己府里的姬妾们，这些年她们都没能生儿子，所以王政君生的是元帝的长子！

宣帝对这个长孙十分宠爱，时刻把他带在身边，亲自培养。有宣帝的支持，王政君母子的地位当然就高了。

就这样，出身普通的王政君一跃而为太子妃，她的儿子也成为嫡皇孙。

元帝即位以后，王政君顺利被封为皇后，开始了她六十一年的传奇经历。

王政君的哥哥王凤也得到提拔，顺利进入政坛，王氏成为炙手可热的新晋外戚。

当时谁能想得到，这竟然是西汉王朝覆灭的引子。

不过元帝对王政君实在没什么感情，也懒得亲近她，只是让她在皇后位置上充个门面而已，元帝登基以后宠幸的女人是傅婕妤和冯婕妤。

傅婕妤很早就跟着元帝，是最受元帝宠爱的姬妾，不过后来发生的一起意外事件，却使冯婕妤的地位大幅提升。

公元前38年的一天，元帝带着妃子们去虎圈看猛兽搏斗，一只熊突然跳出圈子，攀着栏杆往上爬，元帝和妃子们都吓坏了，四散而逃，拼着看谁跑得快。

冯婕妤却跟大家反方向，冲上前去张开双臂挡在黑熊面前。

冯婕妤是冯奉世的女儿，冯奉世是当年征讨莎车的名将，也算虎父无犬女。

四周的侍卫随后冲上来，千钧一发之际杀死黑熊，救下了冯婕妤。

惊魂甫定之后，元帝问冯婕妤："刚才大家都在跑，怎么你却冲过去挡住熊？"

冯婕妤说："臣妾听说，猛兽追赶人的时候，只要抓住一个人就会停下来，所以臣妾以身挡熊，防止它扑向陛下。"

元帝十分感激，从此对冯婕妤刮目相看，接连提拔她，冯婕妤的地位终于赶上了傅婕妤。不久以后，元帝把两人都封为昭仪，地位仅次于皇后王政君，两人的儿子也都被封王。

傅昭仪虽然脸上赔笑，跟着大家一起夸冯昭仪，心里却又羞又妒，她认为冯昭仪的勇敢表现正好反衬出自己的自私，心里暗暗地记下了这笔仇。

傅昭仪是个特别会"做人"的女人，表面上对谁都客气，大家都夸她贤良，背地里，她却跟皇后王政君和冯昭仪都在怄气，这一点，连元帝都没看出来。

不过傅昭仪却生了个好儿子。

当时，太子刘骜贪酒好色，不务正业，是个典型的"废柴"，傅昭仪的儿子刘康却很有才干，又精通音律，所以很受元帝喜爱，元帝一度想废掉刘骜，立刘康为太子，最后考虑到当年宣帝特别喜欢刘骜，大臣们又极力劝阻，才只好作罢。

后来刘康被封为定陶王，傅昭仪也母以子贵，成为定陶太后，虽然比不上皇太后，过得也是逍遥快活得很。

使者团失踪案

元帝时代，大汉的国力渐渐下降，但对外关系方面，列位先帝开创的基业暂时还不至于动摇，大汉对于南匈奴和西域仍然拥有绝对的控制力。

自从归顺以后，呼韩邪单于就一直带着族人在长城外的边塞附近生活，充当大汉的北方屏障，还时不时到长安朝觐天子。

当初宣帝在的时候，朝廷对呼韩邪单于相当客气，隔三岔五赏赐钱粮，经济上的支援可以说不遗余力，这种日子过得实在太爽，以至于呼韩邪单于都不想回漠北去了。

元帝即位以后，呼韩邪单于想试探一下新皇帝的态度，就上书对元帝说他们族人都快吃不上饭了，请求朝廷再次支援。元帝看到奏折以后，大笔一挥，马上送给他们两万斛粮食，呼韩邪单于这才放下心来，继续依附大汉。

但远在坚昆的郅支单于却不乐意了。他这几年也在不停讨好大汉，甚至也把自己的儿子送到长安为人质，大汉朝廷对他和对呼韩邪单于的态度却差别明显，对呼韩邪单于是有求必应，对他却是虚与委蛇，勉强敷衍而已。

他受够了这种歧视，又仗着元帝比宣帝好欺负，索性闹起来，要元帝把他在长安的儿子送回他身边去。

元帝同意了，就派大臣谷吉护送郅支单于的儿子去坚昆。

这次出使之前，朝廷里很多人已经预感到谷吉凶多吉少，建议他把郅支单于的儿子送到边境就回来，不要走远了。谷吉却不听，坚持说，就算自己被杀了，也可以使得凶手畏罪潜逃，对国家有好处，所以最终他还是护送着郅支单于的质子向坚昆方向去了。

谷吉这一去，从此就没了音信，整个使节团都消失了，朝廷派人多方打听，都不知道他们是死是活。

朝廷满腹疑惑，虽说谷吉他们有可能是被郅支单于杀了或者扣留了，但也有各种传言说是边塞附近的南匈奴杀的他。元帝忧心忡忡，对呼韩邪单于开始怀疑起来，会不会看到朝廷在跟北匈奴缓和关系，呼韩邪单于就从中捣乱，故意搅浑一池水呢？

元帝几次责问呼韩邪单于的使者，要他们给个解释。

呼韩邪单于莫名其妙，又分辩不清楚，于是开始考虑返回自己的漠北去。

看到呼韩邪单于含糊其词，元帝的担心越来越严重，谷吉使节团的生死只是一方面，他更担心的是：呼韩邪单于会不会当面一套背后一套，暗地里蓄谋反叛大汉？现在北方边塞附近全是南匈奴的人，如果他们真有反心，那后果就太可怕了。

他考虑了很久，最后派韩昌和张猛（当时张猛还没死）把呼韩邪单于的儿子也送回去，表示朝廷对他不比对郅支单于差，顺便让两人当面询问谷吉的下落，看呼韩邪单于会有什么反应。

韩昌和张猛带着呼韩邪单于的儿子来到塞外，说明朝廷的善意，同时询问谷吉的下落。

呼韩邪单于拍着胸脯说这事跟他没关系，他也正在替朝廷找谷吉。这一刻他虽然脸上笑嘻嘻，心里却明白：汉朝这边绝对不能再待下去了。于是再次强烈要求让他们族人返回漠北。

经过这十来年的休养生息，南匈奴的人口明显繁盛起来，韩昌和张猛看到塞外乌压压一片全是他们的人，心惊肉跳，要是当面拒绝呼韩邪单于，只怕后果很严重，只好同意呼韩邪单于的请求。

于是在没有向朝廷请示的情况下，韩、张两人自作主张，同意呼韩邪单于返回漠北，并且跟呼韩邪单于盟誓："汉匈两族是一家，今后不管发生什么事，两族永远不争斗，有困难一定互相帮助。若有人先违背盟约，必受天谴。盟约世代有效。"

韩、张两人跟呼韩邪单于一同登上诺水附近的山岗，按照匈奴习俗，杀白马，用径路刀和金留犁搅成血酒，用大月氏王的头骨做的酒器盛酒，共饮血酒，完成盟约。

呼韩邪单于喜笑颜开，他终于得到了他想要的，韩、张两人返回长安不久，呼韩邪单于就命令族人收拾东西，开始迁回漠北。

长安那边，听说韩、张两人私下跟单于盟誓，朝臣们都跳起来弹劾两人，认为两人放虎归山，后果严重，还用恶毒言语上告于天，把大汉的子子孙孙都诅咒了——万一以后大汉主动开战，咒语岂不是落到了自己子孙头上？

朝臣们强烈要求元帝派人向上天告白，解除盟约。

元帝倒觉得无所谓，他本来就从来没想过主动攻击匈奴，不怕诅咒，所以只是轻微惩戒了一下韩、张二人，这事就过去了。

不过有件事元帝确实冤枉呼韩邪单于了——谷吉真不是他杀的。

"犯强汉者，虽远必诛"

郅支单于匪性十足，一发狠就不顾后果，这几年他本来就对大汉朝廷偏袒呼韩邪单于怀恨在心，又看到元帝软弱，所以对大汉使节团动了杀心——当然，也可能使节团有什么地方触怒了他，大汉这边不知道而已。

总之他暴跳如雷，把整个使节团的人全杀了。

随后他又后悔了，大汉跟南匈奴联合起来，他抵挡不住。听说大汉朝廷正在四处追查凶手，为了躲避可能到来的打击，他考虑放弃经营了几年的坚昆，向西南方向迁移。

正好中亚的康居跟乌孙有仇，康居王脑子不太好使，竟然异想天开要把匈奴人接到自己国家来，跟自己一起对抗乌孙。

康居王派使者来找郅支单于，双方一拍即合，郅支单于立即带着全体族人向康居迁移。

事实证明，他的决定是个严重错误！

这是一场超过三千里的远程迁徙，路上地形复杂，环境恶劣，又遇上严重寒流，北匈奴人死伤惨重，到达康居的时候只剩下三千多人了。

郅支单于从此永久失去了跟南匈奴争夺漠北的能力。

虽然人口凋零，但威武雄壮的匈奴汉子仍然让康居人惊为天人，康居王很开心地把他们迎接进去，在国家的东边开辟一块地方给他们住，两个民族从此联合起来。

康居王对郅支单于极度信赖，把自己的女儿嫁给他，郅支单于也把自己的女儿嫁给康居王，两人互为对方的岳父。

有这三千匈奴骑兵撑腰，康居王的胆气壮了起来，开始在中亚耀武扬威，打得周边各国满地找牙，其中乌孙受害尤其严重，郅支单于是他们的老冤家，打击他们毫不留情，多次带兵闯进赤谷城烧杀劫掠，乌孙人完全没法抵挡，只好把西边一千多里的地方都空出来，不敢住人。

郅支单于看到中亚各民族如此孱弱，心态迅速膨胀起来，渐渐不把康居王放在眼里了，开始在康居国内横行霸道。他每天征发康居百姓五百人，像驱赶奴隶一样赶着他们去筑城，又胡乱杀人，杀掉康居贵族、百姓数百人，全部肢解了投到河里，甚至把康居王的女儿都杀了。

在国际上，他更是称王称霸，四处勒索，压得周围各个国家喘不过气来，连大宛这样的大国都要向他朝贡，看起来似乎匈奴的霸权又在中亚恢复了。

大汉几次派使者来询问谷吉使节团的下落，郅支单于十分嚣张，直接拿大汉使者撒气，还让人向元帝上书："我好害怕你们汉朝，要不要再把我儿子送去做人质呀？"

对于郅支单于的张狂行径，大汉朝廷非常愤怒，但又拿不出办法。一方面，现在朝廷里没有强悍的将领；另一方面，康居实在是太远了，比乌孙和大宛都远，大汉实在没有能力进行如此规模的远程奔袭。

何况元帝本身就没有什么雄才大略，在这样巨大的困难面前，早就暗暗放弃了惩罚郅支单于的想法。

郅支单于也正是因为考虑到这些因素，所以才那么嚣张。

但谷吉使节团就这么不明不白地被人干掉了，找谁算账呢？大汉的面子往哪儿搁呢？

看起来大汉只能自己咽下这枚苦果了。

这样僵持了几年以后，公元前36年，终于出现了一次神奇的转折。

当时西域都护甘延寿、都护府副校尉陈汤两人按照朝廷的命令，到西域都护府去换防。

到达乌垒以后，两人了解到这几年北匈奴的嚣张行径，都是忧心忡忡。

陈汤就跟甘延寿商量："郅支单于已经在西域站稳脚跟（当时"西域"的概念非常宽，河西走廊以西都可以称为西域），把周边各国都压住了，这样下去，西域只怕会再次被匈奴控制，大汉一百多年的经营就白费了。"

甘延寿也同意他的看法。

陈汤建议："匈奴不善于守城，现在郅支单于守着康居那点残破的城池，防御薄弱，如果我们发动屯田士卒，再联合乌孙兵马，对郅支单于的据点发起突袭，可能会立下千载奇功！"

甘延寿被他说动了，但想先向朝廷请示，陈汤却认为，朝堂上决定的政策以稳妥为主，不会同意这样冒险，不如"矫诏"发兵，先立下功劳再说。

当然，从宣帝时代起，就有许多将领奉行"将在外君命有所不受"的原则，先自作主张把事情办完再向朝廷汇报，这些将领基本都没受到什么处罚，这也是陈汤敢矫诏的心理基础。

甘延寿还是怕事，不同意，但很快他却"病倒"了，都护府的事务都由陈汤代理，陈汤立即行动，拿出大汉符节，以元帝的名义调集西域各属国兵马，加上车师附近的屯田士卒，总共聚起四万多人，兵强马壮，声威赫赫。

甘延寿发觉的时候已经太迟了，现在要担责只能大家一起担，他跟陈汤联名写了一封奏折向元帝告罪，然后带领多国联军浩浩荡荡杀奔西方。

大军分成两队，一队走西域南道，翻过葱岭，穿过大宛，到达康居；另一队走北道，穿过乌孙，经过赤谷城，到达康居。最后两支军队在阗（tián）池旁边会合。

陈汤不是只会冒险的武夫，他有非常成熟的政治头脑。

郅支单于在中亚这几年，到处横行霸道，压迫当地各个民族，当地人对他非常仇恨，只是慑于他的武力，不敢反抗而已。所以陈汤严格约束自己的军队，不骚扰当地民众，尽量联合当地民众，共同把矛头对准郅支单于和他手下的匈奴人。

汉军为首的多国联军刚到赤谷城，就赶上康居副王带着一队人马在烧杀劫掠，陈汤马上指挥军队冲上去，杀得康居副王的人四散而逃，把被他们抢掠的民众都救了回来，还给乌孙，抢回的牛羊则用来劳军。

这样一来，周围受北匈奴压迫的各个民族都支持陈汤的军队，以乌孙为首，各国都派兵加入到讨伐郅支单于的队伍里来。

到康居境内以后，陈汤暗中召来康居贵族屠墨，向他申明大汉的威仪，然后双方结盟，让他悄悄回去做内应。随后又找到屠墨的舅舅，让他当向导。屠墨他们家族可能跟康居王是政敌，都帮着汉军，通过他们提供的情报，陈汤清楚了解了单于城的设防情况。

多国部队很快开到单于城附近，在离城三十里的地方驻扎下来。

对于汉军的突然到来，郅支单于是很震惊的，之前他之所以敢那么嚣张，主要就是仗着大汉距离太远，没有能力来征讨他。哪知道陈汤他们直接征发西域军队，把奔袭的距离缩短了一大半，在很短的时间内就杀到了康居。康居的城防根本就不是为防备汉军建立的，在攻城经验丰富、装备领先一个时代的汉军面前，这种城防不值一提。

而且匈奴人擅长的是机动作战，依靠轻骑兵快速奔袭，以优势兵力包抄敌人，现在他们筑城防守，敌人又清楚了解他们的内部情况，他们的优势就完全发挥不出来了。

所以郅支单于终于也心虚起来，派人问汉军："来者何干？"

汉军回答："大汉天子收到单于的书信，说自己在康居屈居人下，混得很惨，请求大汉庇护。天子怜悯单于，特地派我们来接单于的妻子去长安奉养，请单于派人迎接我们进城。"

郅支单于拒不投降，双方相持了几天，汉军说："我们远道而来，单于和（康居）大王竟然一直不接待我们，这是待客的礼节吗？现在我们粮草也吃完了，没有回去的路费，总不能空着手回去，单于替我们想想办法！"

双方你来我往对骂了几天过后，陈汤指挥汉军和多国联军推进到单于城外，四面围住，正式开始攻城。

其实郅支单于早就想逃了，但他这些年把周边所有民族都得罪了，能逃到哪去？就是康居国内，也有很多人在磨刀霍霍等着追杀他，所以他只好据城坚守，顽抗到底。

他手下大多数匈奴人都在前几年的迁徙中死了，现在康居国内的匈奴人其实不多，防守单于城的主要还是康居王手下的兵力。

单于城其实就是一座小小的土城，可能也就跟中土的一座寨子差不多，外面再用木栅栏围上，号称木城。

单于自己带着手下阏氏几十人站在土城的塔楼上，用弓箭跟城外汉军对射，其他人在土城外，隔着木栅栏对外射击，康居王的骑兵一万多人则围在土城四周，保护着城墙。

这种守城方式在汉军看来就是小孩子过家家，汉军和多国联军分工合作，有的冲击城门，有的挖掘壕沟，步兵拿出大型盾牌紧紧挡在前面，弓弩手从后面射击，顿时箭如飞蝗，把一座小小的城池射得千疮百孔。

匈奴人的武力优势在这种情况下根本发挥不出来，城内的人很快被射得七零八落，单于的几十个阏氏也挨个被射倒，郅支单于只好逃下城楼，逃进内室躲避。

当天晚上，汉军放火烧掉了木城，郅支单于的人全部退入土城，他们一晚上几次突围都没成功。天亮以后，康居骑兵也撑不住了，全体撤退。汉军用大盾牌把土城围住，一步步向里推进，最后围住郅支单于的房子，郅支单于带着手下一百多人被围在里面，双方展开肉搏战，郅支单于和手下全体被杀，汉军仅仅用一天多时间就获胜了。

这次战争，汉军斩杀匈奴阏氏、太子和各种将领一千五百多人，招降一千多人，全部发给跟随出兵的各国为奴，本来就人口凋敝的北匈奴基本全军覆没，郅支单于在中亚建立的短暂霸权也烟消云散了。

至于康居王的下落，史书没有记载，不过按照大汉一贯的做法，应该是废掉了康居王，另外立了一个亲附大汉的新康居王。

康居国不在大汉的报复范围内，所以这以后他们的国家仍然照常存在，而且仗着离大汉足够远，比起西域其他国家来，他们更加傲慢。后来成帝的时候，因为康居多次羞辱大汉使节，朝廷曾经考虑断绝跟他们的关系，不过最后还是忍了，毕竟盛世的荣光已经渐渐暗淡了。

郅支单于伏法以后，汉军在他的老巢里搜出谷吉使节团的符节、帛书等信物，这桩悬案才总算真相大白。

甘延寿、陈汤随后向朝廷上书汇报战果：

> 臣闻天下之大义，当混为一，昔有唐、虞，今有强汉。匈奴呼韩邪单于已称北藩，唯郅支单于叛逆，未伏其辜，大夏之西，以为强汉不能臣也。郅支单于惨毒行于民，大恶通于天。臣延寿、臣汤将义兵，行天诛，赖陛下神灵，阴阳并应，天气精明，陷陈克敌，斩郅支首及名王以下。宜县头槀街蛮夷邸间，以示万里，明犯强汉者，虽远必诛。

在这封奏折里，陈汤喊出了"犯强汉者，虽远必诛"的口号。不过口号本身并不重要，诛杀郅支单于的战果实打实地摆在那，那才是大汉真正的荣耀，才是真正让中亚各国畏惧乃至于崇拜的原因，比一千句口号都有用得多了。

至于该怎么评价甘延寿、陈汤的做法，朝廷里分成针锋相对的两派。以石显、匡衡为代表的主和派大肆抨击陈汤他们，认为他们假传圣旨，擅自发动战争，如果奖赏他们，会鼓励以后的将领违背命令，擅自行动。

而陈汤很贪财，私吞了很多战利品，这更让石显等人找到借口攻击他。

以刘向为首的主战派则替陈汤他们辩解，认为他们的做法虽然有错，但是瑕不掩瑜，不能因此抹杀他们的功绩。

元帝本人却完全偏向陈汤他们，要不是石显拦着，直接就要给他们封千户侯了，经过反复争论过后，朝廷决定封甘延寿为义成侯，陈汤为关内侯，各食邑三百户。

甘延寿和陈汤从此声名鹊起，成为大家顶礼膜拜的英雄。甘延寿没几年就过世了，陈汤却又活了很多年，并且一直受到政敌的攻击，政治生涯也是起起落落。不过好在大汉历代帝王一直记得他的功劳，所以不管那些人怎么攻击他，皇帝总是尽力替他开脱，没有太过于为难他。

陈汤斩杀郅支单于，震慑了许多人，也包括远在漠北的呼韩邪单于。

本来呼韩邪单于对大汉已经不像以前那么恭敬了，斩杀郅支单于的消息传来，使他重新意识到：大汉仍然是绝对不能得罪的超级强权。所以他立即转变态度，亲自到长安朝觐元帝。

这是他第三次到长安朝觐天子，这次他的态度比前两次更恭敬，甜言蜜语轮换着说，什么"愿守北藩"，什么"累世称臣"，还请求元帝招他为女婿，也就是让元帝嫁一位公主给他。

昭君出塞

以前大汉跟匈奴和亲，都是从宗室里面找一个家族有污点的"罪臣之女"，封为公主，嫁给单于。这种"公主"虽然不是真公主，好歹有如假包换的皇族血统。

现在呼韩邪单于已经是大汉的藩臣，就连宗室之女都不必嫁了，直接从后宫找一个宫女送给他就是了。

元帝收到呼韩邪单于的请求以后，就命令下人去后宫挑人，最后挑到五名符合条件的宫女。

到了呼韩邪单于返回漠北那天，元帝把五名盛装打扮的"公主"叫来当面赐给他。

其中一位女子，一出场就震撼了所有人。史书上说她"丰容靓饰，光明汉宫，顾影徘徊，竦动左右"，她的光彩照耀着整个未央宫，没有人能不被她迷倒，连见过无数美女的元帝都被惊到了，心想："后宫竟有这样的绝世美女？我怎么从来不知道？"

这女子就是王昭君，入宫已经好几年了。

按照宫里的规定，新入宫的人都要让画师替她们画像，皇帝通过这些画像来挑选自己喜欢的美女。所以画得好不好就很重要了，宫女们都会争相贿赂那些画师，请他们把自己画得好看点，只有王昭君对自己的美貌很自信，不屑于贿赂任何人，所以画师毛延寿就故意把她画得难看，让元帝错过了她。

这次挑选嫁给单于的美女，王昭君觉得与其在宫里无声无息地老死，不如做出一番事业，就毛遂自荐，被选中成了出塞的五名美女之一。

现在元帝虽然被王昭君的美貌震撼了，但人都带到了单于面前，不可能再反悔，只好满怀怨恨地把她交给了呼韩邪单于。

依依不舍地送别王昭君以后，元帝回到宫里，把那堆积灰的画像翻来看，终于找到了王昭君的那张画像，果然没有画出昭君的绝世荣光，元帝这才明白是毛延寿在暗地里搞鬼，于是下令杀了毛延寿以泄心头之恨。

但王昭君的命运已经注定了，她弹着琵琶，坐在马上，跟着呼韩邪单于走出了边塞，成为呼韩邪单于的宁胡阏氏，后来生下一个儿子，成为匈奴的右日逐王。

对于王昭君来说，这个结局是相当理想的，从不受宠的宫女变成匈奴阏氏，地位发生了巨大飞跃，是真正飞上枝头变凤凰了。后世文人总喜欢吟咏王昭君对命运的哀怨，其实都是凭空想象而已。

不过这段婚姻并没有维持太久，仅仅两年之后，公元前31年，呼韩邪单于就过世了。按照传统，王昭君应该改嫁给呼韩邪单于的儿子，她向当时的天子成帝上书，希望能回国，成帝的回复跟当年武帝回复细君公主一样，仅仅三个字："从胡俗。"于是王昭君只能又嫁给呼韩邪单于的长子复株累单于（大阏氏生的儿子），继续当单于的阏氏，直到十一年后过世。

尽管王昭君在后世的名气非常大，但她的故事大部分是后人添油加醋的结果。"昭君出塞"在当时并不算特别重大的事件，对汉匈之间的关系影响也有限。当时的大汉早已经不再需要依靠和亲来笼络匈奴了，把王昭君嫁给呼韩邪单于只是天子对藩王的一种赏赐而已，真正让呼韩邪单于毕恭毕敬的，还是大汉的赫赫武功，一个陈汤的贡献远远超过十个王昭君了。

第二十九章　皇权衰落，外戚崛起

换太子风波

王昭君跟着呼韩邪单于回漠北不久，元帝就病倒了，病情很快恶化，眼看到了弥留之际。

元帝对别人都不信任，只让傅昭仪和她的儿子定陶王刘康在身边伺候，皇后王政君和太子刘骜只能守在外边。

皇后和太子的人都很紧张，因为大家都知道，元帝对太子刘骜很不满意，一直想废掉他，立刘康为太子。

元帝整天迷迷糊糊的，似乎有心事，又说不清楚，只是不停问身边的官员："当初景帝废掉太子（刘荣，栗姬的儿子），立胶东王（刘彻，后来的武帝）为太子，是怎么回事？"

消息传出来，王氏的人全都心惊肉跳。

辅佐刘骜的主要官员是史丹，他是史高的儿子，史姓外戚的领军人物。史丹是老臣了，从元帝当太子的时候就辅助他，很受元帝信任，所以元帝特意派他辅佐刘骜，他凭借自己的才干和元帝对他的信任，多次劝阻元帝放弃废掉太子的想法，这才让刘骜转危为安。

现在事态紧急，王氏家族只好又搬出史丹，太子这边的人只有他还有机会接近元帝。所以史丹趁给元帝探病的机会，独自进入元帝寝宫，跪在床榻前，涕泪交加地说："太子已经立了十多年了，天下归心。现在有谣言说，皇上想改立定陶王为太子。真是这样的话，朝中群臣必然拼死力争。与其到时候闹出大事，不如皇上先赐死老臣，以威慑朝中群臣。"

元帝是性格懦弱的人，面对史丹这样赤裸裸的威胁，马上妥协了，对他说："朕哪有这样的想法？你从哪里听来的消息？"

史丹说："没有就好，那是老臣错信了谣言。"

这下算是拿到尚方宝剑了。史丹退出寝宫以后，明确告诉百官："皇上没有改立太子的想法，大家不要妄自揣测。"王氏的人悬着的心这才放下来，太子的地位终于不会动摇了。

公元前33年七月，元帝病逝在未央宫，太子刘骜继位，是为汉成帝。

事实证明，元帝没有改立太子是严重错误。

元帝懦弱无能，他当政这些年，大汉的朝政渐渐落入宦官之手，虽然当时看起来影响不大，但是权力一旦丢失再收回来就难了，大汉的根基已经松动，皇权受到了明显的削弱。

成帝继位以后，首先拿宦官的首领石显开刀，夺走了他手上的权力，把他贬到长信宫去当中太仆。

随后开始有各路官员控告石显，列出他这些年犯的各种罪行，成帝立即严厉查处，把石显革职，全家一起遣送回他老家。石显又惊又怕，死在了路上。

紧接着，成帝把石显的党羽们、靠巴结石显上位的官员们全部降职，宦官一派势力遭到了毁灭性的打击，从此退出了权力中枢。

成帝严厉打压宦官势力，看起来似乎带来一派新气象，但真相让人很失望——成帝之所以能如此雷厉风行地打压宦官，是因为有外戚在背后支持他。这一系列操作，本质上是外戚在借助成帝的手除掉竞争对手。

宦官势力被清除以后，外戚没有了对手，变得更加强大了。所以皇权不仅没加强，反而进一步削弱了。

外戚当政在有汉一朝不算什么新鲜事，即使贤明如武帝、宣帝，也大肆任用外戚来处理朝政。

但任用外戚得有一个前提条件，就是皇帝本身的才干足以压得住他们。

武帝、宣帝都有经天纬地之才，所以用几个外戚做高官无所谓，但成帝跟他的祖先比起来就是个废柴，而这个时代的外戚家族又人才辈出，远远超过成帝本身的才干，这就麻烦了。

王氏：老牌篡位世家

外戚家族里面最强的是王氏，也就是太后王政君的娘家。

王氏是个权力欲极强的家族，而且人口繁盛。

王政君这一辈总共有八兄弟：王凤、王曼、王谭、王崇、王商、王立、王根、王逢时。除了王曼已经病故以外，另外七兄弟都是朝中高官。

王政君没什么才干，对政治半懂不懂，她只牢牢记住一点：多提携自己娘家人。在她的大力提拔下，王家八兄弟都被封侯，连死了的王曼都被追认为"新都哀侯"。就这样王政君还不满足，还撺掇着成帝把她同母异父的弟弟苟参也封侯，成帝没答应。

八兄弟里面地位最高的是老大王凤，他目前担任大司马大将军、领尚书事，是朝中第一号人物。

王氏家族的其他子弟也都被任命为卿大夫、侍中、诸曹，组成一张庞大的权力网。

王氏的来历可不简单，他们祖先是战国末年的齐国王室。这个家族有一种特别可怕的品质：他们有极强的韧性，能在几代人的时间里，以接力赛的形式，孜孜不倦地去达成一个目标。

当初他们的先祖从陈国逃到齐国，被齐桓公收留以后，进入齐国政坛，随后连续十代人不断篡夺权力，终于成功偷走齐国政权，完成了"田氏代齐"的宏大工程。（请参考《战国：七雄博弈》。）

现在由王政君牵线，把这个可怕的家族引入了大汉朝廷之内，并且迅速生长，盘根错节一般占据了各个要害部门，以后他们会怎么样？谁也说不清。

可成帝本人丝毫没觉得需要警惕，他铲除了石显一党以后，就放心大胆地把朝政交给自己的舅舅王凤去处理，自己忙着宣淫作乐去了。

王凤严谨又冷酷，控制欲极强，成帝在他面前跟个小孩子一样，总是被管束。

例如有一次，成帝听说光禄大夫刘向的儿子刘歆很有才干，就把他召来，让他诵读诗赋。一试之下，发现这年轻人果然才高八斗，成帝很喜欢，于是命下人取来衣冠，要拜他为中常侍。

成帝周围的人们却告诉他："皇上请慢，还没有禀告大将军（王凤）呢！"

成帝说："这种小事还需要他同意？"坚持要给刘歆封官。

周围的下人们就集体跪下，坚决阻拦。最后成帝没办法，只好派人去报告王凤，王凤回复他："我不同意。"成帝无可奈何，封官的事只好算了。

可见，在王凤的控制之下，成帝连任免权都已经失去了。

另一次，成帝身体不好，他弟弟定陶王刘康来长安看望他。因为刘康很受先帝喜爱，所以成帝对这个弟弟也特别优待，赏赐给他的财物是别人的十倍，还把他留在宫里，陪在自己身边。

成帝的病情逐渐加重，刘康天天端汤药伺候，成帝不禁悲从中来，对刘康说："人生在世，祸福难测，我真怕哪天就见不到你了，你留在这边多陪陪我。"刘康就这样长期住在宫里。

王凤却看不惯了，正好那几天发生了日食，他就说："这是天降异相，说明目今阴气过盛，定陶王本应在封国料理国中事务，长期待在京师，有害无益，请陛下尽快放他回去。"

成帝没办法，只好依依不舍地把刘康送回定陶去了。

不承想，这一分开就成了永别，刘康不久以后就病故了，他儿子刘欣继位为定陶王，成帝的病反倒是好了。

有人照顾皇帝的病情，明明是好事，为什么王凤却看不惯呢？因为诸侯王曾经是大汉王朝一股强大的政治势力，后来在景帝、武帝的连续打压下才退出了政治舞台。如今成帝过分宠信刘康，万一引起诸侯王势力卷土重来，必定会威胁到外戚家族的地位，所以王凤必须立即扼杀这股苗头。

王凤对一切竞争对手都极端警惕，一直凭借自己的优势地位打压这些势力。

他的主要对手是其他外戚，例如许氏（元帝母亲和成帝皇后的家族）和另一家王氏（宣帝母亲的家族）。

当初许平君死得很冤，幼年丧母成为元帝一生的痛，为了补偿这种遗憾，他特意选许平君的堂弟许嘉的女儿、自己的表妹为刘骜的太子妃（尽管两人差着一辈）。

成帝登基以后，许氏女成为皇后，许嘉成为国丈，地位一度跟王凤比肩。许氏因为跟皇家的双重姻亲关系，成为王氏最大的竞争对手。

王凤因此对许嘉满怀仇恨，想尽办法排挤他，而成帝完全没有政治头脑，竟然把许嘉免职，把朝政都交到了王凤手里。

许氏外戚因此败下阵来。

另一家王氏的代表人物是王商（跟王凤的五弟同名同姓）。他是三朝老臣，早在元帝还是太子的时候，他就在元帝身边伺候，后来成帝当太子的时候，他又多次保护成帝不被废掉，对于成帝能够成功继位，他的功劳不小，因此现在他在朝廷里的地位也非常高。

作为两大外戚的领军人物，王商和王凤针锋相对，斗得很凶。

公元前30年，关中连续四十多天大雨，民众四处奔走，惊恐不安，纷纷传言有大洪水要来。

最后连朝廷都被谣言吓到了，成帝召集百官讨论躲避洪水的办法，王凤提出：太后、皇帝和后宫可以躲到船上，老百姓可以上长安的城墙躲避。

文武百官纷纷附和王凤，只有王商不紧不慢地说："古代的无道之国，都没有城里突然冒出水来淹没城池的。现在朝廷圣明，世无兵革，怎么可能突然冒出来大洪水？这必然是谣言，皇上不可轻信。至于让百姓上城墙，毫无必要，只会造成更大的恐慌。"

成帝听了以后，就放弃了躲避洪水的计划，后来果然没有什么大洪水来到，从此以后，成帝常常夸王商遇事冷静，王凤听到以后，却恼羞成怒。

第二年，丞相匡衡被免职，王商接替为丞相，加封食邑一千户。这更让王凤感受到巨大威胁，便加紧了对王商的攻击，两人达到水火不容的程度。

王凤有个亲家杨肜是琅邪郡太守，在他治理下的琅邪郡连续几年发生大规模自然灾害，朝廷派人去调查，正好派的是王商。王商不顾王凤的恳求，向朝廷上书，说杨肜治理灾害不力，建议朝廷免掉他的官职，这封奏折却被王凤扣下来。

王凤发起反击，想尽办法调查王商家里的私事，果然被他查到几起丑闻：一是王商跟他父亲的丫鬟通奸，二是王商的妹妹跟人通奸，王商暗地里派人把奸夫杀了。

这两起丑闻不一定真实，但王凤如获至宝，赶紧报上去。不过成帝认为这些都是作风问题，不算大事，不肯处理，在王凤的强烈要求下才勉强发给司隶去调查。

但王商家里的烂事还没完。就在王凤加紧攻击王商的时候，王商的儿子王俊也突然跳出来控告自己的父亲。

外界并不知道王俊为什么事要控告自己亲爹，但这件事带来一个很严重的后果——王俊的妻子是史丹的女儿，她把王俊的状纸拿回娘家给自己父亲看，史丹看到王家内部的丑闻以后，勃然大怒，要女儿立即离开那个家庭。

史丹从此成为王商的死对头，王商失去了一个重要盟友，多了一个强劲的敌人。

这时候王凤的人又探听到王商的一件违法勾当：王商有个女儿，之前曾被太后看中，想给成帝纳为姬妾，当时王商说这个女儿正在生病，所以这事就没成。现在王商受到政敌攻击，眼看地位不保，又想把这个女儿送进宫里了，于是托宫里的李婕妤说情，请求太后再把他女儿召进宫。

王凤这一派的人说：王商的目的太阴险了，居然想让女儿到后宫去干涉朝政，帮助自己在朝廷的帮派斗争中获胜。

从法理上来说，后宫干政是绝对违反国法的，后宫跟朝中高官联合起来左右朝政，更是任何一届政府不能容忍的大罪，所以这下王商的罪名就很严重了。

史丹等人听说以后，联合向成帝上奏折，请求严惩王商，甚至要求直接把王商打进诏狱。

成帝还想保王商，但在王凤等人的联合施压之下，加上王商身上的罪名实在是太多，成帝也确实没有能力替他开脱了，最后只好下诏：免去王商的丞相之位。

据说王商被免职三天以后，吐血身亡。

随后，王商家族的所有子弟都被免除官职，一个庞大的外戚家族就这样被踢出了朝廷。

成帝也知道，王商家族一旦倒台，就没有人可以制衡王凤了，所以一直到最后一刻，他都在尽力保王商，甚至在王商家族的官职全部被剥夺以后，还尽力为王商的长子争取到爵位和官职。但这并没有什么用，根本挽救不了这个败落的家族。

王商倒台以后，王凤和他背后的王氏成为最大的赢家，大家都心知肚明，王商倒台是王凤背后运作的结果，只是没人敢说。

但不怕死的官员终究还是有的。

王凤一党攻击王商的一个理由是：最近发生了日食，说明王商惑乱朝纲的行为已经触怒了上天。不料王商死后，又接连发生了日食和地震的灾异（这一段史书记载可能有错，短期内不会在同一地区发生那么多日食），这怎么解释呢？京兆尹王章就向成帝上书，连续说了三件事——

其一，皇上现在还没有子嗣，所以亲近定陶王，为将来继承人的问题预做安排，这明显没错，怎么可能招来灾异？王凤以"灾异"为借口，阻止皇上亲近定陶王，是想孤立皇上，方便自己专政。

其二，前丞相王商在自己的职务中是没犯错的，仅仅因为家务事被罢官太冤枉了，受益的是王凤。

其三，王凤自己的作风也不检点。他明知道老婆的妹妹张美人曾经嫁过人，却还是把她送进宫里给皇帝，这明显是徇私舞弊。即使羌胡那种夷狄，娶到不明来历的女人，都会杀掉她生的第一个儿子，以保证血统纯正，那么皇上怎么可以信任这个张美人呢？

现在天降灾异，应该是应在王凤身上，因为王凤专权触怒了上天。

王章甚至提出，提拔中山王太后冯媛（当年曾是元帝的冯昭仪，为元帝以身挡熊）的哥哥冯野王来取代王凤的位置，也就是用冯氏外戚取代王氏外戚。

奏折递上去以后，成帝很重视，他现在也觉得王凤专权的势头太可怕了，王章的言论正好说到了他心坎上，于是把王章召进宫里，单独密谈。

不料王凤早就在成帝身边安插了自己的人,他的堂弟王音是宫里的侍中,每次看到成帝单独召见大臣,他就会到旁边偷听,所以把成帝和王章的谈话听了个一清二楚。

王音报告给王凤以后,王凤马上向成帝上奏折,声泪俱下地表示:"我这个老东西德不配位,辜负了皇上的期待,连日食的灾变都招来了,请求皇上把我免职,让我回家养老去。"

成帝看到奏折,才明白自己的一举一动都在王凤的监视之下,十分震惊。

另一边,太后王政君也知道事态严重,绝不能让王凤的位置被冯野王取代!便说成帝让他们王家的人受委屈了,成天以泪洗面,饭也不吃。

成帝看到太后这样子,顿时心软了,放弃了打压王氏的想法,反而下旨安抚王凤:"舅舅您怎么这样见外呢?朕对您一直都很信赖,希望您继续主持朝政,不要再谈辞官的事!"

这下就中王凤的圈套了!

既然成帝亲自说了,继续把朝政委托给王凤,王凤就可以行使手上的权力,对那些"违规"的官员发起打击!

他立即命令尚书发起对王章的弹劾,理由是:冯野王是中山王刘兴(成帝的三弟)的舅舅,属于诸侯的人,现在王章公然勾结冯野王,想把诸侯势力引入朝廷,这是祸乱国家的大罪;又拿皇帝跟羌胡类比,欺君罔上,必须严厉惩处!

王凤收到这封奏折以后,立即批准,随后把王章打入诏狱,判了大逆不道之罪,在很短的时间内就把王章折磨致死,王章的家人也被流放到蛮荒之地。

这一切来得太快,大家还没有反应过来的时候,王凤已经把政治对手除掉了。

冯野王十分惊恐,从此长期称病,不敢再介入朝中事务。但王凤又指责他装病不理政务,涉嫌渎职,所以把他免官了,冯氏的势力因此也被踢出了朝廷。

王凤雷厉风行的手段震撼了满朝文武,大家都亲眼看到了跟王氏作对会有什么下场,也看清了成帝的懦弱无能,从此以后没人敢再说王氏一句不是，一切都看王凤等人的脸色行事，王氏成了实际的统治者，深宫中的成帝却被大家遗忘了。

为什么成帝对王凤的霸道行径基本没反应呢？因为他正沉溺在温柔乡里，来不及关心外面的事。

荒淫帝王的荒唐事

早期的成帝看起来似乎是个好男人，他特别宠爱自己的皇后许氏。

许皇后美丽又知书达理，又擅长写隶书，从嫁给成帝起，就受到成帝特别的宠爱，以至于别的后妃都被成帝冷落了。

皇后的父亲许嘉也一度受到成帝重用，看起来，许氏外戚似乎要跟王氏分庭抗礼了。

王氏的人很紧张，从王政君以下，纷纷攻击许皇后。

许皇后曾经生过一儿一女，都夭折了，后宫其他人又不受宠幸，都没有子嗣，所以王氏的人就传言：这样下去皇帝要绝嗣。并且说，最近天降异相（日食、月食之类），说明皇后受宠太过了，以至于阴阳失调，所以必须停止对皇后的专宠。

成帝听说以后，便下诏削减后宫的用度，并且对皇后逐渐冷淡起来，加上许嘉也被免官了，王氏对许皇后的攻击才渐渐少了下来。

不过，所谓的许皇后受宠导致成帝没有子嗣，很可能只是王氏家族为攻击皇后制造的舆论而已，实际上，成帝一直没有子嗣的原因在于他喜欢男宠。

张放是富平侯张安世的后人（也就是酷吏张汤的后人），他母亲是宣帝的女儿敬武公主。

因为是公主的儿子，张放从小就跟皇族走得很近。年少的他风流俊逸，自然成了成帝的心头肉。两人同吃同睡，难舍难分，好似一对恩爱夫妻。

成年以后，张放娶了许皇后的妹妹，跟成帝成为连襟。

成帝以男方家长的身份操办婚礼，赏赐新婚夫妇豪宅千间，良田万顷，绫罗绸缎堆叠如山，珠玉珍玩不计其数。举办婚宴那天，长安的街上来来往往全是两宫使者，冠盖不绝，完全是皇家婚礼的规模，号称"天子取妇，皇后嫁女"。

婚后的张放仍然跟成帝黏在一起，两人常常扮作民间小伙，一起到宫外游山玩水，长安周边的各处名胜都留下了两人相依相偎的影子。

在成帝心里，他早已经是张放家的人了，所以在宫外的时候，他一直自称为"富平侯张家"的人，以至于老百姓私底下把成帝叫作"张公子"。

如果成帝真是民间富豪家的公子，这样逍遥倒也无所谓，但他偏偏是大汉天子，放纵情欲的后果就很严重了。整天跟张放厮混在一起，他把朝中事务都抛到九霄云外，给了王凤不受限制地篡取权力的机会，大汉的皇权终于无可挽回地旁落了。

不仅如此，成帝还赐给张放监军的职务，统领平乐屯兵，享受将军的待遇。一个男宠，竟然跟沙场上浴血奋战的大将们并列，这当然引起很多官员不满。

更严重的是，张放占着宠妃的位置，后宫佳丽通通受到冷落，所以成帝登基这么多年，除了许皇后有过一对夭折的儿女以外，就再没有儿女了。

这一切引起朝廷百官的严重忧虑，大家一起向太后王政君请愿，都说，最近灾异频出，都是因为皇帝宠幸张放，遭到上天示警，请太后向皇帝施压。丞相薛宣和御史大夫翟方进又查出张放一系列欺男霸女的行径，启奏到成帝跟前，请求成帝罢免张放的官职，把这个男宠赶回他的封国去。

成帝连许皇后都保护不了，当然更保护不了张放，在太后和朝臣的集体施压下，成帝只好把张放贬为北地都尉，让他到地方上当官去了。

但成帝相思难耐，没过几个月就又把张放召回朝廷，太后王政君怒不可遏，亲自出面，再贬张放为天水属国都尉。

这以后，成帝仍然藕断丝连，不断跟张放书信来往，诉不尽的相思之情，说不完的缠绵之意，还时常找各种借口把张放召回长安，但又总是迫于太后和朝臣的压力把张放送走。每次送走张放的时候，成帝总拉着他的手，眼泪止不住地流。

成帝整个后半生，都在对张放的无尽思念中度过，这一点很有可能严重损害了他的健康。

当然，作为帝王，不可能从一而终，一边思念着张放的同时，成帝在后宫也是如鱼得水。

许皇后已经渐渐老了，色衰爱弛，成帝终于把目光投向了后宫的众位佳丽们，各位佳丽纷纷得到临幸，其中最著名的是班婕妤。

班婕妤饱读诗书，擅长辞赋，在整个汉宫文采第一。

她从小受到儒家礼乐的熏陶，秉持传统美德，坚守礼仪教化，以贤良淑德著称于世。

她整天吟诵《窈窕》《德象》《女师》这些颂扬"女德"的诗篇，言谈举止都严格依照古书上的规定，就连跟成帝相处，都依照古礼，谨守为妇之道，绝不逾越。

关于她，最著名的是"班姬辞辇"的故事。

据说有一次，成帝在后宫游玩，找班婕妤和自己一同乘坐辇车，班婕妤正色说道："臣妾看自古以来的图画，圣明的君王身边坐的都是辅政大臣，亡国之君身旁才坐的后宫宠妃。现在若是臣妾和陛下一同乘辇，岂不是说明陛下和那些亡国之君类似吗？"

成帝听了以后，只好作罢。

消息传到太后耳朵里，太后十分高兴，说："古时候有樊姬（春秋时代楚庄王的夫人），现在又有班婕妤，都是谨守妇道的贤妃呀。"

从此班婕妤的贤良之名传遍后宫，甚至被史官记录下来，成为历朝历代后妃的典范。

不过班婕妤这样的女学究显然不对成帝的胃口，所以成帝的新鲜感过了以后，对她就迅速失去兴趣了。

"谨守妇道"的班婕妤又主动把自己的侍女李平进献给成帝，成帝说："当初卫皇后也是以微贱之身起家的。"所以把李平赐姓为"卫"，封为卫婕妤，开始宠幸她。

又过了一段时间，对卫婕妤的新鲜感也过了，成帝抓耳挠腮，再到哪里去找美女满足自己的需求呢？

飞燕入汉宫

公元前 18 年的一天，成帝微服出宫游玩，来到阳阿公主府里，阳阿公主学当年平阳公主（进献卫子夫给汉武帝），也叫出来一群歌姬舞女，在成帝面前展露才艺。

在一众莺莺燕燕中间，成帝一眼就看中了一名妖冶的女子，那女子体态婀娜，风神绰约，比别人不同，更兼一把杨柳小蛮腰，不盈一握，那种弱不胜衣的姿态，是成帝在后宫从未曾见过的。

阳阿公主说，这女子姓赵，刚出生便被父母遗弃，三日不死，家人才重新把她抱回去。她来阳阿公主府里学歌舞很多年了，因为舞姿轻盈，得名"飞燕"。

成帝喜不自胜，酒宴过后便把赵飞燕带回宫里，封为婕妤，从此日夜临幸，爱不释手。

赵飞燕体态轻盈，舞蹈起来翩然若仙，民间甚至传说她会在人的掌上跳舞，后世都把她作为瘦美人的代表，历代文人歌咏不绝。在文人的笔下，她成了一个妖艳又恶毒的淫妇，关于她的各种闺阁艳闻不计其数。

赵飞燕又说，她有个妹妹赵合德，姿容更在她之上，成帝更加开心，马上下诏把赵合德也接进宫来，一看，果然容华绝世，比飞燕更胜一筹，于是又开始宠爱她。

赵合德名气比她姐姐小，邀宠的手段却比她姐姐更高明，她入宫以后，迅速把成帝迷得神魂颠倒，连赵飞燕的地位都受到了威胁。不过两人毕竟是亲姐妹，在波谲云诡的深宫里面必须联手面对生存压力，所以两人之间表面上是亲密的。

赵氏两姐妹虽然外表可人，手段却相当凶狠，两姐妹仗着成帝的宠爱，相互应援，联手把持后宫，把别的佳丽都排挤到一边去了，许皇后、班婕妤等人全部受到冷落，原本平静的成帝后宫霎时间暗流涌动。

许皇后是最难受的，作为皇后，她身上肩负的是整个家族的兴衰荣辱，一旦失宠，不只是独守空房那么简单，整个家族的人身安全都会受到威胁。

果然，很快就出了大事。就在赵氏姐妹入宫当年冬天，赵飞燕突然向太后告发，说许皇后、班婕妤勾结许皇后的姐姐许谒（yè）暗地里施行巫术，诅咒怀有身孕的王美人以及王氏的人，甚至咒到了成帝身上。

这个罪名看起来很奇怪，威胁皇后地位的是飞燕姐妹，为什么许谒却去诅咒王氏的人？而且如此隐秘的事，赵飞燕是怎么知道的？

但没人去追究这些细节，太后王政君大怒，亲自把许皇后家族的人打入大狱，严刑拷问，最后的结果，许皇后被废，迁昭台宫，许谒等人全部被处死，许氏家族的人也都被免官，驱逐回了他们老家。

许氏外戚因此遭到连根拔起的命运。

班婕妤也被审讯，这个大才女很平静地说："我听说'死生有命，富贵在天'，我一生修行持正，却没有得到福报，那么做暗地里害人的事，难道会有更好的结果吗？神明有知，不会接受咒人的妖术；要是神明根本不存在，诅咒了也没用，我何必做这种事？"

成帝也被她的诚恳打动了，所以赦免了她，还赏给她百斤黄金作为安抚。

班婕妤知道赵氏姐妹容不下自己，成帝也不是可以托付终身的男人，就主动请求让她去长信宫奉养皇太后，成帝答应了。

从此以后，班婕妤就在深宫中过着寂寞的日子，没人再记得她。无聊的时候，她只能读书或者作诗打发时间，她作过许多动人的诗篇，可惜大多都没有流传下来。在最著名的《团扇歌》中，她自比于秋天的团扇，受到主人的捐弃，只能埋没在箱箧之中，词句缠绵悱恻，述尽深宫疾苦，让后人感慨不已。

> 新制齐纨素，皎洁如霜雪。
> 裁成合欢扇，团团似明月。
> 出入君怀袖，动摇微风发。
> 常恐秋节至，凉飙夺炎热。
> 弃捐箧笥中，恩情中道绝。

另一边，扳倒皇后和班婕妤以后，赵氏姐妹简直气势如虹，后宫成了她们自家的院子，赵飞燕甚至开始谋夺起皇后的位子来了。

目前后宫没有人可以跟她们两姐妹竞争，按理说立赵飞燕当皇后没问题，但太后王政君嫌弃赵飞燕出身低微，不够资格坐后位。

成帝多次求恳太后都没有结果，一筹莫展。就这样僵持了一段时间以后，王政君看到儿子还不开窍，只好通过自己的侄儿淳于长暗示他："赵婕妤家是贵族或者平民，还不是皇帝你一句话的事，你只要先给他们家族赐个爵位不就可以了？"

成帝恍然大悟，便把赵氏姐妹的父亲封为成阳侯，这下赵飞燕就是贵族出身了。

公元前16年六月，赵飞燕终于被册封为皇后，赵合德被封为昭仪，两姐妹取得了后宫争宠的最终胜利。

赵飞燕能够如此轻易地上位，很可能正是因为她出生于平民家庭，他们家族没有成为强势外戚的资本，威胁不到任何人，所以王氏觉得放他们一马也是可以的，至少比许氏的人当皇后好。

甚至不排除，赵氏姐妹在后宫大杀四方的背后有王政君的支持。

不过表面风光的赵氏姐妹也有自己难言的苦衷——她们两姐妹入宫以后一直没有子嗣。

成帝的继承人问题

成帝的后宫，人丁一直不兴旺，许皇后生过一儿一女，班婕妤生过一个儿子，都夭折了。这背后一定有某种原因，有可能成帝本身的身体就不行，生下的孩子不健康。

但赵氏姐妹如此受宠，还是没有子嗣，难免让外界纷纷猜测。民间的猥琐文人甚至编造故事说：她们为了魅惑君王，研究春宫秘术，在肚脐里面放药丸，里面有麝香，久而久之导致不育。不过这种香艳故事听听就好了。

成帝年纪逐渐大了，后宫还是没有一个男丁，这让王政君在内的所有人都着急起来。

处在风暴中心的赵氏姐妹更是急得像热锅上的蚂蚁，为了能怀孕，她们一切办法都想过了。

民间猥琐文人又发挥想象力，据说：当时成帝专宠赵合德，赵飞燕受到冷落，这反而给她提供了机会。她单独住在一个宫殿里，远离成帝，暗中勾引了许多官员和宫奴，这些男人都是赵飞燕精心挑选过的，不仅相貌俊美，而且家中子嗣众多，赵飞燕天天跟这些男人颠鸾倒凤，期望能怀孕，结果还是没能如愿。

不过皇宫大内又不是秦楼楚馆，怎么可能让男人随便出入？所以这种记载没有任何可信度。只能说，后世道学家们为了证明"红颜祸水"的理论，向飞燕合德姐妹头上泼了许多脏水。

其实后宫也并不是完全没人怀孕，赵氏姐妹受宠的这些年，成帝偶尔也会去摘几朵野花，除了之前怀孕却被皇后诅咒的王美人以外，还有许美人，以及宫女曹氏都曾经被临幸，并且都生过儿子，但他们的儿子都下落不明，成为重大悬案。

就这样，年近中年的成帝一直没有子嗣，缺少继承人的阴霾始终笼罩在未央宫上空，大家也都想尽办法，折腾了很多年以后，所有人都筋疲力尽了。

皇帝没有后代对于大多数人来说是个噩耗，但对于某些人，却是一次天大的机遇。这些年，举国上下都在密切关注着成帝后宫传出来的消息，其中也包括各个诸侯国里的刘氏宗亲们。

对于这些刘氏宗亲来说，一个巨大的机会正摆在他们面前，他们纷纷削尖了脑袋往宫里钻，到各方权贵跟前游说，希望能让他们的人当成帝的太子，以后继承大汉王朝的帝位。

其中离太子宝座最近的是两个人，一是成帝的三弟，中山王刘兴；另一个是成帝的侄儿，刘康的儿子，定陶王刘欣。

刘兴的背后是冯太后（元帝的冯昭仪）的冯氏外戚，刘欣的背后是傅太后（元帝的傅昭仪）的傅氏外戚。当年元帝的后宫里，冯昭仪和傅昭仪就是对头，现在两个已经当上诸侯国太后的女人，为了争夺太子之位，又斗起来了。

朝中大臣们也分成两派，分别支持刘兴和刘欣。

公元前9年，刘兴和刘欣同时到长安朝觐成帝，暗中争取各方势力的支持。

傅太后也来了，并且带来大量财宝，她充分发挥自己过人的交际能力，在宫里四处游说，大肆撒钱，飞燕合德姐妹都收到她的许多好处，于是转头去成帝身边吹枕旁风，希望成帝选刘欣当继承人。

当然两姐妹也是在替自己打算，她们没有儿子，以后的命运掌握在新皇帝手里，所以需要赶紧站队，讨好未来的皇帝。

朝廷里王氏的人也收到傅太后的贿赂，也支持刘欣。

成帝当面考察两人，刘兴和刘欣的表现也是大相径庭。

当时刘欣带来了很多随行官员，成帝就问他："你为什么带这么多人来？"

十六岁的刘欣口齿清楚："依大汉律令，诸侯王入朝，需要国中两千石以上官员陪同，臣手下的太傅、相国、中尉皆是两千石官员，所以把他们都带来了。"

刘兴却只带着太傅一个人，成帝问他是依据什么法令，他支支吾吾答不上来。

成帝又让刘欣背诵《诗经》，他倒背如流。

再让刘兴背《尚书》，他背了几句就背不下去了，成帝非常失望。

不久之后的朝会，成帝公开说："刘兴年纪不小了，却依然不成才，可见是个庸人了，而且他是朕的弟弟，不能与朕同入太庙。"所以最终决定选刘欣当继承人。

第二年，刘兴就去世了，为太子之位的角逐画上了句号。

同一年，被废了十年的许皇后也走到了人生尽头。

私通皇后案

一切祸事都是那个淳于长掀起的。

淳于长是个浮浪子弟，拈花惹草是日常操作，他听说许皇后的姐姐许嬷（mǐ）目前在家守寡，就主动去撩拨，一来二去两人便勾搭到了一起，淳于长便娶许嬷当了小妾。

淳于长是王氏集团的当红人物，而许家的人是戴罪之身，可能就是因为这个原因，许嬷和许家的人都认为攀上淳于长这根高枝很有好处，所以才主动迎合上去。

冷宫中的许废皇后听到消息，也高兴起来，认为通过姐夫淳于长跟王氏的关系，可以帮助自己恢复身份。

她连忙让自己的姐姐去求淳于长，淳于长一口答应下来："没问题，只要我禀告太后，很快就能封你为'左皇后'，跟赵皇后并列。"

许皇后是个可怜的笨女人，她觉得自己抓住了唯一的救命稻草，从此拼命讨好淳于长，两人通过许嬷这个中间人传递书信，你来我往，不亦乐乎。

淳于长心肠特别坏，他给许皇后画了一个大饼，却一直不兑现，一直向许皇后索要各种财物。许皇后已经顾不得什么了，不停地通过许嬷带财物出宫，珠宝、锦缎、珍玩，乃至于车马和驾车器具……她把自己当皇后几十年积攒的财物全部送给了淳于长，只求他尽快去求太后。

淳于长当然不会去禀告太后，他就这么一直拖着，收财宝收到手软，顺便在书信里面说一些轻薄话，享受着调戏皇后的乐趣。对于这一切，许皇后只能忍着。

如果就这么拖下去，还真会让这个禽兽赚个盆满钵满，但淳于长过于自大了，竟然又打起王家人的主意来。

当时王凤已经过世了，王氏掌权的人是王根，他年纪也大了，多次向成帝请求退休。他退下去的话，谁接替他的位子呢？有两个人最有可能，一个是淳于长，另一个是新都侯王莽。

王莽是王曼的长子，王氏新一代里面的佼佼者。他的心计比淳于长更深，他父亲王曼死得早，所以他一直拼命巴结王凤，成为王凤阵营里的主要人物。

前几年王凤病重的时候，王莽一直守在床前，端茶递水，比亲儿子还热心，王凤感动得热泪盈眶，临终的时候亲自嘱托王政君好好照顾王莽。所以王凤死后，王莽的地位反而直线蹿升，有了成为王氏领军人物的势头。

现在王根要退休，王莽当然认为应该由自己来接替王根的位子，没想到淳于长来横插一腿，竟然也想接替王根。

王莽便暗中搜集淳于长的罪状，发现了他向许皇后勒索财物的事，于是先后把这个秘密报告给王根和王政君，这下淳于长就麻烦了。

王政君气得浑身发抖，大骂："臭小子，当真好大胆子！"立即带着王莽去向成帝告状。

成帝听说以后也是气得头昏脑涨，再一调查，又搜到淳于长传递给许皇后的书信，里面的淫秽词句震惊了所有人，成帝暴跳如雷，下令把淳于长打入大狱，随后诛杀在监狱里。

可怜的许皇后也没能逃过一劫，成帝派人赐给她毒药，许皇后服毒自尽，被草草安葬在了延陵附近。

不久以后王根退休，王莽成功上位，接过王根的权杖，被任命为大司马，从此成为王氏无可争议的领军人物，也成为朝廷里面举足轻重的头号权臣。

再说成帝。冥冥之中似乎有天意，就在王莽执掌权柄之后不久，成帝突然暴毙，把大好江山丢到了王莽面前！

第三十章　汉室之哀

四个太后一台戏

成帝中年以后专宠赵合德，多数时候都在昭阳殿里过夜。

公元前7年二月的一天，成帝又跟赵合德欢爱一宿。早晨起床，刚穿裤子，穿到一半，忽然不动了，瞪着眼睛说不出话来，直挺挺地倒了下去。

赵合德的尖叫声响彻昭阳殿，皇宫内外都震动了，太医赶忙过来救助，却毫无效果，成帝当天就驾崩了。

从太后王政君开始，宫里宫外的后妃、官员、仆从哭成一片，大家围着赵合德逼问："你究竟对皇帝做了什么？"

我们现在的人当然知道，有很多疾病会导致人猝死，这基本都是人自身的健康问题造成的，赖不到别人头上，但当时的人们可不这样想，"皇帝死在赵合德的床上"，这简直让人浮想联翩，赵合德是跳进黄河也洗不清了。

被逼上绝路的赵合德只好自杀了事，赵飞燕没有受到波及，但也战战兢兢，不敢多说一句话。

而远在河东郡的张放，听说成帝的死讯以后，日夜哭泣，泪尽而亡，报了帝王的一世深情。

班婕妤也成天以泪洗面，请求太后让她去为成帝守陵，太后同意了，班婕妤从此住到人迹罕至的皇陵之内，一年以后，在极度孤寂中死去。

大家平静下来以后，看到该死的不该死的人都死了，成帝暴毙的事情没法再追究任何人，只好擦干眼泪，开始筹备迎接新皇帝登基的仪式。

定陶那边的人虽然心里暗喜，但还得装出悲伤的样子，太子刘欣飞速赶往长安，替成帝主持丧事，随即在灵柩前继位，是为汉哀帝。

哀帝的奶奶傅太后、母亲丁姬也来了。傅太后跟王政君是老相识了，可以说仇人相见分外眼红，而丁姬本来是刘康的小妾，一直被傅太后瞧不起，另外还有赵飞燕，她跟傅太后关系不错……四个老寡妇各怀鬼胎，都在想着自己的心事。

一个很麻烦的问题立即摆在哀帝面前——怎么确定四个老"太后"之间的尊卑关系？

其实早在去年哀帝被立为太子的时候，定陶国的人就为这个事情吵翻天了。

当时太子刘欣已经被召到长安，定陶国没了主人，朝廷另外找了一个汉室宗亲刘景当定陶王，顺便替刘欣侍奉他母亲。刘欣准备上奏折对朝廷表示感谢，他手下官员阎崇表示："按照《春秋》大义，'为人后之礼不得顾私亲'，您现在已经是皇帝的'儿子'，不应该再替您原来的母亲感谢朝廷。"

另外一个官员赵玄却认为应该感谢朝廷，于是刘欣上表替自己的母亲感谢朝廷的照顾。

结果朝廷马上质问刘欣为什么这么做，并且把赵玄降职。

刘欣又问平时能不能让他跟傅太后和丁姬见面，朝廷的回答是不能，因为从法理上来说，他已经不是傅太后和丁姬的儿孙了。

最后还是在王政君的斡旋下，成帝才同意让傅太后每隔十天来见一次刘欣，而亲生母亲丁姬却不能来见他，因为他从小是被傅太后抱养的，傅太后算他的"奶妈"。

现在刘欣自己当上了皇帝，当然不想再理会这些奇葩规定，他开始为自己的奶奶和母亲争取地位。

王政君也算通情达理，特地下诏，允许傅太后和丁姬每隔十天见一次哀帝。

但这完全不是哀帝想要的，他想的是给奶奶和母亲太后的名分。但这样一来，王政君和赵飞燕又算什么身份呢？尤其是王政君，她的地位一定会被削弱。

四个老太太都在暗地里较劲，傅太后更是不顾规定，天天跑到哀帝寝宫里唠叨个不停，大臣们也为这个问题纠结，大家吵来吵去，几个太后的名号换了又换，直到哀帝即位两年以后才基本确定下来了——

王政君为太皇太后，赵飞燕为皇太后，傅太后改称帝太太后，丁姬称为帝太后。

名号只是表象，深层次的问题在于四个太后，或者说四家外戚的权力分配问题。可以说，从哀帝一上台起，朝政大权就在四个太后的拉扯下分崩离析了，哀帝自己的权力实在有限。

其中最嚣张的是傅太后，她当年在后宫斗争中败给王政君，不料风水轮流转，现在却轮到她孙子当皇帝了，有如此强悍的气运在，她觉得自己是受上天眷顾的宠儿，可以放手做一些想做的事了。

首先就是给自己娘家的人封官。

早在当定陶太后的时候，傅太后就已经把自己的侄女嫁给了当时的定陶王刘欣，刘欣既然已经当上了皇帝，这个傅氏女理所当然会成为傅皇后。

现在成帝的棺木还停在宫里，傅太后却已经急不可耐地把自己的堂弟，未来的国丈大人傅晏封为孔乡侯了。

傅太后自己的兄弟姐妹不多，她就大肆加封自己的叔叔的儿子们，除了傅晏以外，傅喜被封高武侯，傅商被封汝昌侯。

她的同母异父弟弟郑恽已经去世了，也被追封为阳信节侯，郑恽的儿子袭爵为阳信侯。再加上她自己的父亲被追封为崇祖侯，他们家族六人封侯，看起来勉强可以跟王氏比一比了。

同一时期，丁氏的人也被封官晋爵，但他们毕竟地位不如傅氏，所以也低调很多，对朝政的干扰不大。

赵飞燕因为当初举荐哀帝有功，受到傅太后照顾，家里一个弟弟一个侄儿也被封侯。不过他们家族毕竟是寒门出身，赵飞燕在宫里又无依无靠，所以没法跟另外几家竞争，行事也就更加低调了。

傅太后拼命给自己娘家人封官，当然不仅仅是为了扬眉吐气而已，她早已瞄准了王氏的位置，想取而代之。

王政君感到压力巨大，这时候她可能已经后悔当初选刘欣当太子了，但已经太迟了，她只能先避一避傅太后的锋芒。

她下诏让王莽辞官回家，王莽只好向哀帝上书，请求"乞骸骨"，也就是辞官。但哀帝不批准，后来在一众大臣的劝说下，王政君只好同意继续让王莽在朝中为官，王莽从此行事也更加小心谨慎了。

看到王政君如临大敌的样子，傅太后更加受到鼓舞，甚至当面喊王政君"老太婆"。既然现在没人可以限制她了，她当然要干一些更大的事。

她把目标瞄准了当年的冯昭仪，如今的中山国冯太后。

当年冯太后以身挡熊，虽然博得了众人的交口称赞，却让傅太后一直怀恨在心。

正好最近刘兴的儿子，中山王刘衎（kàn）病了，哀帝就派大臣张由带着御医去中山国给刘衎看病。

没想到张由刚去不久就骂骂咧咧地回来了，朝廷质问他为什么擅离职守，这家伙竟然随口说：中山国的冯太后在诅咒哀帝和傅太后，所以他跑回来告密。

傅太后大惊失色，赶忙派人去调查，于是一场浩大的政治迫害在中山国蔓延开来。

朝廷派去的人受到傅太后指使，把中山国的官员和冯太后的亲属一百多人抓起来，分别关到各个郡国的监狱，严刑拷打，要他们招认冯太后的罪状，这些人都不肯招，许多人因此被虐杀在监狱里面。

最后所谓的"巫师"忍不住招认了，朝廷官员便拿着"证据"去责问冯太后，冯太后坚决不承认，朝廷官员冷笑着说："现在怎么尿啦？当初挡熊的时候多么英勇啊？"

冯太后变色说："挡熊的事情是宫中秘事，你们怎么知道？可见有宫里的人在指使你们诬陷我！"

知道自己无法洗脱罪名以后，冯太后只好自杀身亡。

这场浩劫把冯氏的势力洗劫一空，冯太后的兄弟姐妹几乎全部被杀，连刘兴的王后冯弁都被废为庶人，中山国的朝堂上只剩下了刘衎和他母亲卫姬一对孤儿寡母苦苦支撑。

而张由那个恶棍却因为这次告密的功劳被封侯，参与审讯这个案子的官员们也都被加官晋爵。

这是一桩彻头彻尾的冤案，当时很多人都看不下去，但不敢说，直到哀帝过世以后，才有官员上奏，希望给冯氏的人平反，惩处张由等人。

可笑的是，官方给出的最终解释是：张由有癫狂病，一发病就会乱跑，所以才从中山国跑回长安，又怕朝廷责罚，才诬告冯太后。

但大家都看得出来，这一切就是傅太后在操纵，当年冯太后替元帝挡熊，显得傅太后胆小又自私，伤了她的面子，所以现在她才要报仇，最后她终于如愿了。

只是可惜了冯氏家族，当年冯奉世强攻莎车，打通西域南道，为大汉立下了汗马功劳，冯太后也是著名的贤妃，人人称赞，他们的家族却遭到灭门惨祸，令人唏嘘。

就在傅太后陷害中山国的人，闹得沸反盈天的时候，未央宫里也是鸡飞狗跳，闹成一团，这次的风暴中心是赵飞燕。

骇人听闻的杀子案

哀帝登基以后不久，司隶校尉解光突然上了一封奏折，举国哗然。

这封奏折上说了一些骇人听闻的事：

宫里有个叫曹宫的女官，成帝末年的一天，她悄悄对身边的女伴说："皇上临幸我了。"

后来有人亲眼看到她挺着肚子，显然已经怀孕了。

当年十月，曹宫在掖庭生下一名男孩，随后有皇帝身边的太监来发布诏令，命令掖庭的官吏籍武把曹宫、这个孩子和周围的知情人一起关进监狱，并且暗示籍武，不要让孩子活下来。

几天以后，太监又来查看，看到孩子还活着，就回去报告成帝，过了一会儿，太监出来恶狠狠地说："皇上和昭仪（赵合德）大怒，问你为什么还不杀掉他？"

籍武大哭着写了一封书信，说："皇上没有子嗣，现在终于有儿子了，为什么还要杀他呢？"

太监把书信拿去给成帝看，回来以后，脸色缓和了一些，说："今夜子时，到掖庭东门，把孩子交给宫里的官员王舜。"

籍武只好照办。

又过了几天，太监又送来一封诏令，还有一个绿色的小篮子，要籍武转交给曹宫。

曹宫揭开篮子，里面是两枚药丸和一张小纸条，纸条上写着："曹宫，把这些药吃了，什么原因，你自己心里清楚。"

曹宫读了纸条以后，大哭着说："她们姐妹俩要控制天下，不让别人给皇上生儿子。现在我儿子在哪里？肯定被她们杀了！您一定要想办法让太后知道啊。"说完就服下那两枚药丸自杀了。

后来太监又来，把曹宫身边知情的宫女们都召到一起，说："昭仪说了，你们无罪，但很可惜，不能放过你们，现在给你们两条路，是立即自尽呢？还是让我把你们带出去处置？"

结果六个宫女都选择了自杀，血染宫廷。

根据王舜的供词，他把孩子带走以后，按照密诏找来奶妈喂养这个孩子，喂了十一天以后，另一个官员来把孩子接走了。

线索到这里就断了，没人知道那个王子后来去了哪里。

另一个案子是关于成帝身边的许美人。

许美人来自许皇后的家族，许皇后被废以后，许氏只剩她还在宫里。当时许美人住在上林苑的行宫里，成帝多次偷偷把她召去临幸，后来她也生下了一个儿子。

成帝一开始似乎没有恶意，还让妇产医生去看望许美人，给她吃药。

但这件事随后被赵合德发觉了，根据宫女们的供词，赵合德从床上跳到地上，捶胸顿足，以头撞墙，跟成帝大吵道："每次都跟我说从皇后（赵飞燕）那边来，要是你从皇后那边来，许美人怎么怀孕的？许氏要复兴了吗？皇上要立许氏，就先把我赶走！"

成帝说："我不肯骗你才告诉你，你反而跟我发火，早知道就不跟你说了。"

两人互相赌气，都不吃饭，赵合德又说："皇上既然认为自己没有错，那为什么不吃饭？可见心虚！皇上说过不会辜负我，现在许美人孩子都生下了，怎么说？"

成帝回答："朕既然保证过天下没人能超过赵氏，就肯定不会立许氏，你放心。"赵合德这才安静下来。

不久以后，成帝命令宫里的官员靳严送书信给许美人，同时嘱咐靳严："许美人会给你一样东西，你拿回来，放到门外竹帘下。"

靳严找到许美人，许美人看过书信以后，把刚出生几天的孩子放在篮子里，用绳子绑好，连着回给成帝的信一起交给靳严。

靳严把篮子放到成帝说的地方，成帝和赵合德等在那里，叫下人全部出去等着。过了一会儿，房门打开了，成帝把籍武叫进去，把篮子交给他，说："里面有个死掉的婴儿，拿出去找个僻静的地方埋了，别让人知道。"

籍武就把死去的王子埋到了监狱外墙的墙根下面⋯⋯

这封奏折公布出来以后，造成的轰动可想而知。

如果里面说的事情都是真实的话，那就揭开了汉朝宫廷内最诡异、最扭曲的一幕，整个大汉王朝都因此蒙羞。

成帝为什么没有子嗣，在这里找到了答案。

大汉王朝为什么面临尴尬的继承人问题，为什么被迫去定陶找人来继承皇位，也找到了罪魁祸首。

但这封奏折本身也是疑点重重，一个主要的疑问是：成帝和赵合德干了这么多骇人听闻的坏事，是怎么瞒过宫内众人的，特别是怎么瞒过太后王政君的？

解光的奏折里面也提到，掖庭令吾丘曾经跟籍武私下谈道："掖庭里大大小小的官员都被昭仪收买了，我不敢跟他们说这些话，只能对您说，现在宫里是什么情况呢？凡是被圣上临幸过、怀孕生子的女人都被杀了，被迫服药堕胎的妃子更是不计其数，我本来想去找大臣们说这些事，但掌权的骠骑将军（王根）又贪财，也不能跟他说，现在只能找太后说，但是怎么见得到她老人家呢？"

解光还说，成帝驾崩以后，赵合德怕身边的宫女把这些事抖出去——因为这些宫女很多都是以前王氏和许氏家里的婢女，就把这些宫女都召来，每人赐给数十名奴婢，请求她们不要对外界说自己宫里的隐私。

后来赵合德自杀也是因为自知罪孽深重，怕被人追究。

解光的奏折对这一系列事件讲得非常详细，各种细节都提到了，里面还提到数十名关键证人，包括籍武、田客、王舜、靳严、宫里各种官员，还有各宫宫女、太监、赵合德身边的宫女等，这些人现在都在解光调查组的控制之下，都可以作证。

这样看来，这起案子的证据链相当齐全，可信度很高。

但仔细一想，还是疑点重重，不合理的地方太多了。一个最明显的问题：赵合德对成帝的控制都达到那种程度了，她为什么不谋夺皇后之位？也不替自己家族争取更多利益？要知道，直到成帝驾崩为止，赵氏在朝廷里都没有任何地位，赵氏两叔侄都是在哀帝即位以后才被封侯的。

除此之外，还有无数的疑点，使这起案子看起来十分诡异。

朝廷看到这封奏折过后的反应也耐人寻味。

按照解光的提议，赵合德的行为是在绝皇家的后嗣，属于十恶不赦的大罪，家属"当伏天诛"，但从王政君以下，整个皇室都没有表现出该有的震惊和愤怒，哀帝的处罚仅仅是免掉赵家两叔侄的侯爵，把他们的家属迁到辽西而已，这种做法与其说是在惩戒罪犯，不如说是在包庇他们。

随后朝中大臣耿育上奏说："我们有什么资格评价先帝的行为？先帝看到自己年纪大了，即使有子嗣，以后子幼母壮，也难免出现后宫干政的情况，所以才自绝后嗣，以便于把皇位传给陛下。现在有些人不理解先帝的良苦用心，反而污蔑先帝为女色所祸，编造后宫妖女害人的故事，这是在给皇家脸上抹黑！"

哀帝听到这番和稀泥的言论以后，就放弃了继续追责，这桩骇人听闻的后宫惨案就这样轻轻抹过去了，也留给世人无尽的疑惑。

那么真相在哪里呢？我们只能尽力猜测。

从耿育的奏折来看，很有可能真的存在小王子意外死亡的情况。

但在赵氏姐妹入宫以前，许皇后和班婕妤的儿子就已经先后夭折了。赵氏姐妹入宫的时候，成帝已经三十三岁了，却仍然没有子嗣。所以有没有可能，成帝的后宫有某种特殊原因，让新生儿很难存活？

根据解光搜集到的证词，成帝似乎也曾经想养活这几个小王子，但却被赵合德阻拦下来了。

而赵合德杀害小王子的过程没有目击证人，只是大家根据前后的情况推测的而已。

所以有一种可能，就是几个小王子是因为别的原因夭折的，但却有人想栽赃到赵合德身上。

他们这样做的目的是什么呢？

这起案子爆发的整个过程中，只有赵飞燕心惊肉跳。

虽然所有证人的供述都说明只有赵合德在害人，但奇怪的是，舆论的关注点却一直在赵飞燕身上，解光的提议很明显是希望哀帝处理赵飞燕，民间甚至传出童谣，说"燕啄皇孙"，明明白白地把祸水往赵飞燕身上引，以至于世人都觉得是赵飞燕杀害了几个小王子。

这样看来，似乎有人在刻意针对赵飞燕。

好在傅太后认为赵飞燕是自己的盟友，坚决保她，所以最后赵飞燕成功渡过难关，保住了自己的太后之位，但却从此紧紧依附于傅太后，不再拥有自己的独立地位了。

而赵氏家族也被从朝廷里清理出去，恢复了他们的平民身份。

还有，赵飞燕身上的污名是永远洗不去了。在世人的眼里，这个平民家庭出身，意外进入统治阶层的姑娘，就是一个魅惑君王、祸乱宫廷的妖女！再加上民间猥琐文人创作的各种低俗读物，通过一代代人添油加醋，最终把赵飞燕钉在了"淫妇"的耻辱柱上，让她成为"红颜祸水"的最典型代表。

但在最初的史书记录上，赵飞燕才华横溢，不亚于班婕妤。她精通音乐、舞蹈，是一位艺术家，又会自己填词作曲，是真正的才女。而且在入宫以后的大部分时间里，她并不受宠，也从来没听说过她干涉朝政，他们家族也相当弱势，并没有危害到皇权，这样分析下来，何来"红颜祸水"的说法？

反而是名声不错的王政君才真正伤害到了大汉王朝的根基。

赵氏被清理出局以后，朝廷就成了王氏跟傅氏两大家族斗法的场所。这两个家族是哀帝一朝的两大祸害，从宫廷斗到朝廷，战火绵延不绝。

道德完人王莽

靠着自己的孙子撑腰，傅太后在宫里横着走，一度把王氏的气焰都压下去了。

但傅太后也有个最大的难处——他们家族没有一个像样的人才。虽然傅氏号称一门六侯，但真正顶用的就是傅晏和傅喜，而这两个人的才干却都普普通通。

其中，傅喜还跟傅太后政见不合。他忠于汉室，坚决反对傅氏干政，所以处处违背傅太后的意思，阻拦傅氏揽权，甚至在傅太后想给她自己加"太皇太后"尊号的时候，傅喜还跟朝中大臣孔光、师丹联合起来反对。这让傅太后大为光火，强行要求哀帝把傅喜免官，这还不解气，最后傅太后亲自下诏，把傅喜送回他的封地养老去了。

于是傅氏家族看着轰轰烈烈，实际却是个空架子，只剩傅太后一个人在后宫苦苦支撑。

雪上加霜的是，他们的敌人王氏出了王莽这样一位千古奇人。

王氏家族骄狂跋扈，行事张扬，是祸害百姓的暴发户家族。王莽却是家族中的异类，他谦恭、谨慎、廉洁、仁爱，身为朝廷高官，他每一方面都做到了毫无瑕疵。

他谨遵先贤教诲，严格修身自律。他哥哥死得早，他独自奉养家里的老母亲和寡嫂，以及哥哥留下的儿子王光，任劳任怨。

他作风简朴，对于物质享受，他毫无兴趣。他把钱财都赏给下人，或者用来资助鳏寡孤独，对周围所有弱小的人，他都充满爱心。

在朝廷里，他奉公守法，刚直不阿，敢于直面黑暗势力，处处为国家和百姓考虑，是彻头彻尾的清官和诤臣。

他又师从当世名儒学习《礼经》，时常穿着儒生的服装，看起来是典型的儒家君子，所以儒家学者们也对他特别推崇。

总之，他具有人类的一切优秀品质，堪称全天下的道德楷模。

自从王根退休以后，王政君就把王氏的领导权和朝中大权都交给了王莽，事实证明，王莽做得非常出色，以至于王政君要他辞官，把位置让给傅氏家族的时候，很多人都替他打抱不平。

后来在傅喜、孔光、何武、师丹的联合请愿下，王政君才收回成命，让王莽继续当大司马。

不料随后发生的一起冲突又迫使王莽辞官了。

有一天，宫里举办宴会，安排座位的时候，下人们把傅太后的座位排在王政君旁边。

王莽去巡视，看到以后怒斥下人："定陶太后（当时傅太后还称为定陶太后）是藩王臣妾，怎能与太皇太后并列？"强行要求把傅太后的座位排到了王政君下方。

傅太后听说以后，拒绝来参加宴会，一场宴席不欢而散。

不仅如此，当时傅太后正吵着要给自己加"皇太太后"的尊号，王莽在朝廷里和师丹联合反对，哀帝只好作罢。

两件事加到一起，让傅太后对王莽恨之入骨，王莽只好再次辞官，哀帝同意以后，文武百官却集体为王莽叫屈，哀帝只好又把他提拔起来。

两年以后，傅太后终于取得了"帝太太后"的封号，丞相朱博趁机启奏道："王莽上次不顾皇上的孝道，贬抑帝太太后，罪不可赦，请把他免为庶人。"哀帝在傅太后等人的压力下，只好同意，再一次把王莽免职了。

王莽没有任何怨言，静静地回到自己的封地新都隐居去了。

在大家看来，这一幕场景太像是忠臣受打压的剧情，所以对王莽更加尊敬和同情。

当时民间已经到处在传扬王莽的贤德事迹。

例如说，有一次王莽的母亲生病了，朝廷公卿们都派夫人去他家里问候。到王莽家门口，只见出来迎接的是一位蓬头垢面、穿着粗布衣裳的仆妇。大家都很奇怪，一打听，才知道这就是王莽的夫人，大家都对王莽一家人的简朴震惊不已。

又传说，王莽的哥哥死得早，所以他把侄儿王光当亲儿子一样抚养。他让王光到当时的博士门下求学，每当朝廷里休假的时候，王莽就驾着车，带上美酒和礼物去拜见王光的老师。他广撒钱财，出手十分大方，就连王光的同学们都收到许多礼物，大家都感叹："新都侯多么平易近人啊！"

后来，王光和王莽的长子王宇同一天娶妻。那天宾客盈门，十分热闹。忽然有下人来对王莽说，他母亲身上不舒服，疼痛难忍。王莽顾不得婚宴的事，当即出门替母亲找大夫。

过了一会儿，王莽刚回到宴席上，听说有事，又忙不迭地出去照顾母亲了。

整个婚宴期间，王莽都在急急忙忙地跑进跑出，丝毫没有歇气。

还有一次，王莽家私下买了一名婢女，被家族的人知道了，大家议论纷纷："王莽开始贪图享乐了吗？"王莽赶忙向族人解释："后将军朱博无子，我听看相的说此女能生儿子，所以买了送给后将军。"当天就把这名婢女送给了朱博。

朱博为人奸诈，在朝廷里一向依附傅太后，处处为难王莽，王莽的做法让人更觉得他宽宏大量。

在新都隐居期间，王莽依然礼贤下士。当时的新都国相孔休跟他来往密切，有一天，王莽病了，孔休来看望他，王莽很感激，拿出自己随身佩戴的宝剑送给孔休。

孔休坚决推辞，王莽就说："君侯请不要误会，我是看你脸上有瘢痕，这剑柄上有美玉，用来按摩脸部，可以消除瘢痕。"说着解下剑柄上的美玉送给孔休。

孔休仍然推辞，王莽说："君侯是嫌这块玉太贵重了吗（有受贿的嫌疑）？"就把美玉砸碎成几块，用布包着给孔休，孔休才接受了。

王莽待人就热心到这种程度。

另外，在新都期间，王莽的二儿子王获杀害家里的奴婢，被王莽知道了，王莽大怒，当即逼王获自尽谢罪。

消息传出来以后，人们都十分动容，如此正直的官员真是亘古未见，从朝廷到民间，人人都在称颂王莽大义灭亲的壮举。

在一个道德败坏、人心不古的末世，突然冒出王莽这样一个完美的道德标杆，这让大家都产生一种错觉——我们终于迎来了救世主，他是大汉之栋梁，是周公再世，我们不拥护他还能拥护谁呢？

另一边，一辈子上蹿下跳的傅太后，到晚年终于玩火自焚，把自己的家族带到了沟里。

傅太后把傅喜赶出朝廷以后，越想越气，觉得不解恨，又指使傅晏和丞相朱博、御史大夫赵玄共同弹劾傅喜，要哀帝把傅喜废为庶人。

哀帝还算清醒，猜到这几个人是受傅太后指使的，就让人去调查，一查，发现果然是傅太后在指使，证据确凿。这下傅太后让人抓到了把柄，这是外戚干政、诬陷大臣的恶性事件，顿时朝野震动，满朝文武纷纷要求严厉处置三人。

最后朱博被逼自尽，赵玄减免死罪，傅晏被削掉四分之一的封邑，傅氏的权势受到沉重打击。

而傅太后张狂过头，引发公愤，从此也就收敛多了。

傅喜被免官后，哀帝的舅舅丁明接替了大司马的职位，但这时候丁太后已经过世了，丁氏就靠一个丁明撑着，权势远远不如之前的傅氏，对朝政的干涉也有限。

而深宫中的赵飞燕更是如履薄冰，不敢多说一句话。

另一边，王莽还在新都蛰伏，等待东山再起的机会。

四大外戚同时受到遏制，看起来汉家的皇权有了重新振作的迹象，可谁能想到，这时候竟杀出一家新的"外戚"，他们比四大外戚更加腐朽，把朝政带向了更加糜烂的方向。

断袖

刚登基的时候，哀帝也跃跃欲试，想拯救国内混乱的现状。

他首先下诏说："孔子不云乎：'放郑声，郑声淫。'"认为当前的乐府音乐都是不正经的音乐，要求裁撤乐府机构，停止演奏那些"淫"的音乐。以此来树立自己"明君"的形象。

接下来，他任用师丹、孔光、何武等一批正直的大臣，开始进行经济改革。

当时国内的贫富差距非常严重，地方上的豪强势力占有大量土地和奴婢，平民百姓则屋无片瓦，颠沛流离，很多人沦落成为豪强家里的奴仆，有些甚至被迫啸聚山林，成为流寇集团，而政府则因为纳税人口大量减少导致税收剧减，面临严重的财政困难。

针对这种局面，师丹等人提出"限田限奴"的政策，通过国家行政命令，强行阻止土豪兼并土地，也阻止他们增加奴隶数量。

师丹等人提出的政策里面，详细规定了从诸侯、列侯到地方官员，能够占有的最大土地数量和最大奴仆数，超过这个数量则算违法，多余的土地和奴仆都由政府没收。

这样的政策如果能够顺利推行下去，当然是解决当前社会问题的灵丹妙药，但问题在于，这些政策是在割统治者自己的肉，除了哀帝和几个贤臣以外，整个统治阶层都反对这些政策，特别是傅氏、丁氏等外戚更是坚决反对。

哀帝本身的威望完全不足以支撑他对抗这些反对势力，最后在各种反对势力的压力下，"限田限奴"的政策只好半途而废。

这已经是哀帝为了挽救汉室江山做的最后努力，他毕竟不是强势君王，又生活在一个礼崩乐坏的末世，发现自己无力改变现状以后，他就彻底放弃了，开始沉溺在酒色中不能自拔。

不过他沉溺的是男色。

公元前5年的一天，哀帝刚散朝，走出金銮殿，远远看到大殿之下站着一名年轻官员正在报时。

那官员约莫十六七岁，丰神俊秀，仪态翩翩，更有一种少年狂态，透出三分浪荡之气。

哀帝一眼就看上他了，便走过去搭讪。

原来这少年名叫董贤，是云中侯董恭的儿子，几年前就开始担任太子舍人，一直在哀帝手下当差，只是哀帝没见过他而已，如今却意外送到了哀帝面前。

哀帝一边跟他扯些闲话，一边却早已禁不住心猿意马，魂灵儿飞到九霄外了，哀帝顾不得帝王的威严，暗暗伸出手去，紧紧抓住眼前的可人儿，不愿再放开……

第二天，在众人惊骇的目光中，哀帝下诏，封董贤为黄门郎，这个职务相当于皇帝的秘书，可以经常出入后宫，是无数豪门势力梦寐以求的重要岗位。又把董贤的父亲升为光禄大夫，通过这种一步登天式的提拔，董氏一跃而为朝廷里炙手可热的新晋贵族。

对于董贤的得宠，几大外戚和朝中文武都是反对的，但哀帝不管，他一切都可以让步，但必须宠爱董贤。

哀帝对董贤的宠爱日甚一日，他把董贤加封为驸马都尉侍中，让他更方便跟自己在一起。董贤名义上是朝中官员，实际上是后宫第一人，两人出则同车，入则同榻，一刻也不分离。

据说，有一天哀帝跟董贤一同午睡，哀帝先醒了，要起来时，却发现董贤压在自己的袖子上，睡得正酣。看着怀里的檀郎，哀帝又爱又怜，实在不忍惊醒他，就抽出身边的佩剑，割断袖子，这才起来了。从此留下"断袖"的典故。

哀帝知道董贤有妻室，就偶尔给他放假，让他回家陪妻儿，他却总是找借口不肯离开，一定要留下来伺候哀帝。哀帝十分感动，便让人在宫里专门为董贤开辟一块地方，让他把妻子接来居住，又把董贤的妹妹也接进宫，封为昭仪，地位直逼皇后。

从此以后，董贤夫妇和董昭仪都在哀帝身边伺候，一家三口共承雨露，倒也不亦乐乎。

对于哀帝的这些糜烂行为，大家瞠目结舌，但现在四大外戚都遇到麻烦，正在焦头烂额地挣扎中，没有精力跟哀帝叫板，其他人又不敢发表意见，于是人们只能眼睁睁看着董氏凭借色相登上了帝国的最高舞台……

西汉一朝，除了景帝、昭帝、宣帝以外，其余的皇帝都蓄养男宠，但他们都有个底线，就是不给男宠政治权力。哀帝则越过了红线，对自己心爱的男人毫无保留，他给予董氏的权力都是实实在在的。

他除了提拔董贤本人，还对董氏的其他人尽情封赏，董贤父亲被任命为少府，赐爵关内侯，董贤的岳父被封为将作大匠，董贤的弟弟被封为执金吾。

董氏的权势飞速蹿升，很快便超过了四大外戚，成为朝廷里第一豪门。

哀帝让董贤的岳父带人去给董贤营建豪宅（将作大匠就是负责建造宫殿

的官员），豪宅的规格处处僭越，完全超过了臣子应该享受的规格。

哀帝对董贤的赏赐没有任何底线，国之重宝、武库兵器，毫不吝惜地送进董氏家门，连董贤家里的丫鬟小厮都受到重赏。据说，董贤家里用的器物都是国内第一等的，次一等的才给哀帝自己用。

哀帝还考虑到自己百年之后需要董贤陪伴，所以提前在自己的陵墓旁为董贤营建陵墓，董贤的坟茔完全是帝王规格，金缕玉衣、黄肠题凑，皇帝有的，他全有——只有董贤的待遇跟自己持平甚至超过自己，哀帝心里才安定一些。

但哀帝的烦恼随后又来了，他想给董贤封侯，却找不到理由。

男色倾国

正好这时候国内出了一起大案。

在遥远的东部，齐鲁大地上，有个东平国，那是宣帝封给四王子刘宇的国家，现在的东平王刘云是宣帝的孙子，刘宇的儿子。

公元前4年，民间纷纷传说，东平国的无盐县出了件怪事，当地的山里忽然出现一块大石头，也不知从哪里冒出来的，民众都以为有神明，争先恐后去拜祭。

东平王刘云也和自己的王后一起去拜祭这块石头，回宫以后，又仿照那块石头的形状，在宫里立了一块石头，天天对着石头祷告。

这样的怪异事件当然引起大家议论，过了一段时间，流言越传越走样，民间竟有谣言说：大石自立是"龙兴"之兆，表示东平国将有天子出世。一时间人心惶惶。

朝廷里有两个备选官员——息夫躬、孙宠，两人都落拓不得志，正在想尽办法为自己谋官职。听说东平国的奇闻以后，两人就动起歪脑筋，联手向哀帝上了一道奏折，举报东平王有异心，天天对着石头祈祷，诅咒当今圣上，希望取代天子之位。

哀帝一直身体不好，最近更是病势加重，收到奏折以后，勃然大怒，立即派人去调查。

东平王刘云和他身边的人都被抓起来拷问，这种案件一般来说都无法辩解，刘云手下的巫师等人很快招认，于是定了一个"诅咒圣上"的罪名，这是灭族的大罪，最后刘云自尽身亡，他的王后、相关人员等也都被杀，东平国也被废除了。

事后论功行赏，哀帝忽然想到，可以把董贤的名字也加到告发名单里去，那么董贤就有平定叛乱的"大功"了。息夫躬、孙宠两人告发这起案子的奏折本来是通过中常侍宋弘递上来的，哀帝硬把宋弘的名字去掉，改成了董贤。

哀帝下诏说：息、孙两人和董贤共同告发东平王谋反，三人都有大功，一同受赏。于是把董贤封为高安侯，食邑千户。息、孙两个奸邪小人当然也被顺便封侯了。

东平王谋反案也是一起彻头彻尾的冤案，而且更严重的是，哀帝借这个案子给董贤封侯。凭男宠的身份封侯，古今以来还是第一例，这让那些尽职尽责服务于国家的官员怎么想？对于这一切，满朝文武都有意见，但大家都不敢说。

只有丞相王嘉一直极力阻止，甚至直接把哀帝给董贤加封爵位的诏书拦下来，退回给哀帝。哀帝大发雷霆，找借口把王嘉打入大狱，王嘉在监狱里绝食而死。

大司马丁明随后说了一些替王嘉辩解的话，也惹到了哀帝，哀帝便顺势罢免了丁明的官职，让董贤当上了大司马。

到这一步，哀帝已经把能赏的官职和权势都赏给董贤了。

当时董贤才二十出头，一点都没有德高望重的样子。据说有一次匈奴乌珠留若鞮单于来朝觐哀帝，看见董贤坐在百官之首的位置上，很奇怪地问这是什么人，汉朝官员只好尴尬地回答："嗯……这个……这是我们的大司马，当代著名'贤者'。"

哀帝已经被爱情冲昏了头脑，不管怎么提拔董贤，都觉得配不上自己对他的爱，最后，他萌发出一个让天下人瑟瑟发抖的念头……

当时王氏已经很受冷落了，只有王政君的侄儿王去疾和王闳在朝廷里当官。有一次，董贤的父亲忽然找到王闳，希望他在中间搭线，把他的小姨子嫁给董贤的弟弟董宽信。

王家的人听说以后都非常开心，能跟董氏搭上姻亲，这是多少人梦寐以求的好事呀。不料王闳去跟自己的岳父说了以后，他岳父却惊恐地表示：绝对不行！

他岳父说："前不久，皇上封董大人为大司马的时候，诏书里面竟然用了'允执厥中'这个词，这是上古时代尧帝禅位给舜帝的言辞！当时我们这些老人就都看出来了，皇上对董大人的封赏绝不会止步于大司马，你自己想想……我们怎么可以跟他家攀亲戚？"

王闳顿时明白了：一场巨大的变乱正在酝酿中，董家是绝对不能靠近的，于是婉言谢绝了董贤父亲的提亲。

果然，不久以后，哀帝在未央宫麒麟殿摆酒宴招待群臣，董贤一家人、王氏兄弟等人都在场。酒至半酣，哀帝一手拉住董贤，欲说还休。

那董贤也有七分醉意了，桃腮生春，杏眼含饧，说不尽千般妩媚，万种窈窕。

看着面前楚楚动人的爱郎，哀帝禁不住心头一热，脱口而出："董郎，董郎，朕把汉室江山禅让于你如何？"

话一出口，满堂皆惊。

人们面面相觑，都不知道该说什么。只有王闳早有心理准备，立即跪到哀帝面前说："汉室江山乃是高皇帝千辛万苦打下的，并非陛下私人所有。陛下承宗庙之重，负汉室兴亡之责，只应尽力治好祖宗基业，顺利传于后世儿孙而已，岂能把大好河山送与外人？"

哀帝脸上红一阵白一阵的，不好再说什么，酒宴不欢而散。

但消息不胫而走，很快，满朝文武都知道了哀帝"禅位"的提议。难道汉室江山竟要落到男宠手里了吗？那不成了天大的笑话？天下人谁能接受一个男宠皇帝？

大家忧心忡忡，都在想怎么劝阻哀帝这个疯狂的想法，但不久前丞相王嘉和大司马丁明都因为劝谏皇帝而获罪，现在谁敢去碰这个钉子呢？

眼看汉室江山即将落入男宠之手，满朝文武都一筹莫展，只能把目光投向了朝廷之外……

第三十一章 王莽篡汉

汉室衰微

王莽在新都的三年，人们一刻也没有忘记他，在众人心里，他是拯救汉室唯一的希望，人们迫切盼望他回来主持大局。从朝廷到民间，上书替王莽申冤的人摩肩接踵，几乎每一个角落都能见到王莽的支持者，对王莽的推崇已经成了一种社会现象。

哀帝也感到民意的压力太大，最后在公元前2年，哀帝终于做出让步，把王莽召回了长安，但没有给他恢复官职，只让他伺候太后王政君而已。

王莽依然没有任何抱怨，接过哀帝的命令，谨慎地侍奉太后，在长安过着谦恭与低调的生活。

这段时间，朝廷里当政的除了董氏家族以外，还有光禄大夫孔光、前将军何武、御史大夫彭宣等人。

公元前2年正月，战斗了一辈子的傅太后终于病死了，傅氏失去了靠山，迅速衰落，依附于傅晏的息夫躬、孙宠两个奸贼也因为得罪了董贤而被免官。

随后有人举报息夫躬在家里诅咒哀帝，哀帝派人去调查，息夫躬惊吓而死，他母亲被斩首，家族也全体被流放，得到了应有的报应。

这些人倒台以后，受益最大的是孔光。

当初孔光不肯依附傅太后，处处阻拦傅太后干政，傅太后对他恨之入骨，联合朱博等人诋毁他，迫使哀帝罢免了他的官职，把他送回家养老去了。

但哀帝反而因此记住了孔光的忠直，傅太后刚一过世，哀帝马上把孔光召回朝廷，给予重用。

在人们心里，孔光是刚直不阿的正义人士，再加上他本身是当世名儒，本来就很受大家尊敬，所以重返朝廷的孔光，地位比以前更加尊崇，对朝政有着重大影响力，就连王政君都很信任他。

但孔光的所谓正直只是装给别人看的，实际上他只是个见风转舵的佞臣，他的伪装骗过了所有人，包括哀帝。

他见到董贤受宠，就卑躬屈膝去迎合。

有一次，董贤去孔光家里拜访，孔光特意穿戴整齐，带着一干下人早早地等在门口。

看到董贤的车子来了，孔光弯下腰，低着头，缓缓地向后退入门里，等到董贤的车子进了中门，孔光也退到了门的侧后方。

董贤下车以后，孔光又迎上前来，倒头便拜，好似下属迎接上级——尽管他跟董贤都是"三公"，地位一样高。

董贤在他家里待了一会儿，孔光亲自端茶递水，照顾得无微不至，末了，再恭恭敬敬地把董贤送出大门。

董贤回去以后，跟哀帝一说，哀帝十分开心，直夸孔光待人有礼，当即下令：把孔光的两个侄儿提拔为谏大夫常侍。

孔光就是通过这种方式，骗取了哀帝的信任，混到了朝廷上数一数二的位置。

哀帝身边最有名望的人都是这样，朝廷里是些什么人也就可以想象了。

哀帝的手下全是各种靠奉承拍马上位的马屁精，这些人整天在忙着互相算计，争夺那一点可怜的权力，至于国政和百姓的生活，当然完全不在他们的考虑之内。

在哀帝的治理下，社会混乱，经济衰颓，土豪劣绅疯狂兼并土地，平民百姓都在饥饿边缘挣扎，加上连年自然灾害，饥荒肆虐全国，活不下去的民众纷纷揭竿而起，各地的农民起义此起彼伏，大汉王朝已经面临着巨大的危机。

这种情况下，人们更加盼望王莽可以重新出山来拯救国家，这位当代"周公"几乎是人们最后的救命稻草了。

冥冥之中似乎有天意，众望所归的王莽很快便迎来了复出的机会，但到那一刻，人们才惊恐地发现：他们全都错了！

从哀帝到平帝，王莽的上位之路

哀帝一直身体不好，宠幸董贤以后，纵情声色过度，更是病情加重。

公元前1年六月，病床上躺了很久的哀帝终于一命呜呼，结束了六年声色犬马的生活。

消息传出来以后，虽然举国哀恸，可大多数人心里却在窃喜，似乎这是一个等待了很久的好消息。

深宫中的王政君第一个跳出来，风风火火地闯进哀帝寝宫，把董贤叫过来问："你说，现在皇帝的丧礼该怎么安排？"

董贤哪里答得上来，支吾了半天也说不清楚，只好赶忙脱帽谢罪。

王政君冷冷地说："既然你顾不过来，我安排一个人来帮你吧。新都侯（王莽）曾经主持过先帝（成帝）的丧礼，我现在就把他召进宫来。"说完就下命令，召王莽进宫。

王莽一进来，局面就彻底确定了，凭色相上位的董贤哪里见过这等大场面，面对着王莽凌厉的目光，他汗如雨下。

之前哀帝临终的时候，曾经把传国玺交给董贤，现在由王政君指派，王闳带着士兵围住董贤，怒斥："你受皇帝深恩，现在皇帝驾崩，不赶紧跪到那边去哭灵，拿着皇帝的玺绶在这边等什么？"

董贤哪敢多废话，赶紧跪地献上传国玺。

于是董贤手里唯一一点权力的象征都失去了。

当然，他背后的董氏更是不堪一击。

他们这个家族本来就是一群乌合之众，只是依靠哀帝的宠幸短暂坐上高位而已，在王氏这种根深蒂固的豪门面前，他们简直没有任何战斗力，整个家族迅速缴械投降，把手里的权力又还给了王氏。

可是对于位高权重的家族来说，权力不仅仅是荣华富贵的源头，更是保命的护身符，失去了这张符纸，随后的打击就必然来临。

董贤交出传国玺以后，王莽立即让尚书启动弹劾程序，指控董贤在哀帝病重的时候没有亲自端汤药伺候，并且命人关闭董贤的官署大门，禁止他入内。

董贤彻底蒙了，孤魂野鬼似的在宫里游荡，一会儿想要逃回家去，一会儿又摘下帽子跪到大殿前请罪，但根本没人理他。

第二天，太皇太后王政君的诏书下来了，斥责董贤给国家带来灾难，免除他的大司马职位，命令他立即回家，准备接受审讯。

当天夜里，董贤夫妇在家里抱头痛哭，随后双双自杀。董家的人甚至不敢公开他们的死讯，只好把两人偷偷埋了。

王莽怀疑董贤装死逃走，命人开棺验尸，直到看到董贤的尸首，这才放心下来。

王莽又说，董氏家族这几年过着无比奢侈的生活，严重僭越，建议朝廷没收他们家族的全部财产，把他们家族的人全部免官，流放到合浦。尚书当然按照王莽说的执行，于是董氏家族瞬间从权力的巅峰坠落，沦落为贱民。

董家抄没出来的财产有四十三亿之多，让人瞠目结舌，可见哀帝对他们的赏赐达到了怎样疯狂的程度，可惜这些财富他们也只是暂时保管而已，最终还是落到了王氏手上。

不过仔细分析起来，董贤和他的家族其实没有大罪。由于美貌被哀帝看上不是董贤的错；被哀帝宠幸，封官晋爵，也不是他自己选择的；他只是个普通人，没有任何政治才能，在大司马的位置上当然也做不出什么成绩，祸害国家的帽子不该扣到他的头上。

一切错误其实都是好色的哀帝造成的，董贤和他的家族只不过是哀帝豢养的一群宠物，主人死后，他们就被赶出了家门。当然，最后的惨烈结果是要他们自己来承受的，因为他们享受了不该享受的荣华富贵。

董贤被从棺材里挖出来以后，被人剥光衣服，验明正身，然后就随便埋到监狱的地下完事。

朝廷里有个叫朱诩的小官，曾经受过董贤提拔，看到这个情形，不顾杀头的危险，自己掏钱买棺材和入殓的衣服，把董贤重新安葬了。

王莽听说以后，勃然大怒，马上找借口杀掉了朱诩——这时候王莽已经基本确立了自己的地位，逐渐不再伪装了。

王政君随后又下了一道诏书，让朝中群臣推举新一任大司马。大家明白太后的意思，当然纷纷推举王莽，只有前将军何武和左将军公孙禄公开唱反调，两人互相推举对方。

这样的结果比王莽期待的还要好，看来经过哀帝这几年的折腾以后，朝廷里面已经没有几个真心替汉室考虑的人了。

于是在大家的拥戴下，王莽顺利当上大司马，何武和公孙禄也被免官了，朝廷里只剩下对王氏俯首听命的人。

现在局面已经彻底控制住，王氏的地位不可动摇，接下来就是选谁当傀儡皇帝的问题。

哀帝这几年一直把精力花在董贤身上，后宫形同虚设，所以到死都没有子嗣，新皇帝只能从宗室里面选——这也造成了傅氏和丁氏的一蹶不振，毕竟九重宫阙上的那个宝座已经跟他们家族没有关联了。

元帝有三个儿子：刘骜（成帝），刘康（哀帝的父亲），刘兴。

现在成帝和刘康都已经绝嗣，刘兴也过世很多年了，只留下一个儿子刘衎，新皇帝的最佳人选当然就是刘衎了。

但刘衎才八岁，立他当皇帝，王氏必然掌权，这是明摆着的事情，只是大家心照不宣而已。实际上，在大家看来，与其让新皇帝像哀帝一样胡作非为，还不如让当代"周公"王莽来主持大局，所以新皇帝年纪小反而是好事。

当年七月，朝中群臣从中山国把刘衎迎来，扶立为新皇帝，是为汉平帝。同时由太后王政君临朝称制，大司马王莽把持朝政。

平帝就是冯太后的孙子，当年傅太后诬陷冯氏家族，害得他们家破人亡，没想到风水转得如此之快，仅仅几年之后，坐在皇帝宝座上的就换成了冯氏的后人。

冯氏后人迫切希望为自己家族平反，王政君对傅、丁两家也是恨得咬牙切齿，王莽也希望把两个家族的势力清理出去，现在正好借着平帝的名义达到目的。在王政君和王莽的推动下，朝廷下诏为冯氏的冤案平反，确认冯家的人是被冤枉的，同时开始调查傅、丁两家的罪行。

随着傅太后的罪行被一桩又一桩地揭发出来，对傅、丁两家的清算也正式开始，朝廷里两家的官员都被罢免，两家的人被赶回原籍，两个太后的名号也被剥夺，傅太后被改称为定陶共王母，丁太后被称为丁姬。

王莽还不罢休，又上奏说："共王母和丁姬不遵守臣妾之道（从法理上来说，哀帝是成帝的后人，不是定陶王的后人，所以傅、丁两人只是诸侯的王后），竟然以太太后和太后的规格下葬，按照礼法，应该掘开两人的坟墓，迁回定陶，以妾妇的规格改葬。"

王政君当然同意，于是朝廷派出十万人去挖掘傅、丁两人的陵墓，用了二十天才挖完。傅、丁两人被迁回定陶改葬，陪葬品也全部被朝廷收回了，原来的陵墓都被用荆棘围起来，以示惩戒。

当年王莽受到傅、丁两家排挤，被迫休息好几年，现在总算大仇得报。不过他对两个太后表现出如此的仇恨，看起来似乎有些夸张了，为什么会这样？因为他在讨好王政君。他揣摩到王政君的心思，然后主动上奏折，通过这一系列热烈表演，赢得了王政君毫无保留的信任。

政治迫害在继续，王政君随后又把目光放到了后宫。

哀帝的皇后是傅晏的女儿，当然不能饶恕，另外，赵飞燕长期跟傅氏结盟，也让王政君恨得牙痒痒。

王莽随后上奏折说："傅晏跟共王母（傅太后）勾结，还替她上尊号，简直悖逆无道！如今虽然傅晏被免官了，她女儿还拥有皇后身份，这绝对不行。"

王政君立即下诏，废除傅氏的皇后身份，贬入冷宫。

至于赵飞燕，实在挑不出她的错，只好翻出赵合德残害王子的陈年旧案，说她们姐妹专宠后宫，合谋杀害王子——实际上，就连官方提供的证词都说明那些凶杀案跟赵飞燕无关。至于"专宠后宫"，更是可笑的罪名，皇帝太爱她，所以她有罪？

但赵飞燕根本没有辩解的机会，于是也被废掉了太后身份，打入冷宫。

一个月后，朝廷再下诏，把傅氏和赵飞燕一起贬为庶人，赶到陵园去守护自己丈夫的陵墓。两人知道后续的迫害还会源源不绝，便在陵园中双双自杀身亡，为这一系列政治迫害画上了句号。

现在王政君终于心满意足了，她的所有仇家都得到了应有的下场。这一切都得感谢王莽，对于王莽的细心体贴，她非常满意，自然也乐意把更多的权力交给他。

但还有一个问题：平帝的母亲卫王后怎么处理？难道让她当太后，再出来一家新的外戚跟王氏竞争？

王莽当然不答应，他说，傅、丁两家就是前车之鉴，现在要是让卫氏掌权，难免又要祸乱朝纲，所以最好的办法就是禁止卫氏家族迁居到长安，让他们留在中山国继续当诸侯的亲家。

从法理上来说，平帝是哀帝的后裔，卫氏只是诸侯家的亲戚而已，所以王莽的说法也站得住脚，大家不好反驳。当然，更重要的是王氏的权势完全压住了平帝，没人敢替卫氏说话。

最终的结果，卫氏全体被禁止入朝，这是釜底抽薪的做法，断绝了卫氏干涉朝政的任何可能。作为补偿，朝廷另外封了一个汉室宗亲为中山王，把平帝的母亲尊为"中山孝王后"，让新的中山王去侍奉她，又给卫氏的主要成员都赐了爵位，以示安慰。

至于平帝的奶奶冯太后的家族，之前已经被傅太后杀得差不多了，虽然现在已经平反，但人口凋零，当然也威胁不到任何人了。

从此，大汉朝廷只有王氏这个唯一的外戚，再也没有任何势力可以跟他们争斗了。

对于这个结果，卫氏的人非常愤怒，但没办法，只能默默地接受。

只有卫王后日夜哭泣，声称想见自己的儿子——这是卫氏唯一能表达不满的手段。

看来卫氏永远没法翻身了。

不料有一天，忽然有长安来的神秘人物带给卫王后一封书信，卫王后拆开看了以后，大吃一惊，原来有这样一群人在暗中支持她！

一代奸雄"安汉公"

王政君在后宫斗了一辈子，现在终于赢得了彻底的胜利。

对于这个结果，就连她自己都禁不住有点得意起来：看来自己真是女中尧舜呀，放眼天下，还有谁的才干能跟自己相比？

现在皇帝年纪太小，又缺少卫氏的帮扶，这给王政君操纵朝政提供了充分理由，她开始频频发号施令，用自己的方式控制着朝廷的一举一动。

这一切被王莽看在眼里，他察觉到这是可以利用的机会。实际上，王政君在后宫积攒出来的那些政治经验，在王莽看来，跟小孩子过家家一样幼稚，他很清楚地看到了王政君的颠顶，所以对这个老太婆采取又哄又骗的手段，以柔性攻势把她收服过来，让她乖乖地为自己搭桥。

王政君喜欢照顾自家人，王莽就把王政君的三个姐妹分别封为广恩君、广惠君、广施君，都给予优渥的待遇。三个老太太成天围着王政君，夸赞王莽的好处，哄得王政君眉开眼笑。

王莽知道老年人怕孤独，不喜欢窝在宫里，就处心积虑地组织各种活动，让王政君没事就去宫外转：春天去种桑树，参观蚕茧馆；夏天到河边饮酒乘船；秋天登高远眺湖光山色；冬天去皇家猎场围猎，举行野餐。

王政君每到一个地方，王莽都安排她去走街串巷，分发钱粮，慰问鳏寡孤独、贞女烈妇。一群老百姓眼泪汪汪地围着他们这群人，哭天抢地地感谢太后的恩德。离开民间很多年的王政君，重新找回了"与民同乐"的感觉，开心得不得了。

稳住王政君对于王莽来说非常重要，有这样一位超级强援给自己撑腰，王莽不管做什么事都特别顺利，他的反对者们（主要是汉室宗亲和卫氏外戚）甚至没有能力组织起一次像样的反击。

依靠这股东风，王莽在朝廷里纵横捭阖，任意挥洒，一方面提拔自己的亲信，一方面打压对自己不服的势力，逐渐把整个朝廷都替换成了自己的人。

在王氏内部，王莽的堂弟王舜、王邑跟王莽关系亲密，两人都是能文能武的干将，都成为王莽集团的核心成员，是王莽的主要帮手。

而孔光在朝野上下声望很高，所以王莽又着力笼络他，孔光也见风转舵，迅速投靠到王莽手下，成为王莽的御用文人，需要上奏折、引导舆论的时候，王莽就让孔光出马。

孔光的女婿甄邯也被提拔上来，和他哥哥甄丰一起成为王莽集团的核心成员，甄氏因此迅速蹿升，成为平帝时期的超级豪门。

另外，刘歆是著名学者，负责文化和学术；五经博士平晏则管理机要事务；军队里的孙建当打手，这些人共同组成王莽的私人集团，把持着朝政。

王莽非常善于利用这种集团优势，平时他只负责装好人，要做什么事，就让自己这些手下上奏折，他则叩头痛哭，坚决推辞，最后才不得不接受大家的提议，所以从太后到老百姓，都觉得他是正人君子。

布局完成以后，王莽开始一步步提升自己的地位。

他先暗示塞外的蛮夷部落，让他们进献礼物。

蛮夷果然送来几只白色的雉鸡，朝廷里王莽的党羽马上装出欢欣鼓舞的样子，说这是"天降祥瑞"。古代的周公，因为辅佐成王有功，就曾经得到过这样的祥瑞。现在王莽当政，又出现这样的祥瑞，说明王莽是像周公一样的圣人，朝廷应该给他加封号"安汉公"，表彰他安定汉家天下的功绩，以顺应天心。

王政君收到奏折以后，马上下诏，准备封赏王莽。

王莽听说这件事，赶紧上书，言辞谦卑地说："这些并不是下臣一个人的功劳，孔光、王舜、甄丰、甄邯他们都对国家有重大贡献，要褒奖的话，请奖赏他们，忽略掉下臣。"

王舜、甄邯等人再次向王政君进言，非常诚恳地说，不能因为王莽是太皇太后的亲戚，就忽略对他的褒奖。

王政君于是再次下诏封赏王莽。

王莽又一次坚决推辞……

就这样，朝廷不停下诏希望封赏王莽，王莽不停推辞，最后王政君直接派使者带着诏书去王莽家里，命令他上殿接受封赏，王莽竟然称病，拒绝上殿。

使者一拨又一拨地去王莽家里，来来回回跑断了腿都叫不动他。王政君没办法，只好先发布命令，封赏孔光、王舜、甄丰、甄邯四人。

等四个人都受封完毕以后，王莽还是躲着不肯出来。

朝臣们都被折腾得没办法，只好一起跪在金銮殿上禀告王政君，恳请她封赏王莽。

这次已经代表所有人的态度了，王政君又一次下诏，强烈要求王莽接受对他的封赏。

王莽这才诚惶诚恐地出来，伏在大殿上，涕泪交加地接受朝廷的策命。

但他拒绝朝廷给他的封邑和世袭爵位，只接受了一个封号而已。

王莽异常诚挚地说："微臣福浅德薄，不堪受赏。何况方今之世，九州还有饥氓，四海仍有饿殍，吾侪肩负抚慰万民之责，如何能受赏？希望等到百姓家给人足，天下人人安乐的那一天，再给微臣增加封邑。"

大家听说以后，都非常感动。

从此以后，王莽便被称为"安汉公"，乃国家之栋梁，朝廷之支柱，大汉两百年来前所未有的圣人！

前所未有的圣人

王莽说，封赏他一个人不够，应该同时封赏各位汉室宗亲，以及高皇帝以来各位忠臣义士的后人，还有朝廷里所有对国家有贡献的官员，亦应该依次受赏。同时，上要增加宗庙的供奉，下要抚恤鳏寡孤独，要切实照顾到百姓的利益，恩泽万民，这才是他真正期望的封赏。

于是在王莽的倡议下，朝廷大赦天下，赏赐天下民众爵位一级，所有中级以上官员都增加俸禄，一时间，天下大悦，人人欢喜。

公元1年的王莽，是万民景仰的超级偶像，他拥有人类的一切美德，他的光芒盖过古往今来的一切圣贤。他对太皇太后，对文武百官，对黎民百姓，都显露出无微不至的关怀。这种关怀深厚到让人不好意思的程度，让你觉得，你如果不支持他，简直会良心不安。

至于至尊王座上的小皇帝，则早已经被人们遗忘了，这个国家有大司马王莽就够了，要皇帝来有什么用？

如果到这时候仍然有人怀疑王莽内心藏奸的话，那么他接下来的一系列动作会让这些人彻底感到无地自容。

被封为安汉公以后，王莽仍然跟以前一样谦卑，他兢兢业业地工作，任劳任怨，尽最大努力替天下人谋福利。

按照王莽的倡议，朝廷依照位次对刘氏宗亲封王封侯，东平王刘云也得到平反，由他儿子继承他的王位。

刘氏宗亲被开除了族籍的，现在全部恢复身份。

这些政策，打消了许多人对于王莽排挤刘氏皇族的担忧。

同时，朝廷还发布了许多新政策：

各位王公列侯，无子的，只要有养子或者其他后人，都可以继承爵位。

公侯的后人犯罪的，必须先经过朝廷同意才能判决。

全国中等以上官员，退休以后，朝廷按照他原来俸禄的三分之一发退休金，终身保持。

哀帝末年加收的苛捐杂税，全部返还给百姓。

哀帝陵寝附近的百姓祖坟，只要没有阻挡皇陵的正殿，就不必迁走。

废除明光宫（武帝时期修建的宫殿）以及长安附近的驰道，缩减财政开支。

尊崇儒家，尊敬文人，封周公的后人为褒鲁侯，孔子的后人为褒成侯。

建立完整的教学体系，从中央到郡国，到县、乡、村，都建立了各自的学校，教授儒学为主的学科。

天下的女犯人都释放回家，改为每月交罚金。八十以上、七岁以下的男犯人不予拘捕。

赦免天下囚徒……

公元2年，全国大旱，蝗灾肆虐，王莽十分忧虑，带头捐献自己的土地和财物，在他的示范下，有两百多名官员都捐献了自己的财物以拯济灾民。

通过朝廷上下的一致努力，蝗灾终于被控制住了。随后，朝廷免除所有受灾民户的租税，又在公益房屋中接纳灾民，医治病患。设置"安民县"，由政府负责建造住房，收留无家可归的民众，发给他们农用器具，帮助他们重建家园……

在王莽的主持下，惠民政策一项接一项，大汉朝廷初步扭转了哀帝时代朝政荒废的局面，恍惚间，人们似乎已经听到了盛世回来的脚步声。

接下来还有一件大事——要为平帝立皇后。

按照大家的想法，王莽的女儿当然是皇后的不二人选，可王莽偏不同意，他向王政君进言，把自己的女儿首先排除在皇后人选之外。

王政君十分感动，当时各地已经推荐了许多候选女子，其中很多都是王氏家族的女儿，于是王政君下诏说："王氏女都是我们家族的人，不要把她们列入皇后的人选。"

诏书一下来，天下都轰动了，从朝廷到民间，人们纷纷上书替王莽抱不平，都说：安汉公如此仁义，为什么偏偏把她女儿排除在外？

王莽尊崇儒家，所以天下儒生都把他当作自己人，这些儒生一旦联合起来请愿，声势十分浩大，更增添了王莽拥护者的气势。

从金銮殿到金马门，各个政府机构门前都跪满了替王莽请愿的人，最多的时候一天有上千人。大家异口同声："我们只要安汉公的女儿做国母！"

最后王政君实在没办法，只好下令选王莽的女儿。

但王莽又推辞。于是又开始上演大家劝王莽，王莽推辞，大家又劝，他又推辞……这样的戏码。

最后王莽终于妥协了，说："既然大家如此相逼，就让小女出来见见吧。"

王政君便下诏，正式开启选聘皇后的流程。

既然王莽的女儿要当皇后了，王莽本人当然就要升级为国丈，于是按照规定需要给他增加封地，王莽又强行推辞掉了。

下聘礼的时候，王莽又推掉绝大多数聘礼，剩下的一部分，又分发给贫苦人家，最后他自己到手的聘礼，甚至跟这次婚礼的陪嫁家庭收到的差不多。

王莽如此一再推掉给他的封赏，导致他虽然身为朝中第一人，自己的家产却十分有限，但就连这一点有限的家产，他都尽量拿来接济穷人。

他自己确实花不到多少钱，他对于个人享乐没有丝毫追求，他的生活极端简朴，吃的是粗茶淡饭，穿的是粗布衣服，驾车用劣马，家里只有一个原配夫人，没有多余的妻妾。

在他的影响下，太皇太后王政君都主动减少自己的汤沐邑，把省下来的钱拿来拯济贫民。

王莽的品行实在是高到了无可比拟的程度，以至于不仅当时所有人都被他迷惑了，就是千年之后的人们，都感到疑惑无比——他到底是一个心怀天下的圣人呢，还是一个精于伪装的阴谋家？

一切准备就绪过后，王莽的女儿成功登上皇后宝座，王莽成为国丈，他的声望和地位也达到了前所未有的高度。

这时候朝廷官员又联合上书，说太皇太后年事已高，不要再继续操劳了，朝政大事交给别人去处理就好，王政君没有丝毫怀疑，从此真的不再过问政事了，朝廷事务都交给了王莽。

这一刻，王莽已经站上了朝廷的至高点，再没有任何人可以制约他了。

随后发生的一起大案，终于显露出了王莽狰狞的一面。

野心家的手段

打压卫氏是王莽专权的关键一步，只有卫氏被排挤出朝廷了，才能避免出现新的竞争对手，才能解决王莽的后顾之忧。

更进一步说，从元帝以来，大汉皇帝都依靠外戚支撑自己的地位，把卫氏排挤出去，也就意味着平帝失去了最重要的支持者，这个八岁小孩从此孤立无援，再也没有能力夺回朝政大权，从而给王莽执政甚至夺权打开了方便之门。

王莽的长子王宇却跟他父亲不一样，政治眼光差了很多，他丝毫没有看懂父亲的宏大布局，以为自己的父亲只是想维护朝政稳定，防止再出现一个傅太后而已。所以他担心父亲现在对卫氏打压太厉害，得罪了平帝，以后会遭到报复，为了家族利益考虑，他必须阻止这一切。

他用尽一切办法劝阻王莽，结果可想而知，只能招来一顿又一顿臭骂。他又在暗地里跟卫王后联系，鼓动卫王后向朝廷上书，让她痛斥傅、丁两家的罪行，表明自己绝对跟他们不一样，同时请求朝廷让她搬到长安去住。

卫王后看到王莽的儿子竟然如此热心，十分感动，就照着他说的做，果然向朝廷上书，请求搬去长安。

王莽当然不上当，他让王政君下诏，顺着卫王后的话，再次把傅、丁两家大骂了一顿，同时告诫卫王后：你千万不要学他们，一定要做一个贤良的王后，兢兢业业地把中山国治理好，这就是你对朝廷最大的贡献了。鉴于你如此深明大义，朝廷特地增加你的封邑，把中山国下面的故安县的七千户人家封给你，如此大方的赏赐，你该满意了吧？

卫王后收到诏书以后，哭笑不得，只好继续跟王宇联系，请教进一步的办法。

王宇也觉得无比气闷，看来自己那个顽固不化的老爹真是不好对付，接下来还能怎么劝他呢？软的不行，看来只能来硬的了，用什么办法可以逼他让步呢？

他找自己的老师吴章求助，吴章是个自作聪明的迂腐书生，不知从哪本陈年旧书上看到一些段落，就教王宇："老年人都比较迷信，你可以从这方面下手，比如……这样吓唬一下你父亲，肯定有效！"

王宇欢天喜地地拿着这条"锦囊妙计"回去，找到自己的大舅子吕宽，让他半夜偷偷溜到王莽家大门口，提上一桶血，泼到门上去，然后再让下人大惊小怪地闹起来，说出了"灾异"。王宇再鼓动他老爹去向吴章请教，吴章就趁机说：这是因为您阻止卫氏入朝，惹怒上天，所以上天向您示警。

吕宽果然照着做，结果半夜刚到王莽家门口，就被王莽家的门卫发现了，当场拿住，一问，才知道是王宇在主使。

王莽听到下人的汇报以后，一声冷笑："你个小崽子也太小看你爹了！"

他现在地位稳固了，存心要让人看看他的雷霆手段，不由分说，直接把王宇送进长安的监狱，然后赐毒酒逼他自尽。

王宇的妻子吕氏本来也要受株连，但她正怀着身孕，所以先抓进监狱里关着，过了几个月，吕氏生下一个儿子以后，立即被杀。

王莽向朝廷上书，声泪俱下地说："犬子被吕宽蛊惑，犯下大罪，下臣不敢徇私，已经把他杀了。"

于是一次骇人听闻的杀子暴行就被轻松掩盖了过去。

屠刀还没有停下来，在王莽的主使下，所有这起案子的相关人员都被严厉处置了：吴章被当众腰斩，门下弟子上千人全部被禁止做官；吕宽被灭三族；卫氏也被灭门，只留下一个卫王后，在中山国瑟瑟发抖。

王莽存心立威，借这起案子对政治对手大开杀戒，敬武公主（张放的母亲）、梁王刘立、红阳侯王立、平阿侯王仁等上百人全部被逼自杀，血雨腥风肆虐长安城。

他们中的很多人跟这起案子根本没有关联，只是因为阻碍了王莽的称帝之路，就被借故除掉。

例如敬武公主，本来是宣帝的长女、元帝的大姐，从宣帝时代一直到现在她都拥有非常尊贵的地位。

哀帝时期，敬武公主跟傅、丁两家关系很好，对王氏爱理不理的。

平帝上台以后，敬武公主对王莽专政很看不惯，常常说些顶撞王莽的话，而且她的情夫薛况跟吕宽关系很好，王莽就找这个机会，把敬武公主和她的情夫一起除掉。

王莽以王政君的名义赐毒药给敬武公主，敬武公主大骂道："王氏擅权，迫害我们刘氏，弟媳竟然也可以逼大姑姐自杀？"说完便被逼自尽了。

王莽对王政君说敬武公主是病死的，王政君被蒙在鼓里，这事就过去了。

值得注意的是，这次大清洗杀掉的不仅是同情平帝和卫氏的人，还有王氏的很多重要人物。例如王立和王仁，他们一个是王莽的叔叔（王政君的六弟），一个是王莽的堂弟，都是王氏的主要成员，仅仅因为不肯依附王莽，就遭到了杀身之祸。

这说明王莽的行为已经不再是为王氏争权了，在他眼里，不管哪个家族的人，只要对自己有威胁的，就要除掉。

对于这一切，王政君始终懵懵懂懂的，没有看清楚，她坚持认为王莽是王氏的杰出代表，对于目前"王氏掌权"的大好局面，她可是满意得很呢。

不仅是王政君，天下人也都没有意识到王莽正在清除政敌。

因为王莽实在太懂得包装自己了，杀掉王宇以后，王莽一连写了八篇文章，以无比悲愤的笔触，讲述他为了维护法律的公正"大义灭亲"的壮举，并且分发到地方上，命令全国各地的学校发给学生——大家背诵全文！

于是一连串血腥的政治迫害被粉饰成了法制的胜利，天下人热泪盈眶地感激王莽，王莽的形象更加高大起来。

紧接着，朝廷百官又联名上奏，请求给王莽加"宰衡"的尊号——古代圣贤伊尹的官职是阿衡、周公是太宰，两个称号连到一起加到王莽头上，表示他同时具备伊尹、周公的贤良。

在王莽连番推辞之后，终于通过。

然后更有九百多名官员联名恳请给王莽加九锡。

九锡是皇帝赐给大臣的九种器物，代表对这个大臣最高规格的褒奖。

又经过无数轮恳求和推辞，朝廷最终把九锡之礼加到了王莽身上。

到这一步，作为一个大臣能取得的所有荣誉王莽都已经得到了，朝廷已经无法再对他做封赏。

这几年，整个朝廷都在围着王莽转，各种荣誉一层又一层地往他身上加。同时，他的母亲被封为功显君，他的两个儿子都被封侯。朝廷又把楚王在长安的府邸改成王莽的官邸，专门划拨虎贲卫士给他家守门，规格之高，超过王府。王莽出门，朝廷派骑士跟随。甚至王莽家的祖庙，都由国家修缮一新，全部装上朱漆大门，快赶上皇家宗庙了。

什么都推辞的王莽，不知不觉间已经什么都得到了，而大家还对他感恩戴德。

下一步，王莽开始为称帝制造舆论。

他派出"风俗使者"到全国各地考察，这些人回来以后纷纷报告：如今天下太平，官无狱讼，野无饥民，路不拾遗，夜不闭户，百姓人人称颂安汉公的功德，路上小儿都拍手唱着歌颂安汉公的童谣。

于是百官集体恭贺王莽。

接下来，王莽又制造"万国来朝"的景象。

他派人用重金贿赂匈奴的乌珠留若鞮单于，让乌珠留若鞮单于上书表达对大汉的钦慕。

同一时期，海外的东夷王、南方三万里之外的黄支国，都来大汉朝贡（所谓的"朝贡"，有时候仅仅是来献上几样土特产而已，却能得到大汉朝廷的重金赏赐，其实并不能代表外交上的胜利，却往往成为政府宣传的噱头），西方的羌人部落甚至主动请求归附大汉。

朝廷里的官员们便大肆宣传：如今国泰民安，出现了万国来朝的壮观景象，这都是安汉公的功劳。（史书记载，羌人部落和匈奴的使者都是王莽用重金收买来的，这一点未必可信，有故意抹黑王莽的可能。）

现在的王莽，既有德，又有才，真正能够安邦定国，有他在，我们还需要期待什么呢？

许多人甚至在心里暗想：既然王莽可以把国家治理得如此之好，刘氏的皇帝（成帝、哀帝）又尽是些荒淫君王，那么何必一定要坚持让刘氏后人当皇帝呢？谁当皇帝有什么关系？所谓的"大汉"不也就是一个国号而已吗？

就在这个人心思变的关键时刻，公元6年初，十四岁的平帝突然崩逝了。

被"换头"的大汉

尽管后世很多人怀疑平帝是被王莽毒死的，不过在当时，官方确实明确公布了平帝生病的详细情况。

平帝生病的时候，王莽曾经写下策文，向上天祈祷，让自己代替平帝去受难，然后把这封策文锁在金柜里，对外严格保密。

这完全是在模仿当年周公替成王禳病的做法。当然，最后的结果是相反的，周公祈祷过后，成王的病就好了，王莽祈祷过后，平帝却很快病死了。

朝廷颁下诏书，专门说明为什么平帝没有留下遗言——这是因为他每次发病就气往上涌，说不出话来。这个解释漏洞百出，当然没法让人相信。

不管怎么说，连续三位皇帝绝嗣已经成为事实，这对皇权的延续构成致命打击。现在元帝的后代一个都没有了，新皇帝只有从宣帝的后人里面去选了。

所有人眼巴巴地望着王莽，等候他的决策。

一直以天下为己任的王莽，这时候却表现得有些奇怪，他没有选择宣帝那些成年的后代，而是从宣帝的玄孙里面选了一个年纪最小的——年仅一岁的刘婴。

更奇怪的是，王莽没有立刘婴为皇帝，而是把他立为皇太子，称为"孺子"。

于是大汉历史上最特殊的一段时期来到了——之后的几年，大汉没有皇帝，只有皇太子和皇太后（王莽的女儿）。

现在有些聪明人已经看出王莽有篡汉的计划，但大多数人还被蒙在鼓里，有些人则在装糊涂。

一岁的刘婴只是个摆设而已，朝政大权完全在王莽手上，他加快了自己篡位的计划。

刘婴被立为太子以后没几天，民间立即有人报告，在武功县的一口井里，捞出一块上圆下方（对应天圆地方）的石头，上面用朱漆写着"告安汉公莽为皇帝"几个字。

报告送上来以后，大家瞠目结舌，似乎明白了什么。王政君也终于有点醒悟了，她怒斥来报信的官员："这是有人在装神弄鬼，岂能相信？"

但文武百官坚持认为这是上天示警，不可违抗，所以强烈要求封王莽为"假皇帝"，也就是代理皇帝。

到这一刻，王政君终于领悟到了王莽的意图，但她放眼四望，才发觉周围竟然全是王莽的人，没有一个人支持她这个孤老太婆，她又急又气，坚决抵制王莽的行为。

王舜一向很受王政君信任，他去劝告王政君："事到如今，我们谁也阻止不了王莽了，何况他只是想要个摄政的权力，方便他管理国家而已，没有别的想法，太后别多心。"

王政君无可奈何，只好让步，于是下诏，封王莽为"假皇帝"，又叫"摄皇帝"。

于是王莽坐上了皇帝御座，穿天子黼黻，戴十二冕旒，出警入跸完全依照皇帝规格，受百官朝拜，臣民对他称"臣妾"，除了一个皇帝的称号以外，他各方面都跟皇帝一样了。

随后，王莽带领百官到南郊祭天，到东郊迎春，到明堂举办大射礼，完全行使了天子职权。

现在哪怕最笨的人都看懂了王莽的意图，朝廷里面全是他的人，当然没人反对他，不过远在各郡国的汉室宗亲和他们的支持者可就坐不住了。

安众侯刘崇带头起事，带领百余人进攻宛城，但很快被镇压下去。

随后，东郡太守翟义、东郡都尉刘宇、武平侯刘璜等人联合起义，拥立严乡侯刘信（东平王刘云的儿子，前两年刚被平反）为皇帝，发送檄文到全国，说平帝是被王莽毒死的，现在他们要替平帝报仇，阻止王莽篡夺汉室江山。

这封檄文点燃了全国拥刘者的怒火，东部各郡的拥刘者纷纷加入起义队伍，义军队伍很快发展到十万人，声势十分浩大。

同时关中这边也有人闹起来了，长安附近二十三个县的农民，在赵明、霍鸿带领下，聚起十万人的兵力，响应翟义的起义军，攻打政府机构，一度差点攻进长安，连未央宫里都能望见火光。

王莽一方面做出无辜的姿态。

他天天抱着孺子婴到宗庙祷告："当年周公摄政，有管蔡之乱，现在有翟义刘信之乱，王莽无才无德，如何抵御？恳请列祖列宗保佑！"

他还专门写了策文发布全国，信誓旦旦地保证等孺子婴长大以后就把皇位还给他。

另一方面，他派王邑、孙建等心腹火速奔赴关东地区（函谷关以东），调集当地的兵力，就地攻打起义军，同时派人严守函谷关、武关等重大关隘。

自古以来，从关东进攻关中都非常困难，翟义的义军也不例外，王莽的军队一到，他们马上败下阵来。

而关中的农民起义军，面对经验丰富的政府军，战斗力完全跟不上，很快也被剿灭了。

王莽能够在很短时间内扑灭这些反抗势力，根本的原因在于他手上掌握着一个完整的政府班底。他在长期执政的过程中，通过又打又拉的手段，逐步把朝廷里的官员全部换成了自己的人马。这是对大汉帝国的"斩首"战术，帝国的"头"已经被替换掉了，"身体"想要反抗却无能为力。

现在即使所有人都发现了王莽篡位的意图，也无力阻止了。

获胜以后的王莽开始露出狰狞的爪牙，他对义军首领展开残酷报复。翟义等人被处以磔刑，暴尸闹市，灭三族。他们祖宗的坟冢都被挖开，焚棺毁尸。他们的家宅都被捣毁，改造成粪坑，所有家属的尸体被扔进一个大坑，掺杂荆棘、毒虫、毒草，然后封填。

这还不够，王莽又仿造古人战争胜利以后筑"京观"的传统（参考《春秋：五霸迭兴》中"何为霸主"一节），把义军首领的尸首搜集起来，在濮阳、无盐、圉、槐里、盩厔五处地方的大路旁垒起尸骨堆，上面插着一丈六尺高的木牌，写着"反虏逆贼鲸鲵"，永久展览，威慑世人，并且派人随时巡逻，防止有人破坏。

公元7年，踩在尸山血海之上的王莽，回到他的御座上，继续为天下黎民百姓谋福利。

但镇压义军的成就显然鼓舞了他，他觉得自己已经完全掌控了局势，似乎没必要继续装下去，现在可以走出最后一步了。

可怜汉家

华夏大地从来不缺聪明人。

剿灭义军以后，全国各地像约好的一样，一股脑儿冒出各种各样的"祥瑞"。

先是齐郡临淄县昌兴亭长报告，他梦到一位长须老者对他说："我是上天派来的使者，上天让我告诉你们，'摄皇帝'应该当上真皇帝，你要不信，等会去你们院子里看看，地上会冒出一口井。"

这个亭长醒来以后，赶紧跑去院子里看，果然出现了一口井，井深接近一百尺，当地人都被震惊了，全都跑来围观。

随后巴郡有人报告，发现了一头石牛，之后扶风的雍县又出现怪石。当地官员把这些东西都送到长安，放到未央宫的前殿，等王莽去查验。

据说王莽去查看石牛和怪石的时候，忽然间狂风大作，天昏地暗，等风停了以后，只见两块石头之间出现了铜符和帛书，帛书上面写的是：这是上天赐给人间帝王的符信。

王莽郑重其事地把这些异象报给王政君，声称这是上天的旨意，预示着他这个"摄皇帝"应该把"摄"字去掉，直接称为皇帝。

王政君无力阻挡，只得同意。

于是王莽连皇帝的称号都具备了，现在只差最后一件事，就是正式下诏，告谕天下。

公元9年一月，梓潼人哀章献上一只"金匮"，也就是铜柜，里面有两封书简，一封上面画着所谓的"天帝行玺金匮图"，据说这是皇天上帝发布下来的命令，盖着上帝的印章；另一封上写着"赤帝行玺某传予黄帝金策书"，书里以赤帝之子刘邦的名义，宣布要传位于黄帝的后人王莽，下面盖着赤帝的印章，甚至把分配给王莽的十一个大臣的名字和官衔都列好了——其中一个还是哀章自己。

哀章把这个铜柜抬到高皇帝（刘邦）庙门口，交给朝廷官员，官员赶紧报告给王莽。

王莽早已经准备好了，收到报告以后，立即沐浴斋戒，选个吉日赶往高皇帝庙拜受铜柜，然后迫不及待地穿上龙袍，戴上冕旒，回到宫里拜见太皇太后王政君，然后飞奔到未央宫前殿，坐上御座，下诏书说："我德行浅薄，有幸身为皇初祖考黄帝之后、皇始祖考虞帝之苗裔、太皇太后族人之后，受皇天上帝隆恩，以符契图文、金匮策书诏告于我，赤帝汉氏高皇帝又以金策之书托付于我，命令我接受管理天下黎民之责。神明降旨，我不敢不受，因此在戊辰日御龙椅，佩冕旒，即天子之位，定国号为'新'。以十二月朔癸酉为建国元年正月之朔，以鸡鸣为时，服色配德尚黄，牺牲应正用白，使节旄幡皆用纯黄，署名为'新使王威节'，以承应皇天上帝之威命。钦此！"

西汉历经十二帝，二百一十年，到这一刻终于谢幕。

窃国者获得了最终的胜利。

第三十二章　神奇的"新"朝

汉家老寡妇

登基大典即将举行，王莽派王舜去向王政君索要传国玺——孺子婴不是皇帝，所以这几年传国玺一直由王政君保管。

王政君看到王舜来了，破口大骂："你们父子世代受汉家恩惠，现在乘人之危，篡夺汉家天下，简直猪狗不如。世上怎么出了你们这样的人？现在你们连汉家的制度都改了，就该自己造一个新玺，传到千秋万世，何必要这颗亡国的不祥之玺？我是汉家的老寡妇，活不了几年了，这颗玉玺我要留着，以后带进坟墓。"说着，泪如雨下。

王舜哭丧着脸说："我们都劝过了，王莽不听，必须要拿到这颗玉玺，他的性格您知道的，您老人家难道能拗得过他？"

王莽的手段王政君当然知道，她怒到极点，恨到极点，拿出传国玺，狠狠摔到地上，大声说："我活不了多久了，你们几兄弟继续作孽吧，王氏一定会灭在你们手上！"

——据说，传国玺就这样被摔掉了一个角，后来王莽让工匠用黄金补上，成了金角玉玺。

王舜拿着玉玺回去交差，王莽龙颜大悦，举办隆重的典礼，庆祝自己终于成了"正统"的皇帝。

王政君是个格局特别小的人，她对于政治的理解就是尽量照顾自家人，所以她掌权的这些年，拼命提拔王氏的人，却从来没想过限制他们的权力。偏偏她又特别长寿，在后宫掌权六十多年，在她的庇佑下，王氏野蛮生长，三代人竟出了十名列侯，最后更出了王莽这样一个怪物，终于偷天换日，盗走了汉家江山。虽然王政君主观上没有恶意，但由于她的自私和愚蠢造成了这样的结果，要论起倾覆汉家江山的罪人，她是肯定要上榜的。

生命最后几年的王政君，非常后悔，虽然王莽变着法子哄她开心，她却一直郁郁寡欢。

按规定，汉家的服饰要用黑貂，王莽改成了黄貂，王政君却依然让她的手下人穿黑貂。

王莽把大汉的历法也改了，王政君却一直坚持按原来的历法生活，每到逢年过节，就在自己的宫殿里摆酒席，和下人们一起对坐饮酒，庆祝汉朝的节日。

有一次，王莽对王政君说，替她建了一座长寿宫，请她去参观。王政君到了那边一看，原来他们把元帝的宗庙捣毁了，在上面建了王政君的寝殿，就是所谓的长寿宫。

王政君泪如雨下，颤抖着说："这是汉家的宗庙啊！都是有神明住在里面的！那个家伙亵渎神明，一定会遭到报应的！"

这期间还出了一则插曲，当时王莽想给王政君改一个封号，因为大汉已经亡了，不能称她为大汉的太后。王氏里面有个叫王谏的家伙，猜测王莽是想废掉王政君的太皇太后之位，就上书说："皇天上帝废汉而立新，太皇太后的尊号也应该跟着废掉了。"

王莽拿着这话去问王政君，王政君说："是呀，是该废掉我这个老婆子了。"

哪知道王莽脸色一沉，说道："这是奸邪小人在攻击太后，其罪当诛！"说完便下令杀了王谏。

最后王莽把王政君的封号改为了"新室文母太皇太后"，仍然作为新朝的国母供着。

而王谏这个小人，拍马屁拍到了马腿上，意外招来了杀身之祸。

既然王政君处处不配合王莽，为什么王莽还依旧尊崇王政君呢？因为他能有今天，全靠王政君一步步提携，这是天下人都知道的事，贬低王政君对他并没有好处，反而会招来"忘恩负义"的骂名。

对于政客来说，自己的感情根本不重要，甚至根本不该有感情，做任何事都要从现实的利益出发，王莽是一个近乎完美的政客，他当然是遵循这个法则的。

这以后的几年，王政君依然享受着太皇太后的待遇，王莽给予她丰厚的物质馈赠，把她当一个政治花瓶养着，直到公元13年，王政君病逝于未央宫，最终与元帝合葬。

同一时期，被当作政治花瓶养着的还有可怜的孺子婴，其实更准确地说，他被称为"政治宠物"更合适，因为他的尊严受到践踏的程度是骇人听闻的。

王莽篡位以后，把孺子婴封为安定公，还给了他一个地方百里的安定公国。

但王莽不准孺子婴回自己的封国，一直把他软禁在长安的安定公府之中。为了防止有人利用孺子婴，王莽禁止任何人跟他说话，就是孺子婴的奶妈都被禁止和他说话。

当时孺子婴才四岁，他在极度孤独中度过了自己的童年和少年时光，成长为一个六畜不识的傻子，连话都说不清楚，他根本不知道人类社会是怎样的，当然也就威胁不到王莽的地位了。

王莽还大发慈悲，把自己的孙女、王宇的女儿嫁给了孺子婴，于是又多了一个悲惨的女人。

在王莽的眼里，只有自己所追求的政治目标是真正重要的，为了达成这个目标，任何人都可以牺牲，不管是自己的儿女还是天下百姓。

那么他追求的目标是什么呢？说起来倒是相当崇高，是改造社会，造出一个儒家理想中的太平盛世。

独裁者的奇葩政策

王莽有极高的才干，但有一个特别严重的缺点——刚愎自用。

他对自己的能力无限自信，在他看来，自己是当今之世无可争议的第一号能人，无所不知，无所不能，自己的任何决策都是绝对正确的，根本不需要顾虑那些凡夫俗子的看法。

这造成一个很严重的后果：他做事完全凭自己的主观臆测，不顾客观现实，他也不会去认真调研，小心试探，而是一拍脑袋就做出决定。

他听不进任何人的意见，别人的意见对他来说甚至是一种侮辱，相当于是在怀疑他这个圣人的水平。于是他也没有自己的心腹，没有自己的智囊团——即使有，也已经被他打入监狱迫害致死了。

久而久之，所有真正有想法的人都被逼走了，朝廷里只剩一群居心叵测的马屁精，这些人都是精致的利己主义者，只关心如何为自己争夺利益，对国家大事提不出任何见解。

最后的结果就是：王莽只能一个人统筹所有事情。

这种情况跟当年的高祖刘邦形成鲜明对比。

刘邦的个人才能未必超过王莽，但他善于用人，手下聚集着一个星光熠熠的明星智囊团，这些人给刘邦提出许多十分精到的建议，帮助他夺得天下，又帮助他建立起完备的汉家制度。

王莽则刚好相反，他一切事情都亲力亲为。但一个人的才能再高，知识面再广，也有许多领域无法覆盖，难以面面俱到，以这种方式去治理国家，就会漏洞百出，甚至推出许多不可思议的奇葩政策。

王莽称帝之前还不能完全按照自己的想法施政，所以这些问题没有暴露出来，称帝之后，当他完全按自己的想法治理国家的时候，所有问题就瞬间暴露了。

当然，也不能说王莽对任何人都不相信，他也有自己特别相信的人和事物，那就是传说中的上古先贤，以及他们留下的儒家典籍。

王莽是个最顽固的儒生，他对于儒家典籍有一种深入骨髓的迷信，对他而言，儒家典籍里面宣扬的上古黄金时代是人类社会最理想的形态，是他毕生所追求的目标。

他认为，要达到这种社会形态，首先就必须严格按照儒家理念去恢复周朝制度。

相对应的，汉家制度就是万恶之源，造成了贫富对立、民不聊生、道德败坏等问题。

王莽对汉家制度极度厌恶，这些年他一直在琢磨如何把这些制度推倒，最后，他按照自己从古书里面钻研出来的理论，发明了一套全新的制度。

他片刻也不能等待，刚坐上皇帝宝座，便把这套新制度推行了下去——用最刚性的方式，不给时间，不留余地。

这种短时间内全方位的改革，对社会的冲击是惊天动地的。

我们看看具体是哪些方面。

首先就是废除私田，恢复周朝的井田制（有学者认为，井田制只是儒家想象出来的一种制度，实际上在周朝从来没有实行过这种制度）——但实际上并不能完全做到，所以做了一点改变，叫"王田制"。

王莽宣布：天下所有的农田都叫作"王田"，属于国家所有，禁止私人买卖。一家如果有男丁八口，最多允许拥有一井（九百亩）王田，超过的部分必须捐给周围没有农田的人。

同时还规定，富人家的奴婢叫作"私属"，不准买卖。

这两项政策精确针对西汉末年最严重的社会问题：疯狂的土地兼并以及由此造成的劳动力流失。

当时，大量土地集中到权贵手里，贫民被剥夺土地，变成流民，最后沦为权贵家庭的奴仆，一方面使社会矛盾变得非常尖锐，另一方面造成财政收入大减，政府入不敷出。

哀帝也曾经试图解决这个问题，但失败了，现在王莽再用自己的方法来试验。

这两项政策的出发点本身是不错的，首先强迫富人把土地分给穷人，老百姓都拥有土地以后就不必当流民了，也就不会再沦落为富人家里的奴仆。同时禁止买卖奴婢，富人没有了新的奴婢来源，家里的奴婢会逐渐减少，几代人以后就没有了，真正实现了人人平等。

可惜王莽只管下命令，怎么执行这些命令他是不管的，也管不了，实际上这些命令根本没有任何推行下去的可能，反而把整个帝国的中高层都得罪了。

王莽认为要推行新政必须用霹雳手段，所以在推行新政的同时施行严刑峻法——任何敢于阻碍王田制的推行，甚至仅仅口头上说三道四的人，都要被全家流放到偏远地区。

这让整个社会都很纠结，一项明明推行不下去的制度，还要假装推行下去，怎么办呢？当然只能欺下瞒上了。特别是官员，他们是直接承受压力的一群人，所能做的就是向上谎报成果，向下则不作为甚至乱作为。

王莽的刚愎自用这时候终于显出恶劣后果——没人敢对他说真话，他听到的都是"形势一片大好"，他根本不了解地方上的实际情况，这又引导他进一步走向错误方向。

当然，时间久了终究瞒不住的，两项新政遭到全国地主豪强的集体抵制，甚至引发了几场起义，王莽终于也听到了全国上下的反对声，并在公元11年，即实行"王田"制和"私属"制两年以后，被迫取消了这两项政策。

但是全国上下已经被折腾得鸡飞狗跳了。

接下来是"五均""六筦"制度。

王莽认为农业以外的所有行业都属于不务正业，所以根据《乐语》的记载，设立五均官。五均官的职责，一方面是对商贩、工匠、渔樵、纺织、医生等农业以外的各行各业征收重税，另一方面，由政府出面，适时囤积和抛售货物，平抑物价。

另外又根据《周礼》的规定建立赊贷制度，民众可以向政府贷款去经营工商业。

盐、铁、酒这一类利润丰厚的行业，全部收归国营，老百姓私营的，要受严惩。

所有这些增加财政收入的政策，合起来称为"六筦"。

"五均""六筦"政策本质上是在与民（主要是工商业者）争利，相当于恢复了武帝末年的敛财手段，而且发扬光大。

这些政策虽然短期可以增加国家的财政收入，但同时使得大量民众失去维生的手段，国民经济也受到沉重打击。同时，盐铁国营的政策还造成相关物资价高质次，甚至连合格的农具都买不到了，给民众带来很大困扰。

其实归根结底，这些政策的出发点都不错，只是都严重脱离现实。实际执行的结果跟王莽抱着古书想象出来的结果完全不同。这些政策推行到基层以后，都变成了害民的恶政，折腾得民众苦不堪言，还给贪官污吏打开了方便之门。

另一方面，王莽的手段十分刚硬，他不懂得循序渐进的道理，也不会先进行小范围的试验，而是直接在全国范围内把所有政策一次性推行到底，同时不容许任何人质疑，胆敢发表不同意见的都要受严厉打击。这就造成他的政策没有容错空间，所有问题都被放大，并且造成最严重的破坏。

接下来就是对老百姓伤害力最大的新政——货币改革。

对于货币改革，王莽非常急迫，早在公元7年，他当摄皇帝的时候，就已经发布了货币改革命令。

所谓货币改革，就是废除用了一百多年的五铢钱，改用新发行的货币。

这本身也没问题，问题在于新发行的货币种类实在太多，换算关系又太复杂，推行得又太急迫了。

公元7年，发行大泉、错刀、契刀。

公元9年，废除五铢钱、错刀、契刀，发行小泉。

公元10年，发行金、银、龟、贝、钱（铜）、布六种材质的总共二十八种钱币，这二十八种钱币的面值各不相同，换算极其困难，造成了严重混乱，于是人们纷纷抵制新币——不是有意抵制，而是确实没法使用，人们只好在私下继续使用五铢钱。

更严重的是，新币的分量比起旧币缩水很多，给假币留下了巨大的利润空间，于是民间私铸钱币的风潮愈演愈烈，这又造成严重的通货膨胀。

王莽仍然用严刑峻法解决问题，他下令：一旦抓到私铸钱币的人，周围五家人一同没入官府为奴。甚至禁止老百姓持有铜和木炭，因为这两样物资是私铸钱币的主要材料。

现在老百姓即使坐在家里什么也不干，也可能因为邻居私铸钱币而犯法，真是人人自危。

为了强行推广新币，王莽派人在各大关卡、渡口盘查过往行人，只要行人身上没有携带新币，就扣留下来；旅馆里面的客人没有携带新币的，不准住宿；官员没有携带新币的，不准入城，不准入宫。身上携带五铢钱被搜到的，流放边疆。

但即使如此严厉的政策，新币还是推行不下去，反而造成全国各地市场混乱，经济崩溃，王莽只好在第二年又急忙下令，废除龟、贝、布等货币，只保留大泉和小泉。又因为民间盗铸钱币的人实在太多了，抓不过来，只好废除了私藏铜、炭的禁令。

王莽对于老百姓抵制新币耿耿于怀，为了用自己的新币取代五铢钱，他不达目的不罢休，在公元14年又下令，废除大泉、小泉，新发布货布、货泉。

这次的新币比以前的简单一些，但没有解决货币贬值的问题。

王莽每一次发行的新币，分量几乎都比之前的缩水，面值却相等甚至更高，这等于是在抢劫全民的财富。于是随着货币一轮又一轮的更换，底层百姓的财富一次又一次被洗劫，再加上市场崩溃，许多百姓失去了生存的能力，民众纷纷破产，无数人被迫铤而走险，加入私铸钱币的行列。

王莽却一味使用严刑峻法来镇压民众，哪怕说几句对新币不满的话都算犯法，所以犯法的人特别多，官吏四处抓人都抓不完。几年之内，监狱人满为患，被没入官奴的百姓更是不计其数，人民哭天抢地，悲惨到无以复加。

如果说王田制得罪了帝国上层，"五均""六筦"得罪了中产的话，混乱的货币改革则伤害了全体民众，尤其是底层民众。

为什么王莽会犯下这样离谱的错误呢？有可能他确实缺少经济学常识，不明白自己这些货币政策的危害，也有可能他就是想通过洗劫民众来维持帝国即将崩溃的财政系统，总之，非蠢即坏。

四处树敌的独裁者

帝国的财政确实很困难，一方面是因为西汉末年朝政混乱，国家早已经入不敷出了；另一方面，王莽登基以后继续大肆挥霍，消耗着国库仅剩的一点财富。

王莽自己的生活极端简朴，而且对人刻薄，曾经连续几年不给全国官员发俸禄，如此抠门的作风，按理说他花不了太多钱。

但事实跟人们的直觉相反，新朝政府花的钱一点也不少。

王莽喜欢钻研古书，对于古书上那些祭祀鬼神的记载，他深信不疑。他常常从古书上找一些神神道道的礼仪，再加上自己的创造发明，倒腾出无数极其烦琐的祭祀仪式，然后在长安周围四处修建祭坛和庙宇，一年到头举办各种祭祀典礼。仅仅这一项开销，就十分惊人。

当上皇帝以后，王莽又开始宠信方士，在方士苏乐的鼓动下，他修建了八风台，耗资万两黄金。又在台上种五色禾苗，按照各自的颜色种在不同的方位，又用各种奇珍异宝煮出来的水浸泡种子，种出来的米一斛值一两金子。

如果仅仅是这些开支的话，对于一个庞大的帝国来说，还不至于伤筋动骨，真正严重的地方在于，王莽把自己刚愎自用的作风带到了外交领域，导致周边所有民族都跟他翻脸了，频繁的军事调动彻底耗尽了帝国的财力。

登基不久，王莽就派使节到周边各国宣布新朝的建立，并且用新朝的印绶替换掉各国君王手里的汉朝印绶。

但是王莽非常高傲，或者也可能是迂腐，他声称"天无二日，土无二王"，所以要把华夏对周边各国的称号从"王"降为"侯"，受影响的包括匈奴、高句丽、西域各国和西南夷各部落，这一下就把周边各国全部得罪了。

特别是匈奴，原本汉朝给他们的印信是"匈奴单于玺"，王莽给换成了"新匈奴单于章"，从"玺"降成了"章"，还特意加上"新"字，表示匈奴是新朝的藩臣。

派到匈奴的新朝使节也知道这样会得罪单于，就骗他，让他先把旧印交上来，再给他新印。

当新印发下来，乌珠留若鞮单于看到上面的文字以后，感觉被耍了，心里很不舒服，派人去向新朝使节讨旧印，新朝使节却说旧印已经被销毁了。乌珠留若鞮单于不甘心，又派人去长安，请求王莽重新发一个旧印，王莽想都不想，一口回绝。

乌珠留若鞮单于本来臣服于新朝，却因为这件事心怀怨恨，再加上新朝阻拦匈奴向乌桓征税，又阻止匈奴劫掠乌桓民众，新仇加旧恨，乌珠留若鞮单于便决心反叛新朝。

正好这时候西域开始乱了。

车师后国的国王须置离因为没有足够的物资供应新朝使者，就计划逃到匈奴去，新朝的西域都护听到消息以后，把须置离叫去杀掉了。这事在车师后国引发全民愤慨，须置离的哥哥狐兰支带着两千多族人逃到了匈奴那边。

乌珠留若鞮单于正在为换印的事怒火中烧，见到狐兰支来求助，二话不说，带上人马就跟狐兰支一起杀向车师后国，杀掉了几名新朝官员替须置离报仇。

当时新朝在西域负责屯田的戊己校尉病了，他手下的副官陈良、终带等人私下商议说："现在西域各国都开始乱了，匈奴又要大兵入侵，我们留下来也是被杀的命，不如投降匈奴算了。"

这些人便一起杀掉戊己校尉，带着新朝驻扎在西域的两千多人奔向匈奴，自称是"废汉大将军"，因为不肯效忠王莽，才投靠过来。乌珠留若鞮单于十分欢喜，把他们都收留下来。

西域官员的叛变在朝中引起震动，王莽咬牙切齿，发誓要把陈良等人抓捕归案，他多次派人去匈奴要求遣返几个叛乱分子，乌珠留若鞮单于根本不答应，反而给几个叛徒封官晋爵，直接打王莽的脸。

王莽本来计划通过车师这个根据地，从西方威慑匈奴，现在不仅车师落到了匈奴手里，连新朝在西域的统治都摇摇欲坠了，威慑匈奴更是无从谈起，这个脸丢得实在有点大，新朝跟匈奴的关系也进一步紧张起来。

乌珠留若鞮单于说动手就动手，派出骑兵劫掠新朝北方边塞，这是从宣帝以后，匈奴第一次攻打汉地，标志着两个民族七十多年的和平状态终于结束了。

王莽气得发疯，下令：把乌珠留若鞮单于改叫"降奴服于"，连单于都不算了，又把匈奴的国土分成十五份，分封给十五个单于，跟这个"服于"分庭抗礼。

封哪十五个人为单于呢？王莽派出一队人马到北方边塞，偷偷跟塞外驻扎的匈奴部族联系，用高官厚禄贿赂他们的首领，希望他们接受新朝的册封。

其中，匈奴的左犁汗王最积极，第一个响应新朝的号召来跟官员们见面，于是他们父子几人都被封为单于。新朝官员还对他说："赶快让你儿子去长安向皇帝谢恩。"于是左犁汗王便让自己的两个儿子跟着新朝官员去了长安。

左犁汗王被王莽封为"孝单于",但他不知怎么想的,接受了这个封号以后又跑回漠北,找他哥哥乌珠留若鞮单于诉苦,说自己是被逼的,不是真想接受新朝的封号。

乌珠留若鞮单于正暴跳如雷,哪里听得进左犁汗王的辩解,立即去掉他的汗王封号,把他贬为"于粟置支侯",让他戴罪立功。

左犁汗王这样首鼠两端,可就把他儿子害苦了,当时他两个儿子还在长安,其中一个儿子挛鞮助不久以后就病死了,只剩一个挛鞮登还留着,等着父亲那边来消息。

乌珠留若鞮单于继续派兵攻打新朝边塞,又过了一段时间,新朝边境守卫抓住匈奴俘虏,一问,才知道左犁汗王又回到了单于那边,而且现在攻打新朝边塞的将领就是他的另一个儿子。

王莽听说以后也是暴跳如雷,当即把各个藩国首领召集起来,当众宣读左犁汗王的罪行,然后把他儿子挛鞮登抓出来斩首示众,所谓的"孝单于"的称号当然也取消了。

于是王莽封"十五个单于"的计划成了一场笑话。

但王莽可不是会服输的人,封"十五个单于"只是口头上出气而已,事情当然不会这样就完了。同一时期,他正在调集全国兵马奔赴北方边境,他一口气派出十二个元帅,让他们从各个郡国征兵,准备调集十二支军队,三十万大军,跟匈奴打一场大决战!

王莽发狠说:"三十万大军要从十路出击,带够三百天的粮食,给我一口气杀到漠北,把'降奴服于'赶到丁零去,把匈奴的地盘分割为十五块,以泄我心头之恨!"

武帝时期的漠北之战曾经调集十万大军围歼匈奴,那已经是倾尽全国之力了,整个国家好几年都没恢复过来。现在新朝的国力远远赶不上武帝时期,硬凑三十万大军等于抽干了全国的血液,再准备三百天的粮食,国力怎么承受得起?

大臣们也觉得这样闹下去后果严重,但不敢说出来,只有大将严尤劝谏王莽，王莽却根本听不进去。

按照严尤的估计，三十万大军集结起来需要一年，但实际上困难还要大得多，从公元11年王莽发布调兵的命令开始，几年时间都没能凑够足够的兵力和军粮。于是只能加紧催逼地方政府，地方上又只好勒索百姓。百姓生存不下去，只好逃荒，于是全国各地盗贼蜂起，掳掠百姓。王莽又赶忙派兵镇守各大城寨，严禁百姓逃亡，这些兵丁又把百姓勒索一遍，于是全国上下家翻宅乱，人人自危。

十二路兵马驻扎在边塞上，消耗的资源是一个天文数字，朝廷不堪重负，只能想尽办法敛财，于是才有了连续几轮越改越乱的货币改革，拖累得天下百姓苦不堪言。

而且这十二路兵马都是临时拼凑起来的，良莠不齐，战斗力很差不说，素质也糟糕得很，在边塞上几乎相当于土匪，不停搜刮当地民众，逼得民众走投无路。

另外，大规模调兵进一步刺激了匈奴，乌珠留若鞮单于彻底翻脸，连续派兵攻打新朝边塞，战争规模越来越大。北方地区已经和平了七十多年了，本来牛羊成群，一派祥和，现在重新卷入战乱，几年之内就被践踏成了一片焦土，民众举家逃亡，白骨露于野，千里无鸡鸣，三千里的北方边境上一片萧条。

在一片混乱中，新朝终于撑到了公元13年，塞外传来了乌珠留若鞮单于病死的消息，从王莽开始，朝廷上下一片欢腾，都以为最坏的时刻终于过去了。

但随后传来的消息让大家傻眼了：新登基的单于就是原来的左犁汗王，称为乌累若鞮单于。

乌累若鞮单于本来是温和派，一直想跟新朝和好，但前两年王莽一时冲动把他儿子杀了，现在怎么跟他解释呢？只能先瞒着再说。

乌累若鞮单于主动派人到新朝边塞，说希望跟新朝和亲。王莽听说后大喜，派出使节团去祝贺乌累若鞮单于登基，并且告诉他：他儿子奢鞮登在长安过得很好，不用担心。又要求他把陈良、终带等叛乱分子遣送回新朝。

乌累若鞮单于便把陈良为首的叛乱分子一共二十七人捆起来，派人跟新朝使者一起把他们押送回长安。

这些人被运回长安以后，王莽把他们全部烧死，西域叛乱的事情总算有个了结了。

不料匈奴使者在长安探听到挛鞮登被杀的真相，回去报告给了乌累若鞮单于，乌累若鞮单于发觉自己被耍了，顿时火冒三丈。这以后，他虽然表面上跟新朝客气，却不断派出军队劫掠新朝边塞，两国间的烽火始终不能停息，和亲的事当然也就吹了。

乌累若鞮做了五年单于，在公元18年病逝，继位的呼都而尸单于一开始也想跟新朝和好，并派出使节去朝觐王莽。

史书上说王莽性格"躁扰"，闲不住，总是要上蹿下跳搞事情。果然，双方的友好关系还没建立起来王莽就主动挑事了。

当时匈奴朝廷里掌权的是王昭君的女儿女婿，须卜当夫妇。他们一直是匈奴内部主和派的代表，一直在推动单于跟新朝和好，王莽就异想天开，竟希望扶立须卜当为单于。

王莽让人骗须卜当夫妇到边境附近谈判，然后把两人劫持到了长安，强行把须卜当封为须卜单于，并且对他许诺，新朝会派大军送他回漠北，把他立为新单于。

可是新朝国内已经乱成一团了，到处是农民起义和刘氏皇族的叛乱，王莽镇压都来不及，哪里抽得出兵力去扶立新单于呢？只好一直把须卜当夫妇扣在长安。

匈奴那边，呼都而尸单于听说了王莽要扶立新单于的事，恼羞成怒，派出全部兵力冲击新朝边塞，正式对王莽翻脸。

这样算来，从王莽登基开始，连续三任单于都在劫掠北部边境，而且力度越来越大，王莽不得不派出大量兵力驻扎在北方边塞，给帝国本来濒临崩溃的财政系统造成沉重负担。

匈奴的威胁仅仅是一方面，同一时期，西域、高句丽、西南夷都在反叛新朝，王莽又不懂得安抚，只是一味地镇压、镇压、再镇压。但新朝四周全是敌人，王莽就算有天大的能耐，也不可能同时摁住所有反叛力量，所以总是按下葫芦浮起瓢，新朝那点可怜的军队也总在四处奔波，没有一刻停歇，这自然就削弱了国内的防卫力量，于是国内的局势就再也稳不住了。

王莽执政短短几年，国内经济崩溃，国外四面楚歌，如此严峻的局势之下，王莽却没有任何可行的对策，只能四处灭火，弄得焦头烂额。最后，无休止的动荡终于耗尽了帝国的国力，再也生活不下去的人民被迫揭竿而起，跟意图复国的刘氏皇族联合到一起，掀起了一场轰轰烈烈的大革命。

第三十三章　天下人的反莽狂潮

绿林与赤眉

似乎冥冥之中真有天意，王莽执政这几年，国内天灾不断，农业收成严重受影响，饥荒和瘟疫随之席卷全国。

公元17年，荆州地区正在闹严重的饥荒，老百姓只好跑到沼泽地里挖野荸荠充饥。

当地社会已经崩溃，处于无政府状态，人们忙着抢夺食物，乱成一团，甚至互相打得头破血流。

总是这样打下去也不是办法，于是大家就去找当地有名望的绅士王凤（跟王莽的大伯同名）、王匡来调解纠纷，王凤、王匡总是能比较公平地做出裁决。

久而久之，王凤、王匡成为大家公认的仲裁者，威望越来越高，终于成为流民的首领。周围的豪杰听说以后也纷纷来归附，著名的有马武、王常、成丹等人。

最后，他们聚起七八千人的队伍，啸聚山林，打家劫舍，成为当地一股势力庞大的盗匪。

他们活动的地方是绿林山，所以他们这伙人被称为绿林军。

在新朝政府眼里，这些人不过是响马山贼一类，不足为患，何况帝国内外到处起火，政府实在忙不过来，所以一开始没理睬这伙盗匪，绿林军也就趁机发展壮大起来。

这些盗匪四处打劫，受害最大的就是当地土豪，所以受当地土豪拥戴的官员对他们恨得咬牙切齿，到公元21年，当地官员终于忍耐不住了。

荆州牧带领两万人的军队去进攻绿林军，却不料这伙盗匪战斗力丝毫不差，竟打得官兵大败而逃，绿林军缴获了大量辎重，进一步壮大起来。

绿林军随后向周围各地扫荡，劫掠云杜、安陆等地，抢走无数财产和妇女，武器装备越来越先进，队伍也壮大到五万人之多。

这时候地方政府已经拿他们没办法了，只能向中央求援。

人多了以后也有麻烦，公元22年，绿林军内部暴发大瘟疫，一下死掉一半人，剩下的人只好分开来打游击。

王凤、王匡、马武、朱鲔、张卬等人带兵向北到达南阳地区，称为新市兵。

王常、成丹向西进入南郡，称为下江兵。

平林当地豪强陈牧、廖湛也聚集起上千人，新加入进来，号称平林兵。

这三支军队分别盘踞三个地方，但相互之间还是兄弟关系，仍然密切配合，仍然共同称为绿林军。

这时候绿林军兵力分散，本来很危险，但中央政府正在北方对付赤眉军，暂时顾不上绿林军，所以让他们度过了危机，成功生存下来。

赤眉军是活动在黄河下游的农民武装，总部在泰山附近，首领是樊崇。

赤眉军的来历跟绿林军类似。

公元18年，青州、徐州等地也在闹饥荒，活不下去的民众聚集起来劫掠土豪，社会大乱。琅邪人樊崇带着一百多个弟兄从莒县起义，来到泰山附近打游击。

樊崇勇武过人，很快闯荡出响亮的名声，周围的流寇集团纷纷来投奔他，他的队伍因此急速扩张，很快达到几万人，四处扫荡，多次打败当地政府武装，当地政府十分惊恐。

赤眉军的作风似乎比绿林军文明一点，据说樊崇给他们定下规矩："杀人者死，伤人者偿创。"以此约束这帮糙汉子不要过度杀伤，所以他们对百姓的伤害要小一些，主要是在跟官兵作战。

赤眉军扫荡的地区是帝国的经济中心之一，所以王莽忧心忡忡，把他们作为第一个镇压对象。

公元21年，王莽派出太师王匡（王莽的第六个儿子，和绿林军的王匡同名）和更始将军廉丹率领十万大军杀奔青州，以泰山压顶之势围剿赤眉军。

樊崇为了防止手下军队跟政府军混到一起分不清，就下令大家把眉毛涂成红色，从此以后他们才得到了"赤眉军"的称号。

双方在泰山以西的成昌展开激战，没想到十万官兵竟然一触即溃，被赤眉军杀得大败而逃，赤眉军杀到无盐，杀死廉丹，赶跑王匡，杀散了十万官兵，取得了农民军对政府军的第一场大胜。

樊崇特别懂得宣传自己下属的良好军纪，他让人编出歌谣四处传唱："宁逢赤眉，不逢太师！太师尚可，更始杀我！"就是说官兵对老百姓的劫掠比赤眉军更严重。

之后一段时期，赤眉军在东部沿海地区继续攻城略地，连续扫荡了许多州郡，基本把王莽在青州、徐州等地的统治基础瓦解了，又向西杀到豫州、兖州，最远甚至杀到颍川郡，差点要入关中了，成为王莽的一个心腹之患。

同一时期，整个关东地区烽烟四起，各路流寇集团四处扫荡，除了赤眉军，还有青犊、铜马、吕母集团等，每一支的实力都十分可观。

其中吕母集团特别值得说一说，因为吕母是有记载的第一位农民起义女领袖。

公元14年，琅邪郡海曲县有个姓吕的小官，犯了一点罪，被县令杀了。他母亲就密谋报仇。

他们家是当地富户，家产百万，吕母（姓名不详，因为她儿子姓吕，所以史书上称她为吕母）就拿这些钱开酒肆。

她开这个酒肆不为赚钱，只为结交社会上的豪强，所以价格极其公道，吸引了四周的各种闲杂人等来买酒。

当地年轻人来买酒，如果缺钱的，吕母就赊账给他们。看到有穷人缺衣少食的，吕母也很慷慨地接济他们。

这样几年下来，吕母的家财终于耗尽了，周围的乡邻们都觉得很不好意思，大家聚到一起商量还吕母的债，吕母流着泪说："我招待你们不是为了图你们的钱,是因为我儿子被县令杀了,我想拉一支队伍起来报仇,不知道诸位能否帮我?"

大家很同情这个孤老太,又因为这个世道很多人都活不下去了,所以干脆就聚集起来,一百多条好汉组成一支队伍,跟着吕母到海上当了海盗。

周围的亡命之徒听说以后纷纷来投奔,吕母的队伍很快扩张到了几千人。吕母带着他们杀回海曲县,杀掉那个县令,然后回到海上继续当海盗,乱世之中,倒也逍遥自在。

后来吕母死了,手下这些人分别投奔到了其他几支队伍里去,其中有不少人投入了赤眉军,成为赤眉军成员早期的来源之一。

对于这些林林总总的起义队伍,王莽也试过招抚,他派使者到各处山林,给这些匪徒一些钱财,劝他们回家种地去,不料这些匪徒拿了钱以后假装回家,等朝廷使者一走,马上又聚集起来,重新打家劫舍,朝廷问他们原因,他们都说:"还是活不下去,只能回到山里。"所以王莽只能派兵镇压。

不过所有这些起义队伍都是一群走投无路的农民的组合,跟历史上大多数流寇集团一样,只以打家劫舍为乐事,没有什么崇高的政治目的。他们的作战方式也主要是到处流窜,抢劫粮食和兵器,而不是占领城池,割据一方。所以虽然这些流寇集团对社会有很大破坏力,但要从根本上威胁王莽的统治,他们还不够格。

真正让王莽心惊胆战的是隐藏在各地的那些刘氏王孙,以及他们背后的豪门望族集团。

假圣人的画皮

王莽曾经颁布过许多优待刘氏皇族的政策,不过那都是做给人看的,当上皇帝以后,王莽立即翻脸,下诏褫夺刘氏诸侯的爵位,刘氏诸王全部降为公爵,刘氏的列侯全部降为子爵。第二年,又把刘氏皇族全部削除爵位,降为平民。

王莽翻脸的速度如此之快,刘氏宗亲都蒙了,但现在他们已经无力反抗,只能接受安排,默默离开自己的王府,到民间当老百姓去了。

王莽却忘了，不管在朝廷还是民间，都有很多人依然对汉朝充满怀念，特别是当他的新政折腾得全国鸡飞狗跳的时候，这种怀念之情更是迅猛蔓延开来。

当初大家支持王莽，是因为成帝、哀帝那帮荒淫君王太让人们失望了，王莽又把自己塑造成无可挑剔的道德典范，大家才希望他上台可以改变汉朝末年的混乱局面。

现在王莽上台以后迅速露出真面目，大家发现他比汉朝那些荒淫君王更加荒诞，更加残暴，这才发现自己选错了领导人。

再加上，随着时间推移，大家逐渐淡忘了成帝、哀帝的荒诞，人们脑海里记得的，是祖先口口相传的那些无比辉煌的黄金岁月：高祖提三尺剑斩白蛇起义，海晏河清的文景之治，威服四夷的武帝时代，勤政爱民的昭帝和霍光，还有万国来朝、光耀四方的宣帝时代……那是我们的巍巍大汉，我们的父母之邦！

当那个时代转身离去以后，大家望着他的背影，才想起他的种种好处来。

平心而论，汉家帝王对老百姓是非常厚道的，从高祖开始，每一任帝王都不断强调课劝农桑、减免赋税、安抚流民、抚恤孤寡……除了武帝后期以外，汉朝老百姓在大多数时候负担都很轻，两百年积累下来的基业，使得大家对汉室普遍怀有深深的感激之情，当王莽闹得家家户户鸡犬不宁的时候，这种感激之情就变成了对汉朝的深切思念。

王莽后期，"思汉"成为全国上下共同的心理。

王莽觉察到了这一点，但他的反应还是一如既往的强硬。

公元21年，全国烽烟四起的时候，王莽派出武士到高祖庙里面大砍一通，把门窗都砍坏了，又用桃木汤在里面到处抛洒，说是"驱邪"，最后让低级官兵住在里面，说可以"压住邪祟"。

王莽这是什么意思？高祖庙里有妖怪吗？还是说高祖本身是妖怪？大家听说这事以后都义愤填膺，更加觉得王莽是个不可理喻的疯子。

王莽晚年不仅疯疯癫癫，还做出许多残暴不仁的事情，破坏高祖庙的那一年，又爆出他第三次杀子的新闻。

早期的时候，王莽把自己塑造成一个道德完人，他孝敬寡母，侍奉嫂子，养育侄儿，他只有一房妻子，夫妻恩爱，家庭和睦。

虽然他杀掉了自己两个儿子，但经过官方宣传，大家都认为那是大义灭亲之举，更凸显出王莽的人格之崇高。

只有王莽的妻子知道真相，在暗地里哭泣。

王莽的妻子称为孝睦皇后，她是个可怜的女人。她嫁给王莽这些年，可以说没有享过一天福。王莽为了树立自己的形象，让她跟自己一起过着清贫的生活，穿着下人的服饰，不施脂粉，有一次家庭宴会上，她甚至被宾客们当成王莽家的用人。

但真正伤害到她的，是王莽接连杀掉了她生的两个儿子。

孝睦皇后有四个儿子，王宇、王获、王安、王临。前两个都被王莽杀了，孝睦皇后因此哭瞎了眼睛。

王莽登基以后，立王临为太子，封王安为新嘉辟，看来孝睦皇后可以放心了。

但那以后，王临一直病恹恹的，王莽特别迷信，就在公元20年下令说："王临有哥哥却被立为太子，名不正言不顺，触怒了上天，所以这两年国内祸事不断。现在顺应天命，废除王临的太子称号，从此称为统义阳王。"

第二年，孝睦皇后就过世了。

随后却传出一则爆炸性新闻——王临跟孝睦皇后的侍女原碧有奸情。

更劲爆的是——原碧暗地里早就是王莽的人了！也就是说，王莽的专情根本就是装出来的，而且王临勾搭上了父亲的女人！

王临和原碧心惊胆战，怕奸情被王莽发现，竟然密谋杀掉王莽。王莽发觉情况有异，派人严刑拷打原碧，原碧被迫招认了来龙去脉，这一系列丑闻才被抖了出来。

王莽为了掩盖这些丑闻，把参与办案的所有官员都杀了灭口，尸体秘密埋葬（但不知道为什么会被史书记载下来），又赐给王临毒酒，王临不肯喝，拔剑自刎身亡，王临的妻子也被逼自杀身亡。

几乎同一时期，王安也神秘死亡，于是孝睦皇后生的四个儿子全部年纪轻轻就死了，刚刚立国的新朝面临后继无人的尴尬。

不仅如此，就连被王莽从小养大的侄儿王光，也在前几年犯了罪——

王莽养大的孩子似乎特别喜欢"犯罪",母子二人都被逼自杀身亡。所谓的"侍奉寡嫂,养育侄儿"竟是这样的结果,实在是讽刺。

王莽最早以孝悌成名,逐渐成为大家心目中的道德标杆,以至于被奉为周公一样的圣人。现在他自己家里接连爆出各种匪夷所思的案子,他千辛万苦树立的道德标杆形象当然轰然坍塌了。

四个嫡子都早逝以后,王莽终于也着急起来,只好不顾形象,坦陈自己在新都国那边还有几个私生子和私生女。

原来王莽当年在新都的时候,曾经临幸过三个侍女,生下两儿两女,王莽把他们都留在新都,这些年一直没有公开他们的身份,现在不得已只好公布出来。于是派人去新都把这四个儿女接到长安,都封给他们爵位(其中的第六子王匡随后参与了围剿赤眉军)。

至于那三个侍女,史书上再也没有记载她们的下落,也许在王莽眼里,她们不过是穿过的旧衣服,早都可以扔了吧。

私生活如此乱七八糟,王莽的"圣人"形象再也立不住了,大家发现,原来这个匹敌周公的圣人,不过是个阴险、暴戾、冷酷无情又自私自利的独裁者。他过去靠着高明的伪装骗倒了天下人,现在天下人都已经看穿了他的画皮,他执政的基础还剩下什么呢?

卷土重来的天潢贵胄

西汉末年,刘氏皇族的人数超过了十万人,这是一个恐怖的数字。同时,他们掌握着全国大部分州郡的土地,再加上人心思汉,这些前朝皇族们便成了一股绝对不容忽视的政治力量。

王莽篡汉的时候,这些刘氏子孙以为自己还能保持现有的政治地位,所以没有太大反应,但王莽狂妄过头了,上台以后马上削夺他们这些人的爵位,刘氏皇族们发觉自己被骗了,于是开始反对王莽。

随着王莽的残暴政策一项又一项地推出,刘氏皇族跟其他贵族一样,对王莽的抵触情绪也越来越激烈,当看到天下大乱,底层民众纷纷揭竿而起的时候,这些王孙们认为自己终于迎来了夺回政权的机会,便也加入到了这股滚滚洪流中去。

当时在南阳郡蔡阳县有两兄弟，刘縯（yǎn）和刘秀，他们是长沙王刘发的后裔。

长沙王刘发是景帝的侍女唐姬生的儿子，因为母亲地位卑贱，所以他也很不受重视，被封到卑湿的南方，封国也很小。

但他聪明绝顶，通过跳舞的方式讽谏景帝，使景帝为他扩大了封国。

后来武帝推行"推恩令"，一代代分割诸侯的地盘，刘发后人的爵位也一代代降低，到刘縯、刘秀的父亲这一代，已经只是个小小的县令了。

所以刘縯两兄弟的出身基本相当于平民。

两兄弟的性格完全不同。刘縯任侠使气，有当年高祖刘邦的风范，他散尽家产结纳各方豪杰，手下养着不少亡命之徒，俨然是一方大佬。弟弟刘秀却安分守己，只会老实种田。

刘縯常常开玩笑，把自己比作刘邦，把弟弟比作只会种田的刘喜。

在刘縯心里，他天生就是要干一番大事业的人，正好王莽残暴不仁，闹得天下怨声载道，刘縯便动了兴复汉室的念头，但刘秀为人谨慎，还在观察形势，两兄弟便都静静等待着。

公元22年十月，天下已经大乱，北有赤眉，南有绿林，打得官兵抱头鼠窜。刘縯两兄弟认为时机已经成熟了，便联合刘秀的姐夫邓晨、当地土豪李通、李轶兄弟，带着手下门客在南阳起兵。

他们起义的主要地点在舂陵，所以自称为"舂陵军"。

舂陵军的主力是南阳刘氏的宗室子弟以及当地豪杰，总数大概七八千人。一开始，他们的实力非常单薄，刘秀甚至骑着牛去打仗，可见条件之艰苦。

在这种情况下，舂陵军随时面临着被官兵歼灭的危险，因此他们必须寻找盟友。

当时绿林军的两队分支新市军、平林军已经发展到了南阳附近，找他们显然最合适，刘縯便派人去跟这两支队伍的首领王凤、陈牧联系，希望结盟。

正好绿林军也需要借助南阳当地刘氏宗族的力量，所以王凤、陈牧很爽快地答应了刘縯的请求，双方当即结成盟友关系。

双方结盟以后，实力大增，立即发起了对南阳地方政府的大规模进攻，起义军节节胜利，很快打下了一系列小城镇，然后一路向北推进，攻下南阳郡的重镇棘阳。

这背后却藏着一些潜在的危机——刘氏宗族跟绿林军完全是两类人。前者是落魄贵族，代表地主豪强的利益；后者是活不下去的失地农民，本身就是地主豪强的对立面。两类人的学识、眼界、诉求完全不同。刘氏宗族，或者更广泛地说，全天下的豪强贵族，他们的起义有明确的政治抱负，他们以江山社稷为争夺目标；而绿林军本质上就是一群草寇，只想着抢钱抢女人，抢够了，就躲进山里逍遥快活。

打下棘阳以后，绿林军看到刘氏宗族分到许多财物，顿时眼红了，呼幺喝六，骂骂咧咧，甚至计划反手攻打刘氏宗族，多亏刘縯、刘秀及时让步，叫刘氏的人把财物全部交出来，一分不剩地送给绿林军，这才平息了争端。

绿林军那群糙人看到满地财宝，笑开了花，捧着财宝回营去了，第二天继续跟刘氏宗族并肩作战。

这样的两类人怎么可能结合到一起呢？所以两者的联盟从一开始就很尴尬，刘縯发现自己根本指挥不动这些所谓的盟友，实际作战的时候总是各打各的，配合不到一起。

不过这种跨界组合也确实让王莽坐立不安——农民军巨大的数量和强大的战斗力，跟地主豪强的政治诉求结合到一起，形成一支全新的政治力量，一支真正威胁到王莽的统治基础的力量。

起义军从棘阳出发，继续向北推进，直逼南阳郡的首府宛城。宛城是军事重镇，一旦打下来，义军就控制了进入关中最重要的一个入口。从这里沿着丹水北上，经过武关、峣（yáo）关，可以迅速杀到长安城下（这正是当年高祖刘邦入关中的路线）。

所以新朝政府对义军逼近宛城是绝对不能容忍的。

王莽派出南阳郡高官甄阜和梁丘赐迎战，双方在宛城以南叫作"小长安聚"的地方碰头，当天大雾弥漫，义军不熟悉地形、缺乏统一指挥的问题暴露出来，被准备充分、军纪严明的政府军杀得七零八落。

这是刘縯两兄弟早期遇到的最惨烈失败，南阳的刘氏家族在这场战役中付出了重大牺牲,家族里的兄弟们阵亡几十人,连刘秀的二姐(邓晨的妻子)都死在了乱军中。

这场失败使得南阳刘氏家族的势力严重受损,间接导致了刘縯在后来的权力争夺中处于下风,甚至落入孤立无援的境地。

刘縯收集残兵败卒退到棘阳,政府军磨刀霍霍,准备接下来发起一场大战,彻底剿灭刘縯的舂陵军。

这时候跟刘縯并肩作战的绿林军开始打退堂鼓了,几个首脑计议,准备抛下刘氏宗族,撤回南方,继续当自己的山贼。

刘縯想尽办法也说服不了他们,他们一撤走,刘縯和手下的南阳刘氏必定被政府军剿灭。正在一筹莫展的时候,忽然听说附近来了另一支绿林军,是王常、成丹、张卬率领的五千人的下江兵。

刘縯长嘘一口气,赶忙跟刘秀、李通一起,亲自去游说这支队伍。

他们对王常说明了当前的利害关系:绿林军造反缺乏一个合理的名义,现在人心思汉,以汉室宗亲的名义对抗王莽,才能得到老百姓的支持。

王常倒通情达理,马上表示理解这一点,但成丹、张卬还有些犹豫,多亏王常尽力劝他们,两人才答应跟刘縯合作。

于是刘縯带着手下人马,跟王常他们的下江兵合到一起,重新组成一支义军。

这时候政府军那方已经准备好了,甄、梁二人借着上次的大胜,带领十万大军(战场上的军队一般都会严重夸大自己的兵力),丢掉辎重,迅猛追击,一鼓作气渡过潢淳水,推进到沘水旁边安营扎寨。

甄、梁二人自信心严重膨胀,竟然下令烧掉潢淳水上的桥,摆出"背水一战"的姿态,准备一举消灭前方的义军。

但"背水一战"是有条件的,必须在己方的士气胜过对方的时候才有效果,如果反过来,就变成了自断退路。

生死系于一线之间,刘縯两兄弟只有拼了,他们拿出全部财产犒劳士兵,大宴三日,然后重新整合刘氏的兵马和下江兵,把两支军队合到一起,准备展开生死大战。

刘縯派一支分队迂回到敌人后方,偷袭了政府军存放辎重的仓库,甄、梁二人听到消息以后傻眼了，桥都被烧了，他们怎么回去援救？

截取辎重以后，义军士气大振，刘縯两兄弟带兵对着政府军猛冲。政府军根本没料到几天前的手下败将突然来了精神，这回轮到他们被冲得七零八落了，梁丘赐的军队首先崩溃，甄阜的士兵也只好跟着逃窜。

他们逃到潢淳水，却发现上天无路，入地无门，十万政府军哭爹叫娘，被杀得无处可逃，只好强行渡河，被淹死的人不计其数，最后总共超过两万政府军被歼灭，甄、梁二人也被义军斩杀了。

刘縯两兄弟取得了一场辉煌的胜利，他们的领导力也终于得到了绿林军的认可。

通往宛城的道路终于打通了，两兄弟率领大军直扑宛城，准备拿下这座至关重要的军事重镇。

消息传到长安，王莽惊得目瞪口呆，他最恐惧的一幕终于出现了——刘氏皇族卷土重来，而且表现出出色的领导力和战斗力。相比起绿林军、赤眉军，这才是他真正的心腹大患。

他对刘縯恨之入骨，发下命令：有能取得刘縯首级的，封五万户，赏黄金十万斤——这是有史以来的最高悬赏额，不过以王莽说翻脸就翻脸的做派，杀死刘縯真的能得到那么多黄金吗？大家心里也没底。

王莽继续展示他充满想象力的行事风格，他命令全国所有的官府衙门都要把刘縯的画像贴在墙上，每天早上起来头一件事就是用箭射画像……

王莽神神道道的命令在全国引起轰动，本来刘縯还只是在南阳有名头，这下全国都知道这位传奇人物了，在王莽的敌人眼里，刘縯成为敢于挑战皇帝的超级偶像，兴复汉室的希望之星。

但刘縯两兄弟的成就也招来许多人的嫉妒，特别是在绿林军内部，很多人并不希望他们如此顺利，有人在偷偷布局，准备对他们放冷箭……

义军内部的权力争夺

沘水大胜以后，刘縯两兄弟率领军队直扑宛城，路上又打败前来拦截的严尤、陈茂军队，随后冲到宛城外围，包围了这座至关重要的军事重镇。

这时候已经是公元23年初，义军已经发展到十多万人，是国内最大的武装之一。管理这样一支军队，不能再用以前那种山大王的模式，而是要有一个等级森严的领导结构，因此选择一个最高统帅就成了迫在眉睫的问题。

要选最高统帅，按照当时民心思汉的大背景来说，当然该选刘氏皇族成员，这其中又属刘縯人望最高，战功最瞩目，所以刘縯当然是最佳人选。

当时刘縯正在围攻宛城，突然接到绿林军众位首领的消息，要他立即赶往后方，他只好暂缓攻城，带着几个亲信匆忙赶回了后方大营。

没想到，一回到营里就发现气氛不太对，大家都在吹胡子瞪眼，现场剑拔弩张。

原来南阳豪杰和王常本来希望立刘縯当新领导，绿林军的其他首脑却不同意，这些底层农民出身的泥腿汉子，一玩起政治就心眼很多，一个个都在打自己的小算盘。

他们觉得刘縯才干太高了，扶他上台以后，绿林军就彻底被收编成南阳地主集团的打手了，这当然是他们不希望看到的。他们希望扶立一个软弱无能的领导，这样就管不住他们，以后大家该吃吃，该喝喝，继续过以前的逍遥生活。

那么谁适合当义军的领袖呢？这些人说：建议选刘玄。

刘玄也是南阳刘氏的成员，跟刘縯、刘秀一样，都是长沙王的后裔，算是刘縯、刘秀的远房兄长。

但他跟刘縯两兄弟不同，他没有自己举事，而是投靠到绿林军的陈牧手下，当了一个副官，所以他既拥有南阳刘氏血统，又拥有绿林军成员的身份。

绿林军首领们选刘玄表面上看很公道，选了一个跟同盟双方都有密切关系的人，但刘玄是从绿林军内部起家的，跟南阳刘氏的关系并不亲密，而且刘玄本身性格懦弱，没有任何才干，扶他上台基本上就是扶了一个傀儡，权力只会落到绿林军几个首领手上。

绿林军首领们还说，建议让刘玄直接称帝，这样更方便号令群雄。

这一招更狠，直接封死了任何人以后取代刘玄的可能。

王常和南阳集团的人当然不同意，双方争执不下，几乎要内讧了，只好把刘縯从前线召回来，听他的想法。

刘縯只是平静地说：现在就立皇帝太着急了。不管立谁，建议只称王，不称帝，等灭掉王莽和赤眉军以后再称帝。

刘縯以退为进的招数立即惹火了绿林军首领们，一群人跳起来大吵大嚷，下江兵的首领张卬甚至拔剑砍到地上，声色俱厉地说："今日之事，不许任何人阻拦，必须按我们说的定！"

刘縯发现自己陷入了孤立无援的境地，南阳刘氏的实力本来就不如绿林军，不久前又在小长安聚损失了大部分核心成员，现在更感到势单力孤了。

而且更重要的是，刘縯本来就不擅长拉帮结伙，他性情耿直，只知道在前线奋力拼杀，以为凭自己的军功就能得到大家的认可，但现在看来，显然他高估了人性。

无可奈何的刘縯和南阳集团只好让步，于是大家达成一致意见，共同扶立刘玄为义军领袖。

当年二月一日，刘玄在淯水边的河滩上南面称帝，接受百官朝拜，因为年号是更始，人们便称他为更始帝。

刘玄是绿林军首领们扶立起来充门面的，有没有能力不重要，听话才重要。据说举行登基仪式的时候，他紧张得汗流浃背，连话都说不清楚。这样一个人，对朝政的操控能力当然有限，他手下的绿林军首领们自然就把持了政权，所以更始朝廷从一开始权力就是分散的。

其中权势比较大的有王匡、王凤、朱鲔（wěi）、陈牧，再加上南阳集团的刘縯，这几个人共同决定着更始朝廷的内外政策。

尽管如此，其他人也掩盖不住刘縯的超高人气。

当时平林兵正在攻打新野，一直打不下来，新野县令站在城头大喊："只要司徒刘公（刘縯）来招降我，我就开门投降。"

刘玄赶紧把刘縯派过去，在城外跟县令谈了几句，那县令果然开门投降了。

刘縯如此受拥戴，绿林军首领们都感到坐立不安，登基仪式举行完以后，马上借口前线战事紧张，把刘縯派到宛城前线去了（顺便去新野招降了县令）。

这样做，一方面可以把刘縯手下的兵力消耗在战场上，另一方面也方便绿林军的人自己在后方玩权谋，如意算盘打得贼响。

就这样，绿林军首领们还不放心，又把刘秀和南阳集团的其他人调去防守昆阳，硬生生把刘縯跟南阳集团的其他人拆散了。

昆阳是宛城和洛阳之间的一座小城市，当时王凤和王常正占据着那里，而新朝政府大军正从洛阳方向扑过来，昆阳便成了义军的第一道防线。守住昆阳，给攻打宛城的义军留出时间，便成了更始政权的头等大事。

当时大家都以为这是一次常规的防御战争，却不料一场决定天下局势的总决战即将爆发。

决战昆阳

刘玄称帝以后王莽陷入了抓狂状态，他发现自己一直以来严重低估了绿林军的威胁，以至于让他们坐大了。

现在宛城已经岌岌可危，武关严重受威胁，更始军同时还在向北侵蚀，颍川郡很多城市都已经沦陷，再往北不远就是天下中心城市洛阳。一旦洛阳失守，关中通往中原的两条道路就被更始军扼住了。显然，更始军的意图是把新朝政府隔离在关中地区，然后从函谷关和武关两条路攻打关中，模拟当年项羽和刘邦的进攻路线。

这是真正致命的威胁！必须马上补救！王莽暂时放过其他各路义军，调集自己手里的全部资源，以举国之力投入南阳战场。

他发布诏令，命令全国各个郡县派出当地军队到洛阳集合，组成一支超级庞大的联军——有四十二万人之多！如此庞大的军队，两百年来还是第一次出现，可见王莽确实是拼了。

他又征召通晓六十三家兵法的所谓"军事专家"到前线，替将领们出谋划策。

又不知从哪里找来一个叫"巨毋（wú）霸"的超级巨人，加入前线军队里面。

巨毋霸身高超过一丈（两米三），一般的车都装不下他，三匹马都拖不动他，下面的官员用四匹马拉着专用的大车，才把巨毋霸载走。他往阵前一站，犹如一座铁塔，很是骇人。

王莽继续发挥想象力，让驯兽师带着虎、豹、犀牛、大象等各种猛兽加入军队，以助长政府军的威风。

这些来自五湖四海的、人兽混杂的军队陆陆续续汇集到洛阳，对外号称百万大军。洛阳周围一时间变成了世界上最大的军营，只见各色旌旗迎风招展，各种服装、各种语言的队伍来来往往，民夫、仆役络绎不绝，补给车队绵延千里，塞满了中原的各条道路。

王莽果然是个狂躁的人，他一次性把能出的牌全部出了，不计后果，押上国运，发动了对更始军的终极决战。

这支队伍集合完成后，由王邑、王寻、严尤、陈茂领着，在当年五月，浩浩荡荡地开向颍川和南阳方向。

这一出击，顿时地动山摇，惊动了颍川和南阳地区的所有武装力量。各个城镇周围正在激烈搏斗的军队都停下手来，目瞪口呆地望着这股钢铁洪流，看他们会往哪里去。

政府军的主要目标本来是远处的宛城，现在宛城正被刘縯为首的义军主力围攻，眼看即将沦陷，急需救援。但昆阳挡在通往宛城的道路上，要救援宛城，必然要先经过昆阳。

昆阳很小，城中守军不过八九千人，当时周围的各路零散军队已经被吓破胆了，疯狂逃进城里来避难，城里也是人心惶惶。又有城外的哨兵回来报告说："敌人的大军已经奔着昆阳来了，队伍绵延几百里，一眼望不到头。"人们一听，都吓傻了，都想放弃昆阳，大家带着老婆孩子逃命算了。

刚来不久的刘秀却很镇定，他对大家说："现在大军压境，我们齐心协力保卫昆阳还有胜算，要是四处逃散，昆阳必定马上失守，昆阳一失守，大家随后也会被敌人剿灭，后方的宛城也保不住，革命事业也就失败了，难道你们想这样吗？"

人们都不服："你这个乳臭未干的毛小子也敢来教训我们？"但数十万大军已经在开始围城了，现在逃命也没有活路，只能坚守，于是人们共同推举刘秀为领袖，听他的谋划。（史书对昆阳之战的记载明显有所夸张，夸大了刘秀的作用，而抹杀了别人的功劳。实际上以刘秀当时的地位，不大可能有太多发言权。）

刘秀让王凤、王常留下来守城，趁着敌人还没有完全把昆阳围住，自己领着李轶等十三骑冲出城门，当时昆阳外面已经有十万敌军，刘秀他们拼死杀出，到旁边的城镇搬救兵去了。

昆阳城里，人们夜以继日加筑营垒，准备即将到来的血战。

那么敌人真的那么可怕吗？也不一定，其实政府军内部的问题也相当多。

来到昆阳附近以后，严尤对王邑说："昆阳这种小城价值不大，又特别坚固，在这里浪费时间不划算，不如派人包围这里，我们带人直扑宛城，敌人的主力都在那里，消灭了他们，昆阳也不攻自破。"

这个意见是非常明智的，可惜王邑听不进去，他跟王莽一样都是特别固执的人，眼里揉不进沙子，不肯放过任何一个敌人，他坚持要先打下昆阳再走。

于是王邑指挥这支无比庞大又无比杂乱的军队开始包围昆阳，昆阳的城池非常小，政府军里里外外竟然包围了几十层，军营有几百个之多，鼓角声响彻几十里，看起来威势惊人。

但这种"杀鸡用牛刀"的战法首先就犯了兵法上的大忌。

几十万人的队伍需要的后勤保障是个惊人的数字，政府军在城外多待一天都会消耗巨额钱粮，所以他们是耽误不起的，必须速战速决。但偏偏围城之战就是消耗战，在没有内鬼协助的情况下，不管多么强大的兵力，要打下一座防卫森严的城池都不是短时间内可以完成的任务。

昆阳很小，但在过于庞大的敌人面前，小反而是一种优势，因为需要防守的地方不多，敌人不管包围多少层，也只能攻打有限的几个地方，剩下的人只能远远地看着，顺便帮前面的人吃军粮。

更大的问题在于这支军队是临时拼凑起来的杂牌军，互相之间根本不熟悉，里面的很多队伍甚至可能王邑都指挥不动，怎么能配合到一起？而且很多人未必真心忠于王莽，他们来这里纯粹是打酱油的，结果就是每家每户都在打自己的小算盘，并不想真正出力，时间久了更是钩心斗角，互相使绊子。

所以这些乱七八糟的队伍其实帮不上什么忙，反而拖累了王邑的嫡系部队。

至于所谓的精通"六十三家兵法"的参谋就更搞笑了，王邑该听哪一家的呢？实际效果恐怕还不如一家兵法来得有用。

还有那个巨毋霸和那群动物，更像是来前线表演的马戏团，逗大家开心而已，只会更进一步增加政府军的混乱。

种种因素结合到一起，决定了这支庞大的队伍是一支"尾大不掉"的怪兽，看着凶猛，其实处处是命门。

刘秀等人也看出了政府军存在的这些问题，所以才抱定了坚守城池的想法。

王邑是朝廷里的第一号名将，也是当年镇压翟义起义的统帅，资历绝对深厚。但他本人的毛病跟王莽类似，也是刚愎自用，他根本听不进基层指挥官的任何建议，做事完全凭自己的想象力，所以他很难针对前线的具体局势做出正确决策。

例如严尤向他建议："围城应该留一条出口，防止敌人做困兽之斗，还可以让跑出来的一小部分人去宛城散播失败的消息，瓦解宛城的军心。"

王邑根本听不进去，继续让军队把昆阳围得密不透风，于是城内军民只好死守孤城。

不过王邑也明白目前必须速战速决，所以一开始就用尽全部招数。他派出当时最先进的冲輣车对着城门猛撞，高达十丈的云车居高临下对城内放箭，城墙上箭如飞蝗，以至于城内居民出门打水都要背个门板，还有无数工兵夜以继日挖地道，希望给城内守军来个奇袭。

在政府军各种方式的猛攻之下，王凤他们感到实在顶不住了，派人向政府军请降，但王邑不同意，继续猛攻，并且放出话来，攻破城池以后要屠城。

城内军民只能一方面坚守，一方面等待刘秀的救兵。

刘秀他们来到附近的郾城、定陵等地，召集当地的义军去救援昆阳，那些人都顾着自己的财产，不肯离开当地，刘秀怒斥他们："如果昆阳陷落了，我们都得被王莽剿灭！还能留得住什么财物？"众人这才动身。

当年六月，刘秀带着借来的一万兵马冲向昆阳。

刘秀身先士卒，带着一千多先头部队杀向包围圈外围的敌军，王邑派几千人的小分队迎战，刘秀表现出大无畏的勇气，在敌军中间大杀四方，无人能挡，一人斩首数十级，成功杀退了敌军。（昆阳之战的记载有许多不合常理的地方，过于美化了刘秀，姑妄听之。）

跟着刘秀来的义军将领们都被他的神勇表现惊呆了，刘秀平常在他们眼里只是个文弱青年，没想到在战场上如此英勇，大家受到鼓舞，士气大振，一起冲向敌军，斩首上千人，硬在敌人的包围圈里撕开一条口子。

刘秀让士兵们四处散播假消息，说："宛城已经被我们攻克了，义军主力十万大军即将来到昆阳。"城内的人们听到以后都欢欣鼓舞，城外的政府军则忧心忡忡，士气低落。

刘秀又派出三千人的敢死队绕到敌军后方，从另一侧发起攻击，敌人的阵脚开始混乱。

按照史书记载，关键时刻，王邑传下命令：其他人的队伍都待在原地，不许乱动，只让自己的嫡系部队一万多人跟着他去迎战义军。

为什么王邑会发出这样匪夷所思的命令呢？传统观点认为，是因为他太"自大"了，低估了义军的战斗力。

不过事情的真相有可能是：政府军内部已经出现了严重分裂，王邑根本指挥不动别人的队伍，只能调用自己的嫡系部队。

实际上，这支临时拼凑起来的队伍根本没有来得及完成整合就被派上了前线，其中鱼龙混杂，各派势力盘根错节，各种将领内斗不休，甚至有很多人压根没想真正出力，王邑带着这样一支军队也是相当难受的，所以他不敢带这些人去攻打宛城的义军主力，只敢拿小小的昆阳练手，没想到，即使这样，这支军队还是崩溃了！

这才是昆阳之战发生逆转的关键！

王邑和王寻带着自己的兵马杀向义军，但双方的士气完全没法相比，政府军一触即溃，同时昆阳城内的守军也大开城门杀出城来，内外夹攻之下，这一万多政府军阵脚大乱，王寻在乱军中被杀，他手下的队伍开始崩溃，带动王邑的手下也崩溃了。

这时候其余的几十万政府军却根本不去救援他们，而是自顾自地逃命，四十二万人的总崩溃终于爆发了！

昆阳城外喊杀声震天，战争变成一边倒的血腥屠杀。刘秀、王凤、王常、李轶率领义军疯狂追杀敌人，穿着各色服装的政府军四散奔逃，豺狼虎豹满地飞奔，可是周围都是山地，跑不开，人马和猛兽撞在一起，自相践踏，许多人还来不及呼喊，就被踏成了肉泥。

这时候风云突变，半空一声惊雷，狂风卷着砂石呼啸而来，暴雨倾盆而下，昆阳附近的滍川水面暴涨。逃散的政府军辨不清方向，有人直接坠下山崖，有人掉进河里被洪流卷走，滍川都被堵塞了一大半，其余被挤死、踩死、砍杀的士兵不计其数，剩下的人奔入荒野，各自逃回家乡去了，两百年来最大的一支军队就这样分崩离析了。

过了许久，狂风渐渐平息，喊杀声也衰弱下来，人们举目四望，昆阳城外已经是尸横遍野，兵器盔甲丢了一地，刘秀他们开始带人清理战场，收集敌人遗落的武器和辎重。

这是一笔巨额财富！这次政府军出征调集了全国的资源，带着极其充沛的武器装备和异常丰厚的后勤物资。现在这些物资都送到了义军面前，义军搬了几个月都没搬完，剩下的只好烧掉。从此以后，义军拥有的战略资源暴涨，甚至超过了新朝政府，双方的实力对比也发生了不可挽回的逆转。

昆阳之战耗尽了新朝所有的武装力量，只有王邑带着手下几千残兵逃回了洛阳，消息迅速传遍全国。关中震动！天下震动！长安皇宫里的王莽也跌坐在皇帝宝座上，一蹶不振。

这次惨烈失败归根结底是因为王莽太不得人心了，临时拼凑起来的队伍根本没有战斗力。同时，王莽的做事方式也存在严重问题，他一次性把帝国的军事资源都送上了前线，前线军队的意外崩溃，也就一次性把帝国的战争实力全部消耗光了，新朝瞬间到了油尽灯枯的绝境。

这是王莽自身的性格缺陷决定的，他做事总是十分莽撞，不计后果，又听不进下人的意见，不肯仔细调查基层的情况，终于造成了重大的战略失误。

现在王莽已经没有军队可用了，他只能躲在长安的皇宫里，眼睁睁看着关东的虎狼之师杀过来。

新朝的丧钟已经敲响，一个旧时代缓缓落幕了……

刘秀带着手下人马收拾完了战场，刚想歇息一会儿，忽然有后方的使节来到，告诉了他一个好消息和一个坏消息。

好消息是，早在刘秀带兵冲到昆阳城外之前三天，宛城就已经被刘縯攻克了，所以刘秀他们散布的"假消息"其实是真消息！

现在南阳郡和颍川郡都在义军控制之下，洛阳也唾手可得，杀入关中、消灭王莽已经指日可待。

这次他们兄弟俩双双立下不世奇功，为打败王莽政权做出了卓越贡献，新朝代的功臣榜上一定会写上他们兄弟的名字！

坏消息是更始政权高层有人想谋害刘縯，已经在刘縯身边安下了人，现在刘縯的情况极度危险……

第三十四章　农民军掌权

屈杀豪杰的阴谋

宛城被义军围困了五个月，城内的粮草已经消耗光了，甚至出现了人吃人的情况，可是援军还迟迟没有到来。更让人窝火的是，据说政府的百万大军就在附近的昆阳，却宁愿在那边耗着，也不过来救援。

驻守宛城的大将岑彭和严说憋不住满肚子的火气，商量过后，决定献城投降，于是刘𬙂终于拿下了这座关键城市。

消息传到后方，更始政权上下一片欢腾，人们敲锣打鼓地拥着刘玄进入宛城。

刘玄坐到宝座上，犒劳三军，封赏群臣，一口气封了一百多位列侯。

大家都看得出，刘玄在竭力培养自己的亲信，巩固自己的地位。

不过他主要重用的还是原来绿林军的首领们，其中，原新市兵的首领朱鲔最受他信任。

朱鲔是个特别阴险的人，他早就料到刘𬙂和他手下的南阳集团会威胁到刘玄的地位，所以一直劝说刘玄趁机除掉刘𬙂。

刘玄本来是个优柔寡断的人，但在朱鲔不断的劝说下，也决定尽快动手。

他们又招揽到了刘𬙂的铁杆盟友、南阳集团的核心成员之一的李轶。

李轶和他堂兄李通都是当初跟着刘𬙂两兄弟起兵的人，因为这次起义，他们家族遭到政府捕杀，几乎被灭门，可以说他们为革命事业做出了重大牺牲。昆阳之战的时候，李轶又跟着刘秀去借兵，一同出生入死，这样的人，刘縯当然不会怀疑。

但李轶偏偏就是个见风使舵的小人，看到刘玄的地位已经逐渐稳固起来，他果断背叛刘縯，暗中投靠到了刘玄手下。

当时刘玄在宛城召开大会，犒劳更始政权的高级将领们，刘縯、刘秀都从前线赶回来参加会议，朱鲔、李轶就给刘玄出主意：在酒宴上暗中埋伏下武士，刘玄举玉佩为号，武士们看到玉佩就冲出来杀掉刘縯。

刘秀提前听到下人报讯，警告刘縯不要去参加这次会议，刘縯却不当一回事，只是笑笑说："他们哪天不想害我？没关系。"

大会上，大家把酒言欢，气氛十分融洽，刘玄忽然对刘縯说："听说将军有一柄宝剑，嗜血无数，可否借来让众人一观？"

刘縯便解下自己佩戴的宝剑递上去，刘玄拿着宝剑反复摩挲，连声称赞："好剑！"

朱鲔使个眼色，下面立即有人捧着一个托盘，里面盛着一枚玉佩献给刘玄。

只要刘玄拿起玉佩，周围埋伏的武士就会一拥而上扑向刘縯，不料刘玄一直低头观摩宝剑，好像没看到面前的玉佩似的，一直没去拿。过了一会儿，朱鲔没办法，只好让下人退下去了。

散会以后，刘縯的舅父樊宏，还有刘秀等人都面色惨白，找到刘縯说："刚才是一场鸿门宴你知道吗？"

刘縯还是不放在心上，以为刘玄不敢对自己动手。

刘縯的判断是对的，刘玄确实下不了决心。现在天下局势未定，还需要刘縯这样的大将之才去攻城略地，杀掉他以后没人可以顶替他的位置。另外，他也害怕贸然杀掉刘縯引起更始政权内部分裂，所以暂时放过了刘縯。

不料随后却有个猪队友帮了倒忙。

刘縯手下有个叫刘稷的猛将，是刘縯的同宗兄弟，也是个脾气火爆的生猛汉子，他对于绿林军那些人扶立刘玄很看不下去，竟然对人说："当初带我们起兵的，本来是伯升（刘縯）兄弟，跟那个刘玄什么相干？他凭什么坐皇位？"

这话被人报上去，事情大了。

刘玄如果还没反应，等于默认了刘縯可以挑战他的地位，他的皇位就别想坐了，他终于下定了决心要除掉刘縯。

朱鲔和李轶替他出主意：发布一道诏令，封刘稷为"抗威将军"，从字面意思就可以看出，这是一个侮辱性的称号。

刘稷当然不接受，当着使者的面直接骂回去，这下刘玄找到借口了，立即派出数千名官兵，冲到刘稷所在的军营里，以"抗命不从"的罪名抓捕他。

刘縯当时也在场，他不能看着手下兄弟这样受欺负，果断站出来阻拦这些官兵。

这正是朱鲔他们想要的！

刘縯以下臣身份对抗朝廷诏令，这是明确的犯罪行为，刘玄下令，把刘縯跟刘稷一起逮捕，然后迅速处死。

刘縯，这位刘氏皇族最重要的领军人物，更始政权战功赫赫的头号名将，天下人眼里反抗暴政的超级偶像，就这样倒在了自己人的屠刀下。

刘縯的死也给远在颍川的刘秀出了一道难题，现在刘秀的处境极端敏感，极端危险，对他最大的考验来临了。

乱世中的生存抉择

听说刘縯被杀的消息，刘秀经过了短暂的震惊以后，迅速冷静下来，命令手下人备马，随后飞驰回宛城，当面向刘玄请罪。

在刘玄和朱鲔等人面前，刘秀没有表现出任何伤心或者不满，只是非常谦卑地说，他哥哥确实犯了大罪，他同意朝廷的决定，绝不敢有任何怨言，同时也会尽力劝说南阳集团的人，希望他们尊重朝廷的决定，继续效忠于朝廷。

刘玄看着刘秀一脸诚恳的样子，又心软了，甚至有点愧疚，不仅没有迫害他，还拜他为破虏大将军，封武信侯，不过实际上是明升暗降，从此解除了他的兵权,不再让他上前线了。

刘秀拜谢而出,就这样躲过了一场杀身之祸。

这一刻,他的内心充满着孤寂和哀伤。

与他并肩作战的兄长就这样被人害死了,他却要装出若无其事的样子。为了避嫌,甚至故意不理睬南阳的那些人。尽管他知道,当初一起造反的那些老哥们都在等着他表态,希望他能站出来替刘縯和整个南阳帮讨公道,但他却不能有任何表示,反而要继续替仇家服役。

"对不起了,所有支持我的人们,我让你们失望了。"刘秀轻轻叹了口气,转身离开,留下了无比失望和愤懑的南阳群豪。

从今往后,这个文弱的年轻人要一个人战斗了。

南阳帮已经群龙无首,被刘玄的势力同化只是时间问题,刘玄君臣又对刘秀处处防范,所有的大门对他都是关闭的,根本不给他接触权力的机会。以后的日子里,这个孤零零的年轻人在偌大的更始集团内部要怎么生存下去呢?

他只能忍耐。

隐忍和坚执是一个成熟政治家的必备素质,刘秀很清楚这一点,所以他一个人咽下了所有痛苦,小心翼翼地藏起自己的锋芒,装出毫无斗志的样子,耐心等待重新崛起的机会。

但在与敌人周旋之前,他还有一件大事要完成。

阴氏家族是南阳新野首屈一指的豪门,这个家族里面有一个女孩,名叫阴丽华,今年刚刚十八岁。

少女时期的阴丽华已经远近闻名,周围的乡镇都在传说她的美丽和贤淑。

刘秀的姐夫邓晨跟阴家有亲缘关系,所以刘秀很多年前有幸见到了阴丽华,顿时被她的风采迷倒,发出了"娶妻当得阴丽华"的感叹。

现在刘秀被更始朝廷雪藏,暂时赋闲在家,便趁这个机会去向阴家求婚,把阴丽华娶了过来。

刘秀对阴丽华的爱是毋庸置疑的,但这段婚姻背后确实也有一些现实利益的考虑。

在刘縯被冤杀以后不久,刘秀便急着抱得美人归,这让更始集团的高层进一步认为他对自己哥哥的死完全没放在心上，也给外界留下了他贪图美色、安于现状的印象。在别人看来，他骨子里就是一个胸无大志的农民，只想着老婆孩子热炕头的生活，对权力没有任何野心，对刘玄为首的更始集团当然也就没有威胁了。

如果原来刘玄对他还存着三分戒心的话，现在也全都放下了。

婚后的刘秀和阴丽华，表面上是一对恩恩爱爱的新婚夫妇，在南阳的豪宅里过着无忧无虑的甜蜜生活，背后的心酸与无奈，却只有他们两人自己知道。

阴丽华，这位以贤良著称于世的女子，伴着刘秀度过了他一生最艰难的一段岁月。

这样的日子过了三个月。

这三个月时间，天下局势发生了翻天覆地的变化。

新朝覆灭

昆阳之战过后，看到王莽败局已定，各地的豪杰、野心家、投机客们纷纷杀掉新朝在当地的官员，宣布不再受王莽统治，改用汉朝年号，奉更始帝刘玄为领袖，准备在即将到来的新朝代中预定一个开国大佬的位置。

王莽在各地的统治迅速瓦解，除了长安周边那一小块地方以外。全国各地其实都已经陷入了割据状态，消灭王莽的所有条件都已经齐备。

刘玄派绿林军的著名将领王匡去攻打洛阳，派申屠建、李松去攻打武关，正式吹响了灭亡新潮的号角。

但事情比预想的发展得还要快，还没等到更始军打过去，关中就已经乱成了一团。

王莽失去了自己的主力部队以后，已经无法再控制局势了，以前隐藏在民间，不敢公开反对他的人，现在都跳了出来。他们或者四处劫掠，冲击政府机构，或者守着自己的村寨，变成独立王国。朝廷里也是人心惶惶，人人都在想着自己的退路，甚至有官员计划劫持王莽去投降更始军。

在四面八方扑来的巨大压力下，王莽的精神几乎崩溃了，他天天不吃饭，也不回寝宫睡觉，只在书房里整日整夜地看书和喝酒，本来就神神道道的他，现在跟个疯子差不多。

他把王邑从前线召回来，说要传位给他，然后又反悔了。

忽而又派人去毁坏汉元帝的陵寝，到处涂上黑色墨汁，说"让大家忘了汉朝"。

还带着文武百官到郊外去祷告上天，又是磕头又是痛哭，说："老天爷，你既然把江山社稷交给我，为什么不替我干掉那些反贼呢？要是你厌弃我了，就降个雷劈死我吧！"

又写了一封长长的策文，向上帝诉苦，然后发给大家背诵全文。又发布命令，要长安百姓每天早晚聚到一起痛哭，哭得够伤心的，或者能背诵策义的，就给封官，结果一口气封了五千多个"官"。

不过上天可根本看不上王莽这些颠三倒四的表演，反而好像故意在跟他作对——就在更始军还没杀进来的时候，响应他们的人已经数不清了。

陇西地区（在关中以西）有个名门望族隗（wěi）氏，其中有两兄弟——隗崔、隗义，他们拥立自己的侄儿隗嚣（áo）为领袖，又联合其他几个大家族的成员，杀掉新朝在当地的官员，在当地起兵。他们很快聚集起十万兵力，占领了陇西、武都、金城、武威、张掖、酒泉、敦煌等地，成为西北地区最大的割据势力。

蜀地也乱了。

公孙述本来是新朝的蜀郡太守，看到天下大乱，就在蜀地散布谣言，说更始政权封他为益州牧（当时的州相当于一个省，益州牧就是益州省长，蜀郡相当于益州下面的一个市），于是拉起一拨人马，在蜀地建立了割据政权。

就这样，隗嚣在西北，公孙述在西南，加上东北方的赤眉军，东南方的更始政权，反莽义军已经从各个方向包围了新朝政府。

最致命的威胁来自南阳。

当年八月，南阳人邓晔和于匡在析县起兵。析县处在伏牛山和秦岭之间，向东是平坦的南阳盆地，向西是狭窄的丹江通道，这里是守卫武关的第一道防线，也是从南阳入关中的第一道大门，地理位置非常重要。

当时析县县令正带兵在防守通向武关的道路，邓晔和于匡去劝说他："如今更始帝受到天下拥戴，眼看即将消灭王莽，你为什么还要跟他作对呢？"当时的人们普遍都对王莽非常失望了，听到他这一番劝说，析县县令果然开门向他们投降，把这个重要的县城交到了他们手上。

邓晔和于匡便自称为辅汉左将军和辅汉右将军，带领析县的军队向周围发起攻击，很快打下周边许多县城，然后向西进攻武关。

武关的守军也是不堪一击，望风而降，通向关中的大门就这样打开了，邓晔的军队蜂拥而入，很快进入关中平原。

王莽大惊失色，一口气拜了九个将军，官名里面都带"虎"字，号称"九虎"，让他们带着长安的禁卫军数万人开向东方。

人们都在传说：王莽的皇宫里还藏有黄金六十万斤，以及堆山填海的无数财宝。但他只赏给九虎的士兵每人四千钱，还把这些将领的妻儿老小都接到宫里当人质，所以九虎的军队人人都心怀怨恨，根本没有战斗力可言。

这些军队开到华阴县附近，碰上邓晔于匡的义军。于匡带着几千人在前方叫阵，邓晔自己率领主力部队绕到九虎背后发起突袭。

这本来是非常粗浅的战术，但九虎的部队竟然丝毫招架不住，瞬间被杀得落花流水。其中四"虎"直接逃得不见踪影，三"虎"收集残兵败将，退到附近的京师仓驻守，两"虎"逃回长安，被王莽逼得自杀了。

京师仓是长安附近最大的粮仓，也是新朝政府拼尽全力保卫的要害部位，这时候邓晔已经命令手下打开了武关，放更始军的李松入关，双方合兵一处，共同攻打京师仓。

同时，两人也派出手下分头出击，扫荡长安周边各个县市。

王莽已经彻底失去了民众的支持，从华阴到长安一百多里的线路上，义军所到的地方，几乎家家户户开门欢迎。地方豪强更是争前恐后地带领人马起义，乡绅、土豪、富商、世家大族、落魄王孙……只要略微有一点势力的，就拉上一支队伍，自称为汉朝将军，号称要"匡扶汉室"。

短短几天之内，长安附近已经站满了大大小小无数支武装力量。

这时候更始军的主力部队还没到，但这些临时蹦出来的人马却等不及了，七手八脚，咋咋呼呼，从各个方向攻向长安。

这时候隗嚣的军队也从西边杀了过来，人们听说以后更是加紧攻打长安。

大家都想当第一支入城的队伍——第一个入城的显然可以抢到最丰厚的财宝和最优质的美女。

这种局面对于普通民众来说是灾难性的。

这些队伍缺乏统一领导，鱼龙混杂，根本谈不上军纪可言，抢劫民众很快成为家常便饭，整个关中变成了弱肉强食的斗兽场，每个人不是抢劫就是被抢，文明的中心地带豺狼横行，两百年的锦绣繁华一朝化作云烟。

长安城内也彻底乱了，胆小的民众分头逃窜，胆大的则挥起嗜血的屠刀截杀豪门富户。金库、粮仓全都被砸开，民众一拥而入，疯狂抢掠，官员带着财宝夺路而逃，全城烽烟四起，一片狼藉。

王莽做出最后的挣扎，他下令释放长安监狱里所有的囚犯，分给他们兵器，让他们在宫门前饮血立誓："有不为新朝效力的，厉鬼也不饶他！"

将军史谌（chén）（王莽的第二任皇后的父亲）带领这群乱糟糟的人马冲向渭桥方向，准备抵挡乱军。哪想到，刚出长安城，这些人就一哄而散，丢下史谌一个人逃回了城里。

王莽最后的努力也失败了，局势彻底失控。疯狂的人们冲向郊外，挖掘王莽妻子儿女以及他们家族的坟墓，开棺焚尸，顺便抢劫陪葬品。王莽家族的宗庙、明堂也全都被愤怒的群众捣毁。

九月初一，乱军从宣平门（长安的东北门）涌入，一路砍杀，无人能挡，很快杀到了未央宫门口。

宫城四面起火，更始军、各路杂牌军、老百姓、盗贼、流寇分头闯进宫里，到处放火，见人就砍。王邑等几个将领带人在宫内死守，双方展开白刃战。

更始帝刘玄已经发下命令：捉拿或者杀掉王莽的有重赏。所以人们都疯了一样，四处搜寻王莽的踪迹。

这时候王莽仍然保持他神神道道的作风，他戴着平天冠，佩着皇帝玺绶，拿着虞帝匕首，在未央宫前殿里，按照星斗的方位坐着，让天文官在前面拿着星盘占卜。王莽喃喃地说："我有上天护佑，小小的汉兵，能奈我何？"

但上天的保佑一直没来，火倒是蹿过来了，王莽只好又带着手下人跑到别处去躲避。说也奇怪，他躲到哪儿，火焰就马上跟到哪儿，最后大家只好说:"皇上还是去渐台躲避吧。"

渐台是建章宫里的一座高台,建在太液池中,四面环水,倒是避火的好去处。

当时跟在王莽身边的还有文武百官和太监宫女一千多人,九月初三凌晨,王莽带着这些人逃出未央宫,一起躲到高高的渐台上,架好弓弩,继续顽抗。

王莽手下最忠心的官员是王邑,他这几天都在不分昼夜地指挥禁卫军保护王莽。忽然之间,他看到自己的儿子正在换衣服准备逃走,就过去一把抓住他,强行把他拽回来,命令他跟自己一起抵抗乱军,最后他们一起为新朝殉国了。

乱军从一个宫娥那里问出了王莽的下落,一路从未央宫追了过来,数千人层层叠叠地包围了渐台,双方用弓弩互相射击,箭矢遮天蔽日,喊杀声响彻云霄。

激战了几个时辰之后,当天傍晚,台上的守军终于把弓箭射完了。

台下的乱军潮水般地涌上去,在台上疯狂抢劫和砍杀,追随王莽的一千多人全部战死,满地的尸首中,却不见王莽的身影。

邓晔的军队里面有个军官,叫公宾就,在来来往往的人群中,他一眼看到有个人肩上搭着一条紫色的带子从台上走下来,再一看,这玩意儿不是皇帝绶带吗?

公宾就赶忙冲过去拦住那人,问他带子哪来的。那人是长安附近的商人杜吴,他指着台上说:"从那边房间的西北角一个死人身上取的。"

公宾就飞奔上台,在杜吴说的那个位置找到了那具尸首,割下脑袋,回去让人一认,果然是王莽!

大家听说王莽的尸首找到了,一起冲过去,七手八脚地乱砍一通,把王莽的尸身切成了几十块,然后一人拿着一块,欢天喜地地报功去了。

新朝立国一十四年,这时终于在万众期待中走向了覆灭。

一片混乱中,王莽的长女黄皇室主(汉平帝的皇后)自焚而死,史皇后(王莽的第二任皇后)下落不明。王莽的第五子王兴不知所终,第六子王匡还在洛阳顽抗。

当时长安城里各种军队四处乱窜,最大的一支军队是由邓晔手下的王宪率领的。王宪虽然自称大将军,实际上却是个纯粹的土匪,他直接住进皇宫里,乘坐王莽的车马,奸淫王莽的后宫姬妾,俨然享受起皇帝待遇来了。

几天以后,更始军和邓晔的主力部队终于入城,把王宪这个土匪头子抓来杀了,局势才逐渐开始稳定下来。

更始军的申屠建、李松派人把王莽的人头送到宛城,刘玄看到以后大喜,把这颗珍贵的头颅挂在闹市区。宛城的百姓都沸腾了,大家争先恐后过来围观,你一拳我一掌打在王莽的人头上,还有人把王莽的舌头割下来吃。

——后来这颗人头一直被历朝历代的政府保存着,成为历史上最著名的一颗人头,直到西晋末年才在火灾中被焚毁。

长安陷落以后,作为天下中心的洛阳已经沦为孤城,只有王匡和哀章带着少数残兵败卒在那里防守,听到新朝已经灭亡的消息,这支军队迅速溃败,王匡和哀章都被活捉,然后被押解到宛城斩首了。

兴致勃勃的刘玄开始制订迁都计划,准备把首都从宛城迁到洛阳。但是洛阳的宫城已经残败不堪了,需要一个有才干又有空闲的官员去修缮,刘玄便想到了赋闲已经很久的刘秀,于是发下命令,让刘秀去洛阳抚慰当地百姓,同时修缮那些残破的宫室。

刘秀只好把阴丽华留在新野,以阴氏家族在新野的实力,阴丽华留在那里还算安全。随后,刘秀一个人踏上了去洛阳的道路。

这期间,刘玄又派手下将领刘信去攻打汝南的刘望。

刘望也是景帝的后裔之一,不久前他刚在汝南起兵,但他跟别的义军不一样,别的义军都自称是更始帝手下的将军,刘望却自称为"大汉嗣元皇帝",昆阳之战过后,严尤、陈茂二人逃到他手下,更壮大了他的实力,几个人虎视眈眈,准备跟刘玄分庭抗礼,所以刘玄必须除掉他。

刘信带兵过去讨伐,刘望和严尤、陈茂不堪一击,迅速被打败,解除了刘玄的一个心腹之患。

洛阳的宫室修葺好以后,申屠建、李松从长安送来了皇帝的车马和舆服,刘玄喜气洋洋地坐上六匹马拉的大车,开到洛阳,大赦天下,封赏文武百官,正式过上了皇帝生活。

到洛阳以后，刘玄一看，刘秀做的准备工作实在是不错，顿时感到十分满意，加上刚坐上皇帝御座，喜上眉梢，便把之前对刘秀的防范心理都抛到九霄云外去了，他大手一挥，做了一个改变历史的决定。

又一个荒淫政权

进入洛阳以后，刘玄开始派使者到全国各地招降当地割据势力，其他地区都已经安排好了，就剩河北（黄河以北）还缺一个强力的使者。

更始朝廷里的丞相刘赐也是南阳刘氏的成员，是最早跟着刘縯起义的元老之一，他向刘玄建议："刘秀才能卓著，屡立奇功，派他去最合适。"

正好刘玄也这样想，刚要下命令，手下的朱鲔、李轶等人却坚决反对，认为这是放虎归山。

两派人争论不休，刘秀手下的将领冯异偷偷建议他："左丞相曹竟和他儿子尚书曹诩都很有话语权，多结交一下他们试试？"

刘秀便主动去结交曹竟父子，在他们父子的帮助下，更始朝廷总算同意让刘秀去平定河北，刘秀和他的支持者们这才松了一口气。

当年十月，刘秀以更始朝廷大司马的身份渡过黄河，前往河北去招降当地各路义军。

这一去，便是"顿开金锁走蛟龙"。这位壮志满怀的年轻人从此挣脱铰链，逃出樊笼，没有人可以再限制他了。

送走刘秀以后，刘玄听说长安那边已经逐渐安定下来了，就决定迁都到长安。他先派出刘赐去整顿长安的秩序，三个月以后，一切都妥当了。

公元 24 年二月，刘玄带着更始朝廷文武官员搬到了长安。

虽然刚经过一场改朝换代的大混乱，长安整体的城市结构却没有被破坏，各大宫殿也只有未央宫被烧过，其他宫殿都保存完好，刘玄到来以后住进长乐宫，生活条件瞬间优越起来。

站在长乐宫恢宏的大殿上，刘玄终于感受到了君临天下的快意。这一刻，他终于成了汉家王朝的正统继承人，万里江山已经落入了他的手掌心，他还有什么好担心的呢？

同样欢欣鼓舞的还有绿林军的首领们,这群草莽中杀出来的糙汉子,几时见过九重宫阙的极致奢华?极目望去,遍地是堆积如山的珍宝,闪得人眼睛都睁不开,还有那数不清的翠娥粉黛、莺莺燕燕四面环绕,软玉温香抱满怀,如此良辰美景,夫复何求?他们一路浴血奋战杀入长安,为的不就是这一天吗?

刘玄当然也知道手下这群糙汉子在想些什么,他不阻止,也阻止不了,只是在第一天上朝的时候,他故意问最后到的几个人:"现在才来?这几天你们的收获不错吧?"绿林军将领们听了,个个目瞪口呆,不知道怎么回答,刘玄也就算了。

从一开始,这群人就没把建设国家当成自己的目标。

刘玄也知道靠这些粗人治理国家肯定不行,他想多任用一些文人,但只要他一行动,马上引起绿林军将领们的警惕。

这些人虽然表面上咋咋呼呼的,可内里的花花肠子一点也不少,他们从始至终都在严防别人抢占自己的位置,一旦发现刘玄想任用绿林军以外的人,他们就马上跳出来阻拦。

刘玄为这一点和他们发生严重分歧,双方斗得很激烈。但总得有人来治理国家啊,总不能大家都去抢劫,最后刘玄顶住压力,任用了一个叫赵萌的文人来辅助自己,为了显得名正言顺一点,刘玄立赵萌的女儿为夫人,这样一来,赵萌就是国丈,把朝政大权交给他勉强说得过去。

当时的朝廷里,李松为丞相,赵萌为右大司马,两人合力,勉强可以让朝廷运转起来。

李松和赵萌也知道很多人盯着自己的位子,所以他们向刘玄建议:尽量多封几个王侯,把绿林军那帮糙汉子都给封王封侯,省得他们天天吵。

于是刘玄发下大规模封王的诏令,先把几个有军功的刘氏宗亲封王,这样场面上比较好看,然后把绿林军所有高层首领全部封王,一口气封了二十多个王。

这些糙汉子这才心满意足了,在金銮殿前跪谢皇恩,然后一个个欢天喜地地回家建造自己的王府去了。

只有朱鲔头脑很清醒,他上奏折义正词严地说:"当年高祖有约,非刘姓不得封王。"刘玄当然不听他的，坚持自己的命令，最后朱鲔只好辞掉对自己的封赏，只接受了一个左大司马的官职。

这让绿林军的其他人都不太舒服，朱鲔从此被踢出最高领导层，和李轶一起被派去守卫洛阳去了。

不过朱鲔却因此赢得了"忠于汉室"的好名声，刘秀后来能赦免他的罪行，应该跟这有很大关系，不得不说朱鲔是绿林军里的第一号聪明人。

刘玄对绿林军首领们做出妥协，虽然暂时维持住了朝廷内部的团结，但把这些草莽英雄硬提拔到王侯将相的位置，却也带来非常恶劣的后果。

这些人个个大字不识，让他们治理国家肯定是不行的，但偏偏重要岗位都被他们占了，真正有才能的人根本没有上升的机会。他们还特别讲究兄弟义气，争着把自己的手下提拔上来，大家一起分金，一起吃肉。于是出现了这样奇特的场景：长安的街道上，一拨又一拨新晋"贵族"到处游荡，他们穿着华美的丝织衣服和松垮垮的丝绸裤子，领口拉到肚脐位置，露出毛茸茸的胸膛，东倒西歪，吊儿郎当，一群人在街上嬉笑追打，大声骂娘……

老百姓哭笑不得，编出歌来唱道："灶下养，中郎将。烂羊胃，骑都尉。烂羊头，关内侯。"

朝廷上下全是这样的地痞流氓在掌权，可想而知，更始朝廷的政令陷入了彻底的混乱状态。

这些人还心眼特别多，内部拉帮结伙，明争暗斗一刻也没有停息，结果就是中央跟地方，地方跟地方，各自为政，谁都不服谁，更始朝廷沦为了一盘散沙，政令根本出不了中央。

刘玄无可奈何，开始他还想试着挽救一下局面，受过几次挫折以后只好放弃。他把朝政完全交给赵萌，自己成天躲在宫里跟姬妾们厮混，靠着酒色来麻醉自己。

结果绿林军那些人又把矛头对准了赵萌，大家联合起来为难他，说他蛊惑君王，独霸朝纲。

赵萌很强硬，不肯让步，双方的矛盾积压得越来越严重。绿林军领袖们就轮流去刘玄跟前告状，有一次甚至气得刘玄拔剑追砍他们，说："看谁还敢诋毁大司马？"

更始朝廷就这样在一片混乱中跌跌撞撞地走过了公元24年。

这一年，他们唯一的成就是招降了陇西的隗嚣，刘玄封隗嚣为右将军，把他当作朝廷里的重要将领之一。

在征讨蜀地公孙述的过程中，更始政权则遇到了重大挫折。

当时公孙述不肯归顺，刘玄便派一万兵马去蜀地讨伐他，结果在绵竹遭到蜀军的拦截，更始军大败，公孙述随后在成都自立为蜀王，正式成为更始政权的对手。

另一个让刘玄大动肝火的消息来自河北。

刘秀自从离开更始朝廷以后，便脱离了刘玄和绿林军的掌控，他一个人在河北地区艰难创业，终于打出一片天地，拥有了自己的一拨人马。

刘玄这才后悔起来，赶忙派人去抚慰刘秀，封他为萧王，又派自己人去接管幽州等地，让刘秀把兵权交出来，回老家去休息。

刘秀当然不会答应，借口说"河北未平"，不肯交兵权。这时候刘玄派去接替刘秀的官员已经到河北了，刘秀竟然指使自己手下先后把这些官员都杀了。

这下刘玄傻眼了，他万万没想到，刘秀文弱书生的形象竟然是装出来的。看来，这个年轻人的心机、谋略、才干都远远超过自己的想象，必然成为一个极其难缠的对手。

可惜一切都晚了，现在刘秀羽翼已丰，更始朝廷再也辖制不住他了，只能眼睁睁看着他在遥远的河北逐渐壮大起来。

但还有更坏的消息。

当年年底，东方突然传来一个爆炸性的消息——赤眉军闯入关中了！

城头变幻大王旗

当初听到更始军打败王莽的消息，赤眉军那些豪杰心情很复杂，一方面，更始军替天下劳苦大众完成了推翻暴政的任务；另一方面，更始军本身又是赤眉军的竞争对手，他们应该怎么面对这个对手呢？

樊崇为首的赤眉军领导层考虑再三，最后决定先去更始军内部看看情况，合适的话，就投靠过去。于是由樊崇率领，赤眉军领导层一起来到洛阳朝见刘玄（当时刘玄还在洛阳）。

按照他们的想法，大家都是草泽里闯出来的穷苦弟兄，自己这伙人对推翻王莽也有不小的贡献，理应受到刘玄的热情接待。

但结果却让他们非常失望。

更始朝廷的事不是刘玄自己说了算的，赤眉军的人一来，绿林军首领们马上紧张起来了，怀疑他们是来抢占胜利果实的，所以对他们十分冷淡。

刘玄也没办法，只好勉强给他们封了几个侯爵，没有给任何实权，就这样把他们晾在那里。

樊崇他们在刘玄手下待了一段时间，感觉处处受人白眼，这些粗豪汉子哪里受得了这个气，于是没过多久就不告而别，回到了自己在河北的根据地。

赤眉军和更始军从此公开决裂，成为敌人。

刘玄带领更始军在长安乱糟糟地经营国家这一年，赤眉军在河北攻城略地，逐步扩大自己的势力。

公元24年冬天，他们终于积累到了足够的实力，由樊崇带领，拥着三十万大军，兵分两路，分别从武关和陆浑关杀入关中，震动了三辅地区。

刘玄赶忙派王匡、成丹、刘均去抵挡赤眉军。

刘秀当然不放过这个机会，马上派大将邓禹领兵两万杀向关中。

看到更始政权遇到大麻烦，各地的野心家纷纷蹿出来自立为王。梁王刘永在睢阳、秦丰在黎丘、田戎在夷陵，都各自起兵，割据一方，平定了一年的天下局势霎时间风起云涌。

就连被世人遗忘了很久的孺子婴也重新被人拎了出来。

当年王莽篡汉以后，孺子婴长期被软禁，王莽败亡以后，孺子婴流落在民间，现在有两个野心家方望和弓林专门去长安把他找出来，带到临泾，尊他为天子，跟更始政权分庭抗礼。

刘玄派李松杀到临泾，消灭了他们这个小朝廷，斩杀了方望、弓林二人，可怜的孺子婴也在乱军中被杀死了。

拥立刘氏王孙当傀儡是大家屡试不爽的计策，接下来，赤眉军也想到了这一招。

赤眉军这些年一直以草莽英雄的身份四处出击，没考虑过自己的合法性，这次杀入关中，逼近长安，眼看有了夺取江山的希望，他们也开始考虑起自己的"正统"性来了。

当时他们刚刚打败了刘玄派来的军队，两路军马在弘农会师，眼看到长安已经不远了。正好方望的弟弟方阳在赤眉军这边，他想替他哥哥报仇，就尽力帮助赤眉军。他建议樊崇："我们总不能以流寇的身份杀进长安，要进长安，要登上金銮殿，还是得有个刘氏的皇帝才行。"

樊崇跟大家一商议，大家都说这个想法不错。

那么找什么人当这个傀儡皇帝呢？

其他条件都不用管，只要是姓刘的就可以了。樊崇让人到赤眉军的军队里搜寻刘氏宗亲，一共找出来七十多人，最后定下来刘盆子、刘茂、刘孝三个候选人。

赤眉军首领聚在一起，让三个候选人抓阄，年纪最小的刘盆子成功抓到"上将军"的那只木片——赤眉军首领以为"上将军"就是皇帝的意思。

于是这群草莽英豪齐齐拜倒在地，拥立年仅十五岁的刘盆子为皇帝，史称建始帝。

刘盆子是西汉初年的城阳景王刘章的后人，刘章是诛灭吕氏的主要功臣，在当时的人们眼里，相当于匡扶汉室的战神，拥立他的后人比较能鼓舞人心。

刘盆子的父亲本来是西汉末年的式侯，后来被王莽废除了爵位，沦落为平民，住在泰山附近的式县。

刘盆子有三兄弟，当初赤眉军杀来的时候，把他们掳掠到军中，大哥刘恭念过一些书，跟着樊崇去了洛阳，樊崇他们逃回河北的时候他没走，就留在刘玄手下当了侍中，剩下刘茂和刘盆子在赤眉军这边。

刘盆子没什么文化，在赤眉军里当"牛吏"，负责养牛。他成天蓬头垢面的，穿一身破烂衣衫，骑着一头牛去外面割草。乱世之中，倒也难得的逍遥自在。

哪想到突然有一天，那群凶神恶煞的豪杰都拜倒在他面前，奉他为天子，这个放牛娃吓得赶紧找地方躲藏，把手里的木片都咬折了，最后大家七手八脚地把他按在座椅上，才完成了登基仪式。

虽然名为天子，刘盆子实际上只是赤眉军的工具而已，赤眉军上下对他没有丝毫尊敬的意思，甚至还让他每天早晚去叩拜自己原来的上级刘侠卿。

一开始，刘盆子还吵着要去跟以前放牛的小伙伴一起玩，但樊崇他们哪会同意，强迫他天天待在军营里，不许乱走。这个可怜的放牛娃发觉自己连人身自由都没有了，他根本决定不了自己的命运，只是被一群粗豪汉子裹挟着，懵懵懂懂地走向长安的方向。

长安那边现在已经陷入恐慌状态，刘玄和绿林军首领们的矛盾彻底爆发了。

公元25年春天开始，赤眉军和刘秀的军队分头出击，共同冲击更始政权在关东的防线。王匡等人率领的更始军已经严重腐化，不堪一击，被赤眉军和刘秀的前锋邓禹杀得阵脚大乱，连连败退。

正月，苏茂的军队在弘农被赤眉军杀散，赤眉军各路兵马成功会师；邓禹攻破河东郡，包围安邑。

三月，李松和朱鲔在荞（mǎo）乡被赤眉军杀得血流成河，损失三万多兵马。

随后，王匡、成丹、刘均等人又在安邑被邓禹打败，十万大军全军覆没。

同一时期，公孙述又在蜀中自称天子，公开成为更始政权的敌人。

看到敌人从四面八方逼近长安，绿林军首领们都紧张起来，张卬私下对申屠建、廖湛等人说："长安这破地方看来是守不住了，不如在城里多抢些财宝，走他娘的，回南阳去打游击，再不成，回咱们绿林山继续当强盗去！"

申屠建等人听了都拍手叫好，大家一起去找刘玄说了这个想法。

刘玄听到以后，气得七窍生烟，把这群浑人臭骂一顿，这些人只好灰溜溜地退出去了。

但这群土匪头目胆子大得很，软的不行就来硬的。张卬、廖湛、胡殷、申屠建、隗嚣合谋（隗嚣虽然是陇西的义军首领，却已经投靠了绿林军这帮人），计划劫持刘玄，一起逃回南阳去。

刘玄也有些手段，竟然探听到了他们的阴谋，于是装病，躲在寝宫不出来，然后下旨，召这几个土匪头子进宫议事。

几个人里面隗嚣最狡猾，不肯入宫，另外四个人进去了。张卬、廖湛、胡殷三人随后发觉气氛不对，赶忙逃出宫去，只有申屠建留在那里，刘玄就把申屠建一个人抓来杀了。

张卬等人哪里肯吃这个亏，当即纠集起自己的兵马在长安城内烧杀劫掠，又打进长乐宫里，跟刘玄的人爆发白刃战。

情况紧急，长安待不下去了，刘玄在手下人的簇拥下登上马车，带着后宫妃嫔逃出长安，到新丰的军营里避难去了。

隗嚣也反出长安，跑回了天水老家。

新丰那边有王匡、陈牧、成丹、赵萌四个将领在镇守，刘玄已经跟绿林军闹翻，害怕被王匡等人暗算，索性先下手为强，发布命令把王匡、陈牧、成丹三人召进去。陈牧、成丹刚到营帐里，就被刘玄埋伏的人抓来杀了，王匡听到风声独自跑了出去，跟张卬等人会合，共同占据长安。

更始政权因此分裂成了两部分，王匡、张卬盘踞长安，刘玄带着李松、赵萌在新丰。双方调兵遣将打了一个多月，最后王匡他们战败，被赶出长安，刘玄才重新回到长安的宫里。

严重的内讧彻底耗尽了更始政权的实力，赤眉军节节推进，已经来到了长安城外，王匡、张卬逃窜过去投降了赤眉军，然后双方联合，共同攻打长安。

刘玄这边的将领只剩下了李松一人，很快，李松也在战斗中被赤眉军活捉了，当时守卫长安城门的是李松的弟弟李汎，赤眉军把李松绑了押到城外，对李汎喊话，李汎没办法，只好开门放赤眉军入城。

听说城门被攻破以后，刘玄再一次逃出了长安，这次甚至连后宫姬妾都来不及带走了。

长安的古道上，刘玄一人一骑，在暮色中仓皇逃窜，短命的更始政权就这样灰飞烟灭了。

公元25年九月，赤眉军杀进长安城，成为这座千年古都的最新一任主人。

但等待这座千年古都的，是又一场浩劫。

灭绝人性的悍匪

刘玄逃到长安以北的高陵，身边的追随者已经只剩下寥寥几人。

其中最特别的人是刘恭。

当初听说自己的弟弟刘盆子被拥立为皇帝，刘恭吓坏了，赶忙把自己绑起来，到监狱里请求羁押。

赤眉军入城以后，监狱已经没人管了，刘恭自己跑了出来，打听到刘玄的去向以后，他硬是步行到了高陵，重新来到刘玄身边。

当时高陵已经被赤眉军围住，刘玄他们都出不去，赤眉军派人带话给刘玄："二十天以内投降可以封你为长沙王，二十天以后就不接受你投降了。"

刘玄没办法，只好同意投降。

当年十月，刘玄带着更始政权仅剩的几个大臣来到长乐宫，举行投降仪式，亲手把皇帝玺绶交到了刘盆子手上，也把江山社稷转交给了赤眉军。

刘玄战战兢兢等待樊崇的封赏，哪料到樊崇转身就翻脸，当场命人把他押下去斩首。

关键时刻，刘恭挺身而出，拔出佩剑大叫："要杀我的主人，先杀了我。"

刘恭毕竟是"皇帝"刘盆子的哥哥，樊崇不好当众逼死他，就暂时饶了刘玄，但不肯给他封王，只封了一个侮辱性的称号"畏威侯"，刘恭又一再坚持，樊崇才只好把刘玄封为长沙王。

但张卬这些绿林军旧首领却不想看到刘玄活着，当时刘玄住在赤眉军右大司马谢禄那里，张卬他们就挑唆谢禄说："现在外面人心惶惶，（赤眉军的）许多人想来抢长沙王，万一他们联合起来攻打你，你就麻烦了。"

谢禄一想：说得有道理，就找借口把刘玄叫到郊外，让士兵把他勒死了——当然，杀刘玄也有可能是赤眉军领导层集体的决定。

刘玄死后，刘恭冒着巨大的危险去收尸，把他偷偷掩埋了。

刘玄的死在各地都没有引起太大反应，只有远在河北的刘秀非常悲伤，尽管刘玄是他的杀兄仇人，刘秀却丝毫没有记仇，后来终于寻访到了刘玄的尸首，让人把他改葬到了霸陵，也算是帝王待遇了。

长安这边，消灭更始政权，夺得江山以后，赤眉军的所作所为却比更始政权更加恶劣。

更始政权虽然以绿林军为主心骨,但好歹还有刘玄为首的贵族阶层在约束他们,赤眉军却纯粹是一群悍匪,作风比更始政权更加粗犷。

土匪集团一般都有两个特征,一是凶悍,二是没有纪律,天皇老子都管不着。

赤眉军身上,这两个特征表现得尤其明显。

进入长安城以后,赤眉军的匪徒们好像进入了宝山一样,一声欢呼,冲向四面八方,展开毫无底线的抢劫。

老百姓这才发现,这次来的根本不是什么合法政府,而是一群强盗,但有什么办法呢?只能任由他们蹂躏。

这些匪徒不仅抢劫老百姓,连政府的物资也不放过。长安周边乡镇派来进贡的车队,往往还没入城就被拦下来抢劫一空,地方上的仓库、兵器库更是被搜刮得干干净净。

在赤眉军的洗劫下,关中地区一片萧条,老百姓举家逃亡,许多地方沦为空城,民众苦不堪言。

这时候在长乐宫里,赤眉军首领们却在为名次安排争得面红耳赤,甚至破口大骂,拔出佩剑乱砍。

这样吵吵闹闹几个月,谁也不服谁,宫里一刻也没有安宁下来。

到了年底腊祭那天,终于爆发了大规模骚乱。

当时樊崇等人在长乐宫的大殿里举行庆典,刘盆子坐在皇帝宝座上,赤眉军的所谓公卿百官分列左右,看起来倒也像是正规的国家庆典一样。

宴会还没开始,有个人拿着自己写的贺帖走上来,准备献给刘盆子。

下边的人们都伸着脖子看,这些人全是大字不识一个的粗人,都很兴奋地说:"还可以写帖子?怎么不早说?"于是纷纷去找人帮自己写贺帖。

整个大殿上就两三个文人,哪里写得过来?每个文人身边里三层外三层围了一堆人,很快就为排队的问题推搡起来。

主持宴会的官员火了,大骂道:"今天是国家庆典,哪里容你们这群猢狲撒野?你们这些家伙都该杀!"

这一下把众人都惹火了,轰的一声,人群暴动起来,冲到宴席上到处打砸,连樊崇他们都 hold 不住。

外边执勤的卫兵看到里面乱了,也冲进来跟大家一起打砸。消息传出去,说正殿里面正在抢东西,整个皇宫都轰动了,各个地方的守卫都冲到这边来,不分青红皂白,拿起东西就跑。有人趁乱掳走地上的香炉,有人把桌上的羊腿塞进怀里,有人连案几都端走,有人浑水摸鱼占宫女的便宜……一场国宴变成了打砸抢的闹剧。

刘盆子吓得躲到屏风后面瑟瑟发抖,樊崇等人气得跳脚,最后还是掌管禁卫军的诸葛稚带兵进来,斩杀了一百多人,局面才安定下来。

这次暴乱让人们彻底看清了赤眉军的官员是怎样一群浑球,也使刘盆子受到很大刺激,从那以后他整天惶恐不安,睡觉都要由太监陪着,平时不敢出寝宫一步。

刘恭对弟弟的处境十分担忧,暗地里告诉他:"把皇帝玺绶还给他们,说这个皇帝你不做了。"又教他,"如此这般……话要这样说。"

不久以后,正月初一,皇宫里再次举行宴会,刘恭当着大家说:"诸位,感谢一年来大家对我弟弟的鼎力支持,我们兄弟没齿不忘。可惜我弟弟没什么才能,把国家事务弄得一团糟,恳请大家允许我弟弟让贤,回去当个平民,免得继续祸害国家。"

樊崇等几个高层赶紧脱帽谢罪说:"哪里,哪里,都怪我们无能!"

下边的糙汉子们却看不惯了,许多人尖着嗓子吼:"你他娘的是什么玩意儿?这话是该你说的吗?"

刘恭一看势头不好,不敢再说什么,乖乖退下去了。

刘盆子起身,把玺绶解下来,恭恭敬敬地放到御座上,对樊崇等人叩头说:"在下已经入长安几个月了,却丝毫约束不住各位英豪,连三辅地区给朝廷的供奉都被人劫了。在下实在德不配位,情愿乞骸骨,避贤圣。要是大家认为在下罪不可恕,要杀了在下抵罪,在下也绝不敢有怨言。还请诸君可怜可怜我!"

刘盆子真是史上最可怜的皇帝之一,说着,竟然在金銮殿上跪地大哭起来。

樊崇等人也觉得这样闹下去没法收场,毕竟大家到长安是来坐江山的啊,总不能先把皇帝吓跑了,所以大家都向刘盆子道歉,保证以后严格约束手下,再也不乱来了。

人们又把玺绶还给刘盆子,强行把他按到御座上,刘盆子欲哭无泪,只能接受命运强加给他的安排。

这之后,赤眉军首领们倒真的规矩了一段时间,从樊崇以下,大小头目各自把各自的人马管束着,平日里紧闭营门,不许部下出去乱闯,长安城里的秩序明显好转了,逃难的人们也渐渐回到城里,市场上的店铺也逐渐重新开张,看起来是要恢复正常状态了。

但土匪终究是土匪,这样的规矩状态只维持了二十来天。

二十多天以后,这群悍匪再也坐不住了,发一声喊,一股脑儿冲出军营,再次冲到长安街市上大肆掳掠。

赤眉军为什么如此热衷于抢劫呢?除了他们本身的悍匪特质以外,也有不得已的原因。

从王莽的新朝垮台开始,关中一直被各种匪帮占据,这些人对治理国家一窍不通,也完全没兴趣,在他们的统治下,关中完全处于无政府状态,造成的直接后果就是农田大面积抛荒,经济崩溃,饥荒席卷各个乡镇,甚至到了"人相食"的程度,老百姓身上再也没有油脂可以搜刮了。

再加上这些匪帮都在互相抢劫,连朝廷的物资都被劫走,正常的货物运输完全中断,长安也就变成一座孤岛了。

在这种情况下,就连身为统治者的赤眉军都缺衣少食,他们只能四处去抢劫,不然连他们自己都要饿死。

统治者自己参与抢劫,又进一步扰乱了秩序,使得关中进一步陷入混乱之中。

这样的恶性循环一轮又一轮进行下去,最后局势彻底失控,就连樊崇这些高层领导都已经无能为力了。

总之,赤眉军虽然坐在皇宫的金銮殿上,但在所有人眼里,他们都不是国家真正的统治者,他们不过是一群盘踞在长安的悍匪而已!

随着情况一步步恶化,赤眉军的劫掠也变本加厉,从抢劫官府和百姓,逐步升级到抢劫宗庙、明堂,甚至到郊外四处刨坟,发掘汉朝陵墓。

更令人发指的是，他们挖坟以后往往会辱尸，凡是保持人形的尸首一个不放过，连吕后的尸体都惨遭侮辱。这样的一群人，谁会支持他们？

长安城内已经被抢得精光了，这群悍匪索性一把火烧了皇宫，裹挟着刘盆子冲出城去，纠集起所有兵马，号称百万大军，山呼海啸，纵马奔腾，到关中各个城镇去劫掠。

关中因此遭到两百年来最严重的劫难，从终南山一直到安定、北地、阳城、番须，每一处城邑都惨遭洗劫。

民众无比恐慌，也无比愤慨，都在诅咒这群恶霸尽快遭到天谴，这时候任何人站出来收拾这群恶霸，都会得到民众的鼎力支持。

公元25年的冬天，大雪弥漫的关中平原，饥寒交迫的民众在苦难中呼唤着新的领袖。

谁能来救他们呢？

第三十五章　刘秀的创业之路

河北的微妙局面

被派遣去出巡河北是刘秀人生中最大的转折，他深知这次来之不易的机会对自己有多重要，从离开宛城以后，他就在仔细筹划收服河北群雄的计划。

河北的情况非常特殊。

当初昆阳之战过后，全国各地群雄并起，流落民间的刘氏王孙、无人管束的新朝官员，还有地方土豪、农民军领袖，各种力量争先恐后涌出来抢占地盘，极短的时间内就在各个地方形成了大大小小几十支割据政权。

但河北群豪的脚步似乎慢了半拍，到现在都没有出现一支压倒性的地方割据力量，到刘秀出巡的时候，整个河北地区仍然分裂成许多板块，分别由当地豪强和新朝留下的旧官僚占据。

这就出现了一个巨大的机会，谁先把河北这些分裂的板块吸收过来，谁就能掌控整个河北地区。

而河北地区士兵悍勇，物产丰富，一旦掌控了这里，对于争夺中原会有非常大的帮助。

刘玄也注意到了这一点，所以出手特别快，在派刘秀出巡之前，他已经先派其他官员到达河北了，把几个重要板块的官员都替换成了更始政权的人。但这还远远不够，这些官员只是口头上服从于更始而已，随着局势的变化，他们随时会反叛，要真正把他们接收过来，还需要刘秀去做很多工作。

另外，除了当地豪强地主武装以外，河北还存在许多四处游荡的农民军队伍，比如铜马、青犊、尤来等，这些队伍每一支少则几千人，多则上万，加起来号称百万大军，足以影响天下局势。而且这些家伙都是老牌山贼，比绿林军、赤眉军资格还老，战斗经验极其丰富，如何收服他们，是摆在刘秀面前的另一个大问题。

刘秀一边思考着这些问题，一边渡过了黄河。

没想到刚过黄河不久，就有个老朋友追上来了，他就是刘秀年轻时候在长安的同学邓禹。

刘秀问他来干什么，邓禹说："但愿明公威德加于四海，邓禹能为明公效犬马之劳，立尺寸之功，垂功名于史册。"

刘秀大喜过望，把他留在了身边。

这是乱世中君臣相处的典型思路。乱世中，民间士人都会仔细观察，找一个自己认为最有前途的诸侯去辅佐。这是一场豪赌，赌赢了，封侯拜相，名垂史册，赌输了，人头落地，甚至满门遭殃。

而诸侯们要做的就是，尽力展现出自己争夺天下的能力和实力，尽可能把各地英豪都招揽过来，再把这些人合理利用起来，共同完成打江山的伟业。

刘秀渡过黄河以后，这个过程就已经开始了。

邓禹在刘秀手下并不算功劳最大的人物，但他是第一个来投奔的，之后始终是刘秀手下一等一的重臣，所以后来东汉朝廷给了他云台二十八将第一名的尊位。

到河北以后，刘秀以更始朝廷巡抚大臣的名义结交当地官员和豪强，在当地代替朝廷行使自己的职责：考察民情，抚慰民众，废除新朝苛政，遣散囚徒……通过一系列善政，刘秀争取到了许多人的支持，把自己的名声传播到了河北各地。

这期间，刘秀展现出超强的个人魅力，赢得广泛的好感，再加上之前他和刘縯在反莽战争中积累的良好形象，使得他成为人们心目中一个非常有前途的领袖。

刘秀经过的地方，民间士人争相来投奔，逐渐在他手下构建出一个最早的团队核心。

但到达邯郸以后，刘秀发觉自己来得稍微迟了一点。

刘秀的危急时刻

邯郸当年属于赵国的地盘，王莽篡汉以后废除了刘氏诸侯的封国，赵国王室都变成了平民，但他们的后裔在当地仍然有很大的势力。

赵王的后人刘林也想在乱世中有一番作为，所以也想找一个有本事的主公来辅佐。他先是试探性地建议刘秀掘开黄河堤坝去淹没河东地区的赤眉军，刘秀拒绝了这个疯狂的提议，随后离开邯郸，继续北上，刘林感到刘秀跟自己不是一路人，就继续寻找目标。

正好邯郸有一个叫王郎的民间神棍，这些年，他靠着算命和占卜结识了不少权贵，这家伙胆大包天，竟然动起歪脑筋，放出消息，声称自己是汉成帝的儿子"刘子舆"，当年为了躲避赵飞燕的迫害才躲藏到民间。

成帝有过许多儿子，但都意外夭折或者神秘失踪了，所以民间冒充他儿子的人很多，当年王莽就杀过假"刘子舆"，不想现在王郎又出来冒充"刘子舆"。

这个谎言一点都不高明，但刘林立即发现可以利用这个机会——凭借他在赵国旧地的影响力，只要拉上一帮人，围在王郎身边，大肆宣传一番，就会有很多愚夫愚妇相信这个谎言。

就在刘秀北上以后不久，刘林跟王郎，还有邯郸当地的豪门勾结起来，以"成帝后裔"的名义建立了一个政权，名字也叫"汉"，史称"赵汉"，赵汉的皇帝就是"刘子舆"王郎，首都在邯郸，皇宫就是赵国的旧宫殿。

出人意料的是，这样一个山寨气息满满的草台班子，一经建立，立即得到当地许多豪门望族的支持。

这些豪门望族的想法可能跟刘林差不多——河北地区目前缺少一个统一的领导，眼看要被更始政权吸纳过去了。一旦河北被更始政权吸收和消化掉，他们这些豪门就会被边缘化。所以要赶紧建立一个河北自己的政权，由当地豪强自己来把持，以对抗更始朝廷的吞噬。

在河北本土豪门的支持下，赵汉这个来路不正的政权竟然迅速成长起来，成为河北地区最大的割据政权。

随后，他们向河北各个郡县发出檄文，要求当地官员归附，大多数郡县没有做什么抵抗，就归附了赵汉。

这时候刘秀已经到达河北北部的蓟县，蓦然听说河北中部和南部竟然统一起来了！而且他们万众一心，行动迅速，正在向河北全境推进，即将拿下整个河北！

刘秀的处境瞬间变得非常危险。

他已经被隔离在偏远的幽燕之地，跟更始政权断绝了联系，而且赵汉政权已经在河北全境发出通缉，以十万户的天价赏金悬赏刘秀的人头，蓟县内部已经有军队行动起来了，正在赶来的路上！

来不及多考虑了，刘秀带着身边的团队紧急逃出蓟县，向南方撤退。

南方，赵汉的使者已经到达各个州郡，各处的城头都插上了赵汉的旗帜，刘秀他们不敢进入任何城池，只能在荒郊野外奔驰，还要躲避随时可能到来的追捕者。

他们很快就断粮了，到饶阳的时候，大家都已经饿得头昏眼花，这样下去，这个小团队可能很快就会解体。

刘秀知道他一生最危急的时刻来到了，他必须孤注一掷。

他没有考虑太多，直接对手下人说："走，跟我入城！"带着这群人大摇大摆地进入饶阳城内。

他们假称是赵汉派来的使者，要求见饶阳官员，官员不敢怠慢，把他们迎进官方旅馆。

刘秀身上带着更始朝廷的符节，冒充赵汉使者倒也方便（两个朝廷都以"汉"为国号），饶阳的官员被他们骗过了，把他们请上贵宾席，摆上大鱼大肉招待他们。

刘秀手下的人们早都饿得眼冒金星了，看着一盘又一盘美味佳肴端上来，哪里按捺得住，大家一起冲上去，瞬间把桌上的饭菜扫得精光。

饶阳的官员开始怀疑起来——这群人怎么像饿了很多天的样子？他们想试试这群人，于是偷偷出去，叫外面的人敲起锣鼓，报告说："邯郸那边的将军来了！"

刘秀手下的人们一听，惊得魂飞天外，爬起来就要跑，刘秀想了想，止住手下人："咱们继续吃。"带着他们坐在那边继续大吃大喝，还对饶阳官员说："快把我们的将军请进来，我正要跟他们交代一下这边的工作。"

可是哪来的什么邯郸将军？饶阳官员一脸尴尬，答不上话，只好眼看着刘秀他们在那边狼吞虎咽，饱餐了一顿。

吃饱喝足以后，刘秀他们才慢吞吞地站起来，说要找地方休息，在饶阳官员的注视下，慢慢地踱出大门去了。

他们策马飞奔到饶阳南门，门卫已经得到消息，禁止放他们出城，但这个门卫似乎是刘秀的支持者，而且猜到了刘秀的身份，竟然自作主张，开门把他们放出去了。

刘秀他们继续向南飞驰，当时已经是隆冬，华北平原上天寒地冻，他们这群人冻得手脚开裂，吃尽了苦头。

好不容易来到滹沱河边，却见到河上波涛汹涌，无船可渡，他们在河边徘徊了很久，简直上天无路，入地无门。不料滹沱河一夜之间结出厚冰，他们这群人大喜过望，赶忙跑过河去了，但车马都陷在了冰里，后面只能步行了。

他们来到下博城，这里已经是河北南部，属于信都郡范围。正在惶恐不安，不知道走向哪里的时候，路边突然出现一名白衣老者，对刘秀大声说道："努力！此地向南八十里便是信都城，城内军民日夜坚守，正在等待明公到来！"

原来信都还没有投靠赵汉，他们有落脚点了！

如同一道闪电劈开长空，刘秀终于找到了他的第一个根据地。

第一个根据地

赵汉政权在河北南部横行霸道的时候，有两个郡却坚决不肯投靠他们。

其中一个是任光统治的信都郡，另一个是邳（pī）彤统领的和成郡（当时各个郡都处于混乱状态，他们实际控制的只是郡守所在的城池而已）。

任光也是南阳人，新朝时期在宛城当小官。更始军攻破宛城的时候，有一群士兵看到任光衣着光鲜，想要杀人抢衣服，就逼他把衣服脱下来。双方争吵的时候，刘縯的部下刘赐正好经过，救了任光，并且把他招纳到更始朝廷里当官。

从此以后，刘氏家族的救命之恩，任光一直记着。

后来任光又跟刘秀一起参加了昆阳之战，对刘秀的个人风采钦慕不已。

昆阳之战过后，任光被更始朝廷派到河北当信都太守，他心里一直记挂着刘秀，所以当赵汉政权派人来招降的时候，任光一口拒绝，并且杀掉来劝降的人，又跟信都郡的几个官员一起盟誓，坚决守城，绝不投靠赵汉。

信都实力弱小，只有几千兵马，被赵汉的军队四面包围，形势万分危急，但他们一直苦苦支撑，等待刘秀到来。

信都不远处的和成郡，太守邳彤也是刘秀的支持者。

不久前刘秀北上蓟县的时候曾经经过和成郡，跟邳彤见过面。跟其他许多人一样，邳彤也是一见到刘秀就被他的风采迷倒了，从此坚定地跟从刘秀。王郎的人来招降的时候他也拒绝了，一直坚守城池，等刘秀回来。

任光听说刘秀他们来到了信都城外，大喜过望，立即派兵马把他们接进城去，邳彤也连忙从和成赶过来会面。大家见到蓬头垢面的刘秀一行，都激动不已，连忙摆宴席招待他们，一群好男儿痛饮狂歌，诉不尽离别之情。

现在河北中南部基本都已经在赵汉的控制之下，只剩信都一座孤城，即使加上邳彤的人，兵力也十分有限，怎么抵抗赵汉兵马的围攻呢？

当时河北遍地是流寇，信都城东边郊外就有"城头子路""力子都"两支流民武装，两支武装的兵马加起来据说有三十多万（当然有很多吹嘘的成分），刘秀提议说："要不我们去投靠这两支队伍？"

任光却说："绝对不可以。"当初刘縯、刘秀在南阳起兵的时候，就是因为兵力不足，只好投靠绿林军，结果却被绿林军收编了，刘縯被他们害死，刘秀一直被打压，这样的错误绝对不能再犯了。

那么怎么解决兵力不足的问题呢？任光提出一条毒计——

他说:"我们可以昭告周围的县市,从老百姓中间征兵,但是我们肯定是没有钱财赏给他们的。所以我们就宣告,攻打王郎的城池的时候,只要敌人不肯投降,攻破城池以后就让我们的士兵任意掳掠,抢到的战利品作为给士兵们的奖赏。"

这就相当于由刘秀等人带头组织一支强盗队伍,去抢劫那些投靠王郎的地区。这当然不是什么光彩的事,但如今世道混乱,各方势力都在互相抢来抢去,大家都是靠这种方式发家的,刘秀要发迹,也只能走这条路。

考虑再三以后,刘秀同意了他的提议。

他们又写了许多檄文:"大司马刘公(刘秀)率领城头子路、力子都百万大军从东方来,讨伐各路反贼。"让人把这些檄文贴遍信都郡与和成郡(两郡的许多县城都已经归顺了王郎)的大街小巷——以后有烧杀劫掠的事,都可以推到城头子路、力子都头上,反正他们本来就是流寇,不在乎什么名声。

这些檄文贴出去以后果然效果相当好,在王郎统治的郡县造成严重恐慌。

他们的第一个受害者是和成郡的堂阳县。

那天日暮时分,刘秀和任光带兵来到堂阳县附近,让士兵都手持火把走在沼泽地中,虽然人不多,但在暮色中人影幢幢,看起来似乎真有"百万大军"的样子,堂阳县的老百姓被吓坏了,当天晚上就开门投降了,刘秀他们轻松取得了第一场胜利。

接下来他们继续顶着"百万大军"的头衔四处袭击王郎的城池,先后打下周边几座县城。随着战果的扩大,许多处在观望状态的豪强也站出来支持刘秀,昌城、宋子等地的土豪都带着手下兵马来归顺,再加上他们一直在各个城邑招募士兵,所以他们的兵力逐渐扩大,达到了上万人之多,控制的区域也覆盖了信都郡、和成郡的大部分地方。

这期间,刘秀一直打着"更始朝廷"的名号,当时刘玄已经在长安当皇帝,天下大部分州郡名义上都归附了更始政权,所以打他们的旗号还是有一定号召力的。

同时,更始朝廷也极力配合刘秀,刘玄派出尚书令谢躬为首的六员大将来到河北,跟刘秀一起围剿王郎,大大减轻了刘秀的压力。

搭着更始这艘顺风船，刘秀节节胜利，但他却留着一个心眼——先让谢躬的兵马在南边围攻邯郸，他自己却不着急南下，而是向北推进，蚕食赵汉政权在河北中北部的势力。

刘秀一路向北，打到了真定国附近。

真定国是西汉的封国之一，后来被王莽废除，但跟赵国类似，真定国王的后裔刘杨在当地也有很大的势力。

刘杨已经归附王郎，刘秀来到真定的主要目的就是说服他倒向自己一边。

作为当地延续百年的望族，刘杨家族跟当地各大豪门有千丝万缕的联系，一损俱损一荣俱荣，可以说，刘杨的态度决定了河北中部会倒向哪一方，所以争取他的支持非常重要。

为了争得这位大佬的支持，刘秀只好使出最后的撒手锏——联姻。

招降河北群豪

刘杨的姐姐嫁在真定的豪门郭氏家里，有一个女儿郭圣通，比刘秀小十一岁，现在还没有婚配。

刘秀派人去说降刘杨，同时表达了娶郭圣通的想法。

如果这桩婚姻成真，真定刘氏和郭氏就直接进入了刘秀这个派系的最高领导层，甚至可能预定了未来的皇后之位，这当然是非常有吸引力的。何况刘秀是天潢贵胄，能文能武，威名远扬，又是当世著名的美男子，如此完美的人物来给你们当女婿，还有什么好挑的呢？同时，刘秀的军队已经开到了真定附近，意思很明显：是联姻还是火并，你们自己看着办。

刘杨权衡利弊，最终同意和刘秀联姻。

这桩婚姻是纯粹的政治联姻，刘秀对郭圣通并没有任何感情，他心里念念不忘的一直是温婉贤淑的阴丽华，现在阴丽华还在新野苦苦等待，刘秀却别无选择，只能先暂时忘记那个可怜的结发妻子，对面前的郭圣通献上自己的爱意。

两大势力的联合在真定引起轰动，街头巷尾的人们都在讨论郭氏嫁女的新闻。婚礼举办得极度气派，真定附近的豪强全部来祝贺，大街小巷人头攒动，贺礼堆积如山。

酒宴上，刘杨击筑高歌，庆祝真定王室找到新的靠山。当然，这种依靠是相互的，从此以后，真定王室成为刘秀最重要的支持者之一，他们手上的十万大军也成了刘秀讨伐王郎的一支王牌力量。

与真定豪强的联姻是刘秀经略河北的转折点，他一次性得到大量豪门望族做后盾，在与王郎的对决中已经开始占据优势。

同一时期，燕赵地区的站队彻底奠定了刘秀的胜局。

河北北部是辽阔的燕赵大地，现在称为幽州。幽州十郡里面最重要的是上谷郡和渔阳郡，这两个郡传统上是汉朝抗击北方蛮族的第一线，汉朝政府在这里投入了大量资源进行建设。经过两百多年的经营，两个郡都拥有了强大的经济实力和武装力量。又因为长期跟草原民族作战，这些地区的军队在军事思想上领先于全国，战斗力十分恐怖，可以说是全国最精锐的武装之一。

上谷和渔阳的兵力让南方各地十分忌惮，刘玄早就盯上这里了，昆阳大战以后，他第一时间派人来这里收编当地势力，把耿况任命为上谷太守，把彭宠任命为渔阳太守——耿况本来就是新朝的上谷太守，后来归顺了更始朝廷，彭宠的父亲是西汉末年的渔阳太守，所以他们本身就在当地有根深蒂固的势力，刘玄的"任命"只是顺水推舟而已。

王郎当然也盯上了这里，他称帝以后也是马上派人来拉拢这两个郡。

两郡内部的领导层很纠结，倾向于支持刘秀的人和想归附王郎的人激烈争辩，斗得很凶。

当时耿况的儿子耿弇（yǎn）正在去长安朝见刘玄的路上，刚走到和成郡境内，忽然听说王郎在邯郸称帝了，他们这支小小的使节团竟然也闹分裂，耿弇的手下人都跑去投奔王郎了，耿弇却不肯去，而是独自去拜访附近的刘秀（刘秀正在去蓟县的路上）。

跟其他许多名将一样，耿弇也是一见刘秀就被他的魅力折服了，当即决定跟随这位主公。

他们一起北上，来到蓟县。没过几天，蓟县军队投靠王郎，要抓捕刘秀，刘秀带着手下紧急南逃，耿弇就回到了自己的上谷郡，准备劝说父亲站到刘秀一边。

上谷郡功曹寇恂也是刘秀的忠实追随者，耿弇和他一起劝说耿况，终于使耿况下定决心支持刘秀。

耿况随后派人去渔阳郡劝说彭宠。

彭宠的身份很复杂。

他是南阳人，跟更始军的很多将领是老乡。他的父亲是被王莽杀害的，所以他跟王莽有仇，按理说他应该站到更始军一边，但他又到新朝朝廷里当了一名武官，还曾经跟着王邑参加昆阳大战，是更始军的敌人。

在昆阳被更始军打败以后，彭宠跟着王邑逃到洛阳，但他忽然听说自己的弟弟竟然是更始军的成员之一，为了防止被牵连，他只好弃官逃亡，逃到父亲曾经统领过的渔阳郡。

跟他一起逃亡的还有他的老乡吴汉，两人到渔阳郡以后不久，听说刘玄派人来抚慰北方州郡，就去求见刘玄的使者，这使者也是他们的南阳老乡，经过一番攀谈，使者对他们的印象非常好，回去就向刘玄提议，任命彭宠当了渔阳太守，吴汉当了渔阳郡下面的安乐县令。

所以刘玄对彭宠有恩。

这样特殊的经历，决定了彭宠是一个骑墙的人，对各方势力都有好感，但又都不坚定。

依靠父亲在渔阳的人脉关系，彭宠很快把渔阳郡治理得井井有条，这时候王郎派人来向他们征兵，同时刘秀也派人来招揽他们，他们必须在两大政权之间做出选择。

彭宠手下的官员大多数想归附王郎，只有吴汉坚决要求支持刘秀，彭宠游移不定，吴汉一个人说不过他们，只好独自离开渔阳，准备再想办法。

这时候正好有个书生从南边来，吴汉把他召过来，问他沿路听说的情况，书生大肆夸赞刘秀的仁德，说，刘秀经过的地方，人们拖家带口前去归附，跟邯郸那个"刘子舆"形成鲜明对比，那个"刘子舆"是冒牌货，邯郸人都不喜欢他。

吴汉眉头一皱计上心来，假托刘秀的名义写了一封书信，然后叫书生把这封信带给城内的彭宠，又让他把刚才夸赞刘秀的话对彭宠说一遍。

书生照着做，在彭宠面前又把刘秀吹嘘了一番，彭宠那帮人果然被南方来的这些"最新消息"打动了，认为刘秀才是真命天子。正好耿况又派人来劝说他们支持刘秀，吴汉也回到渔阳郡大力劝说彭宠，三拨人马同时劝说之下，彭宠终于被说动了，决定让渔阳郡投靠刘秀。

这一段史书记载漏洞很多，未必可信，不过吴汉在渔阳郡归附过程中起到了重大作用是肯定的。

实际上，吴汉的作用可能比史书记载的更大，以至于他之后得到的官爵甚至比彭宠更高。另外，他本人的才干也是一等一的，在后来的历次战役中立下了赫赫战功，他对刘秀也始终保持绝对忠诚，所以在云台二十八将中排名第二！

推动上谷郡归附的耿弇和寇恂在云台二十八将中位列第四、第五，可见这两郡的归附对刘秀帮助实在是太大了。

彭宠和耿况商量好，双方各出三千精兵，由吴汉、耿弇、寇恂、景丹等人率领，杀向南方，帮助刘秀平定河北。（史书记载上谷郡有一万兵马，真定王室的刘杨却有十万兵马，流寇集团城头子路有二十万兵马，这明显不合理，所以关于河北各地兵力的记载不能当真。）

两面三刀，帝王的手段

南方战场上，谢躬率领更始军正在攻打邯郸。

刘秀正在河北中部攻城拔寨，基本把王郎的势力从这些地方清理出去了，下一步准备南下，到邯郸去跟谢躬会合。

上谷渔阳两郡的兵马从幽州南下，表现出恐怖的战斗力。他们横扫河北北部二十二座城镇，斩杀王郎在这些地方的官员，最后在河北中部的广阿追上了刘秀的兵马。

这样一来，河北中北部就全部平定了。

看到两郡的兵马如此迅速地赶来援助，刘秀喜出望外，亲自犒劳两郡士兵，把耿弇、吴汉等人都封为偏将军，又封远在幽州的耿况和彭宠为大将军，正式把他们接纳为自己的手下。

耿弇、吴汉、寇恂、景丹从此都成为刘秀军队里的中坚力量，为刘秀争夺天下立下了汗马功劳。

得到两郡兵马协助以后，刘秀的军队声威大震，浩浩荡荡杀向邯郸，跟城外的谢躬会合，包围邯郸城。

这期间，上谷渔阳两郡调集大量人员物资运送到邯郸前线，有力地支持了前方的战争。

经过一个月的攻城之战以后，公元24年五月，两支军队成功打下邯郸，诛杀王郎，消灭了短命的赵汉政权。

现在还剩一个问题：王郎究竟是不是成帝的儿子刘子舆呢？

一直到邯郸陷落，赵汉政权都一口咬定王郎就是刘子舆。他们派人去向刘秀请降，请求他饶恕这个"成帝的嫡子"。

刘秀很不屑地说："就算成帝复活，天下也不属于他了，何况他的冒牌儿子呢？"王郎的冒牌王子身份就这样被定性了，从此被记到史书上。

王郎是不是真王子已经不重要了，关键是他败了，这就是唯一的真相。

刘秀跟王郎的竞争，关键不在军事方面，而在于对河北豪强的笼络，谁能争取到大部分河北豪强的支持，谁就可以最终拿下河北。刘秀使出包括联姻在内的一切招数，终于把河北豪强争取过来，成功碾压了王郎。

不过从另一个角度看，赵汉政权的短暂崛起，迫使刘秀跟河北豪强结成政治联盟，反而间接帮助刘秀建立了自己的核心力量，为争夺天下打下了良好基础。

现在河北各地都已经归附到更始朝廷手下，刘秀在河北的任务似乎已经完成了，下一步应该怎么做呢？回到长安，继续当刘玄手下的跟班吗？

当然不会！事实上，随着实力的壮大，刘秀对更始朝廷的态度早已经开始转变了。

刚进入邯郸不久，刘秀就声称谢躬的部下在城里肆意掳掠，军纪败坏，要跟他们划清界限——实际上刘秀的军队可能也没少干这种事。

两支军队在城里隔得远远地扎营，互相防范，却又分头去作秀。刘秀和谢躬都带着钱粮去邯郸周边慰问老百姓，一个声称是自己给老百姓的礼物，一个声称是更始皇帝刘玄给的，双方展开面对面的竞争。

刘秀对于有人跟他争着笼络人心非常警惕，但又拿谢躬没办法，毕竟谢躬比他更加名正言顺，于是就主动对谢躬表示好感，想把他招揽过来。

不料谢躬对更始朝廷非常忠诚，在刘秀的引诱面前一点都不动心。

刘秀又想摆"鸿门宴"除掉谢躬，但谢躬也不上当，反而带兵离开邯郸，退到了南边的邺县，遥遥监视着河北局势。

刘秀的一系列举动明确表露出脱离更始朝廷的意向，这让长安的刘玄十分忧虑，他一方面下诏封刘秀为"萧王"，想先稳住他，另一方面派自己的手下苗曾来河北担任幽州牧，又解除了耿况、彭宠的太守职位，另外派了两人接替他们。

苗曾来了以后，拿出刘玄的手谕，声称要全面接管幽州事务，让刘秀交出兵马，去长安接受封赏。

刘秀怎么可能答应，他淡淡地说："河北还没有平定，我暂时不能离开。"就这样把刘玄的诏令挡了回去。

苗曾没办法，只好自行北上，去幽州当他的"幽州牧"去了。

刘秀丝毫不给他喘息的机会，苗曾刚到幽州，刘秀手下的吴汉就跟过来了，声称现在萧王要剿灭河北各地的农民军，需要征调幽州十郡的兵马，叫苗曾马上把幽州兵马派到南方去。

苗曾大怒，一口回绝了吴汉的要求。

吴汉不依不饶，坚持要跟苗曾面谈，两人约好在苗曾的军营见面。

见面当天，吴汉只带了二十个手下来到苗曾的营地，苗曾看到这场面，就放松了警惕，带着一群亲信走出军营去迎接吴汉。

两人见面，刚要寒暄，不料吴汉突然翻脸，派手下大将冲出阵营，一刀把苗曾斩于马下，然后对苗曾的手下宣告："苗曾违抗更始皇帝的命令，皇帝派我们来惩处他，让萧王接收幽州兵马。现在苗曾人头在此，哪个不服？"

这可是后来云台二十八将排名第二的超级强人，苗曾那些手下哪里见过这么蛮横的人物？一个个都被吓傻了，还来不及反应，已经被吴汉的人把刀架到了脖子上，只好投降。

苗曾被杀的消息传出去，耿况和彭宠立即行动，分别杀掉刘玄派来的新一任上谷太守和渔阳太守，夺回了两郡的控制权。

刘秀出手如此凌厉，幽州十郡的官员都被镇住了，连忙派出兵马奔赴南方，供刘秀调遣。

幽州稳住了，下一个目标是谢躬。

目前谢躬带兵驻扎在邺县，远离刘秀的势力范围，要除掉他，难免引发一场大战，于是刘秀只好使出一条毒计⋯⋯

赵汉政权被剿灭以后，河北各大乡镇还存在许多流寇队伍，他们不属于任何政治势力，只是一群贫苦农民，为了生存在四处劫掠。如何收服这些队伍就成了刘秀和谢躬共同面临的问题。

当时刘秀正在邺县以南追剿青犊军，另一支农民军尤来军是青犊军的盟友，刘秀就对谢躬说："我这次有把握消灭青犊军，青犊军灭掉以后，附近的尤来军一定会惊慌失措向北逃窜，路上会经过邺县以西的隆虑，你带兵到隆虑去拦截他们，必定大获全胜。"

谢躬对刘秀的好意感激不已，便提前准备好兵马，留魏郡太守陈康防守邺县，自己带人到隆虑等待尤来军到来。

一切都按照刘秀的预计发展，青犊军果然很快被消灭了，尤来军惊慌失措，向北逃到隆虑附近，被提前埋伏在那里的谢躬拦住，双方展开血战。

不料尤来军被逼上了绝路，拼死力战，竟然杀得谢躬的人马丢盔卸甲，谢躬损失了几千人，大败而逃。

谢躬急匆匆逃回邺县，也没仔细观察，径直进入城门，不想旁边骤然蹿出一彪军马，上来便把谢躬砍翻在地。

原来刘秀趁谢躬离开邺县的时候，派吴汉和岑彭到邺县城下招降了陈康，陈康把谢躬全家老小抓起来，打开城门把吴汉他们放进去。吴汉埋伏在城门附近，等谢躬回来，一刀结果了他的性命。

邺县便这样落入了刘秀的掌控之下，谢躬手下的更始军队也都被刘秀收编，更始政权的势力也就这样被刘秀挤出了河北。

消息传到长安，刘玄惊得魂飞天外，他终于看清了刘秀的真面目。这个年轻人在文弱书生的外表下掩藏的是一代帝王的谋略和手段——该让步就让步，该讲仁义就讲仁义，该翻脸就翻脸，该耍赖就耍赖，精打细算，步步为营，一切筹划得滴水不漏，他又特别善于笼络人心，所过之处，英雄豪杰蜂拥来投。如此难缠的对手，刘玄是彻底无可奈何了。

何况刘玄的更始政权正面临着空前的危机，内部的绿林军跟朝廷高层的矛盾已经公开化，外部有赤眉军在喊打喊杀，刘玄已经自身难保，实在没有能力遏制刘秀了。

再说赤眉军，他们比刘玄更加目光短浅。从更始政权进入长安开始，赤眉军就嫉妒得咬牙切齿，他们抛弃东部的根据地，全力以赴杀向关中，想跟刘玄争夺皇帝宝座，却不料在东方留出了巨大的权力真空，让刘秀捡到个大便宜。

现在刘秀的势力已经在河北崛起，赤眉军却还在西方跟更始政权缠斗不休，完全无视背后的刘秀。

对于如此难得的机遇，刘秀当然不会放过，现在河北的政治势力已经只剩下他一家，他可以放手一搏了。

他调集人马全力围剿河北各地的农民军武装。这些流寇集团虽然号称百万大军，但缺乏统一领导，各自为政，所以刘秀可以组织优势兵力对付他们，就如同大鱼吃小鱼，一个个吃掉。

另外，这些流寇集团是纯粹为了活命才聚到一起的，没有什么政治目标，对于他们来说，只要有人能让他们有饭吃，有衣穿，那就值得投靠，所以招降他们比消灭他们更加容易。针对这个特点，刘秀制定了特别的战争策略，不以消灭敌人为目标，而是设法逼他们投降，把他们收纳为自己的武装。

河北农民军武装里面最大的一支是铜马军，刘秀把他们作为重点打击对象。

铜马军虽然看着人多势众，但有一个致命弱点，就是他们没有稳固的根据地，平时只在各个城镇之间流窜，而这些城镇恰好是在刘秀为首的河北群豪控制之下，所以刘秀让人紧闭城门，断绝他们的物资来源。

铜马军发现各个城镇都进不去了，很快粮草断绝，只好蹿出来寻找粮草。但只要他们一露头，刘秀就派人追上来截击，打得他们抱头鼠窜，而他们依然找不到粮草。

但刘秀的人打完就收工，并不追击，故意放这些流寇一条生路，让他们回去接着躲藏。

这样对峙了一个多月以后，铜马军终于撑不住了，只好逃跑，最后在馆陶被刘秀的兵马追上，大败亏输，全体投降。

随后的一年间，刘秀率兵在河北、河内等地四处征战，接连打败高湖、重连、青犊、上江、大彤、铁胫、尤来、大枪、五幡等许多支农民军，招降了几十万人马，把他们都收编到自己的军队里面。

一开始，这些土匪头目还不太服，为了表示自己对他们的信任，刘秀就下令，让他们都回到各自的军营里列队等候，刘秀轻装上阵，只带上很少的随从，到各个军营里检视这些土匪队伍，面对面地跟他们握手。

这些人都互相讨论说："萧王对人如此推心置腹，我们为什么还不跟着他呢？"从此死心塌地地投到了刘秀手下。

刘秀通过招降这些农民军短时间得到了几十万大军，这些军队成为帮助刘秀打天下的中坚力量，因为其中以铜马军为主，所以后人把刘秀称为"铜马帝"。

一切都准备好以后，刘秀可以正式确立自己的地位了。

第三十六章　十二年开国之战

东汉开国

邺县以南是中原的核心地带，这个地区以黄河为界，黄河以北称为河内，黄河以南称为河南（跟后来的河南省不同）。

这里位居天下中心，拥有洛阳和荥阳城市群，扼守几条重要河流的运输线路，是全国各地粮草和兵马转运的枢纽所在，地理位置极度重要。当年高祖刘邦就是在这里跟项羽展开了长达两年的拉锯战，最终拖垮了项羽，赢得了天下。

征服河北以后，刘秀立即把河内作为自己的下一个目标。

在这个命运攸关的时刻，他发现自己拥有极好的运气。

现在赤眉军正在冲击关中地区，更始政权面临极大的军事压力，他们在关东的防线以不可阻挡的趋势崩溃，一路退缩，最后退到了洛阳一带，把河内与河南地区空出来了。

而赤眉军的战略眼光基本为零，他们全力以赴冲击关中，完全无视自己的后方基地，同样放弃了河内与河南地区。

这是上天赐给刘秀的绝佳机会，稍纵即逝，刘秀占领邺县以后，马不停蹄地开向南方，很快逼降河内郡太守，拿下河内地区，然后派人驻扎在孟津，守住东西方交通要道。

当时更始政权派朱鲔、李轶驻扎在洛阳，这是更始政权控制的最东端领土，刘秀的人在孟津跟他们对峙，把他们困在黄河以南的洛阳不能动弹，然后让邓禹带兵在黄河以北翻过太行山，扑向河东郡的首府安邑。

同一时期，赤眉军也在猛烈冲击更始军的防线，两路大军冲击之下，更始军左支右绌，实在应付不过来了。

安邑被围困了几个月，刘玄派出许多人马去援救，都被邓禹打败了，最后更始军只好孤注一掷，派大将王匡、成丹、刘均率领十万大军救援安邑，双方展开激烈鏖战，邓禹在战况不利的情况下反败为胜，大破敌军，成功拿下河东地区。

这次败仗对更始军高层造成严重震撼，王匡、张卬等人逃回长安，把前线的情况一说，绿林军旧将领们的信心全部崩溃了，竟然想劫持刘玄逃回南阳，由此引发刘玄跟他们的一系列严重冲突，最后彻底撕碎了更始政权。

河东失守以后，关中门户大开，所有防线都已经失效，同时，赤眉军已经逼近长安，更始政权的灭亡已经指日可待，没有任何悬念了。

其实以刘秀目前的实力，打败更始军本来不会如此容易，但有赤眉军在前面开路，刘秀的人跟在后面补刀，大大加快了消灭更始政权的速度，顺便还把大量重要领土收入囊中，可以说捡到个大便宜。

在这种局面下，刘秀的军队急需一个名正言顺的身份来号召大家。公元25年六月，刘秀在河北鄗（hào）城的千秋亭即皇帝位，年号建武，史称光武帝。

刘秀的国号也是"汉"，也以恢复汉室的名义号令群雄。

同一个月，赤眉军拥立刘盆子为皇帝，开始攻打长安。

朱鲔和李轶防守的洛阳成为更始政权在关东最后的堡垒。为了攻下洛阳，刘秀派出全部精锐，由吴汉带着十一员大将，统领二十万兵马围困洛阳。

洛阳之战十分激烈，朱鲔和李轶拼死抵抗，汉军围城两个月没能打下。这时候传来了长安失陷、更始帝刘玄逃亡的消息，对洛阳城内的士气造成严重打击。

刘秀非常有帝王气度，他抛开杀兄之仇，发布诏令说："更始帝落到这种下场，朕很难过，现在特地封他为淮阳王（以后他就受朕保护了），若有人胆敢伤害他，朕绝不轻饶。"

这番话明显是说给更始军将领，特别是朱鲔听的。

朱鲔听到以后，果然开始动摇。

城内守军也明显动摇了，守卫洛阳东门的将领竟然私下跟汉军联络，打开城门放汉军进去。汉军将领坚镡、朱祐冲进城内，被闻讯赶来的朱鲔截住，双方打了一早上，朱鲔才把汉军赶出城去。

这样一来，朱鲔也知道没法再顽抗下去，但他还是担心刘秀找他算杀害刘縯的老账，正好刘秀派岑彭到城外对他喊话——岑彭以前是朱鲔的手下，朱鲔在城墙上对岑彭说："我想献城投降，但怕你们主人不饶恕我。"

岑彭把朱鲔的话报告给刘秀，刘秀保证：绝对不清算旧账。又让岑彭攀着绳子爬上城墙，单独面对朱鲔，朱鲔这才开城投降。

刘秀果然信守诺言，不仅不为难朱鲔，还给他大量封赏，又拜他为平狄将军，封扶沟侯，真正是以德报怨了。

后来朱鲔一直在东汉朝廷里做官，得了善终，子孙后代也都承袭爵位。

公元 25 年十月，刘秀进入洛阳，正式以洛阳为帝国首都，洛阳在东部，因此刘秀的王朝也被称为东汉。

兴复汉室之收赤眉

占领洛阳以后，最关键的中原核心地带已经在刘秀控制之下，但这时候东汉政权面临的形势依然十分严峻。

从王莽末年开始，全国各地不断有各种野心家拥兵自立，建立起无数个割据政权。现在这些政权都在虎视眈眈，准备跟刘秀争夺天下。而刘秀拥有中原核心地带，一方面扼住了天下的咽喉，另一方面处却在各个政权包围之中，需要同时应付各个方面的敌人，压力之大可想而知。

当然，目前最紧急的还是先解决关中的赤眉军。

赤眉军是一群没有任何战略眼光的土匪，进入关中以后，他们自己把自己的阵脚搞乱了。在他们的折腾下，关中几乎已经变成了荒原，老百姓都逃得差不多了，少数有人的城寨，都由当地地主武装把守，坚决抵制外人进入。所以赤眉军根本征集不到粮食，几十万大军坐吃山空，很快就熬不下去了，他们只好离开长安，去别的地方继续抢劫。

当初赤眉军入关中以后，邓禹也带着两万汉军偷偷跟了进去，但他预料到赤眉军在长安待不下去，所以不急着去跟他们对决，只在远处耐心等着。现在看到赤眉军离开长安，邓禹马上把军队开了进去，不费一兵一卒就占据了长安城。

可惜邓禹的才干还是不够，占据长安以后，他同样没有能力收拾乱局，只干了一些修复宗庙、祭祀祖宗之类的杂事（当然，对于当时的人们来说这些也是很重要的事）。关中的重建工作依然没有展开，老百姓仍然叫苦连天，缺粮的局面依旧持续，这样下去，邓禹当然没能力在长安长期驻扎。

赤眉军流窜到关中西北方的安定、北地等地区，这些地方现在是隗嚣的地盘。

当初隗嚣参与劫持刘玄的阴谋，事情败露以后，刘玄派兵攻打他，他就反出长安，逃到自己的老家天水继续当地方霸主。

按照刘秀的规划，现在应该笼络隗嚣这种偏远地区的割据势力。正好邓禹手下有将领叛变，逃到天水附近，被隗嚣消灭了，邓禹就以刘秀的名义去"封赏"隗嚣，封他为"西州大将军"，隗嚣接受了这个称号，名义上变成了汉军的盟友。

现在赤眉军逃到天水附近，可以说是自投罗网，隗嚣立即出动，率领大军阻截他们，又赶上天降大雪，路途艰难，赤眉军士兵被冻死饿死了很多，在隗嚣的围剿下遭到惨败，逃回了关中。

赤眉军打败邓禹，重新占领了长安，可惜这时候的长安，或者说整个关中，都没有太大价值，赤眉军仍然面临严重饥荒。

洛阳那边，刘秀已经盯着关中很久了，他预料到赤眉军在关中站不住脚，必定会逃向关东老家，便派冯异替下屡战屡败的邓禹，去赤眉军逃亡的路上拦截他们。

邓禹犯下的一个重大错误就是没能把关中的社会秩序整顿好，所以送冯异西去的路上，刘秀郑重嘱托他："关中乱了好几年了，老百姓生活贫苦，现在派你去不是要你抢掠百姓的，你要好好约束士卒，不要让他们欺负老百姓。"

冯异在汉军将领里面本来就是对下属约束特别严格的，受到刘秀嘱托以后，更加注意军纪的维护，所以这次出兵，对关中百姓的伤害就小了很多，关中的民心逐渐开始倒向刘秀，来投奔的人马渐渐多起来了。

果然不出刘秀所料，冯异到关中的时候，赤眉军已经蹿出长安，向东方逃窜了，显然是想逃回关东老家去。

这群土匪仍然改不了流寇本性，抢完一个地方就换下一个地方，在逃向关东的路上，他们仍然一路抢劫，最后跟冯异的军队在华阴附近碰上了，狭路相逢，只能正面对决了。

双方在华阴对峙了六十多天，大大小小的战役打了十几场，冯异虽然招降了敌人一些将领，但总体上没占到什么便宜。

这时候邓禹和邓弘也带着人从关中退出来了，退到冯异背后的湖县，邀请冯异去跟他们会合，于是冯异也撤退到湖县。

赤眉军现在还剩二十来万，人数比冯异、邓禹他们的军队多很多，冯异告诉邓禹："现在敌人还很强大，不宜跟他们正面对决，我出发之前，皇上已经派人驻扎在我们东边的黾池附近，我们应该故意放敌人过去，然后跟黾池的军队前后夹击敌人，必获全胜。"

邓禹和邓弘却非常不屑，坚持要阻击赤眉军。

邓弘首先带着自己的人马冲向赤眉军，不料樊崇他们耍了一个小小的伎俩：他们准备了很多辆推车，载满泥土，上面盖上一层豆子，伪装成自己的军粮。看到汉军来了，他们就假装败退，把这些"粮草"都丢到了路上。

汉军也缺衣少食很多天了，看到这么丰厚的粮草，发一声喊，都扑上去抢，刹那间乱成一团，这时候赤眉军突然杀回来，杀得汉军阵脚大乱，大败而逃。

后方的冯异和邓禹看到了，赶忙上去把邓弘的军队救下来。

冯异要撤退，邓禹却不同意，又带着自己的人马杀上去，又被赤眉军杀得丢盔卸甲——邓禹的这支军队战斗力非常差，面对赤眉军的时候几乎每战必败。

他这一败，却把整个汉军阵营都拖垮了。后方汉军看到前方的败军逃过来，也跟着一起逃，引发了整个阵营的崩溃，顿时兵败如山倒，所有人争先恐后地逃窜起来。

一片混乱中，邓禹逃到遥远的大后方宜阳去躲避，冯异则跳下战马，带着几名亲信，从小路逃到崤山附近躲藏起来。

崤山是关中与关东之间一座重要的分水岭，中间有一条狭窄的通道，春秋时期晋国曾经在这里伏击秦军，取得一场改变历史的大胜（参考《春秋：五霸迭兴》）。

冯异逃到这里是有计划的——崤山地区是拦截赤眉军的最佳地点，他在这里悄悄搜集残兵败卒，再次把队伍组织起来，加上从当地召集来的士兵，又组织起几万人的军队，就地埋伏下来……

同时，有一张更大的罗网已经布下。

赤眉军离开长安逃向东方的时候，刘秀已经开始布置阵营，他派侯进领一支军队驻扎到北边的新安，耿弇率领另一支军队埋伏到南边的宜阳，吴汉带领汉军主力在中间的洛阳附近集结。

新安和宜阳分别处在赤眉军东进必走的两条道路上，赤眉军不管走哪条路，都会碰上汉军的埋伏，一旦开打，洛阳附近的汉军主力就会立即冲上来发起歼灭战。

而冯异选择在崤山伏击赤眉军，也是因为考虑到后方有三支大军做后盾，进可攻退可守。

公元27年闰正月，汉军一切布置妥当，静静等待赤眉军进入罗网。

对于刘秀和冯异的这些布置，赤眉军一无所知，他们以为汉军都被杀散了，看到前方一片坦途，也没多考虑，便急匆匆踏入了崤山地区。

走到崤山的狭窄地段，山谷里一声喊，蓦地蹿出来一支汉军，不由分说，跟赤眉军展开白刃战。

但这支汉军人数不多，不久就被赤眉军杀退了，跟之前邓禹的军队一样，丢盔卸甲，一片狼藉。

樊崇他们大喜过望，看来汉军确实没人了，便领着军队大踏步前进，眼看就要走出崤山地区。

日暮时分，天色渐渐暗下来，山谷里朦朦胧胧，难以分辨东西南北。

这时候旁边又是一阵大喊，又蹿出来一支军队——却不是汉军，而是另一支"赤眉军"！

樊崇他们全都蒙了。

这是冯异的计策，他让汉军全部穿上赤眉军的衣服，把眉毛都涂成红色，一旦冲出来，赤眉军顿时分不清敌我——当然，汉军自己是有标记可以区分敌我的。

崤山脚下喊杀声震天，两支"赤眉军"混战在一起，真赤眉军不知道该打谁，晕头转向，自相践踏，二十万大军瞬间崩溃，败军朝着各个方向拼命逃窜，却又碰上汉军的伏兵，被杀得人仰马翻。

赤眉军遭到一场惨烈的失败，男男女女八万人投降汉军。

剩下的十来万人跟在樊崇等人身后逃向宜阳方向，却又迎头撞上汉军主力。

刘秀御驾亲征，率领吴汉、耿弇、杜茂、贾复、刘隆、马武、阴识、朱祐、坚镡、王霸等汉军的全部精锐，会聚起洛阳、新安、宜阳三处汉军，几十万大军，在宜阳严阵以待，专门等着瓮中捉鳖。

赤眉军早已经弹尽粮绝了，逃到宜阳以后，一看，漫山遍野的汉军旗帜，刀枪剑戟耀眼生花。中间是刘秀的黄屋大纛，竖着天子仪仗，神威凛凛，无可抗拒。

到这一步，筋疲力尽的赤眉军再也没有精神战斗了。

樊崇他们几个首领商量了一番，只能投降。十万赤眉军解下盔甲，拜倒在汉军面前。

从公元14年开始，波澜壮阔的一系列农民起义，到这时终于基本结束了，天下终于重归刘氏，又一个大一统时代的曙光已经隐隐出现在了地平线上。

樊崇派人小心翼翼地问刘秀："陛下准备怎么对待我们这些人？"

刘秀冷冷地回复："不杀你们已经够了。"

樊崇他们无可奈何，只能由刘盆子带着，从丞相徐宣开始，三十多名高官一起到刘秀面前"肉袒"请降，交上传国玺和更始政权的信物，正式把天下交到了刘秀手中。

刘秀亲自训诫他们说："你们干了多少恶事，我还饶恕你们，知道为什么吗？因为，其一，你们攻破长安以后没有抛弃自己的结发妻子；其二，拥立刘氏宗亲为皇帝；其三，别的盗贼走投无路的时候，常常杀掉自己主人来投降，你们却让刘盆子活着来见我，还算厚道。"

樊崇他们恍然大悟，一起赞颂："皇上圣明！教会我们做人的道理。"

赤眉军上交的兵器盔甲堆积如山，刘秀亲自观摩，十分满意，吩咐宜阳政府准备食物，摆上一桌丰盛的宴席，让十万兵马饱餐了一顿。这群饥寒交迫的农民，这些年来第一次吃上了饱饭，大家都对东汉朝廷感恩戴德。

刘秀在洛水旁边检阅兵马，问身边的刘盆子："你说，你该不该死罪？"

刘盆子颤抖着说："微臣罪该万死，多谢陛下宽宥。"

刘秀大笑着说："我就说，我们刘氏宗亲里面没有笨人呀！"于是给了刘盆子一个郎中的职位，用朝廷俸禄好好地养着他。

后来刘盆子双目失明了，刘秀又下令用宜阳的官方租税来养着他，刘盆子虽然没有自由，倒也过着锦衣玉食的生活，最后得了善终。

不过对于樊崇、逄安那些老牌悍匪，刘秀就没那么客气了。受降仪式以后没过多久，刘秀就找了个借口，说樊崇、逄安等人"谋反"，把他们都杀了，彻底解除了后顾之忧。

这时候的刘秀终于松了一口气，但却感到身心俱疲，这些年，他一直在沙场上驰骋，见过了无数尸山血海，经历了无数次血与火的洗礼，没有过上一天安宁的生活。对于这样的戎马生涯，他早已经厌倦了，但形势不由人，天下还没有平定，还有许多重任等着他去承担。

目前最重要的是解决各地的割据政权，只有消灭他们，兴复汉室的任务才算真正完成。

兴复汉室之征关东

目前全国的割据政权主要有：

梁王刘永；

青州张步；

东海郡董宪；

南阳邓奉；

南郡秦丰；

夷陵田戎；

庐江李宪；

益州公孙述；

陇右隗嚣；

河西窦融；

九原卢芳；

渔阳彭宠。

其中最棘手的是这几个：刘永、彭宠、邓奉、隗嚣、公孙述。

刘永也是正牌的汉室宗亲，他父亲是西汉末年的梁王，因为跟汉平帝母亲的卫氏家族往来密切，遭到王莽迫害，不仅丢了性命，家族也受到牵连，刘永也因此沦为平民。

刘玄称帝以后，为了增强自己的实力，重新把刘永封为梁王，让他统治梁国故地，作为更始朝廷的藩属之一。

不久以后，更始朝廷在长安遇到了大麻烦，墙倒众人推，刘永也趁机闹起了独立。

他派人四处攻城略地，打下梁国周边大量郡县，一跃成为东部实力最强的军阀，随后称帝，成为跟刘秀并列的刘氏皇帝。

由于他的汉室宗亲身份，刘永更受到其他军阀势力的推崇，东海郡的董宪、青州的张步都拜倒在他手下，成为他的大将军，三个军阀组成一个庞大的军事联盟。

他们占据着大量城池，从东、南两个方向包围中原核心地带，严重威胁着刘秀的统治。

所以从公元26年三月开始，还在跟赤眉军对峙的刘秀就已经派人对刘永发起了大规模打击。

战争初期非常顺利，打得刘永节节败退，但随后汉军将领之一的苏茂叛变（他本来是绿林军首领，刘玄的旧部下，后来跟着朱鲔守洛阳，朱鲔投降东汉的时候他被迫跟着投降，所以本身忠诚度就不高），带着几座城池投靠了刘永，给汉军造成沉重打击。

后来双方展开一系列拉锯战，汉军逐渐占据优势，到当年八月，终于攻破梁国首都睢阳城，刘永弃城出逃。

汉军展开持续追杀，先后追到虞县、谯县等地，刘永带着苏茂、周建等手下将领负隅顽抗，汉军一直不能消灭他。

公元 27 年三月，睢阳城内军民发起暴动，赶走汉军，重新把刘永迎回去，于是汉军又一次攻城。

围城几个月之后，汉军把城外的麦子都割走，断绝了城内的粮草，刘永只好再一次弃城出逃，随后被部下所杀，梁国也终于平定了。

之后，苏茂、周建逃到沛郡的垂惠，立刘永的儿子为梁王，继续顽抗，甚至还跟董宪联合起来对抗汉军，直到公元 28 年二月，汉军攻破垂惠，才杀掉周建。

而苏茂是个极其难缠的货色，在乱军中逃走，又投奔到董宪手下。

公元 29 年三月，汉军大将庞萌（也是绿林军首领，刘玄旧部下）反叛，跟董宪、苏茂联合对抗汉军，随后率领军队围攻桃城。

刘秀大怒，御驾亲征。双方在桃城外展开激战，刘秀甚至亲自上场搏杀，当年六月，终于打退了庞萌等人的进攻。

当年八月，汉军在郯城杀散董宪、庞萌联军，杀掉刘永的儿子。董宪等人逃到朐县。

公元 30 年二月，汉军围攻朐县半年之后，终于攻克了这座城池，成功杀掉董宪和庞萌，平定了这支割据势力。

但打不死的苏茂又逃到了张步那边，两人联合对抗汉军。

这时候张步已经在汉军的持续打压下岌岌可危了，于是刘秀派人告诉他们："你们俩谁先杀掉对方来投降，我就赦免谁。"

张步听说以后，立即杀掉苏茂，拿着他的人头向汉军投降，随后得到了刘秀的赦免，但他全家被迁到了洛阳，在朝廷的监视之下生活。

公元 32 年，刘秀亲自领军讨伐陇右隗嚣，张步趁机逃回青州老家，准备发起叛乱，结果被琅邪太守杀掉了。

关东军阀集团到这时才被彻底清除了。

兴复汉室之灭彭宠

自从归顺刘秀以后，彭宠就感觉有些别扭，在他看来，刘秀对他似乎不怎么重视，他觉得以自己的功劳，在刘秀的朝廷里怎么说也该是一等权臣，结果却一直是渔阳太守，相当于诸侯的级别。

更让他没法接受的是，他手下的吴汉、王梁等人都在刘秀手下受到重用，现在的地位比他还高了，看起来刘秀明显是在打压他，而且刘秀还派自己的亲信朱浮来当幽州牧，朱浮处处辖制他，让他感觉很不舒服。

平心而论，彭宠把渔阳治理得是不错的，但朱浮这个顶头上司不仅不夸赞他，还处处挑他的错，甚至到刘秀那边说他的坏话，最后两人的矛盾闹到没法收拾的程度。

刘秀问朱浮："听说彭宠对朝廷有意见？"

朱浮回答："从前皇上征讨王郎的时候，彭宠派兵援助，皇上把自己的佩剑都送给他，又称他为'北道主人'，如此高的礼遇，所以彭宠以为他在皇上心里地位高得很。前不久皇上去巡抚幽州，见到彭宠的时候，却只给了他一般大臣的待遇，他因此怏怏不乐，认为受到了皇上冷落。"

于是刘秀发布诏令，让彭宠来一趟洛阳，大家好好谈谈。

收到命令以后，彭宠却怀疑起来，觉得朝廷召他进京是不是有什么阴谋，于是坚决要求跟朱浮一起去洛阳。

可刘秀是天子，天子诏令能让你讨价还价的？彭宠的要求刘秀当然不会理睬。

同时，武人出身、头脑简单的彭宠，更干了一件让人瞠目结舌的蠢事。

他写信给自己的老部下吴汉、盖延，请求他们去刘秀面前替自己说好话。

吴汉、盖延目前都是朝廷里一等一的大将，讨伐刘永、董宪的军队就是由他们率领的，彭宠以为让他们在刘秀面前替自己美言几句就好了。

却不料地方诸侯勾结朝廷高官在任何朝代都是大忌，收到彭宠的书信以后，吴汉、盖延不敢隐瞒，立即报告给刘秀。

刘秀听说以后大怒，命令彭宠立即进京，不得提任何条件！

这下彭宠更加为难了，跟自己老婆商量这件事，他老婆是个倔强的女人，鼓动他：坚决不要去洛阳，不行就造反！

刘秀又派彭宠的堂弟子后兰卿去催他，彭宠被逼急了，索性把子后兰卿扣押下来，然后调集渔阳的全部兵力，就地发起反叛！那是公元26年中期的事。

逼反彭宠是刘秀执政中的重大失误之一，幽州离东汉的统治中心非常远，那边出事，东汉朝廷很难反应得过来。而且当时刘秀一边在跟关中的赤眉军对峙，一边在对关东的刘永军阀集团发动大规模打击，这时候作为大后方的幽州却起火，一时间搞得刘秀手忙脚乱。

彭宠派兵攻打朱浮所在的蓟县，眼看蓟县岌岌可危了，可是朝廷实在抽不出兵力，到当年秋天才勉强派邓隆带着一支军队去救援。

朱浮听说朝廷援军来了，便带着兵马到蓟县以南的雍奴去迎接邓隆。

但邓隆不知道哪根筋搭错了，竟然不去跟朱浮的兵马会合，而是驻扎到离朱浮一百多里的地方，说是一南一北，可以互相支援。

这就给了彭宠各个击破的机会，他绕开朱浮，用主力部队直接攻击邓隆的军队，朱浮听说以后去救援，却来不及了，邓隆的军队被打得七零八散，四散而逃。

朱浮只好退回蓟县，继续坚守。

这以后，幽州局势彻底进入失控状态。朱浮被围困在蓟县里面，彭宠带兵在幽州十郡任意劫掠，打下许多郡县，并且在第二年初攻破蓟县，自立为燕王。

彭宠甚至勾结匈奴，顺利得到匈奴的军事援助。又得到涿郡太守张丰的响应，还向南勾结张步，结成一个松散的政治联盟，威胁着刘秀在河北的统治。

加上赤眉军和关东群豪的威胁，这一年，东汉政权面临的压力非常大，随时有被群豪吞噬的危险。

还好，对赤眉军的战役很快取得重大突破。公元27年闰正月，崤底一战，彻底打垮了赤眉军，解决掉了东汉政权最大的对手，周边局势开始向着乐观的方向发展，汉军也逐渐有能力对各路军阀施展拳脚了。

公元28年，解决掉各方威胁以后，刘秀终于抽出兵力，派耿弇到幽州去讨伐彭宠。

彭宠赶忙向匈奴求助，匈奴派两个王带领八千骑兵来帮助彭宠，看起来声势惊人。

幸好旁边上谷郡的耿况是坚决忠于朝廷的，之前彭宠几次派人去拉拢他，耿况都丝毫不动摇，还直接杀掉彭宠的使者。

为了进一步让刘秀放心，耿况甚至把自己另一个儿子耿国（耿弇的弟弟）送到洛阳去侍奉刘秀——实际上是当人质，所以刘秀对他十分信赖。

耿况一直在密切注意彭宠和匈奴的动向，发现匈奴派兵来援助，他立即出动，派上谷的军队在半路截住匈奴骑兵队伍，杀掉了匈奴的两个王。

彭宠听说匈奴的援军被拦截了，担心耿况进一步抄他后方，只好急匆匆撤出蓟县，退回渔阳坚守。

如果就这么耗下去，要剿灭彭宠叛军还得花很多力气，但一桩意外出现的凶杀案，却使彭宠叛军瞬间灰飞烟灭。

当时东汉朝廷持续对彭宠叛军施压，不断向渔阳增兵，双方的军力对比渐渐发生逆转。随着前线战事逐渐吃紧，彭宠的压力也越来越大，一家人都变得焦躁不安起来。他老婆总说自己做噩梦，家里也常常发生一些怪事，找了一些术士来看，也没看出个所以然。

彭宠心情烦躁，就独自搬到家里一处偏远的斋房居住，特地吩咐：除了几个贴身的丫鬟、仆妇，其他人一概不得去打扰。

彭宠这人对下属似乎不太好，他身边没有一个亲信，也没人提醒他离群独居的危险。

他房里有个叫子密的奴才，看到有机可乘，就动了歪念头，联系上另外两个奴才，密谋杀掉彭宠去汉军那边报功。

有一天，彭宠在斋房里午休，这三个奴才就潜进屋里，突然袭击，把他绑在床上，又出去假传彭宠的命令，把丫鬟、仆妇等人挨个召进来，都绑了扔到其他地方。

他们用同样的方法把彭宠的妻子也召进来，也给挟持了。然后押着她去前面的房子里，拿了大量金银财宝，装成几个大包，又准备了几匹马来驮着。

当天夜里，他们逼彭宠写了一封手札，声称派他们三人出城办事，然后手起刀落，把彭宠夫妇的头都砍下来，装在锦囊里，拿着彭宠的手札出去，赚开城门，一溜烟投靠汉军去了。

彭宠家里的人第二天才发觉出了命案，消息传出来，顿时轰动了渔阳城。彭宠的手下们只好立他的儿子为新的燕王，封子后兰卿为将军，继续对抗汉军。

但彭宠叛军里面实在没人才了，子后兰卿又是忠于朝廷的人，城内人心惶惶，大家都心不在焉，勉强抵抗了几天以后，国师韩利发动政变，杀了彭宠的儿子，灭了彭宠家族，打开城门向汉军请降，渔阳便这样平定了。

同一时期，祭遵率领朱祐、耿弇等人攻破涿郡，斩杀张丰，河北平定。

至于那个弑主的奴才子密，刘秀倒也给了他荣华富贵，只是封他为"不义侯"，让后人去骂他罢了。

刘秀收留子密在后世引发很多争议，但在当时确实是基于现实利益的理智决定。如果为难子密的话，等于是鼓励敌人的阵营团结一心，对汉军来说肯定是不划算的，所以必须收留他。

刘秀不管多么讲究仁义，终究是一国之主，对他来说，现实的利益才是第一位的。

彭宠叛乱平定得如此轻松，是大家都没想到的，只能说东汉朝廷的运气实在不错。不过同一时期，另一场叛乱却给东汉朝廷造成极大困扰，甚至逼迫刘秀又一次御驾亲征。

兴复汉室之战邓奉

公元 26 年对于东汉朝廷来说是特别艰难的一年，跟赤眉军和刘永集团的战争都处在胶着状态，幽州的彭宠却已经反叛，同时，作为刘秀发迹之地的南阳也大乱了。

南方的荆州本来是绿林军活动地区，昆阳之战过后，绿林军向中原迁徙，这里就被秦丰和田戎两支军阀侵占了。

秦丰以黎丘为中心，田戎以夷陵为中心，联手占据着荆州中南部，抗拒北方的东汉政权。

本来荆州北部的南阳郡已经基本平定了，但公元26年八月，同时发生了董䜣（xīn）和许邯的叛乱，刘玄在南阳的老部下们也纷纷起兵，占据各大城镇。东汉朝廷只好派吴汉为首的军队去镇压。

吴汉到南阳以后，四处攻城略地，很快扫清了各路叛军，只剩一个董䜣在负隅顽抗，也快要打下来了，这时却出了意外。

邓晨的侄儿邓奉（阴丽华的表弟，邓禹的堂兄）也是朝廷里的将领，当时正好从洛阳回新野去探亲，到新野以后，看到的情景却让他感到无比震惊。

吴汉的军队在南阳郡烧杀掳掠，完全是土匪作风，包括新野在内的广大地区都被蹂躏成了一片焦土，老百姓在废墟上哭天抢地，没有任何人来帮助他们。

这里是刘秀家族，也是邓氏、阴氏等很多豪门贵戚的家乡，连这里都免不了受到兵燹的蹂躏，那么汉军在其他地方的所作所为也就可以想象了。

邓奉勃然大怒，刘秀起兵的早期，邓氏、阴氏都是他最忠实的追随者，为他创业立下了汗马功劳。邓奉本人也有很大功劳，前几年刘秀经营河北的时候，把阴丽华留在南阳，就是邓奉一家人把阴丽华全家接过来，仔细照料他们，这才保证了阴丽华全家的平安。

现在看到刘秀对南阳父老如此冷酷无情，邓奉再也忍不了了，他召集当地被汉军欺负的父老们，就地起兵，以淯阳为据点，去攻打吴汉的军队。

事实证明邓奉是一位被低估的军事天才，在他的打击下，以善战著称的吴汉根本不堪一击，节节败退，南阳的其他几支汉军也都被杀得狼狈逃窜。

邓奉很快占据了南阳大部分城镇，并且跟董䜣、更始政权残部，还有汉中的延岑、南郡的秦丰等势力联合起来，组成反汉军事同盟，严重威胁着洛阳的安全。

荆州地区本来都已经快平定了，经过邓奉这一搅局，顿时大乱。

东汉朝廷也慌了，刘秀不得不从其他地方抽调兵力，派出岑彭、朱祐、贾复、耿弇、王常、郭守、刘宏、刘嘉、耿植九名大将前去平叛。

这些人很多都是云台二十八将里榜上有名的人物，作战能力都是冠绝当世的，却在邓奉面前硬生生吃了大亏，被打得落花流水，云台二十八将第三名的贾复身受重伤，第八名的朱祐则被活捉了去。

当然，汉军的失败可能还有一个隐蔽的因素：这些带兵的将领里面，有许多都是南阳人，邓奉替南阳父老伸张正义，他们可能内心是暗暗支持的，在战场上难免就不太出力。

听说邓奉一人打败九员大将，东汉朝廷十分震惊，只能继续增兵，南阳战场就这样变成了汉军的一处主要作战地，无数兵力被拖在泥坑里做无谓的消耗，搞得朝廷左支右绌，十分狼狈。

双方这样相持了七个月之久，还好汉军在跟赤眉军的对决中取得了重大突破。公元27年三月，朝廷终于从关西战场上抽开身来，把主要兵力调到南阳，开始对邓奉发起大规模打击。

这次由刘秀亲自统兵，汉军精锐全体出动，不达目的不罢休。

邓奉和董䜣竟然还敢顽抗，用车队堵塞道路，导致刘秀一度陷入危险，多亏岑彭及时来相救，才使得汉军顺利前进，来到堵阳。

邓奉手下兵丁都跟东汉朝廷有千丝万缕的联系，现在听到皇帝御驾亲征，士气顿时受到严重打击，董䜣很快投降，邓奉也不敢再强硬下去了，只能一路逃跑，最后逃到小长安聚。刘秀亲自上阵杀敌，邓奉的军队被打得七零八落，无法再抵抗。

小长安聚是刘氏、邓氏这几个家族的伤心地，现在却要在这里处理家族内讧了。

邓奉让朱祐替他去请降。朱祐和邓氏家族是多年的老友，所以被邓奉活捉以后一直受到优待，他去向刘秀表达了邓奉投降的愿望，随后由他带着邓奉肉袒到刘秀面前请罪。

看着这个邓氏家族里面最优秀的年轻人，刘秀十分为难。一方面，邓奉跟皇帝面对面交战，这是绝对的死罪；另一方面，他对阴丽华一家有大恩，刘秀实在不忍心让阴丽华难过。

刘秀问身边的将领们该怎么办，岑彭和耿弇都很坚定地说：邓奉给国家造成巨大损失，又跟皇帝当面对抗，不杀他，没法向天下人交代。

刘秀只好忍痛斩了邓奉。

不过邓奉的叛乱也给了刘秀和东汉统治者一个狠狠的教训，让他们知道民心不可欺，放纵士兵任意掳掠是要付出代价的，所以这之后汉军也就收敛很多。

至于那个闯出大祸的吴汉，他是河北集团的核心人物，目前又指挥着几场重大战役，刘秀如此理智的人，当然不会为难他，所以这事就这么过去了。

邓奉被消灭以后，秦丰集团就直接暴露在汉军面前了。

公元27年五月，岑彭率领三万汉军南征，经历了一番波折以后，于七月攻破秦丰在邓县的防线，然后一路追击，追到秦丰的老巢黎丘，开始了对黎丘的长期包围战。

这期间，田戎多次来救援黎丘，但都被汉军杀退了，秦丰的抵抗十分顽强，汉军要攻下城池也很难。

公元28年十二月，刘秀亲自来到黎丘城外招降秦丰，已经濒临绝境的秦丰却十分顽强，竟然在城墙上对刘秀破口大骂，刘秀只好驾着天子鸾舆返回洛阳，临行之前撂下狠话："城破之后，灭三族。"

公元29年六月，被围困了两年之久的秦丰终于坚持不住了，带领家人出城投降，随后被送到洛阳斩首。

黎丘城破之前，汉军也对田戎发起了终极打击，田戎节节败退，他的妻子和手下士卒几万人被汉军俘虏，最后他只好带着几十名亲信逃到蜀郡，投靠公孙述去了，荆州自此平定。

同一时期，汉军还在庐江郡的舒县围困"淮南王"李宪。公元30年正月，汉军攻破舒县，斩杀李宪，江淮地区平定，东部战事也基本结束了。

现在汉军作战的重点转移到了西部，那边有两个难啃的硬骨头：隗嚣和公孙述。

兴复汉室之定关中

赤眉军被灭以后，关中仍然乱成一团，各路地方豪强占据州郡，自称将军，打来打去，没有一天停歇。

刘秀派冯异去治理关中，冯异来到这片乱纷纷的土地上，屯兵在长安附近的上林苑中，开始着手收服关中各个割据势力。

当时关中最大的一个军阀是延岑，这家伙是王莽末年起兵的老牌悍匪，长期盘踞在关中、汉中地区，多次依附更始政权又多次叛变。

延岑命特别硬，这几年跟更始政权、赤眉军、公孙述都打过大规模战役，在几大军阀的夹缝中，他竟然奇迹般地生存下来了。公元26年九月的杜陵战役，他甚至打得赤眉军大败亏输，损失十余万人，这成为赤眉军退出关中的主要原因之一。

赤眉军退出关中以后，延岑迅速填补了他们留下的空白，掌控了关中大部分土地。但这种控制是不稳定的，关中地区仍然是派系林立的状态，各个派系的大佬名义上奉延岑为领袖，实际上都在各自忙着抢占地盘，所以没人去阻止冯异进入关中。

看到冯异来到长安，延岑怒气上冲，当即纠集起手下几个军阀去攻打冯异。

不料冯异指挥军队相当有一套，直接打得延岑的军队丢盔卸甲，被斩首几千人。

这之后，冯异的汉军继续跟延岑短兵相接，经过几场战役以后，成功把延岑赶出武关，赶到南阳去了。关中那些小军阀看到这情形，便渐渐都投靠到冯异手下，关中的局势开始稳定下来。

但这时候冯异又面临更始政权、赤眉军他们遇到过的问题——严重饥荒。

这时的关中就是地狱！一斤黄金只能换五升豆子，老百姓已经饿疯了，人吃人的现象遍地都是。

入关中之前，刘秀特地嘱咐过冯异不要劫掠老百姓，所以冯异严格约束自己的部队，不从老百姓手里抢粮食，何况现在老百姓根本就没有粮食可抢。

冯异焦头烂额，用尽一切办法筹集军粮，可军士还是饿得以野果充饥。

还好南阳那边传来消息，耿弇成功赶跑延岑，打通了到关中的道路，又由刘秀亲自降旨，命令南阳政府向关中运送粮食，才帮助冯异的军队渡过了难关。

这以后关中局势就明朗起来了。冯异恩威并施，对关中各地豪强又拉又打，逐步把他们都收服过来，然后解散他们的军队，让这些士兵都回家去种田，关中的经济和社会秩序也就渐渐恢复过来了。

关中稳定以后，刘秀开始考虑拔掉隗嚣这颗钉子。

兴复汉室之平陇右

隗嚣目前占据着陇右地区。

关中平原以西有陇山，传统上，陇山以西的高原地区被称为陇西，但西汉政府又设立了陇西郡，为了区分两个地名，后来就把陇山以西称为陇右。

隗嚣就出生于陇右望族，前几年从刘玄那边逃出来以后，他在老家苦心经营自己的政权，逐步把陇右、陇东、陇南等地区都纳入了自己的统治之下。

这些地区土地贫瘠，人烟稀少，按理说支撑不起一个强大的政权，但他们却拥有地理上的绝佳优势——相对于东边的关中平原，陇上各地居高临下，一旦占据这里，就对关中构成持续压制，乱世中可以自保，等到时机成熟，又可以立即杀入关中争夺天下。

同时，这里挨着羌人，借助羌人强大的武力，陇右的军队战斗力爆表，是让东部各军阀闻风丧胆的虎狼之师。

凭借这样两个有利条件，隗嚣便有些飘飘然了，看到天下纷纷攘攘，他也禁不住思忖：会不会他们打了半天，最后却让我来收拾残局？会不会我才是最后的真命天子？

有这样一种信念在，隗嚣这些年便一直在笼络当地俊杰，暗中蓄力，等待机会来临。

为了不暴露自己的野心，他尽量稳住刘秀，当初邓禹在关中的时候，以刘秀的名义颁给他一个"西州大将军"的称号，他欣然接受了，从此表面上臣服于刘秀。

而刘秀也知道陇右是块难啃的硬骨头，尽量不要兵戎相见，所以对隗嚣表现出极度温和的姿态，两人交往的时候，刘秀总以对待邻国首脑的礼仪对待隗嚣，甚至给他写书信的时候，只称字不称名。

公元27年，冯异在关中打击割据势力，隗嚣也派兵相助，刘秀特地写信对他表示感谢。在信里，刘秀把自己和隗嚣的关系比喻为管仲和鲍叔牙，这是极高的礼遇，就差兄弟相称了。

不过双方都心知肚明，刘秀如此卖力地笼络隗嚣，只不过是为了借助他的力量尽快平定西部，特别是对付公孙述。

当时蜀地被公孙述占据。这家伙是块久经沙场的"滚刀肉"，手段老辣，极难对付，他明确以争夺天下为目标，并且围绕这个目标，制订了一整套严密的计划。

趁着刘秀陷在关东战场的这几年，公孙述在蜀地稳扎稳打，步步为营，不仅统一了整个巴蜀地区，更进一步勾结延岑等人，把自己的势力延伸到了汉中甚至关中。在南方，他又跟田戎等人勾结，成为他们背后的大佬。如果刘秀出手再晚一些的话，公孙述基本就要把西部割据势力统一起来了。

但在汉中和关中方向，公孙述却遇到严重挫折。隗嚣依靠自己的地理优势，一直在阻止公孙述把手伸进汉中和关中。在隗嚣的阻挡下，公孙述做了很多尝试都走不出蜀地，没法实现向北侵吞关陇的目标。

刘秀就是看到这一点，才拼命拉拢隗嚣。

刘秀也在书信里向隗嚣点明了：希望我们继续合作，把公孙述困死在蜀地里面。

但隗嚣心里可不这样想，在他看来，刘秀一直在利用他，刘秀越是甜言蜜语，越让他有一种被人诓骗的感觉。

他总觉得：我也是跟你争夺江山的对手，我的家业都是自己一步步打出来的，没受你半点恩惠，何必被你当枪使？

何况他还有另一层顾虑：前几年刘玄在关中当皇帝的时候，隗嚣也投靠过去，结果却发现处处受人辖制，差点连性命都丢了，而刘玄自己也把事情搞得乱七八糟，最终身死国灭。

那次经历给了隗嚣深刻的教训，从此他总觉得要把权力掌握在自己手里才可行，投靠别人终究是没有前途的。

但他的实力又不允许他公开跟刘秀竞争，所以他就陷入一种两难境地：面对刘秀的甜蜜攻势，他表面上表示无比感激，但每当刘秀让他帮忙对付公孙述的时候，他就犹豫起来。

公孙述一旦被消灭，天下局势就彻底明确下来，隗嚣就再也没机会了，他当然不乐意。

刘秀察觉到了隗嚣的心思，所以在发动甜蜜攻势的同时，逐渐加大对他的压力，一步步逼他表态。

两人你来我往，玩了几个回合的太极推手，最后刘秀直接把话挑明了：要隗嚣出兵攻打公孙述。

隗嚣便对刘秀诉苦，说：现在我的兵力实在不够，北方又有卢芳在虎视眈眈，现在讨伐公孙述时机不成熟。

这样一来，隗嚣的骑墙姿态就很明显了。公元29年，刘秀下令，要隗嚣把儿子送到洛阳当人质。

当时，为了双方沟通方便，刘秀和隗嚣互相派使者在中间传递消息，刘秀派的是来歙（xī），隗嚣则把马援派到洛阳。

来歙是刘秀的远亲，以前曾经在更始朝廷里当官，更始政权覆灭以后他投靠到刘秀手下，很受刘秀信任。

因为来歙早年和隗嚣有一些交情，所以刘秀派他去出使陇右。

马援是隗嚣手下一等一的大将，非常受隗嚣器重，对于隗嚣政权的内外决策有很大影响。

公孙述刚称帝的时候，马援曾经作为隗嚣的使者去拜见他。结果看到公孙述整天忙着摆皇帝架子，说话做事都不务实，马援很不喜欢，便拒绝了公孙述的封赏，回到隗嚣身边，并且对隗嚣说：公孙述是"井底之蛙"，不要跟他结好。

隗嚣又派马援去洛阳看看刘秀的情况。到洛阳以后，刘秀非常热情地接待他，双方进行了一番真诚的对话。刘秀的风采给马援留下了极深的印象，从此，他心底便有了归附的想法。

回到陇右以后，隗嚣跟马援同床共卧，谈了一整夜，详细询问他洛阳那边的情况，马援都一一作答。

隗嚣问马援："当今皇上是个怎样的人？"

马援回答："皇上豁达大度，跟高帝（刘邦）类似。"

隗嚣问："那么他跟高帝哪个更厉害一些？"

马援回答："皇上略微差点。高帝无可无不可（办事比较宽松随意），当今皇上却热爱处理政务，又不爱饮酒。"

隗嚣大惊说："这样说来，不是比高帝更强吗？"看来跟刘秀对抗确实不明智，于是隗嚣便决定派长子隗恂去洛阳当人质。

如果事情就到这一步，那么陇右就轻松平定了。可惜隗嚣天生是个狐疑不决的人，即使投靠刘秀了，仍然三心二意，时不时做着君临天下的美梦，幻想着有一天由自己来收拾残局。

他手下的人大致分为两派，以马援为首的一派认为刘秀的地位已经不可动摇，投靠到东汉朝廷里当个诸侯是最理想的选择；像王元、王捷那些人，则认为天下鹿死谁手还没定，应该趁机蓄积力量，等待机会。

隗嚣比较倾向于王元这一派，所以他对于刘秀让他攻打公孙述的命令一再拖延，刘秀召他去洛阳，他也一直支支吾吾地搪塞过去。

双方在交往中也发生了不少龃龉，隗嚣派到冯异军营的使者被仇家杀了，刘秀赐给隗嚣的珍宝又在半路上被人偷了，以至于刘秀都感慨："跟隗嚣的交流真是不顺利呀！"

为了压制住隗嚣，刘秀在外交方面做了不少努力，最大的成果是成功招揽到河西五郡的窦融。

陇右的西边是河西走廊，分为酒泉、张掖等五个郡，目前由窦融统治。

这几年，隗嚣和刘秀都在拼命拉拢窦融，经过一番争论过后，窦融和他的手下们决定投靠刘秀，便在公元29年派人出使洛阳，正式归顺刘秀，被封为凉州牧。

河西局势复杂，窦融对河西的控制力还不够强，期望他在军事上对汉军提供多少帮助并不现实，但他的归顺从地缘政治上对隗嚣构成巨大压力，实际上断了隗嚣的退路，同时也严重牵制了凉州的羌人，使得他们无法援助隗嚣。

同一时期，被派到洛阳的马援因为多次劝谏隗嚣，跟隗嚣的分歧越来越严重，便决定背叛隗嚣，投靠到刘秀手下——名义上，隗嚣已经是刘秀的蕃臣，马援也就算是刘秀的臣子，所以他投靠到刘秀手下并不违反道义。

马援跟陇右的大佬们有千丝万缕的联系，在刘秀的策划下，他带着一支轻骑兵突进到陇右地区，向隗嚣的手下大将们，以及羌人各部落首领传递刘秀的旨意，劝说他们支持刘秀，这对于分化隗嚣集团起到了很大作用。

外交上准备充分以后，讨伐隗嚣的条件完全成熟了。

公元30年，刘秀平定了关东各大军阀，但让田戎跑掉了，田戎逃到公孙述那边，公孙述封他为翼江王，派他带兵再返回荆州去骚扰汉军。

刘秀借这个机会，再次要求隗嚣跟汉军一起去进攻蜀地，减轻荆州战场的压力。

隗嚣又推辞说："白水阻隔，栈道损毁，到蜀地的道路不通。"

刘秀这下彻底放弃了招降隗嚣的想法，当即亲临长安，调集军马，让耿弇带着，穿过陇右去讨伐蜀地——不经过隗嚣的同意就穿过他的地盘，这实际上是在挑起跟隗嚣的纷争。

关中和陇右之间隔着陇山，交通极为艰险，只有一条关陇大道可以通行，隗嚣听说汉军要强行闯过他的土地，立即派人堵塞了陇山中间的通道。

汉军只好硬闯关陇大道，却被隗嚣的人杀得大败，只好逃回关中，双方算是公开翻脸了。

隗嚣顺势派王元等人攻进关中，却被冯异打败。

隗嚣知道自己的军队纯粹是依靠地理优势打败的汉军，正面对决的话自己一定会输，就继续玩骑墙的花招。他派人向刘秀上书，用一番极其谦卑的言辞，恳请刘秀原谅他，最后说："皇上要杀我就杀，要罚我就罚，我不敢有怨言。要是皇上愿意给我改邪归正的机会，我一定死心塌地跟从皇上"。

刘秀回复："我四十岁的人了，带兵打仗十来年，什么样的人我没见过？那些假惺惺的话我早都听厌了，你要这样跟我说话，以后咱们就别联系了。"

隗嚣知道没法再装下去，回头便向公孙述称臣，正式背叛东汉朝廷。

这之后一段时期，汉军和隗嚣在凉州东部（包括陇山附近几个郡）打了大大小小几场战役，各有输赢，汉军占据了北地、安定等地区，但被陇山阻挡，一直没法攻进陇右地区，双方的争夺陷入胶着状态。

但实际上，汉军背地里在偷偷准备一套奇袭计划。

公元32年初，刘秀派祭遵和来歙带着两千精兵从汧（qiān）县出发（祭遵半路因病返回，所以后来军队就由来歙指挥），秘密开向陇山方向。

隗嚣的防线是沿着陇山布置的，横穿陇山的通道主要是陇坻道，陇坻道的西出口在陇县附近的陇关，这里是隗嚣的重点防守区域。

汉军却不走这里，而是折向北方，在番须口的崇山峻岭中伐木架桥，硬开辟出一条道路，从那里翻过陇山，再折向西南，直接绕到了陇关后方的略阳（不是现代的略阳县）。

略阳是陇山西麓的战略要地，但离陇山有一定距离，隗嚣在这里的防备并不严密。当汉军骤然出现在略阳城外的时候，当地守军惊得魂飞天外，直呼"神兵天将"，没做太多抵抗，就被汉军拿下了。

这下隗嚣傻眼了，苦心经营了几年的防线就这样被人绕开了。

略阳是插在陇山守军背后的一枚钉子，不收回略阳，陇山的天险就形同虚设，随时有被人攻破的危险。

隗嚣派出陇右的全部兵力去攻打略阳，公孙述也派兵来帮忙，几万人把略阳围得铁桶一般，他们开山筑堤，聚水灌城，什么招数都使尽了，却还是打不下来。

来歙的军队也是拼尽全力抵抗，两千人日夜奋战，轮流修补城墙，到后来把城里的房屋都拆了做弓箭，从春天一直坚持到当年秋天。

东汉朝廷十分关注这里的战况，但他们并不急着援助，而是看着隗嚣持续在略阳城下消耗实力。一直到略阳快支撑不住的时候，刘秀才亲自带领汉军主力杀上陇山。

陇右的经济本来就很落后，持续半年的略阳攻防战耗尽了隗嚣集团的实力，在汉军主力的攻击之下，陇山防线全面崩溃，汉军很快杀到略阳城外，解除了略阳之围，也正式站上了陇西高原。

到这一步，陇右的局势就很清楚了，大家也都开始找自己的出路，隗嚣手下的将领们纷纷投降，许多地区倒向了汉军，隗嚣集团开始崩溃。

隗嚣带着妻儿老小逃到天水以西的西城，这时候只有西城和上邽还在隗嚣集团控制之下，刘秀派人招降他，说："当年高皇帝招降田横，许诺他

'大者王，小者侯'，你现在只要来归降，我保你荣华富贵。你要想像黥布一样顽抗到底，那也请自便。"

隗嚣依然不肯投降，刘秀就在阵前杀了他儿子，然后留下军队围困西城和上邽，自己返回洛阳去了。

蜀地的公孙述仍然不断派兵来救援隗嚣，但已经无法再挽回局势。

西城和上邽在汉军围困下陷入彻底的饥荒状态，连隗嚣自己都饿到脸色发青。公元33年九月，走投无路的隗嚣出城去找东西吃，吃了一点米糊就倒在地上没再起来，就这样死了。

隗嚣的手下又拥立他儿子隗纯为王，继续做无谓的抵抗。第二年十月，来歙、耿弇等人攻破城池，隗纯的手下拥着他出城投降，陇右就此平定。

围绕陇右的心理战、外交战、围城战、拉锯战持续了八年之久，让人身心俱疲，这回刘秀是真的累了。

早在返回洛阳之前，刘秀就嘱托吴汉、岑彭、耿弇、盖延四位将领道："陇右很快要打下来了，打下陇右以后，你们就直接开到蜀郡去打公孙述。唉！人总是不知足，刚得到陇西，又望着蜀地，头发都愁白了。"

兴复汉室之讨巴蜀

现在刘秀的对手就剩下巴蜀的公孙述了。

不过公孙述可不好对付，他本来是王莽的蜀郡太守，公元23年开始割据自立，经过将近十年的经营以后，他已经占领了包括蜀郡、江州和汉中在内的整个益州。

益州地区经济发达，物产丰富，又远离中原战乱区。乱世之中，全国各地百姓纷纷到这里躲避战乱，带来了许多人才和财富，这些都成为当地政权称霸的良好基础。经过公孙述的苦心经营以后，益州已经拥有了数十万精兵强将，在各路军阀里面算很强悍的。

后来延岑、田戎受到汉军打击，都来投奔公孙述，更进一步增强了他的实力。

而且公孙述本身也确实有才干，益州在他的治理下，可以说政通人和。

相比较起来，刘秀虽然占据天下绝大部分土地，但这些领土都刚刚经历过严重战乱，残破不堪，内部又有许多复杂的势力，各地的反抗此起彼伏，需要投入大量精力去抚慰，严重牵制着刘秀。

但公孙述面临一个重大问题：蜀地闭塞，人们安于现状，不思进取，如果不及时向外突破，就很容易被困死在里面，永久失去进军中原的能力。

公孙述很明白这一点，所以把巴蜀各地整合起来以后，就不断向汉中方向突进，希望通过汉中这个跳板占据关中。一旦实现了这个目标，就等于复制了当年刘邦跟项羽争夺天下的路线，关东的刘秀可就未必挡得住他了。

公元27年，赤眉军离开关中以后，公孙述立即派将领李育、吕鲔等人从陈仓杀向关中，几乎就要复制当年韩信的伟大功业了。

幸亏东汉朝廷出手及时，早早地派冯异进驻关中，冯异直接到陈仓拦住蜀军，一番大战，把他们赶回了汉中，打破了他们"暗度陈仓"的梦想。

从那以后，公孙述争夺天下的时机就已经过去了。

公孙述不甘心，他想当皇帝几乎想疯了——当然，实际上他已经称帝了，只是没能得到全天下的认可而已。他制造出全套的天子仪仗，出入都配置銮旗旄骑，严整肃穆，俨然一副九五之尊的派头。

为了进一步过皇帝瘾，他把自己的两个儿子都封王，又刻好了天下十三州的太守印章，专等着打下这些地方以后发给当地官员。

他对外宣称自己是"白帝之子"，跟刘邦的"赤帝之子"相对应，又在江关附近建了著名的白帝城。

可以说，他把当皇帝的一切手续都准备好了，就差打江山这一步了。

可惜天不遂人愿，冯异进入关中以后，就牢牢堵住了汉中到关中的出口，把公孙述封死在了蜀地。

看着天下局势逐渐稳定下来，公孙述越来越着急，他多次想要强行闯入关中，延岑、田戎等人也都跃跃欲试，想要立个盖世奇功，但公孙述每次的北伐提案都被保守派给拦了下来。

随着时间推移，朝廷里的保守倾向越来越严重，从上到下，大家都安于"天府之国"的悠闲生活，对于争夺中原没有兴趣，北伐的希望也就越来越渺茫了。

现在，公孙述就还剩唯一的一点机会——联手陇右的隗嚣，从陇山方向杀入关中。

他多次派人拉拢隗嚣，希望他能帮助自己，可惜隗嚣烂泥扶不上墙，一直犹犹豫豫，下不了决心，白白错过了许多机会。

等隗嚣终于决定跟公孙述联合，向公孙述称臣的时候，已经太晚了，汉军已经布置完毕，不久就打下了陇右，消灭了隗嚣政权。

这次公孙述终于坐不住了，公元33年，他不顾保守派的阻拦，派大军强行向荆州方向突破。

益州和荆州之间最重要的关口是长江上的江关，蜀军倾尽全力，沿着长江而下，竟然迅速突破汉军的防线，到达荆州的夷陵地区，盘踞到荆门山附近。

这是公孙述以攻为守的战略。从中原攻入蜀地就是两条道路，一条是从汉中南下，走蜀道攻向成都，另一条是沿长江西进，进攻江州（重庆）。公孙述先沿长江而下，攻入荆州腹地，大幅增加了自己的战略纵深，东部的防御阵线便稳固得多了。

蜀军在长江上架设大量浮桥，又在水下立攒柱，彻底堵塞了长江水道，还在长江两岸的山上安营扎寨，把这段江面变成了自己最前端的防线。

但这没法从根本上扭转益州跟东部十二州的国力差距。

东汉朝廷这几年在忙着修补战争创伤，暂时没有对公孙述发起大规模进攻，但战争准备可一刻没停。

沿长江攻入蜀地需要大量战船，还需要训练大量水师，汉军将领岑彭得到刘秀授权，这两年正在全力准备这些资源。

公元35年，汉军准备完成，一口气派出几千艘战船、六万名水兵的庞大队伍，由岑彭率领，对驻扎在长江两岸的蜀军发起攻击。

针对蜀军的浮桥和攒柱，汉军已经训练了专门的敢死队，他们坐在船头，拿着火把，沿路烧毁这些障碍物，双方在江面上展开激烈对决，汉军庞大的军力发挥了作用，一路斩杀蜀军，硬把战线向着长江上游推进。

蜀军大败，几个将领只有田戎逃回了江州。

汉军飞速追赶，冲破江关，最终推进到了江州。

这只是其中一条战线。同一时期，来歙和盖延带兵从陇右攻入蜀地北边的武都郡，在河池大败蜀军。河池旁边就是故道，也就是韩信"暗度陈仓"的道路，从这里南行，沿着韩信的道路逆向走回去，很快就能推进到汉中。

眼看蜀地要被敌人两面夹击，公孙述君臣都慌了，走投无路的他们，只好使出下三滥的招数——派刺客。

一天夜里，汉军营地里忽然响声大作，副将盖延收到警报，紧急赶往来歙的营帐，却见到来歙正伏在案上写信，脸色苍白，胸口还插着一柄刀。

盖延想到多年的战友就要这样离开自己了，忍不住跪到地上大哭起来，来歙怒斥他："虎牙将军！如今我被刺客所伤，不能再报效国家，叫你来托付军中事务，你不好好听令，学什么儿女情长？"

盖延抹掉眼泪，仔细听来歙吩咐，来歙的头脑还十分清醒，把军队的事务一一交代清楚。又写信对刘秀说："臣被贼人所伤，死不足惜，只恨辜负了皇上所托，无法再为国家尽职。臣有一言，治国以得贤为本，太中大夫段襄，为人忠敏，可委以重任。臣有一个兄弟，至今不成才，还请皇上多多教导他。"

写完信，来歙一把抽出胸口的利刃，狂喷鲜血而死。

来歙遇刺的消息传到洛阳，朝廷上下都十分震惊，刘秀更是伤痛不已。来歙是他的亲戚，更是他年轻时一起在长安求学的好友，这么多年的并肩战斗，两人已经结下了深厚的情谊，来歙本人对东汉朝廷更是做出了巨大贡献，平定陇右，收服羌人，都是来歙的功劳。对这一切，刘秀充满感激。现在天下就要平定了，本来想着跟这帮老哥们共享富贵，却不料有些人已经等不到那一天了。

来歙的遗体被运回洛阳，出殡那天，刘秀穿着丧服，亲自送葬。以帝王之尊为臣子送葬，刘秀还是第一个，可见他对这些打江山的老将们的爱惜。

来歙遇刺以后，盖延又生了重病，北线战场的攻势不得不暂时停止下来。

于是刘秀再一次御驾亲征，亲自到长安指挥前线战事，又派了马成等人接替来歙，勉强维持住了北线对蜀军的压力。

不过在东线战场，汉军却取得了破天荒的重大突破。

岑彭追到江州以后，发现这里城池坚固，短期很难攻下，就带着兵马沿涪江北上，进攻广汉、资中地区，这里一旦突破，离成都就很近了。

但这只是为了麻痹蜀军。

岑彭留下一部分兵马假装猛攻蜀军防线，自己却带着主力悄悄退回江州，然后沿着长江溯流而上，到达犍为，再沿着岷江北上，绕了一个一千里的大圈，绕到成都平原的南部，再从这里直接插向成都方向。

这一招跟前几年来歙奇袭略阳有异曲同工之妙，完全出乎蜀地守军的意料，所以沿途基本没遇到抵抗。

当岑彭的大军杀到成都以南一百里的武阳的时候，蜀军全体傻眼了，跟当初的陇右守军一样，大呼"神兵天将"，完全失去了抵抗意志。

到这一步，蜀军的败局已经无法挽回了，公孙述君臣捶胸顿足，陷入彻底的绝望状态。

刘秀又来信劝公孙述投降，并且保证不追究他刺杀来歙的罪行，不为难他和蜀地百姓。公孙述手下大臣们也都劝他投降，以免给百姓带来更多灾难。

公孙述却把心一横，叹口气说："兴亡都是天意，世上哪有投降的天子？"就这样拒绝了刘秀的招降。

刘秀收到回信以后也懒得再说什么，默默返回了洛阳。

公孙述却想再做最后一搏，哪怕不能挽回败局，也要给刘秀君臣造成最大的伤害，他再次使出下三滥的招数……

岑彭到达武阳以后，在当地安营扎寨。刚安顿下来，忽然听说他们驻扎的地方叫"彭亡"，岑彭的心一下悬起来了，本来想赶紧离开，但当时天已经晚了，不好再折腾军士们，只好等第二天再走。

那天傍晚，军营里不知从哪里来了一个逃亡的奴隶，蓬头垢面，满身血污，请求岑彭收留。岑彭可怜他，就把他留在营帐里，没想到当晚，这个假扮奴隶的刺客就刺死了岑彭。

这是对东汉朝廷的又一次重大打击。岑彭是云台二十八将第六名的人物，不仅战功卓著，而且为人正直。当初他归降刘𬙂以后，对刘𬙂忠心耿耿，后来又一直忠于刘秀，是刘秀最信赖的将领之一。

而且他治军严谨，他经过的地方，秋毫无犯，老百姓对他异常感激，甚至连蜀地百姓都感激他，后来在武阳为他立庙祭祀，香火不绝。

如此完美的一个人，就这样横遭惨死，刘秀彻底怒了，发布命令，让吴汉接替岑彭，带领汉军平定蜀地。

吴汉是什么样人？当初在刘秀和阴丽华的老家他都敢烧杀劫掠，甚至逼反邓奉，捅出天大的娄子，现在刘秀派他征讨公孙述，用意不言自明。

吴汉一来到，蜀地百姓就遭殃了，汉军一路抢掠，经过的地方，都变成了一片焦土。

但军纪散漫的结果就是吴汉军队的战斗力明显比岑彭差了一截，陆陆续续又打了大半年，才攻到成都城外。

公元36年九月，汉军包围成都，公孙述拒绝了刘秀的最后一次招降，散尽宫里的金帛，招募到五千敢死队。公孙述亲自带着他们，在正面战场吸引吴汉的注意力，却让延岑带奇兵偷偷绕到吴汉后方，杀了汉军一个措手不及。吴汉被赶到河里，差点淹死，抓住马尾巴才浮出水面。

十一月，汉军再次围困成都，双方展开血战，一片混乱中，公孙述胸部中枪，当天晚上就死了，延岑只好向吴汉投降。

吴汉转身就杀了延岑，又灭了他满门，然后率领军队杀尽公孙氏全族，烧了公孙述的皇宫，血洗成都。以成都百姓的血泪，祭奠这些年来在历次战争中牺牲的将士们，为这次漫长的改朝换代之路画上了句号。

刘秀听说吴汉屠成都的消息，勃然大怒，下旨把他臭骂一顿，然后这事也就过去了。

公元36年底，经过十二年的南征北战以后，刘秀终于一统山河，重兴汉室，历史也正式进入了东汉时期。

可是经过一代人的折腾以后，全国各地已经是满目疮痍，饿殍遍地，东汉政府要怎样才能抚平战争创伤，挽救亿万苦难的民众？大家都在翘首以待。

第三十七章　以柔治天下的光武帝

宽以待人的明君

当上皇帝以后的刘秀,有一次回家乡看望自己的父老乡亲们,在酒席上,家族里一群妇女凑在一起嚼舌头:"文叔(刘秀的字)年轻的时候是多么温柔腼腆的一个小伙子,见到人话都不会说,没想到竟然能当上皇帝!"

刘秀恰好在旁边听到,大笑着说:"对呀!我治理天下,也要运用'柔道'之术。"

"柔"便是刘秀治理天下的总纲领,不管对内对外,经济上还是政治上,他的政策都以宽柔为主。

首先就是竭力避免征战,让民众获得充分的休息,让社会逐步修补战争创伤。

早在开国战争的后期,刘秀已经明显表露出对战争的厌恶。蜀地平定以后,在刘秀的推动下,国家很快转入和平建设状态,刀枪入库,放马南山。后来的很多年,除了镇压各地的叛乱以外,朝廷基本没有用兵的时候,军队规模大幅缩减,国家的财政支出也被压到了最低。

士兵们都被遣散回家种地去了,一众马上打天下的开国元勋们也失去了他们的作用。

解除这些将帅的兵权是刘秀面临的头等大事,跟刘邦不同,刘秀采取了最温和的方式,称为"退功臣、进文吏"。

公元37年四月,刘秀在洛阳设宴招待前线返回的将士们,一口气把三百六十五位功臣封侯,随后开始精简政府机构,特别是废除各种武官的职位,收缴各位开国元勋的将印。

除了吴汉、王霸、马成、马武以外,其他开国元勋都被解除了兵权。

这些功臣们都受到丰厚的赏赐,拿着巨额财富到自己的封地上享受余生去了。

这些人里面只有邓禹、李通、贾复还被允许参与朝政讨论,耿弇还偶尔替皇帝出谋划策,其他人完全不能干预政事,大部分平时也不能进京,只有受到刘秀召见的时候才到洛阳去。

同时,刘秀对这些老哥们保持着高度信任,还时不时邀请他们聚一聚,喝杯酒,共同回顾一下过去的戎马岁月。

这些功臣们也非常明事理,刻意保持低调。例如云台二十八将之首的邓禹,晚年只在家里教养子孙,他有十三个儿子,便让他们各学一门技艺,靠自己的技能谋生,不给国家增加负担。

又比如云台二十八将第二的吴汉,天下平定以后,他成为朝廷里排名首位的武将,一直在为国家东征西讨。有一次他回家,看到妻子买了很多田宅,就很不高兴地说:"国家给我们家的俸禄已经够丰厚了,还买这些做什么?"便把田宅都分给了周围的亲友们。

有这样贤德的下臣,刘秀当然也省了很多心力,大家也不用再互相猜疑了。

刘秀和这些老哥们既是君臣,又是无话不谈的至交好友,这种君臣互信、相得益彰的局面,在中国历史上是独一无二的,让后世所有臣子羡慕不已。

功臣离开以后,朝廷里的事务全部转交给儒生为主的文官。

东汉从立国开始,就把儒家摆在最高的位置上,官府在全国各地征召博学鸿儒,朝廷里主要官员全部是儒家学者,国家政策也完全按照儒家理论来施行,所以东汉朝廷充满着温和、敦厚的气氛。

刘秀统治时期,朝廷的政策之温和,体现在方方面面。

为了减轻百姓负担,公元30年,刘秀发布诏令,把农民的田租减为三十税一，相当于文帝景帝时期的水平。要知道，这时候天下还没有完全平定，还面临巨额的战争开销！

与此对应的，朝廷精简政府机构，压缩开支。

从刘秀本人开始，厉行节俭，避免任何个人享受。还在创业的早期，刘秀就已经发布过命令，严禁地方官员向中央进贡珍馐美味。外国送给他的千里马，他用来拉车，送给他的宝剑，他转手就送给身边的壮士。至于珠宝珍玩、歌姬舞乐之类，他更是完全不感兴趣。

有刘秀以身作则，朝廷里的官员们也都生活简朴，甚至到了跟平民接近的水平，东汉初年因此成为中国历史上清官最集中的一个时期。

甚至建国十几年以后，皇宫、宗庙的各种礼器都还没备齐，后来打败公孙述，从成都运来了公孙述的全套礼器，才把这些东西凑齐了。

跟之前的所有皇帝不同，刘秀特别关心豪门贵族家庭里的奴婢的生存问题，他在位期间，曾经九次发布释放奴婢的诏令，诏令的内容包括很多方面，例如：

公元30年的诏令说，王莽时期被迫没籍为奴的，都恢复平民身份；

公元31年的诏令说，因为遭受饥荒战乱，或者被青州、徐州的流寇集团掳掠为奴隶的，只要想回家，他们的主人都必须释放，否则以贩卖人口罪论处；

公元35年的诏令说，杀死奴婢的，也要按杀人罪论处；同年八月的诏令说，敢烧灼奴婢的，依法律治罪，被烧灼的奴婢自动获得平民身份；

....

这些法令的出台，虽然一定程度上是为了增加劳动人口，但也不能否认刘秀本身具有悲天悯人的情怀。在这种情怀之下，他对社会底层的劳苦大众抱着极大的同情心，他的各种政策都在有意识地向这群人倾斜，虽然不能彻底改变他们的命运，但极大地减轻了他们的痛苦。仅仅这一点，刘秀的仁德就值得后人永远铭记。

刘秀的"柔"不仅体现在治国方面，在为人上，他也尽显宽厚的君子风度。

关于刘秀的宽厚与大度，有许多传说，例如严光拒绝刘秀聘用的故事。

东汉朝廷任用儒生，所以在全国各地征集有才干的鸿儒到朝廷里听用。

严光是刘秀年轻时的同学，非常有才华，可惜跟刘秀失散很久了。刘秀登基以后很想念他，就在全国寻访他的下落。

找了很久，终于有齐国人报告说：在一处水泽边看到有个隐士，披着羊裘在垂钓。刘秀一猜就是严光，便派人用隆重的礼节去请他，反复几次才请到洛阳来。

严光住在官方安排的馆舍里面，刘秀亲自去拜访他。

严光躺在床上，刘秀来了，他看也不看。

刘秀走过去，摸着他的肚子说："子陵啊子陵，真不肯辅佐我吗？"

严光假装睡着，过了半天才睁开眼睛说："当年唐尧想聘用许由，许由听说以后，马上跑到颍水边去洗耳，最终不肯出山。人各有志，你何必非要逼我呢？"

刘秀叹息说："唉，我竟然拿你没办法。"只好乘车回宫了。

后来刘秀把严光请进宫里，跟他同床而卧，畅谈到深夜。睡着以后，严光竟然把腿放到刘秀肚子上，刘秀也没把他掀开，就这样过了一夜。

这事当然瞒不过宫里的官员，第二天一早，马上有天文官启奏，说："昨夜客星犯御坐，皇上请当心。"

刘秀笑笑说："不过是我的老朋友跟我睡一起罢了，你们不要大惊小怪的。"

最后严光还是坚决不肯到朝廷里当官，刘秀只好放他回家，让他到富春山当他的隐者去了。

另一个例子更能说明刘秀的宽厚与自律。

当上皇帝以后的刘秀没多少爱好，就是喜欢打猎。有一天，他带人出城打猎，回到洛阳的时候天色已晚，城门已经关了，守门的官员郅恽（zhì yùn）拒绝开门。

刘秀派人走到城门边，告诉郅恽："我们是皇帝的车驾，看清楚了！"

郅恽在门里说："还是隔太远，看不清。"

这样僵持了半天，郅恽始终不开门，刘秀只好绕到别的城门进去了。

第二天一大早，郅恽就上奏折说："当年周文王日夜为百姓操劳，从来不敢以游猎为乐。如今陛下打猎到深夜，把宗庙社稷置于何地？"

这等于承认了他是故意不放刘秀进城的，刘秀不仅没生气，反而把他大肆褒奖一番，称赞他人品正直，后来还让他教太子读书。

至于昨晚放刘秀进城的官员，刘秀不仅没称赞他，反而把他贬到地方上当县令去了。

最高统治者以这种罕见的极度自律，维护了法令的尊严，保证了国家上下风气的纯正。

更著名的是关于"强项令"的故事。

刘秀家有六个兄弟姐妹，活到天下平定以后的，只有大姐湖阳公主和刘秀，所以湖阳公主受到刘秀的特别礼遇，地位极高。

有一次，湖阳公主家的恶仆当街杀人，然后躲在公主府里不出来，官吏们虽然知道，但都不敢去捉拿。

洛阳令董宣一直在暗中关注这起案子，等待这个家奴出门的机会。

过了没多久，湖阳公主出行，果然带上了这个家奴，到半路，被等在那里的董宣当场拦住。

董宣一手抓住公主的马缰，一手拿刀在地上敲，大声数落公主包庇犯人的罪行，最后硬把那个家奴从车里拽出来杀了。

湖阳公主气得肺都要炸了，跑进宫里向刘秀哭诉，刘秀听说以后也是勃然大怒，把董宣召进宫里去问罪。

董宣说："陛下以圣德治天下，如今纵容奴才杀人，怎么堵天下人悠悠之口？臣知道自己死罪，不劳陛下动手，臣自行了断。"说着，一头撞向旁边的柱子，血流满面。

刘秀赶忙让人抓住他，说："那就免你的死罪，但你冒犯公主，得向她磕头谢罪。"说着让人把董宣按在地下，强行把他的头往地上摁。

董宣双手死命撑在地上，说什么也不磕头，几个人都把他按不下去，刘秀也没办法，只好让人罢手，把董宣放出去了。

湖阳公主气消不下去，对刘秀说："从前你在春陵的时候，收留过多少杀人犯？那些当差的谁敢来找你麻烦。现在我就算包庇一个奴才又怎么样呢？怎么你连一个小小的县令都奈何不了？"

刘秀只是笑笑说："天子与白衣不同。"这事就这么算了。

对于董宣的刚直不阿，刘秀十分欣赏，赏给他一大笔钱，从此对他刮目相看。董宣也因此得到了"强项令"的美名，成为不畏强权的循吏的典范。

关于那个倒霉的湖阳公主，还有另外一个著名的故事。

湖阳公主中年的时候，丈夫死了，刘秀准备为她再找个不错的男人，湖阳公主说："别人都不要，我就看上了宣平侯宋弘。"

于是刘秀让湖阳公主坐在屏风后面，把宋弘找来，试探他的口风。

刘秀问："人都说'贵易交，富易妻'，你现在富贵了，有没有什么想法呢？"

宋弘当然猜到了是什么情况，便回答："也有人说'贫贱之知不可忘，糟糠之妻不下堂'，臣守着家里的糟糠之妻就好了。"

刘秀大笑，对屏风后面的湖阳公主说："这事不成了！"湖阳公主也就只好作罢。

后来湖阳公主心灰意冷，皈依道教，到"炼真宫"里修道去了。

皇帝为亲姐姐提亲竟然被拒绝，这在历史上是相当罕见的，也只有刘秀这样恢宏大度的君王能容得下这样的事。

不过，认真分析起来，这几个故事里面刘秀之所以能容忍下人对他的冒犯，本质上是出于对规则的遵守。他不是在对人退让，而是在对规则退让。正是因为严格自律，迫使自己和权贵阶层遵守规则，刘秀才成为历史上最优秀的皇帝之一。

所以刘秀的宽容不是无原则的老好人作风，而是遵守法纪的体现，明白了这一点，我们也就能看懂他对待吏治的态度。

跟大家一贯印象中和蔼可亲的形象不同，在对待官员方面，刘秀表现得非常严厉，甚至可以说苛刻。

刘秀时代，上到三公，下到地方官吏，都面临严厉的考核。朝廷对贪污腐败是零容忍的，官员一旦犯错，就会遭到严厉处罚。对应的，朝廷也养着一群令人谈虎色变的酷吏，他们铁面无私，敢对任何权贵举起屠刀，因此对贪官污吏形成了极其强大的威慑力量。

所以刘秀朝廷清廉的程度，在整个历史上都是罕见的。

刘秀对官员的严苛，在"度（duó）田"事件中表现得尤其明显。

"度田"，朝廷与权贵的决战

从西汉后期开始，朝廷就面临土地兼并带来的重大问题——地方豪强拥有大量土地，但却不肯对国家尽义务，造成中央的力量被严重削弱。

当年哀帝和王莽都曾经大刀阔斧地试图解决这个问题，但都遭到豪强的严厉抵制，很快就失败了。现在轮到刘秀来面对这个难题。

土地问题的一个核心矛盾就是地方豪强隐瞒自己的土地和奴仆数量，因此偷漏税收，逃避徭役，严重损害国家的经济稳定。

公元 39 年，刘秀颁布诏令，要求各地方政府开始"度田"，也就是清查土地和人口数量。

这看起来很合理的一个命令，发布出来以后却立即引起地方上各大豪门的恐慌，因为他们害怕瞒报的土地和人口被清查出来。

于是地方势力开始跟官员们勾结起来，阳奉阴违地抵制度田令。

为了推进度田，刘秀铁腕治吏，对执行度田令不力的官员大开杀戒。

第一个获罪的是大司徒欧阳歙，他是最早跟着刘秀打江山的功臣之一，又是当世鸿儒、"伏生尚书"的嫡系传人，在儒家弟子中影响力很大。

作为"三公"之一，欧阳歙在朝廷里具有数一数二的重要地位，就是这样一个人，在度田令推行以后却出事了。

当时朝廷正在核查各地官员执行度田令的情况，发现欧阳歙不久前在汝南郡做官的时候，利用度田的机会收受贿赂。刘秀大怒，立即把欧阳歙打入大狱。

欧阳歙入狱的消息在全国儒生中间引起轰动，上千名情绪激动的儒生聚集到皇宫门口替欧阳歙求情。欧阳歙的徒弟，十七岁的礼震，甚至从外地日夜兼程赶往洛阳，请求代替欧阳歙接受死刑。

但所有这些求恳都没有得到刘秀批准，欧阳歙还是很快被处死了，"伏生尚书"的流传也因此在这一代人中断。

第二年，朝廷又抓捕了河南尹张伋为首的十几个地方长官，以测量土地弄虚作假的罪名处死。

官员们被震慑以后，地方豪强失去了保护伞，再也忍不下去了，便纷纷发动叛乱。

公元40年前后，全国各地的叛乱此起彼伏，地方豪强们公然打劫官府，杀害朝廷命官。朝廷用尽全力镇压这些叛乱分子。但朝廷讨伐的军队一到，这些反贼就马上解散，军队一走，他们又聚集起来。

刘秀发布命令：地方官在追捕盗贼中出现的过失都不予追究，只看他们捉拿到的盗贼数量。同时规定：叛乱分子五人合伙杀掉一个同伙就可以免罪，鼓励他们内部互相检举揭发。叛乱分子解散以后，朝廷就把他们的首领抓起来，强行迁移到其他郡县，让他们群龙无首，再也聚集不起来。

通过种种刚柔并济的措施，全国各地的叛乱终于被镇压下去了，度田令也终于成功推行下去，西汉中期以来困扰朝廷的主要难题终于得到了解决，为后来国家的经济繁荣打下了基础。

一直以来嚣张跋扈的豪门势力也在跟朝廷的争斗中败了下去，在之后的很长一段时间内，他们都无法再威胁皇权，中央的权威得到极大增强，东汉王朝开始进入稳定阶段。

现在刘秀对豪门望族的依赖大大减轻了，以前被掩盖的一个严重问题终于浮出水面。

郭皇后，还是阴皇后？

"娶妻当得阴丽华"是刘秀对结发妻子阴丽华最甜蜜的表白，可惜这段姻缘因为郭圣通的到来变得尴尬起来。

在事业最艰难的阶段，刘秀选择了通过联姻来度过危机，娶了河北豪门出身的郭圣通，这实际上是对阴丽华的背叛，同时，对郭圣通也很不公平。

但在那个年代，不管是皇家的金枝玉叶，还是民间的贵族小姐，她们往往都是父母用来联姻的政治工具，在婚姻中，她们自己的意愿是无须考虑的，郭圣通当然也不例外。

但郭圣通又是极其幸运的，她的丈夫不仅拥有并吞八荒之才，还是个有情有义的男人,尽管是出于政治目的娶的她,婚后对她却着实不错。婚后第二年,郭圣通就生下了刘秀的长子刘强,看起来,她的地位已经非常稳固了。

不过刘秀并没有忘记在新野担惊受怕的阴丽华,公元25年十月,刘秀定都洛阳以后,马上派人到新野把阴丽华接了过来,两个女人终于面对面了。

两个女人的排序成为一个很尴尬的问题,刘秀也犹豫再三,只好先把两人都封为贵人。

朝廷里,两个家族的地位也基本相当,阴丽华的哥哥阴识、弟弟阴兴和郭圣通的弟弟郭况都是掌握实权的高官。

但皇后毕竟只能有一个,两个女人之间必须分出高下,刘秀这样拖下去并不是办法。朝廷里各方势力,特别是河北豪门,都在翘首以待,看刘秀会做出什么选择。

从外人的角度看,郭圣通肯定是全面占优的。

虽然河北已经平定了,但真定王室已经成为朝廷里一股不可忽视的力量,刘秀打江山毫无疑问需要他们的支持,阴丽华的家族能帮的忙则很有限。而且郭圣通已经生下了长子,相比孤身一人的阴丽华,她手上多一个沉甸甸的筹码。

再从道义上来说,刘秀如果现在踢开郭圣通的话,无异于过河拆桥,一定会受天下人唾骂,这一点刘秀肯定是有顾虑的。

但"娶妻当得阴丽华"言犹在耳,就这样让阴丽华当一个妃嫔吗?

史书记载,刘秀明确表示希望立阴丽华为皇后,阴丽华则竭力推辞,表现出一位名门淑女应有的贤淑与礼让。

最后在阴丽华的坚决推辞下,以及考虑到朝廷各方的意见,刘秀终于立郭圣通为皇后。

不过,这件事也可以这样理解:当时其实大家都心知肚明,阴丽华的地位不可能盖过郭圣通。但刘秀希望给阴丽华一个名分,希望让天下人都知道:阴丽华是他真正的原配妻子,是当得起皇后之位的,即使皇后之位落到别人头上,也是阴丽华让出来的。所以才在表面上毫不犹豫地站到了阴丽华一边。当然,同时他也希望阴丽华能"通情达理"地推掉给她的册封。

而阴丽华当然清楚刘秀的意思，所以竭力推辞，"让"出了皇后之位，留下了原配的高贵与尊严。

这是一个三方都能接受的最佳结果。

其间还发生了一则插曲。

就在后位之争进入关键阶段的时候，朝廷却收到情报说，真定王刘杨暗地里跟绵曼县的盗贼勾结起来，意图反叛。

刘秀果断出手，派刘杨的外甥耿纯假装到河北慰劳将士，把刘杨几兄弟骗到驿站里杀了。

随后，刘秀封刘杨的儿子刘得为新的真定王，没有再追究任何人的责任，郭圣通和真定郭氏也没有受到任何影响。

刘杨叛乱事件在真定国内引起巨大震撼，朝廷不动声色地发起"斩首"行动，随后又用安抚手段收买人心，彻底断绝了当地豪强集团发起反叛的可能，抢先一步摘除了这个隐患。

按照官方说法，刘杨反叛是一起独立事件。但这起事情跟确定皇后人选的时间正好重合，这是纯粹的巧合，还是有什么内在联系？外人不得而知。

外界看到的是这样一幕：不管阴丽华还是郭圣通，都是贤良淑德的女子，刘秀一朝的皇后之位是在互相谦让、一片融洽的气氛当中确定下来的，也因此创造出整个中国历史上后宫争夺中最文明的一幕场景。

郭圣通当上皇后以后，她的儿子刘强也很快被立为太子，真定郭氏获得了外戚地位，他们悬着的心可以彻底放下了，河北豪强集团跟刘秀的关系也得到了进一步巩固。

之后的很多年，刘秀对郭圣通都很不错。郭圣通又陆续生下四个皇子，身为皇后，能够如此长期、如此稳定地受宠，在历史上是很罕见的。

同时，刘秀对阴丽华的宠爱也丝毫没有减退，身为"贵人"的阴丽华，在后宫却拥有超然的地位，得到刘秀的特别照顾。

最明显的例子是，公元28年，刘秀亲自征讨渔阳的彭宠，不知道出于什么考虑，竟然把已经临盆的阴丽华带在身边，甚至不惜因此严重拖慢军队的行进速度。

这次事件似乎暗示：刘秀的后宫并不像史书上记载的那样一派祥和，而刘秀也用尽了一切手段去保护自己心爱的女人。

正是在这次行军的路上，阴丽华生下了自己的长子刘阳（后来改名刘庄）。

这之后，阴丽华也陆续生下了另外四个儿子。可以说，在刘秀一朝的早期，阴丽华和郭圣通共同分享了刘秀的宠爱。刘秀尽自己最大努力，在两个女人之间保持着平衡，没有亏待任何一位。

但当刘秀坐稳江山，不再需要倚靠河北豪强的支持以后，情况却渐渐改变了。

他的爱渐渐偏向阴丽华，郭圣通开始受到冷落。

对阴丽华的儿子刘庄的喜爱，更加剧了刘秀的态度转变。

特别是在推行度田令期间发生的一起意外事件，更让刘秀对刘庄的聪明睿智留下了深刻印象。

当时按照朝廷规定，各地官员都要向朝廷上奏牍说明本地度田的情况。在一堆奏牍中间，刘秀看到陈留郡的牍片上写着一句奇怪的话："颍川、弘农可问，河南、南阳不可问。"就问陈留官员这是什么意思。

陈留官员支支吾吾地不肯回答，被逼得急了，干脆说："这牌子不是我们的，是在洛阳的街道上捡来的。"

刘秀大怒，要治他的罪，正好十二岁的刘庄在旁边听到，便应声回答："这是他的上级写给他的，要他跟其他郡的官员私下沟通，比较一下他们度田的结果（以便于编造数据）。"

刘秀更奇怪，又问："那为什么说河南、南阳的情况不能问呢？"

刘庄回答："河南是京城（洛阳）所在地，南阳是父皇的家乡，这两个地方权贵太多，田宅都超过标准，不能拿来比较。"

刘秀恍然大悟，再去逼问那个官吏，那人只好说实话，果然跟刘庄猜测的一样，刘秀从此对刘庄刮目相看，也就更坚定了改立皇后的想法。

这时候的阴丽华，虽然没有皇后的名分，实际上却已经拥有皇后的地位，她的几个兄弟也被封侯，他们家族在朝廷里的地位已经超过了郭氏，按理说阴丽华已经不需要皇后之位了。

但刘秀始终不忘给她一个名分。

另外，刘秀还想立刘庄为太子，再加上已经不必考虑河北豪强的反应，所以还是坚决把改立皇后的计划推行了下去。

公元 41 年，刘秀下诏，声称郭圣通"心怀不满，不配领导中宫"，废除她的皇后称号，立阴丽华为皇后。

明眼人都看得出来，郭圣通根本没有犯什么错，废除她完全是为了给阴丽华腾位置。刘秀心里的皇后从来就是阴丽华，当初立郭圣通是迫不得已，现在只是遵从自己内心的选择，恢复两个女人各自该有的位置而已。

这是一次很特别的废后行动，被废的郭圣通没有受到任何惩处，除了失去皇后称号以外，其他方面并没有太大变化。

刘秀立郭圣通的第二个儿子刘辅为中山王，封郭圣通为中山太后，以补偿她的损失。

郭圣通的家族不仅没受牵连，反而获得大量封赏，几个兄弟都加官晋爵。郭圣通唯一的弟弟郭况更是受到刘秀特殊照顾，赏赐的钱帛不计其数，以至于他的府第被人称为京城的"金穴"，刘秀还经常驾临他的府第，在里面开宴会，其乐融融。

相对的，阴丽华的册封典礼则非常低调，刘秀亲自下令："这次立后典礼很特殊，不准庆祝。"只按照典籍里的规定按部就班举行了一些仪式就结束了。

当上皇后的阴丽华比以前更加谦恭，她生活简朴，不苟言笑，也很少参与游乐，只是兢兢业业地尽皇后的职责，默默无闻地当刘秀背后的女人。只有谈到她过世多年的父亲的时候，她才表露出自己的感情——悲从中来，独自流泪。她完全符合人们对一位皇后的道德要求，不管多么刻薄的人都挑不出她的错，以至于她成了后来一切皇后的楷模。

这样的人生不知道是可敬还是可悲。也许对于阴丽华来说，有刘秀的敬和爱已经够了吧，其他的一切都不需要了。

而郭圣通，除了失去刘秀的爱以外，她得到了人间的一切。她和她的几个儿子长期住在皇宫里，享受着接近正宫和嫡子的待遇。他们家族始终受朝廷特殊照顾，她的后人跟阴丽华的后人地位几乎相同，即使后来阴丽华的儿子当了皇帝，对待郭氏和阴氏也是一碗水端平，这种情况在历史上是绝无仅有的。

刘秀用最温和的方式，兑现了他对阴丽华的承诺，同时补偿了他对郭圣通的亏欠，这是世人能看到的最好结局了。

接下来，皇后宝座换人以后，太子之位当然也必须更换，这是无法避免的。

光武中兴：又一个盛世的开端

这些年，太子刘强跟他的母亲郭圣通一样尴尬。

他虽然拥有法定的皇位继承者的地位，但大家都心知肚明，皇帝心里的人选并不是他们母子，他们不过是暂时占着别人的位置而已。

随着郭圣通被废，刘强知道，自己的位置也该还给别人了。

不等刘秀下令，刘强就主动提出让出太子之位，但刘秀不同意。

这时候刘秀的想法可能跟当初立郭圣通为皇后的时候差不多——他希望刘强主动让贤，而且是在被人拒绝的情况下坚决推让，营造出一种和谐融洽的气氛。

刘强也懂这个意思，所以他反复推让，经过几个来回的"角逐"以后，公元43年六月，刘秀终于同意了刘强的请求，下诏封刘强为东海王，把太子之位转给了阴丽华的长子刘庄。

这是众望所归的结果，早就在大家的意料之内，除了刘强的几个师父以外，朝廷里没有谁提出反对意见，刘秀的诏书里也很直白地夸赞刘强懂得谦让，并且把富庶的鲁郡送给他当食邑。

刘强到封国以后，又多次上书请求刘秀收回东海郡，说他只要鲁郡就够了。刘秀不同意，还把刘强的奏折在朝堂上展示给大家看，让大家学习他谦恭容让的美德。

整个刘秀时代，朝廷都笼罩在一种温和、融洽的气氛当中，以往那种鸡飞狗跳争权夺利的局面彻底不见了，从天子到百官，人人都以退让为美德，统治阶层集体表现出一种令人叹为观止的君子风度。这其中当然有一些作秀的成分，但刘秀给大家的良好示范确实也起到了效果，把整个社会上层的风化都带到了一种前所未有的高度。

这种温醇、儒雅的行事风格逐渐演变成了东汉的国家性格，这个国家对内、对外都非常温和。

对内，人人谦恭礼让，尽量通过"礼"而不是"法"解决争端。

对外，以海纳百川的姿态包容一切民族，竭力缓和跟各国的矛盾。

在东亚版图上，东汉毫无疑问是超级强国，但它没有表现出任何侵略性，一直追求跟各国和平共处，共同繁荣。

当时，匈奴虽然已经不复当年勇了，但狼子野心一点都没改，还在梦想跟大汉争夺霸主地位。

他们首先控制西域。

自从当年跟王莽闹翻以后，西域各国就断绝了跟中原的联系，匈奴看到机会，重新把黑手伸到了这里，再一次成为西域各国的宗主。

匈奴可不会讲仁义道德，他们严厉压榨西域各国，西域各国苦不堪言，开始后悔背叛中原。当他们听说刘秀重建了大汉王朝以后，喜不自胜，公元45年，西域十六国集体派王子到洛阳为人质，请求东汉政府重建西域都护府，以保护他们不受匈奴侵害。

刘秀继续以偃武修文为政治纲领，他告诉这些国家的使节：中原刚刚经历过战乱，暂时没有能力经营西域，建立都护府的事情先放一放。然后赏赐他们一大笔钱财，把这些国家的王子都送回去了。

于是大汉主动放弃了收复西域的机会。

刘秀的初衷是为了避免加重百姓负担，但放弃西域带来一个严重后果：匈奴的势力得不到遏制了。

这些年，匈奴在北方边塞上肆意劫掠，给大汉的北部州郡造成严重伤害，东汉政府保持克制，一直处在防御姿态。

匈奴看到这情景，得寸进尺，进一步向南侵犯，侵入河东，逼近关中。

东汉政府进一步退让，把北方边境的居民向居庸关以内迁移。

事实证明这种无原则的退让是严重错误的，匈奴得寸进尺，竟然把他们的人口向塞内迁移，占据大汉让出来的土地，大幅压缩了大汉的防御纵深。

之后若干年，匈奴加大了侵略汉地的力度，不停派出铁骑深入大汉国土，从上党、扶风、天水，到上谷、中山，两千里的边境上烽烟四起，没有一刻安宁，西汉初年的一幕似乎正在重演。

好在大汉的运气实在不错，就在被匈奴铁骑折腾得焦头烂额的时候，敌人内部却发生了严重分裂。

当初呼韩邪单于有遗言，要他的儿子们实行"兄终弟及"的制度，挨个担任单于。

之后的很多年，他的儿子们都谨守诺言，挨个把王位传下去。

东汉初年，现任匈奴单于是呼韩邪单于的第八个儿子舆（从王莽时期开始，单于的名字都改成了单字），按规定，他接下来应该把王位传给九弟知牙师，但他却决定破坏"兄终弟及"的制度，找借口杀掉了知牙师。

这一幕引起了另一个人的严重担忧。

匈奴的日逐王名叫比，是舆单于的六哥的儿子，看到九叔被杀以后，他盘算道："按照'兄终弟及'的规定，舆单于该传位给九叔，按照传位给长子的规定，我是前单于的长子（呼韩邪单于的第七个儿子死得早，所以王位从第六子直接传给了第八子），应该传位给我。现在舆单于把九叔杀了，下一个是不是要轮到我呢？"于是开始生出叛变的念头。

舆单于觉察到比有异心，便派两位骨都侯去监视他。

公元46年，舆单于死后，王位传到了他儿子蒲奴手上，称为蒲奴单于。

比发觉自己彻底失去了继承王位的希望，内心的愤懑越来越难以遏制。

当时正好匈奴遇到严重自然灾害，为了缓和跟大汉的关系，蒲奴单于又提出"和亲"这个老话题，双方的使者你来我往，频繁交流，比就趁大汉的使者来匈奴访问的机会，偷偷献上匈奴地图，表示愿意归附大汉。

比的阴谋被身边的骨都侯发觉，报告给单于，单于发兵一万来攻打比，双方正式翻脸。

这时比手下统领着匈奴南方八部总共四五万人马，蒲奴单于的军队来到南方，一看，不敢动手，又退了回去。

但双方的对决已经形成，不可能再弥合了，公元48年初，匈奴南方八部召开大会，准备拥立比为新单于，借用他祖父的称号，称他为"呼韩邪单于"，史书上称比为醢落尸逐鞮单于，或者叫比单于。

比单于继承他祖父的"光荣传统",派人到大汉请求归附,表示愿意驻扎在五原塞附近,永远替大汉守卫边疆。

接到比单于的请求以后,刘秀很犹豫,按照当前偃武修文的国策,是不该介入匈奴内部冲突的。他把这件事拿到朝堂上让大家讨论。

不出意料,大臣们都认为现在国力不足,不应该掺和这种事,只有耿弇的弟弟耿国坚持认为:有比单于挡住北匈奴和周边蛮族,北方的防务形势会大为改观,这样的机会不应该放弃。最后刘秀听取了耿国的建议,同意比单于归附。

当年冬天,比正式自立为单于,匈奴也分裂为南匈奴和北匈奴,分别由比单于和蒲奴单于统领。(西汉宣帝时期,匈奴第一次分裂。南匈奴归附大汉,北匈奴的郅支单于逃到康居,被陈汤所杀,北匈奴也就消失在了历史上,南匈奴统治漠北,直到现在南匈奴再次分为南北两部分。)

刘秀时期,大汉朝廷在对外战略上陷入了保守自闭的误区,总是靠退让来保持边疆安宁,为此付出了惨重代价。幸亏大汉的运气相当好,匈奴内部自己分裂了,关键时刻,又听取了耿国的正确意见,终于没有一错再错。

事实证明,比单于的到来对大汉的帮助太大了!

第二年他就替大汉征讨北匈奴,深入漠北,大获全胜,活捉蒲奴单于的弟弟左贤王,俘虏一万多人,获得马七千匹,牛羊上万头,堪比当年卫青、霍去病的战绩。

北匈奴举国震恐,蒲奴单于带着部族向北逃窜一千多里,漠北空无一人,单于手下的两位骨都侯带着部下三万多人投靠比单于,北匈奴因此受到沉重打击,困扰了中原几十年的北方边患问题就这样意外解决了!

比单于对大汉忠心耿耿,他打败北匈奴以后就派使者到洛阳朝觐天子,献上珍宝,奉藩称臣,又派儿子为人质。大汉也做出回报,在五原塞附近替比单于建了王庭,把他迁到西河郡的美稷县居住,又派出许多军队长期驻扎在那里护卫他,替他建立起完整的政府机构,比单于的朝廷从此进入了半汉化的状态。

比单于派手下几个王分别驻扎到北地、朔方、五原、云中、定襄、雁门和代郡,替当地汉军当耳目,侦察北匈奴的动静。

有这些草原雄鹰的帮助，大汉的北方边塞固若金汤，北匈奴完全无力突破。到最后，北匈奴的军队每次来边塞附近窥探，逃走的时候，总是对大汉边防军喊道："我们是来打叛徒日逐王（比单于）的，不是来侵犯你们汉人的。"可见他们对汉军的畏惧。

有比单于镇守北方，鲜卑、乌桓等部落都瑟瑟发抖，纷纷来向大汉称臣，随后作为大汉的藩属，联手去对抗北匈奴，彻底把北匈奴孤立在了漠北。

这时候出现了消灭北匈奴的绝佳机会，东汉朝廷也认真考虑过这件事，但最后刘秀还是认为目前应该让老百姓休息，不要劳师远征，否决了这个提议。

所以尽管大汉在北匈奴面前已经全面占优，但始终没有主动对他们发起打击，北方边塞还是以防御为主。

蒲奴单于也担心东汉大军打过来，所以尽最大努力讨好大汉，不断进贡各种礼物，几次三番请求和亲，请求大汉教他们礼乐，甚至请求让他带领西域各国首领到洛阳朝觐汉家天子——这样下去，北匈奴似乎也要归附了，大汉历史上可能会出现南北匈奴同时归附的壮观场景！

可惜刘秀的朝廷终究还是偏于保守，拒绝了蒲奴单于的这些请求，只希望双方保持和平就好了，把征服北匈奴的任务留给了后人。

比单于当了九年单于，享尽了东汉朝廷给的各种荣誉，最后在公元56年过世。但匈奴汗国彻底衰落下去了，比单于一个人的叛变永久改变了汉匈双方的实力对比，对后来的历史产生了重大影响。

对于大汉来说，匈奴的分裂和南匈奴的归附，使得北方边境迎来长期和平，军事压力大大减轻，虽然周边其他蛮族还偶尔有反叛，却都很快被镇压下去了，伤不到大汉的筋骨。所以大汉的外部环境出现了一百多年来最有利的局面，国防开支得以大幅缩减，民众的兵役和徭役压力也变得很轻很轻。

同一时期，国内政治清明，社会稳定，经济建设正在有条不紊地进行着，国内外两方的利好形成共振，推动国家走上了快速复兴之路。

站在老百姓的角度来看，这个时代几乎是完美的：对外没有大规模战争，对内没有严刑峻法，没有苛捐杂税，没有劳师动众的大规模建设。其他朝代让老百姓痛苦的因素现在都没有，和风吹拂街道，人人谦恭有礼，全国上下都透出文质彬彬的气质。

这是一个最文明、最温和、最适合生活的时代。

这是刘秀以"柔道"治天下的辉煌成就。他的时代快结束的时候，国内人口已经比开国之初增长了一倍多，战争创伤彻底抚平，盛世的气象已经初步显露，这一切，被后人称为"光武中兴"。

刘秀凭借卓越的才干与近乎完美的人格，在一片废墟中，奇迹般地创造出这样一个盛世，恢复了汉家的荣耀，这一点，值得天下人永远铭记。

晚年的刘秀也犯过一些错误，例如对官员过于苛刻，错杀了一些忠臣。还有，陷入了对"谶纬"的迷信，利用各种神神道道的占卜、预言去蛊惑人心，维护自己的统治。但这些错误都不严重，没有影响国家持续向上的发展势头。

刘秀本人非常勤恳，每天一早就起来上朝，到日暮时分才散朝，然后又邀请公卿百官去讨论经学，忙到半夜才休息。这样的生活他坚持了几十年，以至于太子刘庄都心疼，劝他："陛下虽然圣明，却不像上古贤君那样会保养自己，但愿陛下多注意休息。"

刘秀淡然答道："我以此为乐，不觉得累。"

马上打天下的刘秀身体非常好，在长年累月的高强度工作下也活到了六十一岁，在公元57年驾崩。他之前留下遗言：按照汉文帝的丧葬规格实行薄葬；地方官员不许进京吊唁，也不要传递吊唁信函，务必把对民众的骚扰减到最小。

刘秀葬于原陵，谥号光武皇帝，虽然带个"武"字，但他可以算得上史上最"文"的皇帝了。

皇太子刘庄随后即位，称为汉明帝。

第三十八章　明章之治（上）

暴躁皇帝的帝王之术

明帝继位的时候二十九岁，正是精力充沛、思想成熟的黄金年龄，他一上来，立即展现出一位成熟帝王该有的老练作风。

光武帝留下的是一个制度完善、秩序稳定的国家，一切都运行在正确的轨道上，明帝的任务就是继续维持这种状态，保持国家平稳运转。

所以他基本上全盘继承了光武帝的政策，核心的一点就是：以宽柔治天下。

儒家传统上倡导的仁政——宽刑简政、肃清吏治、轻徭薄赋、课劝农桑、倡导风化、抚恤孤寡、尊崇耆老……在明帝时期都得到了很好的实行。

同时，明帝也懂得严格约束自己和权贵阶层。他到郊外去游猎，大臣拦住他的车驾，劝谏他不要荒废朝政，他马上就掉转车头回宫了；他想扩建皇宫，刚一开始招募工匠，马上又被人劝阻，认为不该耗费民力供自己享乐，于是皇宫扩建工程就这样停下来了。

另一次，明帝的姐妹馆陶公主找到他，请他给自己的儿子封一个郎官的职位，明帝毫不犹豫地拒绝了她，只是赏给馆陶公主的儿子一大笔钱作为安慰。

对于明帝来说，如何约束那些权贵阶层是个难题。由于缺少光武帝那样的威望，明帝小心翼翼，在功臣、文吏、外戚和诸侯宗亲之间保持着微妙的平衡，既利用他们的力量维持自己的权威，同时又给予适当打压，不使任何一方坐大。

其中，压制外戚和刘氏宗亲是最重大的课题。由于光武帝打下的基础已经非常牢固了，外戚和刘氏宗亲都翻不起什么波浪，所以明帝遇到的问题不多，只需要遵循"公平、公正"的原则，合理打击其中的不法分子就可以了。

明帝早期，出过几起轰动全国的大案，导致外戚和刘氏宗亲里面的不法分子受到了严厉制裁。

其中一个是"驸马杀妻"案。

阴丰是阴丽华弟弟的儿子，娶的光武帝的女儿郦邑公主。

这夫妻二人都是从小养尊处优的人物，脾气都不好，尤其郦邑公主，更是出了名的暴脾气。公元59年的一天，两夫妻不知道为什么事吵架，阴丰一怒之下就杀了郦邑公主。

公主被杀，震惊全国，这是公然挑战皇家权威，虽然当时太后阴丽华还在，明帝也毫不留情，下诏处死阴丰，阴丰的父母阴就夫妇也被迫自尽，他们的封国也被撤销了。

阴就是阴丽华唯一还活着的兄弟，现在阴就父子双双殒命，对阴氏的打击不小，但国家法令在前，没人可以反对。有这样一个活生生的例子在，阴氏外戚和其他外戚从此也就规矩多了。

——不过光武帝的女婿们确实也命不好，光武帝有五个女儿，五个驸马里面有四个因为犯罪被杀，只有涅阳公主的驸马窦固得了善终。

但即使一直以来顺风顺水的窦氏，很快也遇到了大麻烦。

河西窦融是当初归顺光武帝的一支主要军阀，对于平定隗嚣做出过巨大贡献，再加上他们本身又跟皇家沾亲带故（是西汉窦太后家族的后人），因此他们家族受到光武帝特别优待，家族里许多成员担任高官，号称"一公、两侯、三公主（娶了三位公主，包括涅阳公主和两个宗室之女）、四二千石"，家里僮仆上千，在洛阳的豪宅连成一片，再加上各种盘根错节的姻亲关系，这个家族势力之强大、声望之煊赫，在功臣家族里面位列第一。

这种情况让明帝相当忌惮,他很急迫地要对窦氏进行压制。

公元59年,明帝上台不久,就抓住了他们家族的把柄。

当时窦融的侄儿窦林带领军队去平定西羌之乱,羌人部落里最强大的是烧当羌,烧当羌的首领是滇吾、滇岸两兄弟,滇岸先向窦林投降,窦林以为他是羌人的大首领,报告给朝廷,朝廷很欣喜,把滇岸封为大都尉。

第二年,滇吾又向窦林投降,窦林又报告上去,说这是羌人的大首领。明帝很奇怪:"羌人的大首领不是去年就投降了吗?"一问,窦林只好含糊回答:"滇岸就是滇吾,当地土话发音相近而已。"

明帝可不好糊弄,让人一查,发现窦林是在乱说,这下严重了——"欺君之罪"!明帝马上下诏免了窦林的官职。

紧跟着就有"聪明"的官员上奏,说窦林贪污腐败,于是朝廷下令把窦林打入监狱,随后处死了。

这是现成的把柄,明帝以这个案子为借口,不断下诏斥责窦融,以西汉时期窦婴、田蚡身败名裂的故事为例,警告他不要过分张扬。

窦融惶恐不安,只好交出自己的印绶,辞掉官职,回家养老去了。

可事情并没完,窦融前脚刚走,马上又爆出丑闻——他儿子窦穆也出事了。

窦穆的封国在安丰,旁边挨着六安国。窦穆想扩大自己的势力,计划把自己的女儿嫁给六安侯刘盱(xū),但刘盱已经有妻子了,窦穆就假造太后诏令,命令刘盱休妻。刘盱竟然轻易"相信"了这个诏令,休掉自己的原配,娶了窦穆的女儿。

刘盱的原配妻子娘家不依不饶,一张状纸告上官府,把这起阴谋捅了出来。

明帝听说以后勃然大怒,当场罢免了窦穆的官职,同时命令窦氏家族在京城做官的人,除了窦融本人以外,其余的全部免除官职,带着家眷回老家去。

这是对窦氏家族的彻底清洗,窦融又惊又怕,很快死在了家里。

那么,关于阴太后的诏令,到底是不是窦穆假造的呢?只能说,皇帝说是就是吧。

明帝很快又意识到放窦氏家族回河西是严重错误，所以借口让他们给窦融办丧事，把已经走到函谷关的他们又召回了洛阳。

丧事办完以后，窦穆又回到了自己的豪宅里，但受到朝廷严密监视，基本上相当于软禁。

过了几年，监视窦穆的人报告：窦穆一家人对朝廷怀恨在心，经常口出怨言。明帝就再次下令把他们家的其他人都赶回老家，只把窦穆父子三人留下，抓进监牢，拷打至死。从此以后，窦融一家老小，只剩下窦融夫人和一个小孙儿住在宅院里，京城第一豪门的势力就这样被摧垮了。

这时候窦氏的主要人物只剩下窦固，他是窦融的侄儿，是朝廷里首屈一指的名将，功勋卓著，又是当朝驸马、明帝的姐夫，因此勉强逃过一劫。但他也被罢掉官职，软禁在家里，一直到十年后，朝廷准备攻打北匈奴，才又把他释放出来。

明帝对付窦氏的手段如此冷酷无情，彻底震慑了权贵们，京城各大皇亲贵戚全都战战兢兢，小心翼翼地做人，再也不敢嚣张了。

接下来轮到刘氏宗亲，这也是一群需要敲打的硬骨头。

光武帝有十一个儿子，五个是郭圣通生的，五个是阴丽华生的，还有一个刘英是许美人生的。

表面上，明帝对这些兄弟们都情深义重，给予他们特别的优待，但另一方面，明帝对他们的防范却一点都没有放松，他们的一举一动都逃不过明帝的耳目。

这些王爷们也普遍都不是省油的灯，虽然大规模的叛乱他们不敢，但小打小闹作奸犯科的行为可一点都不少，这让明帝十分头疼。

例如，济南王刘康就在封地收留了许多不法分子，以至于有人告发他"意图不轨"，但明帝从轻发落，只削掉他一些封邑。

淮阳王刘延与家人私下做图谶、施行巫术，被人告发，明帝把他的同伙们都杀了，把他本人贬为阜陵王。

中山王刘焉杀死自己的姬妾，被人举报，也得到明帝的从轻发落，只削掉一些封邑而已。

——这三个王爷都是郭圣通的儿子，屡屡作奸犯科，还总是被身边的人举报，似乎说明史书上关于刘、阴、郭三家和睦相处的记载并不可信。

但他们的这些罪行，跟山阳王刘荆比起来，则完全是小巫见大巫了。

刘荆是阴丽华的儿子，按理说跟明帝应该非常亲近，但不知道什么原因，他对自己这个皇帝哥哥一直心怀怨恨，以至于千方百计地搞破坏。

早在光武帝刚刚驾崩的时候，刘荆就已经对自己的哥哥发起攻击了。

当时大家都在皇宫大殿上哭灵，人人都哀恸无比，只有刘荆不一样。他一边在那儿干哭，一边私下写了一封信，假冒刘强（光武帝长子，废太子）的舅舅、朝廷里的高官郭况的名义，鼓动刘强立即起兵跟太子争夺天下——刘荆明明是阴丽华的儿子，却鼓动郭圣通的儿子来争夺天下，这种奇怪的操作，只能理解为他跟当太子的哥哥有仇。

幸好刘强的头脑清醒得多，收到信件以后，二话不说，立即连送信的人一起押送到洛阳。朝廷派人一查，刘荆的阴谋当然就败露了。

刚刚登基的明帝哭笑不得，他知道自己这个弟弟的政治头脑跟三岁孩童差不多，闹不成什么事，所以也就骂了他一顿而已，没怎么处理他，对外也没说这件事。

不料这下刘荆更来劲了，第二年，羌人反叛，他觉得天下要大乱，自己的机会来了，便暗地里跃跃欲试准备造反，结果马上就被明帝安插在他身边的人报告上去。这回明帝的处罚重了一些，把刘荆贬为广陵王，赶到偏远的南方去了。

刘荆继续上蹿下跳。在广陵，他又找到一个相面的，问："我长得很像先帝，先帝三十岁起兵得天下，我今年也正好三十，可以起兵了吗？"

相士暗骂："你寻死可别带上我。"马上跑到当地官府去告发。

刘荆知道相士去官府以后也慌了，自己到官府去投案自首。

明帝淡淡一笑，下诏裁掉刘荆手下的官员，由朝廷派人去"保护"他，其他待遇不变。

过了不久，有人举报刘荆在家里施行诅咒，请求朝廷判他死罪，刘荆听说后，彻底绝望，就自杀身亡了。

刘荆是自己作死的典型，他一次次犯罪，一步步把自己逼上了绝路。但这一系列事件背后，更让人心惊胆战的是明帝对诸侯王强大的控制能力。诸侯王不管做什么事，都逃不出他的掌控，甚至略微有一点不法的企图，明帝就能马上察觉到，并且迅速做出反应。

明帝把帝王之术玩到了极致，对诸侯王表面上宽和，暗地里严加控制，凭借着他的高超手法，这个年代的诸侯们根本翻不起什么风浪，对王权的威胁微乎其微。

帝王之术的一个特点，就是对不同的人使用不同的手腕，明帝对外戚和诸侯总体来说还是宽容的，但对待普通官吏就不一样了，他刁钻、刻薄、眼里揉不进沙子，动不动就对官吏严厉惩处，直接动手打人更是家常便饭，以至于在史书上留下了"暴躁"的名声。

最有名的是他殴打药崧的故事。

药崧是尚书台的郎官，办事认真负责，一直挺受明帝信任，有一次却不知道为什么得罪了明帝，明帝抄起一根棍子追着他就打。

药崧连滚带爬躲到床底下，明帝叫他出来，他就在底下大声说："天子穆穆，诸侯煌煌，未闻人君自起撞郎。"意思就是：你身为天子，本来应该庄严肃穆，却跳起来亲自打我一个小小郎官，风度何在？

明帝被他逗笑了，放下棍子饶了他，后来也继续信任他，还把他任命为南阳太守。

当然，被皇帝拿棍子追着打实际上算是一种"优待"，能享受这种待遇的都是明帝身边的近臣，明帝也很会掌握分寸，惩罚的成分少，吓唬的成分居多。至于中下层官员，等待他们的则是无处不在的监察与无休止的考核，一旦犯错，轻则丢官，重则锒铛入狱，最后直接给弄死在监狱里，那才真正是让人不寒而栗的待遇。

由于明帝对官员的极度苛责，在他的时代，朝廷从上到下都绷紧了神经，官员们一个个战战兢兢，唯恐出一点差错。这带来一个巨大的好处，就是吏治的清明，以及随之而来的，社会秩序的稳定。

这个时代，风清气朗，天下承平，老百姓人人安乐，经济蓬勃发展，社会各个部门井然有序地运行着，正气笼罩着社会的每一个角落，大汉王朝的第三次盛世已经悄然来临了。

后宫表率马皇后

明帝时代，后宫的气氛同样清平祥和，其中一个主要原因是有一位贤良的马皇后在主持后宫。

马皇后是伏波将军马援的三女儿。

马援是光武帝一朝的头号名将，为国家立下了汗马功劳，后来在征讨五溪蛮的过程中，病死在了前线。

马援死后，他的政敌驸马梁松和窦固趁机诬陷他，光武帝被蒙蔽，削除了马援的爵位。

马援的家族也受到牵连，地位一落千丈，到处被人欺负。马援的侄儿马严实在气不过，当时马氏女（史书上没有记载马皇后的名字，这里暂称为马氏女）她们三姐妹已经许配给窦氏的人了，马严去对她们母亲说："窦氏把我们欺负得太狠了，不如废除跟他们的婚约，把几个妹妹送给诸位王子，说不定还有翻身的机会。"

马氏女的母亲同意了，于是马严把这三姐妹举荐给皇室，朝廷派官员来查看以后，把十三岁的马氏女分配到了太子府，给太子刘庄当妃子。

进入太子府以后，马氏女立即展现出教科书一般标准的淑女风范。

她的容貌气度都是一流的，又知书达理，善解人意，待人接物彬彬有礼，行事面面俱到。更因为是戴罪之身，她做人极其小心谨慎，不管对待太子，还是府里的各位妃嫔，她都表现出极度的谦恭，对阴皇后更是伺候得无微不至，以至于她很快成为尽人皆知的好人。

太子刘庄被这位温婉贤淑的"罪臣之女"打动了，常常把她留在身边伺候，对她的宠爱一天胜似一天。

这时候马氏女的母亲又多次向光武帝上书申诉冤情，光武帝也渐渐明白马援是被人诬陷的，对马氏家族的态度有所转变。

可惜马氏女一直没能生育，公元56年，刘庄的另一位妃子贾氏生下了一个儿子，名叫刘炟（dá），贾氏是马氏女的侄女，刘庄心疼马氏女，就把刘炟交给她抚养——当然，这背后还有更深层次的考虑：通过分开贾氏母子来预防以后出现太后专权的局面。

没有子嗣反而成为马氏女的护身符，她对别人没有威胁，大家也不担心她的家族成为强势外戚，所以在波谲云诡的后宫里面，她招到的敌意是最少的。

刘庄登基以后，讨论立谁为皇后，阴太后随口说："后宫里面数马氏女最贤良，就立她吧。"于是事情就这么定了，罪臣之女马氏女成了马皇后。

马皇后已经没有什么可追求的了，她把全部精力都投入到照顾刘炟上面，对待刘炟如同对待自己亲生的孩子一样，刘炟在她的照顾下成长为聪慧贤良的王子，母慈子孝，在宫里传为佳话。

马皇后处处以阴太后为榜样，还十分年轻的她，表现得心如止水，对人间的一切享乐都不感兴趣。

有一次宫里举办酒宴，公主命妇们都来赴宴，大家远远看到马皇后的衣服式样跟别人不一样，都以为是最新款的丝绸，于是都凑过来围观，到近处才看到，竟然是下人穿的粗布衣裳，马皇后解释说："这种布料容易染色，所以我穿这个。"大家都感叹不已。

另一次，明帝带着妃子们到濯龙园去游览，大臣们看到皇后没来，就请求明帝把皇后也请来一起游玩，明帝笑笑，说："她这人不喜欢游乐，不必叫她。"所以后来每次游玩都不叫上马皇后。

马皇后唯一的乐趣就是读书，《春秋》《楚辞》《易经》她都倒背如流，周礼和董仲舒的儒家经典她更是喜爱不已，因为学问深厚，她对国家大事也常常有自己独到的见解。

明帝每当遇到难事总爱咨询她的意见，她总能帮忙解决问题。但她从不利用这种机会为自己的家族谋取利益，只是尽力为明帝献上中肯的意见而已。

她总是本着宽柔的心态，劝明帝善待众人。公元70年，楚王刘英谋反案爆发，牵连到了很多人，马皇后不断劝谏明帝要谨慎判决，减少杀戮，在她的影响下，明帝宽恕了很多人。

马皇后的一言一行完全符合传统上"贤妻"的标准，看到明帝子嗣不多，她无比忧心，经常把身边的美女引荐给明帝；宫里有妃子受到明帝宠幸的，她都马上给予丰厚的赏赐。她不争、不妒，无欲无求，严格按照帝王家对于皇后的标准要求自己，可以说把一切都做到了无可挑剔。

当然，后人也许会感慨："这样过一生真的有意思吗？"只能说，马皇后跟阴太后一样，把辅助自己的丈夫成就帝王之业作为毕生的追求，其他的一切对于她来说，都不重要了吧。

马皇后的贤良感动了许多人，明帝一生对她又敬又爱，刘炟对她也充满感激和尊敬。后来登基以后，刘炟把马皇后尊为太后，完全当作自己的亲生母亲来奉养，对真正的亲生母亲贾贵人反而不予封赏。

抛开所有道德层面的褒奖，马皇后最难得的一点是：她始终拒绝对自己家族的提拔。即使后来她当了太后，章帝要给她的兄弟们封侯，她都坚决拒绝。她的哥哥马防伺候明帝的病情，前前后后忙碌了一年，她也坚决要求删除相关记载，理由是：不希望后人认为皇帝应该亲近后妃的家属。

马皇后如此贤良，如此自律，让人们在感动之余也产生一种错觉：外戚真的是一种非常温和的力量，完全没必要担忧他们，甚至可以鼓励他们贡献自己的力量，辅助皇帝治理天下。

可惜当时的人们根本想不到，这样贤良的皇后以后再也不会出现了，如此温和的外戚家族也只是历史长河中的一个特例，看起来根本无须担心的外戚，以后却会成为长期困扰东汉王朝的一个重大难题……

文化的盛世

光武帝和明帝开创的这个盛世，有一个特别值得称道的优点，就是对于文化的格外重视。

东汉王朝以儒家立国，把儒学提到了空前绝后的高度，皇帝自己就是儒家门生，以孔子为至圣先师。

从公元前124年，汉武帝设立太学起，汉朝（以及王莽的新朝）政府就非常重视文化教育事业，努力推动太学的建设。随着时间推移，太学的规模不断扩大，为国家培养了许多人才。后来王莽又建造辟雍（pì yōng），这是举行祭祀和研究学问的场所，也是太学的一种形式。

东汉开国以后，光武帝也建造了辟雍，可惜刚刚落成，光武帝就驾崩了，推广文教的任务落到了明帝身上。

明帝登基的第三年，便亲自到辟雍举行大射礼和养老礼，按照上古传统，褒奖"三老五更"。（"三老五更"是给一些学问渊博、德高望重的老人的荣誉称号，人数不定，并不一定是三和五。另外，除了天子亲自褒奖的"三老五更"以外，全国各地也把当地德高望重的老人称为"三老"，同样给予优待。）天子以后学晚辈的姿态"尊事三老，兄事五更"，以表示对学者和老干部的尊重。

在这次养老礼上，明帝亲自扶这些老人上下车，为这些老人把酒添菜，热情地向他们祝寿，并且赐给他们极高的待遇，由国家奉养他们终身，同时，全国各地的"三老"也得到朝廷的丰厚赏赐。

"五更"中的桓荣是明帝当太子时的老师，曾经教授明帝《尚书》。褒奖仪式结束以后，明帝扶着这位老师登台，让老师在旁边监督，自己亲自坐上讲台，向大家讲授儒学精要。其间，下面的学者们可以自由提问，由明帝来解答——天子讲课的传统就是从这时开启的。

这是一次空前隆重的学术研讨大会，全国各地的大儒们都来旁听，围观的学者有上万人，辟雍周围的池塘边、桥上全部挤满了人，密密匝匝。大家互相研讨，热烈辩论，共同参与着这场旷世盛典。

在明帝的带动下，读书做学问的风气在全国蔓延开来，各地的学堂一座又一座地建立起来，贵族子弟纷纷投入到学术研究中去，连匈奴人都送子弟来中原求学。

在很短的时间内，乱世留下的野蛮气息便彻底被清除了，全国各地风气一新，人人都尊师重教，家家户户都以知书达理为荣，儒学和读书人的地位达到前所未有的高度，使得东汉成为历史上文化繁盛的第一个高峰。

儒家文化的精髓，"仁义礼智信"，从此印入中国人的灵魂深处。后来的岁月里，不管遇到外敌入侵、神州陆沉，还是君王无道、朝纲混乱，总会有无数忠义之士勇敢站出来，秉着"杀身成仁"的信条、"捐躯赴国难"的理念，力挽狂澜，迎难而上，无怨无悔地为国家、为整个民族献出自己的一切。

正是有这样一群忠诚义士作擎天柱，华夏文明才能历经无数劫难而始终没有断绝。

这种伟大信念也保护了东汉王朝自身。东汉王朝是一个充满悲剧气息的王朝，短暂的辉煌过后便坠入深渊，正是靠着各路忠诚义士的苦苦支撑，才勉强维持了两百多年。

即使伟大的光武帝和汉明帝，也没想到他们带起的这股正气能够如此泽被后世吧？

佛法东来

明帝年间，文化上的另一件大事是佛教在华夏的兴起和传播。

公元64年的一天，明帝做了一个奇怪的梦，梦里有一个巨大的金人在皇宫上方飞行，头顶放出白光。第二天早朝，他问大臣们："谁知道梦里这是什么神？"有大臣回答："西方天竺有神名佛陀，身长丈六，浑身金黄，皇上见到的可能就是佛陀。"

明帝对听说以后，很感兴趣，便派中郎将蔡愔（yīn）和博士弟子秦景带着一支队伍去天竺寻访佛法。

史书没有记载蔡愔等人"西天取经"的具体过程，但这段路程一定极其艰苦，因为当时的西域还不在大汉控制之下，西域境内，小国林立，彼此冲突不断，行路者极度危险。

蔡愔等人在公元65年出发，经过一年多的跋涉以后，竟然奇迹般地来到大月氏，在那里遇到两名从天竺来的高僧：摄摩腾和竺法兰。两位高僧听说他们西行的目的以后，便同意跟着他们一行人前往东土传授佛法。

公元67年，蔡愔等人带着两位高僧回到洛阳，同时带回来的还有一匹白马驮着的一批佛经和释迦牟尼像。

明帝在文化上十分开明，对于西方传来的佛法，他以宽广的胸怀接收下来。他恭敬地接待两位高僧，把佛经藏到皇宫里的兰台，又让人临摹佛像，挂到清凉台（明帝曾经读书的地方）和显节陵（明帝自己的陵墓）上。并且以驮经的"白马"为名，在洛阳城雍关之西建了一座"白马寺"——这便是华夏大地的第一座佛寺，被称为中国佛教的祖庭。

明帝大力支持两位高僧，让他们在寺庙里讲经，传播沙门奥义。

摄摩腾和竺法兰后来一直住在白马寺，在余下的时光里翻译了《四十二章经》等一批经文（总共有五部经文，四部在东汉末年的战火中被毁，只有《四十二章经》流传后世），佛法开始在华夏传播开来。

《汉书》与汉史

明帝时期另一件文化上的大事就是《汉书》的修撰，这涉及东汉初年一个极富传奇色彩的家族。

公元62年的一天，忽然有官员向明帝报告：那个"偷写"国史的人已经被带过来了，书稿也收缴过来了。然后把抄到的书稿给明帝过目。

明帝拿起那份书稿看了一会儿，禁不住连连叫好，命人把这个"犯人"带上来自己亲自审问。

这"犯人"名叫班固，是著名学者班彪的儿子。

班彪一生钻研史学，写过很多著作。受他影响，班固也潜心钻研史学，学问渊博，才识过人。

但班固的才能并没有得到统治者赏识。

公元58年，东平王刘苍（明帝的弟弟）经过朝廷同意，公开为自己招揽幕僚。二十六岁的班固看准机会，向刘苍呈上一篇言辞恳切的文章。在这篇文章里，班固把刘苍大肆吹捧了一番，又很"热情"地向刘苍推荐了地方官员里的一些杰出人士，建议他找这些人辅佐他。

班固希望通过这种方式让刘苍"发现"自己对他的"无限仰慕之心"，没想到，刘苍果然听了他的话，把他推荐的那些人都提拔上去了，却没看上他。

班固碰了个软钉子，大受打击，只好放弃从政的想法，回到家乡，当一个普通的学者。当时班彪已经过世了，留下一部《史记后传》没完成，仕途不顺的班固开始钻研父亲留下的大量史籍，想把父亲未完成的史书续写下去。

但他很快发现与其续写父亲的书，还不如自己另外写一本，便凭借父亲留下的丰富史料，开始写西汉史书，这便是大名鼎鼎的《汉书》。

当时私人写国史是犯法的，过了几年，有人把班固偷写国史的事告到了官府，朝廷下令把班固抓进监狱关起来，把他的书稿也没收了。

当时犯这种罪的人往往会被处死，班家的人惊恐不已，班固的弟弟班超骑着快马，连夜从老家（咸阳附近）赶往洛阳，向明帝求情。

班超有胆略，有口才，在明帝面前侃侃而谈，说明班固修国史对国家有重大意义，不应该受到压制。明帝被他说动了，决定亲自过问这个案子，这才出现了明帝召见班固的一幕。

明帝对班固的书非常赞赏，不仅赦免了他的罪过，还把他任命为兰台令史（负责管理皇家书库的官员），让他专门修撰国史。

班固跟当时的一群著名学者一起，共同编撰了《世祖本纪》，记录光武帝一朝的历史。

《世祖本纪》是当朝的官修史书，但这仅仅是一个开始，后来又经过几代人的接力，在《世祖本纪》的基础上不断添加新内容，终于编成了最权威的东汉史书：《东观汉记》。这是记录东汉历史的第一手资料——可惜《东观汉记》后来散佚了，没能流传下来。

班固最重要的著作还是《汉书》。在明帝的支持下，《汉书》已经得到官方认可，成为正式的国史，修撰《汉书》已经是班固的正式任务。同时，在皇家图书馆工作，让班固有机会接触官方收藏的珍贵史料，大大促进了《汉书》的写作。

公元82年，经过二十四年的不懈努力之后，《汉书》终于基本完成，这是当时的一项重大文化工程，朝廷十分重视，学者们也纷纷研读这部著作，这部八十万字的皇皇巨著成了国家的主要典籍之一。

班固本人也因为在史学上的巨大成就声名鹊起，明帝和后来的章帝都非常看重他的才华，常常跟他一起讨论学术问题，甚至让他参与国政的讨论。班固也投桃报李，写了许多华美篇章献给帝王，对当时的文学兴盛做出了很大贡献。

不过班固家族的传奇才刚刚开始。

在班固被明帝任用以后，班固的母亲和弟弟也迁到了洛阳，可是因为家境贫寒，他们的日子并不好过，弟弟班超只好替官府抄写文书来维持全家的生计。

这种生活根本不是班超想要的，他每天夜以继日地做着毫无意义的重复劳动，耗尽了精力不说，心里更是十分苦闷。有一次，他抄文章抄得心烦意乱，直接把笔扔到一边，大声说："大丈夫在世，应当效仿傅介子、张骞，立功名于异域，扬威名于万世，岂能在笔砚之间虚度时光？"——这便是"投笔从戎"的来历。

机会不久就来了。

当时班固常常在明帝跟前伺候，有一天，明帝忽然想起之前班超替班固求情的事，就问班固："你弟弟现在怎么样了？"班固照实回答。明帝很感慨："班超也是个人才呀！竟然落魄到这种程度？"就下令把班超也招募到皇家图书馆工作。

明帝却根本没想到，这次不经意的任免，为大汉招来了一位旷古烁今的盖世英豪，直接改变了大汉的国运与中亚的版图。

卷土重来的匈奴

事实证明，当年光武帝没有接受西域各国的归顺是个巨大错误。这些年西域一直在北匈奴的掌控之下，西域巨大的人力、物力资源对于北匈奴扩张自己的势力帮助很大，大汉埋头发展经济的这些年，北匈奴也悄悄壮大起来了。

这群悍匪跟他们的祖先一样，喜欢以打劫为生，尽管中原的实力已经大大增强，这些不怕死的悍匪还是不断冲过来打劫。

北匈奴学他们的祖先边打边谈的无赖招数，一边在大汉的边境线上烧杀劫掠，一边又号称要跟大汉通商、和亲。大汉如果同意，那就会伤到南匈奴的感情；一旦大汉拒绝这些要求，北匈奴就说自己受到侮辱了，便发动更猛烈的攻击。

明帝时期，从河西到渔阳，三千里的边塞上，一直烽火不断，北方各个州郡被骚扰得焦头烂额。

好在现在不是西汉初年了，有南匈奴在替大汉镇守边境，这些草原汉子个个骁勇异常，能帮忙挡一挡北匈奴的进攻，所以北匈奴的威胁暂时还停留在边境线上，广阔的内地还没有遭到浩劫。

但俗话说"非我族类，其心必异"，公元65年的一次意外事件把大汉君臣吓出一身冷汗。

那一年，朝廷派大臣郑众去出使北匈奴。郑众一行人出塞以后，偶然发现路上有一些来历不明的人，便悄悄跟踪，把这伙人抓到，一问，才知道他们竟然是南匈奴的使者——南匈奴的须卜骨都侯正在秘密跟北匈奴联络，想联手进攻大汉！

郑众赶忙派人把这个消息报告给朝廷，明帝紧急在北方边塞增加了一个"度辽营"，用大汉自己的将领镇守，堵在南匈奴和北匈奴交通的道路上。

当年秋天，北匈奴果然派了一支军队来接应须卜骨都侯，看到汉军戒备森严，他们知道泄密了，只好在边境上抢劫一番，骂骂咧咧地回去了。

但从此大汉君臣知道南匈奴也靠不住，长期这样耗下去不是办法，北匈奴的威胁必须尽快解除才行。

再说郑众，公元65年那次出使北匈奴，他还有一件英勇事迹，在当时引起过轰动。

当时，郑众带着使节团来到北匈奴境内，见到单于，匈奴人要他向单于下拜，他坚决不肯。于是匈奴人大怒，把郑众他们围起来，喊打喊杀，威胁他们。郑众丝毫不屈服，果断拔刀自卫，在粮食断绝的情况下跟匈奴人对垒了好几天。单于怕真的逼死他，也佩服他的勇气，就把他放了，还派使节跟他一起回洛阳。

回到洛阳以后，郑众和使节团的人都没说这件事，所以朝廷里的人都不知道他们的英勇事迹。

过了没多久，明帝又一次要求郑众出使北匈奴，郑众向明帝上奏说：北匈奴派使节跟我们联络是为了离间我们跟南匈奴和西域的关系，根本没安好心，我们不要上当。何况上次我去出使，跟他们闹出那么大的矛盾，现在再去，一定又闹起来，还是别派我去出使了。

明帝以为郑众是怕辛苦，借故推托，就坚持要他去出使北匈奴，郑众只好出发了。

出发以后，郑众还不停地上书，请求明帝不要派他出使，明帝被彻底惹火了，直接把他召回来，投入监狱，不久以后遇到大赦，才把他放了。

过了一段时间，北匈奴的使节来洛阳，跟明帝谈到郑众，他们个个翘起大拇指夸赞，说郑众上次宁死不屈的行为已经在匈奴内部传开了，我们匈奴人都羡慕汉朝有这样的勇士，说他比苏武还英勇。明帝这才了解到上次郑众保全国家颜面的事迹，于是把他重新召回朝廷，给予重用。

后来郑众多次带领军队出征，在收复西域的战争中立过不少功劳。

西域，汉家故土

北匈奴的威胁一天不解除，大汉的边境就一天不安稳。随着大汉国力的提升，打击北匈奴的计划逐渐被提到了台面上来。

朝廷里最著名的主战派是耿秉，他是耿国的儿子，耿弇的侄儿。这些年，他多次上书劝明帝对北匈奴采取强硬态度，他提出"以战去战，盛王之道"的观点——以对北匈奴的战争，换来国家的长治久安，这是盛世帝王应当承担的责任。

这种观点说到明帝心里去了。

公元70年，明帝干了一件大事——有人告发楚王刘英反叛，明帝派人调查，在逼死刘英以后（史书上很隐晦地说：明帝顾念亲情，对楚王宽大处理，楚王却自杀了），借这个案子搞大范围株连，前前后后杀掉几千人，把威胁到自己的豪强势力杀得七零八落，也为太子刘炟接班铺平了道路。

公元72年，国内局势平定下来以后，明帝开始调集兵力准备讨伐北匈奴。

耿秉进言道：北匈奴敢这么猖狂，关键在于他们控制着西域。当年西汉政府就是在拿下西域以后，呼韩邪单于才不得不归附。现在我们也走这条路，先出击伊吾地区，拿下车师，断掉匈奴跟西域的联系，再恢复我们跟乌孙的联系，把西域纳入控制之下，然后就可以逼北匈奴投降了。

明帝基本赞同他的说法，但为了保险起见，认为夺取西域的时候应该同时对北匈奴发起打击,以形成全面压制。

为了这次战争,明帝把软禁了十年的窦固也放出来了,让他再次统领军队。事实证明这个决定非常正确。

公元73年春天,东汉朝廷派出全部精锐,分四路大军出击北匈奴——

窦固、耿忠带领酒泉、敦煌、张掖的兵马,以及羌人部落等仆从军,总共一万二千骑,出酒泉塞;

祭肜、吴棠带领河东、河西的兵马以及羌人、南匈奴等仆从军,一万一千骑,出高阙塞;

耿秉、秦彭率领武威、陇西、天水兵马,以及羌、胡等仆从军,一万骑,出居延塞;

来苗、文穆率领太原、雁门、代郡、上谷、渔阳、右北平、定襄七郡兵马和乌桓、鲜卑部队,总共一万一千骑,出平城塞。

这是将近两百年来大汉第一次倾举国之力打击匈奴,带上了所有能调集的民族和部落,战线超过三千里,看起来声势十分恐怖,大有一举歼灭北匈奴的势头。

可惜事实证明耿秉的判断才是正确的,北匈奴利用自己的战略纵深和高度机动性,跟汉军玩起捉迷藏,早在汉军到来之前就逃向遥远的北方了。缺少大漠追击经验的汉军根本追不上他们,四路兵马里面有三路都空手而回。

只有窦固和耿忠的军队是杀向西域的,这个方向才对。他们在白山(天山的一部分)找到北匈奴呼衍王部的据点,斩杀一千多敌军,随后追到蒲类泽,夺取了伊吾地区,留下士兵在这里屯田,成功班师。

这是东汉开国以来汉人势力第一次进入西域,收复西域的工程正式拉开帷幕。

这次出征的胜利给窦固带来巨大的声望,第二年,明帝把窦固提拔为军队总指挥,让他带着耿秉等人再次出击西域——这次的目标是车师国。

他们从玉门关出发,先到去年大胜的蒲类泽,再次把北匈奴援军赶走,然后掉头向西。

这里是车师国的地盘,车师处在西域和匈奴之间,一直充当匈奴在西域的马仔,现在匈奴军队被赶跑了,他们就单独暴露在了汉军面前。

车师分为前车师和后车师两个部落，前部在天山以南，后部在天山以北，相隔五百里。

攻打后车师需要翻过天山，窦固认为那样难度太大，想先攻打前车师再说。但因为目前的车师后王和前王是父子关系，耿秉认为应该先出击后车师，后车师被拿下以后，他儿子统治的前车师就不战而降了。

窦固还在犹豫不决，耿秉等不及了，大声说："我先出发。"不等命令，带着自己的部队就冲向了天山方向。窦固没办法，也只好命令大部队跟上，自己随后跟过去压阵。

车师后国没想到汉军来得如此之快，被杀了个措手不及，死伤惨重，举国震恐。车师后王只好带着手下官员出城，向汉军投降。

这时候出了一点意外。

车师后王刚从城里出来，就撞上了窦固的手下苏安。苏安想把招降车师的功劳归到窦固头上，就悄悄对车师后王说："窦将军才是我们真正的将领，又是天子的姐夫，按规矩你应该投降他。"

车师后王听说以后，就重新回到了城里。

汉军这边看到车师后王一直不来，以为他在拖延，耿秉勃然大怒，拍马直接冲进窦固的阵营，大声说："车师王到现在不来投降，请派我去砍下他的头！"说完，不顾窦固的阻拦，强行闯进车师国城池。车师后王吓得心胆俱裂，连忙带着大臣出来向耿秉投降，于是由耿秉招降了车师后国。

这段记载看起来很奇怪，似乎有强行把功劳揽给耿秉的意思，也让后人疑惑：平定车师的功劳到底该归窦固还是归耿秉？或者说，怎么评价窦氏在东汉一朝的军功？

——窦氏外戚在东汉历史上名声很差，所以不排除史书故意抹杀他们家族功劳的可能性。

车师后王投降以后，他儿子车师前王也没了斗志，随即投降，车师国平定，北匈奴到西域的通道被斩断了。

窦固向明帝建议：重新设置西域都护府，并且派驻戊己校尉在当地屯垦。明帝同意了。从这以后，大汉在西域北道的统治渐渐开始恢复过来。

这时，一个更大的惊喜传来——班超已经平定了鄯善，西域南道也重新落入了大汉控制之下!

投笔从戎立奇功

公元 73 年,四路大军攻打匈奴的时候,班超也参加了,他被任命为假司马(代理司马的官职),跟着窦固出征。

从军期间,班超的才能得到了窦固赏识,打下伊吾以后,窦固就派他和郭恂向南出发,去说降西域南道那些国家。

汉军的思路很清晰:用武力拿下伊吾到车师这条线,阻断北匈奴跟西域的连接,然后通过外交手段说降西域南方那些小国。

西域最东端的国家是鄯善(原来的楼兰),班超和郭恂带着三十六名随从来到这里,鄯善王赶忙热情款待他们,表示愿意归顺大汉。

不料过了几天,鄯善王突然不怎么搭理他们了,班超跟属下商议说:"鄯善王态度骤然转变,一定是因为有北匈奴的使节来了,他在犹豫该投靠哪一方。"(当时汉军还没有打下车师国,北匈奴跟西域的联系还没有断绝。)

鄯善国的仆人依旧每天来伺候他们,班超盯着他问:"北匈奴的人来了这么多天,怎么也不带来见见我们?"那人大惊失色,说出了真实的情况——果然跟班超预料的一样。

班超知道他们已经陷入了危险之中:一旦鄯善王决定投靠北匈奴,一定会把他们这些人当作投名状送过去。

事不宜迟,班超紧急召集属下三十六人,对他们说:"如今我们的生死存亡就在一线之间。不入虎穴焉得虎子,不如拼了!"众人群情激昂,都表示愿意听班超指挥。

当天夜里,班超带着手下悄悄来到北匈奴使者住的营帐附近,他们先在敌人门口埋伏下来,然后放火,敌人的营地里刹那间烈焰腾飞。

北匈奴那些人不知道发生了什么事,冲出来四处乱窜,班超他们一起冲上去,一通砍杀,血肉横飞,当场斩杀三十多人,剩余的匈奴一百多人都被烧死在了营帐里。

班超随后召见鄯善王,把三十多颗人头挨个摆在他面前,问:"服不服？"

鄯善国举国震动，都被汉朝使节团的声威吓倒了。鄯善王更是吓得面如土色，战战兢兢拜倒在地上，一迭连声表示愿意归附大汉。

鄯善国由此平定。

后方的窦固听到班超的报告，大喜过望，赶忙报告给明帝，又说："西域需要大量使节！请皇上再派更多人来！"

明帝看到奏折，哈哈大笑，回复道："班超就是最好的使节！还用再派什么人？"于是下诏封班超为军司马，让他继续向西，代表大汉收复西域。

窦固要给班超更多人马，班超坚定地说："属下带着这三十六人就够了！足以平定西域。"于是带上三十六名勇士，继续向西出发。

下一站是西域南道的重要国家于阗。

西域南道有两大强国——莎车和于阗，两国是世仇。到明帝时期，在当时的于阗王的带领下，于阗成功灭掉莎车，成为西域南道的霸主。

但于阗终究是小国，还是逃脱不了北匈奴的掌控，班超他们来到的时候，北匈奴使节正好驻扎在于阗，监控着他们，所以于阗王对班超他们态度很冷淡。

于阗王手下有个巫师，他威胁于阗王说："天神发怒了，问你为什么想投靠汉朝？现在汉朝使者有一匹黄马，把这匹马牵来祭祀，才能平息天神的怒火。"

于阗王找班超要马，班超一口答应，但要巫师亲自来牵马。

不一会儿，巫师果然来了，班超一拍手，手下勇士们一拥而上，当场砍下巫师的头，又把于阗王的国师抓住，痛打几百鞭，然后带着巫师的头和血肉模糊的国师去见于阗王，问他："为什么想跟大汉作对？"

于阗王被他们的气势镇住了，又听说他们在鄯善杀匈奴使节的事，惊恐无比的于阗王只好杀掉北匈奴使节，向班超他们投降。

于阗从此归顺。

于阗和鄯善是西域南道两个最大的国家，他们归顺大汉的消息在周边各国引起连锁反应，西域南道各个小国纷纷投靠过来，争着把世子送到洛阳，表示愿意成为大汉的属国。

经过六十五年的隔绝之后，大汉终于重新控制了西域南道。

再下一站是疏勒。

班超他们继续向西，来到西域南道和北道的交汇点，这里是西域最西端的大国——疏勒，这里也被北匈奴控制着。

西域北道最大的国家是龟兹，龟兹受北匈奴控制很深，连龟兹王都是北匈奴扶立的。前些年，他们借着北匈奴的威势，在西域北部称王称霸，一度攻破疏勒国，杀掉疏勒王，把自己的将领立为疏勒王。

所以现在的疏勒政府是龟兹的傀儡，疏勒人对这个政府并不拥戴。

班超利用这一点，他先驻扎在离疏勒国都九十里的地方，派手下将领田虑去招降疏勒王。

田虑到疏勒王宫以后，看到疏勒王没有投降大汉的意思，当即发起突袭，出其不意地捉住了疏勒王，疏勒王手下吓得四散而逃，没人敢来救主人。

城外的班超听到情况以后，把疏勒的大臣们都召来，晓谕他们："现在的疏勒王是龟兹的傀儡，不是你们真正的国王，以后你们跟着大汉，不必怕龟兹。"于是立前一任疏勒王的侄子为新王。

疏勒人本来就反对龟兹强加给他们的国王，现在有大汉撑腰，帮助他们摆脱龟兹的控制，他们当然乐意，于是纷纷表示支持班超的决定。

疏勒因此平定。

这时候窦固和耿秉已经平定了车师，北匈奴的势力已经被挡在了北方大漠，龟兹国的外援没有了。班超的下一步计划，就是向东拿下龟兹，然后沿着西域北道继续向东，去跟窦固的汉军会合。相当于围着西域转了一圈回到原地，完成对整个西域的招降计划。

不料就在即将大功告成的时刻，洛阳那边突然传来噩耗：明帝驾崩！窦固率领的汉军主力已经撤回中原，留在西域的汉朝官员顿时陷入孤立无援的境地！

收复西域的计划随后遇到了重大挫折。

第三十九章　明章之治（下）

耿恭拜井

开疆拓土的关键时刻，运气却没有站在大汉这边。

公元 75 年，风云突变。

年初，朝廷忽然发来命令，要求窦固带着汉军主力返回洛阳。西域汉军目瞪口呆，不知道后方出现了什么变故，但无法违抗圣旨，只好撤走，把已经打下的大片战略要地又送给了北匈奴。

半年以后，明帝在洛阳驾崩，二十岁的刘炟即位，是为汉章帝。

史书上对于明帝的猝然离世记载得极其简略，后人没法知道这一年的洛阳皇宫里到底发生了什么事，只知道大汉的朝政陷入了短暂的混乱状态，边疆的军队被紧急撤回，打击北匈奴和收复西域的计划也被迫搁浅。

这时候班超他们还在西域最西端的疏勒，离玉门关直线距离三千里，跟中原的联系已经断绝。可以说，他们这三十多人都被抛在了遥远的异域，生死由命，情况极度危险。

但处境最危险的还不是班超这三十多人，而是驻扎在西域北部的汉朝政府部门。

去年打下车师以后，朝廷重新设置了西域政府机构，主要有三处据点：陈睦统领西域都护府，驻扎在乌垒；耿恭担任戊校尉，屯兵于车师后部的金蒲城；关宠为己校尉，屯兵于车师前部的柳中城。每一处据点各有几百名汉军。

窦固的军队撤走以后，这几支汉军就成了大汉在西域仅剩的力量。

乌垒夹在龟兹和焉耆中间，这两个国家都受北匈奴控制；而车师又卡在焉耆和北匈奴之间。所以汉军的三处据点实际上处在北匈奴和他们的仆从国包围之中。以这点兵力去防守如此敏感的地带，无异于送死，这显然不是大汉朝廷的本意，只是因为今年情况特殊，大汉的对外政策陷入混乱状态，才会出现这样明显不合理的安排。

果然，北匈奴立即注意到这个千载难逢的机会，窦固的军队刚撤走，他们就出手了。

他们首先对车师下手，左鹿蠡王带两万兵力攻打车师后部。戊校尉耿恭派三百汉军去救援，瞬间被淹没，车师后王被杀，车师后部落入了匈奴军队掌控之下。

匈奴军队随后围住金蒲城。

同一时期，北匈奴的两个马仔龟兹和焉耆同时发难，合力攻打两国中间的乌垒，迅速攻破汉军壁垒，杀掉陈睦，灭掉了大汉的西域都护府。

车师前部也被打下来了，匈奴军队围住柳中城。

金蒲城和柳中城被围困的消息传回大汉，窦固等人十分焦急，但大汉正在国丧期间，新登基的章帝根本抽不出身处理西域问题，所以朝廷对边关的告急文书没有任何反应。

这时候最危急的是处在敌人重兵包围下的耿恭。

耿恭先防守金蒲城，他让人用毒药浸泡箭矢，放出消息来说："汉军受到天神保佑，被汉军射中的人都会遭到诅咒。"

果然，被这些箭射中的匈奴士兵伤口都很快溃烂，匈奴人惊恐不已，军心大乱，正好又天降暴雨，耿恭趁机带着兵马冲出金蒲城，进入了东北方不远处的疏勒城（疏勒城是车师国的一座城，跟班超所在的疏勒国没有关联）。

这是一座建在悬崖边的城堡，四周地势险要，附近还有小河流进城里，是可以长期防守的坚固城池。

匈奴人随后追到，又包围了这里。

这时候耿恭已经从附近招募到了几千雇佣兵，竭尽全力保卫城池，匈奴人看到短时间难以攻破这座城，就截断了附近的水源，准备长期围困城池。

过了一段时间，疏勒城里陷入干旱状态，人们甚至从马粪里榨汁来喝。耿恭带着士兵日夜挖井，挖了十五丈都没有一滴水，大家都濒临绝望了。

据说，当时耿恭叹口气道："当年贰师将军李广利也曾经被匈奴围困，水源断绝，他拔剑刺山，飞泉涌出，因此得救。如今大汉威德正盛，必定有天相助。"于是整肃衣冠，对着挖好的井再三叩拜。

只听到地下传来一阵异响，随着一股白雾腾起，泉水从井里汩汩涌出，耿恭的祈祷果然见效了！

疏勒城里人人欢呼，奔走相告，耿恭让人抬着大桶的水到城楼上，当面喝给城外敌军看，城外的匈奴军队都傻眼了，认为汉军真的有神明相助，只好撤走了。

过了几个月，后方的援军仍然没有来到，车师已经彻底被北匈奴拿下了，车师王派人跟匈奴军队一起来攻打疏勒这座孤城，又一次包围了他们。

这一次围城的时间更久，战争一直持续到公元76年年初。疏勒城内粮草断绝，鸟兽都被捕光了，士兵们连铠甲都煮来吃了。人们一个个倒下，守城的士兵越来越少，但耿恭依旧带着部下苦苦支撑，等待大汉援军到来。

匈奴将领许诺耿恭："只要你献城投降，单于就封你做白屋王，财宝美女任你挑。"

耿恭假装要谈判，让人放下绳索，把匈奴使者吊上城去，然后就在城楼上，当着城外敌军的面，把这使者杀掉，把尸体放在城头上烤。

看到这情景，城外的匈奴首领肺都要气炸了，命令军队加紧攻城，决不罢休！

西域的战事牵动着大汉军民的心，国内政局稳定下来以后，章帝马上召集文武百官讨论救援西域的计划。

这一年非常不太平，不仅皇位更替、政局动荡，国内还遭遇严重旱灾，京师地区，以及兖州、豫州、徐州都是赤地千里，无数饥民等着救援。所以会议上，很多官员都认为不该耗费国力去救西域。

只有司徒鲍昱坚持认为：眼看着那些为国尽忠的勇士们陷入危难而不救

援，一方面助长了敌人的气焰，另一方面也伤了忠臣义士的心。现在虽然国家有困难，但要救援西域也不是完全没办法——匈奴行军千里围攻两座城池，这么长时间都没能打下来，他们的士兵必定已经疲惫不堪了。不必调用内地的政府军，只要发动边关的边防军，以几千人的轻骑兵快速突击到车师附近，就能立刻扭转战局。

章帝最终采用了鲍昱的建议，下令：调集张掖、酒泉、敦煌三郡兵马，再加上鄯善的仆从军队总共七千轻骑兵，前往车师救援两座城池。

十三将士归玉门

援军先来到车师前部的柳中城。果然跟鲍昱预料的一样，极度疲惫的匈奴军队早已经军心不稳，看到汉朝大军来到，他们顿时方寸大乱，在汉军的打击下迅速崩溃，四散而逃。

汉军取得了一次辉煌的胜利：斩首三千八百级，俘虏三千多人，收获各种牲畜三万多头，重新夺回了车师的控制权。

可惜守城的关宠已经病故，没能看到援军到来的一天。

柳中城解围以后，汉军驻扎在天山以南，现在该不该翻过天山去救五百里之外的疏勒城？疏勒城已经被围困半年之久了，城里汉军大部分阵亡，活到现在的只有几十人了，为救这几十人值得付出巨大的代价吗？

汉军统帅大多数都认为现在应该班师回朝，只有耿恭的旧部下范羌坚持要去救疏勒城，主帅王蒙禁不起他的一再要求，只好分给他两千人，让他自己带着这些兵马去救援疏勒城。

当时正值隆冬，天降大雪，天山上处处冰封，积雪漫过膝盖，范羌带着这支军队，经过极其艰难的一次行军，终于翻过天山，来到山北的疏勒城下。

跟柳中城的情况一样，极度疲惫的匈奴军队看到援军到来，顿时一哄而散，拼命逃窜。

城里的守军已经濒临绝境了，听到外面喊杀声大起，以为匈奴的援军到来了，人人都惊恐无比。范羌在城外大声喊话："我是范羌，来救你们啦！"

城里的人这才反应过来。

疏勒城里爆发出此起彼伏的欢呼声，人们开门把范羌的军队迎接进去，城里已经一片萧索，每家每户都空荡荡的，街道上尸首堆积如山，没人收尸。耿恭带着仅剩的二十六名汉军，步履蹒跚，摇摇晃晃地出来迎接援军，人们相拥而泣。

事不宜迟，援军带着这些勇士退出疏勒城，飞速向南奔逃，路上又被匈奴军队追赶，汉军边打边撤，终于逃脱了敌人的追击，在当年三月进入玉门关。

可惜的是，二十六名勇士经过太久的饥饿，身体早已经垮了，路上又翻越雪山，被敌人追击，一路奔逃，许多人撑不住，倒在了半路，最后回到玉门关的勇士只剩下了十三人。

这些蓬头垢面、衣衫褴褛的英雄进入玉门关的时候，全城轰动，人们争先恐后涌出来迎接这些传奇英雄，中郎将郑众亲自带人伺候他们沐浴更衣，经过一年多的磨难之后，这些勇士们终于吃上了一顿饱饭。

"十三将士归玉门"的消息很快传遍全国，全国上下人人动容，大家都在传扬这些汉家男儿的英勇行为，感谢他们为了保卫疆土做出的巨大牺牲，回到洛阳以后，耿恭和他的部下们也全都受到了朝廷的封赏。

耿恭回到家里以后，才听说他的母亲在这之前已经病故了，他只能为母亲补办了葬礼，勉强成全了孝道。

可惜这个故事有一个并不完美的结局。

公元78年，羌人反叛，章帝的舅舅马防和耿恭奉命去平叛。耿恭在招降羌人的过程中，受到马防诋毁，被章帝革职查办，最后被遣送回原籍，老死在了家里。

另外一个绕不过去的重大问题是：大汉在西域的据点已经全部被北匈奴消灭了，这意味着，收复西域的计划才刚刚开始，就已经全面失败了。

朝廷对于这个结局也是相当沮丧。国家投入如此巨大的人力、物力，却换来竹篮打水一场空的结果，还白白牺牲那么多将士的性命。那么收复西域的计划还值得继续推行下去吗？进一步说，为了收复这片土地和维持在那里的统治，国家需要付出如此巨大的代价，这真的值得吗？

朝廷里面保守厌战的情绪占据了上风，章帝也觉得继续经营西域没有必要了，所以发出诏令，废除西域都护府和戊、己校尉等机构，命令远在疏勒的班超回国——从此彻底放弃西域，以后大汉的西边界就定在玉门关吧！

谁也没想到，班超却在随后立下一系列彪炳史册的功勋，凭借一己之力，强行扭转了乾坤！

西域，一个人的坚执

章帝的诏令发到疏勒，班超没办法，只好动身回国。

疏勒人听到这个消息却极度惊恐，之前他们跟着班超，杀掉了龟兹国扶立的疏勒王，又在班超带领下，挡住龟兹的进攻一年多，现在班超离开以后，龟兹人一定不会放过他们。

悲观情绪在疏勒国中蔓延，人们想尽办法挽留班超，甚至有将军当场自刎，班超也很不忍心抛下他们，可是君命难违，他还是踏上了东去的道路。

这一路走过去，都是各民族的百姓含泪来挽留，班超他们只能狠下心一次又一次拒绝这些百姓，心情越来越沉重。

不久以后到达于阗，于阗军民也沸腾了，无数人抱住班超的马腿，流着泪说："大汉使节就像我们的父母，离开你们我们怎么办？"

看到这情形，班超终于忍不下去了，西域有如此深厚的民意基础，这是大汉几代人苦心经营积累下的成果，怎么能就这样放弃？他跟手下人商量："是否可以强行违反皇帝的诏令，继续留在西域？"

这是个艰难的决定，一旦违反皇帝的诏令，他们就需要以自己个人的力量去征服西域！这听起来太不可思议了。但班超自己不都说过吗？"不入虎穴焉得虎子"，成大事的英雄一定是敢冒险的。何况就算错了又怎样？无非一死而已！在决定国家命运的重大关头，个人的性命算得了什么？

经过一番激烈的思想斗争，他们终于决定违抗君命！

他们立即返回疏勒。龟兹果然已经动手了，短短这几天，就已经拿下了疏勒两座城池。

看到班超回来，疏勒君臣就像看到了大救星，赶紧围上来，向他们报告最新情况。

班超了解到：疏勒国内有反叛势力跟尉头国勾结，准备在国内发起政变。他便带领疏勒军队斩杀了叛军首领，又打进尉头国，斩杀六百多人，成功稳住了疏勒局势。

洛阳这边，班超抗命的消息已经引起轰动了，大家都在猜测刚主政不久的章帝会怎么处理。

违抗君命是灭族的大罪，不过班超他们这些人的运气实在好，遇到了一位宽仁的君王。

对于班超的抗命，章帝不仅没有"龙颜大怒"，反而表示理解——既然班超愿意继续留在西域替国家尽忠，又不需要消耗国家的资源，那就让他试试好了……

再战西域

得到章帝的宽恕以后，班超拥有了官方授权，行事就方便多了。

除了尉头以外，姑墨也是龟兹的打手之一。公元78年，班超以大汉使节的名义，调动疏勒、康居、于阗、拘弥四国兵马一万人，共同攻打姑墨，取得大胜，斩首七百级。

这次大胜以后，班超看到了收复整个西域的可能性。

这些年，他到过西域很多国家，一提到大汉，这些国家的人都翘起大拇指说："靠着大汉就像靠着老天一样！"可见大汉在他们心中的赫赫威名。像拘弥、莎车、疏勒、月氏、乌孙、康居这些国家，内部都有很多亲近大汉的势力，只要利用这一点，先消灭他们内部的反叛力量，再扶植一个亲汉的政府，就可以实现对他们的长期控制。

现在西域最大的刺头就是龟兹，他们一直充当北匈奴在西域的马前卒，借着北匈奴的威势，控制着周边一众小国，又利用这些小国，对其他国家大打出手。不过，现在这些小国都由龟兹扶立的国王统治，他们的百姓并不心甘情愿服从龟兹。

因此只要拔掉龟兹这颗钉子，西域的大部分问题就解决了。

第三十九章 明章之治（下）

班超向章帝建议：把龟兹国在洛阳的侍子白霸送回西域，让他带领其他国家的军队回国争王位，通过这种"以夷制夷"的策略拿下龟兹。

读到班超的奏折以后，章帝大加赞赏，让大臣们讨论援助班超的事，一个叫徐干的将领主动请缨，章帝便任命他为假司马，拨给他一千人马，让他立即奔赴西域，支援班超。

这时候西域的争夺集中在莎车、疏勒两国，莎车前两年刚刚归附龟兹，疏勒的都尉番辰也投靠了他们，班超因为兵力不足，暂时没对他们动手。

徐干的军队来到以后，跟班超合兵一起，先攻打番辰，斩首一千余级，再攻打莎车。

班超认为以现有的兵力打莎车有点吃力，就向章帝上书，建议向乌孙借兵。

乌孙是西域头号大国，西汉年间，朝廷跟乌孙联姻，把他们拉拢为自己的盟友，然后跟他们左右夹击，大大加快了征服西域的进度。现在班超也想效仿西汉政府的做法，所以建议章帝拉拢乌孙。

章帝同意，于是派出一支使节团，由卫侯李邑率领，带着送给乌孙两位昆弥的礼物开向西方。

没想到这个举动却给班超本人招来一场麻烦事。

李邑是个心术不正的小人，到西域以后，听说班超他们正在跟龟兹对决，他害怕战火烧到自己身上，不敢再往前。就上书对章帝说："西域这边太难搞了，联络乌孙的事我看还是算了。"又向章帝进谗言说："班超一直鼓动我们征服西域，其实是因为他的老婆孩子都在这边，他想长期在这边陪老婆孩子，不想回国。"

班超听说以后，当即休掉自己的妻子，表明对国家的忠心。

如果遇到昏君，班超就有大麻烦了，幸亏章帝是英明君主，他回复李邑道："要真像你说的那样，班超为了老婆孩子才不肯回国，我们在西域的上千将士又是为什么不肯回国呢？他们为什么愿意听从班超的命令呢？"

李邑答不上来了。

章帝把他怒斥一通，命令他当班超的下属，听候班超调度。

不过班超还是向章帝建议，把李邑召回国去，省得他在那边碍手碍脚。

但向乌孙借兵的事就这样算了。

看来要收复西域还得靠大汉自身的力量,第二年,章帝再派四员将领,带着八百骑兵奔赴西域,增援班超。

班超又征发疏勒、于阗两国军队,勉强凑够了可以攻打莎车的兵力。

但这支军队还没出动,莎车却抢先一步动手,在疏勒国内挑起了事端。

前些年,班超杀掉龟兹立的疏勒王,立忠（名字叫"忠"）为疏勒王,没想到这个疏勒王忠却不知感恩,在莎车的重金诱惑下竟然叛变了,带着自己的手下反过来攻打班超。

所以班超只好先剿灭疏勒王忠,再去打莎车。

班超另外立了一个疏勒王,去进攻疏勒王忠据守的城池。

疏勒王忠找到康居当外援,每次班超要打败疏勒王忠的时候,康居就派救兵来,所以班超一直拿不下疏勒王忠据守的城池。

最后班超只好动用外交手段——大月氏跟康居有联姻关系,同时又跟汉朝关系不错,班超就派人赠送月氏王大量钱财,请他去游说,这才说动了康居王,让他们撤兵了。当然,顺便也把那个闹事的疏勒王忠带回康居去了。

疏勒国再次平定。

但疏勒王忠还不死心,过了几年,又跟龟兹勾结起来,使出"诈降"计,假装向班超投降,希望班超让他回疏勒。

班超假装同意,疏勒王忠便带着康居国送给他的兵力返回疏勒,班超假装接待他们,在酒宴上突然唤出埋伏的军队活捉了疏勒王忠,随后发兵,攻破了康居军队,杀掉疏勒王忠,彻底拔掉了这颗钉子,疏勒局势也终于彻底稳定下来。

接下来终于可以打莎车了。

公元87年,班超带着从疏勒、于阗等国征发的军队,以及自己手下的汉军,总共两万五千人攻打莎车。

另一边,龟兹国征发温宿、姑墨、尉头等国军队,总共五万人来救援。

这是西域百年以来发生的最大规模的战役,西域的主要大国几乎都参与了,阵势十分惊人。

班超用了一点小小的伎俩,他召集于阗王和属下将领,秘密商议:"敌人兵力太多，我们最好先撤出莎车。今天半夜，听到鼓声以后，我们各自从两个方向撤退。"

莎车以东是于阗，以西是疏勒，于是商量好，于阗王带兵向东突击，班超带兵向西走。

班超故意让龟兹俘虏听说他们的计策，又故意放松看管，让他们逃回去报信。

龟兹王听到消息以后果然大喜，命令手下人各带大约一万士兵，事先埋伏在东西两个方向，准备拦截于阗和班超的军队。

当天晚上，班超侦察到龟兹军队出动以后，立即调动大军冲向敌人军营，敌人的主力全部被调走了，剩下的士兵看到班超的军队杀来，顿时大乱。班超和于阗王带人在敌军阵营里横冲直撞，一通乱砍，一夜之间杀掉五千多人，俘虏的敌军和车马不计其数，彻底端掉了敌军大营，龟兹的多国联军就这样败了。

龟兹王只好带着残兵败将逃走，孤立无援的莎车王只能投降，于是莎车平定，西域南道彻底落入了大汉控制之下，北道以龟兹为首的几个国家也受到明显压制，甚至连康居、大月氏等中亚大国都已经感受到压力了。

经过这一战，班超威震西域各国，平定整个西域已经只是时间问题了。

汉章帝，好人？好皇帝？

班超能够平定西域，跟章帝在后方的大力支持分不开。这些年，每当班超遇到困难的时候，后方的章帝就给予及时援助，使得班超的军队一步步壮大起来，最终称雄于西方。

所以这一切都要感谢宽厚仁爱的汉章帝。

章帝跟明帝有很大不同。

明帝以暴躁著称，对人严厉刻薄；章帝却完全继承了马太后的性格，他温文尔雅，宅心仁厚，对人、对事都非常宽容。

明帝的统治，一个让很多人诟病的地方就是：对贵族阶层和官吏异常苛刻。尤其是明帝末期的两场谋反大案——楚王刘英案和淮阳王刘延案，牵连非常广,许多无辜的贵族和官僚沦为阶下囚。

章帝登基以后,马上有官员建议:改变明帝的政策,放宽刑罚,赦免前些年被牵连的王公贵族。

章帝采纳了他们的建议,下诏重新审理楚王谋反案和淮阳王谋反案,开始大规模平反冤狱,前后赦免了四百多个家族。

从那以后,章帝多次下诏要求减轻刑罚、调查冤假错案、赦免囚徒、减少株连,国家的刑罚一直以宽柔为主,对于已有的罪犯及其家属尽量赦免,新的罪犯则尽量从轻发落。

一个很明显的例子就是:整个章帝时代,没有任何高官或者诸侯被杀或者自杀的记载。这是非常罕见的仁政,光武帝和明帝时代瑟瑟发抖的贵族们,现在终于可以松一口气了。

从普遍的道德观来说,章帝是一个真正的好人,他的宽厚仁慈确实避免了许多人间悲剧,值得后人褒奖。

但很可惜,作为一个帝王来说,无原则的善良却是一种重大缺陷。

自古以来,真正有作为的帝王都具备杀伐决断的品质,该杀人的时候丝毫不犹豫,甚至不惜伪造罪证、制造冤案来除掉自己想除掉的人。即使"以柔道治天下"的光武帝,在面对手下官吏的时候,也常常表露出心狠手辣的一面。

可章帝并不具备这种品质。

章帝的仁慈造成的结果就是:国家的吏治迅速松懈下来,贵族和官僚得不到震慑,开始跃跃欲试,跳出来试探皇帝的态度,贵族阶层为非作歹的案例渐渐多了起来。

更严重的是:章帝把自己的宽厚仁慈也用到了外戚身上。

马太后一生辛苦抚育章帝,章帝对她充满感激,登基以后,马上要求加封自己的三个舅舅——马廖、马防、马光。

马太后对这个要求当然拒绝,但章帝不同意,他认为优待几个舅舅是自己尽"孝道"的一部分,所以一再求恳,马太后却一再拒绝。最后在公元79年,马太后病重的时候,章帝背着她,终于把三个舅舅都封侯了。

这是东汉时代外戚家族的一个命运转折点,章帝以自己的亲身示范,向后来的帝王表明：外戚家族应该受到优待。

马太后听说这事以后，感叹道："我一生小心约束自己的家人，避免辜负先帝，没想到最后还是功亏一篑，看来真要留下万年的遗恨了呀！"

不久以后马太后就薨逝了，章帝到最后也没能明白她的苦心。

事实证明，马太后看得非常准，她这三个兄弟全都不是省油的灯。

马家三兄弟全部在朝廷里担任高官，马防更是当朝名将，立过许多军功，再加上又是皇帝舅舅，因此朝廷对他们家族的赏赐十分丰厚，这给了他们狂妄的资本。

马太后还活着的时候，马家三兄弟的奢侈就已经震惊世人（这似乎说明马太后的贤良有伪装的成分）。

据说，这几兄弟每家都有上亿资产，上千奴婢，在京城的豪宅连成片，天天鼓乐齐鸣，阵势比得上皇家宗庙。他们家族养着庞大的食客群体，关系网延伸到社会的各个角落，各地的官员，包括刺史、太守、县令，很多都出于他们家门下。

有一次马太后出行，路过马府门口，看到他们府上前来拜访的官员络绎不绝，"车如流水，马如游龙"，他们家奴仆全部统一着装，油头粉面，派头之大，堪比皇宫侍卫。马太后再低头看看自己身边的人，个个蓬头垢面，衣履寒酸，比马府的下人差远了，当即惊得说不出话来。

马太后因此感叹：自己一辈子节衣缩食，为的就是给下面的人做一个好榜样，哪想到自己娘家的人却带头奢侈，自己这样的节省真的有意义吗？

对于这一切，章帝也很反感，但他性格太柔弱，拿不出强硬的措施，只是反复劝告这几个舅舅，让他们不要太过分而已。

马家兄弟的奢侈淫逸引起公众严重反感，马太后过世以后，马家的政敌开始拿这个做文章。公元83年，有人上奏折控告马廖的儿子马豫暗地里诽谤朝廷，又告马家三兄弟奢侈无度。

章帝经不住舆论压力，只好把马家几兄弟全部免官，责令他们回自己的封地去生活。

但诏令刚刚下去，章帝就后悔了，又说怕马氏的宗庙没有人祭祀，因此把马光留在了京城，只把另外几个人赶走。过了几年，又把马廖也召回来。

对马家几兄弟的惩罚就这样草草收场了。

于是马家几兄弟继续顶着"皇帝舅舅"的名头在京城作威作福，无人敢管。

对马氏外戚的过度宽容只是章帝犯的错误之一，章帝还有一个更大的错，就是对窦氏外戚的纵容，那才真正动摇到国本了。

嚣张跋扈的窦氏外戚

跟马太后类似，章帝的皇后窦氏也出自罪臣家庭。

窦融是东汉的开国功臣，然而到了他儿子窦穆的时候，他们家族受到明帝严厉打压，窦穆和他两个儿子都死在了监狱里，其中就包括身为驸马的窦勋。

窦氏女（具体名讳不详）就是窦勋和沘阳公主（刘秀和郭圣通的孙女，东海王刘强的女儿）的女儿。

当时他们家族境况极其凄惨，大多数族人都被赶回了原籍，只有少数成员留在洛阳，在众人的歧视中战战兢兢地生活着。

不过命运实在奇妙，这个罪臣之家却养出了两个天姿国色的女儿。

窦氏女和她妹妹都有过人的姿色，又知书达理，善解人意，公元77年，两人双双被选入宫廷，伺候马太后。

入宫以后，窦氏女的美貌很快引起轰动，成为街谈巷议的话题，连马太后都赞叹不已。章帝听说了窦氏女的名声，专门把她找来，一看，果然颠倒众生，世间无二，被迷花了眼的章帝立即决定把这位绝代佳人选入掖庭。

窦氏女冰雪聪明，待人接物面面俱到，宫里无人不夸，章帝也对她爱不释手，第二年（公元78年）就把她立为皇后，同时封她妹妹为贵人，窦氏也终于从罪臣的渊薮里翻过身来，一跃而为当朝贵戚。

这之后，章帝对窦皇后的宠溺日甚一日，只要窦皇后想要的，章帝没有不满足的，窦皇后犯了错，撒个娇，章帝就心软了。

这之前，章帝宠爱的是宋贵人和梁贵人（宋贵人的妹妹和梁贵人的姐姐也是章帝的贵人，两对姐妹花，总共四个贵人），宋贵人生下了章帝的第三个儿子刘庆，梁贵人生下了四子刘肇。窦皇后上位以后，两位贵人就失宠了。

但窦皇后也有自己的烦恼，她一直没有子嗣，只好把刘肇接过来作为养子——因为某些奇怪的原因，东汉的正宫皇后基本都没有子嗣，都只能收养其他妃嫔的儿子，所以东汉的太后往往是皇帝的养母，这也间接激化了皇帝和外戚家族的冲突。

窦皇后完全把刘肇当作自己的亲生儿子抚养，倾尽了自己的精力。对于刘肇来说，窦皇后确实是一位慈爱的母亲，不了解自己身世的刘肇真以为自己是窦皇后生的，对窦皇后无比依恋，母慈子爱，看起来十分和谐。

到这时为止，窦皇后的人生都是马太后的翻版，看起来东汉王朝又要出现一位有口皆碑的贤后了。

可惜窦皇后的人品完全没法跟马太后相比，随后局势就走向了跟马太后相反的方向。

马太后死后，窦皇后没有了约束，开始用诡计排挤自己的竞争对手。

当时三皇子刘庆已经被立为太子，窦皇后又妒又恨，和自己的母亲沘阳公主联合起来，想尽办法陷害宋贵人母子。

她有一个极大的优势：她的四个兄弟都在朝廷里面担任高官，又有个公主母亲，所以她不仅能在宫里呼风唤雨，还能跟朝廷里的势力勾结起来，宫里宫外许多人都被他们家族收买了。

他们家族密切监视宋贵人的一举一动，终于在皇宫门口截获宋贵人一封书信，在信里，宋贵人说她生病了，要家人帮忙送一些菟丝子（一种药材）进来。

窦氏的人就拿这个为凭据，说宋贵人在宫里施行"厌胜之术"，菟丝子就是她的材料。

在宫里，厌胜是非常严重的罪名，宋贵人母子因此遭到沉重打击。

章帝耳根子很软，在窦皇后和窦氏家族的联合谗毁之下，公元82年，章帝下诏废除刘庆的太子之位，贬为清河王，立刘肇为太子。

同时，把宋贵人姐妹二人都送出宫去，严厉审问。审问的结果，当然证据确凿。宋贵人两姐妹同时自杀，她们家族也受到牵连，惨遭打击。

随后，窦皇后又把矛头对准梁贵人，通过诬陷的手段害死了梁贵人的父亲梁竦，梁贵人姐妹俩也都很快被杀。梁家家破人亡，剩下的人口都被流放到九真，梁贵人是刘肇亲生母亲这件事外人便都不知道了。

四位贵人都被扳倒以后，后宫就成了窦皇后一个人的天下，没有任何人敢再挑战她的地位了。

章帝对窦皇后的宠爱是毫无保留的，不仅为她杀掉四个贵人，还给予他们家族超凡的地位。

窦皇后有一个哥哥窦宪，还有三个弟弟窦笃、窦景、窦瑰，这四兄弟都受到章帝特殊照顾，在朝廷里掌握大权。尤其是窦宪，更是当时朝廷里数一数二的权臣。

窦氏几兄弟仗着皇帝的宠爱，在朝堂上呼风唤雨，在朝堂外也是不可一世，欺男霸女，无所不为。京城的所有名门望族就数他们家最嚣张，连老牌外戚阴氏、马氏见到他们都要退让三分。

最后他们甚至欺负到公主头上。

有一次，章帝驾车出巡，经过沁水公主（章帝的姐姐）的农庄，却发觉这里的建筑跟以前不一样了，便问手下人是怎么回事。

下人们都支支吾吾不敢回答，章帝严厉逼问，窦宪只好承认，这片土地已经被他买下来了。

章帝再找人一调查，原来窦宪仗势欺人，以极低的价格强买了沁水公主的土地，身为皇帝姐姐的沁水公主竟然忍气吞声，不敢说出来。章帝大怒，下诏怒斥窦宪，说他"指鹿为马"，跟赵高差不多，又说，连公主都受他欺压，老百姓还有活路吗？

关键时刻，窦皇后又站出来，摘掉钗环，伏地请罪，哭得梨花带雨。章帝又心软了，又饶恕了他们家族，最后只让窦宪把这些田地还给沁水公主，这事就这么过去了。

章帝因为自己的柔仁懦弱，为国家种下了一个重大祸根。从此以后，外戚们有样学样，再也不用担心受到法律制裁了。东汉皇权的衰落，从这时揭开帷幕。

白虎观会议，儒学的盛世

作为守成之君，章帝其实做得很不错，在他统治的这些年，国内政通人和，百姓人人安居乐业，国外靠着班超的逆天之功，强行扭转了西域战局，给予北匈奴沉重打击。国力昌盛，四境安宁，整个帝国进入了全盛期。

章帝对后世还有一个重大贡献，就是在明帝尊崇儒学的基础上，继续推动儒学发展。

公元 79 年，章帝召集天下儒学大家在皇宫的白虎观开会，这就是东汉时期著名的白虎观会议。

从武帝时代罢黜百家，尊崇儒术以来，儒家学说经过两百多年的发展，派生出许多学派，每个学派对于儒家经典都有自己的解释，逐渐产生分歧，特别是后来又出现了古文经学和今文经学的纷争，导致人们的观点错乱，争执不休。

为了平息这些争论，给天下人一个"正统"的儒学观念，章帝特意召开了这次会议。

会上，由侍中魏应提出事先准备好的问题，各家学派的儒生们集体讨论得出答案，侍中骑都尉淳于恭作为儒生们的代表来回答，再由章帝本人来判决，为大家判定出"正确答案"。

这是东汉一朝学术上最大的盛事，由天下所有名家大儒共同参与，前后讨论了一个多月才基本取得了期望的成果。最后的结果其实已经远远超越了对儒家经典的解释，变成了对人们的思想观念、社会法则、生活模式……各方面的约定，当然，最重要的是明确了"君权神授"的观点，为当时的封建统治建立了理论依据。

会后由班固把讨论的结果汇编为《白虎通义》，这是官方钦定的、全社会共同遵守的意识形态法则，对于统一整个民族的思想具有巨大作用，也是章帝主要的政绩之一。

就当时的国情和章帝本人的才干来说，他能做出的政绩远远不止这些，倘若再给他一些时间，相信他还可以把国家带上新的高度。但是很可惜，公元 88 年，仅仅三十二岁的章帝驾崩于洛阳，东汉王朝的上升之路又一次被打断了。

第四十章　和帝时代，步履蹒跚的大汉帝国

外戚专权，帝国之痛

章帝的早逝立即造成一个严重后果——没人可以约束窦氏了。

当时，年仅九岁的刘肇被立为新皇帝，称为汉和帝，随后尊窦皇后为窦太后。

如此年幼的皇帝当然没有能力亲政，朝政大权自然落到了心机深沉的窦太后手上，窦太后为了维持自己的地位，自然又会大力扶持自己的家族，就这样，窦氏的力量进一步增强，逐渐压倒皇权。

章帝末期，他已经明显对窦氏的嚣张跋扈有意见了，再给他几年时间，很可能他会动手削弱窦氏的权力，但可惜上天没给他机会，反而阴差阳错地进一步加强了窦氏的权力。

历史的十字路口，大汉不幸走向了一个坎坷的方向。

不出大家预料，窦太后掌权以后立即对窦氏几兄弟委以重任：窦宪被提拔为侍中，负责发布诏令；窦笃担任虎贲中郎将，统领禁卫军；窦景、窦环担任中常侍，负责传达诏令和掌理文书。窦氏四兄弟围在小皇帝周围，共同掌握着帝国的最高权柄，其余官员都只能受他们辖制。

其实从窦太后的角度来说，这样做也是不得已：皇帝年幼，必须由她来理政，她一个后宫老寡妇，对朝廷官僚的控制力有限，只能借助自家人的力

量帮忙维持统治，所以只有拼命提拔自家兄弟。

但权力这东西，一旦放出去以后，再收回来就异常困难了。权力既然落到了窦氏手上，下一步该怎么走，就不是皇帝能控制的了，甚至窦太后自己都控制不了。

果然，窦氏的嚣张跋扈很快反作用到了窦太后身上。

窦宪作为窦氏的领军人物，拥有至高无上的地位，他本身就是个脾气火爆的人，现在又全面掌握朝政大权，自然就更加目中无人，常常做出让人瞠目结舌的事情。

他一直记着当年他父亲窦勋被杀的仇，当初审问他父亲的是朝廷官员韩纡（yū），现在韩纡已经过世了，窦宪就派人杀掉韩纡的儿子，拿着人头到自己父亲墓前祭奠。

这次凶杀案，窦宪没有受到任何制裁，于是他胆子更大了，竟然瞄准了太后身边的人。

当时，都乡侯刘畅来洛阳吊唁章帝，这年轻人生得风流倜傥，又喜欢拈花惹草，到洛阳以后，通过朋友的门路见到窦太后，立即被窦太后的风采迷倒了。

窦太后正当壮年，春闺寂寞，也看上了刘畅的人才，两人很快勾搭到一起，窦太后不顾皇家的脸面，竟然多次召见刘畅，闹成了轰动一时的绯闻。

窦宪听说以后却火冒三丈，他倒不是为窦太后丢人现眼生气，而是担心刘畅借这个机会上位，分掉他们窦氏手上的权力。

最后他竟然铤而走险，派人在宫里刺杀了刘畅，并且嫁祸给刘畅的弟弟刘刚，派人把刘刚抓起来严刑拷打，逼他认罪。

但是朝廷要员们也不傻，大家都猜到是窦宪在捣鬼，这些官员们早都对窦氏专权耿耿于怀了，却一直找不到机会限制窦氏的权力，现在有这么好一个机会，怎么肯错过？他们强烈要求仔细调查这起案子，甚至直接说"凶手就在京城，何必舍近求远去查别人"。在他们的一再坚持之下，窦太后只好同意派人详细调查，最后查到刺客是窦宪派来的。

这下严重了，刺杀封疆大吏是灭族的大罪，恼羞成怒的窦太后把窦宪抓进宫里臭骂一顿，随后把他关在宫里，防止他继续为非作歹——当然，实际上是把他保护起来。

过了一段时间，窦太后渐渐冷静下来，开始考虑这起案子的利害关系，她虽然恨死了窦宪，但窦宪是窦氏的顶梁柱，绝对不能倒，否则窦氏就麻烦了，权衡利弊之后，窦太后还是决定饶恕窦宪。

但现在他们却面临很尴尬的局面：刘畅是齐国王室的人，不处理窦宪怎么向齐国王室交代？诸侯国跟中央的关系本来就很敏感，谁也不敢在这个问题上犯政治错误。

想来想去，最后，窦宪主动向窦太后提出："那就让我去征讨北匈奴，以军功来赎罪吧。"

燕然勒石，帝国的最高荣誉

窦太后把窦宪的提议拿到朝堂上讨论，出乎意料的是，马上遭到了大臣们一边倒的反对。

大臣们反对的主要理由就是：现在的北匈奴根本不需要去打击！

匈奴祖祖辈辈靠抢劫为生，东汉开国以后，随着中原的实力逐渐增强，北匈奴抢劫的机会越来越少，甚至完全没机会了。西域等地的势力范围又一直受到压缩，单靠漠北那点资源根本养不活他们现有的人口。同时周边各种游牧民族时不时对他们发动战争，持续压缩他们的生存空间。各方面的打击之下，北匈奴的国力持续走下坡路，到章帝后期的时候，他们已经混得很惨了。

生活资源的极度紧缺，必然导致内部纷争。从章帝后期开始，北匈奴就陷入一波又一波的内乱，在内斗中失败的一方往往会南下归附大汉，这进一步削弱了北匈奴的实力。

公元83年，北匈奴的三木楼訾（部落名）部落三万八千人南下投降大汉，被汉朝政府收留。

这起到了明显的示范作用，从这以后，南下归附的北匈奴队伍源源不绝，两年时间，就有七十三拨匈奴民众前来投靠大汉，同时向西方迁移的人口也是络绎不绝。

持续不断的人口流出，对漠北草原造成了釜底抽薪的效果，漠北草原已经快要空了，北匈奴整个民族正在急速坠入深渊。

北匈奴也想过自救，他们向汉朝政府提出恢复贸易的请求，汉朝政府答应了。但南匈奴不干了，南单于二话不说，派出军队冲向边塞。当时北匈奴的伊莫訾王正赶着一万头牛马来跟大汉交换物资，南匈奴军队冲过去大杀一通，把这些牛马全部抢了过去，北匈奴的人只好落荒而逃。

南匈奴对北匈奴采取"露头就打"的策略，不给他们留一点生存空间。公元85年，南匈奴伊屠於閭鞮单于派兵到涿邪山打猎，迎头撞上北匈奴皋林温禺犊王的部落，南匈奴军队立即发起进攻，斩杀了皋林温禺犊王，灭了他这个部落，抢走了他们的全部物资。

这时候反而是汉朝政府有怜悯之心，朝廷上百官讨论过后，章帝下令：南匈奴抢走的东西就归他们自己，另外由大汉朝廷出钱，加倍赔偿北匈奴的损失。

——这时候大汉朝廷已经明显意识到不能再削弱北匈奴了。

但现在扶持北匈奴已经晚了，北匈奴的崩溃之势已经不可逆转，草原上一片混乱，周边各个民族全都来趁火打劫，鲜卑、南匈奴、西域各国、丁零，从东南西北四个方向对北匈奴发起攻击。

同为游牧民族的鲜卑，出手比别人都狠。公元87年，他们攻破北匈奴王庭，斩杀优留单于，把他的皮剥了带回去当战利品。

优留单于死后，北匈奴内部陷入恐慌，人们四处逃窜，牛羊逃散，蝗灾肆虐，饥荒蔓延，国家基本已经分崩离析了。

就是在这种情况下，窦太后同意了窦宪讨伐北匈奴的请求。

当时南匈奴也正好来上书，请求朝廷让他们去消灭北匈奴，窦太后就顺势命令窦宪跟南匈奴联合出兵。

朝廷官员们听到这个命令当然不干，现在打击北匈奴已经不符合大汉的国家利益，何况人人都知道，窦太后的目的完全是帮窦宪脱罪，根本不是在为国家考虑，所以文武百官都是一片反对声。

窦太后却想：我不管！窦宪要是脱不了罪，窦氏就会被严重削弱，这是绝对不能接受的！所以她力排众议，强行下达了出兵的命令。

公元89年六月，窦宪、耿秉、邓鸿和南匈奴单于屯屠河、左谷蠡王、左贤王等人各自带领自己的军队，加上征集来的羌人仆从军，总共五万大军，分三路出发，杀向漠北。

汉军在稽落山跟北匈奴军队展开大战。这是一场毫无悬念的战斗，实际上已经不能称为战斗，而是大汉和南匈奴联军对漠北的扫荡，对北匈奴民众的大屠杀。

北匈奴军队根本没有抵抗之力，一哄而散，落荒而逃，联军一路追击北单于到私渠比鞮海，斩杀一万三千余人，俘虏二十多万人，俘获牲畜一百多万头，取得了一场意料之中的大胜。

清剿完敌人的残余势力以后，窦宪带着手下将领登上大漠深处的燕然山。这里离大汉边塞已经超过三千里，站在山顶，茫茫戈壁尽收眼底，仿佛整个大漠都已经被踩在了脚下。这是大汉对异族最彻底的征服，是汉家男儿用三百年浴血奋战打造的赫赫战功，足以光耀千古，值得永久铭记。

窦宪让班固写了一篇铭文，刻在燕然山的悬崖上，以向后人展示大汉军魂铸就的最高成就，这篇铭文便称为《封燕然山铭》。

惟永元元年秋七月，有汉元舅曰车骑将军窦宪，寅亮圣明，登翼王室，纳于大麓，惟清缉熙。乃与执金吾耿秉，述职巡御，理兵于朔方。鹰扬之校，螭虎之士，爰该六师，暨南单于、东乌桓、西戎氐羌侯王君长之群，骁骑三万。元戎轻武，长毂四分，云辎蔽路，万有三千余乘。勒以八阵，莅以威神，玄甲耀日，朱旗绛天。遂陵高阙，下鸡鹿，经碛卤，绝大漠，斩温禺以衅鼓，血尸逐以染锷。然后四校横徂，星流彗埽，萧条万里，野无遗寇。于是域灭区单，反旆而旋，考传验图，穷览其山川。遂逾涿邪，跨安侯，乘燕然，蹑冒顿之区落，焚老上之龙庭。上以摅高、文之宿愤，光祖宗之玄灵；下以安固后嗣，恢拓境宇，振大汉之天声。兹所谓一劳而久逸，暂费而永宁者也。乃遂封山刊石，昭铭上德。其辞曰：

铄王师兮征荒裔，剿凶虐兮截海外，夐其邈兮亘地界，封神丘兮建隆嵑，熙帝载兮振万世。

消灭北匈奴，帝国的战略失误

窦宪带着汉军主力回到国内，只派一支小分队带着金帛去大漠深处寻找北单于，同时沿路招降匈奴的散兵游勇，前后招降到上万人。

最后，汉军将领在遥远的西海旁边找到了瑟瑟发抖的北单于，把金帛赏赐给他，向他宣示大汉的威仪，北单于当场叩谢大汉天恩，又派自己的弟弟到洛阳为侍子——不过窦宪认为北单于自己不肯露面，缺乏诚意，所以又把他弟弟送回去了，相当于拒绝了北单于的归降。

对北匈奴的打击仍然在继续。

燕然勒石的第二年，朝廷再派南匈奴军队去追击北单于，左谷蠡王带着八千骑兵到漠北，在西海附近包围了北单于，北单于受伤以后仓皇逃走。南匈奴军队缴获北匈奴的玉玺，活捉北单于的阏氏等家人，斩首八千级，俘虏了数千人。

再后一年，朝廷派大将耿夔出塞五千里追击北单于，在金微山大败北单于的军队，活捉北单于的母亲。北单于带领残兵逃向西方，从此不知所终，北匈奴汗国正式灭亡，茫茫大漠空无一人，汉朝与匈奴的三百年战争终于彻底终结了。

后来虽然还有北匈奴降卒的叛乱，但已经不再属于汉匈两国之间的战争，而是属于东汉内部的民族矛盾，对国家的危害始终在可控范围内。

三百年的竞争，大汉从最初的忍辱负重，到后来逐渐占据优势，步步紧逼，逼得匈奴人生存不下去，不停向西迁移，从此被迫开启了欧亚大陆上一场种族迁徙的排位赛。最终，他们在三百多年后到达欧洲，引发欧洲各国剧烈震动，以雷霆万钧的力量改变了西方历史。

当时的汉人并不知道后来这一系列波澜壮阔的史诗，要知道的话，恐怕会很不屑地说："你们自己不中用，能怪谁呢？"

再说大汉这边。从长远的角度看，消灭北匈奴其实是一次战略失误。北匈奴被灭后，最大的受益者不是大汉，而是南匈奴。

消灭北匈奴的一连串战争中，不计其数的草原部落向大汉投降，他们大多被合并到南匈奴的阵营之中，极大增强了南匈奴的实力。

而大汉始终没有能力同化南匈奴，南匈奴在大汉北方继续按自己的习俗生活，成为一个近似于"国中国"的特殊群体，同时，他们也把草原部落野蛮好斗的性格带到了大汉国内。

又因为北匈奴的降卒大量加入南匈奴内部，使得他们内部的派系变得非常复杂，整体更加动荡不安起来。

从金微山之战消灭北匈奴起，南匈奴内部就一刻也没有安宁过，一直在发生各种争斗和叛乱。这样看起来，大汉灭北匈奴，实际上相当于把草原上的部落整体搬迁到大汉内部来，再让他们在大汉内部上演游牧民族互相攻杀的剧情，把敌人的内乱变成了自己的内乱，这到底该说大汉朝廷聪明呢，还是糊涂呢？

当时的中原王朝还有足够实力压住这些桀骜不驯的草原部族，所以尽管南匈奴内部天天打来打去，还动摇不了大汉的国本，但当几百年后，中原缺少一个强力政府压制的时候，一切就极度危险了……

北匈奴被灭的另一个害处是：鲜卑可以不受限制地扩张了。

草原民族好斗，匈奴和东胡作为北方草原最大的两个民族，几百年来一直在激烈争斗。西汉初年，冒顿单于打败东胡，把他们变成了匈奴的奴隶。

按照最普遍的说法，鲜卑就是东胡的后代，这些年他们一直在遥远的东北地区生活。随着南匈奴归汉，北匈奴一步步衰落，草原上逐渐出现了权力真空，给鲜卑人留出了扩张空间。

北匈奴逐渐衰落的过程，就是鲜卑摆脱束缚、逐渐壮大的过程。北匈奴被灭以后，偌大的漠北草原成了送给鲜卑人的一份大礼，鲜卑部落乐开了花，开始在这片广阔天地里纵横驰骋，四处招募流散的游牧部落，把他们集结到自己周围，并且在不久的将来，再次打造出一个强大的草原帝国。

在大汉举国欢庆对匈奴的胜利的时候，新的敌人已经在北方悄悄布局了。

北匈奴被灭的另一个赢家就是窦宪本人，作为汉家军魂无可争议的代表者，他在国内受到英雄般的欢迎。看起来，人们终于彻底忘记了他的罪行，窦氏家族也会因此进一步巩固自己的地位。

但事实证明窦宪和窦氏都高兴得太早了，他们碰上了一位绝顶聪明的小皇帝……

诛灭窦氏

因为窦宪的巨大功劳，和帝下诏，拜窦宪为大将军，地位在三公之上，又把他们家四兄弟都封侯。

当时窦氏的权势简直如日中天。除了窦宪掌握军权以外，他们家族还把持着许多关键部门的职位，朝廷里的主要官员耿夔、任尚、邓叠、邓磊、郭举、郭璜等人都是他们的爪牙和帮凶，班固等文人也早都投靠到了他们手下，地方上的刺史、太守很多也是他们的人。他们家族凭借一张庞大的关系网，把整个朝廷掌控在自己的权势之下，任何不服从他们的势力都会受到排挤，尚书仆射郅寿、乐恢就是因为不服从他们，都被逼自杀。

这样下去，朝廷很快会失去对窦氏的反抗能力，西汉末年王莽专权的一幕必定要重演。

更麻烦的是，当前国家最高权力掌握在窦太后手上，有窦太后这把保护伞在，根本没人能挑战窦氏的地位，就连和帝本人的地位都已经严重受到威胁了。

公元92年，和帝已经十三岁，开始懂得人情世故了，对于窦氏专权的局面，他非常忧虑，凭着年轻人的冲劲，他决定出手拔掉这颗钉子。

但是整个朝廷都被窦氏控制了，和帝还能依靠谁呢？没办法，他只好找到身边的中常侍（多数是宦官），请他们协助。

中常侍郑众（跟之前出使匈奴不辱使命的郑众同名同姓）是其中的佼佼者，也是朝廷里很少不依附于窦氏的官员之一，和帝便找他来出谋划策。

另外还有和帝的哥哥，清河王刘庆，他跟和帝关系亲密，经常出入皇宫，当然也成为和帝的帮手之一。

当时窦宪正在凉州统兵，和帝跟郑众、刘庆等人私下订好计策，只等窦宪回京的时候再发作。

当年六月二十三日，窦宪带着邓叠等人回到洛阳，和帝让人到郊外迎接他们，告诉他们：今天天晚了，大家先各自回家去，明天早上再来觐见皇帝。窦宪他们就各自散开了。

和帝随即进入北宫，连夜发号施令，命令丁鸿代理太尉和卫尉职务，守住南、北两宫，特别守住太后所在的长乐宫，严禁外人进入，同时紧闭城门，开始在城里抓捕窦宪的手下。

丁鸿是朝廷里反对窦氏的代表人物，他带着士兵把邓叠、邓磊、郭举、郭璜等人全部抓来，投入监狱，迅速处死。

再由和帝下诏，宣布：邓、郭等人随意出入宫廷，魅惑太后，密谋杀害皇帝，现在已经伏法了。窦宪跟他们勾结，收回窦宪的大将军印绶，改封为冠军侯，命令窦氏四兄弟全部离开京城，前往自己的封地居住。

和帝说，他们毕竟是自己的亲舅舅，不忍心杀他们，只要他们回自己封地安分守己地过日子就行了。

窦氏四兄弟傻眼了，没想到小皇帝这么敢冒险，竟然靠着两三个手下就敢出手抓捕满朝高官，但没办法，一切都来得太快，他们反应过来的时候已经太晚了，只好乖乖地前往自己的封地。

不想他们刚刚到达封地，和帝的诏令就跟来了——赐死窦宪、窦笃、窦景，只有窦瑰平时小心谨慎，暂且免除死罪。

窦宪三兄弟只好自杀身亡，窦瑰也在第二年被贬官，彻底失去了权势。

洛阳这边的酷吏全体出动，四处抓捕窦氏的属下，凡是窦氏提拔上来的官员全部免官，很短的时间内就把窦氏的势力从朝廷里清除出去了。

嚣张一时的马氏家族也受到牵连。

马光这些年一直拼命巴结窦宪，现在也跟着倒霉，有窦宪的家奴指证马光参与了窦宪的"谋反"，马光无法辩驳，只好自杀身亡。马光的家属被赶回老家，当地官员又把他儿子马康也杀了。

马廖的儿子和马防都被迁徙到遥远的丹阳，在朝廷的监视下生活，曾经不可一世的马氏外戚就这样烟消云散了。

当年马太后坚决拒绝给她几个兄弟封侯，某种程度上就是怕家族过度参与政治，招来祸患，现在她的担忧终于成真。

另外，一向善于溜须拍马的班固也终于倒霉了，朝廷认为他也是窦氏一党，所以把他抓进监狱，拷掠致死，只可惜他的盖世才华和尚未完成的《汉书》。

这是东汉前期最大规模的一场政变，整个过程极度惊险。按当时的情况来说，对窦氏动手的时机其实不成熟，和帝的行为需要冒极大的风险，任何一步走错都会招来大祸。要是换一个成年皇帝，思前想后，可能就不敢冒这个险了。但御座上坐的偏偏是十三岁的小皇帝，初生牛犊不怕虎，不顾危险，贸然行动，竟然意外获胜了。

这一方面只能说和帝运气太好，另一方面说明，他看人确实准，郑众、刘庆、丁鸿都很可靠，保证了计划顺利执行。另外，也正是因为和帝年纪太小，诛灭窦氏的条件又不成熟，才使得窦宪等人放松了警惕，最后意外翻船，遭到了身死族灭的下场。

窦太后也被杀了个措手不及，和帝跟手下人谋划如此重大的行动，竟然把她这个老江湖瞒过了。等听到消息的时候，皇宫内外都被和帝的人控制住了，她也无可奈何，只能眼睁睁看着家族被消灭，朝政大权也被和帝夺了回去。从此她一个人在深宫里郁郁寡欢地生活着，直到公元 97 年病逝。

这次政变中，和帝显露出极其老练的手腕，做事环环相扣，步步紧逼，但又每一步都给敌人留一线生机，避免他们狗急跳墙，随后却又立即翻脸，灭掉他们剩下的希望。这种做法通常是老练的政客才有的手腕，十三岁的和帝是怎么懂这些的？当然，很可能是郑众等人给他出的主意，但和帝本人的聪明早慧也确实让人很惊讶。

后来的历史证明，和帝确实是东汉历史上最聪明的皇帝之一，也是最勤恳的皇帝之一，甚至可以说，他的综合能力仅次于光武帝。

一个人的盛世

和帝亲政的时候，东汉王朝已经隐约有走下坡路的迹象了。

前些年对北匈奴问题处理不当，现在终于看到了恶果——南匈奴已经坐大，内部又派系林立，一言不合就爆发冲突，朝廷需要花很大精力去平息他们的争端。甚至有些匈奴部族又反叛大汉，冲出边塞，回到草原去了，朝廷也无力阻止。

西北方向，羌人的叛乱一直此起彼伏。

光武帝时代，西羌部族的烧当羌崛起，开始取代原来的先零羌，成为内地的主要威胁。

明帝时代开始，烧当羌的叛乱加剧，朝廷不断派兵镇压，同时又派官员去安抚，恩威并用，艰难平定叛乱。但每次叛乱平息以后，过几年，羌人又反叛，这样反反复复，让朝廷焦头烂额。

经过两代人的努力，到章帝末年的时候，对烧当羌的讨伐已经初见成效，叛乱眼看快要平息了，但大汉官吏却做了一件很不明智的事。

当时烧当羌的首领迷吾（光武帝时代的羌人首领滇吾的儿子）向朝廷投降，护羌校尉张纡接受了他们的投降，举办宴会招待他们，却在酒里下迷药，迷倒了迷吾和他手下将领，随后派出伏兵挨个砍杀，杀掉迷吾和羌人首领八百多人，又派兵杀掉外面山谷里已经投降的羌人士兵，还拿迷吾的人头去阵亡的大汉将领坟墓前祭奠。

张纡的一连串暴行彻底激怒了羌人，迷吾的儿子迷唐带领族人对着大汉边塞的方向大哭，随后拿出金帛美女赠送给其他羌人部落，跟他们约定：摒弃各部落之间的仇恨，所有羌人联合起来，共同攻击大汉。

从这时起，羌人跟大汉的冲突陡然加剧。各个羌人部落之间团结一心，共同接受迷唐指挥，频繁冲击大汉边塞，给大汉造成很大困扰。而且不管大汉朝廷怎么招抚他们，他们都怀疑汉人有阴谋，不肯真心归附，即使归附以后也会很快反叛。

和帝时代的大汉王朝，在南匈奴和烧当羌的夹击之下，疲于奔命，几乎没有一天宁静。

国内也不安宁，各个地区天灾不断，旱灾、水灾、蝗灾轮流出现，朝廷时时刻刻在忙着救济灾民。

更艰难的是，这个时代没有名将！没有名臣！前朝的英豪都已经衰老，后辈却青黄不接。外戚崩塌，诸侯衰微，朝廷对国家的控制力也明显不如以前，除了借助宦官的力量以外，和帝基本没有可用之人。

就是在这样严重不利的局面下，和帝努力担起天下之主的责任，兢兢业业，不辞辛劳，凭借一己之力，强行扭转了东汉王朝的衰落趋势。

当时汉家制度已经非常成熟，皇帝需要做的就是"勤政"，严格执行先辈定下的治国方略。

和帝夜以继日地听取朝臣汇报，批阅奏折，发布诏令，他亲自干预国内大小事务，招纳才俊，整肃吏治，清查冤狱。由于国内天灾频繁，和帝多次下诏赈济灾民，减免税赋，安置流民，抚恤孤寡。

执政这些年，他没有一分一秒放松，这个年轻人尽自己最大努力，做了一个皇帝该做的所有事，硬把先辈开创的盛世维持了下去。

这是和帝一个人扛着的盛世，一个艰难的盛世。

和帝末期，帝国的屯垦面积达到东汉王朝的最高值，人口达到五千多万，也是东汉王朝的顶峰，国力极盛，史称"永元之隆"。

和帝时期的另一个巨大成就在西域方向，班超几十年的苦心经营终于结出硕果，西域彻底平定了！

一个人的西域

章帝末期，班超打败莎车和龟兹，震动西域各国，远在西域西边的大月氏也被惊动了，他们派人向大汉提出和亲的请求，希望傍上这个大佬。

但不知道出于什么考虑，班超却直接拒绝了他们的请求。

月氏王恼羞成怒，在公元 90 年，派月氏副王带着七万兵马，翻过葱岭来进攻班超。

月氏的兵力远远超过疏勒附近的汉军，汉军将士十分惊恐，班超却安抚他们说："月氏的兵力虽然多，但翻越葱岭过来，后勤必然跟不上，只能就地抢劫粮草，我们只要把粮草藏好，坚守不出，他们抢不到粮食，自然就会败了。"

于是汉军和疏勒、莎车的军队都坚壁清野，谨守自己的城池。

月氏军队来了以后果然缺粮，攻打城池又不顺利，急得像热锅上的蚂蚁。

班超估计他们会派人去东方向龟兹求救，就派兵事先埋伏在去龟兹的路上，没多久，果然等到了月氏的使节团，伏兵一拥而出，杀掉月氏使节，抢走他们的金银财宝，然后把人头送去给月氏副王看。

月氏副王大惊失色，发觉自己确实拿不下汉军，只好向汉军投降。

班超放过他们，让他们回到大月氏，从此大月氏对大汉由衷佩服，每年按时进贡，再也不敢找碴了。

到公元 91 年，北匈奴已经被灭，康居、大月氏都在西域受到教训，西域已经没有力量可以跟大汉抗衡了，龟兹、姑墨、温宿这几个刺头都被迫投靠大汉，和帝便下诏，重新在西域设置都护府，派驻骑都尉、戊己校尉官，任命班超为西域都护，徐干为长吏，再一次把西域纳入统治版图。

和帝又废掉龟兹王尤里多，把他带回洛阳羁押，把白霸送到龟兹，任命他为新的龟兹王。

这之后，班超驻守在龟兹，徐干驻扎在疏勒，共同镇守着西域。

现在西域国家里面只有焉耆、危须、尉犁三个硬茬，当年他们曾经联手攻杀西域都护陈睦，怕被清算，所以一直不肯投降大汉。

公元 94 年，班超征发龟兹、鄯善等八国兵马七万人去攻打焉耆三国。

焉耆王、危须王这些家伙都是屡教不改的惯犯，油盐不进，软硬不吃，所以班超对他们也不客气。

大军来到三国边境，班超先派人劝说他们的国王："只要你们改过向善，亲自来向我们投降，过去的恩怨就一笔勾销，我们还会赏赐你们很多财物。"

焉耆王自己不敢露面，派手下将领北鞬支来欢迎多国联军。北鞬支是以前北匈奴派到焉耆的人，班超怒斥他："你们国王怎么自己不来，派你来？"赏赐了他一些财物以后，叫他回去通知焉耆王，务必自己亲自迎接。

焉耆王看到北鞬支平安返回，这才放心了，于是亲自带着文武百官出来欢迎联军。

但这家伙贼头贼脑的，一边敲锣打鼓欢迎多国联军，一边让人偷偷截断通往焉耆的桥梁，阻止联军通过。

这难不倒班超，班超早就探察好了其他道路，等焉耆王回去以后，班超命令联军假装撤退，绕一圈以后再回来，从其他道路进入了焉耆。

焉耆王正在为自己的"聪明"沾沾自喜，没想到才过了几天，忽然听说联军已经来到城外二十里的地方了。他吓得心胆俱裂，赶紧发布命令，要全城百姓收拾行装，跟着自己逃到城外的山里去躲藏。

焉耆王手下的大臣元孟是亲汉派，偷偷让人向班超报信，提醒班超别让焉耆王跑掉了。

不料班超一声怒喝，让人斩杀元孟的使节，派人告诉焉耆王："我们绝对信任你，不用逃跑，只要你带着其他几个国王来投降，我就重重赏赐你。"

焉耆王记吃不记打，听说有重赏，又忘了之前的恐惧，于是约上尉犁王一起去向班超投降。

只有危须王和焉耆国相脑筋转得快，提前一步跑掉了。

宴席上果然珍馐满桌，看着倒也热闹。焉耆王和尉犁王战战兢兢地落座，刚喝了两杯，班超忽然板着脸说："就你们两人来，危须王跑哪儿去了？焉耆国相又躲到哪儿去了？"说完，手掌一拍，四周伏兵一拥而出，当场把焉耆王和尉犁王拿下，押解到当年西域都护府所在的乌垒。

乌垒故城已经荒草齐腰，枯藤下，断墙边，刀锋映着残阳，汉军将士把焉耆王和尉犁王按在地上，郑重宣读他们当年杀害西域都护陈睦的罪行，两人双股战栗，丝毫不敢辩解，当场伏法。

班超让人把两颗人头送回国内，传首京师，举国轰动，一代人的仇终于报了。

从公元75年焉耆等国攻破西域都护府，到现在班超为大汉烈士们报仇，已经过去了整整二十年。二十年来，焉耆王这些凶手不知道有着怎样的担惊受怕和沾沾自喜？他们一定以为已经躲过了制裁，却不料有班超和大汉的无数血性男儿，以自己毕生心血护着巍巍大汉的广袤疆土，终于在一代人之后成功复仇，实现了真正的"犯强汉者，虽远必诛"，也在史书上留下了浓墨重彩的一笔。

随后，班超带兵冲进焉耆等三国大肆抄掠，斩首五千余级，俘虏一万五千多人，抢到牛羊牲畜三十多万头，实现了对三国的复仇和彻底征服。

后来班超立元孟为焉耆王，把焉耆等三国都纳入了大汉统治之下。

到这时，西域五十五国已经都臣服于大汉，大汉在历史上第二次实现了对整个西域的完整统治，以无可争议的姿态把这片疆土重新纳入华夏版图，声威更是远远传到了中亚各国，乃至于更远的西方。

消息传来，洛阳城内一片欢天喜地，人们张灯结彩庆祝班超平定西域的伟大功勋，班超的声望达到前所未有的高度，和帝亲自下诏称赞班超：

不动中国，不烦戎士，得远夷之和，同异俗之心，而致天诛，蠲宿耻，以报将士之仇。《司马法》曰："赏不逾月，欲人速睹为善之利也。"其封超为定远侯，邑千户。

班超在极端不利的条件下，没有动用国内兵力，没有耗费朝廷资产，仅仅依靠自己卓越的军事才干，带着手下一群热血男儿，为国家收回了西域的广袤疆土，立下了不世之奇功，因此得以封"定远侯"，名扬千古。

这样的成就也是东汉王朝的无上荣光。

东汉的版图在这个时代达到了最大，从大漠到交趾，从葱岭到东海，日月所照，江河所至，皆为汉土。有人的地方都在传颂大汉王朝的赫赫威仪，都在仰慕中央帝国的惶惶气度，这个时代足以光耀后世，值得后人为他们深深折腰。

第四十一章　从外戚到外戚

班超家族的传奇

班超的雄心壮志毫无止境，他派出手下将领甘英向西探索，去寻找传说中的"大秦"（罗马帝国）。

在当时的交通条件下，从中华通往大秦难度实在太大了，不仅是距离极其遥远，更大的障碍在于：中间各个国家为了从贸易中赚取利润，千方百计阻碍大汉与西方沟通，甚至不惜释放假消息来迷惑大汉使节。

甘英一行历经千难万险终于到达西海（波斯湾）附近，只看到天高浪急，不知道该怎么渡海。

这里属于安息地界，安息人骗这些汉朝使节说："这片海很难渡，碰到顺风也要三个月，碰到逆风的话，两三年都未必能到对岸。海上还有会迷惑人的妖精（希腊神话里的塞壬女妖），很多人死在他们手里。"（实际上横渡波斯湾最多几天航程而已。不渡海走陆路的话，还更轻松。）

甘英他们听到以后，只好放弃了前往大秦的打算，开始返回大汉。

班超和大汉帝国创造的开疆拓土的奇迹，到此也就画上了句号。

班超老了，一生戎马的他终于也开始思念故乡了。

公元100年，班超向和帝上书，请求让他返回国内，他妹妹班昭也请求召回班超，和帝同意了。

公元 102 年，在经营西域三十一年（按照公元 73 年跟随窦固出征算起，应该是二十九年，但史书上的说法为三十一年），为国家立下不世奇功以后，白发苍苍的班超终于回到了故国，并且在一个月以后病逝，埋骨于桑梓之地。

班超家族的奇迹还没结束。

前几年班固受到窦宪案的牵连被杀，导致《汉书》没能写完，谁能接着补全国史？和帝把这个任务交给了班昭。

作为班彪的女儿、班固的妹妹，班昭同样从小受到家学渊源的熏陶，对史学非常有研究。

班固被杀以后，和帝把班昭召进宫里，让她在东观藏书阁工作，完成续写《汉书》的任务。

和帝非常欣赏班昭的才学，让宫里的皇后妃子们都以班昭为老师，称她为“大家”，每当宫里有盛典，都让班昭来作赋助兴。

后来的邓太后甚至让班昭参与政事，班昭以女儿身，成为事实上的朝中重臣，也算历史上一个罕见的奇观了。

除了完成《汉书》以外，班昭对《汉书》的传播也做出了很大贡献。当时《汉书》刚刚发布给官僚贵族阅读，很多人读不懂，班昭就出来传授相关知识，还收了不少徒弟，后来她收的徒弟又继续补全《汉书》，终于完成了对西汉国史的详细记录。

苦难中崛起的梁氏外戚

窦太后在公元 97 年郁郁而终，结束了一段外戚专权的荒诞历史。

谁都没料到，窦太后刚过世，都还没安葬，就有个叫梁嫕（yì）的民妇上书，声称她妹妹才是和帝真正的母亲。

和帝大吃一惊，把梁嫕召来仔细询问，梁嫕便说了当初窦太后夺走梁贵人的儿子，陷害梁贵人一家，把梁贵人的儿子抚养长大的故事。

和帝听得目瞪口呆，让人去查访宫里的相关人员，证实梁嫕说的事情都是真的，梁家的其他人也上奏折说明真相，和帝到这一刻才知道自己的真实身世。

梁家这些年非常惨，窦太后害死梁竦和梁贵人父女以后，把梁贵人的母亲和弟弟都发配到偏远地区，只有梁贵人的姐姐梁嫕趁乱逃脱，潜藏在民间，过着担惊受怕的生活。

十几年来，看着自己的外甥身为天子，坐在高高的御座上，奉仇人为母亲，梁嫕满腹怨恨，却不敢暴露身份，现在窦太后死了，她才敢出头，请求和帝还他们家族一个公道。

和帝心里真是五味杂陈，他把这位第一次谋面的姨妈留在宫里，详细问她关于自己母亲梁贵人的故事，梁嫕一边说，和帝一边垂泪，一个多月以后才让梁嫕出宫。

和帝下诏，追封自己的母亲为恭怀皇后；为梁氏平反；追封梁竦为褒亲愍侯；召回被流放的梁家人；把梁贵人的三个弟弟都封侯；提拔梁嫕的丈夫为羽林左监，梁嫕被封为梁夫人，梁氏的其他人也纷纷封官晋爵。

受尽冤屈的梁氏终于时来运转，一跃而成为京城豪门，也成为又一支外戚力量。

和帝非常明智，虽然给予梁氏大量封赏，但对他们防范也很严厉，整个和帝时代，梁氏都没有干政的机会，是一支危害较小的外戚。

另一方面，梁氏族人被打压了太长时间，在帝国上层缺少自己的关系网，这也是他们不能干预朝政的一个重要原因。

而对于杀母仇人窦太后，和帝却表现得格外宽容。

当时大臣们"义愤填膺"，纷纷上奏，请求严厉处置窦氏的残余势力，贬去窦太后的太后称号，不把她跟章帝安葬在一起。

和帝却说："窦氏虽然有罪，窦太后这些年却基本尽到了太后的职责。恩不忍离，义不忍亏。按照礼法要求，臣子不能贬斥尊上，朕也没有理由贬低太后。这事就这么定了，大家不要再说。"

于是窦太后保住了"太后"的尊号，也得以与章帝合葬。

按当时的情况来说，和帝完全有条件找窦氏报仇，从道义上来说也完全占理，但他却选择忘记仇恨，只记住窦太后抚养他的恩德，这种胸怀，确实可以让后人无限崇敬了。

不过，在道德方面，和帝还称不上楷模，有人早已远远超越了他的高度，甚至足以当天下人的榜样，那就是他的皇后邓绥（suí）。

"女夫子"邓皇后

人格如此崇高的和帝，立的皇后也是当时的道德楷模，她就是东汉历史上大名鼎鼎的邓绥邓皇后。

邓绥是一位非常特别的女人——她把国人的传统道德理念执行到了骇人听闻的地步！

邓绥是开国功臣邓禹的孙女，从小接受极其严格的家教，传统道德深入她的内心。

她五岁的时候，奶奶给她剪头发，奶奶年纪大了，眼神不好，剪刀戳到了邓绥的额头，她一声不吭，硬是忍到了头发剪完。

周围的人们过了一会儿才发觉她的额头有伤，问她为什么不早说，邓绥很坚定地说："太夫人因为怜爱我，才亲自为我剪头发，我不能伤她老人家的好意。"众人面面相觑，不知道该怎么评价这个过度早熟的孩子。

她六岁读史书，十二岁能诵《诗经》《论语》，从那时候起，她就整天跟家里的兄长们一起讨论春秋大义。除了钻研诗书礼乐，她没有别的爱好，也没有任何少女该有的天真烂漫，她是一个不折不扣的女书生、女夫子。

她的母亲看不惯，埋怨道："你一个女孩子，不学针黹女红，天天研究什么春秋经传，以后怎么为人妻、为人母？"于是强迫她学习女红，但她白天学完女红，晚上依旧诵读诗书，女红精进的同时，学业也丝毫没有拉下，久而久之，家人也拿她没办法了。

公元95年，十四岁的邓绥已经是一位亭亭玉立的少女，她风姿绰约，体态嫣然，更有万人不及的雍容气度，再加上出众的家世背景，她很轻松地被选进宫，并且在两年以后被封为贵人。

邓绥大展拳脚的时代终于来了。

当时和帝已经立了阴氏（阴丽华兄长的曾孙女）为皇后，邓绥入宫以后，却以自己的实际行动，教会大家应该怎样做一个合格的妃子。

她谨守宫里的规矩，小心翼翼地侍奉阴皇后，在阴皇后面前，她总是佝偻着身子以表现自己的卑微，在任何场合，她都注意不压倒阴皇后的风头，皇帝问话，她也总是让阴皇后先开口，自己才说。

对其他妃嫔她像亲姐妹一样热情，好吃的好玩的都优先送人，对下人她普施恩惠，从来不在任何人面前表现出高人一等的姿态。

对待和帝，她反而故意疏远，以免别人说她专宠后宫，和帝召幸她的时候，她常常称病不去，却又经常选美女进献给和帝，劝和帝说："皇上子嗣不繁茂，应该多宠幸新人，以延绵皇嗣。"——当然，这样也造成一个严重后果，终其一生，邓绥都没有子嗣，以至于后来出现选择继承人的难题。

对于传统道德规范，邓绥有近乎偏执的坚持。她不爱打扮，不爱游玩，远离一切奢侈享乐。她永远穿着粗布衣裳，刻意掩饰自己的荣光，不跟任何人比较。她像春风一样和煦，不跟任何人争执，遇到任何事情都尽量退让。她的一言一行都堪称众人的表率，让人挑不出丝毫错漏，甚至可以说，她为后世后宫妃嫔立下了一个无法超越的标杆。

朝廷最忌讳后妃照顾自己的家人，这方面邓绥更是格外注意，有一次她生病了，和帝特意恩准让她的家人进宫伺候她服药，她却坚决拒绝说："宫禁重地，让后妃的家人长期逗留，难免有人议论陛下亲近外戚，使臣妾无处安身了。"

和帝不禁感叹道："其他妃子都以家人出入宫廷为荣耀，你却跟他们相反，实在也太委屈自己了！"

东汉是一个对道德要求极高的王朝，和帝本身也是极其遵守传统道德的皇帝，碰上这位圣贤级别的邓贵人，宛如得到了知己，所以他对邓绥的尊敬和宠爱一天胜似一天。

这样的局面让阴皇后感到极大压力，她想打压邓绥的势头，但邓绥实在让她找不到打压的地方，最后她只好借助巫祝的力量。

据说阴皇后一直在私下用巫术诅咒邓绥，有一次和帝生了重病，眼看要驾崩了，阴皇后就恶狠狠地说："等我当上了太后，邓氏休想跑掉一个人！"

但这话很快传得尽人皆知了！邓绥听说以后，披头散发，涕泪交加地对周围的人说："天啦！我这么尽心竭力侍奉皇后，竟然还是遭到天谴。想当初,周公请求代武王而死,越姬(楚昭王妃子、越王勾践之女)自杀以殉楚王。如今圣上病重,我也应当以身相殉,上以报圣上隆恩,下以免遭'人豕'之祸。"说着,就要服毒自尽。

下人们都吓坏了,拼命拉住邓绥,又骗她说,皇帝的病已经好了,不必殉葬。她"才"没有自杀成功。

这一闹腾,和帝的病居然真的轻了不少,过了几天就渐渐痊愈了。当然,阴皇后诅咒邓绥和邓绥想为皇帝殉葬的事已经传遍了后宫,和帝也异常感动,对邓绥的好感进一步增加了。

没过多久,忽然有人告发阴皇后,说她跟她外婆合伙在宫里施行巫术。当时阴皇后的外婆经常出入宫禁,每次进宫都逗留很久,也不知道在宫里搞些什么事,时间久了,各种流言蜚语就冒出来了,终于被人告发。(所以邓绥一直阻止自家人进宫,避免了被人猜测。)

和帝派人调查,立即发现大量罪证,证明这伙人在宫里用巫术害人,甚至把阴皇后的两个舅舅和三个弟弟都牵扯进来了。廷尉把阴家的这几个人都抓进去,严刑拷问,这些人受不住,互相攀扯,终于把整个家族都陷了进去。

最后,阴皇后的三个弟弟被活活打死在监狱里,阴皇后的父亲自杀身亡,阴家的其他人和阴皇后母亲的家族全部被流放到远方,他们的旁系亲属也都被罢官,遣送回老家了。

阴氏外戚还没能成长起来就被连根拔起,从此退出了政坛。

公元102年六月,和帝收回阴皇后的玺绶,废掉她的皇后身份,打入冷宫。第二年,阴皇后忧郁而死。

听说阴皇后犯了大罪,邓绥赶紧到和帝跟前流泪求恳,请求他放过皇后,和帝没同意。

这时候和帝已经准备封邓绥为皇后了,但邓绥坚决不同意,又说自己病重,把自己关在寝宫里,拒绝和帝的召见。

双方就这样你来我往地推辞了半年之久,到当年年底,邓绥才终于接受了和帝的册封,登上皇后之位。但即使这样,她还不忘写一封书信给和帝,声称自己德浅福薄,不足以担任皇后之位,还是请另外选贤能的好……

公元 102 年的冬天，这位品德无限高尚的邓贵人，终于挤掉竞争对手，成了邓皇后，也成了万人景仰的帝国道德标杆。天下人都在传扬她的贤良与仁厚，都在庆幸国家找到了一位多么完美的皇后。

不过，邓皇后的传奇历程才刚刚开始，接下来才是她尽情表演的高光时刻……

逃不脱的宿命

事实证明，和帝看人是相当准的，邓绥的"贤良"虽然有不少伪装的成分，但她确实是个极端自律的人，这点没错。她对自己和自己家的人，都高标准、严要求，务必把一切事务做到最好。

她当上皇后以后，首先劝谏和帝推动简朴的风气。当时各地诸侯经常向朝廷进贡，献来的都是奇珍异宝，在邓绥要求下，和帝命令这些诸侯们以后只准进贡纸张、墨水而已，其他一概免了。

和帝想给邓绥的家人封爵位，邓绥坚决推辞。所以在整个和帝时期，邓家都没人进入最高领导层，职位最高的邓骘（zhì）也就是虎贲中郎将而已。

在勤政爱民的和帝领导下，加上严格自律的邓皇后的辅佐，看来东汉王朝即将迎来一段国泰民安的长期繁荣——然而，公元 106 年，年仅二十七岁的和帝突然崩逝，把一切都改变了。

东汉是一个非常可惜的王朝。

这个王朝拥有梦幻般的开局——

当时汉家制度已经高度成熟，有一整套完善的治国方略，对于各种常见问题都有切实可行的解决方案；

光武帝在开国之初，就严厉限制了外戚、诸侯和权臣的力量，最大限度防止了皇权被窃走；

这个时代的社会氛围也十分温和，官府清廉，刑罚宽和，人民安乐，儒家学说日渐成熟，礼乐教化深入人心；

对外，国家疆域辽阔，占有许多重要关隘，地缘上，对四方蛮夷都形成压制；

匈奴已经衰落，鲜卑还没有崛起，外部没有强大的敌人；

更有一个接一个的英明皇帝，他们严谨务实，勤政爱民，一心打造繁荣强大的帝国；

还有一个接一个的贤良皇后，她们负责整肃后宫，教导皇嗣，充当天下人的道德标杆；

以及受到儒家思想充分熏陶的官僚阶层，他们拥有历朝历代最高的道德水准，无数清官、诤臣接连涌现，他们刚直不阿，廉洁奉公，以天下为己任，与皇帝共同经营着万里锦绣河山……

各种有利因素共同作用的结果，东汉王朝理应创造出一个空前绝后的伟大盛世。

然而天不遂人愿，由于某种未知原因，东汉皇帝普遍短寿。光武帝刘秀活到六十一岁，已经是骇人听闻的高寿了。接下来，明帝四十七岁，勉强算正常。以后的皇帝（除了汉献帝，那已经属于三国时期）就再也没有活过四十岁的了，他们普遍的寿命都在三十年左右。

皇帝短寿的直接结果，就是帝国上层无法长期保持稳定的架构。一个皇帝刚刚处理完上一任留下的各种问题，刚刚建立起自己的一套领导班子，准备按照自己的想法施政的时候，就已经来到了他这个时代的末期。

随后换上稚嫩的小皇帝，领导层集体洗牌，一切重新做起……

这造成另一个更严重的后果——新登基的皇帝年龄太小，必须让太后辅政，太后常年住在深宫，要控制朝廷里那些老谋深算的政客，只能借助于娘家人的协助，于是外戚干政成了东汉王朝无法逃避的宿命——尽管东汉从一开始就严厉防范外戚，但偏偏就是逃不掉。

按理说外戚是皇帝母亲的家族，他们的利益大体上是跟皇室一致的，他们也会努力经营国家，他们主政跟皇帝亲政差别也不会太大。但外戚毕竟代替不了皇室，一个最大的差别就是，他们只能在自己这一代人主政，等皇帝成长起来，或者下一任外戚登台以后就得交权。但旧的外戚又不肯放权，于是便造成外戚、皇室、新一任外戚之间的冲突。

更雪上加霜的是，甚至连东汉的皇后、太后们的寿命都不长，所以外戚、皇室、新一任外戚之间的权力争夺频繁发生。一家外戚当政没几年，很快就需要换上下一家外戚，于是又鸡飞狗跳，打得昏天黑地……

东汉王朝就在这样一轮又一轮的权力更替中，浪费着自己拥有的绝佳优势，最终无可避免地被命运之轮碾入深渊，成为一个让后人无比惋惜的王朝。

和帝时代结束以后，这个过程就已经开始了。

和帝过世以后，邓绥被迫接过权柄，临朝听政，替自己的丈夫把这个国家维持下去。

邓绥主政的第一件事，就是拥立新皇帝。

和帝驾崩前紧急下诏，立生下来仅仅一百天的刘隆为太子，也就是说要让他即皇帝位。

这个决定看起来非常荒唐，要么这封诏书根本就不是和帝的本意，要么就是和帝确实特别信任邓绥，因为让一百天的婴儿登上皇帝之位，等于是把邓绥送上了皇帝宝座。

那么官方是怎么解释的呢？

根据官方的说法，这些年和帝的后宫不太平，和帝本来有许多皇子，但这些皇子很奇怪地都在出生不久以后夭折了，和帝以为后宫有人在暗害皇子，所以后来就把新生的皇子送出皇宫，悄悄养在民间，以至于公开的皇子只有长子刘胜。

现在和帝骤然离世，流落在民间的那些王子的去向就成了一个谜，和帝的诏书里说，刘胜有病，不能当皇帝，所以派人去民间把刘隆接回来继位。

那么其他王子去哪里了？刘胜又有什么病，严重到即使找婴儿都不找他当皇帝？为什么不找其他王子，偏偏找年龄最小的刘隆回来？这一切看起来很像是邓绥在搞鬼，也许她为了方便自己掌权，才伪造了这样一封遗诏？世人议论纷纷，但缺乏证据，所以只好不了了之。

最后，大臣们把一百天大的刘隆接回皇宫，立为皇帝，后人称为汉殇帝。

汉殇帝是一个命运悲惨的孩子，连说话都不会的他，就被推上了皇帝宝座，成为一件任人摆布的玩偶，成为邓绥用来控制朝政的工具。

邓绥从小饱读诗书，对于一位后妃来说，她这些学问没什么用，可以说她走偏了。不料现在误打误撞地，这些学问却都派上了用场，人们惊喜地发现，坐在太后宝座上的不是什么后宫娇娘，而是一位满腹经纶的当世名儒，她的学问，她的政治眼光，完全不输给朝廷里那些政坛名宿，人们终于放心了。

东汉王朝正式进入邓太后当政的时代。

第四十二章　邓太后执政

女主天下，以柔治国

虽然是意外掌握了权柄，邓太后却异常认真，她把自己从小养成的严谨、隐忍、一丝不苟的作风用到了治国上，竭尽自己的力量去扶住风雨飘摇的汉家天下。

跟男性统治者不同，邓太后的政策具有女性特有的柔和气质。

她主政以后，立即赏赐自己曾经的对手：后宫的周贵人和冯贵人。邓太后说："朕与两位贵人同在先帝后宫十几年，情同姐妹。不料先帝早弃天下，丢下我们几个姐妹，茕茕孑立，无所依靠，实在令人伤感。现在朕特许两位贵人离开宫禁，到外园居住，并且赏赐两位贵人王青盖车（皇子、太子等人乘坐的华丽马车）、彩饰辂、骖马各一驷、黄金三十斤、杂帛三千匹、白越四千端。"另外还赏赐王赤绶，以及步摇、环佩等配饰。

当初高祖刘邦得天下以后，封赏功臣，张良说：陛下最恨谁就重赏谁。于是刘邦重赏自己最恨的雍齿，因此让功臣们都看到自己的宽宏大量，从此都拥戴中央。现在邓太后重赏自己在后宫的竞争对手，也起到了类似的效果。从此大家都看到了太后的宽仁，对她衷心佩服。

当时朝廷正是一片混乱，宫里宫外乱成一团，后宫丢了一箱珍珠，邓太后却不找廷尉的人来拷问宫女们，而是自己把宫女们找来，挨个询问，凶手果然不敢隐瞒，出来自首了。

又有宫里的一个马夫控告一个太监，说他在私下施行巫蛊诅咒皇帝，邓太后找各方证人来一问，都说这个太监以前很受和帝宠信，邓太后就疑心起来，把马夫和那个太监召来亲自审问，果然是马夫在污蔑那个太监，于是避免了一场冤案。

种种事件，让大家亲眼见识到了邓太后做事的认真和严谨，不由得越来越佩服她。

邓太后特别在意压缩政府开支，主要的手段就是保持统治阶层的廉洁和简朴。

她当政以后马上下令裁减各部门的费用，凡是非必需的、重复的、奢侈享乐型的开销，都要裁掉。

宫里的开支大幅缩减，上林苑的鹰犬全部卖掉，裁减太庙供奉的食物，裁掉三十九种画工，各种机构制造的金银器皿、丝绸布匹、珍奇玩物，全部下令停做。

邓太后又说：各种神神道道的祭祀都是劳民伤财，鬼神不会在意这样的祭祀，所以下诏把这些典礼都撤销了。

还把各个郡国进贡的标准减掉一大半，蜀郡、广汉郡等地进贡的佩刀等奢侈品全都免了。

邓太后自己是深宫里出来的，知道宫苑生活的清苦，所以下令裁撤各个宫苑的老、弱人员，让他们自己决定出宫还是留下，愿意出宫的，发一些钱让他们自谋生路。特别是那些因为犯罪被惩罚到宫里为奴的贵族，邓太后下令全部赦免，恢复他们的平民身份。

邓太后特别怜悯监狱里那些受折磨的人，她不顾自己的身份，多次抛头露面，亲自到洛阳监狱里提审那些犯人，只要发现犯人神情异常，就叫来仔细盘问，调查他是否被冤枉，因此平反了很多冤狱，赦免了很多囚徒。

这些都是真正的善政。统治阶层依靠严格的自我约束，主动限制自己的特权，为全国带了一个好头，为政坛吹来了一股廉洁自律的清风，极大地减轻了人民的痛苦。而这一切，都是邓太后在背后大力推动。

最后，邓太后还下诏，东汉开国以来所有的政治犯及其家族，以及政治斗争中失败被流放的马氏、窦氏等家族成员，全部赦免，恢复他们的自由身份，让他们返回原籍。

当政几年以后，邓太后又发布诏令赦免阴皇后家族，让他们家族被流放的成员都返回原籍，并且赏赐他们资财五百多万。

邓太后对政敌的宽容是前所未见的，特别是对阴皇后家族的宽容和仁慈，简直让人刮目相看。这样的气度，这样一种发自内心深处的善良，在历朝历代的统治者里面都极其罕见，在临朝听政的太后里面更是堪称第一。凭借这一点，也值得为邓太后树碑立传。

历来太后当政，都会重用外戚，邓太后也不例外。她当政以后，大小事务都依赖自己的哥哥邓骘的扶助。但同时，她对自己的家族严厉约束，甚至达到苛刻的地步。

邓太后认为约束家人最关键的一点是加强对他们的教育，所以她特地在洛阳建了一所学校，把皇族和邓氏家族的年轻人都送进去，为他们指定老师，教他们读圣贤书，由自己亲自监督他们学习。

邓太后说："夫子有言：'饱食终日，无所用心，难矣哉。'如今这些皇亲贵戚从小衣食无忧，学业却跟不上，长此以往，难免败家。我特地建这所学校，就是要让他们接受礼仪教化，以后遵纪守法，严格自律。"

其中有一个很特别的细节：这些进入学校的皇亲贵戚有男有女——邓太后认为女孩也应该拥有跟男孩同样的受教育权。

实际上，邓太后从来不信什么"女子无才便是德"，她最尊敬的人就是大才女班昭。还是皇后的时候，邓太后就以班昭为师，当政以后，她跟班昭更是亦师亦友的关系，朝政大事都让班昭帮忙参谋。在邓太后看来，女性参政是很自然的事情，只要有适当的条件，她们的表现不会比男性差。

再说邓氏外戚。

邓太后主政以后马上下诏，对首都附近和自己家乡的官员说："我翻阅史书，注意到以前各大外戚家族多有违法乱纪的行为，究其原因，是执法机构不敢对外戚严厉处罚。现在我特地嘱咐你们——车骑将军邓骘等人虽然忠于朝廷，但家族庞大，宾客众多，其中难免有一些为非作歹的败类，遇到这种人，你们要严加惩处，不得徇私！"

这话其实是说给邓氏的人听的，诏令一下去，邓氏的人都怕自己被当作"典型"给揪出来，因此人人都奉公守法，规规矩矩。尤其是以邓骘为首的邓家几兄弟，他们虽然拥有超越常人的官衔，却跟普通官员一样小心谨慎，平时深居简出，不敢惹事。

邓氏外戚因此成为历史上最规矩的外戚。

唯一有记载的一次邓氏"犯法"，是邓骘的儿子邓凤收到任尚送的一匹马，邓骘知道以后，把自己的妻子和邓凤的头发剃掉，以向太后谢罪。可见他们小心到了什么程度。

这就是邓太后，一位道德上无懈可击的伟大女性，她以自己的亲身示范，向天下人表明：外戚一样可以成为汉家社稷的坚定守卫者。

不管邓太后当初是通过什么手段坐上皇后之位，也不管经过怎样的较量，她才成功掌握帝国的权柄，至少她当政以后，做的事情，发布的许多命令，都是切切实实利国利民的。仅凭这一点，东汉一朝的历史就不能抹杀邓太后的功绩。

可惜上天并没有眷顾这位满怀仁德的太后，之后的很多年，一波又一波灾难袭来，帝国在狂风骤雨中艰难漂泊着。

又一对孤儿寡母

公元106年秋天，刚当了两百多天皇帝的刘隆夭折了，还不到一岁，谥号"孝殇皇帝"。

刘隆这短暂的一生非常可怜，他甚至还没有明白自己的身份就过世了，成了中国历史上登基年纪最小、寿命最短的皇帝。

小皇帝过世以后留给邓太后的是一个非常棘手的局面：和帝的长子刘胜有病，不能当皇帝，这是朝廷明确说过的，所以现在和帝的后代已经没人能继承皇位了，新皇帝只能从章帝的后人里面找。

除了和帝本人以外，章帝没有嫡出的儿子，只能去庶出的后人里面找，而且必须找年纪比较小的继承者，否则必定跟他们邓氏产生严重冲突，所以选择的范围很有限。

实际上，邓太后早有准备，早在殇帝登基的时候，邓太后就把清河王刘庆（和帝的三哥）的儿子，十二岁的刘祜（hù）留在洛阳，以防万一。

现在殇帝果然夭折了，邓太后和她哥哥邓骘商量以后，决定立刘祜为新皇帝，是为汉安帝。

当初刘庆被废掉太子之位，胆战心惊地活了十几年，没想到风水轮流转，现在皇位却到了他儿子手里。

不过刘庆也即将走到生命的尽头——安帝登基四个月以后，刘庆病故。

安帝的亲生母亲是刘庆的妃子左小娥，这也是一个来自罪臣家族的女子。

左小娥家是犍为郡的官员，当年她伯父因为散布"妖言"获罪，全家受牵连，年幼的左大娥和左小娥两姐妹没入宫里为奴。两姐妹长大以后，都拥有过人的姿色，又精通文史，在宫里很有名。

当时刘庆听说了左氏两姐妹的美貌，便贿赂宫里的人，请求他们帮忙活动，让和帝把两姐妹赐给他，过了不久，和帝果然把左氏两姐妹赐给了刘庆，从此刘庆对这两位美人爱不释手。

可惜这两姐妹都短寿，没过几年就双双夭亡了，只留下年幼的刘祜。

后来刘祜就由刘庆的正妻耿姬抚养。耿姬是开国名将耿弇的侄孙女，耿舒的孙女，但到了她这一辈，耿氏的势力并不强大。即使这样，邓太后也不放心，安帝登基以后，邓太后立即派人把耿姬送回了清河国。

因为这样特殊的身世，安帝身后缺少一个强大的母系集团，不会威胁到邓太后的地位，这可能是邓太后选择他的一个重要原因。

现在十二岁的安帝无父无母，主要的亲属只剩一个嫡母耿姬，还住在遥远的清河国，朝政大事当然就继续由邓太后和邓氏做主。

邓氏的主要人物是邓骘，他和邓太后兄妹俩共同决定了许多国家政策。

但这时候的江山社稷可是一块烫手的山芋，到处都在传出警报，这两兄妹也是焦头烂额，到处忙着灭火。

女主专政，柔弱与懦弱

早在和帝刚刚驾崩的时候，北方就传来警报——鲜卑人中的辽东鲜卑突然攻打渔阳郡,大肆抢劫一番以后扬长而去,渔阳太守张显气不过,带上几百个弟兄就追了出去,结果中了埋伏,张显和手下将领严授双双战死。

这是一场小规模战役,但代表着一个极其危险的信号:鲜卑已经接过匈奴的大旗,逐渐成为大汉的北方威胁。而以大汉现在的国力,已经不可能像当初打击匈奴一样打击鲜卑了,只能眼看着他们坐大。

殇帝驾崩,安帝登基以后,马上又传来一个更让人忧虑的消息——西域各国叛变了,正在围攻大汉的西域都护任尚。

当初班超回国之前,接任西域都护的任尚向他请教治理西域的策略,班超说:"很简单,宽恕小过,总揽大纲就可以了。"任尚却很不屑,私下说:"这有什么难的?"他主持西域以后,明察秋毫,对西域各国严格要求,果然引发叛乱。

还好当前大汉还有足够的武力,大将梁慬刚被任命为西域副校尉,正在去西域的路上,目前正走到河西,朝廷便下令,让梁慬率领河西四镇的羌、胡骑兵五千人赶往西域救援任尚。

这支军队还没到西域,就听说任尚已经打退了叛军,朝廷赶紧把任尚召回来,派段禧担任西域都护,赵博担任骑都尉,去接替任尚,稳定西域局势。

于是段禧、赵博的军队,和梁慬的军队都来到了西域。

这些汉军将士非常英勇,但是他们仍然没有记住班超当年的警告,他们没把西域各国民众当成自己的国民,而是当作外敌来看待,用对外战争的那一套来对付西域各国。

当时段禧、赵博驻扎在龟兹的它乾城,它乾城很小,几个将领一商量,认为这里没法长期防御,为安全起见,最好能到龟兹国都延城去驻扎。

但要怎么把大军开进龟兹国都呢?他们耍了个心眼。

梁慬去劝说龟兹王白霸,说自己可以带一些兵力进城,跟他共同守卫延城,这些兵力不多,不会危害到龟兹百姓。

白霸是大汉扶立的国王,所以相信梁慬的话,但龟兹民众坚决反对迎接汉军入城,最后白霸不顾大家的反对,坚持把梁慬的军队迎接了进去。

梁慬一进城,立马翻脸,自作主张打开城门,把段禧、赵博带领的大军接进了延城，总共有八九千人之多，城里顿时挂满汉军旗帜。

白霸这才明白自己被汉军骗了，自己的国都已经成了汉军的营地，但现在后悔已经晚了，只好接受这个事实。

但龟兹民众可不干了，眼看自己的国都被人占领，龟兹民众群情激奋，大家共同反叛白霸，又跟西边的温宿、姑墨两国联合起来，纠集起数万兵马，共同来攻打延城的汉军。

汉军的战斗力仍然很强，在梁慬等人的带领下，经过连续几个月的苦战，终于杀退多国联军，斩首数万人，平定了龟兹，同时继续强占着他们的国都。

但这场胜利的代价是巨大的，西域各国都已经看到了汉军的真面目，他们言而无信，专会用诡计骗人，又用武力镇压龟兹民众。这样的军队，自然得不到西域各国拥护。

西域各国开始离心离德，虽然不敢公开反叛，却明里暗里用各种办法为难大汉使节，同时阻塞大汉的商路，以至于龟兹跟中原的连接都被阻断了，连朝廷的文书都送不过去，梁慬等人成了被阻隔在千里之外的孤军，这下他们傻眼了，只好赶忙向朝廷求助。

朝廷现在也正被里里外外的麻烦事搅得焦头烂额，收到西域的情报以后，更加头疼。许多大臣就提出：西域过于遥远，又一直不肯诚心归附，朝廷经营西域这么多年，竟然还是在原地打转，与其耗费巨资保持对西域表面上的统治，不如撤回驻军，放弃那块地方算了。

另一方面，当年大汉经营西域是为了"断匈奴右臂"，现在已经没有这个需要了，经营西域对国家来说确实也看不到明显的好处。

经过一番争论以后，公元107年六月，邓太后终于决定：撤销西域都护府，撤回梁慬、段禧、赵博的军队，放弃对西域的统治！

明帝时代千辛万苦收回的西域，如此轻易就丢了！

但东汉王朝的麻烦远远没有结束，放弃西域的诏书刚刚发出去，马上又收到一个坏消息：羌人又反了！

从东汉建立以来，羌人的反叛就没有停息过，朝廷一直派人镇压和安抚，但总是只能平息一段时间，过后又反。

明帝、章帝时代，国力强大，还能把羌人的反叛迅速扑灭，从和帝时代开始，朝廷在镇压羌人叛乱的时候就感觉越来越吃力，消耗的资源也越来越多，国家渐渐不堪重负了。

和帝末年，汉军经过多年苦战，付出巨大代价以后，终于打败迷唐，基本消灭了烧当羌，不料一直受烧当羌压制的先零羌又崛起了，他们跃跃欲试，等待朝廷犯错的机会。

现在机会终于来了。

这次西域反叛，朝廷征发金城、陇西等地的羌人骑兵去救援西域，这些羌人害怕从此被留在遥远的西域，所以去西域的路上，一路逃散，朝廷便派兵去捉拿这些逃兵。

在抓人的过程中，朝廷官兵跟当地羌人发生了不少冲突，由于军纪不严，官兵灭掉了一些村落。

在羌人看来，朝廷官兵就是故意来消灭他们的，于是羌人的恐慌情绪迅速被点燃，各个部落首领带着村人四处逃窜，陇西地区大乱。

一片混乱中，先零羌和钟羌几个部落开始到处抢掠，阻断道路，正式反叛朝廷。

朝廷任命刚从西域回来的段禧为护羌校尉，任命邓骘为主帅，任尚为副帅，带领从全国各地征发来的五万人马前往平叛。

段禧、任尚等人是之前征讨西域的原班人马，他们把在西域镇压叛军的"成功经验"带到了陇西，不讲究策略，跟羌人硬碰硬对决，结果遭到惨败，在平襄之战中被斩杀八千多人。

看来朝廷官兵的实力"不过如此"，受到这次大胜的鼓舞，先零羌彻底疯狂起来，先零羌的首领滇零居然自称"天子"，在凉州、朔方等地招募各种杂胡，势力迅速膨胀起来。再向东进攻并州，向南攻杀汉中太守，进入益州，最后进入三辅（长安周边，关中平原）地区，四处劫掠，无人能挡。

很快，整个北方地区都在羌人劫掠下遭到严重破坏。西北地区尤其惨重，无数村镇被毁，经济崩溃，饥荒横行，百姓死的死、逃的逃，困扰东汉朝廷几十年的羌人叛乱终于发展到了不可收拾的地步。

邓太后吓坏了，不敢再讨伐羌人，只好命令邓骘班师回朝，任凭羌人劫掠北方地区。

更让人不可理解的是，邓太后还对败军之将进行封赏，把邓骘拜为大将军，封任尚为乐亭侯。

更大的麻烦接连涌来。

在西域和西羌地区的连续失败，暴露出东汉王朝外强中干的实质，连续对外用兵又消耗了国家力量，各路妖魔鬼怪纷纷冒出来趁火打劫。

邓骘的军队撤回不久，新的警报来到——乌桓入侵代郡、上谷、涿郡。

鲜卑也不甘寂寞，跟乌桓一起攻掠五原郡。

南匈奴紧接着反叛，在朔方围攻汉军。

更有最新的消息说，消失很久的北匈奴似乎又回来了，隐隐约约在天山南北出没。

大汉在北方的边防全线崩溃，整个北方地区任由敌人抢掠。对北方游牧民族的羁縻政策也宣告失败了，各个民族都露出了狰狞的利爪，联手扑向中原。

国内又遭遇大规模饥荒，连洛阳都出现了人吃人的情况，随后引发民变。

天师道的张伯路在青州起兵，刘文河、周文光等人在渤海、平原起兵，各路盗贼联手攻掠东部沿海地区，王莽末期的情形似乎正在重现。

公元110年前后，东汉王朝已经乱成了一团，四面烽火，千疮百孔，邓太后主导的朝廷疲于奔命，真是呼天天不应，叫地地不灵。

女主专政的缺陷这时候完全暴露出来了。跟历史上那些靠血腥手段上台的太后不同，邓太后的权力是捡来的，她本人既缺少男性统治者的沉稳、果决，又缺少女性阴谋家的精明、毒辣。她骨子里只是一个会背书的女书生而已，她对政治的理解，就是安抚权贵，善待百姓，争取大家的敬爱和支持，这样一种思路用来治理国家是远远不够的。

另一方面，后宫出来的统治者都有一个先天不足，就是很难控制住朝廷里那些老谋深算的政客。

邓太后手下除了她自己的兄弟邓骘以外，几乎无人可用，这严重限制了政府的施政空间。在面临西域叛乱、羌人叛乱这种重大危机的时候，朝廷束手无策。一旦派兵出击，就发现既缺良将又缺良相，前方指挥一片混乱，军队战斗力直线下降，遇到敌人就迅速败退。最后朝廷实在没办法，只能退让再退让，白白把国家利益牺牲掉，这又鼓励敌人进一步叛乱，无休无止……

和帝驾崩三年之后，东汉王朝迅速从盛世的巅峰坠落，进入了风雨飘摇的衰世。

孤儿寡母与风雨飘摇的帝国

目前的首要问题还是羌人叛乱。

东汉政府明显低估了羌人叛乱的严重程度。这次的叛乱跟以前历次都不一样，以前朝廷派兵过去总能挡住羌人的进攻，这次却实实在在地被羌人打败了，以至于叛军从凉州蔓延到了全国一半的国土，地方性的叛乱变成了全国性的大动乱，时间之长、破坏力之强，远远超过朝廷的估计。

邓太后终于意识到这次叛乱已经动摇到国本，不能再退缩了。公元109年，她只好再次派出军队，去驱赶三辅的叛军。

但汉军依然兵败如山倒，羌兵越战越勇，横扫大片国土，斩杀朝廷命官，焚烧村镇，掳掠百姓，关中、汉中、陇西等地完全进入战争状态。

看到这情形，邓太后、邓骘等人又犯了意志不坚定的毛病，他们又一次召回前方军队，并且召集朝臣讨论：是否要放弃凉州，把凉州民众向东迁移，全力保护东部的三辅、并州等地区？

前几年朝廷已经放弃了西域，现在又要放弃凉州，等于把汉武帝开疆拓土的成果都丢了，朝廷官员虞诩坚决反对，说："丢掉凉州，三辅就成了边塞，堂堂大汉的长安，祖宗陵寝所在地，都要变成边疆了吗？自古'关西出将，关东出相'，凉州民风悍勇，是最优质的兵源地，强行迁移凉州民众，必然引起当地动乱，一旦凉州群豪跟羌胡联合起来，一同向东进攻，只怕天下十二州的兵力也挡不住他们了呀！"

邓骘等人也觉得这个行动过于冒险，只好放弃了这个打算，也避免了一次可能出现的亡国危机。

朝廷军队只好硬着头皮冲回去再跟羌人交战，结果又吃到大亏，节节败退。到公元111年，羌人叛军甚至打到黄河以北的河内郡，离洛阳近在咫尺

（洛阳在黄河以南）。黄河以北一片恐慌，民众纷纷渡过黄河向南逃窜，大汉几乎丢掉了半壁江山。

朝廷极度惊恐，无可奈何之下，只好使出终极撒手锏，由邓太后下达迁移令，强行把凉州南部各个郡县的民众向东迁移。

当地民众不肯离开，朝廷官兵就用强制手段，扒屋牵羊，摧毁农田……硬把民众赶出家园。一时间，西北地区遍地是流离失所的民众，他们衣衫褴褛，扶老携幼，被官兵驱赶着向东行走。他们面临着严重的饥荒和瘟疫，许多人倒在了半路，许多人卖身为奴，成功迁徙到东部的人口不到一半……

朝廷通过这种惨烈的方式，成功清空了凉州南部地区，掏空了羌人的后方基地，大幅拉长了敌人的补给线，战局终于开始扭转。

另外，朝廷又采纳了虞诩的建议。虞诩说："羌人的军队全是骑兵，来去如飞，我们用步兵追赶不上，这是一直输给他们的原因。现在不如把二十万步兵全部遣散，但要这些士兵出钱，二十人凑钱买一匹马，凑成一万骑兵，再用这支骑兵队伍去追击羌兵，效果必定好很多。"

朝廷用这种方法把二十万步兵队伍精简成了一万骑兵，果然立竿见影，战况顿时有变化了。

这一年，任尚在上党郡（河内郡以北）打败羌人叛军，赢得官军的第一场胜利，终止了叛军东进的脚步。

第二年，滇零去世，他儿子零昌接任部落首领，零昌年仅九岁，由他的叔叔雕狼莫辅政，羌人内部势力各怀鬼胎，叛军的实力开始下降。

再下一年，接任任尚的侯霸、马贤在安定（凉州南部）取得对羌人叛军的一场大胜，斩杀一千多人，俘获牛羊两万多头。

到这时候，汉军渐渐摸索到了对付羌兵的战法，最艰难的时刻终于熬过去了。

羌人叛乱被压制住，其他问题就好解决了。同一时期，梁慬和耿夔在属国故城打败南匈奴、乌桓联军，南单于向汉军投降；青州刺史法雄讨平张伯路叛军。

朝廷再让汉军带着南匈奴军队一同去讨伐羌人叛军，巴郡的蛮族也加入进来，汉军战斗力开始压倒羌兵。

这之后几年，汉军跟羌人叛军展开艰苦的拉锯战，在邓遵、任尚、马贤等朝中大将和西北各地军阀的共同努力下，汉军取得了一系列胜利，逐渐占据了对叛军的优势。

汉军同时还用贿赂的手段分化敌人。

公元117年，任尚收买羌人当阗部落的榆鬼等五人，让他们刺杀了先零羌的汉人盟友杜季贡。

同年，任尚又买通效功部落一个叫号封的首领，让他刺杀了零昌，随后封号封为"羌王"，让他帮忙镇压叛军。

公元118年，邓遵又收买了全无部落的雕何，派他刺杀了雕狼莫，随后封雕何为"羌侯"。

三次刺杀案件彻底扭转了战局，先零羌群龙无首，开始分崩离析，其他羌人部落也都如鸟兽散，加上朝廷大军不停围剿，羌人叛军四散奔逃，西北地区的警报终于解除了。

这场羌人叛乱持续了十一年，朝廷为了扑灭叛军，前后消耗了军费二百四十多亿，国库彻底被掏空，东汉王朝一百年来积攒的财富就这样耗尽了。

同一时期，国内水旱灾害、蝗灾、冰雹、地震不断，朝廷年年忙着救灾，为了筹集资金，不断拆东墙补西墙，虽然勉强维持了国家照常运转，国力却也基本耗得差不多了。

这场叛乱还有一个让人失望的尾声。

公元118年十二月，汉军将领从前线班师回朝接受封赏，不料两大功臣任尚和邓遵却因为功劳的评定问题发生矛盾。邓遵是邓太后的堂弟，当然优先，所以最终邓遵受到极高的封赏，任尚却遭到朝廷调查。

朝廷随后查出任尚在平叛期间一系列违法乱纪的行为，于是把任尚用槛车拉到闹市区斩首，弃市，家产全部充公。

任尚可能确实有一些不法行为，但作为平定叛乱的主要功臣，刚刚取得胜利，就遭到如此残酷的惩罚，确实也寒了大汉将士们的心。而且，这起案件背后邓太后暴露出的私心也是显而易见的，怎么能让大家心服？

只能说，中年以后的邓太后逐渐也有昏庸残暴的倾向了。

邓太后，功过任人评说

邓太后当政十几年，确实为国家付出了很多。

这十几年，内忧外患同时爆发，朝廷每天不是忙着调兵，就是忙着救灾，邓太后虽然贵为太后，却没有过一天安宁日子。为了节省国库开支，朝廷从上到下都把日常用度压缩到了极限，连宫里都号称"食不兼味，衣无二彩"。这样看来，邓太后这个太后当得也实在没什么意思。

邓太后一直保持着少年时养成的严谨勤奋的作风，她当政这些年，从来没有任何游玩、出巡的记录，平时白天理政，夜晚读书，还一直向班昭求学，儒家经传、天文、算术，一样不落。她还鼓励周围的人要多读书，从大臣到皇族，以及邓氏家族的人，她都督促他们抓紧时间学习。

在治理国家方面，邓太后是个十分勤政的统治者，她全身心都扑在治国上，像个特别严厉的母亲一样，把全国大小事务都自己管起来，生怕漏掉一件，还不忘抽空去洛阳监狱里面查访冤案。

这样尽职尽责的统治者，当然值得民众爱戴，也值得后人尊敬。

但也要承认，邓太后的治国才能并不杰出，她当政期间犯了很多错，特别是对西域和羌人叛乱处理不当，严重损伤了大汉国力，大汉从和帝的盛世跌落下来，邓太后是有一定责任的。

另外，她为了解决财政困难，公然卖官，关内侯、虎贲羽林郎、五大夫……都明码标价出售，严重毒害了官场风气。

还有，她宠信任用郑众、蔡伦等宦官，也开了一个坏头。虽然当时没造成什么恶劣后果，却使得宦官干政渐渐成为东汉一朝的传统，为后代埋下了亡国的祸根。

而且当政时间久了以后，邓太后也开始贪恋权力。安帝早已经成年，按规矩邓太后应该还政给安帝了，可是她一直没有任何表示。

于是朝中大臣们开始有意见了，大家表面上不敢说什么，却通过各种方式，明里暗里向邓太后表明态度。

对于大臣们的这种态度，邓太后心知肚明，但她坚决禁止任何人提这件事，不少大臣都因为在这件事上大胆发言遭到邓太后的打击报复，其中最惨的是郎中杜根。

杜根是直言敢谏的大臣，他联合其他几个官员，一起向邓太后提出还政的建议，邓太后恼羞成怒，让人把杜根装进袋子，就在金銮殿上打死。

行刑的人知道杜根是忠臣，故意留了一些力气，只把杜根打晕，就向太后报告杜根死了，然后抬到郊外去了。

杜根躺在野地里三天不敢动，眼睛里都生了蛆，邓太后派去检查的人以为他真的死了，回去报告给邓太后，杜根这才逃过一劫。

杜根逃到民间，在一家酒馆里当酒保，一直到后来邓氏倒台了，安帝才发现杜根还活着，于是把他召回来重新任用，杜根的忠义之名也从此传遍了天下。

杀杜根成为邓太后一生最大的污点，后人常常用这件事攻击她，认为后期的她已经违背了初心，走上了外戚专权的老路。从当时的情况来看，确实有这个可能。

不过邓太后寿命并不长，还没来得及真正实现外戚专权就过世了。

公元121年初，操劳过度的邓太后病势越来越严重，她勉强挣扎着起来，去巡视了一下为太子新修的宫殿，又召见了大臣，下令大赦天下，赏赐群臣和后宫妃嫔。当年三月，邓太后病逝在宫里，十五年太后临朝的历史终于过去了。

昏庸与冷血的汉安帝

邓太后虽然一直不肯归政，但也并没有把政权交给自己家族，她只是以个人身份代替安帝执政而已。所以她驾崩以后，朝政大权很自然地回到了安帝手里。

不过安帝可不领情，在他看来，邓太后这么多年独揽大权，简直就是不可饶恕的行径。

安帝的度量跟列位先帝没法比，当年和帝虽然推翻了窦氏，却一直对窦太后保持着尊重，就连窦太后的杀母之仇都没有追究。安帝却不一样，他丝毫没把邓太后的功劳记在心上，更不记得这些年的母子情分，反而念念不忘邓太后把持权柄的罪行，准备来个秋后算账。

他身边的人看到这个局面，当然投其所好，变着法子说邓太后的坏话。

安帝最信任的人，一个是他的奶妈王圣，一个是他的皇后阎氏，还有就是李闰、江京为首的宦官集团。

这些人都是善于搬弄是非的奸邪小人，特别是王圣和李闰，他们早就嫉妒邓氏的权势了，于是挑唆安帝，说当年邓太后曾经想废掉安帝，立平原王刘翼（和帝的侄儿，安帝的堂兄弟）为皇帝。

前几年平原王刘胜（和帝的长子）去世了。刘胜没有子嗣，朝廷就封宗室之后刘得为平原王，刘得没几年也死了，正好刘翼到洛阳朝觐皇帝，邓太后看到刘翼一表人才，十分喜欢，就封他为新的平原王。

正是因为大家都知道邓太后喜欢刘翼，所以那些小人才编造出邓太后想立刘翼为皇帝的谣言。

安帝听说以后勃然大怒，也不仔细辨别，就下令严厉调查这起"篡位阴谋"，还把邓太后的三个兄弟邓悝、邓弘、邓闾牵连进来，说他们都是刘翼的同谋。

既然罪名确立，就可以动手了。安帝下令，对邓氏展开全面清洗，从邓骘开始，朝廷里所有邓氏的官员全部罢免，强行迁回原籍，家产全部没收充公，罪名重的，甚至全家被流放到偏远地区。

这些人回到原籍以后，当地政府得到朝廷授意，用各种办法迫害他们，使得他们无法生存下去。于是邓氏家族被迫开启了自杀潮，包括邓遵在内的许多重要人物都自杀身亡，邓骘跟邓凤父子也都双双绝食而死。

安帝刚刚执政，地位不稳，需要打压邓氏，夺回权力，这是可以理解的。但他做得太绝了，几乎灭了邓氏满门。这些年，邓太后和邓氏兢兢业业为国操劳，对国家、对百姓都有许多恩惠，现在邓太后尸骨未寒，安帝就对他们家族斩尽杀绝，让很多人无法接受。

邓氏的冤案发生以后，朝廷里和民间都有许多人替他们喊冤，安帝看到群情激奋，开始后悔起来，又做出一个昏了头的决定。

他下诏怒斥那些迫害邓氏的地方官，然后把邓骘等人的尸骨运回洛阳的邓氏祖坟安葬，还让朝廷里的官员们都去参加葬礼，大家一同默哀，又赦免了邓氏活着的人。

这等于公开承认他制造了冤案，但又没有任何人为这起冤案负责，一场惊动朝野的大案就这么稀里糊涂地过去了。

安帝翻脸如此之快，让支持邓氏和反对邓氏的人都觉得脸上挂不住，大家心里都在七上八下地嘀咕：如此不靠谱的帝王，以后还让我们怎么信任你呢？

至于刘翼，他的日子好过一些，只是被贬为都乡侯，赶回老家，在家里闭门思过而已。躲过这次劫难以后，他的家族将会迎来飞黄腾达的一天。

除了邓氏以外，安帝也不忘对其他仇家进行打击报复，其中最有名的受害者是蔡伦。

蔡伦在和帝时期和邓太后时期都是受宠的宦官，对朝政有很大影响，当然，他最大的贡献是改进了造纸术。

但据说当年窦太后迫害宋贵人的事蔡伦也参与了。宋贵人是刘庆的母亲、安帝的奶奶，现在安帝掌权，马上让人找到蔡伦，命令他去廷尉自首，坦白他迫害宋贵人的罪行。蔡伦知道躲不过这一劫，便喝毒药自杀了。

打击仇家的同时，安帝还在忙着提拔自己宠爱的人。宦官李闰、江京等人都一步登天，成为朝廷里的大红人。最夸张的是安帝的奶妈王圣，她本来不过是个奴婢罢了，现在却被安帝当作亲娘一样供起来，安帝甚至下诏封她为"野王君"，还为她营建豪宅，一片孝心都用到了她身上。

王圣自己鸡犬升天不说，她女儿伯荣也跟着沾光。这个既无官衔又无封诰的女人享受着公主一般的待遇，成天出入皇宫，如入无人之境。她到外面去游玩的时候，前呼后拥，无数官员跟在后面拍马屁，成为当时一道独特的风景。

王圣等人享受着如此夸张的特权，这让朝廷里的官员们非常愤慨，太尉杨震向安帝上书说：王圣干预政事，祸乱国家，应该尽快把她遣送出宫，她女儿也不能随便出入皇宫。

宗室之子刘瑰为了拍王圣的马屁，娶了伯荣为妻，安帝就想提拔他，让他继承朝阳侯的爵位。杨震又严厉反对，说：老祖宗定下的规矩，天子只封有功之臣，怎么能因为娶了奶妈的女儿就被封侯呢？

这些话，安帝当然听不进去。

杨震对于安帝宠信的宦官李闰、江京、樊丰等人也非常看不惯，屡次上奏折弹劾他们，终于触怒了这批人，于是这些人联手诬告他，让安帝罢免了他的官职，杨震不堪受辱，自杀身亡。

杨震是朝臣中的领军人物，他的死，代表着官僚集团在和宦官、外戚集团的争斗中遇到了重大挫折。

安帝时代的朝廷，官僚集团的权力已经明显衰落，宦官和外戚飞速篡夺朝政，成了和朝廷官员分庭抗礼的另外两支重要势力。

其中，宦官集团的首领是李闰、江京、樊丰，外戚的首领除了王圣母女以外，就是皇后阎氏的家族。

恶毒皇后成功上位

阎氏也以美貌著称，邓太后当政时期，她入宫以后，很快得到安帝专宠，在公元 115 年被册封为皇后。

跟东汉其他大多数皇后一样，阎皇后也一直没有儿女。她正在为这件事发愁的时候，却听说安帝私下临幸了一个姓李的宫女，生下一个儿子，叫刘保。

阎皇后又妒又恨，毒杀了这个宫女。但安帝只有刘保一个儿子，虽然这个儿子出身卑贱，安帝一点都不喜欢他，但最后还是被迫立他为太子。

阎皇后气得发疯，想尽办法迫害太子，太子身上挑不出错，她就从太子身边的人下手。公元 124 年，阎皇后、王圣跟江京、樊丰这些阉人联合起来，一起控告太子刘保的奶妈，说她跟皇宫里的厨子有奸情。

安帝大怒，下令处死了刘保的奶妈和厨子，又说刘保同情这两人，便废掉了他的太子之位，贬为济阴王。

这时候安帝的昏庸已经完全暴露出来了，他只有这一个儿子，却听信谗言，随意打压他，以至于太子之位就这么空着，帝国出现了尴尬的继承人问题。

阎皇后是个心肠歹毒又野心勃勃的女人，到这一步她还不满足，她的最终目标是效仿邓太后，彻底操纵朝政。

安帝却被阎皇后迷住了，对她有求必应，还把阎皇后家的几兄弟全部封为高官，阎皇后的侄儿们都才几岁，竟也都被封为黄门侍郎，阎氏整个家族权倾朝野，成为一支重要的政治力量。

除了阎氏，安帝的嫡母耿姬的家族也受到提拔，耿姬的哥哥耿宝也在朝廷里担任高官，但他处处依附于阎氏，成为阎氏的帮凶之一，进一步壮大了阎氏的声威。

宦官集团更是一直跟阎氏勾结，对阎氏夺权的举动推波助澜。

昏庸的安帝却对阎氏夺权的野心视而不见，不仅不限制他们的权力，反而一直替他们撑腰，终于酿成了大祸。

公元125年三月，安帝带着阎皇后到章陵去祭祀，到宛城的时候突然身体不舒服，几天时间就不行了，三月十日，安帝驾崩于返回洛阳的路上，年仅三十一岁。

阎皇后和她哥哥阎显以及江京、樊丰等人私下谋划，说："皇上驾崩的消息传出去，朝廷里那些人肯定要立济阴王为皇帝，那就麻烦大了。"

所以他们把安帝驾崩的消息隐瞒下来，把安帝的遗体藏在车里，每天照常问安，就这样返回了洛阳。

三月十四日晚上，朝廷宣告了安帝驾崩的消息，开始为安帝发丧，并且尊阎皇后为太后。阎太后临朝摄政，封阎显为车骑将军，兄妹两人共同把持朝政。

阎太后跟济阴王刘保有深仇大恨，当然不会让他当皇帝，所以就从章帝的后人里面找了年幼的刘懿（和帝已经绝后，新皇帝只能从章帝后人里面找），把他接到洛阳，扶立为皇帝。

这样一来，朝政就彻底落入了阎氏外戚和宦官集团的手里，东汉王朝的皇权终于丢失了，历史进入了外戚和宦官相互争权的黑暗时代。

第四十三章　外戚，宦官，两条毒蛇

自作自受的阎氏外戚

安帝的长子还在的情况下，阎太后擅自决定把皇位交给别人，这几乎等于谋朝篡位。但外戚加宦官的力量已经太强大，朝臣们虽然义愤填膺，却没法阻拦，只能眼睁睁看着刘懿这个傀儡皇帝上台。

这时候最难过的是济阴王刘保，他甚至被挡在皇宫大殿外，连父亲的葬礼都不能参加。

年仅十岁的刘保在皇宫大殿外号啕大哭，朝臣们听到，都是又伤心又愧疚，但没人敢多说什么。

还好阎太后终究不敢公开篡位，所以暂时没对刘保下手。

掌权以后的阎氏一族更加张狂，他们迫不及待地想要单独把持朝政，竟然开始对原来的盟友下手。

当年四月，刚刚安葬完安帝，阎显就指使手下人上了一道奏折，控告耿宝和王圣、樊丰等人结党营私，刺探宫中情报，属于"大逆不道"。阎太后当即下令调查，最后的结果：耿宝被贬为则亭侯，在前往封地的路上自杀身亡；王圣母女被削除爵位，流放到雁门关；樊丰和他的宦官党羽们被捉进监狱虐待致死，他们的家属也被流放到偏远地区。

阎氏一次性做掉了耿氏外戚、王圣家族、樊丰为首的宦官集团三个曾经的盟友，手段之冷酷，让所有人不寒而栗。

这些利益集团被推倒以后，空出来的位置全部由阎氏家族填补，阎显、阎景、阎耀、阎晏四兄弟都在朝政里占据高位，共同把持着朝政，不给其他集团留一点活路，眼看要把大汉朝廷变成阎氏朝廷了。

不料人算不如天算，当年十月，才当了半年皇帝的刘懿就得了重病，眼看不行了。阎显等人都急得像热锅上的蚂蚁，宦官江京给他们出主意："小皇帝一旦驾崩，又该轮到济阴王上台，这怎么行？必须马上选新皇帝！"

没办法，还是得去章帝的后人里面找。于是下令让济北王、河间王的王子火速来京城，准备竞选新皇帝。

刘懿的病情发展得太快，几个王子还没来到洛阳，他就已经驾崩了。阎显他们故技重施，又隐瞒下了刘懿驾崩的消息，准备扶新皇帝上台以后再昭告天下。

但百密一疏，这个消息瞒得过满朝文武，却瞒不过宫里的人。

阎氏专权的行为早已经犯了众怒，各种利益集团都想推翻他们。以孙程为首的另一支宦官集团探听到刘懿已经驾崩，就抢先行动。

十一月初四的夜里，孙程为首的十九名宦官，带着手下兵丁在崇德殿上集合，拿起刀枪棍棒，发一声喊，冲进章台门，把在那里的江京和他的党羽砍翻在地，又胁迫李闰投靠到他们这边。

这伙阉人迅速控制了整个皇宫，打开宫门，派人迎接刘保入宫，就在德阳殿前宣布他为新皇帝，是为汉顺帝。

这时候洛阳城里已经大乱，朝廷大员们听说宫里出现变故，全部飞奔到皇宫，投到顺帝手下。顺帝身边聚集的人越来越多，他带着众臣从北宫来到南宫，登上云台，就在当天夜里接受百官朝拜，正式登基。

阎氏阴谋夺权，早就失去了人心，皇位本来就应该属于刘保，这是大家公认的，所以顺帝一登台，立即受到满朝文武的拥护，众人齐呼万岁，恭迎这位新皇帝即位。

顺帝派人把守住皇宫各个大门，宫外已经闹翻天了，阎显的弟弟阎景带领军队杀进宫里，跟支持顺帝的官员爆发白刃战。另一边，顺帝派人冲进后宫，从阎太后那边抢到传国玺，随后发布圣旨，声称阎氏家族谋反，命令御林军捉拿反贼阎显等人。

初五，阎氏的军队被打败，阎显四兄弟全部被诛杀。初六，顺帝打开皇宫大门，开始整顿洛阳城里的秩序，硝烟散尽，另一个时代开始了。

十九侯

祸国殃民的阎氏终于倒台了。

顺帝下令：严厉处罚阎氏叛党，除了阎显四兄弟以外，依附于他们的党羽也要全部杀掉。阎显四兄弟的家属流放到帝国最南端的日南郡（越南南部），阎太后则被赶到了郊外的偏僻宫殿居住，过了两个月就"病逝"了。

顺帝不承认刘懿的皇帝身份，下令以王子的规格安葬了刘懿，所以刘懿很尴尬地被从东汉王朝的皇帝榜上除名了，甚至没能拥有一个皇帝的谥号，只被后人简单地称为"少帝"。

顺帝的生母李氏则被以皇后礼节重新安葬，不过李氏的出身实在太低微了，顺帝对她也没有多少感情，所以他们家族并没有在朝廷里掌握大权。

阎氏覆灭，威胁皇权的一群窃国大盗终于伏法，但天下并没有迎来一个光明的新时代，反而出现了比过去更多的问题。

最直接的一个问题——宦官势力比以前更强大了。那群阉人帮助顺帝登基当然不是白帮的，顺帝虽然是皇帝，却必须要照顾他们的利益。

以孙程为首，总共有十九名宦官参与了这次宫变，分别是：

孙程、王康、王国、黄龙、彭恺、孟叔、李建、王成、张贤、史泛、马国、王道、李元、杨佗、陈予、赵封、李刚、魏猛、苗光。

顺帝登基以后，把这些人全部封侯，其中孙程封万户侯，其余的人封一千户到九千户不等，史称"十九侯"。

这是一次划时代的册封。

宦官封侯并不是从顺帝开始的，说起来，还要怪那位一生勤勤恳恳的和帝，当初他依靠宦官郑众等人的帮助推翻窦氏，为了表彰郑众的功勋，就把他封为"鄛乡侯"。

郑众确实是个很规矩的宦官，和帝也是英明的皇帝，所以这次封侯事件在当时没造成什么恶劣后果，但却为后世开了一个很坏的头。

在当时，郑众被封侯属于特事特办，下不为例，并不代表官方允许宦官进入政府高层。

后来又有蔡伦被封侯，但也只是个别案例。

但现在由皇帝下旨，对宦官进行大面积封侯，甚至给予帝国最高荣誉"万户侯"，这等于从官方层面完全承认了宦官集团的政治地位，宦官集团因此修成正果，可以堂而皇之地参与国家决策了。

宦官集团从此成为朝廷里主要的政治力量之一，跟外戚和朝臣玩起了三方博弈。

宦官，可怜又可恨的一群人

宦官是政坛上一股极其特殊的力量。

他们大多数来自社会最底层，是贫苦人家的孩子，被父母抛弃，与家族隔绝，从小被送进深宫里当奴隶，受尽欺凌，过着牛马不如的日子。

后来偶然出现一些机遇，加上他们自己的聪明和阴狠，使他们成功从奴隶群体里杀出来，走到天子跟前，最终成为左右朝政的力量。

这种生活际遇造成他们的几个特点：

一是他们文化水平低，基本属于文盲，没有经受过政治理论培训，更没有受过儒家思想的熏陶。

二是，他们亲眼见过人世间最阴暗、最残酷的一面，满心满眼全是黑暗。他们一生没有体验过父母关爱、兄弟友悌、夫妻和睦，以及儿孙绕膝的天伦之乐。在他们的世界里，不是拼命踩着别人上位，就是被人踩在脚下。这样的人，连让他们接受基本的道德观都很难，哪里还谈得上家国情怀，谈得上对国家和人民的责任心？

他们在波谲云诡的深宫中，冒着随时被杀头的危险，躲过各种机关陷阱，靠一股狠劲硬闯出来，这样的"成功者"，必定拥有常人无法相比的凶狠与毒辣。

再有，他们跟合法统治者的出发点完全不同。不管皇帝主政还是太后专权，这些统治者都背负着一份必须承担的责任，就是要把祖宗开创的基业维系下去，所以他们的政策始终要以维护国家长治久安为目标。

但宦官不同，他们没有祖宗基业要经营，也没有江山社稷要传给后代，他们有的只是对于奴隶生涯深深的恐惧感，以及由此造成的拼命向上爬的本能。所以他们掌权以后，完全不会考虑国家的长远利益，甚至可以说完全不会考虑国家利益，他们考虑的只是怎么做掉竞争对手，保持自己手上的权柄不丢。

对于国家来说，他们是一群破坏者，而不是建设者。

为了达到掌握权柄的目的，他们无所不用其极，栽赃陷害、暗箭伤人、拉帮结伙、徇私舞弊，以及在必要的时候毫不犹豫痛下杀手……他们的手段是完全没有底线的。

当然，他们也不会忘记聚敛财富，以方便自己及时行乐，享受短暂的人间富贵，毕竟这才是他们夺权的最终目标呀。

为了敛财，贪污腐化是免不了的，所以他们卖官鬻爵，收受贿赂，巧取豪夺，欺男霸女……从根子上腐蚀着社会风气，也以一种扭曲的方式，报复着这个给他们带来巨大身心伤害的祖国。

宦官就是这样一个可怜又可恨的特殊群体。

现在这样一群人已经进入朝堂，开始掌握国家权柄，也把奴隶生涯中学到的各种恶毒伎俩带到了世人面前，给政坛注入了大量毒素，严重毒害着国家上层的政治生态。

不过，对这群人最反感的，不是被他们分走权力的皇帝本人，而是朝廷里的儒家士大夫们。

朝廷里的士大夫是通过"学而优则仕"的传统途径进入官场的。他们多数出生于世家大族，从小受到良好教育，经过多年寒窗苦学，读遍圣贤书，养成浩然之气，修来贤良的名声，终于受到地方官举荐，抱着"治国平天下"的理念进入政坛，希望在朝廷里干一番事业，当然，也希望维持自身和家族的贵族地位。

现在，他们蓦然看到一群出身卑贱的阉人小丑跳过所有这些阶段，凭借溜须拍马的功夫，直接进入朝廷最高层，挡在了自己前面，侵占了本来属于自己的利益，把自己家族几代人积累的政治资本都抵消掉了，他们心里当然不能接受。

所以从宦官进入朝廷开始，他们跟传统的儒家士大夫就是水火不容的关系。

更大的分歧在于，这些朝廷官员秉承的都是儒家治国理念，跟群阉小丑的那套鬼蜮伎俩天然相冲。一个坚持以"仁政"为核心，要求走传统的"明君贤臣"的治国道路；一个认为"这里老子最大"，谁拳头大谁说了算，把儒家理念抛到九霄云外，两拨人冲到一起，当然会爆发矛盾。双方的争斗很快演变为路线之争，这种纷争是不可调和的，谁都没有退路，只能无限激化下去，直到其中一方被彻底消灭为止。

开始的时候，双方的争斗还比较温和，士大夫们只是拼命劝谏皇帝，要求限制宦官的权力。

但他们的劝谏效果很有限。

最著名的一起事件发生在公元126年，当时司隶校尉虞诩弹劾中常侍张防贪赃枉法，奏折却总是被张防的同党扣押下来，最后虞诩实在没办法，竟然把自己绑了，亲自到廷尉去"投案自首"，这才引起顺帝重视，引发一起轰动一时的大案。

但顺帝还是不相信虞诩的指控，不但免了他的官，还任凭张防去迫害虞诩。出乎意料的是，就在虞诩大难临头的时候，以孙程为首的另一支宦官集团却站出来，大力为虞诩辩解。再加上民意汹涌，太学生一百多人替虞诩申冤，才成功扳倒张防宦官集团，把虞诩解救了出来。

从这次事件就可以看出来，士大夫集团要推倒宦官集团有多么困难，如果不是依靠另一支宦官集团的帮助，而只是以士大夫自身的力量的话，虞诩早都被张防给干掉了。

那么，皇帝为什么要顶着士大夫们的激烈反对，坚持任用这群阉人呢？

因为皇帝觉得他们最可靠。

在皇帝看来，宦官不管占据多高的位置，都是自家的奴才，比朝廷里那些大臣更加靠得住，甚至比太后的娘家人更可靠。

宦官没有家族作后台，没有子孙后代继承爵禄，他们不可能受到民众拥戴，更不可能称帝。归根结底，他们不是一个可以独立存在的政治实体，而是必须依附于皇帝，他们的权力完全建立在皇权之上，甚至可以说，他们的权力就是皇权的延伸和异化，不管怎么扩张，都不会威胁到皇权。

后来的历史却证明这种看法严重错误！

宦官当奴隶的时候确实没有家族来给他们撑腰，可他们一旦位居列侯，掌握权柄以后，跟在他们屁股后面的追随者就会蜂拥而来，形成一张类似于传统世家大族的关系网。

他们的权力确实是皇权的延伸，但不意味着他们会永远心甘情愿受制于皇帝。他们的权力一旦盖过皇权本身，皇帝就难免受他们控制。他们确实不受民众拥戴，也没法夺走皇位，但他们可以干涉皇帝的行为，造成朝政混乱。

他们没有后代这个问题，顺帝也替他们解决了。公元135年，顺帝下令：宦官的养子可以继承爵位，于是宦官的权力也开始世代相传了。而且他们往往会过继自己家族里的年轻人为养子，这就相当于把权力转移给了自己的家族，然后一代代传下去，成为世家大族之外的新兴贵族阶层。

国家的最高权力就这样偷偷流失到了奸邪小人手里，以至于再也收不回来，东汉王朝的根基终于松动了。

在顺帝时代，这个过程已经正式开始。

不过在宦官势力兴起的早期，看起来他们似乎反而对国家有益，因为皇帝任用他们最初的目的其实是对付外戚。

当初和帝是为了推翻窦氏才任用郑众，安帝用李闰、江京等人则是为了从邓氏手上夺回权力，现在顺帝信任"十九侯"也是同样的道理。

在当时看来，用宦官对付外戚这种"以毒攻毒"的招数相当好使，短期内确实帮助皇帝夺回了权力。

但随着一个又一个皇帝英年早逝，皇帝对国家的控制力始终不能成长到足够强大的程度，一家外戚倒掉以后，没多过长时间，另一家外戚又会兴起。外戚专政这个阴影便始终伴随着东汉王朝。

顺帝掌权以后不久，外戚专权的局面就卷土重来，这次是老面孔——梁氏外戚。

卷土重来的梁氏外戚

梁氏是开国元勋之一。

光武帝时期，他们家族有许多人在朝廷里当官，梁松更是当时的驸马。

后来梁松犯罪，牵连到整个家族，他们家族的当权者全部被罢官，流放到远方，到明帝时期才得到赦免，回到家乡。

梁松的弟弟梁竦是梁氏的佼佼者，以文采著称于世，他的两个女儿也十分杰出，都被章帝纳为贵人，其中的小梁贵人生下后来的和帝刘肇。

当时的窦皇后把刘肇夺过来自己抚养，却陷害两个梁贵人，导致她们两姐妹都被杀掉，她们的父亲梁竦也被虐杀在监狱里。因为这次迫害，梁氏家族遭到又一次严厉打击，全族再一次被流放。

窦太后去世以后，和帝了解到自己的身世，才给梁氏平反，梁氏终于重新回到朝廷里，成为洛阳的望族之一。

梁氏虽然取得了外戚身份，但没多久和帝就过世了，在如日中天的邓太后和邓氏的压制下，梁氏的地位并不高，也没有太多作为。

一直到顺帝时期，梁竦的孙子梁商把自己的妹妹和女儿都送进宫里，两人都成为顺帝的妃子，梁氏再一次时来运转。

梁商的女儿叫梁妠（nàn），她从小熟读经史，是才貌俱佳的名门闺秀，她十三岁入宫，很快凭借自己的卓越表现得到顺帝赏识，受到专宠。

梁妠为什么能得到顺帝赏识呢？因为她非常善于树立自己"德才兼备"的形象。

在人们眼里，她是像邓太后一样的"女夫子"，平常嘴里念的全是传统道德。据说，她小时候在家里读书，把列女图放在身旁，表示对自己的督促，大人见了都十分惊讶。

梁妠入宫以后，处处表现出无与伦比的贤良，当时顺帝非常喜欢她，经常单独召幸她，她就义正词严地对顺帝说："古人有言，帝王应当雨露均沾，后妃应当拒绝专宠。后宫人人得承天恩，皇家子嗣繁多，方是兴国之道。皇上切勿对臣妾恩宠过隆。"

这番大道理听得顺帝连连称赞，认为梁妠果然贤良过人。

顺帝对梁妠的信任和尊敬一天胜过一天，终于在公元132年把十六岁的梁妠立为皇后，梁氏第二次飞黄腾达的机会终于来了。

成为皇后以后，梁妠依然表现得低调隐忍，她的一言一行完全符合上古贤后的标准，也符合东汉王朝对后妃的一贯要求，堪称无可挑剔。

当时看来，梁皇后跟之前的马皇后、邓皇后等贤良皇后类似，都是值得天下人尊敬的道德楷模。

但她有一点却跟以前的皇后不一样——她很会照顾自家人。

顺帝时期，皇帝对国家的控制力已经大大下降了，顺帝为了巩固自己的统治，一方面用"十九侯"当自己的爪牙，另一方面又依靠外戚的力量。

立梁妠为皇后以后，顺帝很快对梁氏的人加以重用，梁皇后的父亲梁商、哥哥梁冀都在朝廷里担任高官。

梁商是前朝老臣，性格平顺，行事严谨，倒没有什么危害国家的行为。

但梁冀就不一样了，他是一个嚣张跋扈的官二代，借着妹妹的威势，横行霸道，无人能挡，因此在当时的名声就很差。

史书上对梁冀的描述包括花花大少的全部特征：他长相凶恶，言辞轻薄，从小不学无术，游手好闲，他最喜欢射箭、赌博、棋牌、踢球这些不正经的玩意儿，又喜欢喝酒、游玩，整天跟一群贵公子斗鸡走狗，驱鹰跑马，无所不为，搅得偌大的洛阳城乌烟瘴气，不成个样子……

这些记载显然有刻意丑化的成分，但也可以从中看到：梁冀性格张狂，为人粗鲁，不是什么善茬。

还在担任河南尹期间，他就做了许多违法乱纪的事。

当时的洛阳令吕放（洛阳归河南尹管辖）是梁商门下的人，偷偷跟梁商说了他这个儿子在外面干的好事。梁商大怒，把梁冀狠狠骂了一顿，梁冀怀恨在心，竟然找人把吕放给暗杀了。

暗杀朝廷高官是灭门的大罪，梁冀也怕被人发现，就嫁祸给吕放的仇家，还把吕放的弟弟提拔为洛阳令，鼓动他去逮捕吕放的仇家，最后把那人的家族一百多口全杀光了。

由于梁冀的特殊身份，这起严重冤案没有受到任何人重视，就这样被瞒过去了。（这个案子疑点重重，考虑到史书对梁冀的记载有许多丑化的成分，所以不能完全相信，姑且存疑。）

对于梁冀的飞扬跋扈，顺帝似乎完全不在意，梁商死后，顺帝就提拔梁冀接任了梁商的大将军之位，梁冀从此成为朝廷里说一不二的头号人物。

顺帝对梁冀的纵容某种程度上是因为：梁冀不管多凶恶，也只是皇帝的爪牙而已，替皇帝办事，凶恶一些反而更方便。

其实对于皇帝来说，不管宦官还是外戚，都是自己养的恶犬而已，只要皇帝自身的威信在他们之上，他们就不仅无法危害国家，还能充当皇帝的臂膀，替皇帝完成许多有挑战性的任务。

在"十九侯"、梁氏外戚这些既凶残又毒辣，还很有才干的鹰犬帮助之下，顺帝这些年的执政之路总算有惊无险，不仅成功迈过许多道坎，甚至还取得了一些可圈可点的成绩。

这些年，国家内忧外患同时爆发。国内，官场腐败，民生艰难，农民起义此起彼伏；国外，鲜卑、乌桓、南匈奴、北匈奴、羌人、象林蛮、武陵蛮、日南蛮，各路敌人轮流反叛，政府一直在忙着四处灭火，没有一天安宁。

但就在这样恶劣的局面下，顺帝依靠已经非常成熟的汉家制度，兵来将挡，水来土掩，硬把这些危机一一化解了。

整个顺帝时代，每一次内部叛乱都被很快压制，每一次外敌入侵也都被迅速打退，几乎没有对国力造成明显损伤。国家虽然艰难，但继续在正常运转，老百姓的生活也还维持得下去。这样的政绩，对于一个靠宦官上位的弱势帝王来说，真是非常不容易了。

最亮眼的成就出现在西方。

安帝末年到顺帝初年，在班超的儿子班勇的强势出击下，汉军接连收复西域各国，最后在车师再一次赶走北匈奴的势力。从这以后，西域再一次回到大汉怀抱，西域各国重新到洛阳朝觐汉家天子，汉家威仪再次延伸到遥远的中亚！

这是东汉后期最辉煌的成就，仅凭这一点，顺帝的功绩就不应被后人遗忘。

当然，这些成就背后可能也有宦官集团的贡献（尽管史书刻意忽略这一点），虽然在正统的观念里，宦官集团从来就是一股邪恶势力，但事物总有两面性，当皇权足够强大，把这些魑魅魍魉邪恶的一面压制住，并成功利用他们的才能为国家办事的时候，展现出来的效率还是相当可观的。

可惜东汉王朝的国运实在是差，这样平稳运转的时期并没能维持太久，公元144年，二十九岁的顺帝驾崩，帝国再次陷入动荡。

顺帝只有一个儿子，刘炳，这时候才一岁，一岁的皇帝能管得住谁呢？安帝、顺帝父子二人埋下的地雷终于爆炸了！外戚、宦官集团两只猛兽从此冲出囚笼，帝国没有人可以再约束他们，东汉王朝终于坠下了万劫不复的深渊！

第四十四章　黑暗时代开启

翻云覆雨的梁氏外戚

对于顺帝的英年早逝，梁皇后也不知是悲伤还是窃喜。现在整个国家都落到了他们兄妹手上，他们终于可以完全按自己的想法行事了。

首先是选择继承人，这个没什么好商量的，刘炳是顺帝唯一的儿子，理所当然登上宝座，是为汉冲帝。

虽然汉冲帝是后宫虞美人生的，但梁皇后是他嫡母，冲帝得尊她为太后。冲帝才一岁，梁太后顺理成章地临朝摄政。

现在梁氏在朝廷里已经没有对手了，梁氏一族占据着大量重要部门，尤其是梁冀，在朝廷里呼风唤雨，只手遮天。

但汉室的灾难还没结束。冲帝刚刚登基不久就病了，病情越来越严重。

眼看小皇帝要保不住，梁氏的人也很着急，梁冀赶紧派人到乐安国，把乐安王刘鸿的儿子刘缵（章帝的玄孙）接到京城，准备万一小皇帝驾崩，就让他来接任。

公元145年初，当了五个月皇帝的冲帝病逝，年仅两岁。

到这时，安帝、顺帝这一支血脉也断绝了，实际上，和帝开始的皇帝都已经绝嗣了。

梁太后、梁冀随后立刘缵为皇帝，是为汉质帝。

质帝年仅七岁，无法执政，所以继续由梁氏掌握朝政。

这两次皇位更替都是梁氏兄妹主持的，本来会惹人议论，但一来梁氏的权势已经够大，二来皇家门庭不旺，子孙稀少，已经没有人可以出来主持大局，所以他们兄妹的决定别人也很难提出质疑。

在当时来说，梁氏已经是唯一能替皇家主持大局的家族，不管汉室宗亲，还是文武百官，都只能支持他们，别无选择。虽然人们心里很清楚，这样会造成皇权旁落、外戚专权的局面，但走到这一步，确实是所有人都无可奈何的。

人们甚至也不能怪梁氏夺权（如果皇帝是正常死亡的话），因为政权并不是他们"夺"走，而是自然落到他们手里的。

后人对梁氏的指责，主要集中在立幼年皇帝这一点上。但要站在梁氏自身的角度来看，立一个成年王子当皇帝，相当于自动交出手上的权力，让新皇帝和新的外戚来排挤自己，这种自杀式的决定，哪个家族会同意呢？

所以从当时的局面来看，立幼年皇帝是必然的结果，谁也无法避免。

但当时谁也没想到，梁冀的行事风格实在太过于嚣张了，即使皇帝还是个小孩子，也受不了他的作风，终于还是引发了严重矛盾。

有一次，小皇帝对梁冀实在看不下去，在朝堂上当着文武百官的面大叫："你就是个跋扈将军！"

这让梁冀又羞又气，眼看八岁的小皇帝已经对自己横挑鼻子竖挑眼，等他年纪再大一些，梁氏不是全完了？

梁冀想来想去，恶向胆边生，起了弑君的心思。

有一天，质帝吃了一块饼，很快感到肚子不舒服，对周围的人说："给我点水喝，我还能活。"梁冀在旁边看着，说："怕你呕吐，不能喝水。"就这样把救援质帝的人拦了下来。没多久，质帝就驾崩了。

如果史书记载可信的话，那么这就是一起极其明显的弑君案。但在当时由于梁氏已经完全掌控着局势，竟然被他们硬生生把消息给压下来，没有人去调查皇帝的死因，甚至连替罪羊都没有，一起弑君大案就这么瞒过去了。

梁冀和朝中官员开始再次讨论新皇帝的人选。

以太尉李固为首的朝臣们希望选清河王刘蒜，理由是刘蒜年纪大一些，更有利于平稳执政。这显然跟梁氏的想法相反，梁冀等人看中的是十四岁的蠡吾侯刘志。

刘志是章帝的曾孙，比冲帝、质帝还高着一辈，属于顺帝的兄弟辈，而刘蒜跟冲帝、质帝是平辈，从这点来看，当然找刘蒜继位法理上更说得通。

如果让刘志继位，梁太后是他的嫂子，却拥有嫡母的地位，于情于理都很别扭。

但刘志得到了梁氏的支持。

一方面因为他年纪相对小一些，另一方面因为他们这个支系地位很低。从刘志的封爵就能看出来——"蠡吾侯"，所谓的蠡吾国不过是一座小县城，刘志就是这座小县城的主人。而且他连"王"都不是，只是个"侯"而已。他的母亲只是上一任蠡吾侯的小妾，母系家族恐怕就是县城里的土财主而已。所有这些条件加到一起，决定了刘志只是宗室里面一个不起眼的小角色，也没有一个强势家族作后盾，他如果继位，无论怎样都威胁不到梁氏的地位。

朝廷里跟梁氏对立的官员们显然也看到了这一点，所以他们坚持立刘蒜为皇帝，双方争执不下。

这时候以中常侍曹腾为首的宦官集团投下关键一票。

曹腾是老江湖了，安帝时期，他就得到邓太后赏识，被派去陪当时的皇太子（后来的顺帝）读书，所以顺帝登基以后，对他特别信任，先后把他升为小黄门、中常侍，地位尊崇。

曹腾很早就属于梁氏的派系。顺帝末期，曾经有另外一个宦官集团诬告梁商（梁冀的父亲）和曹腾等人，说他们图谋废掉顺帝，另立皇帝。这个集团甚至假传圣旨，把曹腾等人打入监狱。事情败露以后，顺帝大发雷霆，处死了那个宦官集团的主要成员，把曹腾等人释放了出来。

所以曹腾也是见过大风大浪的，政治嗅觉异常灵敏。

他看到朝廷里双方相持不下，就在散朝以后去找到梁冀，表达了对刘志的支持。

曹腾这个派系的支持给梁冀打了一剂强心针，他心里终于有底了。第二天朝堂上辩论，他的态度变得非常强硬，跟李固一派人针锋相对，李固那边的儒臣们都被梁冀的气势吓倒了，纷纷妥协，只有李固一个人还在坚持。

当天散朝以后，梁冀找到梁太后，兄妹二人商量一番以后，当即下令：免掉李固的官职，立刘志为皇帝，不容辩驳！

公元146年闰六月，刘志即皇帝位，是为汉桓帝。

外戚专权的最高峰

桓帝是靠梁氏和曹腾宦官集团的支持上位的，本身又没有任何后台，上台以后，朝政便完全由梁氏和宦官把持。

梁太后继续临朝摄政，梁冀继续呼风唤雨，曹腾则被提拔为大长秋，加位特进，封费亭侯，两个集团都得到了自己想要的回报。

这些人随后对政治对手展开清算。

桓帝即位的第二年，清河国（刘蒜的封国）有个叫刘文的人冲进王宫，劫持清河国国相谢暠，要他当众宣布："支持刘蒜当皇帝。"谢暠不答应，对这伙歹徒破口大骂，刘文等人就杀了他以后逃走了。

这样一起荒唐的"谋反"案当然很快被朝廷破获，刘文和他的党羽都被官府杀掉，整个案件没有对桓帝的统治构成丝毫威胁。

但随后就有官员弹劾刘蒜，声称他图谋不轨，鼓动狂徒来散布妖言。桓帝看到奏折以后，马上下令把刘蒜贬为尉氏侯，流放到桂阳，不久以后，刘蒜自杀身亡。

梁冀等人又说李固跟刘文一伙是串通好的，于是把李固也打入监狱。

这起明显的政治迫害在民间引起舆论反弹，李固的门生和民间的儒生们向朝廷上书申冤，但在梁冀的弹压下，朝廷不顾舆论的强烈反对，还是把李固害死在了监狱里。

舆论哗然，但是谁也没办法。

这时候桓帝登基才一年而已，梁冀的嚣张跋扈已经到了这种程度。

但一切才刚刚开始。

有质帝的前车之鉴，桓帝知道梁冀兄妹是绝对不能得罪的，所以他竭尽全力讨好梁氏。

他不停加封梁冀，一直把梁冀的封邑加到了三万户。梁冀府上的官员人数,比三公府的还要多一倍。

梁冀的两个弟弟,梁不疑被封为颍阳侯,梁蒙被封为西平侯,梁冀的儿子梁胤封襄邑侯,各食邑一万户。

而为了控制桓帝,还在桓帝刚刚登基的时候,梁冀和梁太后就把他们的妹妹梁女莹嫁给了桓帝,梁女莹当然很快被册封为皇后,整个后宫也在梁氏的控制之下了。

最后,梁氏一门有九人被封侯,出了三个皇后(包括已经是太后的梁妠)、六个贵人、三个驸马、两个大将军,在朝廷担任高官的有五十七人。

就连梁冀的老婆孙寿都被封为襄城君,每年从封邑收的赋税都有五千万钱之多。

梁氏的权势之隆已经无以复加,西汉末年王氏篡权的一幕似乎要重演了。还好,梁妠不是王政君,她对于自己的家族还是有一定的防范措施的,到目前为止,权柄还是握在她自己手上,没有落到梁冀那边。另外,她跟梁冀的政见也常常相左,常常驳回梁冀的提议,因此对梁冀的野心起到了一定的约束作用。另一方面,梁冀是个纯粹的浑人,权术谋略完全不能跟王莽相比,所以他本身也没有能力篡夺政权。

梁太后对汉室还是有一定的忠诚的,公元150年,她的身体已经越来越差了,她感到自己时日无多,便决定还政于桓帝。

她来到宣德殿,把文武百官和梁氏官员都召集起来,当众说:"朕一直以来都有'心下结气'的病症,今年变得更加严重。想来想去,恐怕不能与各位公卿相伴始终了。只是刚刚扶立了新皇帝,却不能再多教导他一些时日,也挺遗憾呀。从今往后,只能把皇帝和我自家兄弟托付给你们这些公卿了!"

两天以后,梁太后驾崩,桓帝终于开始亲政了。

有梁太后临终的托付,梁冀从法理上来说已经无法篡权,桓帝虽然受到外戚和宦官两方的掣肘,不能任意施政,但皇位还是坐得比较稳的。

不过,没有了梁太后的约束,梁冀更加无法无天起来。

梁太后驾崩以后,为了稳住梁冀,桓帝特地赐给梁冀"入朝不趋,剑履上殿,谒赞不名"的超规格待遇。当时人都传言,梁冀的待遇与萧何看齐,封邑不输给邓禹,封赏跟霍光持平。两汉三百多年来,臣子的待遇之高,除了王莽，就数梁冀了。

在这样超规格的礼遇下，梁冀虽然没有皇帝的称号，却行使着皇帝的权力，日常待遇也都向皇帝看齐。

梁冀家的豪宅接近皇宫的规格，内部琳琅满目，应有尽有。奴仆有几千人之多，很多都是从民间收容的流民，甚至有抓捕来的无辜百姓。另外，他们家还有多处园林，园林方圆上千里，内部包含山川林泽，从弘农到河南，从鲁山到黄河，整个京畿之地，遍布他们家的苑囿。

据说，梁冀还建了一座"菟苑"，里面养着许多兔子，每只兔子都有标识，谁伤到一只都会招来大祸。曾经有周围的百姓误杀了里面一只兔子，被梁冀的手下抓住，相关人员全部受牵连，总共被杀了十几人。

梁冀甚至连自家人都不放过，他弟弟府里的人曾经到他的园林里去偷猎，梁冀发现以后，派人搜捕弟弟家的宾客，一口气杀掉三十多人。

梁冀的权势延伸到朝廷的各个角落，当时只要有官员上任，或者离开京城，都要先去拜访梁冀，向他说明情况，然后才敢出发。辽东太守侯猛就是因为上任之前没有去拜访梁冀，被梁冀找个借口腰斩了。

朝廷里各个官员，只要对梁冀稍有不恭敬，就会遭到他的打击报复。敢于跟梁冀作对的，更是全部遭到身死族灭的下场。

梁冀嚣张的程度简直骇人听闻，排挤完所有的政敌以后，已经没人敢跟他作对了，他便拿自家人开刀。他弟弟梁不疑是个传统的儒生，梁冀非常恨这种读书人，就在朝廷里排挤梁不疑，梁不疑只好辞官回家。

梁冀又派人暗中监视梁不疑，让他们把所有跟梁不疑有来往的官员都记录下来，挨个收拾。南郡太守马融、江夏太守田明都因为登门拜访过梁不疑，遭到梁冀报复，被发配边关。

梁冀还喜欢敲诈豪门富户。扶风有个著名的富商，有一次，梁冀送给他几乘车马，顺便找他"借"现金五千万，这富商"竟然"只给了三千万。梁冀大怒，向当地官府告状，说这个富商的母亲是梁府的丫鬟，偷了金银珠宝跑出来的。于是由官府出面，找富商"还钱"，最后把这个富商虐杀在监狱里面，富商家里的财产都被梁冀抢了去，达到一亿七千万之多。

梁冀对财富的贪婪达到令人发指的程度，全国各地进贡给皇帝的财宝，都要先交给梁冀挑选，挑剩下的才给皇帝。

最后甚至全国的珍宝都不能满足梁冀了，他又派人到国外去搜求各种奇珍异宝。这些手下人跟梁冀一样贪婪，每到一处都要勒索当地官府和富户，所过之处，好似蝗虫飞过，一片狼藉。

在梁冀和他的手下们的压迫下，从朝政大员到地方官，再到名商巨贾，全都苦不堪言，普通百姓受到的压迫更是不可想象。

不过人都有多面性，谁能想到，如此凶狠强悍的梁冀，却是个怕老婆的男人。

梁冀的老婆孙寿是个妖艳的女人，人们都说，她常常化个啼哭妆，梳个堕马髻，摆着折腰步，露出龋齿笑，做出千般媚态，万种风情。

这样一个娇滴滴的美人，却是个罕见的悍妇。

当年梁冀的父亲梁商曾经献过一个美女给顺帝，那美女叫友通期，后来因为一点小事惹怒了顺帝，被贬出宫，送回了梁商府里。

梁商把友通期改嫁给了别人，梁冀却早已经看上了友通期的美貌，就暗中派人把她抢过来，养在洛阳城里一处私密的宅院里。

梁商死了以后，梁冀还在服孝期间就按捺不住，去跟友通期幽会。事情很快被孙寿发觉了，孙寿二话不说，带上一群打手，冲到友通期的宅院里，把她绑架回家，痛打一顿，打得她皮开肉绽，脸都被划烂了。

等梁冀回到家里，孙寿大吵大闹，说要把这事告到朝廷里去。梁冀被吓坏了，连忙跪地求饶，又去向岳母大人磕头求情，孙寿这才放过了他。

但梁冀死性不改，不久又去跟友通期私通，还生下一个私生子。这次孙寿发觉以后，直接让儿子梁胤带兵去，灭了友氏满门。

那个私生子因为早早地被梁冀藏起来，才躲过一劫。这小孩一直被藏在墙壁的夹层中，关了十几年，到梁氏倒台以后才出来。

这以后，梁冀对孙寿更是怕得要命，为了讨好孙寿，他甚至主动让梁氏的许多人从官场上退下来，把职位让给孙氏的人，所以孙氏也成为权倾朝野的豪门之一。

孙氏甚至比梁氏更凶恶，后来居上的他们嫌敛财的速度不够快，直接对豪门大户开抢。

他们在各自管辖的地区，把当地富人的名单整理出来，挨个敲诈。或者罗织个罪名，把人抓进监狱严刑拷打，逼他们出钱赎人，通过这种方式抢到大量钱财。

孙寿手里捏着梁冀的把柄，所以有恃无恐，竟然勾搭上手下一个叫秦宫的官员。这官员常常到梁冀府里跟孙寿私通，因此得到孙寿提拔，被任命为太仓令，他们家族也开始在朝廷里呼风唤雨，成为又一个豪门。

梁氏、孙氏的凶狠残暴引起天下人的严重愤慨，全国上下的怒火连成一片，越烧越烈，终于烧到了梁冀自己身上。

外戚最后的疯狂

东汉的官员们深受儒家"忠义"思想的影响，即使明知有危险，也要大胆去挑战黑恶势力，所以即使在豺狼当道的时代，也有一些勇士站出来，试图为天下人找回正义。

他们的努力从顺帝时期就开始了。

顺帝末期，朝廷派出八名官员去全国各地巡查，其中七名官员都按时出发了，只有一个叫张纲的跟其他人不一样，他走到洛阳郊外就停下来，拆下车轮，埋在土里，说："豺狼当路，安问狐狸。"就是说：朝廷里有豺狼在为害国家，去地方上调查狐狸有什么用呢？

张纲转身回到洛阳，向顺帝上了一封奏折，痛诉梁氏兄弟几人贪赃枉法、凌虐百姓的罪行，要求严肃处理这帮祸国殃民的蛀虫。这封奏折打响了弹劾梁氏的第一枪。

顺帝知道张纲说的有道理，但他没有能力和决心扳倒梁氏，所以把这封奏折压下，没做什么反应。

到桓帝时期，弹劾梁冀和梁氏的勇士更是接连涌现，可惜桓帝的反应也跟顺帝类似，一直充耳不闻，弹劾梁冀的官员却全都遭到报复。

其实桓帝心里也明白，梁氏必须除掉，但他比顺帝更弱势，更没有能力处理这个嚣张的家族，他只能等待机会。

梁冀虽然嚣张，却没有政治头脑，他一直在胡作非为，四处结仇。随着受到梁冀残害的官员和豪门越来越多，梁氏的仇家也越来越多，扳倒梁氏的民意逐渐成熟了。

这时候后宫的主人仍然是梁女莹，她也是个嚣张的女人，一度试图控制桓帝。但从梁太后驾崩以后，桓帝就开始冷落梁女莹。

桓帝是个好色的君王，后宫妃嫔众多，梁女莹之后，他最宠爱的是邓猛女。

邓猛女的来历很奇特。

她本来出自邓绥的家族，是开国元勋邓禹的后人，但她的父亲死得早，母亲改嫁给孙寿的舅舅梁纪（这个梁氏不是梁冀的家族，是另一家梁氏），所以邓猛女就改名叫梁猛女。后来孙寿看到邓猛女姿色艳丽，就把她引荐给桓帝，邓猛女很快受到桓帝宠爱，被封为贵人。

——另一种说法是，邓猛女入宫以后，梁冀收她为干女儿，才把她改姓为梁。

总之，不管"梁猛女"这个名字怎么来的，邓猛女都跟梁氏和孙氏有千丝万缕的联系，在梁冀和孙寿看来，送她入宫可以进一步巩固梁氏在宫里的地位。

但他们万万没想到，邓猛女入宫以后很快夺走了桓帝的宠爱，导致梁女莹这个正牌"梁皇后"失宠，冒牌"梁皇后"却上位了，梁氏在后宫的地位反而受到严重削弱。

梁女莹一天天受到冷落，心情沉郁，终于在公元159年七月郁郁而终。

不过梁女莹的死也可能有某些不可公开的原因，因为她刚刚过世，桓帝就对梁氏动手了。

桓帝动手的直接原因是两起大案。

不久前刚刚发生了日食，有个叫陈授的官员，通过小黄门（一种官职，通常由宦官担任）徐璜向桓帝上书，说日食这种灾异是老天在示警，因为大将军梁冀在为害国家。

梁冀听说以后，怒不可遏，命令洛阳令把陈授抓起来，拷打至死。

之前已经有许多官员因为弹劾梁冀被他害死，这回桓帝终于决定不再沉默了。

同一时期，邓猛女娘家的人得罪了梁冀，梁冀派人暗杀了邓猛女的姐夫，又继续派刺客去暗杀邓猛女的母亲。

中常侍袁赦住在邓母隔壁，刺客半夜爬到他们家房顶上，想从这里进入邓母家里，结果被袁赦发现了，袁赦敲锣打鼓招来街坊邻居，才把刺客吓走了。

邓母知道事情真相以后，飞奔到宫里向桓帝告状。到这一步，桓帝终于彻底不能忍了。

宦官出手，梁氏覆亡

连续两起大案都指明梁冀是凶手，但又都由宦官告发，真真假假，让人难以分辨。但也隐约说明，宦官集团正在发力推倒梁氏。

桓帝找的帮手也是宦官——朝廷已经被梁冀控制，桓帝信得过的人只剩下宦官集团。

公元159年八月，梁女莹神秘死亡一个月以后，桓帝有一次上厕所，悄悄问身边的宦官唐衡："哪些人跟皇后（梁女莹）家关系不好？"

唐衡回答："单超、左悺、徐璜、具瑗几个人都跟梁氏有矛盾。"

桓帝便把这四个宦官召来，加上唐衡，总共五人，跟他谋划了诛灭梁氏的计策，并且咬破手指，对天盟誓。

这五个人都是朝中高官，手上掌握着大量政治资源，他们回去以后，就开始动用自己的关系，调动朝廷中的力量，准备发起行动。

梁冀发觉情况有异，派中黄门（另一种由宦官担任的官职，比小黄门地位低）张恽进入禁苑，监视桓帝的情况。

宦官们在宫廷斗争中锻炼出来的丰富经验开始发挥作用了，具瑗看到张恽进来，丝毫不客气，马上叫人把他拿下，罪名：私闯禁苑，图谋不轨。

五个宦官随后拥着桓帝来到御前殿，桓帝坐上龙椅，召尚书台官员进殿，宣布诏令：

命令尚书令尹勋总领尚书以下各个部门，各部门官员拿着兵器守卫宫禁和各大重要关卡；命令司隶校尉张彪带兵前来，跟具瑗会合，带领左右厩驺、虎贲、羽林、都候等处的军队，前去包围梁冀府第；命令光禄勋袁盱手执皇帝符节前去没收梁冀的大将军印绶；贬梁冀为比景都乡侯，即日起程。

这些政令一气呵成，显然是高人谋划的结果，梁冀被杀了个措手不及，来不及调集自己的军队，就被围困在了家里。

梁冀这些年结的仇家太多了，关键时刻，墙倒众人推，根本没人帮助他，最后他只好跟孙寿一起自杀身亡。

桓帝连续发布命令：把梁氏和孙氏家族的主要成员全部打入诏狱，无论老少，一律斩杀；梁氏和孙氏的手下、同党、追随者全部免官，接受调查。最后朝廷高官有几十人被杀，被罢官的达到三百多人，整个朝廷都空了，只剩下尹勋、袁盱寥寥几人。

震动很快波及全国，各大驿站人来人往，传送文书的车马飞驰而过，地方上跟梁氏有关的官员全部被撤换，老百姓扶老携幼出来围观，人人拍手称快，全国各地乱成一团，一直忙了很多天才平静下来。

朝廷没收梁氏的财产，竟然达到三十亿之多，填充完国库以后，还剩下一大笔钱，于是又减免全国一半的田租，剩下的园林、苑囿，都开放给老百姓免费耕种，才勉强把梁氏的财产散尽了。

最后，桓帝把已经下葬的皇后梁女莹贬为贵人，立邓猛女为皇后，并且恢复她为"邓"姓，彻底把梁氏的痕迹从宫里抹掉了，而邓猛女也终于取得了宫廷斗争的胜利。

从章帝末年开始，外戚干涉朝政将近一百年，到这一刻才来了一次总清算，由桓帝出手，彻底打垮了外戚势力，斩断了他们伸向朝政的黑手。

这以后，虽然新登台的外戚仍然试图干涉朝政，但已经完全达不到阎氏、梁氏那样猖狂的程度了。他们只能作为皇权的一个补充，而无法压倒皇权。

但很可惜，即使这样，还是无法拯救皇权衰落的趋势，反而带来了更加严重的、不可调和的冲突。

阉人当道，末世来临

桓帝（以及之前的和帝、安帝、顺帝）为了推倒外戚势力，迫不得已借用宦官的力量，却使宦官集团成为外戚倒台的主要受益者。外戚倒掉以后，空出来的权力大部分被宦官夺走，于是刚刚摆脱外戚阴影的东汉王朝，又落入了宦官干政的渊薮。

梁氏倒台以后，桓帝封赏功臣，给予单超为首的五个宦官极高的待遇：

单超封新丰侯，食邑两万户；徐璜封武原侯，具瑗封东武阳侯，各食邑一万五千户，赐钱各一千五百万；左悺封上蔡侯，唐衡封汝阳侯，各食邑一万三千户，赐钱各一千三百万。

五人同日封侯，号称"五侯"。

另外又有小黄门刘普、赵忠等八人被封为乡侯。

这些阉人连成一片，共同把持朝政，权倾朝野。

另一方面，因为当年顺帝已经有政策，宦官的封爵可以传给后人，所以已经发迹的宦官，他们的权势也成功延续了下去，其中最有名的是曹腾。

曹腾当年帮助桓帝登上皇帝宝座，后来一直享受着很高的待遇，甚至还找了个吴姓宫女结为"对食"夫妻，又在家族里面收养了一个儿子曹嵩。

梁冀倒台的这一年，曹腾也过世了，他"儿子"曹嵩继承他的爵位，从此进入政坛，曹氏也逐渐成为朝廷里一支重要力量，并且将在不久后改变天下格局。

当然，目前为害最大的还是"五侯"集团。

"五侯"里面的单超没过多久就死了，剩下四个阉人，继续在朝堂上作威作福。

这一时期的宦官集团跟之前有一个明显的不同——他们已经从之前单个宦官干涉朝政，发展到了家族协同作战。一个宦官受宠，便把他的各种亲友都引入朝堂，再加上后面跟着的马屁精集团，形成一个庞大的政治团体，从中央到地方，全方位覆盖，共同窃取着政府的权力。

其中比较重要的有：单超的弟弟为河东太守，侄儿为济阴太守；徐璜的弟弟为河内太守；左悺的弟弟为陈留太守；具瑗的哥哥为沛相。

这几个家族都是从社会底层起来的暴发户，相比之前的外戚集团来说，他们更加不用考虑国家的长治久安，所以行事完全没有底线，压榨起百姓来不留一点余地。

他们虽然占据着各大要害部门，可是对于治理国家完全没有兴趣，只是顶着朝廷给的官职为自己牟利而已。

他们对享乐有着近乎疯狂的追求，几个家族争着营建豪宅。他们家里僮仆无数，宾客盈门，绮罗遍地，珍馐满庭，奢华程度超越王府；从民间搜求美女，广纳姬妾，豆蔻少女，中年美妇，一个不放过；收养义子干儿，孝子贤孙，前呼后拥，期望荣华富贵代代相传……

这一切都是建立在搜刮百姓的基础上，这些宦官家族有如一群饥饿的水蛭，扑在帝国的肌体上拼命吸血，不过几年工夫，已经吸得帝国国库虚耗，财力衰竭，底层百姓更是苦不堪言。最后，生活不下去的底层百姓只好揭竿而起，吹响了东汉王朝覆灭的号角。

从桓帝时代起，农民起义的烈火就在全国各地蔓延，到了宦官当政时期，更是一发不可收拾。

公元 160 年，泰山劳丙起义，叔孙无忌起义；

公元 162 年，长沙、零陵百姓起义，艾县民众起义；

公元 163 年，桂阳李研起义，南海民众起义；

公元 165 年，桂阳胡兰、朱盖起义，渤海盖登起义；

公元 167 年，庐江民众起义；

……

但东汉王朝的麻烦远远不止于此，同一时期，鲜卑、乌桓、西羌、夫余、南匈奴、西南夷、西域各国，以及九真蛮、日南蛮、板楯蛮、武陵蛮、长沙蛮、零陵蛮……各路蛮夷、外族、藩国，像约好的一样，就地起兵，对东汉王朝发起攻击，神州大地烽烟四起。

朝廷只好不停派出各路兵马去平定叛乱，汉军将士依旧神勇，可是叛乱地区实在太多了，千疮百孔，防不胜防，即使用尽全国的兵力也镇压不过来。同时，兵役和徭役成为民众的沉重负担，巨额军费又进一步压垮了帝国财政。

在农民起义和四方蛮夷的冲击之下，帝国的防线被全面突破，国家政权摇摇欲坠，大汉帝国的末世终于来临了。

第四十五章　汉室衰微

士大夫的反击

这时候桓帝在干什么呢？

史书记载，桓帝喜好音乐，精通各种乐器，常年沉溺于声色之中。他又爱美姬娇娃，甚至一次性封过九个贵人。桓帝的后宫，宫女有五六千，打杂的仆役还有五六千，帝国烽烟四起的这些年，这个风流天子正在温柔乡中左拥右抱，享尽人间繁华。

皇帝的昏庸与宦官集团的淫靡，给朝廷里的儒家士大夫们造成巨大冲击，他们不敢直接指责皇帝，但可以针对宦官，所以他们跟已经衰落的外戚势力联合起来，共同对宦官集团发动攻击。

这时候当红的外戚是窦氏。

桓帝是个多情帝王，他宠爱邓猛女几年以后，就开始移情别恋。而邓猛女也继承了梁氏嚣张跋扈的性格，在后宫横行霸道，跟桓帝新宠幸的郭贵人等人发生激烈冲突，双方争着到桓帝跟前告状，后宫简直没有一刻安宁。

公元165年，邓猛女终于惹怒桓帝，被废除皇后之位，送进暴室，不久以后就"忧郁而死"。

桓帝想立自己宠爱的宫女田圣为皇后，但朝廷里的士大夫们坚决反对，因为田圣的身份太卑贱了。

后宫出身最高贵的就是窦妙窦贵人，窦氏是传统贵族，西汉和东汉早期都出过皇后，她父亲窦武也是当时名士，以高风亮节闻名天下，因此士大夫们认为立她最合适。

桓帝一点都不喜欢窦妙，但拗不过士大夫们，最后只好把窦妙立为皇后。

窦妙的皇后之位是士大夫们拼命争取来的，所以窦氏自然跟士大夫集团亲近，而宦官这个共同敌人的存在，更迫使他们进一步联合起来。最后，窦武本人甚至都成了士大夫集团的一员，士大夫和外戚结成了密不可分的联盟，共同对抗宦官集团。

这个时期士大夫们的手段比之前更加激烈，除了向皇帝进谏以外，情况紧急的时候，他们更是越过皇帝，对宦官集团里面的不法分子发起直接打击。

最著名的一个案子：徐璜的侄儿徐宣担任下邳令期间，求娶已故汝南太守李暠（hào）的女儿为小妾，李家的人不同意，徐宣竟然派人冲进他们家里，抢走这个少女，在县衙门里面虐待一番以后，把这个少女乱箭射死，尸体就地掩埋。

这起恶性凶杀案在当地引发严重民愤，东海相黄浮不顾众多手下人的阻拦，把徐宣一家老小收进监狱，全数斩首。

徐璜听说以后，咬牙泣血，告到桓帝跟前，昏庸的桓帝竟然又惊又怒，下令革去黄浮的官职，剃光他的须发，戴上脚镣手铐，罚去做苦役。

但士大夫阶层并不畏惧这点惩罚，他们继续联合起来攻击宦官集团。

同一时期，尚书朱穆向桓帝谏议，罢免宦官的官职，桓帝驳回他的提议，导致朱穆抑郁而死。

士大夫集团随后把矛头对准侯览。

侯览是最近新得宠的一个宦官，他和小黄门段珪在济阴和济北地区购置了大量田产，成为当地霸主。他们两家的仆人、宾客在那边阻拦交通，劫掠过往行人。济北国相（济北是一个封国，拥有自己的政府）滕延派人把这些匪徒抓捕起来，全部处死、暴尸。

两个阉人去向桓帝告状，桓帝又一次偏袒这些人，把滕延革职查办。

侯览的哥哥侯参在益州当刺史，他编造各种借口诬陷当地富人，把这些家族打入监狱，家产没收，因此发了大财。

太尉杨秉向桓帝上疏，控诉侯参的罪行，桓帝让人把侯参押解到京城接受调查，侯参在路上自杀身亡。朝廷官员去清点跟着侯参进京的车辆，发现三百多辆车里面全是金银珠宝，堆山填海，不可胜数（侯参准备进京行贿），这才坐实了侯参贪赃枉法的罪名。

在舆论的强大压力下，桓帝只好把侯览免官，但没过多久，桓帝觉得十分想念他，又把他官复原职了。

这时候桓帝也感到宦官集团引起的民愤太大，只好做出一些让步。

同一年，司隶校尉韩缜弹劾左悺和他哥哥为非作歹、残害百姓，证据确凿，左悺兄弟俩自杀身亡。

韩缜又弹劾具瑗的哥哥具恭侵吞财物，收受贿赂，桓帝只好下令把具恭打入监狱，褫夺具瑗的东武阳侯之位。

到这时，"五侯"死的死，革职的革职，一伙害群之马终于树倒猢狲散了。

这个时期，士大夫集团渐渐出现了两个领袖，分别是司隶校尉李膺（yīng）和太尉陈蕃。

李膺家世代都是高官，是典型的世家大族。李膺年轻的时候，跟同时代的贵族青年一样，成功举孝廉，进入官场，先后担任青州刺史、渔阳太守、蜀郡太守。

当时李膺已经以为官清廉闻名于天下了。据说，他被任命为青州刺史的时候，青州各地的赃官们怕被他追查，在他赴任前就纷纷弃官逃走了。

后来他被任命为护乌桓校尉，在东北边关抵挡鲜卑、乌桓等外族的侵略，后来又调到西部担任度辽将军，抵挡西羌、西域各国的入侵。虽然是文官，李膺却总是身先士卒，到第一线指挥军队，在抵抗侵略的过程中立下了很大功劳，有效维护了边关安宁。

后来他被免官，回到家乡，广收门徒，因此在儒家子弟中积累了很高的名望。

到桓帝末年，李膺已经是五十多岁的老人了，几十年在官场和学术界积累的人望，使他成为当时全国知名的学者，受到整个士大夫阶层的崇敬，人们评定当时的"八俊"（天下最有名望的八个俊贤），李膺被排在首位。

当时的名士荀爽曾经去拜访李膺，驾车载了李膺一会儿，回来以后，就到处向人吹嘘："我给李君赶车了！"可见李膺在人们心里名望之高。

作为天下士人的领袖，李膺自然冲到了对抗宦官的第一线。

桓帝末年，李膺担任司隶校尉，负责监察官员的行为，或者说反腐。他和朝廷里的盟友们多次检举宦官集团贪赃枉法的罪行，因此严重得罪了桓帝和宦官集团。他和盟友们都多次被免官、被贬斥，甚至被打入监狱，在宦海中起起伏伏，历尽波折。

但也正因为这一点，李膺他们这些人的名望反而变得更高了。桓帝末年，朝堂乌云笼罩的时候，人们都在望着他们这群人，希望他们有所行动。

陈蕃也是名门之后。

十几岁的时候，他自己住一间屋子，却懒得打扫，以至于里里外外凌乱不堪。他父亲陪友人来看望他，见到这情形，就责问他："小子怎么不收拾一下房子招待宾客？"

陈蕃回答："大丈夫处世，当扫除天下，何必在意一间屋子？"

听了这话，父亲和友人都十分吃惊，知道他志向不小。

后来陈蕃也通过举孝廉进入政坛，经过几番起伏以后，被任命为乐安太守，属于青州刺史部管辖。李膺到青州赴任的时候，陈蕃就是少数敢留下来的清官之一。

陈蕃以吏治严明著称，他治理乐安的时候，有个很著名的案子。

当地有个叫赵宣的"孝子"，很多年前，他安葬了父母以后，没有封闭墓道，自己住在里面服丧，这一"服"，就是二十多年，不管刮风下雨，他都守在陵墓里面。

赵宣的孝行在当地广为流传，连政府都被惊动了，当时"举孝廉"的主要标准就是"孝"，所以当地政府多次请他出来做官，还把他举荐给太守陈蕃。

陈蕃就把赵宣召来相见，仔细询问他的情况，却发现一个被众人忽略的细节：赵宣现在有五个儿子，这五个儿子竟然都是在他服孝的这二十年内生的！

陈蕃勃然大怒，说："'圣人制礼，贤者俯就，不肖企及'，普通百姓尽力遵守礼数就好，何必伪装？你这些年吃喝住宿都在墓道里，却又在墓道里生儿育女，你装给谁看？何况还玷污陵墓，侮辱鬼神，罪不可赦！"

最后陈蕃不仅没给这个人封官，反而治了他的罪。

陈蕃的清正廉明给他带来了很大声望，连当时耀武扬威的梁冀都听说了他的名声，派人来找他，想把他收到自己手下。

陈蕃故意躲着，不见梁冀的人，那人就假托其他事情求见陈蕃，终于进入了陈蕃家里。

陈蕃知道被骗以后，怒不可遏，当场让下人打死了这个奴才，他因此得罪了梁冀，被贬官，后来才又被提拔上来。

跟同时代其他的清官一样，陈蕃也因为得罪权贵，多次被贬谪、被罢官，但因为他的清廉之名早已经传遍了天下，士大夫都以他为偶像，权贵集团终究不敢动他，所以让他躲过了迫害。桓帝也多次提拔他，让他当朝廷里的谏官，负责谏阻皇帝和权贵。

这以后，陈蕃就以直言敢谏闻名，他不仅控诉宦官，还敢于"批逆鳞"，直接挑桓帝的错，例如指责桓帝宠幸奸佞，劝阻桓帝游猎，劝告桓帝释放多余的宫女等。在他的监督下，桓帝不得不稍微注意自己的言行，宦官集团也不得不有所收敛。

不过陈蕃只是谏官，不掌握生杀大权，惩治宦官集团的任务主要还是由李膺等人来完成，陈蕃则负责在舆论上支持他们。

李膺等人跟宦官针锋相对的这些年，陈蕃一直在替他们辩解，虽然他的意见桓帝多数都不听，但也大大限制了宦官集团对李膺等人的反制，甚至可以说，陈蕃为首的谏官群体，保护着整个士大夫集团。

士大夫集团也知道陈蕃对国家的巨大作用，所以给他极高的褒奖，把他跟窦武、刘淑合称为"三君"，是当时天下三位最受人尊敬的名士。

简而言之，李膺为首的群体负责纠察宦官中的不法分子，以陈蕃为首的群体负责阻拦皇帝对宦官的保护，以及保护士大夫集团免遭皇帝迫害。李膺等人为"矛"，陈蕃等人为"盾"，双方密切配合，联合行动。

桓帝末年，李膺和陈蕃带领士大夫集团，对宦官集团发起了一波又一波冲击，相应地，宦官集团也对他们展开疯狂报复，双方的冲突愈演愈烈，终于酿成了第一次党锢之祸。

党锢之祸

桓帝末年，士大夫和宦官两个团体都认为必须跟对方做一个了断了。

这几年，随着士大夫集团对宦官的打击越来越严厉，宦官也展开疯狂报复，从李膺以下，士大夫集团的许多领军人物都受到迫害。公元166年，几起轰动一时的大案，更是把双方的矛盾推到了顶峰。

首先是南阳有个叫张泛的富商，是桓帝奶妈的亲戚，在当地为非作歹。桓帝的奶妈一向跟宦官是同党，所以张泛也是宦官的党羽之一。当时南阳太守成瑨正在整顿本地治安，就顺势逮捕了张泛。

正要处决张泛的时候，朝廷的大赦令来了，成瑨知道这个大赦令就是为了保护这些歹徒，所以竟然不顾这道赦令，把张泛杀了。

同一时期，太原地区的小黄门赵津也被太守刘瓆抓了起来，刘瓆也不顾桓帝的命令，在大赦令出来以后把赵津杀了。

两起案件都是公然在挑衅桓帝的权威，桓帝听说以后，天颜震怒，把成瑨、刘瓆抓捕起来，判了弃市。

同时，宦官首领侯览的母亲死了，他回家治丧，在家乡修筑起豪华墓地，被当地督邮（郡一级的官员）张俭举报，侯览却把张俭的奏折扣起来，不让桓帝看到。

张俭看到举报没用，索性不禀报朝廷，直接派人推平侯览家的坟茔，籍没他老家的家产。侯览恨得咬牙切齿，到桓帝跟前哭诉。于是，朝廷下诏处罚张俭，并且牵连到当初推举张俭做官的山阳太守翟超，把翟超打进了监狱。

同时，东海国相黄浮也因为徐宣案引起桓帝震怒，被打入监狱。

四起大案搅得人心惶惶，士大夫跟宦官集团彻底撕破脸，双方在桓帝面前展开直接对决，局面剑拔弩张。

陈蕃、刘茂等人都急了，拼命替这些官员辩解，各地官员和百姓也纷纷为这几个人喊冤,但还是无法平息桓帝的怒火。

更大的地雷随后引爆了。

河内郡有个神棍叫张成,会占卜,会预言,他靠这种技能结交到宦官,成为宦官集团的党羽之一,甚至桓帝都找过他占卜。

就在大赦令出来前几天,张成叫他儿子杀了一个仇家,李膺马上把张成的儿子抓了起来,还没来得及判决,大赦令就下来了。

短时间内如此之多的宦官党羽急着犯法,又正好都赶在大赦令出来之前,士大夫们当然怀疑是朝廷里的宦官们泄露了皇帝即将大赦的消息。李膺也觉得怒气填胸,索性一咬牙,也不顾大赦令,把张成的儿子杀了。

这下却捅了马蜂窝。张成这种神棍在民间有很多信徒,他的徒弟马上反击,控告李膺等人跟太学生关系密切,结党营私,讪谤朝廷。

太学生也是东汉末年一股有影响的政治势力。这些年轻人都出自世家大族,在政府公办的学校上学,学成以后往往进入官场,所以他们既是士大夫的预备队,又跟世家大族有极为密切的关系,算是代表世家大族替士大夫撑腰的一股中坚力量。

身为朝廷高官的李膺等人跟太学生往来密切,这自然脱不了"结党"的嫌疑,而朝廷官员结党营私是皇帝极其忌惮的一件事,何况他们跟窦武为首的外戚也关系密切,这让皇帝怎么能放心?

收到张成的弟子举报以后,桓帝明白,士大夫集团已经结成了一张牢不可破的权力网,正在从四面八方向他施压,甚至可以说是在向他宣战,他必须出重拳反击了。

所以这次桓帝不再宽容,而是发布命令,把李膺、杜密(太仆)、陈翔(御史中丞)、陈寔、范滂等士大夫集团头目抓捕入狱,要他们招供结党的罪行。

士大夫集团也十分硬气,桓帝的命令发下来以后,陈蕃作为"三公"之一,拒绝批准这份诏书。按照国家制度,皇帝诏书需要三公全体批准通过才有法律效力,陈蕃这边卡住,导致桓帝的诏令竟然发不出去,桓帝因此更加怒不可遏,便跳过朝廷,直接把李膺等人交给宦官的北寺狱去处理。

宦官集团发觉公报私仇的机会来了,把李膺这些人抓捕以后,以"三木"

之刑，严刑拷打，逼他们认罪，但李膺等人坚决不肯招供。

桓帝决心趁这次机会把士大夫集团的势力打下去，所以把案件迅速扩大，大肆抓捕所谓的"党人"，先后抓捕了两百多个朝廷高官和知名人士，另外还有大量"党人"逃亡在外，朝廷派人四处去追捕，替"党人"说话的陈蕃也被免职，一时间闹得人心惶惶。

这些"党人"在国内有很大影响力，他们被抓以后，全国轰动。舆论一边倒地支持"党人"，抗议的声音不绝于耳，全国各地街谈巷议，都在抨击桓帝的昏庸和宦官集团的残暴。尤其是士大夫背后的世家大族们，更是对朝廷严重不满。

被抓和被通缉的"党人"反而成为人们心里的英雄，甚至于很多民间士人冷嘲热讽地说："我竟然不在'党人'名单上？看来我的名望还是不够啊。"许多读书人争先恐后地向朝廷上书，说自己也是"党人"，请求朝廷来抓捕。

面对这种局面，桓帝也感到众怒难犯，渐渐有些后悔起来了。

另一边，监狱里面经过一番严刑拷打，竟然没有一个"党人"认罪。这些手无缚鸡之力的文人，面对酷刑，铁骨铮铮，没有丝毫畏惧，反而大义凛然地怒斥宦官祸国。最后连负责拷打的宦官头目都觉得不好意思了，停止了拷打。

而李膺也坚持斗争，狱吏要他供出同谋，他就把宦官集团的亲友们都供出来——实际上，宦官集团在民间的很多亲友确实是同情"党人"的，这就弄得审问他的宦官们也很尴尬。

这样下去，就连宦官集团的一些头目都要倒向"党人"了。

面对汹涌的民意，桓帝左右为难，感觉下不来台。这时正好窦武来找他替"党人"求情，桓帝也就顺水推舟，释放了大部分"党人"，把这场政治风波低调处理了。

但桓帝还是坚持下面这道命令——"党人"及其家属，永久禁止从政！

这是一道禁锢令，所以这次政治迫害被后人称为"党锢"。

这些大汉帝国的精英们，世家大族、名门望族的代表人物，就这样被阻挡在了朝廷之外。

皇帝、宦官、士大夫，解不开的死结

回顾党锢之祸最初的场景，这样一次动摇帝国根基的大规模政治迫害是怎么发生的？为什么它会出现？

表面上看，这次风波是"党人"为首的爱国士大夫和宦官集团那群奸贼的冲突，实际上，真正的冲突方是桓帝和士大夫集团。

宦官虽然被天下人唾骂，但仔细想来，只有他们才是真正忠于皇帝的。

桓帝为什么要重用宦官？因为士大夫集团正在缩小包围圈，逐渐把皇权限制起来。为了保住自己手上的皇权，桓帝必须要拉一帮人来护卫自己，在目前来说，他唯一的选择就是宦官（以及桓帝的奶妈等少量边缘人群）。

要了解桓帝的处境，可以看当时一起著名的案子——

张让是桓帝末年最得宠的宦官之一，他弟弟张朔在地方上当官，这家伙仗着自己的家族势力残害百姓，甚至当众杀孕妇，引发极大民愤。

当时李膺刚刚被任命为司隶校尉，负责打击不法官员。张朔听说李膺上台，知道要收拾他了，惊慌失措，便逃到洛阳，躲在张让家里。

哪料到李膺竟然派人冲进张让家里抓人。擅闯朝廷高官的府邸，这是大罪，但是他们这伙人丝毫不理会这一点。

他们发现张朔躲在一根空心的柱子里，就撞破柱子，把张朔揪出来，拖进洛阳监狱。为了防止桓帝来救，他们速战速决，不走法律程序，录完口供就把张朔杀了。

张让到桓帝面前哭诉，桓帝大怒，召李膺上金銮殿，亲自问他："为什么不请示皇帝，擅自杀掉犯人？"

李膺回答："《礼记》上说，公族犯法，即使帝王下令宽恕，执法人员依然可行刑。当初晋文公抓捕卫成公，虽然没有得到周天子授权，《春秋》依然赞同他的行为。臣杀张朔完全符合春秋大义，没什么问题。

"孔子在鲁国主政七天便杀少正卯，如今臣接受任命已经超过十天，再没有行动的话怕没法向陛下交代。没想到陛下却怪臣行动过快，那不如这样，请陛下再给臣宽限五天，等臣慢慢处理完了不法分子，再回来受陛下处置！"

桓帝听得瞠目结舌，儒家经典是东汉王朝立国的理论依据，谁能反驳？

他只好对身旁的张让说:"确实是你弟弟有罪,不怪司隶校尉。"

不过桓帝心里当然明白:这群士大夫太难对付了,以自己的能力,实在辖制不了他们。

他只能找宦官,这群从最黑暗的深宫里杀出来的奸邪小人,有的是谋略和手段,只有他们,能替皇帝挡一挡士大夫的紧箍咒。

但是任用宦官有一个极大的害处:这些奸贼个个心黑,欺男霸女无所不为,在老百姓中间造成严重恶劣的影响。

士大夫集团看到这个局面,自然要出面干涉,开始是劝谏,但桓帝听不进去,最后软的不行只能来硬的,于是他们利用自己控制下的公检法机构,运用司法武器,从宦官集团的小喽啰开始,逐渐向上打击,终于把宦官集团打痛了。

这时候桓帝却看不下去了,士大夫集团明面上打击宦官,实际上却是在削夺他的皇权,宦官集团被打掉以后,他一个孤零零的皇帝,就只能任由士大夫集团欺负了,所以他自然要出来回护宦官集团。但又要顾忌民意,不能回护得太明显。于是便出现了"士大夫成功杀掉不法分子,却被桓帝贬官,但过不了多久又被赦免……起起落落,争执不休"这样的场面。

来回几轮以后,士大夫集团也看出来了:桓帝表面上支持处理贪赃枉法之徒,暗地里却在护着这些家伙,所以士大夫们也加大了打击力度。

于是桓帝保护宦官集团的手段也更强硬,甚至鼓励他们培植党羽。随着宦官势力的膨胀,他们的亲属、门徒、马屁精遍布全国,荼毒百姓的手段也更惨烈,闹得全国怨声载道。

士大夫集团看到这样下去要亡国了,他们这些世家大族要被昏君拖着一同掉进深渊,终于忍不住放出大招,直接违背圣旨,对宦官集团大开杀戒,甚至阻拦桓帝下达命令,终于逼得桓帝不得不痛下杀手。

那么这个过程中,为什么双方都不肯让步呢?

从桓帝的角度来说,他是一个弱势君王,本身就根基不稳,又缺少诸侯的拱卫。而士大夫和他们背后的世家大族,一直就是东汉王朝一股主要的政治势力,东汉末年的时候,他们的力量已经压倒了皇权,桓帝根本没有能力跟他们抗衡。以前还有外戚在中间当缓冲,现在外戚也倒了,剩下桓帝独自面对他们，桓帝有一种严重的不安全感，他必须抓住手上仅剩的一点权力，防止彻底被人架空。

归根结底，东汉末年的皇帝太弱而士大夫太强，这是后来一系列冲突的起因。

在这个过程中，宦官集团所处的位置反而不重要，他们只是皇帝抗衡士大夫的工具而已。

而士大夫集团关心的却是宦官势力恶性生长对国家造成的危害，他们这个集团作为实际的掌权者，必须打击这些不法分子，给老百姓一个交代。

但他们每一次对宦官的打击，都被桓帝理解为在剥除自己的外围势力，所以他更加感到不安全，只能更加依靠宦官。

所以出现了这样的局面。

桓帝说：你们放过我，我就不用宦官。

士大夫说：你不用宦官，我们就放过你。

终于陷入死局。

那么还有一个问题，桓帝就算任用宦官，也可以尽量用"贤良"的宦官，防止他们危害百姓，防止引发士大夫的打击。为什么他不这样做呢？

因为那群宦官也不是无所不能的，他们要在政坛上立足，要替皇帝办事，就需要有一个庞大的外围团体来支持自己，这个团体首先从自己的亲朋好友开始建立，逐渐铺展开来，形成自己的势力集团。

问题就出在这里，宦官这个圈子的人都是从社会底层上来的，没有士大夫集团那样深厚的家底，他们当上贵族以后，首先要完成自己的财富积累，以满足自己和家人的物质享受。

另一方面，世道艰险，出门办事、结交权贵、打通上下关节，哪一样不需要巨额资金？宦官手下这群暴发户要替自己的主子办事，就必须聚敛足够多的财富。

这些财富当然只能从老百姓身上掠夺。

所以他们必然要压榨老百姓。这个需求，连宦官本人都无法阻挡。

于是我们看到，宦官集团里面犯罪的往往不是宦官本人，而是他们的直系亲属，这些直系亲属自然成为士大夫集团的首要打击目标。

不仅如此，这些外围集团的出现还带来许多其他危害。

这些暴发户们普遍受教育程度很低，对治理国家一窍不通，把他们放到政府的重要岗位上，他们除了为非作歹干不出什么好事，结果可想而知，各级政府迅速被腐蚀掉了。

更让人担忧的是，这些人还把社会底层互相陷害的下作手段带进了官场，闹得全国上下乌烟瘴气，就连士大夫都被他们害得惨不忍睹。

这又反过来刺激士大夫集团，使得他们不惜一切代价要打掉这群不法分子。

到桓帝末年的时候，士大夫集团已经有明显的暴躁倾向了，国家危在旦夕，一刻也耽误不起了，他们只能铤而走险，直接打压皇权，终于触发了"党锢之祸"。

最终，桓帝把士大夫集团全体挡在了政府之外，只剩自己跟一群阉人坐在高高的朝堂上，再也不用听士大夫那些没完没了的唠叨了。

在桓帝看来，这样就暂时解决了问题。但新的问题随之产生：桓帝周围的那群阉人真的忠于他吗？

过去确实是的，但那是因为阉人们的实力不够。当外戚和士大夫都被严重削弱，没有人可以制衡他们的时候，他们骨子里的阴狠歹毒就会迅速暴露出来，并且最终反噬被他们围在中间的皇帝。

这就形成了新的冲突局面：已经不受人制约的宦官集团开始发威，对内挟制皇帝，对外残害士大夫。

接下来是一轮更加惊心动魄的冲击。

第二轮党锢之祸

公元168年初，在外戚、宦官、士大夫的夹缝中战斗了一生的汉桓帝终于驾崩了。

他留给世人的是一个残破不堪的国家。

党锢之祸是伤害国本的一场灾难，但这场灾难本来不必发生。最初的时候，双方其实有很多和解的机会，桓帝本来可以尝试用更温和的手段处理跟士大夫的关系，但他却用了扶植宦官集团的方式来对抗士大夫，最终对国家造成了不可逆转的伤害，这是让后人无法原谅的重大错误。

这个错误也给了他的继承者一个很恶劣的示范。在当时看来，镇压士大夫似乎是解决皇帝、宦官、士大夫三方矛盾的最简洁的方案，短期效果确实明显，以至于后来者的政策也被带偏了，不由自主地沿着桓帝的错误方向走了下去……

东汉王朝绝后的厄运还在延续，桓帝虽然后宫佳丽无数，驾崩的时候也已经到了中年，却依然没有子嗣（只有三个公主）。

窦太后和窦武只能再次从河间王刘开的后人里面选新皇帝，最后选中了十一岁的刘宏。

当年一月，窦太后派人把刘宏从河间国接来，扶上皇帝宝座，是为汉灵帝。

灵帝年幼，当然又由太后摄政。

士大夫们都在暗地里庆幸，因为窦氏一直以来就是他们的盟友，窦太后当年被立为皇后更是他们竭力争取的结果，看来被禁锢的士大夫们即将迎来翻身的机会了。

人们对陈蕃的期待尤其高。陈蕃是当初立窦妙为皇后的主要功臣，窦太后对他十分感激，所以现在他说话的分量很重。

另一个让人期待的人是窦武，这个国丈，既是外戚的领袖，又是士大夫集团的主要成员之一，有他在，外戚跟士大夫必然能联合起来。

窦太后当政以后，确实带来一股新气象，她起用以陈蕃为首的名士（陈蕃没有被划为"党人"），把朝政大权交给太傅陈蕃、大将军窦武、司徒胡广三人组成的"三公"团体。

在陈蕃、窦武的努力下，很快，李膺、杜密、尹勋、刘瑜这些士大夫集团骨干都被解除禁锢，重新回到朝廷。

看起来，士大夫重新主政了。

但人们很快发现，窦太后同时也在重用宦官。

这时候最受宠的宦官是曹节、王甫，他们跟桓帝的奶妈赵娆勾结起来，继续围绕在皇权周围，作威作福。

窦太后实际是想在各方势力之间保持平衡，从她任命的三公队伍就看得出来：窦武是自家人，不用说了；陈蕃是士大夫集团的精神领袖，但属于温和派，言多于行；胡广是安帝时代过来的六朝老臣，这么多年没招惹到任何人，典型的两不得罪的和事佬，甚至有人说他对宦官卑躬屈膝，没有气节。

而曹节、王甫属于宦官里面污点相对比较少的一类人，王甫当初在审理"党人"的时候，甚至被"党人"的气节所感动，下令停止拷打。

窦太后提拔这些人，显然是希望两方阵营的这些温和派能够握手言和，把以前的裂痕弥合起来。

一开始，确实有一点效果，朝廷的氛围缓和了一些。

但这种和稀泥的做法并没能解决冲突双方的根本分歧，宦官集团依旧在荼毒百姓，士大夫集团依旧磨刀霍霍对准宦官。

而窦太后的才能根本驾驭不了这两方的人马。

现在剩下的关键人物就是窦武，他是连接各方势力的一个中间节点，只有他出手，才可以协调各方势力的矛盾。

但很可惜，窦武同样没有才干，他没有担起调解人的身份，而是公然站到了士大夫一方。他甚至也沾上了士大夫集团暴躁的气息，行事比之前的李膺等人更加急躁。

灵帝登基才几个月，窦武就已经看不惯宦官的耀武扬威了，他向灵帝（实际上是窦太后）上奏折，宣称宦官专权危害国家，请尽快罢免这群妖人。

面对自己父亲的强烈要求，窦太后也确实做了一些让步，她下诏杀了苏康、管霸这几个民愤比较大的宦官，但当窦武、陈蕃等人要求处理更多宦官的时候，窦太后却不同意了。

窦太后觉得自己让步已经够多了，不仅顺从窦武的想法，把大量被罢黜的士大夫召回朝廷，还照他说的杀了不少宦官，还想怎么样呢？所以接下来，她对士大夫集团的谏议开始抵制。

但在士大夫集团看来，却觉得太后是被宦官"蒙蔽"了，政策有转向的迹象，所以更加着急起来。

窦武一刻也等不及，窦太后不处理宦官，他就自己处理。他跟陈蕃这些士大夫骨干成员谋划好，先把太后的长乐宫里的宦官郑飒抓起来拷问，要他招待曹节、王甫等人的罪行，好到太后跟前告状，把这些团伙一网打尽。

郑飒的供状牵连到长乐宫里的许多太监宫女，但这时却有个巨大的漏洞——目前太后主政，所有奏折都会送到长乐宫去处理，长乐宫的官员翻阅窦武的案件记录，发现许多"自己人"都在嫌疑人名单上，便悄悄通知了宦官朱瑀。

朱瑀趁窦武回家休息的机会，把奏折偷来看了，破口大骂："危害国家的宦官确实该杀，但我们这些人犯了什么罪？凭什么要把我们一网打尽？"

他连夜纠集起身边的宦官们，歃血为盟，约好共同消灭窦武，同时紧急通知曹节、王甫等人，声称："陈蕃、窦武蛊惑太后废掉皇帝，大逆不道，罪不可赦！"

当晚，曹节、王甫、奶妈赵娆一起出动，控制住窦太后，夺走玺书，劫持灵帝冲出寝宫，紧闭宫门，随后以皇帝的名义发布诏令，派人到监狱释放郑飒，下令抓捕窦武及其同党。

窦武知道麻烦来了，赶忙带着北军几千人冲向皇宫，大叫："宦官谋反，诛灭反贼者有赏！"

宦官集团和窦武互相声称对方谋反，在宫门外发生大战，一开始本来势均力敌，不料窦武的运气特别差，护匈奴中郎将张奂这天刚刚从边关回到洛阳，曹节等人马上拿出皇帝的诏书，命令他："窦武谋反，皇上命你带领五营军士去镇压。"

张奂不清楚城里发生了什么事，看到有皇帝命令，便带着军队加入了宦官队伍，跟他们一起攻打窦武的军队，宦官那边顿时实力大增。

尚书省官员被关在宫里写诏书，盖着皇帝印章的诏书一封又一封送出宫来，窦武这边的军士们渐渐失去了信心，一个个私自跑掉，窦武的军队终于分崩离析了。

第二天中午，窦武的军队被杀散，窦武被害，宦官们又带兵冲进他的府邸，大肆杀戮，窦氏就这样被灭了。

听说宫里发生变乱，陈蕃也带着手下人和太学生八十多人冲向皇宫，这时候陈蕃已经七十多岁了，依旧拿着武器冲在最前面。但他们这几个书生哪里是正规军队的对手？很快就全军覆没，陈蕃也被宦官杀害了。

之后，窦武、陈蕃的家属都被流放到边疆，所有跟他们有关联的官员都被免职和禁锢，士大夫集团再一次遭到惨烈清洗，这便是第二次"党锢之祸"。

窦太后也遭殃了。她本来没有参与诛杀宦官的计划，但作为窦武的女儿，宦官当然不放过她，宦官们把她赶到南宫云台软禁起来，虽然名义上她还是太后，但跟犯人差不多。

现在真正的太后是灵帝的亲生母亲，董太后。

窦太后被软禁以后，灵帝马上把远在河间国的母亲和董氏亲属们接到洛阳，随后尊母亲董氏为孝仁皇后，实际上给予了她太后待遇。

被幽禁在云台的窦太后更尴尬了，这以后几年，灵帝只去拜见过她一次。公元172年，窦太后听说自己的母亲在遥远的流放地病逝，伤心不已，没过多久就忧郁而死了。

东汉外戚又一次输给了宦官集团，这之后，再也没有任何外戚或者太后可以跟宦官集团抗衡了。

党锢的恶果，摇摇欲坠的江山

回顾最初，第二次党锢之祸纯粹是由于士大夫集团的轻敌冒进造成的悲剧。

士大夫集团根本没有吸取第一次党锢的教训，反而比当初更加急躁，在条件完全不成熟的时候就对宦官发起打击，终于遭到惨败。

细想起来，反而窦太后的策略是比较明智的。

灵帝时代的朝政环境跟桓帝时代有很大区别。

桓帝时代，宦官不管多么嚣张，本质上都是皇帝的家奴，士大夫集团不管怎么冲撞他们，都有皇帝出来打圆场，宦官只能打掉牙往肚里咽，所以局面还收拾得下来。

而现在，灵帝还没有成长起来，压制不住宦官，现在去挑衅宦官，一旦引起他们反击，不仅会把士大夫打趴下，还会直接控制太后和皇帝，造成整个帝国上层的崩塌。

桓帝时代，士大夫集团的对手是皇帝，权力怎么争来争去，都在双方手上交换。

灵帝时代，士大夫的对手是宦官，宦官一旦获胜，会把整个朝政大权夺走，皇帝和士大夫都会失去权力。

窦太后先稳住宦官的策略是对的，先保住皇帝和士大夫，等度过这段危险期，皇帝成长起来以后，太后、皇帝再跟士大夫联手打击宦官，成功的可能性就大得多了。

可惜窦武等人没有领会到窦太后的意思，灵帝登上皇位八个月以后他们就发起行动，打草惊蛇，终于导致太后、皇帝、士大夫被宦官一网打尽，局面沦落到不可收拾的地步。

再有，就算要打击宦官，也应该区别对待，不应该把他们作为一个整体消灭掉。就像朱瑀说的："贪赃枉法的宦官你杀就是了，我们这些人有什么错？凭什么你连我们都不放过？"

曹节、王甫，乃至于朱瑀这些宦官，到这时并没有明显违反国法的行为，仅仅因为他们的权势够大，就要把他们斩尽杀绝，这种抢班夺权的做法道义上站不住。所以当宦官喊出"窦武谋反"的口号的时候，大多数人都站到了宦官一边，终于导致了窦武的惨败。

那么，窦武为什么如此急于把整个宦官群体打掉呢？这让人很怀疑他的动机。他真的是在为国家考虑吗？还是急着从宦官手上夺权？陈蕃这些一心为国的士大夫是不是被窦武利用了，当了他的免费打手？如果真是这样，那么第二次党锢之祸也就是外戚和宦官争权的老剧本而已，只是可惜了那些铁骨铮铮的爱国士大夫们。

这次斗争失败让士大夫群体陷入了更加悲惨的境地。宦官集团乘胜追击，对士大夫群体发起大规模迫害。

其中最著名的奸贼是宦官侯览。这是个祸国殃民的巨蠹。据说他这些年强占宅第三百八十一所、良田一百一十八顷，建造豪宅十六座，搜刮了不知道多少民脂民膏，因此成为士大夫集团收拾的主要对象。

前几年，督邮张俭推倒了侯览家的坟茔，抄没了他在老家的财产，侯览一直在图谋报复。

现在机会来了，他找人诬告张俭，说他"结党"。

当时民间对士大夫们非常同情，有好事者把士大夫的几个首领按照名望排成榜单，最高一等是所谓的"三君"，就是窦武、刘淑、陈蕃三人。其次是李膺、荀翌、杜密、王畅、刘祐、魏朗、赵典、朱寓"八俊"，还有所谓"八顾""八及""八厨"，等等。

张俭就在"八及"榜单上，侯览的人找这个借口诬陷张俭，说他跟同乡的二十四人结为同党，张俭是这伙人的头目。

朝廷已经在宦官集团控制下，于是马上下令抓捕张俭和他的同党，张俭听到风声，逃出家门，四处躲避。

曹节也来火上浇油，请求灵帝把已经被罢官的士大夫们全部抓起来，并且列了一份长长的"党人"名单，包括司空虞放、太仆杜密、长乐少府李膺、司隶校尉朱寓、颍川太守巴肃、沛相荀翌、河内太守魏朗、山阳太守翟超、任城相刘儒、太尉掾范滂等一百多名朝廷重臣。

毫无悬念地，灵帝同意了他的要求。灵帝的诏书下来以后，廷尉官吏飞驰到全国各地抓人，一时间烟尘四起，举国震动。名单上的一百多名"主犯"被抓进监狱处死，各地的名士也受到牵连，纷纷入狱，最后被流放、被监禁，总共牵连到六七百人之多。

出人意料的是，引发这一连串冤狱的张俭却逃脱了，反而是一路上收留他的家族，有几十家被朝廷灭门，又造成了一连串惨案。

其实，大多数士大夫并不像张俭那么没有担当，相反，他们在生死抉择的关头，大义凛然，毫不畏惧，表现出令人敬佩的忠勇之气。

李膺是宦官要杀的头号人物，朝廷诏书下来以后，有人向他报讯，叫他赶快逃走，他很坚定地说："事不辞难，罪不逃刑，这是作为人臣的基本气节。老夫已经六十高龄，死生有命，何必躲避？"便亲自去官府自首，随后在监狱里被拷打致死，他的家族也遭到流放。

议郎巴肃当初也参与了窦武的计划，但宦官集团不知道，所以放过了他，直到现在才把他列入"党人"名单，要抓捕他。巴肃听说以后，到县衙门去自首，县令钦慕他的气节，解掉县官印绶，要跟他一起逃走，他却说："为人臣者，有谋不敢隐，有罪不逃刑。"他不肯逃走，于是被抓进监狱，跟李膺等人一起被杀了。

范滂也是名单上的主犯,当时他已经免官,住在汝南老家。来抓捕他的督邮到达以后,不忍心抓他,一个人在旅舍里面大哭。范滂听说以后,就说:"肯定是因为我的事,我不能连累别人。"便自己到县衙门去自首。

县令看到范滂来了,大惊失色,说:"朝廷正在抓你,你怎么还在这里?"于是也脱掉官服,要跟范滂一起逃走。

范滂却不肯逃,而是回去跟老母亲诀别,母亲告诉他:"你如今可以跟李膺、杜密这样的君子齐名,也算死得其所了,何必伤心?"

范滂便告别母亲,独自去官府自首,临行前对他儿子说:"我要让你为恶,但恶不可为;要让你为善,但我一生为善,却是这样的下场……"周围人听说,都垂泪无语。

这场大规模迫害在政坛引起巨震,舆论一边倒地替被迫害的士大夫们鸣冤,无数朝臣争先恐后地上奏,希望朝廷拨乱反正,但都没效果,这些仗义执言的人们反而受到宦官集团的打击报复。

就连参与镇压窦武的张奂都在替士大夫鸣冤。当初他不了解情况,被曹节等人骗去镇压了窦武,事后明白过来,后悔不已,不仅拒绝朝廷的封赏,还替被迫害的士大夫们大声疾呼,最后他也遭到宦官集团报复,被列入"党人"清单,终生禁锢。

"党人"和同情他们的人在朝廷里占很大比重,他们被迫害、被禁锢以后,朝廷里只剩下宦官集团及其马屁精团体,这些人当然不会替国家考虑,也干不出什么正事,只会趁乱捞油水。从此以后,朝政自然就糜烂下去,无法挽救了。

另外,这些"党人"都是全国的精英,也是世家大族的代表人物,打压他们,就是在直接打压世家大族,于是贵族阶层对朝廷的不满情绪急剧提升,朝廷的威信可以说荡然无存了。

政治迫害是短期的,朝廷的禁锢令却是永久的,"党锢"以后,这些"党人"和被他们牵连的世家大族永久失去了从政资格,终生被隔绝在了政坛之外。

从此,皇帝是皇帝,贵族是贵族,大家各走各的路。贵族阶层跟政治无缘，皇帝也休想得到贵族阶层的支持，一道巨大的裂痕已经出现在了帝国上层。

这是一种极度危险的局面，帝国统治阶层实际上已经身首分离，一旦出现变乱，这个已经分裂的政府马上会被冲得七零八落。

大汉帝国的命运已经危在旦夕了。

宦官包围中的皇帝

两次党锢之祸造成一个长期的恶果——太后、外戚和士大夫集团都倒掉以后，十二岁的灵帝完全落入了宦官掌控之下。

在宦官的包围之下成长起来的灵帝，对这群阉人无比依赖，同时，对外戚和士大夫集团则表现得冷酷无情。

第二次党锢过后，从朝廷到民间不断有人替士大夫集团喊冤，但灵帝置若罔闻，反过来纵容宦官们对这些正直人士打击报复，甚至连替窦太后说话的人都受到打击报复。

最大规模的一次迫害发生在公元176年。当时永昌太守曹鸾向灵帝上书，请求解除对"党人"的禁锢，灵帝读到奏折以后，勃然大怒，立即下令抓捕曹鸾，拷打致死。灵帝又颁下诏书，进一步重申：所有"党人"的亲族好友、门生故吏，全部免官，永久禁锢，牵连五族，绝不宽宥。

这时候的灵帝已经完全站到了宦官一边，宦官集团已经把自己的势力牢牢扎进了皇权内部，皇帝与宦官，宦官与皇帝，已经成为不可分割的一个整体。可以说，汉室天下已经成为宦官的天下，皇帝只不过是他们的代言人而已。

对于这种情况，人们敢怒不敢言，从贵族阶层到平民百姓，肚子里都憋着一把火。

在宦官包围中的灵帝，尽显昏君本色，他对于治理国家没什么兴趣，他的兴趣都在游乐上面。

他继承了桓帝的作风，广建园林，收集天下珍宝，奢华无度，后宫佳丽上千，整日朱环翠绕，沉溺在温柔乡中。

最夸张的是，他模拟外面的街道，在后宫建起一条商业街，让宫女妃嫔扮成商户，他和随从扮成游客，去走街串户，做买卖，讲价钱。时间久了，这些人都跟真的商贩一样，为一点钱斤斤计较，偷鸡摸狗，打架斗殴，把九重宫阙变成了市井沟渠。灵帝看在眼里，不仅不生气，还开心得很。

他又喜欢养各种宠物，有一次，下人给狗穿上朝服，戴上冠带，扮得像个朝中士大夫的样子，在御花园里满地乱跑，灵帝看了，跟一群宫女笑得前仰后合的。

他还喜欢干些贩夫走卒的活计，没事自己驾着驴车在宫里飞跑，俨然是一个刚进城的村夫。

种种丑态，丢尽了汉家的体统，这昏君却乐此不疲。

东汉以儒家立国，最看重做人的仪表、气度，所谓"谦谦君子，温润如玉"，历代帝王都尽力保持儒雅敦厚的风范。可灵帝却是在宦官簇拥中长大的，宦官都来自社会底层，平时一言一行尽是市井中的粗鄙作风，终于把灵帝培养成了一个不折不扣的下流货色。

灵帝时代的朝政自然也以粗俗为主要特色。

当时朝廷财政紧张，灵帝就通过卖官来敛财，从关内侯以下的职位，明码标价，公开出售。时间久了，这种方式成为惯例，甚至正常的官员上任、升迁，都要先交钱。这笔钱往往相当于官员几十年的俸禄，等于是强迫他们去贪腐，这对官场风气的毒害可以想象。

灵帝的母亲董太后也是卖官鬻爵的积极参与者，自从窦太后过世以后，董太后就开始活跃起来了，整天鼓动灵帝想办法卖官，她负责收钱，赚了个盆满钵满。

皇帝、太后都这个作风，他们手下的宦官们更不用说了，之前比较低调的曹节、王甫等人现在都开始疯狂敛财，再加上侯览这些老牌蛀虫，各路宦官齐齐出动，把老百姓当作待宰的羔羊，横征暴敛，把锦绣河山搞得乌烟瘴气。

所有这一切横征暴敛，最后都压到了老百姓头上，老百姓苦不堪言，民间的反抗此起彼伏。

灵帝时期，国内外各路敌人也是齐头并进，共同对大汉王朝发起冲击，朝廷也只好不断派兵去抵挡。

不过，如果仅仅是朝政混乱，官僚腐败，还不至于把国家推到亡国边缘，毕竟汉家制度运行了几百年，有足够的自我修正能力了，另外，汉军的战斗力也依旧强悍，对内镇压，对外防御，都还够用。

真正让国家伤筋动骨的，还是高层的权力争夺。

士大夫与宦官，孰是孰非？

对于宦官把持朝政、祸害国家的局面，朝廷里仅剩的一些士大夫仍然试图做出反抗，并且他们现在的手段已经达到了疯狂的程度。

最严重的一次冲突发生在公元179年。

当时有一个著名的酷吏叫阳球，以严酷整治贪官污吏闻名。他严酷到什么程度呢？朝廷曾经因为他对待官吏过于残暴，实在看不下去，把他收到廷尉去审问，后来还是因为灵帝考虑到他以前的功劳，才把他释放了。

这一年，朝廷里有官员想惩治宦官，就奏请灵帝，把阳球提拔为司隶校尉（李膺曾经在这个职位上打击宦官）。

阳球当上司隶校尉以后，马上着手调查王甫贪赃枉法的罪行，然后告到灵帝跟前，请求处置王甫。

灵帝同意以后，开始了对王甫宦官集团的清算——灵帝为什么忽然同意清算宦官呢？实际上，宦官集团并不是铁板一块，内部一直在互相争斗，现在王甫可能在宦官集团的内斗中失败了，遭到其他宦官集团和灵帝的联手迫害，阳球不过是他们利用的工具罢了。

阳球展开一系列行动，把王甫、王甫的儿子王萌、王甫的盟友太尉段颎，以及其他很多宦官抓进监狱，严刑拷打。

当时的情况极度惨烈，阳球把各种酷刑都用出来了，把王甫父子折磨得奄奄一息。王萌恳请他："既然我父子都要被你们杀了，请稍微减轻一下对老父亲的酷刑好不好？"

阳球怒骂道："你们罪大恶极，死不足惜，还指望我对你们客气吗？"说着，让人用泥土堵住王萌的嘴，棍棒齐下，把这父子二人活活打死了。

阳球还不解恨，又把王甫的尸体运到城门上肢解，旁边挂个牌子"贼臣王甫"，王甫的家也被抄了，他的妻子儿女全部被流放。

过了几天，曹节经过那里，看到王甫的尸体还摆在那里，支离破碎，惨不忍睹，他又气又恨，哭着说："我们这些人自相残杀就罢了，哪里轮到狗来舔我们的血呢？"

曹节回去以后就想办法报复阳球那一派的人。

他了解到，阳球的背后是永乐少府陈球、司徒刘郃、步兵校尉刘纳这些人，之前就是他们把阳球提拔上来，让他来迫害王甫的。

他想到，这些人跟阳球联手，占据着朝廷里行政、司法、安保几个主要职权部门，这是皇帝特别忌讳的，正好符合"结党"的标准，于是他就从这个方向下手，调查他们这几个人暗地里的联系。

曹节的猜测是对的，陈球、阳球这些人确实在背地里联合，准备对整个宦官集团发起清算，下一个目标正是曹节本人。

正好阳球的一个小妾是宦官程璜的女儿，曹节就把程璜拉拢过来，要他通过自己的女儿去监测阳球的行动。

于是程璜的女儿便把阳球和他那些盟友的行动计划都告诉了曹节他们。

这下证据确凿，再也逃不掉了。曹节把阳球等人私底下谋划剪除宦官的计划一五一十报告给灵帝，这是明确无误的"结党"行为，灵帝震怒，下令捉拿阳球、陈球、刘郃、刘纳和他们的党羽，把他们全部处死，以儆效尤。

士大夫集团又一次在宦官面前惨败了，而且这次是他们咎由自取，他们为自己的残暴和冲动付出了代价。

这次事变让灵帝进一步坚信了自己的判断：士大夫集团已经沦落为一个残忍暴虐、歇斯底里，为了夺权疯狂出击的犯罪团伙，绝对不可以信任他们，相比较起来，宦官集团还更好相处一些，所以灵帝彻底抛掉士大夫集团，对宦官的宠信进一步加强了。

这以后不久曹节就病死了，灵帝马上找到了新的宦官来顶替他的位置。

现在灵帝宠幸的是张让、赵忠、夏恽、郭胜、孙璋、毕岚、栗嵩、段珪、高望、张恭、韩悝、宋典十二个宦官，灵帝把他们全部封为中常侍，史称"十常侍"。

灵帝对十常侍的宠信无以复加，甚至公然说："张常侍（张让）是我父，赵常侍（赵忠）是我母。"可见，宦官集团的地位已经几乎要赶上皇帝了，如同太后、太上皇一般。

在这样的局面下，谁还可以制衡宦官呢？

就在这时候，一家新的外戚——何氏登上了政治舞台，再次对宦官集团发起冲击，终于引发了东汉王朝的崩溃！

三国前传

灵帝是个粗人，他的后宫也是鸡飞狗跳，遍地狼藉。

灵帝最初的皇后是宋皇后，但她不受灵帝宠爱，又没有子嗣，后宫其他姬妾就联合起来诋毁她。

公元172年，王甫陷害渤海王，让灵帝杀掉了渤海王一家老小，灭了渤海国。宋皇后是渤海王妃的侄女，王甫害怕她报复，索性就连她一起诬陷，说她在暗地里实行巫蛊之术。

在王甫和后宫妃嫔们的联合诋毁之下，公元178年，灵帝废掉了宋皇后，把她送进暴室，并且顺手灭了她的家族。不久以后，宋皇后忧郁而死。

之后灵帝最宠爱的是何贵人。

何贵人出身低贱，是屠夫的女儿，她本来是个普通宫女，但是运气特别好，竟然成功引起灵帝注意。被灵帝临幸以后，她在公元176年生下了灵帝的长子刘辩，因此才被封为贵人。

封贵人之后两年，又赶上宋皇后被废，这时候何贵人是后宫唯一有儿子的女人，又十分受宠，灵帝就把她立为皇后。

灵帝的后宫暗流涌动，十分凶险，之前有很多皇子都离奇夭折了，现在灵帝怕刘辩也出事，所以在刘辩出生以后就把他送出宫去，养在道士史子眇的家里，甚至隐藏"刘辩"这个名字，称这孩子为"史侯"，希望依靠史子眇的道术来保护他。

这样的宫廷里杀出来的何皇后也是个十分彪悍的女人，她在后宫大杀八方，把各个妃嫔治得服服帖帖，见到她大气都不敢出。

但百密一疏，还是让好色的灵帝成功临幸到了其他女人。又过了一年，忽然有消息说宫里的王美人怀孕了，何皇后听到以后，勃然大怒。

王美人也知道自己惹上了大麻烦，所以惊恐不已，甚至自行服药，想把肚子里的孩子打掉，结果没成功。公元181年，王美人生下灵帝的次子刘协。

何皇后不肯罢休，随后就派人送去毒药，毒死了王美人。

这件事引得灵帝大动肝火，甚至吵着要废掉皇后，在宦官们的大力劝说下才只好算了。

灵帝怕何皇后害死刘协，就把刘协送到永乐宫里，让董太后抚养。

东汉末年，风雨飘摇中，刘辩和刘协这对苦命的兄弟，分别在宫外和宫里心惊胆战地生活着。虽然生在帝王家，可等待他们的是残酷的命运，三国乱世将会以他们的苦难来揭开帷幕。

何皇后非常希望尽快把刘辩立为太子，好巩固自己的地位。但灵帝一直不喜欢刘辩，而喜欢刘协，而且董太后也支持立刘协，所以这事就一直拖着。

不过灵帝确实很宠爱何皇后，也愿意提拔她的家族。何皇后有个同父异母的哥哥，叫何进，何皇后入宫受宠之后，何进就被灵帝提拔上来，然后一步步加封，成为朝廷重臣。

后期的灵帝似乎也有限制宦官的想法，所以他大力提拔何进，扶植何氏势力，使何氏势力迅速成长起来，以便分掉宦官一部分权力。

但这样必然跟宦官集团发生冲突，所以何进跟宦官集团也迅速对立起来，局势开始朝着微妙的方向发展，渐渐在帝国上层埋下了一个重大隐患。

朝堂上暗流涌动的时候，另一个重大危机在民间出现。

东汉末年，道教兴起，各种教派在民间流传。当时的人们对朝廷极度失望，对作为大汉立国根基的儒家思想也产生了怀疑，这些纷繁芜杂的道家学说，正好可以填补他们内心的空白，所以信奉这些学说的人越来越多，这些教派的势力也因此渐渐壮大起来。

在冀州的巨鹿郡，有张角、张梁、张宝三兄弟，他们创立了一个"太平道"，宣称可以给人治病，据说许多人喝下他们的符水以后，疾病都很快痊愈了，通过各种神神道道的仪式，他们招来了大量信徒。

太平道自称要反对贵族阶层的剥削压迫，建立一个平等互爱的太平盛世。在这个黑暗的末世，走投无路的底层民众，听说有这样的一支救苦救难的光明力量，自然很容易被他们蛊惑，所以纷纷加入进来。

而士大夫阶层被集体禁锢，朝廷缺乏有远见的人物，也让最高层忽略了这群人的政治意图，让他们顺利发展起来。

灵帝后期，经过十多年的发展，太平道已经拥有了超过十万信众，追随者遍布帝国东部各大州郡。

但张角等人的野心远远不止于此，他们早已经把目光瞄准了朝堂之上。这些年太平道顺风顺水的发展过程，让他们坚信：自己是受上天眷顾的，是带着使命来到这个世上的。

君王无道，朝政混乱，一个蕴藏巨大机会的乱世已经到来了，这个乱世之中，他们这些"天选之人"一定可以成就一份轰轰烈烈的伟业！

公元183年，张角三兄弟开始谋划直接举事，带领手下数十万人马推翻残暴的政府，建立自己理想中的"太平"帝国。

张角自称"天公将军"，张宝称"地公将军"，张梁称"人公将军"，他们把黄巾裹在头上，厉兵秣马，准备对帝国发起重重一击！

"苍天已死，黄天当立，岁在甲子，天下大吉。"一场惊天动地的变乱即将到来。这群野心勃勃的底层民众，将会从下到上，彻底打翻这个污秽的旧世界！

附录　秦、西汉、东汉大事年表

（说明：汉武帝太初元年之前以十月为岁首，之后以一月为岁首。因此，秦末汉初的年份跟公元纪年不能一一对应。本列表显示按照公元纪年换算后的结果。例如：汉高祖元年十月，相当于公元前 207 年十月；汉高祖元年九月，相当于公元前 206 年九月。）

秦朝

公元前 221 年，秦国统一天下。

公元前 220 年—前 215 年，秦始皇多次出巡，寻访仙药。

公元前 219 年，秦始皇泰山封禅；徐福第一次出海。

公元前 218 年，张良在博浪沙行刺秦始皇，未遂，张良逃到民间躲避。

公元前 215 年，蒙恬北征匈奴，取得大胜，修筑长城；"亡秦者胡"的预言。

公元前 214 年，以罪犯、上门女婿、商人等杂牌军攻取岭南地区。

公元前 213 年—前 212 年，秦朝政府发布禁书令，焚书。

公元前 212 年，侯生、卢生等人私逃；秦朝政府在咸阳坑杀"妖言惑众"的术士。

公元前 210 年，射杀大鲛鱼；徐福第二次出海；秦始皇崩于沙丘；赵高、李斯擅立秦二世；冤杀扶苏、蒙恬。

公元前 210 年—前 209 年，秦二世对政敌展开大屠杀。

群雄逐鹿

公元前 209 年，陈胜、吴广大泽乡起义；项梁、项羽在会稽郡起兵；刘邦在沛县起兵；六国贵族后裔起兵；义军攻破函谷关，秦政府派章邯迎敌；六国复国闹剧；匈奴冒顿单于立。

公元前 208 年，陈胜兵败被杀；项梁立楚怀王；李斯受到赵高陷害，被杀；定陶之战，章邯杀项梁；刘邦西征；项羽北上救援巨鹿。

公元前 207 年，巨鹿之战，项羽带领诸侯联军取得大胜；项羽成为诸侯领袖，坑杀秦军降卒，阎乐逼杀秦二世；赵高立子婴为秦王；子婴杀赵高；刘邦攻入关中，子婴投降，秦朝灭亡；刘邦约法三章；项羽办鸿门宴，计划杀掉刘邦，但没有实施；项羽屠关中，焚烧秦朝宫室。

楚汉相争

公元前 206 年，项羽封十八路诸侯；项羽返回彭城，流放楚怀王，随后派人暗杀楚怀王；齐国田荣反叛，项羽前往镇压；刘邦被封为汉王，进入汉中；刘邦烧毁栈道；萧何月下追韩信；刘邦拜韩信为大将，韩信暗度陈仓，进入关中。

公元前 205 年，汉军平定三秦；刘邦东出函谷关，号称为楚怀王报仇，讨伐项羽；刘邦攻入彭城，遭到项羽偷袭，大败；刘邦逃窜，吕后、刘太公被项羽俘虏；黥布反叛，跟彭越骚扰项羽后方；韩信开辟北方战线。

公元前 205 年—前 204 年，楚汉双方在荥阳城市群展开拉锯战；韩信在北方节节胜利，消灭魏、代、赵等割据势力；韩信灭齐，受到刘邦猜疑。

公元前 204 年，赵佗建南越国，自称武帝。

公元前 203 年，楚汉双方议和，以鸿沟为界，中分天下；项羽退兵，刘邦追击，在垓下包围楚军；项羽败逃，上演"霸王别姬"；项羽自刎于乌江。

西汉

公元前 202 年，刘邦于汜水之北称皇帝，西汉建立；西汉政府与民休息；

分封异姓七王，韩信封楚王；赵王张耳身亡；长沙王吴芮身亡；燕王臧荼率军反汉，刘邦亲征；卢绾立为燕王。

公元前201年，刘邦伪游云梦，捉拿韩信，后来释放，贬韩信为淮阴侯；韩王信叛国；刘邦封刘肥、刘喜等同姓王。

公元前200年，西汉政府迁到长安；叔孙通制定汉家礼仪；刘邦亲征匈奴，在白登被匈奴大军包围，依靠陈平奇计脱险。刘邦羞辱赵王张敖，张敖部下贯高等人密谋行刺刘邦，未遂。

公元前199年，汉朝开始和亲政策；行刺阴谋事发，赵国君臣遭难。

公元前198年，赦免赵国君臣。

公元前197年，刘邦计划废太子刘盈，立刘如意，受到周昌等大臣阻拦；陈豨反叛，刘邦亲征。

公元前196年，陈豨叛乱平定；吕后杀韩信于长乐宫；柴武斩韩王信；立刘恒为代王；刘邦贬彭越至青衣县，吕后诓彭越至洛阳；刘邦、吕后灭彭越满门，把彭越剁为肉酱，分赐诸侯；黥布反叛，刘邦亲征，被箭射中；黥布叛乱被平定；朝廷封赵佗为"南越王"，承认南越国。

公元前195年，卢绾反叛，逃入匈奴；刘邦立"白马之盟"，非刘姓不得封王；刘邦驾崩，惠帝登基，吕后临朝；吕后杀刘如意，虐待戚夫人，制造"人彘"惨案。

公元前194年，吕后想杀齐王刘肥，未遂，刘肥被迫认鲁元公主为母。

公元前193年，萧何病逝，曹参为相国，萧规曹随。

公元前192年，冒顿单于作书辱吕后；惠帝娶张嫣。

公元前188年，惠帝驾崩，刘恭继位；吕氏专权。

公元前187年，吕后违背"白马之盟"，封诸吕为王。

公元前184年，吕后杀少帝刘恭，立刘弘为帝。

公元前183年，赵佗自称南越武帝。

公元前181年，赵王刘友惹怒吕氏女，被吕后软禁，饿死，刘恢为赵王；吕后毒杀赵王刘恢爱妾，刘恢自尽；吕后杀燕王刘建之子。

公元前180年，吕后崩；吕禄、吕产跟周勃、陈平老臣集团的矛盾爆发；齐国刘襄、刘章兄弟起兵，跟老臣集团联合，擒杀诸吕，杀掉惠帝后人，迎立代王刘恒继位。

公元前179年,"文景之治"开始;文帝立刘启为太子,窦氏为皇后;窦皇后姐弟相认;之后几年,文帝几次打压周勃。

公元前177年,城阳景王刘章神秘过世;匈奴右贤王入侵,武帝派灌婴迎战;济北王刘兴居反叛,被平定;淮南王刘长杀审食其。

公元前177年前后,匈奴夺取西域、河西走廊;月氏西迁。

公元前175年,允许民间铸私钱;邓通受宠,文帝赐邓通铜山。

公元前174年,冒顿单于逝世,老上单于继位;中行说到匈奴,叛汉,挑唆匈奴与汉对立;淮南王刘长反叛,被发配蜀郡,途中绝食而死。

公元前172年,文帝在未央宫宣室接见贾谊,"不问苍生问鬼神"。

公元前167年,缇萦上书救父;文帝废除肉刑。

公元前165年,公孙臣上书建议改正朔、易服色,受到文帝宠信;新垣平善于望气,受到文帝宠信。

公元前163年,新垣平假造玉杯被发觉,夷灭三族,文帝醒悟,不再宠信术士。

公元前157年,文帝驾崩,景帝登基;景帝报复邓通,邓通被饿死。

公元前155年,申屠嘉告发晁错未成,晁错升任御史大夫;梁王刘武受宠,景帝酒后失言传皇位于刘武,遭到窦婴劝谏;窦太后打压窦婴。

公元前154年,晁错上书请求削藩;朝廷颁布《削藩策》;吴楚等七国反叛;景帝杀晁错;周亚夫平定七国之乱;朝廷清算七国王室,诸侯势力受到沉重打击。

公元前153年,景帝立刘荣为太子,刘彻为胶东王;刘彻与阿娇订婚;刘嫖与王娡联合对付栗姬。

公元前151年,废皇后薄氏。

公元前150年,栗姬失宠,刘荣被废;王娡为皇后,刘彻为太子;刘武当太子的愿望落空,怨恨朝臣。

公元前148年,废太子刘荣获罪,自杀;窦太后杀郅都泄愤;刘武行刺袁盎等多名大臣;刘武向景帝谢罪。

公元前144年,梁王刘武薨。

公元前143年，景帝迫害周亚夫，周亚夫绝食而死。

公元前141年，景帝驾崩，武帝继位；武帝发起策问。

公元前140年，武帝提拔儒家学者，迎申培公，准备建明堂、举行封禅大典。

公元前139年，窦太后杀赵绾、王臧等儒臣，罢免窦婴、田蚡，逐申培公，儒家执政之路被打断；武帝冷落陈皇后；平阳公主献卫子夫；张骞第一次出使西域，被匈奴扣留；酷吏凌虐诸侯王，刘胜为首的诸侯王向武帝诉苦。

公元前138年，卫子夫、卫青姐弟受宠，受刘嫖、陈皇后母女迫害；闽越攻打瓯越，朝廷派兵救援；瓯越举国内迁；武帝多次出宫游玩，遭遇危险，因此营建上林苑。

公元前135年，窦太后驾崩，武帝开始掌权；汉朝听说夜郎国；唐蒙、司马相如通西南夷；闽越国馀善杀驺郢，被封为东越王。

公元前134年，武帝延揽儒生，大量儒生进入朝廷；董仲舒献"天人三策"，提出"大一统"理论；武帝"罢黜百家，独尊儒术"，儒家学说开始取得统治地位；武帝宠信方士李少君。

公元前133年，汉军在马邑伏击匈奴，被匈奴逃脱，汉匈之间长期战争开始。

公元前131年，灌夫酒后得罪田蚡，被陷害，灭族；窦婴受灌夫案牵连，被杀。

公元前130年，陈皇后因为"巫蛊"罪名被废，迁居长门宫，随后请求司马相如作《长门赋》。

公元前129年，张骞逃出匈奴，到达西域；匈奴进攻上谷郡，武帝派卫青、李广等将领迎战，双方第一次大战爆发。

公元前128年，卫子夫生皇长子刘据，被立为皇后；燕国性丑闻爆发，燕王刘定国自尽，封国废除。

公元前127年，颁布《推恩令》，削弱诸侯国；河南之战，卫青、李息打败匈奴白羊王、楼烦王，夺回河套地区，建朔方城；齐国性丑闻爆发，主父偃前往调查，齐王刘次景自尽，武帝随后杀主父偃。

公元前 126 年，张骞回到长安；武帝探索到身毒的道路；江充告赵国太子淫乱，赵国太子刘丹被废；江充受武帝宠信。

公元前 124 年，漠南之战，卫青打败匈奴右贤王，取得大胜。

公元前 123 年，汉军再战漠南，霍去病立奇功，封冠军侯；前将军赵信投降匈奴，建议匈奴部族向北撤离。

公元前 122 年，淮南王刘安谋反，被灭门，淮南国除；衡山王刘赐谋反，自尽，衡山国除。

公元前 121 年，霍去病两次出击河西地区，攻打匈奴浑邪王、休屠王，夺回河西走廊，打通到西域的通道；江都王刘建谋反，自尽、封国被废。

公元前 119 年，卫青、霍去病出击漠北，霍去病取得大胜，封狼居胥；李广在漠北迷路，贻误军机，自尽身亡；张骞第二次出使西域；武帝推行经济改革，加重民众负担；武帝杀李少翁。

公元前 118 年，李敢打伤卫青，被霍去病射杀。

公元前 117 年，霍去病神秘离世，武帝为霍去病举办国葬。

公元前 116 年，朱买臣、庄青翟等人诋毁张汤，张汤获罪自杀。

公元前 115 年，武帝杀朱买臣、庄青翟等人；张骞回到长安。

公元前 113 年，汾阴出宝鼎；公孙卿受宠；樛氏成为南越太后，吕嘉反对樛太后；暴利长献"天马"。

公元前 112 年，武帝派路博德率十万大军南下番禺，杀吕嘉，平定南越；李夫人受宠；武帝杀栾大；"酎金案"发，诸侯和列侯受沉重打击。

公元前 111 年，闽越国馀善反叛大汉，自称"武帝"，朝廷派大军讨伐，闽越平定；汉军征讨西南夷。

公元前 110 年，武帝祭中岳嵩山，山呼万岁；武帝泰山封禅；武帝想自己出海求仙，被群臣谏阻。

公元前 109 年，涉何杀朝鲜裨王长，挑起争端。

公元前 108 年，汉军征朝鲜，在王险城遇到顽强抵抗，付出巨大代价以后平定朝鲜；赵破奴攻打楼兰。

公元前 105 年，细君公主远嫁乌孙。

公元前 104 年，公孙敖筑受降城迎接匈奴左大都尉；李广利第一次征大宛，大败。

公元前 103 年，儿单于发觉左大都尉投降企图，在受降城外大败汉军，活捉赵破奴。

公元前 102 年，李广利第二次征大宛，包围贵山城四十余天，攻破城池，抢到汗血宝马。

公元前 101 年，任文活捉楼兰王；细君公主忧郁而死，解忧公主嫁乌孙。

公元前 100 年，苏武出使匈奴，被扣留。

公元前 99 年，李广利、公孙敖、路博德征匈奴，被包围，赵充国力战解围，汉军损失惨重；李陵带五千步兵深入漠北，被包围后投降匈奴，武帝杀光李陵全家。

公元前 97 年，李广利、公孙敖、路博德再次征匈奴，无功而返。

公元前 94 年，钩弋夫人受宠；江充拜为绣衣使者，负责监察权贵们的行为。

公元前 92 年，武帝出现幻觉，疑心有人在施行巫蛊。

公元前 91 年，公孙贺抓捕朱安世，反被诬陷，巫蛊之祸爆发；卫子夫自尽、太子刘据自尽、皇孙等人被杀；刘病已入狱。

公元前 90 年，武帝为太子平反，灭江充三族；李广利投降匈奴。

公元前 89 年，武帝想亲自出海，被风暴所阻；武帝悔悟，罢黜方士；武帝发布《轮台诏》，休兵。

公元前 88 年，武帝杀钩弋夫人，立刘弗陵为太子；马何罗行刺武帝未遂。

公元前 87 年，武帝大赦，刘病已出狱；武帝驾崩，昭帝继位，霍光、金日磾、上官桀、桑弘羊辅政。

公元前 86 年，燕王刘旦谋反未遂；金日磾病故；霍光专权。

公元前 85 年，颛渠阏氏扰乱朝政，匈奴高层分裂。

公元前 83 年，霍光外孙女上官氏立为皇后；霍光跟上官桀矛盾激化。

公元前 81 年，苏武被释放回国，受到隆重欢迎；"盐铁会议"召开，民间人士和朝廷大员激烈争吵，霍光与桑弘羊矛盾激化。

公元前 80 年，上官桀等人假造书信诬陷霍光，被昭帝识破；上官桀、桑弘羊、燕王刘旦等人谋反被诛。

公元前80年—前78年，匈奴多次进攻汉朝，遭到反击。

公元前78年，匈奴攻打乌桓，汉军本来去救援乌桓，但却趁乱偷袭乌桓；

公元前77年，傅介子斩杀楼兰王；汉军到伊循城屯田。

公元前74年，昭帝驾崩；霍光等人迎立昌邑王刘贺；刘贺在位二十七天以后被废；宣帝登基；宣帝立"微时故剑"许平君为皇后。

公元前72年，匈奴接连侵犯乌孙，乌孙昆莫和解忧公主上书求援。

公元前71年，霍显毒杀许平君；宣帝派兵与乌孙联手攻打匈奴，汉军战绩平平，但乌孙军队取得大胜；常惠攻打龟兹。

公元前70年，立霍成君为皇后。

公元前68年，霍光病逝，宣帝冷落霍成君，开始打压霍氏；郑吉攻打车师。

公元前66年，霍禹、霍山兄弟谋反被发觉，霍成君被废，霍氏被灭，相关家族几千家被屠杀；宣帝亲政，开启西汉第二个盛世。

公元前65年，冯奉世攻打莎车。

公元前64年，汉朝嫁公主刘相夫与乌孙，到敦煌听说翁归靡过世，狂王继位，刘相夫被召回，汉朝与乌孙联盟破裂；宣帝听说自己身世。

公元前63年，宣帝改封刘贺为海昏侯。

公元前61年，西羌反叛，赵充国带兵平定。

公元前60年，颛渠阏氏勾搭右贤王篡夺单于之位；呼韩邪单于立；匈奴五单于并立；匈奴日逐王归降汉朝；汉廷设立西域都护府。

公元前59年，刘贺去世；匈奴呼留若王到长安朝觐宣帝。

公元前56年，呼韩邪单于占领漠北王庭，五单于相争局面结束；呼屠吾斯自立为郅支单于，匈奴分裂为南北两国。

公元前54年，太子刘奭选中王政君。

公元前53年，呼韩邪单于带领族人向汉朝称臣；解忧公主和汉使刺杀狂王，失败，被乌孙军队包围；汉朝出兵救解忧公主；乌就屠起兵杀狂王；冯夫人劝降乌就屠；冯夫人回国拜见宣帝；宣帝分封乌孙大昆弥与小昆弥，乌孙国分裂。

公元前 52 年，呼韩邪单于到甘泉宫拜见汉天子。

公元前 51 年，郅支单于西迁；解忧公主归国。

公元前 48 年，宣帝驾崩，元帝继位。

公元前 47 年，弘恭、石显诬告萧望之，萧望之自尽；宦官与儒臣对抗；

公元前 45 年，谷吉护送郅支单于之子，被郅支单于杀害，元帝和呼韩邪单于互相猜疑。

公元前 43 年，呼韩邪单于返回漠北，在诺水东山与汉使结盟。

公元前 38 年，冯婕妤为元帝挡熊，傅婕妤和冯婕妤结仇。

公元前 36 年，陈汤矫诏攻打康居，杀郅支单于，声明"犯强汉者，虽远必诛"。

公元前 33 年，呼韩邪单于朝觐元帝，元帝嫁王昭君与呼韩邪单于；元帝驾崩，成帝继位。

公元前 32 年，成帝打击宦官势力，石显忧惧而死，但造成外戚坐大。

公元前 27 年，王氏一门五兄弟同日封侯。

公元前 25 年，丞相王商被免职；王凤专权，大肆排挤对手。

公元前 22 年，王凤病重，受到王莽热心照料，嘱咐王政君照顾王莽；王莽开始崭露头角。

公元前 18 年，赵飞燕、赵合德姐妹入宫；许皇后的姐姐诅咒后宫妃嫔，事情败露，许皇后被废；赵氏姐妹诬陷班婕妤，班婕妤迁居长信宫。

公元前 16 年，赵飞燕立为皇后，赵合德为昭仪；王莽封新都侯。

公元前 10 年，淳于长诓骗被废的许皇后，收受大量贿赂。

公元前 9 年，刘兴和刘欣朝觐成帝，接受挑选。

公元前 8 年，王根病重，举荐王莽为大司马；王莽告发淳于长；元帝杀淳于长与许皇后；定陶王刘欣立为太子。

公元前 7 年，成帝驾崩，哀帝继位；赵合德自尽；王莽罢官，回新都隐居；傅太后迫害冯氏，冯太后自尽。

公元前 6 年，司隶校尉解光报告赵合德杀王子案，赵氏外戚受到沉重打击。

公元前 5 年，哀帝宠幸董贤，董氏飞黄腾达；傅喜得罪傅太后，被罢官；傅太后指使朱博等人攻击傅喜，被哀帝发觉，朱博自杀，傅太后势力受打击。

公元前 4 年，息夫躬、孙宠诬陷东平王刘云，制造冤案，哀帝趁机提拔董贤。

公元前 2 年，王莽返回长安，侍奉太后；傅太后过世。

公元前 1 年，哀帝戏言禅位于董贤，朝臣震惊；哀帝驾崩，王政君紧急召王莽进宫，抢夺传国玺，杀董贤；王莽掌权，扶立平帝继位；朝廷为冯氏冤案平反；傅太后、丁太后遭贬黜；赵飞燕受迫害，自尽。

公元 1 年，王莽获封"安汉公"，权倾朝野；卫氏外戚受打压。

公元 2 年，王莽捐献财产帮助救灾。

公元 3 年，王莽长子王宇同情卫氏，向王莽门上泼狗血，事发被杀；王莽发起政治迫害，大量诛杀政敌；朝廷欲立王莽女儿为皇后，下聘礼。

公元 4 年，王莽女儿立为皇后；王莽获得"宰衡"称号。

公元 5 年，王莽加九锡。

公元 6 年，平帝暴毙，孺子婴立为太子；王莽称"假皇帝"。

公元 7 年，翟义起义，被镇压；王莽开始货币改革，发行大泉等新币。

公元 8 年，王莽为称帝造势，各地频繁出现"祥瑞"。

王莽新朝

公元 9 年，王莽称帝，建立新朝；推行"王田"制和"私属"制；废除五铢钱，发行小泉；改变匈奴单于印绶，引起乌珠留若鞮单于不满。

公元 10 年，王莽推行"五均""六筦"制度；一次发行二十八种新钱币，货币政策进一步混乱；西域都护杀车师后国王，造成西域反叛。

公元 11 年，废除"王田"制和"私属"制；匈奴攻入新朝北方边塞，结束西汉中期以来的和平状态；王莽发三十万大军击匈奴。

公元 13 年，王政君病逝；乌累若鞮单于送还陈良、终带等叛乱分子，西域叛乱暂时平息。

公元 14 年，废除大泉、小泉，新发布货布、货泉。

公元 17 年，琅邪吕母起义；荆州饥荒，爆发绿林军起义。

公元 18 年，王莽诱骗须卜当夫妇到长安，准备立新单于，跟匈奴关系再度恶化；青州、徐州饥荒，爆发赤眉起义。

公元 20 年，太子王临被废。

公元 21 年，政府军围剿赤眉军，失败；荆州牧围剿绿林军，失败；孝睦皇后过世，王莽家族丑闻爆发；王临与原碧密谋刺杀王莽，事情泄露，被迫自尽；王莽的私生子女曝光。

公元 22 年，绿林山暴发瘟疫，绿林军分裂为三支部队；刘縯、刘秀在南阳起兵，随后与绿林军联合。

公元 23 年，绿林军拥立刘玄称帝；绿林军在昆阳打败政府军，消灭王莽军队主力；刘秀在昆阳之战立大功；刘縯包围宛城五个月，终于攻克；刘玄杀刘縯，刘秀娶阴丽华；王莽被杀，新朝覆灭；刘玄定都洛阳；刘秀镇抚河北；刘玄冷落赤眉军首领，赤眉军和绿林军决裂；王郎建立赵汉政权。

公元 24 年，王郎悬赏刘秀，刘秀逃亡；刘秀在信都组建军队；刘玄和绿林军进入长安；刘玄与绿林军首领发生矛盾；刘秀娶郭圣通；渔阳郡和上谷郡支持刘秀；刘秀消灭赵汉政权；隗嚣归附更始政权；公孙述自立为蜀王，抗拒更始政权；刘秀杀苗曾、谢躬，跟更始政权决裂；刘秀招降铜马军等农民武装；赤眉军杀入关中。

东汉

公元 25 年，赤眉军和刘秀同时攻打更始政权；各路诸侯纷纷起兵；刘玄与绿林军首领矛盾激化，张卬等人策划劫持刘玄，更始政权分裂；刘秀在鄗城即皇帝位，随后攻入洛阳；赤眉军拥立刘盆子；赤眉军攻入长安，刘玄投降，随后被杀，更始政权覆灭。

公元 26 年，长安饥荒，赤眉军到陇右劫掠，遭到隗嚣伏击，大败；赤眉军打败邓禹，重夺长安；刘秀立郭圣通为皇后，刘强为太子；彭宠反叛刘秀；南阳董䜣等人反叛，汉军镇压过程中凌虐百姓，激起邓奉叛乱；杜陵战役，延岑大败赤眉军；赤眉军逃向关东。

公元27年，汉军在崤山伏击赤眉军，大胜，招降二十万赤眉军；汉军攻破睢阳，消灭刘永割据势力；冯异打败延岑，夺回关中；刘秀御驾亲征，打败邓奉叛军。

公元29年，彭宠被下人杀掉，渔阳平定；刘秀御驾亲征，打败董宪、庞萌联军；汉军围城两年，终于攻破黎丘，消灭秦丰割据势力；窦融归顺刘秀；隗嚣三心二意，不肯归顺。

公元30年，汉军攻破舒县，消灭李宪割据势力；汉军攻破朐县，消灭董宪割据势力；张步向刘秀投降；隗嚣向公孙述称臣，公开跟刘秀决裂；刘秀削减田租，释放奴隶，开始以"柔"治天下。

公元32年，汉军攻入陇右，讨伐隗嚣割据势力。

公元33年，隗嚣饿死，隗纯投降，陇右平定；公孙述攻入荆州，占据长江水道。

公元34年，先零羌进攻河西地区。

公元35年，汉军攻入蜀地；公孙述刺杀来歙、岑彭。

公元36年，吴汉屠成都；公孙述政权覆灭。

公元37年，为躲避匈奴，东汉朝廷迁居人口到关内，匈奴入侵反而加剧。

公元39年，刘秀发布"度田"令；刘秀杀欧阳歙等阻碍度田的官员。

公元40年，各地豪强反抗，朝廷镇压。

公元41年，废郭圣通，立阴丽华为皇后。

公元43年，刘强辞掉太子之位，刘庄为太子。

公元45年，西域十六国请求重建西域都护府，被刘秀拒绝。

公元46年，匈奴蒲奴单于继位。

公元47年，比策划反叛，向东汉送地图，被发觉，比带领军队跟蒲奴单于对峙。

公元48年，匈奴南方八部共立比单于，匈奴再度分裂。

公元49年，南匈奴攻打北匈奴，大胜，蒲奴单于逃亡。

公元56年，贾氏生刘炟，由马氏女抚养。

公元57年，光武帝刘秀驾崩，明帝继位；烧当羌进攻陇西，朝廷派窦固、马武征讨。

公元58年，山阳王刘荆密谋反叛，被告发，贬为广陵王。

公元59年，明帝在辟雍举行大射礼、养老礼，褒奖"三老五更"；烧当羌首领滇岸、滇吾先后投降，窦林欺君，被处死；阴丰杀郦邑公主，被朝廷诛杀。

公元60年，马氏女立为皇后。

公元61年，于阗攻杀莎车王，灭莎车国。

公元62年，窦穆跟六安侯刘盱秘密联姻，被告发，窦氏受严惩；班固被任命为兰台令史，编修国史；班超受到明帝注意。

公元64年，明帝梦到金人。

公元65年，明帝派蔡愔和秦景到西方求佛；郑众使节团被匈奴围攻。

公元67年，刘荆再次被人告发，自尽；蔡愔、秦景带摄摩腾和竺法兰回洛阳，开始传播佛教。

公元70年，楚王刘英谋反被告发，引发大规模政治迫害。

公元73年，淮阳王刘延谋反被发觉，贬为阜陵王；窦固、耿忠等四路大军出击匈奴，班超跟随；班超斩杀匈奴使者，逼降鄯善王；班超杀于阗巫师，逼降于阗王。

公元74年，班超重立疏勒王，控制疏勒；耿秉招降车师后王；朝廷重新设置西域都护府。

公元75年，朝廷召回西域汉军；明帝驾崩，章帝继位；匈奴攻陷车师后国与车师前国，围困金蒲城和柳中城，耿恭带兵坚守；龟兹和焉耆攻灭西域都护府，杀西域都护陈睦。

公元76年，汉军救援柳中城和疏勒城，十三将士归玉门；班超抵抗圣旨，继续经营西域，平定疏勒叛乱。

公元78年，班超调集四国兵马攻打姑墨，大胜；窦氏女立为皇后，专宠后宫。

公元79年，章帝不顾马太后阻拦，给马家三兄弟封侯；章帝召开白虎观会议，大力推动儒学发展。

公元 80 年，朝廷增援班超。

公元 82 年，《汉书》编修完成；太子刘庆被废，贬为清河王，刘肇立为太子；宋贵人姐妹被逼死。

公元 83 年，梁贵人姐妹被逼死，梁氏家族被流放；李邑诋毁班超，章帝斥责李邑；马氏被人举报，马家三兄弟免官；北匈奴三木楼訾部落归顺东汉，北匈奴开始大规模南下归降。

公元 84 年，疏勒王忠叛变，班超带兵剿灭，同时用外交手段让康居撤兵。

公元 85 年，南匈奴在涿邪山打败北匈奴军队，攻杀皋林温禺犊王。

公元 86 年，疏勒王忠和龟兹勾结，诈降，被班超识破，班超杀疏勒王忠。

公元 87 年，护羌校尉张纡用迷药杀害烧当羌首领迷吾，激起羌人反叛；班超调集多国联军两万五千人攻打莎车，龟兹与温宿、姑墨、尉头五万军队来救，被班超打败，莎车国投降，班超威震西域；月氏王请求联姻，被班超拒绝；鲜卑攻破北匈奴王庭，斩杀优留单于，剥皮带走。

公元 88 年，章帝驾崩，和帝继位；窦太后主政；窦宪刺杀都乡侯刘畅，嫁祸于刘刚，被查到，朝野震惊，窦太后竭力保窦宪；窦宪请求攻打北匈奴。

公元 89 年，汉朝和南匈奴五万大军攻打北匈奴，在稽落山取得大胜，追击三千里，登燕然山刻石记功。

公元 90 年，月氏军队攻打汉军，被班超拖垮，撤兵；南匈奴再度攻打北匈奴，在西海附近包围北单于。

公元 91 年，耿夔出塞五千里追击北单于，在金微山取得大胜，北匈奴汗国灭亡；和帝新立龟兹王，重设西域都护府。

公元 92 年，和帝联合中常侍郑众、清河王刘庆诛灭窦氏。

公元 94 年，班超征发八国军队攻打焉耆、危须、尉犁，斩杀焉耆王和尉犁王为陈睦报仇；西域五十五国归服东汉。

公元 95 年，班超封定远侯。

公元 97 年，班超派甘英出使大秦；梁嫕上书揭露和帝身世；和帝为梁氏平反，梁氏复兴；邓绥封贵人，成为后宫楷模。

公元102年，班超回国；阴皇后被废，邓绥封皇后。

公元106年，和帝驾崩，邓太后立殇帝；殇帝驾崩，邓太后立安帝；鲜卑入侵渔阳，渔阳太守张显追击，中埋伏，战死；西域各国叛变，围攻西域都护任尚，朝廷派梁慬救援；梁慬用计占领龟兹城池。

公元107年，梁慬等人镇压龟兹叛乱；朝廷撤销西域都护府；邓太后以宽柔治天下，发布一系列善政；先零羌反叛。

公元108年，邓太后亲自到监狱审查冤案，平反冤狱；邓骘、任尚等人镇压先零羌，大败；先零羌首领滇零称天子，入寇三辅地区，对北方造成严重破坏。

公元109年，羌人、鲜卑、乌桓、南匈奴、沿海贼寇同时反叛，京师等地严重饥荒，东汉王朝遭遇空前危机；邓太后开始卖官。

公元111年，朝廷迁移凉州南部人口，躲避叛军；讨伐羌人的战争出现转机，政府军反败为胜。

公元112年，滇零去世，九岁的零昌继位，羌人叛军实力下降。

公元115年，阎氏立为皇后。

公元117年，汉军收买羌人叛徒，先后刺杀杜季贡、零昌。

公元118年，汉军收买羌人叛徒，刺杀雕狼莫，成功扭转西羌战局；邓骘因为儿子犯法，割掉妻儿的头发向朝廷谢罪；任尚得罪邓遵，遭到斩首、弃市。

公元119年，邓太后征召皇族和邓氏的年轻人进入学堂，亲自监督他们的学业。

公元121年，邓太后驾崩，安帝亲政；王圣和李闰进谗言，安帝诛灭邓氏；王圣母女受宠。

公元123年，班勇为西域长史，率领五百人挺进西域。

公元124年，阎皇后、王圣和宦官联合诋毁太子刘保，刘保被废为济阴王。

公元125年，安帝驾崩，阎太后立刘懿为帝；刘懿病故，孙程宦官集团诛灭阎氏，扶立顺帝；孙程等十九名宦官封列侯，权倾朝野。

公元 126 年，士大夫集团弹劾宦官集团，开始两个集团的争斗；班勇征服西域各国，随后打败匈奴呼衍王，汉朝再次控制西域。

公元 132 年，梁妠立为皇后，梁氏外戚崛起。

公元 135 年，梁商为大将军；顺帝允许宦官的养子继承爵位。

公元 141 年，梁冀为大将军，嚣张跋扈，作恶多端。

公元 144 年，顺帝驾崩，冲帝继位。

公元 145 年，冲帝驾崩，梁氏兄妹扶立质帝；梁氏专权。

公元 146 年，质帝当面斥责梁冀；梁冀毒杀质帝，梁氏兄妹扶立桓帝；曹腾协助桓帝登基，受到提拔。

公元 147 年，桓帝杀竞争对手刘蒜，梁冀趁机清算李固等政敌；梁女莹立为皇后，梁氏控制后宫。

公元 150 年，梁太后还政于桓帝，随后驾崩。

公元 151 年，桓帝给予梁冀"入朝不趋，敛履上殿，谒赞不名"的最高礼遇。

公元 153 年，邓猛女入宫，受桓帝宠爱，梁女莹受冷落。

公元 158 年，太史令陈授弹劾梁冀，被拷打致死；梁冀派刺客行刺邓猛女母亲，被发觉。

公元 159 年，曹腾去世，养子曹嵩继承爵位；梁女莹忧郁而死；桓帝指派宦官唐衡、单超、左悺、徐璜、具瑗进攻梁冀，梁冀夫妇自尽，梁氏覆灭；桓帝清洗梁氏势力，朝廷为之一空；单超等宦官封万户侯；"五侯"集团为害百姓。

公元 165 年，邓猛女被废，忧郁而死；窦妙为皇后，窦氏开始掌权。

公元 165 年—166 年，士大夫集团连续弹劾、惩处宦官集团中的不法分子。

公元 166 年，李膺杀张成之子，桓帝震怒，第一次党锢之祸爆发，李膺被捕，陈蕃被免职，士大夫集团受打击。

公元 167 年，窦武和部分宦官替党人求情，桓帝赦免党人，但终生禁锢。

公元 168 年，桓帝驾崩，灵帝继位；窦武拷打宦官郑飒，准备搜集证据惩处宦官集团，被宦官朱瑀发觉，曹节、王甫等人发动政变，杀窦武，第二次党锢爆发。

公元 169 年，宦官集团展开大清洗，李膺等士大夫集团首领遇害，士大夫集团受到沉重打击。

公元 176 年，何贵人生刘辩；何进开始受提拔。

公元 178 年，宋皇后被废。

公元 179 年，阳球、陈球、刘郃、刘纳等人残杀王甫父子，遭到曹节报复，全部被灵帝处决。

公元 180 年，何贵人立为皇后。

公元 181 年，十常侍受宠；王美人生下刘协；何皇后毒死王美人；刘协被送给董太后抚养。

公元 183 年，张角、张梁、张宝三兄弟策划发动起义。